Rechtspraxis der kommunalen Unternehmen

Herausgegeben von

Dr. Gabriele Wurzel
Staatssekretärin, Chefin der Niedersächsischen Staatskanzlei, Hannover/Bonn

Dr. Alexander Schraml
Vorstand des Kommunalunternehmens des Landkreises Würzburg

Dr. Ralph Becker
Rechtsanwalt, Fachanwalt für Steuerrecht,
Philippsburg-Rheinsheim

Bearbeitet von

Dr. Armin Augat
Rechtsanwalt, Geschäftsführer des Kommunalen Arbeitgeberverbandes Bayern e.V., München

Dr. Ralph Becker
Rechtsanwalt, Fachanwalt für Steuerrecht,
Philippsburg-Rheinsheim

Prof. Dr. Dirk Ehlers
Universität Münster

Dr. Rainer Gay
Rechtsanwalt und Steuerberater,
Nürnberg

Günter Heimrath
Verwaltungsdirektor beim Bayerischen Kommunalen Prüfungsverband, München

Prof. Dr. Hans-Günter Henneke
Hauptgeschäftsführer des Deutschen Landkreistages, Berlin

Dr. Susanne Jahn
Rechtsanwältin, Verband kommunaler Unternehmen e.V., Berlin

Anka Neudert
Steuerberaterin, Nürnberg

Dr. Ulrich Neusinger
Rechtsanwalt, Nürnberg

Dr. Wolfgang Neutz
Stellv. Geschäftsführer des Städtetages Rheinland-Pfalz, Mainz

Holger Schröder
Rechtsanwalt, Nürnberg

Udo Schneider
Richter am Oberverwaltungsgericht,
Weimar

Dr. Alexander Schraml
Vorstand des Kommunalunternehmens des Landkreises Würzburg

Dr. Gabriele Wurzel
Staatssekretärin, Chefin der Niedersächsischen Staatskanzlei, Hannover/Bonn

Verlag C. H. Beck München 2005

Zitiervorschlag:
Rechtspraxis KommUntern/*Bearbeiter* Kap. ... Rn. ...
oder
Augat in: Wurzel/Schraml/Becker, Rechtspraxis KommUntern, Kap. ... Rn. ...

Verlag C. H. Beck im Internet:
beck.de

ISBN 3-406-50568-6

© 2005 Verlag C. H. Beck oHG
Wilhelmstraße 9, 80801 München

Druck: fgb · freiburger graphische betriebe
Bebelstraße 11, 79108 Freiburg

Satz: Fotosatz Otto Gutfreund GmbH, Darmstadt

Gedruckt auf säurefreiem, alterungsbeständigem Papier
(hergestellt aus chlorfrei gebleichtem Zellstoff)

Vorwort

Fragen der Rechtspraxis kommunaler Unternehmen sind im Zuge der Modernisierung der öffentlichen Verwaltung und Wirtschaft von weiter zunehmender Bedeutung. Kaum eine kommunale Gebietskörperschaft kann sich dieser Problemstellung entziehen. Einerseits sind gerade kleinere kommunale Gebietskörperschaften aufgrund neuerer wirtschaftlicher Entwicklungen nicht selten gezwungen, die Art und Weise der Erbringung kommunaler Leistungen auf den Prüfstand zu stellen. Andererseits sehen viele Städte, Kreise und Gemeinden in der wirtschaftlichen Betätigung angesichts zunehmend knapper finanzieller Ressourcen die Möglichkeit, sich zusätzliche Einnahmen zu verschaffen oder auch klassische Aufgaben der Daseinsvorsorge wirtschaftlicher zu erbringen.

Auch neue Formen der Zusammenarbeit – sei es bei interkommunalen Kooperationen von Gebietskörperschaften oder zwischen kommunalen und privaten Unternehmen – gewinnen zunehmend an Bedeutung; dies beinhaltet für Praktiker in den Kommunalverwaltungen oder den örtlichen Gremien bisher ungekannte, neuartige Herausforderungen. Seit einiger Zeit ist eine Entwicklung feststellbar, dass Kommunen sich über ihren angestammten Aufgabenbereich der Daseinsvorsorge und der Kommunalwirtschaft hinaus in den unterschiedlichsten Formen wirtschaftlich betätigen. Die Kommunalverfassungen in den Ländern räumen den Kommunen dazu zahlreiche Handlungsmöglichkeiten ein, setzen andererseits aber auch mehr oder weniger klare Grenzen. Die Handlungsspielräume wurden auf dem Feld der wirtschaftlichen Betätigung in den letzten Jahren im Zuge der Neufassung kommunaler Regelwerke teils erweitert, zumindest aber neuen Gegebenheiten angepasst. Nicht übersehen werden darf in diesem Zusammenhang auch der stets wachsende Einfluss europarechtlicher Regelungen auf die kommunale Ebene.

In diesem Umfeld soll das vorliegende Handbuch Orientierung geben. Zielsetzung ist darüber hinaus, eine Entscheidungshilfe für Praktiker in den Kommunalverwaltungen und den kommunalen Vertretungen vor Ort zur Verfügung zu stellen. Fachleute aus unterschiedlichen Tätigkeitsbereichen haben an diesem Handbuch mitgewirkt, so dass die jeweiligen Gebiete von ausgewiesenen Spezialisten bearbeitet wurden. Für die Nutzer lassen sich die Gesamtzusammenhänge aufgrund von Querverweisen zu anderen Kapiteln leicht erschließen. Anliegen der Herausgeber war und ist es, dass sich durch den engen Praxisbezug der einzelnen Beiträge die wesentlichen Fragestellungen der aktuellen Rechtsprobleme kommunaler Unternehmen in diesem Handbuch wiederfinden. Im ersten Teil stehen die Rahmenbedingungen kommunalwirtschaftlicher Betätigung im Mittelpunkt, wobei zunächst die Rolle der Kommunen als Unternehmer dargestellt wird, bevor das Augenmerk auf den stetig wachsenden Einfluss des Europäischen Rechts sowie auf verfassungsrechtliche Vorgaben gelenkt wird. Schließlich sind in diesem Zusammenhang die kommunalrechtlichen Rahmenbedingungen zu nennen. Im weiteren Verlauf werden dann die unterschiedlichen Rechts- und Betriebsformen sowie das Rechnungs-, Berichts- und Prüfungswesen abgehandelt. Gegenstand der weiteren Kapitel sind die für die kommunalwirtschaftliche Betätigung maßgeblichen Auswirkungen des Beamten- und Arbeitsrechts, des Steuerrechts, des Vergaberechts sowie des Kartell- und Wettbewerbsrechts, bevor schließlich die Entscheidungskriterien für die Wahl einer Rechtsform dargestellt werden. Für die wertvolle Unterstützung bei der Erstellung des letztgenannten Kapitels sei Herrn Dr. Andreas Gaß, Wissenschaftlicher Mitarbeiter am Kommunalwissenschaftlichen Forschungszentrum Würzburg und Richter am Bayerischen Verwaltungsgericht Würzburg, herzlich gedankt.

Neben der Darstellung grundlegender Strukturen und Hilfestellungen für die Problemlösung im Bereich kommunaler Unternehmen haben auch vergleichende Erfahrungswerte für die Beurteilung und Bewertung der in den einzelnen Abschnitten

Vorwort

aufgeworfenen Fragestellungen Eingang gefunden. Somit liegt eine fundierte Basis für die Lösung vielfältigster Probleme auf dem Feld des kommunalen Wirtschaftsrechts vor. Mit dem Buch werden den Nutzern vielfältige Entscheidungskriterien zur Verfügung gestellt, die sie im Rahmen notwendiger Abwägungsprozesse als Entscheidungshilfe heranziehen können. Darüber hinaus werden die Vor- und Nachteile der unterschiedlichen Rechtsformen dargestellt sowie die vorhandenen verschiedenen rechtlichen Rahmenbedingungen plausibel gemacht.

Die Herausgeber und Autoren sind offen und dankbar für kritische Anmerkungen, konkrete sachorientierte Ergänzungen oder Verbesserungsvorschläge, die im Interesse der Nutzer zur Optimierung des Werkes beitragen können.

Hannover/Bonn, Würzburg, Philippsburg im August 2004   Dr. Gabriele Wurzel
Dr. Alexander Schraml
Dr. Ralph Becker

Inhaltsübersicht

	Seite
Inhaltsverzeichnis	IX
Abkürzungsverzeichnis	XXIII
Literaturverzeichnis	XXIX
A. Kommunen als Unternehmer? *(Henneke)*	1
B. Europa- und verfassungsrechtliche Vorgaben *(Ehlers)*	11
C. Kommunalrechtliche Rahmenbedingungen *(Neutz)*	33
D. Rechts- und Betriebsformen	87
I. Regie- und Eigenbetrieb *(Schneider)*	88
II. Kommunalunternehmen (Anstalt des öffentlichen Rechts) *(Schraml)*	117
III. Gesellschaft mit beschränkter Haftung *(Becker)*	138
IV. Aktiengesellschaft *(Becker)*	156
E. Rechnungs-, Berichts- und Prüfungswesen *(Heimrath)*	179
F. Beamten- und Arbeitsrecht *(Augat)*	237
G. Steuerrecht *(Gay/Neudert)*	277
H. Vergaberecht *(Neusinger/Schröder)*	331
I. Kartell- und Wettbewerbsrecht *(Jahn)*	377
J. Entscheidungskriterien für die Wahl einer Rechtsform *(Wurzel/Schraml)*	421
Sachverzeichnis	439

Inhaltsverzeichnis

	Seite
Abkürzungsverzeichnis	XXIII
Literaturverzeichnis	XXIX

A. Kommunen als Unternehmer? *(Henneke)* 1

- I. Relevanz und Aktualität der Fragestellung 1
  1. Hauptmotiv: Unzureichende kommunale Finanzausstattung 2
  2. Weiteres Motiv: Verwaltungsmodernisierung 3
  3. Entmonopolisierung durch zunehmende Europäisierung 4
  4. Klassifizierung neuer kommunalwirtschaftlicher Betätigungen 6
- II. Unterschiedliche Regelungskonzepte und -erwartungen kommunalwirtschaftlicher Betätigung 6
  1. Aufgabenbezogene Betrachtung im EGV 6
  2. Trägerbezogene Betrachtung in Deutschland 7
  3. Der rechtspolitische Richtungsstreit 8

B. Europa- und verfassungsrechtliche Vorgaben *(Ehlers)* 11

- I. Vorgaben des Europäischen Gemeinschaftsrechts 12
  1. Anwendungsbereich, Wirkungsweise und Reichweite des Europäischen Gemeinschaftsrechts 12
     a) Allgemeines 12
     b) Konsequenzen für die kommunale Selbstverwaltung 12
     c) Reichweite des Gemeinschaftsrechts 13
  2. Grundsätzliche Zulässigkeit kommunaler Unternehmen 14
     a) Begriff des öffentlichen Unternehmens 14
     b) Vereinbarkeit öffentlicher Unternehmen mit dem Gemeinschaftsrecht .. 14
  3. Wirkungsweise der Grundfreiheiten 14
     a) Gewährleistungsgehalt der Grundfreiheiten 14
     b) Kommunale Unternehmen als Verpflichtete der Grundfreiheiten .. 15
     c) Kommunale Unternehmen als Berechtigte der Grundfreiheiten .. 15
  4. Wirkungsweise der Gemeinschaftsgrundrechte 16
  5. Bindung an das Kartellrecht 17
  6. Bindung an das Beihilferecht 17
  7. Sonderregelung des Art. 86 Abs. 2 EGV 19
  8. Bindung an das Vergaberecht 20
- II. Vorgaben des nationalen Verfassungsrechts 22
  1. Wirtschaftsverfassungsrechtliche Aussagen des Grundgesetzes 22
  2. Verfassungsrechtliche Gewährleistung der Kommunalwirtschaft ... 23
     a) Selbstverwaltungsrecht der Gemeinden und Kreise 23
     b) Verfassungsrechtliche Stellung der Eigenunternehmen und der gemischt-öffentlichen Unternehmen 25
     c) Verfassungsrechtliche Stellung der gemischt-wirtschaftlichen Unternehmen 25
  3. Zielsetzung der Kommunalwirtschaft 25
  4. Notwendigkeit einer demokratischen Legitimation kommunaler Unternehmen 26

Inhaltsverzeichnis

5. Wirkungskreis der Kommunalwirtschaft	27
6. Verhältnis von Kommunal- und Privatwirtschaft	29
7. Grundrechtsbindung und Grundrechtsberechtigung der Kommunalwirtschaft	30
a) Grundrechtsbindung	30
b) Grundrechtsberechtigung	30
8. Bindung der Kommunalwirtschaft an das Prinzip vom Vorbehalt und vom Vorrang des Gesetzes	32

C. Kommunalrechtliche Rahmenbedingungen *(Neutz)* ... 33

I. Wirtschaftliche Betätigung und nichtwirtschaftlicher Bereich	34
1. Einführung	34
2. Verfassungsrechtliche Bezüge	36
3. Historische Entwicklung	38
a) Die Zeit bis 1935	38
b) Die Regelungen der Deutschen Gemeindeordnung (DGO) von 1935	40
4. Gemeindeordnungen der Länder	41
a) Entwicklung des Gemeindewirtschaftsrechts nach 1945	41
b) Übersicht über die Rechtslage in den Bundesländern	43
c) Wirtschaftliche – nichtwirtschaftliche Betätigung	48
aa) Unterscheidung	48
bb) Rechtsfolgen	49
d) Wirtschaftsgrundsätze	49
e) Aktuelle Bedeutung der Unterscheidung „nichtwirtschaftlicher" von „wirtschaftlichen" Unternehmen	51
II. Allgemeine Zulässigkeit von kommunalen Unternehmen	53
1. Ausdrücklich verbotene Unternehmen – ausdrücklich gestattete Unternehmen	53
a) Ausdrücklich verbotene Unternehmen	53
b) Ausdrücklich gestattete Unternehmen	54
2. Eingeschränkt gestattete Unternehmen	54
a) Die allgemeinen Zulässigkeitsvoraussetzungen (Schrankentrias)	57
aa) Der öffentliche Zweck	57
bb) Leistungsfähigkeitsbezug	64
cc) Subsidiaritätsklausel	64
b) Das Örtlichkeitsprinzip	72
c) Markterkundung, Marktanalyse	77
III. Besondere Anforderungen bei Unternehmen in Privatrechtsform	78
1. Rechtsform	78
a) Öffentlich-rechtliche Rechtsformen	78
b) Privatrechtliche Rechtsformen	78
aa) Haftungsbeschränkung	79
bb) Angemessener Einfluss	79
c) Nachrangigkeit der AG	79
2. Kommunalrechtliche Anforderungen an den Gesellschaftsvertrag privatrechtlicher Unternehmen	80
a) Allgemeine Regelungen	80
b) Wirtschaftsplan und Finanzplan	80
c) Zusätzliche Anforderungen an Gesellschaftsvertrag oder Satzung	80
3. Mittelbare Beteiligungen	81
4. Beteiligungsbericht	82
5. Anzeige- und Genehmigungspflichten bei Unternehmensgründungen	85
IV. Zusammenfassung	85

Inhaltsverzeichnis

D. Rechts- und Betriebsformen	87
I. Regie- und Eigenbetrieb *(Schneider)*	88
1. Rechtsgrundlagen	89
a) Recht der Europäischen Gemeinschaften	89
b) Bundesrecht, insbesondere Selbstverwaltungsgarantie	90
c) Gemeindeordnungen	90
d) Eigenbetriebsrecht/-verordnungen	93
e) Verwaltungsvorschriften	95
f) Betriebssatzungen	96
g) Geschäftsordnungen/Dienstanweisungen	97
2. Begriffsbestimmung und Rechtsnatur	97
a) Der Begriff des Eigenbetriebs	97
aa) „kommunal"	97
bb) Unternehmen	97
cc) ohne eigene Rechtspersönlichkeit	98
dd) außerhalb des Haushaltsplans	99
ee) nach kaufmännischen Grundsätzen	100
ff) Sondervermögen	100
b) Regiebetrieb	100
aa) Begriff	100
bb) Arten	101
3. Gründung und andere Bestandsveränderungen beim Eigenbetrieb	101
a) Gründung und Errichtung	101
aa) Allgemeine Gründungsvoraussetzungen	101
bb) Besondere Gründungsvoraussetzungen	102
b) Übernahme	102
c) Erweiterung	102
d) Zusammenfassung mehrerer Eigenbetriebe/Unternehmungen	102
aa) „Kombinierte Eigenbetriebe"	103
bb) Mehrere kommunale Gebietskörperschaften	103
e) Umwandlung	103
4. Organe	103
a) Werk- oder Betriebsleitung	104
b) Werk(s)ausschuss oder Betriebsausschuss	108
c) Organe der Gemeinde bzw. des Kreises	110
aa) Verwaltungsspitze	110
bb) Der Rat (z. B. Gemeinderat/Kreistag)	112
5. Rechtsverhältnis zum kommunalen Träger	113
6. Rechtsverhältnis zum Gemeindeeinwohner	114
7. Aufsicht	114
a) Innerhalb der Kommune	114
b) Staatliche Aufsicht	115
aa) Präventive Aufsicht	115
bb) Repressive Aufsicht	116
II. Kommunalunternehmen (Anstalt des öffentlichen Rechts) *(Schraml)*	117
1. Rechtsgrundlagen	118
2. Rechtsnatur – Anstalts- und Gewährträgerschaft – Beteiligungen	118
a) Rechtsfähige Anstalt des öffentlichen Rechts	118
b) Anstalts- und Gewährträgerschaft	118
c) Kaufmannseigenschaft	120
d) Beteiligung Privater am Kommunalunternehmen	121
e) Beteiligungsfähigkeit	121

Inhaltsverzeichnis

3.	Gründung und Auflösung	122
	a) Umwandlung eines Regie- oder Eigenbetriebs	122
	b) Umwandlung von Eigen- oder Beteiligungsgesellschaften	124
	c) Neuerrichtung	124
	d) Unternehmenssatzung	124
	e) Auflösung und Abwicklung	125
4.	Aufgaben	126
	a) Umfang der Aufgabenübertragung	126
	b) Dienstherrenfähigkeit	127
5.	Organe und Zuständigkeiten	127
	a) Vorstand	127
	aa) Natürliche Person	128
	bb) Vertretungsmacht	128
	cc) Bestellung und Abberufung	128
	dd) Bemessung der Vorstandsgehälter	129
	ee) Rechtsstellung	129
	ff) Zuständigkeit	129
	b) Verwaltungsrat	130
	aa) Zusammensetzung	130
	bb) Bestellung, Amtsdauer, Abberufung	131
	cc) Zuständigkeit	131
	dd) Entschädigung	132
	ee) Öffentlichkeit und Verschwiegenheitpflicht	132
6.	Rechtsverhältnis zum Träger	133
	a) Übertragung von Aufgaben und Befugnissen	133
	b) Zustimmungs- und Weisungsrechte	133
	c) Informationsrechte	135
7.	Rechtsverhältnis zum Bürger	135
8.	Aufsicht	136
9.	Prüfungswesen, Bindung an das Vergaberecht	136
10.	Checkliste „Gründung eines Kommunalunternehmens"	136

III. Gesellschaft mit beschränkter Haftung *(Becker)* 138
  1. Rechtsgrundlagen 139
    a) Die kommunale GmbH zwischen Gesellschafts- und Kommunalrecht .. 139
    b) Das Verhältnis zwischen Gesellschafts- und Kommunalrecht in einer kommunalen GmbH 139
  2. Rechtsnatur 140
  3. Gründung 141
    a) Errichtung der kommunalen GmbH 141
      aa) Gründung einer GmbH 141
      bb) Rechtsformwechsel (Ausgliederung) 143
    b) Der Gesellschaftsvertrag der kommunalen GmbH 144
      aa) Firma und Sitz 145
      bb) Unternehmensgegenstand und Öffentlicher Zweck 145
      cc) Stammkapital 145
      dd) Stammeinlagen 145
      ee) Wirtschaftsplan, Jahresabschluss, Abschlussprüfung 146
      ff) Fakultativer Inhalt des Gesellschaftsvertrages 146
      gg) Satzungsänderungen 146
  4. Aufgaben und Befugnisse 147
  5. Organe 147
    a) Die Geschäftsführung 147

Inhaltsverzeichnis

b) Der (fakultative) Aufsichtsrat	149
c) Die Gesellschafterversammlung	149
6. Rechtsverhältnis zum Träger	152
a) Die Gemeinde als Gesellschafterin der kommunalen GmbH	152
b) Absicherung der Einwirkungspflicht der Gemeinde durch einen Beherrschungsvertrag?	153
7. Aufsicht	154
a) Die haushaltsrechtlichen Prüfungsrechte	154
b) Die handelsrechtliche Rechnungslegung und Abschlussprüfung	154

IV. Aktiengesellschaft *(Becker)* ... 156

1. Rechtsgrundlagen ... 157
   a) Die kommunale AG zwischen Gesellschafts- und Kommunalrecht ... 157
   b) Das Verhältnis zwischen Gesellschafts- und Kommunalrecht in einer kommunalen AG ... 157
   c) Besonderheiten für die Zulässigkeit kommunaler Aktiengesellschaften ... 158
2. Rechtsnatur ... 160
3. Gründung ... 161
   a) Errichtung der kommunalen Aktiengesellschaft ... 161
      aa) Gründung einer AG ... 161
      bb) Rechtsformwechsel (Ausgliederung) ... 163
   b) Die Satzung der kommunalen Aktiengesellschaft ... 164
      aa) Firma und Sitz ... 164
      bb) Unternehmensgegenstand und Öffentlicher Zweck ... 165
      cc) Grundkapital ... 165
      dd) Aktien ... 165
      ee) Vorstand ... 166
      ff) Gesellschaftsblätter ... 167
      gg) Gründungsaufwand ... 167
      hh) Wirtschaftsplan, Jahresabschluss, Abschlussprüfung ... 167
      ii) Gestaltungsmöglichkeiten in der Satzung ... 167
      jj) Satzungsänderungen ... 168
4. Aufgaben und Befugnisse ... 168
5. Organe ... 168
   a) Der Vorstand (§§ 76–94 AktG) ... 168
   b) Der Aufsichtsrat (§§ 95–116 AktG) ... 170
   c) Die Hauptversammlung (§§ 118–147 AktG) ... 171
6. Rechtsverhältnis zum Träger ... 173
   a) Die Gemeinde als Aktionärin der kommunalen Aktiengesellschaft ... 173
   b) Absicherung der Einwirkungspflicht der Gemeinde durch einen Beherrschungsvertrag? ... 174
7. Aufsicht ... 175
   a) Die haushaltsrechtlichen Prüfungsrechte ... 175
   b) Der Abhängigkeitsbericht ... 176
   c) Die handelsrechtliche Rechnungslegung und Abschlussprüfung ... 177

E. Rechnungs-, Berichts- und Prüfungswesen *(Heimrath)* ... 179

I. Einführung ... 181

II. Rechnungswesen ... 183
  1. Begriff und Zweck des Rechnungswesens ... 183
  2. Rechtsgrundlagen ... 184
  3. Adressaten des Rechnungswesens ... 184

Inhaltsverzeichnis

4. Planungsrechnung – Wirtschaftsplan und Finanzplanung	184
5. Buchführung kommunaler Unternehmen	185
a) Grundlagen	185
b) Inventur	185
c) Grundsätze ordnungsmäßiger Buchführung nach HGB	185
d) Aufbewahrung von Geschäftsunterlagen	187
6. Jahresabschluss und Lagebericht	188
a) Pflicht zur Aufstellung	188
b) Gliederung	188
c) Inhalt des Jahresabschlusses	189
d) Lagebericht	189
e) Anhang	190
f) Ansatz und Bewertung der Vermögenswerte und Verpflichtungen im Jahresabschluss	190
g) Feststellung des Jahresabschlusses und Gewinnverwendung	191
h) Offenlegung	192
i) Konzernabschluss	192
7. Rechnungslegung nach IAS/IFRS (und US-GAAP)	193
a) Anwendbarkeit der IAS/IFRS	193
b) Effekte der Umstellung auf IAS/IFRS	193
c) Zeitschiene und Modalitäten für die Umstellung auf IFRS	194
8. Sonderfälle	195
a) Sonderfall Krankenhäuser und Pflegeeinrichtungen	195
b) Sonderfall Strom- und Gasversorgung	195
9. Kosten- und Leistungsrechnung	195
a) Zweck der Kosten- und Leistungsrechnung	195
b) Begriffe	196
c) Gliederung der Kosten- und Leistungsrechnung	196
d) Gesetzliche Vorgaben	196
III. Berichtswesen	197
1. Steuerungsrelevanz des Berichtswesens	197
2. Beteiligungsverwaltung der Kommune	198
a) Aufgaben der Beteiligungsverwaltung	198
b) Funktionsweise der Beteiligungsverwaltung	198
3. Kommunaler Beteiligungsbericht	199
a) Rechtsgrundlagen	199
b) Inhalt	200
c) Steuerungsrelevanz	200
4. Sonstige Berichte	200
a) Jährliche Berichte	200
b) Unterjährige Berichte	201
IV. Prüfungswesen	201
1. Systematik	201
2. Innenrevision	202
a) Unterstützung der Leitungsorgane	202
b) Begriff	202
c) Aufgaben	203
3. Abschlussprüfung	203
a) Zweck und Rechtsgrundlagen	203
aa) Prüfung des Jahresabschlusses und des Lageberichts nach Handels- und Gesellschaftsrecht	203
bb) Erweiterte Abschlussprüfung nach § 53 HGrG	204

Inhaltsverzeichnis

(1) Prüfungsmaßstab	204
(2) Einzelfragen des Anwendungsbereichs des § 53 HGrG	204
cc) Überblick nach Unternehmensformen	205
b) Aufgaben der Abschlussprüfung	205
c) Befreiung von der Abschlussprüfungspflicht	206
d) Bestellung und Beauftragung des Abschlussprüfers	206
aa) Bestellung	206
bb) Beauftragung	206
e) Unabhängigkeit des Abschlussprüfers	207
f) Prüfungsfelder und Durchführung der Abschlussprüfung	209
g) Berichterstattung gemäß § 53 Abs. 1 HGrG	210
h) Management Letter	210
i) Abschlussprüfungsbericht und Berichterstattung	210
j) Bestätigungsvermerk	211
k) Grenzen der Abschlussprüfung	212
l) Haftung des Abschlussprüfers	212
4. Prüfung durch den Aufsichtsrat	213
a) Prüfungspflicht des Aufsichtsrats	213
b) Aufsichtsrat und Abschlussprüfer	213
c) Übermittlung des Abschlussprüfungsberichts an die Aufsichtsratsmitglieder	213
d) Auswertung des Jahresabschlusses, Bilanzanalyse	214
5. Rechnungsprüfung	215
a) Allgemeines	215
b) Örtliche und überörtliche Rechnungsprüfung	215
c) Historische Entwicklung von Abschluss- und Rechnungsprüfung	216
d) Betätigungsprüfung	216
aa) Wesen	216
bb) Rechtsgrundlagen	216
cc) Reichweite der Betätigungsprüfung	218
dd) Prüfungsgegenstände	218
ee) Prüfungsunterlagen	219
e) Gesellschaftsvertragliche oder sonstige vertragliche Einräumung von Prüfungsrechten	220
f) Verhältnis der Rechnungsprüfung zur Wahrnehmung gesellschaftsrechtlicher Informations-, Auskunfts- und Einsichtsrechte nach § 51 a GmbHG	220
g) Veröffentlichung der Prüfungsergebnisse in Bezug auf selbständige kommunale Unternehmen; Unterrichtung der Rechtsaufsichtsbehörde	221
h) Haftung der Rechnungsprüfungsorgane	222
i) Prüfung der kommunalen Betätigung versus Prüfung der kommunalen Unternehmen – Notwendigkeit einer externen öffentlichen Finanzkontrolle in kommunalen Unternehmen	223
6. Verhältnis von Abschluss- und Rechnungsprüfung	226
a) Unterschiedlicher Ansatz von Abschluss- und Rechnungsprüfung	226
b) Vor- und Nachteile von Abschluss- und Rechnungsprüfung	227
7. Sonderfälle	228
Anhang: Überblick über die Rechtsgrundlagen der Flächenländer für die externe Prüfung kommunaler Unternehmen/bei kommunalen Unternehmen	229

Inhaltsverzeichnis

F. Beamten- und Arbeitsrecht *(Augat)* 237

    I. Beamte in kommunalen Unternehmen 237
        1. Zugewiesene Beamte 240
        2. Beurlaubte Beamte 242
        3. Beamte als Arbeitnehmer nach Beendigung des Beamtenverhältnisses 243
        4. Anwendung von BetrVG/PersVG 243
    II. Arbeitnehmer in kommunalen Unternehmen 245
        1. Als Mitarbeiter des öffentlichen Dienstes 245
        2. Geltung von BAT/BMT-G 245
        3. Wesentlicher Inhalt des BAT 246
            a) Vom BAT erfasste Arbeitnehmer 246
            b) Schriftform für den Arbeitsvertrag, Probezeit 246
            c) Allgemeine Arbeitsbedingungen 249
            d) Gestaltung der Arbeitszeit 255
            e) Beschäftigungs- und Dienstzeit 259
            f) System der Eingruppierung 260
            g) Elemente des Entgelts 262
            h) Sozialbezüge 263
            i) Finanzielle Abgeltung von Dienstreisen u. ä. 264
            j) Zusätzliche Altersversorgung 264
            k) Anspruch auf Urlaub und sonstige Dienstbefreiung 264
            l) Beendigung des Arbeitsverhältnisses 266
            m) Übergangsgeld 268
            n) Spezielle Regelungen 268
        4. Besonderheiten aus dem BAT/BMT-G für Versorgungsbetriebe 269
        5. Besonderheiten aus dem BAT für Krankenhäuser 269
        6. Besonderheiten aus dem BAT für Sparkassen 270
        7. Besonderheiten aus dem BAT/BMT-G für Nahverkehrsbetriebe 270
        8. Besonderheiten aus dem BAT/BMT-G für Flughäfen 270
        9. Besonderheiten aus dem BAT/BMT-G für Theater 271
    III. Arbeitnehmer in Versorgungsbetrieben, die den Tarifvertrag für die Versorgungsbetriebe (TV-V) anwenden 271
    IV. Altersversorgung 273
        1. Zusatzversorgungskasse 273
        2. Entgeltumwandlung 275

G. Steuerrecht *(Gay/Neudert)* 277

    I. Grundsystematik der Steuerpflicht der öffentlichen Hand 279
        1. Einleitung 279
        2. Hoheitliche Tätigkeit 279
        3. Betriebe gewerblicher Art 281
            a) Allgemeine Aussagen zum Begriff „Betrieb gewerblicher Art" ... 281
            b) Definition des Begriffes „Betrieb gewerblicher Art" 282
                aa) Juristische Person des öffentlichen Rechts 282
                bb) Einrichtung 283
                cc) Nachhaltige Tätigkeit 283
                dd) Einnahmeerzielungsabsicht 284
                ee) Wirtschaftliches Herausheben 284
            c) Erscheinungsformen von Betrieben gewerblicher Art 285

Inhaltsverzeichnis

aa) Betriebe gewerblicher Art ohne eigene Rechtspersönlichkeit, aber als gesonderte Organisationsform	285
bb) Betriebe gewerblicher Art mit eigener Rechtspersönlichkeit	285
cc) Betriebe gewerblicher Art ohne gesonderte Organisationsform	285
4. Vermögensverwaltung	286
5. Abgrenzungsfragen zwischen den einzelnen Bereichen	286
a) Abgrenzung zwischen Betrieb gewerblicher Art und hoheitlicher Tätigkeit	287
b) Abgrenzung zwischen Betrieb gewerblicher Art und Vermögensverwaltung	289
II. Besteuerung nicht privatisierter kommunaler Unternehmen – Besteuerung von Betrieben gewerblicher Art	290
1. Steuerliche Pflichten für juristische Personen des öffentlichen Rechts bei Vorliegen von Betrieben gewerblicher Art	290
a) Körperschaftsteuer	290
aa) Steuerpflicht und Steuersubjekt	290
bb) Bemessungsgrundlage und Steuersatz	291
(1) Allgemeines zur Einkommensermittlung und Buchführungspflicht	291
(2) Betriebsvermögen und Eigenkapital des BgA	293
(3) Verdeckte Gewinnausschüttungen bei Leistungsbeziehungen zwischen Betrieben gewerblicher Art und ihrer Trägerkörperschaft	296
b) Kapitalertragsteuer	298
aa) Betrieb gewerblicher Art mit eigener Rechtspersönlichkeit	298
bb) Betrieb gewerblicher Art ohne eigene Rechtspersönlichkeit	299
c) Umsatzsteuer	300
aa) Allgemeines zur Umsatzsteuerpflicht	300
bb) Abgrenzungsprobleme und Auslegungsfragen zur Umsatzsteuerpflicht der öffentlichen Hand	301
cc) Anwendungsfälle und Entscheidungen	302
(1) Leistungsbeziehungen zwischen einem Betrieb gewerblicher Art und dem hoheitlichen Bereich seiner Trägerkörperschaft	302
(2) Vorsteuerabzug durch Zuordnung von Gegenständen zum Betrieb gewerblicher Art	303
(3) Aktuelle Umsatzsteuerfrage	304
d) Gewerbesteuer	304
e) Weitere Steuerarten	306
aa) Grunderwerbsteuer	306
bb) Grundsteuer	306
cc) Schenkungsteuer	306
2. Der steuerliche Querverbund – Die Möglichkeit der Zusammenfassung von Betrieben gewerblicher Art	306
a) Grundsätzliche Vorgaben zur Zusammenfassung von Betrieben gewerblicher Art	307
b) Aussagen zum Gestaltungsmissbrauch	307
aa) Allgemeines	307
bb) Konkrete Anwendungsfälle	309
c) Die Rolle des steuerlichen Querverbundes bei verschiedenen Steuerarten	309
III. Privatisierung kommunaler Unternehmen	310
1. „Das Ziel": Kommunale Unternehmen in den Rechtsformen des privaten Rechts	310
a) Kommunale Unternehmen in der Rechtsform der Kapitalgesellschaft	310

Inhaltsverzeichnis

        aa) Besteuerung der Gesellschaft 310
        bb) Besteuerung des Gesellschafters (Kommune) 310
            (1) Besteuerung der laufenden Erträge (Gewinnausschüttungen) ... 311
            (2) Besteuerung von Anteilsveräußerungen 313
    b) Kommunale Unternehmen in der Rechtsform der Personengesellschaft . 315
        aa) Besteuerung der Gesellschaft 315
        bb) Besteuerung des Mitunternehmers 316
            (1) Besteuerung der laufenden Erträge 316
            (2) Besteuerung der Veräußerung von Mitunternehmeranteilen ... 316
    c) Kommunale Unternehmen in der Rechtsform des Kommunalunternehmens 317
  2. „Der Weg": Umwandlungen 317
    a) Allgemeines 317
    b) Wertansätze aus handels- und steuerbilanzieller Sicht 318
    c) Verkehrssteuern bei Umwandlungen 320
        aa) Umsatzsteuer 320
        bb) Grunderwerbsteuer 321
  3. Gestaltungen im Rahmen der Privatisierung unter steuerlichen Gesichtspunkten 321
    a) Steuerliche Zielsetzungen im Rahmen der Privatisierung 321
    b) Organschaft 322
    c) GmbH & Co. KG 325
        aa) Grunderwerbsteuerbefreite Übertragungen von Grundvermögen .. 325
        bb) Vorzüge der GmbH & Co. KG unter ertragsteuerlichen Gesichtspunkten 326
    d) Kurzdarstellung ehemals zielführender Gestaltungsmodelle 327
IV. Gemeinnützigkeit als steuerliche Besonderheit bei kommunalen Unternehmen aller Rechtsformen 328

V. Fazit und Ausblick 329

H. Vergaberecht *(Neusinger/Schröder)* 331

I. Rechtsgrundlagen 332
  1. Europäische Rechtsquellen 333
  2. Bundesrecht 335
  3. Landesrecht 336

II. Sachlicher Anwendungsbereich („Was") 336
  1. Öffentliche Aufträge 337
    a) Liefer-, Bau-, Dienstleistungsaufträge 337
    b) Gemischte Aufträge 337
    c) Änderung und Nichtkündigung von Verträgen 338
    d) Nicht vergabepflichtige Aufträge 338
  2. Schwellenwerte 340
    a) Bedeutung 340
    b) Höhe 340
    c) Berechnung 341

III. Persönlicher Anwendungsbereich („Wer") 342
  1. Öffentliche Auftraggeber unterhalb der Schwellenwerte 342
    a) Regie- und Eigenbetriebe 342
    b) Kommunalunternehmen 343
    c) GmbH und AG 344

Inhaltsverzeichnis

- 2. Öffentliche Auftraggeber oberhalb der Schwellenwerte 345
  - a) Staatliche Institutionen, § 98 Nr. 1 GWB 345
  - b) Öffentliche Einrichtungen, § 98 Nr. 2 GWB 346
    - aa) Eigene Rechtspersönlichkeit 346
    - bb) Gründungszweck 346
    - cc) Aufgaben im Allgemeininteresse 346
    - dd) Nichtgewerblichkeit 347
    - ee) Finanzierung oder Aufsicht 347
  - c) Sektorenauftraggeber, § 98 Nr. 4 GWB 348
    - aa) Trinkwasserversorgung 348
    - bb) Elektrizitäts- und Gasversorgung 348
    - cc) Wärmeversorgung 349
    - dd) Verkehrsbereich 349
    - ee) Telekommunikationsbereich 349
    - ff) Gewährung besonderer oder ausschließlicher Rechte 349
    - gg) Beherrschender Einfluss 349
  - d) Subventionierte Auftraggeber, § 98 Nr. 5 GWB 350
  - e) Einzelfälle 350
    - aa) Stadt- oder Gemeindewerke 351
    - bb) Wohnungsbauunternehmen 352
    - cc) Messegesellschaften 352
    - dd) Wirtschaftsförderungs- und Wirtschaftsentwicklungsgesellschaften 352
    - ee) Planungsgesellschaften 353
- IV. Vergabeverfahren („Wie") 353
  - 1. Verfahrensarten 353
    - a) Offenes Verfahren bzw. öffentliche Ausschreibung 353
    - b) Nicht offenes Verfahren bzw. beschränkte Ausschreibung 354
    - c) Verhandlungsverfahren bzw. freihändige Vergabe 354
    - d) Präqualifikationsverfahren 355
  - 2. Vergabegrundsätze 355
    - a) Wettbewerbsprinzip 355
    - b) Transparenzgrundsatz 356
    - c) Gleichbehandlungsgebot 356
    - d) Berücksichtigung des Mittelstandes 356
    - e) Eignungsprinzip 357
    - f) Wirtschaftlichkeitsgrundsatz 358
      - aa) Zuschlagskriterien 358
      - bb) Angebotswertung 359
        - (1) Ausschlussgründe 359
        - (2) Eignungsprüfung 359
        - (3) Angemessenheitsprüfung der Preise 359
        - (4) Auswahl des wirtschaftlichsten Angebots 360
    - g) Nachverhandlungsverbot 360
- V. Grundzüge des Vergaberechtsschutzes 360
  - 1. Unterhalb der Schwellenwerte 360
  - 2. Oberhalb der Schwellenwerte 361
- VI. Praxisprobleme 363
  - 1. Vergaberechtsfreie Inhouse-Geschäfte 363
    - a) Kontrolle wie über eigene Dienststelle 363
    - b) Tätigkeit im Wesentlichen für den öffentlichen Auftraggeber 364
    - c) Zusammenfassung 364
  - 2. Erfüllung kommunaler Aufgaben mit Privaten 364

Inhaltsverzeichnis

a) Betreibermodell	365
b) Betriebsführungsmodell	365
c) Leasingmodell	365
3. Kommunale Unternehmen als Wettbewerber	366
a) Marktzutrittsverbot bei unzulässiger wirtschaftlicher Betätigung	366
b) Ausschluss bei Vergabe von Bauaufträgen	366
c) Ausschluss bei Vergabe von Liefer- und Dienstleistungen	367
4. Kommunale Einkaufsgemeinschaften	368
5. Vergabeverstöße und Kommunalabgabenrecht	368
6. Nichtigkeit der Zuschlagserteilung	370
a) Anwendungsbereich	370
b) Form	371
c) Frist	371
d) Inhalt	371
e) Rechtsfolge	372
7. Mitwirkungsverbot ausgeschlossener Personen	372
8. Vergabefehler und Fördermittel	372
9. Vergaberechtliche Bedeutung von Beihilfen im ÖPNV	373
10. Elektronische Vergabe	374
VII. Zusammenfassung und Ausblick	375

I. Kartell- und Wettbewerbsrecht *(Jahn)* ... 377

I. Kartellrecht	378
1. Rechtsgrundlagen	378
2. Anwendungsbereich	379
3. Relevanter Markt	381
4. Wettbewerbsbeschränkungen	382
5. Horizontale wettbewerbsbeschränkende Vereinbarungen	383
a) Vereinbarungen zwischen miteinander im Wettbewerb stehenden Unternehmen	383
b) Beschlüsse von Unternehmensvereinigungen	383
c) aufeinander abgestimmte Verhaltensweisen	383
d) wettbewerbsbeschränkend	384
e) Fallgruppen	384
aa) Preisabsprachen	384
bb) Submissionsabsprachen	385
cc) Gebietsschutzvereinbarungen	385
dd) Einkaufskooperationen	385
ee) Verkaufsgemeinschaften	385
ff) weitere Absprachen	386
f) Freistellung vom Kartellverbot	386
aa) Widerspruchskartelle	386
bb) Anmeldekartelle	387
cc) Erlaubniskartelle	387
g) Rechtsfolgen eines Verstoßes gegen das Verbot des § 1 GWB	388
aa) Zivilrechtliche Folgen	388
bb) Befugnisse der Kartellbehörden	388
h) EG-Kartellverbot	388
6. Vertikale Wettbewerbsbeschränkungen	389
a) Preis- und Konditionenbindungen (§ 14 GWB)	389
b) Vertragsabschlussbindungen	391
c) EG-Recht	392

Inhaltsverzeichnis

7. Missbrauchsaufsicht	392
a) Marktbeherrschende Stellung	393
b) Missbrauchsverbot (§ 19 GWB)	393
aa) Missbrauchstatbestände	393
(1) Behinderungsmissbrauch	393
(2) Preis- und Konditionenmissbrauch	394
(3) Preis- und Konditionenspaltung	394
(4) Verweigerung des Zugangs zu wesentlichen Einrichtungen	394
bb) Rechtsfolgen	395
c) Diskriminierungsverbot	395
aa) Adressaten des Verbots	395
(1) Marktbeherrschende Unternehmen	395
(2) Marktstarke Unternehmen	395
(3) Weitere Adressaten	396
bb) Unbillige Behinderung/Diskriminierung	396
cc) Rechtsfolgen	397
d) Boykottverbot	397
e) EG-Recht	397
8. Zusammenschlusskontrolle	398
a) Anwendungsbereich	398
b) Zusammenschlusstatbestände	399
c) Marktbeherrschende Stellung	400
d) Verfahren	400
e) Rechtsfolgen	401
f) Rechtsmittel	401
g) Europäisches Recht	401
aa) Anwendungsbereich	402
bb) Zusammenschlusstatbestände	402
cc) Marktbeherrschende Stellung	403
dd) Verfahren	403
II. Wettbewerbsrecht	403
1. Zweck	404
2. Anwendbarkeit	404
3. Generalklausel (§ 3 UWG)	404
a) Wettbewerbshandlung	405
b) Nachteil für Mitbewerber, Verbraucher oder sonstige Marktteilnehmer	405
c) Erheblichkeit der Wettbewerbsbeeinträchtigung	406
d) Unlauterkeit der Wettbewerbshandlung	406
e) Beispielskatalog des § 4 UWG	406
aa) Beeinträchtigung der Entscheidungsfreiheit (§ 4 Nr. 1 UWG)	407
(1) Ausnutzen von Vertrauen/Vertrauensmissbrauch	407
(2) Missbrauch von Autorität/Hoheitsbefugnissen	408
(3) Verquickung öffentlicher und privater Interessen	408
bb) Behinderung (§ 4 Nr. 10 UWG)	408
(1) Preisunterbietung	409
(2) Absatz-/Nachfragebehinderung	409
(3) Weitere Untergruppen	410
cc) Rechtsbruch (§ 4 Nr. 11 UWG)	410
dd) Ausnutzen von Angst, einer Zwangslage oder besonders schutzbedürftiger Verbraucherkreise (§ 4 Nr. 2 UWG)	412
ee) Nachahmung (§ 4 Nr. 9 UWG)	412

Inhaltsverzeichnis

ff) Geschäftsehrverletzung/Unwahre Tatsachenbehauptung (§ 4 Nr. 7 und 8 UWG)	413
gg) Verdeckte Werbung (§ 4 Nr. 3 UWG)	413
hh) Weitere Beispielsfälle	413
4. Vergleichende Werbung	414
5. Irreführende Werbung (§ 5 UWG)	415
a) Irreführung	415
b) Fallgruppen	416
aa) Alleinstellungs- und Spitzengruppenwerbung	416
bb) Lockvogelwerbung	416
cc) Blickfangwerbung	416
dd) Preisgegenüberstellungen	416
6. Abstrakte Gefährdungstatbestände	416
7. Unzumutbare Belästigungen (§ 7 UWG)	417
8. Rechtsfolgen/Rechtsschutz	417
a) Zivilrechtliche Folgen	417
aa) Unterlassungsanspruch	417
bb) Schadensersatzanspruch	418
cc) Rücktrittsrecht des Abnehmers	418
dd) Gewinnabschöpfungsanspruch	418
b) Strafrechtliche Folgen	419
9. Europäisches Recht	419

J. Entscheidungskriterien für die Wahl einer Rechtsform *(Wurzel/Schraml)* .. 421

I. Rechtsformenwahl als Zielkonflikt	421
II. Die Eröffnung wirtschaftlicher Handlungsspielräume	422
III. Der Verlust kommunaler Einflussnahme und Kontrolle	424
IV. Möglichkeiten der Kooperation mit anderen Rechtssubjekten	426
V. Steuerrechtliche Aspekte	428
VI. Personalbezogene Kriterien	429
VII. Möglichkeiten der Haftungsbeschränkung	432
VIII. Verbesserung der Finanzierung	433
IX. Vergaberechtliche Bindungen	435
X. Rechtsformabhängige Kosten	435
XI. Sonstige Entscheidungskriterien und Ausblick	436

Sachverzeichnis 439

Abkürzungsverzeichnis

a. A.	anderer Ansicht
a. M.	anderer Meinung
ABl.	Amtsblatt
Abs.	Absatz
a.Chr. n.	ante Christum natum (vor Christus)
AEG	Allgemeines Eisenbahngesetz
AG	Amtsgericht
ALR	Allgemeines Landrecht für die Preußischen Staaten von 1794
ÄndG	Änderungsgesetz
Anh.	Anhang
Anm.	Anmerkung
AöR	Archiv des öffentlichen Rechts (Zeitschrift)
ArbStättV	Arbeitsstättenverordnung
Art.	Artikel
Aufl.	Auflage
ausgen.	ausgenommen
AVO	Ausführungsverordnung
Az	Aktenzeichen
Banz	Bundesanzeiger
BauGB.	Baugesetzbuch
BauNVO	Baunutzungsverordnung
BauO	Bauordnung
BauR	Zeitschrift für das gesamte öffentliche und zivile Baurecht
Bay	Bayern
BayGO	Gemeindeordnung für den Freistaat Bayern
BayObLG	Bayerisches Oberstes Landesgericht
BayVBl.	Bayerische Verwaltungsblätter (Zeitschrift)
BayVerfGH	Bayerischer Verfassungsgerichtshof
BayVGH	Bayerischer Verwaltungsgerichtshof
Bbg	Brandenburg
Bd.	Band
Bek.	Bekanntmachung
best.	bestimmte
BGB	Bürgerliches Gesetzbuch
BGBl.	Bundesgesetzblatt
BGH	Bundesgerichtshof
BGHZ	Entscheidungen des Bundesgerichtshofes in Zivilsachen
BImSchG	Gesetz zum Schutz vor schädlichen Umwelteinwirkungen durch Luftverunreinigungen, Geräusche, Erschütterungen und ähnliche Vorgänge (Bundes-Immissionsschutzgesetz)
BImSchV	Verordnung zur Durchführung des Bundes-Immissionsschutzgesetzes
bish.	bisherig
Bln	Berlin
BM	Bundesminister (Bundesministerium)
BNatSchG	Gesetz über Naturschutz und Landschaftspflege (Bundesnaturschutzgesetz)
BR-Drs.	Bundesratsdrucksache
Brem	Bremen
BT-Drs.	Bundestagsdrucksache
Buchholz	Sammel- und Nachschlagewerk der Rechtsprechung des BVerwG
Buchst.	Buchstabe

Abkürzungsverzeichnis

BVerfG	Bundesverfassungsgericht
BVerwG	Bundesverwaltungsgericht
BW	Baden-Württemberg
BW VGH	Verwaltungsgerichtshof Baden-Württemberg
BWVBl.	Baden-Württembergisches Verwaltungsblatt (Zeitschrift)
ChE	Verfassungsentwurf Herrenchiemsee
DAR	Deutsches Autorecht
Def.	Definition
ders.	derselbe
dies.	dieselbe
DIN	Deutsche Industrie Norm
DÖV	Die Öffentliche Verwaltung (Zeitschrift)
Drs.	Drucksache
DVBl.	Deutsches Verwaltungsblatt (Zeitschrift)
DVO	Durchführungsverordnung
E	Entscheidungssammlung
EG	Europäische Gemeinschaft
EGBGB	Einführungsgesetz zum Bürgerlichen Gesetzbuch
Einl.	Einleitung
Erl.	Erlass
f., ff.	die folgende(n) Seite(n) (oder Rn.)
Fn.	Fußnote
FStrG	Bundesfernstraßengesetz
Fundstelle	Die Fundstelle. Erläuterungen und Fundstellennachweise zu allen Vorschriften für die Bayer. Gemeindeverwaltung (Zeitschrift)
G.	Gesetz
GBl./GVBl./GV/GVOBl.	Gesetz- (und Verordnungs)blatt
gem.	gemäß
GemO RhPf	Gemeindeordnung Rheinland-Pfalz
G(er)OrgG	Gerichtsorganisationsgesetz
GewArch	Gewerbearchiv (Zeitschrift)
GFZ	Geschossflächenzahl
GG	Grundgesetz
GMBl.	Gemeinsames Ministerialblatt
GO	Gemeindeordnung
GVS	Gesetz- und Verordnungssammlung
h. M.	herrschende Meinung
Hamb.	Hamburg
Hess.	Hessen
Hess VGH	Hessischer Verwaltungsgerichtshof
HS	Halbsatz
i.d.F.(d.)	in der Fassung (des/der)
i.d.R.	in der Regel
i.S.	im Sinne
i.V.m.	in Verbindung mit
insbes.	insbesondere
JVBl.	Justizverwaltungsblatt
JZ	Juristenzeitung (Zeitschrift)

Abkürzungsverzeichnis

KommP BW	Kommunale Praxis Ausgabe Baden-Württemberg (Zeitschrift)
KommP BY	Kommunale Praxis Ausgabe Bayern (Zeitschrift)
KommP N	Kommunale Praxis Ausgabe Niedersachsen (Zeitschrift)
krit.	kritisch
LKV	Landes- und Kommunalverwaltung, Verwaltungssachen. Zeitschrift für die Länder Berlin, Brandenburg, Mecklenburg-Vorpommern, Sachsen, Sachsen-Anhalt und Thüringen
LS	Leitsatz
m.w.N.	mit weiteren Nachweisen
MBliV	Ministerialblatt der inneren Verwaltung
MinBl./MBl.	Ministerialblatt
M-V	Mecklenburg-Vorpommern
n. F.	neue Fassung
Nds.	Niedersachsen
NdsVBl.	Verwaltungsblätter für Niedersachsen
NF	Neue Folge
NJW	Neue Juristische Wochenschrift (Zeitschrift)
NordÖR	Öffentliches Recht (Zeitschrift)
NRW	Nordrhein-Westfalen
NuR	Natur und Recht (Zeitschrift)
NVwZ	Neue Zeitschrift für Verwaltungsrecht
NVwZ-RR	NVwZ-Rechtsprechungsreport (Zeitschrift)
NWVBl.	Verwaltungsblätter für Nordrhein-Westfalen
NZV	Neue Zeitschrift für Verkehrsrecht
o.J.	ohne Jahr
OLG	Oberlandesgericht
ÖPNV	öffentlicher Personennahverkehr
öR	öffentliches Recht, öffentlich-rechtlich
OVG Bbg.	Oberverwaltungsgericht für das Land Brandenburg
OVG Bln.	Oberverwaltungsgericht Berlin
OVG Brem.	Oberverwaltungsgericht der Freien Hansestadt Bremen
OVG Hamb.	Hamburgisches Oberverwaltungsgericht
OVG M-V	Oberverwaltungsgericht Mecklenburg-Vorpommern
OVG Nds.	Niedersächsisches Oberverwaltungsgericht
OVG NRW	Oberverwaltungsgericht für das Land Nordrhein-Westfalen
OVG Rh-Pf.	Oberverwaltungsgericht Rheinland-Pfalz
OVG Saar	Oberverwaltungsgericht des Saarlandes
OVG Sachs.	Sächsisches Oberverwaltungsgericht
OVG Sachs-Anh.	Oberverwaltungsgericht des Landes Sachsen-Anhalt
OVG Schl-H.	Schleswig-Holsteinisches Oberverwaltungsgericht
OVG Thür.	Thüringer Oberverwaltungsgericht
OWiG	Gesetz über Ordnungswidrigkeiten
PBefG	Personenbeförderungsgesetz
p.Chr.n.	post Christum natum (nach Christus)
Pkt.	Punkt (als Gliederung)
pr.	preußisch
PrALR, prALR	Allgemeines Landrecht für die Preußischen Staaten von 1794
PrGS	Preußische Gesetzessammlung
ProVG	Preußisches Oberverwaltungsgericht
PrVBl.	Preußisches Verwaltungsblatt
RdErl.	Runderlass
RdL	Recht der Landwirtschaft (Zeitschrift)

Abkürzungsverzeichnis

RE, RegE	Regierungsentwurf
RegBl.	Regierungsblatt
RG	Reichsgericht
RGBl.	Reichsgesetzblatt
RheimstG	Reichheimstättengesetz
Rh-Pf.	Rheinland-Pfalz
RL	Richtlinie
Rn.	Randnummer(n)
Rspr.	Rechtsprechung
RuPrVBl.	Reichs- und Preußisches Verwaltungsblatt
RVBl.	Reichsverwaltungsblatt
RVO	Rechtsverordnung
s.(o.) (u.)	siehe (oben) (unten)
S.	Seite oder Satz
Saar	Saarland
Sachs	Sachsen
Sachs-Anh	Sachsen-Anhalt
SächsVBl.	Sächsische Verwaltungsblätter (Zeitschrift)
Schl.-H	Schleswig-Holstein
StAnz.	Staatsanzeiger
StPO	Strafprozessordnung
StVG	Straßenverkehrsgesetz
StVO	Straßenverkehrsordnung
Thür.	Thüringen
ThürBO	Thüringer Bauordnung
ThürVBl.	Thüringer Verwaltungsblätter (Zeitschrift)
TÜV	Technischer Überwachungs-Verein
u.Ä.	und Ähnliches
u. a.	und andere, unter anderem
udgl.	und dergleichen
u.U.	unter Umständen
UPR	Umwelt- und Planungsrecht (Zeitschrift)
Urt.	Urteil
usw.	und so weiter
UVP	Umweltverträglichkeitsprüfung
UVPG	Gesetz über die Umweltverträglichkeitsprüfung
v.a.	vor allem
VA	Verwaltungsakt
VB	Verwaltungsbehörde
VerfGH	Verfassungsgerichtshof
VerwArch.	Verwaltungsarchiv
VerwRspr.	Verwaltungsrechtsprechung in Deutschland
VG.	Verwaltungsgericht
VGG	Verwaltungsgerichtsgesetz
VGH	Verwaltungsgerichtshof (s. auch bei den Ländern)
vgl.	vergleiche
VO	Verordnung
vorüberg.	vorübergehend
VRS	Verkehrsrechts-Sammlung
VVDStRL	Veröffentlichung der Vereinigung der Deutschen Staatsrechtslehrer
VwGO	Verwaltungsgerichtsordnung
VwRR BY	Verwaltungsrechtsreport Bayern (Zeitschrift)

Abkürzungsverzeichnis

VwRRMO	VerwaltungsRechtsReport MO Aktuelle Rechtsprechung für die Verwaltungspraxis. Ausgabe Brandenburg, Mecklenburg-Vorpommern, Sachsen, Sachsen-Anhalt, Thüringen (Zeitschrift)
VwVfG	Verwaltungsverfahrensgesetz (ohne Landesadjektiv: VwVfG des Bundes)
VwZG	Verwaltungszustellungsgesetz
WaStrG	Wasserstraßengesetz
WEG	Gesetz über das Wohnungseigentum und das Dauerwohnrecht
WG	Wassergesetz
WHG	Wasserhaushaltsgesetz
WRV	Weimarer Reichsverfassung
z. B.	zum Beispiel
z. T.	zum Teil
ZfBR	Zeitschrift für deutsches und internationales Baurecht
ZfW	Zeitschrift für Wasserrecht
ZMR	Zeitschrift für Miet- und Raumrecht
ZPO	Zivilprozessordnung
ZRP	Zeitschrift für Rechtspolitik
ZTR	Zeitschrift für Tarif-, Arbeits- und Sozialrecht des öffentlichen Dienstes
ZUR	Zeitschrift für Umweltrecht

Literaturverzeichnis

Adler/Düring/Schmaltz	Rechnungslegung und Prüfung der Unternehmen, 6. Aufl. 1995 ff.
Ax/Schneider/Nette	Handbuch Vergaberecht, 2002
Bals	Vorschläge und Hinweise zur inhaltlichen und formalen Gestaltung der Beteiligungsberichte der Kommunen (ohne Jahr; *http://www.im.nrw.de/bue/doks/hinweise.beteiligungsberichte.pdf.*)
Baumbach/Hefermehl	Wettbewerbsrecht – Kommentar, 22. Aufl., 2001
Bechtold	Kartellgesetz GWB-Kommentar, 3. Aufl., 2002
Beinert	Steuerrecht, in Handbuch Kommunale Unternehmen, 2004
Baumbach/Hueck	GmbH, 17. Aufl. 2000
Berger/Ellrott/Förschle/Hense	Beck'scher Bilanzkommentar Handels- und Steuerrecht, 5. Aufl. 2003
Berlit	Vergleichende Werbung, 2002
Bernecke	Die einstweilige Verfügung in Wettbewerbssachen, 1995
Boesche	Die zivilrechtsdogmatische Struktur des Anspruchs auf Zugang zu Energieversorgungsnetzen, 2002
Bredemeier/Neffke	BAT/BAT-O, Kommentar, 2. Aufl. 2003
Buchna	Gemeinnützigkeit im Steuerrecht
Corporate Governance Kodex	(*http://www.corporate-governance-code.de/ger/kodex/index.html*)
Cronauge, Ulrich/ Westermann, Georg	Kommunale Unternehmen, 4. Auflage, 2003
Dassau/Wiesend-Rothbrust	BAT Kompaktkommentar (3. Auflage), 2003
Daub/Eberstein	Kommentar zur VOL/A, 5. Aufl., 2000
Detig	Die kommunale Anstalt des öffentlichen Rechts als Wirtschaftsförderungsinstitution, 2004
Deutsches Rechnungslegungs Standards Committee (DRSC)	vom 19.6.2003 (*http://www.standardsetter.de/drsc/docs/press.release/ifrsl.html*)
Diller	Aufgaben und Organisation einer Innenrevision im kommunalen Krankenhaus, Geschäftsbericht 2002 des Bayerischen Kommunalen Prüfungsverbandes, S. 66 (*http://www.bkpv.de > Veröffentlichungen*)
Dötsch/Jost/Eversberg	Körperschaftssteuergesetz, Kommentar, 49. Auflage, 1999 (Rechtsstand Oktober 2003)
Ehlers	Empfiehlt es sich, das Recht der öffentlichen Unternehmen im Spannungsverhältnis von öffentlichem Antrag und Wettbewerb national und gemeinschaftsrechtlich neu zu regeln?, Gutachten E zum 64. Deutschen Juristentag, 2002
Ehlers	Verwaltung in Privatrechtsform, 1984
Emmerich/Sonnenschein	Konzernrecht, 7. Aufl. 2001
Emmerich	Kartellrecht, 9. Aufl., 2001
Emmerich	Unlauterer Wettbewerb, 6. Aufl., 2002
Engel	Verhandelter Netzzugang, 2002
Fabry/Augsten (Hrsg.)	Handbuch der öffentlichen Unternehmen, 2002
Fiebig	Kommunale Rechnungsprüfung Grundlagen – Aufgaben – Organisation, 3. Aufl. 2003
Frotscher/Maas	Körperschaftssteuergesetz/Umwandlungssteuergesetz, Kommentar, Rechtsstand November 2003

Literaturverzeichnis

Gabler/Höhlein/Klöckner/Lukas/
Oster/Rheindorf/Schaaf/Stuben-
rauch/Tutschapsky . . . . Kommunalverfassungsrecht Rheinland-Pfalz, Kommentar, Loseblatt, Stand Oktober 2003 (zit.: Gabler/Höhlein u. a.)
Geib/Gelhausen/Gelhausen . . . . . WP-Handbuch 2000, Bd. I, 2000
Gersdorf . . . . Öffentliche Unternehmen im Spannungsfeld zwischen Demokratie- und Wirtschaftlichkeitsprinzip, 2000
Goette . . . . Die GmbH, 2. Aufl. 2002; Großkommentar zum GmbHG, begründet von Hachenburg, 8. Aufl. 1990ff.
Graf Lambsdorff . . . . Handbuch des Wettbewerbsrechts, 2000
Gürch . . . . Änderungen im Bereich der Einkünfte aus Kapitalvermögen durch das StÄndG 2003, NWB Fach 3, 12733–12738
Haertle/Purzer . . . . Das Rechnungswesen der Krankenhäuser, u. a., Stand 31. 7. 2003
Hahn . . . . Was bedeutet die Reform der Rechnungslegung der öffentlichen Verwaltung aus der Perspektive der kommunalen Unternehmen?, im Roedl & Partner, Newsletter Öffentliches Management, April 2003, S. 3 f. (*http://www.roedl.de > Publikationen*)
Harbarth . . . . Anlegerschutz im öffentlichen Unternehmen, 1998
Held/Becker/Decker/Kirchhof/
Krämer/Wansleben . . . . Kommunalverfassungsrecht Nordrhein-Westfalen, Gemeindeordnung für das Land Nordrhein-Westfalen (GO), Kreisordnung für das Land Nordrhein-Westfalen(KrO), Gesetz über kommunale Gemeinschaftsarbeit (GKG), Landschaftsverbandsordnung für das Land Nordrhein-Westfalen (LverbO), Gesetz über den Kommunalverband Ruhrgebiet (KVRG); Kommentare, 1994ff.
Hellermann . . . . Örtliche Daseinsvorsorge und gemeindliche Selbstverwaltung, 2000
Herrmann/Heuer/Raupach . . . . . Einkommensteuergesetz Körperschaftssteuergesetz, Kommentar, 21. Auflage, 2000 (Rechtsstand August 2003)
Hessischer Rechnungshof . . . . 10. Zusammenfassung Bericht 2001 (*http://www.rechnungshof-hessen.de/upkk/pdf/10-bericht-upkk.pdf*)
Hösch . . . . Die kommunale Wirtschaftstätigkeit; 2000
Hofmann . . . . Prüfungshandbuch, Praxisorientierter Leitfaden einer umfassenden Revisionskonzeption, 1990, S. 15
Hoppe/Uechtritz (Hrsg.) . . . . Handbuch Kommunale Unternehmen, 2004
Hüffer . . . . Aktiengesetz, 6. Aufl. 2004

Immenga/Mestmäcker . . . . GWB, 3. Aufl., 2001

Ipsen . . . . Kommunalwirtschaft im Umbruch, 2001
Janssen . . . . Holding und Organschaft: Bestandsaufnahme, Gestaltung, Perspektiven, Die Wirtschaftsprüfung, Sonderheft 2003
Jarass . . . . Kommunale Wirtschaftsunternehmen im Wettbewerb, 2002; Grenzen kommunaler Wettbewerbsteilnahme, 1988
Jöhnk/Mitschke/Uhlen (PwC) . . . Modell zur Steuerung und Kontrolle kommunaler Beteiligungen, (ohneJahr) http://www.fbw.fh-hildesheim.de/main/profs/mitschke/docs/Beteiligungsmanagement.0902.pdf
Kirchgässner/Knemeyer/Schulz . . Das Kommunalunternehmen – Neue Rechtsform zwischen Eigenbetrieb und GmbH, 1997
Kirchhof . . . . Einkommensteuergesetz, Kommentar, 2. Auflage, 2002
Klein/Uckel/Ibler . . . . Kommunen als Unternehmer: Gründung, Umwandlung und Führung kommunaler Betriebe, Loseblattsammlung, 2002
Köhler/Piper . . . . UWG Kommentar, 3. Aufl., 2002
Kölner Kommentar zum
Aktiengesetz . . . . 2. Aufl. 1986ff.

Literaturverzeichnis

Körner	Änderungen bei der Besteuerung von juristischen Personen des öffentlichen Rechts durch das Steuersenkungsgesetz, NWB Fach 4, 4447–4458
Koller/Roth/Morck	Handelsgesetzbuch – Kommentar, 4. Auflage 2003
Kraft	Das Verwaltungsgesellschaftsrecht, 1982
Krag/Mölls	Rechnungslegung, 2001
Kunze/Bronner/Katz	Gemeindeordnung für Baden-Württemberg, Kommentar, 4. Auflage Loseblatt, Stand Mai 2002
Küting/Dawo/Heiden	Das Testat des Wirtschaftsprüfers im Internet – Internationale audit guidance als Vorbild einer künftigen deutschen Regelung?, JurPC Web-Dok. 25/2002, Abs. 63
Küting/Weber	Handbuch der Rechnungslegung, Kommentar zur Bilanzierung und Prüfung, 4. Aufl. 1995
Landesrechnungshof Brandenburg	Jahresbericht 1999, (http://www.Brandenburg.de/landesrechnungshof/jb 99 28.htm)
Landesrechnungshof Mecklenburg-Vorpommern	Jahresbericht 2002
Leffson	Die Grundsätze ordnungsgemäßer Buchführung, 7. Aufl. 1987, S. 163 ff.
Lehmler	Das Recht des unlauteren Wettbewerbsrechts, 2002
Leisner	Staatliche Rechnungsprüfung Privater unter besonderer Berücksichtigung der freien Wohlfahrtspflege, 1990
Lettl	Das neue UWG, 2004
Littmann/Bitz/Pust	Das Einkommensteuerrecht, Kommentar, Rechtsstand 2003
Löwer	Der Staat als Wirtschaftssubjekt und Auftraggeber, VVDStRL 60 (2001), 416
Lutter	Umwandlungsgesetz, Kommentar, 2. Aufl. 2000
Lutter/Hommelhoff	GmbH-Gesetz, Kommentar, 16. Aufl. 2004
Lutter/Krieger	Rechte und Pflichten des Aufsichtsrats, 4. Aufl. 2002
Marx	Unabhängige Abschlussprüfung und Beratung, 2001
Meyer	Grundlagen und Reichweite der Einrichtungs- und der Betätigungsprüfung nach dem Gesetz zur Regelung der überörtlichen Prüfung kommunaler Körperschaften in Hessen (ÜPKKG), 1995 (http://www.rechnungshof-hessen.de/upkk/index.htm)
Modellprojekt „Doppischer Körperschaften in NW" (Hrsg.)	Freiburg, Berlin, München, 2. Aufl. 2003
Motzke/Pietzcker/Prieß	Beck'scher VOB-Kommentar, Teil A, 2001
Müller	Rechtsformenwahl bei der Erfüllung öffentlicher Aufgaben, 1993
Müller-Wrede/Diederichs/Kulartz/Locher/Marx	Verdingungsordnung für freiberufliche Leistungen (VOF), 2. Aufl., 2003
Münchener Handbuch des Gesellschaftsrechts	Bd. 4, Aktiengesellschaft, 2. Aufl. 1999
Münchener Kommentar zum Aktiengesetz	2. Aufl. 2000
Nagel	Gemeindeordnung als Hürde?, 1999
Neye/Limmer	Handbuch der Unternehmensumwandlung, 1996
Och/Wager	Betriebswirtschaftslehre in der öffentlichen Verwaltung, herausgegeben von der Bayerischen Verwaltungsschule, 2003, S. 174
Otting	Neues Steuerungsmodell und rechtliche Betätigungsspielräume der Kommunen, 1997

Literaturverzeichnis

Pielow	Grundstrukturen öffentlicher Versorgung, 2001
Püttner	Die öffentlichen Unternehmen, 2. Aufl. 1985
Püttner	Zur Frage der zu empfehlenden Rechtsform für kommunale Unternehmen in Bayern unter den heute gegebenen Rahmenbedingungen, Anlage zum VKU-Nachrichtendienst Juli 1999
Püttner (Hrsg.)	Zur Reform des Gemeindwirtschaftsrechts, 2002
Quecke/Schmid/Menke/Rehak/ Wahl/Vinke/Blazek/Schaffarzik	Gemeindeordnung für den Freistaat Sachsen, Kommentar, Loseblatt, Stand November 2003
Rausch	Stadtwerke: Legal Unbundling oder nicht? 100.000-Kunden-Grenze ist kein Freibrief, vwd:energy weekly vom 18. 7. 2003
Rechnungshof Rheinland-Pfalz	Kommunalbericht 1999 TZ 4, S. 33 ff. (http://www.rechnungshof-rlp.de/Kommunalberichte/Kommunalbericht.1999/KB.TZ04.1999.pdf)
Reichard (Hrsg.)	Kommunen am Markt, 2001
Rehn/Cronauge/von Lennep	Gemeindeordnung für das Land Nordrhein-Westfalen, Kommentar, 2. Auflage, Loseblatt, Stand Januar 2002 (zit.: Rehn/Cronauge)
Riedmayer/Schraml	Das Kommunalunternehmen – Anstalt des öffentlichen Rechts – Erweiterung kommunaler Handlungsmöglichkeiten, 2000
Rowedder/Schmidt-Leithoff	Gesetz betreffend die Gesellschaften mit beschränkter Haftung (GmbHG), 4. Aufl. 2002
Saecker/Jaecks	Langfristige Energielieferverträge und Wettbewerbsrecht, 2002
Schaub/Koch/Linck	Arbeitsrechts-Handbuch (10. Auflage), 2002
Schmidt	Öffentliches Wirtschaftsrecht – Allgemeiner Teil, 1990
Schmidt, L.	Einkommensteuergesetz, Kommentar, 22. Auflage, 2003
Scholz	Kommentar zum GmbH-Gesetz, 9. Aufl. 2000 ff.
Schreml/Westner, u. a.	Kommunales Haushalts- und Wirtschaftsrecht in Bayern, Stand April 2004
Schruff	Zur Aufdeckung von Top-Manangement-Fraud durch den Wirtschaftsprüfer im Rahmen der Jahresabschlussprüfung, WPg 2003, S. 901 ff.
Schulz, in: Praxis der Kommunalverwaltung	Loseblattsammlung, Komm. zu Art. 86 ff. GO Bay
Schwarze (Hrsg.)	Daseinsvorsorge im Lichte des Wettbewerbsrechts, 2001
Schwintowski	Wettbewerbsrecht (GWB/UWG), 3. Aufl. 1999
Storr	Der Staat als Unternehmer, 2001
Stober/Vogel (Hrsg.)	Wirtschaftliche Betätigung der öffentlichen Hand, 2000
Streck, M.	Körperschaftsteuergesetz, Kommentar, 6. Auflage, 2003
Stuhrmann, W.	in Blümich Einkommensteuergesetz/Körperschaftsteuergesetz/Gewerbesteuergesetz, Kommentar, Rechtsstand Oktober 2003
Tanski	Interne Revision im Krankenhaus, 2001
Teplitzky	Wettbewerbsrechtliche Ansprüche und Verfahren, 8. Auflage, 2002
Trapp/Bolay	Privatisierung in Kommunen – eine Auswertung kommunaler Beteiligungsberichte, Deutsches Institut für Urbanistik, 2003
von Wallberg	Kartellrecht, 2. Aufl., 2002
Wallerath (Hrsg.)	Kommunen im Wettbewerb, 2001
Wambach (Hrsg.)	Kommunale Unternehmer im Fokus, 2003
Weber	Wettbewerbsrechtlicher Unterlassungsanspruch gegen kommunale Wirtschaftstätigkeit, 1998
Widmann/Mayer	Umwandlungsrecht, Umwandlungsgesetz, Umwandlungssteuergesetz, Kommentar, Loseblatt Stand: April 2004
Wiedemann	Handbuch des Kartellrechts, 1999

Literaturverzeichnis

Wieland/Hellermann	Der Schutz des Selbstverwaltungsrechts der Kommunen gegenüber Einschränkungen ihrer wirtschaftlichen Betätigung im nationalen und europäischen Recht, 1995
Wieland	Kommunalwirtschaftliche Betätigung unter veränderten Wettbewerbsbedingungen, in: Hennecke (Hrsg.), Optimale Aufgabenerfüllung im Kreisgebiet?, 1999, S. 193
Wolff/Bachof/Stober	Verwaltungsrecht Band II, 5. Aufl. 1987
Zeiß	Das Recht der gemeindlichen Eigenbetriebe, 4. Auflage 1993

A. Kommunen als Unternehmer?

Übersicht

	Rn.		Rn.
I. Relevanz und Aktualität der Fragestellung	1	II. Unterschiedliche Regelungskonzepte und -erwartungen kommunalwirtschaftlicher Betätigung	24
1. Hauptmotiv: Unzureichende kommunale Finanzausstattung	7	1. Aufgabenbezogene Betrachtung im EGV	25
2. Weiteres Motiv: Verwaltungsmodernisierung	12	2. Trägerbezogene Betrachtung in Deutschland	27
3. Entmonopolisierung durch zunehmende Europäisierung	16	3. Der rechtspolitische Richtungsstreit	33
4. Klassifizierung neuer kommunalwirtschaftlicher Betätigungen	23		

I. Relevanz und Aktualität der Fragestellung

Sind die Kommunen in der Pflicht, neue Finanzierungsquellen zu suchen, um die Erfüllung defizitärer Aufgaben im Bereich der Daseinsvorsorge zu sichern? Diese Frage wird in vielen Kommunen – in den Städten weit mehr als in den Landkreisen, in größeren Städten weitaus häufiger als in kleineren Gemeinden – bejaht. Es „boomt" in vielen Kommunen seit einiger Zeit die unternehmerische Betätigung in Aufgabenbereichen, die nicht gerade zum klassischen Aufgabenfächer kommunaler Daseinsvorsorgeleistungen für die eigenen Bürger zu zählen sind. Als „Erschließung neuer Geschäftsfelder" ist dieses Phänomen benannt worden; es ist aber vor einigen Jahren auch in vielen Kommunen so etwas wie eine Goldgräbermentalität ausgemacht worden, die allerdings in der letzten Zeit weitgehender Ernüchterung gewichen ist. In der Absicht, Gewinne zu erzielen bzw. kommunale Arbeitsplätze zu sichern, geschieht in zahlreichen Kommunen u. a. Folgendes: 1

Kommunen erschließen sich den Telekommunikations- und Multimedia-Markt auch über das Gemeindegebiet hinaus. Kommunale Energieversorgungsunternehmen führen Wartungs- und Instandhaltungsarbeiten durch und beschränken sich bei der Belieferung mit Strom und Gas ebenfalls nicht mehr auf das Gemeindegebiet. Stadtwerke bieten Paketlösungen für Dienstleistungsangebote an, stellen sich als zentrale Dienstleister dar und beteiligen sich an kommunalen Unternehmen in den neuen Ländern. 2

Kommunale Verkehrsbetriebe warten bundesweit ausländische Busse, bieten Fahrzeugreparaturen und sonstige Werkstattleistungen für Dritte im Kfz-Bereich ebenso an, wie sie Autos recyceln und Abschleppdienste vorhalten. Hinzu treten Tourismusdienstleistungen und Ausflugsfahrten, das Betreiben von Taxen, das Vertreiben von Fahrzeugen und die Bereitstellung der eigenen Waschanlage für Außenstehende. Kommunale Wohnungsunternehmen verwalten und verwerten Wohnungen, üben Maklertätigkeiten aus und betreiben einen Umzugsservice. 3

Kommunale Gartenbaubetriebe haben gärtnerische Leistungen im Bereich der privaten Garten- und Grünpflege angeboten, Grünpflanzen verkauft, ökologischen Garten- und Landbau betrieben und sich am Weinbau beteiligt. Kommunale Druckereien bieten Druckarbeiten zu fairen Preisen an und drucken Geburts- und Todesanzeigen ebenso wie Hochzeitseinladungen für Trauungen, die Standesämter als Ambiente-Trauungen gegen Aufpreis veranstalten und für die städtische Kantinen einen Partyservice vorhalten. 4

Städtische Bauhöfe stellen Maschinen und Werkgeräte wie den kommunalen Baukran auch Privaten zur Verfügung. Consulting- und Planungstätigkeiten außerhalb des Gemeindegebiets, auch im Ausland, werden ebenso angeboten, wie eine Software-Firma, 5 die auch sanitäre Erzeugnisse und dekorative Baumaterialien vertreiben sollte, in Südindien gegründet. Tochtergesellschaften einer kommunalen Messegesellschaft befinden sich in Tokio, Singapur, Chicago und Warschau. Reisebüros, Sonnenstudios, Hotels, Gaststätten und Campingplätze werden betrieben sowie Fahrräder und Sonnenschirme verliehen. Service- und Reinigungsarbeiten werden Privaten genauso von kommunaler Seite angeboten wie Vermessungs- und Katasterleistungen. Auch Nachhilfeunterricht für Schüler durch Volkshochschulen durfte insoweit nicht fehlen.

6   Dagegen beschränkten sich die Kommunen in der Vergangenheit regelmäßig auf die klassischen Bereiche der Ver- und Entsorgungswirtschaft, also auf die Versorgung der örtlichen bzw. kreislichen Bevölkerung mit Strom, Gas, Wasser, Fernwärme und öffentlichem Personennahverkehr sowie die Entsorgung des Abfalls und Abwassers.

1. Hauptmotiv: Unzureichende kommunale Finanzausstattung

7   Fragt man nun nach den Motiven für die Ausweitung kommunaler Betätigung in den vorgenannten Bereichen, liefert die immer schwieriger werdende kommunale Finanzlage das Hauptmotiv. Allen vorgenannten neuen Aktivitäten ist gemeinsam, dass sie nicht in erster Linie der Deckung eines Bedarfs der Bevölkerung dienen, sondern primär zur Erzielung von Einnahmen für die kommunalen Haushalte bzw. des Fachbereichsbudgets aufgenommen worden sind.

8   Unbestreitbar ist, dass die Entwicklung der kommunalen Einnahmen gerade in den letzten Jahren mit der Ausgabenentwicklung im pflichtigen Bereich nicht Schritt gehalten hat. Neben seit einigen Jahren stagnierenden bzw. rückläufigen Steuereinnahmen ist insbesondere auf ebenfalls stagnierende bzw. sogar rückläufige Kostenerstattungen und Finanzausgleichsleistungen der Länder zu verweisen, so dass bei immer mehr Kommunen selbst bei einem Verzicht auf alle freiwilligen Leistungen die laufenden Einnahmen die laufenden Ausgaben nicht zu decken vermögen.

9   Zwar hat die landesverfassungsgerichtliche Rechtsprechung in zahlreichen Ländern zutreffend herausgearbeitet, dass der Anspruch der Kommunen auf eine aufgabenangemessene Finanzausstattung auch bei fehlender Leistungsfähigkeit des Landes die vom Land zu gewährleistende Mindestausstattung nicht unterschreiten darf. Auch tritt inzwischen in allen Ländern ein Anspruch der Kommunen auf Belastungsausgleich bei der Übertragung von Aufgaben hinzu. Indes hapert es bei der landesrechtlichen Umsetzung dieser Verfassungsgebote, was von der Verfassungsgerichtsbarkeit in den einzelnen Ländern immer häufiger toleriert worden ist. Diverse Länder lassen ihre Kommunen bei der Finanzierung der ihnen bundes- und landesseitig übertragenen Aufgaben also faktisch schlicht im Stich, was bei zahlreichen Kommunen neben Überlegungen zum Aufgabenabbau und zur Effizienzsteigerung auch Betrachtungen zur Erschließung neuer Einnahmequellen forciert hat, um mit den so zu erwirtschaftenden Mitteln klassische kommunale Aufgaben im pflichtigen, vor allem aber auch im freiwilligen Bereich, insbesondere für Soziales, Gesundheit, Jugend, Schule und Kultur, zu erwirtschaften bzw. einen Beitrag zur Konsolidierung des Haushalts zu leisten. Die Kommunalpolitik hofft mithin immer häufiger, nach dem Motto: „Der Zweck heiligt die Mittel" die kommunale Haushaltswirtschaft durch unternehmerische Betätigung mit Kommunen als Profitcenter sanieren zu können.

10 Die Kommunen praktizieren also nicht nur intelligentes Sparen, sondern mit vielfältigen Strategien eine kreative Finanzpolitik durch eine Kombination der Reduktion von Ausgaben, der inneren Modernisierung der eigenen Verwaltung durch Managementmethoden und der Erschließung neuer Einnahmequellen. Die Haushaltskrise hat mithin viele Kommunen dazu veranlasst, einen zentralen Lösungsbeitrag in einer Ausweitung unternehmerischer Tätigkeit zu suchen, zumal vielen Kommunalpolitikern die bisherige restriktive Politik der Kommunalwirtschaft nicht mehr einsichtig erscheint.

11 Eine ähnliche Entwicklung hat es bereits in den Zwanzigerjahren des letzten Jahrhunderts gegeben, nachdem insbesondere im Kaiserreich, welches – anders als die nachfolgende Weimarer Republik – noch keinen Steuerstaat darstellte, die wirtschaftlichen

I. Relevanz und Aktualität der Fragestellung

Staats- und Kommunaleinnahmen noch die entscheidende Haushaltsvorgabe und damit zugleich eine natürliche Ausgabenbegrenzung bildete. Während die Kommunalwirtschaft vor dem Ersten Weltkrieg auf die Daseinsvorsorge für die Gemeindebürger fixiert war, daneben allerdings auch beträchtliche Gewinne für die kommunalen Haushalte abwarf, weitete sich die kommunale Wirtschaftstätigkeit in der Weimarer Republik auch in den Bereich der reinen Erwerbswirtschaft aus – ein Phänomen, dem man in jüngerer Zeit erneut begegnet. Als Folge vielfältigen Missgeschicks der kommunalwirtschaftlichen Betätigung kam es 1935 zur Statuierung des § 67 Deutsche Gemeindeordnung vom 30. 1. 1935 (RGBl. I S. 49),[1] der in der Nachkriegszeit für nahezu fünf Jahrzehnte auch das Vorbild für entsprechende Regelungen in den Kommunalverfassungen der einzelnen Länder bildete.

2. Weiteres Motiv: Verwaltungsmodernisierung

Die Finanzkrise der öffentlichen Hand hat der Intensivierung der Verwaltungsmodernisierung im kommunalen Bereich insbesondere durch die Umsetzung neuer Steuerungsmodelle mit der Folge nachdrücklich Schub verliehen, dass die dezentrale Ressourcenverantwortung gestärkt, d. h. den Fachbereichen der Verwaltung mehr Autonomie und Verantwortung verliehen worden ist. Betriebswirtschaftliche Steuerungs- und Managementinstrumente haben seit gut einem Jahrzehnt Einzug in die kommunale Verwaltung gehalten. Seither bekommen die Fachbereiche Budgets zur Verfügung gestellt, können innerhalb ihres Budgets eigenverantwortlich wirtschaften und in diesem Rahmen auch darüber entscheiden, ob sie die benötigten Dienstleistungen von den Servicebereichen der eigenen Verwaltung, die bisher den Querschnittsämtern zugeordnet waren, erbringen lassen oder sie am Markt „einkaufen". Die Fachbereiche werden aber durch das Saldoprinzip bei der Budgetierung nicht nur zur Ausgabensenkung, sondern auch zur Erzielung eigener Einnahmen angeregt, was erhebliche Kreativität freisetzt, die nicht nur darauf ausgerichtet ist zu prüfen, wie die bestehenden Strukturen verbessert werden können, sondern auch darauf, wie durch Erschließung neuer Geschäftsfelder neue Einnahmen erzielt werden können. Das Konkurrieren der Serviceeinheiten wie Bauhof, Druckerei, Rechtsberatung etc. mit privaten Konkurrenten hat zudem zur Folge, dass die kommunalen Anbieter im eigenen Hause gegenüber privaten Dienstleistern vielfach bei Durchführung von Vollkostenrechnungen nur dann noch wettbewerbsfähig sind, wenn ihnen auch der private Markt offen steht, um vorhandene Kapazitäten auszulasten. Können sie ihre Leistungen nicht zu wettbewerbsfähigen Konditionen anbieten, laufen sie Gefahr, vollständig aus dem Leistungsspektrum der jeweiligen Kommune verdrängt zu werden.

Viele Kommunen haben auf diese Weise durch die Einführung neuer Managementmethoden und ein stärkeres betriebswirtschaftliches Denken ganz erhebliche Rationalisierungserfolge zu verzeichnen. Auch setzt verändertes Recht mit dem Ziel zunehmender Deregulierung erhebliche Personalkapazitäten frei, was zu einem Dilemma führt, da die Kommunen bei Beginn des jeweiligen Modernisierungs- und Umstrukturierungsprozes-

---

[1] Die Vorschrift hat folgenden Wortlaut:
„§ 67, (1) Die Gemeinde darf wirtschaftliche Unternehmen nur errichten oder wesentlich erweitern, wenn
1. der öffentliche Zweck das Unternehmen rechtfertigt,
2. das Unternehmen nach Art und Umfang in einem angemessenen Verhältnis zu der Leistungsfähigkeit der Gemeinde und zum voraussichtlichen Bedarf steht,
3. der Zweck nicht besser und wirtschaftlicher durch einen anderen erfüllt wird oder erfüllt werden kann.
(2) Wirtschaftliche Unternehmen im Sinne dieses Abschnitts sind nicht
1. Unternehmen, zu denen die Gemeinde gesetzlich verpflichtet ist,
2. Einrichtungen des Unterrichts-, Erziehungs- und Bildungswesens, der körperlichen Ertüchtigung, der Kranken-, Gesundheits- und Wohlfahrtspflege.
Auch diese Unternehmen und Einrichtungen sind nach wirtschaftlichen Gesichtspunkten zu verwalten.
(3) Bankunternehmen darf die Gemeinde nicht errichten.
(4) Für das öffentliche Sparkassenwesen verbleibt es bei den besonderen Vorschriften."

ses, um die Mitarbeiter für ein aktives Mitwirken zu gewinnen („Mitarbeiterorientierung"), in aller Regel auf betriebsbedingte Kündigungen verzichtet haben. Um die vorhandenen, indes frei gewordenen Kapazitäten auszulasten, gilt es mithin, „Arbeit aufzusaugen" und insbesondere mit bisher ausschließlich intern angebotenen Dienstleistungen an den Markt zu gehen. Jedenfalls so lange, wie sonst ungenutzte Kapazitäten eingesetzt werden, können diese Leistungen dabei auch bei streng betriebswirtschaftlicher Kalkulation zu sehr günstigen Konditionen angeboten werden, weil die Grenzkosten sehr niedrig sind. Vorübergehende Minderauslastungen führen mithin nicht zu Personalfreisetzungen, wie es das Gebot der Wirtschaftlichkeit eigentlich vorgeben würde, sondern werden durch neue Aktivitäten aufgefangen und dienen damit der Arbeitsplatzsicherung, zumal man sich dabei auf qualifizierte Mitarbeiter, vorhandenes Know-how und bewährte Strukturen stützen kann. Zudem wird bisweilen die Vorbildfunktion der öffentlichen Arbeitgeber angemahnt, für die ein erhöhtes Anforderungsprofil bestehe, und ergänzend darauf hingewiesen, dass als Kehrseite Fehlentwicklungen am Arbeitsmarkt letztlich die Kommunen als Träger der Sozialhilfe bzw. der Leistungen für Unterkunft und Heizung unmittelbar träfen.

14 Auch wird darauf abgestellt, dass die Vermarktung überschüssiger Kapazitäten aus Rentabilitätsgesichtspunkten geboten sei, um sonst brachliegendes Wirtschaftspotential auszunutzen. Die Wahrnehmung dieser gewinnorientierten Annextätigkeiten werde gleichsam durch das kommunalverfassungsrechtliche Rentabilitätsgebot gefordert. Gewinnmitnahmen bei Gelegenheit einer durch einen öffentlichen Zweck gerechtfertigten Betätigung seien so lange und so weit statthaft, wie das Rentabilitätsgebot verlange, dass vorhandene Produktivitätsreserven voll ausgelastet und sinnvoll genutzt würden.

15 Schließlich wird gerade für die Stadtwerke geltend gemacht, dass sie in den herkömmlichen Geschäftsfeldern an Wachstumsgrenzen mit der Folge stoßen, dass bei der Versorgung mit Energie und Wasser insbesondere aufgrund des gestiegenen Umweltbewusstseins nur noch geringe oder gar keine Wachstumserwartungen mehr bestehen, was ebenfalls zu unausgelasteten Ressourcen im personellen Bereich führt. Daraus resultiert die Forderung, dass die Kommunen ganz normale Mitspieler am Markt werden müssten und ihre Geschäftspolitik demnach ebenso wie private Unternehmen nach seinen Gesetzen ausrichten müssten. „Gleiches Recht für alle" und „Herstellung von Waffengleichheit" lautet dann die Devise; die „Identität der Kommunen" wird von einigen beschworen, während andere insoweit von einer krisenhaften Entwicklung sprechen.

3. Entmonopolisierung durch zunehmende Europäisierung

16 Angesichts der gänzlich unterschiedlichen Verwaltungstraditionen, die schon unter den sechs Gründungsmitgliedern der EWG im Jahre 1957 bestanden, kommt es bei der zunehmenden Vertiefung der europäischen Integration zu einer Europäisierung des Wirtschaftsrechts, also zu einem verstärkten Einfluss supranational zustande gekommener Entscheidungsprozesse auf die Politikfelder, aber auch auf die politischen und administrativen Strukturen der Mitgliedstaaten, was zu nachweisbaren Veränderungen in den davon betroffenen Verwaltungssystemen führt. Wegen der komplexen Wechselbeziehungen und Abhängigkeiten zwischen mitgliedstaatlicher und supranationaler Ebene beim Zustandekommen von Gemeinschaftsrecht handelt es sich bei Einwirkung des Gemeinschaftsrechts auf die mitgliedstaatlichen Rechtsordnungen allerdings keinesfalls um einen Oktroi für die Mitgliedstaaten. In der Gemeinschaft von mittlerweile 25 Mitgliedern kann dies indes nicht bedeuten, dass die Rechtstraditionen der einzelnen Mitgliedstaaten bei der Entwicklung allgemeiner europäischer Rechtsgrundsätze stets gleichermaßen berücksichtigt werden. Daher machen die gemeinschaftsrechtlichen Anforderungen, die insbesondere mit den letzten Vertragsrevisionen von Maastricht, Amsterdam und Nizza erheblich zugenommen haben und mit dem Entwurf eines Vertrags über eine Verfassung für Europa ihre Vertiefung erfahren haben, Anpassungen notwendig.

I. Relevanz und Aktualität der Fragestellung

Daher war es gerade nach der Einführung des Binnenmarktes 1993 nur eine Frage der Zeit, bis sich die Strategie der ausgedehnten Wirtschaftstätigkeit und -steuerung moderner Wohlfahrtsstaaten auch auf die öffentlichen Verwaltungen und den öffentlichen Sektor auswirken musste. Dabei hat die Anwendung des europäischen Wettbewerbsrechts auf den öffentlichen Sektor immer wieder zu rechtlichen und politischen Auseinandersetzungen geführt. Auf besonders heftige Kritik einiger Mitgliedstaaten, zu denen vor allem Deutschland gehört, ist sie im Zusammenhang mit der öffentlichen Daseinsvorsorge gestoßen. Insbesondere die stringente Politik der Generaldirektion Wettbewerb unter den beiden Kommissaren van Miert und Monti hat deutlich gemacht, dass die gerade in Deutschland verbreitete „Bastionenseligkeit", die sich auf nationale Rechtspositionen und Gewährleistungen versteift, dauerhaft kaum verhindern kann, dass die öffentliche Daseinsvorsorge in Deutschland und anderen Mitgliedstaaten gemeinschaftsrechtskonform auszugestalten ist. In Art. III-6 des Verfassungsvertragsentwurfs ist über Art. 16 EGV hinausgehend vorgesehen, dass die Grundsätze und Bedingungen für das Funktionieren der Dienste von allgemeinem wirtschaftlichem Interesse durch europäische Gesetze festgelegt werden – ein Regelungsvorschlag, der von deutscher Seite auf das heftigste angegriffen worden ist.

Im Ergebnis hat die Wettbewerbspolitik der Europäischen Kommission in den letzten Jahren umfangreiche Veränderungen im öffentlichen Sektor angestoßen oder zumindest nationale Modernisierungstendenzen verstärkt. Dies hat etwa dazu geführt, dass bisherige Dienstleistungsmonopole im Bereich der Telekommunikation und von Post und Bahn aufgelöst worden sind und es insoweit zu einer Umwandlung von bisher öffentlich-rechtlichen in nunmehr privatrechtliche Organisationsformen gekommen ist. Das den Wettbewerb betonende EG-Recht und seine nationale Umsetzung sind zudem immer tiefer in das kommunale Wirtschaftsrecht mit der Folge eingedrungen, dass zunehmend historisch gewachsene, angestammte Aufgabenfelder der Kommunen zur Disposition stehen, indem bislang den Kommunen zur alleinigen Erledigung zugewiesene Aufgaben für den Wettbewerb geöffnet werden. Die Kommunen sehen sich insoweit mit einer völlig veränderten, die wirtschaftlichen Rahmenbedingungen ihres Handelns verschlechternden Wettbewerbssituation und einem neuen Ordnungsrahmen konfrontiert und entwickeln auch von daher Strategien, wie sie mit ihren bisherigen exklusiven Tätigkeitsfeldern etwa in der Energieversorgung oder der gewerblichen Abfallentsorgung in einem dynamischen Änderungsprozess bestehen und sich behaupten können.

So hat die Neuregelung des Energiewirtschaftsrechts im Frühjahr 1998 den Schutz geschlossener Versorgungsgebiete mit der Folge beseitigt, dass Ausschließlichkeitsvereinbarungen in Konzessionsverträgen unzulässig werden und fremde Energieversorgungsunternehmen Großkunden aus dem bisherigen Kundenkreis der Stadtwerke herausbrechen werden können, was sich – neben der Gefahr des Rückgangs des Konzessionsabgabeaufkommens – massiv auf die Ertragslage der Stadtwerke auswirkt.

Im Bereich der Sparkassen und Landesbanken konnte die öffentlich-rechtliche Organisationsform bisher erhalten werden, es kam aufgrund einer Verständigung mit der Europäischen Kommission allerdings zu einer Abschaffung der Gewährträgerhaftung und Modifizierung der Anstaltslast mit Wirkung ab 17.7.2005, was die Rahmenbedingungen für die öffentlich-rechtliche Kreditversorgung massiv verändern wird und schon jetzt verändert hat.

Während das Verhalten der Mitgliedstaaten als Unternehmer inzwischen fast ausschließlich durch gemeinschaftsrechtliche Anforderungen bestimmt ist, sind Verwaltungsorganisation sowie Zuständigkeiten und Verfahren in europäischen Angelegenheiten weiterhin national geprägt. Anpassungen an funktionelle Anforderungen der EU erfolgen eher durch graduelle Adjustierungen als durch tiefgreifende Reformen, was allerdings zu Dysfunktionalitäten führen kann.

Obwohl die kommunale Ebene die klassische Vollzugsebene auch für die Implementation von Gemeinschaftsrecht ist, sind hier bisher keine europaveranlassten organisatorischen Veränderungen zu verzeichnen. Die europäische Integration kann in gewissen Bereichen zwar vereinheitlichende Wirkung entfalten; es ist den Mitgliedstaaten aber grundsätzlich durchweg gelungen, ihre spezifischen Verwaltungstraditionen und -praktiken zu bewahren.

4. Klassifizierung neuer kommunalwirtschaftlicher Betätigungen

23 Versucht man, die neu hinzutretende wirtschaftliche Betätigung der Kommunen zu klassifizieren, lassen sich zwei Fallgruppen unterscheiden: Zum einen sind völlig neue Geschäftsfelder wie der Telekommunikationssektor erschlossen und wahrgenommen worden, die die Kommunen bisher weder für interne (Eigenbedarfsdeckung) noch für externe Zwecke (Fremdbedarfsdeckung) ausgeübt haben, um die Leistungen Dritten anzubieten. Hierfür müssen in der Regel neue Ressourcen aufgebaut werden. Ausnahmsweise werden auch vorhandene Ressourcen umgewidmet. Zum anderen werden Tätigkeiten, die bisher ausschließlich internen Zwecken gedient haben und nunmehr erstmalig Dritten auf dem Markt angeboten werden, ausgeübt, die überwiegend mit vorhandenen, aber nicht mehr oder nicht mehr im bisherigen Umfang benötigten Ressourcen erbracht werden.

II. Unterschiedliche Regelungskonzepte und -erwartungen kommunalwirtschaftlicher Betätigung

24 Hinsichtlich der kommunalwirtschaftlichen Betätigung im Sektor der Daseinsvorsorge werden im EG-Vertrag und im deutschen Recht unterschiedliche Regelungskonzepte verfolgt. Bei der Daseinsvorsorge handelt es sich um eine deskriptive Kategorie, die die Bereitstellung bestimmter existenzieller oder wesentlicher Dienstleistungen erfasst, die sich der Einzelne nicht bzw. nicht mehr aus eigener Kraft beschaffen kann. Ihre Ausgestaltung hängt von den faktischen Gegebenheit in den einzelnen Mitgliedstaaten bzw. ihren Regionen und Kommunen ebenso ab wie von den jeweiligen kulturellen und sonstigen Traditionen und obliegt daher grundsätzlich den einzelnen Mitgliedstaaten. Dabei geht es im Kern hinsichtlich der davon erfassten Bereiche um das jeweilige Verhältnis von Staat und Wirtschaft bei der Versorgung der Bevölkerung mit Waren und Dienstleistungen, wobei bei der Ausformung grundsätzlich beliebige Abstufungen und Übergänge zwischen einer Versorgung durch öffentliche und durch private Einrichtungen, die einer differenzierten staatlichen Lenkung und Kontrolle unterliegen, möglich ist.

1. Aufgabenbezogene Betrachtung im EGV

25 Da die Wettbewerbsvorschriften des EGV auf einem eindimensionalen Ansatz beruhen, stellen sie im Grundsatz allein auf eine unternehmerische, also marktbezogene Verhaltensweise ohne Ansehung konkreter Organisations- und Handlungsformen und damit prinzipiell auch ohne Rücksicht auf damit verfolgte besondere Zwecke ab. Daher führt der spezifische Zusammenhang von staatlicher Aufgabenerfüllung und öffentlicher Zweckbindung bei der Anwendung der Art. 81 ff. EGV potentiell zu Verwerfungen. Art. 86 Abs. 2 EGV erlaubt dabei – in einem eindeutigen Regel-Ausnahme-Verhältnis – Durchbrechungen des Wettbewerbsrechts zugunsten von trägerneutral gefassten Dienstleistungen von allgemeinem wirtschaftlichen Interesse. Zudem wird insbesondere der in Art. 16 EGV – der nach den Vorschlägen des Konvents in Art. III-6 des Verfassungsvertragsentwurfs um einen weiteren Satz ergänzt werden soll – die gemeinwohlorientierte Leistung selbst in den Vordergrund gerückt.

26 Die Fragen, durch wen oder mit welchen Mitteln die Leistungen erbracht werden, treten demgegenüber in den Hintergrund. So offenbart etwa die Kommissionsmitteilung über Leistungen der Daseinsvorsorge vom 20. 9. 2000 exemplarisch, dass sich die Kommission nicht mit Trägerfragen befasst, sondern aufgabenbezogen von gemeinwohlorien-

II. Unterschiedliche Regelungskonzepte und -erwartungen

tierten Leistungen spricht. Wenn Art. 16 EGV aber aufgaben- und nicht trägerbezogen formuliert ist, dient diese Regelung gerade nicht der Sicherung des Status quo der Organisationsstrukturen in den Mitgliedstaaten, sondern der Sicherung der Erbringung von Diensten von allgemeinem wirtschaftlichen Interesse im Einklang mit der Rahmenordnung des Gemeinschaftsrechts. Angestrebt wird mithin europarechtlich eine Funktionsgarantie zugunsten der Dienste, nicht aber eine Bestandsgarantie zugunsten überkommener Strukturen und Modalitäten.

2. Trägerbezogene Betrachtung in Deutschland

In Deutschland ist die Daseinsvorsorge dagegen zur geläufigen Chiffre für die staatliche bzw. kommunale Leistungserbringung auf dem Gebiet der öffentlichen Versorgung avanciert. Daseinsvorsorgeleistungen wurden als exklusive Aufgaben- bzw. Verwaltungsmonopole nahezu ausschließlich von öffentlichen Trägern erbracht. Nach dem deutschen Begriffshorizont wird die Daseinsvorsorge mithin in den Kontext der Leistungsverwaltung gestellt und die Erbringung von Versorgungsleistungen durch Private grundsätzlich nicht erfasst. Daher wird in Deutschland in der Diskussion mit den europäischen Organen dem Begriff der Daseinsvorsorge eine gewisse „Hassliebe" entgegengebracht. Gegenüber der Europäischen Kommission wird argumentiert, Rechtssicherheit anstreben zu wollen. Dabei muss man indes ganz deutlich hinzufügen, dass von deutscher Seite regelmäßig Rechtssicherheit nicht funktionsorientiert, sondern struktur- und trägerorientiert angestrebt wird. Mit anderen Worten wird in Deutschland – durchaus mit guten Gründen – viel Kraft darauf verwendet, die überkommenen Strukturen der Erbringung der Daseinsvorsorge insbesondere im Bereich der Kommunalwirtschaft möglichst aufrechtzuerhalten. Dies kollidiert allerdings tendenziell mit dem europäischen Regelungsansatz.

Der Konflikt spiegelt sich dabei in der öffentlichen Daseinsvorsorge in Deutschland nicht generell auf allen Ebenen wider, sondern erfasst schwerpunktmäßig den kommunalen Bereich. Bund und Länder haben die von ihnen bisher wahrgenommenen Daseinsvorsorgeaufgaben, die am Markt erfüllbar sind, weitestgehend privatisiert und liberalisiert. Art. 87 f. GG ist Ausdruck dieses Gedankens.

Die Beratungen des 64. Deutschen Juristentages in Berlin im Herbst 2002 haben ganz deutlich gezeigt, dass die in den 90er Jahren modifizierte Philosophie der Aufgabenerfüllung des Bundes und der Länder nur wenig Konfliktpunkte mit der Regelungsphilosophie der Art. 16, 81 ff., und insbesondere des Art. 86 Abs. 2 EGV aufweist. Die eigentliche Problematik in der Diskussion liegt auf der kommunalen Ebene, weil man hier nach wie vor in der deutschen Diskussion von der kommunalen Eigenverantwortung und damit einem trägerorientierten Daseinsvorsorgebegriff, der den Bereich der öffentlichen Leistungsverwaltung umfasst, ausgeht.

Der Kernkonflikt einerseits und Konvergenzbedarf andererseits besteht also im trägerorientierten Begriff der Daseinsvorsorge in Deutschland einerseits und im aufgabenorientierten Begriff der Dienstleistungen von allgemeinem wirtschaftlichen Interesse in Art. 86 Abs. 2, 16 EGV andererseits. Insoweit muss man zugeben, dass die Hauptzielrichtung der in Deutschland geführten Diskussion weniger dahin geht, Rechtssicherheit per se zu schaffen, sondern mehr darauf abzielt, weitest möglich die Aufrechterhaltung überkommener Strukturen zu bewahren, also die kommunale Eigenwahrnehmung von Daseinsvorsorgeaufgaben durch kommunalwirtschaftliche Betätigung möglichst weitgehend EG-fest zu machen. Während man von deutscher Seite vorrangig das Instrument der Aufgabenerfüllung – etwa durch öffentliche Unternehmen – in den Blick rückt, stellt die EG-Konzeption primär auf die Wirkung der Aufgabenerfüllung ab. Dies lässt sich am Beispiel der Erörterung des 64. Deutschen Juristentages 2002 ganz deutlich machen. Die gewählte Themenstellung lautete: „Empfiehlt es sich, das Recht der öffentlichen Unternehmen im Spannungsfeld von öffentlichem Auftrag und Wettbewerb national und gemeinschaftsrechtlich neu zu regeln?"

31 In dieser Themenstellung kam primär die deutsche Betrachtungsweise zum Tragen, wobei allerdings das Ziel verfolgt wurde, zwischen dem europäischen und dem deutschen Regelungsansatz durch Modifizierung vor allem des deutschen Rechts möglichst Kompatibilität herzustellen. Aus Sicht des europäischen Rechts ist diese Themenwahl kritisiert worden, was allerdings den Ausgangspunkt der in Deutschland seit Jahren nachhaltig geführten und weiter zu führenden Diskussion verkennt, in der ausgehend von den überkommenen Strukturen die Frage nach einzuschlagenden (rechts-)politischen Lösungsansätzen kontrovers debattiert wird.

32 Dabei schwankt das deutsche kommunale Wirtschaftsrecht in jüngerer Zeit unentschlossen zwischen den Leitbildern einer klaren Zweckbestimmung für die kommunalwirtschaftliche Betätigung öffentlicher Unternehmen einerseits und einer Lockerung spezifischer öffentlich-rechtlicher Bindungen andererseits.

3. Der rechtspolitische Richtungsstreit

33 Wie eingangs dargestellt, befindet sich in den deutschen Kommunen das kommunale Unternehmertum keinesfalls auf dem Rückzug, sondern ist trotz zunehmendem Wettbewerbs zusätzlich in immer weitere Sektoren vorgestoßen. Daraus kann allerdings keinesfalls Einigkeit über den einzuschlagenden Weg der Weiterentwicklung des kommunalen Wirtschaftsrechts abgeleitet werden. In den vergangenen Jahren hat zwar eine Strömung an Kraft gewonnen, die insbesondere das kommunale Unternehmertum von Zweck- und Zuständigkeitsbindungen befreien möchte, um ihm ein ökonomisch erfolgversprechenderes Agieren in bestehenden Märkten und eine Ausdehnung auf künftige Märkte zu ermöglichen. Diese Strömung zielt weniger auf die Kommunen bzw. den Staat als Unternehmensträger, sondern auf das Unternehmen selbst, dessen Rechtsstellung vorwiegend unter dem Aspekt der Gleichbehandlung, und d. h. der Beseitigung der bestehenden absichtsvollen Benachteiligung, gesehen wird. Genannt sei insoweit das Stichwort des „Wettbewerbsunternehmens".

34 Gegenwärtig sieht es allerdings nicht nach einem erfolgreichen Durchmarsch dieser Auffassung aus, sondern eher nach einer Rückgewinnung des Bewusstseins für die politische Funktion der öffentlichen Unternehmen und deren verfassungsrechtlicher Verteidigung und Erweiterung. Dafür sind insbesondere die in der jüngsten Gesetzgebung einzelner Bundesländer unternommenen Versuche einer Wiederbelebung bzw. zur Verfügungsstellung öffentlich-rechtlicher Organisationsformen wie der Anstalt öffentlichen Rechts anzuführen. Auch gibt es auf der Ebene der Landesgesetzgebung durchaus Verschärfungen der kommunalwirtschaftsrechtlichen Voraussetzungen für eine unternehmerische Tätigkeit bis hin zur obligatorischen Durchführung von Markterkundungsverfahren bzw. der Pflicht zur Einstellung einer ursprünglich legitimen unternehmerischen Tätigkeit nach Wegfall des öffentlichen Interesses bzw. nach Etablierung Erfolg versprechender privater Alternativen. Aus dieser Entwicklung ist also eine stärkere Tendenz in Richtung der Repolitisierung der kommunalen Unternehmertätigkeit abzuleiten.

35 Das Europarecht steht für beide Entwicklungen offen. Insbesondere steht es der Verfolgung öffentlicher Zwecke durch staatsunternehmerische Tätigkeit nicht entgegen. Stattdessen sind im Europarecht sogar Impulse in Richtung einer Repolitisierung der staatlichen bzw. kommunalen Wirtschaftstätigkeit auszumachen, wobei als zentraler Impulsgeber Art. 86 Abs. 2 EGV i. V. m. Art. 16 EGV fungiert, der der Daseinsvorsorge in Europa eine eigene materiellrechtliche Heimat bietet. In diesen Bestimmungen liegt eine bedeutende normative Basis zur Repolitisierung der staatlichen bzw. kommunalen Unternehmertätigkeit, da die Rechtfertigung von Bereichsausnahmen zugunsten der unternehmerischen Staats- bzw. Kommunaltätigkeit nach Art. 86 Abs. 2 EGV nur gelingen kann, wenn eine möglichst exakte und transparente Zielkonzeption, also mit anderen Worten eine politische Konzeption, zugrunde liegt, auf die die zu ihrer Verwirklichung eingesetzten Mittel nachvollziehbar bezogen sind. Dies spricht für eine Rückbesinnung auf die politischen Zwecke der Leistungserbringung, mithin darauf, dass wirtschaftliches Han-

II. Unterschiedliche Regelungskonzepte und -erwartungen

deln nicht Selbstzweck, sondern Modus ist. Je schärfer die Bedingungen der kommunalen Daseinsvorsorge von denen der privatwirtschaftlichen Leistungserbringung abgesetzt sind, desto deutlicher treten die auferlegten Nachteile zu Tage – desto größer sind allerdings auch die Chancen, dass deren Kompensation durch Beihilfe- und andere Vorteilsgewährungen europarechtlich akzeptiert wird.

Dieser inzwischen mehrjährige innerdeutsche Kampf um die strukturelle Richtungsentscheidung, wie sich die öffentliche Aufgabenerfüllung insbesondere mittels des Instruments öffentlicher Unternehmen weiterentwickeln soll, ist in Deutschland nicht entschieden. Dies ist vor allem in den kontroversen Diskussionen des 64. Deutschen Juristentages 2002 ganz deutlich zu Tage getreten, was dazu geführt hat, dass aus den dort gefassten Beschlüssen gänzlich unterschiedliche Schlussfolgerungen gezogen worden sind. Es bleibt abzuwarten, welche Regelungsstrategie sich in Deutschland durchzusetzen vermag. Auf eines ist dabei ganz deutlich hinzuweisen: Kommunale Unternehmen sind kein Selbstzweck, sondern Instrument des Trägers zur Erfüllung öffentlicher Aufgaben. Diesen Aspekt gilt es bei der Weiterentwicklung des kommunalen Wirtschaftsrechts ebenso zu berücksichtigen, wie er auch bei der Neufassung der Sparkassengesetze aufgrund der Verständigungen mit der Europäischen Kommission zu berücksichtigen war.

Wenn man sich von den Erfordernissen des Gebietsbezugs und des Vorliegens eines öffentlichen Zwecks bei öffentlichen Unternehmen lösen sollte, stünde dies zwar mit dem EG-Recht in Einklang, nicht aber mit den Strukturen des öffentlichen Rechts in Deutschland, das stets Sonderrecht des Staates darstellt. Man kann nicht zugleich für Sicherheit der Aufgabenerfüllung für bestimmte Bereiche und Chancengleichheit im Wettbewerb eintreten. Koppeln sich die öffentlichen Unternehmen hinsichtlich ihres Betätigungsfeldes von ihren Trägern, deren Tätigkeit zwingend zweck- und gebietsbezogen ist, ab, werden sie zu einem – beliebigen – Instrument der Aufgabenerfüllung wie jedes andere auch. Was gegenwärtig durch Erweiterung der Handlungsmöglichkeiten wie eine Stabilisierung erscheinen vermag, würde auf Dauer die Spezifik öffentlicher Unternehmen zur Disposition stellen und damit letztlich unterminieren.

B. Europa- und verfassungsrechtliche Vorgaben

Übersicht

	Rn.		Rn.
I. Vorgaben des Europäischen Gemeinschaftsrechts	1	II. Vorgaben des nationalen Verfassungsrechts	32
1. Anwendungsbereich, Wirkungsweise und Reichweite des Europäischen Gemeinschaftsrechts	1	1. Wirtschaftsverfassungsrechtliche Aussagen des Grundgesetzes	32
a) Allgemeines	1	2. Verfassungsrechtliche Gewährleistung der Kommunalwirtschaft	34
b) Konsequenzen für die kommunale Selbstverwaltung	2	a) Selbstverwaltungsrecht der Gemeinden und Kreise	34
c) Reichweite des Gemeinschaftsrechts	4	b) Verfassungsrechtliche Stellung der Eigenunternehmen und der gemischt-öffentlichen Unternehmen	39
2. Grundsätzliche Zulässigkeit kommunaler Unternehmen	6	c) Verfassungsrechtliche Stellung der gemischt-wirtschaftlichen Unternehmen	41
a) Begriff des öffentlichen Unternehmens	6	3. Zielsetzung der Kommunalwirtschaft	42
b) Vereinbarkeit öffentlicher Unternehmen mit dem Gemeinschaftsrecht	8	4. Notwendigkeit einer demokratischen Legitimation kommunaler Unternehmen	43
3. Wirkungsweise der Grundfreiheiten	9	5. Wirkungskreis der Kommunalwirtschaft	44
a) Gewährleistungsgehalt der Grundfreiheiten	9	6. Verhältnis von Kommunal- und Privatwirtschaft	49
b) Kommunale Unternehmen als Verpflichtete der Grundfreiheiten	10	7. Grundrechtsbindung und Grundrechtsberechtigung der Kommunalwirtschaft	52
c) Kommunale Unternehmen als Berechtigte der Grundfreiheiten	11	a) Grundrechtsbindung	52
4. Wirkungsweise der Gemeinschaftsgrundrechte	14	b) Grundrechtsberechtigung	58
5. Bindung an das Kartellrecht	15	8. Bindung der Kommunalwirtschaft an das Prinzip vom Vorbehalt und vom Vorrang des Gesetzes	59
6. Bindung an das Beihilferecht	17		
7. Sonderregelung des Art. 86 Abs. 2 EGV	22		
8. Bindung an das Vergaberecht	28		

Literatur: *Cremer*, Gewinnstreben als öffentliche Unternehmen legitimierender Zweck: Die Antwort des Grundgesetzes, DÖV 2003, 921; *Ehlers*, Die Rechtsprobleme der Kommunalwirtschaft, DVBl 1998, 497; *ders.*, Das neue Kommunalwirtschaftsrecht in Nordrhein-Westfalen, NWVBl. 2000, 1; *ders.*, Empfiehlt es sich, das Recht der öffentlichen Unternehmen im Spannungsverhältnis von öffentlichem Auftrag und Wettbewerb national und gemeinschaftsrechtlich neu zu regeln?, Gutachten E zum 64. Deutschen Juristentag, 2002; *Gersdorf*, Öffentliche Unternehmen im Spannungsfeld zwischen Demokratie- und Wirtschaftlichkeitsprinzip, 2000; *Grawert*, Zuständigkeitsgrenzen der Kommunalwirtschaft, in: FS Blümel, 1999, S. 119; *Held*, Ist das kommunale Wirtschaftsrecht noch zeitgemäß?, WiVerw 1998, 264; *Hellermann*, Örtliche Daseinsvorsorge und gemeindliche Selbstverwaltung, 2000; *Hösch*, Die kommunale Wirtschaftstätigkeit, 2000; *Ipsen*, Kommunalwirtschaft im Umbruch, 2001; *Jarass*, Kommunale Wirtschaftsunternehmen im Wettbewerb, 2002; *ders.*, Kommunale Wirtschaftsunternehmen und Verfassungsrecht, DÖV 2002, 489; *Kluth*, Grenzen kommunaler Wettbewerbsteilnahme, 1988; *Löwer*, Der Staat als Wirtschaftssubjekt und Auftraggeber, VVDStRL 60 (2001), 416; *Moraing*, Kommunales Wirtschaftsrecht vor dem Hintergrund der Liberalisierung der Märkte, WiVerw 1998, 233; *Nagel*, Gemeindeordnung als Hürde?, 1999; *Oebbecke*, Die örtliche Begrenzung kommunaler Wirtschaftstätigkeit, ZHR 164 (2002), 375; *Otting*, Neues Steuerungsmodell und rechtliche Betätigungsspielräume der Kommunen, 1997; *Pieroth/Hartmann*, Grundrechtsschutz gegen wirtschaftliche Betätigung der öffentlichen Hand, DVBl. 2002, 421; *Pielow*, Gemeindewirtschaft im Gegenwind?, NWVBl. 1999, 369; *ders.*, Grundstrukturen öffentlicher Versorgung, 2001; *Reichard* (Hrsg.), Kommunen am Markt, 2001; *Rennert*, Der Selbstverwaltungsgedanke im kommunalen Wirtschaftsrecht, JZ 2003, 385; *Ronellenfitsch*, Verfassungsrechtliche und gemeinschaftsrechtliche Vorgaben in: *Hoppe/Uechtritz* (Hrsg.), Handbuch Kommunale Unternehmen, 2004, S. 30;

Schink, Wirtschaftliche Betätigung kommunaler Unternehmen, NVwZ 2002, 129; *Storr*, Der Staat als Unternehmer, 2001; *Stober/Vogel* (Hrsg.), Wirtschaftliche Betätigung der öffentlichen Hand, 2000; *Schwarze* (Hrsg.), Daseinsvorsorge im Lichte des Wettbewerbsrechts, 2001; *Wallerath* (Hrsg.), Kommunen im Wettbewerb, 2001; *Wieland/Hellermann*, Der Schutz des Selbstverwaltungsrechts der Kommunen gegenüber Einschränkungen ihrer wirtschaftlichen Betätigung im nationalen und europäischen Recht, 1995; *Wieland*, Kommunalwirtschaftliche Betätigung unter veränderten Wettbewerbsbedingungen, in: *Henneke* (Hrsg.), Optimale Aufgabenerfüllung im Kreisgebiet?, 1999, S. 193.

I. Vorgaben des Europäischen Gemeinschaftsrechts

1. Anwendungsbereich, Wirkungsweise und Reichweite des Europäischen Gemeinschaftsrechts

a) Allgemeines

1   Das in allen Mitgliedstaaten der Europäischen Gemeinschaft und damit auch in Deutschland geltende Europäische Gemeinschaftsrecht bestimmt seinen Anwendungsbereich selbst. Im Hinblick auf die Rechtsquellen lässt sich zwischen dem Primärrecht (insbesondere dem Vertrag zur Gründung der Europäischen Gemeinschaft – EGV –, dem Vertrag zur Gründung der Europäischen Atomgemeinschaft und den ungeschriebenen allgemeinen Rechtsgrundsätzen) sowie dem Sekundärrecht (d. h. dem von der Europäischen Gemeinschaft durch Verordnungen, Richtlinien und Entscheidungen selbst gesetzten Recht[1]) unterscheiden. Während das Primärrecht in aller Regel unmittelbare Wirkung in den Mitgliedstaaten entfaltet, kann sich dies beim Sekundärrecht anders darstellen. So bedürfen die Richtlinien der Umsetzung in nationales Recht, wobei zwar die Zielsetzungen verbindlich sind, den innerstaatlichen Stellen aber die Wahl der Form und Mittel überlassen bleibt (Art. 249 III EGV). Sind Richtlinien nicht rechtzeitig oder nicht vollständig in verbindliches nationales Recht umgesetzt worden, kommt ihnen unmittelbare Wirkung zu, wenn sie inhaltlich unbedingt und hinreichend bestimmt sind, keines weiteren Ausführungsaktes bedürfen und (jedenfalls grundsätzlich) die Privaten nicht belasten.[2] Im Kollisionsfall geht das unmittelbar anwendbare bzw. das unmittelbare Wirkung entfaltende Gemeinschaftsrecht dem nationalen Recht vor.[3] Die vom BVerfG in seiner sog. Solange-Rechtsprechung[4] entwickelten Schranken, die sich einerseits auf kompetenzwidriges Gemeinschaftsrecht und andererseits auf das die Identität der Verfassungsordnung der Bundesrepublik Deutschland verletzende Gemeinschaftsrecht beziehen, haben bisher keine praktische Bedeutung erlangt (vgl. auch Rn. 2). Der Vorrang des Gemeinschaftsrechts führt nicht zur Nichtigkeit, wohl aber zur Nichtanwendbarkeit des gemeinschaftsrechtswidrigen nationalen Rechts, soweit das Gemeinschaftsrecht selbst unmittelbare Anwendung verlangt.[5] Ferner ergibt sich aus dem Vorrang des Gemeinschaftsrechts das Gebot gemeinschaftsrechtskonformer Auslegung des nationalen Rechts.

b) Konsequenzen für die kommunale Selbstverwaltung

2   Der Vorrang des Gemeinschaftsrechts gilt auch im Verhältnis zu den verfassungsrechtlichen Garantien der kommunalen Selbstverwaltung im Grundgesetz und in den Landesverfassungen. Nach ganz h. M. ist die von Art. 79 III GG nicht erfasste Gewährleistung des Art. 28 II GG „nicht europafest".[6] Mittelbar werden die Kommunen durch das ge-

---

[1] Vgl. Art. 249 EGV.
[2] Näher dazu *Ruffert*, in: *Calliess/Ruffert*, EUV/EGV, Art. 249 Rn. 69 ff.
[3] Grundlegend EuGH, Slg. 1964, 1251 Rn. 3 – Costa/ENEL.
[4] BVerfGE 37, 271 (279); 73, 339 (375 f.); 89, 155 (174 f.).
[5] Vgl. z. B. EuGH, Slg. 1991, I-297 Rn. 21 – Nimz; BVerfGE 85, 191 (204).
[6] Näher hierzu und zum Folgenden *Ehlers*, in: *Erichsen* (Hrsg.), Kommunale Verwaltung im Wandel, 1999, S. 21 ff.; *Schoch*, in: *Henneke* (Hrsg.), Kommunen und Europa – Herausforderungen und Chancen, 1999, S. 11 ff.; *Groß*, DVBl. 2002, 1182 (1188 f.).

I. Vorgaben des Europäischen Gemeinschaftsrechts

meinschaftsrechtliche Subsidiaritäts- und Verhältnismäßigkeitsprinzip (Art. 5 II, III EGV) geschützt, weil diese Prinzipien im Rahmen ihres Anwendungsbereichs die Gemeinschaft auch zu einer Abwägung zwischen den Vorteilen einer gemeinschaftsrechtlichen Regelung und den damit einhergehenden Nachteilen für die Handlungsspielräume auf der Ebene der Mitgliedstaaten einschließlich der föderalen, regionalen und kommunalen Ebenen verpflichten. Der deutsche Vertreter im Rat ist als Mitglied eines europäischen Organs nicht nur zur Rücksichtnahme auf die Gemeinschaft, sondern auch zur Beachtung des (auch die Kommunen schützenden) Grundsatzes der Subsidiarität i. S. d. Art. 23 I 1 GG verpflichtet.

Die Beeinflussung der gemeinschaftsrechtlichen Steuerung kommunalen Handelns über den Ausschuss der Regionen (Art. 263 EGV) ist wegen der geringen Beteiligungsquote der Kommunen und den bloß konsultativen Befugnissen des Ausschusses begrenzt. Die vom Europarat erlassene Europäische Charta der kommunalen Selbstverwaltung (BGBl. II 1987, S. 66) bindet die Gemeinschaft nicht unmittelbar. Nach Art. 5 I des vom Europäischen Konvent angenommenen Entwurfs eines Vertrages über eine Verfassung für Europa (VerfE) hat die Union die in der regionalen und kommunalen Selbstverwaltung zum Ausdruck kommende Identität der Mitgliedstaaten zu achten. Gem. Art. 9 III VerfE wird die Union nach dem Subsidiaritätsprinzip in den Bereichen, die nicht in ihre ausschließliche Zuständigkeit fallen, nur tätig, sofern und soweit die Ziele der in Betracht gezogenen Maßnahmen von den Mitgliedstaaten „weder auf zentraler noch auf regionaler oder lokaler Ebene" ausreichend erreicht werden können, sondern vielmehr wegen ihres Umfangs oder ihrer Wirkung auf Unionsebene besser erreichbar sind.

c) Reichweite des Gemeinschaftsrechts

Die Europäische Gemeinschaft darf nur diejenigen Kompetenzen ausüben, die ihr übertragen worden sind (Grundsatz der begrenzten Einzelermächtigung[7]). Eine allgemeine Kompetenz zur Ausgestaltung der kommunalen Selbstverwaltung kennt das Gemeinschaftsrecht nicht. Vielmehr interessiert sich das Gemeinschaftsrecht grundsätzlich nicht für die Organisation und die Untergliederung der Mitgliedstaaten (Rn. 12). Wohl aber müssen das Primärrecht und das kompetenzgemäß erlassene Sekundärrecht der Gemeinschaft auch von den Mitgliedstaaten (einschließlich der Kommunen und ihrer Unternehmen) beachtet werden. So hat die Gemeinschaft die Befugnis zur Gestaltung zahlreicher Bereiche, die auch und gerade für die Kommunalwirtschaft von Bedeutung sind (z. B. Angleichung der Rechts- und Verwaltungsvorschriften der Mitgliedstaaten, welche die Errichtung und das Funktionieren des Binnenmarktes zum Gegenstand haben, Verkehr, Umwelt usw.).

Im Anwendungsbereich des EG-Vertrages haben die Union und die Mitgliedstaaten dafür Sorge zu tragen, dass die Grundsätze und Bedingungen für das Funktionieren der Dienste von allgemeinem „wirtschaftlichem" Interesse (sog. Daseinsvorsorge) so gestaltet sind, dass diese Dienste ihren Aufgaben nachkommen können (Art. 16 EGV). Art. III-6 VerfE sieht zusätzlich vor, dass die Grundsätze und Bedingungen durch Europäische Gesetze festgelegt werden.[8] Ein allgemeines, die Mitgliedstaaten verdrängendes Mandat zur Bestimmung der Dienste von allgemeinem wirtschaftlichen Interesse kann die Union auch nach dieser Bestimmung indessen gerade nicht beanspruchen.

---

[7] Vgl. Art. 5 I EGV, Art. 9 I VerfE.
[8] Krit. haben sich hierzu die kommunalen Spitzenverbände geäußert. Siehe *Wohltmann*, Der Landkreis 2003, 746 ff.; vgl. auch KOM (2003) 270, Rn. 49, wonach es „wahrscheinlich" weder erstrebenswert noch möglich ist, eine einheitliche umfassende europäische Definition des Inhalts der Dienstleistung von allgemeinem Interesse zu entwickeln, aber gemeinsame Elemente Wesensmerkmale der Werte und Ziele der Gemeinschaft sind (insbesondere Universaldienst, Kontinuität, Qualität und Erschwinglichkeit der Dienste, Nutzer- und Verbraucherschutz).

2. Grundsätzliche Zulässigkeit kommunaler Unternehmen

a) Begriff des öffentlichen Unternehmens

6 Kommunale Unternehmen gehören zu der Gruppe der öffentlichen Unternehmen. Unter einem Unternehmen (im Sinne der Art. 81 ff. EGV) versteht das Gemeinschaftsrecht jede eine wirtschaftliche Tätigkeit ausübende Einheit, unabhängig von ihrer Rechtsform und der Art ihrer Finanzierung.[9] Auf die Rechtsform und Eigentumsverhältnisse kommt es nicht an. Deshalb werden auch Regie- und Eigenbetriebe mit wirtschaftlicher Aufgabenstellung erfasst. Unter einer wirtschaftlichen Tätigkeit wird jede Tätigkeit verstanden, die darin besteht, Güter oder Dienstleistungen auf einem bestimmten Markt anzubieten.[10] Unerheblich ist, ob eine Gewinnerzielungsabsicht besteht. Ausgeklammert werden hoheitliche Tätigkeiten. Dazu können auch kulturelle oder soziale Leistungserbringungen zählen. Erforderlich ist aber stets, dass die Maßnahmen nicht in gleicher Weise auch von Privaten getroffen werden bzw. getroffen werden könnten.[11] Leistungen auf dem Gebiet der Daseinsvorsorge können in aller Regel auch von Privaten erbracht werden. Keine Unternehmenseigenschaft wird in der Regel bei einer bloßen Nachfragetätigkeit angenommen.[12]

7 Nach Art. 2 S. 1 Transparenzrichtlinie (RL 80/723/EWG) ist unter einem „öffentlichen" Unternehmen jedes Unternehmen zu verstehen, auf das die öffentlich Hand aufgrund Eigentums, finanzieller Beteiligung, Satzung oder sonstiger Bestimmung, die die Tätigkeit des Unternehmens regeln, unmittelbar oder mittelbar einen beherrschenden Einfluss ausüben kann. Gemäß S. 2 der Bestimmung wird ein beherrschender Einfluss vermutet, wenn die öffentliche Hand unmittelbar oder mittelbar die Mehrheit des gezeichneten Kapitals des Unternehmens besitzt oder über die Mehrheit der mit den Anteilen des Unternehmens verbundenen Stimmrechte verfügt oder mehr als die Hälfte der Mitglieder des Verwaltungs-, Leitungs- oder Aufsichtsorgans des Unternehmens bestellen kann.

b) Vereinbarkeit öffentlicher Unternehmen mit dem Gemeinschaftsrecht

8 Das Gemeinschaftsrecht bekennt sich zwar zu dem „Grundsatz einer offenen Marktwirtschaft" (Art. 4 I, 98 EGV), lässt die Eigentumsordnung in den Mitgliedstaaten aber unberührt (Art. 295 EGV). Hieraus ergibt sich, dass die Eigentumszuordnung den Mitgliedstaaten überlassen bleibt, diese selbst über den Umfang der öffentlichen Wirtschaft entscheiden dürfen und der Gemeinschaft eine Privatisierungs- oder Verstaatlichungspolitik untersagt ist.[13] Daher darf das Gemeinschaftsrecht auch die Existenzberechtigung kommunaler Unternehmen nicht antasten. Nichts anderes ergibt sich aus Art. 86 I EGV.

3. Wirkungsweise der Grundfreiheiten

a) Gewährleistungsgehalt der Grundfreiheiten

9 Die im Falle des Fehlens sekundärrechtlicher Bestimmungen in den Mitgliedstaaten unmittelbar anwendbaren Grundfreiheiten garantieren die Freiheit des Warenverkehrs (Art. 25, 28 f. EGV), die Freizügigkeit der Arbeitnehmer (Art. 39 EGV), die Niederlassungsfreiheit (Art. 43 EGV), die Dienstleistungsfreiheit (Art. 49 EGV) und die Freiheit des Kapital- und Zahlungsverkehrs (Art. 56 EGV). Die Grundfreiheiten enthalten Diskri-

---

[9] Grundlegend EuGH, Slg. 1991, I-1979 Rn. 1 – Höfner.
[10] EuGH, Slg. 2000, I-6451 Rn. 75 – Pavlov.
[11] Vgl. bereits EuGH, Slg. 1987, 2599 Rn. 7 – Kommission/Italien. Näher dazu *Ehlers*, Gutachten E zum 64. DJT, 2002, E 26 f.
[12] Vgl. EuGH, Slg. 2000, I-6451 Rn. 75 – Pavlov; EuG, EuZW 2003, 283 Rn. 36 f.; krit. z. B. *Koenig/Kühling*, in: *Streinz* (Hrsg.), EUV/EGV, 2003, Art. 86 EGV Rn. 13.
[13] Näher zum Sinngehalt des Art. 295 EGV *Ruffert*, in: *Henneke* (Hrsg.), Kommunale Perspektiven im zusammenwachsenden Europa, 2002, S. 10 ff.

I. Vorgaben des Europäischen Gemeinschaftsrechts

minierungs- und Beschränkungsverbote für den Fall des Vorliegens eines grenzüberschreitenden Sachverhalts.[14] Ein grenzüberschreitender Sachverhalt liegt z. B. auch dann vor, wenn der Marktzutritt eines konkurrierenden Unternehmens aus anderen Mitgliedstaaten behindert oder weniger attraktiv gemacht wird. Rechtfertigen lässt sich die Beeinträchtigung einer Grundfreiheit, wenn eine gesetzliche Grundlage besteht, eine ausdrückliche Schrankenregelung oder die ungeschriebene Schranke des zwingenden Erfordernisses[15] zur Anwendung gelangen und die Schranken-Schranken (insbesondere das Verhältnismäßigkeitsprinzip) beachtet wurden.

b) Kommunale Unternehmen als Verpflichtete der Grundfreiheiten

Verpflichtet werden durch die Grundfreiheiten in erster Linie die Mitgliedstaaten der Gemeinschaft. Hierzu zählen in Deutschland nicht nur Bund und Länder, sondern alle Träger von Staatsgewalt einschließlich der Kommunen und der von einer oder mehreren Kommunen getragenen Unternehmen. Ferner ordnet das Gemeinschaftsrecht den Mitgliedstaaten auch die gemischt-wirtschaftlichen (d. h. von der öffentlichen Hand und den Privaten gemeinsam getragenen) Unternehmen zu, sofern die öffentliche Hand einen beherrschenden Einfluss hat.[16] Dies betrifft auch die kommunalen Unternehmen bzw. die public-private-partnerships mit beherrschender kommunaler Beteiligung. Inhaltlich setzen die Grundfreiheiten einen grenzüberschreitenden Sachverhalt voraus. Anders als im Kartellrecht (Rn. 15) gelten für die Grundfreiheiten keine de-minimis-Regelungen, jedoch dürfen die Auswirkungen einer Maßnahme nicht zu unbestimmt oder zu mittelbar sein (rule of remoteness).[17] Verletzt werden die Freiheiten (des Warenverkehrs und der Arbeitnehmer) z. B., wenn sich ein kommunaler Energieversorger weigert, sein Leitungsnetz Mitbewerbern aus dem EG-Ausland zur Durchleitung zur Verfügung zu stellen oder andere als deutsche Arbeitskräfte zu beschäftigen.

c) Kommunale Unternehmen als Berechtigte der Grundfreiheiten

Wie sich für die Niederlassungs- und Dienstleistungsfreiheit aus Art. 48, 55 EGV ausdrücklich ergibt, werden öffentliche Unternehmen (juristische Personen des öffentlichen und privaten Rechts mit Ausnahme derjenigen, die keinen Erwerbszweck verfolgen) durch die Grundfreiheiten nicht nur gebunden, sondern auch geschützt. Ist den kommunalen Unternehmen eine Betätigung im Ausland verboten, können sie sich gegenüber anderen Mitgliedstaaten der Gemeinschaft somit auf die Grundfreiheiten berufen. Weitergehend ist in der Literatur aus den Grundfreiheiten (und weiteren Diskriminierungsverboten des Gemeinschaftsrechts) ein Recht der kommunalen Unternehmen auf Gleichbehandlung mit den privaten Unternehmen auch und gerade gegenüber dem eigenen Mitgliedstaat abgeleitet worden.[18] Zwar sei die öffentliche Hand – und damit auch eine Kommune – nicht gezwungen, öffentliche Unternehmen zu unterhalten. Sie könnten daher den Wirkungskreis ihrer Unternehmen festlegen. Das berechtige den Bund oder das Land aber noch nicht, den Kommunen Vorgaben über die wirtschaftlichen Aktivitäten ihrer Unternehmen zu machen.[19]

So sollen insbesondere die Bindung der kommunalen Unternehmen an das Örtlichkeitsprinzip[20] sowie die Statuierung von Genehmigungserfordernissen für ein Handeln im Aus-

---
[14] Näher hierzu und zum Folgenden *Ehlers*, in: *ders.* (Hrsg.), Europäische Grundrechte und Grundfreiheiten, 2003, § 7 Rn. 17 ff.
[15] EuGH, Slg. 1979, 649 ff. – REWE.
[16] Vgl. EuGH, Slg. 1990, I-4625 Rn. 16 f. – Hennen/H Olie.
[17] Vgl. EuGH, Slg. 2000, I-491 Rn. 23 f. – Graf.
[18] Vgl. *Nagel*, Gemeindeordnung als Hürde?, 1999, S. 48 f.; *dens.*, NVwZ 2000, 758 (761); *Becker*, ZNER 2000, 259 (261); *Schwintowski*, NVwZ 2001, 607 (610, 612); *Jarass*, Kommunale Wirtschaftsunternehmen im Wettbewerb, 2002, S. 41 ff.; *Schöneich*, Vhdl. 64 DJT, 2002, Bd. II/1, O 56 f.
[19] *Jarass* (Fn. 18), S. 46.
[20] *Nagel*, NVwZ 2000, 758 (761); *Schwintowski*, NVwZ 2001, 607 (610, 612). Vorsichtiger *Jarass* (Fn. 18), S. 47 f. Vgl. auch Beschluss Nr. 8 des 64. DJT (Vhdl. 64. DJT, 2002, Bd. II/2, O 222 f.): Ablehnung der Auffassung, dass die Bindung öffentlicher Unternehmer in räumliche Zuständigkeitsgrenzen durch den eige-

land[21] mit den Grundfreiheiten unvereinbar sein. Da das Kommunalwirtschaftsrecht fast ausschließlich aus Bindungen der Kommunen und ihrer Unternehmen besteht, dürften diese Auffassungen konsequent zu Ende gedacht auf die Unanwendbarkeit nahezu des gesamten Kommunalwirtschaftsrechts im Anwendungsbereich des Gemeinschaftsrechts hinauslaufen. Indessen kann den Literaturstimmen nicht gefolgt werden. Zunächst ist zu bedenken, dass die Grundfreiheiten ohnehin nur ein grenzüberschreitendes Verhalten erfassen. Sodann interessiert sich das Gemeinschaftsrecht grundsätzlich nicht für die Organisation der Mitgliedstaaten, sondern behandelt diese als Einheit.[22] So treffen die mitgliedstaatlichen Bindungen des Gemeinschaftsrechts alle Untergliederungen des Staates (Bund, Länder, Kommunen und sonstige Verwaltungsträger). Dann aber kann das Gemeinschaftsrecht den als Einheit verstandenen Staat auch nicht vor sich selbst schützen. Selbstbeschränkungen widersprechen gerade nicht dem europäischen Gemeinschaftsrecht.[23] Eine erlaubte Selbstbeschränkung liegt auch vor, wenn der Bund oder ein Land den Kommunen oder ihren Unternehmen Bindungen nach Art des Kommunalwirtschaftsrechts auferlegt, welche Privaten gegenüber nicht gelten. Geht man entgegen der hier vertretenen Auffassung wegen der Personenverschiedenheit von einer Beschränkung aus, wäre diese jedenfalls gerechtfertigt.[24] Somit gewähren die Grundfreiheiten den öffentlichen Unternehmen im Gegensatz zu den privaten kein Marktaustrittsrecht gegenüber dem eigenen Mitgliedstaat. Ferner lässt sich aus den Grundfreiheiten kein Anspruch der EG-Ausländer darauf herleiten, dass die öffentlichen Unternehmen ihr Geschäftsgebiet über die Staatsgrenzen hinaus ausweiten.[25]

13 Das Sekundärrecht folgt in dem hier entscheidenden Punkt dem Primärrecht. Wenn etwa Art. 3 I RL 2003/54 (Elektrizitätsbinnenmarktrichtlinie) und Art. 3 I RL 2003/55 (Gasbinnenmarktrichtlinie) vorschreiben, „dass hinsichtlich der Rechte und Pflichten allen Unternehmen die gleiche Behandlung zuteil wird", so kann dies nicht als Verbot einer Selbstbeschränkung verstanden werden,[26] wie auch die Gesetzgebungsgeschichte der Richtlinien und ihre Zielsetzung zeigen.[27]

4. Wirkungsweise der Gemeinschaftsgrundrechte

14 Die vom Europäischen Gerichtshof entwickelten, sich aus der Europäischen Menschenrechtskonvention und den Verfassungsüberlieferungen der Mitgliedstaaten ergebenden Gemeinschaftsgrundrechte (vgl. Art. 6 II EUV), die nach dem politischen Willen der Mitgliedstaaten als Charta der Grundrechte in das Gemeinschaftsrecht übernommen werden sollen,[28] binden nicht nur die Europäische Gemeinschaft, sondern auch die Mitgliedstaaten (und damit die öffentlichen Unternehmen einschließlich der kommunalen). Inhaltlich kommt eine Bindung der Mitgliedstaaten in Betracht, wenn diese Gemeinschaftsrecht in nationales Recht umsetzen, Gemeinschaftsrecht vollziehen oder die Grundfreiheiten durch nationale Maßnahmen beschränken. Auch wenn Richtlinien und Entscheidungen nicht unmittelbar anwendbar sind, müssen sich die Vollzugsakte der Mitgliedstaaten im Rahmen des Gemeinschaftsrechts und damit zugleich der Gemeinschaftsgrundrechte halten. Die Bindung an die Gemeinschaftsgrundrechte dürfte den

---

nen Mitgliedstaat weder gegen die Grundfreiheiten und Diskriminierungsverbote noch gegen Wettbewerbsbestimmungen des Gemeinschaftsrechts verstößt.

[21] *Jarass* (Fn. 18), S. 47 f.
[22] Vgl. *Manthey*, Bindung und Schutz öffentlicher Unternehmen durch die Grundfreiheiten des Europäischen Gemeinschaftsrechts, 2001, S. 115 ff.; *Ehlers* (Fn. 11), E 42; vgl. auch *Borchardt*, Vhdl. 64. DJT, 2002, Bd. II/2, O 143, 208 f.
[23] Vgl. auch *Hösch*, Die kommunale Wirtschaftstätigkeit 2000, S. 83; *Grawert*, in: *Reichard* (Hrsg.), Kommunen am Markt, 2001, S. 9 (13).
[24] *Weiß*, DVBl. 2003, 564 (572).
[25] A. A. *Schwintowski*, NVwZ 2001, 607 (610), wonach es nicht am Örtlichkeitsprinzip des deutschen Gemeinderechts scheitern darf, wenn ein Schwede von einem deutschen Stadtwerk Strom kaufen will.
[26] A. A. *Moraing*, WiVerw. 1998, 233 (258); *Nagel* (Fn. 18), S. 48; *Jarass* (Fn. 18), S. 44.
[27] Vgl. *Weiß*, DVBl. 2003, 564 (573).
[28] Vgl. Teil II. VerfE.

5. Bindung an das Kartellrecht

Die Vorschriften des EG-Kartellrechts, die sowohl wettbewerbsbeschränkende Vereinbarungen und Verhaltensweisen (Art. 81 EGV) als auch den Missbrauch einer marktbeherrschenden Stellung (Art. 82 EGV) verbieten, müssen von den kommunalen Unternehmen und den Mitgliedstaaten (Art. 86 I EGV) – und damit auch von den Kommunen selbst – beachtet werden. Die Anwendung der Vorschriften setzt voraus, dass der Wettbewerb und der Handel zwischen den Mitgliedstaaten spürbar beeinträchtigt werden. Dies richtet sich nach der Stellung und der Bedeutung der Unternehmen auf dem betroffenen Markt. Die EG-Kommission geht davon aus, dass lokal angebotene Leistungen die Bagatellgrenze normalerweise nicht überschreiten.[29] Anderes kann namentlich gelten, wenn die lokalen Regelungen kumulative Wirkungen entfalten (Bündeltheorie). Vereinbarungen oder abgestimmte Verhaltensweisen, die gegen das Verbot des Art. 81 I EGV verstoßen, sind nur unwirksam und nichtig, sofern sie nicht gem. Absatz 3 der Vorschrift im Einzelfall durch eine Entscheidung oder gruppenweise durch eine Verordnung vom Kartellverbot ausgenommen und freigestellt worden sind.

Art. 81 I lit. c) EGV verbietet insbesondere eine Aufteilung der Märkte oder Versorgungsquellen. Das Örtlichkeits- bzw. Regionalprinzip des Kommunalrechts und Sparkassenrechts führt zu einer Abschottung der kommunalen Geschäftsgebiete im Verhältnis der Kommunen zueinander. Ein Verstoß gegen Art. 81 I lit. c) EGV kann aber schon deshalb nicht vorliegen, weil das Örtlichkeits- respektive Regionalprinzip auf gesetzlicher Regelung beruht, Verpflichtungsadressaten des Art. 81 EGV aber nur Unternehmen sind. Zwar schreibt Art. 86 I EGV den Mitgliedstaaten vor, in Bezug auf öffentliche Unternehmen keine den Art. 81 ff. EGV widersprechende Maßnahmen zu treffen. Unter die Vorschrift fallen aber nur solche Maßnahmen der Mitgliedstaaten, die gerade auf die öffentlichen Unternehmen bezogen sind.[30] Dies trifft auf die Regelungen über das Örtlichkeits- und Regionalprinzip nicht zu, weil diese nicht spezifisch unternehmerischer Art sind, sondern für sämtliches Handeln der Kommunen gelten und nur die allgemeinen Zuständigkeitsgrenzen verdeutlichen. Dementsprechend lässt sich feststellen, dass die Beschränkung kommunaler Unternehmen auf das Örtlichkeits- bzw. Regionalprinzip nicht dem gemeinschaftlichen Kartellrecht widerspricht.[31]

6. Bindung an das Beihilferecht

Nach Art. 87 EGV sind staatliche oder aus staatlichen Mitteln gewährte Beihilfen gleich welcher Art, die durch die Begünstigung bestimmter Unternehmen oder Produktionszweige den Wettbewerb verfälschen oder zu verfälschen drohen, grundsätzlich mit dem Gemeinsamen Markt unvereinbar, soweit sie den Handel zwischen den Mitgliedstaaten beeinträchtigen. Eine staatliche Maßnahme oder eine Maßnahme unter Inanspruchnahme staatlicher Mittel liegt nicht im Falle staatlich veranlasster Begünstigungen zu Lasten privater „Kassen" vor (wie bei der Verpflichtung der Energieversorgungsunternehmen zur Abnahme von „Ökostrom" zu über den Marktpreisen liegenden Mindestpreisen).[32]

---
[29] KOM (2000) 580, Rn. 32.
[30] Vgl. *v. Burchard*, in: *Schwarze* (Hrsg.), EU-Kommentar, 2000, Art. 86 EGV Rn. 31.
[31] *Ehlers/Schepers*, Der Landkreistag 2002, 590 (591).
[32] EuGH, Slg. 2001, I-2099 Rn. 59–62 – Preussen Elektra/Schleswag.

18 Eine Beihilfe ist nur gegeben, wenn dem begünstigten Unternehmen ein Vorteil gewährt wird, den es unter normalen Marktbedingungen nicht erhalten hätte („market-economy-investor"-Test).[33] Neben kommerziellen, kann es sich auch um sonstige Unterstützungen handeln (z. B. logistischer Art[34]). Als Beihilfe angesehen wurde von der EG-Kommission auch die an die Verwendung einer Organisationsform gebundene Gewährträgerhaftung und Anstaltslast der öffentlichen Hand. Deshalb haben sich die EG-Kommission und die Bundesrepublik Deutschland am 17. 7. 2001 darauf verständigt, die Gewährträgerhaftung für die Landesbanken und Sparkassen bis zum 18. 7. 2005 abzuschaffen und die Anstaltslast so zu modifizieren, dass sie sich nicht von einer normalen marktwirtschaftlichen Eigentümerbeziehung unterscheidet. Auch unternehmensinterne Quersubventionierungen können nicht nur gegen das Verbot des Missbrauchs einer marktbeherrschenden Stellung (Art. 82 EGV) oder Sekundärrecht verstoßen, sondern auch Beihilfecharakter haben.[35] Das ist jedenfalls anzunehmen, wenn erlaubte Gemeinwohlförderungen unternehmensintern auf andere Gebiete umgeleitet werden. Dagegen stellt ein angemessener finanzieller Ausgleich, den die öffentliche Hand einem Unternehmen für die Erfüllung von Gemeinwohlverpflichtungen gewährt, keine Beihilfe dar (so dass die Pflicht zur Notifizierung entfällt).[36]

19 Doch verlangt der EuGH dann vier Voraussetzungen: 1. muss das begünstigte Unternehmen tatsächlich mit der Erfüllung gemeinwirtschaftlicher Verpflichtungen betraut (vgl. auch Rn. 22–27) und diese Verpflichtungen klar definiert worden sein. 2. sind die Parameter, anhand deren der Ausgleich berechnet wird, zuvor (also ex ante) objektiv und transparent aufzustellen. 3. darf der Ausgleich nicht über das hinausgehen, was erforderlich ist, um die Kosten der Erfüllung der gemeinwirtschaftlichen Verpflichtung unter Berücksichtigung der dabei erzielten Einnahmen und eines angemessenen Gewinns aus der Erfüllung dieser Verpflichtungen ganz oder teilweise zu decken. 4. ist die Höhe des erforderlichen Ausgleichs auf der Grundlage einer Analyse der Kosten zu bestimmen, die ein durchschnittliches, gut geführtes Unternehmen bei der Erfüllung der betreffenden Verpflichtungen hätte.[37] Zwar bedarf es nicht notwendigerweise einer Ausschreibung zur Ermittlung der zuletzt genannten Anforderungen. Auch muss es sich bei dem durchschnittlich gut geführten Vergleichsunternehmen nicht zwingend um ein im Wettbewerb stehendes privates Unternehmen handeln.[38] Stehen keine anderen Erkenntnisquellen zur Verfügung, wird den Kommunen aber oftmals nichts anderes als eine Ausschreibung übrig bleiben, um das geforderte Benchmarking durchführen zu können. Auch die EG-Kommission präferiert seit langem wettbewerbsoffene, transparente und diskriminierungsfreie Ausschreibungsverfahren, um den Ausschluss von Überkompensationen sicherzustellen.[39] Umgekehrt spricht im Falle einer Ausschreibung die Vermutung gegen die Gewährung eines Vorteils i. S. d. Beihilferechts.

20 Zu einer Wettbewerbsverfälschung oder einer Beeinträchtigung des Handels zwischen den Mitgliedstaaten können auch Zuwendungen führen, die einem Unternehmen gewährt werden, das ausschließlich örtliche oder regionale Dienste und keine Dienste außerhalb seines Heimatstaates leistet. Durch solche Zuwendungen können sich nämlich die Chancen der in anderen Mitgliedstaaten niedergelassenen Unternehmen, ihre Dienste auf dem Markt dieses Staates zu erbringen, verringern.[40] Vielfach werden sich Leistungen der Daseinsvorsorge für ein räumlich begrenztes Gebiet nur unwesentlich auf den Markt auswirken und damit jedenfalls den Handel zwischen den Mitgliedstaaten nicht beeinträchtigen.[41] Art. 2 VO (EG) Nr. 69/2001 („De-minimis"-VO) legt fest, dass Beihilfen bis zu

---

[33] EuGH, NJW 2003, 2515 Rn. 84 – Altmark Tans.
[34] Vgl. EuGH, Slg. 1996, I-3547 Rn. 62 – SFEI.
[35] EG-Kommission, ABl. EG 1998 Nr. C 39/2, S. 10; *Britz*, DVBl. 2000, 1641 (1646).
[36] Grundlegend EuGH, Slg. 2001, I-9067 Rn. 27 – Ferring.
[37] EuGH, NJW 2003, 2515 Rn. 88 ff. – Altmark Trans.
[38] Vgl. auch EuGH, EuZW 2003, 504 Rn. 31 ff. – Chronopost SA.
[39] Vgl. *Koenig/Kühling*, in: *Streinz* (Fn. 12), Art. 87 Rn. 35 ff.
[40] EuGH, Slg. 1991, I-1603 Rn. 26 – Italien/Kommission; EuGH, NJW 2003, 2515 Rn. 77 f. – Altmark Trans.
[41] KOM (2000), 580 endg Rn. 32.

I. Vorgaben des Europäischen Gemeinschaftsrechts

einem Betrag von 100.000 € pro Unternehmen innerhalb eines Zeitraumes von 3 Jahren keinen Einfluss auf den zwischenstaatlichen Handel haben und/oder den Wettbewerb nicht verfälschen oder zu verfälschen drohen (somit nicht als Beihilfen anzusehen sind).[42]

Das Beihilfeverbot des Art. 87 I EGV gilt nur, soweit nichts anderes bestimmt ist. Neben den Absätzen 2 und 3 der Vorschrift und den auf der Grundlage des Art. 89 EGV erlassenen Gruppenfreistellungsverordnungen (betreffend Beihilfen an kleine und mittlere Unternehmen, Ausbildungsbeihilfen und Beschäftigungsbeihilfen[43]) ist vor allem Art. 86 II EGV zu beachten.[44] Ferner gelten für Beihilfen im Bereich des Verkehrs Ausnahmen (Art. 73 EGV).

7. Sonderregelung des Art. 86 Abs. 2 EGV

Eine strikte Anwendung der gemeinschaftsrechtlichen Binnenmarkt- und Wettbewerbsregeln (einschl. des grundsätzlichen Beihilfeverbots des Art. 87 Abs. 1 EGV) kann u. U. der Erfüllung von Staatsaufgaben im Bereich der Daseinsvorsorge zuwiderlaufen. Daher sieht Art. 86 Abs. 2 EGV für Unternehmen, die mit Dienstleistungen von allgemeinem wirtschaftlichen Interesse betraut sind (oder den Charakter eines Finanzmonopols haben) vor, dass die Vorschriften des Vertrages, insbesondere die Wettbewerbsregeln nur gelten, soweit die Anwendung dieser Vorschriften nicht die Erfüllung der ihnen übertragenen besonderen Aufgabe rechtlich oder tatsächlich verhindert. Die Entwicklung des Handelsverkehrs darf nicht in einem Ausmaß beeinträchtigt werden, das dem Interesse der Gemeinschaft zuwiderläuft.

Unterstrichen wird die Bedeutung der Dienste im allgemeinen wirtschaftlichen Interesse durch die mit dem Amsterdamer Vertrag in den EGV eingefügte Bestimmung des Art. 16 EGV. Danach tragen die Gemeinschaft und die Mitgliedstaaten im Rahmen ihrer jeweiligen Befugnisse im Anwendungsbereich des Vertrages dafür Sorge, dass die Grundsätze und Bedingungen für das Funktionieren der genannten Dienste so gestaltet sind, dass sie ihren Aufgaben nachkommen können.[45] Art. 16 EGV ändert nichts an dem Normprogramm des Art. 86 Abs. 2 oder 87 EGV (wie der Vorbehalt „unbeschadet der Art. 73, 86 und 87" ausdrücklich zeigt), beeinflusst aber die Auslegung der Vorschrift, weil die durch Art. 16 EGV geschützten Gemeinwohlinteressen berücksichtigt werden müssen. Aufgenommen worden ist der Gedanke des Art. 16 EGV auch in Art. 36 II VerfE („Die Union anerkennt und achtet den Zugang zu Dienstleistungen von allgemeinem wirtschaftlichem Interesse, der durch die einzelstaatlichen Rechtsvorschriften und Gepflogenheiten im Einklang mit der Verfassung geregelt ist, um den sozialen und territorialen Zusammenhalt der Union zu fördern.").

Dienstleistungen von allgemeinem wirtschaftlichen Interesse sind marktbezogene Tätigkeiten, die im Interesse der Allgemeinheit erbracht und daher von den Mitgliedstaaten mit besonderen Gemeinwohlverpflichtungen verbunden werden.[46] Betraut ist ein Unternehmen mit den angesprochenen Dienstleistungen, wenn die Gemeinwohlverpflichtung dem Unternehmen ausdrücklich, bestimmt und verbindlich auferlegt wurde.[47] Die Rechtsform ist nicht entscheidend.[48] Auch muss es sich nicht um eine Rechtsvorschrift handeln,[49] z. B. reicht ein Vertrag für eine Betrauung aus.[50]

Grundsätzlich geht Art. 86 II EGV davon aus, dass die Binnenmarkt- und Wettbewerbsregeln der Erfüllung gemeinwohlbezogener Aufgaben nicht entgegenstehen, son-

---

[42] Die VO (EG) Nr. 69/2001 gilt nicht für den Verkehrssektor (vgl. 3. Begründungserwägung sowie Art. 1 lit. a). Insoweit existieren keine Schwellenwerte (vgl. auch EuGH, NJW 2003, 2515 Rn. 81 – Altmark Trans).
[43] VO (EG) Nr. 70/2001, VO (EG) Nr. 68/2001, VO (EG) Nr. 2204/2002.
[44] Vgl. EuG, Slg. 1997, II-229 Rn. 170 – FFSA.
[45] Zu Art. III-6 VerfE vgl. I. 1. c).
[46] EG-Kommission, ABl. EG 1996 Nr. C 281/3.
[47] *Ehlers* (Fn. 11), E 53.
[48] Vgl. aber auch EuGH, Slg. 1974, 313 Rn. 21 f. – BRT II; Slg. 1981, 2021 Rn. 7 – Züchner.
[49] EuGH, Slg. 1997, I-5815 Rn. 66 – Kommission/Frankreich.
[50] Ebenso KOM (2001) 598 Rn. 21.

dern im Gegenteil einen Beitrag dazu leisten, die Gemeinwohlaufgabe besonders effektiv zu erfüllen. Anderes gilt nur ausnahmsweise, wenn sich der Nachweis erbringen lässt, dass die Anwendung der Vertragsvorschriften die Verwirklichung der Aufgabenstellung verhindert. Zwar wird nach der neueren Rechtsprechung des EuGH nicht verlangt, dass die Anwendung der Vertragsvorschriften die Existenz des Unternehmens bedroht oder die Erbringung der Leistung unmöglich macht. Es genügt, wenn die Erfüllung der den Unternehmen übertragenen Aufgaben gefährdet erscheint.[51] Intensität und Umfang der Freistellung dürfen aber nicht weiter gehen, als dies zur Sicherung der Aufgabenstellung des Unternehmens erforderlich ist. Dies setzt eine Verhältnismäßigkeitsprüfung (unter Einbeziehung der Wertung des Art. 16 EGV) voraus.[52] Der EuGH sieht die Voraussetzungen für eine Freistellung als gegeben an, wenn diese notwendig ist, um den betrauten Unternehmen die Erfüllung der Gemeinwohlaufgabe zu wirtschaftlich tragbaren Bedingungen zu ermöglichen.[53]

26 Gewährt der Staat einem Unternehmen für die Erfüllung von Gemeinwohlverpflichtungen einen Ausgleich oder eine Abgabenbefreiung, dürfen die Vergünstigungen nicht über die mit der anvertrauten Aufgabe verbundenen Nettokosten hinausgehen.[54] Wurde die Erbringung einer Dienstleistung von allgemeinwirtschaftlichem Interesse aufgrund eines fairen, transparenten und nicht diskriminierenden Verfahrens vergeben (insbesondere auf der Grundlage einer offenen Ausschreibung), geht die EG-Kommission regelmäßig davon aus, dass der Betrag der Ausgleichszahlung mit den Anforderungen des Art. 86 II EGV vereinbar ist.[55] Damit der Betraute seiner Verpflichtung zu einer wirtschaftlich ausgewogenen Leistungserbringung nachkommen kann, muss ihm die Möglichkeit eines Ausgleichs zwischen rentablen und weniger rentablen Tätigkeitsbereichen gestattet werden. Dies rechtfertigt eine Beschränkung des Wettbewerbs auch in den rentablen Tätigkeitsbereichen nur, wenn die Leistungen eng zusammenhängen.[56]

27 Nicht zulässig ist es, Beihilfen für die Erbringung einer Dienstleistung von allgemeinem wirtschaftlichen Interesse zu verwenden, um Aktivitäten ohne Gemeinwohlauftrag zu unterstützen (Quersubventionierung).[57] Als Schranken-Schranke schreibt Art. 86 II 2 EGV vor, dass die Entwicklung des Handelsverkehrs in keinem Falle in einem Ausmaß beeinträchtigt werden darf, das dem Interesse der Gemeinschaft zuwiderläuft. Die Beweislast für das Vorliegen der Tatbestandsvoraussetzung des Art. 86 II EGV liegt bei dem Unternehmen, das sich auf die Bereichsausnahme der Vorschrift beruft, bzw. dem Mitgliedstaat, der das Unternehmen betraut hat.

8. Bindung an das Vergaberecht

28 Neben dem staatlichen Recht[58] (insbesondere dem Haushaltsrecht, hier den Gemeindehaushaltsverordnungen[59]) verpflichtet das Gemeinschaftsrecht die öffentliche Hand und ihre öffentlichen Unternehmen unter bestimmten Voraussetzungen zu Ausschreibungen von Aufträgen oberhalb gewisser Schwellenwerte. Die Einzelheiten sind in erster Linie in der Vergaberichtlinie[60] und in der Sektorenrichtlinie[61] näher geregelt worden.

---

[51] EuGH, Slg. 1997, I-5815 Rn. 59 – Kommission/Frankreich; EuGH, Slg. 2001, I-4109 Rn. 54 – TNT Traco.
[52] Vgl. *Magiera*, in: FS Rauschning, 2001, S. 269 (286, 288).
[53] EuGH, Slg. 1993, I-2533 Rn. 16 – Corbeau; 2000, I-825 Rn. 52 – Deutsche Post.
[54] EuGH, Slg. 2001, I-9067 Rn. 32 – Ferring.
[55] KOM (2001) 598 Rn. 19.
[56] EuGH, Slg. 2001, I-8089 Rn. 57 – Ambulanz Glöckner.
[57] KOM (2001) 598 Rn. 20.
[58] Vgl. dazu den Beitrag H. Vergaberecht von *Neusinger/Schröder* (S. 331 ff.).
[59] Vgl. z. B. § 31 GemHVO NRW.
[60] RL 2004/18/EG über die Koordinierung der Vorhaben zur Vergabe öffentlicher Bauaufträge, Lieferaufträge und Dienstleistungsaufträge.
[61] RL 2004/17/EG zur Koordinierung der Zuschlagserteilung durch Auftraggeber im Bereich der Wasser-, Energie- und Verkehrsversorgung sowie der Postdienste.

I. Vorgaben des Europäischen Gemeinschaftsrechts

Weitere Ausschreibungspflichten (insbesondere für den Verkehrsbereich) sind in der Diskussion. Daneben ist auch das Primärrecht zu beachten. Zwar lassen sich aus dem Diskriminierungsverbot des Art. 12 EGV, den Grundfreiheiten und den Beihilfevorschriften keine generellen Ausschreibungsverpflichtungen herleiten. Jedoch können Ausschreibungen dazu beitragen, den Anforderungen dieser Vorschriften zu genügen. So haben Maßnahmen der öffentlichen Hand in der Regel keinen Beihilfecharakter, wenn ihnen ein faires, transparentes und nicht diskriminierendes Bietverfahren vorausgegangen ist.[62]

Die Vergaberichtlinien der Europäischen Gemeinschaft sind in Deutschland durch die kartellrechtlichen Bestimmungen der §§ 97 ff. GWB sowie die Vergabeverordnung (VgV)[63] i. V. m. den Teilen A der Verdingungsordnungen für Bauleistungen (VOB/A) und Leistungen (VOL/A) sowie die Verdingungsordnung für freiberufliche Leistungen (VOF) umgesetzt worden.[64] In personeller Hinsicht werden öffentliche Auftraggeber (§ 98 GWB) verpflichtet. Dazu sind nicht nur die kommunalen Gebietskörperschaften (Nr. 1), sondern auch die verwaltungseigenen und gemischt-öffentlichen (z. B. interkommunalen Unternehmen) sowie die von einer Kommune beherrschten gemischt-wirtschaftlichen Unternehmen zu rechnen (Nr. 2), wenn sie zu dem Zweck gegründet wurden, im Allgemeininteresse liegende nichtgewerbliche Aufgaben zu erfüllen.[65] In sachlicher Hinsicht muss es sich um öffentliche Aufträge (§ 99 GWB) – entgeltliche Verträge zwischen öffentlichen Auftraggebern und Unternehmen, die Liefer-, Bau- oder Dienstleistung zum Gegenstand haben, und Auslobungsverfahren, die zu Dienstleistungsaufträgen führen sollen – oberhalb der gemeinschaftsrechtlich vorgegebenen Schwellenwerte (§ 100 I GWB i. V. m. § 2 VgV) handeln, es sei denn, dass ein Ausnahmetatbestand einschlägig ist (§ 100 II GWB). Die nationalen Bestimmungen sind gemeinschaftskonform auszulegen. Z. B. kann entgegen der Begründung zum Regierungsentwurf des Vergaberechtsänderungsgesetzes[66] ein öffentlicher Auftrag nicht nur auf einem privatrechtlichen, sondern auch auf einem öffentlich-rechtlichen Vertrag beruhen.[67]

Eine Pflicht zur Ausschreibung kann die Einstellung der kommunalen Wirtschaftstätigkeit nach sich ziehen, weil der Zuschlag unter Berücksichtigung von Fachkunde, Leistungsfähigkeit und Zuverlässigkeit (§ 97 IV GWB) auf das wirtschaftlichste Angebot zu erteilen ist (§ 97 V). Die neuen Vergaberichtlinien der Europäischen Gemeinschaft lassen in Anknüpfung an die Rechtsprechung des EuGH zwar auch eine Berücksichtigung so genannter vergabefremder (z. B. sozialer oder ökologischer) Kriterien zu.[68] Doch ändert dies nichts an dem Prinzip, dass von mehreren den Anforderungen genügenden Bietern der günstigste ausgesucht werden muss.

Nach der Legaldefinition der Richtlinien[69] und des § 99 GWB fallen im Gegensatz zu den In-sich-Geschäften (etwa Deckung des Bedarf einer Kommune durch einen Regie- oder Eigenbetrieb) auch die entgeltlichen Leistungsbeziehungen zwischen einer Kommune und ihren rechtlich verselbständigten Unternehmen unter den Begriff des öffentlichen Auftrags. Im Wege einer teleologischen Reduktion hat der EuGH aber entschieden, dass ein vergabefreies „In-house-Geschäft" auch vorliegt, wenn die Gebietskörperschaft über die zu beauftragende (rechtlich selbständige) Person eine Kontrolle ausübt wie über eigene Dienststellen und wenn diese Person zugleich ihre Tätigkeit im Wesentlichen für die Gebietskörperschaft oder die Gebietskörperschaften verrichtet, die ihre Anteile in-

---

[62] Vgl. KOM (2001) 598 Rn. 19.
[63] BGBl. I 2003, S. 169.
[64] Vgl. §§ 4 ff. VgV.
[65] Zur Frage der Anwendbarkeit des EG-Vergaberechts auf privatrechtliche Töchter öffentlicher Auftragvergeber vgl. auch *Hailbronner*, DÖV 2003, 534 ff.
[66] BT-Drucks. 13/9340, S. 15. Vgl. auch OVG NDS, NdsVBl. 1999, 285; OLG Celle, NZBau 2000, 299 (300).
[67] Vgl. EuGH, Slg. 2001, I-5409 Rn. 73 – Ordine degli Arcitetti delle Province di Milano e Lodi.
[68] Grundlegend EuGH, Slg. 1988, 4635 Rn. 37 – Beentjes; Slg. 2002, 7213 Rn. 53 ff. – Concordia Bos Finnland OyAb.
[69] Art. 1 II RL 2004/17/EG und Art. 1 II RL 2004/18/EG.

nehaben.⁷⁰ Der BGH ist dieser Betrachtungsweise gefolgt.⁷¹ Eine strikte Kontrollierbarkeit ist im Falle des Vorliegens von Eigengesellschaften gegeben. Bei gemischt-wirtschaftlichen Unternehmen wird zumeist auf die Möglichkeit einer qualifizierten Beherrschung abgestellt. Ob für gemischt-öffentliche (z. B. von mehreren Kommunen getragenen) Unternehmen gleiches anzunehmen ist (oder die öffentliche Hand auch insoweit als Einheit zu betrachten ist), konnte bisher noch nicht höchstrichterlich geklärt werden.⁷² Für die kommunale Gebietskörperschaft tätig wird ein kommunales Unternehmen auch dann, wenn es Dienstleistungen an Dritte erbringt, aber von der Kommune mit der Erbringung der Dienstleistung von allgemeinem wirtschaftlichen Interesse betraut worden ist. Anhaltspunkte dafür, wann ein geringfügiges Fremdgeschäft anzunehmen ist, dass keine Wettbewerbsverzerrung befürchten lässt, können Art. 13 I der Sektorenrichtlinie entnommen werden.⁷³ Danach dürfte das Fremdgeschäft nicht mehr als 20 % des Umsatzes betragen. Eine Vergabe im Wettbewerb ist auch für die Beauftragung privater Verwaltungshelfer zwecks Erbringung von Leistungen i. S. d. § 99 GWB erforderlich⁷⁴, wohingegen die Auswahl der privaten Beteiligten im Falle der Gründung gemischt-wirtschaftlicher Unternehmen⁷⁵ oder der Veräußerung von Beteiligungen der öffentlichen Hand an solchen Unternehmen⁷⁶ schon deshalb nicht dem Vergaberecht unterfällt, weil kein Auftrag i. S. d. Vergaberechtsbestimmungen gegeben ist.⁷⁷ Auch Aufgabenübertragungen (z. B. auf einen Zweckverband oder auf eine andere Kommune im Wege einer delegierenden Vereinbarung) unterfallen mangels des Vorliegens eines öffentlichen Auftrags nicht dem Vergaberecht.

II. Vorgaben des nationalen Verfassungsrechts

1. Wirtschaftsverfassungsrechtliche Aussagen des Grundgesetzes

32 Das BVerfG ist allen Versuchen, dem Grundgesetz die Verpflichtung auf ein bestimmtes Wirtschaftssystem (etwa auf die soziale Marktwirtschaft⁷⁸) zu entnehmen, von Anfang an entgegengetreten. So hat es bereits im Jahre 1954 festgestellt, dass das Grundgesetz weder eine nur mit marktkonformen Mitteln zu steuernde soziale Marktwirtschaft noch ein anderes Wirtschaftssystem garantiere. Die gegenwärtige Wirtschaftsordnung sei lediglich eine nach dem Grundgesetz mögliche, nicht aber die allein mögliche. Sie beruhe auf einer vom Willen des Gesetzgebers getragenen wirtschafts- und sozialpolitischen Entscheidung, die durch eine andere Entscheidung ersetzt oder durchbrochen werden könne.⁷⁹ An dieser „wirtschaftspolitischen Neutralität" des Grundgesetzes hat das BVerfG auch später festgehalten. So hat es im Mitbestimmungsurteil betont, dass es nicht angehe, aus einer Zusammenschau der einzelnen Grundrechte ein überhöhendes Gesamtsystem wirtschaftsverfassungsrechtlicher Leitlinien herzuleiten.⁸⁰ Dieser Ansicht ist im Grund-

---

⁷⁰ EuGH, Slg. 1999, I-8121 Rn. 50 – Teckal.
⁷¹ BGHZ 148, 55 ff.
⁷² Näher zum Ganzen *Hüser*, Ausschreibungspflichten bei der Privatisierung öffentlicher Aufgaben (erscheint demnächst).
⁷³ Vgl. *Faber*, DVBl. 2001, 248 (254 f.).
⁷⁴ *Burgi*, NVwZ 2001, 601 (604).
⁷⁵ Vgl. *Frenz*, DÖV 2002, 186 (188).
⁷⁶ *Burgi*, in: *Erichsen/Ehlers*, Allgemeines Verwaltungsrecht, § 54 Rn. 18; a. A. *Dreher*, NZBau 2002, 245 (249 f.).
⁷⁷ Zur Ausschreibungspflicht im Falle der Auswahl von Beliehenen sowie des Vorliegens einer Verwaltungssubstitution (d. h. eines staatsersetzenden Privathandelns, zumeist auf der Grundlage von Konzessionsverträgen), vgl. *Hüser* (Fn. 72).
⁷⁸ Vgl. insbesondere *Nipperdey*, Die soziale Marktwirtschaft in der Verfassung der Bundesrepublik Deutschland, 1954, S. 3 ff.; aus neuerer Zeit (mit gewissen Relativierungen) z. B. *Schmidt-Preuß*, DVBl. 1993, 236 (239 ff.).
⁷⁹ BVerfG 4, 7 (17 f.).
⁸⁰ BVerfGE 50, 92 (336 ff.). Vgl. auch *Jarass*, Wirtschaftsverwaltungsrecht mit Wirtschaftsverfassungsrecht,

satz zuzustimmen. Schon die Gewährleistung des Eigentums (Art. 14 Abs. 1 GG) einerseits und die Zulassung einer Vergesellschaftung von Grund und Boden, Naturschätzen und Produktionsmitteln (Art. 15 GG) andererseits zeigen die wirtschaftspolitische Offenheit des Grundgesetzes. Dies besagt zwar nicht, dass es keine verfassungsrechtlichen Grenzen gibt. So ist eine reine Zentralverwaltungswirtschaft nicht mit den Grundrechten, eine reine Marktwirtschaft (ohne Einwirkungsmöglichkeiten des Staates) nicht mit dem Sozialstaatsprinzip (Art. 20 I GG), dem Schutz der natürlichen Lebensgrundlagen (Art. 20 a GG) und den Erfordernissen des gesamtwirtschaftlichen Gleichgewichts (Art. 109 II GG) vereinbar. Auch ist jedes Handeln des Staates rechtfertigungsbedürftig. Dies belässt dem Staat auf wirtschaftlichem Gebiet aber gleichwohl einen weiten Gestaltungsspielraum. Markteingriffe erfordern keine zusätzliche Rechtfertigung. Dies trifft vielmehr nur auf Grundrechtseingriffe zu.

Im Hinblick auf die Notwendigkeit der Rechtfertigung von Eingriffen des Staates in grundrechtlich geschützte Interessen der Marktteilnehmer mag man von einem Regel-Ausnahme-Verhältnis zugunsten der grundrechtlich geschützten Freiheit sprechen. Dies sagt aber noch nichts darüber aus, wann ein Grundrechtseingriff vorliegt (vgl. Rn. 50), und nach welchen Maßstäben jedenfalls die verfassungsrechtlich geschützten privaten und staatlichen Belange konkret zugeordnet werden müssen. Maßgeblich ist eine Abwägung im Einzelfall und nicht ein wirtschaftspolitisches Konzept. Dementsprechend können die Träger von Staatsgewalt auch weitgehend selbst darüber entscheiden, ob sie sich eigenwirtschaftlich betätigen wollen. Selbst wenn das Grundgesetz ausdrücklich die Privatwirtschaft schützt,[81] verpflichtet es den Staat nicht dazu, die bestehenden öffentlichen Unternehmen zu privatisieren.

2. Verfassungsrechtliche Gewährleistung der Kommunalwirtschaft

a) Selbstverwaltungsrecht der Gemeinden und Kreise

Die Gemeinden und Kreise können sich den Trägern von Staatsgewalt gegenüber auf das in Art. 28 II GG und den Landesverfassungen garantierte Recht auf Selbstverwaltung berufen. Den Gemeinden muss das Recht gewährleistet sein, alle Angelegenheiten der örtlichen Gemeinschaft (im Rahmen der Gesetze) in eigener Verantwortung zu regeln (Art. 28 Abs. 2 S. 1 GG). Damit wird den Gemeinden von Verfassungs wegen[82] ein bestimmter Aufgabenkreis (Allzuständigkeit im Hinblick auf die Erledigung der Angelegenheiten der örtlichen Gemeinschaft) garantiert. Die Teilnahme am Wirtschaftsleben stellt zwar keine eigene Aufgabenstellung (etwa im Sinne eines Selbstzwecks), sondern nur ein Mittel zur Erfüllung von Aufgaben (bzw. Ziel- oder Zwecksetzungen) dar.[83] Da die Gemeinden aber im Rahmen der Gesetze über das Ob und Wie der Aufgabenwahrnehmung eigenverantwortlich entscheiden dürfen, unterfällt ihre wirtschaftliche Betätigung bei zulässiger Aufgabenstellung der verfassungsrechtlichen Garantie der kommunalen Selbstverwaltung.[84] Gleichzeitig wird auch das der wirtschaftlichen Betätigung dienende Vermögen der Gemeinden durch Art. 28 II S. 1 GG und die entsprechenden Gewährleistungen der Landesverfassungen geschützt. Abzulehnen ist die Ansicht des BVerfG, wonach sich der Vermögensschutz der Gemeinde nicht auf jede einzelne vermö-

---

3. Aufl. 1997, § 3 Rn. 2 ff.; *Schmidt*, in: *Schmidt/Vollmöller* (Hrsg.), Kompendium öffentliches Wirtschaftsrecht, 2. Aufl. 2004, § 2 Rn. 2 ff.

[81] So z. B. die privaten Anbieter von Post- und Telekommunikationsdienstleistungen (Art. 87 f II 1 GG).

[82] Vgl. *Ehlers*, in: *Ehlers/Krebs* (Hrsg.), Grundfragen des Verwaltungsrechts und des Kommunalrechts, 2000, S. 59 (72 f.).

[83] Vgl. *Kluth*, Grenzen kommunaler Wirtschaftsteilnahme, 1988, S. 9 ff.; *Grawert*, in: FS Blümel, 1999, S. 119 (125 f.); *Pielow*, NWVBl. 1999, 369 (376); *Hellermann*, in: *Oldiges* (Hrsg.), Daseinsvorsorge durch Privatisierung – Wettbewerb oder staatliche Gewährleistung, 2001, S. 19 (24).

[84] BVerfG-K, NVwZ 1999, 520 (521); VerfGH RP, NVwZ 2000, 801. Vgl. statt vieler *Hellermann*, Örtliche Daseinsvorsorge und gemeindliche Selbstverwaltung, 1998, S. 146 ff.; *Schink*, NVwZ 2002, 129 (133); *Schmidt-Aßmann*, in: dens. (Hrsg.), Besonderes Verwaltungsrecht, 12. Aufl. 2003, 1. Kap. Rn. 118.

genswerte Rechtsposition, sondern nur auf das gemeindliche Wirtschaften als solches bezieht.[85] Anders als den Gemeinden steht den (zu den Gemeindeverbänden zu rechnenden) Kreisen das Recht der Selbstverwaltung nur im Rahmen „ihres gesetzlichen Aufgabenkreises" zu (Art. 28 Abs. 2 S. 2 GG). Dies bedeutet, dass die Kreise auf die Zuweisung von Aufgaben durch den Gesetzgeber angewiesen sind. Doch müssen die Kreise mit einem Aufgabenbestand ausgestattet werden, der eine sinnvolle und leistungsfähige Selbstverwaltung auf Kreisebene ermöglicht.[86] Das wirtschaftliche Handeln unterfällt dann ebenfalls der Garantie der Eigenverantwortlichkeit kommunaler Selbstverwaltung.

35 Die Garantien der kommunalen Selbstverwaltung richten sich gegen alle anderen Träger von Staatsgewalt und damit auch gegen andere Gemeinde und Kreise, die sich wirtschaftlich betätigen (Rn. 47). In der Literatur ist darüber hinaus die Auffassung vertreten worden, dass den Selbstverwaltungsgarantien auch Aussagen über das Verhältnis zur Privatwirtschaft entnommen werden können. So sollen Privatisierungsvorgaben des Staates an einem Regel-Ausnahme-Verhältnis zugunsten der kommunalen gegenüber einer privaten Aufgabenerfüllung zu messen sein.[87] Nach anderer Auffassung greifen gesamtstaatliche Marktliberalisierungsentscheidungen niemals in die kommunalen Selbstverwaltungsgarantien ein.[88] Diesen Ansichten ist nicht zu folgen. Die verfassungsrechtlichen Garantien der Selbstverwaltung stellen ein Organisationsprinzip der staatlichen Verwaltung, nicht aber ein Verteilungsprinzip zwischen Kommunen und Privatwirtschaft dar. Die Abschaffung kommunaler Monopolstellungen im Wege der Zulassung privater Wirtschaftsteilnehmer berührt daher das Selbstverwaltungsrecht nicht. Andererseits liegt immer eine rechtfertigungsbedürftige Schmälerung des verfassungsrechtlich geschützten Selbstverwaltungsrechts der Kommunen vor, wenn der Staat ihnen eine wirtschaftliche Betätigung ge- oder verbietet. Eine staatliche Beschränkung der Kommunalwirtschaft muss sich deshalb auch an den verfassungsrechtlichen Garantien der Selbstverwaltung messen lassen, wenn sie der Privatwirtschaft zugute kommen soll.[89]

36 Das Selbstverwaltungsrecht wird nur im Rahmen der Gesetze (Art. 28 II S. 1 GG) bzw. nach Maßgabe der Gesetze (Art. 28 II S. 2 GG) gewährleistet. Die gesetzlichen Bestimmungen dürfen bei Zugrundelegung der Rechtsprechung des BVerfG nicht den Kernbereich der Selbstverwaltungsgarantie antasten[90] und müssen im Randbereich den Kommunen einen hinreichenden Spielraum bei der Wahrnehmung der einzelnen Aufgabenbereiche offen halten.[91] Die Literatur steht demgegenüber vielfach auf dem Standpunkt, dass die Beeinträchtigung des Selbstverwaltungsrechts dem Verhältnismäßigkeitsprinzip genügen muss.[92]

37 Welche gesetzlichen Ausgestaltungen oder Beschränkungen zulässig sind, beurteilt sich nach der Abwägung im Einzelfall. Da es nach Art. 28 II GG nicht auf den Vergleich mit der Privatwirtschaft ankommt, sich das Verhältnis von Kommunal- und Privatwirtschaft vielmehr nach anderen Regelungen bestimmt (vgl. Rn. 50, 53), kann aus den Garantien der Selbstverwaltung auch kein Verbot der Schlechterstellung kommunaler Unternehmen gegenüber den privaten Unternehmen hergeleitet werden.[93]

38 Sind die Gemeinden und Kreise der Auffassung, dass der Staat zu Unrecht ihre Wirkmöglichkeiten schmälert, können sie sich auch auf wirtschaftlichem Gebiet unter Beru-

---

[85] Vgl. BVerfG-K, NVwZ 1999, 520 ff.
[86] *Maurer*, DVBl. 1995, 1037 (1046); *Nierhaus*, in: *Sachs* (Hrsg.), Grundgesetz, 3. Aufl. 2003, Art. 28 Rn. 62.
[87] *Wieland/Hellermann*, DVBl. 1996, 401 (407); vgl. auch *Hellermann* (Fn.84), S. 138 ff.; *Pagenkopf*, GewArch 2000, 177 (178). Krit. RhPfVerfGH, NVwZ 2000, 801 (804).
[88] *Löwer*, VVDStRL 60 (2001), 416 (435 f., 454).
[89] Wie hier *Oebbecke*, in: *Henneke* (Hrsg.), Kommunale Aufgabenerfüllung in Anstaltsform, 2000, S. 11 (20 f.).
[90] Vgl. BVerfGE 1, 167; 79, 127 (146).
[91] BVerfGE 91, 228 (241 f.).
[92] Vgl. *Ehlers* (Fn. 11), E 83 ff.; *Schoch*, JURA 2001, 121 (126); *Nierhaus* (Fn. 86), Art. 28 Rn. 56.
[93] Zur Forderung einer Gleichstellung öffentlicher Wettbewerbsunternehmen mit privaten vgl. *Jarass* (Fn. 18), passim.

II. Vorgaben des nationalen Verfassungsrechts 39–42 **B**

fung auf das in den Selbstverwaltungsgarantien mitenthaltene „Recht" auf Selbstverwaltung hiergegen vor Gericht zur Wehr setzen. Beruht die Schmälerung auf einem Gesetz, kommt eine kommunale Verfassungsbeschwerde nach Art. 93 Abs. 1 Nr. 4 b GG oder nach Landesrecht in Betracht.

b) Verfassungsrechtliche Stellung der Eigenunternehmen und der gemischt-öffentlichen Unternehmen

Kommunale Unternehmen ohne eigene Rechtspersönlichkeit (wie Regie- oder Eigenbetriebe) sind Teil der Kommune und nehmen daher am Schutz der Selbstverwaltungsgarantien teil. Rechtlich verselbständigte Unternehmen, die entweder (unmittelbar oder mittelbar) allein von einer Kommune getragen werden (Eigenunternehmen) oder deren Anteilseigner (unmittelbar oder mittelbar) verschiedene juristische Personen des öffentlichen Rechts einschließlich solcher kommunaler Provenienz sind (gemischt-öffentliche Unternehmen), gehören unabhängig von der Rechtsform[94] zwar ebenfalls zu den Trägern von Staatsgewalt.[95] 39

Berechtigte der kommunalen Selbstverwaltungsgarantien sind aber nur die Gemeinden und Kreise. Auch auf den Schutz der Grundrechte können sich die Unternehmen – abgesehen von den Verfahrensrechten – nicht berufen, weil diese nur die Freiheit und Gleichheit der Privaten verbürgen (Rn. 52). Dies heißt andererseits nicht, dass die verselbständigten Unternehmen belastenden staatlichen Maßnahmen wehrlos ausgeliefert sind. Solche Maßnahmen betreffen nämlich auch die kommunalen Anteilseigner und müssen sich diesen gegenüber am Maßstab der Selbstverwaltungsgarantien rechtfertigen lassen. 40

c) Verfassungsrechtliche Stellung der gemischt-wirtschaftlichen Unternehmen

Ob die gemischt-wirtschaftlichen (teils von Kommunen, teils von Privaten getragenen) Unternehmen als Träger von Staatsgewalt anzusehen sind, ist umstritten. Für die in der Form einer juristischen Person des öffentlichen Rechts organisierten Unternehmen (z. B. Zweckverbände mit privater Beteiligung oder Sparkassen mit Genussrechtskapitalinhabern oder mit einer stillen Beteiligung Privater[96]) dürfte die Frage zu bejahen sein. Ist die Rechtsform einer juristischen Person des Privatrechts (z. B. die Form einer GmbH oder einer AG) verwendet worden, wird ähnlich wie im Europäischen Gemeinschaftsrecht (Rn. 10) vielfach darauf abgestellt, ob die öffentliche Hand einen beherrschenden Einfluss ausüben kann (vgl. auch Rn. 52). Doch differenziert das deutsche Recht grundsätzlich zwischen Staat und Gesellschaft. Es macht daher zumindest bei Inanspruchnahme der „Jedermannsformen" des Privatrechts (z. B. der Gesellschaftsformen) einen wesentlichen Unterschied aus, ob eine Organisation nur vom Staat oder auch von Privatpersonen getragen wird. Letztere Gebilde können nicht ohne weiteres der Staatssphäre zugeordnet werden, selbst wenn die Träger von Staatsgewalt (hier Gemeinden oder Kreise) die Mehrheit der Anteile innehaben. Auch bei Zugrundelegung dieses Verständnisses sind die gemischt-wirtschaftlichen Unternehmen gegenüber belastenden staatlichen Maßnahmen nicht schutzlos gestellt, da sich sie und die privaten Anteilseigner z. B. auf den Grundrechtsschutz (vgl. Rn. 52), die kommunalen Anteilseigner auf ihr Selbstverwaltungsrecht berufen können. 41

3. Zielsetzung der Kommunalwirtschaft

In Anlehnung an § 67 I Nr. 1 Deutsche Gemeindeordnung vom 30. 1. 1935 (DGO) schreiben die Gemeinde- und Kreisordnungen (in leicht unterschiedlichen Wendungen) 42

---

[94] Zu den in Betracht kommenden öffentlich-rechtlichen und privatrechtlichen Organisationsformen (z. B. Sparkassen, Kommunalunternehmen in der Form einer Anstalt des öffentlichen Rechts, Zweckverbände einerseits, Eigengesellschaften andererseits) vgl. den Abschnitt D, in diesem Band.
[95] Vgl. *Ehlers*, in: *Erichsen/Ehlers* (Fn. 76), § 1 Rn. 4.
[96] Vgl. etwa §§ 21 ff. SparkG Hess.

vor, dass die Kommunen wirtschaftliche Unternehmen nur errichten, übernehmen oder wesentlich erweitern respektive sich wirtschaftlich nur betätigen dürfen, wenn ein öffentlicher Zweck dies rechtfertigt oder erfordert. Als öffentliche Zwecke kommen sämtliche Gemeinwohlbelange in Betracht. Dazu dürften auch die Bekämpfung der Arbeitslosigkeit durch aktive Beschäftigungsmaßnahmen sowie die Beeinflussung der Wettbewerbsverhältnisse auf dem Markt zählen.[97] Kein öffentlicher Zweck ist nach nahezu allgemeiner Auffassung aber eine rein erwerbswirtschaftliche Zielsetzung,[98] es sei denn, es geht um die annexweise Wahrnehmung sonst brachliegenden Wirtschaftspotentials.[99] Gewinne dürfen und sollen nur erzielt werden, wenn und soweit der öffentliche Zweck nicht beeinträchtigt wird. Umstritten ist, ob der (grundsätzliche) Ausschluss einer bloßen Gewinnmaximierung als erlaubte Zwecksetzung kommunalwirtschaftlicher Betätigung auch von Verfassungs wegen gilt.[100] Die Erzielung von Einnahmen dient (ebenso wie die Erhebung von Steuern) mittelbar einer öffentlichen Zwecksetzung, wenn die Erträge zur Erfüllung rechtmäßiger Staatsaufgaben verwendet werden. Für die Notwendigkeit einer unmittelbaren Wahrnehmung öffentlicher Zwecke durch die Kommunalwirtschaft lässt sich anführen, dass mittelbare Gemeinwohlförderungen des Staates in besonderem Maße rechtfertigungsbedürftig sind, die Abgrenzung der Finanzverfassung durch Zulassung einer Erwerbswirtschaft u. U. unterlaufen werden könnte, eine in die Grundrechte der privaten Konkurrenten eingreifende Teilnahme am Wirtschaftsleben kaum mit einer erwerbswirtschaftlichen Erwägung legitimiert werden kann und die öffentliche Wirtschaft im Falle der Zulassung des Geldverdienens als alleiniger Zielsetzung dieselbe Freiheit wie die Privatwirtschaft gewinnen würde.

4. Notwendigkeit einer demokratischen Legitimation kommunaler Unternehmen

43   Nach Art. 28 Abs. 1 S. 1 GG muss die verfassungsmäßige Ordnung in den Ländern u. a. dem Grundsatz der Demokratie entsprechen. Das Demokratiegebot verlangt, dass alle Staatsgewalt vom Volke ausgeht (Art. 20 Abs. 2 S. 1 GG). Entscheidet das Volk nicht selbst durch Wahlen oder Abstimmungen, ist in organisatorisch-personeller Hinsicht eine ununterbrochene, auf das Volk zurückzuführende Legitimationskette der mit der Wahrnehmung von Verwaltungsaufgaben betrauten Amtswalter erforderlich. Sachlich-inhaltlich muss das Handeln, mediatisiert über die Volksvertretungen und eine der Volksvertretung verantwortliche Verwaltungsspitze, auf den Willen des Volkes zurückgeführt werden können. Dies lässt sich nur durch eine Bindung an das Gesetz, eine Leitungsmacht der Exekutivspitze und grundsätzliche Weisungsunterworfenheit der mit der Ausübung von Staatsgewalt betrauten Amtswalter erreichen.[101] Da Art. 28 Abs. 1 S. 2 den Kreisen und Gemeinden ein eigenes Volk (in Gestalt der Kreis- und Gemeindebürger) zuordnet, kommt es bei der Wahrnehmung der kommunalen Selbstverwaltung nicht nur auf das Staatsvolk, sondern auch und besonders auf das kommunale „Teilvolk" (d. h. die Wahlberechtigten der Kommunalwahl) an.[102] Die Anforderungen des Demokratieprinzips müssen auch von den Eigenunternehmen und gemischt-öffentlichen Unternehmen der Kommunen gewahrt werden, weil es sich bei den genannten Unternehmen um lediglich rechtstechnisch abgesonderte Erscheinungsformen der Verwaltung (Rn. 45) und damit

---

[97] Streitig. Vgl. *Ehlers* (Fn. 11), E 71.
[98] A. A. nur *Otting*, Neues Steuerungsmodell und rechtliche Betätigungsspielräume der Kommunen, 1997, S. 217. Nicht eindeutig *Steckert*, Kommunalwirtschaft im Wettbewerb, 2002, S. 50 ff. Ablehnend zu Recht, RhPfVerfGH RP, NVwZ 2000, 801 (804).
[99] Vgl. OVG NRW, DVBl. 2004, 133 (135 f.).
[100] Ablehnend z. B. *Hellermann* (Fn. 84), S. 208; *Schneider*, DVBl. 2000, 1250 (1255); *Böckenförde*, VVDStRL 60 (2001), 593 (594); *Jarass*, DÖV 2002, 489 (490 f.); *Cremer*, DÖV 2003, 921 (922). A. A. etwa *Henneke*, NdsVBl. 1998, 273 (280 f.); *Hösch* (Fn. 23), S. 81 f.; *Selmer*, in: Stober/Vogel (Hrsg.), Wirtschaftliche Betätigung der öffentlichen Hand, 2000, S. 88; *Löwer*, VVDStRL 60 (2001), 416 (418 ff.); *Mann*, JZ 2002, 819 (820); *Rennert*, JZ 2003, 385 (390); *Schmidt-Aßmann*, FS Ulmer, 2003, S. 1015 (1018 f.).
[101] Vgl. näher zum Ganzen BVerfGE 83, 60 ff.; 93, 37 ff.; 107, 59 ff.
[102] Näher dazu *Ehlers*, in: FS E. Stein, 2002, S. 125 (131 ff.).

II. Vorgaben des nationalen Verfassungsrechts   **44, 45** **B**

um Träger von Staatsgewalt handelt. Im Ergebnis hat dies zur Folge, dass die Kommunen über ihre Verwaltungsspitzen in der Lage sein müssen, das Handeln ihrer Unternehmen zu steuern und zu kontrollieren. Dies schließt eigenverantwortliche Spielräume der Unternehmensleitungen nicht aus (ohne die eine rechtliche Verselbstständigung der Unternehmen auch keinen Sinn ergeben würde). Doch dürfen die Kommunen jedenfalls das Letztentscheidungsrecht in grundlegenden Angelegenheiten nicht aus der Hand geben.[103] Dementsprechend sehen die Gemeindeordnungen unternehmensbezogene Ingerenzbefugnisse der Kommunen vor.[104]

5. Wirkungskreis der Kommunalwirtschaft

Die Selbstverwaltungsgarantie des Art. 28 Abs. 2 S. 1 GG bezieht sich auf die Angelegenheiten der örtlichen Gemeinschaft. Hieran knüpfen auch die gemeindebezogenen Regelungen der Landesverfassungen an. Somit haben die Gemeinden einen gebietsbezogenen Auftrag zu erfüllen. Dies heißt nicht, dass sie die Gemeindegrenzen in keinem Falle überschreiten dürfen. Zum einen ist es denkbar, dass die Gemeinden von fremdem Gebiet aus Leistungen an ihre Einwohner erbringen (etwa weil es in der Gemeinde an einer geeigneten Fläche für die Errichtung einer Kläranlage fehlt). Zum anderen ergibt sich aus den Selbstverwaltungsgarantien (und nicht nur aus dem einfachen Gesetzesrecht) zugleich die Zulässigkeit einer interkommunalen Zusammenarbeit.[105] Stets muss es der Gemeinde aber um die Erfüllung von Aufgaben gehen, „die in der örtlichen Gemeinschaft wurzeln oder auf die örtliche Gemeinschaft einen spezifischen Bezug haben".[106] In gewissem Ausmaß ist der Gesetzgeber befugt, rechtsgestaltend den örtlichen Bezug auszuformen. So dürfte es von Verfassungs wegen nicht zu beanstanden sein, wenn die Sparkassen berechtigt und verpflichtet sind, Spareinlagen von „Jedermann" anzunehmen (wohingegen eine Kreditvergabe an Personen mit Sitz oder Niederlassung außerhalb des Satzungsgebietes grundsätzlich unzulässig ist).[107] Dagegen ist kein örtlicher Bezug mehr vorhanden, wenn eine Gemeinde auf fremdem Gebiet Leistungen an Gebietsfremde erbringt. **44**

In der Literatur wird z. T. die Auffassung vertreten, dass zwischen hoheitlicher Verwaltung und (privat-)wirtschaftlicher Betätigung der öffentlichen Hand zu unterscheiden ist und die (räumlichen) Kompetenzgrenzen der Gebietskörperschaft Gemeinde für den hoheitlichen, nicht für den wirtschaftlichen Bereich Geltung beanspruchen können.[108] Dieser Auffassung kann mit der ganz h. M.[109] nicht zugestimmt werden. Da die kommunalen Unternehmen nur Instrumente kommunaler Aufgabenerfüllung sind (Rn. 34), bleibt die Verwaltung auch dann Verwaltung, wenn sie wirtschaftet.[110] Auch die Eigenunternehmen der Gemeinde sind daher an die der Gemeinde gezogenen Kompetenzgrenzen gebunden. Dies gilt auch, wenn sie privatrechtlich organisiert sind, da durch die Inanspruchnahme der privatrechtlichen Organisationsformen nicht die Zuständigkeitsgrenzen **45**

---

[103] Vgl. zu den Einzelheiten *Püttner*, DVBl. 1975, 353 ff.; *Dreier*, Hierarchische Verwaltung im demokratischen Staat, 1991, S. 258 f.; *Spannowsky*, DVBl. 1992, 1072 ff.; ZGR 1996, 400 ff.; *Gersdorf*, Öffentliche Unternehmen im Spannungsfeld zwischen Demokratie- und Wirtschaftlichkeitsprinzip, 2000, S. 222 ff.
[104] Vgl. als pars pro toto die zahlreichen Vorgaben des § 108 GO NRW.
[105] Vgl. BVerwGE 87, 237 (238); *Rengeling*, in: Püttner (Hrsg.), HdkWP, Bd. 2, 2. Aufl. 1982, S. 385 (394).
[106] BVerfGE 8, 122 (134); 79, 127 (151).
[107] Vgl. *Stern/Nierhaus*, Das Regionalprinzip im öffentlich-rechtlichen Sparkassenwesen, 1991, S. 200 ff.; *Raskin*, Das Regionalprinzip und (neue) elektronische Vertriebswege im Retailbanking, 2001, S. 98 ff.; *Schepers*, Internet-Banking und sparkassenrechtliches Regionalprinzip, 2003, S. 89 ff.
[108] Vgl. z. B. *Moraing*, WiVerw 1998, 233 (244 f.); *Wieland*, in: Henneke (Hrsg.), Optimale Aufgabenerfüllung im Kreisgebiet?, 1999, S. 193 (196 ff.); *Hellermann* (Fn. 84), S. 157. Vgl. auch den Beschluss 20 des 64. DJT (Vhdl. des 64. DJT, 2002, Bd. II/2, O 225), wonach der räumliche Wirkungskreis kommunaler Unternehmen nicht durch das Gebiet ihres Trägers (Gebietskörperschaft bzw. interkommunale Zusammenarbeit) bestimmt wird.
[109] Vgl. statt vieler RhPfVerfGH, NVwZ 2000, 801 ff.; *Pielow*, NWVBl. 1999, 369 (373); *Rennert*, JZ 2003, 385 (391, 394 m. Fn. 80), der die auf dem 64. DJT vertretene Auffassung (vgl. Fn. 108) als „schlechterdings unhaltbar" einstuft.
[110] RhPfVerfGH, NVwZ 2000, 801 (802).

unterlaufen werden können. Sind an dem Unternehmen mehrere Kommunen beteiligt, addieren sich die Verbandskompetenzen. Auch dann muss es sich aber um mehrörtliche und nicht um überörtliche Angelegenheiten handeln.[111] Gemischt-wirtschaftliche Unternehmen gehören nach der hier vertretenen Ansicht zwar nicht zu den Trägern von Staatsgewalt (Rn. 41). Doch darf sich eine Gemeinde nicht an einem gemischt-wirtschaftlichen Unternehmen beteiligen, wenn sich das Unternehmen ganz überwiegend mit gebietsfremden oder gemeindefremden Angelegenheiten befasst, die Gemeinde als Anteilseignerin andere als eigene Aufgaben oder öffentliche Zwecke verfolgt, das interkommunale Gebot der Rücksichtnahme missachtet wird oder die Zusammenarbeit nur der Umgehung der den Gemeinden selbst gezogenen räumlichen Grenzen dient.[112]

46 Da der räumliche Wirkungskreis der Gemeindeunternehmen grundsätzlich durch das Gebiet der Gemeinde bestimmt wird und die Gebietsbestimmung dem Gesetzgeber obliegt, bedarf auch eine Erweiterung des territorialen Zuständigkeitsbereichs über die Gebietsgrenzen hinaus einer gesetzlichen Regelung. Ohne staatsvertragliche Grundlage kann der Landesgesetzgeber aber nur Regelungen für den Landesbereich treffen. Ferner ist der Gesetzgeber zur Beachtung der verfassungsrechtlichen Vorgaben verpflichtet. Geht man davon aus, dass die auch kraft Verfassungsrechts geltende Notwendigkeit einer öffentlichen Zwecksetzung das grundsätzliche Verbot einer reinen Erwerbswirtschaft einschließt (Rn. 42), sind einer einseitigen Gebietsüberschreitung bereits aus diesem Grunde enge Grenzen gesetzt, weil es den auf fremdem Gebiet tätig werdenden Kommunalunternehmen i. d. R. nur um Gewinnerzielung geht.

47 Ferner betreffen die verfassungsrechtlichen Selbstverwaltungsgarantien auch das Verhältnis der Kommunen zueinander. Gesetzliche Regelungen, welche eine Betätigung außerhalb des eigenen Kommunalgebietes zu Lasten anderer Kommunen ermöglichen, greifen daher mittelbar in das Selbstverwaltungsrecht dieser Kommunen ein, wenn deren berechtigte Interessen berührt werden (d. h. sich die betroffenen Kommunen selbst wirtschaftlich betätigen oder betätigen wollen, mit der „feindlichen" Konkurrenz nicht einverstanden sind und durch die Konkurrenz nicht unerheblich beeinträchtigt werden).[113] Es ist nicht ersichtlich, wie sich derartige Eingriffe rechtfertigen lassen. Daher dürften die geltenden Gebietsklauseln[114] der Gemeindeordnungen insoweit nicht mit den Selbstverwaltungsgarantien vereinbar sein, als sie nur solche Interessen als berechtigt anerkennen, die nach bundesrechtlichen Vorgaben eine Einschränkung des Wettbewerbs (auch gegenüber privaten Konkurrenten) zulassen.[115] Sodann ergeben sich weitere Schranken aus dem Demokratieprinzip, weil dieses die Bürger grundsätzlich zur Legitimierung derjenigen Staatsgewalt berechtigt, die sie betrifft. Im Falle der Verlagerung der Wirtschaftstätigkeit auf fremdes Gebiet kommt es aber gerade nicht zu einer Legitimation der Wirtschaftstätigkeit durch die fremden Gebietsangehörigen.[116] Zusammengenommen zeigen die verfassungsrechtlichen Vorgaben, dass i. d. R. nur das Kooperieren, nicht das einseitige Expandieren das taugliche Mittel zur Geschäftsgebietserweiterung der Gemeindewirtschaft ist.

48 Ebenso wie das Gebiet der Gemeinden wird auch das Gebiet der Kreise vom Gesetzgeber festgelegt. Der Gebietsbezug bestimmt den räumlichen Zuständigkeitsbereich der Kreisunternehmen. Eine Erweiterung dieses Zuständigkeitsbereichs unterliegt denselben Einschränkungen wie auf der Gemeindeebene.

---

[111] Wie hier *Held*, in: *Henneke* (Fn. 108), S. 181 (185).
[112] *Ehlers* (Fn. 11), E 104.
[113] Vgl. *Ehlers* (Fn. 11), E 100 m. w. N.
[114] Vgl. Art. 87 Abs. 2 S. 2 BayGO; §§ 107 Abs. 3 S. 2 GO NRW, 116 Abs. 3 S. 2 GO LSA, 71 Abs. 4 S. 2 ThürKO.
[115] Wie hier *Schink*, NVwZ 2002, 129 (136 f.); *Rennert*, JZ 2003, 385 (391 m. Fn. 50). A. A. *Braun*, SächsVBl. 1999, 25 (30); *Köhler*, BayVBl. 2000, 1 (9); *Jarass*, DÖV 2002, 489 (498 f.).
[116] Vgl. auch *Löwer*, NWVBl. 2000, 241 (244); *Oebbecke*, ZHR 164 (2000), 375 (389); *Schmidt-Aßmann* (Fn. 100), S. 1023.

6. Verhältnis von Kommunal- und Privatwirtschaft

Die Gemeindeordnungen enthalten zum Teil Subsidiaritätsklauseln, wonach die Kommunen Unternehmen nur errichten, übernehmen oder wesentlich erweitern dürfen, wenn der öffentliche Zweck „nicht ebenso gut und wirtschaftlich" durch einen anderen erfüllt wird oder erfüllt werden kann.[117] Ist das Grundgesetz „wirtschaftspolitisch neutral" (Rn. 32), wird eine Subsidiarität der Kommunalwirtschaft aber nicht von Verfassungs wegen gefordert.[118] Umgekehrt greifen auch die im Schrifttum gegen die einfachgesetzlichen Subsidiaritätsklauseln erhobenen verfassungsrechtlichen Bedenken[119] nicht durch, weil die kommunale Selbstverwaltung nur im Rahmen bzw. nach Maßgabe der Gesetze gewährleistet wird. Zudem ist es nicht verfassungswidrig, der Privatinitiative den Vorrang zu geben. Schließlich lässt sich die Notwendigkeit einer Gleichbehandlung von kommunalen und privaten Unternehmen respektive von kommunalen Wettbewerbsunternehmen und privaten Unternehmen (vgl. auch Rn. 52) verfassungsrechtlich nicht begründen.[120]

Somit ist es Sache des Gesetzgebers, über die Ausgestaltung des Verhältnisses von Kommunal- und Privatwirtschaft zu entscheiden. Dies bedeutet nicht, dass der Gesetzgeber völlig frei ist. In Anlehnung an § 67 Abs. 1 Nr. 3 DGO schreiben die meisten Gemeindeordnungen vor, dass Gemeinden wirtschaftliche Unternehmen nur errichten, übernehmen oder wesentlich erweitern dürfen, wenn der öffentliche Zweck nicht besser und wirtschaftlicher von einem anderen erfüllt wird oder erfüllt werden kann. Die Gemeinden müssen danach auf Dauer mindestens ebenso gut wie die Privatwirtschaft zur öffentlichen Zweckerfüllung geeignet sein. Diese einfachgesetzlichen Mindestanforderungen lassen sich auch aus dem Rechtsstaatsprinzip und (bei Erreichen der grundrechtlichen Eingriffsschwelle) aus den Grundrechten ableiten. Es liefe auf eine Ermächtigung zu einem gemeinwohlschädlichen Verhalten hinaus, wenn sich die Kommunen zu Lasten der Privatwirtschaft auch dann wirtschaftlich betätigen dürften, wenn die private Konkurrenz den von der Kommunalwirtschaft verfolgten und von den Kommunen selbst definierten öffentlichen Zweck sowohl besser als auch wirtschaftlicher als die Kommunalwirtschaft erfüllt oder erfüllen kann.[121]

Ob das Grundgesetz über die allgemeinen Vorgaben hinausgehende ausdrückliche Wahrnehmungsverbote für die Kommunalwirtschaft enthält, ist umstritten. Nach Art. 87f Abs. 2 GG werden Dienstleistungen im Bereich des Postwesens und der Telekommunikation als privatwirtschaftliche Tätigkeiten durch die aus dem Sondervermögen Deutsche Bundespost hervorgegangenen Unternehmen und durch „andere private Anbieter" erbracht. Wohl überwiegend wird angenommen, dass den öffentlichen Unternehmen – abgesehen von dem aus dem Sondervermögen der Deutschen Bundespost hervorgegangenen Rechtssubjekten – das Erbringen der genannten Dienstleistungen versperrt ist.[122] Nach anderer Auffassung versteht Art. 87f Abs. 2 GG unter anderen privaten Anbietern nur privatrechtlich organisierte Rechtssubjekte (so dass Eigenunternehmen der Kommunen oder gemischt-wirtschaftliche Unternehmen mit kommunaler Beteiligung in Privatrechtsform zulässig sind).[123]

---

[117] Vgl. §§ 85 Abs. 1 Nr. 3 GO RP; 97 Abs. 1 S. 1 Nr. 3 GO Sachs.; vgl. auch § 100 Abs. 3 GO Bgb.; Art. 87 Abs. 1 S. 1 Nr. 4 Bay GO; § 71 Abs. 1 Nr. 4 ThürKO.
[118] Näher zur Geltung des Subsidiaritätsprinzips im kommunalen Wirtschaftsrecht (auch im Hinblick auf das Verfassungsrecht) *Rennert*, JZ 2003, 385 (394 f.).
[119] *Wieland/Hellermann*, Der Schutz des Selbstverwaltungsrechts der Kommunen gegenüber Einschränkungen ihrer wirtschaftlichen Betätigung im nationalen und europäischen Recht, S. 44 ff., 63 f.; *Hellermann* (Fn. 84), S. 217 ff.; *Cronauge*, Gemhlt 1998, 131 (133).
[120] Wie hier RhPfVerfGH, NVwZ 2000, 801 ff.; *Ehlers* (Fn. 11), E 81 f.
[121] Vgl. *Ehlers*, NWVBl. 2000, 1 (4).
[122] Vgl. *Möstl*, BayVBl. 1999, 547 (549 f.); *Müller-Terpitz*, NWVBl. 1999, 292 (295); *Windthorst*, in: *Sachs* (Fn. 86), Art. 87f Rn. 28 a. Näher zum Meinungsstand *Gersdorf*, in: *v. Mangold/Klein/Starck* (Hrsg.), GG, Bd. 3, 4. Aufl. 2001, Art. 87f Rn. 80 ff.
[123] Vgl. *Ebsen*, DVBl. 1997, 1039 (1042), *Pünder*, DVBl. 1997, 1353 f.; *Ehlers*, DVBl. 1998, 497 (502); *Trute*, VVDStRL 57 (1998), 216 (226 f.); *Pielow*, NWVBl. 1999, 369 (374 f.).

7. Grundrechtsbindung und Grundrechtsberechtigung der Kommunalwirtschaft

a) Grundrechtsbindung

52 Gem. Art. 1 Abs. 3 GG binden die Grundrechte u. a. die vollziehende Gewalt. Zur vollziehenden Gewalt ist die gesamte Staatsverwaltung (unabhängig von der Verwendung öffentlich-rechtlicher oder privatrechtlicher Organisations- und Handlungsformen) und somit neben den Kommunen auch deren Eigenunternehmen und die gemischt-öffentlichen Unternehmen zu zählen.[124] Streitig ist die Grundrechtsbindung der gemischt-wirtschaftlichen Unternehmen. Das BVerfG hat diesen Unternehmen den Grundrechtsschutz verweigert, soweit sie „öffentliche Aufgaben" wahrnehmen und von der öffentlichen Hand beherrscht werden.[125] Dies legt den Gegenschluss nahe, dass unter den genannten Voraussetzungen die gemischt-wirtschaftlichen Unternehmen an die Grundrechte gebunden sind.[126] Dem ist aber entgegenzuhalten, dass Private, die gleichgeordnet mit einem staatlichen Verwaltungsträger zusammenarbeiten, jedenfalls dann nicht in den Staatsorganismus inkorporiert werden, wenn die Zusammenarbeit privatrechtlich (z. B. in Form einer Gesellschaft) organisiert worden ist. Konsequenterweise wird man annehmen müssen, dass die gemischt-wirtschaftlichen Unternehmen als solche selbst dann keiner Grundrechtsbindung unterliegen, wenn sie von der öffentlichen Hand beherrscht werden und die private Beteiligungsquote gering ist.[127] Da die Grundrechtsbindung des öffentlichen (hier kommunalen) Anteilseigners immer bestehen bleibt und dieser verpflichtet ist, von seinen Beteiligungsrechten grundrechtskonform Gebrauch zu machen, kann es in solchen Fällen gleichwohl nicht zu einer Umgehung der Grundrechtsbindung kommen. Auch haben die von dem Handeln der gemischt-wirtschaftlichen Unternehmen Betroffenen gegenüber den öffentlichen (hier kommunalen) Anteilseignern einen Anspruch auf grundrechtsgemäße Einwirkung, wenn die Beteiligungsquote des öffentlichen Anteilseigners eine Beherrschung zulässt und das Unterlassen der Einwirkung einer Verletzung der grundrechtlich gewährleisteten Freiheit gleichkommt.

53 Die Geltung der Grundrechte wirkt sich sowohl auf das Verhältnis der kommunalen Unternehmen zu den Kunden als auch auf das Verhältnis zu den privaten Konkurrenten aus. Im ersten Fall ist vor allem der Gleichheitssatz des Art. 3 Abs. 1 GG, im letzten das Grundrecht der Berufsfreiheit (Art. 12 Abs. 1 GG) zu beachten. Rechtsprechung und Literatur sind nicht darüber einig, ob und wann sich die privaten Konkurrenten der Kommunalwirtschaft mit Erfolg auf Art. 12 Abs. 1 GG berufen können. Die Verwaltungsrechtsprechung geht grundsätzlich davon aus, dass Art. 12 Abs. 1 GG nicht vor Konkurrenz schützt, auch nicht vor dem Wettbewerb der öffentlichen Hand.[128] Anderes soll nur gelten, wenn die wirtschaftliche Betätigung eines privaten Konkurrenten durch das Entstehen eines faktischen Monopols des öffentlichen Wettbewerbers unmöglich gemacht oder unzumutbar erschwert wird.[129]

54 Die aufgebaute Hürde ist so hoch, dass eine Grundrechtsverletzung kaum jemals in Betracht kommt. Im Übrigen werden Schutzbereich, Eingriff und Rechtsverletzung in eins gesetzt, weil bei Annahme einer Unzumutbarkeit das Ergebnis feststeht. In der Literatur wird deshalb vielfach die Auffassung vertreten, dass eine Wirtschaftskonkur-

---

[124] Vgl. statt vieler *Jarass*, in: *Jarass/Pieroth*, Grundgesetz, 6. Aufl. 2002, Art. 1 Rn. 23 ff.; zu den Sparkassen: BGH, DVBl. 2003, 942.
[125] BVerfG, NJW 1990, 1783.
[126] So z. B. BGHZ 91, 84 (97 f.); *Jarass* (Fn. 124), Art. 1 Rn. 29; *Gersdorf* (Fn. 103), S. 157 ff.
[127] Vgl. zum Ganzen *Höfling*, in: *Sachs* (Fn. 86), Art. 1 Rn. 96; *Pieroth/Schlink*, Grundrechte, 19. Aufl. 2003, Rn. 171; *Dreier*, in: *dens.* (Hrsg.), Grundgesetz, Bd. 1, 2. Aufl. 2004, Art. 1 III Rn. 52.
[128] BVerwGE 39, 329 (336); ebenso BVerwG, NJW 1978, 1539 (1540). Krit. statt vieler *Schmidt-Aßmann* (Fn. 100), S. 1019.
[129] BVerwG, DVBl. 1996, 152 (153); OVG NRW, DVBl. 2004, 133 (137). Im Grundsatz zust. *Pieroth/Hartmann*, DVBl. 2002, 421 f.

II. Vorgaben des nationalen Verfassungsrechts

renz staatlicher Verwaltungsträger den Grundrechtsschutz des Art. 12 Abs. 1 GG auslöst,[130] die Vorschrift allerdings erst dann abwehrrechtliche Sperrwirkung entfaltet, wenn sich die Wirtschaftsteilnahme des Verwaltungsträgers als Grundrechtseingriff darstellt.

Auch die Frage, wann die Teilnahme am Wirtschaftsleben Eingriffscharakter hat, konnte bisher nicht einverständlich geklärt werden. Da eine bloße Konkurrenz weder unmittelbar auf die Privatwirtschaft einwirkt noch mit dem Mittel von Befehl und Zwang tätig wird, scheidet ein klassischer Grundrechtseingriff aus. In Betracht kommt nur ein mittelbarer Eingriff. Wann ein solcher anzunehmen ist, hängt von der Bestimmung der Eingriffsschwelle ab. Da die Grundrechte nicht mittelbare Nachteilszufügungen jeglicher Art abwehren sollen, kann nicht jede Teilname der öffentlichen Hand am Marktgeschehen als Eingriff in den Schutzbereich des Art. 12 Abs. 1 GG angesehen werden.[131] Umgekehrt liefe es auf eine Minimalisierung der Grundrechte hinaus, wenn man mit dem BVerwG die Unmöglichkeit oder Unzumutbarkeit privatwirtschaftlicher Betätigung als maßgeblich erachten würde.[132] Nicht gangbar erscheint auch der Weg, nur auf die Unzumutbarkeit der privatwirtschaftlichen Beschränkung abzustellen und Unzumutbarkeit bereits immer dann anzunehmen, wenn die öffentliche Hand rechtswidrig handelt.[133] Dies liefe auf eine Vermengung der Verfassungsebene und einfachrechtlichen Ebene sowie die Gleichsetzung von Grundrechtsverletzung und Gesetzeswidrigkeit hinaus. Nach einer anderen Ansicht soll es für die Beantwortung der Frage, ob ein Grundrechtseingriff durch Teilnahme der öffentlichen Hand am Wirtschaftsverkehr vorliegt, darauf ankommen, ob ein öffentliches Unternehmen Vorteile erhält, die einem privaten Unternehmen nicht zukommen. Sei dies nicht der Fall, scheide ein Grundrechtseingriff selbst dann aus, wenn die Aktivitäten des öffentlichen Unternehmens zur Verdrängung eines privaten führe.[134]

Diese Differenzierung ist nicht nur deshalb problematisch, weil die Annahme einer Vorteilsgewährung schwer zu bestimmen sein dürfte, sondern auch, weil den öffentlichen Unternehmen immer eine andere Qualität als den privaten zukommt. Nach der hier vertretenen Ansicht ist es notwendig, nicht nur bereichsspezifisch anzusetzen, sondern die Grundrechtsschwelle bei mittelbaren Nachteilszufügungen auf der Grundlage allgemeiner Kriterien zu bestimmen. Das BVerwG hat hierzu die Merkmale „Staatsautorität", „schwerwiegende Folgen" und „Beabsichtigungen oder Inkaufnahme der Folgen" entwickelt.[135] Da Verwaltungsträger immer Staatsautorität in Anspruch nehmen und sich bei einem wirtschaftlichen Auftreten der Folgen für die Privatwirtschaft bewusst sind, kommt es entscheidend darauf an, ob die Teilnahme am Wirtschaftsleben „schwerwiegende Folgen" für die privaten Konkurrenten hat. Dies dürfte anzunehmen sein, wenn die Möglichkeit eines privaten Konkurrenten, sich als verantwortlicher Unternehmer wirtschaftlich zu betätigen, in einem erheblichen Maße eingeschränkt wird.[136] Ob diese Bestimmung der Grundrechtsschwelle vom BVerfG anerkannt werden würde, lässt sich derzeit nicht vorhersehen, weil das Gericht in seinen Entscheidungen über die Informationstätigkeit der Bundesregierung im Bereich des Verbraucherschutzes (Glykolwein) und der religiösen und weltanschaulichen Vereinigungen (Jugendsekten)[137] neue Akzente gesetzt hat, ohne dass klar geworden ist, worauf diese im Allgemeinen hinauslaufen. Daher ist festzustellen, dass sich die Lehre von den mittelbaren Grundrechtseingriffen weiterhin

---

[130] Vgl. *Kluth* (Fn. 83), S. 23 (27 ff.); *Jarass*, DÖV 2002, 489 (492).
[131] A. A. *Hösch* (Fn. 23), S. 56 ff.; *Löwer*, VVDStRL 60 (2001), 416 (444 ff.); *Cremer*, DÖV 2003, 921 (929).
[132] Vgl. auch die Kritik von *Tettinger*, NJW 1998, 3473 (3474).
[133] So *Pieroth/Hartmann*, DVBl. 2002, 421 (426 ff.).
[134] *Jarass*, DÖV 2002, 489 (494).
[135] Vgl. grundlegend (zu den Warnungen der Bundesregierung) BVerwGE 87, 37 (43 f.).
[136] Vgl. *Ehlers* (Fn. 11), E 41; zust. zit. von *Schmidt-Aßmann* (Fn. 100), S. 1020; ähnlich *Selmer* (Fn. 100), S. 84; *Di Fabio*, in: *Maunz/Dürig* (Hrsg.), Grundgesetz, 2001, Art. 2 I Rn. 122. Vgl. auch *Faber*, DVBl. 2003, 761 (762 f.).
[137] BVerfGE 105, 252 ff.; 279 ff.

"im Experimentierlabor der Dogmatik"[138] befindet. Die Problemstellung verliert allerdings an Gewicht, wenn sich die Tendenz der neueren Rechtsprechung durchsetzen sollte, den einfachgesetzlichen Bestimmungen über die Zulässigkeit einer wirtschaftlichen Betätigung der Kommunen drittschützenden Charakter beizumessen.[139]

57 Liegt eine Überschreitung der grundrechtlichen Eingriffschwelle vor, kommt es darauf an, ob das Handeln der kommunalen Unternehmen gerechtfertigt ist. Dies bestimmt sich nach den allgemeinen Maßstäben (Vorliegen eines Gesetzes, Wichtigkeit der verfolgten Gemeinwohlbelange, Wahrung der Verhältnismäßigkeit).[140]

b) Grundrechtsberechtigung

58 Mit Ausnahme der Justizgrundrechte werden die Träger von Staatsgewalt (und damit auch die Kommunen und ihre Unternehmen) durch die Grundrechte gebunden, nicht aber geschützt.[141] Wie bereits ausgeführt wurde (Rn. 52), verneint das BVerfG auch eine Grundrechtsberechtigung gemischt-wirtschaftlicher Unternehmen, soweit diese öffentliche Aufgaben wahrnehmen und von der öffentlichen Hand beherrscht werden. Folgt man der Gegenansicht, sind die gemischt-wirtschaftlichen Unternehmen immer grundrechtsberechtigt. Allerdings ist das Gewicht der geschützten Belange geringer, wenn die öffentliche Hand maßgeblich an den gemischt-wirtschaftlichen Unternehmen beteiligt ist.

8. Bindung der Kommunalwirtschaft an das Prinzip vom Vorbehalt und vom Vorrang des Gesetzes

59 Nach der sog. Wesentlichkeitsrechtsprechung des BVerfG muss der parlamentarische Gesetzgeber aus demokratischen und rechtsstaatlichen Gründen im staatlichen Bereich die grundlegenden Entscheidungen, zumal im Bereich der Grundrechtsausübung, selbst treffen.[142] Somit bedürfen zumindest Grundrechtseingriffe einer Grundlage im Parlamentsgesetz. Ob und wann dies auch für mittelbare Grundrechtseingriffe zutrifft,[143] kann dahinstehen, da die kommunalwirtschaftsrechtlichen Bestimmungen in den Gemeinde- bzw. Kreisordnungen weder als reine Aufgabennormen, noch als lediglich verwaltungsinterne Normierungen anzusehen sind und daher eine ausreichende gesetzliche Ermächtigungsgrundlage für das Handeln der kommunalen Unternehmen darstellen.[144] Aus der Bindung an Gesetz und Recht (Art. 20 Abs. 3 GG) ergibt sich, dass die Kommunalwirtschaft die bestehenden Gesetze achten muss. Dies trifft auch auf die kommunalen Unternehmen in Privatrechtsform zu.

---

[138] *Rennert*, JZ 2003, 385 (395 f. m. Fn. 100).
[139] In diesem Sinne RhPfVerfGH, NVwZ 2000, 801 (804); OVG NRW, DVBl. 2004, 133 (134 f.).
[140] Vgl. dazu *Cremer*, DÖV 2003, 921 (930 f.).
[141] Vgl. BVerfGE 21, 262 (369 ff.); 45, 63 (79 f.); 68, 193 (205 ff.).
[142] Vgl. BVerfGE 49, 89 (126); 61, 260 (275); 98, 218 (251).
[143] Relativierend BVerfGE 105, 252 ff.
[144] Ebenso *Di Fabio* (Fn. 136), Art. 2 I Rn. 123.

C. Kommunalrechtliche Rahmenbedingungen

Übersicht

	Rn.		Rn.
I. Wirtschaftliche Betätigung und nichtwirtschaftlicher Bereich	1	2. Eingeschränkt gestattete Unternehmen	86
1. Einführung	1	a) Die allgemeinen Zulässigkeitsvoraussetzungen (Schrankentrias)	99
2. Verfassungsrechtliche Bezüge	9	aa) Der öffentliche Zweck	100
3. Historische Entwicklung	21	bb) Leistungsfähigkeitsbezug	127
a) Die Zeit bis 1935	21	cc) Subsidiaritätsklausel	131
b) Die Regelungen der Deutschen Gemeindeordnung (DGO) von 1935	27	b) Das Örtlichkeitsprinzip	165
4. Gemeindeordnungen der Länder	38	c) Markterkundung, Marktanalyse	186
a) Entwicklung des Gemeindewirtschaftsrechts nach 1945	38	III. Besondere Anforderungen bei Unternehmen in Privatrechtsform	192
b) Übersicht über die Rechtslage in den Bundesländern	51	1. Rechtsform	192
c) Wirtschaftliche – nichtwirtschaftliche Betätigung	55	a) Öffentlich-rechtliche Rechtsformen	192
aa) Unterscheidung	55	b) Privatrechtliche Rechtsformen	195
bb) Rechtsfolgen	60	aa) Haftungsbeschränkung	196
d) Wirtschaftsgrundsätze	64	bb) Angemessener Einfluss	197
e) Aktuelle Bedeutung der Unterscheidung „nichtwirtschaftlicher" von „wirtschaftlichen" Unternehmen	71	c) Nachrangigkeit der AG	199
		2. Kommunalrechtliche Anforderungen an den Gesellschaftsvertrag privatrechtlicher Unternehmen	202
II. Allgemeine Zulässigkeit von kommunalen Unternehmen	78	a) Allgemeine Regelungen	202
1. Ausdrücklich verbotene Unternehmen – ausdrücklich gestattete Unternehmen	78	b) Wirtschaftsplan und Finanzplan	203
a) Ausdrücklich verbotene Unternehmen	78	c) Zusätzliche Anforderungen an Gesellschaftsvertrag oder Satzung	204
b) Ausdrücklich gestattete Unternehmen	85	3. Mittelbare Beteiligungen	209
		4. Beteiligungsbericht	212
		5. Anzeige- und Genehmigungspflichten bei Unternehmensgründungen	223
		IV. Zusammenfassung	227

Literatur: *Badura,* Wirtschaftliche Betätigung der Gemeinde zur Erledigung von Angelegenheiten der örtlichen Gemeinschaft im Rahmen der Gesetze, DÖV 1998, 818 ff.; *Basedow,* Altmodisch und ideologisch aufgeladen, Handelsblatt.com, 17. 10. 2000; *Becker,* Grenzenlose Kommunalwirtschaft, DÖV 2000, 1032 ff.; *Britz,* Funktion und Funktionsweise öffentlicher Unternehmen im Wandel: Zu den jüngsten Entwicklungen im Recht der kommunalen Wirtschaftsunternehmen, NVwZ 2001, 380 ff.; *Bulla,* Kommunale Wohnungsvermittlung – unzulässige wirtschaftliche Betätigung der Gemeinden?, DVBl. 1975, 643 ff.; *Cronauge,* Welchen rechtlichen Rahmen braucht die kommunale Wirtschaft von morgen?, der gemeindehaushalt 1998, 131 ff.; *ders.,* Benötigen die Kommunen ein neues Wirtschaftsrecht?, der gemeindehaushalt 1997, 265 ff.; *ders./Westermann,* Kommunale Unternehmen, 4. Aufl., 2003; *Ehlers,* Rechtsprobleme der Kommunalwirtschaft, DVBl. 1998, 497 ff.; *Forsthoff,* Lehrbuch des Verwaltungsrechts, Erster Band: Allgemeiner Teil, 10. Aufl., 1973; *Gabler/Höhlein/Klöckner/ Lukas/Oster/Rheindorf/Schaaf/Stubenrauch/Tutschapsky,* Kommunalverfassungsrecht Rheinland-Pfalz, Kommentar, Loseblatt, zit.: Gabler/Höhlein u. a.; *Gern,* Der Rechtsstatus kommunal beherrschter Kapitalgesellschaften, KommJur 2004, 1 ff.; *Heilshorn,* Gebietsbezug der Kommunalwirtschaft, 2003; *Heintzen,* Zur Tätigkeit kommunaler (Energieversorgungs-)Unternehmen außerhalb der kommunalen Gebietsgrenzen, NVwZ 2000, 743 ff.; *Hellermann,* Mitgliedstaatliche Daseinsvorsorge im gemeinschaftlichen Binnenmarkt, Der Landkreis 2001, 434 ff.; *ders.,* Statement in der Anhörung zu dem Referentenentwurf für das 4. Landesgesetz zur Änderung kommunalrechtlicher Vorschriften am 16. 9. 1997 im Ministerium des Innern und für Sport des Landes Rheinland-Pfalz; *Hösch,* Öffentlicher Zweck und wirtschaftliche Betätigung von Kommunen, DÖV 2000, 393 ff.; *Hüttl,* Sind die gemeindlichen Versorgungsbetriebe den „wirtschaftlichen Unternehmen" in § 67 DGO zuzuordnen?, DÖV 1958, 198 ff.; *Jarass,* Kommunale Wirtschaftsunternehmen und Verfassungsrecht, DÖV 2002, 489 ff.; *ders.,* Kommunale Wirtschaftsunternehmen im Wettbewerb, 2002; *Kühling,* Verfassungs- und kommunalrechtliche Probleme grenzüberschreitender Wirtschaftsbetätigung der Gemeinden, NJW 2001, 177 ff.; *Kunze/Bronner/Katz,* Gemeindeordnung für Baden-Württemberg, Kommentar, 4. Aufl., Loseblatt; *Löwer,* Der Staat als Wirtschaftssubjekt und Auftraggeber, DVBl. 2000, 1757; *Moraing,* Kommunale Wirtschaft zwischen Wettbewerb und Gemeindewirtschaftsrecht, der gemeindehaushalt 1998, 223 ff.; *Münch,* Grundsätze und Grenzen der Geschäftspolitik, HKWP, 2. Aufl. 1984, Band 5, S. 71 ff.; *Neutz,* Gemeindewirtschaftsrecht – Verschärfte Subsidiaritätsklausel und Berichtspflicht sind mit der Verfassung von Rheinland-Pfalz vereinbar, ZG 2000, 279 ff.; *Oebbecke,* Die kommunale Beteiligung nach der Reform des nordrhein-westfälischen Kommunalrechts, Städte- und Gemeinderat 1995, S. 387 ff.; *Otting,* Neues Steuerungsmodell und rechtliche Betätigungsspielräume der Kommunen, 1997; *ders.,* Öffentlicher Zweck, Finanzhoheit und fairer Wettbewerb – Spielräume kommunaler Erwerbswirtschaft, DVBl. 1997, 1258 ff.; *Peters* (Hrsg.), Handbuch der kommunalen Wissenschaft und Praxis, Dritter Band, Kommunale Finanzen und kommunale Wirtschaft, 1959; *Püttner,* Zur Reform des Kommunal-Wirtschaftsrechts in Rheinland-Pfalz, Rechtsgutachten 1997; *ders.* (Hrsg.), Handbuch der kommunalen Wissenschaft und Praxis, Band 5, Kommunale Wirtschaft, 2. Aufl., 1984; *ders.,* Das Recht der kommunalen Energieversorgung, 1967; *Quecke/Schmid/Menke/Rehak/Wahl/Vinke/Blazek/Schaffarzik,* Gemeindeordnung für den Freistaat Sachsen, Kommentar, Loseblatt; *Rehn/Cronauge/von Lennep,* Gemeindeordnung für das Land Nordrhein-Westfalen, Kommentar, 2. Aufl., Loseblatt, zit.: Rehn/Cronauge; *Ruffert,* Grundlagen und Maßstäbe einer wirkungsvollen Aufsicht über die kommunale wirtschaftliche Betätigung, VerwArch 2001, 27 ff.; *ders.,* Kommunalwirtschaft und Landes-Wirtschaftsverfassung, NVwZ 2000, 763 ff.; *Schink,* Wirtschaftliche Betätigung kommunaler Unternehmen, NVwZ 2002, 129 ff.; *ders./Kuhn/Rühl,* Leistungen der öffentlichen Daseinsvorsorge aus kommunaler Sicht, Der Landkreis 2001, 438 ff.; *Schmidt-Jortzig* Die Zulässigkeit kommunaler wirtschaftlicher Unternehmen im einzelnen, HKWP, 2. Aufl. 1984, Band 5, S. 50 ff.; *Schoch/Wieland,* Verfassungsrechtliche Vorgaben für eine aufgabenangemessene kommunale Finanzausstattung, Vorlage 044 EK 14/01 für die Sitzung der Enquete-Kommission „Kommunen" des Landtags Rheinland-Pfalz am 11.7.2003; *Scholz,* Neue Entwicklungen im Gemeindewirtschaftsrecht – Strukturfragen und Verfassungskritik, DÖV 1976, 441 ff.; *Schuster/Diehl/Steenbock,* Kommunales Verfassungsrecht Rheinland-Pfalz, Kommentar, Loseblatt, 1991; *Stehlin,* Wirkt die Subsidiaritätsklausel des § 102 I Nr. 3 BadWürttGO drittschützend?, NVwZ 2001, 645 ff.; *Siedentopf,* Grenzen und Bindungen der Kommunalwirtschaft, 1963; *Stern/ Püttner,* Die Gemeindewirtschaft, Recht und Realität 1965; *ders.,* Der rechtliche Standort der Gemeindewirtschaft, Archiv für Kommunalwissenschaften, 1964, S. 81 ff.; *Terhalle,* Die Finanzwirtschaft des Staates und der Gemeinden, 1948; *Wieland,* Kommunalwirtschaftliche Betätigung außerhalb des Gemeindegebiets, Stadt und Gemeinde 1998, S. 4 ff.; *ders./Hellermann,* Der Schutz des Selbstverwaltungsrechts der Kommunen gegenüber Einschränkungen ihrer wirtschaftlichen Betätigung im nationalen und europäischen Recht, Beiträge zur kommunalen Versorgungswirtschaft, Heft 85, 1995; *Wissenschaftliche Dienste des Deutschen Bundestages – WD –,* Zulässigkeit und Grenzen wirtschaftlicher Betätigung der Kommunen, 6.11.1996, Reg.Nr. WE III–188/96; *Wohltmann,* Neue europäische Weichenstellungen zu den rechtlichen Rahmenbedingungen der kommunalen Daseinsvorsorge, Der Landkreis 2003, 746 ff.; *Zeiß,* Die Versorgungs- und Verkehrsbetriebe als wirtschaftliche Unternehmen der Gemeinden nach den Deutschen Gemeindeordnungen, DÖV 1958, 201 ff.; *ders.,* Kommunales Wirtschaftsrecht und Wirtschaftspolitik, HKWP, Band 3, 1959, S. 611 ff.

I. Wirtschaftliche Betätigung und nichtwirtschaftlicher Bereich

1. Einführung

1 Das zum Kommunalverfassungsrecht zählende und damit der Gesetzgebungskompetenz der Länder unterliegende Gemeindewirtschaftsrecht ist seit den neunziger Jahren vielfach Gegenstand der gesetzgeberischen Tätigkeit der Landesparlamente. Dabei erfolgten teils gravierende Rechtsänderungen, verschiedentlich in relativ kurzer Folge auch wiederholt (Nordrhein-Westfalen). In weiteren Ländern (Hessen, Niedersachsen) befinden sich **Änderungen des Gemeindewirtschaftsrechts** derzeit im parlamentarischen Gesetzgebungsverfahren bzw. in dessen Vorbereitung.

Geprägt wurden und werden diese Maßnahmen durch zwei gegenläufige Zielrichtungen, die auch politisch unterschiedlich zu verorten sind:

In einem Teil der Länder (bspw. Rheinland-Pfalz, Saarland, Hessen, Niedersachsen)

I. Wirtschaftliche Betätigung und nichtwirtschaftlicher Bereich 2–7 C

gingen und gehen die gesetzgeberischen Bestrebungen dahin, die wirtschaftliche Betätigung der Kommunen durch restriktive kommunalrechtliche Regelungen einzuschränken und zu begrenzen zugunsten privater Anbieter.

In anderen Ländern hingegen erfolgten Änderungen der Gemeindeordnungen mit der Absicht, den kommunalen Unternehmen auch vor dem Hintergrund sich rasant verändernder, weil liberalisierter, Märkte (Beispiel: Strom) und einem gewandelten Verständnis vom Inhalt des Begriffs der Daseinsvorsorge (Beispiel: Das am 7.10.1996 in Kraft getretene Kreislaufwirtschafts- und Abfallgesetz) auch künftig Möglichkeiten und Chancen zur von kommunaler Selbstverwaltung getragenen Leistungserbringung in Form wirtschaftlicher Tätigkeit zu erhalten.

Entscheidende Bedeutung im Hinblick auf die Klärung der **Zulässigkeit einschränkender landesgesetzgeberischer Maßnahmen** zu Lasten der Kommunen kommt der Änderung des Gemeindewirtschaftsrechts von Rheinland-Pfalz durch das 4. Landesgesetz zur Änderung kommunalrechtlicher Vorschriften vom 2.4.1998 (GVBl. S. 108) zu. Durch dieses Gesetz wurden die Anforderungen an die Wirtschaftstätigkeit der Gemeinden deutlich verschärft. Ausweislich der Begründung des Gesetzentwurfs wollte der Gesetzgeber damit eine ungehemmte wirtschaftliche Betätigung der Gemeinden und Gemeindeverbände verhindern und sie stärker auf ihre eigentlichen öffentlichen Aufgaben festlegen. 2

Kern der getroffenen gesetzlichen Bestimmungen ist die Normierung einer so genannten „echten" Subsidiaritätsklausel, wonach die Gemeinden wirtschaftliche Unternehmen nur dann errichten, übernehmen oder wesentlich erweitern dürfen, wenn der öffentliche Zweck nicht ebenso gut und wirtschaftlich durch einen privaten Dritten erfüllt wird oder erfüllt werden kann. Nach dem bis 1998 bestehenden Rechtszustand durften die Kommunen in Rheinland-Pfalz ein Unternehmen bereits dann errichten, übernehmen oder wesentlich erweitern, wenn „der Zweck nicht besser und wirtschaftlicher" durch einen anderen erfüllt wurde oder erfüllt werden konnte (einfache oder „unechte" Subsidiaritätsklausel bzw. „Funktionssperre"). 3

Mit der Neuregelung wurde den Kommunen auch erstmalig die Pflicht auferlegt, über ihre wirtschaftliche Betätigung durch die Erstellung von Beteiligungsberichten periodisch zu berichten und hierüber auch die Öffentlichkeit in geeigneter Form zu unterrichten. Dies soll zu größerer Transparenz der Gemeindewirtschaft beitragen und nach der Begründung des Gesetzentwurfs dazu dienen, die Gemeinde periodisch zur Überprüfung etwaiger Privatisierungspotentiale anzuhalten. Darzulegen ist im Beteiligungsbericht auch das Vorliegen der Voraussetzungen der echten Subsidiaritätsklausel für das Unternehmen. 4

Bereits im Gesetzgebungsverfahren hatten die kommunalen Spitzenverbände des Landes wiederholt den neuen Bestimmungen nachhaltig widersprochen, weil sie deutliche Einschränkungen der wirtschaftlichen Betätigung der Kommunen – insbesondere mit negativen Auswirkungen auf Verbundunternehmen, vor allem den ÖPNV – sowie drastische Wettbewerbsverzerrungen zu Lasten kommunaler Unternehmen erwarteten. Nach Inkrafttreten des neuen Gemeindewirtschaftsrechts am 15.4.1998 ließ eine große kreisangehörige Stadt stellvertretend für andere Kommunen in Rheinland-Pfalz mit Unterstützung des Städtetages Rheinland-Pfalz die wesentlichen Rechtsänderungen mittels eines Normenkontrollantrags beim RhPfVerfGH verfassungsgerichtlich überprüfen. 5

Das **Urteil des RhPfVerfGH vom 28.3.2000**[1] ist wegweisend für die Beurteilung der Zulässigkeit der genannten restriktiven Ausgestaltung des Gemeindewirtschaftsrechts eines Landes und soweit ersichtlich die bislang in jüngerer Zeit einzige in einem Normenkontrollverfahren ergangene Entscheidung eines Verfassungsgerichts zu einer derartigen Novelle einer Gemeindeordnung.[2] 6

Der gegenwärtig in Hessen beratene Entwurf zur Änderung des Gemeindewirtschaftsrechts in der Hessischen Gemeindeordnung (HGO) orientiert sich sehr eng an der rhpf. 7

---

[1] RhPfVerfGH, NVwZ 2000, 801 ff.
[2] Zur Signalwirkung der Entscheidung auch für andere Bundesländer vgl. *Ruffert*, NVwZ 2000, 763 (765).

Regelung.

8 Die nachfolgenden Ausführungen erfolgen vor diesem Hintergrund in weitem Umfang anhand der Betrachtung der Kriterien des rhpf. Gemeindewirtschaftsrechts und der hierzu ergangenen Entscheidung des Verfassungsgerichtshofs Rheinland-Pfalz.

2. Verfassungsrechtliche Bezüge

9 Der Schutzbereich der Selbstverwaltungsgarantie des Art. 28 Abs. 2 S. 1 GG sowie der entsprechenden Regelungen der Landesverfassungen[3] erfasst auch die wirtschaftliche Betätigung der Kommunen. Art. 28 Abs. 2 S. 1 GG gewährleistet das Recht der Kommunen, alle Angelegenheiten der örtlichen Gemeinschaft im Rahmen der Gesetze in Eigenverantwortung zu regeln. Diese **Garantie der kommunalen Selbstverwaltung** umfasst auch die wirtschaftliche Betätigung der Gemeinden. Die wirtschaftliche Betätigung ist ein wesentliches Element des den Gemeinden verfassungsrechtlich garantierten Aufgabenkreises. Im Rahmen ihres universellen Aufgabenzugriffsrechts obliegt der Kommune die Befugnis sowohl über die Wahrnehmung einer Aufgabe als solcher als auch über die Form der Organisation der Aufgabenerfüllung zu entscheiden.

10 Der Garantiegehalt des Art. 28 Abs. 2 GG kann dabei zweigeteilt gesehen werden. Zum einen bezieht er sich auf den Aufgabenbestand, zum anderen auf die Art und Weise der Aufgabenerfüllung. Die wirtschaftliche Betätigung als solche (d. h. losgelöst vom konkreten Aufgabenbezug) mag nicht Bestandteil des Aufgabenbestandes der Städte und Gemeinden sein, weil ihr als Aktivität nicht die Merkmale einer Aufgabe im eigentlichen Sinn zukommen, sondern als Art und Weise der Aufgabenerfüllung bezeichnet werden.[4] Letztlich muss für eine Bewertung allerdings immer der Gesamtsachverhalt betrachtet werden, nichts anderes hat der RhPfVerfGH getan, als er auf die Daseinsvorsorge abgehoben hat, und damit eben nicht nur auf die Art und Weise der Aufgabenerfüllung, sondern auch auf die erfüllte Aufgabe.

11 Die Bestimmungen des Grundgesetzes sind wirtschaftspolitisch neutral, sie enthalten keine Festlegung auf ein bestimmtes Wirtschaftssystem. Insbesondere ist dem Grundgesetz **kein Vorrang des wirtschaftlichen Handelns Privater** zu entnehmen.[5] Das Grundgesetz ist mithin offen für eine wirtschaftliche Betätigung der öffentlichen Hand.[6]

12 Dem GG ist die grundsätzliche Zulässigkeit einer erwerbswirtschaftlichen Tätigkeit des Staates zu entnehmen; verwiesen werden kann insoweit auf die Vorschriften des Steuerverfassungsrechts – Art. 105 Abs. 1 GG – und die Unterscheidung zwischen Verwaltungsvermögen und sonstigem Vermögen, das üblicherweise als Finanzvermögen bezeichnet wird – Art. 134 Abs. 2 GG und Art. 135 Abs. 2 GG –.[7]

Das GG hält damit eine erwerbswirtschaftliche Tätigkeit des Staates für möglich, es trifft keine prinzipielle Entscheidung gegen eine erwerbswirtschaftliche Betätigung der öffentlichen Hand. Eine Festlegung dieses Inhalts würde sehr gewichtige Anhaltspunkte in der Verfassung erfordern, an denen es aber fehlt. Das GG enthält wie auch hinsichtlich des Wirtschaftsverfassungsrechts insoweit gleichfalls keine Systementscheidung.[8]

13 Auch der Rechtsprechung des BVerfG ist kein verfassungsrechtliches Verbot der auf Ausgabenfinanzierung gerichteten Gewinnerzielungsabsicht der Kommunen zu entnehmen.[9] Besondere Bedeutung kommt auch in diesem Zusammenhang der Entscheidung des RhPfVerfGH vom 28. 3. 2000 zu, in welcher die Einführung der stringenten Subsi-

---

[3] Vgl. nur Art. 49 Abs. 1 u. 3 LVerf RhPf.
[4] *Ruffert*, VerwArch 2001, 27 (32).
[5] BVerfGE 50, 290 ff.; BVerwGE 29, 329 ff.; *Britz*, NVwZ 2001, 380 ff. (381 m. w. N.).
[6] Vgl. Wissenschaftliche Dienste des Deutschen Bundestages – WD – „Zulässigkeit und Grenzen wirtschaftlicher Betätigung der Kommunen" v. 6. 11. 1996, Reg.Nr. WE III – 188/96 m. w. N.
[7] *Jarass*, DÖV 2002, 489 ff. (490, 491).
[8] *Jarass*, S. 491.
[9] *Britz*, NVwZ 2001, 380 ff., 382, die zu Recht darauf verweist, dass die oft zitierte „Sasbach-Entscheidung" (BVerfGE 61, 82) die Nichtgestattung allein der Gewinnerzielung dienender wirtschaftlicher Tätigkeit nur nach der kommunalrechtlichen (einfachgesetzlichen) Rechtslage feststellt.

diaritätsklausel in die GemO RhPf als mit der Landesverfassung vereinbar bewertet wurde. Auch der RhPfVerfGH kommt in dieser Entscheidung zu der Feststellung, dass die Kommunen keinesfalls nur kraft ausdrücklicher kompetenzrechtlicher Ermächtigung befugt sind, zu wirtschaften, also sich wirtschaftlich zu betätigen; es gibt keinen Vorbehalt des Gesetzes für die Freigabe des Weges zur wirtschaftlichen Betätigung. Soweit es sich um diejenigen Bedürfnisse und Interessen handelt, die in der örtlichen Gemeinschaft wurzeln, weil sie das Zusammenleben in der Gemeinde und so die Gemeindeeinwohner in ihrer Gesamtheit betreffen, dürfen die Gemeinden sich dieser **ohne besonderen Kompetenztitel** annehmen. Dies macht ihr universelles Aufgabenzugriffsrecht aus.[10]

Nach ständiger Rspr. des BVerfG und des BVerwG zählen z. B. die Durchführung der Wasser- und der Energieversorgung zu den typischen die **Daseinsvorsorge** betreffenden Aufgaben kommunaler Körperschaften und damit zu den durch Art. 28 Abs. 2 S.1 GG gewährleisteten Selbstverwaltungsangelegenheiten örtlich relevanten Charakters.[11]

Angeknüpft wird damit an den von *Forsthoff* vorgeschlagenen Leitbegriff der „Daseinsvorsorge" als Zusammenfassung für alle Funktionen der leistenden Verwaltung. Dem Begriff sollen alle Leistungen der Verwaltung an die Bevölkerung zugerechnet werden, gleich, ob diese lebensnotwendig sind oder nicht.[12] Die Vorsorge der öffentlichen Verwaltung braucht sich danach nicht auf die elementaren Bedürfnisse der Menschen zu beschränken. Alles, was von Seiten der Verwaltung geschieht, um die Allgemeinheit oder nach objektiven Merkmalen bestimmte Personenkreise in den Genuss nützlicher Leistungen zu versetzen, ist Daseinsvorsorge.[13] Dieser Bereich ist seit jeher ein Schwergewicht kommunaler Betätigung. Schon unter Geltung der preußischen Städteordnung von 1808 hat das preußische OVG mit der Allzuständigkeit der Gemeinden vor allem die Vorstellung verbunden, dass eine Gemeinde all das in ihre Wirksamkeit einbeziehen durfte, was die Wohlfahrt des Ganzen, die materiellen Interessen und die geistige Entwicklung des Einzelnen fördert, ohne hierfür eines speziellen Kompetenztitels zu bedürfen.[14]

Die gemeindliche Daseinsvorsorge und die Wirtschaftätigkeit kommunaler Unternehmen insgesamt gehören mithin zum Kreis der kommunalen Selbstverwaltungsaufgaben. Die Gemeindewirtschaft prägt seit jeher das Wesen der kommunalen Selbstverwaltung und ist typenbestimmend.[15] Durch die **Gewährleistung der Selbstverwaltungsgarantie des Grundgesetzes** und den historisch gewachsenen tatsächlichen Aufgabenbestand sind die Kommunen als umfassendes örtliches Dienstleistungsunternehmen ausgestaltet. Durch die seitens kommunaler Unternehmen und Einrichtungen zur Verfügung gestellten Leistungen werden die örtliche Lebensqualität und die wesentlichen Standortbedingungen für die zentralen Funktionen Leben, Arbeiten, Wohnen und Verkehr geschaffen.[16]

Allerdings gewährt Art. 28 Abs. 2 S.1 GG das Selbstverwaltungsrecht und den gemeindlichen Aufgabenbestand nur im Rahmen der Gesetze, stellt ihn also unter einen **Gesetzesvorbehalt**. Dieser aber eröffnet trotz des dem Gesetzgeber zugestandenen erheblichen Ausgestaltungsspielraums keine unbeschränkte, d. h. schrankenlose Eingriffsbefugnis, sondern unterliegt seinerseits der **Begrenzung** durch den Schutz des Kernbereichs der kommunalen Selbstverwaltung und den Grundsatz der Verhältnismäßigkeit.

Ob die wirtschaftliche Betätigung zum Wesensgehalt und damit zum Kernbereich der kommunalen Selbstverwaltung gehört, ist streitig.[17] Das BVerfG sieht den Wesensgehalt

---

[10] RhPfVerfGH, NVwZ 2000, 801 ff. (801).
[11] BVerfG NJW 1990, 1783; BVerfGE 79, 127; BVerwGE 98, 273 ff. (275); krit. *Ruffert*, NVwZ 2000, 763.
[12] *Forsthoff*, Lehrbuch des Verwaltungsrechts, Bd. 1, S. 370.
[13] *Forsthoff*, S. 370; kritisch zur unveränderten Geltung und Anwendung des Begriffs: *Basedow*, Altmodisch und ideologisch aufgeladen, Handelsblatt.com, 17. 10. 2000.
[14] Vgl. *Cronauge/Westermann*, Kommunale Unternehmen, Rn. 20 m. w. N.
[15] *Scholz*, DÖV 1976, 441: *Cronauge/Westermann*, Kommunale Unternehmen, Rn. 21.
[16] *Cronauge/Westermann*, Kommunale Unternehmen, Rn. 390.
[17] Ablehnend *Wieland/Hellermann*, Der Schutz des Selbstverwaltungsrechts der Kommunen gegenüber Einschränkungen ihrer wirtschaftlichen Betätigung im nationalen und europäischen Recht, Beiträge zur

der gemeindlichen Selbstverwaltung nicht durch einen gegenständlich bestimmten oder nach feststehenden Merkmalen bestimmbaren Aufgabenkatalog determiniert.[18] Der RhPfVerfGH jedenfalls hat in der Einführung der stringenten Subsidiaritätsklausel in Rheinland-Pfalz keinen Eingriff in den **Kernbereich der Selbstverwaltungsgarantie** gesehen, weil durch diese Norm keine Aufhebung des Rechtsprinzips der Universalität des gemeindlichen Wirkungskreises stattfinde und von ihr auch keine verfassungswidrige, das Selbstverwaltungsrecht in wesentlichen Teilen beseitigende oder aushöhlende Wirkung ausgehe.[19] Zwar verstärke die angefochtene Bestimmung den Druck auf die Kommunalwirtschaft, der durch die Neuregelung des Energiewirtschaftsrechts und das Kreislaufwirtschafts- und Abfallgesetz bereits entstanden sei. Die Folgen seien aber nicht so schwerwiegend, dass die Selbstverwaltungsgarantie in ihrem Kernbereich verletzt sei.[20]

19 Auch außerhalb des Kernbereichs ist der Gesetzgeber nicht von verfassungsrechtlichen Bindungen frei. Er hat stets den Grundsatz der Verhältnismäßigkeit und das Willkürverbot zu beachten. **Eingriffe außerhalb des Kernbereichs** der Selbstverwaltungsgarantie sind zulässig, wenn dies durch das Gemeinwohl geboten ist. Allerdings darf der Eingriff auch nur so weit reichen, wie Gemeinwohlgründe überwiegen.[21] Die Verfassungsgerichtsbarkeit beschränkt ihre Kontrolldichte insoweit darauf, ob die Einschätzungen und Entscheidungen des Gesetzgebers offensichtlich fehlerhaft oder eindeutig widerlegbar sind oder der verfassungsrechtlichen Ordnung widersprechen.[22]

20 Von vornherein nicht dem Schutz der Selbstverwaltungsgarantie unterliegen sollen aber von öffentlichen Aufgaben gelöste, **erwerbswirtschaftlich-fiskalische Betätigungen**, bei denen das Gewinnstreben Selbstzweck ist.[23]

Auch die mittelbare Zwecksetzung, mit dem Gewinn aus wirtschaftlicher Betätigung gemeindliche Aufgaben zu finanzieren, kann allein gemeindliche Wirtschaftstätigkeit nicht rechtfertigen.[24]

3. Historische Entwicklung

a) Die Zeit bis 1935

21 Die wirtschaftliche Betätigung von Gemeinwesen lässt sich zurückverfolgen zu ersten Ansätzen mit dem Betrieb allgemeiner Wasserversorgungsanlagen, der Versorgung der Bevölkerung mit Getreide und der Beseitigung der Abwässer in der **Antike**.[25] Über die Teilnahme der Städte am Wirtschaftsleben im **Mittelalter**[26] führt die Entwicklung zum **Merkantilismus** des 16. bis 18. Jahrhunderts. Hauptantrieb der wirtschaftspolitischen Maßnahmen dieser Zeit war der ständig steigende staatliche Geldbedarf, der die Erschließung neuer Finanzquellen notwendig machte.

22 Zu beachten ist, dass im Zeitalter des absolutistischen Merkantilismus das „Finanzsystem" der erwerbswirtschaftlichen Monopolwirtschaft in Form der Großunternehmung in Hand der öffentlichen Wirtschaft als besonders geeignete Finanzierungsquelle des Staates betrachtet wurde. Steuern hingegen wurden zu dieser Zeit noch keineswegs als normale Finanzierungsquelle angesehen, die Theorie der Staatsfinanzwirtschaft erkannte Steuern erst ab Mitte des 18. Jahrhunderts als solche an.[27]

---

kommunalen Versorgungswirtschaft, Heft 85, S. 33; a. A. *Scholz*, DÖV 1976, 441 ff.; *Cronauge*, der gemeindehaushalt 1997, 349 ff.

[18] BVerfGE 79, 127 ff.
[19] Krit. zum Ansatz des RhPfVerfGH, die Untersuchung wie eine Grundrechtsprüfung aufzubauen, *Ruffert*, NVwZ 2000, 763 (763).
[20] RhPfVerfGH, NVwZ 2000, 801 ff. (802).
[21] RhPfVerfGH, NVwZ 2000, 801 ff. (804).
[22] BVerfGE 50, 50 ff., dort auch nähere Ausführungen zum Prüfungsmaßstab.
[23] RhPfVerfGH, NVwZ 2000, 801 unter Bezugnahme auf BVerfGE 61, 82 ff. (1071).
[24] *Löwer*, DVBl. 2000, 1757.
[25] *Zeiß*, Kommunales Wirtschaftsrecht und Wirtschaftpolitik, Handbuch der kommunalen Wissenschaft und Praxis, Band 3, 1959, S. 39.
[26] *Stern*, Archiv für Kommunalwissenschaft (AfK) 1964, 81 ff.

I. Wirtschaftliche Betätigung und nichtwirtschaftlicher Bereich

Auch die gemeindliche Tätigkeit weitete sich auf Gebiete aus, die auch von Privaten wahrgenommen wurden. Beispiele sind von der öffentlichen Hand betriebene Tuchfabriken, Spinnereien, Eisenwerke, Porzellanmanufakturen, Reedereien und Banken. Grund für derartige Betätigungen war aber nicht nur die Absicht, durch die erwirtschafteten Gewinne höhere Einnahmen zu erzielen, sondern auch zur Förderung des Außenhandels Gewerbe, Handel und Verkehr durch die Bereitstellung von Musterbetrieben und wirtschaftlichen Vorbildern zu unterstützen.[28]

Nur kurze Zeit später zogen sich Staat und Gemeinden aus weiten Gebieten der zuvor gewonnenen wirtschaftlichen Tätigkeit aufgrund des dem **Liberalismus** immanenten „wirtschaftlichen Automatismus" wieder zurück.[29]

Der Ausgangspunkt für die geschichtliche Herleitung der heutigen wirtschaftlichen Betätigung der Gemeinden wird maßgeblich in der Zeit der **Industrialisierung** in der ersten Hälfte des 19. Jahrhunderts gesehen.[30] Seit Mitte des 19. Jahrhunderts wollten die Gemeinden im Bereich der Daseinsvorsorge zunehmend eine **geregelte Versorgung der Bevölkerung** sicherstellen und übernahmen Aufgaben der Wasser-, Gas- und Elektrizitätsversorgung.[31] Maßgebend neben dem Erwerbszweck waren vorwiegend Gründe der Sozialgestaltung und Wirtschaftpolitik.[32] Ende des 19. Jahrhunderts setzte sich diese Bewegung beispielsweise durch den Betrieb elektrischer Straßenbahnen fort.

Eine beträchtliche Ausweitung der kommunalen Wirtschaftstätigkeit erfolgte nach dem **Ersten Weltkrieg**.[33] Gemeinden gründeten aufgrund der wirtschaftlichen Not insbesondere Unternehmen zur **Grundversorgung** der Bevölkerung mit Waren (kommunale Bäckereien) und Dienstleistungen (z. B. Friseure).

Ab 1920 ist eine verstärkte **fiskalische Inanspruchnahme** der Gemeindebetriebe festzustellen. Der Bezug der Gemeinden aus ihrem Erwerbsvermögen betrug im Jahr 1913 die Summe von 278 Mio. M, 1925 von 412 Mio. RM, 1930 von 752 Mio. RM, um 1932 auf 609 Mio. RM zurückzugehen und 1935 auf 341 Mio. RM zu fallen.[34] Unter anderem ist diese Entwicklung zurückzuführen auf die Finanznot der Gemeinden aufgrund des Wegfalls des gemeindlichen Zuschlagsrechts auf die Einkommensteuer durch die Erzbergersche Finanzreform von 1920.[35]

Aufgrund der wirtschaftspolitischen Denkweise ab der zweiten Hälfte des 19. Jahrhunderts war eine **Beteiligung der öffentlichen Hand an der Erwerbswirtschaft** in Form vieler und großer öffentlicher Betriebe in Deutschland selbstverständlich geworden. Bei einem Teil des gebietskörperschaftlichen Erwerbsvermögens handelte es sich um altüberkommenen Besitz, vor allem land- und forstwirtschaftlich genutztes Grundvermögen. Von größerer Bedeutung aber war das weit jüngere staatliche Erwerbsvermögen auf dem Gebiet der Wasser- und Energiewirtschaft, beim Staat (Reich) auch der Eisenbahn und der Post.

Das fiskalwirtschaftliche Interesse trat als einzige oder überwiegende Begründung der Existenz oder des Weiterbestehens von öffentlichen Betrieben oder Grundvermögen zurück. Öffentliche Betriebe fanden sich insbesondere dort, wo die Gebietskörperschaften Großabnehmer für bestimmte Güter und Leistungen waren oder wo sie für die Sicherheit, die Güte oder die Geheimhaltung von Produktion und Lieferung aus politischen Gründen als erforderlich angesehen wurden oder auch wo der Besitz eigener Kreditinstitute erwünscht erschien.[36] Hinzu kam der gebietskörperschaftliche Besitz, der gar nicht erstrebt war, sondern mehr oder weniger erzwungen war. So war eine staatsseitige

---

[27] Vgl. *Terhalle*, Die Finanzwirtschaft des Staates und der Gemeinden, 1948, S. 94 f.
[28] *Siedentopf*, Grenzen und Bindungen der Kommunalwirtschaft, 1963, S. 17.
[29] *Siedentopf*, S. 17.
[30] Vgl. *Stern/Püttner*, S. 13.
[31] *Püttner*, Das Recht der kommunalen Energieversorgung, 1967, S. 13 f.
[32] *Siedentopf*, S. 17.
[33] *Stern*, AfK 1964, 81 ff.
[34] *Terhalle*, S. 99.
[35] *Stern*, AfK 1964, 81 ff. (85).
[36] Vgl. zum Ganzen *Terhalle*, S. 101 f.

Übernahme von großen, Not leidenden Unternehmen zur Zeit der **Weltwirtschaftskrise** häufig. Bereits ab 1932 gab es deutliche Bestrebungen, sich von vielen dieser zwangsweise übernommenen Aufgaben zu trennen und eine Reprivatisierung durchzuführen.[37]

b) Die Regelungen der Deutschen Gemeindeordnung (DGO) von 1935

27 Das Vorkommen und die Erwünschtheit öffentlicher Betriebe fielen damit in den dreißiger Jahren vielfach auseinander, auch waren die einschlägigen politischen Zielsetzungen bei den unterschiedlichen Gebietskörperschaften verschieden.

Aufgrund dessen wurde die Notwendigkeit gesehen, von Staats wegen die Zulässigkeit öffentlicher Betriebe grundsätzlich zu klären und festzulegen.

Für das Gebiet der gemeindlichen Wirtschaft geschah dies durch die Deutsche Gemeindeordnung (DGO) vom 30.1.1935 (RGBl. I S. 49). In den §§ 67 ff. DGO wurden allgemeine **Grenzen der Zulässigkeit kommunaler wirtschaftlicher Betätigung** geregelt.

28 § 67 Abs. 1 DGO normierte die Voraussetzungen, dass die Gemeinde wirtschaftliche Unternehmen nur errichten oder wesentlich erweitern darf, wenn
1. der öffentliche Zweck das Unternehmen rechtfertigt,
2. das Unternehmen nach Art und Umfang in einem angemessenen Verhältnis zu der Leistungsfähigkeit der Gemeinde sowie zum voraussichtlichen Bedarf steht,
3. der Zweck nicht besser und wirtschaftlicher durch einen anderen erfüllt wird oder erfüllt werden kann.

29 Eine Festlegung im Einzelnen, welche Betriebe der wirtschaftlichen Betätigung der Gemeinden zuzurechnen waren, traf die DGO nicht.

30 In § 67 Abs. 2 DGO wurde aber bestimmt, dass **wirtschaftliche Unternehmen** im Sinne dieses Abschnitts der DGO **nicht sind**
1. Unternehmen, zu denen die Gemeinde gesetzlich verpflichtet ist,
2. Einrichtungen des Unterrichts-, Erziehungs- und Bildungswesens, der körperlichen Ertüchtigung, der Kranken-, Gesundheits- und Wohlfahrtspflege.

31 Diese Einrichtungen wurden damit hinsichtlich ihrer Errichtung und Erweiterung von jeglichen gemeinderechtlichen Einschränkungen freigestellt. Bezüglich ihres Betriebes bestimmte § 67 Abs. 2 S. 2 DGO jedoch: „Auch diese Unternehmen und Einrichtungen sind nach wirtschaftlichen Gesichtspunkten zu verwalten."

32 Durch die DGO erfolgte somit die reichsweite Normierung der Unterscheidung von „wirtschaftlichen Unternehmen" und „nichtwirtschaftlichen Unternehmen" bzw. „im öffentlichen Interesse unterhaltenen Veranstaltungen", die sich zuvor bereits in §§ 3 u. 4 des preußischen Kommunalabgabengesetzes von 1893 und Art. 126 der Württembergischen Gemeindeordnung von 1906 gefunden hatte.[38]

33 Die Motive des Reichsgesetzgebers für die gesetzliche Regelung der Gemeindewirtschaft erschließen sich aus der Begründung zu § 67 DGO, in der es u.a. heißt, dass es der Gemeinde „nie" erlaubt sein solle, zu „wirtschaften", wenn ihr einziges Ziel dabei die **Gewinnerzielung** sei. Es solle sich bei öffentlichen Betrieben immer um Betätigungen handeln, die nach der ganzen Entwicklung und nach der herrschenden Anschauung eine im öffentlichen Interesse gebotene Versorgung breitester Volkskreise bezweckten oder die von so erheblicher funktioneller Bedeutung für den Staat oder die ganze Volkswirtschaft seien, dass sie Privaten nicht mehr überlassen werden könne.[39]

34 Die entschiedene Zurückweisung von Gründungen, deren Zweck „nur" Gewinnerzielung war, bedeutete aber keineswegs, dass die betrieblichen Leistungen zur Versorgung der Bevölkerung nicht einen Gewinn abwerfen sollten. § 72 DGO verlangte ganz im Gegenteil einen Ertrag für den Haushalt der Gemeinde, und zwar außer der Deckung aller Betriebsaufwendungen und außer der Bildung von Rücklagen, auch außer Tilgungsbeiträgen für die zu Zwecken des Unternehmens aufgenommenen Schulden.[40]

---

[37] Vgl. *Terhalle*, S. 102, 103.
[38] Näher *Stern*, AfK 1964, 81 ff. (83 f.).
[39] *Terhalle*, S. 104.

I. Wirtschaftliche Betätigung und nichtwirtschaftlicher Bereich

Nachdem sich das Gesetz selbst einer **Definition des „wirtschaftlichen Unternehmens"** enthielt, wurde versucht, durch die Vorläufige Ausführungsanweisung zu § 67 DGO eine gewisse Hilfe zur Verfügung zu stellen. Nach dieser Vorläufigen Ausführungsanweisung waren „Wirtschaftliche Unternehmen Einrichtungen und Anlagen, die auch von Privatunternehmen mit der Absicht der Gewinnerzielung betrieben werden könnten".[41] Als Beispiele waren Versorgungsbetriebe, Verkehrsbetriebe, Industrie- und Handwerksbetriebe aufgezählt, ohne dass diese Zusammenstellung Anspruch auf Vollständigkeit erhob.[42]

Diese Definition war allerdings bereits seinerzeit beschränkt auf die Zeit bis „zum Erlass der endgültigen Anweisung", was schon eine damals herrschende Unsicherheit kennzeichnete.[43]

Durch die DGO wurde in § 67 Abs. 3 weiterhin eindeutig festgelegt: „Bankunternehmen darf die Gemeinde nicht errichten", zugleich in § 67 Abs. 4 aber bestimmt: „Für das **Sparkassenwesen** verbleibt es bei den besonderen Vorschriften." Der Gesetzgeber der DGO verfolgte also zwei Ziele, zum einen eine **Begrenzung** der gemeindlichen Wirtschaft im Verhältnis zur Privatwirtschaft sowie zum anderen den **Schutz** der Gemeinden vor wirtschaftlichen Risiken. An die Regelungen der §§ 67 ff. DGO knüpften die Gemeindeordnungen der Länder in der Bundesrepublik Deutschland nach dem Zweiten Weltkrieg an.

4. Gemeindeordnungen der Länder

a) Entwicklung des Gemeindewirtschaftsrechts nach 1945

Die Landesgesetzgeber der Bundesrepublik Deutschland orientierten sich bei der Schaffung ihrer Gemeindeordnungen nach dem Zweiten Weltkrieg am Gemeindewirtschaftsrecht der §§ 67 ff. DGO. So wurden die Erfordernisse des Vorliegens eines öffentlichen Zwecks und des Leistungsfähigkeitsbezugs in den einzelnen Ländern i. d. R. unverändert übernommen. Unterschiedlich aber erfolgte die Ausgestaltung des dritten Elements der sog. **„Schrankentrias"** des § 67 Abs. 1 DGO, der „Funktionssperre" bzw. der „einfachen Subsidiaritätsklausel".

Eine Reihe von Ländern übernahm auch diese „Funktionssperrklausel" unverändert. Andere hingegen verzichteten seinerzeit zunächst vollständig auf die Subsidiaritätsklausel (Hessen, Nordrhein-Westfalen).

Einen Sonderweg beschritt Bayern, das eine über die Regelung der DGO hinausgehende **„echte Subsidiaritätsklausel"** normierte, indem Art. 75 Abs. 1 der damaligen bay GO, der im Übrigen § 67 Abs. 1 DGO entsprach, in Nr. 3 lautete: „ebenso gut und wirtschaftlich" statt „besser und wirtschaftlicher". Dadurch wurde eine deutliche Verschärfung des Gemeindewirtschaftsrechts durch wesentlich höhere Anforderungen an die gemeindliche wirtschaftliche Tätigkeit im Vergleich zur Privatwirtschaft geschaffen.

§ 75 Abs. 2 der damaligen bay GO lautete: „Gemeindliche Wirtschaftsunternehmen dürfen keine wesentliche Schädigung und keine Aufsaugung selbständiger Betriebe in Landwirtschaft, Handel, Gewerbe und Industrie bewirken."

Mit einer Popularklage beim Bay VerfGH hatten die Städte München, Kulmbach und Bayreuth begehrt, Art. 75 Abs. 1 und 2 bay GO für verfassungswidrig zu erklären, weil sie sich in ihrem Selbstverwaltungsrecht beschnitten sahen.

Der Bay VerfGH stellte in seiner Entscheidung vom 23. 12. 1957[44] fest, dass die Regelung der bay GO dem verfassungsrechtlich garantierten Selbstverwaltungsrecht widerspreche, kam an einer Normverwerfung aber vorbei mit der Begründung, dass wirtschaftliche Unternehmen nur solche seien, „deren Zweck in erster Linie darauf gerichtet ist, an dem vom Wettbewerb beherrschten Wirtschaftsleben teilzunehmen und dabei Gewinn zu erzielen". Dies seien Versorgungs- und Verkehrsbetriebe nicht, daher fielen sie auch nicht unter Art. 75 Abs. 1 bay GO.[45]

---

[40] *Terhalle*, S. 106 f.
[41] Zit. nach *Terhalle*, S. 104.
[42] *Zeiß*, Kommunales Wirtschaftsrecht und Wirtschaftspolitik, S. 613.
[43] *Schuster/Diehl/Steenbock*, Kommunales Verfassungsrecht Rheinland-Pfalz, Kommentar, § 85 GemO, Anm. I 1.
[44] Vf 107, 114, 117-VII-56, DÖV 1958, 216.

Diese enge Auslegung der bayerischen „echten" Subsidiaritätsklausel führte im Ergebnis zu einer Bereichsausnahme für den angestammten Bereich der Daseinsvorsorge. Die verschärfte Subsidiaritätsklausel in Bayern hat damit kaum eine andere Wirkung entfaltet als die einfache Subsidiaritätsklausel in anderen Bundesländern.[46]

43 Diese zunächst so restriktive Haltung gegenüber kommunaler wirtschaftlicher Tätigkeit hat Bayern in der jüngsten Entwicklung der **Neuregelungen im Bereich des Gemeindewirtschaftsrechts** bemerkenswerterweise nicht beibehalten. Vielmehr bildet das neue bayerische Gemeindewirtschaftsrecht[47] im Gesamtspektrum der letzten Entwicklungen der Landesrechte den Pol, mit dem versucht wurde, den durch den Wettbewerb entstandenen kommunalen Bedürfnissen gerecht zu werden.

Die GO Bay verzichtet nunmehr auf eine Unterscheidung zwischen wirtschaftlichen und nichtwirtschaftlichen Unternehmen, nimmt den Bereich der „kommunalen Daseinsvorsorge" aus der weiterhin existenten echten Subsidiaritätsklausel aus, eröffnet den Kommunen die uneingeschränkte Auswahl der Rechtsformen für ihre Unternehmen – einschließlich derjenigen des Privatrechts – und enthielt als erste Kommunalverfassung eine Öffnungsklausel zum Örtlichkeitsprinzip.

Dass diese Rechtslage in der Praxis nicht auf ungeteilte Zustimmung, insbesondere im Bereich des Mittelstands, stößt, belegt der zwischenzeitlich erfolgte Erlass der „Vollzugsbekanntmachung zum kommunalen Unternehmensrecht".[48] Durch diese soll den Bedenken aus dem Bereich der Wirtschaft insbesondere hinsichtlich der Grenzen öffentlicher Betätigung und der Einhaltung der Subsidiaritätsklausel Rechnung getragen werden.

44 Die entgegengesetzte Entwicklung wie in Bayern nahm die novellierte GemO RhPf mit dem Änderungsgesetz v. 2.4.1998.[49] Durch scharfe Einschränkungen der Kommunen bildet diese Kommunalverfassung derzeit gemeinsam mit den Regelungen in Brandenburg und Thüringen den Gegenpol.[50] So wurden u.a. die echte Subsidiaritätsklausel eingeführt, der Nachrang der Aktiengesellschaft gegenüber anderen Organisationsformen normiert, für den Inhalt der Gesellschaftsverträge von Unternehmen in GmbH-Form stringente Vorgaben gemacht und eine regelmäßige Berichtspflicht der Kommunen über ihre wirtschaftlichen Beteiligungen geschaffen.

45 Die Rechtsänderungen anderer Länder bewegen sich zwischen diesen Extremen.

46 In der **ehemaligen DDR** war bereits 1948 das kommunale Vermögen an wirtschaftlichen Einrichtungen sowie die Beteiligungen und Anteilsrechte in Volkseigentum überführt worden. Diese Überführung war bis 1952 abgeschlossen.[51]

Nach der politischen Wende in der DDR wurde mit dem Gesetz über die Selbstverwaltung der Gemeinden und Landkreise in der DDR,[52] dem Gesetz zur Privatisierung und Reorganisation des volkseigenen Vermögens[53] und dem Gesetz über das Vermögen der Gemeinden, Städte und Landkreise[54] die Grundlage für die Rücküberführung volks-

---

[45] Vgl. auch *Hüttl*, Sind die gemeindlichen Versorgungsbetriebe den wirtschaftlichen Unternehmen in § 67 DGO zuzuordnen?, DÖV 1958, 198; *Zeiß*, Die Versorgungs- und Verkehrsbetriebe als wirtschaftliche Unternehmen der Gemeinden nach den deutschen Gemeindeordnungen, DÖV 1958, 201.

[46] Wissenschaftliche Dienste des Deutschen Bundestages – WD – „Zulässigkeit und Grenzen wirtschaftlicher Betätigung der Kommunen" v. 6.11.1996, Reg.Nr. WE III – 188/96, S. 20.

[47] Gesetz zur Änderung des kommunalen Wirtschaftsrechts und anderer kommunalrechtlicher Vorschriften vom 24. Juli 1998 (GVBl. Bay S. 424).

[48] VollzugsBekKUR – Bekanntmachung des Bayerischen Staatsministeriums des Innern vom 3. März 2003 Az.: I B 3-1515-66, AllMBl. Bay S. 37 f.

[49] S.o. Rn. 2 ff.

[50] Das Saarland hat sich mit dem Gesetz Nr. 1532 vom 8.10.2003 zur Änderung des KSVG (verkündet im Amtsbl. v. 11.3.2004, S. 594) den gesetzgeberischen Zielen dieser Länder angeschlossen. Bemerkenswerterweise erfolgte die Verkündung und Inkraftsetzung der deutlich verschärften Bestimmungen mit einer zeitlichen Verzögerung von fünf Monaten nach der Beschlussfassung durch den Landtag, um den Kommunen noch Ausgründungen nach der seitherigen Gesetzeslage zu ermöglichen.

[51] *Cronauge/Westermann*, Kommunale Unternehmen, Rn 52.

[52] Kommunalverfassung – KVDDR – v. 17.5.1990, GBl. I S. 255.

[53] Treuhandgesetz – THG – v. 17.6.1990, GBl. I S. 300.

[54] Kommunalvermögensgesetz – KVG – v. 6.7.1990, GBl. I S. 660.

I. Wirtschaftliche Betätigung und nichtwirtschaftlicher Bereich

eigenen Vermögens und volkseigener Betriebe und Unternehmen in das Eigentum der Kommunen geschaffen.⁵⁵

In den neuen Bundesländern wurde die nach der Herstellung der Einheit Deutschlands am 3.10.1990 zunächst als Landesrecht fortgeltende Kommunalverfassung der DDR durch **eigene Kommunalverfassungen der Länder** ersetzt. Diese treffen wie die Gemeindeordnungen der alten Länder jeweils eigenständige Bestimmungen über das Wirtschaftsrecht der kommunalen Gebietskörperschaften. Bemerkenswert ist, dass eine in Mecklenburg-Vorpommern zunächst bestehende „echte" Subsidiaritätsklausel mittlerweile durch eine einfache Funktionssperre ersetzt wurde.

Ein im Jahr 1999 seitens der Innenministerkonferenz (IMK) unternommener Versuch, einen **GO-Musterentwurf** zu erstellen mit dem Ziel einer Fortentwicklung bzw. Harmonisierung gemeinderechtlicher Vorschriften, muss als gescheitert angesehen werden.

Der Arbeitskreis III „Kommunale Angelegenheiten" hatte den Auftrag erhalten, die Möglichkeiten einer Fortentwicklung des Gemeindewirtschaftsrechts zu prüfen, insbesondere hinsichtlich der Auslegung des Örtlichkeitsprinzips und des Merkmals der Rechtfertigung durch einen öffentlichen Zweck. Eine hierzu vom zuständigen Unterausschuss „Kommunale Wirtschaft und Finanzen" eingesetzte Arbeitsgruppe legte bis zum Frühjahr 2001 einen Zwischenbericht vor, der im wesentlichen Aussagen zu den Themen Öffnung des Örtlichkeitsgrundsatzes, öffentlicher Zweck, Annextätigkeiten, Subsidiaritätsklausel und der Aufgabe der Trennung wirtschaftlicher von nichtwirtschaftlichen Betätigungsbereichen enthielt.

Der AK III hat diesen Zwischenbericht lediglich zur Kenntnis genommen und in einem Beschluss festgestellt, dass nach seiner Auffassung zum gegenwärtigen Zeitpunkt eine länderübergreifende harmonisierte Fortentwicklung des Gemeindewirtschaftsrechts aufgrund politischer Vorgaben nicht möglich sei. Bis zum Herbst 2001 sollte die Arbeitsgruppe aufgrund dessen statt einer Mustergemeindeordnung einen Abschließenden Sachstandsbericht vorlegen, der bislang noch immer aussteht.

b) Übersicht über die Rechtslage in den Bundesländern

Die derzeitige Rechtslage zu den wesentlichsten Regelungsbereichen des Gemeindewirtschaftsrechts in den einzelnen Bundesländern stellt sich wie folgt dar:

Land	Subsidiaritäts-klausel	Festlegung nichtwirtschaft-licher Betätigungen (Negativklausel)	Ausnahme vom Örtlichkeitsprinzip
Baden-Württemberg (§ 102 GO)	Einfache (Funktionssperre) Wenn bei einem Tätigwerden **außerhalb der kommunalen Daseinsvorsorge** der Zweck nicht besser und wirtschaftlicher durch einen anderen erfüllt wird oder erfüllt werden kann.	– Unternehmen, zu deren Betrieb gesetzliche Verpflichtung besteht – Unternehmen des Unterrichts-, Erziehungs- u. Bildungswesens, der Kunstpflege, der körperl. Ertüchtigung, der Gesundheits- u. Wohlfahrtspflege sowie öffentl. Einrichtungen ähnl. Art – Hilfsbetriebe, die ausschließl. der Eigenbedarfsdeckung dienen	Nein

---

⁵⁵ Zum Ganzen *Cronauge/Westermann*, Kommunale Unternehmen, Rn 51 ff.

Land	Subsidiaritätsklausel	Festlegung nichtwirtschaftlicher Betätigungen (Negativklausel)	Ausnahme vom Örtlichkeitsprinzip
Bayern (Art. 87 GO)	Echte Wenn bei einem Tätigwerden **außerhalb der kommunalen Daseinsvorsorge** der Zweck nicht ebenso gut und wirtschaftlich durch einen anderen erfüllt wird oder erfüllt werden kann	Keine Negativklausel Tätigkeiten oder Tätigkeitsbereiche, mit denen die Gemeinde oder ihre Unternehmen an dem vom Wettbewerb beherrschten Wirtschaftsleben teilnehmen, um Gewinn zu erzielen, entsprechen keinem öffentl. Zweck (Art. 87 Abs. 1 S. 2 GO)	Ja (Art. 87 Abs. 2 GO Bay) wenn – Allgem. Vorauss. erfüllt – Berechtigte Interessen betroffener kommunaler Gebietskörperschaften gewahrt. Bei Strom u. Gas sind nur Interessen berechtigt, die nach Energiewirtschaftsgesetz Wettbewerbsbeschränkung zulassen.
Brandenburg (§§ 100, 101 Kommunalverf/GO)	Echte Die Gemeinde hat im Interesse einer sparsamen Haushaltsführung dafür zu sorgen, dass Leistungen, die von privaten Anbietern in mindestens gleicher Qualität und Zuverlässigkeit bei gleichen oder geringeren Kosten erbracht werden können, diesen Anbietern übertragen werden, sofern dies mit dem öffentl. Interesse vereinbar ist. Dazu sind Angebote einzuholen und Vergleichberechnungen vorzunehmen.	Keine Negativklausel Wirtschaftl. Betät. i. S. d. Gesetzes ist das Herstellen, Anbieten oder Verteilen von Gütern, Dienstleistungen od. vergleichbaren Leistungen, die ihrer Art nach auch mit der Absicht der Gewinnerzielung erbracht werden könnten. Zulässig sind Unternehmen – zur Erfüllung gesetzl. Aufgaben – für Einrichtungen des Bildungs-, Gesundheits- u. Sozialwesens, der Kultur, des Sports, der Erholung u. ähnl. Art	Nein
Hessen (§ 121 GO)	Keine	– Unternehmen, zu denen gesetzl. Verpflichtung besteht – Einrichtungen des Bildungs-, Gesundheits- u. Sozialwesens, der Kultur, des Sports, der Erholung, der Abfall- u. Abwasserbeseitigung u. Ähnl. – Deckung des Eigenbedarfs	Nein

I. Wirtschaftliche Betätigung und nichtwirtschaftlicher Bereich

Land	Subsidiaritäts-klausel	Festlegung nichtwirtschaftlicher Betätigungen (Negativklausel)	Ausnahme vom Örtlichkeitsprinzip
Mecklenburg-Vorpommern (§ 68 KV)	Einfache (Funktionssperre) Wenn die Gemeinde die Aufgaben ebenso gut und wirtschaftlich wie Dritte erfüllen kann	– Unternehmen, zu deren Betrieb gesetzl. Verpflichtung besteht – Einrichtungen des Unterrichts-, Erziehungs- u. Bildungswesens, der Kunstpflege, der körperl. Ertüchtigung, der Gesundheits- u. Wohlfahrtspflege u. öffentl. Einr. ähnl. Art – Hilfsbetriebe zur ausschließl. Eigenbedarfsdeckung	Nein
Niedersachsen (§ 108 GO)	Einfache (Funktionssperre) Wenn und soweit der Zweck nicht besser und wirtschaftlicher durch einen anderen erfüllt wird oder erfüllt werden kann	**Insbesondere nicht** – Einrichtungen, zu denen gesetzl. Verpflichtung besteht – Einrichtungen des Unterrichts-, Erziehungs- u. Bildungswesens, des Sports u. der Erholung, des Gesundeits- u. Sozialwesens, des Umweltschutzes sowie ähnl. Art	Nein
Nordrhein-Westfalen (§ 107 GO)	Einfache (Funktionssperre) Wenn bei einem Tätigwerden **außerhalb der Energieversorgung, der Wasserversorgung, des öffentl. Verkehrs sowie des Betriebs von Telekommunikationsleitungsnetzen einschließl. der Telefondienstleistungen** der öffentliche Zweck durch andere Unternehmen nicht besser u. wirtschaftlcher erfüllt werden kann.	– Gesetzl. Verpflichtung – Einrichtungen, die für die soziale u. kulturelle Betreuung der Einwohner erforderlich sind, insbesondere ... – Einrichtungen für Straßenreinigung, Wirtschaftsförderung, Fremdenverkehrsförderung, Wohnraumversorgung – Einrichtungen des Umweltschutzes, insb. Abfallbeseit., Abwasserentsorgung, Messe-u. Ausstellungswesen – Eigenbedarfsdeckung	Ja (§ 107 Abs. 3 GO NW) wenn – Allgem. Vorauss. erfüllt, – Berechtigte Interessen betroffener Gebietskörperschaften gewahrt. Bei Strom u. Gas gelten nur Interessen als berechtigt, die nach Energiewirtschaftsgesetz Wettbewerbseinschränkung zulassen.

Land	Subsidiaritätsklausel	Festlegung nichtwirtschaftlicher Betätigungen (Negativklausel)	Ausnahme vom Örtlichkeitsprinzip
Rheinland-Pfalz (§ 85 GemO)	Echte Wenn der öffentl. Zweck nicht ebenso gut u. wirtschaftlich durch einen privaten Dritten erfüllt wird oder erfüllt werden kann.	Einrichtungen, die überwiegend folgenden Zwecken zu dienen bestimmt sind: 1. Erziehung, Bildung und Kultur 2. Sport und Erholung 3. Sozial- u. Jugendhilfe 4. Gesundheitswesen 5. Umweltschutz 6. Wohnungs- u. Siedlungswesen 7. Deckung des Eigenbedarfs der Gemeinde	Nein
Saarland (§ 108 KommSelbstverwG)	Echte Wenn der öffentl. Zweck nicht ebenso gut u. wirtschaftlich durch einen privaten Dritten erfüllt wird oder erfüllt werden kann.	Einrichtungen – des Bildungs-, Gesundheits- u. Sozialwesens, der Kultur, des Sports, der Erholung, der Freizeitgestaltung, der Abfall- u. Abwasserbeseitigung sowie ähnlicher Art – die als Hilfsbetriebe ausschließl. der Eigenbedarfsdeckung dienen.	Ja (§ 108 Abs. 4 KSVG) wenn – AllgemVorauss. erfüllt – Keine betroffene kommunale Gebietskörperschaft aus berechtigten Interessen widerspricht. Bei gesetzl. liberalisierten Tätigkeiten gelten nur Interessen als berechtigt, die nach den maßgebl. Vorschriften Wettbewerbseinschränkung zulassen.
Sachsen (§ 97 GO)	Einfache (Funktionssperre) Wenn der Zweck nicht besser u. wirtschaftlicher durch einen anderen erfüllt wird oder erfüllt werden kann. Im Bereich der Wohnungswirtschaft hat die Gemeinde darüber hinaus darauf hinzuwirken, dass die zur angemessenen Bewirtschaftung des Wohnungsbestands erforderliche Kredit- u. Investitionsfähigkeit gesichert ist u. der von ihr unmittelbar oder mittelbar gehaltene Wohnungsbestand keine marktbeherrschende Stellung einnimmt.	– Unternehmen, zu deren Betrieb gesetzliche Verpflichtung besteht – Hilfsbetriebe zur ausschließl. Eigenbedarfsdeckung	Nein

I. Wirtschaftliche Betätigung und nichtwirtschaftlicher Bereich

Land	Subsidiaritäts-klausel	Festlegung nichtwirtschaft-licher Betätigungen (Negativklausel)	Ausnahme vom Örtlichkeitsprinzip
Sachsen-Anhalt (§ 116 GO)	Einfache (Funktionssperre) Wenn der öffentl. Zweck nicht besser u. wirtschaftlicher durch einen anderen erfüllt wird oder erfüllt werden kann.	Keine Negativklausel	Ja (§ 116 Abs. 3 GO LSA) wenn – Allg. Vorauss. erfüllt – Berechtigte Interessen der betroffenen Körper-schaft gewahrt sind. Im Wettbewerb gelten nur Interessen als be-rechtigt, die nach Bun-desrecht Wettbewerbs-einschränkung zulassen
Schleswig-Holstein (§ 101 GO)	Einfache (Funktionssperre) Wenn der Zweck nicht besser u. wirtschaft-licher auf andere Weise erfüllt werden kann.	– Unternehmen, zu denen gesetzliche Ver-pflichtung besteht – Einrichtungen des Bildungs-, Gesund-heits- u. Sozialwesens, der Kultur, des Sports, der Erholung, der Ab-fallentsorgung und Abwasserbeseitigung sowie Einrichtungen ähnlicher Art – Hilfsbetriebe zur ausschließlichen Ei-genbedarfsdeckung	Ja (§ 101 Abs. 2, 3 GO) wenn – Allg. Vorauss. erfüllt – Berechtigte Interessen betroffener Gebietskör-perschaft gewahrt. Bei Strom u. Gas sind nur Interessen berechtigt, die nach Bundesrecht Wettbewerbsbeschrän-kung zulassen. Besonderheit **Ausland**: – Allg. Vorauss. erfüllt – Keine entgegenst. ber. Interessen des Bundes oder Landes
Thüringen (§ 71 ThürKO)	Echte Wenn bei einem Tätig-werden **außerhalb der kommunalen Daseinsvorsorge** der Zweck nicht ebenso gut und wirtschaftlich durch einen anderen erfüllt wird oder er-füllt werden kann. Ggf. ist ein Markt-erkundungsverfahren unter Einbindung der betroffenen örtlichen Betriebe in Landwirt-schaft, Handel, Ge-werbe und Industrie durchzuführen. Unternehmen der Ge-meinde dürfen keine wesentliche Schädi-gung und keine Auf-saugung selbständiger Betriebe in Landwirt-schaft, Handel, Ge-werbe und Industrie bewirken.	Keine Negativklausel	Ja (§ 71 Abs. 4 ThürKO) wenn – Allg. Vorauss. erfüllt – Interessen betroffe-ner Gebietskör-perschaften gewahrt sind. Bei Strom u. Gas sind nur Interessen berech-tigt, die nach Energie-wirtschaftsgesetz Wettbewerbsein-schränkung zulassen.

52 Vorstehender Übersicht über einzelne Elemente der Gemeindewirtschaftsrechte der Länder ist bereits zu entnehmen, dass alle Landesrechte **Regelungen mehr oder weniger restriktiven Inhalts** normieren, um die kommunale Wirtschaftstätigkeit zu beschränken. Grundsätzlich geschieht dies durch den Ansatz der bereits in der DGO[56] enthaltenen Schrankentrias, deren Anforderungen erfüllt sein müssen, damit eine kommunale Gebietskörperschaft zulässigerweise ein wirtschaftliches Unternehmen errichten, übernehmen oder erweitern darf.

53 Im Einzelnen sind regelmäßig folgende Voraussetzungen zu erfüllen:
1. Ein öffentlicher Zweck muss die wirtschaftliche Betätigung erfordern oder rechtfertigen,
2. Die wirtschaftliche Betätigung muss in einem angemessenen Verhältnis zur Leistungsfähigkeit der Gemeinde und dem voraussichtlichen Bedarf stehen,
3. Eine Subsidiaritätsklausel.

54 Die Schranke 2. ist in allen Gemeindeordnungen enthalten, lediglich in Nordrhein-Westfalen fehlt die Anforderung des voraussichtlichen Bedarfs. Unterschiede bestehen zwischen den Ländern in der Ausgestaltung des öffentlichen Zwecks und der Subsidiaritätsklausel.[57]

c) Wirtschaftliche – nichtwirtschaftliche Betätigung

55 **aa) Unterscheidung.** Die Gemeindeordnungen gehen sämtlich von einem weiten Begriff des wirtschaftlichen Unternehmens aus. Die Gesetzgeber der meisten Länder haben aber nach dem Vorbild der DGO für bestimmte Bereiche kommunaler wirtschaftlicher Betätigung eine Ausnahme von dem Anwendungsbereich der einschränkenden Bestimmungen geregelt. Die der Ausnahme unterfallenden Unternehmen werden damit privilegiert, weil sie von der Erfüllung der Voraussetzungen der in den betreffenden Ländern geltenden Schrankentrias freigestellt werden.

56 Die Länder – mit Ausnahme Bayerns, Brandenburgs, Sachsen-Anhalts und Thüringens – bedienen sich zu diesem Zweck der aus § 67 Abs. 2 DGO bekannten **Negativklausel**, d.h., es findet eine Negativabgrenzung bestimmter Unternehmen und Einrichtungen im Sinne eine Negativkatalogs statt.[58] Dadurch werden qua definitionem „nichtwirtschaftliche Unternehmen" von „wirtschaftlichen Unternehmen" unterschieden. Es handelt sich um eine **Fiktion**.[59] Bei diesen wirtschaftlichen Unternehmen liegt damit keine wirtschaftliche Betätigung i.S.d. Gemeindeordnung vor, wohl aber im weiteren Sinne. Die jeweils enumerativ aufgeführten Einrichtungen dienen zweifelsfrei der kommunalen Daseinsvorsorge und tragen ihre öffentliche Zwecksetzung gewissermaßen auf der Stirn.[60]

57 Die inhaltliche **Ausgestaltung** der Negativklauseln in den Ländern **differiert**. Den Negativklauseln ist gemein, dass Unternehmen bzw. Einrichtungen, zu deren Betrieb die Gemeinde gesetzlich verpflichtet ist, zu den nichtwirtschaftlichen Unternehmen zählen. Allerdings fehlt eine derartige Abgrenzung in den Gemeindeordnungen von Rheinland-Pfalz und des Saarlandes.

58 Ebenso verhält es sich mit der Zuordnung der Hilfsbetriebe, die lediglich der Eigenbedarfsdeckung der Gemeinde dienen; alle Negativklauseln der Länder, mit Ausnahme von Rheinland-Pfalz und dem Saarland bezeichnen diese als nichtwirtschaftliche Unternehmen.

59 Alle Negativklauseln – mit Ausnahme der von Sachsen (§ 67 Abs. 2 GO), die sich einer Zuordnung von Unternehmen bestimmter Tätigkeitsbereiche zur nichtwirtschaftlichen Betätigung insgesamt enthält – zählen Einrichtungen, die der Erziehung, der Bildung, der Kultur, dem Sport, dem Sozialwesen bzw. der Wohlfahrtspflege oder der Gesundheit dienen, zu den nichtwirtschaftlichen Betätigungen.

---

[56] Vgl. oben Rn. 27 ff.
[57] Näheres unten Rn. 100 ff. und Rn. 131 ff.
[58] Vgl. *Kunze/Bronner/Katz*, § 102 GemO, Rn. 65.
[59] *Oebbecke*, Städte- und Gemeinderat 1995, 387 ff. (389).
[60] *Ehlers*, DVBl. 1998, 497 ff. (498).

I. Wirtschaftliche Betätigung und nichtwirtschaftlicher Bereich   **60–64 C**

In Niedersachsen, Nordrhein-Westfalen[61] und Rheinland-Pfalz werden auch Einrichtungen des Umweltschutzes generell ausdrücklich genannt, in Hessen, dem Saarland und Schleswig-Holstein solche, die der Abwasser- und Abfallbeseitigung dienen. Andere Tätigkeitsbereiche, wie z.B. das Messe- und Ausstellungswesen oder das Wohnungs- und Siedlungswesen werden vereinzelt genannt.

Aufgrund der entweder nicht abschließenden oder sehr weit gefassten Bezeichnungen der Tätigkeitsfelder in den Negativklauseln der Gemeindeordnungen ergeben sich für die Praxis in den einzelnen Ländern kaum Unterschiede.

bb) Rechtsfolgen. Die **Freistellung** von den einschränkenden Bestimmungen des **60** Gemeindewirtschaftsrechts gilt für die von der Negativklausel erfassten Unternehmen **umfassend**. Dabei ist es gleich, ob es sich um pflichtige oder freiwillige Aufgabenerfüllung handelt. Von den strengen Voraussetzungen der Schrankentrias – auch bei echter Subsidiaritätsklausel – ausgenommen sind der Negativklausel unterfallende Unternehmen auch dann, wenn sie rein tatsächlich Teil der kommunalen Wirtschaftstätigkeit sind. Ausdrücklich hat dies der RhPfVerfGH[62] für die Einrichtungen des Umweltschutzes, namentlich für solche der Abfallentsorgung festgestellt; es macht dabei keinen Unterschied, ob die betreffenden Aufgaben von der Kommune als Pflichtaufgaben zu erledigen sind oder von ihr freiwillig übernommen werden, wie dies etwa bei der Verwertung von Abfällen gewerblicher Herkunft der Fall ist.

Soweit in einzelnen Gemeindeordnungen auf eine explizite Unterscheidung nicht- **61** wirtschaftlicher von wirtschaftlichen Unternehmen verzichtet wurde, wird dies i.d.R. mit nicht gegebener Praktikabilität und Undurchführbarkeit im Einzelfall begründet.

Der **Wegfall der Subsidiaritätsklausel** in Nordrhein-Westfalen durch die Kommunalrechtsnovelle von 1994 – der mittlerweile revidiert wurde – war seinerzeit mit Schwierigkeiten eines Vergleichs von Kommunal- und Privatwirtschaft begründet worden.[63]

Die zweite Auswirkung der Fiktion der „nichtwirtschaftlichen" Betätigung ist in ver- **62** schiedenen Bundesländern die ausdrückliche **Befreiung** von der Forderung nach der **Erzielung eines Überschusses** für den Gemeindehaushalt durch die betroffenen Unternehmen.[64] Bei diesen Einrichtungen handelt es sich üblicherweise um solche, deren Entgelte nach den einschlägigen Kommunalabgabengesetzen zu kalkulieren sind. Durch das Kommunalabgabenrecht ist das Kostendeckungsprinzip zur Limitierung der Gebühren- bzw. Beitragshöhe vorgegeben.

Nur den „wirtschaftlichen" Unternehmen soll eine Erwerbsfunktion für den allgemeinen Haushalt der Gemeinde zukommen.

Eine dritte Bedeutung hat die Klassifizierung als „nichtwirtschaftliche" Betätigung für **63** die betroffenen Unternehmen insoweit, als für die Rechtsformwahl in verschiedenen Ländern **andere Maßstäbe** gelten. Unternehmen mit „wirtschaftlicher Tätigkeit" können dort unter geringeren Voraussetzungen in einer Rechtsform des Privatrechts betrieben werden als solche mit „nichtwirtschaftlichem" Betätigungsbereich.[65]

d) Wirtschaftsgrundsätze

Die Kommunalverfassungen beinhalten nicht nur Regelungen für die Errichtung, **64** sondern auch für den Betrieb sowohl der wirtschaftlichen als auch der nichtwirtschaftlichen Unternehmen der Kommunen.

---

[61] Besonders hervorgehoben („insbesondere") werden Einrichtungen der Abfallbeseitigung und der Abwasserentsorgung.
[62] RhPfVerfGH NVwZ 2000, 801 ff.
[63] Vgl. *Ehlers*, DVBl. 1998, 497 ff. (501).
[64] Vgl. § 102 Abs. 2 u. 3 GemO BaWü, § 127a i.V.m. § 121 Abs. 2 GO Hessen, § 85 Abs. 2 u. 3 GemO RhPf, § 97 Abs. 2 u. 3 GO Sachsen.
[65] Vgl. § 122 Abs. 2 S. 2 GO Hessen, § 70 Abs. 1 KV M-V, § 109 Abs. 1 Nr. 7 GO Nds., § 108 Abs. 1 S. 1 Nr. 2 GO NW, § 87 Abs. 2 u. 3 GemO RhPf.

65 Wirtschaftliche Unternehmen sind nach fast allen Gemeindeordnungen so zu führen, dass der öffentliche Zweck erfüllt wird (Muss-Vorschrift) und daneben ein Überschuss für den Haushalt der Gemeinde erzielt wird (Soll-Bestimmung).[66]

Hierin kommt der eindeutige **Vorrang des öffentlichen Zwecks** vor der Ertragserzielung für den Haushalt zum Ausdruck. Begründet ist dieser im gemeinwirtschaftlichen Charakter der kommunalen Unternehmen, wenn unter gemeinwirtschaftlichen Unternehmen diejenigen Einzelwirtschaften verstanden werden, „die kraft Gesetzes, Satzung, Vertrages oder sonstiger äußerlich erkennbarer Merkmale ihrer organisatorischen Form nachhaltig bestimmt sind, nicht nur dem Wohle ihrer Träger, sondern unmittelbar dem Wohle einer übergeordneten Gesamtheit oder einer von ihr vertretenen Idee zu dienen". Leistungen und Ergebnis dieser Unternehmen sollen einer objektiv bestimmten Aufgabe „gewidmet" sein.[67]

66 Der nachhaltigen und stetigen Erfüllung des öffentlichen Zwecks kommt die Primärfunktion zu. Die Erzielung eines Ertrags für den Gemeindehaushalt ist hingegen eine Sekundärfunktion, ein Nebenziel.[68] Die festgelegte **Rangfolge zwischen öffentlichem Zweck und Ertragserzielung** ist eine eindeutige Handlungs- und Entscheidungsvorgabe für sämtliche an der Führung kommunaler Unternehmen beteiligten Personen und Gremien.[69]

67 Die Priorisierung des öffentlichen Zwecks bedeutet, dass das Ertragsstreben mit der öffentlichen Zielsetzung des Unternehmens und den Besonderheiten kommunaler Bedürfniserfüllung abzustimmen ist. Im Hinblick hierauf ist u. U. teilweise oder ganz auf einen Ertrag zu verzichten. In bestimmten Fällen können bei Gefährdung des Primärziels oder einer ansonsten nicht gegebenen Erreichbarkeit sozial tragbarer Entgelte auch Verluste zulässig sein.

68 Hinsichtlich der **Höhe des anzustrebenden Ertrags oder Gewinns** finden sich in den Gemeindeordnungen Regelungen unterschiedlicher Regelungsdichte und unterschiedlicher Terminologie.

Thüringen, Rheinland-Pfalz und Niedersachsen normieren insoweit am umfassendsten den Umfang des anzustrebenden Unternehmensergebnisses.[70] Als Minimum nennen Rheinland-Pfalz und Niedersachsen eine Ertragshöhe, durch die alle Aufwendungen und kalkulatorischen Kosten gedeckt werden, Rücklagenbildung zur Erhaltung des Vermögens des Unternehmens sowie zu seiner notwendigen technischen und wirtschaftlichen Fortentwicklung ermöglicht und eine marktübliche Verzinsung des Eigenkapitals erzielt wird. Zu den Aufwendungen gehören auch die Steuern, Konzessionsabgaben und die Zinsen für Fremdkapital. Lieferungen und Leistungen von anderen Unternehmen und anderen Verwaltungszweigen der Gemeinde an das Unternehmen sowie Lieferungen und Leistungen des Unternehmens an andere Unternehmen und Verwaltungszweige sind angemessen zu vergüten. Thüringen nennt darüber hinaus noch angemessene Aufwands- und Gefahrenrückstellungen.

Brandenburg, Mecklenburg-Vorpommern und Nordrhein-Westfalen normieren hingegen mit identischem Gesetzeswortlaut lediglich einen anzustrebenden Jahresgewinn zur Bildung der für die technische und wirtschaftliche Fortentwicklung notwendigen Rücklagen und eine mindestens marktübliche Verzinsung des Eigenkapitals.[71]

---

[66] So § 102 Abs. 2 GemO BaWü, § 107 Kommunalverf/GO Brandenb., § 127a GO Hessen, § 75 KV M-V, § 114 GO Nds., § 109 GO NW, § 85 Abs. 2 GemO RhPf, § 116 KSVG Saarl., § 97 Abs. 3 GO Sachs. Graduell anders: Bayern und Schleswig-Holstein: Normierung der Erfüllung d. öffentl. Zwecks, keine Nennung der Überschusserzielung (Art. 95 Abs. 1 GO Bay, § 107 GO Schl.-Hlst.), Thüringen: Normierung des Soll-Überschusses für den Haushalt ohne Nennung der Erfüllung des öffentl. Zwecks (§ 75 Abs. 1 ThürKO), lediglich Sachsen-Anhalt trifft insoweit gar keine Regelung.

[67] *Münch*, Grundsätze und Grenzen der Geschäftspolitik, Handbuch der kommunalen Wissenschaft und Praxis, 2. Aufl., Bd. 5, S. 71 ff., S. 76 m. w. N.

[68] *Kunze/Bronner/Katz*, § 102 GemO, Rn. 61.

[69] *Münch*, S. 77.

[70] Vgl. 75 Abs. 2 u. 3 ThürKO, § 85 Abs. 2 GemO RhPf, § 114 Abs. 2 GO Niedersachsen.

[71] Vgl. § 107 GO Brandenburg, § 75 Abs. 2 GO M-V, § 109 Abs. 2 GO NW.

I. Wirtschaftliche Betätigung und nichtwirtschaftlicher Bereich

Baden-Württemberg, Hessen, das Saarland und Sachsen formulieren zwar das „Soll" eines Ertrags für den Haushalt der Gemeinde, enthalten sich aber weiterer Bestimmungen zu dessen Höhe.[72]

Die Begriffe „Gewinn" und „Ertrag" für den Haushalt werden von den Ländern mit dem gleichen Sinngehalt verwendet.

Unter Zugrundelegung betriebswirtschaftlicher Grundsätze und in Ansehung der für das betriebswirtschaftliche Ergebnis (Gewinn und Verlust) maßgebenden Faktoren ist trotz der **uneinheitlichen Regelungsdichte** und der **uneinheitlichen Terminologie** in den Gemeindeordnungen der Länder davon auszugehen, dass materiellrechtliche Unterschiede nicht bestehen.[73]

Auch soweit in der Mehrzahl der Landesrechte „nichtwirtschaftliche" Unternehmen mittels einer Negativklausel definiert werden,[74] treffen die Gemeindeordnungen gleichwohl Regelungen, wonach auch diese Unternehmen **nach wirtschaftlichen Grundsätzen** zu verwalten sind, soweit dies mit dem öffentlichen Zweck vereinbar ist. Eine Gewinnerzielung führt für die „nichtwirtschaftlichen" Unternehmen deshalb auch nicht zu einem Verlust der Fiktion der Nichtwirtschaftlichkeit.[75]

e) Aktuelle Bedeutung der Unterscheidung „nichtwirtschaftlicher" von „wirtschaftlichen" Unternehmen

Cronauge ist der Auffassung, zumindest in den Bereichen der Abfallwirtschaft und wohl auch der Abwasserbeseitigung sei die tatsächliche und auch rechtliche Entwicklung über diesen ausschließlich historisch begründbaren Dualismus hinweggegangen.[76] Es ist zuzugestehen, dass veränderte rechtliche Rahmenbedingungen wie das KrW-/AbfG und die Veränderung der Marktsituation durch das sich nunmehr auf ehemals klassische kommunale Tätigkeitsfelder erstreckende Interesse Privater zu entscheidend **veränderten Bewertungen** geführt haben. Dies begründet für die Kommunen auch die Gefahr eines weitgehenden Verlustes der Aufgaben, die sie im Interesse des Funktionierens der örtlichen Gemeinschaft erfüllen. Gerade in der Abfallwirtschaft findet eine schleichende Aushöhlung der kommunalen Verantwortung statt.[77]

Eine rechtliche Funktionslosigkeit des **Dualismus „wirtschaftlich – nichtwirtschaftlich"** aber ist damit bisher keineswegs einhergegangen. Die im rh.-pf. Gemeindewirtschaftsrecht unverändert vorhandene Negativklausel ist vielmehr eine **tragende Norm** für die aus kommunaler Sicht so bedeutsame Entscheidung des RhPfVerfGH vom 28.3. 2000 zur Verfassungskonformität der Einführung einer stringenten Subsidiaritätsklausel und einer Berichtspflicht der Kommunen über ihre wirtschaftlichen Beteiligungen.[78]

Für die kommunalen Unternehmen von durchaus existenzieller Bedeutung ist die Feststellung, dass die strengen **Zulässigkeitsvoraussetzungen** des § 85 Abs. 1 GemO RhPf **einschließlich der „echten" Subsidiaritätsklausel keine Geltung** beanspruchen für Unternehmen, die überwiegend Zwecken dienen, die § 85 Abs. 3 GemO RhPf als nichtwirtschaftlich fingiert. Sie sind umfassend von diesen Voraussetzungen freigestellt, auch insoweit, als sie rein tatsächlich Teil der kommunalen Wirtschaftstätigkeit sind. Dabei ist es gleich, ob es sich um pflichtige oder freiwillige Aufgabenerfüllung handelt. Ausdrücklich festgestellt wird dies für die Einrichtungen des Umweltschutzes, namentlich der Abfallentsorgung. Dabei mache es keinen Unterschied, ob die betreffenden Aufgaben von den Kommunen als Pflichtaufgaben nach dem KrW-/AbfG zu erledigen sind oder von ihnen freiwillig übernommen werden, wie dies etwa bei der Verwertung von Abfällen gewerb-

---

[72] Vgl. § 102 Abs. 2 GemO BW, § 127a GO Hessen, § 116 KSVG Saarl., § 97 Abs. 3 Sachs.
[73] Vgl. nur zu der ba-wü Regelung *Kunze/Bronner/Katz*, § 102 GemO, Rn. 64.
[74] S. oben Rn. 51.
[75] OLG Düsseldorf, NVwZ 2000, 714 ff. (715); *Britz*, NVwZ 2001, 380 ff. (383).
[76] *Cronauge/Westermann*, Kommunale Unternehmen, Rn. 399.
[77] *Schink/Kuhn/Rühl*, Der Landkreis 2001, 438 ff. (440).
[78] RhPfVerfGH, NVwZ 2000, 801 ff.; unzutreffend *Britz*, NVwZ 2001, 380 ff. (383), die davon ausgeht, in RhPf seien die Daseinsvorsorgeaufgaben von der Subsidiaritätsklausel nicht mehr freigestellt.

licher Herkunft der Fall ist. Zu der Frage, ob die stringente Subsidiaritätsklausel auch auf kommunale Unternehmen, die von der Fiktion der Negativklausel erfasst werden, ausgedehnt werden könnte, hat der VerfGH ausdrücklich nicht Stellung genommen mit der Begründung, dass der in dem konkreten Verfahren zu überprüfende § 85 Abs. 1 Nr. 3 GemO RhPf die fraglichen Bereiche der Daseinsvorsorge ausdrücklich von seiner Geltung ausnehme.[79]

74 Damit hat der RhPfVerfGH eine klare Leitlinie für die oftmals nur unter eingehender Würdigung der Verhältnisse des Einzelfalls mögliche Zuordnung eines Unternehmens zum „wirtschaftlichen" oder „nichtwirtschaftlichen" Bereich gegeben. Durch diese ist klargestellt, dass die Erweiterung des Betätigungsfeldes eines fiktiv „nichtwirtschaftlichen" kommunalen Unternehmens auch in den sog. „wirtschaftlichen" Bereich hinein ohne die Erfüllung der Kriterien der Schrankentrias zulässig ist und auch keine Änderung der Qualifizierung als „nichtwirtschaftliches Unternehmen" bewirkt, sofern es sich bei der Aufgabe als solcher nur um eine der in der Negativklausel genannten handelt und der Anteil der ausgeübten wirtschaftlichen Tätigkeit nicht den der fiktiv nichtwirtschaftlichen überwiegt.

75 Zum gleichen Ergebnis kommt die Rechtsprechung des OVG NW zu § 107 Abs. 1 S. 1 GO NW in einem Verfahren, in dem die Zulässigkeit der Vermietung des obersten Stockwerks eines Parkhauses durch eine kommunale Gesellschaft zum Betrieb eines Fitness-Studios zur Entscheidung stand.[80] Das Gericht erkennt auf die Zulässigkeit von Hilfs- und Nebengeschäften „wirtschaftlicher" Art zu Betätigungen, die dem fiktiv nichtwirtschaftlichen Bereich zuzuordnen sind. Für den **Begriff der wirtschaftlichen Betätigung** i. S. d. § 107 Abs. 1 GO NW komme es nicht auf den Charakter jeder einzelnen wirtschaftlichen Handlung an. Der Begriff sei nämlich **betriebs-, und nicht handlungsbezogen**. Die Definition stelle ab auf den Betrieb eines Unternehmens, das in bestimmter Weise am Markt tätig wird, nicht auf die einzelne Tätigkeit des Herstellens, Anbietens oder Verteilens von Gütern oder Dienstleistungen. Daraus ergebe sich, dass es für die Zulässigkeitsschranken des § 107 Abs. 1 S. 1 GO NW nur auf den Unternehmensgegenstand insgesamt ankomme, nicht aber im Wege atomisierender Betrachtung auf jede einzelne unternehmerische Handlung, die bei Gelegenheit der Verfolgung des Unternehmensgegenstandes vorgenommen wird.[81]

76 Grundlegende Bedeutung für die Entscheidung darüber, ob die fiktiv nichtwirtschaftliche Tätigkeit auch die angestrebte Hilfs- oder Nebentätigkeit erfasst, kommt nach Auffassung des OVG als Abgrenzungskriterium der Bestimmung des Unternehmenszwecks im Gesellschaftsvertrag oder in der Satzung zu. Entscheidend dafür, ob eine konkrete unternehmerische Tätigkeit den Schranken des § 107 Abs. 1 S. 1 GO NW unterworfen ist oder ob sich die Zulässigkeit des Unternehmensgegenstandes ohne weiteres auf jene erstreckt, ist deshalb, ob sich das Unternehmen mit der in Rede stehenden Tätigkeit noch im Rahmen des Unternehmensgegenstandes bewegt. Auch § 107 Abs. 1 S. 3 GO NW will nach Auffassung des OVG NW mit seinem betriebsbezogenen Begriff wirtschaftlicher Betätigung lediglich den Unternehmensgegenstand an die Beschränkungen des § 107 Abs. 1. S. 1 GO NW binden, so dass erst eine Überschreitung dieses Unternehmensgegenstandes eine erneute Überprüfung auslöst. Begründet wird dies mit der im Gesellschaftsrecht anerkannten Zulässigkeit von Hilfs- und Nebengeschäften auch außerhalb des Unternehmensgegenstandes. Ausdrücklich erwähnt wird die Zulässigkeit der Wahrnehmung von Erwerbschancen außerhalb des Unternehmenszwecks zur Verhinderung des Brachliegens vorhandener Ressourcen der Gesellschaft oder zur besseren Auslastung eigener Einrichtungen, wobei allerdings der unternehmensgegenstandsfremde Geschäftsumfang der Haupttätigkeit untergeordnet bleiben muss. Die zu dieser Zulässigkeit führenden Wirtschaftlichkeitsgründe sieht das OVG NW auch in den Bestimmungen der GO NW

---

[79] Vgl. RhPfVerfGH, NVwZ 2000, 801 ff. (802).
[80] OVG NW, DVBl. 2004, 133 ff. (135 f.) m. Anm. *Schliesky*.
[81] Vgl. OVG NW, DVBl. 2004, 133 ff. (135).

über die wirtschaftliche Verwaltung von Vermögensgegenständen (§ 89 Abs. 2 S. 1 GO NW) und die Haushaltswirtschaft (§ 75 Abs. 2 GO NW) verankert. Damit ergebe sich auch aus der GO die Erlaubnis derartiger Nebengeschäfte bei kommunaler wirtschaftlicher Betätigung, ohne dass sie selbst den Schranken des § 107 Abs. 1 S. 1 GO NW unterworfen wären.[82]

Die beiden dargestellten Entscheidungen sind ein Beleg für die unverändert große rechtliche Bedeutung der Fiktion der „nichtwirtschaftlichen" Betätigung kommunaler Unternehmen insbesondere für die Zulässigkeit **untergeordneter**, isoliert betrachtet **„wirtschaftlicher" Betätigungen**, ohne dass es auf die Beachtung oder Erfüllung der Kriterien für die Zulässigkeit wirtschaftlicher Betätigung ankäme.

Vor diesem Hintergrund ist darüber hinaus festzustellen, dass für die Erschließung neuer und ergänzender Betätigungsfelder (Annextätigkeiten) der kommunalen, fiktiv nichtwirtschaftlichen Unternehmen in all den Ländern, die in ihren Negativklauseln die privilegierten Aufgaben nicht gesetzespositivistisch aufgelistet haben, sondern lediglich allgemeine kommunale Aufgabenbereiche benennen, erheblich günstigere Rahmenbedingungen bestehen.

II. Allgemeine Zulässigkeit von kommunalen Unternehmen

1. Ausdrücklich verbotene Unternehmen – ausdrücklich gestattete Unternehmen

a) Ausdrücklich verbotene Unternehmen

Die Gemeindeordnungen verbieten den Gemeinden die Errichtung bzw. den Betrieb von **Bankunternehmen**. Dieses Verbot ist teilweise genereller Art,[83] andere hingegen formulieren ein grundsätzliches Verbot des Betreibens mit einem gesetzlichen Erlaubnisvorbehalt.[84] Soweit nach dem Wortlaut der Verbotsnorm nur der Betrieb untersagt wird, werden diese Bestimmungen allerdings gleichfalls dahingehend ausgelegt, dass neben dem Betrieb auch die Errichtung und die Beteiligung ausgeschlossen sein sollen.[85]

Banken sind Kreditinstitute und damit Unternehmen, die Bankgeschäfte i. S. d. in § 1 Abs. 1 Nr. 1 bis 12 KWG aufgeführten Art betreiben, wenn der Umfang dieser Geschäfte einen in kaufmännischer Weise eingerichteten Gewerbebetrieb erfordert. Nicht als Kreditinstitute gelten nach § 2 KWG u. a. private und öffentliche Versicherungsunternehmen, Bausparkassen, anerkannte gemeinnützige Wohnungsbauunternehmen und unter bestimmten Voraussetzungen Unternehmen des Pfandleihgewerbes.[86]

Wie schon die DGO[87] wollen die Gemeindeordnungen der Länder die Kommunen insbesondere vor den wirtschaftlichen Risiken von Bankgeschäften schützen. Das bloße **Vermitteln von Bankgeschäften für Dritte** hingegen fällt nicht unter die Verbotsklausel, etwa der Abschluss von Bank-/Agenturverträgen mit der Deutschen Post AG.[88]

Auch der bloße Erwerb eines Mindestanteils an einer Genossenschaftsbank, um bei dieser ein Zahlungsverkehrskonto einzurichten oder um zu den für Mitglieder geltenden Konditionen Kredite zu erhalten, ist nicht von dem Verbot erfasst.[89]

Im Gegensatz zu dem Verbot von Bankgeschäften gilt nach allen Gemeindeordnungen etwas anderes für die Errichtung und den Betrieb öffentlicher **Sparkassen**. Diese Betätigungen sind nach den besonderen Bestimmungen der Landessparkassengesetze zulässig und unterliegen nicht den Bestimmungen des jeweiligen Gemeindewirtschaftsrechts. Be-

---

[82] Zum Ganzen OVG NW, DVBl. 2004, 133 ff. (135, 136).
[83] Vgl. nur § 85 Abs. 4 GemO RhPf, § 97 Abs. 4 GO Sachsen.
[84] Vgl. § 102 Abs. 4 S. 1 GemO Ba-Wü.
[85] *Kunze/Bronner/Katz*, § 102 GemO, Rn. 72.
[86] Näher *Kunze/Bronner/Katz*, § 102 GemO Rn. 72 m. w. N.
[87] § 67 Abs. 3 DGO, oben Rn. 37.
[88] *Kunze/Bronner/Katz*, § 102 GemO, Rn. 72.
[89] Näher *Quecke/Schmid*, Gemeindeordnung für den Freistaat Sachsen, Kommentar, § 97 Rn. 159.

gründet ist dies einerseits historisch, resultiert aber auch aus der Anbindung des Sparkassenauftrags an die Aufgaben des kommunalen Trägers, der Qualifizierung der Sparkassentätigkeit als Teil der kommunalen Daseinsvorsorge und aus der Rechtsstellung der Sparkassen als rechtsfähige Anstalten des öffentlichen Rechts.[90] Die Sparkassen betreiben zwar auch Bankgeschäfte, doch werden ihre Tätigkeiten durch die Sparkassengesetze dahin gehend modifiziert, dass sie besonders auf die öffentlichen, gemeinwohlorientierten bankwirtschaftlichen Aufgaben verpflichtet und grundsätzlich auf den Hoheitsbereich ihrer Trägerkörperschaft(en) beschränkt sind.[91] Merkmale der Sparkassen waren seit jeher die Anstaltslast und die Gewährträgerhaftung der Errichtungskörperschaft(en). Aufgrund des Brüsseler Kompromisses vom 17.7.2001 zur Beilegung des EU-Bankenstreits, bei dem es ausgelöst durch Maßnahmen um die Westdeutsche Landesbank um die Unzulässigkeit der den Sparkassen bei der Refinanzierung aus der Anstaltslast und der Gewährträgerhaftung erwachsenden Wettbewerbsvorteile und um den Verstoß dieser Garantien gegen das EU-Wettbewerbsrecht ging, findet derzeit eine Neustrukturierung des Sparkassenwesens nach dem sog. Plattformmodell statt.

83 Dieses sieht im Wesentlichen vor:
- Der öffentlich-rechtliche Charakter und die öffentlich-rechtliche Rechtsform bleibt ebenso bestehen wie der öffentliche Auftrag mit der Betonung des Gemeinwohls sowie die Zweistufigkeit von Sparkassen und Landesbanken.
- Die Gewährträgerhaftung fällt zum 18.7.2005 weg, die Kommunen bleiben aber Träger der Sparkassen. Die Anstaltslast wird modifiziert, um sie in Einklang mit dem Beihilferecht der EU zu bringen. Für alle Geschäfte, die die Sparkassen bis zum 18.7.2005 abschließen, gilt für die volle Laufzeit noch die Gewährträgerhaftung, längstens aber bis zum 31.12.2015.
- Das Regionalprinzip, die dezentralen Strukturen in der Sparkassenorganisation und damit das Verbundprinzip in Verbindung mit dem Subsidiaritätsgrundsatz bleiben bestehen.

84 Die Sparkassengesetze der Bundesländer werden vor diesem Hintergrund im Hinblick auf den 18.7.2005 eingehenden Novellierungen unterzogen.

b) Ausdrücklich gestattete Unternehmen

85 Ein ausdrücklicher Gestattungstatbestand ist den Gemeindeordnungen zu entnehmen, die durch eine **Negativklausel** bestimmte Unternehmen oder kommunale Tätigkeitsfelder als „nichtwirtschaftlich" fingieren und damit von den einschränkenden Bestimmungen des jeweiligen Gemeindewirtschaftsrechts ausnehmen. Insoweit wird auf die Darstellung oben unter Rn. 38–77 verwiesen.

Sämtliche von der Fiktion erfassten Betätigungen nebst der untergeordneten Hilfs- und Nebentätigkeiten sind kommunalrechtlich zulässig.

2. Eingeschränkt gestattete Unternehmen

86 Alle nicht von den ausdrücklichen Gestattungstatbeständen der Gemeindeordnungen erfassten wirtschaftlichen Unternehmen der Kommunen unterliegen den aus den Gründen einer Beschränkung kommunaler wirtschaftlicher Betätigung im Interesse privater Anbieter oder zum Schutz der Kommunen vor zu großen wirtschaftlichen Risiken erlassenen restriktiven Regelungen, die als **Zugangsvoraussetzung zur wirtschaftlichen Betätigung** erfüllt sein müssen.[92]

Wie bereits dargestellt, handelt es sich i.d.R. um die bereits aus der DGO bekannte Schrankentrias[93] sowie das verfassungsrechtlich begründete Örtlichkeitsprinzip.

---

[90] BVerfG, NVwZ 1995, 370 f.
[91] Näher *Kunze/Bronner/Katz*, § 102 GemO, Rn. 73 m.w.N.
[92] Vgl. *Gern*, KommJur 2004, 1 (2); zur Motivation der Gesetzgeber vgl. *Ruffert*, VerwArch 2001, 27 (29 f.).
[93] Oben Rn. 38 ff.

II. Allgemeine Zulässigkeit von kommunalen Unternehmen

Eingeschränkt werden in allen Ländern **die Errichtung, die Übernahme und die wesentliche Erweiterung wirtschaftlicher Unternehmen** durch die Gemeinde. Auf die ausdrückliche Nennung dieser Tatbestände beschränken sich Hessen, Niedersachsen, Rheinland-Pfalz und Schleswig-Holstein.[94] Auch das Saarland und Thüringen nennen diese, allerdings ohne die Einschränkung auf „wesentliche" Erweiterungen, erfasst wird dort jede Erweiterung.[95]

Andere Länder unterwerfen zusätzlich jede Beteiligung der Gemeinde an einem Unternehmen den Zulässigkeitsvoraussetzungen des Gemeindewirtschaftsrechts. Es sind dies Baden-Württemberg, Bayern und Sachsen.[96]

Die sächsische Regelung geht allerdings noch einen Schritt weiter und bezieht auch die Unterhaltung wirtschaftlicher Unternehmen ein.

Keine Nennung konkreter Tatbestände, die zur Anwendung der Zulässigkeitsschranken führen, enthalten die Gemeindeordnungen Mecklenburg-Vorpommerns, Nordrhein-Westfalens und Sachsen-Anhalts. In Mecklenburg-Vorpommern ist ganz allgemein bestimmt: „Wirtschaftliche Unternehmen der Gemeinde sind nur zulässig, wenn ...",[97] ähnlich ist die Regelung in Sachsen-Anhalt: „Die Gemeinde darf sich ... wirtschaftlich betätigen, wenn ..."[98] Nordrhein-Westfalen formuliert: „Die Gemeinde darf sich zur Erfüllung ihrer Aufgaben wirtschaftlich betätigen, wenn ...",[99] um dann zu konkretisieren „Als wirtschaftliche Betätigung ist der Betrieb von Unternehmen zu verstehen, die ..."[100]

Dies verdeutlicht, dass die **Beschränkung** kommunaler wirtschaftlicher Betätigung **in den einzelnen Ländern unterschiedlich stark** ausgeprägt ist.

Den jeweiligen Restriktionen des Gemeindewirtschaftrechts werden im Extremfall alle denkbaren Tatbestände wirtschaftlicher Tätigkeit unterworfen, insbesondere auch die Fortführung bestehender Unternehmen. Es handelt sich dann um einen permanenten Ansatz der Gemeindeordnung, der eine dauerhafte Beobachtung und Überprüfung während der gesamten Zeit des Betriebes eines Unternehmens vorsieht.

Das Saarland hat mit dem am 11.3.2004 verkündeten Gesetz Nr. 1532 vom 8.10. 2003[101] in § 108 Abs. 6 KSVG geregelt, dass die Gemeinden in regelmäßigen Abständen prüfen sollen, inwieweit wirtschaftliche Unternehmen materiell privatisiert werden können. Dabei ist privaten Dritten die Möglichkeit gegeben, darzulegen, ob und wie sie die dem öffentlichen Zweck dienende wirtschaftliche Betätigung ebenso gut und wirtschaftlich erfüllen können. Über das Ergebnis ist der Kommunalaufsicht zu berichten.

Die absolute Mehrzahl der Länder beschränkt sich hingegen auf die Erfassung der Errichtung, der Übernahme und der (wesentlichen) Erweiterung wirtschaftlicher Unternehmen. Dies ist eine lediglich einmalige Betrachtungsweise, die nur bezogen auf den Zeitpunkt der jeweiligen Errichtungs-, Übernahme- oder Erweiterungsmaßnahme ansetzt. Bestehende Unternehmen dürfen bei dieser Ausgestaltung fortgeführt werden, auch wenn die Voraussetzungen der Restriktionsvorschrift (bspw. die Erfüllung der Subsidiaritätsklausel) nicht (mehr) gegeben sind.[102]

Im Hinblick hierauf ist in jedem konkreten Einzelfall eine eingehende Prüfung des einschlägigen Landesrechts unumgänglich.

Von Interesse für die kommunale Praxis ist zudem, dass nicht überall sämtliche **Betriebsformen** wirtschaftlicher Betätigung gleichermaßen den jeweiligen Zulässigkeitsvoraussetzungen unterworfen werden. In verschiedenen Fällen erfassen die einschränken-

---

[94] § 121 Abs. 1 GO Hessen, § 108 Abs. 1 GO Niedersachsen, § 85 Abs. 1 GemO RhPf, § 101 Abs. 1 GO Schl.-Holst.
[95] § 108 Abs. 1 KSVG Saarl., § 71 Abs. 1 ThürKO.
[96] § 102 Abs. 1 GemO Ba-Wü, Art. 87 Abs. 1 i.V. m. Abs. 3 GO Bay, § 97 Abs. 1 GO Sachsen.
[97] § 68 Abs. 1 GO M-V.
[98] § 116 Abs. 1 GO Sachs.-Anh.
[99] § 107 Abs. 1 S. 1 GO NW.
[100] § 107 Abs. 1 S. 3 GO NW.
[101] Amtsbl. Saarl. 2004, S. 594.
[102] So zu § 85 Abs. 1 GemO RhPf ausdrücklich RhPfVerfGH, NVwZ 2000, 801 ff. (802).

den Regelungen nur die rechtlich verselbständigten Betriebsformen (Eigenbetrieb, Anstalt/Kommunalunternehmen, privatrechtliche Gesellschaftsformen), nicht aber den Regiebetrieb.[103]

92 Ein Fall der **Errichtung** eines wirtschaftlichen Unternehmens liegt vor, wenn eine derartige Einrichtung bisher nicht existierte und die Gemeinde das Unternehmen neu begründet, d. h. rechtlich konstitutiv schafft und tatsächlich einrichtet. In dem Fall, dass ein Gründungsakt im eigentlichen Sinne nicht stattfindet, wie z. B. beim Regiebetrieb, wird eine wirtschaftstätigkeitsbezogene Bewertung der Einrichtung vorzunehmen sein.

93 Auch wenn die bisherigen Geschäftstätigkeiten in den bestehenden Betriebsanlagen durch funktional wesentlich andere ersetzt werden, kann darin eine Neuerrichtung zu sehen sein.[104] Die Angliederung eines neuen bedeutsamen Geschäftszweiges, durch den ein zusätzliches Betätigungsfeld eröffnet wird, ist hingegen als Erweiterung zu bewerten. Nur so ist der Weg zu einer Klärung anhand der vom RhPfVerfGH[105] und vom OVG NW[106] formulierten Kriterien eröffnet, ob diese zusätzlichen wirtschaftlichen Aktivitäten ohne Einschränkungen zulässig sind oder den strengen Zulässigkeitsvoraussetzungen des Gemeindewirtschaftrechts für wirtschaftliche Betätigungen unterliegen. Es bedarf insoweit nämlich einer weitergehenden Prüfung durch eine gesamtbetriebsbezogene, nicht aber atomisierend handlungsbezogene, Betrachtung, welche der ausgeübten Tätigkeiten (die bisherige, über die Negativklausel privilegierte oder die neue, wirtschaftliche) überwiegt bzw. ob der Unternehmensgegenstand des Gesamtunternehmens durch die hinzutretende Tätigkeit so verändert wird, dass der durch den Unternehmenszweck festgelegte Rahmen in einem Umfang verlassen wird, dass die unternehmensgegenstandsfremde neue Tätigkeit der Haupttätigkeit nicht mehr untergeordnet ist.

94 Eine **Übernahme** liegt dann vor, wenn ein vorhandenes, in fremder Trägerschaft befindliches Unternehmen in die unternehmerische Verantwortung der Gemeinde überführt wird. Dabei ist gleich, ob dies durch Kauf, Pacht, Tausch oder ein anderes Rechtsgeschäft erfolgt. Maßgeblich ist nur, dass die Gemeinde die Stellung des Unternehmensträgers erlangt.

95 Eine **Erweiterung** besteht darin, dass der Umfang und die Leistung eines bestehenden Unternehmens ausgedehnt werden. Dies kann durch investive Maßnahmen, durch personelle Aufstockung, die Erschließung zusätzlicher Geschäftsfelder und anderes mehr geschehen.[107] Ob die Erweiterung „wesentlich" ist, kann nur im Einzelfall anhand der jeweiligen individuellen Verhältnisse festgestellt werden. Eine allgemeine Festlegung ist nicht möglich.

96 Der RhPfVerfGH sieht eine Erweiterung erst dann als wesentlich an, wenn die fraglichen Maßnahmen den Umfang oder die Leistungsfähigkeit eines Unternehmens i. S. einer räumlichen oder funktionellen Ausdehnung erheblich steigern,[108] so etwa, wenn Stadtwerke zusätzlich zur schon wahrgenommenen Stromversorgung auch die Gasversorgung übernehmen. Keine wesentliche Erweiterung wird ausdrücklich in bloßen Rationalisierungsmaßnahmen, wie der Verbesserung der Betriebseinrichtungen oder Arbeitsmethoden oder auch der Übernahme untergeordneter Annexaufgaben zum Unternehmensgegenstand gesehen. Soweit sich eine Unternehmenserweiterung wirtschaftlich gesehen und wegen des Sachzusammenhangs als bloße Ergänzung oder Abrundung der einem öffentlichen Zweck dienenden Hauptleistung darstellt und sie nicht behindert, ist sie von der öffentlichen Zweckbestimmung mit umfasst und ist somit als Unternehmenserweiterung nicht wesentlich. Das Kriterium für die Feststellung der Unwesentlichkeit der Erweiterung eines Unternehmens wird also ganz entscheidend in dem mit der

---

[103] Vgl. Art. 87 Abs. 1 i. V. m. Art. 86 GO Bay, § 116 Abs. 1 GO Sachs.-Anh.
[104] *Kunze/Bronner/Katz*, § 102 GemO Rn. 27 hingegen sehen diese Wertung als zwingend an.
[105] RhPfVerfGH NVwZ 2000, 801 ff. (802).
[106] OVG NW, DVBl. 2004, 133 ff. (135 f.).
[107] Vgl. *Kunze/Bronner/Katz*, § 102 GemO Rn. 29.
[108] RhPfVerfGH NVwZ 2000, 801 ff. (802 m. w. N.).

II. Allgemeine Zulässigkeit von kommunalen Unternehmen

Hauptbetätigung verfolgten öffentlichen Zweck und dessen Reichweite gesehen. Hierauf wird bei der Darstellung der einzelnen Bestandteile der Schrankentrias zurückzukommen sein.

Eine unwesentliche Unternehmenserweiterung ist danach z. B. die Erweiterung des Energieversorgungsangebots von Stadtwerken zur Abrundung durch Zusatzdienste wie Beratung oder Installation zu einer wettbewerbsfähigen Gesamtleistung.[109]

An den dargestellten Maßstäben des RhPfVerfGH sind auch andere Versuche der definitorischen **Unterscheidung wesentlicher von unwesentlichen Unternehmenserweiterungen** zu messen, wie etwa die Anknüpfung der Wesentlichkeit einer Unternehmenserweiterung an eine mit dem Auftritt auf dem Markt verbundene Übernahme einer neuen Aufgabe.[110] Soweit diese nicht nur in der ausdrücklichen Änderung der Betriebssatzung, sondern auch in der faktischen Übernahme der neuen Aufgabe gesehen werden können soll,[111] kann dem zugestimmt werden. Im Übrigen bedarf es aber der Prüfung der Reichweite der Legitimationswirkung des mit der Haupttätigkeit verfolgten öffentlichen Zwecks und des evtl. Charakters einer bloß marktgerechten Abrundung der bisherigen Tätigkeit durch die neu angebotene Leistung.

Die Grenze des Zulässigen wird vielmehr danach bestimmt, ob die Leistung des Unternehmens selbst, d. h. sein Dienstleistungs- und Güterangebot unmittelbar dem Wohl der Allgemeinheit dient, insbesondere einen Versorgungsbedarf deckt. Mit einer erwerbswirtschaftlich geprägten, gewinnorientierten Nebentätigkeit zu einer von einem öffentlichen Zweck getragenen Haupttätigkeit erzielte Gewinne sind nur insoweit zulässig, wenn dadurch vorhandene, sonst brachliegende, aber noch benötigte Kapazitäten genutzt werden. Dauernd entbehrlich gewordene Kapazitäten dürfen aber nicht aufrechterhalten oder gar neu aufgebaut werden, um außerhalb des öffentlichen Unternehmenszwecks Gewinne zu erwirtschaften.[112]

a) Die allgemeinen Zulässigkeitsvoraussetzungen (Schrankentrias)

Nach den Gemeindeordnungen der Länder[113] sind als Zulässigkeitsvoraussetzungen kommunaler Wirtschaftstätigkeit regelmäßig **drei Kriterien**, die sog. **Schrankentrias**, zu erfüllen. Diese sind schlagwortartig zu bezeichnen mit
- öffentlicher Zweck
- Leistungsfähigkeitsbezug
- Subsidiaritätsklausel.

aa) Der öffentliche Zweck. Grundvoraussetzung wirtschaftlicher Betätigung der Kommunen ist nach den Gemeindeordnungen aller Länder die damit verfolgte Erfüllung eines öffentlichen Zwecks. Der öffentliche Zweck ist die zentrale kommunalrechtliche Legitimationsgrundlage für die Kommunalwirtschaft. Sein Erfordernis legt die Kommunalwirtschaft auf Gemeinwohlbelange fest.[114]

Die meisten Kommunalverfassungen fordern als Zulässigkeitsvoraussetzung, dass die wirtschaftliche Betätigung **durch einen öffentlichen Zweck gerechtfertigt** ist.[115] Einige Länder gehen darüber hinaus und verlangen, dass **der öffentliche Zweck die wirtschaftliche Betätigung erfordert**.[116] Dies bedeutet eine gesteigerte Anforderung im Sinne einer Bedürfnisprüfung, eine allgemeine Gemeinwohldienlichkeit der Betätigung ist in diesen Fällen nicht ausreichend. Der in der Literatur vertretenen Auffassung, wonach die

---
[109] RhPfVerfGH NVwZ 2000, 801 (803).
[110] *Stehlin*, NVwZ 2001, 645 (646).
[111] *Stehlin*, NVwZ 2001, 645 ff. (646).
[112] RhPfVerfGH NVwZ 2000, 801 (803); *Ehlers*, NVwZ 1998, 497 (500).
[113] Oben Rn. 38 ff.
[114] *Ehlers*, DVBl. 1998, 497 (498).
[115] § 102 Abs. 1 Nr. 1 GemO BaWü, § 100 Abs. 2 Nr. 1 GO Brandenb., § 121 Abs. 1 Nr. 1 GO Hessen, § 68 Abs. 1 Nr. 1 KV M-V, § 108 Abs. 1 Nr. 1 GO Nieders., § 85 Abs. 1 Nr. 1 GemO RhPf, § 108 Abs. 1 Nr. 1 KSVG Saarl., § 97 Abs, 1 Nr. 1 GO Sachsen, § 116 Abs. 1 Nr. 1 GO Sachs.-Anh., § 101 Abs. 1 Nr. 1 GO Schl.-Hlst.
[116] Art. 87 Abs. 1 Nr. 1 GO Bay, § 107 Abs. 1 Nr. 1 GO NW, § 71 Abs. 1 Nr. 1 ThürKO.

102 **Besonderheiten** enthalten die Gemeindeordnungen Bayerns, Sachsen-Anhalts und Schleswig-Holsteins sowie mittlerweile auch des Saarlandes. Art. 87 Abs. 1 S. 2 GO Bay und § 108 Abs. 3 S. 3 KSVG Saarl. enthalten eine Negativabgrenzung des öffentlichen Zwecks, indem festgelegt wird, dass alle Tätigkeiten oder Tätigkeitsbereiche, mit denen die Gemeinde oder ihre Unternehmen an dem vom Wettbewerb beherrschten Wirtschaftsleben teilnehmen, um Gewinn zu erzielen, keinem öffentlichen Zweck entsprechen. Das Saarland regelt aber zugleich positiv, dass durch den öffentlichen Zweck auch gerechtfertigt sind Tätigkeiten, die üblicherweise im Wettbewerb zusammen mit der Haupttätigkeit erbracht werden; mit der Ausführung dieser Tätigkeiten sollen die Unternehmen aber private Dritte beauftragen.[118] Eine Besonderheit ist die saarländische Bestimmung für Unternehmen, an denen auch private Dritte beteiligt sind, nach der bei diesen ausreichend ist, wenn ein Anteil von Leistungen an der Gesamtleistung des Unternehmens, der der Höhe der kommunalen Beteiligung entspricht, durch den öffentlichen Zweck gerechtfertigt ist.

Der Zulässigkeit kommunalwirtschaftlicher Betätigung insoweit neben der Feststellung eines öffentlichen Zwecks vom Vorliegen unzureichender Marktergebnisse, deren Behebung durch die Betätigung angestrebt wird, abhängig sei,[117] ist aus Gründen der Systematik der Schrankentrias abzulehnen. Damit würde nämlich ein Teil der im Rahmen der Schrankentrias als selbständiges Kriterium zu beachtenden Subsidiaritätsklausel anzustellenden Prüfung bereits in die Gemeinwohlbestimmung und in den öffentlichen Zweck verlagert.

103 Sachsen-Anhalt normiert zunächst in § 116 Abs. 2 S. 1 GO ausdrücklich, dass Betätigungen in den Bereichen Energie- und Wasserversorgung, Abfall- und Abwasserbeseitigung, Wohnungswirtschaft, öffentlicher Verkehr und Telekommunikation einem öffentlichen Zweck dienen und unter der Voraussetzung, dass die Betätigungen in einem angemessenen Verhältnis zur Leistungsfähigkeit der Gemeinde und zum voraussichtlichen Bedarf stehen, zulässig sind. Als einziges Bundesland regelt Sachsen-Anhalt dann in diesem Zusammenhang die Zulässigkeit von Annextätigkeiten, indem in § 116 Abs. 2 S. 2 u. 3 GO Sachs.-Anh. ausdrücklich bestimmt wird, dass Tätigkeiten, die der Erfüllung der genannten Aufgaben dienen, zulässig sind, soweit sie durch den Grundsatz der Wirtschaftlichkeit legitimiert sind und im Vergleich zum Hauptzweck eine untergeordnete Bedeutung haben.

§ 101 Abs. 1 Nr. 1 GO Schl.-Hlst. enthält den Zusatz, dass die Erfüllung des öffentlichen Zwecks im Vordergrund der Unternehmung stehen muss.

104 Die Leistungen und Lieferungen der kommunalen Unternehmen müssen im Aufgabenbereich der Gemeinde liegen und eine im öffentlichen Interesse gebotene Versorgung der Einwohner zum Ziel haben. In diesem Sinne ist **jede gemeinwohlorientierte, im öffentlichen Interesse der Einwohner liegende Zielsetzung**, also die Wahrnehmung einer sozial-, gemeinwohl- und damit einwohnernützigen Aufgabe ein öffentlicher Zweck. Der Begriff ist nicht eng auf die klassische Versorgung der Einwohner mit Elektrizität, Gas und Wasser zu beziehen oder auf den Bereich der Daseinsvorsorge zu beschränken, sondern für die Bedürfnisprüfung der Einwohner und der Gemeinde kommen Leistungen und Lieferungen auf den verschiedensten Lebens- und Aufgabengebieten in Betracht.[119] Die Gemeinwohlbelange lassen sich nicht umfassend umschreiben,[120] in Betracht kommen aber z.B. neben der klassischen kommunalen Daseinsvorsorge die örtliche Infrastruktur, der soziale Wohnungsbau, städtebauliche Entwicklungs- und Sanierungsmaßnahmen, sozial- und umweltpolitische Aufgaben sowie in gewissem Umfang auch kommunale Wirtschaftsförderungs- und Arbeitsmarktaktivitäten.[121]

---

[117] So aber *Hösch*, DÖV 2000, 393 (400).
[118] § 108 Abs. 3 S. 1 KSVG Saarl.
[119] *Kunze/Bronner/Katz*, § 102 GemO, Rn. 33; *Rehn/Cronauge* § 107 GO, Anm. III 1.; *Cronauge*, der gemeindehaushalt 1998, 131 ff. (133).
[120] *Ehlers*, DVBl. 1998, 497 (498).
[121] *Kunze/Bronner/Katz*, § 102 GemO, Rn. 33.

II. Allgemeine Zulässigkeit von kommunalen Unternehmen 105–109 C

Soweit gefordert wird, dass der öffentliche Zweck nicht ohne weiteres mit jeglichen **105** Versorgungsbedürfnissen der Einwohner gleichgesetzt werden dürfe, sondern zusätzliche Umstände vorliegen müssten, die die Aufgabe zu einer öffentlichen Gemeindeaufgabe machen und deshalb ein kommunales Unternehmen rechtfertigen,[122] ist dem zuzustimmen. Allerdings birgt diese Feststellung das Problem der Notwendigkeit einer Abgrenzung dieser öffentlichen Gemeindeaufgaben zu den Bedürfnisbefriedigungen, die ohne weiteres von privaten Anbietern erfüllt werden können. Im Hinblick hierauf kommt dem Begriff der Daseinsvorsorge und seiner Entwicklung für die Auslegung der einschlägigen Bestimmungen der Gemeindeordnungen wiederum eine wesentliche Bedeutung zu.

Daseinsvorsorge ist ein Verwaltungszweck der leistenden Verwaltung, durch den Be- **106** dürfnisse befriedigt werden sollen, die durch die Hilfsquellen des Begünstigten oder durch die Arbeitsweise des Marktes nicht hinreichend befriedigt werden würden. Unter Bezugnahme auf den Sozialstaat des Grundgesetzes wird bei Bewertung der jeweiligen kommunalen Betätigung zu berücksichtigen sein, ob die lebensnotwendigen Bedürfnisse der Bevölkerung mit Mitteln, die krisenfest sind, befriedigt werden. Auch ist die dauernde und ungestörte Versorgung der Bevölkerung unbedingt sicherzustellen und die Leistungen müssen zu sozial gerechtfertigten Bedingungen erbracht werden.[123] Diese Kriterien sind auch zur Ermittlung des öffentlichen Zwecks bei kommunalwirtschaftlichen Betätigungen außerhalb der klassischen Daseinsvorsorge heranzuziehen.

Angesichts der auch danach verbleibenden Unsicherheiten einer positiven Bestimmung **107** der öffentlichen Zwecksetzung dürfte sich aber häufig anbieten, eine negative Abgrenzung vorzunehmen. Stets muss nämlich die Leistung des Unternehmens selbst, sein Güter- oder Dienstleistungsangebot unmittelbar und nicht nur mittelbar sein Gewinn, Ertrag oder eine sonstige Nebenwirkung, z. B. beschäftigungspolitischer Art, unmittelbar dem Wohl der Gemeindebürger dienen, insbesondere einen Versorgungsbedarf decken. Rein erwerbswirtschaftlich-fiskalische Unternehmen der Gemeinden sind nicht zulässig.[124] Der öffentliche Zweck ist also gemeinwohldienlich, einwohnernützig und gemeindebezogen zu bestimmen.[125]

Als Kriterien oder Indizien für das Vorliegen eines öffentlichen Zwecks können heran- **108** gezogen werden die mit der kommunalwirtschaftlichen Betätigung verfolgte Sicherung des Bedarfs der Gemeinde und besonders ihrer Einwohner (dies hat gegenwärtig besondere Bedeutung im Hinblick auf die Vergabe von Konzessionsverträgen für die Stromversorgung an Stadtwerke in den Bundesländern, die in ihrem Kommunalverfassungsrecht keine besonderen Bestimmungen für liberalisierte Märkte getroffen haben), des ortsansässigen Gewerbes und der Industrie mit öffentlichen Versorgungs- und Dienstleistungen, Unterstützung der gemeindlichen Entwicklungs- und Bauleitplanung, der Siedlungspolitik und der Stadterneuerung, die Berücksichtigung sozialer Belange und Bedürfnisse der Leistungsempfänger (z. B. die Festsetzung angemessener, sozial tragbarer Entgelte und Tarife), die Wahrung des Einflusses auf die örtliche Versorgung gegenüber Großunternehmen sowie die Überwachung örtlicher Monopole zur Verhinderung von Missbräuchen durch überhöhte Preise und ungünstige Bedingungen, Beseitigung sozialer und anderer unzuträglicher Missstände, Notwendigkeit objektiver und neutraler Aufgabenwahrnehmung und vieles mehr.[126]

Nicht ausgeschlossen ist damit aber, dass die Gemeinde mit einer **Nebentätigkeit** zu ei- **109** ner von einem öffentlichen Zweck getragenen Haupttätigkeit Gewinne erzielt, wenn sie dadurch vorhandene, sonst brachliegende, aber noch benötigte Kapazitäten ausnutzt.[127]

---

[122] *Kunze/Bronner/Katz*, § 102 GemO, Rn. 33 m. w. N.
[123] *Bulla*, DVBl. 1975, 643 (648) unter Bezugnahme auf *Badura*.
[124] *Badura*, DÖV 1998, 818 (821); RhPfVerfGH NVwZ 2000, 801 (803).
[125] *Kunze/Bronner/Katz*, § 102 GemO, Rn. 33 m. w. N.
[126] *Kunze/Bronner/Katz*, § 102 GemO, Rn. 34 m. w. N.
[127] Vgl. *Schink*, NVwZ 2002, 129 (134), der zwischen Gewinnmitnahme, Randnutzung und Annextätigkeit differenziert.

Dauernd entbehrlich gewordene Kapazitäten dürfen jedoch nicht aufrechterhalten oder gar neue Kapazitäten aufgebaut werden, um außerhalb des öffentlichen Unternehmenszwecks Gewinne zu erwirtschaften.[128]

110 Die Kriterien, die maßgeblich sind für die Qualifizierung einer kommunalwirtschaftlichen Betätigung als „nichtwirtschaftlich" oder „wirtschaftlich" und nach denen die Zulässigkeit von Annextätigkeiten „nichtwirtschaftlicher" Unternehmen im „wirtschaftlichen" Bereich zu bewerten ist, finden somit ebenfalls Anwendung bei der Feststellung des Vorliegens eines öffentlichen Zwecks und dessen Reichweite.[129]

Wesentlich ist auch insoweit, dass die kapazitätsauslastende Tätigkeitserweiterung im Hinblick auf das Erfordernis des öffentlichen Zwecks nur dann erlaubt ist, wenn sie im Dienste der ursprünglichen, vom öffentlichen Zweck getragenen Tätigkeit steht; das setzt jedenfalls voraus, dass die neue der ursprünglichen Tätigkeit quantitativ nachgeordnet ist.[130]

111 Für die kommunalen Unternehmen ist weiterhin von Bedeutung, inwieweit eine Erweiterung der angebotenen Leistungen über das bisherige Angebotsspektrum hinaus zulässig ist. Es handelt sich insoweit nicht um den Fall der Ausnutzung bereits vorhandener Kapazitäten, sondern um die Schaffung einer Kapazitätserweiterung.

Der RhPfVerfGH hat sogar vor dem Hintergrund der stringenten Subsidiaritätsklausel in Rheinland-Pfalz hierzu festgestellt, dass die **marktgerechte Ergänzung der angestammten Tätigkeitsfelder kommunaler Unternehmen** zulässig ist, soweit es sich um unwesentliche Erweiterungen handelt. Ausdrücklich „unwesentlich" und vom öffentlichen Zweck umfasst ist es, wenn Stadtwerke ihr Energieversorgungsangebot durch Zusatzdienste wie Beratung und Installation zu einer wettbewerbsfähigen Gesamtleistung abrunden.[131] Damit wird ausdrücklich der Stagnation kommunaler Unternehmen eine Absage erteilt. Dies ist auch sachgerecht, denn wollte man dem kommunalen Unternehmen verbieten, sich am Wettbewerb um die Erbringung von Gesamtleistungen zu beteiligen, könnte es auch seine einem öffentlichen Zweck dienende Hauptaufgabe nicht mehr erfüllen und müsste zum Nachteil der Verbraucher und Kunden, die vom wirksamen Wettbewerb profitieren, aus dem Markt ausscheiden.[132]

112 In der Literatur wird vor dem Hintergrund der zunehmend dramatischeren Finanznot kommunaler Haushalte – die sowohl hinsichtlich der Rasanz ihrer Steigerung als auch der absoluten Höhe der aufgelaufenen Altschulden und der aktuellen operativen Defizite noch vor wenigen Jahren unvorstellbare Dimensionen angenommen hat – verschiedentlich die Auffassung vertreten, der Aspekt der **Gewinnerzielung** durch wirtschaftliche Betätigung müsse eine andere Gewichtigkeit als früher erfahren.[133] Das in der kommunalen Selbstverwaltungsgarantie des Verfassungsrechts mitenthaltene Recht auf eine angemessene Finanzausstattung garantiere den Kommunen in einer Situation kommunaler Unterfinanzierung die Ausschöpfung aller nicht hoheitlichen Einnahmequellen, zu denen auch die Erzielung von Gewinnen durch rein erwerbswirtschaftliche Betätigung gehöre.[134]

113 In einer Situation kommunaler Unterfinanzierung wegen zu geringer Steuereinnahmen und unzureichender Landeszuweisungen aus dem Finanzausgleich wird eine Lösung zum Teil in einer Anwendung der Regeln des strafrechtlichen Notstands gesucht, wobei bei der Wahl, entweder die haushaltsrechtlichen Regeln des Haushaltsausgleichs zu missachten oder aber sich über zwingende rechtliche Regeln bezüglich der Leistungsdichte

---

[128] RhPfVerfGH, NVwZ 2000, 801 (803); BVerwG NJW 1989, 2409; a. A. OLG Hamm, NJW 1998, 3504 (Gelsengrün); vgl. *Britz*, NVwZ 2001, 380 (384).
[129] Vgl. oben Rn. 71–77.
[130] *Britz*, NVwZ 2001, 380 (384).
[131] RhPfVerfGH NVwZ 2000, 801 (803).
[132] *Britz*, NVwZ 2001, 380 (385) m. w. N., dort auch zur Kritik in der Lit. zur Entfernung von der unmittelbaren Bindung an den öffentlichen Zweck.
[133] *Cronauge*, der gemeindehaushalt 1998, 131 ff. (133); *Moraing*, der gemeindehaushalt 1998, 223 ff. (224); auch *Britz*, NVwZ 2001, 380 (382).
[134] *Otting*, Neues Steuerungsmodell und rechtliche Betätigungsspielräume der Kommunen, 1997, S. 199, 218; *ders.* DVBl. 1997, 1258 (1262); krit. dazu *Ehlers*, DVBl. 1998, 497 (499 f.).

II. Allgemeine Zulässigkeit von kommunalen Unternehmen

oder der Standards kommunaler Aufgabenerfüllung hinwegzusetzen, dem Haushaltsausgleich das wesentlich überwiegende Interesse zukommen soll, das eine Abweichung von sonstigen Regeln legitimieren könne.[135] *Otting* sieht bei nicht mehr gegebener Deckung der Aufwendungen für die Erfüllung der Pflichtaufgaben und der Aufrechterhaltung des Kernbereichs der kommunalen Selbstverwaltung, nämlich eines Minimums an freiwilligen Aufgaben, die Ausschöpfung aller Einnahmemöglichkeiten unter Erschließung zusätzlicher nichthoheitlicher Einnahmequellen als verpflichtend an. Dies sei gegenüber einem kontrollierten Gesetzesbruch auf der Ausgabenseite das mildere Mittel. In dem Fall, dass der einfache Gesetzgeber nicht in der Lage ist, die Gemeinden ausreichend mit Finanzmitteln auszustatten, sei er gehindert, diesen durch das Gemeindewirtschaftsrecht die Ausschöpfung an sich vorhandener Einnahmepotentiale zu verwehren. In dem Extremfall, dass ohne die Nutzung der Einnahmemöglichkeiten aus wirtschaftlicher Betätigung der Kernbereich der kommunalen Selbstverwaltung **wegen verfassungswidriger Unterfinanzierung** verletzt wäre, könne dies durch extensive Interpretation der Zulässigkeitsschranke des „öffentlichen Zwecks" verhindert werden.[136]

Anzumerken ist, dass nicht ohne weiteres plausibel erscheint, weshalb der Rechtsverstoß, wenn er auf der Einnahmenseite begangen wird, weniger gravierend sein soll, als wenn Gleiches auf der Ausgabenseite geschieht. An dieser Stelle kann dies aber nicht vertieft werden.

Der Ansatz in beiden Ausprägungsformen ist aus Sicht der kommunalen Verwaltungspraxis gewiss verlockend. Allerdings dürfte seiner Nutzung vielfach bereits entgegenstehen, dass von der einzelnen Kommune kaum tatsächlich und juristisch wird dargelegt werden können, dass die Voraussetzungen vorliegen, die von den Vertretern dieser Auffassung für erforderlich gehalten werden (Unzureichende Mittelbereitstellung durch den Finanzausgleich – ggf. bei insgesamt zutreffender Dotierung nur im konkreten Einzelfall wegen kostenträchtiger Sonderbedingungen –, Verletzung des Kernbereichs der kommunalen Selbstverwaltung). **114**

Zweifelhaft ist aber insbesondere, ob die Verfolgung des Ansatzes, der seine Legitimation letztlich aus der Zielsetzung der Erhaltung des Kernbereichs der kommunalen Selbstverwaltung im Sinne der Wahrnehmbarkeit eines Minimums an freiwilligen Aufgaben bezieht, überhaupt tragfähig ist in einer Situation, in der vielfach bereits die von den Kommunen als Auftragsangelegenheit wahrzunehmenden staatlichen Aufgaben nur noch durch Kassenkredite finanziert werden können. Die kommunalwirtschaftliche Betätigung würde damit letztlich eine Einnahmebeschaffungsmaßnahme für die Finanzierung staatlicher Aufgaben. Dies aber wäre als Verstoß gegen staatliche Finanzierungsgrundsätze abzulehnen. **115**

Die verfassungsrechtlichen Regelungen der Finanzausstattung der Kommunen lassen weder dem Notstandsgedanken noch der extensiven Interpretation der einfachgesetzlichen Bestimmungen über die kommunalwirtschaftliche Betätigung Raum. *Ehlers* stützt die Ablehnung bloßen „Moneymakings" als Gemeinwohlbeitrag auf die Finanzverfassung des Grundgesetzes und die dazu ergangene Rechtsprechung des BVerfG, nach der die Finanzierung der staatlichen Aufgaben in Bund und Ländern „einschließlich der Gemeinde" in erster Linie der Steuer vorbehalten bleiben müsse. Diese Finanzverfassung verlöre ihren Sinn und ihre Funktion, wenn daneben beliebig andere Abgaben oder die Erzielung von Einkünften durch eine ausschließlich erwerbswirtschaftlich motivierte Wirtschaftsteilnahme treten könnte.[137] Der Heranziehung dieser staatlichen Finanzierungsgrundsätze, die nach der Systematik des GG unmittelbare Geltung nur für den Bund und die Länder haben, ist im Kern zuzustimmen, vermag hier allerdings für sich genommen noch nicht vollständig zu überzeugen. **116**

---

[135] Vgl. *Otting*, DVBl. 1997, 1258 (1262) m. w. N.
[136] *Otting*. DVBl. 1997, 1258 (1262).
[137] *Ehlers*, DVBl. 1998, 497 (499).

117 Tragfähig wird dieser Ansatz ergänzt durch die insoweit vom RhPfVerfGH[138] herangezogene Begründung, die die besonderen Beziehungen der kommunalen Gebietskörperschaften zum Land, als dessen Bestandteil die Kommunen verfassungsrechtlich gelten, berücksichtigt. Der Gerichtshof führt aus, dass der die kommunale **Finanzausstattungsgarantie** regelnde Art. 49 Abs. 5 RhPfVerf. staatsgerichtet und auf öffentlich-rechtliche Einnahmequellen sowie Finanzausgleichsmittel bezogen ist. Er gewährleiste den Gemeinden aber keine gewinnorientierte, erwerbswirtschaftliche Betätigung. Unter Bezugnahme auf eine frühere Entscheidung des Gerichtshofs wird sodann darauf verwiesen, dass auf etwaige Unterfinanzierung der Gemeinden das Land durch Pflichtenreduzierung (Senkung von Standards) oder Finanzmittelzuweisung zu reagieren hat. Etwaige Verstöße wären dort begründet und auch dort zu korrigieren.

118 Für die Enquete-Kommission „Kommunen" des Landtags Rheinland-Pfalz haben die Sachverständigen Schoch und Wieland u. a. die verfassungsrechtlichen Grundlagen des kommunalindividuellen **Anspruchs auf aufgabenangemessene Finanzausstattung gegen das jeweilige Land** eindeutig herausgearbeitet.[139] Die Kommunen haben aufgrund normativer Basis in den meisten Landesverfassungen einen Anspruch auf eine aufgabenangemessene Finanzausstattung. Das Bundesverwaltungsgericht teilt diese Auffassung auf der bundesverfassungsrechtlichen Grundlage des Art. 28 Abs. 2 GG ausdrücklich.[140]

119 Die Aufgabenangemessenheit der kommunalen Finanzausstattung bezieht sich zunächst auf die Gesamtheit der Kommunen und die Gesamtheit ihrer Aufgaben. Das kommunale Selbstverwaltungsrecht stellt aber nicht nur eine lediglich objektivrechtlich wirkende institutionelle Garantie dar, sondern schützt in der Ausprägung als subjektive Rechtsstellungsgarantie jede einzelne kommunale Gebietskörperschaft. Jede einzelne Kommune hat also verfassungsrechtlich einen Anspruch auf eine aufgabenangemessene Finanzausstattung. Eine verfassungswidrige Lage ist demnach nicht erst dann gegeben, wenn für die Gesamtheit der Kommunen Defizite in der Finanzausstattung zu verzeichnen sind, sondern schon dann, wenn einzelnen Kommunen die aufgabenangemessenen Mittel vorenthalten werden.

Verpflichtungsadressat der kommunalen Finanzausstattungsgarantie ist das Land, ihm ist es verfassungsrechtlich untersagt, die Kommunen insoweit an den Bund zu verweisen. Die Länder tragen die Letztverantwortung für die kommunale Finanzausstattung.[141]

120 Bei diesem Befund müssen Lösungen, die veranlasst durch die kommunale Finanznot auf eine Auflösung der Bindung an den öffentlichen Zweck als Voraussetzung der Zulässigkeit kommunalwirtschaftlicher Betätigung hinauslaufen, ausscheiden. Vielmehr ist Abhilfe durch Geltendmachung der kommunalindividuellen Ansprüche gegen das Land zu suchen.[142]

121 Der Begriff des öffentlichen Zwecks ist ein unbestimmter Rechtsbegriff. Bei der Entscheidung, ob ein öffentlicher Zweck gegeben ist, ist eine Einbeziehung sämtlicher Umstände des Einzelfalles aus der spezifisch örtlichen Sicht in den **Prüfungs- und Abwägungsprozess** erforderlich. Die Bewertung hat den heutigen wirtschaftlichen Verhältnissen und den heutigen kommunalen Aufgabenstellungen Rechnung zu tragen. Zu berücksichtigen sind auch Veränderungen der tatsächlichen Lebensverhältnisse, der Funktionswandel der Gemeinden sowie die Herausbildung neuer Schwerpunkte innerhalb des gemeindlichen Aufgabenspektrums.[143] Als aktuelles Beispiel für die sich wandelnden

---

[138] RhPfVerfGH NVwZ 2000, 801 ff. (803).
[139] *Schoch/Wieland*, Verfassungsrechtliche Vorgaben für eine aufgabenangemessene kommunale Finanzausstattung, Vorlage 044 EK 14/01 für die Sitzung der Enquete-Kommission „Kommunen" des Landtags Rheinland-Pfalz am 11. 7. 2003.
[140] BVerwG DVBl. 1998, 776 (779).
[141] BVerfGE 86, 148 (219); zum Ganzen *Schoch/Wieland*, Fn. 139, S. 4 f. m. w. N.
[142] Im Ergebnis ebenso *Heilshorn*, Gebietsbezug der Kommunalwirtschaft, S. 154.
[143] *Rehn/Cronauge*, § 107 GO Anm. III 1; *Kunze/Bronner/Katz*, § 102 GemO Rn. 32.

II. Allgemeine Zulässigkeit von kommunalen Unternehmen   **122–126 C**

Rahmenbedingungen seien nur die Veränderungen im Bereich der Telekommunikationsdienstleistungen genannt.[144] Aufgrund der für die nächsten Jahrzehnte prognostizierten demografischen Entwicklung in Deutschland sind für die Zukunft öffentliche Zwecke absehbar, die gegenwärtig als solche noch nicht bestehen. So ist nicht unwahrscheinlich, dass bei einer überalterten, immobil gewordenen Bevölkerung in ländlichen Ortschaften ohne Versorgungsinfrastruktur künftig den Gemeinden u. a. die Aufgabe der Lebensmittelversorgung zuwächst, weil die bisherige Abdeckung dieser Bedürfnisse durch Private mittels Verkaufswagen mangels Rentabilität dann möglicherweise nicht mehr gewährleistet ist.

Cronauge stellt deshalb zu Recht die Notwendigkeit dynamischer Auslegung des geltenden Rechts fest.[145] Der kommunalverfassungsrechtliche Rahmen für die Kommunalwirtschaft ist nicht statisch und auf bloße Bestandssicherung des Vorhandenen gerichtet. Vielmehr ist bei der Auslegung und Anwendung seiner unbestimmten Rechtsbegriffe den sich wandelnden politischen, wirtschaftlichen und rechtlichen Rahmenbedingungen Rechnung zu tragen. Für das Recht der kommunalwirtschaftlichen Tätigkeit ist diesbezüglich das Gleiche in Anspruch zu nehmen, was in den übrigen Rechtsbereichen Geltung hat.   **122**

Weil die Gemeinwohlbedingungen und damit der öffentliche Zweck mangels statischer Beschreibbarkeit nicht abstrakt festgelegt werden können, sondern prozedural sind, müssen sie in jedem Einzelfall entwickelt werden.[146] Für die Entscheidung, ob ein öffentlicher Zweck eine bestimmte kommunalwirtschaftliche Betätigung rechtfertigt oder erfordert, steht der Gemeinde ein weiter Beurteilungsspielraum in Form einer kommunalpolitischen **Einschätzungsprärogative** zu.[147] Systematisch schlüssig weisen die Gemeindeordnungen die betreffende Konkretisierungsentscheidung der Vertretungskörperschaft als demokratisch legitimiertem Beschlussorgan der Gemeinde zu.[148]   **123**

Es handelt sich letztlich um eine Frage sachgerechter Kommunalpolitik, die sehr stark von Zweckmäßigkeitsüberlegungen bestimmt sein kann. Durch die Kommunalaufsichtsbehörden und die Verwaltungsgerichtsbarkeit sind derartige Entscheidungen nur sehr eingeschränkt überprüfbar.[149] Diese dürfen lediglich eine Plausibilitätskontrolle vornehmen, nicht aber in die eigentliche Gemeinwohlbestimmung eingreifen.[150]   **124**

Es besteht insoweit eine Spannungslage zwischen Selbstverwaltung und Staatsaufsicht. Soweit deshalb eindeutigere gesetzliche Vorgaben für die Kommunalaufsicht als wünschenswert diskutiert werden, wird zutreffend darauf verwiesen, dass dies nur schwer durchsetzbar ist, weil damit zugleich die Steuerung der Kommunalwirtschaft zu Lasten der Kommunen eingeschränkt würde. Auch insoweit müssen die unbestimmten Rechtsbegriffe verfassungskonform ausgefüllt und Verfassungsrecht damit als anwendbares Verwaltungsrecht konkretisiert werden.[151]   **125**

Keinesfalls immanent ist dem öffentlichen Zweck per se ein **Subsidiaritätsgrundsatz eigener Art** zu Lasten der Gemeinden, durch den diesen eine bloße Lückenbüßer-Funktion zugewiesen würde, um Defizite in der Tätigkeit Privater auszugleichen. Dem steht bereits die Systematik der Schrankentrias entgegen, die in den Gemeindeordnungen der Länder in unterschiedlich scharfer Ausformung neben dem Erfordernis eines öffentlichen Zwecks die Beachtung einer ausdrücklichen Subsidiaritätsklausel als Zulässigkeitsvoraus-   **126**

---

[144] Vg. *Ehlers*, DVBl. 1998, 497 ff. (499).
[145] *Cronauge*, der gemeindehaushalt 1998, 131 (135 f.).
[146] *Britz*, NVwZ 2001, 380 (382); *Cronauge/Westermann*, Kommunale Unternehmen Rn. 248.
[147] *Cronauge*, der gemeindehaushalt 1998, 131 (133 f.); *Cronauge/Westermann*, Kommunale Unternehmen, Rn. 248; *Moraing*, der gemeindehaushalt 1998, 223 (224 f.); *Ehlers*, DVBl. 1998, 497 (499); *Schmidt-Jortzig*, HKWP, 2. Aufl., Bd. 5, S. 58; *Kunze/Bronner/Katz*, § 102 GemO Rn. 32; *Rehn/Cronauge*, § 107 GO Anm. III. 2; *Quecke/Schmid* § 97 GO Rn. 53; RhPfVerfGH NVwZ 2000, 801 (803).
[148] *Schmidt-Jortzig*, HKWP, 2. Aufl., Bd. 5, S. 58; *Britz*, NVwZ 2001, 380 (382).
[149] *Rehn/Cronauge*, § 107 GO Anm. III 2. m. w. N.
[150] *Moraing*, der gemeindehaushalt 1998, 223 (224 f.).
[151] *Ruffert*, VerwArch 2001, 27 (38).

setzung kommunalwirtschaftlicher Betätigung verlangt.[152] Allein die Subsidiaritätsklausel regelt die Abgrenzung der zulässigen von der unzulässigen kommunalwirtschaftlichen Tätigkeit im Verhältnis zu privaten Wettbewerbern. Auch dem Grundgesetz ist keine Subsidiarität kommunaler wirtschaftlicher Betätigung gegenüber privatwirtschaftlichem Handeln zu entnehmen. Die Bestimmungen des Grundgesetzes sind wirtschaftpolitisch neutral, sie enthalten keine Festlegung auf ein bestimmtes Wirtschaftssystem und damit auch nicht auf eine Vorrangstellung privatwirtschaftlicher Betätigung.[153]

127 **bb) Leistungsfähigkeitsbezug.** Die Gemeindeordnungen aller Länder fordern als zweite Voraussetzung der Schrankentrias, dass die wirtschaftliche Betätigung in einem angemessenen Verhältnis zur **Leistungsfähigkeit der Gemeinde** und dem voraussichtlichen Bedarf steht. Nur Nordrhein-Westfalen verzichtet auf das letztgenannte Kriterium.

Durch die genannten Anforderungen sollen die Gemeinden von wirtschaftlichen Aktivitäten abgehalten werden, die ihre Verwaltungs- und/oder Finanzkraft übersteigen, d. h. ihre personellen, sachlichen und finanziellen Kräfte überfordern.[154] Diese Anforderung der Verhältnismäßigkeit ist eine weithin als unproblematisch angesehene Bindung der Kommunalwirtschaft.[155]

128 Das Kriterium muss als besonders nachdrücklicher Appell an die beschließende Kommunalvertretung verstanden werde, die geplante Initiative unter diesem Gesichtspunkt einer gezielten und gesonderten Prüfung zu unterziehen.[156] Dabei müssen auch greifbare Zukunftsaussichten im Sinne einer Prognose von der Kommune mit berücksichtigt werden.[157] Die Prüfung der langfristigen Fähigkeit der Gemeinde zur Unterhaltung der beabsichtigten Einrichtung unter Minimierung der Folgekosten ist ebenfalls durchzuführen. Der Gemeinde bzw. ihrem Beschlussorgan steht auch insoweit ein weiter **Beurteilungsspielraum** zu. Die getroffene Entscheidung wird nur bei offenkundiger Fehlentscheidung, bei einem Ermittlungsdefizit oder Abwägungsausfall als rechtswidrig angesehen werden können.[158]

129 Der Bindung an das Erfordernis, dass die kommunalwirtschaftliche Betätigung nach Art und Umfang in einem angemessenen Verhältnis zu der Leistungsfähigkeit der Kommune stehen muss, kann angesichts der teils extremen Verschuldung der Gemeinden erhebliche Bedeutung zukommen. Ist eine Kommune hoch verschuldet oder muss sie nach dem jeweiligen Landesrecht ein Haushaltssicherungskonzept aufstellen, ist sie nur eingeschränkt leistungsfähig. Mit Wagnissen und Risiken verbundene Wirtschaftsaktivitäten dürften dann ausgeschlossen sein.[159]

130 Die Prüfung des **voraussichtlichen Bedarfs** soll gewährleisten, dass Umfang und Ausmaß des wirtschaftlichen Unternehmens dem gegenwärtigen und zu erwartenden künftigen Bedarf entsprechen. Unzulässige dauerhafte Überdimensionierungen sollen damit vermieden und Beeinträchtigungen der Wirtschaftlichkeit durch damit verbundene Investitions- und Finanzierungslasten sowie ein eventueller Zuschussbedarf aus dem kommunalen Haushalt verhindert werden.

131 **cc) Subsidiaritätsklausel.** Die dritte und **umstrittenste Zulässigkeitsschranke** für die kommunalwirtschaftliche Betätigung in den Gemeindeordnungen der Länder ist die Subsidiaritätsklausel.

---

[152] Str., wie hier *Cronauge*, der gemeindehaushalt 1998, 131 (134); *Rehn/Cronauge*, § 107 GO, Anm. III 3. m. w. N.; a. A. *Ehlers*, DVBl. 1998, 497 (501).
[153] Vgl. oben Rn. 11 ff.
[154] Vgl. nur *Rehn/Cronauge*, § 107 GO, Anm. IV. 1.; *Kunze/Bronner/Katz*, § 102 GemO, Rn. 39; *Gabler/Höhlein* u. a., § 85 GemO, Anm. 2.2.
[155] *Ehlers*, DVBl. 1998, 497 (503).
[156] *Schmidt-Jortzig*, HKWP, 2. Aufl., Bd. 5, S. 60.
[157] *Cronauge*, der gemeindehaushalt 1998, 131 (134).
[158] *Schmidt-Jortzig*, HKWP, 2. Aufl., Bd. 5, S. 60; *Gabler/Höhlein* u. a., § 85 GemO, Anm. 2.2.
[159] Vgl. *Ehlers*, DVBl. 1998, 497 (503), der als Beispiel auf eine Beteiligung der Stadt Köln an dem Fernsehsender Vox verweist.

II. Allgemeine Zulässigkeit von kommunalen Unternehmen

Lediglich Hessen verzichtet bislang auf diese Voraussetzung; allerdings ist dort ein Gesetzgebungsverfahren eingeleitet, das u. a. die Schaffung einer (stringenten) Subsidiaritätsklausel zum Gegenstand hat.

Zu unterscheiden sind zwei Formen von Subsidiaritätsklauseln. **132**

Die **einfache Subsidiaritätsklausel**, auch als Funktionssperre bezeichnet, bestimmt, dass der durch ein kommunales Unternehmen zu erfüllende Zweck nicht besser und wirtschaftlicher durch einen anderen erfüllt wird oder erfüllt werden kann. Diese Ausgestaltung entspricht derjenigen in § 67 Abs. 1 Nr. 3 DGO.[160] Die kommunale wirtschaftliche Betätigung hat danach zur Voraussetzung, dass zwischen der Gemeinde und anderen Marktteilnehmern Leistungsparität besteht.

Darüber hinaus geht die „echte", auch als „stringente" oder **„verschärfte"** bezeichnete **Subsidiaritätsklausel** der Gemeindeordnungen von Bayern, Brandenburg, Rheinland-Pfalz, des Saarlandes und Thüringen.[161] Nach diesen ist die kommunalwirtschaftliche Tätigkeit nur dann zugelassen, wenn der (öffentliche)[162] Zweck bzw. die Leistung[163] nicht ebenso gut und wirtschaftlich durch einen privaten Dritten erfüllt wird oder erfüllt werden kann. Dies bedeutet mit anderen Worten und klarer ausgedrückt, dass Leistungsparität für die Zulässigkeit einer gemeindlichen Tätigkeit nicht ausreichend ist, sondern diese die Voraussetzung besserer und wirtschaftlicherer Aufgabenerfüllung gegenüber Privaten erfüllen muss.

Die **einfache Subsidiaritätsklausel (Funktionssperre)** soll die gemeindliche Wirtschaft in die Gesamtorganisation der deutschen Wirtschaft so einordnen, dass der Privatwirtschaft der Vorrang bleibt, wenn sie dem von der Gemeinde beabsichtigten Zweck besser und wirtschaftlicher als ein kommunales Unternehmen entsprechen kann. Diese Grenze der wirtschaftlichen Betätigung der Kommunen bezweckt damit wesentlich auch den Schutz privater Konkurrenten.[164] **133**

Gegen die Interpretation der Funktionssperre als Ausdruck eines allgemeinen, auf Vorrangigkeit privater Wirtschaftstätigkeit abzielenden Subsidiaritätsprinzips wird auf die Entstehungsgeschichte des § 67 Abs. 1 DGO verwiesen und eine rein technische, wertneutrale Auslegung reklamiert im Sinne einer Sperre kommunaler Wirtschaftsinitiative, solange sich der angestrebte Verbesserungserfolg für die Versorgung der Einwohner anderweitig effektiver und unaufwendiger erzielen lässt, sei dies durch bürgerliche Selbsthilfe, durch privatwirtschaftliche Angebote oder durch bereits vorhandene bzw. in anderem Zusammenhang zu errichtende Versorgungseinrichtungen öffentlicher Leistungsträger sowie der Gemeinde selbst, vor allem aber durch nicht-wirtschaftliche Anstrengungen.[165] Damit wird der Funktionssperre der Inhalt einer wertfreien, begünstigungslosen Zurückdrängung kommunaler Wirtschaftstätigkeit beigemessen, die nur in spezieller Ausrichtung die Wirkung eines Privatwirtschaftsschutzes erreicht. In erster Linie zielt die Klausel danach auf eine Reduzierung kommunalwirtschaftlicher Tätigkeit im Interesse der Gemeinde selbst und ihrer Rolle im Zusammenhang staatlich-öffentlicher Aufgabenstellung. Sofern speziell ein Privatrechtsschutz gewollt ist, muss dieser ausdrücklich durch gesetzliche Regelung (wie in der bayGO) präjudiziert werden.[166, 167] **134**

---

[160] Oben Rn. 28.
[161] Wegen vielfältiger Beiträge in der Lit. ist darauf hinzuweisen, dass Mecklenburg-Vorpommern in § 68 Abs. 1 Nr. 3 GO gegenüber der nach früherer Rechtslage normierten „echten" Subsidiaritätsklausel nunmehr ausdrücklich bestimmt: „die Gemeinde die Aufgaben ebenso gut und wirtschaftlich wie Dritte erfüllen kann". Es handelt sich beim geltenden Recht damit um eine „einfache" Subsidiaritätsklausel; vgl. auch die Übersicht oben Rn. 51.
[162] Rheinland-Pfalz, § 85 Abs. 1 Nr. 3 GemO.
[163] Brandenburg, § 100 Abs. 3 GO.
[164] *Cronauge/Westermann*, Kommunale Unternehmen, Rn. 250.
[165] *Schmidt-Jortzig*, HKWP, 2. Aufl., Bd. 5, S. 60 f.
[166] *Schmidt-Jortzig*, HKWP, 2. Aufl., Bd. 5, S. 61.
[167] Inwieweit subjektive Abwehransprüche des Einzelnen bestehen können, vgl. *Jahn*, Kartell- und Wettbewerbsrecht, Kapitel I in diesem Handbuch sowie die im Rahmen der untenstehenden Erläuterung der

135 Weil die Funktionssperre die **Leistungsparität** zwischen öffentlicher und privater Aufgabenerfüllung als notwendig, aber auch als ausreichend ansieht, bedeutet dies, dass der Private im Einzelfall besser als die kommunale Wirtschaft sein muss. Hierfür obläge ihm auch die Beweislast.[168]

136 Nach der Begründung des bad.-württ. Gesetzentwurfs zur Einfügung der einfachen Subsidiaritätsklausel mit der GemO-Novelle 1999 sind für den Leistungserfüllungsvergleich von einer Gemeinde die relevanten Marktgegebenheiten im Hinblick auf das Vorhandensein, die Leistungsfähigkeit und die Effizienz privater Anbieter zu prüfen sowie ein Vergleich zwischen der Leistungserbringung durch ein kommunales Unternehmen oder einen privaten Anbieter anzustellen. Neben der Wirtschaftlichkeit ist dabei auch die „Güte" der Leistung zu berücksichtigen, u. a. auch die Versorgungssicherheit und Dauerhaftigkeit sowie soziale und ökologische Komponenten.[169]

Die Konkretisierung dieser Anforderungen ist im Einzelfall nur der **Kommune** aufgrund ihrer umfassenden Kenntnisse der örtlichen Situation und Wirtschaftsverhältnisse möglich. Ihr steht deshalb insoweit ein **Beurteilungsspielraum**, eine Einschätzungsprärogative zu.[170] Im Hinblick auf die praktischen Schwierigkeiten der erforderlichen Bewertungen und die anzustellenden Prognosen[171] dürfen keine überzogenen Forderungen gestellt werden, der kommunale Handlungsspielraum nicht unverhältnismäßig tangiert werden.

137 Dies muss auch für die Erfüllung der in verschiedenen Ländern ergänzend zu den Bestimmungen der Gemeindeordnung geltenden Regelungen in Mittelstandsförderungsgesetzen gelten.[172] In der Rechtsprechung hatte die einfache Subsidiaritätsklausel bei der Bewertung der Zulässigkeit kommunaler Wirtschaftstätigkeit soweit ersichtlich bislang keine entscheidende Bedeutung, vielmehr problematisierten die Gerichte in Rahmen der Schrankentrias stets das Kriterium des öffentlichen Zwecks.

138 Die **verschärfte Subsidiaritätsklausel** stellt im Gegensatz zu der einfachen eine deutliche Beschneidung des kommunalen Handlungsspielraums dar. Durch sie wird ein absoluter Vorrang privater Dritter mit einer Umkehr der Beweislast zu Lasten der Städte und Gemeinden festgeschrieben. Die herkömmliche Subsidiaritätsklausel wird damit in ihr Gegenteil verkehrt. Im Einzelfall muss nunmehr die Gemeinde darlegen und beweisen, dass sie zur **besseren und wirtschaftlicheren Aufgabenerfüllung** in der Lage ist.[173]

139 Dies ist auch die erklärte Absicht derartiger gesetzlicher Bestimmungen, wie der Begründung des Gesetzentwurfs zu dem 4. Landesgesetz zur Änderung kommunalrechtlicher Vorschriften des Landes Rheinland-Pfalz vom 2. 4. 1998 zu entnehmen ist. Dort ist explizit ausgeführt, durch die Einführung der verschärften Subsidiaritätsklausel solle eine ungehemmte wirtschaftliche Betätigung der Gemeinden und Gemeindeverbände verhindert und diese stärker auf ihre eigentlichen öffentlichen Aufgaben festgelegt werden.[174]

140 Die rh-pf. kommunalen Spitzenverbände hatten bereits im Gesetzgebungsverfahren sowohl die Erforderlichkeit der beabsichtigten Regelung als auch die Argumentation in der Begründung abgelehnt. Bewertet wurde die Rechtsänderung als bedenklicher Eingriff in die kommunale Selbstverwaltung.[175]

„verschärften" Subsidiaritätsklausel enthaltene Darstellung der Rspr. des RhPfVerfGH zu § 85 Abs. 1 Nr. 3 GemO RhPf.

[168] Vgl. *Cronauge*, der gemeindehaushalt 1998, 131 (134).
[169] Vgl. *Kunze/Bronner/Katz*, § 102 GemO Rn. 41.
[170] *Cronauge/Westermann*, Kommunale Unternehmen, Rn. 250; *Ehlers*, DVBl. 1998, 497 (502).
[171] *Cronauge*, der gemeindehaushalt 1998, 131 (134) kritisiert zu Recht, dass der von der Subsidiaritätsklausel geforderte Vergleich im Grunde Unmögliches verlangt, weil die Privatwirtschaft mit dem ausschließlichen Ziel der Gewinnerzielung und die kommunale Wirtschaft mit der primären Aufgabenstellung der Verwirklichung des öffentlichen Auftrages unvergleichbar sind.
[172] Vgl. nur §§ 1 bis 3 und § 22 MFG Ba-Wü; dazu *Kunze/Bronner/Katz* § 102 GemO Rn. 41.
[173] *Cronauge/Westermann*, Kommunale Unternehmen, Rn. 252.
[174] LT-Drucksache 13/2306.
[175] *Püttner*, Rechtsgutachten „Zur Reform des Kommunal-Wirtschaftsrechts in Rheinland-Pfalz" 1997; *Hellermann*, Statement in der Anhörung zu dem Referentenentwurf für das 4. Landesgesetz zur Änderung

II. Allgemeine Zulässigkeit von kommunalen Unternehmen

In dem insbesondere gegen die in § 85 Abs. 1 Nr. 3 GemO RhPf im Jahr 1998 einge- **141**
fügte echte Subsidiaritätsklausel von der Stadt Bad Kreuznach mit Unterstützung des
Städtetages Rheinland-Pfalz angestrengten Normenkontrollverfahren wurde geltend gemacht, dass die stringente Subsidiaritätsklausel die Stadt in ihrem verfassungsrechtlich
geschützten Recht auf kommunale Selbstverwaltung (Art. 49 LV RhPf) verletze. Die
wirtschaftliche Betätigung sei, jedenfalls soweit sie der öffentlichen Daseinsvorsorge
diene, ein wesentliches Element des den Gemeinden verfassungsrechtlich garantierten
Aufgabenkreises. Geschützt sei dieser nicht nur gegen die Umverteilung von Aufgaben
auf staatliche Aufgabenträger höherer Ordnung (sog. Hochzonung), sondern prinzipiell
auch gegen die Aufgabenprivatisierung. Denn der politisch-demokratische Aspekt bürgerschaftlicher Partizipation sei jeweils in gleicher Weise betroffen. Die Selbstverwaltungsgarantie werde durch § 85 Abs. 1 Nr. 3 GemO RhPf im Kernbereich verletzt, weil
die Gemeinden nunmehr auf die im Wesentlichen unveränderte Fortführung bestehender
Unternehmen beschränkt seien, neue gewinnträchtige Unternehmungen aber gleich gut
und gleich wirtschaftlich anbietenden Privaten überlassen müssten und zudem Gewinne
und Verluste nicht mehr ausgleichen könnten. Dies werde dazu führen, dass die Kommunen auf defizitären öffentlichen Aufgaben (bspw. dem Nahverkehr) „sitzen bleiben", während Privatunternehmen die gewinnträchtigen Bereiche an sich ziehen. Indem das Gesetz
den kommunalen Unternehmen die Anpassung an die sich verändernden Wettbewerbsbedingungen verwehre, zwinge es sie faktisch zur Aufgabe. Jedenfalls aber verstoße § 85
Abs. 1 Nr. 3 GemO RhPf gegen die Bindungen, die die Selbstverwaltungsgarantie außerhalb ihres Kernbereichs dem Gesetzgeber auferlege. Dieser habe ein Regel-Ausnahme-
Verhältnis zugunsten der kommunalen Zuständigkeit zu beachten. Die Zuweisung von
Aufgaben an andere Stellen, auch an die Privatwirtschaft, sei nur im dringenden öffentlichen Interesse zulässig. Ein derartig wichtiges Interesse, für das allgemeine wirtschafts-
und ordnungspolitische Vorstellungen nicht ausreichen, sei hier weder dargetan noch
sonst ersichtlich.[176]

Der RhPfVerfGH ist dieser Argumentation in seinem Urteil vom 28. 3. 2000 aller- **142**
dings nicht gefolgt.[177] Der Gerichtshof hat entschieden, § 85 Abs. 1 Nr. 3 GemO RhPf
greife zwar in den Schutzbereich der kommunalen Selbstverwaltungsgarantie des Art. 49
RhPfVerf. ein. In den Fällen, in denen die Grenze der stringenten Subsidiaritätsklausel
Wirksamkeit entfalte,[178] nämlich der beabsichtigten Errichtung, Übernahme oder wesentlichen Erweiterung eines zweckgebundenen Unternehmens, bleibe der **Kernbereich
des Selbstverwaltungsrechts** aber **gewahrt**.

Der Gemeinde sei das beabsichtigte wirtschaftliche Engagement erst dann untersagt, **143**
wenn ein privater Dritter den öffentlichen Zweck mindestens ebenso gut und ebenso wirtschaftlich erfüllen könne wie die Gemeinde. Maßgebend seien damit zwei Kriterien von
gleichem Gewicht, die Wirtschaftlichkeit der Leistung und ihre Güte. Wenn der private
Dritte auch nur bei einem dieser Merkmale schlechter bewertet werde, sei der Gemeinde
die Errichtung, Übernahme oder wesentliche Erweiterung des Unternehmens gestattet.

Der RhPfVerfGH stellt fest, dass die Gemeinde nach allgemeiner, durch Art. 49 **144**
RhPfVerf. abgesicherter Auffassung, dabei einen Beurteilungsspielraum hat. Dies werde
im Übrigen durch die Gesetzesmaterialien der angefochtenen Norm ausdrücklich hervorgehoben. Dieser Beurteilungsspielraum beziehe sich auch und gerade auf die **„Güte"**

---

kommunalrechtlicher Vorschriften am 16. 9. 1997 im Ministerium des Innern und für Sport des Landes
Rheinland-Pfalz.

[176] Vgl. *Neutz*, ZG 2000, 279 ff.
[177] RhPfVerfGH NVwZ 2000, 801 ff.
[178] Der Gerichtshof führt zunächst umfangreich aus, dass: 1. wesentliche kommunale Tätigkeitsfelder
von der Norm gänzlich unberührt bleiben, weil diese aufgrund der Negativklausel des § 85 Abs. 3 GemO
RhPf als nicht-wirtschaftlich fingiert werden, 2. wesentliche kommunale Tätigkeitsfelder im Hinblick auf
schon vorhandene Unternehmen einem umfassenden Bestandsschutz unterlägen, 3. rein erwerbswirtschaftliche Aktivitäten den Kommunen – ganz unabhängig von der gesetzlichen Neuregelung – ohnehin ver-
schlossen seien.

der betreffenden Leistung. Damit sei vor allem deren Nachhaltigkeit, d. h. Dauerhaftigkeit und Zuverlässigkeit angesprochen. Je wichtiger eine durch den öffentlichen Zweck gerechtfertigte Leistung sei, desto größer sei das Bedürfnis nach einem krisenfesten, stetigen und möglichst ungestörten Angebot, und zwar zu sozial gerechtfertigten Bedingungen. Diese Kontinuität der Aufgabenerfüllung könne von Fall zu Fall den Ausschlag dafür geben, dass ein Privater den öffentlichen Zweck nach der rechtlich vertretbaren Einschätzung der Gemeinde nicht „ebenso gut" verwirklichen wird wie sie. Denn der Private stehe stärker noch als die Gemeinde unter betriebswirtschaftlichem Erfolgszwang, der eine mögliche Einschränkung oder gar Einstellung des Betriebes einschließe.

145 Weiter führt der RhPfVerfGH unmissverständlich aus, dass entsprechende Erwägungen auch für kommunale Verbundunternehmen gelten, die, gegliedert in einzelne Unternehmenssparten, verschiedene Aufgaben wahrnehmen, die jede für sich und in ihrer konkreten betrieblichen Zusammenfassung durch einen öffentlichen Zweck gerechtfertigt sind. Als Beispiel genannt werden die Stromversorgung und der öffentliche Nahverkehr als Leistungsangebot der Stadtwerke. Das Gericht trifft die Feststellung, dass ein Gesetz, das die Gemeinden zwänge, rentierliche Unternehmen zu privatisieren, und ihnen nur die defizitären beließe, vor Art. 49 RhPfVerf. schwerlich Bestand haben könnte. Derartige Wirkungen entfalte die verschärfte Subsidiaritätsklausel bei sachgerechter, an Wortlaut und Systematik orientierter Auslegung aber gerade nicht. Zum einen betreffe die gesetzliche Neuregelung – vorbehaltlich der gleichzeitig eingeführten Berichtspflicht des § 90 Abs. 2 GemO RhPf – bestehende und nicht wesentlich erweiterte Querverbünde ohnehin nicht. Zum anderen, und dies vor allem, fordere die Gemeindeordnung die Rechtfertigung durch den öffentlichen Zweck für das *Unternehmen*. Derselbe Begriff der öffentlichen Zweckbindung gelte auch für die stringente Subsidiaritätsklausel in § 85 Abs. 1 Nr. 3 GemO RhPf, weil beide Bestimmungen in engem systematischem Zusammenhang stehen. Bei einem etwaigen Wirtschaftlichkeits- und Qualitätsvergleich, den die Gemeinde im Rahmen des ihr obliegenden Beurteilungsspielraums zwischen einem kommunalen Verbundunternehmen und einem privaten Dritten anzustellen habe, sei maßgeblicher **Bezugspunkt das gesamte Unternehmen, nicht seine einzelnen Sparten oder Teile.** Das Leistungsangebot des privaten Dritten müsse sich an der von dem Verbundunternehmen zu erfüllenden Gesamtaufgabe messen lassen.

146 Wenn die Gemeinde aufgrund eines vollständig ermittelten Sachverhalts und ausgehend von einem richtigen Verständnis der anzuwenden Norm vertretbar darlege, dass und warum ihre eigene Leistungserbringung wirtschaftlicher und besser ist, haben dies sowohl das Verwaltungsgericht als auch der private Dritte hinzunehmen.[179]

Die Verwaltungsgerichte haben diesen Beurteilungsspielraum zu achten und sind gehindert, eine eigene Beurteilung an diejenige der Gemeinde zu setzen. Ob sich aber die Beurteilung der Gemeinde in dem durch das Gesetz vorgegebenen Rahmen hält, ist eine voll nachprüfbare Rechtsfrage.

147 Im Hinblick auf den Kernbereich der kommunalen Selbstverwaltung trifft der RhPfVerfGH in der Gesamtschau die Wertung, dass die verschärfte Subsidiaritätsklausel des § 85 Abs. 1 Nr. 3 GemO RhPf den Kommunen einen beträchtlichen, diesen **Kernbereich wahrenden Handlungsspielraum** belasse. Was ihn in seinen historischen und regionalen Erscheinungsformen historisch und durchlaufend präge, werde durch die strittige Norm weder rechtlich noch faktisch beseitigt oder ausgehöhlt. Vielmehr biete der unternehmensbezogene Ansatz zusammen mit dem kommunalen Beurteilungsspielraum die Gewähr, dass sich die Gemeinden gerade auf ihren angestammten, die Selbstverwaltung traditionell prägenden Betätigungsfeldern auch weiterhin in angemessenem Umfang wirtschaftlich betätigen könnten.[180]

---

[179] Diese Feststellung erfolgt vor dem Hintergrund, dass der RhPfVerfGH im Gegensatz zur Rechtslage in anderen Ländern der Subsidiaritätsklausel in § 85 Abs. 1 Nr. 3 GemO RhPf die Wirkung einer drittschützenden Norm i. S. d. § 42 Abs. 2 VwGO zuerkennt.
[180] RhPfVerfGH, NVwZ 2000, 801 (804).

II. Allgemeine Zulässigkeit von kommunalen Unternehmen

148 Für die Gemeinden und die kommunalen Unternehmen von elementarer Bedeutung ist insbesondere, dass nach dieser verfassungsgerichtlichen Entscheidung kommunale **Verbundunternehmen als Gesamtheit in den Wirtschaftlichkeits- und Gütevergleich** mit den Leistungen des Privaten einzubringen sind. Damit wird ein Herausbrechen lukrativer Geschäftszweige aus kommunalen Unternehmen durch Private (Rosinenpickerei) durch isolierte, atomisierte vergleichende Betrachtung einzelner Unternehmensbereiche verhindert.[181] Von nicht minderer Bedeutung sind die Feststellungen, dass die erforderliche vergleichende Prüfung der Leistungen des kommunalen Unternehmens und derjenigen des Privaten vor allem hinsichtlich der „Güte" anhand des Kriteriums der Nachhaltigkeit von der Gemeinde im Rahmen eines ihr zustehenden Beurteilungsspielraums vorzunehmen ist.[182]

149 Auch **außerhalb des Kernbereichs** verletzt die verschärfte Subsidiaritätsklausel nach Auffassung des RhPfVerfGH die Selbstverwaltungsgarantie nicht. Art. 49 RhPfVerf. lege kein Regel-Ausnahme-Verhältnis zugunsten der kommunalen gegenüber einer privaten Aufgabenerfüllung fest. Ebenso wie Art. 28 Abs. 2 GG enthalte Art. 49 RhPfVerf. ein verfassungsrechtliches Aufgabenverteilungsprinzip hinsichtlich der Angelegenheiten der örtlichen Gemeinschaft zugunsten der Gemeinden, das aber nur einer Aufgabenverlagerung auf übergeordnete Ebenen der öffentlichen Verwaltung (Hochzonung) entgegenstehe. Nicht gelte dies für die Aufgabenprivatisierung, auch wenn die Folgen aus Sicht der Gemeinden vergleichbar seien.[183]

150 Das bedeute aber nicht, dass der privatisierende Gesetzgeber außerhalb des Kernbereichs der Selbstverwaltungsgarantie frei von jeglichen rechtlichen Bindungen sei. In diesen Bereich dürfe nur insoweit eingegriffen werden, als dies durch das Gemeinwohl geboten sei. Bei der Konkretisierung dessen, was Gemeinwohl sei, habe der Gesetzgeber einen weiten Gestaltungsspielraum. Im Wesentlichen müsse die fragliche Regelung von sachgerechten Erwägungen getragen werden, geeignet sein, den mit ihr verfolgten Zweck zu erreichen, und dürfe nicht willkürlich sein.

§ 85 Abs. 1 Nr. 3 GemO RhPf erfülle diese Anforderungen. Maßgeblich seien die für die neugefasste Subsidiaritätsklausel bestimmenden zwei Regelungszwecke, nämlich der Schutz der Privatwirtschaft und die Bewahrung der Gemeinden vor unvertretbaren wirtschaftlichen Risiken.

151 Gegen § 85 Abs. 1 Nr. 3 GemO RhPf war weiterhin geltendgemacht worden, die Norm verstoße gegen den **Bestimmtheitsgrundsatz**, denn das Gesetz treffe weder eine ausdrückliche Regelung noch lasse es erkennen, wie der geforderte Leistungsvergleich zwischen dem kommunalen Unternehmen und dem privaten Dritte durchzuführen sei, noch wer in ihn einbezogen werden müsse.[184]

152 Der RhPfVerfGH sah aber schließlich auch keine Verletzung des Art. 49 RhPfVerf. unter dem Gesichtspunkt mangelnder Bestimmtheit. Das Gericht gesteht zwar zu, dass der Wortlaut hinsichtlich des Kreises der in den Leistungsvergleich einzubeziehenden Privaten mehrdeutig sein möge, allerdings sei es nicht Sinn des Gesetzes, einen Vergleich zwischen einem konkret beabsichtigten wirtschaftlichen Unternehmen der Gemeinde und imaginären Privatunternehmen zu verlangen; anderenfalls wäre der Vergleich uferlos und die Vorschrift nicht handhabbar. Unter Verweis auf die Gesetzesmaterialien und die einschlägige Kommentarliteratur postuliert der Gerichtshof, dass in den Leistungsvergleich nur solche Dritte einzubeziehen seien, die die von der Kommune beabsichtigte Leistung schon anbieten oder konkret bereit sind, das zu tun. Im Hinblick darauf, dass der Gesetzgeber ein bestimmtes Markterkundungsverfahren für den Wirtschaftlichkeits- und Qualitätsvergleich zwischen der Gemeinde und dem privaten Dritten nicht vorge-

---

[181] *Neutz*, ZG 2000, 279 (283, 285).
[182] Wegen der beschränkenden Wirkung dieser rechtlichen Situation für die Kommunalaufsicht vgl. *Ruffert*, VerwArch 2001, 27 (37 f.).
[183] RhPfVerfGH, NVwZ 2000, 801 (804).
[184] *Neutz*, ZG 2000, 279 (280).

schrieben hat, sieht das Gericht die Möglichkeit zur Behebung der Auslegungsschwierigkeiten mit herkömmlichen juristischen Methoden. Es biete sich an, ein Markterkundungsverfahren entsprechend § 7 Abs. 2 S. 2 BHO durchzuführen. Soweit den Begriffen „wirtschaftlich" und mehr noch „gut" klare inhaltliche Kriterien fehlten – was an der Antragstellerin zuzugestehen sei –, sei den Gemeinden hier zum Schutz der Selbstverwaltung bewusst ein Beurteilungsspielraum eingeräumt, der mit einem Verlust an Regelungsdichte zwangsläufig verbunden sei.

153 Im Hinblick auf die von der antragstellenden Stadt und vom Städtetag Rheinland-Pfalz geltend gemachte Unbestimmtheit des § 85 Abs. 1 Nr. 3 GemO RhPf und die in der Literatur vertretene Notwendigkeit eines Markterkundungsverfahrens[185] – für die sich im Gesetz kein Anhaltspunkt findet – wären klarere Aussagen des Gerichtshofs zu erwarten gewesen.[186]

154 Die Entscheidung des RhPfVerfGH hat nicht die beantragte Normenverwerfung ausgesprochen, die angefochtenen Normen, insbesondere die verschärfte Subsidiaritätsklausel, sind in RhPf weiterhin geltendes Recht. Allerdings sind die Urteilsgründe hier von außerordentlicher Bedeutung. Dort hat das Gericht sehr konkrete und eindeutige **Klarstellungen der angegriffenen Bestimmungen** vorgenommen und **Kriterien zu ihrer Auslegung** festgeschrieben, die uneingeschränkt zu beachten sind, um verfassungswidrige Ergebnisse bei der Anwendung der Normen zu vermeiden. In einer Vielzahl von Einzelheiten hat die verfassungsgerichtliche Entscheidung Transparenz geschaffen und den Anwendungsbereich der umstrittenen Normen eindeutig begrenzt. Dadurch wurde die Situation der kommunalen wirtschaftlichen Unternehmen deutlich verbessert und diese Unternehmen in ihrem Bestand und in ihrer Fortentwicklung gesichert.[187]

155 Zur korrekten Einordnung der Entscheidung des RhPfVerfGH insbesondere im Hinblick auf die gemeindewirtschaftsrechtlichen Bestimmungen anderer Bundesländer ist zu beachten, dass die GemO RhPf keine Rechtsfolge vorsieht für den **Fall des Nicht-Nachweises der Voraussetzungen der verschärften Subsidiaritätsklausel** bei bestehenden Unternehmen im Rahmen des i. d. R. jährlich zu erstellenden Beteiligungsberichts der Gemeinde.[188,189]

156 Die wesentlichen Feststellungen des RhPfVerfGH zur **verfassungskonformen Auslegung der verschärften Subsidiaritätsklausel** sind wie folgt zusammenzufassen:

157 – Die Schrankentrias (§ 85 Abs. 1 GemO RhPf) gilt nicht für alle Einrichtungen, die in § 85 Abs. 3 GemO RhPf (Negativklausel) genannt sind. Dabei ist es gleich, ob es sich um pflichtige oder freiwillige Aufgabenerfüllung handelt. Diese Freistellung von der Schrankentrias gilt umfassend. Von des strengen Voraussetzungen des § 85 Abs. 1 GemO RhPf sind kommunale Einrichtungen auch dann freigestellt, wenn sie rein tatsächlich Teil der kommunalen Wirtschaftstätigkeit sind. Ausdrücklich festgestellt wird dies für

---

[185] *Gabler/Höhlein* u. a., § 85 GemO, Anm. 2.3.
[186] *Neutz*, ZG 2000, 279 (286).
[187] *Neutz*, ZG 2000, 279 (285).
[188] Vgl. § 90 Abs. 2 GemO RhPf; diese Norm war in dem Normenkontrollverfahren vor dem RhPfVerfGH ebenfalls angefochten, wurde vom Gerichtshof im verfassungskonformer Auslegung aber auch für mit der Verfassung vereinbar erklärt, RhPfVerfGH NVwZ 2000, 801 (805 f.). Wichtig ist vor allem die Feststellung des Gerichts, dass der notwendige Inhalt der Beteiligungsberichte eingeschränkt ist. Die Berichtspflicht des § 90 Abs. 2 GemO RhPf zwingt nicht zu selbstschädigender ruinöser Offenlegung der eigenen Unternehmensverhältnisse. Ist konkret erkennbar, dass die Kommune bestimmte Vergleichsdaten nicht offen legen kann, ohne sich selbst im Wettbewerb zu benachteiligen, müssen diese Daten nicht in den Bericht aufgenommen werden.
[189] Das Saarland erlegt mit dem novellierten Gemeindewirtschaftsrecht (§ 108 Abs. 6 KSVG Saarl.) seinen Kommunen zwar die Pflicht zur regelmäßigen Überprüfung der Möglichkeit materieller Privatisierung wirtschaftlicher Unternehmen auf und gewährt privaten Dritten dabei die Möglichkeit zur Darlegung ihrer Leistungsfähigkeit. Allerdings wird lediglich normiert, dass über das Ergebnis der Kommunalaufsicht zu berichten ist. Rechtsfolgen sieht auch das verschärfte saarländische Gemeindewirtschaftsrecht nicht vor. Das Gesetz Nr. 1532 vom 8. 10. 2003 (Amtsbl. 2004, S. 594) enthält in Art. 6 zudem die Übergangsvorschrift, dass die verschärften gesetzlichen Voraussetzungen nicht für bestehende Unternehmen und Beteiligungen gelten.

II. Allgemeine Zulässigkeit von kommunalen Unternehmen

die Einrichtungen des Umweltschutzes, namentlich für solche der Abfallentsorgung. Es macht dabei keinen Unterschied, ob die betreffenden Aufgaben von den Kommunen als Pflichtaufgaben zu erledigen sind oder von ihnen freiwillig übernommen werden, wie dies etwa bei der Verwertung von Abfällen gewerblicher Herkunft der Fall ist.

– Bestehende Unternehmen genießen Bestandsschutz, sie dürfen auch dann fortgeführt werden, wenn der öffentliche Zweck ebenso gut und wirtschaftlich durch einen privaten Dritten erfüllt wird oder erfüllt werden kann. Weil § 90 Abs. 2 GemO RhPf keine Rechtsfolge für den Fall des Nicht-Nachweises der Voraussetzungen des § 85 Abs. 1 Nr. 3 GemO RhPf (verschärfte Subsidiaritätsklausel) vorsieht, kann die Kommunalaufsicht den Rückzug der Gemeinde aus dem Unternehmen nicht erzwingen.

– Die marktgerechte Ergänzung der angestammten Tätigkeitsfelder kommunaler Unternehmen ist zulässig, soweit es sich um „unwesentliche" Erweiterungen handelt. „Unwesentlich" ist nach Auffassung des RhPfVerfGH ausdrücklich, wenn Stadtwerke ihr Energieversorgungsangebot durch Zusatzdienste wie Beratung und Installation zu einer wettbewerbsfähigen Gesamtleistung abrunden. Der Bestandsschutz, den § 85 Abs. 1 GemO RhPf den Kommunen gewähre, sei deshalb keineswegs gleichbedeutend mit Stagnation.

– Die Kommune darf für eine öffentliche Haupttätigkeit vorhandene, sonst brachliegende, aber noch benötigte Kapazitäten ausnutzen für eine mit Gewinnerzielungsabsicht betriebene Nebentätigkeit. Lediglich dauernd entbehrlich gewordene Kapazitäten dürfen nicht aufrechterhalten oder gar derartige neue Kapazitäten aufgebaut werden zur Gewinnwirtschaftung außerhalb des öffentlichen Unternehmenszwecks.

– Die Prüfung, ob ein privater Dritter einen öffentlichen Zweck „ebenso gut" und „ebenso wirtschaftlich" erfüllen kann, obliegt der Kommune. Diese hat einen Beurteilungsspielraum auch und gerade hinsichtlich der „Güte" der jeweiligen Leistung. Kriterium für diese Beurteilung ist vor allem die Nachhaltigkeit, d. h. die Dauerhaftigkeit und Zuverlässigkeit der Aufgabenerfüllung. Je wichtiger eine Leistung für den Bürger ist, desto größere Bedeutung kommt einem krisenfesten, stetigen und ungestörten Angebot zu sozialgerechtfertigten Bedingungen zu.

– Bei dem Wirtschaftlichkeits- und Gütevergleich zwischen kommunalen Verbundunternehmen und privaten Dritten ist maßgeblicher Bezugspunkt das gesamte Unternehmen, nicht etwa nur einzelne Sparten oder Teile. Das Leistungsangebot des Privaten muss sich an der von dem Verbundunternehmen zu erfüllenden Gesamtaufgabe messen lassen. Ein Gesetz, das die Gemeinden zwänge, rentierliche Unternehmensteile zu privatisieren und ihnen nur die defizitären beließe, könnte vor der verfassungsrechtlichen Selbstverwaltungsgarantie schwerlich Bestand haben.

Besonders hervorzuheben ist, dass der RhPfVerfGH in der verschärften Subsidiaritätsklausel des § 85 Abs. 1 Nr. 3 GemO RhPf – anders als dies für die kommunalwirtschaftlichen Bestimmungen anderer Länder entschieden wurde[190] – nach Wortlaut und Gesetzeszweck eine **drittschützende Norm** i. S. d. § 42 Abs. 2 VwGO erkannt hat. Diese Feststellung erfolgt ausdrücklich im Gegensatz zur Gesetzesbegründung der Norm.[191] Ebenfalls drittschützende Wirkung hat das OVG NRW § 107 Abs. 1 Nr. 1 GO NW zuerkannt.[192]

Privaten Dritten ist damit in Rheinland-Pfalz und Nordrhein-Westfalen der **Rechtsweg zu den Verwaltungsgerichten** eröffnet, wenn sie sich durch die Beurteilungsentscheidung der Kommune in ihren Rechten verletzt sehen.[193]

In diesen Ländern ist damit eine Abkehr von der als unbefriedigend empfundenen Verlagerung der Problemfälle der Drittwirkung in das Wettbewerbsrecht und damit zur Zivilgerichtsbarkeit erfolgt und entgegengesteuert worden.[194]

---

[190] Vgl. nur zu § 102 Abs. 1 GemO Ba.-Wü. *Kunze/Bronner/Katz*, § 102 GemO, Rn. 58 m. w. N.
[191] RhPfVerfGH, NVwZ 2000, 801 (803 f.).
[192] OVG NRW, DVBl. 2004, 133 ff.
[193] Im Übrigen zum Drittschutz Kapitel I Rn. 151 ff., 197 ff.
[194] Vgl. *Ruffert*, VerwArch 2001, 27 (36); *ders.* NVwZ 2000, 763 (763).

b) Das Örtlichkeitsprinzip

165 Durch die in den neunziger Jahre aufgrund zunehmender Forderungen nach Privatisierung, Deregulierung und Wettbewerb eingeleitete **Veränderung der Rahmenbedingungen für die wirtschaftliche Betätigung der Kommunen** wurde für die kommunalen Unternehmen eine dramatische Umbruchsituation herbeigeführt.[195] Die kommunalen Unternehmen müssen sich vielfältigen neuen Herausforderungen stellen, die historisch gewachsene Teilhabe der Städte, Gemeinden und Kreise am Wirtschaftsleben[196] ist nachhaltig gefährdet.[197]

166 Beispiele für ursächliche Rechtsänderungen sind die Verpackungsverordnung, das Kreislaufwirtschafts- und Abfallgesetz, das Telekommunikationsgesetz, die Änderung des Wasserhaushaltsgesetzes und des Rechts der leitungsgebundenen Energieversorgung. Nicht zu unterschätzen sind auch die Wirkungen des Europäischen Rechts, der Maßnahmen der EU-Kommission und der Rechtsprechung des EuGH.[198]

Erfolgt ist durch die Liberalisierung eine Herauslösung ehemals klassischer Bereiche der kommunalen Ver- und Entsorgungswirtschaft aus der bisherigen Monopolsituation und deren Überführung in einen Wettbewerbsrahmen.[199] Auch geht damit einher eine Neubewertung eines gewichtigen Teils der kommunalen Aufgaben der Daseinsvorsorge.

167 Wenn die Kommunalwirtschaft durch derart gravierende Veränderungen seitens des Gesetzgebers in eine allgemeine Konkurrenzsituation mit privaten Wettbewerbern hineingestellt wird, muss aber den kommunalen Unternehmen eine Teilnahme an diesem Wettbewerb auch möglich sein. Die Möglichkeit der Strukturanpassung an die veränderten Rahmenbedingungen und die Fähigkeit zur Reaktion auf die Erfordernisse des Markts sind in dieser Situation von existenzieller Bedeutung. Unerlässlich für tatsächlichen Wettbewerb ist die Chancengleichheit der am Markt Beteiligten. Unter anderem verlangt diese Forderung nach **Vermeidung von Wettbewerbsverzerrungen**, dass ebenso wie kommunale Unternehmen nunmehr den Wettbewerb privater Unternehmen in ihrem seitherigen Geschäftsgebiet hinnehmen müssen, sie ihrerseits nicht behindert werden dürfen, einen Ausgleich für nunmehr im Gemeindegebiet entgehenden Absatz bzw. Umsatz im Wettbewerb auch jenseits der Gemeindegrenzen zu erwirtschaften.[200] Die Wettbewerbssituation in der leitungsgebundenen Energieversorgung zielt z. B. gerade darauf ab, dass ein Wettbewerb um den einzelnen Kunden, sowohl Industrie- wie Tarifkunden, d. h. jeden einzelnen Bürger erfolgt. Auch die Stadtwerke, die früher – wie jeder andere Energieversorger – in geschlossenen Versorgungsgebieten operierten, haben im Wettbewerb durch den Zugriff externer Konkurrenten bereits Kunden verloren und werden nach den Regeln des Wettbewerbs erfahrungsgemäß auch in Zukunft Kunden verlieren. Dies muss aber durch die Anwerbung neuer Kunden außerhalb des früheren geschlossenen, durch die Gemeindegrenzen gebildeten Versorgungsgebiets kompensiert werden können. Das Stadtwerk hält in einem solchen Fall an seinem örtlichen Ursprung fest, indem es weiter überwiegend die Versorgung im eigenen Gemeindegebiet durchführt, aber durch außergebietliche Aktivitäten jenseits der Gemeindegrenzen Rentabilitätsgewinne

---

[195] Siehe die Zusammenstellung der äußeren und internen Gründe für die Veränderungen der kommunalwirtschaftlichen Aktivitäten bei *Ruffert*, VerwArch 2001, 27 (28 f.).
[196] Vgl. oben Rn. 21 ff.
[197] *Cronauge*, der gemeindehaushalt 1998, 131 (131).
[198] Vgl. nur *Wohltmann*, Der Landkreis, 2003, 746 ff.; *Hellermann*, Der Landkreis 2001, 434 ff.; Grünbuch zu Dienstleistungen von allgemeinem Interesse, Kommission der Europäischen Gemeinschaften, 21. 3. 2003, KOM(2003) 270 endgültig; aktuell zur Beihilfenproblematik: EuGH, NJW 2003, 2515 = NVwZ 2003, 1101 (Altmark-Trans); Mitteilung der Bundesregierung der Bundesrepublik Deutschland an die Europäische Kommission vom 2. 2. 2004 „Rechtssicherheit auf dem Gebiet der Daseinsvorsorge, insbesondere durch die Umsetzung des EuGH-Urteils ‚Altmark-Trans' vom 24. Juli 2003".
[199] Näher *Cronauge*, der gemeindehaushalt 1998, 131 (131 f.).
[200] Vgl. *Moraing*, der gemeindehaushalt 1998, 223 (223), der zu Recht in diesem Zusammenhang die Frage der Widerspruchsfreiheit der Gesetzgebung aufwirft.

II. Allgemeine Zulässigkeit von kommunalen Unternehmen   168–170   C

und Synergieeffekte erzielt, die der gesamten Einrichtung und damit der örtlichen Gemeinschaft zugute kommen.[201]

Soweit die veränderten Marktgegebenheiten eine Anpassung des Angebots an das Nachfrageverhalten in Form einer **Ergänzung der Angebotspalette** des Kerngeschäfts verlangen oder die Wirtschaftlichkeit vorhandener und noch benötigter Ressourcen die **Erschließung zusätzlicher Betätigungsfelder** erfordern, kann den insoweit einschränkenden Bestimmungen des Gemeindewirtschaftsrechts durch verfassungskonforme Auslegung die für eine Markttauglichkeit der Kommunalwirtschaft notwendige Weite verliehen werden.[202]   **168**

Im Hinblick auf die Wettbewerbsfähigkeit genauso bedeutsam ist die Klärung der Frage, ob eine Beschränkung der kommunalwirtschaftlichen Betätigung auf das Gebiet der **eigenen Gemeindegrenzen** besteht oder ob sich die Kommunen mit ihren Unternehmen über diese Grenzen hinaus wirtschaftlich betätigen dürfen.

In der Literatur werden insoweit zwei absolut **konträre Auffassungen** vertreten.   **169**

Nach der wohl herrschenden Auffassung beschränkt Art. 28 Abs. 2 S. 1 GG die Zuständigkeit der Gemeinden auf die Angelegenheiten der örtlichen Gemeinschaft. Erforderlich sei diese Beschränkung aus kompetenziellen Gründen und zur Wahrung der Interessen der betroffenen (Nachbar-)Gemeinden.[203] Einbezogen werden alle Bereiche des Tätigwerdens, auch das wirtschaftliche Handeln. Zum Teil wird auch auf das Demokratieprinzip rekurriert. Danach sei die wirtschaftliche Betätigung einer Gemeinde in Konkurrenz zu privaten Wettbewerbern, die nicht Mitglieder der betreffenden Gemeinde sind, aufgrund der fehlenden bzw. unzureichenden Beteiligung dieser Personen an der demokratischen Legitimation dieser Betätigung grundsätzlich unzulässig. Dies gelte aufgrund der gemeindlichen Gebietshoheit nicht auf dem eigenen Gemeindegebiet.[204]

Mehrere Länder haben den veränderten Bedingungen für die Kommunalwirtschaft in Wettbewerbsmärkten durch ausdrückliche Ausdehnung des kommunalen unternehmerischen Aktionsradius im Wege einer **Lockerung des Territorialprinzips** Rechnung getragen,[205] um die Position der Kommunen im Wettbewerb zu stärken.   **170**

Nach allen diesen ausdrücklichen Ausnahmeregelungen vom Örtlichkeitsgrundsatz ist eine wirtschaftliche Betätigung außerhalb des Gemeindegebietes nur zulässig, wenn neben der Erfüllung der allgemeinen Zulässigkeitsvoraussetzungen (Schrankentrias)[206] die berechtigten Interessen der betroffenen kommunalen Gebietskörperschaften gewahrt sind.[207] Für die Bereiche der Versorgung mit Strom und Gas sehen die Gemeindeordnungen der Länder Bayern, Nordrhein-Westfalen und Thüringen vor, dass nur die Interessen als berechtigt gelten, die nach den Vorschriften des Energiewirtschaftsgesetzes eine Einschränkung zulassen. Sachsen-Anhalt und Schleswig-Holstein gehen darüber hinaus und sehen allgemein vor, dass bei im Wettbewerb wahrgenommenen Aufgaben nur die Interessen als berechtigt gelten, die nach bundesgesetzlichen Vorgaben eine Einschränkung des Wettbewerbs zulassen. Im Saarland gelten bei gesetzlich liberalisierten Tätigkeiten nur die Interessen als berechtigt, die nach den hierfür maßgeblichen Vorschriften eine Einschränkung des Wettbewerbs zulassen. Die wirtschaftliche Betätigung im Ausland ist nach nordrhein-westfälischem und sachsen-anhaltinischem Recht genehmigungspflichtig.[208] Schleswig-Holstein verzichtet auf das Genehmigungserfordernis und bestimmt, dass die wirtschaftliche Betätigung im Ausland bereits dann zulässig ist, wenn berechtigte

---

[201] *Rehn/Cronauge*, § 107 GO, Anm. VIII. 3.
[202] Oben Rn. 86 ff.
[203] Vgl. *Britz*, NVwZ 2001, 380 (385) m. w. N.
[204] *Heilshorn*, Gebietsbezug der Kommunalwirtschaft, S. 101 ff., S. 195.
[205] Bayern, Nordrhein-Westfalen, Saarland, Sachsen-Anhalt, Schleswig-Holstein, Thüringen; vgl. oben Rn. 51.
[206] S. o. Rn. 99 ff.
[207] Art. 87 Abs. 2 GO Bay, § 107 Abs. 3 GO NW, § 116 Abs. 3 GO Sachs.-Anh., § 101 Abs. 2 GO Schl.-Hlst., § 71 Abs. 4 ThürKO; Saarland: Keine betroffene kommunale Gebietskörperschaft aus berechtigten Interessen widerspricht (§ 108 Abs. 4 Nr. 2 KSVG).
[208] § 107 Abs. 4 GO NW, § 116 Abs. 4 GO Sachs.-Anh.

Interessen des Bundes oder des Landes Schleswig-Holstein nicht entgegenstehen. Die Kommunalaufsichtsbehörde ist nur zu unterrichten.[209]

171 Von Vertretern der herrschenden Meinung in der Literatur ist die mit diesen Bestimmungen erfolgte gesetzliche Ausdehnung der gemeindlichen wirtschaftlichen Tätigkeit über die Gemeindegrenzen hinaus wegen Verstoßes gegen die Art. 28 Abs. 2 GG beigemessene Beschränkungswirkung als verfassungswidrig bezeichnet worden.[210] Erst recht wird die Zulässigkeit außerörtlicher wirtschaftlicher Betätigung dort bestritten, wo es an ausdrücklichen Regelungen in der Gemeindeordnung fehlt.

Der Verfassungsbestimmung des Art. 28 Abs. 2 S. 1 GG bzw. den entsprechenden landesverfassungsrechtlichen Bestimmungen wird also bezogen auf die wirtschaftende Gemeinde sowohl die Funktion einer **Schutznorm** als auch einer **Beschränkungsnorm** zuerkannt.[211]

172 Hier setzt die Kritik der entgegengesetzten Meinung an. Nach dieser ist Art. 28 Abs. 2 S. 1 GG zwar als Schutznorm zugunsten der Gemeinden, nicht aber als Beschränkungsnorm zu verstehen. Den Kommunen werde durch sie das Recht der Selbstverwaltung garantiert, nicht jedoch die wirtschaftliche Tätigkeit beschränkt. Nur hoheitliches Handeln setze nämlich Kompetenzen voraus, welche die Handlungsbefugnisse verschiedener Hoheitsträger gegeneinander abgrenzen müssen.[212] Ganz anders sei die Rechtslage, wenn Gemeinden sich wirtschaftlich betätigen. Wirtschaftliches Handeln erfolge im Wettbewerb einer theoretisch unbeschränkten Anzahl von Unternehmen. Deshalb hätten die Gemeinden weder das Recht, auf ihrem Gebiet allein wirtschaftlich tätig zu werden, noch seien sie umgekehrt in ihrer wirtschaftlichen Betätigung auf ihr Gemeindegebiet bzw. die Erledigung von Angelegenheiten der örtlichen Gemeinschaft beschränkt. Es wird darauf verwiesen, dass für Kommunen insoweit nichts anderes gelte als für sonstige Gebietskörperschaften, für die eine über ihr Gebiet hinausgehende wirtschaftliche Tätigkeit auch von der vorherrschenden Meinung als zulässig angesehen wird. Die **Wirtschaftstätigkeit** der Kommunen bleibe tatsächlich im Bereich des wirtschaftlichen Handelns und **außerhalb des Bereichs der Verwaltungstätigkeit**, selbst wenn sie zur Daseinsvorsorge auf örtlicher Ebene erfolge. Für Kommunen gelte insoweit nichts anderes als für Bund und Länder; anderenfalls gerate das in Art. 28 Abs. 2 GG den Kommunen garantierte Recht, örtliche Gemeinwohlzwecke auf dem Weg wirtschaftlicher Betätigung zu verfolgen, in Gefahr leer zu laufen.[213]

173 Für die Praxis der Kommunalwirtschaft bedeutsam ist, dass sich die **Unterschiede** beider Auffassungen im Ergebnis letztlich **in Grenzen** halten.

174 Auch seitens restriktiver Vertreter der Auffassung, nach der Art. 28 Abs. 2 GG den Kommunen und möglicherweise auch dem Gesetzgeber Schranken hinsichtlich der Ausweitung kommunaler Wirtschaftstätigkeit setzt, wird zugestanden, dass das außerörtliche wirtschaftliche Engagement durchaus im Dienste der Erledigung der örtlichen Aufgabe stehen kann. Formuliert wird dies teils als Zulässigkeit erwerbswirtschaftlicher **Randnutzungen außerhalb des eigenen Gebiets,**[214] teils als Zulässigkeit **annexweise wahrgenommener** erwerbswirtschaftlicher **Tätigkeiten**, die nicht zwingend den Gebietsangehörigen oder den Personen zugute kommen müssen, die sich auf dem Gebiet der Kommune aufhalten.[215] Mithin kann nicht ohne weiteres die Verfassungswidrigkeit jeglicher außerörtlicher wirtschaftlicher Tätigkeit der Kommunen oder der Außerörtlichkeitsklauseln in den Gemeindeordnungen der o. g. Länder festgestellt werden.[216]

---

[209] § 101 Abs. 3 GO Schl.-Hlst.
[210] *Heilshorn*, S. 170 ff. (175); vgl. *Britz*, NVwZ 2001, 380 (385).
[211] *Schink*, NVwZ 2002, 129 (133).
[212] *Wieland*, Stadt und Gemeinde 7-8/1998, 4; *Moraing*, der gemeindehaushalt 1998, 223 (227, 228).
[213] *Wieland*, Stadt und Gemeinde 7-8/1998, 4 (5 f.).
[214] *Heilshorn*, S. 148, 195.
[215] *Ehlers*, DVBl. 1998, 497 (504), der keine Bedenken hat, wenn für die Gemeindeverwaltung entwickelte Software an andere Gemeinden, auswärts wohnende Private oder sogar ausländische Interessenten verkauft wird.
[216] *Britz*, NVwZ 2001, 380 (386).

II. Allgemeine Zulässigkeit von kommunalen Unternehmen

Das OLG Düsseldorf hat diese Auffassung zu einem tragenden Entscheidungsgrund seines Beschlusses vom 12.1.2000 zur überörtlichen Tätigkeit einer Kommune bei der Abfallentsorgung gemacht.[217] Zwar handelte es im entschiedenen Fall nicht um eine wirtschaftliche Betätigung, weshalb § 107 Abs. 3 GO NW nicht zur Anwendung kam.[218] Gleichwohl befand das Gericht die Tätigkeit für zulässig. Zwar habe die Stadt als öffentlich-rechtlicher Entsorgungsträger nach dem Kreislaufwirtschafts- und Abfallgesetz nur die in ihrem Gebiet angefallenen und überlassenen Abfälle aus privaten Haushaltungen und Abfälle zur Beseitigung aus anderen Herkunftsbereichen zu verwerten und zu beseitigen. Daraus folge jedoch kein generelles Verbot, dies (auch) außerhalb der eigenen Gemeindegrenzen zu tun. Dies lasse sich auch nicht aus Art. 28 Abs. 2 GG oder Art. 78 Abs. 2 NWVerf. herleiten. Selbst wenn man insoweit fordere, dass mit Blick auf die grundsätzlich ortsbezogene Verbandskompetenz einer Gemeinde der von ihrer Einrichtung zu erfüllende öffentliche Zweck in der örtlichen Gemeinschaft wurzeln müsse, wäre dies im konkreten Fall gegeben. Die gemeindliche Einrichtung halte an ihrem territorialen Ursprung fest, indem sie nach wie vor die Entsorgung im Stadtgebiet ausführe und dort ihr Hauptbetätigungsfeld habe. Daran ändere nichts, dass sie ergänzende Investitionen tätigen wolle, zumal sich daraus – ähnlich wie in Unternehmensfusionen – Synergieeffekte ergeben könnten, die sich günstig auf die Organisationsstruktur und die Rentabilität der gesamten Einrichtung der Gemeinde auswirken und damit auch der örtlichen Gemeinschaft zugute kommen.[219]

Diese Bewertung durch das OLG Düsseldorf entspricht den Erwägungen, die der RhPfVerfGH in Bezug auf Zulässigkeit kapazitätsauslastender und kapazitätserweiternder wirtschaftlicher Betätigungen der Kommunen vor dem Hintergrund des Art. 28 Abs. 2 GG bzw. des Art. 49 RhPfVerf angestellt hat,[220] wenngleich sich diese Entscheidung ausdrücklicher Aussagen zur gebietsübergreifenden wirtschaftlichen Betätigung enthält.[221]

Die in der Literatur vertretene Auffassung, die nur mittelbare Wirkung für die eigene Gemeinde reiche nicht aus, eine Tätigkeit außerhalb der Gemeinde zu rechtfertigen, weil die Erhaltung oder Steigerung der Rentabilität vorhandener Anlagen durch bessere Auslastung schon intra muros kein erlaubter Selbstzweck sei, Grenzüberschreitungen aber auch nicht zu rechtfertigen vermöge, ist damit vernachlässigbar.

Die Vertreter der Auffassung, die in Art. 28 Abs. 2 GG keine Beschränkungsnorm zu Lasten der wirtschaftenden Kommunen erkennt, sehen ihrerseits aber dennoch gewisse Grenzen der außergemeindlichen wirtschaftlichen Betätigung. Festgestellt wird, dass der Schutzbereich des Art. 28 Abs. 2 GG über das Gemeindegebiet hinausreichende wirtschaftliche Betätigungen dann nicht erfasst, wenn sie **in keinem sachlichen Bezug zur Daseinsvorsorge im eigenen Gemeindegebiet** stehen, sondern der örtlichen Gemeinschaft nur noch durch die erzielten Gewinne dienen.[222]

Im Übrigen wird das Erfordernis **einer Radizierung der überörtlichen Betätigung in der örtlichen Gemeinschaft** als Voraussetzung der Zulässigkeit dieser Betätigung anerkannt.[223] Als notwendig angesehen wird eine institutionelle Betrachtungsweise des Merkmals der örtlichen Gemeinschaft. Entscheidend und maßgeblich sei, wo die eigentliche „Wertschöpfung" einer gemeindlichen Einrichtung erfolge.[224]

---

[217] OLG Düsseldorf, NVwZ 2000, 714 (715), (AWISTA).
[218] Die außerörtliche Betätigung im Bereich der Abfallwirtschaft stellte eine durch die Negativklausel des § 107 Abs. 2 Nr. 4 GO NW privilegierte Tätigkeit des Betriebs von Einrichtungen des Umweltschutzes dar.
[219] OLG Düsseldorf, NVwZ 2000, 714 (715); abl. im Hinblick auch auf Synergieeffekte durch sog. Randnutzungen *Heintzen*, NVwZ 2000, 734 (746).
[220] RhPfVerfGH, NVwZ 2000, 801; oben Rn. 154 ff.
[221] Vgl. *Neutz*, ZG 2000, 279 (284).
[222] *Ruffert*, VerwArch 2001, 27 (35); *Wieland*, Stadt und Gemeinde 7-8/98, 4 (6).
[223] *Moraing*, der gemeindehaushalt 1998, 223 (228); *Rehn/Cronauge* § 107 GO, Anm. VIII. 2.
[224] *Cronauge*, der gemeindehaushalt 1998, 131 (134).

179 Festzustellen ist, dass als Leitlinie für die Praxis gelten kann, dass die Zulässigkeit der exterritorialen wirtschaftlichen Betätigung dann gegeben ist, wenn eine wirtschaftliche **Tätigkeit auf die territorial definierte Gemeinschaft und die dortige unmittelbare Aufgabenerfüllung rückführbar** ist.[225] Dies bedeutet gerade nicht eine schlichte kartographische Abgrenzung der örtlich begründeten Aktivitäten.[226] Kapazitätsauslastende und rentabilitätserhöhende außerörtliche Tätigkeiten sind vielmehr möglich, sofern sie der Rentabilität der örtlichen Tätigkeit dienen und damit auf diese rückführbar sind.[227]

180 Gefordert sind insoweit auch die Landesgesetzgeber und die Kommunalaufsichtsbehörden. Es ist nicht vertretbar, dass die Gemeinden einzelner Bundesländer an einer Teilnahme am Wettbewerb über die Gemeindegrenze hinaus gehindert werden, während zugleich kommunale Unternehmen aus anderen Bundesländern über die Landesgrenzen hinweg als Wettbewerber auf ihrem ehemals angestammten originären Territorium auftreten. Insoweit muss Gleichheit im Wettbewerb herrschen.

181 Den Schutz der von außergebietlicher kommunaler Wirtschaftstätigkeit betroffenen Kommunen sehen einzelne Gemeindeordnungen ausdrücklich vor, indem sie regeln, dass deren Interessen zu wahren sind, dies allerdings als Bestandteil sog. Expansionsklauseln.[228] Sowohl die **wirtschaftlich exterritorial handelnde Kommune** als auch die **von dieser Betätigung betroffene Gemeinde** können sich auf das ihnen verbürgte **Selbstverwaltungsrecht des Art. 28 Abs. 2 GG** berufen. Dies ist zu beachten von allen Kommunen bzw. deren Unternehmen, die wirtschaftlich im Gebiet anderer kommunaler Gebietskörperschaften tätig werden wollen oder schon tätig sind.

182 Ob eine Verletzung der „Zielkommune" im Schutzbereich ihres Selbstverwaltungsrechts vorliegen wird, bedarf der **individuellen Prüfung in jedem Einzelfall**, weil sich insoweit unterschiedliche Abwägungsergebnisse ergeben können. Abhängig sein wird das Ergebnis u. a. entscheidend davon, ob die in ihrem Territorium betroffene Kommune selbst nicht tätig werden will, aus welchen Gründen dies geschieht – ob aus bloßem Desinteresse oder bewusst zur Förderung von Mittelstand und Handwerk –, ob sie aus tatsächlichen oder rechtlichen Gründen nicht tätig werden kann – z. B. mangels hinreichender Leistungsfähigkeit – oder aber ob sie die betreffende Aufgabe bereits selbst erfüllt und die expandierende Gemeinde ihr nunmehr auf dem eigenen Gemeindegebiet Konkurrenz macht.[229]

183 Hieraus ergeben sich auch nicht unbeachtliche verfassungsrechtliche Bedenken hinsichtlich der in die Gemeindeordnungen Bayerns, Nordrhein-Westfalens, Sachsen-Anhalts, Schleswig-Holsteins und Thüringens aufgenommenen Bestimmungen zur außergebietlichen Wirtschaftstätigkeit mit einer gesetzlichen Reduzierung der zu berücksichtigenden „berechtigten Interessen" der betroffenen Kommunen – zumindest im Bereich der Strom- und Gasversorgung, teilweise aber auch darüber hinausgehend. Im Einzelfall schwierig zu bestimmen ist die Schwelle, ab deren Überschreiten eine Verletzung der Garantie des Art. 28 Abs. 2 GG bei der Zielkommune vorliegt.[230]

184 Der Vorzug ist auf jeden Fall Lösungen zu geben, bei denen im Wege der **Kooperation und Abstimmung** der beteiligten Kommunen untereinander ein Ausgleich der jeweils relevanten Interessen erfolgt.[231]

185 Für die Landesgesetzgeber bestehen im Hinblick hierauf verschiedene Möglichkeiten, durch **legislative Ausgestaltung** von Abstimmungsprozessen eine Klärung und abwägende Bewertung der evtl. widerstreitenden Interessenlagen der beteiligten bzw. betroffenen kommunalen Gebietskörperschaften im Vorfeld gebietsübergreifender kommunaler Wirtschaftstätigkeit sicherzustellen.[232]

---

[225] Vgl. *Jarass*, DÖV 2002, 489 (498).
[226] *Kühling*, NJW 2001, 177 (178).
[227] Vgl. *Britz*, NVwZ 2001, 380 (386) m. w. N.
[228] Oben Rn. 170; krit. dazu *Becker*, DÖV 2000, 1032 (1037 f.).
[229] Vgl. *Becker*, DÖV 2000, 1032 (1037 f.).
[230] Vgl. dazu *Kühling*, NJW 2001, 177 (179 f.).
[231] Zu den Grenzen derartiger Kooperationsmodelle *Becker*, DÖV 2000, 1032 (1038 f.).
[232] *Kühling*, NJW 2001, 177 (180); solche gesetzgeberischen Maßnahmen befürwortend wohl *Moraing*, der gemeindehaushalt 1998, 223 (228) und *Cronauge*, der gemeindehaushalt 1998, 131 (134).

II. Allgemeine Zulässigkeit von kommunalen Unternehmen

c) Markterkundung, Marktanalyse

Thüringen, Nordrhein-Westfalen und seit kurzem das Saarland sehen als weitere Voraussetzung der Aufnahme wirtschaftlicher Betätigung der Kommune die Durchführung eines Markterkundungsverfahrens bzw. die Erstellung einer Marktanalyse vor.

Thüringen hatte mit § 71 Abs. 1 Nr. 4 ThürKO erstmalig in eine Kommunalverfassung eine derartige Bestimmung aufgenommen. Im Zusammenhang mit der verschärften Subsidiaritätsklausel soll privaten Anbietern in geeigneten Fällen die Möglichkeit gegeben werden, darzulegen, ob und inwieweit sie staatliche Aufgaben oder öffentlichen Zwecken dienende wirtschaftliche Tätigkeiten ebenso gut und wirtschaftlich erfüllen können. Das Gesetz sieht dazu ausdrücklich die **Einbindung der betroffenen örtlichen Betriebe** in Landwirtschaft, Gewerbe und Industrie in das Verfahren vor. Erforderlich ist somit eine Erkundung des Marktes nach wettbewerblichen Grundsätzen mit anschließendem Vergleich des Ergebnisses mit den zur Verfügung stehenden kommunalen Lösungsmöglichkeiten. Das Verfahren ist offenbar angelehnt an das Interessenbekundungsverfahren des § 7 Abs. 2 BHO.[233]

§ 107 Abs. 5 S. 1 GO NW schreibt vor der Entscheidung über die Gründung von oder die Beteiligung an einem wirtschaftlichen Unternehmen i. S. d. § 107 Abs. 1 GO NW vor, dass der Rat auf Grundlage einer Marktanalyse über die Chancen und Risiken des beabsichtigten wirtschaftlichen Engagements und über die Auswirkungen auf das Handwerk und die mittelständische Wirtschaft zu unterrichten ist. Dabei ist den **örtlichen Selbstverwaltungsorganisationen** von Handwerk, Industrie und Handel und der für die Beschäftigten der jeweiligen Branche handelnden Gewerkschaften **Gelegenheit zur Stellungnahme** zu den Marktanalysen zu geben. Der damit vorgesehene sog. Branchendialog geht weit über das thüringische Markterkundungsverfahren hinaus. Die Vorschrift begegnet erheblichen Bedenken im Hinblick auf die Selbstverwaltungsgarantie des Art 28 Abs. 2 GG und die Chancengleichheit kommunaler Unternehmen im Wettbewerb; sie bedarf der einschränkenden Interpretation als Verfahrensweg zur Konfliktlösung.[234] Das Saarland hat mit dem Gesetz Nr. 1532 vom 8. 10. 2003 (verkündet am 11. 3. 2004) seit März 2004 in § 108 Abs. 5 KSVG Saarl. ebenfalls eine Marktanalyse als Voraussetzung einer Entscheidung über die Errichtung, Übernahme und wesentliche Erweiterung von wirtschaftlichen Unternehmen sowie der unmittelbaren oder mittelbaren Beteiligung an ihnen normiert. Auf der Grundlage dieser Analyse ist der Gemeinderat umfassend über die Chancen und Risiken der beabsichtigten wirtschaftlichen Betätigung sowie über die Auswirkungen auf das Handwerk und die mittelständische Wirtschaft zu unterrichten. Den Kammern der gewerblichen Wirtschaft und der freien Berufe sowie der Arbeitskammer ist Gelegenheit zur Stellungnahme zur Marktanalyse zu geben, soweit ihr Geschäftsbereich betroffen ist; die Stellungnahmen sind dem Gemeinderat zur Kenntnis zu geben.

Andere Bundesländer sehen eine besondere **Berücksichtigung der Belange des Mittelstandes** nicht in der Gemeindeordnung selbst vor, sondern bedienen sich dazu besonderer Mittelstandsförderungsgesetze, die auch von den kommunalen Gebietskörperschaften im Vorfeld wirtschaftlicher Betätigungen zu beachten sind. Hingewiesen sei insoweit auf das baden-württembergische Gesetz zur Mittelstandsförderung,[235] das in § 3 einen Vorrang der privaten Leistungserbringung normiert – mit dem Wortlaut einer verschärften Subsidiaritätsklausel. Auch Bayern verfügt über ein derartiges Mittelstandsförderungsgesetz.

In Rheinland-Pfalz hat die Gemeinde im Vorfeld der Entscheidung, ein wirtschaftliches Unternehmen oder eine nichtwirtschaftliche Einrichtung als Eigenbetrieb, rechtsfähige Anstalt des öffentlichen Rechts oder als Unternehmen in einer Rechtsform des privaten Rechts zu führen oder wenn die Gemeinde ein Unternehmen in einer Rechtsform

---

[233] *Cronauge/Westermann*, Kommunale Unternehmen, Rn. 251.
[234] Eingehend *Rehn/Cronauge*, § 107 GO, Anm. X.
[235] Gesetz zur Mittelstandsförderung – MFG – vom 19. 12. 2000, GBl. BaWü S. 745 ff.

des privaten Rechts errichten, übernehmen, wesentlich erweitern, veräußern, einstellen oder die Rechtsform ändern will, eine sog. **Vorteilsanalyse** zu erstellen.[236] In dieser sollen die Vor- und Nachteile öffentlich-rechtlicher und privatrechtlicher Organisationsformen im konkreten Einzelfall dargestellt werden.

Ein Anhörungs- oder Beteiligungsrecht Außenstehender besteht dabei nicht.

Darzustellen ist in der Analyse insbesondere, welche organisatorischen, mitbestimmungs- und gleichstellungsrechtlichen Auswirkungen zu berücksichtigen sind, welche wirtschaftlichen, finanziellen und steuerlichen Unterschiede bestehen sowie welche Auswirkungen sich auf den kommunalen Haushalt bzw. die Entgeltgestaltung ergeben.[237]

191 Die Vorteilsanalyse kann sowohl von der Verwaltung der betreffenden Gemeinde selbst als auch durch eine beauftragte außenstehende sachverständige Stelle erstellt werden. Die Entscheidung hierüber obliegt der Gemeinde in Ausübung ihres Selbstverwaltungsrechts.

Vorzulegen ist die Analyse der Aufsichtsbehörde und dem Landesrechnungshof.[238]

III. Besondere Anforderungen bei Unternehmen in Privatrechtsform

1. Rechtsform

a) Öffentlich-rechtliche Rechtsformen

192 Den kommunalen Gebietskörperschaften in allen Bundesländern stehen die klassischen öffentlich-rechtlichen Betriebsformen des **Regiebetriebes** und des **Eigenbetriebes** für ihre wirtschaftlichen und fiktiv nichtwirtschaftlichen Betätigungen offen.

In Rheinland-Pfalz sind Einrichtungen und Anlagen der Wasserversorgung und Abwasserbeseitigung als Eigenbetriebe zu führen oder nach den Bestimmungen der Eigenbetriebsverordnung zu verwalten (eigenbetriebsähnlicher Betrieb). Für Einrichtungen und Anlagen der Abfallentsorgung gilt dies entsprechend, wenn der Träger die Aufgabe unmittelbar erfüllt.[239]

193 In sechs Bundesländern ist zusätzlich die Möglichkeit eröffnet, die Organisationsform einer **Anstalt des öffentlichen Rechts bzw.** eines **Kommunalunternehmens** zu wählen; entsprechende Bestimmungen enthalten die Gemeindeordnungen der Länder Bayern, Niedersachsen, Nordrhein-Westfalen, Rheinland-Pfalz, Sachsen-Anhalt und Schleswig-Holstein.[240]

194 Einen **Vorrang für die öffentlich-rechtlichen Rechtsformen** des Eigenbetriebs und – soweit nach dem betreffenden Landesrecht zugelassen – der Anstalt des öffentlichen Rechts gegenüber der Betreibung von Unternehmen in Privatrechtsform haben die Länder Mecklenburg-Vorpommern, Sachsen-Anhalt, Schleswig-Holstein und Thüringen normiert.[241, 242]

b) Privatrechtliche Rechtsformen

195 Die Gemeindeordnungen aller Bundesländer bestimmen, dass die Gemeinde ein Unternehmen in Privatrechtsform nur gründen bzw. sich an einem solchen beteiligen darf, wenn die Haftung der Gemeinde auf einen ihrer Leistungsfähigkeit angemessenen Betrag begrenzt wird und die Gemeinde einen ihrer Beteiligung angemessenen Einfluss, insbe-

---

[236] § 92 Abs. 1 GemO RhPf.
[237] Zu einzelnen in diesem Zusammenhang interessierenden Fragestellungen vgl. *Gabler/Höhlein* u. a., § 92 GemO, Anm. 1.
[238] § 92 Abs, 1 S. 3 GemO RhPf, §§ 111 Abs. 1 i.V. m. 102 Abs. 1 Nr. 3 LHO RhPf.
[239] § 86 Abs. 2 GemO RhPf.
[240] Art. 89 GO Bay, § 113 a GO Nds., § 114 a GO NW, § 86 a GemO RhPf, § 116 Abs. 1 GO Sachs.-Anh., § 106 a GO Schl.-Hlst.
[241] § 69 Abs. 1 Nr. 1 KV M-V, § 117 Abs. 1 S. 1 GO Sachs.-Anh., § 102 Abs. 1 Nr. 1 GO Schl.-Hlst., § 73 Abs. 1 Nr. 2 ThürKO.
[242] Siehe auch Kapitel D I, Rn. 34.

III. Besondere Anforderungen bei Unternehmen in Privatrechtsform

sondere im Aufsichtsrat oder in einem entsprechenden Überwachungsorgan des Unternehmens, erhält. Die privaten Rechtsformen ohne Haftungsbeschränkung (z. B. OHG, GbR, Komplementär einer KG) und die privaten Rechtsformen ohne Einflussmöglichkeit (z. B. Kommanditist einer KG) sind den kommunalen Gebietskörperschaften damit verwehrt. Als **zulässige Rechtsformen** verbleiben insbesondere die AG und die GmbH.[243]

aa) Haftungsbeschränkung. Die Bestimmungen der Gemeindeordnungen zur Haftungsbeschränkung sollen verhindern, dass Gemeinden Risiken eingehen bzw. Vermögensverluste erleiden können, die nicht abschätzbar sind und die finanzielle Leistungsfähigkeit der Gemeinde möglicherweise übersteigen. Es handelt sich also um **Schutznormen vor zu hohen, nicht zu vertretenden Haushaltsrisiken**. Bei Unternehmensformen mit begrenzter Haftung sind die Einzahlungs- oder Nachschussverpflichtungen und damit der maximale Haftungsumfang betragsmäßig begrenzt und damit kalkulierbar.

Neben den bereits erwähnten Rechtsformen der AG und der GmbH können noch die Erwerbs- und Wirtschaftsgenossenschaft mit beschränkter Haftung sowie evtl. die GmbH und Co. KG als zulässige Unternehmensformen in Betracht kommen. Letztere bedarf allerdings äußerst sorgfältiger Prüfung und Konstruktion der kommunalen Beteiligung, damit die Vereinbarkeit mit den Vorgaben der jeweiligen Gemeindeordnung sichergestellt ist.

bb) Angemessener Einfluss. Die gesetzliche Forderung eines angemessenen Einflusses der Gemeinde im Aufsichtsrat oder dem entsprechenden Überwachungsorgan des Unternehmens soll die **Einwirkungs- und Kontrollmöglichkeiten der Gemeinde** auf ihre Unternehmen, Einrichtungen und Beteiligungen sichern. Die nähere Bestimmung des „angemessenen Einflusses" kann nur anhand der Größenordnung und des Umfangs der gemeindlichen Beteiligung im konkreten Einzelfall erfolgen. Bei Beteiligungsgesellschaften werden den Möglichkeiten der Gemeinde insoweit Grenzen durch den Beteiligungsumfang und die berechtigte Interessenlage der anderen Gesellschafter gezogen sein. Die „Angemessenheit" wird aber gewahrt sein, wenn die konkreten gesellschaftsrechtlichen Anteilsverhältnisse ihren Niederschlag in der Besetzung des Kontrollorgans berücksichtigt sind. Dies bedeutet, dass eine kommunale Minderheitsbeteiligung nicht die Pflicht zur kommunalen Dominanz im Aufsichtsrat auslösen kann, andererseits sich eine kommunale Mehrheitsbeteiligung in der Besetzung des Überwachungsorgans niederzuschlagen hat.[244]

Die gesellschaftsrechtlich nur fakultative Einrichtung eines Aufsichtsrates – wie regelmäßig bei der GmbH – wird nicht durch die Bestimmungen des Kommunalverfassungsrechts verpflichtend. Insoweit gilt der Vorrang des Gesellschaftsrechts vor dem Kommunalverfassungsrecht, der auch in anderer Hinsicht in der Praxis immer wieder bedeutsam ist.[245]

c) Nachrangigkeit der AG

Für die Wahl privatrechtlicher Gesellschaftsformen für kommunale Eigengesellschaften oder Beteiligungen regeln eine Nachrangigkeit der AG im Verhältnis zur GmbH die Gemeindeordnungen von Baden-Württemberg, Nordrhein-Westfalen und Rheinland-Pfalz.[246]

Zur Begründung wird auf den Verselbständigungsgrad der AG gegenüber der Gesellschafterin Gemeinde verwiesen, der sehr weitgehend sei. Wegen des **gesellschaftsformbedingten Einflussnahmedefizits** werde in der Regel davon auszugehen sein, dass die Rechtsform der AG nicht als geeignete Unternehmensform eines kommunalen Unternehmens in Betracht komme. Die herausgehobene Stellung des Vorstandes und des Aufsichtsrates, die aufgrund der Unabdingbarkeit des Aktienrechts nicht zugunsten der

---

[243] Im Einzelnen dazu Kapitel D III, Rn. 1 ff.; Kapitel D IV, Rn. 1 ff.
[244] *Rehn/Cronauge*, § 108 GO Anm. IV. 3.
[245] Vgl. unten Rn. 209–211.
[246] § 103 Abs. 2 GemO BaWü, § 108 Abs. 3 GO NW, § 87 Abs. 2 GemO RhPf.

Hauptversammlung geändert werden kann, begrenzten die Möglichkeiten der Gemeinde, eine AG im Sinne der Erfüllung des öffentlichen Zwecks zu steuern.[247]

201 Die gesetzliche Beschränkung ist Ausdruck eines tief greifenden Misstrauens der betreffenden Landesgesetzgeber und der Kommunalaufsichtsbehörden gegenüber der Eigenverantwortlichkeit der kommunalen Gebietskörperschaften in Ausübung ihres Rechts auf Selbstverwaltung. Die Tatsache, dass lediglich drei Bundesländer Anlass zur entsprechenden Bevormundung ihrer Kommunen sehen, sollte Anlass sein, eine umgehende Prüfung der Berechtigung der weiteren Aufrechterhaltung der einschränkenden Bestimmungen vorzunehmen.

2. Kommunalrechtliche Anforderungen an den Gesellschaftsvertrag privatrechtlicher Unternehmen

a) Allgemeine Regelungen

202 Alle Gemeindeordnungen beinhalten die Bestimmung, dass der **Gesellschaftsvertrag** oder die **Satzung** des Unternehmens in Privatrechtsform sicherstellen muss, dass das Unternehmen den öffentlichen Zweck erfüllt, der angemessene Einfluss der Gemeinde im Aufsichtsrat oder einem entsprechenden Überwachungsorgan des Unternehmens gesichert ist und die Einzahlungsverpflichtungen der Gemeinde in einem angemessenen Verhältnis zu ihrer Leistungsfähigkeit stehen.[248]

b) Wirtschaftsplan und Finanzplan

203 Die Gemeindeordnungen der Bundesländer sehen mit Ausnahme Bayerns, Brandenburgs und Thüringens vor, dass für wirtschaftliche Unternehmen und Einrichtungen in Privatrechtsform für jedes Wirtschaftsjahr ein Wirtschaftsplan aufgestellt und der Wirtschaftsführung eine in der Regel fünfjährige Finanzplanung zugrunde gelegt wird.[249] Häufig genügt nach den Gemeindeordnungen, dass die Gemeinden auf eine Aufstellung eines Wirtschaftsplanes und eine mehrjährige Finanzplanung **hinwirken**. In Baden-Württemberg, Mecklenburg-Vorpommern, Rheinland-Pfalz, Saarland und Sachsen aber wird verlangt, dass eine entsprechende Regelung in den Gesellschaftsvertrag bzw. die Unternehmenssatzung **aufgenommen wird**.[250]

c) Zusätzliche Anforderungen an Gesellschaftsvertrag oder Satzung

204 Über die dargestellten Anforderungen hinaus enthalten die **Gemeindeordnungen** der Länder **verschiedentlich weitere Anforderungen** an die Inhalte der Gesellschaftsverträge bzw. Satzungen kommunaler Unternehmen in Privatrechtsform.

205 Durch diese Bestimmungen soll die **Zuständigkeit der Gesellschafterversammlung** einen bestimmten Mindestumfang erhalten und so die Mitwirkungsmöglichkeit des Gesellschafters Kommune insoweit gewährleistet werden. So fordern Bayern und Thüringen zur Sicherstellung des öffentlichen Zwecks von GmbHs, dass im Gesellschaftsvertrag oder in der Satzung bestimmt wird, dass die Gesellschafterversammlung auch über den Erwerb und die Veräußerungen von Unternehmen und Beteiligungen und über den Abschluss und die Änderung von Unternehmensverträgen beschließt.[251] Für Aktiengesell-

---

[247] Gabler/Höhlein u. a., § 87 GemO, Anm. 3.
[248] § 103 Abs. 1 GemO BaWü, Art. 92 GO Bay, § 102 Kommunalverf./GO Brandenb., § 122 GO Hessen, § 69 KV M-V, § 109 Abs. 1 GO Nds., § 108 Abs. 1 GO NW, § 87 Abs. 1 GemO RhPf, § 110 Abs. 1 GO KSVG Saarl., § 96 Abs. 1 GO Sachs. („Erfüllung der Aufgaben der Gemeinde sichergestellt ist" statt Erfüllung des öffentlichen Zwecks), § 117 GO Sachs.-Anh., § 102 Abs. 1 GO Schl.-Hlst., § 73 Abs. 1 ThürKG.
[249] § 103 Abs. 1 Nr. 5a) GemO BaWü, § 122 Abs. 3 GO Hessen, § 73 Abs. 1 Nr. 1a) KV M-V, § 110 Abs. 1 S. 2 i. V. m. § 90 Abs. 1 GO Nds. (hier fehlt eine Regelung zum Wirtschaftsplan), § 108 Abs. 2 Nr. 1 GO NW, § 87 Abs. 1 Nr. 7a) GemO RhPf, § 111 Abs. 1 Nr. 3 KSVG Saarl., § 99 Abs. 1 Nr. 1 GO Sachsen, § 121 Abs. 1 Nr. 1a Sachs.-Anh. (hier ist nur eine dreijährige Finanzplanung erforderlich), § 102 Abs. 4 GO Schl.-Hlst.
[250] § 103 Abs. 1 Nr. 5a) GemO BaWü, § 73 Abs. 1 Nr. 1a) KV M-V, § 87 Abs. 1 Nr. 7a) GemO RhPf (hier nur, wenn eine Beteiligung der Gemeinde allein oder zusammen mit anderen Körperschaften oder Anstalten des öffentliche Rechts mit einer Mehrheit der Anteile am Unternehmen vorliegt), § 99 Abs. 1 Nr. 1 GO Sachsen.
[251] Art. 92 Abs. 1 S. 2 GO Bay, § 73 Abs. 1 S. 2 ThürKO.

III. Besondere Anforderungen bei Unternehmen in Privatrechtsform

schaften soll die Satzung vorsehen, dass zum Erwerb und zur Veräußerung von Unternehmen und Beteiligungen die Zustimmung des **Aufsichtsrates** erforderlich ist.[252] In Thüringen bedarf darüber hinaus die Gründung, Änderung der Zweckbestimmung oder Beteiligung der Genehmigung.[253]

In **Nordrhein-Westfalen** und **Rheinland-Pfalz** darf eine Gemeinde eine GmbH nur gründen oder sich daran beteiligen, wenn durch die Ausgestaltung des Gesellschaftsvertrags sichergestellt ist, dass die Gesellschafterversammlung auch beschließt über
- den Abschluss und die Änderung von Unternehmensverträgen i. S. d. §§ 291 und 292 Abs. 1 Aktiengesetz (Beherrschungsvertrag, Gewinnabführungsvertrag und Gewinngemeinschaft),
- den Erwerb und die Veräußerung von Unternehmen und Beteiligungen,
- den Wirtschaftsplan, die Feststellung des Jahresabschlusses und die Verwendung des Ergebnisses sowie
- die Bestellung und die Abberufung der Geschäftsführer, soweit dies nicht der Gemeinde vorbehalten ist, und

der Gemeinderat den von der Gemeinde bestellten oder auf Vorschlag der Gemeinde gewählten Mitgliedern des Aufsichtsrats Weisungen erteilen kann, soweit die Bestellung eines Aufsichtsrats gesetzlich nicht vorgeschrieben ist.[254]

In **Baden-Württemberg** darf die Gemeinde eine GmbH nur errichten, übernehmen, wesentlich erweitern oder sich daran beteiligen, wenn im Gesellschaftsvertrag sichergestellt ist, dass die Gesellschafterversammlung auch beschließt über
- den Abschluss und die Änderung von Unternehmensverträgen i. S. d. §§ 291 und 292 Abs. 1 Aktiengesetz,
- die Übernahme neuer Aufgaben von besonderer Bedeutung im Rahmen des Unternehmensgegenstands,
- die Errichtung, den Erwerb und die Veräußerung von Unternehmen und Beteiligungen, sofern dies im Verhältnis zum Geschäftsumfang der Gesellschaft wesentlich ist,
- die Feststellung des Jahresabschlusses und die Verwendung des Ergebnisses.[255]

Das **Saarland** geht noch weit darüber hinaus und schränkt die Gemeinden bei der Ausgestaltung des Gesellschaftsvertrags oder der Satzung noch mehr ein, indem verlangt wird, dass die Gesellschafterversammlung auch beschließt über
- die Aufnahme neuer Geschäftszweige innerhalb und außerhalb des Rahmens des Unternehmensgegenstandes und die Aufgabe vorhandener Geschäftszweige,
- die Gründung, den Erwerb und die vollständige oder teilweise Veräußerung eines Unternehmens,
- den Erwerb, die Veräußerung und die vollständige oder teilweise Veräußerung von Beteiligungen an anderen Unternehmen,
- den Abschluss, die Änderung und die Kündigung von Unternehmensverträgen,
- die Feststellung und die Änderung des Wirtschaftsplanes,
- die Feststellung des Jahresabschlusses und die Behandlung des Ergebnisses,
- die Bestellung und die Abberufung der Geschäftsführerinnen oder Geschäftsführer, soweit dies nicht der Gemeinde vorbehalten ist, sowie die Entlastung derselben,
- die Bestellung und die Abberufung von Mitgliedern des Aufsichtsrates oder entsprechenden Überwachungsorgans von Beteiligungsunternehmen.[256]

3. Mittelbare Beteiligungen

Vielfach sehen die Gemeindeordnungen vor, dass die Zulässigkeitsvoraussetzungen für eine kommunalwirtschaftliche Betätigung ganz oder teilweise auch in den Fällen zur An-

---
[252] Art. 92 Abs. 1 S. 3 GO Bay, § 73 Abs. 1 S. 3 ThürKO.
[253] § 73 Abs. 1 S. 4 ThürKO.
[254] § 108 Abs. 4 Nr. 1 u. 2 GO NW, § 87 Abs. 3 Nr. 1 u. 3 GemO RhPf.
[255] § 103 a GemO BaWü.
[256] § 111 Abs. 1 Nr. 2 KSVG Saarl.

wendung kommen, in denen es sich um mittelbare Beteiligungen der Gemeinde handelt, d. h., dass sich ein Unternehmen, an dem die Gemeinde ausschließlich oder anteilig beteiligt ist, sich an einem anderen Unternehmen beteiligt (**Tochtergesellschaft**).

210 Von Bedeutung sind derartige Gestaltungen für die Kommunalwirtschaft insbesondere im Hinblick auf die zunehmende Bildung kommunaler Konzerne durch verbundene Unternehmen oder Holdinggesellschaften.

Die weitestgehenden Bestimmungen enthalten insoweit die Gemeindeordnungen Bayerns und Thüringens, indem uneingeschränkt für die Zulässigkeit mittelbarer Beteiligungen dem kommunalen Unternehmen die gleichen Voraussetzungen auferlegt werden, die für die Gemeinde selbst gelten, wenn sie sich wirtschaftlich betätigen will.[257]

211 Mehrheitlich allerdings treffen die Länder einschränkende Regelungen nur für Unternehmen, an denen die Gemeinde allein oder gemeinsam mit anderen kommunalen Gebietskörperschaften eine Beteiligung von über 50 % hält.

Baden-Württemberg, Hessen und Niedersachsen[258] bringen für derartige Fälle die für die Gemeinde selbst geltenden Bestimmungen zur Anwendung, wodurch in Baden-Württemberg und Niedersachsen die Schrankentrias einschließlich der einfachen Subsidiaritätsklausel (Funktionssperre) zur Anwendung kommt; in Hessen ist eine derartige Klausel bislang nicht Bestandteil der Gemeindeordnung.

Die übrigen Länder, die Bestimmungen zur mittelbaren Beteiligung in ihre Gemeindeordnungen aufgenommen haben, nehmen entweder nur auf die öffentliche Zweckbestimmung aus der Schrankentrias Bezug (Mecklenburg-Vorpommern, Rheinland-Pfalz)[259] oder verzichten vollständig auf eine Bezugnahme auf die Schrankentrias und stellen lediglich Anforderungen zur Haftungsbeschränkung bzw. an die Ausgestaltung des Gesellschaftsvertrages (Saarland, Sachsen-Anhalt).[260]

Das Saarland sieht darüber hinaus die Durchführung der Marktanalyse[261] auch vor mittelbarer Beteiligung vor.[262]

4. Beteiligungsbericht

212 Mit Ausnahme von Hessen, Sachsen, Schleswig-Holstein und Thüringen fordern alle Länder in ihren Gemeindeordnungen von den Gemeinden die Erstellung von Beteiligungsberichten. Diese Berichte sollen in knapper Form **den Rat und die Öffentlichkeit** über die Beteiligungen der Gemeinde in Privatrechtsform **unterrichten**. Regelmäßig werden Angaben über die Beteiligungsverhältnisse, die Zusammensetzung der Organe, die Erfüllung des öffentlichen Zwecks und die Kreditaufnahme verlangt.[263]

213 In Rheinland-Pfalz ist im Einzelnen darzustellen[264] der Gegenstand des Unternehmens, die Beteiligungsverhältnisse, die Besetzung der Organe, die Beteiligungen des Unternehmens, der Stand der Erfüllung des öffentlichen Zwecks, die Grundzüge des Geschäftsverlaufs, die Lage des Unternehmens, die Kapitalzuführungen und -entnahmen, die Auswirkungen auf die Haushaltswirtschaft, die Gesamtbezüge der Mitglieder der Geschäftsführung und das Vorliegen der Voraussetzungen des § 85 Abs. 1 GemO RhPf.[265]

214 Die mit dem 4. Landesgesetz zur Änderung kommunalrechtlicher Vorschriften vom 2. 4. 1998[266] den Kommunen erstmals auferlegte Pflicht, über ihre wirtschaftliche Betäti-

---

[257] Art. 92 Abs. 2 GO Bay, § 74 Abs. 2 ThürKO.
[258] § 105 a GemO BaWü, § 122 Abs. 4 GO Hessen, § 109 Abs. 2 GO Nds.
[259] § 69 Abs. 2 KV M-V, § 91 Abs. 1 GemO RhPf.
[260] § 112 Abs. 1 S. 1 KSVG Saarl., § 117 Abs. 2 GO Sachs.-Anh.
[261] S.o. Rn. 186 ff.
[262] § 108 Abs. 5 S. 1 KSVG Saarl.
[263] § 105 Abs. 2 GemO BaWü, Art. 94 Abs. 3 GO Bay, § 105 Abs. 3 Kommunalverf/GO Brandenb., § 73 Abs. 3 KV M-V, § 109 Abs. 3 GO Nds., § 112 Abs. 3 GO NW, § 90 Abs. 2 GemO RhPf, § 155 Abs. 2 KSVG Saarl., § 118 Abs. 2 GO Sachs.-Anh.
[264] § 90 Abs. 2 GemO RhPf.
[265] Voraussetzungen der Schrankentrias einschließlich der verschärften Subsidiaritätsklausel.
[266] GVBl. RhPf 1998, 108.

III. Besondere Anforderungen bei Unternehmen in Privatrechtsform

gung periodisch zu berichten und auch die Öffentlichkeit in geeigneter Form zu unterrichten, soll nach der Begründung des Gesetzentwurfs zu größerer Transparenz der Gemeindewirtschaft beitragen und dazu dienen, **die Gemeinde periodisch zur Überprüfung etwaiger Privatisierungspotentiale anzuhalten**.

Im Rahmen des gegen die Änderung des Gemeindewirtschaftsrechts durch dieses Änderungsgesetz geführten Normenkontrollverfahrens vor dem RhPfVerfGH bildete neben der verschärften Subsidiaritätsklausel die Berichtpflicht den Kern des Verfahrens. Die Geltendmachung der Verfassungswidrigkeit der Berichtpflicht in § 90 Abs. 2 S. 3 Nr. 4 GemO RhPf wurde im Wesentlichen auf die gegen die verschärfte Subsidiaritätsklausel vorgetragene Argumentation gestützt, weil im Rahmen der Berichtpflicht unter anderem das Vorliegen der Voraussetzungen dieser Klausel für das betreffende Unternehmen darzustellen ist. Darüber hinaus machten die Stadt Bad Kreuznach und der Städtetag Rheinland-Pfalz geltend, die Norm verstoße gegen das **Diskriminierungsverbot**, weil durch die weitgehenden Offenlegungspflichten Unternehmen, die ganz oder teilweise kommunalgetragen sind, gegenüber anderen Unternehmen, die eine rein private Gesellschafterstruktur aufweisen, Regelungen unterworfen würden, die in der Praxis dazu führen könnten, dass private Gesellschafter sich an derartigen Unternehmen nicht mehr beteiligten bzw. sich aus bestehenden derartigen Unternehmen zurückzögen.

In seinem Urteil vom 28. 3. 2000 hat der RhPfVerfGH die Vereinbarkeit der Norm mit der Landesverfassung festgestellt, weil die **kommunale Selbstverwaltungsgarantie weder innerhalb noch außerhalb des Kernbereichs verletzt werde**.[267]

Zur Begründung wird darauf verwiesen, dass die Berichtpflicht mit keinerlei Zwang zur Aufgabe bestehender Unternehmen verbunden ist.

Auch sei die Norm von sachgerechten Erwägungen getragen, zur Erreichung des verfolgten Regelungszwecks geeignet und nicht willkürlich.

Im Einzelnen führt das Gericht aus, der Zweck der Berichtpflicht bestehe darin, ergänzend zu § 85 Abs. 1 GemO RhPf, der seine Anforderungen nach Art einer „Momentaufnahme" auf den Zeitpunkt der Errichtung, Übernahme oder wesentlichen Erweiterung des wirtschaftlichen Unternehmens beschränkt, eine wiederkehrende Kontrolle und Aufgabenkritik anzustoßen. Ihr **Fernziel** sei auf **weitere Aufgabenprivatisierung** gerichtet, doch setze sie dabei nicht auf staatlichen Zwang, sondern allein auf den durch Transparenz und Publizität erzeugten faktischen Privatisierungsdruck. Weder diesem Ziel des Gesetzgebers noch dem von ihm gewählten Mittel könne der RhPfVerfGH die Sachgerechtigkeit absprechen.

§ 90 Abs. 2 S. 3 Nr. 4 GemO RhPf verstoße insbesondere nicht gegen das von Art. 49 RhPfVerf. mit umfasste **Willkürverbot**. Eine verfassungswidrige Ungleichbehandlung kommunaler und gemischt kommunal-privater Unternehmen im Verhältnis zu rein privaten Gesellschaften liege nicht darin, dass nur erstere, nicht aber letztere Gruppe der hier strittigen, über die gesellschaftsrechtlichen Anforderungen hinausgehenden Publizitätspflicht unterworfen ist. Der wesentliche Unterschied zwischen beiden Vergleichsgruppen bestehe darin, dass Unternehmen mit maßgeblicher kommunaler Beteiligung, anders als privatwirtschaftliche Erwerbsbetriebe, nicht vorrangig auf Gewinnzielung ausgerichtet seien, sondern einem öffentlichen Zweck dienen müssten. Dass das Gesetz an diese Verschiedenheit der Lebenssachverhalte maßgeblich anknüpft, sei verfassungsrechtlich unbedenklich.

Die **Ungleichbehandlung** sei ferner in ihrem Gewicht **nicht unangemessen** und auch insoweit **nicht willkürlich**. Die Ast. sehe die von ihr beklagte Diskriminierung vor allem darin, dass der Beteiligungsbericht in *öffentlicher* Sitzung zu erörtern und in geeigneter Form der Einwohnerschaft zugänglich zu machen ist (§ 90 Abs. 2 S. 4–6 GemO RhPf). Eben diese Handhabung entspreche aber dem Zweck des Gesetzes; an ihm gemessen seien die Folgen der Regelung nicht unverhältnismäßig. Die neu geschaffene Be-

---

[267] RhPfVerfGH NVwZ 2000, 801 (805 f.).

richtspflicht solle für mehr Transparenz in der Kommunalwirtschaft sorgen. Zwar liege (auch) der rheinland-pfälzischen Kommunalverfassung gem. Art. 28 Abs. 1 GG und Art. 50 Abs. 1 RhPfVerf. das repräsentative Modell bürgerschaftlicher Interessenvertretung zugrunde. Trotzdem sei es nicht nur für die Ratsmitglieder, sondern auch und gerade für die Öffentlichkeit von erheblichem Interesse, in welcher Form, in welchem Umfang und mit welchen Ergebnissen die Gemeinde sich wirtschaftlich betätigt. Die Bürger könnten nicht nur über die Teilnahme an Wahlen, sondern in verschiedener Weise auch unmittelbar auf die kommunale Willensbildung Einfluss nehmen; Einwohnerantrag, Bürgerbegehren und Bürgerentscheid (§ 17 ff. GemO RhPf) seien wichtige und in den letzten Jahren weiter ausgebaute und verstärkte Elemente bürgerschaftlicher Mitwirkung. Erst aus der verfassungsrechtlich gewollten Teilnahme der Bürger an der Kommunalverwaltung rechtfertige sich letztlich die prinzipielle gemeindliche Zuständigkeit in örtlichen Angelegenheiten. Insofern sei es nur konsequent, dass die Gemeindeverwaltung nicht nur dem Gemeinderat, sondern auch der Öffentlichkeit Rechenschaft darüber abzulegen habe, ob und inwieweit sie ihre wirtschaftlichen Betätigungen und Verflechtungen (noch) für gerechtfertigt hält.

220 Den Einwand, die Berichtspflicht greife grob verzerrend in den Wettbewerbsprozess ein, indem sie die Gemeinden zu **selbstschädigender, ja ruinöser Offenlegung der eigenen Unternehmensverhältnisse** zwinge, teilt der RhPfVerfGH nicht. Das Gesetz bezwecke, die Privatisierungsdiskussion anzustoßen und in Gang zu halten, nicht aber, die Kommunalwirtschaft mittels der Veröffentlichung von Geschäftsgeheimnissen zur Aufgabe zu zwingen. Deshalb begnüge § 90 Abs. 2 GemO RhPf sich damit, „Angaben" über das Vorliegen der Voraussetzungen des § 85 Abs. 1 für das Unternehmen zu verlangen, und sei zudem als Soll-Vorschrift ausgestaltet. Sei konkret erkennbar, dass die Gemeinde bestimmte Vergleichsdaten nicht offen legen kann, ohne sich selbst (und unter Umständen auch einen oder mehrere ihrer privaten Konkurrenten) im Wettbewerb zu benachteiligen, brauche sie diese Einzelheiten nicht in den Bericht aufzunehmen. Ob sie ihren Beteiligungsbericht in diesem Sinne sachgerecht abgefasst und eingegrenzt habe, sei ggf. von der Kommunalaufsichtsbehörde (§ 90 Abs. 3 GemO RhPf) zu überprüfen.

221 § 90 Abs. 2 S. 3 Nr. 4 GemO RhPf sei schließlich auch hinreichend bestimmt. Auslegungsschwierigkeiten hinsichtlich der **Reichweite der Berichtspflicht** im Einzelfall seien nach der Eigenart des Sachverhalts unvermeidlich, ließen sich aber mit Rücksicht auf den Normzweck gemäß den oben angestellten Erwägungen bewältigen. Unzutreffend sei der Vorwurf, das Gesetz lasse nicht erkennen, auf welche Maßnahmen eine Gemeinde sich einstellen müsse, wenn sie in dem Beteiligungsbericht das Vorliegen der Voraussetzungen des § 85 Abs. 1 Nr. 3 GemO RhPf für ein bestehendes (also weder neu errichtetes noch übernommenes oder wesentlich erweitertes) Unternehmen nicht nachweisen könne. Diese Frage beantworte sich unmittelbar aus Wortlaut und Systematik des Gesetzes: Wie bereits ausgeführt, habe der Gesetzgeber bewusst davon abgesehen, bestehende Unternehmen und damit die wirtschaftliche Betätigung der Gemeinden als solche den Schranken des § 85 Abs. 1 GemO RhPf zu unterwerfen. Der insoweit *allein* anwendbare § 90 Abs. 2 GemO RhPf verpflichte die Gemeinden nur zur Erstellung, fristgerechten Vorlage und Erörterung des Beteiligungsberichts sowie zur Unterrichtung der Öffentlichkeit in geeigneter Form. Das Schweigen des Gesetzes über weitergehende Rechtsfolgen sei beredt. Art. 49 Abs. 3 S. 2 RhPfVerf. beschränke die staatliche Kommunalaufsicht darauf, dass die Gemeinden ihre Verwaltung im Einklang mit den Gesetzen führen. Mehr als das gesetzlich Gebotene, insbesondere der **Rückzug der Gemeinde** aus dem bestehenden Wirtschaftsunternehmen, welches den Gegenstand des Berichts bilde, sei deshalb **nicht erzwingbar**.

222 Soweit verschiedentlich darauf hingewiesen wurde, für diese Feststellungen habe es des verfassungsgerichtlichen Verfahrens nicht bedurft, weil die Aufsichtsbehörden in Rheinland-Pfalz bislang die angefochtenen Bestimmungen nicht anders auslegten als der Verfassungsgerichtshof, ist dem entgegenzuhalten, dass das Interesse der Gemeinden und ihrer Unternehmen an **Rechtssicherheit und -klarheit** dieses Verfahren durchaus erforderte. Rechtsauslegung und -anwendung – gerade wenn sie wie im Rahmen der Kommunalaufsicht nach dem Opportunitätsprinzip erfolgt – ist nicht unbedingt unbeeinflusst von politischen und wirtschaftlichen Interessen. Auch wenn hinsichtlich bestimmter Auslegungsgrundsätze zu einer bestimmten Zeit Konsens zwischen den Aufsichtsbehörden und den Kommunen bestehen sollte, wäre dies keinesfalls zwangsläufig auch für die Zukunft gesichert. Vor diesem Hintergrund ist das Urteil des RhPfVerfGH eine verlässlichere und sicherere Grundlage kommunalwirtschaftlichen Handelns als dies gegenseitige Konsensversicherungen sein können.[268]

5. Anzeige- und Genehmigungspflichten bei Unternehmensgründungen

Alle Bundesländer mit Ausnahme von Rheinland-Pfalz sehen bei Unternehmensgründungen durch Kommunen eine **Anzeigepflicht bei der Kommunalaufsichtsbehörde** vor.

Für **Rheinland-Pfalz** ist allerdings die Verpflichtung zur Erstellung und Vorlage der Vorteilsanalyse[269] bis spätestens sechs Wochen vor der Entscheidung zu beachten, der in ihrer Wirkung damit eine Anzeigepflicht immanent ist.

Niedersachsen normiert grundsätzlich eine Anzeigepflicht,[270] sieht für verschiedene Fallgestaltungen aber weitergehend eine Genehmigungspflicht vor. Diese besteht bei Entscheidungen der Gemeinde über
- die Veräußerung eines Eigenbetriebs, einer Eigengesellschaft oder einer Mehrheitsbeteiligung an einem Unternehmen oder einer Einrichtung mit eigener Rechtspersönlichkeit,
- die Umwandlung einer Eigengesellschaft in eine Gesellschaft, an der Personen des Privatrechts eine Mehrheitsbeteiligung eingeräumt wird, und
- den Zusammenschluss eines gemeindlichen Unternehmens oder einer Einrichtung mit einem privaten Unternehmen ohne Einräumung eines beherrschenden kommunalen Einflusses.[271]

Die **Fristen zur Anzeige** sind in den Ländern unterschiedlich ausgestaltet. Baden-Württemberg, Mecklenburg-Vorpommern, Sachsen und Schleswig-Holstein sehen gar keine Frist vor. Das Saarland normiert eine Frist von einem Monat,[272] die übrigen Bundesländer eine solche von sechs Wochen vor Beginn des Vollzugs der jeweiligen Maßnahme.

Mecklenburg-Vorpommern und Schleswig-Holstein bestimmen allerdings, dass die Entscheidung der Gemeinde erst wirksam wird, wenn die Kommunalaufsichtsbehörde nicht innerhalb von zwei Monaten nach Eingang der erforderlichen Unterlagen[273] bzw. innerhalb von sechs Wochen nach Eingang der Anzeige[274] wegen Verletzung von Rechtsvorschriften widerspricht.

IV. Zusammenfassung

Die Erbringung öffentlicher Dienstleistungen für die Bürgerschaft ist eine traditionelle Aufgabe der Kommunen. Diese bedienen sich dazu bereits seit langem häufig in ihrer Trägerschaft oder Beteiligung befindlicher Unternehmen. Verbreitet sind sowohl Rechtsformen des öffentlichen Rechts wie des Privatrechts. Die Gemeinden sehen sich aufgrund veränderter rechtlicher Rahmenbedingungen und einer sich wandelnden Auffassung vom Begriff der Daseinsvorsorge mit einer dramatischen Veränderung ihrer angestamm-

---
[268] *Neutz*, ZG 2000, 279 (285).
[269] Vgl. oben Rn. 190 f.
[270] § 116 Abs. 1 GO Nds.
[271] § 116 Abs. 2 GO Nds.
[272] § 118 KSVG Saarl.
[273] § 77 Abs. 1 S. 2 KV M-V.
[274] § 108 Abs. 1 GO Schl.-Hlst.

ten Tätigkeitsfelder konfrontiert. Ehemals monopolisierte Tätigkeitsbereiche wurden dem Wettbewerb geöffnet, andere klassische Aufgaben finden zwischenzeitlich das wirtschaftliche Interesse privater Anbieter. Auswirkungen hat dies in besonderem Maß auf kommunale Verbundunternehmen, bei denen Einnahmen aus profitablen Geschäftsfeldern zur Gewährleistung sozial vertretbarer Bedingungen in defizitären Leistungsbereichen verwendet werden.

228 Die Bestimmungen des Gemeindewirtschaftsrechts zählen zum Kommunalverfassungsrecht und liegen damit in der Gesetzgebungskompetenz der Länder. Basierend auf den Bestimmungen der DGO von 1935 treffen alle Gemeindeordnungen in unterschiedlich starker Ausprägung einschränkende Vorgaben für die Kommunalwirtschaft. Motive dafür sind insbesondere der Schutz der Privatwirtschaft und die Bewahrung der Kommunen vor unvertretbaren wirtschaftlichen Risiken. Das verwendete rechtliche Instrumentarium zur Einschränkung kommunalwirtschaftlicher Tätigkeit besteht in der Regel aus der sog. Schrankentrias (Öffentlicher Zweck, Leistungsfähigkeitsbezug, Subsidiaritätsklausel) und einer durch eine sog. Negativklausel vorgenommenen Fiktion bestimmter Betätigungen als „nichtwirtschaftlich".

Auf die neueren Entwicklungen der ehemals klassisch kommunal erfüllten Aufgaben haben die Landesgesetzgeber unterschiedlich reagiert. Zum Teil wurde versucht, den Gemeinden erleichterte Bedingungen für eine Teilnahme am Wettbewerb – auch in räumlicher Hinsicht – zu gewähren; andere Länder hingegen haben die Restriktionen verstärkt, z.B. indem die ehemals einfache Subsidiaritätsklausel (Funktionssperre) durch eine verschärfte Subsidiaritätsklausel ersetzt wurde, was zur Folge hat, dass der Kommune die Errichtung, Übernahme oder wesentliche Erweiterung von Unternehmen nur noch möglich ist, wenn diese die Leistung besser und wirtschaftlicher als Private erfüllen können. Leistungsparität ist nicht mehr ausreichend.

229 Die Gesetzgeber der Länder sind allerdings in ihrer Rechtsetzung beschränkt durch die verfassungsrechtliche Garantie der kommunalen Selbstverwaltung, die auch den Bereich der Kommunalwirtschaft umfasst. Wegen der Verfassungsrelevanz ist das Kommunalwirtschaftsrecht geprägt durch eine Vielzahl unbestimmter Rechtsbegriffe, zu deren Konkretisierung den Gemeinden eine Einschätzungsprärogative zuerkannt wird. Hieraus resultiert, dass vielfach zur Bestimmung der Zulässigkeit bestimmter kommunalwirtschaftlicher Betätigungen allgemeine Kriterien nicht herausgebildet werden können, sondern jeweils einzelfallbezogene Prüfungen erforderlich sind. Dabei ist häufig eine Lösung nur durch das Verfassungsrecht interpretierende Auslegung möglich.

230 Für die Praxis problematisch sind landesrechtlich unterschiedliche Ausgestaltungen beispielsweise des Örtlichkeitsprinzips. Insoweit sind die Landesgesetzgeber gefordert, die Ausgestaltung von Abstimmungsprozessen im Vorfeld gebietsübergreifender kommunalwirtschaftlicher Betätigung – auch über Landesgrenzen hinweg – zu regeln.

231 Veränderte Wettbewerbsmärkte erfordern sachgerechte Bedingungen für die in diesen Märkten tätigen Unternehmen, auch die kommunalen. Dem werden die geltenden Gemeindeordnungen nur bedingt gerecht. Es bedarf deshalb weiterer Änderungen des Gemeindewirtschaftsrechts in den Gemeindeordnungen. Ein interessanter Ansatz besteht insoweit in dem Vorschlag, eine Unterscheidung von Wettbewerbsunternehmen und sonstigen kommunalen Unternehmen vorzunehmen, um sodann für beide Gruppen jeweils unterschiedliche rechtliche Rahmenbedingungen zu normieren.[275] Die weitere Entwicklung des Gemeindewirtschaftsrechts darf mit Interesse verfolgt werden.

---

[275] *Jarass*, Kommunale Unternehmen im Wettbewerb, S. 91 ff.

D. Rechts- und Betriebsformen

Übersicht

	Rn.
I. Regie- und Eigenbetrieb	1
1. Rechtsgrundlagen	4
a) Recht der Europäischen Gemeinschaften	5
b) Bundesrecht, insbesondere Selbstverwaltungsgarantie	8
c) Gemeindeordnungen	11
d) Eigenbetriebsrecht/-verordnungen	15
e) Verwaltungsvorschriften	20
f) Betriebssatzungen	23
g) Geschäftsordnungen/Dienstanweisungen	25
2. Begriffsbestimmung und Rechtsnatur	26
a) Der Begriff des Eigenbetriebs	26
aa) „kommunal"	27
bb) Unternehmen	28
cc) ohne eigene Rechtspersönlichkeit	32
dd) außerhalb des Haushaltsplans	36
ee) nach kaufmännischen Grundsätzen	42
aa) Sondervermögen	44
b) Regiebetrieb	46
aa) Begriff	46
bb) Arten	47
3. Gründung und andere Bestandsveränderungen beim Eigenbetrieb	49
a) Gründung und Errichtung	49
aa) Allgemeine Gründungsvoraussetzungen	50
bb) Besondere Gründungsvoraussetzungen	51
b) Übernahme	54
c) Erweiterung	55
d) Zusammenfassung mehrerer Eigenbetriebe/Unternehmungen	56
aa) „Kombinierte Eigenbetriebe"	57
bb) Mehrere kommunale Gebietskörperschaften	58
e) Umwandlung	59
4. Organe	61
a) Werk- oder Betriebsleitung	63
b) Werk(s)ausschuss oder Betriebsausschuss	81
c) Organe der Gemeinde bzw. des Kreises	88
aa) Verwaltungsspitze	88
bb) Der Rat (z. B. Gemeinderat/Kreistag)	94
5. Rechtsverhältnis zum kommunalen Träger	97
6. Rechtsverhältnis zum Gemeindeeinwohner	103
7. Aufsicht	105
a) Innerhalb der Kommune	106
b) Staatliche Aufsicht	110
aa) Präventive Aufsicht	111

	Rn.
bb) Repressive Aufsicht	114
II. Kommunalunternehmen (Anstalt des öffentlichen Rechts)	118
1. Rechtsgrundlagen	120
2. Rechtsnatur – Anstalts- und Gewährträgerschaft – Beteiligungen	122
a) Rechtsfähige Anstalt des öffentlichen Rechts	122
b) Anstalts- und Gewährträgerschaft	124
c) Kaufmannseigenschaft	132
d) Beteiligung Privater am Kommunalunternehmen	135
e) Beteiligungsfähigkeit	139
3. Gründung und Auflösung	143
a) Umwandlung eines Regie- oder Eigenbetriebs	144
b) Umwandlung von Eigen- oder Beteiligungsgesellschaften	156
c) Neuerrichtung	157
d) Unternehmenssatzung	158
e) Auflösung und Abwicklung	168
4. Aufgaben	170
a) Umfang der Aufgabenübertragung	170
b) Dienstherrenfähigkeit	177
5. Organe und Zuständigkeiten	179
a) Vorstand	181
aa) Natürliche Person	182
bb) Vertretungsmacht	184
cc) Bestellung und Abberufung	185
dd) Bemessung der Vorstandsgehälter	190
ee) Rechtsstellung	192
ff) Zuständigkeit	195
b) Verwaltungsrat	198
aa) Zusammensetzung	199
bb) Bestellung, Amtsdauer, Abberufung	206
cc) Zuständigkeit	211
dd) Entschädigung	215
ee) Öffentlichkeit und Verschwiegenheitspflicht	217
6. Rechtsverhältnis zum Träger	220
a) Übertragung von Aufgaben und Befugnissen	221
b) Zustimmungs- und Weisungsrechte	223
c) Informationsrechte	229
7. Rechtsverhältnis zum Bürger	233
8. Aufsicht	235
9. Prüfungswesen, Bindung an das Vergaberecht	239
10. Checkliste „Gründung eines Kommunalunternehmens"	240
III. Gesellschaft mit beschränkter Haftung	241
1. Rechtsgrundlagen	241
a) Die kommunale GmbH zwischen Gesellschafts- und Kommunalrecht	242

	Rn.		Rn.
b) Das Verhältnis zwischen Gesellschafts- und Kommunalrecht in einer kommunalen GmbH	247	c) Besonderheiten für die Zulässigkeit kommunaler Aktiengesellschaften	403
2. Rechtsnatur	253	2. Rechtsnatur	417
3. Gründung	259	3. Gründung	424
a) Errichtung der kommunalen GmbH	259	a) Errichtung der kommunalen Aktiengesellschaft	424
aa) Gründung einer GmbH	259	aa) Gründung einer AG	425
bb) Rechtsformwechsel (Ausgliederung)	283	bb) Rechtsformwechsel (Ausgliederung)	447
b) Der Gesellschaftsvertrag der kommunalen GmbH	296	b) Die Satzung der kommunalen Aktiengesellschaft	460
aa) Firma und Sitz	297	aa) Firma und Sitz	461
bb) Unternehmensgegenstand und Öffentlicher Zweck	300	bb) Unternehmensgegenstand und Öffentlicher Zweck	463
cc) Stammkapital	303	cc) Grundkapital	466
dd) Stammeinlagen	305	dd) Aktien	468
ee) Wirtschaftsplan, Jahresabschluss, Abschlussprüfung	309	ee) Vorstand	478
ff) Fakultativer Inhalt des Gesellschaftsvertrages	311	ff) Gesellschaftsblätter	480
gg) Satzungsänderungen	313	gg) Gründungsaufwand	481
4. Aufgaben und Befugnisse	315	hh) Wirtschaftsplan, Jahresabschluss, Abschlussprüfung	484
5. Organe	317	ii) Gestaltungsmöglichkeiten in der Satzung	486
a) Die Geschäftsführung	318	jj) Satzungsänderungen	487
b) Der (fakultative) Aufsichtsrat	335	4. Aufgaben und Befugnisse	491
c) Die Gesellschafterversammlung	340	5. Organe	493
6. Rechtsverhältnis zum Träger	364	a) Der Vorstand (§§ 76–94 AktG)	494
a) Die Gemeinde als Gesellschafterin der kommunalen GmbH	364	b) Der Aufsichtsrat (§§ 95–116 AktG)	510
b) Absicherung der Einwirkungspflicht der Gemeinde durch einen Beherrschungsvertrag?	372	c) Die Hauptversammlung (§§ 118–147 AktG)	519
7. Aufsicht	378	6. Rechtsverhältnis zum Träger	543
a) Die haushaltsrechlichen Prüfungsrechte	379	a) Die Gemeinde als Aktionärin der kommunalen Aktiengesellschaft	544
b) Die handelsrechtliche Rechnungslegung und Abschlussprüfung	382	b) Absicherung der Einwirkungspflicht der Gemeinde durch einen Beherrschungsvertrag?	552
IV. Aktiengesellschaft	391	7. Aufsicht	559
1. Rechtsgrundlagen	391	a) Die haushaltsrechtlichen Prüfungsrechte	560
a) Die kommunale AG zwischen Gesellschafts- und Kommunalrecht	392	b) Der Abhängigkeitsbericht	563
b) Das Verhältnis zwischen Gesellschafts- und Kommunalrecht in einer kommunalen AG	397	c) Die handelsrechtliche Rechnungslegung und Abschlussprüfung	572

Literatur: *Cronauge/Westermann*: Kommunale Unternehmen, 4. Aufl., 2003; *Zeiß*: Das Recht der gemeindlichen Eigenbetriebe, 4. Aufl., 1993.

I. Regie- und Eigenbetrieb

1 Der Eigenbetrieb gilt als das **„klassische" Instrument** wirtschaftlicher Betätigung von Gemeinden. Bis vor einem Jahrzehnt bot er für die Mehrzahl der kommunalen Unternehmen die rechtliche und finanzwirtschaftliche Struktur, um im Geflecht von kommunaler Selbstverwaltung und unternehmerischem Handeln Aufgaben der Daseinsvorsorge für die Bürger zu erfüllen. Die Möglichkeit umfassender politischer Kontrolle des kommunalen Wirtschaftens durch die gewählten Räte bzw. durch die Verwaltungsspitze verbindet sich bei diesem Modell mit der Option kaufmännischen Rechnens und Wirtschaftens.

2 Inzwischen gerät der Eigenbetrieb als Organisationsform im Wettbewerb mit privaten Anbietern durch die Forderung nach Abbau von Regulierungen und dem Wunsch zu

I. Regie- und Eigenbetrieb

mehr **Privatisierungen** zunehmend unter Druck. Die Motive, die hinter den Veränderungswünschen stehen, sind vielgestaltig. Sie wurzeln in Haushaltszwängen, in betriebswirtschaftlichen und steuerrechtlichen Überlegungen, in politischen Grundüberzeugungen, in dem Willen, kommunales Wirtschaften „zukunftsfähig" zu machen, rechtliche Vorgaben des Staates zu erfüllen bzw. sich dem europäischen Integrationsprozess anzupassen, aber auch darin, politischen Forderungen der Bürger nachzukommen. Allerdings zeigen demgegenüber die neuen sozialen Bewegungen, dass der Trend zur Privatisierung bislang öffentlich-rechtlich organisierter Aufgaben zunehmend auf politischen Widerstand stößt. So wird eingewandt, dass die bei der Privatisierung angestrebten Ziele wie Kostenersparnis, eine bürokratische und kommunalpolitische „Entfesselung" der Kommunalwirtschaft und sachorientiertes unternehmerisches Handeln nicht selten in Konflikt mit unerwünschten „Nebeneffekten" wie Stellenabbau, Verlust demokratischer Kontrolle sowie Abbau und Qualitätsverlust kommunaler Leistungen geraten. Entscheidungsträger in den Kommunen, in den Aufsichtsbehörden und den Länderparlamenten können eine verantwortliche und sachgerechte Entscheidung über die generelle Veränderung rechtlicher Rahmenbedingungen und die **Wahl der konkreten Organisationsform** nur treffen, wenn die realen Stärken und Schwächen der jeweiligen Struktur klar vor Augen stehen. Die Vor- und Nachteile des Eigenbetriebs gegenüber anderen Formen mittelbarer Kommunalverwaltung lassen sich nur überschauen, wenn zunächst die rechtlichen und organisatorischen Rahmenbedingungen dargestellt und analysiert werden, um auf dieser Grundlage dann die wirtschaftlichen, insbesondere steuerlichen Aspekte näher zu untersuchen.

Dabei darf nicht vergessen werden, dass die oben angesprochen Zielkonflikte nicht neu sind, sondern mit der Schaffung dieses Modells gerade in ein abgewogenes Verhältnis gebracht werden sollten. Die **historische Rückschau** bietet insofern reiches Anschauungsmaterial, warum der Eigenbetrieb als Organisationsform Ende der 20er bis Mitte der 30er Jahre entwickelt wurde und welche guten und schlechten Erfahrungen sich damit machen ließen (siehe dazu auch unten Rn. 11 ff.).

1. Rechtsgrundlagen

Im Folgenden soll zunächst kurz der rechtliche Rahmen abgesteckt werden, in dem die kommunalen Eigenbetriebe agieren. Dabei soll zur Vermeidung von Wiederholungen der spezifische Bezug des höherrangigen Rechts zum Eigenbetrieb herausgestellt werden (vgl. zu den Einzelheiten oben Kapitel B Rn. 1 ff.; Rn. 32 ff.).

a) Recht der Europäischen Gemeinschaften

Das Recht der öffentlichen Unternehmen und damit insbesondere das der kommunalen Eigenbetriebe muss sich an den Vorgaben des mit Anwendungsvorrang versehenen Rechts der Europäischen Gemeinschaft messen lassen. Insbesondere das gemeinschaftliche **Beihilfenrecht** strebt den Wettbewerb aller Wirtschaftsteilnehmer an, der von öffentlichen Hoheitsträgern nicht verfälscht wird. So dürfen nach Art. 86 des EG-Vertrages die Mitgliedstaaten in Bezug auf die öffentlichen Unternehmen und auf Unternehmen, denen sie besondere oder ausschließliche Rechte gewähren, keine dem EG-Vertrag und insbesondere dem Art. 12 (Diskriminierungsverbot) und 81 bis 89 (Wettbewerbsregeln für Unternehmen) widersprechende Maßnahmen treffen oder beibehalten. Wettbewerbsverzerrende staatliche Beihilfen, wozu auch Gewährträgerhaftung und Anstaltslasten der Kommunen zählen, sind unter den Voraussetzungen des Art. 87 Abs. 1 EG-Vertrag unzulässig. Art. 31 EG-Vertrag verpflichtet daneben die Mitgliedstaaten aus kartellrechtlicher Sicht zur Umformung staatlicher Handelsmonopole, um Diskriminierungen Angehöriger anderer Mitgliedstaaten auszuschließen.

Damit ist im Grundsatz das traditionell den Kommunen monopolartig zustehende Aufgabenfeld der **Daseinsvorsorge**, die in überkommener Weise in der Rechtsform des Eigenbetriebs gewährleistet wurde (Versorgung mit Strom, Gas, Wasser; öffentlicher Verkehr; Abfall- und Abwasserversorgung; Wohnungswirtschaft), rechtlich dem störungsfreien Wettbewerb zu öffnen, soweit nicht Dienstleistungen von allgemeinem wirtschaftlichen Interesse erbracht werden (vgl. Art. 86 Abs. 2 EG-Vertrag). Damit sind marktbezogene Tätigkeiten gemeint, die im Interesse der Allgemeinheit erbracht und daher von den Mitgliedstaaten mit besonderen Gemeinwohlverpflichtungen verbunden werden. Für diese gelten die Wettbewerbsregeln des Vertrages allerdings ebenfalls, soweit die Anwendung dieser Vorschriften nicht die Erfüllung der besonderen Aufgaben rechtlich oder tatsächlich verhindert.

7   Vor allem für die Bereiche Strom- und Gasversorgung, aber auch für den öffentlichen Personennahverkehr und für das Sparkassenwesen ergeben sich aus der grundsätzlichen Verpflichtung zur Einhaltung der Wettbewerbsregeln **fundamentale Veränderungen**. Aber auch die kommunale Wasserversorgung und Abfallwirtschaft stehen vor neuen Anforderungen. Bisher durch die Erfüllung öffentlicher Pflichtaufgaben begründete Monopolstellungen öffentlicher Unternehmen werden mithin durch Liberalisierungsentscheidungen dem Wettbewerb geöffnet und diesem ausgesetzt. Die Wettbewerbssituation hat zwangsläufig zur Folge, dass der staatliche und kommunale Träger die Organisationsformen diesen Erfordernissen anpassen oder gar die künftige Erfüllung dieser Aufgabenfelder überdenken muss.

b) Bundesrecht, insbesondere Selbstverwaltungsgarantie

8   Das Grundgesetz schützt die Gemeinden in Art 28 Abs. 2 vor staatlichen Eingriffen. Eine Betrachtung des Schutzbereichs dieser Bestimmung zeigt aber die Grenzen auf, innerhalb der die Gemeinden vor staatlichen Zugriffen sicher sind. Die Gewährleistung des Art. 28 Abs. 2 GG umfasst die Befugnis, sich aller Angelegenheiten der örtlichen Gemeinschaft, die nicht bereits anderen Trägern öffentlicher Verwaltung übertragen sind, ohne besonderen Kompetenztitel anzunehmen.[1] Zum Wesensgehalt der gemeindlichen Selbstverwaltung gehört aber kein gegenständlich bestimmter oder nach feststehenden Merkmalen bestimmter Aufgabenkatalog. Der Aufgabenbestand ist grundsätzlich nur „im Rahmen der Gesetze" gewährleistet. Der Gesetzgeber kann deshalb, wenn die ordnungsgemäße Aufgabenerfüllung nicht sichergestellt ist, unter Umständen die Wahrnehmung bestimmter Angelegenheiten entziehen (vgl. zu den Einzelheiten Kapitel B. Rn. 32 ff.).

9   Für die unternehmerische Betätigung der Kommunen bedeutete dies, dass ihr **Recht zur Schaffung und Unterhaltung** von Einrichtungen der Daseinsvorsorge, verstanden als Organisationsform einer öffentlichen Versorgungsaufgabe, grundsätzlich ebenso geschützt ist wie ihre Hoheit, dies eigenverantwortlich zu organisieren. Sie dürfen sich nach den Regeln des Grundgesetzes insoweit auch unternehmerisch betätigen und dabei sogar Gewinnerzielungsabsicht an den Tag legen, wenn die Erfüllung einer öffentlichen Aufgabe und nicht die Gewinnerzielung Hauptzweck ist.[2] Allerdings ist diese Betätigung in der Regel nur im Zusammenhang mit der Wahrnehmung öffentlicher Aufgaben und bezogen auf den jeweiligen Ort geschützt.[3] Soweit Gemeinden nicht-öffentliche und/oder über den örtlichen Bereich hinausgreifende Aufgaben wahrnehmen, bewegen sie sich außerhalb ihres eigentlichen Aufgabenbereichs, weshalb auch ein geringerer (verfassungs-)rechtlicher Schutz vor gesetzgeberischen Eingriffen in diese Aufgabenbereiche besteht. Ob eine öffentliche örtliche Aufgabe wahrgenommen wird, ist im Einzelfall festzustellen. Der Eigen- und Regiebetrieb als Organisationsform lässt jedenfalls grundsätzlich keine zwingende Aussage über die in dieser Form durchgeführte Aufgabe zu. In der überkommenen, klassischen Form vollzieht der Eigenbetrieb aber in der Tendenz eher zweckgebundene Verwaltungstätigkeit als erwerbswirtschaftliches Handeln. Die zunehmende Liberalisierung bestimmter Bereiche der Daseinsvorsorge lässt die Gemeinden aber auch in diesem herkömmlichen Handlungsfeld in die Defensive geraten.

10   Neben den verfassungsrechtlichen Vorgaben des Grundgesetzes begrenzen bzw. steuern direkt oder indirekt andere **Bundesgesetze** das unternehmerische Handeln der kommu-

---

[1] BVerfG, NVwZ 1989, 347.
[2] Vgl. RhPfVerfGH, NVwZ 2000, 801.
[3] BVerfG, NJW 1982, 2173.

nalen Unternehmen. So zeigt sich zunehmend, dass private Dienstleister auf der Grundlage des Wettbewerbsrechts ihren Handlungsraum unter Zuhilfenahme gerichtlichen Rechtsschutzes einschränken. Denn unter Berufung auf die drittschützende Wirkung von kommunalrechtlichen Bestimmungen, die die Begrenzung der unternehmerischen Tätigkeit auf öffentliche Zwecke regeln, kann etwa die Erfüllung nichtöffentlicher Aufgaben erfolgreiche Angriffe privater Marktteilnehmer im Zivilrechtsweg nach dem Gesetz gegen den unlauteren Wettbewerb oder nach dem Gesetz gegen Wettbewerbsbeschränkungen nach sich ziehen.[4] Der Weg zu den Verwaltungsgerichten, denen nach der herkömmlichen Zwei-Stufen-Theorie die Prüfung der rechtlichen Zulässigkeit des „Ob" der wirtschaftlichen Betätigung von Gemeinden obläge, war dagegen – bislang – wegen seiner restriktiven Rechtsprechung zum drittschützenden Charakter des Gemeindewirtschaftsrechts wenig erfolgreich.[5]

Je nach Unternehmenszweck des Eigenbetriebs sind die Bestimmungen des Energiewirtschaftsgesetzes, des Personenbeförderungsgesetzes, aber auch des Handelsrechtes bei der Gründung und der Betriebsführung des Eigenbetriebes zu beachten.[6]

c) Gemeindeordnungen

Die **Kompetenz** für die gesetzliche Regelung des Kommunalrechts, insbesondere der kommunalen Unternehmenstätigkeit, steht den **Ländern** zu (vgl. Art. 70 ff. GG). Für den Eigenbetrieb haben sie entweder bereits in den Gemeinde- oder Kommunalordnungen umfassende und abschließende Regelungen getroffen oder diese Betriebsart in eigenständigen Eigenbetriebsgesetzen entsprechend geregelt. **11**

Allerdings hat diese Kompetenzordnung nicht zu einer völligen **Zersplitterung des Eigenbetriebsrechtes** geführt. Denn die rechtliche und organisatorische Grundstruktur des Eigenbetriebs hat bereits in der Deutschen Gemeindeordnung – DGO – vom 30. 1. 1935[7] und der Eigenbetriebsverordnung vom 21. 11. 1938[8] ihre erste die Landesgrenzen übergreifende und exemplarische Ausprägung gefunden. An ihr haben nach 1945 die landesrechtlichen Regelungen im Grundsatz angeknüpft und dabei lediglich den Anforderungen eines demokratischen Gemeinwesens Rechnung getragen. Auch hat es in den 60er und 70er Jahren des vorigen Jahrhunderts Bemühungen gegeben, das Gemeindehaushaltsrecht und damit das Eigenbetriebsrecht länderübergreifend durch Musterentwürfe zu vereinheitlichen. Deshalb stimmte und stimmt das Eigenbetriebswesen in den Ländern weitgehend überein. Mit der Kommunalverfassung der DDR vom 17. Mai 1990,[9] die in den neuen Bundesländern zunächst als Landesrecht fortgalt, wurde diese Rechtsform auch in den neuen Bundesländern eingeführt (vgl. § 58 KommVerf-DDR). **12**

Trotz dieser gemeinsamen geschichtlichen Wurzeln und trotz des Bemühens um einheitliche Regelung des Eigenbetriebsrechts haben die einzelnen Bundesländer bei der inneren und äußeren Ausgestaltung des Eigenbetriebswesens im Einzelnen doch unterschiedliche Akzente gesetzt. Dies führt dazu, dass im Folgenden in erster Linie der übereinstimmende Kern dieser Regelungen dargestellt wird. Es ist bei der konkreten Rechtsanwendung stets darauf zu achten, was das jeweilige Landesrecht an spezialgesetzlichen **Besonderheiten** bereithält. **13**

---

[4] Str., vgl. zuletzt BGH, NJW 1995, 2352, OLG Hamm, NJW 1998, 3504; zurückhaltender BGH, Urteil vom 25. 4. 2002 – I ZR 250/00 – zum bayerischen Recht; nach Thüringer Oberlandesgericht, OLG-NL 1995, 15, kein wettbewerbsrechtlicher Unterlassungsanspruch gegen einen kommunalen Eigenbetrieb der Abfallentsorgung in den neuen Bundesländern wegen Preisunterbietung.
[5] Vgl. BVerwGE 39, 329, 336; jetzt aber RhPfVerfGH, Urteil vom 28. 3. 2000, vgl. Fn. 2.
[6] Vgl. zur Kaufmannseigenschaft der Gemeinde/des Eigenbetriebs bei der Führung eines Eigenbetriebs: BGH, NJW 1991, 2134; OLG Stuttgart, NJW-RR 1999, 1557–1559; nach dem BayObLG, BayVBl. 2002, 315 sind bei der Eintragung des Eigenbetriebs einer bayerischen Gemeinde in das Handelsregister als Mitglieder des Vorstandes die Mitglieder der Werkleitung einzutragen.
[7] RGBl. I. S. 49; vgl. § 67, 74 DGO; siehe auch Kapitel C Rn. 27 ff.
[8] RGBl. I S. 1650.
[9] GBl.-DDR I Nr. 28 S. 255.

14 Um den Nutzer hier den Zugang zu den derzeit geltenden Rechtsquellen zu erleichtern, finden sich im Weiteren die derzeit geltenden Bestimmungen mit ihren Fundstellen:

Baden-Württemberg: Gemeindeordnung – GemO BW – in der Fassung vom 24.7.2000 (GBl. S. 582; ber. S. 698) zuletzt geändert durch Gesetz vom 1.7.2004 (GBl. S. 469)

Bayern: Art. 86 und 88 der Gemeindeordnung für den Freistaat Bayern – BayGO – vom 22.8.1998 (GVBl. S. 796) zuletzt geändert durch Gesetz vom 26.7.2004 (GVBl. S. 272); Art. 72 und 74 der Bezirksordnung für den Freistaat Bayern – BayBezO – vom 22.8.1998 (GVBl. S. 850) zuletzt geändert durch Gesetz vom 26.7.2004 (GVBl. S. 272); Art. 74 und 76 der Landkreisordnung für den Freistaat Bayern – BayLkrO – vom 22.8.1998 (GVBl. S. 826) zuletzt geändert durch Gesetz vom 26.7.2004 (GVBl. S. 272)

Berlin: Art. 92 der Verfassung von Berlin vom 23.11.1995 (GVBl. S. 779) zuletzt geändert durch Gesetz vom 19.5.2004 (GVBl. S. 214)

Brandenburg: § 103 der Gemeindeordnung für das Land Brandenburg – BbgGO – in der Fassung der Bekanntmachung vom 10.10.2001 (GVBl. I S. 154) zuletzt geändert durch Gesetz vom 5.1.2004 (GVBl. I S. 66)

Hessen: Hessische Gemeindeordnung vom 1.4.1993 – HGO – (GVBl. 1992 I S. 534) zuletzt geändert durch Gesetz vom 20.6.2002 (GVBl. I S. 342); Hessische Landkreisordnung in der Fassung vom 1.4.1993 – HKO – (GVBl. 1992 I S. 569) zuletzt geändert durch Gesetz vom 22.12.2000 (GVBl. I S. 588)

Mecklenburg-Vorpommern: Kommunalverfassung für das Land Mecklenburg-Vorpommern – KV M-V – in der Fassung vom 8.6.2004 (GVOBl. S. 205)

Niedersachsen: Niedersächsische Gemeindeordnung in der Fassung vom 22.8.1996 (Nds. GVBl. S. 382) zuletzt geändert durch Gesetz vom 19.2.2004 (Nds. GVBl. S. 63); Niedersächsische Landkreisordnung in der Fassung vom 22.8.1996 (Nds. GVBl. S 365) zuletzt geändert durch Gesetz vom 20.11.2001 (Nds. GVBl. S. 701)

Nordrhein-Westfalen: § 114 Gemeindeordnung für das Land Nordrhein-Westfalen in der Fassung vom 14.7.1994 – GO NW – (GVNRW. S. 666) zuletzt geändert durch Gesetz vom 3.2.2004 (GVNRW. S. 96); Kreisordnung für das Land Nordrhein-Westfalen in der Fassung vom 14.7.1994 – KrO NW – (GVNRW. S. 646) zuletzt geändert durch Gesetz vom 3.2.2004 (GVNRW. S. 96)

Rheinland-Pfalz: § 86 Gemeindeordnung in der Fassung vom 31.1.1994 – RP GO – (GVBl. S. 153) zuletzt geändert durch Gesetz vom 19.7.2004 (GVBl. S. 385); Landkreisordnung in der Fassung vom 31.1.1994 – RP LkO – (GVBl. S. 188) zuletzt geändert durch Gesetz vom 22.12.2003 (GVBl. S. 390)

Saarland: § 109 Kommunalselbstverwaltungsgesetz – KSVG – in der Fassung vom 27.6.1997 (Amtsbl. S. 682) zuletzt geändert durch Gesetz vom 8.10.2003 (Amtsbl. 2004 S. 594)

Sachsen: Gemeindeordnung für den Freistaat Sachsen in der Fassung vom 18.3.2003 – SächsGemO – (GVBl. S. 55, ber. S. 159); Landkreisordnung für den Freistaat Sachsen in der Fassung vom 19.7.1993 – SächsLkrO – (GVBl. S. 577) zuletzt geändert durch Gesetz vom 5.5.2004 (GVBl. S. 148)

Sachsen-Anhalt: Gemeindeordnung für das Land Sachsen-Anhalt vom 5.10.1993 – GO LSA – (GVBl. S. 568) zuletzt geändert durch Gesetz vom 28.4.2004 (GVBl. S. 246); Landkreisordnung für das Land Sachsen-Anhalt vom 5.10.1993 – LKO LSA – (GVBl. S. 598) zuletzt geändert durch Gesetz vom 28.4.2004 (GVBl. S. 246)

Schleswig-Holstein: Gemeindeordnung für Schleswig-Holstein – GO SH – in der Fassung vom 28.2.2003 (GVOBl. S. 57, ber. S. 35) zuletzt geändert durch Gesetz vom 15.6.2004 (GVOBl. S. 165); Kreisordnung für Schleswig-Holstein – KO SH – in der Fassung vom 28.2.2003 (GVOBl. S. 94) zuletzt geändert durch Gesetz vom 15.6.2004 (GVOBl. S. 165)

Thüringen: § 76, § 114 der Thüringer Gemeinde- und Landkreisordnung – ThürKO – in der Fassung vom 28.1.2003 (GVBl. S. 41)

d) Eigenbetriebsrecht/-verordnungen

Die Gemeindeordnungen bzw. die Eigenbetriebsgesetze regeln die **Grundfragen** des Eigenbetriebsrechts. Sie bestimmen den Anwendungsbereich und klären die Rechtsgrundlagen,[10] enthalten grundlegende Regelungen zur Verfassung und Verwaltung[11] sowie zur Wirtschaftsführung und das Rechnungswesen.[12]

Die Eigenbetriebsverordnungen, die auf Ermächtigungsnormen der Kommunalordnungen bzw. Eigenbetriebsgesetze der Länder beruhen, führen die Gesetze aus und enthalten **Detailregelungen** zum Eigenbetriebsrecht. Zum Teil wird zunächst der Anwendungsbereich näher bestimmt.[13] Sie regeln insbesondere – wenn es nicht schon in den Gesetzen angeordnet ist –, dass das Eigenbetriebsrecht auch für die Eigenbetriebe der Landkreise, Verwaltungsgemeinschaften, Ämter oder Zweckverbände gilt.[14] Außerdem begrenzen sie zum Teil den Anwendungsbereich dadurch, dass auf Eigenbetriebe mit einem Versorgungs- und Einzugsgebiet unter einer bestimmten Einwohnerzahl die Regelungen der Verordnung nicht anzuwenden sind. Insoweit bleibt es den Gemeinden überlassen, in der Betriebssatzung evtl. Rechtslücken durch einen Verweis oder die Übernahme dieser Bestimmungen zu schließen. Im Einzelfall kann die zuständige Aufsichtsbehörde von bestimmten Anforderungen befreien.

Regelmäßig verpflichten die Eigenbetriebsgesetze bzw. -verordnungen die Kommunen, alle Versorgungs- bzw. Verkehrsbetriebe in jeweils einem Betrieb zusammenzufassen.[15] Sie ermöglichen aber auch eine Trennung. Sollvorschriften regeln die Bezeichnung des Versorgungsbetriebes („Gemeindewerke"/„Stadtwerke") und das Verhältnis zwischen Hoheitsbetrieben und „wirtschaftlichem" Eigenbetrieb.[16] Eigenbetriebsgesetze und -verordnungen regeln zum Teil den notwendigen und den möglich Inhalt der Betriebssatzungen,[17] die Organisation und die Aufgaben der Werk- oder Betriebsleitung[18] und des Ausschusses bzw. der Betriebskommission[19] sowie die der Gemeindevertretungen in jedem Falle vorbehaltenen Entscheidungen[20] und die Stellung der Verwaltungsspitze zu den Organen des Eigenbetriebs.[21]

Im Weiteren regeln die Gesetze und Verordnungen im Einzelnen die Wirtschaftsführung und das Rechnungswesen der Eigenbetriebe.[22] Zunächst werden die Kommunen zur Erhaltung des Vermögens und der Leistungsfähigkeit der Betriebe verpflichtet. Im Anschluss daran finden sich einzelne Bestimmungen zu folgenden Aspekten: Rücklagenbildung; Voraussetzungen für die Verminderung des Eigenkapitals; Kreditaufnahme bei umfangreichen Investitionen; Lieferungen und Leistungen im Verhältnis zwischen

---

[10] Vgl. z. B. §§ 1 bis 3 EigBG BW; § 1 HEigBGes; § 114 GO NW; § 86 Abs. 2 RP GO; § 1 RP EigAnVO; §§ 1 und 3 SächsEigBG; §§ 1 und 2 EigBG LSA; § 109 Abs. 1 und Abs. 4 KSVG.
[11] Vgl. z. B. §§ 4 bis 11 EigBG BW; §§ 2 bis 9 HEigBGes; § 86 Abs. 3 und 4 RP GO in Verbindung mit §§ 2 bis 10 RP EigAnVO.
[12] Vgl. z. B. §§ 12 bis 17 EigBG BW; §§ 10 bis 29 HEigBGes.
[13] Wirtschaftliche/nichtwirtschaftliche Unternehmen: vgl. z. B. § 1 Abs. 1 M-V-EigVO; § 1 EigVO NW; § 1 Abs. 1 SaarlEigVO.
[14] Vgl. z. B. § 1 BayEBV; § 1 Satz 2 BbgEigV; § 30 HEigBGes; § 1 SächsEigBG; § 1 EigBG LSA.
[15] Vgl. z. B. § 2 BbgEigV; § 8 EigVO NW; § 2 SächsEigBG.
[16] Vgl. z. B. § 4 BayEBV; § 1 Abs. 3 M-V-EigVO.
[17] Vgl. z. B. § 3 BbgEigV; § 6 M-V-EigVO; ; § 5 NEigBetrVO; § 3 Abs. 3 SächsEigBG; § 4 EigBG LSA.
[18] Vgl. z. B. § 4 bis 6 BbgEigV; §§ 2 bis 4 HEigBGes; § 3 M-V-EigVO; §§ 3 und 4 NEigBetrVO; §§ 2 und 3 EigVO NW; §§ 4 und 5 RP EigAnVO; §§ 3 und 6 SaarlEigVO; §§ 4 bis 6 SächsEigBG; §§ 5 bis 7 EigBG LSA.
[19] Vgl. z. B. § 8 BbgEigV; §§ 6 und 7 HEigBGes; § 5 EigVO NW; § 4 SaarlEigVO; §§ 7 bis 8 SächsEigBG; §§ 8 bis 9 EigBG LSA.
[20] Vgl. z. B. § 7 BbgEigV; § 5 HEigBGes; § 5 Abs. 1 M-V-EigVO; § 4 EigVO NW; § 2 RP EigAnVO; § 4 SaarlEigVO; § 10 SächsEigBG.
[21] Vgl. z. B. § 9 BbgEigV; § 6 EigVO NW; § 6 RP EigAnVO; § 3 Abs. 1 SaarlEigVO; § 10 SächsEigBG.
[22] Vgl. z. B. §§ 10 bis 27 BbgEigV; §§ 8 bis 24 M-V-EigVO; §§ 6ff. NEigBetrVO; §§ 9 bis 26 EigVO NW; §§ 10ff. RP EigAnVO; §§ 12 bis 18 SächsEigBG i.V.m. SächsEigBVO; §§ 12 bis 18 EigBG LSA i.V.m. EigVO LSA.

Eigenbetrieb und Gemeinde; Vergabe von Aufträgen; Bestimmung des Wirtschaftsjahres; Aufstellung, Inhalt und Umgang mit dem Wirtschafts-, Erfolgs-, Vermögens- und Stellenplan; Finanzplanung; Leitung des Rechnungswesens; Buchführung und Kostenrechnung; Kassenwirtschaft; Zwischenbericht, Jahresabschluss und Lagebericht sowie deren Aufstellung, Behandlung und Offenlegung; Bilanz und Gewinn- und Verlustrechnung; Umgang mit Jahresgewinn und -verlust.

Das Eigenbetriebsrecht regelt auch die Ausnahmen, unter denen – in der Regel nach vorheriger Entscheidung der Kommunalaufsicht – von der Anwendung des Eigenbetriebsrechtes befreit werden kann.[23] Dies kommt insbesondere dann in Betracht, wenn der Umfang des Eigenbetriebs nach der Höhe der Bilanzsumme und des Umsatzes nur gering ist oder der Eigenbetrieb nur geringe wirtschaftliche Bedeutung für die Gemeinde hat.

18 Eine Sonderstellung im deutschen Eigenbetriebsrecht nehmen aufgrund ihres besonderen Charakters als Kommune und Bundesland die **Stadtstaaten** ein. So hat **Hamburg** bislang kein Eigenbetriebsrecht. **Berlin** hat auf der Grundlage von Art. 92 der Berliner Verfassung, in dem die Grundsätze des Eigenbetriebsrechtes geregelt sind, sein Eigenbetriebsgesetz erlassen. In ihm werden unter Berücksichtigung des Umstandes, dass Berlin gleichzeitig Land und Kommune ist, die Verfassung und das Zusammenwirken der Organe des Eigenbetriebes (Geschäftsleitung, Verwaltungsrat) und das Zusammenwirken von Senat, Abgeordnetenhaus, Bezirksämter und Bezirksverordnetenversammlung geregelt.[24] Die Strukturen sind insgesamt aber den sonstigen eigenbetriebsrechtlichen Regelungen anderer Länder vergleichbar. Auch die Bestimmungen über die Wirtschaftsführung und das Rechnungswesen sind mit den Regelungen in den Flächenländern vergleichbar.[25] **Bremen** hat in seinem Eigenbetriebsgesetz im Wesentlichen ein Rahmengesetz für die Eigenbetriebe der Stadtgemeinden Bremen und Bremerhaven[26] beschlossen. Ähnlich wie im Falle Berlins sind darin die inneren Strukturen und die Bestimmungen über die Wirtschaftsführung und das Rechnungswesen den eigenbetriebsrechtlichen Regelungen anderer Länder vergleichbar geregelt.

19 Derzeit gelten in den Ländern folgende Eigenbetriebsgesetze oder -verordnungen:

Baden-Württemberg: Gesetz über die Eigenbetriebe der Gemeinden – EigBG BW – in der Fassung vom 8.1.1992 (GBl. S. 22) zuletzt geändert durch Gesetz vom 1.7.2004 (GBl. S. 469); Verordnung des Innenministeriums über die Wirtschaftsführung und das Rechnungswesen der Eigenbetriebe – EigBVO BW – vom 7.12.1992 (GBl. S. 776)

Bayern: Eigenbetriebsverordnung vom 29.5.1987 – BayEBV – (GVBl. S. 195) zuletzt geändert durch Verordnung vom 12.10.2001 (GVBl. 720)

Berlin: Gesetz über die Eigenbetriebe des Landes Berlin vom 13.7.1999 – BerlEigG – (GVBl. S. 374)

Brandenburg: Verordnung über die Eigenbetriebe der Gemeinden vom 27.3.1995 – BbgEigV- (GVBl. II S. 314) zuletzt geändert durch Verordnung vom 28.11.2001 (GVBl. II S. 638)

Bremen: Gesetz für Eigenbetriebe des Landes und der Stadtgemeinden – BremEBG – in der Fassung vom 3.9.2001 (GBl. S. 287)

Hessen: Eigenbetriebsgesetz in der Fassung vom 9.6.1989 (GVBl. I S. 154) – HEigBGes – zuletzt geändert durch Gesetz vom 19.12.2000 (GVBl. I S. 542)

Mecklenburg-Vorpommern: Verordnung über die Eigenbetriebe der Gemeinde – M-V-EigVO – vom 14.9.1998 (GVOBl. S. 808)

---

[23] Vgl. z. B. § 28 BbgEigV; § 31 HEigBGes; § 25 M-V-EigVO; § 34 NEigBetrVO; § 27 EigVO NW; § 16 EigVO LSA.
[24] Vgl. §§ 1 bis 9 BerlEigG.
[25] Vgl. §§ 10 bis 28 BerlEigG.
[26] Art. 143 BremLVerf.

I. Regie- und Eigenbetrieb

Niedersachsen: Verordnung über Eigenbetriebe und andere prüfungspflichtige Einrichtungen – NEigBetrVO – vom 15. 8. 1989 (Nds. GVBl. S. 318, ber. 1990 S. 30) zuletzt geändert durch Verordnung vom 23. 10. 1996 (Nds. GVBl. S. 435)

Nordrhein-Westfalen: Eigenbetriebsverordnung – EigVO NW – vom 1. 6. 1988 (GVNRW. S. 324) zuletzt geändert durch Verordnung vom 30. 4. 2002 (GVNRW. S. 160); Verordnung über die Durchführung der Jahresabschlussprüfung bei Eigenbetriebe und prüfungspflichtigen Einrichtungen vom 9. 3. 1981 (GVNRW. S. 147) zuletzt geändert durch Gesetz vom 30. 4. 2002 (GVNRW. S. 160); Verordnung über das Wahlverfahren zur Benennung der Beschäftigten des Eigenbetriebs für die Wahl in den Werksauschuss vom 24. 10. 2001 (GVNRW. S. 771); Verordnung über den Betrieb gemeindlicher Krankenhäuser – GemKHBVO NW – vom 12. 10. 1977 (GVNRW. S. 360) zuletzt geändert durch Verordnung vom 30. 4. 2002 (GVNRW. S. 160)

Rheinland-Pfalz: Eigenbetriebs- und Anstaltsverordnung – RP EigAnVO – vom 5. 10. 1999 (GVBl. S. 373)

Saarland: Eigenbetriebsordnung – SaarlEigVO – in der Fassung vom 22. 12. 1999 (Amtsbl. 2000, S. 138) zuletzt geändert durch Gesetz vom 7. 11. 2001 (Amtsbl. S. 2158)

Sachsen: Gesetz über kommunale Eigenbetriebe im Freistaat Sachsen – SächsEigBG – vom 19. 4. 1994 (GVBl. S. 773) zuletzt geändert durch Gesetz vom 4. 3. 2003 (GVBl. S. 49); Verordnung des Sächsischen Staatsministeriums des Innern über die Wirtschaftsführung und das Rechnungswesen der kommunalen Eigenbetriebe – SächsEigBVO – vom 30. 12. 1994 (GVBl. 1995 S. 10) zuletzt geändert durch Verordnung vom 13. 11. 2001 (GVBl. 2002 S. 174)

Sachsen-Anhalt: Gesetz über kommunale Eigenbetriebe im Land Sachsen-Anhalt – EigBG LSA – vom 24. 3. 1997 (GVBl. S. 446) zuletzt geändert durch Gesetz vom 3. 4. 2001 (GVBl. S. 136); Eigenbetriebsverordnung – EigVO LSA – vom 20. 8. 1997 (GVBl. S. 758) zuletzt geändert durch Gesetz vom 19. 3. 2002 (GVBl. S. 130)

Schleswig-Holstein: Landesverordnung über die Eigenbetriebe der Gemeinden – EigVO – vom 29. 12. 1986 (GVOBl. 1987 S. 11) zuletzt geändert durch Verordnung vom 16. 6. 1998 (GVOBl. 210)

Thüringen: Thüringer Eigenbetriebsverordnung vom 15. 7. 1993 (GVBl. S. 432)

e) Verwaltungsvorschriften

Zu den Eigenbetriebsverordnungen haben die zuständigen Ministerien der Länder Verwaltungsvorschriften erlassen. In ihnen finden sich neben Begriffsbestimmungen (zum „Eigenbetrieb" oder „wirtschaftlichen Unternehmen") Erläuterungen zu Zuständigkeiten, die sich nach den Kommunalordnungen, Eigenbetriebsverordnungen und Betriebssatzungen ergeben, sowie Ansichten zum Verständnis einzelner gesetzlicher Bestimmungen. Vereinzelt enthalten sie auch Hinweise zu anderen Rechtsmaterien (z. B. Kommunalabgabenrecht, Steuer-, Handels-, Preis- und Vergaberecht). Den Verwaltungsvorschriften sind regelmäßig Formblätter (Bilanzgliederung, Gliederung und Formulare für Anlagennachweise und Gewinn- und Verlustrechnungen) als Anlagen beigefügt, die in der täglichen Praxis der Betriebe Verwendung finden sollen.

Zur **Verbindlichkeit der Verwaltungsvorschriften** gilt Folgendes: Diese Bestimmungen werden in der Regel vom Innenministerium des jeweiligen Landes erlassen. Sie können aber, nachdem der Eigenbetrieb zu den eigenen Angelegenheiten zählt, gegenüber der jeweiligen Kommune nicht als „Anweisung" in allgemeiner Form wirken. Sie dienen vielmehr in erster Linie dazu, aus Sicht des Verordnungsgebers das Verständnis von Bestimmungen des Eigenbetriebsrechtes des Landes für den jeweiligen Rechtsanwender bei der staatlichen Kommunalaufsicht verständlich und im Einzelfall handhabbar zu machen. Der Sichtweise des Innenministeriums als oberster Rechtsaufsichtsbehörde wird allerdings im Falle einer Nichtbeachtung durch die Kommunen bzw. den Eigenbetrieb im Falle einer rechtsaufsichtlichen Maßnahme entscheidende Bedeutung zukommen (vgl. dazu unten Rn. 110). Ob sich die Auffassung der Verwaltungsvorschrift aber auch in einem verwaltungsgerichtlichen Verfahren der Kommune gegen eine kommunalaufsichtliche Maßnahme durchsetzt, hängt aber letztlich davon ab, ob das Gericht, das an die Regelungen der Verwaltungsvorschriften nicht gebunden ist, diese Rechtsansicht teilt.

22 Als Beispiele für solche Verwaltungsvorschriften mögen folgende dienen:

Bayern: Bekanntmachung des Staatsministeriums des Inneren über Verwaltungsvorschriften zur Eigenbetriebsverordnung – VwvEBV – vom 5.6.1987 (MABl. S. 428, ber. S. 694)

Nordrhein-Westfalen: Erlass über die Ausführung der Eigenbetriebsverordnung vom 14.4.1954 (SMBl. NRW 6411); Richtlinie für die Befreiung von Eigenbetrieben von der Anwendung der Vorschriften der Eigenbetriebsverordnung vom 16.1.1962 (SMBl. NRW 6411)

Schleswig-Holstein: Ausführungsanweisungen zur Eigenbetriebsverordnung (Amtsbl. 1987, 67g)

Thüringen: VwVThürEBV vom 23.9.1993 (StAnz. Nr. 38, S. 1654)

f) Betriebssatzungen

23 Die Betriebssatzungen, die nach den meisten kommunalrechtlichen Regelungen zwingend erforderlich sind, werden von den Räten als Recht der jeweiligen Kommune erlassen. Sie müssen daher die Anforderungen an das gemeindliche Normsetzungsverfahren erfüllen und haben mit dem materiellen höherrangigen Eigenbetriebsrecht in Einklang zu stehen. Die Satzungen der Kommunen haben mithin in dem Verfahren und der Form zu ergehen, die das Landeskommunalrecht für den Satzungserlass vorsieht. Insbesondere sind die rechtsaufsichtlichen Anzeige- oder Mitteilungspflichten zu beachten. In Berlin erlässt der Senat die „Betriebssatzung" durch Rechtsverordnung.

24 Regelmäßig – aber nicht zwingend – wird mit dem Erlass der Betriebssatzung der Eigenbetrieb rechtlich gegründet. Als **Mindestinhalt** dieser Satzung gelten Bestimmungen über die Wirtschaftsführung, die Vermögensverwaltung und die Rechnungslegung des Eigenbetriebs. Allerdings ist nach dem jeweiligen Landesrecht zu klären, welche Regelungen zwingend getroffen werden müssen und welche nur getroffen werden können.[27] Die Betriebssatzung ergänzt das Eigenbetriebsrecht auf örtlicher Ebene, trifft die Regelungen, die nach dem Eigenbetriebsrecht der Betriebssatzung vorbehalten sind, und berücksichtigt dabei die örtlichen und betrieblichen Besonderheiten.

In der Regel enthalten sie zu Beginn eine Regelung über den Gründungszeitpunkt, die Bezeichnung oder den Namen des Eigenbetriebs und die Höhe des Stammkapitals. In diesem Zusammenhang werden dann der Betriebszweck, Gegenstand bzw. die Aufgaben des Eigenbetriebs sowohl in sachlicher wie territorialer Hinsicht umschrieben.[28] Weiter werden die Zuständigkeiten der einzelnen, für den Eigenbetrieb verantwortlichen Organe (Werkleitung, -ausschuss, Rat, Bürgermeister/Landrat) abgegrenzt sowie ihre Zusammensetzung und ihre Zusammenarbeit näher bestimmt. Zweckmäßigerweise geschieht dies dadurch, dass für jedes Organ ein Zuständigkeitskatalog erstellt wird. In diesem Zusammenhang wird regelmäßig auch bestimmt, was und bis zu welchem Betrag „laufende Geschäfte" sind bzw. vorliegen. Der Umfang der Vertretungsbefugnis der Werkleitung bei der Vertretung der Kommune nach außen und ihre Übertragbarkeit auf Bedienstete des Eigenbetriebs wird in der Satzung ebenfalls geregelt. Vereinzelt finden sich Berichts- und Beteiligungspflichten sowie Anhörungsrechte einzelner Organe zueinander. Folgende weitere Regelungsgegenstände können/müssen je nach landesrechtlichen Vorgaben in der Betriebssatzung geregelt werden: Verfahren bei Meinungsverschiedenheiten innerhalb der Werkleitung; Bezeichnung des Werkleiters (z. B. „Werkdirektor"); Mitwirkung der Werkleitung bei Anstellung, Beförderung und Entlassung von Personal; Beauftragung von Dienststellen der Stadtverwaltung durch die Werkleitung; Form der Verpflichtungserklärungen bei rechtsgeschäftlichen Erklärungen nach außen; Bestimmung des vom Haushaltsjahr der Gemeinde abweichenden Wirtschaftsjahrs.

Einzelne Länder haben als Arbeitshilfe Muster für Eigenbetriebssatzungen veröffentlicht.[29]

---

[27] Vgl. z. B. § 5 Abs. 3, § 6 M-V-EigVO; § 5 NEigBetrVO.
[28] Zur konkreten Umschreibung des Betriebsgegenstandes vgl. VG Dessau, LKV 2001, 233.
[29] Vgl. z. B. für Bayern: Bekanntmachung des Staatsministeriums des Inneren über Muster einer Betriebssatzung für Eigenbetriebe bayerischer Gemeinden vom 28.3.1995 (AllMBl. S. 252); für Schleswig-

g) Geschäftsordnungen/Dienstanweisungen

Soweit die Betriebssatzung keine Regelungen zu der Frage enthält, wie die Geschäfte im Einzelnen (insbesondere die Abgrenzung der Geschäftsbereiche und Zuständigkeiten) bei einer aus mehreren Personen bestehenden Geschäftsleitung zu führen sind, kann bzw. muss dies nach einigen kommunalrechtlichen Bestimmungen in einer Geschäftsordnung geregelt werden. In einigen Ländern wird dies auch für das Verfahren und den Geschäftsgang des Werksauschusses verlangt. Für die Dienstanweisungen bzw. für die Geschäftsordnung der Werkleitung ist insoweit das Organ zuständig, an dessen Stelle die Werksleitung handelt, in der Regel also der Bürgermeister bzw. der Landrat. Soweit für das Verfahren und den Geschäftsgang des Werksauschusses eine Geschäftsordnung erforderlich ist, beschließt dieser selbst.

Soweit der Werkleitung die eigenverantwortliche Erledigung von Aufgaben übertragen ist, kann sie für den ihr nachgeordneten Bereich wiederum dienstliche Anweisungen erlassen.

2. Begriffsbestimmung und Rechtsnatur

a) Der Begriff des Eigenbetriebs

Der kommunale Eigenbetrieb ist ein Unternehmen einer kommunalen Gebietskörperschaft ohne eigene Rechtspersönlichkeit, das außerhalb des Haushaltsplans der Gemeinde nach kaufmännischen Grundsätzen als Sondervermögen verwaltet wird.

Ausgehend von dieser Definition lassen sich im Einzelnen folgende Abgrenzungen vornehmen.

aa) „kommunal": Auch der Bund und die Länder können Eigenbetriebe errichten. Diese staatlichen Sondervermögen unterliegen den besonderen haushaltsrechtlichen Anforderungen des Bundes und der Länder. Im Folgenden werden nur die Eigenbetriebe der kommunalen Gebietskörperschaften und ihrer Zweckverbände dargestellt. Hierbei ist zu beachten, dass die Kommunalordnungen bzw. Eigenbetriebsgesetze für die Landkreise und die Zweckverbände regelmäßig auf die Bestimmungen des Gemeindewirtschaftsrechts verweisen. Eine Sonderstellung haben insoweit allerdings die Eigenbetriebe der Stadtstaaten, die – wie etwa in Berlin – Eigenbetriebe des Landes sind. In Bremen hingegen sind die Stadtgemeinden Bremen und Bremerhaven Träger der Eigenbetriebe.

bb) Unternehmen. Mit diesem Begriff wird in sehr allgemeiner Form der Gegenstand dieses Betriebes angesprochen. Dabei handelt es sich um solche Einrichtungen und Anlagen, die die Kommune als verselbständigte organisatorische Einheit zur Erfüllung ihrer Aufgaben außerhalb ihrer allgemeinen Verwaltung betreibt.

Ob der Eigenbetrieb als Unternehmen ein „**wirtschaftliches**" sein muss oder auch ein „**nichtwirtschaftliches**" sein kann, hängt von der jeweiligen Kommunalordnung ab.[30] Die landesrechtlichen Regeln lassen die Tendenz erkennen, dass für einen Eigenbetrieb die wirtschaftliche Betätigung nicht (mehr) wesentliches Merkmal ist.[31]

Die früher noch als „eigenbetriebsähnliche Einrichtungen" oder „Hoheitsbetriebe" bezeichneten **nichtwirtschaftlichen Unternehmen** der Kommunen (Unternehmen, zu deren Errichtung die Gemeinde gesetzlich verpflichtet ist [z. B. nach dem Seuchen- und Tierkörperbeseitigungsrecht]; Einrichtungen der Abwasser- und Abfallbeseitigung, des Sports [Hallen, Stadien, Bäder], der Kultur [Theater, Oper, Orchester, Museen], der Erziehung [z. B. Jugendheime und -herbergen, Kindergärten und -horte] und des Unter-

---

Holstein: Musterbetriebssatzung für Eigenbetrieb (Amtsbl. 1975, 750e); für Thüringen: GVBl. 1993 S. 1663.
[30] Vgl. z. B. Thüringen: § 76 Abs. 1 ThürKO, sämtliche gemeindliche Unternehmen dieser Organisationsform; § 1 Abs. 1 M-V-EigVO.
[31] Vgl. § 76 ThürKO.

richts [Volkshochschule, Schulen] sowie der Erholung [z. B. zoologische und botanische Gärten]; Betriebe zur ausschließlichen Deckung des Eigenbedarfs) werden in den Gemeindeordnungen zunehmend und/oder grundsätzlich dem Eigenbetriebsrecht unterworfen.[32] Auch Krankenhäuser und Sanatorien können als Eigenbetriebe geführt werden.[33] Der Verzicht auf den abgrenzenden Begriff „wirtschaftliches Unternehmen" hat zur Folge, dass auch dann, wenn die Kommune ihre Aufgaben „nichtwirtschaftlich", aber außerhalb ihrer allgemeinen Verwaltung erfüllt, sie den Beschränkungen der kommunalwirtschaftlichen Bestimmungen unterliegt. Bei der steuerlichen Betrachtung und bei der unternehmerischen Mitbestimmung im Eigenbetrieb kann der Unterschied zwischen „Hoheitsbetrieb" und „wirtschaftlichen" Unternehmen allerdings wieder zum Tragen kommen (vgl. zu den Einzelheiten der Abgrenzung wirtschaftliche/nichtwirtschaftliche Betätigung: oben Kapitel C. Rn. 55 ff.).

31 Die klassischen Tätigkeitsfelder des Eigenbetriebs als „**wirtschaftliches Unternehmen**" sind Folgende: Versorgungsbetriebe (z. B. Wasser-, Gas-, Elektrizitäts-, Heizkraftwerke); Verkehrsbetriebe (z. B. Hoch-, Untergrund-, Stadtschnell-, Klein-, Berg-, Sessel- und Straßenbahnen, Busse, Skilifte, Industriebahnen, Gleisbetriebe, Hafenbetriebe, Speicher- und Lagerhäuser, Flughäfen, Parkhäuser, Tankstellen, Schiffs- und Fährbetriebe); Betriebe der Urproduktion und darauf bezogene Verarbeitungsbetriebe (Landgüter, Gestüte, Molkereien, Mostereien, Wein-, Obst- und Gartenbaubetriebe, Brennereien, Fischereien, Mühlen, Sägewerke, Kühlanlagen, Steinbrüche und Sandgruben, Ziegeleien); sonstige Betriebe (Messe-, Mehrzweck- und Stadthallen, Gaststätten [Ratskeller, Theatergaststätten], Kurbetriebe, Wäschereien).

32 **cc) ohne eigene Rechtspersönlichkeit.** Der Eigenbetrieb ist keine eigenständige juristische Person des öffentlichen Rechts, sondern nur Teil oder Gliederung der juristischen Person Gemeinde oder Landkreis. Alles Handeln oder Unterlassen wird deshalb unmittelbar der sie tragenden Gebietskörperschaft zugerechnet (vgl. unten Rn. 97 ff.). Nur sie und nicht der Eigenbetrieb wird berechtigt und verpflichtet. Der Eigenbetrieb handelt also als Gliederung der Gebietskörperschaft. Ihn als „nichtrechtsfähige öffentliche Anstalt" zu bezeichnen, sollte – unabhängig von dem darin zum Ausdruck kommenden geschichtlich überholten Verständnis – aus Gründen klarer Begrifflichkeit unterbleiben.

33 Manche Kommunalordnungen sehen vor, dass der Zweck eines Eigenbetriebs in Gestalt einer rechtsfähigen **Anstalt des öffentlichen Rechts** wahrgenommen werden kann bzw. bestehende Eigen- und Regiebetriebe in solche überführt werden dürfen.[34] Jedenfalls für die Landkreise und kreisfreien Städte ist es in allen Bundesländern möglich, Sparkassen als Anstalten des öffentlichen Rechts zu betreiben. Auf diese ist aufgrund der bestehenden eigenständigen Regelungen weder das Recht der wirtschaftlichen Unternehmen der Gemeinden nicht anwendbar.

34 Gegenüber der Erfüllung der Aufgaben in der Rechtsform einer **juristischen Person des Privatrechts** (GmbH, AG) genießt der Eigenbetrieb nach vielen Kommunalordnungen den Vorrang.[35] Die Wahl der privaten Rechtsform für das Unternehmen ist danach erst dann möglich, wenn der öffentliche Zweck nicht ebenso gut in einer Rechtsform des öffentlichen Rechts, insbesondere durch einen Eigenbetrieb, erfüllt werden kann. Dieser Vorrang gilt allerdings dann nicht, wenn an der Erfüllung des öffentlichen Zwecks Private wesentlich beteiligt werden sollen und die Aufgabe hierfür geeignet ist.

35 Wirtschaftliche Unternehmen in der Rechtsform des privaten Rechts, an denen die Gebietskörperschaft die Mehrheit der Anteile besitzt, heißen **Eigengesellschaften.**

---

[32] Vgl. § 107 Abs. 2 Satz 2 GO NW; § 76 Abs. 1 ThürKO.
[33] Vgl. § 29 Nr. 2 ThürKHG.
[34] Art. 89 BayGO bzw. Art. 77 ff. BayLkrO in Verbindung mit der Verordnung über Kommunalunternehmen vom 19. 3. 1998; §§ 113 a ff. NGO; § 114 a GO NW; §§ 86 a ff. RP GO; § 106 a GOSH siehe unten Kapitel D. II. Rn. 118 ff.
[35] Vgl. § 73 Abs. 1 Nr. 2 ThürKO.

Eigenbeteiligungen heißen die Unternehmensanteile der Gebietskörperschaften an wirtschaftlichen Unternehmen in der Rechtsform des privaten Rechts.

dd) außerhalb des Haushaltsplans. Die Kommunalordnungen der Länder bestimmen in der Regel im Zusammenhang mit den Haushaltsplänen der Gemeinden, dass die Vorschriften über die Einnahmen, Ausgaben und Verpflichtungsermächtigungen der Eigenbetriebe unberührt bleiben. Damit und den jeweiligen Eigenbetriebsgesetzen und -verordnungen werden sie unter ein besonderes, dem Zweck dieser Einrichtung dienendes Haushaltsregime gestellt.

In der Regel taucht die Wirtschaftslage des Eigenbetriebs im Vorbericht zum **Haushaltsplan** der Gemeinde bzw. des Landkreises auf. Dort ist darzustellen, wie sich die Wirtschaftslage der Eigenbetriebe in den dem Haushaltsjahr vorangehenden Jahren entwickelt hat und wie sie sich im Haushaltsjahr voraussichtlich entwickeln wird.

Wesentliche Unterschiede zum kommunalen Haushaltsrecht bestehen außerdem darin, dass der Eigenbetrieb vor Beginn eines jeden Wirtschaftsjahrs einen **Wirtschaftsplan**[36] zu erstellen hat, der in der Regel aus dem Erfolgsplan und dem Vermögensplan besteht. Wirtschaftliche Veränderungen des Eigenbetriebs (z. B. absehbare, erhebliche Verschlechterung des Jahresergebnisses mit Auswirkungen auf den Gemeindehaushalt; erforderliche Zuführungen von Gemeindevermögen oder höhere Kredite; erhöhter Personalbedarf) verlangen eine unverzügliche Änderung des Wirtschaftsplanes.

Der **Erfolgsplan** enthält alle voraussehbaren Erträge und Aufwendungen (bei der Gebietskörperschaft: Verwaltungshaushalt mit Einnahmen und Ausgaben). Er ist mindestens wie die Gewinn- und Verlustrechnung zu gliedern.

Im **Vermögensplan** (bei der Gebietskörperschaft: Vermögenshaushalt) sind alle voraussehbaren Einnahmen und Ausgaben zu erfassen, die sich aus Anlagenänderungen (Erneuerung, Erweiterung, Neubau, Veräußerung) und aus der Kreditwirtschaft des Eigenbetriebs ergeben. Außerdem sind die notwendigen Verpflichtungsermächtigungen aufzunehmen. Auf der Einnahmenseite des Vermögensplans sind die vorhandenen oder zu beschaffenden Deckungsmittel nachzuweisen. Insoweit bestehen Verknüpfungen mit der Haushaltssatzung der Gebietskörperschaft als dort der Gesamtbetrag der vorgesehenen Kreditaufnahmen für Investitionen, der Gesamtbetrag der vorgesehenen Verpflichtungsermächtigungen und der Höchstbetrag der Kassenkredite – getrennt für das Haushaltswesen der Gebietskörperschaft und des Eigenbetriebs – anzugeben ist. Weitere Deckungsmittel, die aus dem Haushalt der Gemeinde stammen, müssen mit den Ansätzen im Haushaltsplan der Gemeinde übereinstimmen.

Die **Stellenübersicht** ist ein Anhang zum Wirtschaftsplan, die nachrichtlich als Auszug aus dem Stellenplan der Gemeinde die im Wirtschaftsjahr erforderlichen Stellen der Beamten und der nicht nur vorübergehend beschäftigten Angestellten und Arbeiter des Eigenbetriebs enthält.

Außerdem hat der Eigenbetrieb einen fünfjährigen **Finanzplan** zu erstellen.

Am Ende des Wirtschaftsjahres ist ein **Jahresabschluss** aufzustellen, der aus einer Bilanz, der Gewinn- und Verlustrechnung und dem Anhang besteht. Dieses Abschluss ist dem Rat zur Feststellung zuzuleiten.

Das Ziel des – wirtschaftlich geführten – Eigenbetriebs ist letztlich aber doch wieder auf den Haushalt gerichtet. Er soll – wie alle Unternehmen und Beteiligungen der Kommunen – einen **Ertrag für den Haushalt** abwerfen. Die Einnahmen, zu denen auch angemessene Vergütungen für Leistungen des Eigenbetriebs an die Kommune oder an andere kommunale Unternehmen mit eigener oder ohne eigene Rechtspersönlichkeit gehören (Bruttoprinzip), sollten mindestens alle Aufwendungen, bei denen ebenfalls das Bruttoprinzip gilt, decken. Der Jahresgewinn sollte der Bildung angemessener Rücklagen und – nach Steuern – einer marktüblichen Verzinsung des eingesetzten Kapitals dienen.

---

[36] Vgl. zu den Anforderungen an einen Wirtschaftsplan: OVG Sachsen-Anhalt, Urteil vom 17.10.02 – 2 L 313/01 –.

42 **ee) nach kaufmännischen Grundsätzen.** Die Wirtschaftsführung und das Rechnungswesen des Eigenbetriebs unterliegt anders als der nach kameralistischen Vorgaben geführte Haushalt der Gemeinde, die dem Nachweis des Haushaltsvollzuges dient, kaufmännischen Regeln. Hier wird nach der doppelten Buchführung oder einer entsprechenden Verwaltungsbuchführung vorgegangen. Deren Zweck ist es, den während des Rechnungsjahres erzielten Gewinn oder Verlust sowie die Rentabilität des eingesetzten Kapitals zu ermitteln. Sie soll außerdem einen Einblick in die Liquidität und die Vermögens- und Kapitalstruktur des Eigenbetriebs eröffnen.

43 Das Rechnungswesen der Eigenbetriebe unterscheidet sich regelmäßig von dem der Gemeinde oder des Landkreises. Der Jahresabschluss und der Lagebericht sind zu prüfen. Die Prüfung wird je nach Landesrecht von öffentlich bestellten Wirtschaftsprüfern, kommunalen Prüfungsverbänden oder -anstalten, der Rechtsaufsichtsbehörde oder anderen Behörden durchgeführt. Auch eine bloß örtliche Prüfung durch das Prüfungsamt der Gemeinde findet sich im Recht der Länder.

44 **ff) Sondervermögen.** Das Vermögen, das der Erfüllung der Aufgaben des Eigenbetriebs dient, wird neben dem sonstigen Vermögen der Gebietskörperschaft verwaltet. Die organisatorische und finanzwirtschaftliche Sonderstellung des Eigenbetriebsvermögens ergibt sich zum einen aus der beschränkten Selbstverwaltung dieses Vermögens durch Werksleitung und Werkausschuss, zum anderen aus einem eigenen Wirtschafts-, Erfolgs-, Stellen- und Finanzplan sowie der besonderen Rechnungs- bzw. Buchführung.[37] Der Eigenbetrieb ist mit einem angemessenen Stammkapital auszustatten, dessen Höhe in der Betriebssatzung auszuweisen ist. Sacheinlagen sind angemessen zu bewerten.

45 **Zusammenfassend lässt sich festhalten:** Der Organisationsform „Eigenbetrieb" gelingt mit ihrer Sonderstellung in der kommunalen Verwaltung ein Spagat. Sie ermöglicht einerseits eine wirtschaftliche Unternehmensführung unter Berücksichtigung kaufmännischer Verhaltensregeln und der damit verbundenen Verselbständigung gegenüber der Kommunalverwaltung. Andererseits ist bei ihr eine weitgehende Kontrolle und Einflussnahme durch die Trägerkommune gewährleistet. Sie bestimmen die „Unternehmenspolitik", was insbesondere im Bereich der klassischen Daseinsvorsorge von Belang sein kann. Im Außenverhältnis zum Benutzer liegt ihr Vorteil darin, dass die Beziehungen privat- oder öffentlich-rechtlich ausgestaltet werden können. Als Nachteile dieser Betriebsform gelten die geringere Flexibilität bei der Verwaltung und Unternehmensführung, die teilweise ungünstige steuerliche Behandlung sowie die Bindungen an die öffentlich-rechtlichen Vorgaben.

b) Regiebetrieb

46 **aa) Begriff.** Im Gegensatz zum Eigenbetrieb wird der Regiebetrieb im Rahmen der allgemeinen Verwaltung mit seinen Einnahmen und Ausgaben im gemeindlichen Haushaltsplan geführt. Er unterliegt damit hinsichtlich seiner Leitung und seines Haushalts keinen Besonderheiten. Für die Personalwirtschaft gilt der allgemeine Stellenplan. Es sind die allgemeinen Regeln des kommunalen Haushalts-, Kassen- und Rechnungswesen anzuwenden. Er stellt damit kein kommunales Unternehmen wie der Eigenbetrieb dar, weil er Teil der unmittelbaren Kommunalverwaltung ist. Manche Kommunalordnungen sehen jedoch vor, dass Regiebetriebe unter bestimmten Voraussetzungen ganz oder teilweise nach den Vorschriften über die Wirtschaftsführung der Eigenbetriebe geführt werden können.[38] Beim Regiebetrieb handelt es sich nur um eine Zusammenfassung technischer und finanzieller Mittel als Abteilung der Gemeindeverwaltung. Die Einflussnahme der Gemeinde ist bei dieser Organisationsform jederzeit und umfassend gewährleistet. Er entsteht je nach Größe der Kommune durch interne Anordnung der Verwaltungsspitze im Rahmen der laufenden Verwaltung oder – wegen der grundsätzlichen Bedeutung – durch Beschluss des Rates.

---

[37] Vgl. hierzu z. B. §§ 12 ff. EigBG BW bzw. EigBVO BW; §§ 6 ff. BayEBV.
[38] Vgl. z. B. Art. 88 Abs. 6 BayGO.

I. Regie- und Eigenbetrieb

bb) Arten. Als **Hilfsbetriebe** decken sie den kommunalen Eigenbedarf ab (z. B. Gemeindegärtnerei, die nur die öffentlichen Anlagen betreut; Friedhofsgärtnerei; Bauhof; Reparaturbetriebe). Kostenrechnende Einrichtungen oder **Bruttoregiebetriebe** sind solche öffentliche Einrichtungen, die die Kommunen ohne organisatorische Verselbständigung gegen Entrichtung einer Benutzungsgebühr auf der Grundlage des jeweiligen Abgabenrechts oder gegen Zahlung eines vergleichbaren privatrechtlichen Entgelts den Benutzern zur Verfügung stellt (z. B. Abwasserbeseitigung, Abfallentsorgung, Friedhof; Schlachthof). Die Zusammenfassung dient auch dem Zweck, das gebührenrechtliche Kostendeckungsprinzip auf eine organisatorische Grundlage zu stellen. Das Kostendeckungsprinzip verlangt, dass sich die Kosten der Inanspruchnahme der kommunalen Leistung nach dem abgrenzbaren Aufwand der Kommune für die jeweilige Einrichtung oder Anlage bemessen. 47

Bei **Nettoregiebetrieben** handelt es sich um Regiebetriebe mit eigener Rechnung, bei denen nur das Endergebnis in den kommunalen Haushalt eingestellt wird. Hier werden vom Eigenbetriebsrecht nur die Bestimmungen über die Wirtschaftsführung und das Rechnungswesen, nicht aber die organschaftliche Verselbständigung übernommen. 48

3. Gründung und andere Bestandsveränderungen beim Eigenbetrieb

a) Gründung und Errichtung

Gründung ist die Neuschaffung eines bisher noch nicht vorhandenen Unternehmens, wobei „Gründung" die rechtliche, „Errichtung" die tatsächliche Schaffung meint: 49

aa) Allgemeine Gründungsvoraussetzungen. Für die Gründung von Eigenbetrieben gelten grundsätzlich die allgemeinen Voraussetzungen für die rechtliche Zulässigkeit von kommunalen Unternehmen. Diese allgemeinen Voraussetzungen sichern unter anderem, dass die Aufgaben nur ausnahmsweise aus der allgemeinen Verwaltung ausgegliedert werden, dass sich die Kommunen nicht zum Schaden ihrer eigentlichen Aufgaben auf wirtschaftliche Abenteuer einlassen und dass keine wettbewerbsverzerrenden Markteingriffe durch die Kommunen vorgenommen werden. Sie sind in den Kommunalordnungen in unterschiedlicher Weise geregelt. Regelmäßig sind folgende Voraussetzungen zu erfüllen (vgl. im Einzelnen oben Kapitel C. Rn. 51 ff., 78 ff.): 50

- der öffentliche Zweck muss das Unternehmen erfordern bzw. rechtfertigen, wobei mehr als nur Gewinnerzielung für den Gemeindehaushalt beabsichtigt sein muss;
- das Unternehmen muss nach Art und Umfang in einem angemessenen Verhältnis zu der Leistungsfähigkeit der Gemeinde und zum voraussichtlichen Bedarf bestehen, um unnötige Belastungen der Finanz- und Verwaltungskraft der Kommune zu vermeiden;
- die dem Unternehmen übertragenen Aufgaben sind für die Wahrnehmung außerhalb der allgemeinen Verwaltung geeignet (Vorrang des Handelns im Rahmen der allgemeinen Verwaltung);
- bei einem Tätigwerden des Unternehmens außerhalb der kommunalen Daseinsvorsorge kann der Zweck nicht ebenso gut und wirtschaftlich („strenge" Subsidiarität) oder besser („mildere" Subsidiarität) durch einen anderen erfüllt werden. Das Unternehmen darf keine Schädigung oder Aufsaugung bestehender nicht-kommunaler Unternehmen bewirken (Ziel: Schutz der Privatwirtschaft);
- bei gebietsübergreifenden Tätigkeiten müssen die Interessen der betroffenen kommunalen Gebietskörperschaften gewahrt sein bzw. dürfen nur auf der Grundlage einer Vereinbarung bzw. nach den Formen kommunaler Zusammenarbeit gemeinsam durchgeführt werden (Sicherung des Örtlichkeitsprinzips).

In einzelnen Ländern werden bestimmte Betätigungen generell verboten (Bankgeschäfte vorbehaltlich des Sparkassenrechts) oder durch rechtsaufsichtliche Anzeige- oder Genehmigungsvorbehalte beschränkt (Lieferung von Gas und Strom).

51 bb) **Besondere Gründungsvoraussetzungen.** Die Entscheidung über die Gründung eines Eigenbetriebs hat, da es sich um eine grundsätzliche Entscheidung handelt, der Rat zu treffen. In der Regel wird er diese Entscheidung beim Eigenbetrieb in die Form einer Betriebssatzung gießen, die den gesetzlich geforderten Mindestinhalt enthält. Denkbar ist aber auch, dass der Rat einen Gründungsbeschluss fasst und zu seiner Ausführung von der Verwaltungsspitze bzw. den Rat die weiteren erforderlichen Rechtsakte getroffen werden.

52 Regelmäßig besteht eine Verpflichtung der Gebietskörperschaft, der Rechtsaufsichtsbehörde die Gründung, Übernahme oder Erweiterung eines Eigenbetriebs rechtzeitig (z. B. innerhalb von sechs Wochen) vor dem Beginn, d. h. z.T. bereits vor dem Gründungsbeschluss, z.T. vor dessen Vollzug, oder vor der Vergabe von Arbeiten oder vor Abschluss des Übernahmevertrages und unter Darlegung der Gründungs-, Übernahme und Erweiterungsvoraussetzungen anzuzeigen.[39] Diese Information geschieht je nach landesrechtlicher Vorgabe, in der Sache aber weitgehend identisch, in der Gestalt einer „Vorlage", eines „Berichtes" oder einer „Anzeige". Damit soll sichergestellt werden, dass die Rechtsaufsichtbehörde bei rechtswidrigen Gründungsbeschlüssen kommunalaufsichtliche Maßnahmen ergreifen kann, bevor tatsächlich (Beginn von Arbeiten; Ausschreibungen) oder rechtlich (Vergabeentscheidungen, Vertragsabschlüsse) nur schwer rückgängig zu machende Fakten geschaffen werden. Rechtsaufsichtliche Genehmigungen sind in der Regel nur bei der Gründung gebietsübergreifender Unternehmen erforderlich und sind daher bei Eigenbetrieben, die regelmäßig auf das Territorium der Kommune beschränkt bleiben, zumeist nicht erforderlich. Im Bereich der Versorgung mit Strom und Gas gelten überdies die besonderen Genehmigungserfordernisse des Energiewirtschaftsgesetzes.

53 Im Rahmen der **Errichtung** ist zur Herstellung der Betriebsfähigkeit dem Betrieb Personal durch Einstellungen oder Umsetzungen zuzuweisen und es sind Haushaltsmittel für das Stammkapital bereitstellen. In diesem Zusammenhang sind die sächlichen Mittel, wie Immobilien, Fahrzeuge und sonstige Ausstattungen zu beschaffen sowie entsprechende Verträge mit Versicherungen und anderen Leistungserbringern abzuschließen.

b) Übernahme

54 Ein Unternehmen zu übernehmen heißt ein vorhandenes Unternehmen zu einer Einrichtung der Gemeinde zu machen, wobei die Gemeinde das Eigentum daran erwirbt oder es pachtet. Wegen der Rechtsnatur des Eigenbetriebes ist diese Erscheinungsform praktisch weniger von Belang.

c) Erweiterung

55 Unter „Erweitern" sind Maßnahmen zu verstehen, die den Umfang oder die Leistungsfähigkeit des Unternehmens im Sinne einer räumlichen oder funktionellen Ausdehnung steigern, z. B. Erweiterungsbauten, Anschaffung maschineller Einrichtungen; Aufnahme neuer Geschäftszweige. Nicht hier zu zählen allerdings Rationalisierungsmaßnahmen.

Für diese Maßnahmen müssen die allgemeinen (Gründungs-)Voraussetzungen in der Regel nur dann erfüllt sein, wenn es sich um wesentliche Erweiterungen handelt. Wann bei Erweiterungsbauten und bei der Anschaffung maschineller Einrichtungen von einer „Erweiterung" im engeren Sinne gesprochen werden kann, ist allgemein schwer zu bestimmen. Zu Erweiterungsmaßnahmen dürfte jedenfalls die Übernahme neuer Aufgaben zählen.

d) Zusammenfassung mehrerer Eigenbetriebe/Unternehmungen

56 „**Querverbund kommunaler Unternehmen**". Regelmäßig verpflichten die Eigenbetriebsregelungen der Länder die Kommunen, alle Versorgungs- bzw. Verkehrsbetriebe in jeweils einem Betrieb organisatorisch zusammenzufassen. Die Versorgungsbetriebe tra-

---

[39] Vgl. z. B. § 72 ThürKO.

I. Regie- und Eigenbetrieb

gen dabei die Bezeichnung „Gemeindewerke" bzw. „Stadtwerke". Die Eigenbetriebsregelungen lassen auch die Einbeziehung der Verkehrsbetriebe in die „Stadtwerke" zu. Diese Zusammenfassungen dienen der effektiveren Verwaltung (rationellere Betriebsabläufe durch Ausschöpfung organisatorischer, personalwirtschaftlicher, betriebswirtschaftlicher und technischer Synergieeffekte), der breiteren Kapitalausstattung sowie der Ersparnis von Kosten und der Verrechnung von Gewinnen mit Verlusten aus steuerlichen Gründen.

aa) „Kombinierte Eigenbetriebe": Die landesrechtlichen Bestimmungen zu den Eigenbetrieben lassen zunehmend auch für nichtwirtschaftliche Hoheitsbetriebe die Anwendung des Eigenbetriebsrechtes zu. Soweit dies eröffnet ist, wird auch die Möglichkeit geschaffen die Hoheitsbetriebe, die in einem engen wechselseitigen wirtschaftlichen oder technischen Zusammenhang mit einem wirtschaftlichen Unternehmen stehen und die nach den eigenbetriebsrechtlichen Regeln geführt werden, mit dem wirtschaftlichen Unternehmen zu einem einheitlichen Eigenbetrieb zusammenzufassen.

bb) Mehrere kommunale Gebietskörperschaften können nicht Träger eines Eigenbetriebs sein. Allerdings ist insoweit vorstellbar, dass ein von ihnen gegründeter Zweckverband Träger eines Eigenbetriebs zur Erfüllung der Verbandsaufgabe ist.

e) Umwandlung

Die Voraussetzungen für die Gründung eines privaten Unternehmens, insbesondere das Erfordernis der rechtsaufsichtlichen Genehmigung, gelten nach nicht unbestrittener Ansicht grundsätzlich auch für die Umwandlung eines Eigenbetriebs in eine privat-rechtliche Eigengesellschaft.[40] Insoweit wird – bei entsprechender gesetzlicher Bestimmung – insbesondere der Vorrang der öffentlich-rechtlichen Rechtsform des Eigenbetriebs gegenüber privatrechtlicher Organisationsformen ein besonderes Gewicht erlangen. Denn es dürfte der Gemeinde bei strikter Handhabung dieses Grundsatzes schwer fallen, eine bloß „formale" Privatisierung bei bislang öffentlich-rechtlich erfüllter Aufgabenwahrnehmung zu begründen. Leichter fällt dies dann, wenn die Aufgabe, so sie denn hierfür geeignet ist, nach Umwandlung in Zusammenarbeit mit einem Privaten erfüllt werden soll („Public-private-partnership").

Die Rechtsprechung hat für einzelne Probleme, die bei der Umwandlung entstehen können, bereits die Maßstäbe aufgezeigt, so zum Übergang von Versorgungslasten bei der Umwandlung eines Eigenbetriebs in eine Aktiengesellschaft,[41] zur Umwandlung eines Eigenbetriebs in eine GmbH[42] und zur personalvertretungsrechtlichen Seite.[43] Die Umwandlung eines Eigen- oder Regiebetriebes in eine Anstalt des öffentlichen Rechts ist in einigen Bundesländern vorgesehen (vgl. im Einzelnen unten Kapitel D. Rn. 144 ff.).

4. Organe

Nach den landesrechtlichen Eigenbetriebsregelungen spiegelt die Organstruktur des Eigenbetriebs die der Kommune. Neben der Verwaltungsspitze, im Eigenbetrieb die Werk- oder Betriebsleitung, steht ein beschließendes Gremium, der Werk- oder Betriebsausschuss. Werkleitung und Werkausschuss sind Organe der Gemeinde, denen durch die jeweiligen Gemeindeordnungen ein eigener Aufgaben- und Befugnisbereich und die gesetzliche Vertretungsmacht für den Eigenbetrieb eingeräumt ist. Im Rahmen ihrer Zuständigkeit treten die Werkleitung und der Werkausschuss regelmäßig an die Stelle der sonst üblichen allgemeinen Organe der Gebietskörperschaft (Bürgermeister/Landrat

---
[40] Vgl. § 73 Abs. 1 ThürKO.
[41] Vgl. BVerwG, DVBl. 1999, 1727.
[42] Vgl. Thüringer Oberlandesgericht, ThürVBl. 1994, 140, zur Untersagung des Vollzug eines Umwandlungsbeschlusses (vgl. OVG Saarland, Beschluss vom 11. 6. 1993 – 1 W 66/93 –).
[43] Vgl. HessVGH, Beschluss vom 1. 6. 1994 – TL 864/94 –.

bzw. Gemeinderat/Kreistag). Von Organen des Eigenbetriebs zu sprechen, ist wegen dessen rechtlicher Unselbständigkeit zumindest missverständlich.

62 Die **Verletzung dieser Organrechte** kann unter Umständen zur Folge haben, dass die Betroffenen dies streitig austragen und dabei zu Beteiligten eines kommunalverfassungsrechtlichen Streits vor den Verwaltungsgerichten werden. Ein solcher Streit ist aber nur statthaft, wenn er kommunalrechtlich zugewiesene Organrechte betrifft.[44] Hierunter fallen nicht Auseinandersetzungen um Maßnahmen, die allein das dienstrechtliche oder arbeitsrechtliche Verhältnis des jeweiligen Organwalters berühren (zum Beispiel: Kündigung des Werkleiters sowie deren Androhung, Abmahnung, dienstliche Rüge). Hiergegen kann der Organwalter persönlich Klage erheben, und zwar als Beamter vor den Verwaltungsgerichten bzw. als Angestellter vor den Zivilgerichten oder Arbeitsgerichten.

a) Werk- oder Betriebsleitung

63 Die Werk- oder Betriebsleitung kann – je nach Landesrecht und Betriebssatzung sowie Größe des Eigenbetriebs – aus einem oder mehreren Werkleitern bestehen.[45] Ob es praktisch vorteilhaft ist, mehrere Werkleiter einzusetzen, hängt von der Größe des Betriebes, aber auch von den zur Auswahl stehenden Personen ab. Die Trennung zwischen kaufmännischen und technischen Werkleiter bietet sich häufig an. Insbesondere beim Querverbund liegt es nahe, die jeweiligen Teilbetriebe von technischen Leitern führen zu lassen, während die kaufmännischen Angelegenheiten des Gesamtbetriebes in der Hand eines entsprechend vorgebildeten Werkleiters stehen sollten. Auch wenn ein Eigenbetrieb mehrere Teilbetriebe hat, besteht aber bezogen auf den gesamten Betrieb nur eine Werkleitung. Das Landesrecht kann aber vorsehen, dass für den jeweiligen Teilbetrieb eine Betriebsleitung bestellt wird.

In jedem Falle müssen der oder die Werkleiter zur ordnungsgemäßen Erfüllung ihrer Aufgaben geeignet bzw. die erforderlichen fachlichen Voraussetzungen erfüllen. Angesichts der herausgehobenen Stellung gehört zu den persönlichen Eignungsvoraussetzungen regelmäßig auch eine hinreichende Berufs- und Lebenserfahrung.

64 Ein – auch zeitlich befristeter – **Verzicht auf eine Werkleitung** ist nicht möglich. In personellen Übergangsphasen (Kündigung, Entlassung, Tod, ...) ist ein kommissarischer Werkleiter einzusetzen. Jedenfalls hat die Verwaltungsspitze der Kommune diese Aufgaben wahrzunehmen (vgl. hierzu z. B. § 10 Abs. 3 EigBG BW; § 4 Abs. 1 Satz 2 BbgEigV).

65 **Bestellung der Werkleitung:** Unter Abweichung von der sonst in den Gebietskörperschaften bestehenden Regel, dass das Personal von der Verwaltungsspitze ernannt bzw. eingestellt wird, sehen einige Landesrechte vor, dass der Rat die Werkleitung bestellt bzw. wählt. Allerdings ist dies nicht durchgängig der Fall. In einigen Ländern verbleibt es bei der Kompetenz der Verwaltungsspitze, wobei aber teilweise eine Zustimmung des Rates oder des Werksausschusses vorgesehen ist.

66 **Aufgabe der Werkleitung** ist – wie der Name sagt – die Leitung des Betriebes. Nachdem es um die Führung eines wirtschaftlichen Unternehmens geht, hat sie allgemein gesprochen im rechtlich vorgegebenen Rahmen die unternehmerischen Ziele zu setzen, die betrieblichen Prozesse zu planen, zu überwachen und zu koordinieren, die hierfür erforderlichen Mittel bereitzustellen und deren Einsatz zu steuern sowie das eingesetzte Personal anzuweisen und zu beaufsichtigen.[46] Über den Betriebserfolg ist in den vorgegebenen Formen Rechenschaft abzulegen. Beim Eigenbetrieb sind insbesondere die öffentlichen Interessen und die Belange der Gemeindeeinwohner zu beachten.

67 Diese Aufgaben werden in erster Linie im Rahmen der „**laufenden Geschäfte**" des Eigenbetriebs erfüllt (auch: „laufende Betriebsführung"). Die Werkleitung nimmt damit allein verantwortlich und andere Organe ausschließend Aufgaben war, die im Grundsatz

---

[44] Vgl. VG Minden, Urteil vom 17. 4. 1985 – 10 K 1431/84 –.
[45] Vgl. z. B. § 4 EigBG BW; § 2 Abs. 2 M-V-EigVO; § 4 Abs. 2 SächsEigBG.
[46] Vgl. z. B. § 5 Abs. 1 EigBG BW; § 3 M-V-EigVO; § 5 SächsEigBG.

I. Regie- und Eigenbetrieb

als „laufende Angelegenheiten" (auch: „einfache Geschäfte der laufenden Verwaltung") in die Zuständigkeit des Bürgermeisters oder Landrates fallen. Laufende Geschäfte sind solche, die im täglichen Geschäftsgang nach Art und Ausmaß immer wieder anfallen und zur Aufrechterhaltung des Betriebes notwendig sind. Entsprechend den Kriterien für die Abgrenzung der Zuständigkeiten von Rat und Bürgermeister bzw. Landrat sind dies nur solche Angelegenheiten, die für die Gemeinde oder Landkreis keine grundsätzliche Bedeutung haben und keine erheblichen Verpflichtungen erwarten lassen. Hierzu zählen insbesondere die selbständige eigenverantwortliche Leitung des Eigenbetriebs einschließlich Organisation und Geschäftsleitung, der Abschluss wiederkehrender Verträge, wie etwa bei der Beschaffung von Roh-, Hilfs- und Betriebsstoffen sowie von Investitionsgütern des laufenden Bedarfs, die Anordnung der notwendigen Instandhaltungsmaßnahmen von Anlagen, die dem Betriebszweck dienen, deren bedarfsgerechter Ausbau und Erweiterung sowie der Abschluss von Verträgen mit Kunden. Ob ein Geschäft ein „laufendes" ist, kann je nach Größe, Struktur, Finanzkraft und Verwaltungsintensität der Gebietskörperschaft bzw. des Eigenbetriebs unterschiedlich sein. So können z. B. bei einem großen städtischen Verkehrsbetrieb die Anschaffung von Bussen oder Bahnen ein „laufendes Geschäft" sein, während bei einem gemeindlichen Wasserwerk die Anschaffung eines LKW nicht dazu zählt.

Neben den laufenden Geschäften hat die Werkleitung **weitere Aufgaben**. Hierzu zählt je nach den Regeln des jeweils geltenden Eigenbetriebsrechtes die Verantwortung für das Rechnungswesen (Buchführung, Kostenrechnung, Jahresabschluss, Lagebericht, Wirtschaftsplan) und – in einigen Bundesländern[47] – die Umsetzung der Entscheidungen und Beschlüsse der anderen kommunalen Organe, die sich auf den Eigenbetrieb beziehen (Rat, Werksausschuss, Verwaltungsspitze). In allen Bundesländern ist die Werkleitung zur rechtzeitigen Information gegenüber dem jeweils zuständigen Organ verpflichtet.[48]

Durch die Betriebssatzung, durch eine Dienstanweisung oder eine Geschäftsordnung des Bürgermeisters/Landrates – je nach Landesrecht ohne oder mit Zustimmung des Werksausschusses – oder des Werksauschusses ist die **interne Geschäftsverteilung** der Werkleiter, insbesondere der Gang der internen Abstimmung und der Vertretung nach außen, zu regeln.[49] Dabei kann auch ein „Erster Werkleiter" bestellt werden,[50] dessen herausgehobene Stellung näher festgelegt wird und dessen Stimme bei Stimmengleichheit der Werkleiter den Ausschlag gibt. Durch die Bestellung einer ungeraden Zahl an Werkleitern kann verhindert werden, dass es zu Meinungsverschiedenheiten kommt, die auf der Ebene der Werkleitung nicht mehr lösbar sind. Sollte ein solcher Fall dennoch eintreten, sind zunächst die in der Betriebssatzung vorgesehenen Konfliktlösungsverfahren einzuschlagen bzw. im letzten Falle die Entscheidung der kommunalen Verwaltungsspitze herbeizuführen.[51] Bestimmte Aufgaben (Jahresabschluss, Lagebericht) sind regelmäßig von allen Werkleitern zu verantworten. Auch ein mit Mitentscheidungsbefugnissen ausgestatteter, „stellvertretender Werkleiter" kann bestellt werden, der vom Stellvertreter des Werkleiters im jeweiligen Aufgabengebiet zu unterscheiden ist. Bei der ressortmäßigen Aufteilung der Aufgaben sind auch die zivilrechtlichen Haftungsfragen (Organisationsverschulden, Auswahl- und Überwachungspflichten) mitzubedenken. Die Aufteilung sollte unter diesem Aspekt klar und schriftlich erfolgen.

Auch arbeitsrechtliche Konsequenzen sind zu berücksichtigen. So meint das Landesarbeitsgericht Schleswig-Holstein,[52] gegenüber einem Angestellten, der gemäß Arbeits-

---

[47] Vgl. z. B. § 5 Abs. 2 EigBG BW, § 4 Abs. 2 BbgEigV; § 3 Abs. 2 M-V-EigVO; § 5 Abs. 3 SächsEigBG.
[48] Vgl. z. B. § 5 Abs. 3 EigBG BW; § 4 Abs. 3 BbgEigV; § 3 Abs. 3 M-V-EigVO.
[49] Vgl. z. B. § 4 Abs. 3 BbgEigV; § 2 Abs. 4 M-V-EigVO; § 3 Abs. 1 NEigBetrVO.
[50] Vgl. z. B. § 4 Abs. 2 BbgEigV; § 2 Abs. 2 M-V-EigVO.
[51] Vgl. VG Gießen, NVwZ-RR 1994, 173, zu der in einer Satzung eines Eigenbetriebs enthaltene Regelung, wonach im Falle zweier gleichberechtigter Betriebsleiter die Stimme des Bürgermeisters den Ausschlag geben soll.
[52] Urteil vom 7. Februar 1990 – 5 Sa 559/89 –.

vertrag zum Ersten Werkleiter eines kommunalen Eigenbetriebs bestellt worden ist und innerhalb der Werkleitung in Übereinstimmung mit der Betriebssatzung die Alleinentscheidungsbefugnis hat, sei die spätere Änderung der Betriebssatzung insoweit unwirksam, als bei Meinungsverschiedenheiten innerhalb der Werkleitung nunmehr mit Mehrheit entschieden werden solle. Diese Auffassung – so sie sich durchsetzen würde – würde jedoch die Befugnis einer Kommune, die Satzung eines Eigenbetriebes zu ändern, erheblich einschränken, wenn sie ihr Organisationsermessen gegenüber dem Arbeitnehmer durch eine bestimmte arbeitsvertragliche Regelung gebunden hat. Diese Auffassung erscheint unter öffentlich-rechtlicher Betrachtungsweise kaum vertretbar.

71 Zur Klarstellung und zur Vermeidung positiver oder negativer Kompetenzkonflikte in **Sachangelegenheiten** liegt es nahe, in der Betriebssatzung – ggf. unter Angabe von Geldbeträgen als Zuständigkeitsgrenzen – näher zu bestimmen, was laufende Geschäfte sind, die der Entscheidung der Werkleitung obliegt, und wann der Bereich grundsätzlich bedeutsamer Maßnahmen erreicht ist. Diese Bestimmung kann rechtlich im Zweifel – falls die gesetzlichen Grenzen, die in dem Begriff des „laufenden Geschäfts" gerichtlich voll überprüfbar gesetzt sind, überschritten werden – auch als Übertragung der Befugnisse des Gemeinderats auf die Werkleitung bewertet werden, soweit das Gesetz die Übertragung zulässt.

72 Die **Vertretung** der Kommune durch die Werkleitung **nach außen** ist rechtlich nur dann wirksam, wenn dies durch Gesetz vorgesehen ist und/oder auf der Grundlage des Gesetzes durch die Betriebssatzung übertragen ist.[53] Insoweit bestehen in den Ländern unterschiedliche Regelungsansätze, die auch zu einer jeweils unterschiedlichen Reichweite der Vertretungsmacht führen. Ist ein Übertragung der Vertretungsmacht gesetzlich vorgesehen, kann die Betriebssatzung den Umfang der Vertretungsmacht – ggf. nach der gesetzlich geforderten Zustimmung des Bürgermeisters – im Einzelnen bestimmen und die rechtliche Möglichkeit eröffnen, die Vertretungsbefugnis auf andere Beschäftigte des Eigenbetriebs weiter zu übertragen bzw. diese mit der Durchführung bestimmter Angelegenheiten – öffentlich-rechtlich – zu beauftragen. Einige Länder schreiben aus Gründen der Rechtssicherheit und der Rechtsklarheit vor, dass die Vertretungsberechtigten und der Umfang der Vertretungsmacht öffentlich bekannt gemacht werden müssen.[54] Ist die Vertretungsmacht übertragen, handelt die Werkleitung nicht für den Eigenbetrieb, der nicht rechtsfähig ist, sondern für die jeweilige Gebietskörperschaft. Die Wirksamkeit von Erklärungen der Werkleitung wird in einigen Ländern von der Einhaltung bestimmter Formen abhängig gemacht (z. B. Schriftform, handschriftliche Unterzeichnung von zwei Vertretungsberechtigten; rechtsaufsichtliche Genehmigung bestimmter Geschäfte).

73 Da der Werkleiter regelmäßig gesetzlich (nur) zur Führung der laufenden Geschäfte des Eigenbetriebes ermächtigt ist, kann er daher auch nur in diesen Grenzen vom Gemeinderat zur Vertretung nach außen ermächtigt werden. Unter diesem Aspekt wird in einigen Bundesländern die Auffassung vertreten, dass sich die Vertretungsbefugnis nur auf die rein wirtschaftliche Betriebsführung und das insoweit nach außen allein geforderte zivilrechtliche Handeln richtet und sich somit nicht auf die gesetzliche Vertretung der Gebietskörperschaft in Angelegenheiten erstreckt, die über die wirtschaftliche Tätigkeit hinausgehen, insbesondere **hoheitliche Maßnahmen** betreffen.[55] Maßnahmen, die nicht der kaufmännischen und wirtschaftlichen Führung des Eigenbetriebes dienen, sondern als hoheitliche Tätigkeit im Zusammenhang mit der Benutzung der öffentlichen Einrichtung anzusehen sind – wie die durch Verwaltungsakt zu treffende Entscheidung über Begründung, Umfang oder Aufrechterhalten eines Anschluss- und Benutzungsverhältnisses sowie die Heranziehung zu Anschlussbeiträgen und Gebühren – gehören da-

---

[53] Vgl. z. B. § 6 EigBG BW; § 5 BbgEigV; § 4 M-V-EigVO; § 4 NEigBetrVO; § 6 SächsEigBG.
[54] Vgl. z. B. § 6 Abs. 3 BbgEigV.
[55] Vgl. ThürOVG, Beschluss vom 20.5.1998 – 4 EO 736/95 –; OVG Rhl.-Pfl., Beschluss vom 4.6.1993 – 7 B 11203/93 –.

I. Regie- und Eigenbetrieb

nach nicht zu den auf die Werkleitung gesetzlich übertragenen Aufgaben.[56] Wird die Vertretungsmacht nicht übertragen, bleibt der Bürgermeister bzw. Landrat im Außenverhältnis zuständig.

Ob der Werkleitung ein **Eilentscheidungsrecht** – vergleichbar mit Befugnissen des Bürgermeisters/Landrats – zusteht, richtet sich nach dem jeweiligen Landesrecht und ist auch dort zum Teil streitig. In einigen Ländern ist bestimmt, dass dieses Recht von der Verwaltungsspitze der Gebietskörperschaft nicht auf die Werkleitung übertragen werden kann. In der Praxis wird die Werkleitung dort in unaufschiebbaren Notfällen beim Bürgermeister bzw. Landrat oder eines Vertreters im Amt anregen müssen, von seinem Eilentscheidungsrecht Gebrauch zu machen. In den Ländern, die ein Eilentscheidungsrecht der Werkleitung kennen, sind jedenfalls Informationspflichten gegenüber dem Werkausschuss, der Verwaltungsspitze oder dem Rat bzw. die Pflicht begründet, baldmöglichst eine Entscheidung des zuständigen Organs herbeizuführen. 74

In **Personalangelegenheiten** ist die Zuständigkeit des Bürgermeisters oder Landrats als oberste Dienstbehörde der Beamten und als Vorgesetzter bzw. Dienstvorgesetzter der Gemeindebediensteten grundsätzlich gesetzlich vorgegeben.[57] Einzelne Gemeindeordnungen bzw. Eigenbetriebsgesetze sehen allerdings vor, dass die Werkleitung Dienstvorgesetzter der Beamten im Eigenbetrieb ist und die Dienstaufsicht über sie und die im Eigenbetrieb tätigen Angestellten und Arbeiter führt.[58] Insoweit kann die Werkleitung Dienstanweisungen und Dienstordnungen für die Beschäftigten des Eigenbetriebs erlassen. Der Gemeinderat kann nach Maßgabe der jeweiligen gesetzlichen Grundlage mit Zustimmung des Bürgermeisters der Werkleitung für Beamte, Angestellte und Arbeiter im Eigenbetrieb personalrechtliche Befugnisse übertragen.[59] Auch insoweit wird jedoch zu beachten sein, dass der Werkleiter nur „laufende Geschäfte" wahrnehmen darf, zu denen auch dann, wenn ihm die Einstellung von Bediensteten übertragen wurde, die Entscheidung über die Weiterbeschäftigung eines Auszubildenden, der Mitglied einer Jugend- oder Auszubildendenvertretung ist, nicht zählt.[60] Die personalvertretungsrechtlichen Zuständigkeiten des Werkleiters im Übrigen hängen vom Bestehen einer **eigenständigen Dienststelle „Eigenbetrieb"** und damit regelmäßig von einem Beschluss der wahlberechtigten Beschäftigten ab. Ob die Beschäftigten des Eigenbetriebes personalvertretungsrechtlich Angehörige einer eigenständigen Dienststelle sind, richtet sich nach dem jeweiligen Landesrecht.[61] Die in einzelnen Bundesländern vorgesehene unternehmerische Mitbestimmung für den Bereich der Eigenbetriebe wirkt sich bei der Zusammensetzung der stimmberechtigten Mitglieder des Werkausschusses aus (vgl. unten Rn. 82). 75

Sieht das Landesrecht eine **Übertragung von Personalbefugnissen** kraft Gesetzes nicht vor, lässt die Personalhoheit des Bürgermeisters/Landrats jedenfalls zu, dass der konkrete Personaleinsatz durch die Werkleitung organisiert wird bzw. ihr die Fachaufsicht obliegt. Ob der Werkleitung vom Bürgermeister auch beamtenrechtliche Entscheidungen übertragen werden dürfen, die – wie etwa die Ernennung oder Entlassung – eine Verfügung der obersten Dienstbehörde verlangen, hängt davon ab, ob das jeweilige Landesbeamtenrecht in Verbindung mit der jeweiligen Kommunalordnung dies zulassen.[62] Soweit die Gesetze oder – bei Personalmaßnahmen gegenüber Arbeiter und Angestellten – die Tarifverträge eine Übertragung auf den nachgeordneten Werkleiter zulassen, wird dies 76

---

[56] Anders für das nordrhein-westfälische Landesrecht: OVG NRW, Urteil vom 7. Dezember 1988 – 22 A 1013/88 – und Urteil vom 22. Juli 1959 – III A 780/56 –; ebenso: HessVGH, Urteil vom 19. 9. 2002 – 5 UE 1147/02 –.
[57] Vgl. hierzu z. B. § 11 EigBG BW.
[58] Vgl. z. B. Art. 88 Abs. 3 Satz 3 BayGO.
[59] Vgl. z. B. Art. 88 Abs. 3 Satz 4 BayGO.
[60] Vgl. BayVGH Beschluss vom 23. 4. 1997 – 17 P 2259/96 und 17 P 2260/96 –.
[61] Vgl. VGH BW Beschlüsse vom 29. 6. 1999 – PL 15 S 1670/98 – und – PL 15 S 1927/98 –; Landesarbeitsgericht Frankfurt, Urteil vom 5. 7. 1984 – 12 Sa 814/83 –; Landesarbeitsgericht Schleswig-Holstein, Urteil vom 6. April 1987 – 4 Sa 16/87 –.
[62] Vgl. z. B. § 11 Abs. 2 SächsEigBG, der dies ausschließt.

im Rahmen einer allgemeinen Dienstanweisung oder einer Einzelübertragung geschehen können. Soweit solche auf die Werkleitung übertragenen Personalentscheidungen im Einzelfall der Zustimmung des Rats bedürfen, liegt es nahe – soweit gesetzlich zulässig –, dem Werkausschuss diese Befugnis zu übertragen.

77 Der jeweilige **Werkleiter ist Kommunalbediensteter** (Beamter auf Zeit oder Lebenszeit oder Angestellter) und unterliegt damit grundsätzlich der Dienstaufsicht des Bürgermeister bzw. Landrats. In manchen Kommunalordnungen ist die – denkbare, insbesondere bei größeren Betrieben praktisch aber wenig sinnvolle – Personalunion zwischen dem Bürgermeister und dem Werkleiter untersagt, andere lassen sie zu.[63] Werden dem Fachbeamten für das Finanzwesen – Kämmerer – die Aufgaben des Werkleiters eines gemeindlichen Eigenbetriebs als Nebentätigkeit übertragen, so ist hierin nicht ohne weiteres ein Missbrauch der Organisationsgewalt durch den Bürgermeister einer Gemeinde zu sehen.[64]

78 Als vertretungsberechtigtes Organ der Gemeinde unterfällt der Werkleiter im Status des **Angestellten** selbst nicht dem **Kündigungsschutz**gesetz.[65] Für die Vergütung ist im Grundsatz auf die Regeln des Bundes-Angestelltentarifvertrages zurückzugreifen.[66] Soweit die Regeln des BAT nicht einschlägig sind, werden die Werkleiter auf der Grundlage von Privatdienstverträgen tätig.

79 Als **Beamter** unterliegt der Werkleiter dem jeweiligen Landesbeamtenrecht bzw. dem unmittelbar anzuwendenden Bundesbeamtenrecht. Die Besoldung des Werkleiters richtet sich insoweit auch nach der Verordnung über die Zuordnung der Ämter der Leiter kommunaler Versorgungs- und Verkehrsbetriebe des Bundes – Werkleiterbesoldungsverordnung –.[67] Die Einstufung wird insoweit ausgehend von bestimmten Betriebszahlen vorgenommen. Soweit das Bundesbesoldungsrecht für den Landesgesetzgeber eine Regelungskompetenz offen lässt, kann dieser, insbesondere durch eine Kommunalbesoldungs- oder Eingruppierungsverordnung, weitere besoldungsrechtliche Fragen regeln.[68]

Ob der Werkleiter über Dienstreisen zur Erfüllung seiner gesetzlichen Aufgaben selbst entscheiden kann, sollte zur Klarstellung in der Betriebssatzung bzw. der allgemeinen Dienstanweisung des Bürgermeisters bzw. Landrats festgelegt werden.

80 Als Beamter **haftet** der Werkleiter neben dem kommunalen Träger des Eigenbetriebs nach beamtenrechtlichen Grundsätzen persönlich nur für Vorsatz und grobe Fahrlässigkeit.[69] Gleiches gilt für tarifliche Angestellte.[70] Bei sonstigen dienstvertraglich Angestellten gelten die vertraglichen und allgemeinen zivilrechtlichen Haftungsbegrenzungen.

b) Werk(s)ausschuss oder Betriebsausschuss

81 Der Werkausschuss (z.T. auch „Betriebsausschuss", „Betriebskommission") verkörpert das **demokratische** Element in der Organisation des Eigenbetriebs. In ihm wirkt sich der Idee nach der politische Wille der Bürger mittelbar auf die Betriebsführung des Eigenbetriebs aus und ist als spezialisiertes und sachkundiges Organ zugleich verlängerter Arm des Rats. Er hat im Rahmen der Beschlüsse des Rats über die Grundsätze der Wirtschaftsführung, der Vermögensverwaltung und der Rechnungslegung vor zu beraten und – als beschließender Ausschuss – zu entscheiden. Er befasst sich ausschließlich mit den

---

[63] Vgl. hierzu z. B. § 10 Abs. 3 EigBG BW.
[64] Vgl. VGH Baden-Württemberg, Urteil vom 15.8.1994 – 1 S 1540/93 –; HessVGH, Beschluss vom 19.9.1995 – 1 TG 2628/95 –.
[65] Vgl. § 14 Abs. 1 Nr. 1 KSchG; BAG Urteil vom 17.1.2002 – 2 AZR 719/00 für das bayerische Kommunalrecht; BAG, PersR 1990, 46 zur Anhörung des zuständigen Personalrats bei der Kündigung eines Werkleiters.
[66] Vgl. aber die Ausnahmen gemäß § 3 BAT.
[67] BGBl. I S. 1983, 731.
[68] Z. B. Höhe der Dienstaufwandsentschädigung: vgl. z. B. § 7 NWEingrVO.
[69] Vgl. § 46 BRRG.
[70] Vgl. § 14 BAT.

I. Regie- und Eigenbetrieb   82–85 **D**

Angelegenheiten des Eigenbetriebs, für den er eingesetzt wurde.[71] Er wird nicht in allen Ländern als weiteres Organ neben der Werkleitung unbedingt für erforderlich gehalten. In manchen Bundesländern ist er bei kleineren Gemeinden oder Betrieben nur als vorberatender oder vorbereitender, also nur fakultativ als beschließender, tätig. In den meisten Bundesländern kann für mehrere in einer Gemeinde bestehenden Eigenbetriebe bzw. für die in einem Eigenbetrieb zusammengefassten wirtschaftliche Unternehmen **ein Werksausschuss** bestellt werden.

Der Werksausschuss, ein in der Regel beschließender Ausschuss des Rates, wird grundsätzlich durch den Rat bestellt, der dabei die jeweiligen gesetzlichen Regelungen über die **Zusammensetzung** der Ausschüsse zu beachten hat. Er besteht regelmäßig aus dem Bürgermeister/Landrat oder einem von ihm beauftragten Beigeordneter mit Stimmrecht und den weiteren Mitgliedern aus dem Kreis der Ratsmitglieder. Bei der Berufung der übrigen Mitglieder ist auf das Stärkeverhältnis der im Rat vertretenen Parteien und Wählergruppen Rechnung zu tragen. In einigen Bundesländern[72] besteht der Werksausschuss ab einer bestimmten Beschäftigtenzahl des Eigenbetriebs, der sich „wirtschaftlich" betätigt, zu einem gesetzlich festgelegten Anteil aus Beschäftigten. Dabei werden diese Vertreter von den Beschäftigten im Wege der personalvertretungsrechtlichen Mitbestimmung oder auf der Grundlage der Entscheidung einer Versammlung der Beschäftigten[73] vorgeschlagen und dann vom Rat gewählt.[74] Problematisch kann diese Art der Mitbestimmung dann werden, wenn nichtwirtschaftliche „Hoheitsbetriebe", für die die unternehmerische Mitbestimmung nicht gilt, und wirtschaftliche Betriebe in einem Eigenbetrieb zusammengefasst werden. In einigen Ländern ist zur Stärkung des Sachverstandes in diesem Ausschuss auch die Berufung sachkundiger Bürger möglich. In der Regel ist sichergestellt, dass die Zahl der sachkundigen Einwohner zusammen mit der Zahl der Beschäftigten die der Gemeindevertreter im Ausschuss nicht erreicht.[75]

Im Interesse der Sache sollte nach Maßgabe der landesrechtlichen Bestimmungen bei der Auswahl der Mitglieder die **Sachkunde**, insbesondere zu wirtschaftlichen Abläufen, und die Verhinderung auch kommunalrechtlich beachtlicher Interessenkollisionen im Vordergrund stehen. Die Größe des Ausschusses muss sich nach der Betriebsgröße und der Überlegung richten, die Arbeitsfähigkeit des Ausschusses nicht zu gefährden.

Ihrer **rechtlichen Stellung** nach stehen die Ausschussmitgliedern nach Maßgabe der jeweiligen Kommunalordnung zum Teil Ehrenbeamten bzw. den Räten gleich. Sie sind unabhängig und – auch nach dem Ausscheiden aus dem Amt – zur Verschwiegenheit verpflichtet. Regelmäßig steht ihnen Verdienstausfall- und Aufwandsentschädigung für die Teilnahme an Sitzungen oder sonstiger Tätigkeiten in Angelegenheiten des Eigenbetriebs nach Maßgabe der jeweiligen Betriebssatzung zu. Auch kennen die Kommunalordnungen Bestimmungen, die ein arbeitsrechtliches Benachteiligungsverbot oder einen Freistellungsanspruch normieren. Sie haften für einen Schaden, der der Gemeinde dadurch entsteht, dass sie vorsätzlich oder fahrlässig eine ihrer Pflichten verletzt haben.

Die Einzelheiten und Besonderheiten, die bei der Besetzung, der Geschäftsführung und Beschlussfassung des Ausschusses zu beachten sind, richten sich nach den jeweiligen Kommunalgesetzen. Sie sind in diesem Bereich äußerst vielgestaltig.[76] Für den **Geschäftsgang und die Beschlussfassung** gelten regelmäßig die Bestimmungen für den

---

[71] Vgl. z. B. §§ 7 und 8 EigBG BW; §§ 7 und 8 SächsEigBG.
[72] Vgl. z. B. Brandenburg: § 103 Abs. 3 Satz 3 BbgGO, Hessen: § 6 Abs. 2 HEigBGes, Nordrhein-Westfahlen: § 114 Abs. 3 GO NW; Sachsen-Anhalt: § 8 Abs. 2 und 3 EigBG LSA.
[73] Vgl. § 103 Abs. 3 Satz 6 BbgGO.
[74] Vgl. hierzu OVG NW, Beschluss vom 15. 5. 1997 – 1 A 5987/94 –; VG Düsseldorf, PersR 1995, 350, zur Begrenzung der Wählbarkeit von Beschäftigten der Eigenbetriebe in den Werksausschuss auf Deutsche.
[75] Vgl. § 103 Abs. 3 Satz 9 BbgGO.
[76] Vgl. zur Bildung und Zusammensetzung: z. B. § 40 GemO BW, Art. 33 BayGO; § 6 BerlEigG; § 6 BremREGB; § 6 HessEigBGes und § 72 HessGO; §§ 51, 53 NGO und § 104a NPersVG; § 41 Abs. 1 GO NW; §§ 44, 45 RlPfGemO; § 48 SaarlKSVG; § 46 SHGO.

Rat entsprechend. Soweit ein Beschluss einem Ausschussmitglied einen unmittelbaren persönlichen Vor- oder Nachteil, also nicht nur als Angehöriger einer Berufs- oder einer Bevölkerungsgruppe, bereitet, darf er nicht mitberaten und mitstimmen. In einigen Ländern gilt eine Pflicht für die Mitglieder des Ausschusses, an dessen Sitzungen teilzunehmen. Die Werkleitung bereitet teilweise diese Sitzungen vor, an der sie teilzunehmen berechtigt und verpflichtet ist.

86 Die **Zuständigkeit des Werksausschusses** kann abstrakt nur **negativ** abgegrenzt werden. Danach entscheidet er – soweit gesetzlich vorgesehen – allein und abschließend über die Angelegenheiten des Eigenbetriebs, die nicht in der Zuständigkeit des Bürgermeisters/Landrats bzw. der Werkleitung liegen, d. h. keine „laufenden" Angelegenheiten bzw. Geschäfte sind, oder die nach dem jeweils geltenden Kommunal- oder Eigenbetriebsrecht nicht vom Rat an den Ausschuss übertragen werden dürfen (vgl. insoweit den jeweiligen landesrechtlichen Katalog der nicht an einen Ausschuss übertragbaren Angelegenheiten) bzw. übertragen worden sind. Insoweit ist auch das Recht des Rats zu berücksichtigen, dass er dem Werksausschuss allgemein oder im Einzelfall Kompetenzen entziehen kann. Die Unterschiede zwischen den Bundesländern bei der gesetzlichen Ausgestaltung der Zuständigkeiten sind in diesem Bereich beachtlich.

Da der Werksausschuss regelmäßig ein beschließender Ausschuss ist, er also die ihm übertragenen Aufgaben anstelle des Gemeinderats erledigt, lassen sich ihm alle bzw. eine Fülle von Aufgaben zuordnen.[77] Sinnvollerweise wird die Zuständigkeit des Werksausschusses in der Betriebssatzung zur Wahrung einer transparenten und Kompetenzkonflikte ausschließenden Abgrenzung zwischen den gemeindlichen Organen **positiv** umschrieben (grundsätzliche Entscheidungen über Einnahmen und Ausgaben; nach Zuweisung durch den Rat: Kreditaufnahmen und deren Absicherung; Personalentscheidungen; Vergabeentscheidungen; Verfügungen über Vermögensteile; bestimmte Verträge; Festsetzung allgemeiner Vertrags- und Lieferbedingungen), wobei auch hier mit betragsmäßigen Abgrenzungen Zuständigkeitsgrenzen markiert werden können. Letzteres ist insbesondere für die Zuständigkeitsabgrenzung beim Abschluss von Verträgen und Vergleichen sowie bei der Befugnis zum Führen von Rechtsstreitigkeiten empfehlenswert. Ist ein dezidiert festgelegter Zuständigkeitskatalog erstellt, ist im Rahmen der Zuständigkeitsermittlung im Zweifel davon auszugehen, dass nicht erfasste Bereiche als laufende Geschäfte bei der Werkleitung verbleiben. Als grober Anhaltspunkt für die positive Umschreibung seiner Zuständigkeit gilt: Der Werksausschuss hat im Rahmen der Beschlüsse des Rats über die Grundsätze der Wirtschaftsführung, der Vermögensverwaltung und der Rechnungslegung zu entscheiden. Daneben hat er die Aufgabe, für die Gemeindevertretung Gegenständen, die nicht seiner Beschlussfassung unterliegen, sachkundige vor zu beraten und Berichte der zur Unterrichtung verpflichteten Werkleitung entgegenzunehmen.

87 Wer für den **Vollzug der Beschlüsse** des Werksausschusses zuständig ist, ist in den Ländern unterschiedlich geregelt. Zum Teil ist die Werkleitung,[78] zum Teil die Verwaltungsspitze der Kommune hierzu berufen. Von dieser gesetzgeberischen Grundentscheidung hängt auch ab, wie zu verfahren ist, wenn rechtswidrige Beschlüsse gefasst wurden. Regelmäßig ist vorgesehen, dass das zuständige Vollzugsorgan den Beschluss beanstandet, seinen Vollzug aussetzt und – zum Teil erst nach Beschlussfassung des Rates oder des Ausschusses[79] – der Rechtsaufsichtsbehörde mit der Bitte vorlegt, eine Entscheidung herbeizuführen.

c) Organe der Gemeinde bzw. des Kreises

88 **aa) Verwaltungsspitze.** Die Leitung der Verwaltung in den Kommunen der Länder liegt je nach der kommunalverfassungsrechtlichen Ausgestaltung in der Hand einer Per-

---

[77] Vgl. z. B. § 8 EigBG BW, Art. 88 Abs. 4 BayGO; § 8 Abs. 2 SächsEigBG.
[78] Vgl. z. B. § 5 Abs. 2 EigBG BW; § 3 Abs. 2 M-V-EigVO.
[79] Vgl. § 103 Abs. 3 Satz 2 BbgGO.

I. Regie- und Eigenbetrieb

son als Hauptverwaltungsbeamten (Bürgermeister, Amtsdirektor, Landrat, Zweckverbandsvorsitzender, ...), der dabei teilweise mit einem Leitungsgremium zusammenzuarbeiten hat (Gemeinde- bzw. Stadtvorstand, Verwaltungsausschuss). Nachdem ihre Aufgabe darin besteht, die gesamte gemeindliche Verwaltung zu leiten, gehört im Grundsatz auch die Verwaltung des Eigenbetriebes hierzu. Manche Kommunalordnungen sehen für den Bereich des Eigenbetriebes ab einer bestimmten Größe der Gemeinde die Bestellung eines Beigeordneten – auch „berufsmäßiges Gemeinderatsmitglied" – vor, der insoweit die Aufgaben und Befugnisse der Verwaltungsspitze wahrnimmt. Ob dies zweckmäßig ist, ist jedoch fraglich. Denn es ist gerade Sinn und Zweck der Sonderstellung des Eigenbetriebes, dessen Leitung innerhalb der Verwaltung zu verselbständigen, um so den besonderen wirtschaftlichen Erfordernissen Rechnung zu tragen.

Bei der Verwaltung ist zwischen der Spitze der kommunalen Verwaltung und der des Eigenbetriebs die **Abgrenzung der Zuständigkeiten** genau zu beachten.[80] Soweit „laufende Angelegenheiten" oder Personalbefugnisse durch Gesetz, durch die Betriebssatzung oder durch die Geschäftsverteilung der Verwaltungsspitze rechtswirksam auf die Werkleitung übertragen wurden, ist Letztere zuständiges Entscheidungsorgan. Sonst bleibt es bei der Zuständigkeit der Gemeindespitze, insbesondere als Dienstvorgesetzter bzw. oberste Dienstbehörde.[81] Auch im Bereich der laufenden Angelegenheiten können Zuständigkeiten bei ihr verbleiben, insbesondere in den Bereichen, die ihr vom Rat nach der Hauptsatzung zur eigenständigen Erledigung übertragen wurden. **89**

Der Verwaltungsspitze gegenüber hat die Werkleitung **Auskunftspflichten**, die im Einzelfall (ohne oder nach Aufforderung) oder durch regelmäßige Berichte zu erfüllen sind. In manchen Ländern ist die Werkleitung mit Rücksicht auf die finanziellen Verflechtungen von Gemeindehaushalt und Eigenbetrieb auch dem Kämmerer gegenüber zur Unterrichtung verpflichtet. Die Auskünfte dienen der allgemeinen Unterrichtung und der Wahrung des Rechtes der Verwaltung, Weisungen zu erteilen. **90**

Die Befugnis des Bürgermeisters/Landrats, der Werkleitung **Weisungen** zu erteilen, findet ihre Grenze darin, dass sie nur im Interesse der Einheitlichkeit der Verwaltung und bei Vernachlässigung oder Verletzung der Pflichten der Werkleitung ausgeübt werden darf und nicht in die kraft Gesetzes bestehenden oder eingeräumten Organrechte eingreifen darf.[82] Im Bereich der bei der Verwaltungsspitze verbliebenen Zuständigkeiten gelten diese Grenzen nicht. In einigen Ländern kommt ihr das Recht zu, von der Werkleitung zu fordern, Maßnahmen, die schwerwiegende Nachteile für die Gemeinde nach sich ziehen oder gesetzeswidrig sind, zu unterlassen oder zurückzunehmen. Die Weisungen sind an die Werkleitung und nicht an einen dieser nachgeordneten Bediensteten zu richten. Zum Weisungsrecht gehört – soweit es nicht nach dem jeweiligen Landesrecht einem anderen kommunalen Organ (in der Regel dem Werksausschuss) zugewiesen oder mit dessen Einwilligung auszuüben ist – die Geschäfte innerhalb der Werkleitung zu verteilen. Im Interesse wichtiger Belange der Gemeinde, der Gesetzmäßigkeit und Einheitlichkeit der Verwaltung besteht unter Umständen sogar eine Weisungspflicht.[83] In einigen Ländern besteht für die Werkleitung die Möglichkeit sich bei ungerechtfertigten Weisungen an den Werksausschuss zu wenden. Unter Umständen kommt auch eine Eingabe bei der Rechtsaufsicht und bei der Verletzung von Organrechten ein kommunalverfassungsrechtlicher Streit vor den Verwaltungsgerichten in Betracht. **91**

Das dem Bürgermeister bzw. Landrat zustehende Recht, in Angelegenheiten, deren Erledigung nicht ohne Nachteil für die Gemeinde bis zu einer Sitzung des Gemeinderates oder des zuständigen Ausschusses aufgeschoben werden kann, anstelle des Gemeinderates oder Ausschusses zu entscheiden (**Eilentscheidungsrecht**), besteht uneingeschränkt gegenüber dem Werksausschuss. Aber auch der Werkleitung gegenüber besteht dieses Recht **92**

---

[80] Vgl. z. B. § 10 EigBG BW; § 7 RP EigVO; § 10 SächsEigBG.
[81] Vgl. § 11 SächsEigBG.
[82] Vgl. hierzu z. B. § 10 Abs. 1 EigBG BW; § 9 Abs. 1 BbgEigV; § 10 Abs. 1 SächsEigBG.
[83] Vgl. hierzu z. B. § 10 Abs. 2 EigBG BW.

in entsprechender Weise. Denn dieses Notrecht ist ein exklusives und nicht übertragbares Recht des Verwaltungsspitze. Insofern bietet es sich an in der Betriebssatzung klarzustellen, dass der Bürgermeister/Landrat anstelle von Gemeinderat/Kreistag bzw. Werksausschuss in Angelegenheiten entscheidet, deren Erledigung nicht ohne Nachteile für den Eigenbetrieb bis zu einer Sitzung des zuständigen Organs aufgeschoben werden kann.

93 Die Verwaltungsspitze ist nach einigen landesrechtlichen Bestimmungen **Vorsitzender des Werksausschusses**. Insoweit kommen ihr zum Teil auch die auf diese Funktion bestehenden Rechte und Aufgaben zu (Vorbereitung der Sitzung, Vollzug der Beschlüsse). Der Vollzug der Beschlüsse des Rates betreffend den Eigenbetrieb bzw. des Werksausschusses kommen grundsätzlich der Verwaltungsspitze zu, soweit diese Aufgabe nicht der Werkleitung übertragen sind.

94 **bb) Der Rat (z. B. Gemeinderat/Kreistag)**. Die Gemeindevertretung, der Kreistag oder die Verbandsversammlung – im Folgenden: der Rat –, dessen konkrete Zusammensetzung in den Kommunalverfassungsgesetzen zum Teil sehr unterschiedlich ausgestaltet ist, trifft nach der gesetzlichen Verteilung der Zuständigkeit der Kommunalorgane die grundsätzlichen Entscheidungen, die den Eigenbetrieb betreffen und die er nicht nach Zulassung des jeweils geltenden Kommunalrechts in der Betriebssatzung auf den Werksausschuss übertragen kann bzw. übertragen hat.[84] Bei ihm liegen mithin insoweit die grundsätzlichen Kompetenzen; er ist in diesem Sinne oberstes Organ der Kommune und damit auch des Eigenbetriebs. Dessen Zuständigkeiten können zum Teil auch nicht auf den Werksausschuss übertragen werden. Sie enden aber – wie beim Hauptverwaltungsbeamten der Gemeinde – bei den laufenden Geschäften, auf die der Rat unmittelbar keinen Einfluss hat. Es ist regelmäßig zweckmäßig, die dem Rat vorbehaltenen Zuständigkeiten in der Betriebssatzung geordnet zusammenzustellen und damit transparent zu machen. Denn diese Kompetenzen sind zum Teil in verschiedenen höherrangigen Gesetzen geregelt und damit nicht sofort erkennbar.

95 Der **vorbehaltene Aufgabenkatalog** des Rates lässt sich wie folgt umschreiben: Er entscheidet über die Errichtung, Erweiterung oder Umwandlung des Eigenbetriebes. Er bestellt insbesondere die Werkleitung und den Werksausschuss. Er erlässt und ändert die Betriebssatzung einschließlich der denkbaren Anordnung eines Anschluss- und Benutzungszwangs. In diesem Rahmen bestimmt er auch die Grenzen der Vertretungsbefugnis des Werkleiters. Nur der Rat kann die Betriebssatzung wieder aufheben. Die Tarife und die sonstigen allgemeine Entgelte werden regelmäßig von ihm festgelegt. Er entscheidet über die Kapitalausstattung und die Grundentscheidungen betreffend das Personal. Die Aufnahme von Krediten und deren Absicherung sowie bedeutsamer Verträge (z. B. Vermögensverfügungen) wird häufig ihm vorbehalten sein, insbesondere bei erheblicher wirtschaftlicher Bedeutung für die Gemeinde. Er bestimmt auch den Abschlussprüfer. Er stellt die Jahresabschlüsse der Eigenbetriebe fest und beschließt die Entlastung und den Wirtschaftsplan. Er entscheidet über die Verwendung des Jahresgewinns, die Rückzahlung des Eigenkapitals und die Deckung des Verlustes.

96 Selbst wenn er an den Ausschuss Zuständigkeiten auf der Grundlage einer gesetzlichen **Delegation** übertragen hat, hat der Rat nach einigen Gemeindeordnungen das Recht, sie dem Werksausschuss allgemein oder im Einzelfall wieder zu entziehen (so genanntes **Rückholrecht**). Grundsätzlich bedarf es – soweit gesetzlich nicht anderes bestimmt ist – dabei keines förmlichen Beschlusses, in dem er die Zuständigkeit ausdrücklich entzieht. Vielmehr liegt die „Rückholung" in der jeweiligen Sachentscheidung selbst. Auch über diese Befugnis ist er Kontrollorgan für den Eigenbetrieb. Manche Kommunalordnungen verlangen für die Rückholung der Kompetenz dieselbe Form wie für die Übertragung. Einige Landesrechte gehen sogar soweit, dass der Rat auch nach dem Beschluss des Werksausschusses von diesem Recht Gebrauch machen kann, soweit nicht bereits Rechte Dritter entstanden sind.

---

[84] Vgl. z. B. § 9 EigBG BW; § 5 M-V-EigVO.

I. Regie- und Eigenbetrieb

Ob der Rat einen bereits gefassten **Beschluss des Werksausschusses** ändern oder gar aufheben kann, richtet sich nach der Ausgestaltung des jeweiligen Landesrechts. Soweit das Gesetz hierzu schweigt, spricht mehr für diese Kompetenz als gegen sie. Denn das Gesetz behält regelmäßig dem Rat gegenüber dem Eigenbetrieb und seinem Ausschuss mehr Rechte zurück und weist ihm die Klärung grundsätzlicher Fragen zu, wozu auch zwischen dem Rat und dem Ausschuss politisch umstrittene Grundsatzfragen zählen.

5. Rechtsverhältnis zum kommunalen Träger

Der Eigenbetrieb ist weder rechtlich noch organisatorisch verselbständigt. Trägerin und Eigentümerin des Sondervermögens „Eigenbetrieb" ist die ihn betreibende Kommune. Dieser Rechtszustand hat konsequenterweise Auswirkungen sowohl im Verhältnis Eigenbetrieb zur Gemeinde als auch im Verhältnis Eigenbetrieb zu Dritten.

Die fehlende Rechtsfähigkeit führt dazu, dass zwischen dem kommunalen Träger und dem Eigenbetrieb **keine Verträge** abgeschlossen werden können. Das Verhältnis ist vielmehr kommunalverfassungsrechtlich, beamten- und arbeitsrechtlich ausgestaltet. So kann sich etwa der Eigenbetrieb vertraglich nicht verpflichten, an die Gemeinde Konzessionsabgaben, also privat-rechtliche Entgelte, die von Unternehmen an die Gemeinde für die Einräumung des Rechts bezahlt werden, die öffentlichen Verkehrswege im Gemeindegebiet für die Verlegung und den Betrieb von Versorgungsleitungen und Entsorgungsleitungen benutzen zu dürfen, zu zahlen. Dies setzt nämlich den Abschluss eines entsprechenden privat-rechtlichen Vertrages zwischen zwei Rechtssubjekten voraus. Der Eigenbetrieb selbst besitzt aber keine Rechtsfähigkeit hat. Wenn es gleichwohl in der Praxis üblich ist, die rechtlichen Beziehungen etwa hinsichtlich der Wegenutzung zwischen einer Gemeinde und ihrem Eigenbetrieb unter der Bezeichnung „Konzessionsvertrag" zu regeln, so handelt es sich hierbei nicht um einen Vertrag, sondern ihrem rechtlichen Charakter nach um eine besonders gestaltete Verwaltungsanweisung des Bürgermeisters.[85]

Lieferungen, Leistungen und Darlehen des Eigenbetriebs an die Gemeinde oder anderer Eigenbetriebe der Gemeinde, die – wie soeben dargestellt – nicht im Wege rechtsgeschäftlicher Vereinbarung, sondern im Wege des Austausches stattfinden, sind nach den Regelungen des jeweils geltenden Eigenbetriebsrechtes zu vergüten.[86] Damit wird dem Umstand Rechnung getragen, dass die wirtschaftliche Leistung bzw. der Bestand des Sondervermögens Eigenbetrieb erfasst bzw. gesichert wird.

Der Eigenbetrieb kann **Verträge mit Dritten**, auch mit rechtlich selbständigen Eigengesellschaften, nur für den kommunalen Träger abschließen. Für die Verbindlichkeiten aus diesen Verträgen bzw. für sonstige Schulden haftet daher die Kommune ohne Beschränkung auf das Sondervermögen des Eigenbetriebs. Die Kommune haftet also mit ihrem Vermögen für die wirtschaftlichen Verluste des Eigenbetriebs.

Im **Grundbuch** sind vom Eigenbetrieb genutzte Grundstücke als Eigentum der Kommune einzutragen. Allerdings besteht nach der Grundbuchverfügung die Möglichkeit, dass auf Antrag durch einen Zusatz auf die organisatorische Zugehörigkeit des Grundstücks zum Eigenbetrieb hingewiesen wird. Dass das Grundstück in der Jahresbilanz dagegen in jedem Falle beim Eigenbetrieb zu verbuchen ist, ergibt sich aus dem Charakter als Sondervermögen.

Verwaltungsakte ergehen – wenn das jeweilige Kommunalrecht dem Eigenbetrieb den Erlass überhaupt ermöglicht – „durch" die Gemeinde, die auch bei einer Klage passivlegitimiert ist. Will sich der Eigenbetrieb den Einwand ersparen, er habe keine Befugnis zum Erlass des Bescheides, wird er die hoheitliche Maßnahme nicht als „Eigenbetrieb", sondern als Teil der Verwaltung ihres Rechtsträgers (Stadt, Gemeinde, Landkreis, ...) erlassen und den Bescheid in seiner äußeren Erscheinung entsprechend gestalten.

---

[85] Vgl. OVG Schleswig-Holstein, Urteil vom 28. 11. 2001 – 2 K 6/99.
[86] Vgl. z. B. § 7 BayEBV.

102 Erhebt der **Eigenbetrieb** Klage, ist durch Auslegung zu ermitteln, ob hier die Gemeinde unter der Bezeichnung des Eigenbetriebs in dessen Angelegenheiten auftritt oder ein Parteiunfähiger handelt. Im Zweifel wird sich die erste Alternative als die sachgerechte erweisen und wurde auch in der Rechtsprechung akzeptiert.[87] Dabei ist aber auch klar, dass damit keine „Teilrechtsfähigkeit" begründet wird, weil Klägerin in jedem Falle die Kommune ist, allerdings unter der Bezeichnung ihres Eigenbetriebs.

6. Rechtsverhältnis zum Gemeindeeinwohner

103 Ist der Eigenbetrieb aufgrund der öffentlichen Zwecksetzung eine öffentliche Einrichtung der Gemeinde, hat der Gemeindeeinwohner grundsätzlich einen öffentlich-rechtlichen Anspruch auf seine Leistungen. Daneben und hiervon zu unterscheiden, kann im Einzelfall ein zivilrechtlicher Kontrahierungszwang bestehen. Denn die Kommune ist auch und gerade auf der Betriebsebene zum einen an Art. 3 GG gebunden und hat das Schädigungsverbot zu achten. Schließlich bestehen für einzelne Versorgungsbereiche allgemeine Anschluss- und Versorgungspflichten, die auf der Seite des Nutzers durchsetzbare Ansprüche begründet.[88] Selbstredend stehen diese Ansprüche unter dem Vorbehalt, dass der Nutzer bzw. Gemeindeeinwohner die durch Satzung oder durch sonstige Nutzungsbedingungen festgelegten Bedingungen erfüllt, insbesondere die geforderten Tarife zahlt.

104 Auf der anderen Seite ist die Gemeinde für gesetzlich bestimmte öffentliche Einrichtungen (insbesondere Wasserversorgung, Abwasserbeseitigung, Straßenreinigung) ermächtigt, im Wege einer Satzung, die auch die Betriebssatzung sein kann, einen Anschluss- und Benutzungszwang anzuordnen.

7. Aufsicht

105 Versteht man den Begriff „Aufsicht" in einem weiteren Sinne, so ist unter diesem Aspekt nicht nur die staatliche Aufsicht, sondern auch die gegenseitige Kontrolle und Überwachung der kommunalen Organe, insbesondere der Organe des Eigenbetriebs, anzusprechen.

a) Innerhalb der Kommune

106 **Kontrolle des Werksausschusses gegenüber der Werkleitung.** Regelmäßig kommt dem Werksausschuss gegenüber der Werkleitung keine Kontrollfunktion im Einzelfall zu. Stellt der Werksausschuss fest, dass seine Beschlüsse nicht ausgeführt wurden oder die Werkleitung sonst sich nicht an die Vorgaben anderer Organe handelt, bleibt ihm nur die Möglichkeit, sich an die Verwaltungsspitze, den Rat, die Rechtsaufsicht und – wo eigene Organrechte verletzt werden – an das Verwaltungsgericht zu wenden. Nur vereinzelt finden sich Bestimmungen, wonach der Werksausschuss ein Widerspruchsrecht gegenüber Maßnahmen der Werkleitung oder gar die Überwachung der gesamten Werkleitung zukommt. Regelmäßig ist die Werkleitung verpflichtet, den Ausschuss rechtzeitig und umfassend zu informieren und die Zwischenberichte vorzulegen.

107 **Kontrolle durch den Hauptverwaltungsbeamten.** Ihm stehen nach einigen Eigenbetriebsgesetzen bzw. Gemeindeordnungen gegenüber der Werkleitung Weisungsrechte sowie dienstaufsichtliche Mittel zu. Er unterrichtet den Rat als Kollegium bzw. den Werksausschuss in den bedeutsamen Angelegenheiten und eröffnet dadurch dessen Kontrollmöglichkeit. In einigen Kommunalordnungen ist außerdem vorgesehen, dass der Hauptverwaltungsbeamte, hält er die Entscheidung des Rates oder des Werksausschusses für rechtswidrig, den Vollzug aussetzen und in der nächsten Sitzung gegenüber dem jeweils betroffenen Gremium beanstanden muss. Verbleibt der Rat oder der Ausschuss bei

---

[87] Vgl. BGH, Urteil vom 25. 2. 1981, VKU-ND Folge 395 S. 5; Amtsgericht Passau, RdE 1984, 132–132, geht sogar von einer Parteifähigkeit aus.
[88] Vgl. § 10 EnWG.

I. Regie- und Eigenbetrieb

seiner Entscheidung, so hat der Hauptverwaltungsbeamte unverzüglich die Rechtsaufsichtsbehörde zu richten. Teilt die Rechtsaufsichtsbehörde die Ansicht des Hauptverwaltungsbeamten nicht, hat er die Entscheidung zu vollziehen. Im anderen Fall kann der Rat für die Gemeinde wegen des unterbliebenen Vollzugs Klage zum Verwaltungsgericht erheben.

Kontrolle durch die Gemeindevertretung. Als das Organ, dem in der Gemeinde alle wesentlichen Entscheidungen im Bereich der eigenen Angelegenheiten vorbehalten sind, überwacht der Rat grundsätzlich die gesamte Verwaltung der Kommune und damit auch die Betriebsführung des Eigenbetriebs. Allerdings obliegt es ihm nicht, der Werkleitung oder dem Werksausschuss Weisungen zu erteilen. Er kann jedoch – über den Hauptverwaltungsbeamten oder die Werkleitung – um Auskunft und Aktenvorlage bitten. Der Rat wird, soweit grundsätzliche Fragen, also seine Zuständigkeiten, betroffen sind in der Form des Beschlusses oder der Satzungsänderung reagieren. Denkbar ist auch, dass er sich an den Hauptverwaltungsbeamten oder – als ultima ratio – an die Rechtsaufsicht wendet und um Einschreiten bittet. 108

Rechnungsprüfung. Wesentliches Mittel der innerkommunalen Aufsicht über die wirtschaftliche Betätigung des Eigenbetriebs ist die kommunale Rechnungsprüfung. Sie ist Gegenstand des Kapitels E, auf das insoweit verwiesen wird. 109

b) Staatliche Aufsicht

Neben dem innerkommunalen Kontroll- und Aufsichtssystem steht die staatliche Kommunalaufsicht, die hier – nachdem im Bereich des Eigenbetriebsrechtes im Wesentlichen Angelegenheiten des eigenen Wirkungskreises (freiwillige oder pflichtige Selbstverwaltungsaufgabe) berührt sind – inhaltlich auf die Rechtsaufsicht beschränkt ist. Das heißt, dass die staatliche Aufsicht nur die Erfüllung der gesetzlich festgelegten und übernommenen öffentlich-rechtlichen Aufgaben und Verpflichtungen sowie die Gesetzmäßigkeit der Verwaltungstätigkeit im staatlichen Interesse überwachen kann. Oberste Aufsichtsbehörde ist regelmäßig das Innenministerium, obere Aufsichtsbehörde der Regierungspräsident, die Bezirksregierung bzw. ein Landesverwaltungsamt, die untere Aufsichtsbehörde (über kreisangehörige Gemeinden) der Landrat als untere staatliche Verwaltungsbehörde. Sie lässt sich unterteilen in Maßnahmen der „präventiven" und der „repressiven" Aufsicht. Während die Ersteren auf einen ordnungsgemäßen Verwaltungsvollzug hinwirken und ihn begleiten, greifen Letztere in das Selbstverwaltungsrecht unmittelbar ein. 110

aa) Präventive Aufsicht

– **Rechtsaufsichtliche Beratung und Hilfe.** Die kommunalen Gebietskörperschaften können, bevor sie Entscheidungen treffen, rechtsaufsichtlichen Rat einholen. Die Rechtsaufsichtsbehörden sind grundsätzlich verpflichtet, die Kommunen bei der Erfüllung ihrer Aufgaben zu beraten, zu fördern und zu unterstützen, ihre Rechte, ihrer Entschlusskraft und Selbstverwaltung zu stärken. Für den Bereich des Eigenbetriebs besteht also die Möglichkeit, bevor externer – und in der Regel kostspieliger – Sachverstand „eingekauft" wird, die Kenntnisse und Erfahrungen der staatlichen Aufsichtsbehörden bei der Gründung, Errichtung, Ausgestaltung und Betriebsführung von Eigenbetrieben in Anspruch zu nehmen. Insbesondere die oberen und obersten Rechtsaufsichtsbehörden verfügen über einen umfassenderen Überblick über die Möglichkeiten und Grenzen kommunalen Wirtschaftens in der Form des Eigenbetriebs bzw. sind in der Lage über andere staatliche Behörden, insbesondere anderer Ressorts, sich die notwendigen Kenntnisse zu beschaffen. 111

– **Informationsrecht.** Dem Beratungsrecht der Kommune korrespondiert ihre Pflicht, die Aufsichtsbehörde über die Angelegenheiten des Eigenbetriebs zu unterrichten. Insbesondere dann, wenn Organe der Kommune oder Bürger Verstöße gegen öffentlich-rechtliche Aufgaben und Verpflichtungen der Kommune im Zusammenhang mit der Betriebsführung des Eigenbetriebs bei der Rechtsaufsichtsbehörde anzeigen, kann sie 112

Einrichtungen des Eigenbetriebs besichtigen und prüfen sowie Akten, Berichte und sonstige Unterlagen einsehen oder anfordern.

113 – **Genehmigungserfordernisse.** Eine Reihe von Rechtsgeschäften des Eigenbetriebs oder für ihn bedürfen der rechtsaufsichtlichen Genehmigung. Hierzu zählen – wie generell bei den Gemeinden – die Aufnahme von Krediten, die Übernahme von Verpflichtungen aus Gewährverträgen und die Übernahme von Bürgschaften, soweit sie nicht im Rahmen der laufenden Betriebsführung abgeschlossen werden, die Veräußerung von Vermögen.

bb) Repressive Aufsicht

114 – **Beanstandung und Aufhebungsbegehren.** Rechtswidrige Beschlüsse oder Maßnahmen der kommunalen Organe kann bzw. – in einigen Ländern – muss die Rechtsaufsichtsbehörde beanstanden und ihre Aufhebung oder Änderung verlangen.[89]

115 – **Anordnungsrecht.** Bei Nichterfüllen öffentlich-rechtlicher Aufgaben oder Verpflichtungen hat die Rechtsaufsichtsbehörde die Kommune zur Durchführung der notwendigen Maßnahmen aufzufordern. Erfüllt ein Organ der Gemeinde, insbesondere des Eigenbetriebs, seine ihm obliegenden öffentlich-rechtlichen Aufgaben oder Verpflichtungen nicht, ist streitig, ob das Anordnungsrecht erst besteht, wenn zugleich eine der Körperschaft nach außen obliegenden Pflicht verletzt wurde, oder ob es ausreicht, dass eine öffentlich-rechtliche Pflicht des Organs (ggf. gegenüber einem anderen Organ) nicht erfüllt wurde. Die Verletzung bürgerlich-rechtlicher Verpflichtungen durch Organe des Eigenbetriebs löst das Anordnungsrecht grundsätzlich nicht aus.

116 – **Ersatzvornahme.** Kommt eine Kommune innerhalb einer angemessenen Frist einem Aufhebungs- oder Abänderungsbegehren der Rechtsaufsichtsbehörde bzw. einer ihrer Anordnungen nicht nach, so kann bzw. muss die Rechtsaufsichtsbehörde die notwendigen Maßnahmen anstelle und auf Kosten der Kommune treffen und vollziehen. Gegen rechtsaufsichtliche Maßnahmen kann die Kommune grundsätzlich um verwaltungsgerichtlichen Rechtsschutz nachsuchen.

117 **Zusammenfassend lässt sich feststellen:** Der Eigenbetrieb als klassische Betriebsform kommunaler Unternehmen verbindet die Möglichkeit umfassender politischer Kontrolle des kommunalen Wirtschaftens durch die gewählten Räte bzw. der Verwaltungsspitze mit der Option kaufmännischen Rechnens und Wirtschaftens. Damit sind gleichzeitig die Vor- und Nachteile dieser Betriebsform umschrieben. So kann die politische Kontrolle kommunalen Wirtschaftens unter dem Aspekt der demokratischen Legitimation und Steuerung im Bereich der Erfüllung der Daseinsvorsorge der Bürger einen wichtigen Beitrag zur Akzeptanz und Transparenz seiner Tätigkeit leisten. Auf der anderen Seite besteht die Gefahr, dass die Aufgaben wegen bürokratischer Strukturen nicht effizient oder nicht immer sachgerecht, d. h. unökonomisch, erfüllt werden. Es ist nicht auszuschließen, dass bei wachsender Skepsis der Bevölkerung gegen die Privatisierung staatlicher und kommunaler Aufgaben diese derzeit auf dem Rückzug befindlichen Betriebsform eine Renaissance erlebt. Allerdings könnte dem der Erfolg der im nächsten Kapitel abzuhandelnden Betriebsform „Anstalt des öffentlichen rechts/Kommunalunternehmen" entgegenstehen.

---

[89] Vgl. zur rechtsaufsichtlichen Beanstandung der tariflichen Eingruppierung von Bediensteten des Eigenbetriebs: OVG Lüneburg, Urteil vom 25. 2. 1970 – V A 23/68 –, OVGE MüLü 26, 421; rechtsaufsichtliche Untersagung der Umwandlung eines Eigenbetriebs: OVG Saarland, NVwZ-RR 1994, 40.

II. Kommunalunternehmen (Anstalt des öffentlichen Rechts)

Literatur: *Detig*, Die kommunale Anstalt des öffentlichen Rechts als Wirtschaftsförderungsinstitution, 2004; *Ehlers*, Die Anstalt des öffentlichen Rechts als neue Unternehmensform der kommunalen Wirtschaft, ZHR 167 (2003), S. 546 ff.; *Erdmann*, Die Anstalt des öffentlichen Rechts – eine neue Rechtsform für gemeindliche Betriebe in Niedersachsen, NdsVBl. 2003, S. 261 ff.; *Fabry/Augsten* (Hrsg.), Handbuch Unternehmen der öffentlichen Hand, Baden-Baden 2002; *Gaß*, Die Umwandlung gemeindlicher Unternehmen, 2003; *Hoppe/Uechtritz* (Hrsg.), Handbuch Kommunale Unternehmen, 2004; *Kirchgässner/Knemeyer/Schulz*, Das Kommunalunternehmen – Neue Rechtsform zwischen Eigenbetrieb und GmbH, 1997; *Klein/Uckel/Ibler*, Kommunen als Unternehmer: Gründung, Umwandlung und Führung kommunaler Betriebe, Loseblattsammlung, 2002; *Koller/Roth/Morck*, Handelsgesetzbuch – Kommentar, 4. Aufl. 2003; *Lux*, Das neue kommunale Wirtschaftsrecht in Nordrhein-Westfalen, NWVBl. 2000, 7 ff.; *Menzel/Hornig*, Die Anstalt des öffentlichen Rechts – Eine neue Rechtsform für gemeindliche Betriebe in Nordrhein-Westfalen, ZKF 2000, 178 ff. und 199 ff.; *Neusinger/Lindt*, Ein Unternehmen auf dem Vormarsch – 7 Jahre bayerisches Kommunalunternehmen, BayVBl. 2002, 689 ff.; *Püttner* (Hrsg.), Zur Reform des Gemeindewirtschaftsrechts, 2002; *Schulz*, in: Praxis der Kommunalverwaltung, Loseblattsammlung, Komm. zu Art. 86 ff. GO Bay; *Riedmayer/Schraml*, Das Kommunalunternehmen – Anstalt des öffentlichen Rechts – Erweiterung kommunaler Handlungsmöglichkeiten, 2000; *Wambach* (Hrsg.), Kommunale Unternehmer im Fokus, 2003; *Wolff/Bachof/Stober*, Verwaltungsrecht Band II, 5. Aufl. 1987.

Mitte der neunziger Jahre begann in den Bundesländern eine grundlegende **Neuordnung des kommunalen Wirtschaftsrechts**.[90] Ein wesentlicher Bestandteil dieser Reformen war die Einführung einer neuen Rechtsform für kommunale Unternehmen – der kommunalen rechtsfähigen Anstalt des öffentlichen Rechts.[91] Sieht man von den Stadtstaaten Berlin und Hamburg ab, so war der Freistaat Bayern mit seinem Gesetz zur Änderung des kommunalen Wirtschaftsrechts vom 26. Juli 1995[92] Vorreiter dieser Rechtsentwicklung.[93] Es folgten die Bundesländer Nordrhein-Westfalen,[94] Rheinland-Pfalz,[95] Sachsen-Anhalt,[96] Niedersachsen[97] und Schleswig-Holstein.[98]

Die **Bezeichnung** für die neue Rechtsform variiert. In Bayern, Sachsen-Anhalt und Schleswig-Holstein wird sie „Kommunalunternehmen" genannt, in Niedersachsen „kommunale Anstalt", in Nordrhein-Westfalen und Rheinland-Pfalz nur „Anstalt des öffentlichen Rechts".[99] Im Folgenden wird aus Vereinfachungsgründen die kommunale rechtsfähige Anstalt des öffentlichen Rechts ausschließlich als Kommunalunternehmen bzw. KU bezeichnet.

---

[90] Siehe den Erfahrungsbericht von *Detig*, S. 124 ff., dem umfangreiche empirische Untersuchungen zugrunde liegen.

[91] Im Folgenden wird sich jeweils auf die Gemeindeordnungen der Länder beschränkt. Die Gesetze für andere kommunale Gebietskörperschaften sind in der Regel identisch. Die Länder werden immer in alphabetischer oder chronologischer Reihenfolge aufgeführt.

[92] GVBl. Bay S. 376.

[93] Zu den Hintergründen der bayerischen Reform vgl. *Knemeyer* und *Schulz* in: *Kirchgäßner/Knemeyer/Schulz*, S. 9 ff. und 18 ff.

[94] § 114 a GO NW; Gesetz zur Modernisierung von Regierung und Verwaltung in Nordrhein-Westfalen vom 15. Juni 1999 (1. ModernG NRW), GV NW S. 386; vgl. dazu *Lux*, NWVBl. 2000, 7 (11 ff.) und *Menzel/Hornig*, ZKF 2000, 178 ff. und 199 ff.

[95] §§ 86 a, 86 b GemO RhPf; Viertes Landesgesetz zur Änderung kommunalrechtlicher Vorschriften vom 2. April 1998, GVBl. RhPf S. 108.

[96] Gesetz über die kommunalen Anstalten des öffentlichen Rechts (Anstaltsgesetz – AnstG) vom 3. 4. 2001, GVBl. LSA S. 136.

[97] §§ 113 a ff. GO Nds.; Gesetz zur Änderung des kommunalen Wirtschaftsrechts vom 27. 1. 2003, GVBl. Nds. S. 36; vgl. dazu *Erdmann*, NdsVBl. 2003, 261 ff.

[98] § 106 a GO SH.

[99] Die nordrhein-westfälische „Verordnung über kommunale Unternehmen und Einrichtungen als Anstalt des öffentlichen Rechts" heißt jedoch – wie in Bayern – „Kommunalunternehmensverordnung – KUV", Verordnung vom 24. 10. 2001, GV NW S. 733.

1. Rechtsgrundlagen

120 Das Kommunalunternehmen ist im kommunalen Wirtschaftsrecht verankert. Neben Regie- und Eigenbetrieb sowie den privaten Rechtsformen wird den Kommunen eine weitere Gestaltungsalternative eröffnet. Folgende **Gesetze** sind insoweit maßgeblich:
Bayern: Art. 89 bis 91 GO Bay
Niedersachsen: §§ 113 a bis 113 g GO Nds.
Nordrhein-Westfalen: § 114 a GO NW
Rheinland-Pfalz: §§ 86 a und 86 b GemO RhPf
Sachsen-Anhalt: Anstaltsgesetz
Schleswig-Holstein: § 106 a GO SH

121 Die Bestimmungen der Kommunalgesetze werden ergänzt und konkretisiert durch **Verordnungen** über das Kommunalunternehmen, die jedoch noch nicht in allen Ländern mit der Rechtsform des Kommunalunternehmens vorliegen:
- **Bayern:** Verordnung über Kommunalunternehmen (KUV) vom 19. 3. 1998[100]
- **Nordrhein-Westfalen:** Verordnung über kommunale Unternehmen und Einrichtungen als Anstalt des öffentlichen Rechts (Kommunalunternehmensverordnung – KUV) vom 24. 10. 2001[101]
- **Rheinland-Pfalz:** Eigenbetriebs- und Anstaltsverordnung (EigAnVO) vom 5. 10. 1999[102]

2. Rechtsnatur – Anstalts- und Gewährträgerschaft – Beteiligungen

a) Rechtsfähige Anstalt des öffentlichen Rechts

122 Das Kommunalunternehmen ist eine rechtsfähige Anstalt des öffentlichen Rechts.[103] Die **rechtsfähige Anstalt** stellt eine mit eigenem Stammkapital sowie eigenen Personal- und Sachmitteln ausgestattete öffentlich-rechtliche Organisationsform dar, durch die der Anstaltsträger ihm obliegende öffentliche Aufgaben erfüllt.[104] Anders als Regie- oder Eigenbetrieb ist die Anstalt unmittelbar Träger von Rechten und Pflichten, kann selbst Eigentum und andere dingliche Rechte erwerben und ist im Prozess parteifähig. Soweit gesetzlich vorgesehen,[105] kann der Anstalt darüber hinaus eine eigene Satzungsgewalt und damit ein partielles Selbstverwaltungsrecht übertragen werden. Das Kommunalunternehmen als rechtsfähige Anstalt des öffentlichen Rechts ist daher – wie die Kommune selbst – Teil der mittelbaren Staatsverwaltung.[106]

123 Im Unterschied zu Körperschaften oder Personen- und Kapitalgesellschaften ist der **Anstaltsträger** aber nicht Mitglied oder Gesellschafter der Anstalt, sondern derjenige Rechtsträger, dessen Aufgaben die selbständige Anstalt wahrnimmt. Die für die Gewährleistung der Aufgabenerfüllung erforderliche Einflussnahme übt der Anstaltsträger in einem entsprechenden Repräsentativorgan der Anstalt – beim Kommunalunternehmen der Verwaltungsrat – aus. Die Anstalt fungiert damit als eine Art verselbständigter „Erfüllungsgehilfe" des Anstaltsträgers.

b) Anstalts- und Gewährträgerschaft

124 Das Kommunalunternehmen ist nicht als Körperschaft und damit nicht mitgliedschaftlich organisiert. Gemäß der gegenwärtigen kommunalrechtlichen Situation kann nur **eine Kommune** Anstaltsträger sein. Anders als bei Zweckverbänden oder bei anderen spezialgesetzlich geregelten rechtsfähigen Anstalten kann das Kommunalunternehmen meist nur von einer

---

[100] GVBl. Bay S. 220, zuletzt geändert durch VO v. 12. 10. 2001, GVBl. Bay S. 720.
[101] GV NW S. 733.
[102] GVBl. RhPf S. 373.
[103] Art. 89 Abs. 1 S. 1 GO Bay, § 113a Abs. 1 S. 1 GO Nds., § 114a Abs. 1 S. 1 GO NW, § 86a Abs. 1 S. 1 GemO RhPf, § 1 Abs. 1 S. 1 AnstG LSA, § 106a Abs. 1 GO SH.
[104] *Wolff/Bachof/Stober*, § 98 Rz. 6.
[105] Art. 89 Abs. 2 S. 3 GO Bay, § 113c S. 3 GO Nds., § 114a Abs. 3 S. 2 GO NW, § 86a Abs. 3 S. 2 GemO RhPf, § 3 S. 3 AnstG LSA, § 106a Abs. 3 S. 2 GO SH.
[106] Siehe dazu *Detig*, S. 74f.

II. Kommunalunternehmen (Anstalt des öffentlichen Rechts)

Kommune getragen werden.[107] Lediglich in Bayern und Niedersachsen eröffnet das Zweckverbandsrecht die Möglichkeit, dass das KU von mehreren Kommunen getragen wird.[108]

Ausführliche Regelungen zum **„gemeinsamen Kommunalunternehmen"** enthält hierzu das im Juli 2004 geänderte[109] bayerische Gesetz über die kommunale Zusammenarbeit. Gemeinden, Landkreise und Bezirke können durch Vereinbarung einer Unternehmenssatzung ein gemeinsames Kommunalunternehmen errichten. Regie- und Eigenbetriebe sowie Zweckverbände und Kapitalgesellschaften, an denen ausschließlich kommunale Körperschaften des öffentlichen Rechts beteiligt sind, können in ein gemeinsames KU ausgegliedert bzw. umgewandelt werden. Ebenso möglich ist die Verschmelzung bereits bestehender KU und der Beitritt einer Kommune zu einem bereits bestehenden (gemeinsamen) KU.[110] Die Unternehmenssatzung muss unter anderem Angaben über die Stammeinlagen sowie die Sitz- und Stimmenverteilung enthalten. Nach dem Verhältnis der Stammeinlagen richtet sich – vorbehaltlich einer insoweit abweichenden Unternehmenssatzung – auch die interne Haftungsverteilung.[111] Im Außenverhältnis sind die Gewährträger Gesamtschuldner. Das gemeinsame Kommunalunternehmen wird aufgrund der klaren und unbürokratischen Strukturen auf Dauer den Zweckverband als Rechtsform der kommunalen Zusammenarbeit ablösen. Da die Beschränkung des KU auf einen Anstaltsträger weder rechtlich zwingend noch organisatorisch sinnvoll ist, werden sicher andere Bundesländer dem Beispiel Bayerns folgen und ihr kommunales Unternehmensrecht dahingehend reformieren.

Ein Kommunalunternehmen kann nur von einer **Kommune**, nicht jedoch von einem Kommunalunternehmen selbst getragen werden. Ein KU kann also selbst kein Kommunalunternehmen gründen. Eine Holding-Struktur ist demzufolge nur dadurch möglich, dass eine Kommune mehrere KU gründet und diese kraft Unternehmenssatzung in ein Hierarchie-Verhältnis zueinander bringt.

Nachdem auf Zweckverbände die Vorschriften des Gemeindewirtschaftsrechts anwendbar sind, können Kommunalunternehmen jedoch auch von Zweckverbänden gegründet werden.[112] Im Wege der kommunalen Zusammenarbeit ist es also nicht ausgeschlossen, dass mehrere Kommunen einen Zweckverband gründen, dessen einzige Aufgabe in der Anstaltsträgerschaft für ein KU besteht („ausgehöhlter Zweckverband").

Eng verbunden mit der Rechtsnatur ist die **Gewährträgerhaftung** des Anstaltsträgers. Die Gemeinde haftet für die Verbindlichkeiten des Kommunalunternehmens unbeschränkt, soweit nicht Befriedigung aus dessen Vermögen zu erlangen ist. Derartige Bestimmungen sehen die Kommunalgesetze Bayerns, Nordrhein-Westfalens, von Rheinland-Pfalz und Sachsen-Anhalt vor.[113] Keine Festlegungen zur Gewährträgerhaftung trifft § 106a GO SH. Ausdrücklich verneint wird die Haftung der Gemeinde für Verbindlichkeiten des KU von der niedersächsischen Gemeindeordnung.[114]

Die Gewährträgerhaftung gegenüber Dritten ist das Spiegelbild zur **Anstaltslast**.[115] Eine Kommune ist im Innenverhältnis verpflichtet, die Existenz der Anstalt zu sichern. Sie muss gewährleisten, dass das KU seine Aufgaben nachhaltig erfüllen kann. Dies setzt eine angemessene Ausstattung mit Stammkapital voraus.[116] Eine Besonderheit bietet auch hier die niedersächsische Gemeindeordnung: Die Gemeinde unterstützt das KU bei der Erfüllung seiner Aufgaben mit der Maßgabe, dass ein Anspruch des KU gegen die Ge-

---

[107] Art. 89 Abs. 1 S. 1 GO Bay, § 113a Abs. 1 S. 1 GO Nds., § 114a Abs. 1 S. 1 GO NW, § 86a Abs. 1 S. 1 GemO RhPf, § 1 Abs. 1 S. 1 AnstG LSA, § 106a Abs. 1 S. 1 GO SH.
[108] Art. 49 ff. KommZG Bay, § 13 ZwVbG Nds.
[109] Gesetz zur Änderung des Kommunalrechts vom 26.7.2004, GVBl. Bay S. 272 ff.; siehe auch die Gesetzesbegründung LT-Drs. Bay 15/1063, S. 2, 3 und 23 f.
[110] Siehe hierzu im Einzelnen Art. 49 Abs. 1 bis 4 KommZG Bay.
[111] Zur Organisation siehe Art. 50 KommZG Bay.
[112] So z. B. in Bayern Art. 40 Abs. 1 S. 1 KommZG Bay.
[113] So oder ähnlich z. B. Art. 89 Abs. 4 GO Bay, § 114a GO NW, § 86a GemO RhPf, § 4 S. 1 AnstG LSA.
[114] § 113d Abs. 2 S. 2 GO Nds.
[115] Vgl. dazu auch *Hellermann* in: Hoppe/Uechtritz, § 7, Rn. 72.
[116] § 9 KUV Bay, § 9 KUV NW, § 29 EigAnVO RhPf, § 4 S. 2 AnstG LSA.

meinde oder eine sonstige rechtliche Verpflichtung der Gemeinde, dem KU Mittel zur Verfügung zu stellen, nicht besteht.[117]

130 Gewährträgerhaftung und Anstaltslast sind letztlich Ausfluss der den Kommunen kraft Gesetzes eingeräumten Möglichkeit, sich einer selbständigen Organisationsform zur Erfüllung ihrer Aufgaben zu bedienen. Dies darf nicht dazu führen, dass sich die Kommunen ihrer Verantwortung durch schlichte Ausgliederung der Aufgaben entledigen. Jedenfalls im Bereich kommunaler Pflichtaufgaben muss die Kommune als Anstaltsträger daher deren Erfüllung ungeachtet von Liquiditätsschwierigkeiten der Anstalt stets sicherstellen. Ein nennenswerter Nachteil gegenüber den Organisationsformen des privaten Gesellschaftsrechts erwächst dem Kommunalunternehmen dadurch aber nicht. Bedient sich die Kommune einer Kapitalgesellschaft zur Erfüllung ihrer Pflichtaufgaben, trifft sie auch dort jedenfalls insoweit eine **Insolvenzabwendungspflicht**.[118]

131 Ob Gewährträgerhaftung und Anstaltslast im Bereich des kommunalen Wirtschaftsrechts von den **europarechtlichen Regelungen** zu staatlichen Beihilfen (Art. 86, 87 EGV) überlagert werden, bleibt abzuwarten.[119] Für den Bereich der Sparkassen wurde die Gewährträgerhaftung und Anstaltslast von der EG-Kommission als wettbewerbsverzerrende und damit grundsätzlich gemeinschaftsrechtswidrige Beihilfe qualifiziert. Die Länder Niedersachsen und Schleswig-Holstein, in denen das Kommunalunternehmen jüngst eingeführt wurde, haben bereits auf diese Sicht der Dinge reagiert und explizit eine interne Haftung der Kommune abgelehnt oder generell auf eine entsprechende Regelung verzichtet. Allerdings ist zu beachten, dass das Beihilfeverbot des Art. 87 EGV überhaupt nur dann zur Anwendung kommt, wenn die Gewährung kommunaler Mittel den Wettbewerb verfälscht oder zu verfälschen droht *und* der Handel zwischen den Mitgliedstaaten beeinträchtigt wird, indem etwa Ausfuhren erleichtert oder Einfuhren erschwert werden.[120] Insoweit bestehen aber erhebliche Unterschiede zwischen dem international verflochtenen Finanzsektor und der in der Regel lokal oder regional begrenzten kommunalwirtschaftlichen Tätigkeit außerhalb des Sparkassenwesens. Darüber hinaus enthält der EG-Vertrag selbst in Art. 86 Abs. 2 eine Ausnahme für den Bereich der Daseinsvorsorge, so dass jedenfalls in diesem – freilich nicht abschließend abgrenzbaren, weil im Fluss befindlichen – Bereich die Gewährträgerhaftung weiter Bestand haben dürfte.

c) Kaufmannseigenschaft

132 Ein Kommunalunternehmen muss in das Handelsregister eingetragen werden, wenn es ein Handelsgewerbe betreibt und somit **Kaufmann** ist (§ 1 HGB). Ein Handelsgewerbe betreibt jeder Gewerbebetrieb, es sei denn, dass das Unternehmen nach Art und Umfang einen in kaufmännischer Weise eingerichteten Geschäftsbetrieb nicht erfordert.

133 Das Vorliegen eines Gewerbebetriebes setzt zwingend voraus, dass **Gewinnerzielungsabsicht** besteht.[121] Dabei kommt es nur auf die Absicht an und nicht darauf, ob tatsächlich Gewinne erzielt werden. Öffentliche Unternehmen sind insoweit nicht privilegiert. Bei der Erledigung hoheitlicher Aufgaben wird es jedoch in der Regel an der Gewinnerzielungsabsicht fehlen. Dies gilt insbesondere für Unternehmen, die dem kommunalen Abgabenrecht (z. B. Abfallwirtschaft, Wasser, Abwasser) unterliegen und kostendeckende Entgelte kalkulieren müssen. Ohne Gewinnerzielungsabsicht wirtschaften auch Einrichtungen mit gemeinnützigen Zwecken. Mit Gewinnerzielungsabsicht betrieben werden hingegen in der Regel Energieversorgungsunternehmen, Krankenhäuser, Alten- und Pflegeheime, soweit Letztere nicht gemeinnützig sind. Ein Gewerbebetrieb stellt auch das Halten einer Beteiligung im Rahmen einer Holding-Konstruktion dar.

---

[117] § 113d Abs. 1 GO Nds.
[118] Näher dazu Gaß, S. 79 f.
[119] Ausf. zu den europarechtlichen Rahmenbdingungen kommunaler Unternehmen *Beyer*, in: *Wambach*, S. 65 ff. sowie Kapitel B. Rn. 1 ff.; kritisch *Püttner*, in: *Püttner*, S. 501.
[120] Darauf weist auch *Ehlers*, ZHR 167 (2003), 546 (574) hin.
[121] Siehe zum Begriff des Handelsgewerbes *Koller/Roth/Morck*, HGB, § 1 Rn. 1 ff.

II. Kommunalunternehmen (Anstalt des öffentlichen Rechts)

Gemäß § 33 Abs. 1 HGB ist das KU vom Vorstand zur **Eintragung ins Handelsregister** anzumelden. Der Anmeldung sind die Unternehmenssatzung und die Urkunden über die Bestellung des Vorstandes in Urschrift oder in öffentlich beglaubigter Abschrift beizufügen (§ 33 Abs. 2 HGB). Problematisch könnten Satzungsbestimmungen sein, die in Anlehnung an die Verordnungen über das KU vorsehen, dass das KU vom vorsitzenden Mitglied des Verwaltungsrates vertreten wird, wenn noch kein Vorstand vorhanden ist oder der Vorstand handlungsunfähig ist.[122] Möglicherweise erachtet das Registergericht diese Regelung als zu unbestimmt. Eintragungsfähig wird das KU aber jedenfalls dadurch, wenn diese Bestimmung nicht in die Unternehmenssatzung aufgenommen wird. Aufgrund der jeweiligen landesrechtlichen Verordnung gilt die Vertretungsregelung auch ohne Verankerung in der Unternehmenssatzung. Für die Anmeldung und Eintragung in das Handelsregister hat das KU die gesetzlich vorgeschriebenen Gebühren zu entrichten und die notwendigen Auslagen zu erstatten. 134

d) Beteiligung Privater am Kommunalunternehmen

Eine **Beteiligung Privater** ist beim Kommunalunternehmen grundsätzlich nicht möglich. Anders als bei den Zweckverbänden[123] sieht dies das kommunale Wirtschaftsrecht nicht vor. 135

Zulässig ist jedoch die „**typische stille Beteiligung**" eines Privaten im Sinne der §§ 230 ff. HGB.[124] Der (typische) stille Gesellschafter leistet lediglich eine Einlage. Diese Beteiligung ändert nichts an der Gewährträgerschaft der Kommune und den kommunalrechtlichen Zuständigkeitsregelungen. Die Einlage begründet keine Einflussmöglichkeit auf die Geschäftsführung des KU, sondern stellt lediglich ein „qualifiziertes Kreditverhältnis" dar.[125] Eine stille Beteiligung ist jedenfalls dann zulässig, wenn dem Gesellschafter keine unternehmerischen Rechte eingeräumt werden, die das Unternehmen an der eigenverantwortlichen Erfüllung seiner Aufgaben hindern könnten.[126] 136

Problematisch erscheint vor dem gegenwärtigen rechtlichen Hintergrund hingegen eine **atypische stille Beteiligung**, da Mitentscheidungsrechte die Organe des KU in ihren Rechten beschneiden. 137

Ob in Zukunft überhaupt ein Bedürfnis für eine unmittelbare Beteiligung Privater an Kommunalunternehmen besteht, wird von der Entwicklung und Verbreitung der Rechtsform abhängen. Dass eine private Beteiligung an Anstalten des öffentlichen Rechts zumindest aus rechtlicher Sicht als möglich und zulässig erscheint, zeigt das Modell der **Berliner Wasserbetriebe**, einer Anstalt des öffentlichen Rechts, an der eine Holding-AG als atypisch stille (Minderheits-)Gesellschafterin beteiligt ist.[127] 138

e) Beteiligungsfähigkeit

Das KU kann sich an anderen Unternehmen beteiligen, wenn es dem Unternehmenszweck dient. Dies schließt auch die Befugnis ein, selbst Tochter-Gesellschaften zu gründen. Voraussetzung für eine Beteiligung des KU an anderen Unternehmen ist jedoch, dass die **Unternehmenssatzung** eine Beteiligung zulässt.[128] Lediglich in Rheinland-Pfalz ist dies nicht möglich.[129] 139

Mit der Beteiligung an anderen Unternehmen wird damit auch die Möglichkeit der Kooperation mit Privatunternehmen eröffnet. Das KU eignet sich demzufolge für eine **Holdingstruktur** und für flexible Gestaltungen: Für Aufgaben, die sinnvollerweise mit einem privaten Partner erledigt werden, wird eine Tochter-Gesellschaft gegründet, an der sich das Privatunternehmen beteiligen kann. Andere, insbesondere hoheitliche Aufgaben 140

---

[122] So z. B. § 2 Abs. 3 S. 2 KUV Bay.
[123] Siehe z. B. Art. 17 Abs. 2 S. 2 KommZG Bay, § 3 Abs. 3 S. 1 ZweckVerbG Nds., § 4 Abs. 2 S. 2 GkG NW, § 2 Abs. 2 ZwVG RP, § 6 Abs. 2 S. 2 GkG LSA.
[124] Zur stillen Gesellschaft siehe *Koller/Roth/Morck*, HGB, §§ 230 ff.
[125] Näher dazu *Gaß*, S. 118.
[126] So zu Recht *Neusinger/Lindt*, BayVBl. 2002, 689 (694).
[127] Vgl. dazu die Entscheidung des BerlVerfGH, NVwZ 2000, 794. Näher dazu *Gaß*, S. 119 ff. m. w. N.
[128] Art. 89 Abs. 1 S. 2 GO Bay, § 113a Abs. 3 GO Nds., § 114a Abs. 4 GO NW, § 1 Abs. 1 S. 3 AnstG LSA, § 106a Abs. 1 S. 2 GO SH.
[129] § 86a GemO RhPf enthält keine Bestimmung, die hierzu ermächtigt.

bleiben dagegen beim KU.[130] Auf diese Weise wird eine mittelbare Beteiligung Privater am KU ermöglicht.[131]

141   Das KU besitzt auf dem Gebiet der kommunalen Zusammenarbeit die gleiche Rechtsstellung wie die Kommune selbst. Sie unterliegt daher nicht den Beschränkungen, die für andere juristische Personen des öffentlichen Rechts gelten. Das KU kann daher Mitglied eines **Zweckverbandes** sein. Voraussetzung ist allerdings auch in diesem Fall, dass die Unternehmenssatzung eine derartige Aufgabenübertragung gestattet. Der Abschluss einer **Zweckvereinbarung** ist im Rahmen der übertragenen Aufgaben uneingeschränkt zulässig.

142   Davon zu unterscheiden ist der Fall, dass sich eine Kommune bereits vor Gründung des KU an einem Zweckverband beteiligt hat. In diesen Fällen hat die Kommune die Aufgabe bereits abgegeben, so dass eine weitere Übertragung auf das KU ins Leere geht. Das KU übernimmt demnach nicht die Rechtsstellung der Kommune in diesem Zweckverband. Zweckverbandsmitglied bleibt die Kommune. Hat die Kommune nur einen Teil einer Aufgabe übertragen, so erhält das KU mit der Unternehmenssatzung allenfalls eine (Rest-)Zuständigkeit.[132]

3. Gründung und Auflösung

143   Die Gründung eines Kommunalunternehmens erfolgt entweder durch **Umwandlung** eines bereits bestehenden Regie- und Eigenbetriebs im Wege der Gesamtrechtsnachfolge oder durch **Neuerrichtung**. Rechtstechnisch ist der Erlass einer Unternehmenssatzung erforderlich. Eine Umwandlung kommunaler Eigen- oder Beteiligungsgesellschaften in Kommunalunternehmen ist aufgrund der Komplexität dieses Umwandlungsvorgangs derzeit nicht praktikabel.

a) Umwandlung eines Regie- oder Eigenbetriebs

144   Die klassischen Formen wirtschaftlicher Betätigung einer Kommune sind der **Regie**- und der **Eigenbetrieb**. In beiden Fällen wurden innerhalb des Hoheitsträgers Betriebe geschaffen, die eine teilweise rechtliche, in jedem Fall aber faktische Eigenständigkeit erlangt haben. Die Umwandlung eines derartigen Betriebes erfordert seine klare Abgrenzung von der sonstigen Verwaltung.

145   Beim **Eigenbetrieb** besteht bereits außerhalb der eigenen Verwaltung ein Sondervermögen mit eigener Wirtschaftsführung. Mit dem jeweiligen Jahresabschluss bzw. einer gesondert zu erstellenden Zwischenbilanz ist damit der Unternehmensgegenstand hinreichend definiert. Der Kommune bleibt es freilich unbenommen, einzelne Bestandteile des bisherigen Betriebes von der Umwandlung auszuklammern. In diesem Fall ist im Rahmen einer Eröffnungsbilanz der Unternehmensgegenstand abzugrenzen.

146   Von Bedeutung ist dies insbesondere aufgrund der **Grunderwerbsteuerpflicht**.[133] Sind Grundstücke Bestandteil des Betriebsvermögens, so führt der Umwandlungsvorgang zur Grunderwerbsteuerpflicht. Eine Ausnahme gilt nur für Erwerb eines Grundstücks durch eine juristische Person des öffentlichen Rechts, wenn das Grundstück anlässlich des Übergangs von öffentlich-rechtlichen Aufgaben übergeht und nicht überwiegend einem Betrieb gewerblicher Art dient.[134] Da beispielsweise Krankenhäuser oder Altenheime einen Betrieb gewerblicher Art darstellen, würde bei der Umwandlung solcher Einrichtungen in ein KU in einem erheblichen Umfang Grunderwerbsteuer anfallen. Die Kommune kann dies vermeiden, indem sie die Grundstücke aus dem Betriebsvermögen herauslöst und sie im Rahmen eines Pacht- oder Nutzungsvertrages dem neuen KU zur Verfügung stellt.

147   Sollen **Regiebetriebe** umgewandelt werden, so steht man vor der Schwierigkeit, dass ein von der sonstigen Verwaltung abgegrenztes Sondervermögen nicht besteht. Vor der Umwand-

---

[130] So z. B. beim Kommunalunternehmen des Landkreises Würzburg, vgl. *Schraml*, in: *Riedmayer/Schraml*, S. 35 f.
[131] Zur Einbindung des KU in privatrechtliche Konzernstrukturen am Beispiel Berlin siehe *Ehlers*, ZHR 167 (2003), 546 (557 f.).
[132] Ebenso *Neusinger/Lindt*, BayVBl. 2002, 689 (694).
[133] Zur Grunderwerbsteuer siehe Kapitel G. Rn. 251 ff.
[134] § 4 Ziff. 1 GrEStG.

II. Kommunalunternehmen (Anstalt des öffentlichen Rechts)

lung in ein Kommunalunternehmen ist daher gemäß den für alle Kaufleute geltenden Vorschriften des HGB eine Eröffnungsbilanz aufzustellen.[135] Es empfiehlt sich, bereits bei der Beschlussfassung über die Gründung des KU eine detaillierte Vermögensübersicht vorzulegen.

Die beabsichtigte Umwandlung ist der **Rechtsaufsichtsbehörde** innerhalb einer angemessenen Frist unter Vorlage der maßgeblichen Unterlagen zur Prüfung anzuzeigen.[136] **148**

Die Umwandlung selbst erfolgt nach der jeweils einschlägigen kommunalrechtlichen Vorschrift.[137] Die kommunalrechtlichen Umwandlungsvorschriften wurden erforderlich, weil § 168 des Umwandlungsgesetzes (UmwG) die **Umwandlung** in eine Anstalt des öffentlichen Rechts nicht erfasst. Die Länder haben damit die Ermächtigung in § 1 Abs. 2 UmwG genutzt und vergleichbare Bestimmungen in ihre Kommunalgesetze aufgenommen. **149**

Mit der Umwandlung eines Regie- oder Eigenbetriebs tritt das neu gegründete KU in alle Rechte und Pflichten des bisherigen Betriebes ein. Diese **Gesamtrechtsnachfolge** erfolgt kraft Gesetzes, so dass es keiner gesonderten Übertragungsakte bedarf. Werden Grundstücke in einer Unternehmenssatzung aufgeführt, so bedarf es für den Übergang keiner notariellen Beurkundung. Beurkundungspflichtig ist jedoch gemäß § 15 Abs. 4 S. 1 und Abs. 3 GmbHG die Übertragung von GmbH-Anteilen. **150**

Im Rahmen der Gesamtrechtsnachfolge tritt das Kommunalunternehmen in alle Rechte und Pflichten der im Zeitpunkt des Übergangs bestehenden **Arbeitsverhältnisse** und damit in die arbeitsvertragliche Position der Kommune als alter Arbeitgeber ein.[138] Unterliegt das Kommunalunternehmen mangels Mitgliedschaft in einem kommunalen Arbeitgeberverband nicht der Tarifbindung, werden die bislang tarifvertraglichen Regelungen Bestandteil der einzelnen Arbeitsverträge.[139] Durch die Mitgliedschaft des Kommunalunternehmens in der jeweiligen Zusatzversorgungskasse der Kommunen wird die Problematik der Bildung von Rückstellungen für Versorgungslasten vermieden. **151**

Das Kommunalunternehmen ist eine Dienststelle im Sinne der einschlägigen Personalvertretungsgesetze der Länder, so dass in dem neuen Unternehmen ein **Personalrat** zu bilden ist. Nach der bayerischen Regelung in § 8 S. 1 KUV soll die in einem umzuwandelnden Eigenbetrieb bestehende Personalvertretung bis zum Ablauf ihrer regulären Amtszeit im Amt bleiben. Gleiches dürfte wegen der Gesamtrechtsnachfolge – zur Vermeidung einer vertretungslosen Zeit zumindest bis zur Neuwahl eines Personalrats – auch in den übrigen Ländern jedenfalls dann gelten, wenn der Betrieb als organisatorische Einheit unverändert auf das Kommunalunternehmen übergeht. **152**

Insgesamt empfiehlt sich in diesem Zusammenhang der Abschluss eines **Personalüberleitungsvertrags** zwischen der Kommune und dem Kommunalunternehmen, in dem im Interesse der Rechtssicherheit die maßgeblichen Fragen der Personalüberleitung geregelt werden. **153**

Besitzt das Kommunalunternehmen Dienstherrenfähigkeit, sind die bisher bei der Kommune für den Regie- oder Eigenbetrieb tätigen **Beamten** nach den §§ 128, 129 BRRG von dem Kommunalunternehmen zu übernehmen. **154**

Übt das Kommunalunternehmen keine hoheitlichen Befugnisse aus und ist daher nicht dienstherrenfähig, besteht die Möglichkeit einer Zuweisung nach § 123 a BRRG. Eine Zustimmung des Beamten ist nicht erforderlich, wenn dringende öffentliche Interessen die Zuweisung erfordern, vgl. § 123 a Abs. 2 BRRG.[140] Sowohl Übernahme als auch Zuweisung lassen den bisher erreichten beamtenrechtlichen Status unberührt.[141]

---

[135] So z. B. § 7 KUV Bay, § 7 KUV NW.
[136] Art. 96 GO Bay, § 116 Abs. 1 S. 1 Nr. 6 GO Nds., § 115 Abs. 1 d), h) GO NW, § 92 Abs. 1 GemO RhPf, § 123 Abs. 2 S. 1 GO LSA, § 108 GO SH, § 106 a GO SH.
[137] Art. 89 Abs. 1 S. 1 GO Bay, 113 a Abs. 1 S. 1 GO Nds., § 114 a Abs. 1 S. 1 GO NW, § 86 Abs. 1 S. 1 GemO RhPf, § 1 Abs. 1 S. 1 AnstG LSA.
[138] Dies wird teilweise aus dem Institut der Gesamtrechtsnachfolge oder aus einer direkten oder analogen Anwendung § 613 a BGB gefolgert, vgl. *Ehlers*, ZHR 167 (2003), S. 546 (569) m. w. N.
[139] Bei direkter oder analoger Anwendung von § 613 a BGB dürfen diese Regelungen nach dessen Abs. 1 S. 2 nicht vor Ablauf eines Jahres geändert werden.
[140] In Bayern folgt dies bereits aus Art. 90 Abs. 5 S. 2 GO Bay.
[141] Ausf. zum Beamten- und Arbeitsrecht Kapitel F.

155 Das Kommunalunternehmen entsteht grundsätzlich am Tag nach der Bekanntmachung der Unternehmenssatzung, wenn nicht in dieser Satzung ein späterer Zeitpunkt vorgesehen ist. Anders als etwa die GmbH entsteht das Kommunalunternehmen damit in einem Akt, so dass die im Gesellschaftsrecht geltenden Regelungen über die **Vorgesellschaft** keine Anwendung finden können.[142] Rechtsgeschäfte, die vor Entstehung des Kommunalunternehmens im Rahmen des umzuwandelnden Betriebs abgeschlossen werden, berechtigen und verpflichten daher unmittelbar die Kommune und gehen erst mit Entstehung des Kommunalunternehmens im Wege der Gesamtrechtsnachfolge auf dieses über.

b) Umwandlung von Eigen- oder Beteiligungsgesellschaften

156 Eine direkte **Umwandlung** von kommunalen Eigen- oder Beteiligungsgesellschaften in der Rechtsform einer GmbH oder einer Aktiengesellschaft in ein Kommunalunternehmen ist im Umwandlungsgesetz nicht vorgesehen. Auch die meisten Kommunalgesetze enthalten hierzu keine Regelungen. Eine derartige Umstrukturierung im Wege der Gesamtrechtsnachfolge kann nach aktueller Rechtslage nur durch zwei hintereinander geschaltete Umwandlungsvorgänge erreicht werden.[143] Im Übrigen bleibt lediglich die Möglichkeit der Übertragung des Gesellschaftsvermögens durch Einzelrechtsakte. Aufgrund der Komplexität dieser Verfahren ist die Umwandlung von kommunalen Gesellschaften in Kommunalunternehmen derzeit aber kaum zu erwarten.[144]

156a Eine spezielle Umwandlungsvorschrift existiert seit 1. 8. 2004 in **Bayern**.[145] Kapitalgesellschaften, an den ausschließlich eine Kommune beteiligt ist, können gemäß Art. 89 Abs. 2a GO Bay durch Formwechsel in ein KU umgewandelt werden. Der Formwechsel setzt den Erlass einer Unternehmenssatzung und einen sich darauf beziehenden Umwandlungsbeschluss der formwechselnden Gesellschaft voraus. Die Umwandlung richtet sich im Wesentlichen nach Umwandlungsrecht. Damit hat der bayerische Gesetzgeber eine Gesetzeslücke geschlossen und den Weg für die Errichtung weiterer Kommunalunternehmen frei gemacht.

c) Neuerrichtung

157 Die Neuerrichtung eines Kommunalunternehmens erfolgt durch Erlass und Bekanntmachung einer entsprechenden **Unternehmenssatzung**. Wie die Umwandlung eines Regie- oder Eigenbetriebs ist auch die Errichtung eines Kommunalunternehmens der Rechtsaufsichtsbehörde anzuzeigen. Die im Gesellschaftsrecht anwendbaren Vorschriften über die Vorgründungs- und Vorgesellschaft gelten auch hier weder unmittelbar, noch entsprechend. In Nordrhein-Westfalen schreibt § 107 Abs. 5 GO vor der Neugründung eines Kommunalunternehmens die Durchführung einer Marktanalyse und eines Branchendialogs vor.

d) Unternehmenssatzung

158 Rechtstechnisch erfolgt die Gründung eines Kommunalunternehmens durch die **Bekanntmachung der Unternehmenssatzung**. In ihr werden die Rechtsverhältnisse des Unternehmens geregelt. Die Kommune behält auch nach der Gründung des KU diese Regelungskompetenz, diese geht nicht auf ein Unternehmensorgan über. Die zuständigen Gremien der Kommune bleiben somit „Herr" über das Unternehmen.

159 Die Unternehmenssatzung ist vom Anstaltsträger nach den allgemeinen kommunalrechtlichen Bestimmungen zu erlassen. Aufgrund der Tragweite der Entscheidung hat das Kommunalgremium selbst den **Beschluss** über die Satzung zu fassen, eine Übertragung auf einen beschließenden Ausschuss kommt nicht in Betracht. Die Satzung wird vom Bürgermeister, Landrat etc. ausgefertigt und bekannt gemacht. Das Kommunalunternehmen entsteht am Tag nach der **Bekanntmachung**, wenn nicht in der Unternehmenssatzung ein späterer Zeitpunkt bestimmt ist.[146] Wie der Wortlaut der einschlägigen

---

[142] *Klein/Uckel/Ibler*, 32.00; *Ehlers*, ZHR 167 (2003), 546 (556).
[143] *Gaß*, S. 298 f.
[144] Ausf. dazu *Gaß*, S. 309 ff.
[145] Aufgrund des Gesetzes zur Änderung des Kommunalrechts vom 26. 7. 2004, GVBl. Bay S. 272.
[146] Art. 89 Abs. 3 S. 4 GO Bay. In den übrigen Bundesländern tritt die Unternehmenssatzung nach den allgemeinen kommunalrechtlichen Vorschriften in Kraft.

Vorschriften zeigt, kann die Unternehmenssatzung nicht rückwirkend in Kraft gesetzt werden. Sondervorschriften gelten in Bayern für die Umwandlung einer Kapitalgesellschaft in ein (gemeinsames) KU. Hier entsteht das KU erst mit dessen Eintragung oder – wenn es nicht eingetragen wird – mit der Eintragung der Umwandlung.[147]

160 Anders als der Gesellschaftsvertrag einer GmbH bedarf es keiner (kostenpflichtigen) notariellen Beurkundung. Die Errichtung eines Kommunalunternehmens verursacht daher grundsätzlich keine **Gründungskosten**.

161 Gesetze und Verordnungen schreiben bestimmte **Mindestinhalte** für die Satzung vor:

162 So ist es in **Bayern**[148] gesetzlich zwingend erforderlich, dass Unternehmenssatzung Bestimmungen über den Namen und die Aufgaben des Unternehmens, die Anzahl der Mitglieder des Vorstands und des Verwaltungsrats sowie die Höhe des Stammkapitals enthält. Darüber hinaus verlangen die Verordnungen über das Kommunalunternehmen Regelungen über die Geschäftsordnung des Verwaltungsrates und des Vorstands (falls dieser aus mehr als einer Person besteht), die Entschädigung der Verwaltungsratsmitglieder sowie über die Beschlussfähigkeit des Verwaltungsrates.

163 Die Unternehmenssatzung der kommunalen Anstalt in **Niedersachsen**[149] und **Sachsen-Anhalt**[150] muss Bestimmungen über den Namen und den Zweck des Unternehmens, die Anzahl der Mitglieder des Verwaltungsrats und die Höhe des Stammkapitals enthalten.

164 **Nordrhein-Westfalen**[151] verlangt Satzungsbestimmungen über den Namen und die Aufgaben des KU, die Anzahl der Vorstands- und Verwaltungsratsmitglieder, die Höhe des Stammkapitals, die Wirtschaftsführung, die Vermögensverwaltung, die Rechnungslegung, die Geschäftsordnung des Verwaltungsrats und des Vorstands sowie über die Beschlussfähigkeit des Verwaltungsrats.

165 In **Rheinland-Pfalz**[152] muss die Unternehmenssatzung nähere Bestimmungen über den Namen und die Aufgaben sowie die Organe der Anstalt, insbesondere über die Zahl der Mitglieder, deren Bestellung, Amtsdauer und Aufgaben enthalten.

166 Neben diesen rechtlich zwingenden Inhalten kann die Kommune **fakultativ weitere Regelungen** treffen:
– Beteiligung des KU an anderen Unternehmen[153]
– Verteilung der Zuständigkeiten der Organe[154]
– Weisungs- und Zustimmungsrechte der Kommune gegenüber den Organen des KU[155]
– Vertretungsregelung bei einem Vorstand, der aus mehreren Personen besteht[156]

167 Den Kommunen eröffnet sich daher ein weiter Spielraum für die Gestaltung der Unternehmenssatzung, so dass eine ideale Anpassung der Unternehmensstruktur an die vom Kommunalunternehmen zu erfüllende Aufgabe möglich wird.

e) Auflösung und Abwicklung

168 So wie das KU durch den Erlass einer Unternehmenssatzung entsteht, wird es durch den gegenteiligen Akt, die **Aufhebung** dieser Satzung, aufgelöst. Auch diese Aufhebung erfolgt in Form einer Satzung, die nach den allgemeinen kommunalrechtlichen Bestimmungen bekannt zu machen ist. Die Entscheidung muss vom Kommunalgremium selbst

---

[147] Art. 89 Abs. 2a S. 6 GO Bay, Art. 49 Abs. 5 S. 3 KommZG.
[148] Art. 89 Abs. 3 S. 2 GO Bay, § 2 Abs. 2 S. 3 und § 5 KUV Bay; Sonderregelungen gelten beim gemeinsamen KU, Art. 50 Abs. 2 KommZG Bay.
[149] § 113b GO Nds.
[150] § 2 AnstG LSA.
[151] § 114a Abs. 2 GO NW, § 5 KUV NW.
[152] § 86a Abs. 2 GemO RhPf.
[153] Z. B. Art. 89 Abs. 1 S. 2 GO Bay, § 113a Abs. 3 S. 1 GO Nds., § 114a Abs. 4 GO NW, § 1 Abs. 1 S. 3 AnstG LSA.
[154] Z. B. Art. 90 Abs. 1 S. 1 GO Bay, § 113e Abs. 2 S. 1 GO Nds., § 114a Abs. 6 S. 1 GO NW, § 5 Abs. 2 S. 1 AnstG LSA; dazu sogleich Rn. 195 ff.
[155] Z. B. Art. 90 Abs. 2 S. 5 GO Bay, § 113e Abs. 3 S. 5 GO Nds., § 114a Abs. 7 S. 6 GO NW, § 86b Abs. 2 S. 2 GemO RhPf, § 5 Abs. 3 S. 5 AnstG LSA; vgl. unten Rn. 223 ff.
[156] Z. B. § 3 Abs. 2 KUV Bay.

getroffen werden. Eine Delegation auf einen (beschließenden) Ausschuss ist nicht zulässig.[157]

169 Das **Vermögen** eines aufgelösten KU geht im Wege der Gesamtrechtsnachfolge auf den Anstaltsträger über.[158] Es bedarf also weder einer rechtsgeschäftlichen Übertragung einzelner Vermögensgegenstände noch der rechtsgeschäftlichen Vertragsübernahme. Die Gesamtrechtsnachfolge gilt auch für die Beschäftigungsverhältnisse. Ist das KU Eigentümer von Grundstücken, so ist nach der Auflösung das Grundbuch zu berichtigen; eine Auflassung ist nicht erforderlich.

4. Aufgaben

a) Umfang der Aufgabenübertragung

170 Nach den weitgehend identischen gesetzlichen Vorschriften kann der Anstaltsträger dem KU einzelne oder alle mit einem bestimmten Zweck zusammenhängende Aufgaben ganz oder teilweise übertragen. Abgesehen von den allgemeinen Bestimmungen über die Zulässigkeit der kommunalen wirtschaftlichen Betätigung[159] hat der Gesetzgeber auf einschränkende Bestimmungen verzichtet. Er überlässt es der Entscheidung der Kommune, welche Aufgaben auf das KU übertragen werden sollen. Übertragen werden können demnach Pflichtaufgaben ebenso wie freiwillige Aufgaben, Aufgaben des eigenen Wirkungskreises ebenso wie solche des übertragenen.[160]

171 Eine Beschränkung der Kommune ergibt sich auch nicht aus **Fachgesetzen**, die bestimmte Aufgaben einer „Gemeinde" oder einem „Landkreis" zuweisen. Eine Aufgabenübertragung wird dadurch nicht ausgeschlossen, da das Fachgesetz die Zuständigkeit nur einer bestimmten Verwaltungsebene zuordnet, ohne in deren Organisationsrecht einzugreifen. Werden beispielsweise in den ÖPNV-Gesetzen der Länder oder in den Ausführungsgesetzen zum Pflegeversicherungsrecht die kreisfreien Städte und Landkreis zu Aufgabenträgern bestimmt, so schließt dies nicht aus, dass die jeweilige Kommune diese Aufgabe auf ein KU überträgt.

172 Dem KU können auch **mehrere Aufgaben** übertragen werden. Die Kommune hat also die Möglichkeit ein KU mit mehreren Unternehmenssparten zu gründen (Spartenorganisation). Als Alternative steht ihr die Gründung mehrer Kommunalunternehmen zur Verfügung. Sie kann jedoch auch das KU als Holding ausgestalten und die operativen Tätigkeiten auf Tochter-Gesellschaften übertragen (Holding-Organisation). Das KU bekommt in diesem Fall zwar kraft Unternehmenssatzung alle Aufgaben, gibt diese aber kraft Gesellschaftsvertrag zur Erfüllung weiter. Die Gründung eines eigenen „Tochter-KU" bleibt dem „Holding-KU" jedoch untersagt, da nur die Kommune selbst ein KU gründen darf. Für die Spartenorganisation spricht der geringere Gründungsaufwand und die bessere Übersichtlichkeit. Sie ist jedenfalls dann zu bevorzugen, wenn sich die Unternehmensbereiche weitgehend ähneln. Die Holding-Organisation schafft demgegenüber homogene Organisationseinheiten („Profitcenter"). Der Verwaltungsaufwand kann dadurch minimiert werden, dass Querschnittsaufgaben (z. B. Personal-, Rechnungswesen, Controlling) unmittelbar durch die Holding wahrgenommen werden.

173 Eine **Sondervorschrift** für mehrere kommunale Betriebe existiert in Bayern[161] und Nordrhein-Westfalen:[162] Die Versorgungs- oder Verkehrsbetriebe einer Kommune sollen die gleiche Rechtsform haben und, wenn sie ein Kommunalunternehmen sind, jeweils zu einem KU zusammengefasst werden. Versorgungs-, Verkehrsbetriebe und sonstige Unternehmen einer Kommune können zu einem einheitlichen oder verbundenen KU zusammengefasst werden.

---

[157] Siehe dazu *Klein/Uckel/Ibler*, 37.40, Ziff. 2.1.
[158] § 28 KUV Bay, § 28 KUV NW, § 38 EigAnVO RhPf.
[159] Siehe hierzu Kapitel C.
[160] Zur Wirtschaftsförderung in der Rechtsform des KU, siehe *Detig*, S. 164 ff.
[161] § 6 KUV Bay.
[162] § 6 KUV NW.

II. Kommunalunternehmen (Anstalt des öffentlichen Rechts)

Wird dem KU eine Aufgabe übertragen, so gehen damit grundsätzlich alle mit ihr zusammenhängenden **Befugnisse** auf das KU über. Wenn dennoch einzelne Befugnisse bei der Kommune verbleiben sollen, so bedarf es hierfür eines ausdrücklichen Vorbehalts in der Unternehmenssatzung. **174**

Mit der Aufgabenübertragung erhält das KU das Recht und die Pflicht, die übertragene Angelegenheit umfassend zu erledigen. Handelt es sich um einen Bereich der **Hoheitsverwaltung** (z. B. Abfallentsorgung), so ist das KU berechtigt, Verwaltungsakte zu erlassen und mit Verwaltungszwang durchzusetzen. Das KU ist zur Vollstreckung von Verwaltungsakten in demselben Umfang berechtigt wie die Kommune.[163] Eine besondere Satzungsbestimmung ist lediglich dann erforderlich, wenn dem KU das Recht eingeräumt werden soll, Satzungen und – soweit Landesrecht zu deren Erlass ermächtigt – auch Verordnungen für das übertragene Aufgabengebiet zu erlassen. **175**

Einer differenzierteren Betrachtung bedarf es dann, wenn die Kommune dem KU nicht die Aufgabe selbst, sondern nur deren Erfüllung übertragen hat. In diesem Fall wäre das KU nur der **„Erfüllungsgehilfe"** der Kommune, die weiterhin öffentlich-rechtlich verantwortlich bliebe. Hierfür sieht das Kommunalrecht vor, dass die Kommune durch gesonderte Satzung einen Anschluss- und Benutzungszwang zugunsten des KU festlegen und das Unternehmen zu dessen Durchsetzung ermächtigen kann. Das KU erlässt dann die Verwaltungsakte und sorgt gegebenenfalls für deren zwangsweise Durchsetzung. **176**

b) Dienstherrenfähigkeit[164]

Zur Erfüllung seiner Aufgaben kann das KU auch Beamte beschäftigen. **177**

In Bayern,[165] Nordrhein-Westfalen,[166] Niedersachsen[167] und Sachsen-Anhalt[168] ist dies jedoch nur dann möglich, wenn dem KU hoheitliche Aufgaben übertragen worden sind. Es genügt, wenn dem KU zumindest auch hoheitliche Tätigkeiten übertragen worden sind. Welche Aufgabe der jeweilige Beamte zu erfüllen hat ist ohne Belang. Es ist also durchaus möglich, dass einem KU Aufgaben auf dem Gebiet der Abfallwirtschaft und der Krankenversorgung übertragen worden sind, der Beamte jedoch ausschließlich für die kommunale Klinik tätig wird. Das rheinland-pfälzische Kommunalrecht überlässt es der jeweiligen Kommune, dem KU mit der Unternehmenssatzung Dienstherrenfähigkeit zu verleihen.[169] **178**

5. Organe und Zuständigkeiten

Mit Ausnahme von Schleswig-Holstein[170] legen die Kommunalgesetze die Organe des KU fest: Ein Vorstand und ein Verwaltungsrat sind für die Geschicke des KU verantwortlich.[171] **179**

Das KU ähnelt insoweit einer GmbH: Der Vorstand erhält weitgehende Handlungsbefugnisse – vergleichbar mit der Geschäftsführung einer GmbH. Der Verwaltungsrat entscheidet über strategische Angelegenheiten und kontrolliert den Vorstand – vergleichbar mit dem Aufsichtsrat einer GmbH. Da das KU nicht mitgliedschaftlich verfasst ist, nimmt der Verwaltungsrat zugleich die Funktion der Gesellschafterversammlung wahr. Einer gesonderten Betrachtung bedürfen die Einwirkungsmöglichkeiten der kommunalen Entscheidungsgremien. **180**

a) Vorstand

Das Kommunalunternehmen wird von einem Vorstand in eigener Verantwortung geleitet. **181**

---

[163] Art. 91 Abs. 4 GO Bay.
[164] Zur Übernahme bzw. Zuweisung von Beamten im Rahmen einer Umwandlung vgl. Rn. 154.
[165] Art. 90 Abs. 4 S. 1 GO Bay.
[166] § 114a Abs. 9 S. 1 GO NW.
[167] § 113 f S. 1 GO Nds.
[168] § 6 S. 1 AnstG LSA.
[169] § 86b GemO RhPf.
[170] Dort wird es vollständig der Gemeinde überlassen, in der Unternehmenssatzung die innere Organisation des KU zu regeln, § 106a Abs. 2 GO SH.
[171] Art. 90 GO Bay, § 113 e GO Nds., § 114a Abs. 6 und 7 GO NW, § 86b GemO RhPf, § 5 AnstG LSA.

182 aa) **Natürliche Person.** Vorstand eines KU kann nur eine **natürliche Person** sein. Juristische Personen können daher nicht zum Vorstand bestellt werden.

183 Möglich bleibt freilich, die Beauftragung einer juristischen Person als **Managementgesellschaft**. Zwischen dem KU und der juristischen Person wird ein Managementvertrag geschlossen, in dem sich die Managementgesellschaft gegen Zahlung einer Vergütung verpflichtet, den Vorstand zu stellen. Ein Beschäftigter der Managementgesellschaft wird dann vom Verwaltungsrat zum Vorstand bestellt. Das Rechtsverhältnis zwischen dem Vorstand und dem KU wird dann in einem gesonderten Gestellungsvertrag geregelt.[172]

184 bb) **Vertretungsmacht.** Der Vorstand ist das Organ, das das KU nach außen vertritt.[173] Diese Vertretungsmacht ist unbeschränkt und auch durch die Unternehmenssatzung nicht beschränkbar. Eine Ausnahme gilt für den Fall, dass noch kein Vorstand vorhanden ist oder dieser handlungsfähig ist. Das KU wird dann vom Vorsitzenden des Verwaltungsrates vertreten. Auch gegenüber den Vorstandsmitgliedern selbst, insbesondere beim Abschluss des Dienstvertrages, ist der Vorsitzende des Verwaltungsrates vertretungsberechtigt.[174] Besteht der Vorstand aus mehreren Personen, so sind – vorbehaltlich einer abweichenden Satzungsbestimmung – sämtliche Vorstandsmitglieder nur gemeinschaftlich zur Vertretung des KU befugt.[175] Der Vorstand selbst kann wiederum gemäß den allgemeinen zivilrechtlichen Bestimmungen den Beschäftigten des KU Vertretungsmacht – auch in der Form der Prokura gemäß §§ 48 ff. HGB – erteilen.

185 cc) **Bestellung und Abberufung.** Der Vorstand wird bestellt vom Verwaltungsrat. Die Kommune hat daher keinen unmittelbaren Einfluss auf die personelle Besetzung des Vorstandes. Allerdings können in die **Unternehmenssatzung** entsprechende Regelungen über ein unverbindliches Vorschlagsrecht bis hin zu einer Weisungsbefugnis der Kommune gegenüber dem Verwaltungsrat im Rahmen der Bestellung von Vorstandsmitgliedern aufgenommen werden.

186 Der **Zeitraum** der Bestellung ist in Bayern, Niedersachsen, Nordrhein-Westfalen und Sachsen-Anhalt auf fünf Jahre beschränkt, wobei eine erneute Bestellung zulässig ist.[176] In Rheinland-Pfalz und Schleswig-Holstein ist auch eine zeitlich unbeschränkte Bestellung möglich.

187 Die Kompetenz zur Bestellung des Vorstands umfasst auch das **Rechtsverhältnis des Vorstands zum KU**. In Betracht kommt ein zivilrechtliches, tarifliches oder außertarifliches Dienstverhältnis. Ist das KU dienstherrenfähig, so kann der Vorstand auch zum Beamten auf Zeit ernannt werden.

188 Die Amtszeit als Vorstand endet in der Regel mit Ablauf der gesetzlich oder – in Rheinland-Pfalz und Schleswig-Holstein – kraft Satzung normierten Amtsdauer. Daneben ist eine vorzeitige **Abberufung** des Vorstandes zulässig, wenn ein hinreichend wichtiger Grund vorliegt. Dies folgt aus den allgemeinen kommunalrechtlichen Grundsätzen über die Abberufung von Funktions- und Amtsträgern.[177] Zur Rechtsklarheit empfiehlt sich die Aufnahme einer entsprechenden Regelung in die Unternehmenssatzung, wonach beispielsweise der Vorstand vom Verwaltungsrat kraft qualifiziertem Mehrheitsbeschluss bei Vorliegen eines wichtigen Grundes abberufen werden kann.

189 Die Abberufung betrifft allerdings lediglich die Organstellung des Vorstandes. Davon zu unterscheiden ist das **Dienst- oder Anstellungsverhältnis** der betreffenden Person zum Kommunalunternehmen. Wurde der Anstellungsvertrag unter der auflösenden Bedingung des Fortbestandes der Organstellung als Vorstand abgeschlossen, endet das Anstellungsver-

---

[172] Dazu näher *Klein/Uckel/Ibler*, 33.11., Nr. 1.1.1.
[173] Art. 90 Abs. 1 GO Bay, § 113e Abs. 2 GO Nds., § 114a Abs. 6 GO NW, § 86b GemO RhPf, § 5 Abs. 2 AnstG LSA.
[174] § 2 Abs. 3 KUV Bay, § 2 Abs. 3 KUV NW; in den anderen Ländern gibt es keine entsprechende Gesetzes- oder Verordnungsregelung.
[175] § 3 Abs. 2 KUV Bay, § 3 Abs. 2 KUV NW; in den anderen Ländern gibt es keine entsprechende Gesetzes- oder Verordnungsregelung.
[176] Art. 90 Abs. 2 S. 2 GO Bay, § 113e Abs. 3 S. 2 GO Nds., § 114a Abs. 7 S. 2 GO NW, § 5 Abs. 3 S. 2 AnstG LSA.
[177] Vgl. *Klein/Uckel/Ibler*, 33.11, Nr. 1.3.1.

II. Kommunalunternehmen (Anstalt des öffentlichen Rechts)

hältnis automatisch mit dem Ablauf der Amtszeit oder der Abberufung als Vorstand, ohne dass es einer weiteren Kündigung bedarf. Soweit das Angestelltenverhältnis zeitlich auf die Amtsdauer des Vorstandes befristet eingegangen wurde, kommt im Falle einer vorzeitigen Abberufung lediglich eine außerordentliche Kündigung des Angestelltenverhältnisses in Betracht. Fehlt eine zeitliche Befristung, muss das Angestelltenverhältnis ordentlich oder außerordentlich gekündigt werden. Handelt es sich um ein Beamtenverhältnis, ist eine Beendigung nur nach den restriktiven beamtenrechtlichen Regelungen möglich.

dd) Bemessung der Vorstandsgehälter. Die **Höhe** der Vorstandsgehälter ist in den Kommunalgesetzen nicht geregelt. Ist der Vorstand zum Beamten (auf Zeit) ernannt worden, so gelten die beamtenrechtlichen Bestimmungen, ansonsten das öffentliche Tarifwerk oder außertarifliche individuelle Vereinbarungen. Für die Höhe der Vorstandsgehälter gilt lediglich der allgemeine Grundsatz der Sparsamkeit und Wirtschaftlichkeit,[178] nicht jedoch das vergütungsrechtliche (engere) Angemessenheitsgebot.[179]

Zur Gewährleistung von Transparenz und Kontrolle sehen einige Kommunalgesetze vor, dass die Vorstandsbezüge im Sinne von § 285 Nr. 9 Buchst. a HGB veröffentlicht werden. In Bayern hat die Gemeinde darauf hinzuwirken, dass jedes Vorstandsmitglied vertraglich verpflichtet wird, die ihm im Geschäftsjahr jeweils gewährten Bezüge der Gemeinde jährlich zur **Veröffentlichung** mitzuteilen.[180] In Niedersachsen ergibt sich die Veröffentlichungspflicht unmittelbar aus dem Gesetz,[181] in Sachsen-Anhalt enthält der Beteiligungsbericht Angaben über die Vorstandsbezüge.[182]

ee) Rechtsstellung. Die Rechtsstellung des Vorstandes wird in Bayern und Nordrhein-Westfalen konkretisiert in den Verordnungen zum Kommunalunternehmen. Dabei wird besonders die **Auskunfts- und Berichtspflicht** gegenüber dem Verwaltungsrat und dem Anstaltsträger hervorgehoben.

Der Vorstand hat dem Verwaltungsrat in allen Angelegenheiten auf Anforderung Auskunft zu geben und ihn über alle wichtigen Vorgänge rechtzeitig zu unterrichten.[183] Über die Abwicklung des Vermögens- und Erfolgsplans muss der Verwaltungsrat vierteljährlich schriftlich unterrichtet werden. Eine sofortige Berichtspflicht besteht bei erfolggefährdenden Mindererträgen oder Mehraufwendungen. Sind Verluste zu erwarten, so muss auch der Anstaltsträger vom Vorstand informiert werden.[184] Besteht der Vorstand aus mehreren Mitgliedern, so haben diese mit der Sorgfalt ordentlicher Geschäftsleute vertrauensvoll und eng zum Wohle des KU zusammenzuarbeiten.[185]

Bei einem **mehrköpfigen Vorstand** sind die einzelnen Mitglieder grundsätzlich gleichberechtigt. Der Verwaltungsrat kann jedoch ein Hierarchie- oder Vertretungsverhältnis festlegen.

ff) Zuständigkeit. Der Vorstand ist das zentrale Organ des KU. Nach der Intention der Gesetzgeber soll dem Vorstand grundsätzlich eine eigenständige und **eigenverantwortliche Leitungsfunktion** zukommen.[186] Seine Rechtsstellung geht damit erheblich über die des Werkleiters eines Eigenbetriebes oder des Leiters eines Regiebetriebes hinaus und ist am ehesten mit der des Vorstandes einer AG vergleichbar. Die Kompetenzen des Vorstandes werden nur durch das Gesetz und durch die Unternehmenssatzung konkretisiert bzw. beschränkt. Im Übrigen handelt der Vorstand eigenverantwortlich und unterliegt lediglich der Kontrolle des Verwaltungsrates.

---

[178] Z. B. Art. 61 Abs. 2 GO Bay, Art. 82 Abs. 2 GO Nds.
[179] Z. B. Art. 43 Abs. 4 GO Bay.
[180] Art. 90 Abs. 1 S. 3 GO Bay, § 113 e Abs. 2 S. 3 GO Nds., § 5 Abs. 2 S. 3 AnstG LSA.
[181] § 113 e Abs. 2 S. 3 GO Bay.
[182] § 118 Abs. 2 S. 2 Ziff. 4 GO LSA.
[183] § 3 Abs. 1 S. 1 KUV Bay, § 3 Abs. 1 S. 2 KUV NW.
[184] § 21 KUV Bay, § 21 KUV NW.
[185] § 3 Abs. 1 S. 1 KUV Bay, § 3 Abs. 1 S. 1 KUV NW.
[186] Vgl. Art. 90 Abs. 1 S. 1 GO Bay, § 114 a Abs. 6 GO NW, § 86 b Abs. 1 GemO RhPf, § 5 Abs. 2 AnstG LSA.

196 In den Ländern **Bayern, Niedersachsen, Nordrhein-Westfalen und Sachsen-Anhalt** werden die Kompetenzen des Vorstandes kraft Gesetzes beschränkt, indem dem Verwaltungsrat bestimmte grundsätzliche Angelegenheiten zur Entscheidung zugewiesen werden bzw. ein Zustimmungsvorbehalt zugunsten des Verwaltungsrates normiert wird.[187]

197 Im Übrigen und besonders in den Ländern Rheinland-Pfalz und Schleswig-Holstein bleibt es den Kommunen überlassen, die Kompetenzen des Vorstandes in der **Unternehmenssatzung** nach ihren Vorstellungen zu gestalten.[188] So kann die Kommune in der Unternehmenssatzung bestimmen, dass bestimmte Kompetenzen vom Vorstand auf den Verwaltungsrat verlagert werden. Durch die im Verwaltungsrat vertretenen Kommunalorgane eröffnet sich für die Kommune dann die Möglichkeit einer direkten Einflussnahme auf unternehmerische Entscheidungen. Diese vom Gesetzgeber bewusst eingeräumte Flexibilität bei der Ausgestaltung der Unternehmensstruktur sollte dazu genutzt werden, eine der zu erfüllenden Aufgabe gerecht werdende Balance zwischen Eigenverantwortlichkeit des Vorstandes einerseits und Kontrolle bzw. Einflussnahme durch den Verwaltungsrat und die Kommune andererseits herzustellen. Je größer die Haftungs- und Einstandspflichten des Anstaltsträgers aus der Unternehmertätigkeit einzuschätzen sind, desto stärker wird dessen Bedürfnis nach Einflussnahme und Kontrolle sein.

b) Verwaltungsrat

198 Der Verwaltungsrat ist das kollegial strukturierte Organ des Kommunalunternehmens, das für strategische Entscheidungen zuständig ist und Kontrollfunktionen wahrnimmt. Er hat außerdem die Aufgabe, die Geschäftsführung des Vorstandes zu überwachen.

199 **aa) Zusammensetzung.** Die Kommunalgesetze enthalten detaillierte, im Wesentlichen ähnliche Bestimmungen über die Zusammensetzung des Verwaltungsrates.[189] Lediglich in Schleswig-Holstein wird es der jeweiligen Kommune überlassen, dies im Rahmen der Unternehmenssatzung zu regeln.[190]

200 Den **Vorsitz im Verwaltungsrat** führt in der Regel kraft Amtes der jeweilige Bürgermeister des Anstaltsträgers. In Bayern, Niedersachsen und Sachsen-Anhalt kann mit seiner Zustimmung jedoch auch eine andere Person zum Vorsitzenden bestellt werden.[191] Sind in Nordrhein-Westfalen oder Rheinland-Pfalz Beigeordnete mit eigenem Geschäftsbereich bestellt, so führt derjenige Beigeordnete den Vorsitz, zu dessen Geschäftsbereich die dem KU übertragenen Aufgaben gehören. Sind die Aufgaben mehreren Geschäftsbereichen übertragen, so entscheidet der Bürgermeister über den Vorsitz.[192]

201 Die **übrigen Verwaltungsratsmitglieder** werden vom jeweiligen Kollegialgremium des Anstaltsträgers (insb. Gemeinde- oder Stadtrat) bestellt. Anders als bei den Organen von Regie- und Eigenbetrieben können auch Personen bestellt werden, die nicht dem Kollegialgremium des Anstaltsträgers angehören. Damit wird die Möglichkeit eröffnet, Fachleute in das Gremium zu berufen.

202 Äußerst unterschiedlich geregelt ist die **Personalvertretung** im Verwaltungsrat.[193]

203 In **Bayern** können Beamte und leitende oder hauptberufliche Angestellte des KU, leitende Beamte und leitende Angestellte von juristischen Personen oder sonstigen Organisationen des öffentlichen oder privaten Rechts, an denen das KU mit mehr als 50 % beteiligt ist (Beteiligung am Stimmrecht genügt), nicht Mitglied des Verwaltungsrates sein.[194] Eine ähnliche Regelung enthält die Gemeindeordnung **Nordrhein-Westfalens**.[195]

---

[187] Vgl. dazu die Ausführungen zur Zuständigkeit des Verwaltungsrates unter Rn. 211 ff.
[188] Art. 90 Abs. 1 S. 1 GO Bay, § 113e Abs. 2 S. 1 GO Nds., § 114a Abs. 6 S. 1 GO NW, § 5 Abs. 2 S. 1 AnstG LSA.
[189] Art. 90 Abs. 3 GO Bay, § 113e Abs. 4 bis 7 GO Nds., § 114a Abs. 8 GO NW, § 86b Abs. 3 GemO RhPf, § 5 Abs. 4 AnstG LSA.
[190] § 106a Abs. 2 S. 1 und 2 GO SH.
[191] Art. 90 Abs. 3 S. 2 GO Bay, § 113e Abs. 6 GO Nds., § 5 Abs. 4 S. 4 AnstG LSA.
[192] § 114a Abs. 8 S. 3 und 4 GO NW, § 86b Abs. 3 S. 4 und 5 GemO RhPf.
[193] Dazu ausf. *Ehlers*, ZHR 167 (2003), S. 546 (563 ff.).
[194] Art. 90 Abs. 3 S. 6 Ziff. 1 und 2 GO Bay.
[195] § 114a Abs. 8 S. 8 Ziff. 1 und 2 GO NW.

II. Kommunalunternehmen (Anstalt des öffentlichen Rechts)

In **Niedersachsen**[196] muss mindestens ein Mitglied des Verwaltungsrates beim KU beschäftigt sein, die Zahl der Personalvertreter darf aber ein Drittel aller Mitglieder des Verwaltungsrates nicht übersteigen. Näheres regelt die Unternehmenssatzung nach Maßgabe des niedersächsischen Personalvertretungsrechts. 204

Personalvertreter als beratende Mitglieder sind in **Rheinland-Pfalz**[197] und **Sachsen-Anhalt**[198] vorgesehen. In Sachsen-Anhalt darf die Anzahl der Personalvertreter ein Drittel aller Mitglieder des Verwaltungsrates nicht übersteigen. 205

bb) Bestellung, Amtsdauer, Abberufung. Die Mitglieder des Verwaltungsrates werden vom jeweils zuständigen kommunalen Kollegialorgan bestellt. Im Rahmen eines Umwandlungsvorgangs oder bei Neugründung eines Kommunalunternehmens ist der Verwaltungsrat als für die **Bestellung** des Vorstandes zuständiges Organ vor der Errichtung des Unternehmens zu bilden. Solange noch kein Vorstand vorhanden ist, vertritt der Verwaltungsrat das Kommunalunternehmen, um dessen Handlungsfähigkeit herzustellen.[199] 206

Die **Amtsdauer** beträgt in Niedersachsen, in Nordrhein-Westfallen und in Sachsen-Anhalt fünf Jahre, in Bayern sechs Jahre.[200] In Rheinland-Pfalz und Schleswig-Holstein ergibt sich die Amtsdauer aus der Unternehmenssatzung des jeweiligen KU. 207

Die Amtszeit von Mitgliedern, die dem kommunalen Gremium des Anstaltsträgers angehören, endet mit dem Ende der Wahlzeit oder dem vorzeitigen Ausscheiden aus dem kommunalen Gremium.[201] In Bayern endet die Mitgliedschaft von berufsmäßigen Gemeinderatsmitgliedern im Verwaltungsrat mit dem Ausscheiden aus dem Beamtenverhältnis.[202] 208

Bis zum **Amtsantritt der neuen Mitglieder** üben in Bayern, Nordrhein-Westfalen und Sachsen-Anhalt die bisherigen Mitglieder ihr Amt aber weiter aus.[203] In Niedersachsen muss die Amtsausübung bis zum Amtsantritt der neuen Mitglieder durch die Unternehmenssatzung geregelt werden.[204] Die Gemeindeordnungen Rheinland-Pfalz und Schleswig-Holsteins äußern sich hierzu nicht. Eine Bestimmung in der Unternehmenssatzung ist jedoch zulässig und aus Gründen der Rechtssicherheit und Kontinuität der Unternehmensführung sinnvoll. Die Satzungsnorm sollte sich insoweit an den Kommunalgesetzen der anderen Länder orientieren. 209

Uneinheitlich geregelt ist die Frage der **Abberufung** von Verwaltungsratsmitgliedern. In Sachsen-Anhalt können Verwaltungsratsmitglieder in besonders begründeten Fällen jederzeit mit einer Zwei-Drittel-Mehrheit der Mitglieder des kommunalen Gremiums abberufen werden.[205] In Niedersachsen muss die Unternehmenssatzung dazu eine Aussage treffen.[206] In den anderen Ländern gelten die allgemeinen kommunal- bzw. verwaltungsverfahrensrechtlichen Bestimmungen. So ist in Bayern gemäß Art. 86 VwVfG Bay eine Abberufung aus wichtigem Grund zulässig.[207] 210

cc) Zuständigkeit. Die Länder haben in ihren Kommunalgesetzen unterschiedliche Regelungssysteme für die Abgrenzung der Zuständigkeiten geschaffen. Im Grundsatz gilt festzuhalten, dass der Verwaltungsrat nur in den Angelegenheiten zuständig ist, die ihm durch Gesetz oder Unternehmenssatzung zugewiesen werden. 211

---

[196] § 113e Abs. 4 S. 1 und Abs. 5 GO Nds.
[197] § 86b Abs. 3 GemO RhPf.
[198] § 5 Abs. 4 S. 1 bis 3 AnstG LSA.
[199] Dies ist in Bayern in § 2 Abs. 3 S. 2 KUV ausdrücklich geregelt.
[200] Art. 90 Abs. 3 S. 3 GO Bay, § 113e Abs. 7 S. 1 GO Nds., § 114a Abs. 8 S. 5 GO NW, § 5 Abs. 4 S. 5 AnstG LSA.
[201] Art. 90 Abs. 3 S. 4 GO Bay, § 113e Abs. 7 S. 2 GO Nds., § 114a Abs. 8 S. 6 GO NW, § 5 Abs. 4 S. 6 AnstG LSA; die Gemeindeordnung Schleswig-Holsteins enthält auch diesbezüglich keine Regelung.
[202] Art. 90 Abs. 3 S. 4 GO Bay.
[203] Art. 90 Abs. 3 S. 5 GO Bay, § 114a Abs. 8 S. 7 GO NW, § 5 Abs. 4 S. 8 AnstG LSA.
[204] § 113e Abs. 7 S. 3 GO Nds.
[205] § 5 Abs. 4 S. 7 AnstG LSA.
[206] § 113e Abs. 7 S. 3 GO Nds.
[207] *Schulz*, Art. 90, Erl. 3.1.

212 In **Bayern**[208] ist der Verwaltungsrat kraft Gesetzes zuständig für
- die Bestellung des Vorstandes,
- den Erlass von Verordnungen und Satzungen,
- die Feststellung des Wirtschaftsplans und des Jahresabschlusses,
- die Feststellung allgemein geltender Tarife und Entgelte für die Leistungsnehmer,
- die Beteiligung des KU an anderen Unternehmen,
- die Bestellung des Abschlussprüfers sowie
- die Ergebnisverwendung.

Die Unternehmenssatzung kann dem Verwaltungsrat weitere Angelegenheiten zuordnen. Eine ähnliche Bestimmung enthält die Gemeindeordnung **Niedersachsens**,[209] **Nordrhein-Westfalens**[210] und **Sachsen-Anhalts**.[211]

213 Keine Aussagen zur Zuständigkeitsverteilung zwischen Vorstand und Verwaltungsrat treffen die Kommunalgesetze von **Rheinland-Pfalz**[212] und **Schleswig-Holstein**.[213] Hier bleibt es den Kommunen selbst überlassen, eine geeignete Abgrenzung in der Unternehmenssatzung vorzunehmen.

214 Die Gesetzgeber haben damit ein flexibles System der Zuständigkeitsverteilung geschaffen. Den Kommunen wird dadurch die Möglichkeit eröffnet, für eine aufgabenorientierte und effektive Ausgestaltung der Unternehmensstruktur zu sorgen.[214]

215 **dd) Entschädigung.** Die Mitglieder des Verwaltungsrates haben in **Bayern** einen Anspruch auf angemessene Entschädigung, alles Weitere regelt die jeweilige Unternehmenssatzung.[215] Diese kann Höhe und Art der Entschädigung selbst festlegen oder den Verwaltungsrat ermächtigen, einen entsprechenden Beschluss zu fassen. In **Nordrhein-Westfalen** kann nach Maßgabe der jeweiligen Unternehmenssatzung eine angemessene Entschädigung für die Teilnahme an den Sitzungen gewährt werden. Eine Gewinnbeteiligung darf den Verwaltungsratsmitgliedern in Bayern und Nordrhein-Westfalen nicht gewährt werden.[216]

216 Keine Aussage zur Entschädigung trifft das Kommunalrecht **Niedersachsens, Rheinland-Pfalz, Sachsen-Anhalts und Schleswig-Holsteins**. In diesen Ländern besitzen die Anstaltsträger uneingeschränkten Gestaltungsspielraum.

217 **ee) Öffentlichkeit und Verschwiegenheitspflicht.** Der Verwaltungsrat ist ein Organ der Exekutive. Deren Entscheidungen werden in **nichtöffentlicher Sitzungen** getroffen, es sei denn, das Gesetz sieht etwas anderes vor. Anders als bei den Gremien einer Kommune hat der Gesetzgeber auf entsprechende Vorschriften verzichtet. Aus dem Demokratieprinzip folgt auch nicht zwingend, dass Satzungen und Verordnungen in öffentlicher Sitzung erörtert und beschlossen werden müssen.[217] Eine Unternehmenssatzung, die dennoch die Öffentlichkeit von Sitzungen anordnet, ist insoweit nichtig. Der strikte Grundsatz der Nichtöffentlichkeit gilt auch für die Mitglieder des Kommunalgremiums, die nicht dem Verwaltungsrat angehören.[218]

218 Dem Grundsatz der Nichtöffentlichkeit entsprechend sind die Mitglieder des Verwaltungsrates zur Verschwiegenheit verpflichtet. Sie haben über alle vertraulichen Angaben, Geschäfts- und Betriebsgeheimnisse **Verschwiegenheit** zu bewahren. Diese Pflicht besteht auch nach ihrem Ausscheiden aus dem Verwaltungsrat fort.[219]

---

[208] Art. 90 Abs. 2 S. 2 und 3 GO Bay.
[209] § 113e Abs. 3 S. 3 GO Nds.
[210] § 114a Abs. 7 S. 3 GO NW.
[211] § 5 Abs. 3 S. 3 AnstG LSA.
[212] § 86b Abs. 2 S. 2 GemO RhPf.
[213] § 106a Abs. 2 S. 2 GO SH.
[214] Vgl. dazu die Ausführungen zur Zuständigkeit des Vorstandes unter Rn. 195 ff.
[215] § 2 Abs. 2 S. 1 und 3 KUV Bay.
[216] § 2 Abs. 2 S. 2 KUV Bay, § 2 Abs. 2 S. 2 KUV NW.
[217] A. A. *Ehlers*, ZHR 167 (2003), 546 (562).
[218] Ebenso *Schulz*, Art. 90 GO, Ziff. 3.3.
[219] So z. B. § 4 S. 1 und 2 KUV Bay, § 4 S. 1 und 2 KUV NW.

II. Kommunalunternehmen (Anstalt des öffentlichen Rechts)

Die Verschwiegenheitspflicht besteht nicht gegenüber dem kommunalen Gremium.[220] **219** Gemäß den kommunalrechtlichen Bestimmungen wird jedoch zu beachten sein, dass die Informations- und Auskunftpflicht zur Wahrung der Betriebs- und Geschäftsgeheimnisse regelmäßig nur in nichtöffentlicher Sitzung erfüllt werden kann. Satzungen und Verordnungen, die meist dem Weisungsrecht des kommunalen Gremiums unterliegen, sind demgegenüber grundsätzlich in öffentlicher Sitzung zu behandeln. Gerade in den Ländern, in denen das Kommunalrecht keine ausdrückliche Regelung enthält, empfehlen sich insoweit Konkretisierungen in der Unternehmenssatzung.

6. Rechtsverhältnis zum Träger

Die Kommune hat als Anstalts- und Gewährträger eine besondere Verantwortung für **220** das Kommunalunternehmen. Diese Verantwortung ist geprägt von der gesetzlich intendierten Selbständigkeit des Unternehmens und der demokratischen Notwendigkeit, in strategischen Fragen steuernd und kontrollierend eingreifen zu können. Die **Einwirkungsrechte** ergeben sich zum einen unmittelbar aus dem Gesetz oder der Verordnung über das Kommunalunternehmen, zum anderen aus der Unternehmenssatzung. Diese hat insoweit nach sorgfältiger Abwägung aller Vor- und Nachteile Festlegungen zu treffen.

a) Übertragung von Aufgaben und Befugnissen

Die Einwirkungsmöglichkeiten der Kommune auf die vom Kommunalunternehmen **221** zu erfüllende(n) Aufgabe(n) werden bereits durch den Umfang der auf das Unternehmen übertragenen Aufgaben und Befugnisse beeinflusst.[221] Die Kommune kann die Aufgabenerfüllung und darüber hinaus insoweit auch die Satzungs- und Verordnungsgewalt auf das Kommunalunternehmen übertragen oder aber weiterhin selbst die **Aufgabenträgerschaft** beanspruchen, so dass das Kommunalunternehmen – ähnlich einer GmbH – lediglich als ihr „Erfüllungsgehilfe" tätig wird. In letzterem Falle reduziert sich die Reichweite der Entscheidungsbefugnisse der Unternehmensorgane auf die Erfüllung der kraft Satzung oder Verordnung normierten Vorgaben des Anstaltsträgers.

Das Rechtsverhältnis zwischen Kommune und Kommunalunternehmen kann zudem **222** durch eine hinreichend präzise Umschreibung der übertragenen Aufgabe und des **öffentlichen Zwecks** des Unternehmens konkretisiert werden. Dadurch gibt die Kommune den Unternehmensorganen einen verbindlichen Handlungsrahmen vor und ermöglicht eine effektive Kontrolle von Aufgabenerfüllung und Zweckerreichung durch die Kommune bzw. ihre Vertreter im Verwaltungsrat sowie auch der Aufsichtsbehörde.[222]

b) Zustimmungs- und Weisungsrechte

Alle Kommunalgesetze sehen vor, dass das kommunale Gremium bei besonders bedeutsamen Angelegenheiten auf die Entscheidungsfindung beim Kommunalunternehmen Einfluss nehmen kann. Die Ausgestaltung im Einzelnen variiert.[223] **223**

In **Bayern**[224] unterliegen die Mitglieder des Verwaltungsrates beim Erlass von Satzungen und Verordnungen kraft Gesetzes dem Weisungsrecht des kommunalen Gremiums. Dieses Weisungsrecht kann in der Unternehmenssatzung auf weitere Angelegenheiten ausdehnt werden. Die Abstimmung entgegen der Weisung berührt zwar nicht die Gültigkeit des Verwaltungsratsbeschlusses. Ein solches Abstimmungsverhalten kann jedoch einen wichtigen Grund zur Abberufung eines Verwaltungsratsmitglied darstellen. Ein derartiges Einwirkungsrecht des kommunalen Gremiums besteht nur in Angelegenheiten, die dem Verwaltungsrat obliegen. Ein Weisungsrecht gegenüber dem Vorstand besteht nicht. Damit das kommunale Gremium sein Weisungsrecht überhaupt wahrnehmen **224**

---

[220] So z. B. geregelt in § 4 S. 3 KUV Bay, § 4 S. 3 KUV NW. Näher dazu unter Rn. 229 ff.
[221] Zu den Möglichkeiten der Aufgabenübertragung vgl. Rn. 170 ff.
[222] Vgl. *Gaß*, S. 349.
[223] Keine Regelung dazu trifft die Gemeindeordnung Schleswig-Holsteins.
[224] Art. 90 Abs. 2 S. 4 bis 6 GO Bay.

kann, empfiehlt sich eine ergänzende Satzungsbestimmung: Das kommunale Gremium ist in allen Fällen, in denen es zur Weisung berechtigt ist, vor der Beschlussfassung im Verwaltungsrat oder vor dem Vollzug eines Verwaltungsratsbeschlusses durch den Vorstand mit der Angelegenheit zu befassen. Eine Beschlussfassung des kommunalen Gremiums ist dagegen nicht erforderlich. Gegenüber dem Vorstand ist das kommunale Gremium nicht weisungsberechtigt. Dies gilt auch dann, wenn Beschäftigte der Kommune zum Vorstand des KU bestellt werden. Die arbeits- oder beamtenrechtlichen Weisungsrechte sind gegenüber den kommunalrechtlichen Organisationsvorschriften nachrangig.[225] Eine mit der bayerischen Gesetzeslage vergleichbare Bestimmung gilt in **Sachsen-Anhalt**.[226]

225 Eine Kombination aus Zustimmungs- und Weisungsrecht sieht die Gemeindeordnung in **Niedersachsen**[227] vor. Für den Erlass von Satzungen und einer Entscheidung über die Beteiligung an anderen Unternehmen bedarf der Verwaltungsrat der Zustimmung des Gemeinderates. Für weitere Angelegenheiten kann die Unternehmenssatzung vorsehen, dass der Gemeinderat den Verwaltungsratsmitgliedern Weisungen erteilen kann. Während ein Beschluss ohne die nötige Zustimmung nichtig ist, berührt ein weisungswidriges Abstimmungsverhalten die Wirksamkeit einer Verwaltungsratsentscheidung nicht.

226 Die Gemeindeordnung **Nordrhein-Westfalens**[228] schreibt ein Weisungsrecht beim Erlass von Satzungen und bei der Entscheidung über die Beteiligung an anderen Unternehmen vor und ermächtigt zu weitergehenden Festlegungen in der Unternehmenssatzung. Darüber hinaus kann die Satzung vorsehen, „dass bei Entscheidungen der Organe der Anstalt von grundsätzlicher Bedeutung die Zustimmung des Rates erforderlich ist".[229] Die Gemeindeordnung geht damit über das bloße Weisungsrecht hinaus und ordnet einen Zustimmungsvorbehalt bei „grundsätzlicher Bedeutung" an. Er lässt jedoch offen, was er darunter versteht. Die gerade für Zuständigkeitsabgrenzungen notwendige Rechtsklarheit geht auf diese Weise verloren. Des Weiteren kann ein nordrhein-westfälischer Gemeinderat nicht nur auf die Entscheidung des Verwaltungsrates Einfluss nehmen, sondern auch auf die des Vorstandes. Dieser „Durchgriff" über den Verwaltungsrat hinweg ist unsystematisch. In dem Gefüge Vorstand – Verwaltungsrat – Gemeinderat nimmt die Bedeutung der Angelegenheiten, für die das jeweilige Organ zuständig ist, zu. Eine Angelegenheit, die von solch grundsätzlicher Bedeutung ist, dass der Gemeinderat zustimmen muss, ist zu Unrecht beim Vorstand angesiedelt. Der Gemeinderat muss in diesen Fällen die Unternehmenssatzung ändern, den Regelungsgegenstand in die Zuständigkeit des Verwaltungsrates stellen und sich hierfür ein Weisungsrecht einräumen.

227 Dieselben Bedenken bestehen hinsichtlich der Gesetzeslage in **Rheinland-Pfalz**.[230] In der Unternehmenssatzung „kann vorgesehen werden, dass bei Entscheidungen der Organe der Anstalt von grundsätzlicher Bedeutung die Zustimmung des Gemeinderats erforderlich ist". Konkrete Angelegenheit sind weder im Gesetz genannt, noch dürfen solche in der Unternehmenssatzung benannt werden. Diese Bestimmung ist für die Praxis ungeeignet.

228 Insgesamt kann festgestellt werden, dass die Einwirkungsmöglichkeiten der Kommune auf unternehmerische Entscheidungen maßgeblich von der Kompetenzverteilung zwischen Vorstand und Verwaltungsrat abhängen. Da ein unmittelbares **Weisungsrecht** bzw. Zustimmungsrecht – außerhalb Nordrhein-Westfalens, Rheinland-Pfalz und bei entsprechender Satzungsregelung auch Schleswig-Holsteins – gegenüber dem Vorstand nicht besteht, kann die Kommune direkt nur auf solche Entscheidungen einwirken, die kraft Unternehmenssatzung dem Verwaltungsrat zugewiesen sind. Im Übrigen verbleibt nur eine mittelbare Einflussnahme über die im Verwaltungsrat sitzenden kommunalen

---

[225] Ausf. dazu *Gaß*, S. 354 f.
[226] § 5 Abs. 3 S. 4 bis 6 AnstG LSA.
[227] § 113 e Abs. 3 S. 4 bis 6 GO Nds.
[228] § 114 a Abs. 7 S. 4 bis 6 GO NW.
[229] § 114 a Abs. 7 S. 6 GO NW.
[230] § 86 b Abs. 2 S. 3 GemO RhPf.

II. Kommunalunternehmen (Anstalt des öffentlichen Rechts)

Vertreter, soweit dem Verwaltungsrat in der jeweiligen Angelegenheit ein Weisungsrecht gegenüber dem Vorstand zukommt.[231] Hier gilt es, eine den Bedürfnissen der Kommune und des Kommunalunternehmens gerecht werdende Unternehmensstruktur zu schaffen, die die grundsätzlich konträren Interessen nach Einflussnahme und Kontrolle einerseits und **unternehmerischer Freiheit** andererseits in sinnvoller Weise vereint.

c) Informationsrechte

Die Mitglieder der Unternehmensorgane unterliegen zwar grundsätzlich einer Verschwiegenheitspflicht.[232] Dies gilt jedoch nicht im Innenverhältnis zum Anstaltsträger. In **Bayern** und **Nordrhein-Westfalen** ist eine unmittelbare Berichtspflicht des Vorstandes für den Fall vorgesehen, dass über die im Erfolgsplan ausgewiesenen Mindereinnahmen hinaus Verluste zu erwarten sind, die Auswirkungen auf den kommunalen Haushalt haben können.[233] Im Übrigen bestehen keine gesetzlich oder kraft Verordnung geregelten Berichtspflichten oder Informationsrechte.

In den Fällen, in denen das Gesetz oder die Unternehmenssatzung ein **Weisungsrecht** der Kommune normiert, folgt allerdings bereits aus der Natur der Sache, dass gleichzeitig ein entsprechendes Informationsrecht bestehen muss. Die Erteilung von sachgerechten Weisungen ist nämlich überhaupt nur bei genauer Kenntnis der die unternehmerischen Entscheidungen tragenden Gesichtspunkte denkbar und möglich.[234] Das Informationsrecht stellt sozusagen das Pendant zum Weisungsrecht dar. In diesem Zusammenhang ist eine Satzungsregelung daher nicht zwingend erforderlich, gleichwohl im Interesse der Rechtssicherheit zu empfehlen.

Daneben können die Kommunen ohne weiteres in die Unternehmenssatzung entsprechende Bestimmungen über Informationsrechte und Berichtspflichten aufnehmen. Die Möglichkeiten reichen dabei von der Normierung eines allgemeinen und/oder punktuellen **Informationsrechts** des kommunalen Kollegialorgans bzw. des kommunalen Vertretungsorgans gegenüber Vorstand und/oder Verwaltungsrat bis hin zur Regelung einer **Berichtspflicht** der Unternehmensorgane gegenüber dem kommunalen Kollegialorgan bzw. dem kommunalen Vertretungsorgan in bestimmten Angelegenheiten und/oder in bestimmten zeitlichen Abständen.

In diesem Zusammenhang sei mit Nachdruck darauf hingewiesen, dass die Mitglieder des kommunalen Organs als Informationsempfänger der strikten **Verschwiegenheit** nach außen verpflichtet sind. Dies ergibt sich bereits aus den einschlägigen allgemeinen kommunalen Vorschriften[235] und gilt umso mehr, als das Kommunalunternehmen wie jedes andere wirtschaftlich tätige Unternehmen ein schützenswertes Interesse an der Geheimhaltung unternehmerischer Interna gegenüber Dritten hat. Dementsprechend sind die Berichte der Unternehmensorgane auch in **nichtöffentlichen Sitzungen** des kommunalen Kollegialorgans – soweit dieses empfangsberechtigt ist – zu erstatten.

7. Rechtsverhältnis zum Bürger

Soweit dem Kommunalunternehmen die entsprechenden Aufgaben und Befugnisse von der Kommune kraft Unternehmenssatzung übertragen wurden, steht ihm als Anstalt des öffentlichen Rechts hinsichtlich der Ausgestaltung der Rechtsverhältnisse zum Bürger das gleiche **Wahlrecht** zu wie der Kommune selbst. Das Nutzungs- und Leistungsverhältnis zwischen dem Kommunalunternehmen und den Bürgern kann daher öffentlich-rechtlich in Gestalt von Satzungen, Verordnungen, Verwaltungsakten oder öffentlich-rechtlichen Verträgen als auch privatrechtlich etwa durch Allgemeine Ge-

---

[231] So auch *Gaß*, S. 356 f.
[232] Vgl. oben Rn. 217 ff..
[233] § 21 Abs. 2 S. 2 KUV Bay, § 21 Abs. 2 S. 2 KUV NW.
[234] Vgl. *Gaß*, S. 387 m.w.N.
[235] Z. B. Art. 20 Abs. 2 und 4 GO Bay, §§ 43 Abs. 2 Nr. 1, 30 Abs. 1 S. 2, Abs. 6 GO NW, § 20 GemO RhPf, §§ 30 Abs. 2 und 4, 50 Abs. 3 GO LSA.

schäftsbedingungen nach den §§ 307 ff. BGB geregelt werden. Die Kommune kann dem Kommunalunternehmen dabei insbesondere auch das Recht zum Erlass einer Abgabensatzung übertragen.[236]

234 Diese Gestaltungsfreiheit verschafft der Rechtsform des Kommunalunternehmens einen nicht unwesentlichen Vorteil gegenüber den Privatrechtsformen, welche lediglich durch Privatrechtsakte tätig werden können. So ist das Kommunalunternehmen selbst – immer vorausgesetzt, die entsprechende Befugnis wurde von der Kommune übertragen – für die **Vollstreckung** nach den einschlägigen Verwaltungsvollstreckungsgesetzen zuständig, ohne dass es eines zivilrechtlichen Verfahrens nach der ZPO bedarf.[237] Des Weiteren bestehen gerade im Bereich der Leistungsverwaltung Vorteile bei der **Begründung von Rechtsverhältnissen** zu Minderjährigen, die im Gegensatz zu den zivilrechtlichen Regelungen über die Geschäftsfähigkeit im öffentlichen Recht Handlungsfähigkeit besitzen.[238]

8. Aufsicht

235 Anders als bei kommunalen Eigengesellschaften erstreckt sich die staatliche Aufsicht bei Kommunalunternehmen auf zwei Rechtssubjekte.

236 Zum einen unterliegt die **Kommune** der staatlichen Aufsicht, soweit sie selbst Handlungen vornimmt bzw. unterlässt. Gegenstand der Aufsicht sind insbesondere die Gründung des Kommunalunternehmens selbst und dabei vor allem die zu erlassende Unternehmenssatzung, die Bestellung und Abberufung von Organmitgliedern sowie die Wahrnehmung kommunaler Einwirkungsrechte zur Gewährleistung einer ordnungsgemäßen Aufgabenerfüllung.

237 Hinsichtlich der Gründung des Kommunalunternehmens oder der Umwandlung von Regie- oder Eigenbetrieben in Kommunalunternehmen besteht eine Anzeigepflicht gegenüber der Aufsichtsbehörde. In Niedersachsen ist darüber hinaus ein Genehmigungsvorbehalt normiert.[239]

238 Zum anderen ist das **Kommunalunternehmen** selbst unmittelbar Objekt der Rechtsaufsicht, so dass die Aufsichtsbehörde nicht den Umweg über die Kommune gehen muss.[240] Der Aufsicht unterliegen insbesondere die vom Kommunalunternehmen erlassenen Satzungen und Verordnungen sowie sonstige in Vollzug von unternehmerischen Entscheidungen erlassene Rechtsakte. Durch die staatliche Aufsicht wird sichergestellt, dass das Kommunalunternehmen die kommunalrechtlichen Vorgaben über die Zulässigkeit einer wirtschaftlichen Betätigung und dabei vor allem das Erfordernis eines öffentlichen Zwecks beachtet. Die Aufsichtsbehörde kann jedoch nur rückwirkend im Wege der **Kontrolle** tätig werden und nicht – abgesehen von einer beratenden Tätigkeit – auf laufende Entscheidungsprozesse einwirken.

9. Prüfungswesen, Bindung an das Vergaberecht

239 Hinsichtlich der für das Kommunalunternehmen bestehenden Regelungen zum Prüfungswesen und zum Vergaberecht sei auf die Ausführungen in den einschlägigen Kapiteln dieses Buches hingewiesen.[241]

10. Checkliste „Gründung eines Kommunalunternehmens"

240 Im Folgenden sollen nochmals die für die Gründung eines Kommunalunternehmens notwendigen Schritte und Überlegungen stichpunktartig aufgezeigt werden:

---

[236] *Klein/Uckel/Ibler*, 31.20, Nr. 1.2; *Ehlers*, ZHR 167 (2003), 546 (567).
[237] *Klein/Uckel/Ibler*, 31.20, Nr. 1.2.
[238] Näher dazu *Ehlers*, ZHR 167 (2003), 546 (568).
[239] Dazu bereits unter Rn. 144 ff. und 157.
[240] Vgl. Art. 91 Abs. 3 GO Bay., § 113 g Abs. 1 GO Nds., § 114 a Abs. 11 GO NW, § 86 b Abs. 5 S. 1 GemO RhPf, § 7 Abs. 3 AnstG LSA.
[241] Vgl. dazu Kapitel E.

II. Kommunalunternehmen (Anstalt des öffentlichen Rechts)

(1) Vorbereitende Überlegungen der Verwaltung:
− Formulierung der Unternehmensziele bzw. der zu erfüllenden kommunalen Aufgabe
− Bewertung der zur Verfügung stehenden Rechtsformen nach ihrer Geeignetheit
− Zulässigkeit der Unternehmensgründung/Umwandlung
− Abwägung der Alternativen; bei Umwandlungen Abwägung zwischen Gestaltungspotential der bestehenden Rechtsform gegenüber Vorteilen anderer Rechtsformen
− bei Umwandlungen evtl. Einbindung/Information der betroffenen Arbeitnehmer
   (2) Grundsatzentscheidung des kommunalen Kollegialorgans
   (3) Vorbereitung der erforderlichen Bilanzen/Rechtstexte:
− Eröffnungsbilanz (insbesondere bei Umwandlungen)
− Unternehmenssatzung
− ggf. Personalüberleitungsvertrag
− ggf. Nutzungs- und Überlassungsvertrag
− ggf. Umlagevertrag (bei Holdingstruktur)
   (4) Kontaktaufnahme mit der Personalvertretung und Behörden (Rechtsaufsichtsbehörde, Finanzamt, Kommunaler Prüfungsverband)
   (5) Beschluss des kommunalen Kollegialorgans:
− Unternehmenssatzung
− Bestellung der Verwaltungsratsmitglieder
− Ausübung von Weisungs- und Informationsrechten
   (6) Anzeige an die Rechtsaufsichtsbehörde
   (7) Ausfertigung und Bekanntmachung der Unternehmenssatzung
   (8) ggf. Eintragung in das Handelsregister
   (9) Einberufung der ersten Verwaltungsratssitzung durch den Verwaltungsratsvorsitzenden:
− Bestellung des Vorstandes
− Beschluss über die Geschäftsordnung und ggf. wichtige Verträge
− Feststellung des Wirtschaftsplans
− Beschluss über die Entschädigung der Verwaltungsratsmitglieder
− Bestellung des Abschlussprüfers
− ggf. Beschluss über die Eröffnungsbilanz
− ggf. Erlass von Satzungen und Verordnungen.

III. Gesellschaft mit beschränkter Haftung

Literatur: *Altmeppen*, Die Einflussrechte der Gemeindeorgane in einer kommunalen GmbH, NJW 2003, 2561; *Becker*, Die Erfüllung öffentlicher Aufgaben durch gemischtwirtschaftliche Unternehmen, 1997; *Ehlers*, Verwaltung in Privatrechtsform, 1984; *Ehlers*, Die Entscheidung der Kommunen für eine öffentlich-rechtliche oder privatrechtliche Organisation ihrer Einrichtungen und Unternehmen, DÖV 1986, 897; *Emmerich/Sonnenschein*, Konzernrecht, 7. Aufl. 2001; *Erle/Becker*, Der Gemeinderat als Gesellschafterversammlung der GmbH, NZG 1999, 58; *Fischer*, Das Entsendungs- und Weisungsrecht öffentlich-rechtlicher Körperschaften beim Aufsichtsrat einer Aktiengesellschaft, AG 1982, S. 85; *Gaß*, Die Umwandlung gemeindlicher Unternehmen, 2003; *Goette*, Die GmbH, 2. Aufl. 2002; Großkommentar zum GmbHG, begründet von Hachenburg, 8. Aufl. 1990 ff.; *Grunewald*, Einsichts- und Auskunftsrecht des GmbH-Gesellschafters nach neuem Recht, ZHR 146 (1982), 211; *Habersack*, Private public partnership: Gemeinschaftsunternehmen zwischen Privaten und der öffentlichen Hand – Gesellschaftsrechtliche Analyse –, ZGR 1996, 544; *Harbarth*, Anlegerschutz in öffentlichen Unternehmen, 1998; *Harder/Ruter*, Die Mitglieder des Aufsichtsrats einer GmbH mit öffentlich-rechtlichem Anteilseigner – ihre Rechte und Pflichten, GmbHR 1995, S. 813; *Hueck*, Zur arbeitsrechtlichen Stellung des GmbH-Geschäftsführers, ZfA 1985, S. 25; *Karl*, Das Auskunfts- und Einsichtsrecht des GmbH-Gesellschafters nach § 51 a GmbHG, DStR 1995, 940; Kölner Kommentar zum Aktiengesetz, 2. Aufl. 1986 ff.; *Kraft*, Das Verwaltungsgesellschaftsrecht, Frankfurt/Main u. a. 1982; *Kropff*, Zur Anwendbarkeit des Rechts der verbundenen Unternehmen auf den Bund, ZHR 144 (1980), 74; *Leisner*, Der Vorrang des Gesellschaftsinteresses bei den Eigengesellschaften der öffentlichen Hand, WiVerw 1983, S. 212; *Lutter*, Umwandlungsgesetz, Kommentar, 2. Aufl. 2000; *Lutter/Hommelhoff*, GmbH-Gesetz, Kommentar, Köln 16. Aufl. 2004; *Lutter/Krieger*, Rechte und Pflichten des Aufsichtsrats, 3. Aufl. 1993; *Lutter/Timm*, Konzernrechtlicher Präventivschutz im GmbH-Recht, NJW 1982, 409; *Mayer*, Erste Zweifelsfragen bei der Unternehmensspaltung, DB 1995, 861; *Mertens*, Die Prüfung der Ordnungsmäßigkeit der Geschäftsführung bei kommunalen Wirtschaftsunternehmen nach § 53 HGrG, Der Gemeindehaushalt 1983, S. 104; *Müller*, Rechtsformenwahl bei der Erfüllung öffentlicher Aufgaben, 1993; *Neye/Limmer*, Handbuch der Unternehmensumwandlung, 1996; *Paschke*, Die kommunalen Unternehmen im Lichte des GmbH-Konzernrechts, ZHR 152 (1988), S. 263; *Püttner*, Die öffentlichen Unternehmen, 2. Aufl. 1985; *ders.*, Die Einwirkungspflicht, DVBl 1975, 353; *Raiser*, Konzernverflechtungen unter Einschluss öffentlicher Unternehmen, ZGR 1996, 458; *ders.*, Der Begriff der juristischen Person, AcP 199 (1999), 104; *Rowedder/Schmidt-Leithoff*, Gesetz betreffend die Gesellschaften mit beschränkter Haftung (GmbHG), 4. Aufl. 2002; *Schmidt*, Öffentliches Wirtschaftsrecht – Allgemeiner Teil, 1990; *Schneider*, Konzernbildung, Konzernleitung und Verlustausgleich im Konzernrecht der Personengesellschaften – Zugleich eine Beitrag zur Bedeutung des Gervais-Urteils für die Entwicklung des Konzernrechts, ZGR 1980, 511; *Scholz*, Kommentar zum GmbH-Gesetz, 9. Aufl. 2000 ff.; *Schwintowski*, Verschwiegenheitspflicht für politisch legitimierte Mitglieder des Aufsichtsrats, NJW 1990, 1009; *ders.*, Gesellschaftsrechtliche Bindungen für entsandte Aufsichtsratsmitglieder der öffentlichen Hand, NJW 1995, 1316; *Spannowsky*, Die Verantwortung der öffentlichen Hand für die Erfüllung öffentlicher Aufgaben und die Reichweite ihrer Einwirkungspflichten auf Beteiligungsunternehmen, DVBl 1992, 1072; *ders.*, Der Einfluss öffentlich-rechtlicher Zielsetzung auf das Statut privatrechtlicher Eigengesellschaften in öffentlicher Hand: – Öffentlich-rechtliche Vorgaben, insbesondere zur Ingerenzpflicht –, ZGR 1996, 400; *Stober*, Die privatrechtlich organisierte Verwaltung: Zur Problematik privatrechtlicher Gesellschaften und Beteiligungen der öffentlichen Hand, NJW 1984, 449; *v. Danwitz*, Vom Verwaltungsprivat- zum Verwaltungsgesellschaftsrecht – Zu Begründung und Reichweite öffentlich-rechtlicher Ingerenz in der mittelbaren Kommunalverwaltung, AöR 120 (1995), 595; *Widmann/Mayer*, Umwandlungsrecht, Umwandlungsgesetz, Umwandlungssteuergesetz, Kommentar, Losebl. Stand: April 2004; *Zeichner*, Die Voraussetzungen für die Beteiligung des Bundes/eines Landes an einem Unternehmen nach § 65 Abs. 1 BHO/LHO und ihre Prüfung durch den Rechnungshof, AG 1985, S. 61.

III. Gesellschaft mit beschränkter Haftung   241–247   D

1. Rechtsgrundlagen

Die kommunale GmbH findet ihre **Rechtsgrundlage** im GmbH-Gesetz vom 20. April 241
1892 (RGBl. S. 477), in der Fassung der Bekanntmachung vom 20. Mai 1898 (RGBl.
S. 369, 846, ber. abgedr. im BGBl. III/FNA 4123-1), diese Fassung zuletzt geändert am
19. Juli 2002 (BGBl. I S. 2681). Daneben treten die Regelungen der Gemeindeordnungen
der Länder zur Zulässigkeit wirtschaftlicher Unternehmen in privater Rechtsform.[1]

a) Die kommunale GmbH zwischen Gesellschafts- und Kommunalrecht

Die wirtschaftliche Betätigung kommunaler Gebietskörperschaften durch den organi- 242
satorischen Einsatz von Kapitalgesellschaften muss zwangsläufig zur Frage des Verhältnisses zwischen den **Regelungen des Gesellschaftsrechts** und den **Vorschriften des
Kommunalrechts** führen. Die öffentliche Hand ist nämlich nur insoweit aus ihren öffentlich-rechtlichen Pflichten entlassen, wie dies für die Erfüllung des öffentlichen
Zwecks unerheblich ist und keine staatlichen Schutzfunktionen entfallen.

Aus dieser **Einwirkungs- oder Ingerenzpflicht**[2] folgt die Verpflichtung der öffent- 243
lichen Hand, auf die von ihr geschaffenen Rechtssubjekte dahin gehend einzuwirken,
dass diese ihrerseits die Ziele kommunaler Politik, die Orientierung am Allgemeinwohl
und das Gebot der Rechtsstaatlichkeit einhalten.[3] Die Einwirkungspflicht kann somit im
Ergebnis als die Pflicht beschrieben werden, auf eine in einer privaten Organisationsform
betriebene öffentliche Einrichtung mit geeigneten Mitteln so einzuwirken, dass die Einhaltung der durch das öffentliche Recht bestimmten besonderen rechtlichen Bindungen
jederzeit sichergestellt ist.[4]

Die Gemeindeordnungen versuchen dieser Pflicht Rechnung zu tragen, indem sie ver- 244
langen, dass sich die Gemeinde erhebliche **Informations- und Einflussmöglichkeiten**
vorbehält. Durch die indirekte Aufgabenwahrnehmung über ein Beteiligungsunternehmen werden nämlich z. B. die Verhandlungen vom öffentlich tagenden Gemeinderat in
die internen Gremien der Gesellschaft verlagert. Hierdurch geht aber im Interesse der
größeren Effizienz ein Großteil der Publizität und Transparenz verloren.[5]

Aus dem **Demokratieprinzip** folgt aber die Verpflichtung zur Aufrechterhaltung der 245
Legitimationskette, da sich aus der Tatsache, dass die Kommune ihre Kontrollpflichten
wegen der Existenz nicht kontrollierbarer Freiräume nicht mehr erfüllen kann, kein Abreißen der durch demokratische Wahl legitimierten Kette ergeben darf. Weiterhin verlangt das **Rechtsstaatsprinzip** hinsichtlich der Verantwortlichkeit der öffentlichen Hand,
dass keine kontrollfreien Räume in der Erfüllung öffentlicher Aufgaben entstehen.

Daher ergibt sich für die Kommune als Gesellschafterin einer GmbH die Verpflichtung 246
ihre Rechtsbeziehungen zu der GmbH so auszugestalten, dass die **Kontrolle und Steuerung** dieser GmbH durch die Kommune sichergestellt ist.

b) Das Verhältnis zwischen Gesellschafts- und Kommunalrecht in einer kommunalen GmbH

In die Beurteilung der **privatrechtlichen Rechtsbeziehungen** zwischen einer GmbH 247
und der Kommune als deren Gesellschafterin sind Aspekte des GmbH-Rechts und des
Kommunalrechts einzubeziehen. Hierbei steht der öffentlichen Hand grundsätzlich die

---

[1] §§ 102 ff. GemO Baden-Württemberg, Art. 86 ff. GemO Bayern, §§ 121 ff. GemO Hessen, §§ 107 ff. GemO Nordrhein-Westfalen, §§ 108 ff. GemO Niedersachsen, §§ 85 ff. GemO Rheinland-Pfalz, §§ 106 ff. KSVG Saarland, §§ 101 ff. GemO Schleswig-Holstein, §§ 100 ff. GemO Brandenburg, §§ 68 ff. KommunalVerf. Mecklenburg-Vorpommern, §§ 95 ff. GemO Sachsen, §§ 116 ff. GemO Sachsen-Anhalt, §§ 71 ff. KommunalO Thüringen; ausführlich oben Kapitel C. Rn. 192 ff.
[2] Vgl. auch *Kraft*, §§ 2, 3; *Ehlers*, Verwaltung in Privatrechtsform, S. 124 ff.; zum Begriff siehe auch *Püttner*, DVBl. 1975, 353 (354).
[3] *Müller*, S. 249 m. w. N.
[4] *Becker*, S. 96.
[5] Vgl. auch *Leisner*, WiVerw 1983, 212 (225); *Spannowsky*, ZGR 1996, 400 (412).

Möglichkeit zu, sich einen besonderen Einfluss durch gesetzliche Einführung von gesellschaftsrechtlichen Sonderpositionen zu sichern.

248 Aus verfassungsrechtlicher Sicht lässt sich solchen Eingriffen in das Privatrecht kein prinzipieller **„Vorrang des Gesellschaftsrechts"** entgegenhalten. Gesetzgeberische Sonderregelungen für die öffentliche Hand im Rahmen des Gesellschaftsrechts sind aber nur dem Bund als derjenigen Gebietskörperschaft möglich, der im Rahmen der konkurrierenden Gesetzgebung nach Art. 74 Nr. 1 GG die entsprechende Gesetzgebungskompetenz zusteht.[6]

249 Hieraus folgt, dass **landesgesetzliche Regelungen** für öffentliche Unternehmen die gesellschaftsrechtliche Rechtslage nicht modifizieren können.[7] Durch die umfangreichen Vorschriften der Gemeindeordnungen über kommunale Gesellschaften wird das Innen- oder Außenrecht dieser Unternehmen also nicht beeinflusst.

250 Die **Gemeindeordnungen** können für ihren Adressaten Kommune nur Grundsätze für eine Beteiligung an einer GmbH aufstellen, die diese im Rahmen der gesellschaftsrechtlich zulässigen Gestaltungsmöglichkeiten umzusetzen hat. Dabei sind die Kommunen verpflichtet, die Gestaltungsmöglichkeiten des Gesellschaftsrechts so weit auszuschöpfen, dass die Interessen der Kommune und die Ziele der Selbstverwaltung mit dem Demokratieprinzip so weit wie möglich verwirklicht werden.

251 Diese Grundsätze können aber nicht das Gesellschaftsverhältnis unmittelbar regeln. Für die Beurteilung des **Verhältnisses zwischen Kommune und GmbH** kommt es somit vorrangig auf das GmbH-Recht an. Ob und inwieweit die Kommune von dem so gesetzten Rahmen Gebrauch machen darf bzw. muss, bestimmt sich nach der Gemeindeordnung und den ihr zugrunde liegenden Zielen.

252 Somit lässt sich die **Organisationsverfassung** einer kommunalen GmbH nur aus der Gemengelage von Öffentlichem Recht und privatem Wirtschaftsrecht, von gemeindewirtschaftsrechtlichen und gesellschaftsrechtlichen Vorschriften bestimmen.

2. Rechtsnatur

253 Die GmbH ist eine **selbständige juristische Person** des privaten Rechts.[8] Sie beginnt mit der Eintragung in das Handelsregister (§ 11 Abs. 1 GmbHG) und endet mit Eintritt der Vermögenslosigkeit und Löschung aus dem Register.

254 Als juristische Person im Sinne eines rechtstechnischen Verständnisses des Begriffs ist die GmbH selbst Trägerin von Rechten und Pflichten.[9] Sie ist durch ihre **Organe** (Geschäftsführung, Gesellschafterversammlung) handlungsfähig.[10]

Für **Verbindlichkeiten** der GmbH haftet nach § 13 Abs. 2 GmbHG nur das **Gesellschaftsvermögen**.[11]

255 Gem. § 5 Abs. 1 GmbHG hat die GmbH ein **Stammkapital**. Seine Existenz bietet den notwendigen Ausgleich für den in § 13 Abs. 2 GmbHG angeordneten Haftungsausschluss.[12] Das Stammkapital dient nämlich der Sicherung der Gläubiger, weil die GmbH über Vermögensgegenstände verfügen muss, deren Gesamtwert wenigstens dem Betrag des Stammkapitals entspricht.

256 Mit dem Stammkapital allein ist den Gläubigern allerdings nicht gedient. Die Gesellschaft muss vielmehr dafür sorgen, dass ein der Grundkapitalziffer entsprechendes Vermögen auch tatsächlich aufgebracht wird (**Prinzip der Kapitalaufbringung**).[13] Seine Garantiefunktion kann das Grundkapital aber nur erfüllen, wenn ein entsprechendes

---

[6] Vgl. *Püttner*, Die öffentlichen Unternehmen, S. 234 f.; *Fischer*, AG 1982, 85 (90); siehe auch *Schön*, ZGR 1996, 429 (432); a. A. *v. Danwitz*, AöR 120 (1995), 595 (616 ff.).
[7] *R. Schmidt*, S. 513 ff.; *Spannowsky*, DVBl. 1992, 1072 (1077); *Zeichner*, AG 1985, 61 (69); *Schwintowski*, NJW 1990, 1009 (1013); *ders.*, NJW 1995, 1316 (1317); *Schön*, ZGR 1996, 429 (432).
[8] *Lutter/Hommelhoff*, GmbHG, Einl. Rn. 2.
[9] *Raiser*, AcP 199 (1999), 104 (115).
[10] *Lutter/Hommelhoff*, GmbHG, Einl. Rn. 5.
[11] *Lutter/Hommelhoff*, GmbHG, § 13 Rn. 3.
[12] *Lutter/Hommelhoff*, GmbHG, § 5 Rn. 2.
[13] *Lutter/Hommelhoff*, GmbHG, § 5 Rn. 1.

III. Gesellschaft mit beschränkter Haftung

Mindestvermögen nicht nur aufgebracht wird, sondern dauerhaft auch erhalten bleibt (**Prinzip der Kapitalerhaltung**).[14]

Das Stammkapital besteht aus den Stammeinlagen der Gesellschafter (§ 5 Abs. 2 AktG). Jeder Gesellschafter kann nur eine **Stammeinlage** übernehmen. Die Untergrenze beträgt EUR 100,00; eine Obergrenze besteht nicht. 257

Zu den Strukturmerkmalen der GmbH gehört schließlich ihr Charakter als **Handelsgesellschaft**. Aus § 13 Abs. 3 GmbHG i.V. m. § 6 HGB folgt, dass die GmbH notwendig den Bestimmungen des Handelsrecht unterliegt.[15] 258

3. Gründung

a) Errichtung der kommunalen GmbH

aa) Gründung einer GmbH. Eine GmbH entsteht durch **Abschluss des Gesellschaftsvertrages** und **Eintragung** in das Handelsregister. 259

Gründer und Gesellschafter einer GmbH können **natürliche und juristische Personen**[16] sowie **Personengesellschaften**[17] sein. Die GmbH kann auch von nur einer Person gegründet werden.[18] 260

Der **Gesellschaftsvertrag** der GmbH ist ein Organisationsvertrag und zugleich die Satzung der Gesellschaft. In dieser Satzung[19] müssen Regelungen enthalten sein über Firma, Sitz, Gegenstand, Stammkapital und Stammeinlage. Sie muss notariell beurkundet werden (§ 2 GmbHG). 261

Mit **Beurkundung** der Satzung ist die GmbH zwar errichtet. Sie ist aber noch keine juristische Person.[20] Dazu wird sie erst mit **Eintragung in das Handelsregister** (§ 11 Abs. 1 GmbHG). 262

Die GmbH-Gründer müssen schon vor Eintragung der GmbH[21] in das Handelsregister einen oder mehrere **Geschäftsführer** bestellen, die sämtlich bei der Anmeldung mitwirken müssen (§§ 8, 78 GmbHG). Zum Geschäftsführer kann nur eine natürliche, voll geschäftsfähige Person bestellt werden (§ 6 GmbHG). Auch Gesellschafter können zu Geschäftführern bestellt werden. 263

Zusammen mit den Regelungen über die **Kapitalerhaltung**[22] sind die Vorschriften des GmbH-Rechts über die **Kapitalaufbringung** unverzichtbare Voraussetzung für die Beschränkung der Haftungsmasse auf das Gesellschaftsvermögen. 264

Die Pflicht zur **Leistung der Stammeinlagen** kann den GmbH-Gründern nicht erlassen[23] oder gestundet[24] werden. Bei verspäteter Leistung schulden sie Verzugszinsen (§ 20 GmbHG). Sie können gegen die Forderung auf Leistung ihrer Einlagen auch nicht mit Gegenforderungen aufrechnen (§ 19 Abs. 2 Satz 2 GmbHG). 265

Dagegen kann die Vor-GmbH und nach ihrer Eintragung auch die GmbH die Aufrechnung gegen die Verpflichtung des Gesellschafters auf **Leistung der Einlage** erklären, wenn der Gründer eine liquide, fällige und vollwertige Forderung gegen die Vor-GmbH bzw. gegen die GmbH hat.[25] 266

---

[14] *Lutter/Hommelhoff*, GmbHG, § 5 Rn. 2; § 30 Rn 1 ff.
[15] *Lutter/Hommelhoff*, GmbHG, § 13 Rn. 1.
[16] *Lutter/Hommelhoff*, GmbHG, § 2 Rn. 1 ff.
[17] *Lutter/Hommelhoff*, GmbHG, § 2 Rn. 5; zur GbR vgl. BGHZ 78, 311; BGH WM 1992, 12; zur Erbengemeinschaft siehe auch *Emmerich*, in: *Scholz*, GmbHG, § 2 Rn. 50; zu sonstigen Gesamthandsgemeinschaften vgl. *Ulmer*, in: Großkommentar zum GmbHG, § 2 Rn. 80 ff.
[18] *Lutter/Hommelhoff*, GmbHG, § 1 Rn. 2.
[19] Zum Inhalt vgl. unten Rn. 56 ff.
[20] Sog. „Vor-Gesellschaft", vgl. auch *Lutter/Hommelhoff*, GmbHG, § 11 Rn. 3.
[21] *Lutter/Hommelhoff*, GmbHG, § 6 Rn. 8 ff.
[22] *Lutter/Hommelhoff*, GmbHG, § 30 Rn. 9 ff.; § 32 a/b Rn. 11 ff.
[23] *Lutter/Hommelhoff*, GmbHG, § 19 Rn. 9 ff., ebenso ist ein Vergleich (rechtsgeschäftlich oder prozessual) über die Einlageforderung zulässig, BayObLG, DB 1985, 107.
[24] *Lutter/Hommelhoff*, GmbHG, § 19 Rn. 15.
[25] *Lutter/Hommelhoff*, GmbHG, § 19 Rn. 17 ff.

267 Es muss also gewährleistet sein, dass der GmbH der **als Einlage versprochene Betrag** auch tatsächlich zufließt bzw. dass sie darüber **uneingeschränkt verfügen** kann.[26]

268 Bei Säumnis mit der Einzahlung kann der Gesellschafter nach Fristsetzung und Fristablauf seines Gesellschaftsanteils für verlustig erklärt werden (**Kaduzierung**), ohne dass die Verpflichtung des Ausgeschlossenen zur Leistung der rückständigen Einlage damit entfällt (§ 21 GmbHG). Rechtsvorgänger des Ausgeschlossenen haften ebenfalls auf den Ausfall (§ 22 GmbHG).

269 Die Gesellschaft kann den Geschäftsanteil im Wege **öffentlicher Versteigerung** verkaufen, wenn die Zahlung des rückständige Einlage auch vom Rechtsvorgänger nicht zu erlangen ist (§ 23 GmbHG). Schließlich haften aber auch alle übrigen Gesellschafter anteilig für die bei einem Mitgesellschafter oder bei dessen Rechtsvorgänger uneinbringliche Einlage (§ 24 GmbHG).

270 Bei Gründung der GmbH kann in ihrer Satzung vorgesehen werden, dass der Gesellschafter seine Stammeinlage in Form einer **Sacheinlage** erbringt.[27] Der Wert der Sacheinlage muss mindestens dem Nennwert der übernommenen Stammeinlage entsprechen.[28]

271 Weil die **Bewertung von Sacheinlagen** schwierig ist und die Beteiligten ihre Sachwerte häufig zu hoch einschätzen, muss über die Sacheinlage, ihren Erwerb, ihren Zustand, ihre Bewertung usw. ein **Sachgründungsbericht** erstellt werden (§ 5 Abs. 4 S. 2 GmbHG), in dem die Gesellschafter „die für die Angemessenheit der Leistungen für Sacheinlagen wesentlichen Umstände darzulegen" haben.[29] Bei der **Überbewertung von Sacheinlagen** ist das Registergericht verpflichtet, die Eintragung abzulehnen (§ 9c GmbHG).

272 Wurde die Sacheinlage zu hoch bewertet, hat der Einlageverpflichtete die Differenz zwischen dem tatsächlichen Wert zum Zeitpunkt der Anmeldung zum Handelsregister und der im Gesellschaftsvertrag übernommenen Einlageverpflichtung in bar nachzuzahlen (**Differenzhaftung**, § 9 GmbHG).

273 Wird statt einer Bareinlage eine **verschleierte Sacheinlage**[30] erbracht, bleibt die Bareinlageschuld weiterhin bestehen.

274 **Sacheinlagen** müssen bei der Gründung einer GmbH sofort und uneingeschränkt erbracht werden, während ein Teil der in Geld geschuldeten Einlagen auch erst nach der Eintragung der GmbH geleistet werden kann.

275 Jeder Gesellschafter muss mindestens 25% auf seine **Stammeinlage** einzahlen, insgesamt müssen bis zur Eintragung der GmbH in das Handelsregister mindestens EUR 12.500,00 eingezahlt worden sein (§ 7 Abs. 2 GmbHG). Bei Gründung einer **Einmann-GmbH** muss der Einmann-Gesellschafter vor der Anmeldung nicht nur 25% auf seine Stammeinlage und mindestens EUR 12.500,00 einzahlen; er muss außerdem für die restliche Geldeinlage eine Sicherheit bestellen (§ 7 Abs. 2 Satz 3 GmbHG).

276 Sämtliche **Einzahlungen** müssen auf ein Konto der Vor-GmbH oder als Barzahlung an deren Geschäftsführer erfolgen. Über die eingezahlten Beträge muss der Geschäftsführer der Vor-GmbH frei verfügen können, bevor die Gesellschaft in das Handelsregister eingetragen werden kann und damit entsteht.[31]

277 Über die nach dem Gesellschaftsvertrag geschuldeten **Sacheinlagen** muss der Geschäftsführer schon vor der Eintragung der GmbH nicht nur teilweise, sondern vollständig verfügen können (§ 7 Abs. 2, 3 GmbHG).

278 **Unrichtige Angaben** über Art und Umfang der Kapitalaufbringung bei der Gründung begründen Schadensersatzansprüche (§§ 9a, 9b GmbHG) und können mit Freiheitsstrafe geahndet werden (§ 82 Ziff. 1 und 2 GmbHG).

---

[26] *Lutter/Hommelhoff*, GmbHG, § 7 Rn. 13 ff.
[27] *Lutter/Hommelhoff*, GmbHG, § 5 Rn. 12 ff.
[28] *Lutter/Hommelhoff*, GmbHG, § 5 Rn. 22 ff.
[29] *Lutter/Hommelhoff*, GmbHG, § 5 Rn. 28 ff.
[30] Zum Begriff und den Rechtsfolgen einen „verschleierten Sacheinlage" vgl. *Lutter/Hommelhoff*, GmbHG, § 5 Rn. 37 ff.
[31] *Lutter/Hommelhoff*, GmbHG, § 7 Rn. 3 ff.

III. Gesellschaft mit beschränkter Haftung

Der **Antrag auf Eintragung** der GmbH in das Handelsregister ist vom Geschäftsführer 279 beim zuständigen Registergericht (Amtsgericht) zu stellen (§ 7 Abs. 1 GmbHG). Die **Unterschrift** des Geschäftsführers muss notariell beglaubigt sein.

Dem Antrag sind die in § 8 GmbHG aufgeführten **Unterlagen und Nachweise** beizu- 280 fügen.[32] Bei **Sachgründungen** sind außerdem ein Sachgründungsbericht, die Verträge über die Übertragung der Sachen sowie Unterlagen über ihre Bewertung beizufügen.

Das **Registergericht** prüft den Gesellschaftsvertrag und den Eintragungsantrag auf 281 Übereinstimmung mit den gesetzlichen Anforderungen. Bei begründeten Zweifeln an der Richtigkeit der Angaben muss es Nachweise über die behaupteten Leistungen anfordern und gegebenenfalls eigene Ermittlungen durchführen. Werden die Zweifel nicht ausgeräumt, muss es die Eintragung ablehnen (§ 9c GmbHG).

Unrichtige Bestätigungen Dritter gegenüber dem Registergericht begründen in ent- 282 sprechender Anwendung von § 37 Abs. 1 Satz 4 AktG deren persönliche Haftung.

bb) **Rechtsformwechsel (Ausgliederung).** Gem. § 168 UmwG können **Gebietskör-** 283 **perschaften** oder deren Zusammenschlüsse von ihnen in öffentlich-rechtlicher Organisationsform betriebene Unternehmen in bestimmte privatrechtliche Gesellschaftsformen, namentlich in eine GmbH, **überführen**. Dabei ist in § 168 UmwG ausdrücklich klargestellt, dass das für den Zusammenschluss maßgebende Bundes- oder Landesrecht, insbesondere also auch das kommunale Wirtschaftsrecht, einer Umwandlung nicht entgegenstehen darf.[33]

Das Umwandlungsrecht ermöglicht eine **privatisierende Umwandlung** mit Gesamt- 284 rechtsnachfolge.[34] Damit wird der ansonsten notwendige umständliche Weg von Einzelrechtsübertragungen erspart und, z. B. mit Blick auf die zu Dritten begründeten Rechtsverhältnisse (z. B. Verträge mit Kunden oder Benutzern), eine praktische Vereinfachung erzielt.

Im Vergleich zur Ausgliederung aus dem Vermögen eines anderen Rechtsträgers ist zu 285 beachten, dass Gebietskörperschaften nur gesamte **Unternehmen** ausgliedern können.[35] Während Gesellschaften und andere Rechtsträger beliebig Vermögen, auch einen einzigen Vermögensgegenstand, ausgliedern und abspalten können, verlangt § 168 UmwG, dass das gesamte Vermögen ausgegliedert wird. Daher ist Voraussetzung einer Ausgliederung aus dem Vermögen einer Gebietskörperschaft das Vorliegen einer in der Form einer organisatorisch weitgehend verselbständigten, finanzwirtschaftlich als eigenes Vermögen getrennt zu verwaltende Unternehmenstätigkeit.[36]

Die Vorschriften über die Ausgliederung aus dem Vermögen von Gebietskörperschaften 286 sind **Sondervorschriften der Ausgliederung**, die wiederum **Sondervorschriften der Spaltung** darstellen. Es gelten daher grundsätzlich auch die allgemeinen Vorschriften über Spaltung und Ausgliederung, soweit nicht die §§ 168 ff. UmwG Sondervorschriften vorsehen.

Da gem. § 125 S. 1 UmwG auf die Spaltung der Vorschriften des zweiten Buches des 287 UmwG anwendbar sind, gilt auch § 6 UmwG, d.h. ein Ausgliederungsplan bzw. ein Ausgliederungsvertrag muss **notariell beurkundet** werden. Nach § 169 S. 1 UmwG ist **kein Ausgliederungsbericht** für die Gebietskörperschaft notwendig.

Da die Ausgliederung ein Sonderfall der Spaltung ist, muss für den Ausgliederungs- 288 plan bzw. Ausgliederungsvertrag § 126 UmwG berücksichtigt werden, der den Inhalt des **Spaltungsvertrages** beschreibt.

---

[32] Beurkundeter Gesellschaftsvertrag; Legitimation des Geschäftsführers; Angabe über die Vertretungsbefugnis der Geschäftsführer; Unterschriftsprobe der Geschäftsführer zur Aufbewahrung bei Gericht; Versicherung des Geschäftsführers, dass die Leistungen auf die Stammeinlagen erbracht sind und endgültig zu seiner freien Verfügung stehen und außerdem bei einer Einmann-Gesellschaft, dass die erforderlichen Sicherungen für nicht eingezahltes Stammkapital bestellt wurden; Versicherung des Geschäftsführers, dass er nicht wegen eines Konkursdelikts verurteilt wurde und seiner Tätigkeit keine Berufs oder Gewerbeverbote entgegenstehen; die von allen Geschäftsführern unterzeichnete Liste der Gesellschafter.
[33] *Gaß*, S. 195.
[34] *H. Schmidt*, in: *Lutter*, UmwG, § 168 Rn. 5; zu steuerlichen Fragen vgl. unten Kapitel F. Rn. 194 ff.
[35] *H. Schmidt*, in: *Lutter*, UmwG, § 168 Rn. 9; *Gaß*, S. 190 ff.
[36] *H. Schmidt*, in: *Lutter*, UmwG, § 168 Rn. 11; *Gaß*, S. 191.

289 In diesem Zusammenhang ist insbesondere die Frage zu beachten, auf welche Weise gem. § 126 Abs. 1 Nr. 9 UmwG die Gegenstände zu bezeichnen sind, die ausgegliedert werden sollen. Hierbei ist im Hinblick auf den **sachenrechtlichen Bestimmtheitsgrundsatz** von einer genauen Abgrenzung des Kreises übergehenden **Aktiva und Passiva** auszugehen, und zwar möglichst mit der gleichen Genauigkeit, mit der etwa bei einer Veräußerung von Unternehmen im Wege der Übertragung von Einzelwirtschaftsgütern gearbeitet wird.

290 Bei der Übertragung von **Eigenbetrieben oder sonstigen Sondervermögen** wird es häufig ausreichen, dass auf Bilanzen und Inventar Bezug genommen wird.[37] Sind jedoch auch **Grundstücke** von der Ausgliederung betroffen, so müssen diese gem. § 126 Abs. 2 S. 2 UmwG nach § 28 GBO hinreichend individualisiert sein. Weiterhin sind auch die **nicht-bilanzierungsfähigen Gegenstände** und insbesondere die Vertragsverhältnisse gesondert aufzuführen.

291 Mit der **Eintragung** der Ausgliederung in das Register des Sitzes des übernehmenden Rechtsträgers geht das ausgegliederte Unternehmen gemäß § 171 UmwG auf den neuen Rechtsträger über, ohne dass noch Einzelübertragungen erforderlich sind.[38] Mit dem Wirksamwerden der Ausgliederung gehen damit die zu übertragenden Vermögensteile im Wege der **Sonderrechtsnachfolge** automatisch auf die übernehmende Gesellschaft über, ohne dass es irgendwelcher weiteren Übertragungshandlungen bedarf.[39]

292 Mit der Eintragung im Register des übernehmenden Rechtsträgers geht das ausgegliederte Unternehmen als Gesamtheit nach § 131 Abs. 1 Nr. 1 UmwG auf den aufnehmenden Rechtsträger über; die **partielle Gesamtrechtsnachfolge** umfasst dabei die im Ausgliederungsplan bzw. Ausgliederungsvertrag sowie deren Anlagen aufgeführten Vermögensgegenstände.[40]

293 Der übernehmende Rechtsträger tritt in die Rechtsstellung ein, die der übertragende Rechtsträger innehatte. Der **Rechtsübergang** vollzieht sich dabei außerhalb von mit öffentlichem Glauben versehenen Registern.[41]

294 Bei einer Ausgliederung besteht für die **Verbindlichkeiten**, die bis zur Eintragung der Ausgliederung in das Handelsregister begründet worden sind, eine Haftung des übertragenden Rechtsträger gesamtschuldnerisch mit dem übernehmenden Rechtsträger, auf den die Verbindlichkeiten übergegangen sind, für die Dauer von fünf Jahren fort. Dies ist ausdrücklich in den §§ 172, 173 UmwG klargestellt.[42]

295 Es besteht Einigkeit darüber, dass der Gesetzgeber durch die Einführung der Ausgliederung als neue Umwandlungsform den Gesellschaftern nicht die Möglichkeit der **Einzelrechtsübertragung** verschießen wollte. Die allgemeinen Möglichkeiten der Einzelrechtsübertragung und der Sachgründung bzw. Sachkapitalerhöhung bleiben demnach weiter eröffnet.[43]

b) Der Gesellschaftsvertrag der kommunalen GmbH

296 Der Gesellschaftsvertrag einer kommunalen GmbH muss nach § 3 Abs. 1 GmbHG zum einen bestimmte **Mindestanforderungen** erfüllen. Daneben beschränkt sich das Gemeindewirtschaftsrecht nicht auf eine Definition der Voraussetzungen für die Rechtsform des kommunalen Unternehmens. Vielmehr machen die Gemeindeordnungen eine Reihe von **weitergehenden Vorgaben** für die Ausgestaltung des Gesellschaftsvertrages kommunaler Gesellschaften.

---

[37] *Widmann/Mayer*, Umwandlungsrecht, § 126 Rn. 209 ff.; *Frenz*, in: *Neye/Limmer*, Rn. 1019 ff.; *Mayer*, DB 1995, 861 (864).
[38] *Teichmann*, in: *Lutter*, UmwG, § 131 Rn. 1; *Schwarz*, in: *Widmann/Mayer*, Umwandlungsrecht, § 123 Rn. 4.1.3; *Vossius*, in: *Widmann/Mayer*, Umwandlungsrecht, § 131 Rn. 23.
[39] *Priester*, in: *Lutter*, UmwG, § 126 Rn. 32.
[40] *H. Schmidt*, in: *Lutter*, UmwG, § 171 Rn. 6; zur Frage der Wertansätze dieser Vermögensgegenstände vgl. unten Kapitel F. Rn. 238 ff.
[41] *Vossius*, in: *Widmann/Mayer*, Umwandlungsrecht, § 131 Rn. 38.
[42] *H. Schmidt*, in: *Lutter*, UmwG, § 171 Rn. 10 ff.
[43] *Limmer*, in: *Neye/Limmer*, Rn. 1144; *Gaß*, S. 228.

III. Gesellschaft mit beschränkter Haftung

aa) **Firma und Sitz.** Im Gesellschaftsvertrag einer GmbH sind **Firma und Sitz** der Gesellschaft anzugeben.

Die **Firma** ist der Name, unter dem die GmbH am Rechtsverkehr teilnimmt. Sie muss die Bezeichnung „Gesellschaft mit beschränkter Haftung" oder die Abkürzung „GmbH" enthalten.

Aufgrund der neuen Fassung des § 4 GmbHG im Rahmen des Gesetzes zur Neuregelung des Kaufmanns- und Firmenrechts vom 22. Juni 1998[44] hat sich die frühere Streitfrage, ob die Firma aus dem Gegenstand des Unternehmens entlehnt sein muss, erledigt. Es sind nun auch **Fantasiefirmen** zulässig.

Sitz der Gesellschaft ist nach § 4a Abs. 1 GmbHG der Ort, den die Satzung bestimmt. Die Satzung hat als Sitz in der Regel den Ort, wo die Gesellschaft einem **Betrieb** hat, oder den Ort zu bestimmen, wo sich die **Geschäftsleitung** befindet oder die **Verwaltung** geführt wird (§ 4a Abs. 2 GmbHG). Der Sitz der Gesellschaft muss innerhalb der Bundesrepublik Deutschland liegen.

bb) **Unternehmensgegenstand und Öffentlicher Zweck.** Ein weiterer notwendiger Bestandteil des Gesellschaftsvertrages ist der **Gegenstand des Unternehmens**. Gegenstand des Unternehmens ist die **Tätigkeit**, die die Gesellschaft zu betreiben beabsichtigt.[45] Die Angabe des Unternehmensgegenstandes muss derart individualisierbar sein, dass der **Schwerpunkt der Geschäftstätigkeit** erkennbar ist.

Der Gesellschaftsvertrag der kommunalen GmbH muss sicherstellen, dass der **öffentliche Zweck** des Unternehmens erfüllt wird. Geht man davon aus, dass jede Beteiligung einer Kommune an einer GmbH durch einen öffentlichen Zweck legitimiert sein muss, so drängt sich die Frage auf, ob dieser Zweck im Sinne des verfolgten Verwaltungszieles im Gesellschaftsvertrag des Unternehmens festgelegt werden muss.[46]

Ausgehend von der allgemein anerkannten Unterscheidung zwischen **Unternehmensgegenstand** und **Unternehmenszweck**[47] ist festzuhalten, dass zumindest in dem Fall, in dem sich aus dem Unternehmensgegenstand eindeutige Hinweise auf den Versorgungsauftrag und damit auf die öffentlich-rechtliche Zwecksetzung ergeben, eine ausdrückliche Bestimmung, wonach der Zweck der Gesellschaft in der Wahrnehmung öffentlicher Aufgaben besteht, nicht notwendig ist.[48] Ansonsten ist von einer deklaratorischen Bedeutung der Angabe des Unternehmenszwecks auszugehen, die sich aus der Steuerungsaufgabe der Kommune gegenüber ihren Beteiligungen an privaten Unternehmen ergibt.[49]

cc) **Stammkapital.** Das **Stammkapital** ist die rechnerische Zusammenfassung aller Stammeinlagen der Gesellschafter in einer Summe. Es muss mindestens EUR 25.000 betragen. Seine Höhe ist im Gesellschaftsvertrag anzugeben.

Das Stammkapital ist nicht mit dem Gesellschaftsvermögen identisch. Das Gesellschaftsvermögen kann höher oder niedriger sein als das Stammkapital.

dd) **Stammeinlagen.** Als **Stammeinlage** übernehmen die Gesellschafter je einen Anteil am Stammkapital. Jeder Gesellschafter kann nur eine Stammeinlage übernehmen, die mindestens EUR 100,00 betragen muss und durch 50 teilbar sein soll.

Die Einlage kann in **bar** oder in **Sachwerten** erbracht werden.

Nach der Höhe der jeweiligen Stammeinlage bemisst sich der **Geschäftsanteil** der Gesellschafter (§ 14 GmbHG).

---
[44] BGBl. 1998 I S. 1474 ff.
[45] BayObLG, NJW 1976, 1694.
[46] Vgl. hierzu auch *Habersack*, ZGR 1996, 544 (553).
[47] Vgl. z. B. *Lutter/Hommelhoff*, GmbHG, § 1 Rn. 2 m. w. N.
[48] Ausführlich zu diesem Thema *Becker*, S. 100 ff.; nach *Harbarth*, S. 117 ff. und *Habersack*, ZGR 1996, 544 (553) soll die bloße Beschreibung des Unternehmensgegenstandes nicht ausreichend sein; vgl. auch *Ehlers*, DÖV 1986, 897 (904).
[49] *Becker*, S. 107.

308 Im Gesellschaftsvertrag kann vorgesehen werden, dass die Gesellschafter auch zu **Nachschüssen** verpflichtet sind (§ 26 GmbHG). Von einer unbeschränkten Nachschusspflicht kann sich ein Gesellschafter dadurch befreien, dass er der Gesellschaft seinen Geschäftsanteil zur Befriedigung zur Verfügung stellt (Abandon, § 27 GmbHG).

309 ee) **Wirtschaftsplan, Jahresabschluss, Abschlussprüfung.** Die Gemeindeordnungen[50] fordern, dass im Gesellschaftsvertrag der GmbH sichergestellt wird, dass für jedes Wirtschaftsjahr ein **Wirtschaftsplan** aufgestellt wird und der **Wirtschaftsführung** eine fünfjährige Finanzplanung zugrunde gelegt wird. Darüber hinaus sind der **Jahresabschluss und der Lagebericht** in entsprechender Anwendung der Vorschriften des Handelsgesetzbuchs für große Kapitalgesellschaften aufzustellen und zu prüfen.

310 Der Wirtschaftsplan und die Finanzplanung, der Jahresabschluss und der Lagebericht sowie der Prüfungsbericht des Abschlussprüfers sind der Kommune zu übersenden. Für die **Prüfung der Betätigung der Gemeinde** bei dem Unternehmen sind darüber hinaus dem Rechnungsprüfungsamt und der für die überörtliche Prüfung zuständigen Prüfungsbehörde die in § 54 HGrG vorgesehenen Befugnisse wie auch das **Recht zur überörtlichen Prüfung** der Haushalts- und Wirtschaftsführung des Unternehmens nach den Vorschriften der Gemeindeordnungen einzuräumen.[51]

311 ff) **Fakultativer Inhalt des Gesellschaftsvertrages.** Das Legalstatut der GmbH geht von einer weitgehenden **Satzungsfreiheit** aus.[52] Im Gegensatz zur AG, bei der der Grundsatz gilt, „was nicht ausdrücklich gesetzlich erlaubt ist, ist als Satzungsinhalt verboten",[53] kann bei der GmbH jede nicht ausdrücklich verbotene Regelung Satzungsinhalt werden.

312 Soweit also **Vorschriften der Gemeindeordnungen** die Aufnahme bestimmter Regelungen in den Gesellschaftsvertrag zur Sicherung der Einflussmöglichkeiten der Kommune fordern,[54] lässt sich dies bei einer GmbH problemlos umsetzen.

313 gg) **Satzungsänderungen.** Die **Änderung des Gesellschaftsvertrages** bedarf eines mit qualifizierter Mehrheit gefassten Beschlusses der Gesellschafterversammlung von $^{3}/_{4}$ der abgegebenen Stimmen sowie der notariellen Beurkundung (§ 53 Abs. 2 GmbHG). Der Beschluss wird erst mit der Eintragung in das Handelsregister wirksam (§ 54 Abs. 3 GmbHG).

314 Das gilt allerdings nur für **Änderungen des materiellen Satzungsinhalts**, nicht dagegen für sonstige Bestimmungen, die nicht zu den normativen Grundregeln der Gesellschaft gehören (also nicht für sog. **unechte Satzungsbestandteile**).[55]

---

[50] § 103 Abs. 1 Nr. 5 Buchst. a) GemO Baden-Württemberg, Art. 94 Abs. 1 Nr. 1 GemO Bayern, § 122 Abs. 3 Nr. 1 GemO Hessen, § 108 Abs. 2 Nr. 1 GemO Nordrhein-Westfalen, § 87 Abs. 1 Nr. 7 Buchst. c) GemO Rheinland-Pfalz, § 111 Abs. 1 Nr. 3 KSVG Saarland, § 9 KommunalprüfungsG Schleswig-Holstein, § 73 Abs. 1 Nr. 1 Buchst. a) KommunalVerf. Mecklenburg-Vorpommern, § 96 Abs. 1 Nr. 4 GemO Sachsen, § 121 Abs. 1 Nr. 1 Buchst. a) GemO Sachsen-Anhalt, vgl. auch § 114 GemO Niedersachsen, § 107 GemO Brandenburg, § 75 KommunalO Thüringen; vgl. auch Kapitel C. Rn. 203.

[51] § 103 Abs. 1 Nr. 5 GemO Baden-Württemberg, Art. 94 Abs. 1 Nr. 2 bis 5 GemO Bayern, § 122 Abs.1 Nr. 4 GemO Hessen, § 108 Abs. 2 GemO Nordrhein-Westfalen, § 124 GemO Niedersachsen, § 87 Abs. 1 Nr. 7 GemO Rheinland-Pfalz, § 111 Abs. 1 Nr. 4 KSVG Saarland, § 9 KommunalprüfungsG Schleswig-Holstein, § 105 GemO Brandenburg, § 73 Abs. 1 Nr. 2 KommunalVerf. Mecklenburg-Vorpommern, § 96 Abs. 1 Nr. 7 GemO Sachsen, § 121 GemO Sachsen-Anhalt, § 75 Abs. 4 KommunalO Thüringen; ausführlich unten Kapitel E. Rn. 230 ff.

[52] *Lutter/Hommelhoff*, GmbHG, § 3 Rn. 15 ff.

[53] Vgl. hierzu auch Teil B. IV. Rn. 97.

[54] § 103 Abs. 2 GemO Baden-Württemberg, Art. 92 Abs. 1 S. 2 GemO Bayern, § 108 Abs.4 GemO Nordrhein-Westfalen, § 87 Abs. 3 GemO Rheinland-Pfalz, § 96 Abs. 2 Nr. 3 GemO Sachsen, § 73 Abs. 1 S. 2 KommunalO Thüringen; siehe auch oben Kapitel C. Rn. 204 ff.

[55] *Lutter/Hommelhoff*, GmbHG, § 53 Rn. 29; vgl. auch *Priester*, in: *Scholz*, GmbHG, § 53 Rn. 18 f., 21; *Ulmer*, in: Großkommentar zum GmbHG, § 53 Rn. 27 f.

III. Gesellschaft mit beschränkter Haftung   315–321 D

4. Aufgaben und Befugnisse

Einer kommunalen **Aufgabenerfüllung** durch eine kommunale GmbH stehen nur 315
wenige zu erfüllende Zulässigkeitskriterien entgegen.[56] Die einschlägigen Vorschriften
der Gemeindeordnungen sehen somit ausdrücklich vor, dass die Gemeinden Unternehmen in der Rechtsform der GmbH führen können, wobei sich normative Beschränkungen nur insoweit ergeben, als bestimmte Einrichtungen des Bildungs-, Gesundheits- und
Sozialwesens nicht als **wirtschaftliche Unternehmen** geführt werden können.[57]

Etwas anderes gilt nur im Hinblick auf **kommunale Pflichtaufgaben**. Insoweit kön- 316
nen diese Aufgaben nicht selbst, sondern nur ihre **Durchführung** auf ein privatrechtliches
Unternehmen übertragen werden. Die Aufgabe selbst und die **Verantwortung für die
ordnungsgemäße Erfüllung** verbleiben bei der Kommune.[58]

5. Organe

Als juristische Person kann eine GmbH nur durch ihre **Gesellschaftsorgane** handeln: 317
Geschäftsführer und die Gesamtheit ihrer Gesellschafter (Gesellschafterversammlung).

Ein Aufsichtsrat ist grundsätzlich fakultativ; es bietet sich aber an, einen solchen einzurichten, zumal die Gemeindeordnungen ihn teilweise voraussetzen.[59] Ist auf eine GmbH
wegen der Zahl ihrer Arbeitnehmer das BetrVG 1952 oder das MitBestG anwendbar, so
muss ein Aufsichtsrat als obligatorisches Kontrollorgan gebildet werden.[60]

a) Die Geschäftsführung

Die GmbH muss einen oder mehrere **Geschäftsführer** haben (§ 6 Abs. 1 GmbHG). Sie 318
werden von den Gesellschaftern durch einen Beschluss mit einfacher Mehrheit bestellt
(§§ 46 Ziff. 5., 47 Abs. 1 GmbHG). Die Bestellung ist jederzeit widerruflich (§ 38 Abs. 1
GmbHG). Besteht ein Aufsichtsrat nach dem MitbestG, so bestellt dieser den Geschäftsführer (§ 31 MitBestG).

Der Geschäftsführer ist in das Handelsregister des Sitzortes einzutragen und nach 319
§ 35 a GmbHG auf den **Geschäftsbriefen** der Gesellschaft zu benennen. Das Registergericht kann das durch Androhung und Festsetzung von Zwangsgeldern erzwingen.

Von der **Bestellung** des Geschäftsführers ist dessen **Anstellung** durch schuldrecht- 320
lichen Anstellungsvertrag zu unterscheiden. Das ist meist ein freier Dienstvertrag i. S.
von §§ 611 ff. BGB, in dem die beiderseitigen Rechte und Pflichten einschließlich der
dem Geschäftsführer geschuldeten Vergütung vereinbart werden.[61]

In der Literatur wird zwar auch die Auffassung vertreten, mindestens Fremdgeschäfts- 321
führer, die keine oder nur unbedeutende Geschäftsanteile halten, seien häufig Arbeitneh-

---

[56] §§ 102 ff. GemO Baden-Württemberg, Art. 86 ff. GemO Bayern, §§ 121 ff. GemO Hessen, §§ 107 ff.
GemO Nordrhein-Westfalen, §§ 108 ff. GemO Niedersachsen, §§ 85 ff. GemO Rheinland-Pfalz, §§ 106 ff.
KSVG Saarland, §§ 101 ff. GemO Schleswig-Holstein, §§ 100 ff. GemO Brandenburg, §§ 68 ff. KommunalVerf. Mecklenburg-Vorpommern, §§ 95 ff. GemO Sachsen, §§ 116 ff. GemO Sachsen-Anhalt, §§ 71 ff.
KommunalO Thüringen.
[57] § 102 Abs. 3 GemO Baden-Württemberg, Art. 57 GemO Bayern, § 121 Abs. 2 Nr. 2 GemO Hessen,
§ 107 Abs. 2 Nr. 2 GemO Nordrhein-Westfalen, § 108 Abs. 3 Nr. 1 GemO Niedersachsen, § 85 Abs. 3
GemO Rheinland-Pfalz, § 108 Abs. 2 Nr. 1 KSVG Saarland, § 101 Abs. 2 Nr. 2 GemO Schleswig-Holstein,
§ 101 Abs. 2 Nr. 2 GemO Brandenburg; § 68 Abs. 2 Nr. 2 KommunalVerf. Mecklenburg-Vorpommern, für
Sachsen, Sachsen-Anhalt und Thüringen fehlen entsprechende Vorschriften; vgl. auch oben Kapitel C.
Rn. 55 ff.
[58] *Gaß*, S. 185 ff.
[59] Vgl. § 103 Abs. 1 Nr. 3 GemO Baden-Württemberg, Art. 92 Abs. 1 Nr. 2 GemO Bayern, § 122 Abs. 1
Nr. 3 GemO Hessen, § 108 Abs. 1 Nr. 6 GemO Nordrhein-Westfalen, § 109 Abs. 1 Nr. 6 GemO Niedersachsen, § 87 Abs. 1 Nr. 3 GemO Rheinland-Pfalz, § 110 Abs. 1 Nr. 3 KSVG Saarland, § 102 Abs. 1 Nr. 3 GemO
Schleswig-Holstein, § 102 Nr. 2 GemO Brandenburg; § 69 Abs. 1 Nr. 3 KommunalVerf. Mecklenburg-Vorpommern, § 96 Abs. 1 Nr. 2 GemO Sachsen, § 117 Abs. 1 Nr. 3 GemO Sachsen-Anhalt, § 73 Abs. 1 Nr. 3
KommunalO Thüringen.
[60] § 77 BetrVG 1952, § 1 MitBestG.
[61] *Lutter/Hommelhoff*, GmbHG, Anh. § 6 Rn. 3.

mer. Regelmäßig sind die entgeltlichen Vertragsverhältnisse zwischen GmbH und GmbH-Geschäftsführer aber als freie **Dienstverträge**[62] und nicht als Arbeitsverträge einzuordnen, weil sie Unternehmer- bzw. Arbeitgeberfunktionen wahrnehmen und keine abhängige Arbeit leisten.

322 Sie genießen also keinen arbeitsrechtlichen Kündigungsschutz nach den Vorschriften des KSchG. Teilweise sind allerdings **arbeitsrechtliche Vorschriften** auch auf die freien Dienstverhältnisse anzuwenden (vgl. etwa § 17 BetrAVG bei Ruhegeldversprechen).[63] War der Geschäftsführer vor seiner Bestellung und Anstellung Arbeitnehmer der GmbH, so kann das Arbeitsverhältnis für die Dauer seiner organschaftlichen Stellung als ruhendes fortbestehen und nach deren Beendigung wieder aufleben.[64]

323 Der Geschäftsführer führt die Geschäfte der Gesellschaft und vertritt sie gegenüber Außenstehenden. Er leitet das Unternehmen der GmbH und nimmt auch die Arbeitgeberfunktionen wahr.[65] Seine **Geschäftsführungsbefugnis** umfasst alle rechtsgeschäftlichen und tatsächlichen Handlungen im Interesse der Gesellschaft mit Wirkung nach innen, wie z. B. Abschluss von Kauf- und Arbeitsverträgen, Buchführung, Management usw.

324 Er ist prinzipiell für alle Fragen zuständig, die nicht einem anderen Organ (vgl. § 46 GmbHG) vorbehalten sind. Dazu gehört auch die **Erfüllung öffentlich-rechtlicher Pflichten** der GmbH, wie etwa die Abführung der Arbeitnehmerbeiträge zur Sozialversicherung.[66]

325 Anders als bei der Aktiengesellschaft ist aber bei der GmbH eine weitgehende **Beschränkung der Geschäftsführungsbefugnis** möglich.[67] Das kann sich im Einzelfall aus einem besonderen Gesellschafterbeschluss ergeben (§ 37 Abs. 1 GmbHG).

326 Der Geschäftsführer vertritt die Gesellschaft nach außen. Seine **Vertretungsbefugnis** ist im Gegensatz zur Geschäftsführungsbefugnis prinzipiell nicht beschränkbar (§ 37 Abs. 2 GmbHG).[68] Sind mehrere Geschäftsführer bestellt, vertreten sie die Gesellschaft gemeinsam (**Gesamtvertretungsbefugnis**, § 35 Abs. 2 S. 2 GmbHG).[69]

327 Aus den weitreichenden und nach außen unbeschränkbaren Befugnissen des Geschäftsführers bei der Wahrung der (Vermögens-)Interessen der Gesellschafter ergibt sich ein besonderes **Vertrauensverhältnis** und eine **wechselseitige Treuepflicht**. Geschäftsführer haben bei ihren Geschäftsführungstätigkeiten die Sorgfalt eines ordentlichen Geschäftsmanns anzuwenden (§ 43 GmbHG).[70] Sie dürfen danach ihre Stellung nicht zum eigenen Vorteil auf Kosten der Gesellschaft nutzen und haben alles zu unterlassen, was der Gesellschaft schaden könnte.

328 Für GmbH-Geschäftsführer folgt daraus auch ohne eine ausdrückliche Vereinbarung ein **Wettbewerbsverbot**.[71] Eine gesetzlich ausgeformte Treuepflicht ist die **Geheimhaltungspflicht** (§ 85 GmbHG).

329 Schäden, die der GmbH entstehen, weil der Geschäftsführer bei seiner Tätigkeit die **Sorgfalt eines ordentlichen Kaufmanns** verletzt hat, begründen Ersatzansprüche gegen ihn. Am Maßstab der Sorgfalt eines ordentlichen Kaufmanns wird also auch das gesellschaftsinterne Verhalten des Geschäftsführers gemessen, das sich aus dem gesetzlich bestimmten Verantwortungsbereich und aus der Satzung ergibt.[72]

---

[62] *Goette*, S. 258 m. w. N.
[63] *Koppensteiner*, in: *Rowedder*, GmbHG, § 35 Rn. 65; *Hueck*, ZfA 1985, 25 (32).
[64] *Goette*, S. 261.
[65] *Lutter/Hommelhoff*, GmbHG, § 37 Rn. 3 ff.
[66] Hinsichtlich der dem Geschäftsführer im öffentlichen Interesse auferlegten Aufgaben können die Gesellschafter keine Weisungen erteilen, die den Geschäftsführer zwingen würden, seine öffentlich-rechtlichen Pflichten zu verletzen (arg. § 43 Abs. 3 S. 3 GmbHG), *Lutter/Hommelhoff*, GmbHG, § 37 Rn. 5.
[67] *Lutter/Hommelhoff*, GmbHG, § 37 Rn. 12.
[68] BFH, DB 1993, 460; *Schneider*, in: *Scholz*, GmbHG, § 35 Rn. 13; *Lutter/Hommelhoff*, GmbHG, § 35 Rn. 3.
[69] Zu den Rechtsformen der Gesamtvertretung vgl. *Lutter/Hommelhoff*, GmbHG, § 35 Rn. 27 ff.
[70] Siehe hierzu *Schneider*, in : *Scholz*, GmbHG, § 43 Rn. 70.
[71] *Lutter/Hommelhoff*, GmbHG, Anh. § 6 Rn. 20 ff.
[72] Zum Sorgfaltmaßstab vgl. auch *Lutter/Hommelhoff*, GmbHG, § 43 Rn. 21.

III. Gesellschaft mit beschränkter Haftung

330 Sind mehrere Geschäftsführer bestellt, haften sie gesamtschuldnerisch, wenn für die Verfehlung des anderen eine Mitverantwortung gegeben ist. Das ist der Fall, wenn für den Geschäftsbereich eine **Überwachungspflicht** besteht und wohl auch, wenn bei der Geschäftsleitung zu **Grundsatzfragen** gemeinsam entschieden wird.

331 Der Geschäftsführer kann nach § 38 GmbHG jederzeit von den Gesellschaftern **abberufen** werden. Ein wichtiger Grund ist dafür nicht erforderlich.[73]

332 Von der **Abberufung** ist die **Kündigung seines Anstellungsvertrages** zu unterscheiden, die ohne eine entsprechende Vereinbarung nur unter Einhaltung der üblichen Kündigungsfrist oder aus wichtigem Grund fristlos möglich ist (§ 626 BGB). Die Abberufung allein stellt keinen wichtigen Grund für eine außerordentliche Kündigung des Anstellungsvertrages dar.[74]

333 Umgekehrt kann auch ein Geschäftsführer selbst sein Amt niederlegen, ohne zugleich sein Anstellungsverhältnis fristlos zu kündigen.[75] Ein wichtiger Grund ist für die **Niederlegung** des Amts durch den Geschäftsführer nicht erforderlich. Damit gibt er seine Kompetenzen auf und entzieht sich für die Zukunft seiner organschaftlichen Verantwortung für die GmbH, ohne zugleich seine Entgeltansprüche aus seinem Anstellungsvertrag aufzugeben.

334 Wegen der unterschiedlichen Rechtsfolgen sind also **Beendigung der organschaftlichen Stellung** durch Abberufung oder Amtsniederlegung und **Beendigung des Dienstverhältnisses** durch Kündigung voneinander zu unterscheiden.

b) Der (fakultative) Aufsichtsrat

335 Der Gesellschaftsvertrag einer GmbH kann die Bildung eines **fakultativen Aufsichtsrats** vorsehen. Das GmbHG stellt dafür jedoch keine eigenen Regeln auf, sondern verweist auf die entsprechenden Vereinbarungen in der Satzung und auf das AktG (§ 52 GmbHG).[76]

336 Zu den Aufgaben des Aufsichtsrats gehören regelmäßig die **Überwachung der Geschäftsführung**,[77] die Einberufung der Gesellschafterversammlung, Entgegennahme des Berichts des Geschäftsführers, Prüfung des Jahresabschlusses, Vertretung der GmbH gegenüber dem Geschäftsführer.

337 Nach **§ 77 BetrVG 1952** ist in einer GmbH ein Aufsichtsrat dann zu bilden, wenn mehr als 500 Arbeitnehmer beschäftigt werden. Er ist zu $1/3$ mit Arbeitnehmervertretern zu besetzen.[78]

338 Der Aufsichtsrat eines Unternehmens, in dem mehr als 2.000 Arbeitnehmer beschäftigt sind, muss nach § 1 MitbestG paritätisch mit Arbeitnehmervertretern und Vertretern der Anteilseigner besetzt werden. Beim **paritätisch besetzten Aufsichtsrat** der GmbH ist durch die Zweitstimme des von der Arbeitgeberseite gestellten Aufsichtsratsvorsitzenden gesichert, dass die Anteilseigner sich in Abstimmungen bei Pattsituationen und bei der Wahl der Geschäftsführer stets durchsetzen können.

339 Zusammensetzung, Zuständigkeit und Arbeitsweise der **obligatorischen Aufsichtsräte** ergeben sich im Einzelnen aus den Regelungen des MitbestG und des BetrVG 1952, die wiederum auf die aktienrechtlichen Regelungen verweisen.

c) Die Gesellschafterversammlung

340 Die Gesellschafter in ihrer Gesamtheit sind das **oberste Organ der GmbH** mit einer umfassenden Zuständigkeit.[79]

---

[73] *Lutter/Hommelhoff*, GmbHG, § 38 Rn. 2 ff.
[74] Anders bei Verkoppelung durch eine auflösende Bedingung im Anstellungsvertrag, BGH, BB 1989, 1578.
[75] BGHZ 78, 84.
[76] Zum fakultativen Aufsichtsrat vgl. *Lutter/Hommelhoff*, GmbHG, § 52 Rn. 3 ff.
[77] *Lutter/Hommelhoff*, GmbHG, § 52 Rn. 11 ff.; *Lutter/Krieger*, Rn. 16 ff.
[78] *Lutter/Hommelhoff*, GmbHG, § 52 Rn. 21 ff.; *Lutter/Krieger*, Rn. 328 ff.
[79] *Goette*, S. 199; *Lutter/Hommelhoff*, GmbHG, Einl. Rn. 5.

341 Für eine **Beschlussfassung** ist die Abhaltung einer Gesellschaftsversammlung nicht erforderlich, wenn sich sämtliche Gesellschafter schriftlich mit einem Vorschlag oder mit einer schriftlichen Stimmabgabe einverstanden erklären (§ 48 Abs. 2 GmbHG).

342 Gesetzlich sind die Gesellschafter zuständig für die in § 46 GmbHG genannten **Aufgaben**, zu denen vor allem die Feststellung des Jahresabschlusses, die Gewinnverwendung, die Berufung oder Abberufung des Geschäftsführers sowie Änderungen der Satzung einschließlich der Liquidation der Gesellschaft gehören (§§ 53, 60 Abs. 1 Nr. 2 GmbHG). Weitere obligatorische Zuständigkeiten der Gesellschafterversammlung bestehen bei der Verschmelzung und Umwandlung, bei Unternehmensverträgen, bei der Wahl des Abschlussprüfers sowie bei der Geltendmachung von Ersatzansprüchen gegenüber dem Geschäftsführer.[80]

343 Die Gesellschafterversammlung ist **Willensbildungs- und Kontrollorgan** der GmbH zugleich.[81] Der Gesellschaftsvertrag kann die Gesellschafterversammlung nicht durch ein anderes, insbesondere kein externes Gremium (wie z. B. den Gemeinderat) ersetzen.[82]

344 Anders als Hauptversammlung einer Aktiengesellschaft kann die Gesellschafterversammlung von sich aus auch über **Geschäftsführungsmaßnahmen** beschließen (§§ 37 Abs. 1, 46 Nr. 6 GmbHG). Die Gesellschafterversammlung kann damit aber lediglich den Geschäftsführer zur Ausführung ihrer Beschlüsse verpflichten; sie kann dagegen nicht selbst anstelle des Geschäftsführers die GmbH vertreten.[83]

345 Zu ihren Aufgaben gehört auch die Bestellung eines **Prokuristen** (§ 46 Ziff. 7 GmbHG). Wird der Prokurist vom Geschäftsführer ohne einen solchen Beschluss bestellt, ist das Dritten gegenüber wirksam (§ 48 Abs. 1 HGB, §§ 35, 37 GmbHG), und nur eine Verletzung seiner Pflichten, die Schadensersatzansprüche begründen kann.

346 Zur **Einberufung der Gesellschafterversammlung** ist jeder Geschäftsführer berechtigt (§ 49 Abs. 1 GmbHG). Sie erfolgt durch eingeschriebenen Brief (§ 51 Abs. 1 GmbHG). Die Einberufung kann auch von Gesellschaftern gefordert bzw. vorgenommen werden, die 10 % der Geschäftsanteile halten (§ 50 GmbHG).

347 Eine **Pflicht zur Einberufung** besteht nur, wenn das Wohl der Gesellschaft das erfordert (§ 49 Abs. 2 GmbHG) und beim Verlust der Hälfte des Stammkapitals (§ 49 Abs. 3 GmbHG).

348 Mit der Einladung soll der Zweck der Versammlung (**Tagesordnung**) mitgeteilt werden. Ohne diese Mitteilung ist die Einberufung zwar wirksam, Beschlüsse sind aber anfechtbar, wenn die Gegenstände der Beschlussfassung nicht wenigstens 3 Tage vor der Versammlung den Gesellschaftern angekündigt worden sind (§ 51 Abs. 4 GmbHG).

349 Beschlüsse der Gesellschafter werden mit **einfacher Mehrheit** gefasst, es sei denn, Gesetz oder Gesellschaftsvertrag schreiben eine qualifizierte Mehrheit vor. Eine $^3/_4$-Mehrheit ist insbesondere bei Änderungen des Gesellschaftsvertrages erforderlich (§ 53 Abs. 2 GmbHG). Im Gesellschaftsvertrag wird häufig für die Zustimmung zur Übertragung von Geschäftsanteilen sowie für die Einziehung von Geschäftsanteilen, die Abberufung von Geschäftsführern u. Ä. eine qualifizierte Mehrheit vorgesehen.

350 Einige Beschlüsse müssen **notariell beurkundet** werden, z. B. Satzungsänderungen, Kapitalerhöhung oder -herabsetzung, Übertragung von Geschäftsanteilen (§ 53 Abs. 1 und Abs. 2 GmbHG).

351 Im Übrigen ist nur für die ohne Einhaltung von Frist und Form für die Einberufung der Gesellschafter gefassten Beschlüsse und Beschlüsse der Einmann-Gesellschaft eine **Protokollierung** erforderlich (§ 48 Abs. 2 und Abs. 3 GmbHG).

352 Ebenso wie andere Rechtsgeschäfte können auch Beschlüsse nichtig[84] oder anfechtbar[85] sein. Beides kann allerdings nur durch Klage geltend gemacht werden. Die aktienrechtlichen Vorschriften über **Nichtigkeit** und **Anfechtbarkeit** werden entsprechend angewandt.

---

[80] *Lutter/Hommelhoff*, GmbHG, § 46 Rn. 2.
[81] *Goette*, S. 199.
[82] Siehe hierzu *Erle/Becker*, NZG 1999, 58 (60); *Altmeppen*, NJW 2003, 2561 (2563).
[83] Vgl. auch *Lutter/Hommelhoff*, GmbHG, § 37 Rn. 12 ff.
[84] *Goette*, S. 227 ff.; *Lutter/Hommelhoff*, GmbHG, Anh. § 47 Rn. 9 ff.
[85] *Goette*, S. 229 ff.; *Lutter/Hommelhoff*, GmbHG, Anh. § 47 Rn. 42 ff.

III. Gesellschaft mit beschränkter Haftung

Allerdings führen nicht alle Verstöße gegen die für die Beschlussfassung bestehenden Regelungen zur Anfechtbarkeit oder Nichtigkeit. So können etwa wirksame Beschlüsse auch in einer nicht ordnungsgemäß einberufenen Versammlung gefasst werden, wenn alle Gesellschafter anwesend sind (§ 51 Abs. 3 GmbHG). Möglich ist auch eine **schriftliche Stimmabgabe** (§ 48 Abs. 2 GmbHG). 353

Im Verhältnis der Gesellschafter zur Gesellschaft sowie zwischen den Gesellschaftern selbst besteht die **gesellschaftsrechtliche Treuepflicht**.[86] Die Gesellschafter einer GmbH dürfen ihre Individualrechte deshalb nur so ausüben, dass die Rechte ihrer Mitgesellschafter und der GmbH nicht unangemessen beeinträchtigt werden. 354

Ein Gesellschafter hat sich auch persönlich für die **Belange der Gesellschaft** einzusetzen und alles zu unterlassen, was diese schädigen könnte.[87] Er hat darauf bedacht zu sein, das Gesellschaftsunternehmen wirtschaftlich zu unterhalten und zu fördern. Daraus ist u. a. ein allgemeines Schädigungsverbot, die Unzulässigkeit von Mehrheitsentscheidungen in bestimmten Fällen,[88] die Verpflichtung zur Anpassung des Gesellschaftsvertrages an veränderte Bedingungen[89] u. Ä. abgeleitet worden. 355

Ein **Wettbewerbsverbot der Gesellschafter** besteht zwar grundsätzlich nicht.[90] Es kann jedoch vereinbart werden oder sich aus den Umständen ergeben. Die Befreiung von einem bestehenden Wettbewerbsverbot oder der Verzicht auf die Geltendmachung von Schadensersatzansprüchen wegen seiner Missachtung kann aber als eine (auch steuerrechtlich relevante) verdeckte Gewinnausschüttung Rückzahlungsansprüche der Gesellschaft begründen.[91] 356

Umgekehrt dürfen Gesellschafter von der Gesellschaft und von ihren Mitgesellschaftern aber auch nicht ohne Grund unterschiedlich behandelt werden (**Gleichbehandlungsgebot bzw. Willkürverbot**).[92] Die Verletzung dieses Grundsatzes begründet für den Betroffenen z. B. ein Anfechtungsrecht von Beschlüssen der Gesellschafterversammlung und Ausgleichsansprüche (Rückgewähr des erlangten Vorteils).[93] 357

Schadensersatzansprüche gegen einen Mitgesellschafter sind an sich auf Weisung der Gesellschafterversammlung durch den Geschäftsführer geltend zu machen. Ausnahmsweise können sie allerdings auch durch Gesellschafterklage, d.h. durch die im eigenen Namen erhobene Klage eines Gesellschafters gegen seinen Mitgesellschafter auf Leistung an die GmbH geltend gemacht werden, wenn die Durchsetzung der dem Geschäftsführer erteilten Weisung auf Erhebung einer Schadensersatzklage durch die GmbH selbst ein zeitraubender, kostenträchtiger und deshalb unzumutbarer Umweg wäre. 358

Jeder Gesellschafter hat das Recht, an der Gesellschafterversammlung teilzunehmen und sein **Stimmrecht** auszuüben. Ein Gesellschafter kann zwar nicht sein Stimmrecht, wohl aber dessen Ausübung auf einen Dritten übertragen.[94] 359

Die **Stimmkraft** bemisst sich nach der Höhe der Beteiligung am Stammkapital. Je EUR 50,00 Beteiligung gewähren eine Stimme (§ 47 Abs. 2 GmbHG). 360

Das Stimmrecht eines Gesellschafters kann **vertraglich ausgeschlossen** werden. Es ruht bei der Beschlussfassung über seine Entlastung oder Abberufung aus wichtigem Grund als Geschäftsführer, über seine Befreiung von einer Verbindlichkeit, über die Vornahme von Rechtsgeschäften mit ihm und über die Einleitung oder Erledigung eines Rechtsstreits (§ 47 Abs. 4 GmbHG).[95] 361

---

[86] Vgl. BGHZ 103, 184 (194).
[87] BGHZ 65, 15; BGH, WM 1978, 1205.
[88] Zum Stimmrechtsmißbrauch vgl. auch *Lutter/Hommelhoff*, GmbHG, § 47 Rn. 26.
[89] BGH, WM 1978, 1230; OLG München, DStR 1992, 1102.
[90] Vgl. hierzu *Lutter/Hommelhoff*, GmbHG, § 14 Rn. 23 m. w. N.
[91] *Lutter/Hommelhoff*, GmbHG, § 14 Rn. 27.
[92] *Lutter/Hommelhoff*, GmbHG, § 14 Rn. 30.
[93] Vgl. hierzu auch *Lutter/Hommelhoff*, GmbHG, Anh. § 47 Rn. 55.
[94] *Lutter/Hommelhoff*, GmbHG, § 47 Rn. 8.
[95] Vgl. zum Stimmverbot des Gesellschafters auch *Lutter/Hommelhoff*, GmbHG, § 47 Rn. 13 ff.

362 Jeder Gesellschafter kann vom Geschäftsführer **Auskunft** über Angelegenheiten der Gesellschaft fordern.[96] Er hat das Recht, die Bücher und Unterlagen einzusehen und sich Kopien anzufertigen (§§ 51a, 51b GmbHG).

363 Wird die Auskunft verweigert, so hat der Gesellschafter ein **Auskunftserzwingungsrecht** nach aktienrechtlichen Grundsätzen (§ 51b GmbHG mit Verweis auf § 132 AktG).

6. Rechtsverhältnis zum Träger

a) Die Gemeinde als Gesellschafterin der kommunalen GmbH

364 Der **Bürgermeister** als organschaftlicher Vertreter der Kommune repräsentiert diese auch in der Gesellschafterversammlung. Er übt insoweit die Gesellschafterrechte der Kommune in der GmbH aus.[97]

365 Ob er bei dieser organschaftlichen Vertretung selbst entscheiden darf oder nur den Beschluss des Gemeinderates zu vollziehen hat, hängt grundsätzlich davon ab, ob es sich bei dieser Entscheidung um eine **Angelegenheit der laufenden Verwaltung** handelt.[98] Hierbei ist zu beachten, dass die Bedeutung der Angelegenheit nicht aus Sicht der Gesellschaft, sondern aus Sicht der Kommune zu beurteilen ist.

366 Aus der aus dem Demokratieprinzip folgenden **Ingerenzpflicht** ergibt sich für die Gemeinde die Verpflichtung, einen angemessenen Einfluss in Form von **Beteiligungs-, Mitsprache- und Kontrollrechten** zu etablieren. Es stellt sich somit die Frage, wie diese Verpflichtung bei einer kommunalen GmbH umgesetzt werden kann.

367 Die GmbH ermöglicht durch die „**legale Herrschaft über die Geschäftsführung**"[99] ausgeprägte Einwirkungen der Kommune und ist aus diesem Grund gegenüber der Aktiengesellschaft als unproblematischere Rechtsform für ein Beteiligungsunternehmen der Kommune anzusehen.[100]

368 Die GmbH kennt nämlich in ihrem Legalstatut mit der Geschäftsführung und der Gesellschafterversammlung nur zwei obligatorische Organe. Des Weiteren eröffnet diese Rechtsform der Kommune über die Gesellschafterversammlung nach §§ 37, Abs. 1, 38 Abs. 1, 45 Abs. 1 GmbHG die Möglichkeit der Durchsetzung von **Weisungsrechten** gegenüber der Geschäftsleitung.[101]

369 Darüber hinaus besteht durch die Einrichtung eines **fakultativen Aufsichtsrats** die Möglichkeit,[102] in einem faktischen Abhängigkeitsverhältnis problemlos **Kontroll- und Prüfungsmechanismen** implementieren zu können, um der Ingerenzpflicht der Kommune gerecht zu werden.[103] Hierbei sind über entsprechende **Berichtspflichten der Geschäftsführung** an den Aufsichtsrat und einen **Katalog zustimmungspflichtiger Geschäfte** Überwachungsinstrumente und Überwachungsfunktionen einzurichten, die die Beteiligungs-, Mitsprache- und Kontrollrechten der Kommune entsprechend absichern.

370 Dieses Instrumentarium hat sich in der Praxis als ausreichend erwiesen, den vom Gesetz geforderten Einfluss zur Geltung zu bringen.[104] Eine Absicherung durch die Statuierung von **Entsendungsrechten** kann zusätzlich zur Sicherstellung der Leitung des Unter-

---

[96] *Grunewald*, ZHR 146 (1982), 211; *Karl*, DStR 1995, 940.
[97] Vgl. hierzu auch *Altmeppen*, NJW 2003, 2561 (2562f.).
[98] § 44 Abs. 2 GemO Baden-Württemberg, Art. 37 Abs. 1 Nr. 1 GemO Bayern, § 70 Abs. 2 GemO Hessen, § 62 Abs. 1 Nr. 6 GemO Niedersachsen, § 47 Abs. 1 Nr. 3 GemO Rheinland-Pfalz, § 59 Abs. 3 S. 1 KSVG Saarland, § 55 Abs. 1 S. 2 GemO Schleswig-Holstein, § 63 Abs. 1 Buchst. e GemO Brandenburg, § 38 Abs. 3 KommunalVerf. Mecklenburg-Vorpommern, § 53 Abs. 2 S. 1 GemO Sachsen, § 63 Abs. 1 S. 2 GemO Sachsen-Anhalt, § 29 Abs. 2 Nr. 1 KommunalO Thüringen.
[99] *Lutter/Timm*, NJW 1982, 409.
[100] Zu den Problemen bei der AG vgl. unten Rn. 546ff.
[101] Vgl. auch *Becker*, S. 116f.
[102] Siehe hierzu *Becker*, S. 116f.
[103] Ausführlich hierzu *Becker*, S. 151f.
[104] *Schlitt*, FB 1999, 440 (443).

nehmens dienen.[105] Darüber hinaus kann die Kommune nach § 103 Abs. 1 AktG Aufsichtsratsmitglieder, die gegen die Interessen der Kommune verstoßen, auch ohne das Vorliegen eines wichtigen Grundes abberufen.

Dem steht auch nicht entgegen, dass jedes Aufsichtsratsmitglied primär das **Unternehmensinteresse** zu vertreten hat. Das Unternehmensinteresse kann inhaltlich nämlich regelmäßig mit den zusammengefassten gemeinschaftlichen Interessen der Gesellschafter identifiziert werden.[106] Daher ist das **öffentliche Interesse** als Beteiligungszweck der Kommune von den Aufsichtsratsmitgliedern stets mit zu beachten.[107]

371

b) Absicherung der Einwirkungspflicht der Gemeinde durch einen Beherrschungsvertrag?

Die Verfassung der GmbH sieht – im Gegensatz zu dem vom Grundsatz der Eigenverantwortlichkeit und Weisungsfreiheit des Vorstandes der Aktiengesellschaft ausgehenden AktG – **Weisungen der Gesellschafterversammlung** an die Geschäftsführer vor. Eine Änderung der Interessenausrichtung der GmbH auf das herrschende Unternehmen ist aber auch für die GmbH nur im Rahmen eines Vertragskonzerns möglich.[108]

372

Daher wird teilweise[109] auch für die GmbH vertreten, zur **Sicherung der Einflussmöglichkeiten** der Kommune sei zusätzlich der Abschluss eines **Beherrschungsvertrages** nach § 291 AktG geboten. Die aufgrund eines solchen Beherrschungsvertrages mögliche Weisung sei als Essentiale der verfassungsmäßig gebotenen **Ingerenzpflicht** zu sehen.[110]

373

Grundsätzlich ist festzuhalten, dass das GmbH-Recht dem Abschluss eines Beherrschungsvertrages nicht entgegensteht.[111] Der Abschluss eines solchen Beherrschungsvertrages zwischen Kommune und kommunaler GmbH ist aber nach diesseitiger Ansicht rechtlich **nicht zulässig** und darüber hinaus auch **nicht notwendig**.

374

Die Vorschriften des Gemeindewirtschaftsrechts setzen für die Beteiligung der Kommune an einer Rechtsform des privaten Rechts eine **Begrenzung der Haftung der Kommune** voraus.[112] Diese Regelungen stehen aber grundsätzlich einer in der Rechtsfolge des § 302 AktG zum Ausdruck gebrachten uneingeschränkten Einstandspflicht der Kommune für Verluste aus ihrer wirtschaftlichen Betätigung entgegen.

375

Die **Verlustübernahmepflicht** als „abstrakter Gefährdungstatbestand"[113] bringt die Kommune in eine spezifische Haftungssituation, die ihr als herrschendes Unternehmen[114] für die Vertragsdauer des Beherrschungsvertrages das gesamte **Geschäftsrisiko** der abhängigen GmbH aufbürdet. Darüber hinaus besteht die mit dem Beherrschungsvertrag verbundene Verlustausgleichspflicht auch dann, wenn die Kommune als herrschendes Unternehmen von ihrer Direktionsbefugnis tatsächlich keinen Gebrauch macht oder im Rahmen eines Verbots nachteiliger Weisungen keinen Gebrauch machen darf (§ 308 Abs. 1 S. 2 AktG). Schließlich besteht die Verlustausgleichspflicht sogar in den Fällen, in denen

376

---

[105] Zur Weisungsgebundenheit der von der Kommune gewählten oder entsandten Mitglieder des Aufsichtsrats vgl. z. B. *Becker*, S. 113; *Hüffer*, AktG, § 394 Rn. 28; *Schön*, ZGR 1996, 429 (449); *Harder/Ruter*, GmbHR 1995, 813 (814); *Altmeppen*, NJW 2003, 2561 (2563ff.).
[106] BGHZ 95, 330 (346 m. w. N.).
[107] *Becker*, S. 112.
[108] *Schneider*, ZGR 1980, 511 (519).
[109] Vgl. statt aller *Spannowsky*, ZGR 1996, 400 (423).
[110] *Kraft*, S. 254; *Stober*, NJW 1984, 449 (455); *v. Danwitz*, AöR 120 (1995), 595 (622).
[111] So z. B. *Lutter/Hommelhoff*, Anh. § 13 Rn. 49ff.; *Emmerich/Sonnenschein*, S. 392.
[112] § 103 Abs. 1 Nr. 4 GemO Baden-Württemberg, Art. 91 Abs. 1 Nr. 3 GemO Bayern, § 122 Abs. 1 Nr. 2 GemO Hessen, § 108 Abs. 1 Nr. 5 GemO Nordrhein-Westfalen, § 109 Abs. 1 Nr. 2 und 4 GemO Niedersachsen, § 87 Abs. 1 Nr. 4 und 6 GemO Rheinland-Pfalz, § 110 Abs. 1 Nr. 2 KSVG Saarland, § 102 Abs. 1 Nr. 2 GemO Schleswig-Holstein, § 102 Nr. 3 GemO Brandenburg, § 69 Abs. 1 Nr. 4 KommunalVerf. Mecklenburg-Vorpommern, § 96 Abs. 1 Nr. 3 GemO Sachsen, § 117 Abs. 1 Nr. 4 und 6 Sachsen-Anhalt, § 73 Abs. 1 Nr. 4 KommunalO Thüringen; vgl. auch oben Kapitel C. Rn. 196.
[113] *Koppensteiner*, in: Kölner Kommentar zum Aktiengesetz, § 302 Rn. 4.
[114] Dass die Kommunen „Unternehmen" i. S. d. Rechts der verbundenen Unternehmen sind, ist auch für den Fall, dass die Kommune nur ein Unternehmen privater Rechtsform beherrscht, wohl inzwischen unstreitig, vgl. hierzu *Becker*, S. 122ff.; *Gaß*, S. 402ff.; *Raiser*, ZGR 1996, 458 (464) jeweils m. w. N.

377 Diese **haftungsrechtlichen Konsequenzen** führen zu einer für die Gemeinde unüberschaubaren Inanspruchnahmemöglichkeit von Haushaltsmitteln, welche ihr einen beherrschungsvertraglich gesicherten Einfluss auf die kommunale GmbH verbietet.[116]

7. Aufsicht

378 Die spezielle Natur der Kommune als Treuhänderin der ihr überlassenen Steuergelder[117] hat zur Entwicklung eigener, sich von Privaten unterscheidenden Methoden zur **nachträglichen Kontrolle** der Aktivitäten geführt. Hierdurch soll gewährleistet werden, dass auch tatsächlich durchgeführt wird, was einmal beschlossen wurde. Diese Kontrolle ist einem unabhängigen Organ, dem **Gemeindeprüfungsamt**, übertragen.

Daneben verpflichten die Gemeindeordnungen die Kommunen dazu ihre Beteiligungsunternehmen eine **Abschlussprüfung** durch Wirtschaftsprüfer durchführen zu lassen, auch wenn die Gesellschaft selbst nicht prüfungspflichtig wäre.[118]

a) Die haushaltsrechtlichen Prüfungsrechte

379 Die Vorschriften des Gemeindewirtschaftsrechts[119] räumen den Kommunen die Möglichkeit ein, die **Betätigung der Gebietskörperschaften** in ihren privatrechtlichen Beteiligungen zu prüfen. Von dieser Übertragung darf die Gemeinde nur dann absehen, wenn sie über kein Rechnungsprüfungsamt verfügt.[120] In diesem Fall würde die Betätigungsprüfung leer laufen, da kein Prüfer vorhanden wäre, der die Befugnisse ausüben könnte.

380 Die **Betätigungsprüfung** umfasst nicht das Unternehmen selbst, sondern – ohne Rücksicht auf die Höhe der kommunalen Beteiligung – die die Beteiligung verwaltende Stelle. Anerkanntermaßen umfasst diese Prüfung insbesondere die Frage, ob die für die Beteiligung an privatrechtlich organisierten Unternehmen von der Verwaltung **zu beachtenden Vorschriften** eingehalten wurden.

381 Aus diesem Grund ist es herausragende Aufgabe der Rechnungsprüfungsämter festzustellen, ob der „öffentliche Zweck" für eine wirtschaftliche Betätigung der Gemeinde noch gegeben ist.

b) Die handelsrechtliche Rechnungslegung und Abschlussprüfung

382 Die **Rechnungslegung** der GmbH dient der Ermittlung des Bilanzgewinns und damit des Betrages, der an die Gesellschafter ausgeschüttet werden darf. Darüber hinaus dient sie aber auch zur Information der Gläubiger über die wirtschaftliche Lage der Gesellschaft. Wegen des Grundsatzes der Maßgeblichkeit der Handelsbilanz für die Steuerbilanz und damit für die Besteuerung der GmbH dient die Rechnungslegung auch zur Ermittlung der geschuldeten Körperschaftsteuer.

---

[115] *Koppensteiner*, in: Kölner Kommentar zum Aktiengesetz, § 302 Rn. 4.
[116] Ebenso *Becker*, S. 132 ff.; *Kropff*, ZHR 144 (1980), 74 (97 f.); *Paschke*, ZHR 152 (1988), 263 (277).
[117] Vgl. hierzu *Becker*, S. 43 ff.; ausführlich unten Kapitel E. Rn. 230 ff.
[118] § 103 Abs. 1 Nr. 5 Buchst. b) GemO Baden-Württemberg, Art. 94 Abs. 1 Nr. 2 GemO Bayern, § 122 Abs. 1 Nr. 4 GemO Hessen, § 108 Abs. 2 Nr. 1 GemO Nordrhein-Westfalen, § 124 GemO Niedersachsen, § 89 GemO Rheinland-Pfalz, § 110 Abs. 1 Nr. 4 KSVG Saarland, § 9 KommunalprüfungsG Schleswig-Holstein, § 73 Abs. 1 Nr. 2 Buchst. a) KommunalVerf. Mecklenburg-Vorpommern, § 96 Abs. 1 Nr. 6 GemO Sachsen, § 121 Abs. 1 Nr. 2 GemO Sachsen-Anhalt, § 75 Abs. 4 Nr. 1 KommunalO Thüringen, für Brandenburg fehlt eine entsprechende Vorschrift; vgl. unten Kapitel E. Rn. 159 ff.
[119] Vgl. § 112 Abs. 2 Nr. 3 GemO Baden-Württemberg, Art. 106 Abs. 4 GemO Bayern, § 131 Abs. 2 Nr. 6 GemO Hessen, § 103 Abs. 2 Nr. 2 GemO Nordrhein-Westfalen, § 119 Abs. 3 Nr. 3 GemO Niedersachsen, § 112 Abs. 2 Nr. 2 GemO Rheinland-Pfalz, § 121 Abs. 2 Nr. 1 KSVG Saarland, § 116 Abs. 2 Nr. 4 GemO Schleswig-Holstein, § 113 Abs. 2 Nr. 4 GemO Brandenburg, § 106 Abs. 2 Nr. 5 GemO Sachsen, § 129 Abs. 2 Nr. 4 GemO Sachsen-Anhalt, § 84 Abs. 4 KommunalO Thüringen.
[120] *Becker*, S. 93.

III. Gesellschaft mit beschränkter Haftung

Grundsätzlich hat jeder Kaufmann und damit auch jede GmbH in den ersten drei Monaten des Geschäftsjahrs für das vergangene Geschäftsjahr einen **Jahresabschluss**[121] aufzustellen (§ 242 Abs. 1 HGB), der aus der **Jahresbilanz und der Gewinn- und Verlustrechnung** besteht. Als Kapitalgesellschaften haben GmbHs nach § 264 Abs. 1 HGB ihren Jahresabschluss um einen **Anhang**[122] zu erweitern (§§ 284 f. HGB) und einen **Lage- oder Geschäftsbericht**[123] aufzustellen (§ 289 HGB). 383

Jahresabschluss und Geschäftsbericht sind von der Geschäftsführung **aufzustellen** und nach den Regelungen des Gemeindewirtschaftsrechts durch **Abschlussprüfer** zu prüfen (§ 316 Abs. 1 HGB). Danach sind sie zum Handelsregister einzureichen und ggf. zusätzlich zu veröffentlichen (§ 325 HGB). 384

Da die Aufstellung und Veröffentlichung von Jahresabschlüssen nur sinnvoll ist, wenn die Einhaltung der bilanziellen Vorschriften überwacht wird, müssen Jahresabschluss und Geschäftsbericht von einem sachverständigen Prüfer (**Abschlussprüfer**) geprüft werden (§§ 316 ff. HGB). Die öffentlich bestellten Sachverständigen (Wirtschaftsprüfer und Wirtschaftsprüfungsgesellschaften) haben über das Ergebnis ihrer Prüfung einen **Prüfungsbericht** mit dem in § 321 Abs. 1 HGB vorgeschriebenen Inhalt zu erstatten, der von ihnen zu unterzeichnen und der Geschäftsführung der GmbH vorzulegen ist (§ 321 Abs. 3 HGB). 385

Als äußeres Zeichen der Prüfung und ihres Ergebnisses erteilen die Abschlussprüfer einen uneingeschränkten oder mit Einschränkungen versehenen **Bestätigungsvermerk** (§ 322 HGB). Bei schwerwiegenden Mängeln des Jahresabschlusses haben die Abschlussprüfer den Bestätigungsvermerk zu versagen (§ 322 Abs. 3 HGB). 386

Durch die Verpflichtung zur **Einreichung** des mit dem Bestätigungsvermerk des Wirtschaftsprüfers oder mit dem Vermerk über dessen Versagung versehenen Jahresabschlusses zum Handelsregister des Gesellschaftssitzes (§ 325 Abs. 1 HGB), ist sichergestellt, dass ein eingeschränkter oder versagter Bestätigungsvermerk publik wird und von Interessenten berücksichtigt werden kann. 387

Der Prüfungsbericht des Abschlussprüfers wird grundsätzlich nicht veröffentlicht. Er steht nur der Geschäftsführung zur Verfügung. Daher sehen die Gemeindeordnungen die Verpflichtung zur **Übersendung** des Jahresabschlusses und des Prüfungsberichts **an die Kommune** vor.[124] 388

Da sich die **Aufgabe der Rechnungsprüfungsämter** auf die Überprüfung der Haushalts- und Wirtschaftsführung der Kommune beschränkt und somit nicht das Verhalten der GmbH selbst umfasst, erhalten diese von den Vorgängen in der Gesellschaft prinzipiell nur mittelbar Kenntnis. Hierfür stellt der **Bericht des Wirtschaftsprüfers** die wichtigste Unterlage dar.[125] 389

Daher ist durch die entsprechende Anwendung des § 53 HGrG[126] vorgeschrieben, dass eine Prüfung der **Ordnungsmäßigkeit der Geschäftsführung** durch den Abschlussprüfer erfolgen muss. Aus diesem Grund ist der Prüfungsauftrag bei einer kommunalen GmbH um die Prüfung nach § 53 HGrG zu erweitern. 390

---

[121] *Lutter/Hommelhoff*, GmbHG, § 29 Rn. 6 ff.
[122] Vgl. *Lutter/Hommelhoff*, GmbHG, § 42 Rn. 5.
[123] Zum Begriff vgl. *Lutter/Hommelhoff*, GmbHG, § 42 Rn. 6.
[124] § 103 Abs. 1 Nr. 5 Buchst. c) GemO Baden-Württemberg, § 108 Abs. 2 S. 2 GemO Nordrhein-Westfalen, § 87 Abs. 3 GemO Rheinland-Pfalz, § 110 Abs. 1 Nr. 3 KSVG Saarland, § 9 KommunalprüfungsG Schleswig-Holstein, § 73 Abs. 1 Nr. 3 KommunalVerf. Mecklenburg-Vorpommern, § 96 Abs. 2 Nr. 7 GemO Sachsen, § 121 Abs. 1 Nr. 3 GemO Sachsen-Anhalt, nach § 124 Abs. 1 S. 3 GemO Niedersachsen ist der Prüfungsbericht der Kommunalaufsicht zu übersenden; in Bayern, Hessen, Brandenburg und Thüringen fehlen entsprechende Vorschriften.
[125] Ausführlich hierzu *Harbarth*, S. 393 ff.
[126] Die Anwendung des HGrG ergibt sich im kommunalen Bereich aus folgenden Vorschriften: § 103 Abs. 1 GemO Baden-Württemberg, Art. 94 GemO Bayern, § 123 GemO Hessen, § 112 GemO Nordrhein-Westfalen, § 124 GemO Niedersachsen, § 89 GemO Rheinland-Pfalz, § 111 KSVG Saarland, § 9 KommunalprüfungsG Schleswig-Holstein, § 105 GemO Brandenburg, § 73 Abs. 2 KommunalVerf. Mecklenburg-Vorpommern, § 96 Abs. 2 Nr. 1 GemO Sachsen, § 121 GemO Sachsen-Anhalt, § 75 Abs. 4 KommunalO Thüringen; vgl. auch *Mertens*, Der Gemeindehaushalt 1983, 104 (106); siehe auch unten Kapitel E. Rn. 163 ff.

IV. Aktiengesellschaft

Literatur: *Altmeppen*, Die Einflussrechte der Gemeindeorgane in einer kommunalen GmbH, NJW 2003, 2561; *Becker,* Die Erfüllung öffentlicher Aufgaben durch gemischtwirtschaftliche Unternehmen, 1997; *Berrar,* Die zustimmungspflichtigen Geschäfte nach § 111 Abs. 4 AktG im Lichte der Corporate Governance-Diskussion, DB 2001, 2181; *Böttcher/Krömker,* Abschied von der kommunalen AG in NW?, NZG 2001, 590; *Ehlers,* Verwaltung in Privatrechtsform, 1984; *ders.*, Die Entscheidung der Kommunen für eine öffentlich-rechtliche oder privatrechtliche Organisation ihrer Einrichtungen und Unternehmen, DÖV 1986, 897; *Fischer,* Die Entsendungs- und Weisungsrechte öffentlich-rechtlicher Körperschaften beim Aufsichtsrat einer Aktiengesellschaft, AG 1982, S. 85; *Ganske,* Das zweite gesellschaftsrechtliche Koordinierungsgesetz vom 13.12.1978, DB 1978, 2461; *Gaß,* Die Umwandlung gemeindlicher Unternehmen, 2003; *Götz,* Zustimmungsvorbehalte des Aufsichtsrats der Aktiengesellschaft, ZGR 1990, 633; *Götz,* Leitungssorgfalt und Leitungskontrolle der Aktiengesellschaft hinsichtlich abhängiger Unternehmen, ZGR 1998, 524; Großkommentar zum Aktiengesetz, 4. Aufl. 1992 ff.; *Habersack,* Private public partnership: Gemeinschaftsunternehmen zwischen Privaten und der öffentlichen Hand – Gesellschaftsrechtliche Analyse –, ZGR 1996, 544; *Harbarth,* Anlegerschutz in öffentlichen Unternehmen, 1998; *Harder/Ruter,* Die Mitglieder des Aufsichtsrats einer GmbH mit öffentlich-rechtlichem Anteilseigner – ihre Rechte und Pflichten, GmbHR 1995, 813; *Held/Becker/Decker/Kirchhof/Krämer/Wansleben,* Kommunalverfassungsrecht Nordrhein-Westfalen, Gemeindeordnung für das Land Nordrhein-Westfalen (GO), Kreisordnung für das Land Nordrhein-Westfalen (KrO), Gesetz über kommunale Gemeinschaftsarbeit (GkG), Landschaftsverbandsordnung für das Land Nordrhein-Westfalen (LVerbO), Gesetz über den Kommunalverband Ruhrgebiet (KVRG); Kommentare, 1994 ff.; *Hüffer,* Aktiengesetz, 6. Aufl. 2004; Kölner Kommentar zum Aktiengesetz, 2. Aufl. 1986 ff.; *Kraft,* Das Verwaltungsgesellschaftsrecht, 1982; *Kropff,* Zur Anwendbarkeit des Rechts der verbundenen Unternehmen auf den Bund, ZHR 144 (1980), 74; *Leisner,* Der Vorrang des Gesellschaftsinteresses bei den Eigengesellschaften der öffentlichen Hand, WiVerw 1983, 212; *Lutter,* Umwandlungsgesetz, Kommentar, 2. Aufl. 2000; *Mayer,* Erste Zweifelsfragen bei der Unternehmensspaltung, DB 1995, 861; *Mertens,* Die Prüfung der Ordnungsmäßigkeit der Geschäftsführung bei kommunalen Wirtschaftsunternehmen nach § 53 HGrG, Der Gemeindehaushalt 1983, 104; *Müller,* Rechtsformenwahl bei der Erfüllung öffentlicher Aufgaben, 1993; Münchener Handbuch des Gesellschaftsrechts, Bd. 4, Aktiengesellschaft, 2. Aufl. 1999; Münchener Kommentar zum Aktiengesetz, 2. Aufl. 2000; *Neye/Limmer,* Handbuch der Unternehmensumwandlung, 1996; *Paschke,* Die kommunalen Unternehmen im Lichte des GmbH-Konzernrechts, ZHR 152 (1988), 263; *Püttner,* Die öffentlichen Unternehmen, 2. Aufl. 1985; *ders.*, Die Einwirkungspflicht, DVBl. 1975, 353; *Raiser,* Konzernverflechtungen unter Einschluss öffentlicher Unternehmen, ZGR 1996, 458; *ders.*, Der Begriff der juristischen Person, AcP 199 (1999), 104; *Schiessl,* Abhängigkeitsbericht bei Beteiligungen der öffentlichen Hand – Besprechung des Beschlusses BGHZ 135, 107 VW/Niedersachsen –, ZGR 1998, 871; *Schlitt,* Rechtliche Rahmenbedingungen des Börsengangs kommunaler AGs, FB 1999, 440; *Schmid,* Kommunale Beteiligungen: Abwägungspflicht der Kommunen und Nachrang der Aktiengesellschaft, ZKF 2004, 1; *Schmidt,* Öffentliches Wirtschaftsrecht – Allgemeiner Teil, 1990; *Schön,* Der Einfluss öffentlich-rechtlicher Zielsetzung auf das Statut privatrechtlicher Eigengesellschaften der öffentlichen Hand: – Gesellschaftsrechtliche Analyse –, ZGR 1996, 429; *Schwark,* Spartenorganisation in Großunternehmen und Unternehmensrecht, ZHR 142 (1978), 203; *Schwintowski,* Verschwiegenheitspflicht für politisch legitimierte Mitglieder des Aufsichtsrats, NJW 1990, 1009; *ders.*, Gesellschaftsrechtliche Bindungen für entsandte Aufsichtsratsmitglieder der öffentlichen Hand, NJW 1995, 1316; *Spannowsky,* Die Verantwortung der öffentlichen Hand für die Erfüllung öffentlicher Aufgaben und die Reichweite ihrer Einwirkungspflichten auf Beteiligungsunternehmen, DVBl. 1992, 1072; *ders.*, Der Einfluss öffentlich-rechtlicher Zielsetzung auf das Statut privatrechtlicher Eigengesellschaften in öffentlicher Hand: – Öffentlich-rechtliche Vorgaben, insbesondere zur Ingerenzpflicht –, ZGR 1996, 400; *Stober,* Die privatrechtlich organisierte Verwaltung: Zur Problematik privatrechtlicher Gesellschaften und Beteiligungen der öffentlichen Hand, NJW 1984, 449; *v. Danwitz,* Vom Verwaltungsprivat- zum Verwaltungsgesellschaftsrecht – Zu Begründung und Reichweite öffentlich-rechtlicher Ingerenz in der mittelbaren Kommunalverwaltung, AöR 120 (1995), 595; *Widmann/Mayer,* Umwandlungsrecht, Umwandlungsgesetz, Umwandlungssteuergesetz, Kommentar, Losebl. Stand: April 2004; *Zeichner,* Die Voraussetzungen für die Beteiligung des Bundes/eines Landes an einem Unternehmen nach § 65 Abs. 1 BHO/LHO und ihre Prüfung durch den Rechnungshof, AG 1985, 61.

IV. Aktiengesellschaft

1. Rechtsgrundlagen

Die kommunale Aktiengesellschaft (AG) findet ihre Rechtsgrundlage im Aktiengesetz vom 6. September 1965 (BGBl. I S. 1089), zuletzt geändert durch Gesetz vom 12. Juni 2003 (BGBl. I S. 838). Daneben treten die Regelungen der Gemeindeordnungen der Länder zur Zulässigkeit wirtschaftlicher Unternehmen in privater Rechtsform.[1]

a) Die kommunale AG zwischen Gesellschafts- und Kommunalrecht

Die wirtschaftliche Betätigung kommunaler Gebietskörperschaften durch den organisatorischen Einsatz von Kapitalgesellschaften muss zwangsläufig zur Frage des Verhältnisses zwischen den **Regelungen des Gesellschaftsrechts** und den **Vorschriften des Kommunalrechts** führen. Die öffentliche Hand ist nämlich nur insoweit aus ihren öffentlich-rechtlichen Pflichten entlassen, wie dies für die Erfüllung des öffentlichen Zwecks unerheblich ist und keine staatlichen Schutzfunktionen entfallen.

Aus dieser **Einwirkungs- oder Ingerenzpflicht**[2] folgt die Verpflichtung der öffentlichen Hand, auf die von ihr geschaffenen Rechtssubjekte dahin gehend einzuwirken, dass diese ihrerseits die Ziele kommunaler Politik, die Orientierung am Allgemeinwohl und das Gebot der Rechtsstaatlichkeit einhalten.[3] Die Einwirkungspflicht kann somit im Ergebnis als die Pflicht beschrieben werden, auf eine in einer privaten Organisationsform betriebene öffentliche Einrichtung mit geeigneten Mitteln so einzuwirken, dass die Einhaltung der durch das öffentliche Recht bestimmten besonderen rechtlichen Bindungen jederzeit sichergestellt ist.[4]

Die Gemeindeordnungen versuchen dieser Pflicht Rechnung zu tragen, indem sie verlangen, dass sich die Gemeinde erhebliche **Informations- und Einflussmöglichkeiten** vorbehält. Durch die indirekte Aufgabenwahrnehmung über ein Beteiligungsunternehmen werden nämlich z. B. die Verhandlungen vom öffentlich tagenden Gemeinderat in die internen Gremien der Gesellschaft verlagert. Hierdurch geht aber im Interesse der größeren Effizienz ein Großteil der Publizität und Transparenz verloren.[5]

Aus dem **Demokratieprinzip** folgt aber die Verpflichtung zur Aufrechterhaltung der Legitimationskette, da sich aus der Tatsache, dass die Kommune ihre Kontrollpflichten wegen der Existenz nicht kontrollierbarer Freiräume nicht mehr erfüllen kann, kein Abreißen der durch demokratische Wahl legitimierten Kette ergeben darf. Weiterhin verlangt das **Rechtsstaatsprinzip** hinsichtlich der Verantwortlichkeit der öffentlichen Hand, dass keine kontrollfreien Räume in der Erfüllung öffentlicher Aufgaben entstehen.

Daher ergibt sich für die Kommune als Aktionärin einer AG die Verpflichtung ihre Rechtsbeziehungen zu der AG so auszugestalten, dass die **Kontrolle und Steuerung** dieser AG durch die Kommune sichergestellt ist.

b) Das Verhältnis zwischen Gesellschafts- und Kommunalrecht in einer kommunalen AG

In die Beurteilung der **privatrechtlichen Rechtsbeziehungen** zwischen einer AG und der Kommune als deren Aktionärin sind Aspekte des Aktienrechts und des Kommunal-

---

[1] §§ 102 ff. GemO Baden-Württemberg, Art. 86 ff. GemO Bayern, §§ 121 ff. GemO Hessen, §§ 107 ff. GemO Nordrhein-Westfalen, §§ 108 ff. GemO Niedersachsen, §§ 85 ff. GemO Rheinland-Pfalz, §§ 106 ff. KSVG Saarland, §§ 101 ff. GemO Schleswig-Holstein, §§ 100 ff. GemO Brandenburg, §§ 68 ff. KommunalVerf. Mecklenburg-Vorpommern, §§ 95 ff. GemO Sachsen, §§ 116 ff. GemO Sachsen-Anhalt, §§ 71 ff. KommunalO Thüringen; ausführlich oben Kapitel C. Rn. 192 ff.
[2] Vgl. auch *Kraft*, §§ 2, 3; *Ehlers*, Verwaltung in Privatrechtsform, S. 124 ff.; zum Begriff siehe auch *Püttner*, DVBl. 1975, 353 (354).
[3] *Müller*, S. 249 m. w. N.
[4] *Becker*, S. 96.
[5] Vgl. auch *Leisner*, WiVerw 1983, 212 (225); *Spannowsky*, ZGR 1996, 400 (412).

rechts einzubeziehen. Hierbei steht der öffentlichen Hand grundsätzlich die Möglichkeit zu, sich einen besonderen Einfluss durch gesetzliche Einführung von gesellschaftsrechtlichen Sonderpositionen zu sichern.

398 Aus verfassungsrechtlicher Sicht lässt sich solchen Eingriffen in das Privatrecht kein prinzipieller **„Vorrang des Gesellschaftsrechts"** entgegenhalten. Gesetzgeberische Sonderregelungen für die öffentliche Hand im Rahmen des Gesellschaftsrechts sind aber nur dem Bund als derjenigen Gebietskörperschaft möglich, der im Rahmen der konkurrierenden Gesetzgebung nach Art. 74 Nr. 1 GG die entsprechende Gesetzgebungskompetenz zusteht.[6]

399 Hieraus folgt, dass **landesgesetzliche Regelungen** für öffentliche Unternehmen die gesellschaftsrechtliche Rechtslage nicht modifizieren können.[7] Durch die umfangreichen Vorschriften der Gemeindeordnungen über kommunale Gesellschaften wird das Innen- oder Außenrecht dieser Unternehmen also nicht beeinflusst.

400 Die **Gemeindeordnungen** können für ihren Adressaten Kommune nur Grundsätze für eine Beteiligung an einer AG aufstellen, die diese im Rahmen der gesellschaftsrechtlich zulässigen Gestaltungsmöglichkeiten umzusetzen hat. Dabei sind die Kommunen verpflichtet, die Gestaltungsmöglichkeiten des Gesellschaftsrechts soweit auszuschöpfen, dass die Interessen der Kommune und die Ziele der Selbstverwaltung mit dem Demokratieprinzip so weit wie möglich verwirklicht werden.

401 Diese Grundsätze können aber nicht das Gesellschaftsverhältnis unmittelbar regeln. Für die Beurteilung des **Verhältnisses zwischen Kommune und AG** kommt es somit vorrangig auf das Aktienrecht an. Ob und inwieweit die Kommune von dem so gesetzten Rahmen Gebrauch machen darf bzw. muss, bestimmt sich nach der Gemeindeordnung und den ihr zugrunde liegenden Zielen.

402 Somit lässt sich die **Organisationsverfassung** einer kommunalen AG nur aus der Gemengelage von Öffentlichem Recht und privatem Wirtschaftsrecht, von gemeindewirtschaftsrechtlichen und gesellschaftsrechtlichen Vorschriften bestimmen.

c) Besonderheiten für die Zulässigkeit kommunaler Aktiengesellschaften

403 Verschiedene Gemeindeordnungen sehen einen prinzipiellen **Nachrang der Rechtsform** der Aktiengesellschaft vor.[8] Hiernach darf die Gemeinde ein Unternehmen in der Rechtsform der Aktiengesellschaft nur noch errichten, übernehmen oder sich an ihm beteiligen, wenn der öffentliche Zweck des Unternehmens nicht ebenso gut in einer anderen Rechtsform erfüllt wird oder erfüllt werden kann.

404 Zweck dieses Nachranges ist es, den Einfluss der Kommune auf ein kommunales Unternehmen zu sichern. Grund für die **Subsidiarität** einer Beteiligung in der Rechtsform einer Aktiengesellschaft ist der weniger ausgeprägte **Katalog an Einflussmöglichkeiten** der Gemeinde auf die Organe der Aktiengesellschaft.

405 Gemäß § 76 Abs. 1 AktG führt der **Vorstand** die Geschäfte der Gesellschaft in eigener Verantwortlichkeit und unabhängig von etwaigen Weisungen der Aktionäre.[9] Auch der Aufsichtsrat unterliegt nicht die Weisungen Dritter, insbesondere nicht des Gemeinderates.[10]

406 Wegen des **Vorrangs des Bundesrechts** gegenüber den Landesgesetzen ist das Kommunalrecht nicht in der Lage, sich über diese aktienrechtlichen Vorgaben hinwegzusetzen. Ziel des Landesgesetzgebers war es deshalb, mit der Einführung des Nachranges der Ak-

---

[6] Vgl. *Püttner*, Die öffentlichen Unternehmen, S. 234 f.; *Fischer*, AG 1982, 85 (90); siehe auch *Schön*, ZGR 1996, 429 (432); a. A. *v. Danwitz*, AöR 120 (1995), 595 (616 ff.).

[7] *R. Schmidt*, S. 513 ff.; *Spannowsky*, DVBl. 1992, 1075 (1077); *Zeichner*, AG 1995, 61 (69); *Schwintowsky*, NJW 1990, 1009 (1013); *ders.*, NJW 1995, 1316 (1317); *Schön*, ZGR 1996, 429 (432)).

[8] § 103 Abs. 2 GemO Baden-Württemberg; § 108 Abs. 3 GemO Nordrhein-Westfalen, § 87 Abs. 2 GemO Rheinland-Pfalz, § 95 Abs. 2 GemO Sachsen; vgl. auch oben Kapitel C. Rn. 199.

[9] *Hüffer*, AktG, § 76 Rn. 10.

[10] *Becker*, S. 111 f.

IV. Aktiengesellschaft

tiengesellschaft dieses **Steuerungs- und Kontrolldefizit** der Gemeinde in Bezug auf Aktiengesellschaften so weit wie möglich einzuschränken.[11]

Die Gemeinde soll durch die Wahl der Rechtsform und die Ausgestaltung des Gesellschaftsvertrages bei einer kommunalen Gesellschaft sicherstellen können, dass dem **Gemeinderat** als unmittelbar demokratisch legitimiertem Organ die Freiheit zur aktiven Mitgestaltung bei wesentlichen Entscheidungen in einem kommunalen Unternehmen verbleibt.[12]

Zur Durchsetzung dieser Zielsetzung müssen Steuerungs- und Kontrollinstrumente vorgesehen werden, die eine **aktive Einflussnahme des Gemeinderates** ermöglichen, was aber in der Satzung einer Aktiengesellschaft im Gegensatz zu den Gesellschaftsverträgen anderer haftungsbeschränkender Rechtsformen des Privatrechts nicht möglich ist.[13]

Die GmbH beispielsweise bietet einer Gemeinde die Möglichkeit, über die Einführung von Kontrollinstrumenten (Zustimmungserfordernisse, Beirat, Aufsichtsrat usw.) im Gesellschaftsvertrag oder den Erlass einer Geschäftsordnung für die Geschäftsführung die gewünschten Einflussmöglichkeiten zu sichern. In einer Aktiengesellschaft besteht diese Möglichkeit wegen der zwingenden **Unabhängigkeit von Vorstand und Aufsichtsrat** nur eingeschränkt. Daher soll die Aktiengesellschaft nur dann gewählt werden, wenn es unbedingt notwendig ist.[14]

Wie bereits dargestellt, hat der Nachrang der Aktiengesellschaft zur Folge, dass **die Gründung und die Übernahme, Beteiligung und wesentliche Erweiterung von Unternehmen** und Einrichtungen durch die Gemeinde in der **Rechtsform der Aktiengesellschaft** verboten ist, sofern der öffentliche Zweck nicht ebenso gut durch eine andere Rechtsform erreicht werden kann. Es stellt sich damit die Frage, wann dies der Fall ist.

Ausgangspunkt der Betrachtung muss die **Zielsetzung des Nachranges** der Aktiengesellschaft sein. Die Landesgesetzgeber haben durch diese Regelung nicht nur eine Stärkung des gemeindlichen Einflusses auf kommunale Gesellschaften beabsichtigt, sondern wollten auch den heutigen wirtschaftlichen Verhältnissen und den modernen Aufgabenstellungen der Kommune Rechnung tragen.[15] Hieraus ergibt sich unter anderem, dass der **Begriff des öffentlichen Zwecks** heute nicht mehr nur die Aufgabenwahrnehmung im klassischen Bereich wie **Daseinsvorsorge und Kulturpflege** beinhaltet, sondern – angepasst an die tatsächlichen Lebensverhältnisse – auch **neue Tätigkeiten** innerhalb des gemeindlichen Aufgabenspektrums, wie z. B. Wirtschaftsförderung, Wettbewerbssicherung oder Telekommunikation. Alle gemeinwohlorientierten und im öffentlichen Interesse liegenden Zielsetzungen dienen folglich einem öffentlichen Zweck.[16]

Lediglich ausschließlich auf **Gewinnerzielung** ausgerichtete Tätigkeiten vermögen ein gemeindliches Tätigwerden nicht zu rechtfertigen.[17] Innerhalb dieses Tätigkeitsspektrums steht der Gemeinde ein weiter Beurteilungsspielraum zu, der fachaufsichtlich und gerichtlich nur eingeschränkt überprüft werden kann.[18]

In diesem Zusammenhang ist insbesondere zu beachten, dass die Gemeinden in vielen ihrer ursprünglichen und meist monopolartig beherrschten Tätigkeiten sowie in neu hinzugekommenen Aufgabenbereichen nunmehr dem **Wettbewerb** ausgesetzt sind.

Eine Geschäftstätigkeit im **freien Wettbewerb** erfordert aber eine gewisse Größe.[19] Daher gehen immer mehr Gemeinden dazu über, ihre Energieversorgungsbetriebe zu Gesellschaften

---

[11] Vgl. z. B. die Amtliche Begründung des Gesetzentwurfs zur Änderung der Gemeindeordnung von Nordrhein-Westfalen, LT-Drs. 12/3730, S. 109.
[12] Vgl. hierzu *Böttcher/Krömker*, NZG 2001, 590 (591) m. w. N.
[13] *Becker*, S. 114 f.
[14] Ebenso *Böttcher/Krömker*, NZG 2001, 590 (591).
[15] Vgl. z. B. *Held/Becker/Decker/Kirchhof/Krämer/Wansleben*, GemO Nordrhein-Westfalen, § 107 Anm. 4.3.
[16] Vgl. hierzu z. B. auch *Becker*, S. 72 ff.
[17] BVerfGE 61, 82 (107).
[18] BVerwGE 39, 329 (334); vgl. auch *Schmid*, ZKF 2004, 1 (2).
[19] *Böttcher/Krömker*, NZG 2001, 590 (592) m. w. N.

von **wettbewerbsfähiger Größe** zusammenzuschließen. Solche wettbewerbfähigen Einheiten bedürfen einer professionellen Organisationsstruktur, die ein weisungsunabhängiger und deswegen von politischen Trendwenden unbeeinflusster Vorstand einer Aktiengesellschaft besser gewährleisten kann als die weisungsabhängige Geschäftsführung einer GmbH.[20]

415 Weiterhin ist eine ausreichende und den jeweiligen Notwendigkeiten angepasste **Kapitaldecke** für ein flexibles und ergebnisorientiertes Agieren auf liberalisierten Märkten unbedingt notwendig. Auch hier zeigt sich der Vorteil der Aktiengesellschaft gegenüber der GmbH, da sie weitaus einfacher mit (Fremd-)Kapital ausgestattet werden kann (etwa durch Ausgabe von Anleihen) als die GmbH.[21]

416 Schließlich treten die meisten der großen Mitbewerber auf den liberalisierten Märkten selbst als Aktiengesellschaft auf, so dass der Markt ein **Auftreten eines öffentlichen Unternehmens** in der Rechtsform einer Aktiengesellschaft erwartet, die außerdem auch ein größeres Ansehen als etwa die GmbH genießt.[22]

2. Rechtsnatur

417 Die Aktiengesellschaft ist eine **selbständige juristische Person** des privaten Rechts.[23] Sie beginnt mit der Eintragung in das Handelsregister (§ 41 Abs. 1 S. 1 AktG) und endet mit Eintritt der Vermögenslosigkeit und Löschung aus dem Register.

418 Als juristische Person im Sinne eines rechtstechnischen Verständnisses des Begriffs ist die Aktiengesellschaft selbst Trägerin von Rechten und Pflichten.[24] Sie ist durch ihre **Organe** (Vorstand, Aufsichtsrat, Hauptversammlung) handlungsfähig.[25]

419 Für **Verbindlichkeiten** der Aktiengesellschaft haftet nach § 1 Abs. 1 S. 2 AktG nur das **Gesellschaftsvermögen**.[26]

420 Gem. § 1 Abs. 2 AktG hat die Aktiengesellschaft ein in Aktien zerlegtes **Grundkapital**. Seine Existenz bietet den notwendigen Ausgleich für den in § 1 Abs. 1 S. 2 AktG angeordneten Haftungsausschluss.[27] Das Grundkapital dient nämlich der Sicherung der Gläubiger, weil die Aktiengesellschaft über Vermögensgegenstände verfügen muss, deren Gesamtwert wenigstens dem Betrag des Grundkapitals entspricht.

421 Mit dem Grundkapital allein ist den Gläubigern allerdings nicht gedient. Die Gesellschaft muss vielmehr dafür sorgen, dass ein der Grundkapitalziffer entsprechendes Vermögen auch tatsächlich aufgebracht wird (**Prinzip der Kapitalaufbringung**).[28]

422 Seine Garantiefunktion kann das Grundkapital aber nur erfüllen, wenn ein entsprechendes Mindestvermögen nicht nur aufgebracht wird, sondern dauerhaft auch erhalten bleibt (**Prinzip der Kapitalerhaltung**).[29] Das Grundkapital ist in Aktien zerlegt (§ 1 Abs. 2 AktG). Zerlegung bedeutet im Wortsinne eine Aufteilung in mehrere (mindestens 2) **Aktien**.[30] Ihre Zahl ist in der Satzung anzugeben (§ 23 Abs. 3 Nr. 4 AktG).[31]

423 Zu den Strukturmerkmalen der Aktiengesellschaft gehört schließlich ihr Charakter als **Handelsgesellschaft**. Aus § 3 Abs. 1 AktG i.V.m. § 6 HGB folgt, dass die Aktiengesellschaft notwendig den Bestimmungen des Handelsrecht unterliegt.[32]

---

[20] *Schlitt*, FB 1999, 440, 443; *Böttcher/Krömker*, NZG 2001, 590 (592).
[21] *Schlitt*, FB 1999, 440, 443; *Böttcher/Krömker*, NZG 2001, 590 (592).
[22] *Schlitt*, FB 1999, 440, 443; *Böttcher/Krömker*, NZG 2001, 590 (592).
[23] *Hüffer*, AktG, § 1 Rn. 4.
[24] *Raiser*, AcP 199 (1999), 104 (115).
[25] *Hüffer*, AktG, § 1 Rn. 4.
[26] *Hüffer*, AktG, § 1 Rn. 6.
[27] *Hüffer*, AktG, § 1 Rn. 10.
[28] *Hüffer*, AktG, § 1 Rn. 11.
[29] *Hüffer*, AktG, § 1 Rn. 12.
[30] *Hüffer*, AktG, § 1 Rn. 13.
[31] *Hüffer*, AktG, § 23 Rn. 29.
[32] *Hüffer*, AktG, § 3 Rn. 3 f.

IV. Aktiengesellschaft

3. Gründung

a) Errichtung der kommunalen Aktiengesellschaft

Eine Aktiengesellschaft entsteht durch die in den §§ 23 ff. AktG geregelte Gründung, als **Bar- oder Sachgründung**. Darüber hinaus ist eine Gründung einer kommunalen Aktiengesellschaft auch durch die **Ausgliederung** einer bisher in öffentlich-rechtlicher Organisationsform betriebenen Einheit möglich (Rechtsformwechsel).

aa) Gründung einer AG. Die rechtsgeschäftliche Errichtung der Aktiengesellschaft erfolgt in einem notariell beurkundeten **Gründungsprotokoll**. Für die notarielle Beurkundung gelten die §§ 8 ff. BeurkG. Gleichzeitige Anwesenheit der Gründer ist danach nicht erforderlich. Ihre Beitrittserklärungen können zeitlich nacheinander vor dem Notar abgegeben werden, der hierüber ein einheitliches Protokoll fertigt. Die **Satzung** ist wirksam festgestellt, sobald der letzte Gründer unterzeichnet hatte (vgl. § 152 S. 1 BGB).[33]

Die sich **an der Gründung beteiligenden Personen** sind im Gründungsprotokoll namentlich aufzuführen (§ 23 Abs. 2 Nr. 1 AktG).[34] Nach § 2 AktG müssen sich eine oder mehrere Personen an der Feststellung der Satzung beteiligen und die Aktien gegen Einlagen übernehmen.

Gründer kann jede natürliche oder juristische Person[35] sowie eine offene Handelsgesellschaft oder Kommanditgesellschaft sein.[36] Ebenfalls kann die als Gesamthandsgemeinschaft strukturierte Gesellschaft bürgerlichen Rechts Gründer sein.[37]

Im Gründungsprotokoll oder als Anlage ist die **Satzung** der zu errichtenden Aktiengesellschaft festzustellen.[38] Die Satzung der Aktiengesellschaft muss nach § 23 Abs. 3 und 4 AktG einen bestimmten Mindestinhalt haben.

Der oder die Gründer der Aktiengesellschaft müssen sämtliche **Aktien** übernehmen. Die Aufteilung der Aktien auf die einzelnen Gründer ist im Gründungsprotokoll anzugeben. Im Gründungsprotokoll muss ferner der **Nennbetrag der Aktien**, der **Ausgabebetrag** – auch wenn er mit dem Nennbetrag übereinstimmt – und, wenn mehrere Gattungen bestehen, auch die **Gattung der Aktien** bezeichnet werden, die jeder Gründer übernimmt.

Der **Ausgabebetrag** kann dem Nennbetrag entsprechen. Er darf aber in keinem Fall geringer (**Verbot der Unterpariemission**), kann aber jederzeit höher sein (§ 9 AktG).

Die Gründer haben den **ersten Aufsichtsrat** der Aktiengesellschaft zu bestellen (§ 30 Abs. 1 S. 1 AktG). Die Bestellung bedarf der notariellen Beurkundung (§ 30 Abs. 1 S. 2 AktG). Sie muss nicht notwendigerweise – wird jedoch zweckmäßigerweise – zusammen mit der Feststellung der Satzung und der Übernahme der Aktien im notariellen Gründungsprotokoll erfolgen.

Der erste Aufsichtsrat bestellt nach § 30 Abs. 4 AktG den ersten **Vorstand**. Die Bestellung erfolgt gem. § 108 AktG durch Beschluss mit einfacher Mehrheit. Ein Formerfordernis für die Bestellung besteht nicht. Sie wird gem. § 107 Abs. 2 AktG in einer Niederschrift über den Aufsichtsratsbeschluss festgehalten.

Die **Bestellung** der Mitglieder des ersten sowie jedes weiteren Vorstands kann auf längstens **fünf Jahre** erfolgen (§ 84 Abs. 1 S. 1 AktG). Eine wiederholte Bestellung ist zulässig (§ 84 Abs. 1 S. 2 AktG).

---

[33] Vgl. auch *Hüffer*, AktG, § 23 Rn. 9 m. w. N.
[34] Vgl. hierzu *Hüffer*, AktG, § 23 Rn. 16 f.
[35] *Hüffer*, AktG, § 2 Rn. 6 ff.; *Kraft*, in: Kölner Kommentar zum Aktiengesetz, § 2 Rn. 22; *Hoffmann-Becking*, in: Münchener Handbuch des Gesellschaftsrechts, Bd. 4, Aktiengesellschaft, § 3 Rn. 4.
[36] *Hüffer*, AktG, § 2 Rn. 9; *Kraft*, in: Kölner Kommentar zum Aktiengesetz, § 2 Rn. 22; *Hoffmann-Becking*, in: Münchener Handbuch des Gesellschaftsrechts, Bd. 4, Aktiengesellschaft, § 3 Rn. 4.
[37] BGH, WM 1992, 1225 (1230); Schuldnerin der Einlageschuld ist in diesem Fall die Gesellschaft bürgerlichen Rechts, neben der die Gesellschafter zwingend als Gesamtschuldner haften BGHZ 78, 311 (316); BGH, WM 1992, 1225 (1230 f.); zustimmend *Kraft*, in: Kölner Kommentar zum Aktiengesetz, § 2 Rn. 23.
[38] Siehe zum Inhalt der Satzung unten Rn. 460 ff.

434 Nach § 30 Abs. 1 AktG haben die Gründer neben dem ersten Aufsichtsrat in notariell beurkundeter Form auch den **Abschlussprüfer** für das erste Voll- oder Rumpfgeschäftsjahr der Aktiengesellschaft zu bestellen. Auch dies erfolgt zweckmäßigerweise in der Gründungsurkunde.

435 Gem. § 32 Abs. 1 AktG haben der oder die Gründer einen schriftlichen Bericht (§ 126 BGB) über den Hergang der Gründung zu erstatten. Die Gründer haben diesen **Gründungsbericht** persönlich zu erstatten.[39]

436 In dem Gründungsbericht haben die Gründer insbesondere Angaben zu machen über die für die wirtschaftliche Lage der Aktiengesellschaft sehr gefährlichen **Sacheinlagen** und **Sachübernahmen** (§ 32 Abs. 1 AktG). Darüber hinaus sind Angaben darüber zu machen, ob und in welcher Weise die Mitglieder des Aufsichtsrats und des Vorstandes an der Gesellschaft beteiligt sind und ob andere wirtschaftliche Beziehungen zwischen der Gesellschaft und diesen Personen bestehen.[40]

437 Zu diesem Gründungsbericht tritt eine **Prüfung** der Gründung (§ 33 AktG) und damit auch eine Prüfung des Gründungsberichts. Diese Prüfung ist in erster Linie von den Mitgliedern des Aufsichtsrats und des Vorstandes vorzunehmen (§ 33 Abs. 1 AktG).

438 **Gründungsprüfer** werden vom Gericht bestellt, wenn besondere Beziehungen zwischen mindestens einem Mitglied des Vorstandes oder des Aufsichtsrates und der Gesellschaft bestehen (§ 33 Abs. 2 Nr. 1 bis 3 AktG). Sie müssen die erforderliche **Sachkunde** haben, brauchen aber nicht Wirtschaftsprüfer zu sein (§ 33 Abs. 4 AktG). Die Gründungsprüfung hat sich auf die wesentlichen **Umstände der Gründung** zu erstrecken (§ 34 Abs. 1 AktG). Der Prüfungsbericht ist schriftlich zu erstatten.

439 Die Aktiengesellschaft ist in das **Handelsregister** einzutragen (§ 36 Abs. 1 AktG). Diese Eintragung ist Voraussetzung für die **Entstehung** der Aktiengesellschaft (§ 41 Abs. 1 S. 1 AktG).

440 Erst mit der **Eintragung** in das Handelsregister wird die Aktiengesellschaft zu einer rechtlich selbständigen **juristischen Person**.[41] Aus Rechtsgeschäften, die vor der Eintragung im Namen der Gesellschaft vorgenommen worden sind, haften die Handelnden persönlich (§ 41 Abs. 1 S. 2 AktG). Vor der Eintragung können Anteilsrechte nicht übertragen und auch Aktien oder Zwischenscheine nicht ausgegeben werden (§ 41 Abs. 4 S. 1 AktG).

441 Voraussetzung für die Eintragung ist eine **Anmeldung** der Gesellschaft durch alle Gründer, alle Mitglieder des Vorstands und des Aufsichtsrats (§ 36 Abs. 1 AktG).[42] Die bar zu zahlenden und vom Vorstand eingeforderten Beträge müssen vor der Anmeldung eingezahlt sein (§§ 36 Abs. 2, 54 Abs. 3 S. 1 AktG).

442 Bei **Bareinlagen** muss der eingeforderte Betrag mindestens ein Viertel des Nennbetrags der Aktie und das gesamte Aufgeld umfassen (§ 36a Abs. 1 AktG). Bei einer Einpersonengründung ist darüber hinaus nachzuweisen, dass die Sicherung nach § 36 Abs. 2 S. 2 AktG bestellt ist. Sacheinlagen sind grundsätzlich vor der Anmeldung vollständig zu leisten (§ 36a Abs. 2 AktG). Für einzelne Vermögensgegenstände kann die Übertragung um bis zu fünf Jahre hinausgeschoben werden (§ 36a Abs. 2 S. 2 AktG).[43]

443 Gehören alle Aktien allein oder neben der Gesellschaft einem Aktionär, so ist dies sowie der Name, Vorname, Beruf und Wohnort des **alleinigen Aktionärs** ebenfalls anzumelden (§ 42 AktG).

444 Das Gericht **prüft** die Anmeldung und die beigefügten Unterlagen und hat die Eintragung **abzulehnen**, wenn die Gesellschaft nicht ordnungsgemäß errichtet worden ist (§ 38 Abs. 1 AktG) und die in § 39 AktG aufgeführten Anforderungen nicht erfüllt sind.

---

[39] *Kraft*, in: Kölner Kommentar zum Aktiengesetz, § 32 Rn. 4; *Röhricht*, in: Großkommentar zum Aktiengesetz, § 32 Rn. 5.

[40] *Kraft*, in: Kölner Kommentar zum Aktiengesetz, § 32 Rn. 18; *Röhricht*, in: Großkommentar zum Aktiengesetz, § 32 Rn. 21.

[41] Vgl. *Hüffer*, AktG, § 2 Rn. 4.

[42] *Hüffer*, AktG, § 36 Rn. 2 ff.

[43] Zur sog. „gemischten Einlage" siehe auch *Hüffer*, AktG, § 36 Rn. 12.

IV. Aktiengesellschaft

Darüber hinaus kann es die Eintragung bei Mängeln des Gründungsbericht oder des 445
Prüfungsberichts des Vorstands und des Aufsichtsrats ablehnen (§ 38 Abs. 2 S. 1 AktG).
Schließlich kann das Registergericht die Eintragung ablehnen, wenn es der Auffassung
ist, dass der Wert der Sacheinlagen nicht unwesentlich hinter dem Nennbetrag der dafür
zu gewährenden Aktien zurückbleibt oder dass der Wert der Sachübernahmen nicht unwesentlich hinter dem Wert der dafür zu gewährenden Leistungen zurückbleibt (§ 38
Abs. 2 S. 2 AktG).

Hält das Gericht die Voraussetzung einer **Eintragung** für gegeben, so trägt es die Gesellschaft in das Handelsregister ein. Mit der Eintragung entsteht die Aktiengesellschaft.[44] Erst nach der Eintragung dürfen Aktienurkunden ausgegeben und übertragen werden (§ 41 Abs. 4 AktG). 446

bb) Rechtsformwechsel (Ausgliederung). Gem. § 168 UmwG können **Gebietskörperschaften** oder deren Zusammenschlüsse von ihnen in öffentlich-rechtlicher Organisationsform betriebene Unternehmen in bestimmte privatrechtliche Gesellschaftsformen, namentlich in eine Aktiengesellschaft, **überführen**. Dabei ist in § 168 UmwG ausdrücklich klargestellt, dass das für den Zusammenschluss maßgebende Bundes- oder Landesrecht, insbesondere also auch das kommunale Wirtschaftsrecht, einer Umwandlung nicht entgegenstehen darf.[45] 447

Das Umwandlungsrecht ermöglicht eine **privatisierende Umwandlung** mit Gesamtrechtsnachfolge.[46] Damit wird der ansonsten notwendige umständliche Weg von Einzelrechtsübertragungen erspart und, z. B. mit Blick auf die zu Dritten begründeten Rechtsverhältnisse (z. B. Verträge mit Kunden oder Benutzern), eine praktische Vereinfachung erzielt. 448

Im Vergleich zur Ausgliederung aus dem Vermögen eines anderen Rechtsträger ist zu beachten, dass Gebietskörperschaften nur gesamte **Unternehmen** ausgliedern können.[47] Während Gesellschaften und andere Rechtsträger beliebig Vermögen, auch einen einzigen Vermögensgegenstand, ausgliedern und abspalten können, verlangt § 168 UmwG, dass das gesamte Vermögen ausgegliedert wird. Daher ist Voraussetzung einer Ausgliederung aus dem Vermögen einer Gebietskörperschaft das Vorliegen einer in der Form einer organisatorisch weitgehend verselbständigten, finanzwirtschaftlich als eigenes Vermögen getrennt zu verwaltende Unternehmenstätigkeit.[48] 449

Die Vorschriften über die Ausgliederung aus dem Vermögen von Gebietskörperschaften sind **Sondervorschriften der Ausgliederung**, die wiederum **Sondervorschriften der Spaltung** darstellen. Es gelten daher grundsätzlich auch die allgemeinen Vorschriften über Spaltung und Ausgliederung, soweit nicht die §§ 168 ff. UmwG Sondervorschriften vorsehen. 450

Da gem. § 125 S. 1 UmwG auf die Spaltung die Vorschriften des zweiten Buches des UmwG anwendbar sind, gilt auch § 6 UmwG, d.h. ein Ausgliederungsplan bzw. ein Ausgliederungsvertrag muss **notariell beurkundet** werden. Nach § 169 S. 1 UmwG ist **kein Ausgliederungsbericht** für die Gebietskörperschaft notwendig. 451

Da die Ausgliederung ein Sonderfall der Spaltung ist, muss für den Ausgliederungsplan bzw. Ausgliederungsvertrag § 126 UmwG berücksichtigt werden, der den Inhalt des **Spaltungsvertrages** beschreibt. 452

In diesem Zusammenhang ist insbesondere die Frage zu beachten, auf welche Weise gem. § 126 Abs. 1 Nr. 9 UmwG die Gegenstände zu bezeichnen sind, die ausgegliedert werden sollen. Hierbei ist im Hinblick auf den **sachenrechtlichen Bestimmtheitsgrundsatz** von einer genauen Abgrenzung des Kreises übergehenden **Aktiva und Passiva** aus- 453

---

[44] Vgl. *Hüffer*, AktG, § 2 Rn. 4.
[45] *Gaß*, S.195.
[46] *H. Schmidt*, in: *Lutter*, UmwG, § 168 Rn. 5; zu steuerlichen Fragen vgl. unten Kapitel F. Rn. 194 ff.
[47] *H. Schmidt*, in: *Lutter*, UmwG, § 168 Rn. 9; *Gaß*, S. 190 ff.
[48] *H. Schmidt*, in: *Lutter*, UmwG, § 168 Rn. 11; *Gaß*, S. 191.

zugehen, und zwar möglichst mit der gleichen Genauigkeit, mit der etwa bei einer Veräußerung von Unternehmen im Wege der Übertragung von Einzelwirtschaftsgütern gearbeitet wird.

454 Bei der Übertragung von **Eigenbetrieben oder sonstigen Sondervermögen** wird es häufig ausreichen, dass auf **Bilanzen und Inventare** Bezug genommen wird.[49] Sind jedoch auch **Grundstücke** von der Ausgliederung betroffen, so müssen diese gem. § 126 Abs. 2 S. 2 UmwG nach § 28 GBO hinreichend individualisiert sein. Weiterhin sind auch die **nicht-bilanzierungsfähigen Gegenstände** und insbesondere die Vertragsverhältnisse gesondert aufzuführen.

455 Mit der **Eintragung** der Ausgliederung in das Register des Sitzes des übernehmenden Rechtsträgers geht das ausgegliederte Unternehmen gemäß § 171 UmwG auf den neuen Rechtsträger über, ohne dass noch Einzelübertragungen erforderlich sind.[50] Mit dem Wirksamwerden der Ausgliederung gehen damit die zu übertragenden Vermögensteile im Wege der **Sonderrechtsnachfolge** automatisch auf die übernehmende Gesellschaft über, ohne dass es irgendwelcher weiteren Übertragungshandlungen bedarf.[51]

456 Mit der Eintragung im Register des übernehmenden Rechtsträgers geht das ausgegliederte Unternehmen als Gesamtheit nach § 131 Abs. 1 Nr. 1 UmwG auf den aufnehmenden Rechtsträger über; die **partielle Gesamtrechtsnachfolge** umfasst dabei die im Ausgliederungsplan bzw. Ausgliederungsvertrag sowie deren Anlagen aufgeführten Vermögensgegenstände.[52]

457 Der übernehmende Rechtsträger tritt in die Rechtsstellung ein, die der übertragende Rechtsträger innehatte. Der **Rechtsübergang** vollzieht sich dabei außerhalb von mit öffentlichem Glauben versehenen Registern.[53]

458 Bei einer Ausgliederung besteht für die **Verbindlichkeiten**, die bis zur Eintragung der Ausgliederung in das Handelsregister begründet worden sind, eine Haftung des übertragenden Rechtsträger gesamtschuldnerisch mit dem übernehmenden Rechtsträger, auf den die Verbindlichkeiten übergegangen sind, für die Dauer von fünf Jahren fort. Dies ist ausdrücklich in den §§ 172, 173 UmwG klargestellt.[54]

459 Es besteht Einigkeit darüber, dass der Gesetzgeber durch die Einführung der Ausgliederung als neue Umwandlungsform den Gesellschaftern nicht die Möglichkeit der **Einzelrechtsübertragung** verschließen wollte. Die allgemeinen Möglichkeiten der Einzelrechtsübertragung und der Sachgründung bzw. Sachkapitalerhöhung bleiben demnach weiter eröffnet.[55]

b) Die Satzung der kommunalen Aktiengesellschaft

460 Die Satzung einer kommunalen Aktiengesellschaft muss nach § 23 Abs. 3 und 4 AktG bestimmte **Mindestanforderungen** erfüllen. Daneben beschränkt sich das Gemeindewirtschaftsrecht nicht auf eine Definition der Voraussetzungen für die Rechtsform des kommunalen Unternehmens. Vielmehr machen die Gemeindeordnungen eine Reihe von **weitergehenden Vorgaben** für die Ausgestaltung der Satzung kommunaler Gesellschaften.

461 **aa) Firma und Sitz.** In der Satzung einer Aktiengesellschaft sind **Firma und Sitz** der Gesellschaft anzugeben.

Die **Firma** ist der Name, unter dem die Aktiengesellschaft am Rechtsverkehr teilnimmt. Sie muss die Bezeichnung „Aktiengesellschaft" oder eine allgemein verständliche

---

[49] *Widmann/Mayer*, Umwandlungsrecht, § 126 Rn. 209 ff.; *Frenz*, in: *Neye/Limmer*, Rn. 1019 ff.; *Mayer*, DB 1995, 861 (864).
[50] *Teichmann*, in: *Lutter*, UmwG, § 131 Rn. 1; *Schwarz*, in: *Widmann/Mayer*, Umwandlungsrecht, § 123 Rn. 4.1.3; *Vossius*, in: *Widmann/Mayer*, Umwandlungsrecht, § 131 Rn. 23.
[51] *Priester*, in: *Lutter*, UmwG, § 126 Rn. 32.
[52] *H. Schmidt*, in: *Lutter*, UmwG, § 171 Rn. 6; zur Frage der Wertansätze dieser Vermögensgegenstände vgl. unten Kapitel F. Rn. 238 ff.
[53] *Vossius*, in: *Widmann/Mayer*, Umwandlungsrecht, § 131 Rn. 38.
[54] *H. Schmidt*, in: *Lutter*, UmwG, § 171 Rn. 10 ff.
[55] *Limmer*, in: *Neye/Limmer*, Rn. 1144; *Gaß*, S. 228.

IV. Aktiengesellschaft

Abkürzung dieser Bezeichnung enthalten. Aufgrund der neuen Fassung des § 4 AktG im Rahmen des Gesetzes zur Neuregelung des Kaufmanns- und Firmenrechts vom 22. Juni 1998[56] hat sich die frühere Streitfrage, ob die Firma aus dem Gegenstand des Unternehmens entlehnt sein muss, erledigt. Es sind nun auch Phantasiefirmen zulässig.

Sitz der Gesellschaft ist nach § 5 Abs. 1 AktG der Ort, den die Satzung bestimmt. Die Satzung hat als Sitz in der Regel den Ort, wo die Gesellschaft einen **Betrieb** hat, oder den Ort zu bestimmen, wo sich die **Geschäftsleitung** befindet oder die **Verwaltung** geführt wird (§ 5 Abs. 2 AktG). Der Sitz der Gesellschaft muss innerhalb der Bundesrepublik Deutschland liegen. 462

bb) Unternehmensgegenstand und Öffentlicher Zweck. Ein weiterer notwendiger Satzungsbestandteil ist der **Gegenstand des Unternehmens**. Gegenstand des Unternehmens ist die **Tätigkeit**, die die Gesellschaft zu betreiben beabsichtigt.[57] Die Angabe des Unternehmensgegenstandes muss derart individualisierbar sein, dass der **Schwerpunkt der Geschäftstätigkeit** erkennbar ist. 463

Die Satzung der kommunalen Aktiengesellschaft muss sicherstellen, dass der **öffentliche Zweck** des Unternehmens erfüllt wird. Geht man davon aus, dass jede Beteiligung einer Kommune an einer Aktiengesellschaft durch einen öffentlichen Zweck legitimiert sein muss, so drängt sich die Frage auf, ob dieser Zweck im Sinne des verfolgten Verwaltungszieles in der Satzung des Unternehmens festgelegt werden muss.[58] 464

Ausgehend von der allgemein anerkannten Unterscheidung zwischen **Unternehmensgegenstand** und **Unternehmenszweck**[59] ist festzuhalten, dass zumindest in dem Fall, in dem sich aus dem Unternehmensgegenstand eindeutige Hinweise auf den Versorgungsauftrag und damit auf die öffentlich-rechtliche Zwecksetzung ergeben, eine ausdrückliche Bestimmung, wonach der Zweck der Gesellschaft in der Wahrnehmung öffentlicher Aufgaben besteht, nicht notwendig ist.[60] Ansonsten ist von einer deklaratorischen Bedeutung der Angabe des Unternehmenszwecks auszugehen, die sich aus der Steuerungsaufgabe der Kommune gegenüber ihren Beteiligungen an privaten Unternehmen ergibt.[61] 465

cc) Grundkapital. Das in der Satzung anzugebende **Grundkapital** der Aktiengesellschaft muss nach § 7 AktG mindestens EUR 50.000,00 betragen. 466

Bei einer **Sachgründung**[62] müssen in der Satzung der Gegenstand der Sacheinlage, die Person, von der die Gesellschaft den Gegenstand erwirbt und der Nennbetrag, bei Stückaktien die Zahl der bei der Sacheinlage zu gewährenden Aktien, oder bei der Sachübernahme zu gewährenden Vergütung festgesetzt werden (§ 27 Abs. 1 S. 1 AktG). Ohne diese Festsetzung sind die Sacheinlage sowie Rechtshandlungen zu ihrer Ausführung unwirksam.[63] Der Aktionär ist in diesem Fall verpflichtet, den Nennbetrag oder den höheren Ausgabebetrag der Aktien in bar einzuzahlen (§ 27 Abs. 3 AktG).[64] 467

dd) Aktien. Darüber hinaus ist in der Satzung nach § 23 Abs. 3 Nr. 4 AktG die Zerlegung des Grundkapitals in entweder **Nennbetragsaktien** oder in **Stückaktien** anzugeben. Bei Nennbetragsaktien beträgt der Nennwert einer Aktie mindestens EUR 1,00 (§ 8 Abs. 2 S. 1 AktG). Höhere Aktiennennbeträge müssen auf volle Euro lauten (§ 8 Abs. 2 S. 4 AktG). 468

---

[56] BGBl. 1998 I S. 1474 ff.
[57] BayObLG, NJW 1976, 1694.
[58] Vgl. hierzu auch *Habersack*, ZGR 1996, 544 (553).
[59] Vgl. z. B. *Hüffer*, AktG, § 23 Rn. 22.
[60] Ausführlich zu diesem Thema *Becker*, S. 100 ff.; nach *Harbarth*, S. 117 ff. und *Habersack*, ZGR 1996, 544 (553) soll die bloße Beschreibung des Unternehmensgegenstandes nicht ausreichend sein; vgl. auch *Ehlers*, DÖV 1986, 897 (904).
[61] *Becker*, S. 107.
[62] Zur verdeckten Sacheinlage vgl. *Hüffer*, AktG, § 27 Rn. 9 ff.
[63] *Hüffer*, AktG, § 27 Rn. 30.
[64] Zu Fragen der Heilung vgl. *Hüffer*, AktG, § 27 Rn. 31.

469 Stückaktien lauten auf keinen Nennbetrag (§ 8 Abs. 3 S. 1 AktG). Die **Stückaktien** einer Gesellschaft sind am Grundkapital in gleichem Umfang beteiligt (§ 8 Abs. 3 S. 3 AktG). Der auf die einzelne Aktie entfallende anteilige Betrag des Grundkapitals darf einen Euro nicht unterschreiten (§ 8 Abs. 3 S. 3 AktG). Ermitteln lässt sich die Beteiligungsquote des Aktionärs durch Division der Grundkapitalziffer durch die Zahl der ausgegebenen Stückaktien.

470 Der Anteil am Grundkapital bestimmt sich bei **Nennbetragsaktien** nach dem Verhältnis ihres Nennbetrag zum Grundkapital, bei Stückaktien nach der Zahl der Aktien (§ 8 Abs. 4 AktG).

471 Die Aktien können auf den Namen (**Namensaktien**) oder auf den Inhaber (**Inhaberaktien**) lauten. Die Gründer können grundsätzlich frei entscheiden, welche Art der Aktien sie wählen.

472 Namensaktien sind unter Bezeichnung des Inhabers nach Namen, Geburtsdatum und Adresse in das **Aktienregister** der Gesellschaft einzutragen (§ 67 Abs. 1 AktG). Im Verhältnis zur Gesellschaft gilt nur derjenige als Aktionär, der als solcher im Aktienregister eingetragen ist (§ 67 Abs. 2 AktG).

473 Bei Namensaktien kann durch Satzungsregelung die Übertragung der Aktien an die Zustimmung der Gesellschaft gebunden werden (sog. „**vinkulierte Namenaktien**", § 68 Abs. 2 S. 1 AktG). Die Zustimmung erteilt der Vorstand, sofern diese Befugnis nicht in der Satzung dem Aufsichtsrat oder der Hauptversammlung übertragen wurde (§ 68 Abs. 2 S. 2 und 3 AktG). Sofern die Satzung nicht die Gründe abschließend bestimmt, aus denen die Zustimmung verweigert werden kann, hat das zur Entscheidung berufene Organ seine Entscheidung nach pflichtgemäßem Ermessen zu treffen.[65]

474 Jede Aktie gewährt grundsätzlich nach § 12 Ab. 1 S. 1 AktG das **Stimmrecht** (Stammaktie). Es ist jedoch nach der Regelung des § 12 Ab. 1 S. 2 AktG zulässig, **Vorzugsaktien ohne Stimmrecht** auszugeben. Die näheren Regelungen hierzu finden sich in den §§ 139 ff. AktG.

475 Stimmrechtslose Vorzugsaktien müssen danach einen **Vorzug bei der Verteilung des Gewinns** erhalten (§ 139 Abs. 1 AktG). Wird der Vorzugsbetrag in einem Jahr nicht oder nicht vollständig gezahlt und der Rückstand auch im nächsten Jahr nicht neben dem vollen Vorzug dieses Jahres nachgezahlt, so steht den Vorzugsaktionären so lange ein Stimmrecht zu, bis die Rückstände nachgezahlt sind (§ 140 Abs. 2 S. 1 AktG).

476 Der Gesamtnennbetrag stimmrechtsloser Vorzugsaktien darf den Gesamtnennbetrag der anderen ausgegebenen Aktien nicht übersteigen. **Vorzugsaktien ohne Stimmrecht** dürfen nur bis zur Hälfte des Grundkapitals ausgegeben werden (§ 139 Abs. 2 AktG).

477 Die Ausgabe von **Mehrstimmrechtsaktien** ist unzulässig (§ 12 Abs. 2 AktG). Gemäß § 5 Abs. 1 EGAktG kann eine Fortgeltung für bereits ausgegebene Mehrstimmrechtsaktien über den 1. Juni 2003 hinaus nur aufgrund eines Hauptversammlungsbeschlusses bestimmt werden.

478 **ee) Vorstand.** Nach § 23 Abs. 2 Nr. 6 AktG ist weiterer zwingender Satzungsbestandteil die Angabe der **Anzahl der Mitglieder** des Vorstandes oder der Regel, nach denen diese Anzahl festgelegt wird. Der Vorstand kann aus einer oder mehreren Personen bestehen. Bei Gesellschaften mit einem Grundkapital von mehr als EUR 3.000.000,00 hat er aus mindestens zwei Personen zu bestehen, es sei denn, die Satzung bestimmt, dass er aus einer Person besteht (§ 76 Abs. 2 S. 2 AktG).

479 Statt der Festlegung einer bestimmten Zahl von Vorstandsmitglieder kann in der Satzung auch eine **Mindest- oder Höchstzahl** genannt werden.[66] Die nähere Bestimmung der Zahl der Vorstandsmitglieder erfolgt dann durch den Aufsichtsrat.[67] Die Satzung kann dieses Recht aber auch der Hauptversammlung zubilligen.[68]

---

[65] LG Aachen, DB 1992, 1564.
[66] LG Köln, AG 1999, 137; *Kraft*, in: Kölner Kommentar zum Aktiengesetz, § 23 Rn. 74; *Hüffer*, AktG, § 23 Rn. 31; *Pentz*, in: Münchener Kommentar zum Aktiengesetz, § 23 Rn. 136.
[67] *Ganske*, DB 1978, 2461.
[68] *Kraft*, in: Kölner Kommentar zum Aktiengesetz, § 23 Rn. 76; *Wiesner*, in: Münchener Handbuch des Gesellschaftsrechts, Bd. 4, Aktiengesellschaft, § 19 Rn. 29.

IV. Aktiengesellschaft

ff) Gesellschaftsblätter. Nach § 23 Abs. 4 AktG muss die Satzung Bestimmungen über die Form der Bekanntmachungen der Gesellschaft enthalten. Das Pflichtgesellschaftsblatt für Aktiengesellschaften ist der **elektronische Bundesanzeiger** (§ 25 AktG). Daneben kann die Satzung andere Blätter oder elektronische Informationsmedien als Gesellschaftsblätter bezeichnen. 480

gg) Gründungsaufwand. Weiterhin muss in der Satzung die Gesamtziffer des von der Gesellschaft zu tragenden **Gründungsaufwands** festgesetzt werden (§ 26 Abs. 2 AktG). Der Gründungsaufwand ist der Gesamtaufwand, der zu Lasten der Gesellschaft an Aktionäre oder andere Personen als Entschädigung oder als Belohnung für die Gründung oder ihre Vorbereitung gewährt wird. Er umfasst die **Gründungsentschädigung** und den **Gründerlohn**. 481

Entschädigung ist der **Ersatz von Aufwendungen** für die Kosten der Gründung und der Einlagenleistung. Dazu gehören Steuern, Gebühren des Notars und des Gerichts, Honorare der Gründungsprüfer, Kosten der Bekanntmachung oder des Drucks von Aktienurkunden.[69] Gründerlohn ist die **Tätigkeitsvergütung** für die Mitwirkung bei der Gründung und ihrer Vorbereitung einschließlich der Honorare für Gutachten, Beratung und Vermittlung, gleichgültig, ob die Leistung an Gründung oder an Dritte erfolgt. 482

Fehlt eine Festsetzung des Gründungsaufwands in der Satzung, so sind die **Verträge und Rechtshandlungen** zu ihrer Ausführung der Gesellschaft gegenüber unwirksam (§ 26 Abs. 3 S. 1 AktG). 483

hh) Wirtschaftsplan, Jahresabschluss, Abschlussprüfung. Die Gemeindeordnungen[70] fordern, dass in der Satzung der Aktiengesellschaft sichergestellt wird, dass für jedes Wirtschaftsjahr ein **Wirtschaftsplan** aufgestellt wird und der **Wirtschaftsführung** eine fünfjährige Finanzplanung zugrundegelegt wird. Darüber hinaus sind der **Jahresabschluss und der Lagebericht** in entsprechender Anwendung der Vorschriften des Handelsgesetzbuchs für große Kapitalgesellschaften aufzustellen und zu prüfen. 484

Der Wirtschaftsplan und die Finanzplanung, der Jahresabschluss und der Lagebericht sowie der Prüfungsbericht des Abschlussprüfers sind der Kommune zu übersenden. Für die **Prüfung der Betätigung der Gemeinde** bei dem Unternehmen sind darüber hinaus dem Rechnungsprüfungsamt und der für die überörtliche Prüfung zuständigen Prüfungsbehörde die in § 54 HGrG vorgesehenen Befugnisse wie auch das **Recht zur überörtlichen Prüfung** der Haushalts- und Wirtschaftsführung des Unternehmens nach den Vorschriften der Gemeindeordnungen einzuräumen.[71] 485

ii) Gestaltungsmöglichkeiten in der Satzung. Nach § 23 Abs. 5 S. 1 AktG kann die Satzung von Vorschriften des Aktiengesetzes nur abweichen, wenn es ausdrücklich zugelassen ist.[72] Nach § 23 Abs. 5 S. 2 AktG sind **ergänzende Bestimmungen** zulässig, es sei denn, dass das Aktiengesetz eine abschließende Regelung enthält.[73] 486

---

[69] *Hüffer*, AktG, § 26 Rn. 5; *Pentz*, in: Münchener Kommentar zum Aktiengesetz, § 26 Rn. 30.

[70] § 103 Abs. 1 Nr. 5 Buchst. a) GemO Baden-Württemberg, Art. 94 Abs. 1 Nr. 1 GemO Bayern, § 122 Abs. 3 Nr. 1 GemO Hessen, § 108 Abs. 2 Nr. 1 GemO Nordrhein-Westfalen, § 87 Abs. 1 Nr. 7 Buchst. a) GemO Rheinland-Pfalz, § 111 Abs. 1 Nr. 3 KSVG Saarland, § 9 KommunalprüfungsG Schleswig-Holstein, § 73 Abs. 1 Nr. 1 Buchst. a) KommunalVerf. Mecklenburg-Vorpommern, § 96 Abs. 1 Nr. 4 GemO Sachsen, § 121 Abs. 1 Nr. 1 Buchst. a) GemO Sachsen-Anhalt, vgl. auch § 114 GemO Niedersachsen, § 107 GemO Brandenburg, § 75 KommunalO Thüringen; vgl. auch oben Kapitel C. Rn. 203.

[71] § 103 Abs. 1 Nr. 5 GemO Baden-Württemberg, Art. 94 Abs. 1 Nr. 2 bis 5 GemO Bayern, § 122 Abs. 1 Nr. 4 GemO Hessen, § 108 Abs. 2 Nr. 1 GemO Nordrhein-Westfalen, § 124 GemO Niedersachsen, § 87 Abs. 1 Nr. 7 GemO Rheinland-Pfalz, § 111 Abs. 1 Nr. 3 KSVG Saarland, § 9 KommunalprüfungsG Schleswig-Holstein, § 105 GemO Brandenburg, § 73 Abs. 1 Nr. 2 KommunalVerf. Mecklenburg-Vorpommern, § 96 Abs. 1 Nr. 7 GemO Sachsen, § 121 GemO Sachsen-Anhalt, § 75 Abs. 4 KommunalO Thüringen; ausführlich unten Kapitel E. Rn. 230 ff.

[72] Vgl. zur Frage, wann eine Abweichung i. S. d. § 23 Abs. 5 AktG anzunehmen ist, *Kraft*, in: Kölner Kommentar zum Aktiengesetz, § 23 Rn. 83; *Röhricht*, in: Großkommentar zum Aktiengesetz, § 23 Rn. 168 ff.

[73] Eine Ergänzung liegt vor, wenn das Gesetz einen entsprechenden Regelungsinhalt nicht enthält oder die gesetzliche Regelung ihrem Gedanken nach weitergeführt wird, also im Grundsatz unberührt bleibt;

487 **jj) Satzungsänderungen.** Eine **Satzungsänderung** bedarf grundsätzlich eines Beschlusses der Hauptversammlung (§ 179 Abs. 1 S. 1 AktG).

488 Satzungsänderungen, die auch für die **Erhöhung und Herabsetzung des Grundkapitals** erforderlich sind, können durch Beschluss der Hauptversammlung mit einer Mehrheit von mindestens ³/₄ des vertretenen Grundkapitals vorgenommen werden (§ 179 Abs. 1, Abs. 2 AktG) und bedürfen notarieller Beurkundung (§ 130 Abs. 1 AktG). In der Satzung der Aktiengesellschaft können auch andere Mehrheiten vorgesehen werden (§ 179 Abs. 2 S. 2 AktG).

489 Soll das bisherige Verhältnis mehrerer Gattungen von Aktien geändert werden, so müssen die benachteiligten Aktionäre dem durch **Sonderbeschluss** zustimmen (§ 179 Abs. 3 AktG). Alle betroffenen Aktionäre müssen zustimmen, denen durch Satzungsänderung Nebenverpflichtungen auferlegt werden sollen (§ 180 Abs. 1 AktG) oder denen die Veräußerung von Namensaktien künftig nur noch mit Zustimmung der Gesellschaft möglich sein soll (§ 180 Abs. 2 AktG, Vinkulierung – § 68 Abs. 2 AktG).

490 Satzungsänderungen werden erst mit **Eintragung in das Handelsregister** wirksam (§ 181 Abs. 3 AktG).

4. Aufgaben und Befugnisse

491 Einer kommunalen **Aufgabenerfüllung** durch eine kommunale Aktiengesellschaft stehen nur wenige zu erfüllende Zulässigkeitskriterien entgegen.[74] Die einschlägigen Vorschriften der Gemeindeordnungen sehen somit ausdrücklich vor, dass die Gemeinden Unternehmen in der Rechtsform der Aktiengesellschaft führen können, wobei sich normative Beschränkungen nur insoweit ergeben, als bestimmte Einrichtungen des Bildungs-, Gesundheits- und Sozialwesens nicht als **wirtschaftliche Unternehmen** geführt werden können.[75]

492 Etwas anderes gilt nur im Hinblick auf **kommunale Pflichtaufgaben**. Insoweit können diese Aufgaben nicht selbst, sondern nur ihre **Durchführung** auf ein privatrechtliches Unternehmen übertragen werden. Die Aufgabe selbst und die **Verantwortung für die ordnungsgemäße Erfüllung** verbleiben bei der Kommune.[76]

5. Organe

493 Wie jede juristische Person benötigt auch eine Aktiengesellschaft Organe, um funktionsfähig zu sein. Diese Organe sind nicht nur nötig, damit jemand für die AG handelt; sie müssen auch für sie denken. Die Aktiengesellschaft braucht ihre Organe also nicht nur zur Abgabe von Willenserklärungen; sie ist ohne deren Mitwirkung gar nicht in der Lage, einen eigenen Willen zu bilden. Für die Aktiengesellschaft sind als **Gesellschaftsorgane** Vorstand, Aufsichtsrat und Hauptversammlung zwingend vorgeschrieben.

a) Der Vorstand (§§ 76–94 AktG)

494 Der Vorstand leitet[77] die AG unter eigener Verantwortung (§ 76 Abs. 1 AktG) und ist zu ihrer **Geschäftsführung**[78] berechtigt und verpflichtet (§ 77 Abs. 1 AktG) sowie zu ihrer

---

siehe hierzu auch *Hüffer*, AktG, § 23 Rn. 37; *Pentz*, in: Münchener Kommentar zum Aktiengesetz, § 23 Rn. 157; *Wiesner*, in: Münchener Handbuch des Gesellschaftsrechts, Bd. 4, Aktiengesellschaft, § 6 Rn. 11.

[74] Zu diesen Zulässigkeitskriterien vgl. oben Rn. 391 ff.

[75] § 102 Abs. 3 GemO Baden-Württemberg, Art. 57 GemO Bayern, § 121 Abs. 2 Nr. 2 GemO Hessen, § 107 Abs. 2 Nr. 2 GemO Nordrhein-Westfalen, § 108 Abs. 2 Nr. 2 GemO Niedersachsen, § 85 Abs. 3 GemO Rheinland-Pfalz, § 108 Abs. 2 Nr. 1 KSVG Saarland, § 101 Abs. 2 Nr. 2 GemO Schleswig-Holstein, § 101 Abs. 2 Nr. 2 GemO Brandenburg; § 68 Abs. 2 Nr. 2 KommunalVerf. Mecklenburg-Vorpommern, für Sachsen, Sachsen-Anhalt und Thüringen fehlen entsprechende Vorschriften; vgl. auch oben Kapitel C. Rn. 55 ff.

[76] *Gaß*, S. 185 ff.

[77] Zur Leitungsfunktion als Teilbereich der Geschäftsführung vgl. *Mertens*, in: Kölner Kommentar zum Aktiengesetz, § 76 Rn. 4; *Schwark*, ZHR 142 (1978), 203 (215 f.).

[78] *Hüffer*, AktG, § 77 Rn. 3 f.; *Mertens*, in: Kölner Kommentar zum Aktiengesetz, § 77 Rn. 2.

IV. Aktiengesellschaft

Vertretung ermächtigt (§ 78 Abs. 1 AktG). Er besteht aus einer oder mehreren natürlichen, unbeschränkt geschäftsfähigen Personen (§ 76 Abs. 2 und 3 AktG).

Bei allen größeren Aktiengesellschaften mit einem Grundkapital von mehr als EUR 3.000.000,00 muss der Vorstand aus mindestens zwei Personen bestehen (§ 76 Abs. 2 S. 2 AktG). Auch bei Aktiengesellschaften, auf die das Mitbestimmungsgesetz oder das Montanmitbestimmungsgesetz anzuwenden ist, muss der Vorstand aus mindestens zwei Personen bestehen, weil ein Vorstandsmitglied die Aufgaben des **Arbeitsdirektors** wahrzunehmen hat (vgl. § 13 MontanMitbestG bzw. § 33 MitBestG).

Vorstandsmitglieder müssen nicht Aktionäre sein (**Grundsatz der Fremdorganschaft**).[79] Sie werden vom Aufsichtsrat für höchstens fünf Jahre bestellt (§ 84 Abs. 1 S. 1 AktG). Eine wiederholte **Bestellung** oder Verlängerung ihrer Amtszeit ist zulässig (§ 84 Abs. 1 S. 2 AktG). Ein Widerruf der Bestellung durch den Aufsichtsrat ist nach § 84 Abs. 3 AktG möglich, wenn dafür ein wichtiger Grund vorliegt[80] (z. B. grobe Pflichtverletzung, Unfähigkeit oder Entzug des Vertrauens durch die Hauptversammlung).[81]

Von der **Bestellung** des einzelnen Vorstandsmitgliedes ist dessen **Anstellung** zu unterscheiden. Während durch den körperschaftlichen Akt der Bestellung die Leitungs- und Vertretungsmacht begründet wird,[82] folgt die Geschäftsführungspflicht erst aus dem Anstellungsvertrag,[83] die selten unentgeltlich als Auftragsvertrag (§§ 662 ff. BGB) und meist entgeltlich durch Abschluss eines Dienstvertrages (§§ 611 ff. BGB) übernommen wird.

Der freie **Dienstvertrag** von Vorstandsmitgliedern ist zwar kein Arbeitsvertrag; auf ihn finden aber teilweise arbeitsrechtliche Vorschriften (z. B. das BetrAVG auf Ruhegeldzusagen) Anwendung. Zur Beendigung des Anstellungsvertrages reicht der Widerruf der Bestellung (§ 84 Abs. 3 AktG) nicht aus. Dafür ist vielmehr auch noch eine außerordentliche Kündigung des Anstellungsvertrages erforderlich.[84]

Aus § 620 Abs. 1 BGB ergibt sich, dass der für höchstens fünf Jahre und damit für eine bestimmte Zeit abgeschlossenen Anstellungsvertrag von Vorstandsmitgliedern durch Fristablauf endet.[85] Eine Beendigung von Vorstandsverträgen durch **ordentliche Kündigung** ist daher ausgeschlossen, denn sie ist nach § 620 Abs. 2 BGB nur bei Dienstverhältnissen möglich, die nicht für eine bestimmte Dauer geschlossen worden sind.

Obwohl die **Geschäftsführungsbefugnis** des einzelnen Vorstandsmitgliedes im Innenverhältnis beschränkt werden kann (§ 82 Abs. 2 AktG), besteht gegenüber Dritten eine nicht beschränkbare **Vertretungsmacht** des Organs Vorstand (§ 82 Abs. 1 AktG). Überschreitet also ein Vorstandsmitglied seine Geschäftsführungsbefugnis, so ändert das nichts an der Wirksamkeit der von ihm im Namen der Gesellschaft abgeschlossenen Rechtsgeschäfte.[86] Es führt höchstens zu seiner Haftung im Innenverhältnis, d.h. zu einer Verpflichtung, den der Gesellschaft entstandenen Schaden zu ersetzen (§ 93 Abs. 2 AktG).

Eine allgemeine Bindung von Geschäftsführungsmaßnahmen an die Zustimmung anderer Gremien kann allerdings auch im Innenverhältnis nicht wirksam vorgesehen werden.[87] Nach der Satzung oder aufgrund eines Aufsichtsratsbeschlusses kann für bestimmte Arten von Geschäften die **Zustimmung des Aufsichtsrates** gefordert werden (§ 111 Abs. 4 AktG).[88]

Nur wenn der Vorstand es verlangt, kann die Hauptversammlung über **Fragen der Geschäftsführung** einen Beschluss fassen (§ 119 Abs. 2 AktG).[89] An einer derartigen Be-

---

[79] *Hüffer*, AktG, § 76 Rn. 25.
[80] Vgl. *Hüffer*, AktG, § 84 Rn. 23 ff.; *Mertens*, in: Kölner Kommentar zum Aktiengesetz, § 84 Rn. 102.
[81] Beispiele bei *Hüffer*, AktG, § 84 Rn. 27 ff.
[82] *Hüffer*, AktG, § 84 Rn. 3 ff.; *Mertens*, in: Kölner Kommentar zum Aktiengesetz, § 84 Rn. 3.
[83] *Hüffer*, AktG, § 84 Rn. 11 ff.
[84] *Hüffer*, AktG, § 84 Rn. 24; *Mertens*, in: Kölner Kommentar zum Aktiengesetz, § 84 Rn. 94.
[85] *Hüffer*, AktG, § 84 Rn. 15; zu Einzelfragen vgl. *Mertens*, in: Kölner Kommentar zum Aktiengesetz, § 84 Rn. 94.
[86] *Hüffer*, AktG, § 78 Rn. 5, § 82 Rn. 2.
[87] *Hüffer*, AktG, § 78 Rn. 5, 8 ff.
[88] Vgl. hierzu auch *Götz*, ZGR 1990, 633; *ders.*, ZGR 1998, 524; *Berrar*, DB 2001, 2181.
[89] Bei Geschäftsführungsmaßnahmen von herausragender Bedeutung besteht eine Pflicht des Vorstandes zur Einholung eines Zustimmungsbeschlusses der Hauptversammlung, vgl. BGHZ 83, 122 ("Holzmüller");

schlussfassung über Geschäftsführungsmaßnahmen kann der Vorstand etwa dann interessiert sein, wenn er seine Ersatzpflicht wegen einer möglichen Pflichtverletzung ausschließen will (§ 93 Abs. 4 S. 1 AktG).

503 Nur in wenigen, im Aktiengesetz ausdrücklich genannten Fällen fehlt dem Vorstand die **Vertretungsmacht**, die Gesellschaft wirksam zu verpflichten:

504 – Für den Abschluss von **Verträgen zwischen der Aktiengesellschaft** und ihren aktiven oder ausgeschiedenen **Vorstandsmitgliedern** ist der Aufsichtsrat zuständig (§ 112 AktG).

505 – Die Gewährung eines **Kredites** an ein Vorstandsmitglied setzt einen Beschluss des Aufsichtsrates voraus (§ 89 Abs. 1 AktG).

506 – Ein **Verzicht auf Schadensersatzansprüche**, die der Aktiengesellschaft gegen ein Vorstandsmitglied zustehen, ist frühestens drei Jahre nach der Entstehung des Schadens möglich und nur wirksam, wenn dem die Hauptversammlung zustimmt (§ 93 Abs. 4 S. 3 AktG).

507 – Die Erteilung des **Prüfungsauftrags für den Jahres- und den Konzernabschluss** an den von der Hauptversammlung gewählten Wirtschaftsprüfer obliegt nicht dem Vorstand, sondern dem Aufsichtsrat (§ 111 Abs. 2 AktG).

508 Vorstandsmitglieder sind der Aktiengesellschaft nach § 93 Abs. 2 S. 1 AktG zum **Schadensersatz** verpflichtet, wenn sie ihr bei ihrer Geschäftsführung einen Schaden zufügen. Im Zweifel müssen sie nach § 93 Abs. 2 S. 2 AktG nachweisen, dass sie ihre Aufgaben mit der Sorgfalt eines ordentlichen und gewissenhaften Geschäftsführers erfüllt haben.

509 Gegenüber **Dritten** haften Vorstandsmitglieder nach den allgemeinen Vorschriften über **unerlaubte Handlungen** (§§ 823 ff. BGB). Dritte können sich dann allerdings auch an die Aktiengesellschaft halten, die nach § 31 BGB für unerlaubte Handlungen ihrer Vorstandsmitglieder ebenfalls haftet, wenn diese in Ausführung der ihnen zustehenden Verrichtungen gehandelt haben.

b) Der Aufsichtsrat (§§ 95–116 AktG)

510 Dem **Aufsichtsrat** gehören nach § 95 S. 1 AktG zwischen drei und 21 Mitglieder an.[90] Soweit die Regelungen der Mitbestimmungsgesetze über die Zusammensetzung und die Mitgliederzahl des Aufsichtsrates anwendbar sind, gehen diese **Sonderregelungen** vor (§ 95 S. 5 AktG).

511 Mitglieder des Aufsichtsrates können nur **natürliche, unbeschränkt geschäftsfähige Personen** sein (§ 100 Abs. 1 AktG). Ämterhäufungen (mehr als zehn Mandate, wobei die Stellung als Aufsichtsratsvorsitzender doppelt zählt, § 100 Abs. 2 AktG) und Pflichtenkollisionen (§ 105 AktG) sollen ausgeschlossen werden.

512 Aufsichtsratsmitglieder werden mit ihrer **Wahl** bestellt.[91] Dafür ist teilweise die Hauptversammlung, teilweise aber auch die Arbeitnehmerschaft der Aktiengesellschaft zuständig (§ 101 Abs. 1 AktG). Ausnahmsweise kann auch ein **Entsendungsrecht** einzelner Aktionäre oder der Inhaber bestimmter Aktien die Bestellung eines Aufsichtsratsmitgliedes begründen (§ 101 Abs. 2 AktG).

513 Die **Amtszeit** der Aufsichtsratsmitglieder beträgt höchstens fünf Jahre (§ 102 Abs. 1 AktG). Sie beginnt mit der Annahme der Wahl im ersten Geschäftsjahr[92] und endet spätestens im fünften Geschäftsjahr mit der ordentlichen Hauptversammlung, die über die Entlastung für das vierte Geschäftsjahr beschließt. Wiederwahl ist möglich.

514 Von der Hauptversammlung gewählte Aufsichtsratsmitglieder können nur dann jederzeit wieder **abberufen** werden, wenn sie von ihr ohne Bindung an einen Wahlvorschlag gewählt worden sind (§ 103 Abs. 1 AktG). Das schließt die Abwahl jener Arbeitnehmervertreter aus, die nach § 6 MontanMitbestG aufgrund eines die Hauptversammlung bin-

---

BGH AG 2004, 384 („Gelatine"); OLG München, AG 1995, 232 (233); LG Hamburg, AG 1997, 238; LG Frankfurt a.M., AG 1993, 287 (288 f.); LG Köln, AG 1992, 238 (239 f.); LG Stuttgart, AG 1992, 236 (237 f.).

[90] § 95 S. 4 AktG statuiert bestimmte Höchstzahlen.
[91] *Hüffer*, AktG, § 101 Rn. 3 ff.
[92] *Hüffer*, AktG, § 101 Rn. 7; *Hoffmann-Becking*, in: Münchener Handbuch des Gesellschaftsrechts, Bd. 4, Aktiengesellschaft, § 30 Rn. 19.

IV. Aktiengesellschaft   515–530 D

denden Vorschlags von Betriebsräten oder Spitzenorganisationen in den Aufsichtsrat von Montanunternehmen gewählt worden sind.[93]

Neben der Bestellung und Abberufung des Vorstandes (§ 84 AktG), der laufenden Überwachung seiner Geschäftsführung (§ 111 Abs. 1 AktG), gehört es zu den **Aufgaben des Aufsichtsrates**, die Hauptversammlung einzuberufen, wenn das Wohl der Gesellschaft dies erfordert (§ 111 Abs. 3 AktG), den Jahresabschluss zu prüfen (§ 171 AktG), bei rechtswidrigen Beschlüssen der Hauptversammlung Anfechtungsklage zu erheben (§ 245 Nr. 5 AktG) und die Gesellschaft gegenüber Vorstandsmitgliedern zu vertreten (§ 112 AktG). 515

Die **innere Ordnung des Aufsichtsrats** wird im Wesentlichen durch die Satzung oder die Geschäftsordnung bestimmt.[94] Vorgeschrieben ist lediglich, dass ein Vorsitzender und sein Stellvertreter zu wählen sind (§ 107 Abs. 1 AktG). Die Bildung von Ausschüssen ist in § 107 Abs. 3 AktG vorgesehen und in § 27 Abs. 3 MitbestG für die von diesem Gesetz erfassten Aktiengesellschaften vorgeschrieben. 516

Einberufungen, Sitzungen und Art der **Beschlussfassung** des Aufsichtsrates sind in §§ 107 Abs. 2, 108 bis 110 AktG geregelt. 517

Die den Aufsichtsratsmitgliedern obliegende **Sorgfaltspflicht** und ihre Haftung bei Pflichtverletzung entspricht derjenigen von Vorstandsmitgliedern (§ 116 AktG). Umgekehrt haftet auch die Aktiengesellschaft nach § 31 BGB für die unerlaubten Handlungen ihrer ordentlich bestellten Aufsichtsratsmitglieder (**Organhaftung**).[95] 518

c) Die Hauptversammlung (§§ 118–147 AktG)

Die **Hauptversammlung** ist das oberste Organ der Aktiengesellschaft, in dem die Aktionäre ihre Rechte ausüben, soweit das Gesetz ihnen nicht noch andere Möglichkeiten einräumt (§ 118 Abs. 1 AktG). 519

Die Zuständigkeit der Hauptversammlung ist auf die in § 119 Abs. 1 AktG genannten, besonders bedeutsamen Aufgaben beschränkt: 520

– **Bestellung der Aufsichtsratsmitglieder**, soweit sie nicht als Arbeitnehmervertreter von anderen Gremien zu wählen sind (§ 119 Abs. 1 Nr. AktG). 521
– Beschlussfassung über die **Verwendung des Bilanzgewinns** (§ 119 Abs. 1 Nr. 2 AktG). Dies ist jedoch von der wesentlich bedeutsameren Feststellung des Jahresgewinns zu unterscheiden, die der Hauptversammlung nur ausnahmsweise obliegt (§ 173 AktG). 522
– **Entlastung** der Mitglieder von **Vorstand und Aufsichtsrat** (§§ 119 Abs. 1 Nr. 3, 120 AktG). 523
– Bestellung der **Abschlussprüfer** (§ 119 Abs. 1 Nr. 4 AktG, § 318 HGB). 524
– **Satzungsänderungen** (§§ 119 Abs. 1 Nr. 5, 179 ff. AktG). 525
– Maßnahmen der **Kapitalbeschaffung und -herabsetzung** (§§ 119 Abs. 1 Nr. 6, 182, 192, 202, 207, 222, 229, 237 AktG). 526
– Bestellung von **Sonderprüfern** (§§ 119 Abs. 1 Nr. 7, 142 AktG). 527
– **Auflösung** der Gesellschaft (§§ 119 Abs. 1 Nr. 8, 262 Abs. 1 Nr. 2 AktG – aber auch Fortsetzung einer aufgelösten AG – § 274 AktG). 528

Eine Beschlussfassung über **Fragen der Geschäftsführung** ist nur auf Verlangen des Vorstandes möglich (§ 119 Abs. 2 AktG).[96] 529

Kompetenzen, die nach der gesetzlichen Regelung einem anderen Gesellschaftsorgan zugewiesen sind, kann die Hauptversammlung auch durch eine entsprechende **Satzungsänderung** nicht an sich ziehen. Sie kann den Vorstand auch nicht selbst zur **Rechenschaft** ziehen, weil das zu den Aufgaben des Aufsichtsrats gehört. Sie hat also nur die Möglichkeit, dem Vorstand durch **Verweigerung der Entlastung** (§ 120 AktG) das Vertrauen zu entziehen, damit dann der Aufsichtsrat die Bestellung der Vorstandsmitglieder widerruft (§ 84 Abs. 3 AktG). 530

---

[93] *Hüffer*, AktG, § 103 Rn. 14.
[94] *Hüffer*, AktG, § 107 Rn. 2.
[95] BGH NJW 1984, 1893 verneint eine Haftung aus § 31 BGB der benennenden oder entsendenden Kommune neben dem Aufsichtsratsmitglied.
[96] Bei Maßnahmen von herausragender Bedeutung besteht eine Pflicht des Vorstandes, die Zustimmung der Hauptversammlung gem. § 119 Abs. 2 AktG einzuholen, BGHZ 83, 122 („Holzmüller"); siehe auch jüngst BGH AG 2004, 384 („Gelatine").

531 Die **Einberufung der Hauptversammlung** ist normalerweise Sache des Vorstandes (§ 121 Abs. 2 AktG). Nur ausnahmsweise erfolgt sie durch den Aufsichtsrat (§ 111 Abs. 3 AktG). Eine Aktionärsminderheit, die 5 % des Grundkapitals einer Aktiengesellschaft hält, kann jederzeit die Einberufung verlangen (§ 122 Abs. 1 AktG) und notfalls gerichtlich durchsetzen (§ 122 Abs. 3 AktG).

532 Die Einberufung und die Tagesordnung sind durch **Veröffentlichung in den Gesellschaftsblättern** bekannt zu machen (§§ 121 Abs. 3, 124 Abs. 1 AktG). Die Information der Aktionäre erfolgt aber auch über die Kreditinstitute und Aktionärsvereinigungen (§§ 125 Abs. 1, 128 AktG) sowie unmittelbar durch die AG (§ 125 Abs. 2 AktG).

533 Sind die Aktionäre der Gesellschaft namentlich bekannt, so kann die Hauptversammlung statt durch Veröffentlichung in den Gesellschaftsblättern auch **mit eingeschriebenem Brief** einberufen werden; der Tag der Absendung gilt als Tag der Bekanntmachung (§ 121 Abs. 4 AktG). Sind alle Aktionäre erschienen oder vertreten, so kann die Hauptversammlung Beschlüsse **ohne Einhaltung der gesetzlichen Formvorschriften** fassen, soweit kein Aktionär der Beschlussfassung widerspricht (§ 121 Abs. 6 AktG).

534 Eine **ordentliche Hauptversammlung** ist jährlich innerhalb der ersten acht Monate eines Geschäftsjahres einzuberufen (§§ 120 Abs. 1 AktG). **Außerordentliche Hauptversammlungen** finden bei Bedarf statt (§§ 121 Abs. 1, 111 Abs. 4 AktG).

535 Jeder Aktionär kann in der Hauptversammlung **Auskunft** über alle Angelegenheiten fordern, die zur sachgemäßen Beurteilung der Gegenstände der Tagesordnung und zur Beschlussfassung erforderlich sind (§ 131 AktG). Wenn über die Entlastung von Vorstands- und Aufsichtsratsmitgliedern ein Beschluss gefasst werden soll, kann das sehr weit gehende Fragen zu einzelnen Geschäftsführungsmaßnahmen rechtfertigen.

536 Zur **Auskunftserteilung** ist der Vorstand verpflichtet (§ 131 Abs. 1 AktG). Die Auskunft muss alle wesentlichen Tatsachen umfassen und begründet werden.[97] Wird sie zu Unrecht verweigert, so entscheidet über die Berechtigung auf Antrag eines Aktionärs das Gericht (§ 132 AktG). Eine zu Unrecht verweigerte Auskunft berechtigt zur **Anfechtung von Beschlüssen** der Hauptversammlung (§ 243 Abs. 4 AktG).

537 Für die Beschlussfassung in der Hauptversammlung ist grundsätzlich nur die **einfache Mehrheit** der abgegebenen Stimmen erforderlich (§ 133 AktG). Das Stimmrecht steht jedem Aktionär zu (§ 12 AktG). Im Regelfall richtet es sich nach den Kapitalanteilen der Aktionäre (§ 134 Abs. 1 S. 1 AktG).

538 Ausnahmen bestehen für **Vorzugsaktien ohne Stimmrecht** (§§ 12 Abs. 1 S. 2, 139 AktG) und für **Mehrstimmrechtsaktien**, mit denen bestimmten Aktionärsgruppen ein ihrer kapitalmäßigen Beteiligung nicht entsprechender überproportionaler Einfluss eingeräumt wird. Möglich sind aber auch **Stimmrechtsbeschränkungen** auf einen bestimmten Anteil am Grundkapital, die in der Satzung festgesetzt werden können (§ 134 Abs. 1 S. 2 AktG). Mit ihnen können die Einflussmöglichkeiten eines Großaktionärs verringert, Übernahmen erschwert und die Stellung des Vorstands verstärkt werden.[98]

539 Sämtliche in der Hauptversammlung gefassten Beschlüsse müssen **durch einen Notar protokolliert** und damit **beurkundet** werden (§ 130 Abs. 1 AktG). Eine Missachtung dieser Protokollierungspflicht führt zur Nichtigkeit der gefassten Beschlüsse (§ 241 Nr. 2 AktG).

540 Geringere Anforderungen bestehen für Aktiengesellschaften, deren **Aktien nicht an einer Börse zum Handel** zugelassen sind. Bei ihnen reicht eine **vom Vorsitzenden des Aufsichtsrats zu unterzeichnende Niederschrift**, soweit keine Beschlüsse gefasst worden sind, für die das Gesetz eine Dreiviertel- oder größere Mehrheit bestimmt (§ 130 Abs. 1 AktG).

541 Wenn über die Entlastung eines Aktionärs oder Befreiung eines Aktionärs von einer Verbindlichkeit oder über den Verzicht auf die Geltendmachung eines Anspruchs gegen einen Aktionär Beschluss gefasst werden soll, ist das Stimmrecht für den Betroffenen wegen der

---

[97] *Hüffer*, AktG, § 131 Rn. 21 f.
[98] Zu weitergehenden gesetzlichen und satzungsmäßigen Anforderungen vgl. *Hüffer*, AktG, § 133 Rn. 14 f.

IV. Aktiengesellschaft

Interessenkollision ausgeschlossen (§ 136 Abs. 1 AktG).[99] Für **eigene Aktien** darf die Aktiengesellschaft das Stimmrecht nicht ausüben oder ausüben lassen, weil ihr aus eigenen Aktien nach § 71 AktG keine Rechte und damit auch keine Stimmrechte zustehen.[100]

Abstimmung durch **Bevollmächtigte**, die eine schriftliche Vollmacht vorweisen müssen, ist möglich (§ 134 Abs. 3 AktG). Häufig erfolgt auch eine Legitimationsübertragung, die es einem Dritten ermöglicht, das Stimmrecht des Aktionärs im eigenen Namen auszuüben (§ 129 Abs. 3 AktG). 542

6. Rechtsverhältnis zum Träger

Aus der dem Demokratieprinzip folgenden **Ingerenzpflicht** ergibt sich für die Gemeinde die Verpflichtung, einen angemessenen Einfluss in Form von **Beteiligungs-, Mitsprache- und Kontrollrechten** zu etablieren. Es stellt sich somit die Frage, wie diese Verpflichtung bei einer kommunalen Aktiengesellschaft umgesetzt werden kann. 543

a) Die Gemeinde als Aktionärin der kommunalen Aktiengesellschaft

Der **Bürgermeister** als organschaftlicher Vertreter der Kommune repräsentiert diese auch in der Hauptversammlung. Er übt insoweit die Gesellschafterrechte der Kommune in der AG aus. 544

Ob er bei dieser organschaftlichen Vertretung selbst entscheiden darf oder nur den Beschluss des Gemeinderates zu vollziehen hat, hängt grundsätzlich davon ab, ob es sich bei dieser Entscheidung um eine **Angelegenheit der laufenden Verwaltung** handelt.[101] Hierbei ist zu beachten, dass die Bedeutung der Angelegenheit nicht aus Sicht der Gesellschaft, sondern aus Sicht der Kommune zu beurteilen ist. 545

Bei einer Aktiengesellschaft ist grundsätzlich jede **unmittelbare Einwirkung der Aktionäre** auf den Vorstand nach § 76 Abs. 1 AktG ausgeschlossen. Darüber hinaus sind die Rechte der Aktionäre nach § 119 AktG auf das Recht zur Satzungsgebung, der Entlastung von Vorstand und Aufsichtsrat und das Recht zur Bestimmung über die Verwendung des Bilanzgewinnes beschränkt.[102] 546

Aus diesem Grund stellt sich die Frage, ob die Rechtsform der Aktiengesellschaft **andere Einwirkungsmöglichkeiten** für die Kommune bietet, um ihrer Ingerenzpflicht nachkommen zu können.[103] 547

Hier ist zuvorderst natürlich an den mittelbaren Einfluss über die Wahl des Aufsichtsrats zu denken. Nach § 84 AktG erfolgt die Bestellung und die Abberufung des Vorstandes durch den Aufsichtsrat. Weiterhin überwacht dieses Organ die **Ordnungsmäßigkeit der Geschäftsführung**, d.h. die Übereinstimmung der Geschäftsführung mit Gesetz und Satzung, wie auch deren Zweckmäßig- und Wirtschaftlichkeit (§ 111 Abs. 1 AktG). 548

Zwar schließt die in § 76 Abs. 1 AktG verankerte eigenverantwortliche Leitungsbefugnis des Vorstandes den Aufsichtsrat sowohl von **Maßnahmen der Geschäftsführung** (§ 111 Abs. 4 S. 1 AktG) als auch von Weisungen an den Vorstand aus. Nach den §§ 90, 111 Abs. 2 AktG steht dem Aufsichtsrat allerdings ein laufendes Unterrichtungsrecht zu und darüber hinaus können nach § 111 Abs. 4 S. 2 AktG zum Zwecke einer **vorbeugenden Überwachung** bestimmte Geschäfte des Vorstands einem **Genehmigungsvorbehalt** unterworfen werden.[104] 549

---

[99] *Hüffer*, AktG, § 136 Rn. 17 ff.
[100] *Hüffer*, AktG, § 71 b Rn. 5; *Lutter*, in: Kölner Kommentar zum Aktiengesetz, 2. Aufl. 1986 ff., § 71 b Rn. 8.
[101] § 44 Abs. 2 GemO Baden-Württemberg, Art. 37 Abs. 1 Nr. 1 GemO Bayern, § 70 Abs. 2 GemO Hessen, § 62 Abs. 1 Nr. 6 GemO Niedersachsen, § 47 Abs. 1 Nr. 3 GemO Rheinland-Pfalz, § 59 Abs. 3 S. 1 KSVG Saarland, § 55 Abs. 1 S. 2 GemO Schleswig-Holstein, § 63 Abs. 1 Buchst. e GemO Brandenburg, § 38 Abs. 1 KommunalVerf. Mecklenburg-Vorpommern, § 53 Abs. 2 S. 1 GemO Sachsen, § 63 Abs. 1 S. 2 GemO Sachsen-Anhalt, § 29 Abs. 2 Nr. 1 KommunalO Thüringen.
[102] Vgl. auch oben Rn. 519 ff.
[103] Siehe auch *Schön*, ZGR 1996, 429 (447 f.).
[104] Ausführlich *Becker*, S. 148 ff.

550 Dieses Instrumentarium hat sich in der Praxis als ausreichend erwiesen, den vom Gesetz geforderten Einfluss zur Geltung zu bringen.[105] Eine Absicherung durch die Statuierung von **Entsendungsrechten** kann zusätzlich zur Sicherstellung der Leitung des Unternehmens dienen.[106] Darüber hinaus kann die Kommune nach § 103 Abs. 1 AktG Aufsichtsratsmitglieder, die gegen die Interessen der Kommune verstoßen, auch ohne das Vorliegen eines wichtigen Grundes abberufen.

551 Dem steht auch nicht entgegen, dass jedes Aufsichtsratsmitglied primär das **Unternehmensinteresse** zu vertreten hat. Das Unternehmensinteresse kann inhaltlich nämlich regelmäßig mit den zusammengefassten gemeinschaftlichen Interessen der Gesellschafter identifiziert werden.[107] Daher ist das **öffentliche Interesse** als Beteiligungszweck der Kommune von den Aufsichtsratsmitgliedern stets mit zu beachten.[108]

b) Absicherung der Einwirkungspflicht der Gemeinde durch einen Beherrschungsvertrag?

552 Teilweise[109] wird nun vertreten, bei einer kommunalen Aktiengesellschaft sei zur **Sicherung der Einflussmöglichkeiten** der Kommune zusätzlich der Abschluss eines **Beherrschungsvertrages** nach § 291 AktG geboten. Die aufgrund eines solchen Beherrschungsvertrages mögliche Weisung sei als Essentiale der verfassungsmäßig gebotenen **Ingerenzpflicht** zu sehen.[110]

553 Der Abschluss eines solchen Beherrschungsvertrages zwischen Kommune und kommunaler Aktiengesellschaft ist aber nach diesseitiger Ansicht rechtlich **nicht zulässig** und darüber hinaus auch **nicht notwendig**.

554 Die Vorschriften des Gemeindewirtschaftsrechts setzen für die Beteiligung der Kommune an einer Rechtsform des privaten Rechts eine **Begrenzung der Haftung der Kommune** voraus.[111] Diese Regelungen stehen aber grundsätzlich einer in der Rechtsfolge des § 302 AktG zum Ausdruck gebrachten uneingeschränkten Einstandspflicht der Kommune für Verluste aus ihrer wirtschaftlichen Betätigung entgegen.

555 Die **Verlustübernahmepflicht** als „abstrakter Gefährdungstatbestand"[112] bringt die Kommune in eine spezifische Haftungssituation, die ihr als herrschendes Unternehmen[113] für die Vertragsdauer des Beherrschungsvertrages das gesamte **Geschäftsrisiko** der abhängigen Aktiengesellschaft aufbürdet. Darüber hinaus besteht die mit dem Beherrschungsvertrag verbundene Verlustausgleichspflicht auch dann, wenn die Kommune als herrschendes Unternehmen von ihrer Direktionsbefugnis tatsächlich keinen Gebrauch macht oder im Rahmen eines Verbots nachteiliger Weisungen keinen Gebrauch machen darf (§ 308 Abs. 1 S. 2 AktG). Schließlich besteht die Verlustausgleichspflicht sogar in den Fällen, in denen der entstandene Verlust auf ungünstige konjunkturelle Entwicklungen oder gar höhere Gewalt zurückzuführen ist.[114]

---

[105] *Schlitt*, FB 1999, 440 (443).
[106] Zur Weisungsgebundenheit der von der Kommune gewählten oder entsandten Mitglieder des Aufsichtsrats vgl. z. B. *Becker*, S. 113; *Hüffer*, AktG, § 394 Rn. 28; *Schön*, ZGR 1996, 429 (449); *Harder/Ruter*, GmbHR 1995, 813 (814); *Altmeppen*, NJW 2003, 2561 (2563 ff.).
[107] BGHZ 95, 330 (346 m. w. N.).
[108] *Becker*, S. 112.
[109] Vgl. statt aller *Gaß*, S. 414; *Spannowsky*, ZGR 1996, 400 (423).
[110] *Kraft*, S. 254; *Stober*, NJW 1984, 449 (455); *v. Danwitz*, AöR 120 (1995), 595 (622).
[111] § 103 Abs. 1 Nr. 4 GemO Baden-Württemberg, Art. 91 Abs. 1 Nr. 3 GemO Bayern, § 122 Abs. 1 Nr. 2 GemO Hessen, § 108 Abs. 1 Nr. 3 und 5 GemO Nordrhein-Westfalen, § 109 Abs. 1 Nr. 2 und 4 GemO Niedersachsen, § 87 Abs. 1 Nr. 4 und 6 GemO Rheinland-Pfalz, § 110 Abs. 1 Nr. 2 KSVG Saarland, § 102 Abs. 1 Nr. 2 GemO Schleswig-Holstein, § 102 Nr. 3 GemO Brandenburg, § 69 Abs. 1 Nr. 4 KommunalVerf. Mecklenburg-Vorpommern, § 96 Abs. 1 Nr. 3 GemO Sachsen, § 117 Abs. 1 Nr. 4 und 6 Sachsen-Anhalt, § 73 Abs. 1 Nr. 4 KommunalO Thüringen; vgl. auch oben Kapitel C. Rn. 196.
[112] *Koppensteiner*, in: Kölner Kommentar zum Aktiengesetz, § 302 Rn. 4.
[113] Dass die Kommunen „Unternehmen" i. S. d. Rechts der verbundenen Unternehmen sind, ist auch für den Fall, dass die Kommune nur ein Unternehmen privater Rechtsform beherrscht, wohl inzwischen unstreitig, vgl. hierzu *Becker*, S. 122 ff.; *Gaß*, S. 402 ff.; *Raiser*, ZGR 1996, 458 (464) jeweils m. w. N.
[114] *Koppensteiner*, in: Kölner Kommentar zum Aktiengesetz, § 302 Rn. 4.

IV. Aktiengesellschaft

Diese **haftungsrechtlichen Konsequenzen** führen zu einer für die Gemeinde unüberschaubaren Inanspruchnahmemöglichkeit von Haushaltsmitteln, welche ihr einen beherrschungsvertraglich gesicherten Einfluss auf die kommunale Aktiengesellschaft verbietet.[115]

Darüber hinaus ist eine solche Absicherung über einen Beherrschungsvertrag aber auch nicht notwendig, da auch in einem faktischen Abhängigkeitsverhältnis problemlos **Kontroll- und Prüfungsmechanismen** implementiert werden können, um der Ingerenzpflicht der Kommune gerecht zu werden.[116] Hierbei sind über entsprechende **Berichtspflichten des Vorstandes** an den Aufsichtsrat und einen **Katalog zustimmungspflichtiger Geschäfte** Überwachungsinstrumente und Überwachungsfunktionen einzurichten, die die Beteiligungs-, Mitsprache- und Kontrollrechten der Kommune entsprechend absichern.

Soweit aus kommunaler Sicht der Abschluss eines Beherrschungsvertrages dennoch notwendig erscheint, ist eine GmbH als „**Holding**" zwischenzuschalten, die der Kommune eine entsprechende Abschirmwirkung vermittelt.[117] Zwischen dieser GmbH, die aufgrund ihres Legalstatuts der Kommune bereits umfangreiche Einflussmöglichkeiten eröffnet,[118] und der Aktiengesellschaft kann unproblematisch ein Beherrschungsvertrag abgeschlossen werden.

7. Aufsicht

Die spezielle Natur der Kommune als Treuhänderin der ihr überlassenen Steuergelder[119] hat zur Entwicklung eigener, sich von Privaten unterscheidenden Methoden zur **nachträglichen Kontrolle** der Aktivitäten geführt. Hierdurch soll gewährleistet werden, dass auch tatsächlich durchgeführt wird, was einmal beschlossen wurde. Diese Kontrolle ist einem unabhängigen Organ, dem **Gemeindeprüfungsamt**, übertragen.

Daneben verpflichten die Gemeindeordnungen die Kommunen dazu ihre Beteiligungsunternehmen eine **Abschlussprüfung** durch Wirtschaftsprüfer durchführen zu lassen, auch wenn die Gesellschaft selbst nicht prüfungspflichtig wäre.[120]

a) Die haushaltsrechtlichen Prüfungsrechte

Die Vorschriften des Gemeindewirtschaftsrechts[121] räumen den Kommunen die Möglichkeit ein, die **Betätigung der Gebietskörperschaften** in ihren privatrechtlichen Beteiligungen zu prüfen. Von dieser Übertragung darf die Gemeinde nur dann absehen, wenn sie über kein Rechnungsprüfungsamt verfügt.[122] In diesem Fall würde die Betätigungsprüfung leer laufen, da kein Prüfer vorhanden wäre, der die Befugnisse ausüben könnte.

Die **Betätigungsprüfung** umfasst nicht das Unternehmen selbst, sondern – ohne Rücksicht auf die Höhe der kommunalen Beteiligung – die die Beteiligung verwaltende Stelle. Anerkanntermaßen umfasst diese Prüfung insbesondere die Frage, ob die für die Beteiligung an privatrechtlich organisierten Unternehmen von der Verwaltung **zu beachtenden Vorschriften** eingehalten wurden.

---

[115] Ebenso *Becker*, S. 132 ff.; *Kropff*, ZHR 144 (1980), 74 (97 f.).; *Paschke*, ZHR 152 (1988), 263 (277).
[116] Ausführlich hierzu *Becker*, S. 148 ff.
[117] Vgl. auch *Gaß* S. 418 f.
[118] Zu den Einwirkungsmöglichkeiten auf eine GmbH vgl. oben Rn. 366 ff.
[119] Vgl. hierzu *Becker*, S. 43 ff.; ausführlich unten Kapitel E. Rn. 230 ff.
[120] § 103 Abs. 1 Nr. 5 Buchst. b) GemO Baden-Württemberg, Art. 94 Abs. 1 Nr. 2 GemO Bayern, § 122 Abs. 1 Nr. 4 GemO Hessen, § 108 Abs. 2 Nr. 1 GemO Nordrhein-Westfalen, § 124 GemO Niedersachsen, § 89 GemO Rheinland-Pfalz, § 110 Abs. 1 Nr. 4 KSVG Saarland, § 9 KommunalprüfungsG Schleswig-Holstein, § 73 Abs. 1 Nr. 2 Buchst. a) KommunalVerf. Mecklenburg-Vorpommern, § 96 Abs. 2 Nr. 6 GemO Sachsen, § 121 Abs. 1 Nr. 2 GemO Sachsen-Anhalt, § 75 Abs. 4 Nr. 1 KommunalO Thüringen, für Brandenburg fehlt eine entsprechende Vorschrift; vgl. auch unten Kapitel E. Rn. 159 ff.
[121] Vgl. § 112 Abs. 2 Nr. 3 GemO Baden-Württemberg, Art. 106 Abs. 4 GemO Bayern, § 131 Abs. 2 Nr. 6 GemO Hessen, § 103 Abs. 2 Nr. 5 GemO Nordrhein-Westfalen, § 119 Abs. 3 Nr. 2 GemO Niedersachsen, § 112 Abs. 2 Nr. 2 GemO Rheinland-Pfalz, § 121 Abs. 2 Nr. 1 KSVG Saarland, § 116 Abs. 2 Nr. 4 GemO Schleswig-Holstein, § 113 Abs. 2 Nr. 4 GemO Brandenburg, § 106 Abs. 2 Nr. 5 GemO Sachsen, § 129 Abs. 2 Nr. 4 GemO Sachsen-Anhalt, § 84 Abs. 4 KommunalO Thüringen.
[122] *Becker*, S. 93.

562 Aus diesem Grund ist es herausragende Aufgabe der Rechnungsprüfungsämter festzustellen, ob der **„öffentliche Zweck"** für eine wirtschaftliche Betätigung der Gemeinde noch gegeben ist.

b) Der Abhängigkeitsbericht

563 Ist eine Aktiengesellschaft von einem anderen Unternehmen[123] abhängig, ist der Vorstand der Aktiengesellschaft verpflichtet, für jedes Geschäftsjahr einen schriftlichen Bericht über die Beziehungen der Gesellschaft zu verbundenen Unternehmen aufzustellen (§ 312 AktG). Der **Abhängigkeitsbericht** ist durch den Abschlussprüfer (§ 313 AktG) und den Aufsichtsrat (§ 314 AktG) zu prüfen. Erheben der Abschlussprüfer oder der Aufsichtsrat Einwendungen oder erklärt der Vorstand selbst, dass die Gesellschaft durch bestimmte Maßnahmen benachteiligt worden ist, ohne dass die Nachteile nach § 311 AktG ausgeglichen wurden, kann jeder Aktionär eine **Sonderprüfung** beantragen (§ 315 S. 1 AktG).

564 Der Abhängigkeitsbericht ergänzt das System der §§ 311, 317, 318 AktG, die die Gesellschaft im **faktischen Konzern** vor der Zufügung von unausgeglichenen Nachteilen schützen sollen. Nach den §§ 317, 318 AktG haften das herrschende Unternehmen, seine gesetzlichen Vertreter sowie unter gewissen Umständen die Verwaltungsmitglieder der abhängigen Gesellschaft auf Schadensersatz.[124]

565 Die Ansprüche können durch Aktionäre und Gläubiger der Gesellschaft geltend gemacht werden (§§ 317 Abs. 4, 318 Abs. 4, 309 Abs. 3, 4 AktG). In diesem Zusammenhang soll der Abhängigkeitsbericht sicherstellen, dass Aktionäre und Gläubiger die erforderlichen Informationen über **nicht ausgeglichene Nachteile** erhalten, um solche Ansprüche geltend machen zu können.[125]

566 Voraussetzung für eine Anwendung des § 312 AktG auf das Verhältnis zwischen Kommune und kommunaler Aktiengesellschaft, ist die Qualifikation der Kommune als **„Unternehmen"**. Es ist insoweit allgemein anerkannt, dass die Kommunen ebenso wie Private den Regelungen des Rechts der verbundenen Unternehmen unterworfen sind, wenn sie andere Unternehmen beherrschen,[126] selbst wenn sie keine weiteren Beteiligungen neben der kommunalen Aktiengesellschaft mehr halten.[127]

567 Darüber hinaus muss ein **Abhängigkeitsverhältnis** zwischen Kommune und kommunaler Aktiengesellschaft vorliegen. Die Abhängigkeit im Sinne der §§ 17, 312 Abs. 1 AktG setzt einen unmittelbar oder mittelbar **beherrschenden Einfluss der Kommune** auf die kommunale Aktiengesellschaft voraus. Dieser Einfluss wird bei einer Mehrheitsbeteiligung vermutet (§ 17 Abs. 2 AktG), kann aber auch bei einer unter 50 % liegenden Beteiligung in Verbindung mit weiteren verlässlichen Umständen rechtlicher oder tatsächlicher Art vorliegen.[128]

568 Nach § 312 Abs. 1 S. 2 AktG sind in dem Abhängigkeitsbericht alle **Rechtsgeschäfte**, die die Aktiengesellschaft mit dem herrschenden Unternehmen oder einem mit ihm verbundenen Unternehmen oder auf Veranlassung oder im Interesse dieser Unternehmen vorgenommen wurden, und alle **anderen Maßnahmen**, die sie auf Veranlassung oder im Interesse dieser Unternehmen getroffen oder unterlassen hat, aufzuführen. Darüber hinaus sind nach § 312 Abs. 1 S. 3 AktG bei den Rechtsgeschäften Leistung und Gegenleistung, bei den Maßnahmen die Gründe der Maßnahme und deren Vor- und Nachteile für die Aktiengesellschaft anzugeben.

---

[123] Zur Unternehmenseigenschaft der öffentlichen Hand vgl. *Becker*, S. 122 ff.; *Gaß*, S. 402 ff.; *Raiser*, ZGR 1996, 458 (464) jeweils m. w. N.
[124] *Schiessl*, ZGR 1998, 871 (872).
[125] *Schiessl*, ZGR 1998, 871 (872).
[126] BGHZ 69, 334 (338 ff.) („VEBA/Gelsenberg"); 105, 168 (176 f.) („HSW"); *Hüffer*, AktG, § 15 Rn. 13; *Becker*, S. 122 ff.; *Gaß*, S. 402 ff.; *Raiser*, ZGR 1996, 458 (464) jeweils m. w. N.
[127] BGHZ 135, 107 (114) („VW/Land Niedersachsen").
[128] BGHZ 69, 334 (337); 135, 107 (114).

IV. Aktiengesellschaft

Um die hieraus resultierende Informationsflut auf das Notwendige zu beschränken, werden in Rechtsprechung und Literatur Wege gesucht, den **Umfang der Berichtspflicht** gerade für Gebietskörperschaften auf das Erforderliche zu beschränken.[129]

Bei **Drittgeschäften** ist es ausreichend, über diejenigen Rechtsgeschäfte zu berichten, die von der Kommune als herrschendem Unternehmen veranlasst wurden oder bei denen Zweifel bleiben, ob der Vorstand einer unabhängigen Aktiengesellschaft das Geschäft unter Beachtung seiner Sorgfaltspflichten ebenfalls abgeschlossen hätte.[130] Bei der **Veranlassung anderer Maßnahmen** sind solche Vorgänge berichtspflichtig, bei denen die Kommune ihren gesellschaftsrechtlich vermittelten Einfluss geltend gemacht hat.[131]

Durch eine solche Berichterstattung wird der **Schutzzweck des Abhängigkeitsberichtes** erfüllt, um hierdurch die Gesellschaft von einer einseitigen Förderung öffentlicher Aufgaben und politischer Ziele zu Lasten der Gesellschaft zu bewahren.[132]

c) Die handelsrechtliche Rechnungslegung und Abschlussprüfung

Die **Rechnungslegung** der Aktiengesellschaft dient der Ermittlung des Bilanzgewinns und damit des Betrages, der an die Aktionäre ausgeschüttet werden darf. Darüber hinaus dient sie aber auch zur Information der Gläubiger über die wirtschaftliche Lage der Gesellschaft. Wegen des Grundsatzes der Maßgeblichkeit der Handelsbilanz für die Steuerbilanz und damit für die Besteuerung der Aktiengesellschaft dient die Rechnungslegung auch zur Ermittlung der geschuldeten Körperschaftsteuer.

Grundsätzlich hat jeder Kaufmann und damit auch jede Aktiengesellschaft in den ersten drei Monaten des Geschäftsjahrs für das vergangene Geschäftsjahr einen **Jahresabschluss**[133] aufzustellen (§ 242 Abs. 1 HGB), der aus der **Jahresbilanz und der Gewinn- und Verlustrechnung** besteht. Als Kapitalgesellschaften haben Aktiengesellschaften nach § 264 Abs. 1 HGB ihren Jahresabschluss um einen **Anhang**[134] zu erweitern (§§ 284 f. HGB) und einen **Lage- oder Geschäftsbericht**[135] aufzustellen (§ 289 HGB).

Jahresabschluss und Geschäftsbericht sind vom Vorstand **aufzustellen**, durch Abschlussprüfer zu prüfen (§ 316 Abs. 1 HGB) und dem Aufsichtsrat zur **Prüfung** vorzulegen (§§ 170 f. AktG).[136] Danach sind sie zum Handelsregister einzureichen und ggf. zusätzlich zu veröffentlichen (§ 325 HGB).

Da die Aufstellung und Veröffentlichung von Jahresabschlüssen nur sinnvoll ist, wenn die Einhaltung der bilanziellen Vorschriften überwacht wird, müssen Jahresabschluss und Geschäftsbericht von einem sachverständigen Prüfer (**Abschlussprüfer**) geprüft werden (§§ 316 ff. HGB). Die öffentlich bestellten Sachverständigen (Wirtschaftsprüfer und Wirtschaftsprüfungsgesellschaften) haben über das Ergebnis ihrer Prüfung einen **Prüfungsbericht** mit dem in § 321 Abs. 1 HGB vorgeschriebenen Inhalt zu erstatten, der von ihnen zu unterzeichnen und dem Vorstand der Aktiengesellschaft vorzulegen ist (§ 321 Abs. 3 HGB).

Als äußeres Zeichen der Prüfung und ihres Ergebnisses erteilen die Abschlussprüfer einen uneingeschränkten oder mit Einschränkungen versehenen **Bestätigungsvermerk** (§ 322 HGB). Bei schwerwiegenden Mängeln des Jahresabschlusses haben die Abschlussprüfer den Bestätigungsvermerk zu versagen (§ 322 Abs. 3 HGB).

---

[129] BGHZ 69, 334 (343); OLG Braunschweig ZIP 1996, 875 (877); *Hüffer*, AktG, § 312 Rn. 22; *Kropff*, ZHR 144 (1980), 74 (96 f.); ausführlich zum Abhängigkeitsbericht einer Aktiengesellschaft mit öffentlich-rechtlichem Anteilseigner *Harbarth*, S. 296 ff.
[130] *Hüffer*, AktG, § 312 Rn. 22; *Kropff*, ZHR 144 (1980), 74 (96 f.); *Schiessl*, ZGR 1998, 871 (880).
[131] Vgl. hierzu die Beispiele bei *Schiessl*, ZGR 1998, 871 (880 f.).
[132] BGHZ 135, 107 (114).
[133] *Hüffer*, AktG, § 170 Rn. 2
[134] Vgl. *Hüffer*, AktG, § 160 Rn. 2.
[135] Zum Begriff vgl. *Hüffer*, AktG, § 170 Rn. 2
[136] Zum Verhältnis von Abschlussprüfung und Prüfung durch den Aufsichtsrat siehe auch *Hüffer*, AktG, § 171 Rn. 5.

577 Durch die Verpflichtung zur **Einreichung** des mit dem Bestätigungsvermerk des Wirtschaftsprüfers oder mit dem Vermerk über dessen Versagung versehenen Jahresabschlusses zum Handelsregister des Gesellschaftssitzes (§ 325 Abs. 1 HGB) ist sichergestellt, dass ein eingeschränkter oder versagter Bestätigungsvermerk publik wird und von Interessenten berücksichtigt werden kann.

578 Der Prüfungsbericht des Abschlussprüfers wird grundsätzlich nicht veröffentlicht. Er steht nur dem Vorstand und dem Aufsichtsrat zur Verfügung. Daher sehen die Gemeindeordnungen die Verpflichtung zur **Übersendung** des Jahresabschlusses und des Prüfungsberichts **an die Kommune** vor.[137]

579 Da sich die **Aufgabe der Rechnungsprüfungsämter** auf die Überprüfung der Haushalts- und Wirtschaftsführung der Kommune beschränkt und somit nicht das Verhalten der Aktiengesellschaft selbst umfasst, erhalten diese von den Vorgängen in der Gesellschaft prinzipiell nur mittelbar Kenntnis. Hierfür stellt der **Bericht des Wirtschaftsprüfers** die wichtigste Unterlage dar.[138]

580 Daher ist durch die entsprechende Anwendung des § 53 HGrG[139] vorgeschrieben, dass eine Prüfung der **Ordnungsmäßigkeit der Geschäftsführung** durch den Abschlussprüfer erfolgen muss. Daher ist der Prüfungsauftrag bei einer kommunalen Aktiengesellschaft um die **Prüfung nach § 53 HGrG** zu erweitern.

581 Erst der geprüfte Jahresabschluss ist zusammen mit dem Geschäftsbericht und dem Prüfungsbericht vom Vorstand dem Aufsichtsrat vorzulegen und von diesem noch einmal zu prüfen. Billigt[140] der Aufsichtsrat den Jahresabschluss, so ist dieser festgestellt, sofern nicht Vorstand und Aufsichtsrat (ausnahmsweise) beschließen, die **Feststellung** der Hauptversammlung[141] zu überlassen (§ 172 AktG).

582 Die Beschlüsse des Vorstandes und des Aufsichtsrats sind in den Bericht des Aufsichtsrats an die Hauptversammlung aufzunehmen.[142] Die **Hauptversammlung** ist sodann vom Vorstand unverzüglich einzuberufen (§ 175 AktG).

583 Haben Vorstand und Aufsichtsrat den Jahresabschluss festgestellt, so hat die Hauptversammlung nur noch einen sehr **geringen Entscheidungsspielraum**.

584 Sie ist an den festgestellten Jahresabschluss gebunden (§ 174 Abs. 1 S. 2 AktG) und kann nach § 119 Abs. 1 Nr. 2 AktG nur noch über die **Verwendung des festgestellten Bilanzgewinns** entscheiden.[143] Dabei hat sie auch noch die gesetzlichen Vorgaben über die Einstellung eines Teils des Jahresüberschusses in eine **gesetzliche Rücklage** (§ 150 AktG) und in **zusätzliche Gewinnrücklagen** (§ 59 AktG) zu beachten.

---

[137] § 103 Abs. 1 Nr. 5 Buchst. c) GemO Baden-Württemberg, § 108 Abs. 2 S. 2 GemO Nordrhein-Westfalen, § 87 Abs. 3 GemO Rheinland-Pfalz, § 110 Abs. 1 Nr. 3 KSVG Saarland, § 9 KommunalprüfungsG Schleswig-Holstein, § 73 Abs. 1 Nr. 3 KommunalVerf. Mecklenburg-Vorpommern, § 96 Abs. 2 Nr. 7 GemO Sachsen, § 121 Abs. 1 Nr. 3 GemO Sachsen-Anhalt, nach § 124 Abs. 1 S. 3 GemO Niedersachsen ist der Prüfungsbericht der Kommunalaufsicht zu übersenden; in Bayern, Hessen, Brandenburg und Thüringen fehlen entsprechende Vorschriften.
[138] Ausführlich hierzu *Harbarth*, S. 393 ff.
[139] Die Anwendung des HGrG ergibt sich im kommunalen Bereich aus folgenden Vorschriften: § 103 Abs. 1 GemO Baden-Württemberg, Art. 94 GemO Bayern, § 123 GemO Hessen, § 112 GemO Nordrhein-Westfalen, § 124 GemO Niedersachsen, § 89 GemO Rheinland-Pfalz, § 111 KSVG Saarland, § 9 KommunalprüfungsG Schleswig-Holstein, § 105 GemO Brandenburg, § 73 Abs. 2 KommunalVerf. Mecklenburg-Vorpommern, § 96 Abs. 2 Nr. 1 GemO Sachsen, § 121 Abs. 1 Nr. 3 GemO Sachsen-Anhalt, § 75 Abs. 4 KommunalO Thüringen; vgl. auch *Mertens*, Der Gemeindehaushalt 1983, 104 (106); siehe auch unten Kapitel E. Rn. 163 ff.
[140] Vgl. auch *Hüffer*, AktG, § 172 Rn. 2 ff.
[141] Vgl. hierzu *Hüffer*, AktG, § 173 Rn. 1 ff.
[142] Zu den einzelnen Berichtspunkten siehe auch *Hüffer*, AktG, § 171 Rn. 13 ff.
[143] Vgl. hierzu *Hüffer*, AktG, § 58 Rn. 6 ff.

E. Rechnungs-, Berichts- und Prüfungswesen

Übersicht

	Rn.		Rn.
I. Einführung	1	a) Rechtsgrundlagen	111
II. Rechnungswesen	5	b) Inhalt	114
1. Begriff und Zweck des Rechnungswesens	5	c) Steuerungsrelevanz	117
2. Rechtsgrundlagen	9	4. Sonstige Berichte	118
3. Adressaten des Rechnungswesens	10	a) Jährliche Berichte	118
4. Planungsrechnung – Wirtschaftsplan und Finanzplanung	12	b) Unterjährige Berichte	120
5. Buchführung kommunaler Unternehmen	17	IV. Prüfungswesen	150
a) Grundlagen	17	1. Systematik	150
b) Inventur	20	2. Innenrevision	153
c) Grundsätze ordnungsgemäßer Buchführung nach HGB	23	a) Unterstützung der Leitungsorgane	153
		b) Begriff	155
d) Aufbewahrung von Geschäftsunterlagen	26	c) Aufgaben	158
6. Jahresabschluss und Lagebericht	29	3. Abschlussprüfung	159
a) Pflicht zur Aufstellung	29	a) Zweck und Rechtsgrundlagen	159
b) Gliederung	31	aa) Prüfung des Jahresabschlusses und des Lageberichts nach Handels- und Gesellschaftsrecht	160
c) Inhalt des Jahresabschlusses	35		
d) Lagebericht	37	bb) Erweiterte Abschlussprüfung nach § 53 HGrG	163
e) Anhang	39	(1) Prüfungsmaßstab	163
f) Ansatz und Bewertung der Vermögenswerte und Verpflichtungen im Jahresabschluss	41	(2) Einzelfragen des Anwendungsbereichs des § 53 HGrG	166
		cc) Überblick nach Unternehmensformen	169
g) Feststellung des Jahresabschlusses und Gewinnverwendung	45	b) Aufgaben der Abschlussprüfung	173
h) Offenlegung	49	c) Befreiung von der Abschlussprüfungspflicht	174
i) Konzernabschluss	51	d) Bestellung und Beauftragung des Abschlussprüfers	176
7. Rechnungslegung nach IAS/IFRS (und US-GAAP)	53	aa) Bestellung	176
a) Anwendbarkeit der IAS/IFRS	53	bb) Beauftragung	178
b) Effekte der Umstellung auf IAS/IFRS	55	e) Unabhängigkeit des Abschlussprüfers	183
c) Zeitschiene und Modalitäten für die Umstellung auf IFRS	57	f) Prüfungsfelder und Durchführung der Abschlussprüfung	186
8. Sonderfälle	64	g) Berichterstattung gemäß § 53 Abs. 1 HGrG	193
a) Sonderfall Krankenhäuser und Pflegeeinrichtungen	64	h) Management Letter	196
b) Sonderfall Strom- und Gasversorgung	65	i) Abschlussprüfungsbericht und Berichterstattung	197
9. Kosten- und Leistungsrechnung	66	j) Bestätigungsvermerk	200
a) Zweck der Kosten- und Leistungsrechnung	66	k) Grenzen der Abschlussprüfung	207
b) Begriffe	67	l) Haftung des Abschlussprüfers	208
c) Gliederung der Kosten- und Leistungsrechnung	69	4. Prüfung durch den Aufsichtsrat	210
		a) Prüfungspflicht des Aufsichtsrats	210
d) Gesetzliche Vorgaben	70	b) Aufsichtsrat und Abschlussprüfer	212
III. Berichtswesen	100	c) Übermittlung des Abschlussprüfungsberichts an die Aufsichtsratsmitglieder	213
1. Steuerungsrelevanz des Berichtswesens	100		
2. Beteiligungsverwaltung der Kommune	104	d) Auswertung des Jahresabschlusses, Bilanzanalyse	214
a) Aufgaben der Beteiligungsverwaltung	105	5. Rechnungsprüfung	221
		a) Allgemeines	221
b) Funktionsweise der Beteiligungsverwaltung	107	b) Örtliche und überörtliche Rechnungsprüfung	225
3. Kommunaler Beteiligungsbericht	111	c) Historische Entwicklung von Abschluss- und Rechnungsprüfung	227

E. Rechnungs-, Berichts- und Prüfungswesen

	Rn.		Rn.
d) Betätigungsprüfung	230	h) Haftung der Rechnungsprüfungsorgane	252
aa) Wesen	230	i) Prüfung der kommunalen Betätigung versus Prüfung der kommunalen Unternehmen – Notwendigkeit einer externen öffentlichen Finanzkontrolle in kommunalen Unternehmen	254
bb) Rechtsgrundlagen	231		
cc) Reichweite der Betätigungsprüfung	236		
dd) Prüfungsgegenstände	240		
ee) Prüfungsunterlagen	242		
e) Gesellschaftsvertragliche oder sonstige vertragliche Einräumung von Prüfungsrechten	244	6. Verhältnis von Abschluss- und Rechnungsprüfung	268
f) Verhältnis der Rechnungsprüfung zur Wahrnehmung gesellschaftsrechtlicher Informations-, Auskunfts- und Einsichtsrechte nach § 51 a GmbHG	245	a) Unterschiedlicher Ansatz von Abschluss- und Rechnungsprüfung	268
		b) Vor- und Nachteile von Abschluss- und Rechnungsprüfung	269
		7. Sonderfälle	272
g) Veröffentlichung der Prüfungsergebnisse in Bezug auf selbständige kommunale Unternehmen; Unterrichtung der Rechtsaufsichtsbehörde	249	Anhang: Überblick über die Rechtsgrundlagen der Flächenländer für die externe Prüfung kommunaler Unternehmen/bei kommunalen Unternehmen	277

Literatur: *Adler/Düring/Schmaltz*, Rechnungslegung und Prüfung der Unternehmen, 6. Aufl. 1995 ff.; *Bals*, Vorschläge und Hinweise zur inhaltlichen und formalen Gestaltung der Beteiligungsberichte der Kommunen (ohne Jahr; http://www.im.nrw.de/bue/doks/hinweise.beteiligungsberichte.pdf.); *Bärenz*, Haftung des Abschlussprüfers bei Bestätigung fehlerhafter Jahresabschlüsse gemäß § 323 Abs. 1 S. 3 HGB, BB 2003, 1781 ff.; *Baumbach/Hueck*, GmbHG, 17. Aufl. 2000; *Berger/Ellrott/Förschle/Hense*, Beck'scher Bilanzkommentar. Handels- und Steuerrecht, 5. Aufl. 2003; *Bormann/Gucht*, Übermittlung des Prüfungsberichts an den Aufsichtsrat – ein Beitrag zu § 170 Abs. 3 S. 2 AktG, BB 2003, 1887 ff.; Corporate Governance Kodex (http://www.corporate-governance-code.de/ger/kodex/index.html); Deutsches Rechnungslegungs Standards Committee (DRSC) vom 19.6.2003 (http://www.standardsetter.de/drsc/docs/press_releases/ifrs1.html); *Diller*, Aufgaben und Organisation einer Innenrevision im kommunalen Krankenhaus, Geschäftsbericht 2002 des Bayerischen Kommunalen Prüfungsverbandes, S. 66 (http://www.bkpv.de>Veröffentlichungen); *Fabry/Augsten* (Hrsg.), Handbuch der öffentlichen Unternehmen, 2002; *Fiebig*, Kommunale Rechnungsprüfung. Grundlagen – Aufgaben – Organisation, 3. Aufl. 2003; *Gampe/Iltgen*, Controlling kommunaler Beteiligungen unter Einbindung eines externen Dienstleisters, GemH 2004, S. 25 ff.; *Gaß*, Die Umwandlung gemeindlicher Unternehmen, Stuttgart u. a. 2003; *Geib/Gelhausen/Gelhausen*, WP-Handbuch 2000, Bd. I, 2000; GPA Baden-Württemberg, Geschäftsbericht 2002; *Haertle/Purzer*, Das Rechnungswesen der Krankenhäuser, Stand 31.7.2003; *Hahn*, Was bedeutet die Reform der Rechnungslegung der öffentlichen Verwaltung aus der Perspektive der kommunalen Unternehmen?, in Roedl & Partner, Newsletter Öffentliches Management, April 2003, S. 3 f. (http://www.roedl.de > Publikationen); Hessischer Rechnungshof, 10. Zusammenfassender Bericht 2001 (http://www.rechnungshof-hessen.de/upkk/pdf/10-bericht-upkk.pdf); *Hoffmann/Lüdenbach*, Bilanzrechtsreformgesetz – Seine Bedeutung für den Einzel- und Konzernabschluß der GmbH, GmbHR 2004, S. 145 ff.; *Hofmann*, Prüfungshandbuch, Praxisorientierter Leitfaden einer umfassenden Revisionskonzeption, Berlin 1990, S. 15; *Hoppe/Uechtritz* (Hrsg.), Handbuch Kommunale Unternehmen, 2004; IDW, Formulierungsvorschlag zur Unabhängigkeit des Abschlussprüfers, FN-IDW 2002, S. 755 f.; IDW, Prüfungsstandard: Die Beurteilung der Fortführung der Unternehmenstätigkeit im Rahmen der Abschlussprüfung (IDW PS 270), FN-IDW 2003, S. 315; IDW, Prüfungsstandard: Wesentlichkeit im Rahmen der Abschlussprüfung (IDW PS 250 – Stand 8.5.2003), WPg 2003, S. 944 ff.; IDW, Prüfungsstandard: Zur Aufdeckung von Unregelmäßigkeiten im Rahmen der Abschlussprüfung (PS 210), WPg 2003, S. 655 ff.; IDW, Stellungnahme vom 28.5.2003 zur Mitteilung der EU-Kommission: Stärkung der Abschlussprüfung in der EU, WPg 2003, S. 668 ff.; IDW, Stellungnahme zum Referentenentwurf des Bilanzrechtsreformgesetzes, FN-IDW 2004, S. 1 ff.; IDW, Stellungnahme zur Rechnungslegung: Aufstellung des Lageberichts (IDW RS HFA 1), WPg 1998, S. 653; *Janssen*, Holding und Organschaft: Bestandsaufnahme, Gestaltung, Perspektiven, Die Wirtschaftsprüfung, Sonderheft 2003; *Jöhnk/Mitschke/Uhlen* (PwC), Modell zur Steuerung und Kontrolle kommunaler Beteiligungen, (ohne Jahr) http://www.fbw.fh-hildesheim.de/main/profs/mitschke/docs/Beteiligungsmanagement_0902.pdf; *Kajüter*, Der Lagebericht als Instrument einer kapitalmarkt-

I. Einführung　　　　　　　　　　　　　　　　　　　　　　　　　　　1, 2　**E**

orientierten Rechnungslegung − Umfassende Reformen nach dem Entwurf zum BilReG und E-DRS 20 −, DB 2004, 197 ff.; *Krag/Mölls*, Rechnungslegung, 2001; *Küting/Dawo/Heiden*, Das Testat des Wirtschaftsprüfers im Internet − Internationale audit guidance als Vorbild einer künftigen deutschen Regelung?, JurPC Web-Dok. 25/2002, Abs. 63; *Kütting/Weber*, Handbuch der Rechnungslegung, Kommentar zur Bilanzierung und Prüfung, 4. Aufl. 1995; *Leffson*, Die Grundsätze ordnungsgemäßer Buchführung, 7. Aufl. 1987, S. 163 ff.; *Leisner*, Staatliche Rechnungsprüfung Privater unter besonderer Berücksichtigung der freien Wohlfahrtspflege, 1990; *Lenzen/Kleinert*, Referentenentwurf eines Gesetzes zur Kontrolle von Unternehmensabschlüssen (Bilanzkontrollgesetz) vom 8.12.2003, GmbHR 2004, R 49 f.; *Leßweng*, Einsatz von Business Intelligence Tools (BIT) im betrieblichen Berichtswesen, Controlling 2004, S. 41 ff.; *Lutter/Krieger*, Rechte und Pflichten des Aufsichtsrats, 4. Aufl. 2002; *Marx*, Unabhängige Abschlussprüfung und Beratung, 2001; *Meyer*, Grundlagen und Reichweite der Einrichtungs- und der Betätigungsprüfung nach dem Gesetz zur Regelung der überörtlichen Prüfung kommunaler Körperschaften in Hessen (ÜPKKG), 1995 (http://www.rechnungshof-hessen.de/upkk/index.htm); *Meyer*, Der Regierungsentwurf des Bilanzrechtsreformgesetzes (BilReG): Wichtige Neuerungen in der externen Rechnungslegung, DStR 2004, 971 ff.; Modellprojekt „Doppischer Kommunalhaushalt in NW" (Hrsg.), 2. Aufl. 2003; *Och/Wager*, Betriebswirtschaftslehre in der öffentlichen Verwaltung, herausgegeben von der Bayerischen Verwaltungsschule, 2003; *Peemöller/Oehler*, Regierungsentwurf des BilReG: Änderungen gegenüber dem Referentenentwurf, BB 2004, 1158 ff.; *Pfitzer/Orth/Hettich*, Stärkung der Unabhängigkeit des Abschlussprüfers? Kritische Würdigung des Referentenentwurfs zum Bilanzrechtsreformgesetz, DStR 2004, 328 ff.; *Püttner*, Zur Frage der zu empfehlenden Rechtsform für kommunale Unternehmen in Bayern unter den heute gegebenen Rahmenbedingungen, Anlage zum VKU-Nachrichtendienst Juli 1999; Rechnungshof Rheinland-Pfalz, Kommunalbericht 1999 TZ 4, S. 3 ff. (http://www.rechnungshof-rlp.de/Kommunalberichte/Kommunalbericht_1999/KB_TZ04_1999.pdf); *Reindl*, Rechnungslegung nach IAS/IFRS − Pflicht oder Kür?, GmbHR 2003, R 181 f.; *Schreml/Westner* u.a., Kommunales Haushalts- und Wirtschaftsrecht in Bayern, Stand April 2004; *Schruff*, Zur Aufdeckung von Top-Management-Fraud durch den Wirtschaftsprüfer im Rahmen der Jahresabschlussprüfung, WPg 2003, S. 901 ff.; *Strobel*, Der Beteiligungsbericht als Informationsinstrument des Gemeinderats, DÖV 2004, 477 ff.; *Theile*, Erstmalige Anwendung der IAS/IFRS, DB 2003, S. 1745 ff.; *Tomerius/Breitkreuz*, Selbstverwaltungsrecht und „Selbstverwaltungspflicht", DVBl 2003, 426 ff.; *Trapp/Bolay*, Privatisierung in Kommunen − eine Auswertung kommunaler Beteiligungsberichte, Deutsches Institut für Urbanistik, 2003; *v. Mutius/Groth*, Amtshaftung bei fehlerhafter kommunalaufsichtsbehördlicher Genehmigung privatrechtlicher Rechtsgeschäfte, NJW 2003, 1278 ff.; Verband der Netzbetreiber (VDN) (Hrsg.), EEG-Verfahrensbeschreibung (Stand 1.1.2003 − http://www.vdn-berlin.de/global/downloads/Netz-Themen/eeg/EEG_Verfahrensbeschreibung.pdf); Verband der Netzbetreiber (VDN) (Hrsg.), Verfahrensbeschreibung zur Umsetzung des Gesetzes für die Erhaltung, die Modernisierung und den Ausbau der Kraft-Wärme-Kopplung (Kraft-Wärme-Kopplungsgesetz) vom 1. April 2002 durch die Netzbetreiber (Stand 7.11.2002 aktualisiert 1.3.2004) − http://www.vdn-berlin.de/global/downloads/Netz-Themen/KWKG/KWKG_Verfahrensbeschreibung.pdf); *Wager*, Bilanz/Gewinn- und Verlustrechnung der Eigenbetriebe und Kommunalunternehmen, 2. Aufl. 200219; *Wambach*, in Roedl & Partner, Newsletter Öffentliches Management, April 2003, S. 1 (http//:www.roedl.de > Publikationen); *Widtmann/Grasser*, Bayerische Gemeindeordnung, Stand Oktober 2003; *Zeitler*, Rechnungslegung und Rechtsstaat − Übernahme der IAS oder Reform des HGB? −, DB 2003, 1529 ff.

I. Einführung

Die Zusammenfassung von Rechnungs-, Berichts- und Prüfungswesen in einem eigenen Abschnitt verdeutlicht, dass sich alle drei Bereiche thematisch unter einem einzigen Bezug fassen lassen, dem der **Steuerungsrelevanz**. Rechnungs- und Berichtswesen liefern die für die Steuerung des Unternehmens notwendigen Informationen. Art und Weise dieser Informationsgewinnung sowie daraus abgeleitete Steuerungsmaßnahmen untersuchen (interne und externe) Prüfungsorgane, die darüber hinaus auch selbst Steuerungsmaßnahmen empfehlen.　　　　　　　　　　　　　　　　　　　　　　　　　1

Die Steuerung kommunaler Unternehmen ist nicht lediglich eine unternehmensinterne Angelegenheit. Denn kommunale Unternehmen erfüllen im Grunde **öffentliche**　　2

Aufgaben mit öffentlichen Geldern. Mittels Ausgliederungen dürfen Kommunen sich nicht ihrer Verantwortung entledigen. Nach neuerer Auffassung gewährleistet Art. 28 Abs. 2 GG den Kommunen nicht nur das Recht zur Selbstverwaltung ihrer eigenen Angelegenheiten, sondern es trifft sie auch eine Pflicht hierzu, also eine verfassungsrechtlich abgeleitete Pflicht zur eigenverantwortlichen Entscheidung über ihre weitere Entwicklung.[1] Vor dem Hintergrund des ungebrochenen Trends zur Ausgliederung und Privatisierung öffentlicher Aufgaben muss eine Kommune deshalb ihre aus wirtschaftlichen oder organisatorischen Gründen getroffenen Entscheidungen, bestimmte Aufgaben auf (in Teilen selbständige) Eigenbetriebe oder rechtlich selbständige Unternehmen zu übertragen, mittels satzungsmäßiger, vertraglicher und organisatorischer Vorkehrungen absichern, die gewährleisten, dass sie für die Aufgabenerfüllung wesentliche Fragen in diesen Unternehmen steuernd beeinflussen und Entwicklungen im kommunalen Interesse korrigier- und notfalls umkehrbar halten kann. Das Verselbständigen kommunaler Aufgabenerfüllung in eigenständigen Unternehmen dünnt die durch Wahlen den kommunalen Mandatsträgern vermittelte demokratische Legitimation aus. Dem muss eine Kommune mittels Steuerung ihrer Unternehmen entgegenwirken. Die notwendige **Steuerung** kommunaler Unternehmen umfasst auch und gerade ihre **Lenkung** und **Kontrolle**.[2] Geeignete Instrumente, welche die steuernde Einflussnahme der gewählten öffentlichen Mandatsträger sichern können, sind insbesondere die Einführung von **Berichtspflichten** und die Einräumung und das Wahrnehmen von **Prüfungsrechten**. Beide Bereiche werden neben dem **Rechnungswesen** als Grundlage unternehmensbezogener Informationen im Folgenden näher erläutert. Dazu muss betont werden, dass öffentliche Mandatsträger, die in Gremien kommunaler Unternehmen (Überwachungs)Aufgaben wahrnehmen, ohne ein Mindestmaß an betriebswirtschaftlichen Kenntnissen nicht auskommen.

3 Dass kommunale Unternehmen in der Regel nur zur Erfüllung eines **öffentlichen Zwecks** errichtet werden dürfen und im Grunde öffentliche Aufgaben erfüllen, was die Gewinnerzielung als alleinigen Unternehmenszweck ausschließt, bedeutet weiter, dass eine allein unternehmensbezogene Betrachtung mittels gängiger betriebswirtschaftlicher Instrumentarien nicht ausreicht, um beurteilen zu können, ob die spezifischen kommunalrechtlichen Vorgaben beachtet werden. Der Erfolg kommunaler Unternehmen und die Tätigkeit ihrer Organe werden nicht daran gemessen, ob es gelingt, den Unternehmensgewinn zu maximieren, sondern am Maß der Erfüllung des öffentlichen Zwecks und damit letztlich an der **Gemeinwohlausrichtung**. Entscheidend sind damit die wohlverstandenen Interessen der hinter einem kommunalen Unternehmen stehenden Kommune (vgl. Kapitel D Rn. 131).

4 Bundes- und Landesgesetzgeber haben versucht, dieser besonderen Stellung kommunaler Unternehmen Rechnung zu tragen. Allerdings führen der Vorrang der Gesetzgebungskompetenz des Bundes für das Gesellschaftsrecht (Art. 74 Nr. 11 GG i.V. m. Art. 31 GG), die Gesetzgebungskompetenz der Länder für das Kommunalrecht, die Vielzahl der den Kommunen zur Verfügung gestellten Formen unternehmerischer Betätigung sowie branchenspezifische Besonderheiten dazu, dass sich ein **einheitliches Bild** des Rechnungs-, Berichts- und Prüfungswesens kommunaler Unternehmen **nicht** zeichnen lässt. Im Folgenden soll versucht werden, wenigstens einen Überblick zu geben, wobei ein gewisser Schwerpunkt auf die Regelung in Bayern gelegt wird.[3]

---

[1] *Tomerius/Breitkreuz*, Selbstverwaltungsrecht und „Selbstverwaltungspflicht", DVBl 2003, 426 ff.
[2] *Tomerius/Breitkreuz* (Rn. 2), S. 431.
[3] Soweit Kommunalgesetze der Länder zitiert werden, sind der Gesetzesbezeichnung die im Bundesrat gebräuchlichen Abkürzungen angefügt (BW = Baden-Württemberg, BY = Bayern, BB = Brandenburg, HE = Hessen, MV = Mecklenburg-Vorpommern, NI = Niedersachsen, NW = Nordrhein-Westfalen, RP = Rheinland-Pfalz, SL = Saarland, SN = Sachsen, ST = Sachsen-Anhalt, SH = Schleswig-Holstein, TH = Thüringen).
Die angegebenen Internet-Adressen wurden am 12. 8. 2004 gesichtet.

II. Rechnungswesen

1. Begriff und Zweck des Rechnungswesens

Unter dem **Rechnungswesen** eines Unternehmens versteht man die systematische Erfassung, Überwachung und Auswertung der in Wert- oder Mengengrößen vorliegenden und ermittelbaren Vorgänge.[4]

Das betriebliche Rechnungswesen dient unternehmensbezogen einem vierfachen Zweck.[5] Zunächst erfasst es mit der **Buchführung** als Grundlage des Rechnungswesens chronologisch die tatsächlich eingetretenen Sachverhalte in zeitlicher und sachlicher Weise (Dokumentationsfunktion). Diese werden mittels der sog. **Kostenrechnung** verursachungsgerecht den Kostenstellen und -trägern zugeordnet sowie ausgewertet. Das Erstellen von **Jahres-** und ggf. **Zwischenabschlüssen** (Bilanzierung) dient der Rechenschaftslegung, dem Vergleich mit anderen Unternehmen und der Informationsgewinnung. Das Rechnungswesen stellt damit der Leitung des Unternehmens die Daten zur Verfügung, auf deren Grundlage sie **unternehmerische (steuernde) Entscheidungen** treffen und jeweils vor Beginn eines jeden Wirtschaftsjahres den **Wirtschaftsplan** aufstellen kann. Das Rechnungswesen spielt danach eine zentrale Rolle für die Unternehmensführung.[6]

Daneben lassen sich aus dem Rechnungswesen auch die für **Externe**, vor allem Gesellschafter und Gläubiger des Unternehmens, wichtigen Informationen (etwa für ein Rating) gewinnen.

In diesem Zusammenhang ist auch auf die derzeit laufende Reform des Rechnungswesens der Kommunen hinzuweisen, die trotz der möglichen Schärfung der Kameralistik zur sog. erweiterten Kameralistik einen Trend hin zum kaufmännischen Rechnungswesen (häufig als **Doppik** oder „**Neues Kommunales Finanzwesen – NKF**" bezeichnet) erkennen lässt.[7] U.a. Niedersachsen und Nordrhein-Westfalen haben sich bei den Kommunen für das kaufmännische Rechnungswesen entschieden. Auf lange Sicht dürfte aber auch in den Ländern, die (wohl) ein Wahlrecht zwischen erweiterter Kameralistik und Doppik vorsehen werden (z. B. Baden-Württemberg, Bayern, Sachsen), ein die Vergleichbarkeit von Kommunen erschwerendes, letztlich aufwendiges Nebeneinander zweier Buchungssysteme nicht haltbar sein. Das kaufmännische Rechnungswesen dürfte allein wegen seiner Verbreitung im Unternehmensbereich beste Chancen haben, sich durchzusetzen. Für kommunale Unternehmen bietet ihre Vertrautheit mit dem kaufmännischen Rechnungswesen zum einen die Chance, ihre Kommunen beim Umstellungsprozess und danach als Dienstleister zu begleiten und zu unterstützen. Zum andern wird die Bewertung des kommunalen Unternehmens als Beteiligung in der Eröffnungsbilanz der Kommune eine nicht zu vernachlässigende Rolle spielen und die Beteiligungsverwaltung und -steuerung werden wegen der Annäherung der Systeme der Rechnungslegung in Kernverwaltung und Unternehmen erleichtert.[8]

---

[4] *Och/Wager*, Betriebswirtschaftslehre in der öffentlichen Verwaltung, herausgegeben von der Bayerischen Verwaltungsschule, S. 174.

[5] Siehe auch *Dengler*, Wirtschaftsführung, Rechnungswesen und Prüfung von Unternehmen der öffentlichen Hand, Rn. 24, in: *Fabry/Augsten* (Hrsg.), Handbuch der öffentlichen Unternehmen.

[6] *Wambach*, in: *Roedl & Partner*, Newsletter Öffentliches Management, April 2003, S. 1 (http//:www.roedl.de > Publikationen).

[7] Vgl. Beschluss der Innenministerkonferenz vom 24.11.2000, „Eckpunkte für die Reform des kameralistischen Haushalts- und Rechnungssystems der Kommunen" und „Eckpunkte für ein doppisches Haushaltsrecht", GemH 2001, S.112 ff.; Beschluss der Innenministerkonferenz vom 20./21.11.2003, KKZ 2004, S. 12.

[8] Vgl. *Hahn*, Was bedeutet die Reform der Rechnungslegung der öffentlichen Verwaltung aus der Perspektive der kommunalen Unternehmen?, in: *Roedl & Partner*, Newsletter Öffentliches Management, April 2003, S. 3 f. (http://www.roedl.de > Publikationen).

2. Rechtsgrundlagen

9   Maßgeblich für das Rechnungswesen juristisch verselbständigter kommunaler **Unternehmen in Privatrechtsform** sind in erster Linie die Bestimmungen des HGB, wobei nach kommunalrechtlichen Vorgaben regelmäßig die Vorschriften für große Kapitalgesellschaften im Dritten Buch des HGB anzuwenden sind (z. B. Art. 94 Abs. 1 Satz 1 Nr. 2 GO BY), so dass die für kleine und mittelgroße Kapitalgesellschaften (zum Begriff siehe § 267 HGB) und Personengesellschaften eingeräumten Bilanzierungs- und Bewertungserleichterungen nicht zum Tragen kommen.[9] Zudem ist es möglich, gesellschaftsvertraglich die Anwendung haushaltsrechtlicher Bestimmungen aus dem kommunalen oder sonstigen öffentlich-rechtlichen Bereich zu vereinbaren. Bei **öffentlich-rechtlichen Rechtsformen** (Eigenbetriebe, Kommunalunternehmen) wird ebenfalls regelmäßig auf die Vorschriften für Große Kapitalgesellschaften im Dritten Buch des HGB verwiesen (z. B. § 18 Abs. 2 Eigenbetriebsverordnung – EBV – BY, § 20 Abs. 2 Verordnung über Kommunalunternehmen – KUV – BY, § 5 Abs. 2 EigVO ST), wobei (regelmäßig strengere) landesrechtliche Sonderregelungen in den jeweiligen Eigenbetriebsgesetzen- oder -verordnungen sowie Verordnungen über Kommunalunternehmen Vorrang haben (§ 263 HGB). Die besonderen landesrechtlichen Vorschriften zielen vor allem darauf ab, die Information der hinter dem Unternehmen stehenden Kommune zu verbessern und ihr Kontrolle, Prüfung und Steuerung des Unternehmens zu erleichtern.[10]

3. Adressaten des Rechnungswesens

10 Die verschiedenen Teilbereiche des Rechnungswesens im weiteren Sinn (Buchführung und Bilanzierung, Kosten- und Leistungsrechnung, Planungsrechnung, betriebliche Statistik) können danach, an wen sich die jeweils gewonnenen Informationen richten, in **internes** und **externes Rechnungswesen** unterschieden werden. Das interne Rechnungswesen wendet sich mit den Ergebnissen der Kosten- und Leistungsrechnung, der Planungsrechnung und der betrieblichen Statistik an die Entscheidungsträger des Unternehmens, während das externe Rechnungswesen daneben auch für die Gesellschafter, die Gläubiger, den Fiskus, die Konkurrenz und allgemein die Öffentlichkeit Informationen bereithält.[11] Sie werden mittels der Veröffentlichung des Jahresabschlusses und bei Kapitalgesellschaften des Lageberichts erreicht.

11 Während selbständige kommunale Unternehmen in Privatrechtsform selbst den Aufbau des internen Rechnungswesens bestimmen können, unterliegen sie hinsichtlich des externen Rechnungswesens im Interesse des Schutzes der außenstehenden Adressaten gesetzlichen Bindungen (§§ 238–342 HGB). Dabei sind im Bereich der externen Rechnungslegung internationale Bestrebungen erkennbar, die Vorschriften zu harmonisieren.

4. Planungsrechnung – Wirtschaftsplan und Finanzplanung

12 Nicht eigentlich Teil des Rechnungswesens kommunaler Unternehmen sind **Wirtschaftsplan** und **Finanzplanung**. Da diese Instrumente aber als Planungsrechnungen dazu dienen, die Überwachung und Steuerung kommunaler Unternehmen zu erleichtern, sollen sie hier vorgestellt werden.

13 Bei Eigenbetrieben als kommunalen Sondervermögen und bei Kommunalunternehmen nimmt der für jedes Wirtschaftsjahr zu erstellende **Wirtschaftsplan**, über den die zuständigen kommunalen Gremien zu beschließen haben, die Stelle des Haushaltsplans ein,

---

[9] Zur Rechnungslegung siehe allgemein z. B. *Adler/Düring/Schmaltz*, Rechnungslegung und Prüfung der Unternehmen; *Berger/Ellrott/Förschle/Hense*, Beck'scher Bilanzkommentar. Handels- und Steuerrecht; *Kütting/Weber*, Handbuch der Rechnungslegung, Kommentar zur Bilanzierung und Prüfung; *Krag/Mölls*, Rechnungslegung.
[10] Vgl. *Och/Wager* (Rn. 5), S. 180.
[11] *Krag/Mölls* (Rn. 9), S. 3 f.

mit dem er abzustimmen ist (vgl. § 2 Abs. 2 Nr. 5 KommHV BY); eine **fünfjährige Finanzplanung** ergänzt ihn (vgl. z. B. §§ 14 ff. EBG BW, §§ 13, 17 EBV BY, §§ 16, 19 KUV BY, §§ 1 ff. EigVO ST). Die Kommunalgesetze der Länder schreiben außerdem regelmäßig vor, dass kommunale Unternehmen in Privatrechtsform in sinngemäßer Anwendung der für Eigenbetriebe geltenden Vorschriften für jedes Jahr einen Wirtschaftsplan und eine fünfjährige Finanzplanung aufzustellen haben (z. B. § 103 Abs. 1 Satz 1 Nr. 5 Buchst. a) GemO BW, Art. 94 Abs. 1 Satz 1 Nr. 1 GO BY, § 108 Abs. 2 Satz 1 Nr. 1 Buchst. a) und b) GO NW, § 87 Abs. 1 Satz 1 Nr. 7 Buchst. a) GemO RP). Eine jährliche Wirtschaftsplanung und eine mittelfristige Finanzplanung sind bereits aus betriebswirtschaftlichen Gründen notwendig; die **sinngemäße Anwendung** der Vorschriften des Eigenbetriebsrechts beinhaltet jedoch einen gewissen Spielraum bei der Ausgestaltung der Planungsrechnung.

Der Wirtschaftsplan untergliedert sich in **Erfolgsplan**, **Vermögensplan** und **Stellenplan**. Oft enthält er auch Aufstellungen genehmigungspflichtiger Kreditaufnahmen und Verpflichtungsermächtigungen. **14**

Der (mindestens) wie die Gewinn- und Verlustrechnung zu gliedernde **Erfolgsplan** enthält alle voraussehbaren Erträge und Aufwendungen des Wirtschaftsjahres. Der in Einnahmen und Ausgaben ausgeglichene (vgl. § 15 Abs. 1 Nr. 2 EBG BW, § 13 Abs. 2 Nr. 2 EBV BY) **Vermögensplan** stellt die voraussehbaren Vermögensänderungen und die dafür verwendeten Finanzierungsmittel dar. Der **Stellenplan** weist die im Wirtschaftsjahr notwendigen Stellen für Beschäftigte aus. Bei wesentlichen Änderungen ist der Wirtschaftsplan unterjährig zu ändern (vgl. § 15 EBG BW, § 13 Abs. 2 EBV BY). **15**

Die **mehrjährige Finanzplanung**, die letztlich auf Art. 109 Abs. 3 GG fußt, soll einen Überblick über künftige Ausgaben und ihre Finanzierung geben. Eine wesentliche Rolle spielen daher der **Investitions-** und der **Kredittilgungsplan**. **16**

5. Buchführung kommunaler Unternehmen

a) Grundlagen

Die **Buchführung** erfasst in zeitlicher Reihenfolge systematisch und vollständig die in einer Periode angefallenen Geschäftsvorfälle und ist damit die Basis für die am Ende der Periode aufzustellende Bilanz und die Gewinn- und Verlustrechnung. Ihre handelsrechtlichen Vorgaben enthalten die §§ 238 bis 263 HGB. Ein sachverständiger Dritter muss sich anhand der Buchhaltung in angemessener Zeit einen Überblick über die Geschäftsvorfälle und die wirtschaftliche Lage des Unternehmens verschaffen können. Die Pflicht zur Buchführung, die mit der Unternehmensgründung beginnt, endet mit dem Untergang des Unternehmens (z. B. durch Verschmelzung). **17**

Im Rechnungswesen der Eigenbetriebe (und der nach Eigenbetriebsrecht geführten Regiebetriebe – vgl. z. B. Art. 88 Abs. 6 GO BY), der Kommunalunternehmen und der Gesellschaften in Rechtsformen des Privatrechts findet die **doppelte kaufmännische Buchführung** Verwendung. Anders als der (herkömmlichen, nicht erweiterten) Kameralistik, bei der es sehr vereinfacht ausgedrückt darum geht, ob die tatsächlichen Einnahmen die tatsächlichen Ausgaben decken und der Haushaltsplan vollzogen wurde, geht es der kaufmännischen Buchführung insbesondere um die Ermittlung von Gewinn und Verlust, den Verbrauch von Ressourcen und die Erfassung des Vermögens zum aktuellen Wert. **18**

Gemäß § 238 Abs. 1 HGB unterliegen der **Buchführungspflicht** grundsätzlich alle Kaufleute (§§ 1 ff. HGB), also insbesondere auch Kapitalgesellschaften als Formkaufleute (§ 6 Abs. 1 HGB). § 140 AO übernimmt die handelsrechtliche Buchführungspflicht in das Steuerrecht. Für Eigenbetriebe und Kommunalunternehmen sind zusätzlich landesrechtliche Regelungen zu beachten (z. B. § 18 Abs. 1 und 2 EBV BY, § 20 Abs. 2 KUV BY). **19**

b) Inventur

Zum Gründungszeitpunkt und für den Schluss eines jeden Geschäftsjahres muss nach § 240 HGB ein Verzeichnis (**Inventar**) aufgestellt werden, das alle zum Unternehmen ge- **20** hörenden Gegenstände und Schulden erfasst und bewertet, wobei ggf. unter Beachtung des Grundsatzes der Vorsicht zu schätzen ist (zur Anwendung auf Eigenbetriebe und Kommunalunternehmen vgl. z. B. § 18 Abs. 2 EBV BY, § 20 Abs. 2 KUV BY). Das Inventar ist Grundlage für den Jahresabschluss. Der Vorgang der Bestandsaufnahme wird als **Inventur** bezeichnet.

21 Zu den **Grundsätzen ordnungsgemäßer Inventur (GoI)** zählen:[12]
- Grundsatz der Vollständigkeit
  Alle dem Unternehmen rechtlich und/oder wirtschaftlich zuordenbare Vermögensgegenstände (verkehrsfähige Sachen und Rechte) und Schulden sind einschließlich der Risiken zu erfassen. Auch auf den sog. Erinnerungswert abgeschriebene Gegenstände sind in das Inventar aufzunehmen. Eine Ausnahme besteht für sog. geringwertige Wirtschaftsgüter des Anlagevermögens.
- Grundsatz der Einzelerfassung und -bewertung
  Jeder Vermögensgegenstand und jede Schuld sind grundsätzlich für sich zu erfassen und zu bewerten. Dieser Grundsatz wird durchbrochen, wenn der damit verbundene Aufwand wirtschaftlich nicht vertretbar ist (z. B. Inventurvereinfachungsverfahren nach § 240 Abs. 3 und 4 HGB, § 241 Abs. 1 HGB, Sammelbewertungsverfahren bei gleichartigen Gegenständen des Vorratsvermögens nach § 256 HGB).
- Grundsatz der Richtigkeit und Willkürfreiheit
  Vermögensgegenstände und Schulden sind nach Art, Menge und Wert richtig zu erfassen. Schätzungen müssen sachgerecht sein.
- Grundsatz der Nachprüfbarkeit
  Ein sachverständiger Dritter muss die im Inventar ausgewiesenen Bestände nachvollziehen können.
- Grundsatz der Klarheit
  Das Inventar ist verständlich und übersichtlich zu gestalten, um die Nachprüfbarkeit zu gewährleisten.

22 Als **Inventurverfahren** können die **Stichtagsinventur** zum Bilanzstichtag, die **ausgeweitete Stichtagsinventur** mit Bestandsaufnahme innerhalb von zehn Tagen vor oder nach dem Bilanzstichtag, die **vor- oder nachgelagerte Stichtagsinventur** mit Bestandsaufnahme an einem Tag innerhalb der letzten drei Monate vor oder innerhalb der ersten beiden Monate nach dem Bilanzstichtag (mit Fort- oder Rückschreibung der Bestände), die **permanente Inventur** mit Bestandsaufnahme an einem beliebigen Stichtag zwischen zwei Bilanzstichtagen (und Fortschreibung der Bestände) und die **Stichprobeninventur** unterschieden werden. Neben der vollständigen Inventur lässt § 241 Abs. 1 HGB die Stichprobeninventur bei Vermögensgegenständen, nicht aber bei Schulden, auf der Grundlage mathematisch-statistischer Verfahren zu. Dabei entspricht es den Grundsätzen ordnungsgemäßer Buchführung noch, wenn der maximale Stichprobenfehler bei einer Aussagegenauigkeit von 95 % bei 1 % liegt.[13]

c) Grundsätze ordnungsmäßiger Buchführung nach HGB

23 § 238 Abs. 1 HGB bestimmt, dass die Bücher nach den **Grundsätzen ordnungsmäßiger Buchführung (GoB)** zu führen sind (für Eigenbetriebe und Kommunalunternehmen vgl. die entsprechenden Verweise, z. B. § 18 Abs. 2 EBV BY, § 20 Abs. 2 KUV BY, § 5 EigVO ST). Auch an anderen Stellen nimmt das Gesetz auf die GoB Bezug (z. B. § 243 Abs. 1, § 264 Abs. 2 HGB, § 5 Abs. 1 EStG), ohne sie abschließend zu definieren. Die Buchführung ist danach ordnungsgemäß, wenn sich ein sachverständiger Dritter innerhalb angemessener Zeit aus den Aufzeichnungen einen Überblick über die Geschäftsvorfälle machen kann. Der unbestimmte Rechtsbegriff der GoB bedarf der inhaltlichen Konkretisierung im Sinn von Mindestanforderungen an Inhalt und Form der Bücher,

---

[12] *Krag/Mölls* (Rn. 9), S. 20; Beck'scher Bilanzkommentar (Rn. 9), § 240 HGB Anm. 17 ff.
[13] *Krag/Mölls* (Rn. 9), S. 24 m. w. N.

wobei insbesondere Gesetz, Rechtsprechung, Fachliteratur, Verfahrensweise ordentlicher Kaufleute und Äußerungen von Fachverbänden (z. B. Institut der Wirtschaftsprüfer – IDW) heranzuziehen sind.[14]

Die systematische Einteilung der GoB, etwa nach GoB im engeren und weiteren Sinn, nach Elementar- und abgeleiteten Grundsätzen, nach Dokumentations- und Rechenschaftsgrundsätzen, nach formellen und materiellen Grundsätzen, nimmt im Schrifttum breiten Raum ein.[15] Auch die GoI (Rn. 21), die **Grundsätze ordnungsmäßiger Bilanzierung** (**GoBB** – siehe auch Rn. 41 ff.) und die **Grundsätze ordnungsgemäßer DV-gestützter Buchführungssysteme** (**GoBS**)[16] rechnen zu den GoB. Weil die systematische Einteilung für die Praxis nicht entscheidend ist, wird hier nicht weiter darauf eingegangen.

Zu den GoB gehören insbesondere:
- Grundsatz der Klarheit und Übersichtlichkeit
  Für kommunale Unternehmen empfiehlt sich die Anwendung bestimmter Kontenpläne, wie sie von verschiedenen Verbänden herausgegeben werden.
- Grundsatz der Vollständigkeit (einschließlich des Ausschlusses von Doppelerfassungen)
- Grundsatz der Richtigkeit und Willkürfreiheit
- Grundsatz der Nachprüfbarkeit (§ 238 Abs. 1 Satz 2 HGB)
- Grundsatz der Belegbarkeit
- Grundsatz der zeitnahen Verbuchung von Geschäftsvorfällen (Zeitgerechtigkeit)
- Verwendung einer lebenden Sprache
- Erkennbarkeit nachträglicher (notwendiger) Änderungen (§ 239 Abs. 3 HGB)
- Installieren eines internen Kontrollsystems
- Geordnete Aufbewahrung von Geschäftsunterlagen (dazu Rn. 26 ff.)
- Grundsatz der Bewertungsstetigkeit/Bilanzidentität
- Grundsatz der Einzelbewertung
- Stichtagsprinzip
- Vorsichtsprinzip
  Die sich aus der Tätigkeit des Unternehmens ergebenden Chancen und Risiken sind vorsichtig, also zurückhaltend zu bewerten. Das Vorsichtsprinzip ist mit das zentrale Prinzip der GoB (vgl. auch Rn. 43, 55 f.).
- Realisationsprinzip
  Gewinne sind danach nur zu erfassen, wenn sie zum Abschlussstichtag realisiert sind.
- Imparitätsprinzip
  Am Abschlussstichtag bestehende Verluste müssen erfasst werden, auch wenn sie noch nicht realisiert wurden.
- Anschaffungskostenprinzip
- Herstellungskostenprinzip
- Periodengerechte Zuordnung von Einnahmen und Ausgaben

d) Aufbewahrung von Geschäftsunterlagen

Die Pflicht zur **Aufbewahrung von Geschäftsunterlagen** bestimmt sich bei kommunalen Gesellschaften – wie für alle Kaufleute – nach § 257 HGB. Danach sind Jahresabschlüsse, Lageberichte, Eröffnungsbilanzen, Handelsbücher, Inventare, Buchungsbelege sowie die zu ihrem Verständnis erforderlichen Arbeitsanweisungen und sonstigen Organisationsunterlagen zehn Jahre aufzubewahren; Handelsbriefe sind sechs Jahre aufzubewahren (§ 257 Abs. 4 HGB). Die Frist beginnt mit dem Schluss des Kalenderjahres, in dem die letzte Eintragung in das Handelsbuch gemacht, das Inventar aufgestellt, die Eröffnungsbilanz oder der Jahresabschluss festgestellt, der Buchungsbeleg entstanden, der Handelsbrief empfangen oder abgesandt worden ist (§ 257 Abs. 5 HGB).

---

[14] *Dengler* (Rn. 6), Rn. 39.
[15] Vgl. *Krag/Mölls* (Rn. 9), S. 29 ff.; *Leffson*, Die Grundsätze ordnungsgemäßer Buchführung, S. 163 ff.
[16] BMF-Schreiben vom 7. 11. 1995 – IVA8-S0316-52/95 –, veröffentlicht in DB 1996 Beilage Nr. 2.

27 Die Unterlagen sind geordnet aufzubewahren (§ 257 Abs. 1 HGB, § 147 Abs. 1 AO). Jahresabschlüsse und Eröffnungsbilanz sind ausgedruckt aufzubewahren, während das Gesetz für sonstige Unterlagen das Aufbewahren auf Bildträgern oder anderen Datenträgern zulässt (§ 257 Abs. 3 HGB, § 147 Abs. 2 AO). Während der Dauer der Aufbewahrungsfrist muss sichergestellt sein, dass die Wiedergabe oder die Daten mit den Originalen bildlich (Handelsbriefe und Buchungsbelege) und inhaltlich (sonstige Unterlagen) übereinstimmen, verfügbar sind und lesbar gemacht werden können.

28 Für Eigenbetriebe und Kommunalunternehmen gelten vorrangig die landesspezifischen Regelungen. So schreiben § 82 Abs. 2 Satz 1 KommHV BY i.V. m. § 10 Abs. 1, § 18 Abs. 2 EBV BY vor, dass Jahresabschlüsse und Eröffnungsbilanzen dauernd aufzubewahren sind. Andere Unterlagen als Jahresabschlüsse und Eröffnungsbilanzen können z.T. erst nach Abschluss der überörtlichen Prüfung auf Bildträgern oder anderen Datenträgern aufbewahrt werden (§ 82 Abs. 3 KommHV BY). Für Kommunalunternehmen verweist z. B. § 20 Abs. 2 KUV BY auf die Vorschriften des HGB.

6. Jahresabschluss und Lagebericht

a) Pflicht zur Aufstellung

29 Aus der Buchführung (§§ 238 f. HGB) und dem Inventar (§§ 240 f. HGB) wird der handelsrechtliche **Jahresabschluss** abgeleitet. Die Pflicht zur Aufstellung (in den ersten drei Monaten des Geschäftsjahres für das vergangene Geschäftsjahr, bei Eigenbetrieben und Kommunalunternehmen länderspezifisch in den ersten drei bis sechs Monaten) ergibt sich für Kapitalgesellschaften aus § 264 Abs. 1 HGB, im Übrigen für kommunale Unternehmen mit Kaufmannseigenschaft (§§ 1 ff. HGB) aus § 242 HGB. Für die GmbH & Co KG gilt § 264 a HGB. Die gesellschaftsvertragliche Verlängerung der Frist wäre unwirksam. Die Kommunalgesetze der Länder verpflichten die Kommunen regelmäßig, bei **Mehrheitsbeteiligungen** an Kapitalgesellschaften im Sinn des § 53 HGrG dafür zu sorgen, dass der Jahresabschluss und der Lagebericht nach den für **große Kapitalgesellschaften** geltenden Vorschriften des HGB aufgestellt und geprüft werden (z. B. § 103 Abs. 1 Satz 1 Nr. 5 Buchst. b) GemO BW, Art. 94 Abs. 1 Satz 1 Nr. 2 GO BY, § 122 Abs. 1 Satz 1 Nr. 4 GO HE, § 108 Abs. 1 Satz 1 Nr. 8 GO NW, § 96 Abs. 2 Nr. 6 GemO SN, § 102 Abs. 1 Satz 1 Nr. 4 GO SH, § 75 Abs. 4 Satz 1 Nr. 1 KO TH). Im Wesentlichen inhaltsgleiche Anforderungen bestehen für Eigenbetriebe und Kommunalunternehmen (z. B. § 20 EBV BY, § 22 KUV BY; in Baden-Württemberg unterliegen Eigenbetriebe grundsätzlich nur der Abschlussprüfungspflicht durch das Rechnungsprüfungsamt gemäß § 111 Abs. 1 GemO BW.). Die **größenabhängigen Erleichterungen** (vgl. § 266 Abs. 1 Satz 3, § 274 a HGB, § 276, § 326, § 327 HGB i.V. m. § 267 HGB) kommen für kommunale Unternehmen regelmäßig nicht zum Tragen.

30 Den Jahresabschluss unterzeichnet bei Kapitalgesellschaften der Geschäftsführer oder Vorstand als Vertreter der Gesellschaft, bei Kommunalunternehmen der Vorstand und bei Eigenbetrieben der Werkleiter (vgl. § 245 HGB und z. B. § 20 EBV BY, § 22 KUV BY). Dabei meint **Unterzeichnung** die Unterschrift am Ende des Anhangs unter Angabe des Datums.

b) Gliederung

31 Der Jahresabschluss besteht aus der **Bilanz**, der **Gewinn- und Verlustrechnung (GuV)** und einem (erläuternden) **Anhang**. Bei Kapitalgesellschaften kommt ein **Lagebericht** dazu, der selbst nicht Bestandteil des Jahresabschlusses ist. Nicht Bestandteil des Jahresabschlusses ist auch die kommunalrechtlich bei Eigenbetrieben und Kommunalunternehmen mit mehreren Betriebszweigen geforderte **Erfolgsübersicht** (z. B. § 22 Abs. 3 EBV BY, § 24 Abs. 3 KUV BY), welche die Aufwendungen und Erträge sowie das Betriebsergebnis nach Betriebszweigen getrennt aufzeigt.

32 Die Gliederung der **Bilanz** bestimmt sich nach § 266 HGB, die der GuV nach § 275 HGB. Die in **Aktiv-** und **Passivseite** unterteilte Bilanz muss das Anlage- und das Umlaufvermögen, das Eigenkapital, die Rückstellungen (§ 249 HGB), die Verbindlichkeiten und die Rechnungsabgrenzungsposten (§ 250 HGB) ausweisen und ist diesbezüglich hinreichend zu gliedern (vgl. § 247 HGB). Als Bestandsrechnung stellt sie Vermögens- und Kapitalposten zu einem bestimmten Zeitpunkt gegenüber und stellt im Saldo zwischen Aktiv- und Passivseite den Erfolg der Wirtschaftsperiode dar.

Für Eigenbetriebe und Kommunalunternehmen enthalten landesspezifische Formblätter besondere Vorgaben für die Gliederung der Bilanz, welche u. a. bestimmte Ausweiswahlrechte des HGB (z. B. § 277 Abs. 3 Satz 1 HGB) ausschließen.

Die **GuV** ist gleichsam ein Unterkonto des Eigenkapitals. Aus ihr sind Entstehung und Zusammensetzung des Erfolgs sowie Höhe und Herkunft von Aufwand und Ertrag in einer Wirtschaftsperiode ersichtlich. Sie ist i.d.R. in der sog. Staffelform aufzustellen (§ 275 HGB).

c) Inhalt des Jahresabschlusses

Nach der sog. Generalnorm des § 264 Abs. 2 HGB hat der Jahresabschluss einer Kapitalgesellschaft unter Beachtung der Grundsätze ordnungsmäßiger Buchführung ein den tatsächlichen Verhältnissen entsprechendes Bild der **Vermögens-, Finanz- und Ertragslage** zu vermitteln. Dazu bildet er die in einer Periode entstandenen und verbrauchten Werte (periodengerechte Gewinnermittlung) sowie den Wertbestand (Vermögen) am Ende der Periode unter Beachtung besonderer Regeln zahlungsorientiert ab.[17] Aus Sicht der kommunalen Anteilseigner liegt seine Hauptaufgabe in seiner Informationsfunktion und – darauf fußend – seiner Steuerungs- und Kontrollfunktion.

Einige Kommunalgesetze sehen vor, dass der Jahresabschluss, der Lagebericht und der Bericht über die Einhaltung der öffentlichen Zweckerfüllung als Anlage dem **Haushaltsplan** beizugeben sind (z. B. § 2 Abs. 2 Nrn. 5 und 6 KommHV BY, § 108 Abs. 2 Satz 2 GO NW). Information und Transparenz sollen so verbessert werden.

d) Lagebericht

Die inhaltlichen Anforderungen an den **Lagebericht** einer Kapitalgesellschaft enthält § 289 HGB, der durch landesrechtliche Regelungen ergänzt werden kann (z. B. § 24 EBV BY). Der Lagebericht enthält als notwendige Informationen zumindest eine tatsachengetreue Darstellung des Geschäftsverlaufs und der Lage der Kapitalgesellschaft, wobei auch auf die **Risiken der künftigen Entwicklung** einzugehen ist (§ 289 Abs. 1 HGB). Ferner soll er u. a. auf Vorgänge von besonderer Bedeutung, die nach dem Schluss des Geschäftsjahrs eingetreten sind und die voraussichtliche Entwicklung eingehen (§ 289 Abs. 2 HGB).[18] Der **Referentenentwurf** eines **Bilanzrechtsreformgesetzes** (BilReG) vom 15. 12. 2003 und ihm folgend der **Regierungsentwurf** vom 21. 4. 2004[19] sehen in Umsetzung europarechtlicher Vorgaben[20] weitere Angaben vor, z. B.
- Risikomanagementziele und -methoden sowie Absicherungsmethoden bzgl. Finanzinstrumenten (z. B. Derivate wie Futures, Optionen, Swaps)
- Ausfall- und Liquiditätsrisiken bzgl. Finanzinstrumenten

---

[17] *Krag/Mölls* (Rn. 9), S. 8.
[18] Vgl. auch IDW-Stellungnahme zur Rechnungslegung: Aufstellung des Lageberichts (IDW RS HFA 1), WPg. 1998, S. 653.
[19] http://bmj.bund.de = BR-Drs. 326/04; vgl. dazu *Hoffmann/Lüdenbach*, Bilanzrechtsreformgesetz – Seine Bedeutung für den Einzel- und Konzernabschluß der GmbH, GmbHR 2004, S. 145 ff.; *Hüttemann*, BB-Gesetzgebungsreport: Internationalisierung des deutschen Handelsbilanzrechts im Entwurf des Bilanzrechtsreformgesetzes, BB 2004, 203 ff.; *Kajüter*, Der Lagebericht als Instrument einer kapitalmarktorientierten Rechnungslegung – Umfassende Reformen nach dem Entwurf zum BilReG und E-DRS 20 –, DB 2004, 197 ff.; Stellungnahme des IDW zum Referentenentwurf des Bilanzrechtsreformgesetzes, FN-IDW (Fachnachrichten) 2004, S. 1 ff.; *Meyer*, Der Regierungsentwurf des Bilanzrechtsreformgesetzes (BilReG): Wichtige Neuerungen in der externen Rechnungslegung, DStR 2004, 971 ff.
[20] Richtlinie 2003/51/EG vom 18. 6. 2003, ABl. EG Nr. L 178, S. 16; sog. Fair-Value-Richtlinie 2001/65/EG vom 27. 9. 2001, ABl. EG Nr. L 283, S. 28.

- Darstellung des Geschäftsverlaufs und der Lage entsprechend dem Umfang und der Komplexität der Geschäfte (ab Geschäftsjahr 2005)
- Erläuterung der wichtigsten finanziellen Leistungsindikatoren (ab Geschäftsjahr 2005)
- Wesentliche Ziele und Strategien der Geschäftsführung (ab Geschäftsjahr 2005)
- Informationen über Umwelt- und Arbeitnehmerbelange (nur große Kapitalgesellschaften)
- nicht finanzielle Leistungsindikatoren (nur große Kapitalgesellschaften)

38 Als Besonderheit für kommunale Unternehmen in Nordrhein-Westfalen, an denen eine Kommune mehr als 50 % der Anteile hält, sieht § 108 Abs. 2 Satz 1 Nr. 2 GO NW vor, dass im oder im Zusammenhang mit dem Lagebericht darzustellen ist, inwieweit der öffentliche Zweck erfüllt wird.

e) Anhang

39 Der erläuternde **Anhang** enthält nach §§ 284 f. HGB insbesondere nähere Angaben, Aufgliederungen oder Begründungen zur Bilanz und zur Gewinn- und Verlustrechnung oder zu einzelnen ihrer Positionen. Außerdem lässt sich dem Anhang entnehmen, welche Bilanzierungs- und Bewertungsmethoden angewendet wurden.[21] Der **Regierungsentwurf** eines **Bilanzrechtsreformgesetzes** vom 21. 4. 2004 (vgl. Rn. 37) sieht weitere Angaben vor, z. B.

- Art und Umfang derivativer Finanzinstrumente mit beizulegendem Zeitwert (Fair Value)
- Gründe für das Unterlassen der Abschreibung von zu den Finanzanlagen gehörenden Finanzinstrumenten (z. B. Aktien, Beteiligungen), wenn sie bei Anwendung des gemilderten Niederstwertprinzips (Rn. 44) über dem Fair Value ausgewiesen sind
- Honorar des Abschlussprüfers für Abschlussprüfung, Bestätigungs-, Bewertungs-, Steuerberatungs- und sonstige Leistungen (ab Geschäftsjahr 2005)

40 Für Eigenbetriebe und Kommunalunternehmen ergeben sich weitere inhaltliche Anforderungen aus den **landesrechtlichen Regelungen**. So gehört bei Eigenbetrieben und Kommunalunternehmen auch der – nach landesspezifischen Formblättern zu erstellende – **Anlagenachweis** zum Anhang (z. B. § 23 Abs. 2 EBV BY, § 25 Abs. 2 KUV BY, § 9 EigVO ST). Die ordnungsgemäße Anlagenbuchführung mit Anlagenachweis ersetzt die an sich für das Anlagevermögen notwendige jährliche körperliche Bestandsaufnahme.

f) Ansatz und Bewertung der Vermögenswerte und Verpflichtungen im Jahresabschluss

41 Kommunale Unternehmen müssen grundsätzlich für die Gliederung und Bewertung der einzelnen Abschlussposten die GoB sowie die handelsrechtlichen **Ansatzvorschriften** (§§ 246 bis 251 HGB) und **Bewertungsvorschriften** (§§ 252 bis 256 HGB) beachten. Dazu treten ergänzend die Vorschriften für Kapitalgesellschaften (§§ 268 bis 274 a HGB, §§ 277 bis 283 HGB). Abzuwarten bleibt, in welcher Form das für den Sommer 2004 im Entwurf erwartete **Bilanzrechtsmodernisierungsgesetz** Mitgliedstaatenwahlrechte nach der Fair-Value-Richtlinie der EG (vgl. Fn. 20) aufgreift, z. B. zum Ansatz von Finanzderivaten bei erwartetem, aber noch nicht realisiertem Gewinn.

42 Der Jahresabschluss muss **vollständig** sein. Posten der Aktivseite dürfen ebenso wenig mit denjenigen der Passivseite verrechnet werden wie Aufwendungen mit Erträgen (§ 246 HGB). In der Bilanz sind **alle selbständig bewertbaren Vermögensgegenstände** aufzunehmen, die einen wirtschaftlichen Wert haben und dem Unternehmen wirtschaftlich zuzuordnen sind. Bilanzierungsverbote (§ 248 HGB) dürfen nicht bestehen. **Verbindlichkeiten**, die in die Bilanz aufgenommen werden, müssen ebenfalls selbständig bewertbar sein und auf einer rechtlichen oder wirtschaftlichen Leistungsverpflichtung des Unternehmens gründen.

43 Mit der Frage, zu welchem Wert Vermögensgegenstände oder Kapitalposten in die Bilanz aufzunehmen sind, befassen sich insbesondere die **allgemeinen Bewertungsvorschriften** des § 252 HGB, der folgende Grundsätze aufstellt:

---

[21] *Geib/Gelhausen/Gelhausen*, WP-Handbuch 2000, Bd. I, Abschnitt F, Rn. 534.

- Grundsatz der **Bilanzidentität**
  Schlussbilanz und Eröffnungsbilanz des Folgejahres müssen identisch sein.
- Grundsatz der **Fortführung** (**Going-Concern-Prinzip**)
  Es wird unter der Annahme bewertet, dass das Unternehmen fortgeführt wird.
- Grundsatz der **Einzelbewertung**
  Vermögensgegenstände und Schulden sind einzeln zu bewerten.
- **Vorsichtsprinzip** mit **Imparitäts-** und **Realisationsprinzip**
  Das Vorsichtsprinzip ist als zentraler Grundsatz in der Bilanzierung und Bewertung stets zu beachten (zur Geltung im Rahmen der IAS siehe Rn. 55 f.). Als Imparitätsprinzip meint es die ungleiche Behandlung noch nicht realisierter Gewinne und Verluste. Zum Zeitpunkt der Bilanzerstellung vorhersehbare Risiken und Verluste sind in der Bewertung zu berücksichtigen, während zu erwartende, aber noch nicht realisierte Gewinne in der Bilanz nicht ausgewiesen werden dürfen (Realisationsprinzip).
- Grundsatz der **Periodenabgrenzung**
  Aufwendungen und Erträge des Wirtschaftsjahres sind unabhängig vom Zahlungszeitpunkt im Jahresabschluss anzusetzen.
- Grundsatz der **Stetigkeit**
  Einmal angewandte Bewertungsmethoden (z. B. Abschreibungsmethode, Ausübung von Wahlrechten) sollen beibehalten werden; zur Ausnahme aus steuerlichen Gründen siehe § 254 HGB.

Einzelvorschriften zur Bewertung enthalten die §§ 253 ff. HGB: **44**
- Vermögensgegenstände sind danach höchstens mit den Anschaffungs- oder Herstellungskosten (§ 255 HGB), die um Abschreibungen vermindert sind, anzusetzen (**Anschaffungswertprinzip** – § 253 Abs. 1 HGB).
- Vermögensgegenstände des **Anlagevermögens** sind bei einer voraussichtlich dauernden Wertminderung außerplanmäßig abzuschreiben; sie sind mit dem niedrigeren Wert des Abschlussstichtags anzusetzen. Bei einer voraussichtlich nur vorübergehenden Wertminderung besteht allerdings grundsätzlich ein (steuerlich nicht anerkanntes) Wahlrecht (**gemildertes Niederstwertprinzip** – § 253 Abs. 2 HGB).
- Vermögensgegenstände des **Umlaufvermögens** sind mittels Abschreibungen mit dem gegenüber dem Buchwert niedrigeren Wert anzusetzen, der sich am Abschlussstichtag aus einem Börsen- oder Marktpreis ergibt oder ihnen beizulegen ist (**strenges Niederstwertprinzip** – § 253 Abs. 3 HGB).
- Verbindlichkeiten sind mit ihrem Rückzahlung- oder Erfüllungsbetrag, im Zweifel mit dem höchsten zulässigen Betrag, anzusetzen (**Höchstwertprinzip**).
- **Rückstellungen** sind mit dem nach vernünftiger kaufmännischer Beurteilung erforderlichen Wert zu bilanzieren, Pensionsrückstellungen abgezinst.

g) Feststellung des Jahresabschlusses und Gewinnverwendung

Über die **Feststellung des Jahresabschlusses** von **GmbHs** ist spätestens bis zum Ablauf **45** der ersten acht Monate des Geschäftsjahres (bei kleinen Kapitalgesellschaften i. S. d. § 267 HGB bis zum Ablauf der ersten elf Monate)[22] von den Gesellschaftern, also i. d. R. von der Gesellschafterversammlung (§ 46 Nr. 1 GmbHG – die Zuständigkeit kann auf ein anderes Organ übertragen werden), gemäß § 42 a Abs. 2 GmbHG zu beschließen. Die Frist kann nicht durch den Gesellschaftsvertrag verlängert werden. Bis zur Feststellung kann der Jahresabschluss jederzeit geändert oder ergänzt werden. Für **Aktiengesellschaften** gelten die §§ 170 ff. AktG. Zur Frist siehe § 171 Abs. 3 AktG. Beschließen Vorstand und Aufsichtsrat, die Feststellung des Jahresabschlusses der Hauptversammlung zu überlassen, oder billigt der Aufsichtsrat den Jahresabschluss nicht, so stellt die Hauptversammlung den Jahresabschluss fest (§ 173 Abs. 1 Satz 1 AktG). Diese beschließt über die Gewinnver-

---

[22] Die Kommunalgesetze schließen die größenabhängigen Erleichterungen nur für Aufstellung und Prüfung des Jahresabschlusses aus.

wendung (§ 174 AktG). Der nach dem Regierungsentwurf eines Bilanzrechtsreformgesetzes vom 21. 4. 2004 vorgesehene informatorische IFRS-Einzelabschluss (Rn. 63) wird bei der GmbH von der Geschäftsführung aufgestellt; die Gesellschafterversammlung entscheidet über Billigung und Offenlegung. Bei der AG stellt der Vorstand den informatorischen IFRS-Einzelabschluss auf, den er nach Billigung durch den Aufsichtsrat offen legen darf.

46 In der **GuV** wird der Jahresgewinn oder −verlust ausgewiesen. Außerdem ist die Ergebnisverwendung nachrichtlich anzugeben (z. B. Abführung an die Kommune, Zuweisung an die Rücklagen, Vortrag auf neue Rechnung).

47 Bei **Eigenbetrieben** stellt das zuständige Gremium der Kommune (Gemeinderat, Stadtrat, Verbandsversammlung etc.) i. d. R. innerhalb eines Jahres nach Ende des Wirtschaftsjahres den Jahresabschluss und den Lagebericht fest und beschließt über die Gewinnverwendung oder die Behandlung des Verlustes. Erwirtschaften Eigenbetriebe einen Verlust, so ist er nach landesrechtlichen Bestimmungen i. d. R. innerhalb von fünf Wirtschaftsjahren durch Gewinne oder aus Haushaltsmitteln der Kommune auszugleichen (z. B. § 8 Abs. 2 EBV BY). Zuständiges Gremium bei **Kommunalunternehmen** ist der Verwaltungsrat; der Verlustausgleich ist wie bei Eigenbetrieben geregelt (z. B. § 14 Abs. 2 KUV BY).

48 Nicht festzustellen ist der Lagebericht.

h) Offenlegung

49 Für die Offenlegung des Jahresabschlusses gelten für **Kapitalgesellschaften** §§ 325 bis 328 HGB. Mit dem Jahresabschluss sind der Bestätigungsvermerk des Abschlussprüfers oder der Vermerk über dessen Versagung, der Lagebericht, der Bericht des Aufsichtsrats und grundsätzlich der Vorschlag und der Beschluss über die Ergebnisverwendung zum **Handelsregister** einzureichen. Zur Bekanntgabe im **Bundesanzeiger** siehe § 325 Abs. 1 Satz 2 und Abs. 2 HGB. Die Kommunalgesetze verweisen nur für Aufstellung und Prüfung des Jahresabschlusses, nicht aber für die Offenlegung auf die Vorschriften des HGB, so dass die in den §§ 326 f. HGB enthaltenen Erleichterungen für kleine und mittlere Kapitalgesellschaften auch von entsprechenden kommunalen Unternehmen genutzt werden können.

50 Für **Eigenbetriebe** und **Kommunalunternehmen** gelten die landesrechtlichen Bestimmungen, die in der Regel vorschreiben, dass der Beschluss über die Feststellung des Jahresabschlusses und die Verwendung des Ergebnisses oder die Behandlung des Verlustes **ortsüblich bekannt zu machen** ist. Der Jahresabschluss und der Lagebericht sind regelmäßig **öffentlich auszulegen** (z. B. § 25 Abs. 4 EBV BY, § 27 Abs. 3 KUV BY).

i) Konzernabschluss

51 Öffentliche Unternehmen, die (mittels Organschaftsverhältnissen) als Mutterunternehmen einen Konzern führen, müssen einen **Konzernabschluss** aufstellen, wenn sie die Rechtsformvoraussetzungen der §§ 264a, 290 HGB erfüllen und eine Befreiung (§§ 291, 293 HGB) nicht in Betracht kommt. Die Pflicht zur Aufstellung eines Konzernabschlusses kann sich auch für Unternehmen ab einer bestimmten Größe ergeben (§ 14 Abs. 1 i. V. m. § 11 PublG). Der **Regierungsentwurf** eines **Bilanzrechtsreformgesetzes** vom 21. 4. 2004 (vgl. Rn. 37) sieht vor, dass Konzernabschlüsse über Bilanz, GuV und Anhang hinaus ab dem Geschäftsjahr 2005 Kapitalflussrechnung und Eigenkapitalspiegel enthalten müssen.

52 Die Kommune selbst trifft keine Pflicht, einen Konzernabschluss aufzustellen, sie kann aber herrschendes Unternehmen i. S. d. § 17 AktG mit daraus folgenden Mitteilungspflichten (§ 20 AktG) sein.[23] Allerdings verfolgt das NKF auch das Ziel, die wirtschaftliche Lage einer Kommune unter Einbeziehung ihrer unternehmerischen Betätigung in Eigenbetrieben, Kommunalunternehmen und privatrechtlich verfassten Unternehmen darzustellen. Instrument hierfür kann ein sog. **kommunaler Konzernbericht** sein, der

---

[23] *Dengler* (Rn. 6), Rn. 70.

zusätzlich zu den im Beteiligungsbericht enthaltenen Angaben einen konsolidierten Gesamtabschluss enthält.[24]

7. Rechnungslegung nach IAS/IFRS (und US-GAAP)
a) Anwendbarkeit der IAS/IFRS

Kapitalmarktorientierte Gesellschaften mit Sitz innerhalb der EU (d. h. Unternehmen, deren Wertpapiere zum Handel auf einem organisierten Kapitalmarkt i.S.v. Art. 1 Abs. 13 der Wertpapierdienstleistungs-Richtlinie zugelassen sind (Richtlinie 93/22/EWG)) sind für Geschäftsjahre, die ab dem 1.1.2005 beginnen, zwingend verpflichtet, im Konzernabschluss die **International Accounting Standards (IAS)**, künftig **International Financial Reporting Standards (IFRS)** anzuwenden (VO (EG) Nr. 1606/2002 vom 19.7.2002; mit VO (EG) Nr. 1735/2003 vom 29.9.2003 wurden alle IAS/IFRS, ausgenommen IAS 32 und 39, in den Rechtsbestand der EU übernommen). Die EG-rechtliche Verpflichtung ist unmittelbar geltendes Recht der Mitgliedstaaten, das der Regierungsentwurf eines Bilanzrechtsreformgesetzes vom 21.4.2004 (Rn. 37) in § 315a Abs. 1 und 2 HGB-E umsetzt. Bezüglich der Einzel- und Konzernabschlüsse sonstiger Unternehmen und bezüglich der Einzelabschlüsse kapitalmarktorientierter Unternehmen ist den Mitgliedstaaten in Art. 5 IAS-Verordnung ein Wahlrecht eingeräumt, die Anwendung der IAS/IFRS zu untersagen oder (obligatorisch oder fakultativ) vorzugeben (siehe Rn. 63).

Im Hinblick auf **Basel II** und die wohl zunehmende Rolle des **Ratings** auch im kommunalen Bereich gewinnt die Bilanzierung nach IAS/IFRS auch für nicht kapitalmarktorientierte Unternehmen zunehmend an Bedeutung, da sie über den nationalen Rahmen hinaus Vergleiche (im Sinn eines Benchmarkings) erleichtert. Auch kommunale Unternehmen werden sich angesichts der Diskussion um den Bestand der Gewährträgerhaftung und der durch das EG-Beihilferecht (Art. 87 ff. EGV) bedingten Erschwernis, seitens der Kommune selbständige Tochterunternehmen zu subventionieren,[25] zunehmend über den Kapitalmarkt finanzieren. Im Übrigen müssen kommunale Unternehmen, an denen internationale Konzerne beteiligt sind, die sog. Reportings nach IAS (oder US-GAAP, i. e. Generally Accepted Accounting Principles) einfordern, ohnehin schon derzeit IAS (oder US-GAAP) beachten.[26] Die Anwendung internationaler Rechnungslegungsvorschriften kann es zudem erleichtern, das Unternehmen in der Öffentlichkeit positiv zu präsentieren. Denn anders als bei der Bilanzierung nach dem HGB tritt das Vorsichtsprinzip etwas zurück (Rn. 55). Mittelfristig steht daher zu erwarten, dass auch außerhalb des Konzernabschlusses internationale Rechnungslegungsvorschriften an Raum gewinnen und das HGB entsprechend modifizieren. Dafür spricht auch der Maßnahmekatalog der Bundesregierung zur Stärkung der Unternehmensintegrität und des Anlegerschutzes vom 25.2.2003.

b) Effekte der Umstellung auf IAS/IFRS

Abgesehen davon, dass IAS/IFRS internes und externes Rechnungswesen einander annähern könnten, kann die Umstellung der Rechnungslegung auf IAS/IFRS dazu führen, dass die Eigenkapitalquote tendenziell steigt und eine positive Präsentation des Unternehmens nach außen erleichtert wird. Denn bei der Bilanzierung nach HGB steht abgesehen von steuerrechtlichen Einflüssen das **Vorsichtsprinzip** im Vordergrund. Gewinne sind danach erst zu bilanzieren, wenn sie realisiert sind, während Verluste bereits auszuweisen sind, wenn sie nur drohen (Realisations- und Imparitätsprinzip). Demgegenüber erlauben die IAS/IFRS, die der periodengerechten Gewinnermittlung mehr Bedeutung zuweisen, Bewertungen von Vermögensgegenständen zum sog. **Fair Value** (Markt- oder

---

[24] Modellprojekt „Doppischer Kommunalhaushalt in NW" (Hrsg.), S. 49 f.
[25] Derzeit (Sommer 2004) wird innerhalb der EU-Kommission eine Erleichterung staatlicher und damit auch kommunaler Beihilfen diskutiert. Im Ergebnis könnte es neben generellen Ausnahmen (Krankenhäuser) zu einer umsatzbezogenen Freistellung von Beihilfen kommen (Pressemitteilung der Kommission vom 18.2.2004 IP/04/235).
[26] Die Anwendung der US-GAAP ist spätestens ab dem 1.1.2007 nicht mehr zulässig.

Zeitwert) und nach dem Grad der Fertigstellung von Produkten, so dass für die Bilanz stille Reserven aufgedeckt werden können. Außerdem können selbst hergestellte immaterielle Wirtschaftsgüter bilanziert werden. Allerdings können die Ausweisung und Bewertung von Pensionsverbindlichkeiten zunächst zu Mehraufwendungen führen, weil künftig zu erwartende Steigerungen zu berücksichtigen sind.[27]

56 Im Hinblick darauf, dass kommunale Unternehmen eine besondere **Gemeinwohlverpflichtung** haben und letztlich mit öffentlichen Mitteln wirtschaften, wäre allerdings eine weitgehende Abkehr vom handelsrechtlichen Vorsichtsprinzip nicht wünschenswert.[28]

c) Zeitschiene und Modalitäten für die Umstellung auf IFRS

57 Da IAS/IFRS dazu verpflichten, für das Vorjahr Vergleichszahlen anzugeben, müssen ihre Vorschriften faktisch zwei Jahre vor der erstmaligen Aufstellung des Abschlusses angewendet werden, um rechtzeitig die maßgeblichen Werte der Eröffnungsbilanz abbilden zu können.

58 Der International Accounting Standards Board (IASC) hat im Hinblick auf die in einer Vielzahl von Ländern zu erwartende Einführung von IFRS am 19.6.2003 den Standard **IFRS 1 First-time Adoption of International Financial Reporting Standards** veröffentlicht. Dieser Standard soll den Unternehmen den Übergang von nationalem Bilanzrecht auf IFRS erleichtern und das Verständnis für die Auswirkungen des Wechsels der Rechnungslegungsvorschriften fördern. Für die Umstellung ist danach insbesondere Folgendes zu beachten:[29]

59 Ein Unternehmen, das erstmals einen IFRS-Abschluss erstellt, muss IFRS 1 anwenden. Im ersten IFRS-Abschluss müssen für alle dargestellten Geschäftsjahre diejenigen IFRS angewendet werden, die am Bilanzstichtag der Berichtsperiode gültig sind. Startpunkt für die Umstellung ist die Erstellung einer IFRS-Eröffnungsbilanz für die früheste Vergleichsperiode, die ein Unternehmen in seinem ersten IFRS-Abschluss präsentiert.

60 Das Unternehmen muss die Rechnungslegung **grundsätzlich retrospektiv** umstellen, d.h. es müssen alle Vermögenswerte und Schulden bis zur erstmaligen Erfassung in der Bilanz zurückverfolgt und entsprechend den Regelungen der IFRS bilanziert werden. Der Abschluss muss alle nach IFRS geforderten Anhangangaben enthalten. Dabei gelten die Übergangsregelungen nicht für erstmalige Anwender (Ausnahme: IAS 39). Die sich aus der Umstellung ergebenden Änderungen sind erfolgsneutral mit den Rücklagen zu verrechnen.

61 Für genau bestimmte Sachverhalte gibt es **Befreiungen** (exemptions) von dem Erfordernis einer retrospektiven Umstellung (z.B. Unternehmenszusammenschlüsse, Neubewertungen anstelle fortgeführter Anschaffungs- und Herstellungskosten, Pensionsverpflichtungen, strukturierte Finanzinstrumente, Vermögenswerte und Schulden von Tochterunternehmen, wenn deren Muttergesellschaft bereits auf IFRS übergegangen ist) und **Verbote** (exceptions) (z.B. Bilanzierung von Sicherungsbeziehungen, Ausbuchung bestimmter finanzieller Vermögenswerte und Schulden, Einschätzungen müssen die Verhältnisse der Vergangenheit widerspiegeln). Für wesentliche Bereiche ist damit die Fortführung der Buchwerte möglich.

62 Die Umstellung wird im Anhang mittels Überleitungsrechnungen des Eigenkapitals und der Gewinn- und Verlustrechnung dargestellt.

63 Der **Regierungsentwurf** eines **Bilanzrechtsreformgesetzes** vom 21.4.2004 (vgl. Rn. 37) sieht auch für nicht börsennotierte Gesellschaften ab 2005 die Möglichkeit vor, anstelle des handelsrechtlichen Konzernabschlusses einen Konzernabschluss nach IFRS aufzustellen, wozu allerdings die Verpflichtung tritt, einen (sonst nach IFRS nicht vorge-

---

[27] *Reindl*, Rechnungslegung nach IAS/IFRS – Pflicht oder Kür?, GmbHR 2003, R 181 f.
[28] Krit. auch *Zeitler*, Rechnungslegung und Rechtsstaat – Übernahme der IAS oder Reform des HGB? –, DB 2003, 1529 ff.
[29] Verkürzte Wiedergabe der Veröffentlichung des Deutschen Rechnungslegungs Standards Committee (DRSC) vom 19.6.2003 (http://www.standardsetter.de/drsc/docs/press_releases/ifrs1.html); vgl. auch *Theile*, Erstmalige Anwendung der IAS/IFRS, DB 2003, 1745 ff.

sehenen) Lagebericht aufzustellen. Ein befreiender IFRS-Einzelabschluss ist dagegen nicht vorgesehen, sondern große, zur Offenlegung des Abschlusses im Bundesanzeiger verpflichtete Gesellschaften erhalten nur die Option, diese Pflicht mit einem (informatorischen) IFRS-Abschluss zu erfüllen, wobei aber gleichzeitig beim Handelsregister ein handelsrechtlicher Einzelabschluss zu hinterlegen wäre (zur Offenlegungspflicht kommunaler Unternehmen siehe Rn. 49). Die gleichen Regelungen sind für Unternehmen vorgesehen, die nach dem PublG publizitätspflichtig sind.

8. Sonderfälle

a) Sonderfall Krankenhäuser und Pflegeeinrichtungen

Für kommunale **Krankenhäuser** und **Pflegeeinrichtungen** gelten rechtsformunabhängig, also auch für Eigenbetriebe und Kommunalunternehmen, die besonderen Rechnungslegungsvorschriften der Krankenhaus-Buchführungsverordnung – KHBV – und der Pflege-Buchführungsverordnung – PBV –, die teilweise landesrechtlich ergänzt werden (z. B. für Bayern Verordnung über die Wirtschaftsführung kommunaler Krankenhäuser – WkKV – und Verordnung über die Wirtschaftsführung kommunaler Pflegeeinrichtungen – WkPV –; beide Verordnungen gelten für als Regiebetriebe, als Eigenbetriebe oder als Kommunalunternehmen geführte Krankenhäuser, nicht aber für kommunale Krankenhäuser in Privatrechtsform, § 1 Abs. 2 Satz 2 WkKV, § 1 Abs. 2 Satz 2 WkPV).[30] Zur Gliederung der Bilanz von Krankenhäusern und Pflegeeinrichtungen siehe jeweils Anlage 1 zur KHBV und zur PBV, zur Gliederung der GuV jeweils Anlage 2 zur KHBV und PBV.

b) Sonderfall Strom- und Gasversorgung

Elektrizitäts- und Gasversorgungsunternehmen der allgemeinen Versorgung müssen nach §§ 9, 9a EnWG rechtsformunabhängig einen Jahresabschluss nach den für Kapitalgesellschaften geltenden Vorschriften des HGB aufstellen und prüfen lassen. Die Liberalisierung der leitungsgebundenen Wirtschaftszweige Strom und Gas erfordert zudem nach Auffassung des Gesetzgebers (§ 9 Abs. 2, § 9a Abs. 2 EnWG) die Entflechtung (**Unbundling**) des weiterhin bestehenden natürlichen Netzmonopols von den übrigen, wettbewerbsbezogenen Aktivitäten des Unternehmens. Damit soll Transparenz geschaffen werden. Das lässt sich auf verschiedene Weise erreichen. Neben der Trennung in rechtlich selbständige Einheiten (legal unbundling) ist eine Methode die Entflechtung mit Hilfe des Rechnungswesens. Um Bevorzugungen, Quersubventionierungen und Wettbewerbsverzerrungen von vornherein auszuschließen, müssen vertikal[31] und horizontal integrierte Unternehmen die Rechnungslegung im Strombereich getrennt nach den Aktivitäten Erzeugung, Übertragung und Verteilung, im Gasbereich nach den Aktivitäten Fernleitung, Verteilung und Speicherung untergliedern und von Tätigkeiten außerhalb des Energiesektors buchhalterisch abgrenzen. Das betrifft auch Regie- und Eigenbetriebe sowie Kommunalunternehmen. (Die mit dem Bezug und Verkauf von Elektrizität zusammenhängenden Tätigkeiten gehören nicht zur Verteilung, sondern stehen als eigene Aktivität neben den genannten (str.).)[32]

9. Kosten- und Leistungsrechnung

a) Zweck der Kosten- und Leistungsrechnung

Die **Kosten- und Leistungsrechnung** (**KLR**) ist neben der Buchführung/Finanzbuchhaltung ein weiterer wesentlicher Teil des Rechnungswesens. Sie dient der **Dokumentation**, der **Kontrolle** (im Sinn einer Wirtschaftlichkeitskontrolle) und der **Planung**. Mit

---

[30] Siehe *Haertle/Purzer*, Das Rechnungswesen der Krankenhäuser.
[31] Soweit sie nicht zum legal unbundling verpflichtet sind, vgl. *Rausch*, Stadtwerke: Legal Unbundling oder nicht? 100.000-Kunden-Grenze ist kein Freibrief, vwd:energy weekly vom 18. 7. 2003.
[32] *Wager*, Bilanz/Gewinn- und Verlustrechnung der Eigenbetriebe und Kommunalunternehmen, S. 19; IDW ERS ÖFA 2 vom 11. 1. 2001.

ihrer Hilfe lassen sich die Kosten für die Erstellung (**Verbrauch von Ressourcen**) klar den Leistungen (Produkten) des Unternehmens zuordnen. Damit liefert die KLR auch die Grundlagen für die **bilanzielle Bewertung** und die **Entscheidung**, welche Leistungen in welcher Art und Menge erbracht werden sollen und ob sie vom Unternehmen selbst erstellt oder von einem Dritten bezogen werden sollen. Insbesondere für kommunale Unternehmen, die im Wettbewerb stehen (z. B. Stromversorgungsunternehmen) ist es von eminenter Bedeutung, über die Kenntnis der Kosten Kalkulationen kostendeckend erstellen zu können und Entscheidungen auch an den aus der KLR gewonnenen Informationen auszurichten.

b) Begriffe

67 Unter **Kosten** versteht man den bewerteten Verbrauch von Gütern in einer Rechnungsperiode, der erforderlich ist, um betriebliche Leistungen zu erstellen und abzusetzen sowie, um die dazu notwendigen Kapazitäten aufrechtzuerhalten.

68 **Leistungen** lassen sich als Wert der (innerbetrieblich und gegenüber Dritten) erstellten Wirtschaftsgüter und erbrachten Dienstleistungen verstehen.

c) Gliederung der Kosten- und Leistungsrechnung

69 Um ihren Zweck zu erfüllen, betrachtet die KLR Kosten und Leistungen aus unterschiedlichen Blickwinkeln.[33] Sie lässt sich in Kostenarten-, Kostenstellen- und Kostenträgerrechnung gliedern:

- Die **Kostenartenrechnung** erfasst als erste Stufe der KLR die gesamten in einer Rechnungsperiode angefallenen Kosten und gliedert sie in einzelne Arten (z. B. Personalkosten, Materialkosten, kalkulatorische Kosten).
- Die **Kostenstellenrechnung**, die in der Regel mittels sog. **Betriebsabrechnungsbögen** (BAB) durchgeführt wird, zeigt, in welchen Unternehmensbereichen (Kostenstellen) diese Kosten angefallen sind. Die Kostenstellen können nach Funktionsbereichen, Leistungsarten oder Verantwortungsbereichen gebildet werden und lassen sich einteilen in **Endkostenstellen** (die Leistungen nach außen erbringen) und **Vorkostenstellen** (die innerbetriebliche Leistungen erstellen). Die Kostenstellenrechnung dient ferner der Ermittlung der Gemeinkostenzuschläge für die Kostenträgerrechnung.
- Die **Kostenträgerrechnung** ordnet die Kosten – ggf. unterschieden nach Einzel- und Gemeinkosten – den einzelnen Produkten zu. Systematisch lassen sich **Kostenträgerstückrechnung** (Kalkulation) und **Kostenträgerzeitrechnung** (Erfolgsrechnung) unterscheiden. Erstere ermittelt die Kosten je Kostenträger, also je erzeugtem Wirtschaftsgut oder je erbrachter innerbetrieblicher Leistung. Letztere stellt die Gesamtkosten je Kostenträger in einer Periode dar.
Bei Eigenbetrieben und Kommunalunternehmen, die im Bereich der Abfallwirtschaft tätig sind, wird regelmäßig bei der Kostenträgerrechnung zwischen dem hoheitlichen und dem gewerblichen Bereich der Abfallwirtschaft abzugrenzen sein.

d) Gesetzliche Vorgaben

70 In einigen Bereichen bestehen gesetzliche Vorschriften, deren Erfüllung das Einrichten einer KLR bedingt:
- Kostenrechnende kommunale Einrichtungen (vgl. z. B. § 12 KommHV BY) müssen ihre **Gebühren kostendeckend** nach dem tatsächlichen Werteverzehr festsetzen, also Über- und Unterdeckungen vermeiden (z. B. Art. 8 KAG BY). Das setzt Vor- und Nachkalkulation voraus. Die Feststellung einer Über- oder Unterdeckung ist nur durch eine Betriebsabrechnung möglich, in der die nach betriebswirtschaftlichen Grundsätzen ansatzfähigen Kosten den Erlösen im betriebswirtschaftlichen Sinn gegenübergestellt werden (vgl. Art. 8 Abs. 6 Satz 2 KAG BY). Betriebsfremde Kosten und Erlöse sind deshalb in der Kostenstellenrechnung auszugliedern.

---

[33] Dazu ausführlich *Och/Wager* (Rn. 5), S. 247 ff.

- **Eigenbetriebe und Kommunalunternehmen** sind nach landesrechtlichen Regelungen i. d. R. gehalten, nach Bedarf eine Kostenrechnung zu führen (z. B. § 18 Abs. 3 EBV BY, § 20 Abs. 3 KUV BY). Wenn sie mehr als einen Betriebszweig haben, müssen sie eine Aufwendungen und Erträge gegenüberstellende Erfolgsübersicht fertigen (z. B. § 22 Abs. 3 EBV BY, § 24 Abs. 3 KUV BY), für die regelmäßig eine Kostenstellenrechnung notwendig sein wird.[34]
- Die Genehmigung der allgemeinen Tarife von **Stromversorgungsunternehmen** geschieht auf der Grundlage eines Kostenbogens (sog. **K-Bogen**), der kostenrechnerische Teile aufweist (z. B. kalkulatorische Abschreibungen). Auch die Kosten für die **Netzdurchleitung** von **Strom** und **Gas** anderer Anbieter sind nach kostenrechnerischen Grundsätzen zu ermitteln.

(freibleibend)

III. Berichtswesen

1. Steuerungsrelevanz des Berichtswesens

Die Kommunalgesetze der Länder verlangen, dass den Kommunen in Unternehmen, an denen sie Beteiligungen halten, durch Gesellschaftsvertrag, Satzung oder in sonstiger Weise ein **angemessener Einfluss** im Aufsichtsrat oder einem entsprechenden Organ eingeräumt sein muss (z. B. Art. 90 Abs. 3 GO BY, Art. 93 Abs. 2 Satz 1 GO BY, § 122 Abs. 1 Nr. 3 GO HE, § 108 Abs. 1 Nr. 6 GO NW, § 110 Abs. 1 Nr. 3 KSVG SL, § 96 Abs. 1 Nr. 2 GemO SN, § 102 Abs. 1 Nr. 3 GO SH – sog. Ingerenzpflicht). Zudem bestehen gesetzliche, die Vertreter der Kommunen zumindest im Innenverhältnis bindende Vorgaben für die Führung kommunaler Unternehmen (z. B. Beachtung des Grundsatzes der Sparsamkeit und Wirtschaftlichkeit – Art. 95 GO BY). Der kommunale Einfluss auf kommunale Unternehmen ist das notwendige Korrelat zur Zulässigkeit der Ausgliederung einer kommunalen Aufgabe auf eine eigenständige juristische Person. Eine Kommune kann sich nicht durch die Ausgliederung bestimmter Aufgaben auf ihre Unternehmen ihrer eigenen Verantwortung entziehen. Soweit sie sich unternehmerisch betätigt, muss sie sich einen angemessenen Einfluss auf ihre Beteiligungen sichern und diesen auch wahrnehmen. Einflussnahme und **Steuerung** im geforderten Umfang setzen ausreichendes Wissen der kommunalen Gremien und der Kommunalverwaltung und einen strukturierten Informationsfluss vom Unternehmen zur Kommune voraus. Davon hängt die Qualität kommunaler Steuerung ab.

Abgesehen von dieser gesellschafterbezogenen Betrachtung ist – unternehmensbezogen gesehen – die **Unternehmensführung** selbst für eine wirksame Steuerung auf die Kenntnis der steuerungsrelevanten Daten angewiesen. Zugleich kann sie aus dem Berichtswesen gewonnene Daten für die Präsentation des Unternehmens in der Öffentlichkeit nutzen.

Sowohl den Interessen der Kommune als auch denen des Unternehmens dient das **Berichtswesen** kommunaler Unternehmen, das unerlässliche Voraussetzung einer wirksamen Unternehmenssteuerung ist. Unter dem betrieblichen Berichtswesen sind die Einrichtungen, Mittel und Maßnahmen eines Unternehmens zu verstehen, die dazu dienen, Informationen über den Betrieb und seine Umwelt zu erarbeiten, weiterzuleiten, zu sammeln, zu verarbeiten und zu speichern; Berichte sind zweckgerichtet zusammengefasste Informationen.[35] Das betriebliche Berichtswesen wendet sich an Adressaten innerhalb des Unternehmens, insbesondere die Geschäftsführung und den Aufsichtsrat, und ist von der Berichterstattung nach außen, z. B. an die Kommune, zu unterscheiden. Der Unternehmensberichterstattung kommt eine dreifache Wirkrichtung zu. Zum einen ist sie an die

---

[34] *Och/Wager* (Rn. 5), S. 289.
[35] Vgl. *Leßweng*, Einsatz von Business Intelligence Tools (BIT) im betrieblichen Berichtswesen, Controlling 2004, S. 41 ff., S. 41.

Kommunen als Träger oder Gesellschafter (und damit an die dahinter stehende Öffentlichkeit) gerichtet, zum andern dient sie unternehmensintern dem Vorbereiten und Treffen von Entscheidungen; und schließlich stellt sie Informationen für Dritte (z. B. Gläubiger, kreditgewährende Banken, potentielle Partner) zur Verfügung. Gerade im Hinblick auf die wohl zunehmende Bedeutung des Ratings für die Kreditaufnahme werden kommunale Unternehmen auf die Darstellung kreditrelevanter Teile ihres Berichtswesens besonderes Augenmerk richten müssen.

103 Im Folgenden wird wegen der besonderen Verflechtung zwischen Kommunen und kommunalen Unternehmen auch auf das in der **Beteiligungsverwaltung** der Kommunen angesiedelte Berichtswesen eingegangen.

2. Beteiligungsverwaltung der Kommune

104 Die Vertreter der Kommune in Entscheidungsgremien kommunaler Unternehmen müssen dafür Sorge tragen, dass neben den (Partikular)Interessen des Unternehmens auch die Interessen der Kommune und damit letztlich Gemeinwohlinteressen gewahrt werden (vgl. Art. 95 GO BY). Dabei werden sie von der bei der Kommune einzurichtenden Beteiligungsverwaltung unterstützt.

a) Aufgaben der Beteiligungsverwaltung

105 **Aufgabe** der Beteiligungsverwaltung ist es,[36]
- den Zusammenhang der finanziellen Situation der kommunalen Unternehmen mit der Finanzlage der Kommune darzustellen,
- Entwicklungstendenzen zu erkennen,
- Planabweichungen durch – im Regelfall unterjährige – Soll-/Ist-Vergleiche zu erkennen und zu analysieren und
- der Verwaltungsspitze, der Vertretungskörperschaft und den kommunalen Mandatsträgern in Gesellschafterversammlungen, Verwaltungsratssitzungen, Aufsichtsratssitzungen usw. Beschluss-, Steuerungs- und ggf. Empfehlungen für Zielvereinbarungen zu geben, d. h. bei der strategischen Beteiligungssteuerung mitzuwirken.

106 Die Aufgaben der Beteiligungsverwaltung bei der Mutterkommune entsprechen damit weitgehend denen des im Unternehmen angesiedelten **Controllings**.

b) Funktionsweise der Beteiligungsverwaltung

107 Die Beteiligungsverwaltung wird ihren Aufgaben nur gerecht, wenn steuerungsrelevante Daten **systematisch gesammelt** und nach betriebswirtschaftlichen Grundsätzen **analysiert** werden (vgl. Rn. 214 ff.).[37] Dabei darf sie sich nicht auf die bloße Sammlung von Unterlagen und die Weitergabe von Informationen, also auf lediglich verwaltende Tätigkeiten beschränken. Neben dem Vergleich von Plandaten und -zahlen sowie der Prüfung, ob vereinbarte Ziele erreicht wurden, obliegt es ihr auch, selbst Ziele zu entwickeln und den Entscheidungsträgern vorzuschlagen.[38]

108 Für eine funktionierende Beteiligungsverwaltung sollten sowohl seitens der Kommune als auch seitens ihrer kommunalen Unternehmen Ansprechpartner benannt und **Informationswege** vereinbart werden, damit Informationen rechtzeitig und der zuständigen Stelle zur Verfügung gestellt werden. In diesem Zusammenhang kann das Einsichtsrecht nach § 51a GmbHG Bedeutung erlangen. Zu den relevanten **Unterlagen**, auf welche die Kommune angewiesen ist, um ihre Überwachungs- und Steuerungsaufgaben wahrnehmen zu können, zählen insbesondere Jahresabschluss, Lagebericht, Wirtschaftsplan, Finanzplan, die Prüfungsberichte des Aufsichtsrats, des Abschlussprüfers und der

---

[36] Vgl. etwa Landesrechnungshof Mecklenburg-Vorpommern, Jahresbericht 2002, S. 227 Rn. 478.
[37] Siehe auch GPA Baden-Württemberg, Geschäftsbericht 2002, Nr. 6.3 Instrumente der Beteiligungsverwaltung; Beteiligungsverwaltung der Stadt Aachen (http://www.aachen.de/DE/stadt_buerger/politik_verwaltung/staedtische_unternehmen/wir_ueber_uns/).
[38] Landesrechnungshof Mecklenburg-Vorpommern, Jahresbericht 2002, S. 227 Rn. 478 f.

III. Berichtswesen

Rechnungsprüfung, Quartalsberichte, sonstige Berichte, Registerauszüge sowie Sitzungsprotokolle, etwa der Gesellschafterversammlung und von Aufsichtsratssitzungen. Die Beteiligungsverwaltung sammelt diese sowie weitere, z. B. aus der Kommune selbst erhaltene Unterlagen, die zur Beteiligungsüberwachung und -steuerung und für das Erstellen eines Beteiligungsberichts benötigt werden, systematisch, wertet sie aus und verwaltet sie. Für die Datenbeschaffung, das Erstellen von Berichten sowie ihre Verwaltung kommen IT-gestützte Werkzeuge in Betracht.[39] Zweckmäßigerweise sollten kommunale Vertreter in Gremien eines Unternehmens von der Kommune angehalten werden, erhaltene Unterlagen der Beteiligungsverwaltung weiterzureichen.

Die Beteiligungsverwaltung sollte insbesondere die Feststellungen im Prüfungsbericht des Abschlussprüfers kritisch hinterfragen. Denn der Abschlussprüfer wird von dem Unternehmen beauftragt und hat typischerweise vor allem dessen Interessen mehr im Blick als die Interessen der hinter dem Unternehmen stehenden Kommune. **109**

Aufbau und Organisation der Beteiligungsverwaltung sind der Anzahl und dem Gewicht der von der Kommune gehaltenen Beteiligungen **anzupassen**. Bisweilen ist auch die Beteiligungsverwaltung einem selbständigen Unternehmen übertragen (z. B. sog. **Leipziger Modell**);[40] da ein solches Unternehmen aber selbst wieder kommunaler Überwachung und Steuerung unterworfen werden sollte, ist die Ausgliederung der Beteiligungsverwaltung auf ein selbständiges Unternehmen schon vom Grundsatz her kritisch zu hinterfragen. **110**

3. Kommunaler Beteiligungsbericht

a) Rechtsgrundlagen

Die meisten Länderkommunalgesetze verpflichten die Kommunen, jährlich sog. **Beteiligungsberichte** zu erstellen (§ 105 Abs. 2 GemO BW, Art. 94 Abs. 3 GO BY, § 105 Abs. 3 GO BB, § 73 Abs. 3 KV MV, § 116a GO NI (bis 7. 2. 2003 § 109 Abs. 3), § 112 Abs. 3 GO NW, § 90 Abs. 2 GemO RP, § 115 Abs. 2 KSVG SL, § 99 Abs. 2 GO SN, § 118 Abs. 2 GO ST, § 75a KO TH),[41] die kommunale Beteiligungen an Unternehmen in Privatrechtsform ab einer gewissen kapitalmäßigen, z.T. nach unmittelbaren und mittelbaren Beteiligungen gestaffelten Bagatellgrenze ausweisen (z. B. Art. 94 Abs. 3 Satz 1 GO BY: 5 %; § 105 Abs. 2 GemO BW: bei unmittelbaren Beteiligungen unabhängig von der Höhe der Beteiligung, bei mittelbaren Beteiligungen nur, wenn die Beteiligungsquote mehr als 50 v. H. beträgt). Zur Ermittlung der Anteilsverhältnisse kann auf § 271 Abs. 1 Satz 4 HGB, § 16 Abs. 2 und 4 AktG zurückgegriffen werden. In den Beteiligungsbericht kann jedermann **Einsicht** nehmen (z. B. Art. 94 Abs. 3 Satz 5 GO BY, § 116a GO NI); damit soll die Erfüllung kommunaler Aufgaben trotz privatrechtlicher Ausgliederung auch für die Bürger **transparent** sein. **111**

Teilweise ist ausdrücklich vorgeschrieben, dass die **Rechtsaufsichtsbehörden** die Vorlage des Beteiligungsberichts verlangen können (z. B. § 105 Abs. 4 GemO BW). Im Übrigen ist dieses Recht ohnehin Teil des grundsätzlich umfassenden Informationsrechts der Rechtsaufsichtsbehörden. **112**

Selbst wenn nicht ausdrücklich vorgeschrieben ist, bis wann der Beteiligungsbericht **spätestens** zu erstellen und ortsüblich bekannt zu geben ist, dürfte als Grenze das Ende des auf das Berichtsjahr folgenden Jahres anzusehen sein, weil die mit dem Beteiligungsbericht bezweckte Unterrichtung der Mandatsträger und der Öffentlichkeit aktuelle Angaben und zeitnahe Offenlegung voraussetzt. Bis zu diesem Zeitpunkt dürften die Jahresabschlüsse und Lageberichte, die nach § 42a Abs. 2 GmbHG bis zum Ablauf der ersten **113**

---

[39] Vgl. *Leßweng* (Rn. 102), S. 43 ff.
[40] Vgl. http://www.bbvl.de/main.htm; siehe auch *Gampe/Iltgen*, Controlling kommunaler Beteiligungen unter Einbindung eines externen Dienstleisters, GemH 2004, S. 25 ff.
[41] Für Hessen, dessen Kommunalgesetze eine Pflicht zur Erstellung eines Beteiligungsberichts nicht kennen, hat der Hessische Rechnungshof eine entsprechende Ergänzung der Gemeindeordnung vorgeschlagen (10. Zusammenfassender Bericht 2001, S. 9 – http://www.rechnungshof-hessen.de/upkk/pdf/10-bericht-upkk.pdf). Ein aktueller Gesetzentwurf der Landesregierung folgt dem.

b) Inhalt

114 Zum Inhalt eines Beteiligungsberichts bestimmt z. B. Art. 94 Abs. 3 Satz 2 GO BY, dass er insbesondere Angaben über die **Erfüllung des öffentlichen Zwecks**, die **Beteiligungsverhältnisse**, die Zusammensetzung der **Organe der Gesellschaft**, die **Bezüge der einzelnen Mitglieder des geschäftsführenden Unternehmensorgans,** die **Ertragslage** und die **Kreditaufnahme** enthalten soll. Diese Aufzählung ist nicht abschließend. Andere Kommunalgesetze enthalten z.T. weitergehende Vorschriften, etwa bezüglich der Darstellung der Grundzüge des Geschäftsverlaufs für das jeweilige letzte Geschäftsjahr, der Lage des Unternehmens, der Zuschüsse und Kapitalentnahmen durch die Kommune und (im Vergleich mit den Werten des vorangegangenen Geschäftsjahrs) der durchschnittlichen Zahl der beschäftigten Arbeitnehmer (vgl. § 267 Abs. 5 HGB), der wichtigsten Kennzahlen der Vermögens-, Finanz- und Ertragslage des Unternehmens sowie der gewährten Gesamtbezüge der Mitglieder der Geschäftsführung und des Aufsichtsrats oder der entsprechenden Organe des Unternehmens (vgl. § 105 Abs. 2 GemO BW, § 75 a KO TH – siehe auch § 286 Abs. 4 HGB zum Verzicht auf diese Angaben bei der Möglichkeit, die Bezüge eines einzelnen Mitglieds der Geschäftsleitung festzustellen).[42] § 99 GemO SN verlangt auch die namentliche Angabe des Abschlussprüfers.

115 Die gesetzlichen Regelungen fordern regelmäßig nicht, **Regie- und Eigenbetriebe** sowie **Kommunalunternehmen** im Beteiligungsbericht aufzuführen (§ 116 a GO NI erfasst jedoch auch Kommunalunternehmen). Bei Regie- und Eigenbetrieben lässt sich das damit begründen, dass sie keine eigene Rechtspersönlichkeit haben (§ 99 GemO SN bezieht allerdings Eigenbetriebe in den Beteiligungsbericht ein). Die Kommunen sind aber nicht gehindert, sämtliche kommunalen unternehmerischen Betätigungen bis hin zu Mitgliedschaften in **Zweckverbänden** im Beteiligungsbericht aufzuführen. Die Betätigung der Kommune gewinnt damit für Mandatsträger und Bürger an **Transparenz**.

116 Bei im Wettbewerb zu Privaten stehenden kommunalen Unternehmen ist dafür Sorge zu tragen, dass aus den im Beteiligungsbericht enthaltenen Informationen und Kennzahlen Konkurrenzunternehmen **Betriebsgeheimnisse** nicht ersehen oder ableiten können.

c) Steuerungsrelevanz

117 Da sich die kommunalen Gremien ohnehin vor der Erstellung des Beteiligungsberichts mit den wesentlichen Unternehmensdaten (z. B. Wirtschaftsplan, Finanzplan, Jahresabschluss, Lagebericht) beschäftigen müssen, ist der Beteiligungsbericht weniger steuerungsrelevant. Seine Bedeutung liegt vor allem darin, dass er (vergangenheitsbezogen) einen Überblick über die Beteiligungen gewährt und Vergleiche erleichtert.[43] Wichtiger für die Steuerung kommunaler Unternehmen sind unterjährige Berichte, die detailliertere Informationen über einzelne Unternehmen liefern, als das mit dem wesensmäßig eher auf Überblick und Vergleich hin ausgerichteten Beteiligungsbericht möglich ist.

4. Sonstige Berichte

a) Jährliche Berichte

118 Im Zusammenhang mit dem Berichtswesen sind neben dem Beteiligungsbericht auch **Jahresabschluss**, **Lagebericht** und **Abschlussprüfungsbericht** anzuführen (Rn. 29 ff.,

---

[42] Zum Inhalt von Beteiligungsberichten sehr instruktiv: *Bals*, Vorschläge und Hinweise zur inhaltlichen und formalen Gestaltung der Beteiligungsberichte der Kommunen (http://www.im.nrw.de/bue/doks/hinweise_beteiligungsberichte.pdf.). Vgl. auch *Strobel*, Der Beteiligungsbericht als Informationsinstrument des Gemeinderats, DÖV 2004, 477 ff.

[43] Vgl. auch *Weiblen*, Beteiligungscontrolling und -management, Rn. 118, in: *Fabry/Augsten* (Hrsg.), Handbuch der öffentlichen Unternehmen.

III. Berichtswesen

37 f., 193 ff., 197 f.), aus denen ebenfalls steuerungsrelevante Informationen hervorgehen. Zum Abhängigkeitsbericht nach § 312 AktG siehe Kapitel D Rn. 174 ff.

Weiter ist darauf hinzuweisen, dass mit dem NKF auch das Ziel verfolgt wird, die wirtschaftliche Lage einer Kommune unter Einbeziehung ihrer unternehmerischen Betätigung in Eigenbetrieben, Kommunalunternehmen und privatrechtlich verfassten Unternehmen darzustellen. Das kann in Form eines sog. **kommunalen Konzernberichts** (Rn. 52) geschehen, der zusätzlich zu den im Beteiligungsbericht enthaltenen Angaben ähnlich einem Konzernabschluss einen konsolidierten Gesamtabschluss enthält.[44] Allerdings dürfte mit der Erstellung eines Konzernberichts ein sehr großer Aufwand verbunden sein. **119**

b) Unterjährige Berichte

Die unter 1. genannten Berichtstypen erlauben eine zeitnahe Steuerung nur sehr eingeschränkt. Es ist deshalb zumindest in größeren Kommunen, die eine nicht mehr ohne weiteres im Detail für die kommunalen Entscheidungsorgane überblickbare Anzahl von Beteiligungen halten, sinnvoll, die Beteiligungsunternehmen (in der Gesellschaftssatzung) zu verpflichten, auch **unterjährig** zu **berichten**.[45] Das Gleiche gilt bezüglich der Regie- und Eigenbetriebe. Dabei ist zu unterscheiden zwischen **anlassunabhängigen Berichten** in regelmäßigen, einheitlichen Abständen (z. B. monatlich, quartalsweise, halbjährlich) und einer anlassabhängigen **(Ad-hoc)Risikoberichterstattung**. Wenn Berichtspflichten eingeführt werden, sollte darauf geachtet werden, dass Informationen in möglichst standardisierter Form und nur so weit übermittelt werden, als sie für die Adressaten notwendig sind. Ein effektives Berichtswesen muss **steuerungsrelevante** Informationen den Entscheidungsträgern zweckmäßig und übersichtlich aufbereiten. Entscheidend für Form und Inhalt der Berichte sind die einzelnen Ebenen der Berichtsadressaten. Sachgerecht ist es, Berichte dergestalt an ihren **Adressaten** auszurichten, dass Kennzahlen umso mehr verdichtet werden, je höher die Adressaten in der Hierarchie angesiedelt sind. An Funktion und Verantwortung der Adressaten wird sich auch die Häufigkeit der Berichte orientieren (z. B. Monatsbericht an die Beteiligungsverwaltung, Quartalsbericht an den Aufsichtsrat, Halbjahresbericht an das kommunale Entscheidungsorgan). **120**

Danach ist insbesondere zu unterscheiden zwischen **121**

- Berichten der Geschäftsführung an den Aufsichtsrat und/oder die Gesellschafterversammlung,
- Berichten der Geschäftsführung an Fachressorts und/oder die Beteiligungsverwaltung der Kommune,
- Berichten der Geschäftsführung an das (kollegiale) Entscheidungsorgan der Kommune,
- (Vorab)Berichten des Aufsichtsrats an die Beteiligungsverwaltung der Kommune oder an ihr Entscheidungsorgan und
- Berichten der Fachressorts/der Beteiligungsverwaltung an das Entscheidungsorgan der Kommune.

(freibleibend) **122–149**

IV. Prüfungswesen

1. Systematik

Im Prüfungswesen kommunaler Unternehmen lässt sich grundsätzlich zwischen **interner Prüfung** durch Organisationseinheiten des Unternehmens selbst (Innenrevision; Prüfung durch den Aufsichtsrat nach gesellschaftsrechtlichen Vorschriften; örtliche Rechnungsprüfungsorgane, wie Rechnungsprüfungsausschuss und Revisionsamt) und **externer Prüfung** durch Dritte (Wirtschaftsprüfer, örtliche und überörtliche Rechnungsprü- **150**

---

[44] Modellprojekt „Doppischer Kommunalhaushalt in NW" (Rn. 52), S. 49 f., S. 477 ff.
[45] Vgl. *Jöhnk/Mitschke/Uhlen* (PwC), Modell zur Steuerung und Kontrolle kommunaler Beteiligungen, http://www.fbw.fh-hildesheim.de/main/profs/mitschke/docs/Beteiligungsmanagement_0902.pdf.

fungsorgane) unterscheiden. Zur externen Prüfung zählt die Abschlussprüfung, während die Rechnungsprüfung sowohl interne Prüfung sein kann (wenn das kommunale Unternehmen als Regie- oder Eigenbetrieb rechtlich nicht verselbständigt ist und das örtliche Rechnungsprüfungsorgan der Kommune die Prüfung durchführt) als auch externe (wenn das überörtliche Prüfungsorgan ein rechtlich nicht verselbständigtes Unternehmen prüft oder wenn das örtliche oder überörtliche Prüfungsorgan aufgrund besonderer Rechte das Unternehmen selbst oder im Rahmen der sog. Betätigungsprüfung die kommunale unternehmerische Betätigung bei dem Unternehmen prüft).

151 Für kommunale Unternehmen in Privatrechtsform gelten hinsichtlich der **Abschlussprüfung** die Vorschriften des HGB (§§ 316 ff. HGB) sowie § 53 HGrG, die branchenspezifisch ergänzt werden (z. B. §§ 9 f. EnWG). Für öffentlich-rechtlich verfasste kommunale Unternehmen gelten besondere landesrechtliche Bestimmungen zur Abschlussprüfung (z. B. Art. 107 GO BY). Bezüglich der Prüfung durch **Rechnungsprüfungsorgane** gilt das jeweilige Landesrecht; ferner ist hinsichtlich der Befugnisse § 54 HGrG zu beachten.

152 Der Regierungsentwurf eines Bilanzkontrollgesetzes vom 21. 4. 2004, der auf dem Referentenentwurf vom 8. 12. 2003 aufbaut, sieht darüber hinaus für kapitalmarktorientierte Unternehmen unter bestimmten Voraussetzungen die Überprüfung von Unternehmensabschlüssen und -berichten durch eine neu zu schaffende (private) Prüfstelle für Rechnungslegung und die Bundesanstalt für Finanzdienstleistungsaufsicht (BaFin) vor (Rn. 276).

2. Innenrevision

a) Unterstützung der Leitungsorgane

153 Auch die Leitungsorgane kommunaler Unternehmen sehen sich mit der zunehmenden Komplexität wirtschaftlicher Abläufe und den daraus resultierenden erhöhten Beanspruchungen konfrontiert. Es empfiehlt sich deshalb, die Einrichtung einer **Innenrevision** zu prüfen, welche die Leitungsorgane in ihren Kontroll- und Steuerungsfunktionen **unterstützt**. In diesem Zusammenhang ist auch die durch das Gesetz zur Kontrolle und Transparenz im Unternehmensbereich (KonTraG)[46] in § 91 Abs. 2 AktG aufgenommene Bestimmung zu beachten, wonach der Vorstand verpflichtet ist, geeignete Maßnahmen zu treffen, insbesondere ein Überwachungssystem einzurichten, damit Entwicklungen frühzeitig erkannt werden, die den Fortbestand des Unternehmens gefährden. Diese Verpflichtung gilt zwar zunächst nur für Aktiengesellschaften, sie strahlt aber auf andere Rechtsformen aus.[47] Für Unternehmen, die der erweiterten Abschlussprüfung nach § 53 HGrG unterliegen, kommt zu dieser Ausstrahlungswirkung hinzu, dass die Einrichtung eines **Risiko-Management-Systems** als Konkretisierung der ohnehin bereits bestehenden Anforderungen des § 53 HGrG gesehen werden kann, die nur der neueren Sicht zur Notwendigkeit einer verbesserten Steuerung und Kontrolle der Unternehmen Rechnung trägt. Die Innenrevision ist ein wesentliches Element dieses Risiko-Management-Systems und auch Gegenstand der erweiterten Abschlussprüfung nach § 53 HGrG. Der Fragenkatalog des IDW (Rn. 191 f.) zur erweiterten Abschlussprüfung befasst sich damit in mehreren Fragenkreisen.

154 Methodisch kann sich die Innenrevision einer Vielzahl von Instrumenten bedienen (z. B. Kosten- und Leistungsrechnung, Bilanzanalyse, Balanced Score Card).

b) Begriff

155 Die Innenrevision kann als eine **prozessunabhängige** (freiwillige) **Überwachungsfunktion** definiert werden, die im Auftrag der Geschäftsleitung Prüfungen in allen Unternehmensbereichen durchführt.[48] „Prozessunabhängig" meint, dass Personen, welche

---

[46] Gesetz vom 27. 4. 1998, BGBl. I S. 786.
[47] Gesetzesbegründung, BT-Drs. 872/97, S. 37.
[48] *Hofmann*, Prüfungshandbuch, Praxisorientierter Leitfaden einer umfassenden Revisionskonzeption, S. 15.

IV. Prüfungswesen

die Innenrevision durchführen, typischerweise weder von den zu überwachenden Abläufen noch den jeweiligen Verantwortungsbereichen abhängig sein dürfen.

Von der **Kontrolle** lässt sich die Innenrevision begrifflich dahin unterscheiden, dass Kontrollfunktionen von mit der Ausführung der Aufgabe selbst befassten Personen ausgeübt werden.[49] **156**

Vom **Controlling** unterscheidet sich die Innenrevision insofern, als sie eher vergangenheitsbezogen ist, während das Controlling auf zukunftsgerichtete Lenkung zielt.[50] **157**

c) Aufgaben

Die Innenrevision lässt sich als eine aus der umfassenden Verantwortung der Geschäftsführung abgeleitete Funktion begreifen.[51] Ihre **Aufgaben** sind insbesondere[52] **158**
- Überwachung der Beachtung von Gesetzen, behördlichen Auflagen, unternehmensinternen Richtlinien und Vorgaben, vertraglichen Bindungen,
- Prüfung der formellen und materiellen Ordnungsmäßigkeit des Rechnungs- und des Berichtswesens,
- Überprüfung des prozessabhängigen Kontrollsystems,
- Rentabilitäts- und Wirtschaftlichkeitsuntersuchungen.

3. Abschlussprüfung

a) Zweck und Rechtsgrundlagen

Gegenstand der Abschlussprüfung sind zunächst (zur erweiterten Abschlussprüfung siehe unten Rn. 163 ff.) die Vollständigkeit und Ordnungsmäßigkeit des Jahresabschlusses unter Einbeziehung der Buchführung und des Lageberichts einschließlich der Darstellung der Risiken der künftigen Entwicklung (§ 317 HGB). Die Jahresabschlussprüfung bezweckt damit vor allem, **Dritte** davor zu **schützen**, dass sie infolge eines fehlerhaften Rechnungswesens Schaden erleiden. **159**

aa) Prüfung des Jahresabschlusses und des Lageberichts nach Handels- und Gesellschaftsrecht. Die Mehrzahl kommunaler Unternehmen in Privatrechtsform unterliegt wie regelmäßig private Unternehmen der **Jahresabschlussprüfung** durch einen Abschlussprüfer (§ 316 HGB; für die GmbH & Co KG siehe § 264 a HGB). Allerdings schreiben die Kommunalgesetze regelmäßig für die Fälle, in denen eine Kommune eine Mehrheitsbeteiligung im Sinn des § 53 HGrG hält, vor, dass sie u. a. dafür Sorge zu tragen hat, dass der Jahresabschluss und der Lagebericht nach den für **große Kapitalgesellschaften** geltenden Vorschriften des HGB aufgestellt und geprüft werden (z. B. § 103 Abs. 1 Satz 1 Nr. 5 Buchst. b) GemO BW, Art. 94 Abs. 1 Satz 1 Nr. 2 GO BY, § 122 Abs. 1 Nr. 4 GO HE, § 108 Abs. 1 Nr. 8 GO NW, § 110 Abs. 1 Nr. 4 KSVG SL, § 96 Abs. 2 Nr. 6 GemO SN, § 102 Abs. 1 Satz 1 Nr. 4 GO SH, § 75 Abs. 4 Satz 1 Nr. 1 KO TH). **160**

Die Prüfungspflicht hinsichtlich der Jahresabschlüsse der **Eigenbetriebe** und der **Kommunalunternehmen** ergibt sich aus den landesgesetzlichen Bestimmungen (z. B. Art. 107 GO BY, der verfahrensmäßig durch § 25 Abs. 2 EBV BY, § 27 KUV BY ergänzt wird; in Baden-Württemberg unterliegen Eigenbetriebe grundsätzlich nur der Abschlussprüfungspflicht durch das Rechnungsprüfungsamt gemäß § 111 Abs. 1 GemO BW; § 125 GO NI differenziert zwischen großen Kommunalunternehmen (Prüfung nach HGB) und kleinen (Prüfung nach der Eigenbetriebsverordnung)). In Hessen und Schleswig-Holstein ist auch die Erfolgsübersicht Gegenstand der Abschlussprüfung. **161**

Als **Abschlussprüfer** kommen Wirtschaftsprüfer und Wirtschaftsprüfungsgesellschaften in Betracht; vereidigte Buchprüfer scheiden aus, wenn die jeweiligen Landeskommu- **162**

---

[49] Diller, Aufgaben und Organisation einer Innenrevision im kommunalen Krankenhaus, Geschäftsbericht 2002 des Bayerischen Kommunalen Prüfungsverbandes, S. 66, 68 (http://www.bkpv.de>Veröffentlichungen).
[50] Diller (Rn. 156), S. 71.
[51] Vgl. Tanski, Interne Revision im Krankenhaus, S. 10.
[52] Vgl. Diller (Rn. 156), S. 68.

nalgesetze auch für kleine Kapitalgesellschaften die Prüfung des Jahresabschlusses nach den Vorschriften des dritten Buches des HGB für große Kapitalgesellschaften vorsehen (siehe Rn. 160). In Bayern ist als Besonderheit für die Abschlussprüfung rechtlich nicht verselbständigter Unternehmen (insbes. Eigenbetriebe) und von Kommunalunternehmen auch der Bayer. Kommunale Prüfungsverband zuständig (Art. 107 GO BY); das lässt sich damit begründen, dass der Prüfungsverband selbst fachkundiges Personal, wie Wirtschaftsprüfer, beschäftigt (siehe im Einzelnen den Überblick über die Rechtsgrundlagen der Flächenländer für die externe Prüfung im **Anhang**).

bb) Erweiterte Abschlussprüfung nach § 53 HGrG.

163 **(1) Prüfungsmaßstab.** Im Rahmen der Abschlussprüfung wird grundsätzlich u. a. die Geschäftsführung nicht geprüft. Aus Sicht der hinter einem Unternehmen stehenden Kommune wäre das misslich. § 53 HGrG legt daher im öffentlichen Interesse besondere Rechte der Kommunen gegenüber Unternehmen in einer Rechtsform des privaten Rechts fest. Diese Rechte ergeben sich in Bezug auf die Abschlussprüfung unter den Voraussetzungen des § 53 Abs. 1 HGrG (sog. **erweiterte Abschlussprüfung**).

164 Eine Kommune, der die Mehrheit der Anteile eines privatrechtlich verfassten Unternehmens gehört oder der allein mindestens ein Viertel und zusammen mit anderen Gebietskörperschaften die Mehrheit der Anteile gehört, kann verlangen, dass das Unternehmen

- im Rahmen der Abschlussprüfung auch die Ordnungsmäßigkeit der Geschäftsführung prüfen lässt,
- die Abschlussprüfer beauftragt, in ihrem Bericht auch die Entwicklung der Vermögens- und Ertragslage sowie die Liquidität und Rentabilität der Gesellschaft, verlustbringende Geschäfte und die Ursachen der Verluste, wenn diese Geschäfte und die Ursachen für die Vermögens- und Ertragslage von Bedeutung waren, und die Ursachen eines in der Gewinn- und Verlustrechnung ausgewiesenen Jahresfehlbetrages darzustellen,
- ihr den Prüfungsbericht der Abschlussprüfer und, wenn das Unternehmen einen Konzernabschluss aufzustellen hat, auch den Prüfungsbericht der Konzernabschlussprüfer unverzüglich nach Eingang übersendet.

165 § 53 Abs. 1 HGrG gilt nur für Unternehmen in einer Rechtsform des privaten Rechts. Um eine in gleichem Umfang erweiterte Abschlussprüfung auch bei öffentlich-rechtlich verfassten kommunalen Unternehmen sicherzustellen, enthalten die Kommunalgesetze der Länder § 53 Abs. 1 HGrG nachgebildete Bestimmungen (z. B. Art. 107 Abs. 3 GO BY für Eigenbetriebe und Kommunalunternehmen, §§ 117 f. GO BB).

166 **(2) Einzelfragen des Anwendungsbereichs des § 53 HGrG.** Für die Ermittlung des nach § 53 Abs. 1 HGrG maßgeblichen **Anteils** einer Kommune zählen als ihre Anteile auch diejenigen, die einem ihrer Sondervermögen (Eigenbetrieb) gehören; als Anteile der Kommune gelten ferner Anteile, die Unternehmen gehören, bei denen die Rechte aus § 53 Abs. 1 HGrG der Kommune zustehen (§ 53 Abs. 2 HGrG).

167 § 53 HGrG erfasst nur **Gebietskörperschaften**. Hält ein Zweckverband oder ein Kommunalunternehmen die Mehrheit der Anteile an einem Unternehmen in Privatrechtsform oder gehört einer Kommune, die allein mindestens ein Viertel der Anteile hält, zusammen mit einem Zweckverband oder einem Kommunalunternehmen die Mehrheit der Anteile, greift § 53 HGrG nicht. Ebenso wenig greift § 53 HGrG, wenn einer Kommune zusammen mit anderen Kommunen zwar die Mehrheit der Anteile eines Unternehmens gehört, sie aber nicht mindestens ein Viertel der Anteile hält. Diese Lücken lassen sich durch eine entsprechende gesellschaftsvertragliche Gestaltung schließen. Die Kommunalgesetze enthalten dazu für die Kommunen z.T. entsprechende Hinwirkungspflichten (z. B. Art. 94 Abs. 2 GO BY, § 108 Abs. 2 Satz 3 GO NW).

168 Die Tatbestandsvoraussetzungen des § 53 Abs. 1 HGrG sind nicht erfüllt, wenn die Kommune zwar die Mehrheit der Stimmrechte hat, aber nicht **kapitalmäßig** die Mehrheit der Anteile hält.

IV. Prüfungswesen

cc) Überblick nach Unternehmensformen. Für **privatrechtlich** verfasste **kommunale Unternehmen** gibt im Wesentlichen das Bundesrecht die Vorgaben zur Abschlussprüfung in §§ 316 ff. HGB, §§ 1 ff. PublG und §§ 9 f. EnWG sowie zum Prüfungsmaßstab in § 53 HGrG. Für öffentlich-rechtlich verfasste kommunale Unternehmen gelten dagegen länderspezifische Regelungen aufgrund der jeweiligen Kommunalgesetze, Eigenbetriebsgesetze und -verordnungen und Verordnungen über Kommunalunternehmen, die zu einem insgesamt uneinheitlichen Befund führen, dem im Folgenden nicht in allen Einzelheiten nachgegangen werden kann.

Danach lässt sich überblicksmäßig wie folgt unterscheiden:

- Einrichtungen, die entsprechend den Vorschriften über das Rechnungswesen der Eigenbetriebe geführt werden, können landesrechtlich der Abschlussprüfungspflicht unterworfen werden (z. B. § 107 Abs. 2 Nr. 4, § 106 GO NW). Die Abschlussprüfung ist in diesem Fall nach landesrechtlichen Vorschriften im Umfang des § 53 HGrG erweitert. (Regiebetriebe, die gemäß Art. 88 Abs. 6 GO BY ganz oder teilweise nach den Vorschriften über die Wirtschaftsführung der Eigenbetriebe geführt werden, sind nicht abschlussprüfungspflichtig; denn die Abschlussprüfungspflicht ergibt sich aus Art. 107 GO, den § 25 Abs. 2 EBV BY nur ergänzt.)
- Für **Eigenbetriebe** besteht grundsätzlich die – in Anlehnung an § 53 HGrG erweiterte – Abschlussprüfungspflicht (z. B. Art. 107 GO BY, § 117 GO BB, § 106 GO NW).
- Das Gleiche gilt für **Kommunalunternehmen** als rechtlich selbständige Unternehmen in der Rechtsform einer Anstalt des öffentlichen Rechts (z. B. Art. 91 Abs. 1 GO BY, § 125 GO NI für große Kommunalunternehmen). Im Übrigen schreiben auch § 6 i.V.m. § 3 Abs. 1 Nr. 5 i.V.m. § 1 Abs. 1 PublG die Jahresabschlussprüfung vor.
- **Kommunale Unternehmen** in der Rechtsform einer juristischen Person des **Privatrechts** (insbes. GmbH, AG) unterliegen der Abschlussprüfungspflicht nach §§ 316 ff. HGB. Die Kommunen dürfen sie regelmäßig nur gründen oder sich an ihnen beteiligen, wenn ihre Jahresabschlüsse und Lageberichte nach den Vorschriften für große Kapitalgesellschaften geprüft werden (z. B. Art. 94 Abs. 1 Satz 1 Nr. 2 GO BY, § 108 Abs. 1 Nr. 8 GO NW; siehe auch Rn. 160). Die Abschlussprüfung ist nach § 53 HGrG erweitert. Die Kommunen haben die Rechte nach § 53 HGrG auszuüben (z. B. Art. 94 Abs. 1 Satz 1 Nr. 1 GO BY, § 112 Abs. 1 Nr. 1 GO NW).

Daneben ist auf einige **Sonderfälle** hinzuweisen:

- Als Eigenbetriebe geführte **Krankenhäuser** und **Pflegeeinrichtungen** unterliegen z. B. nach § 11 WkKV BY und § 11 WkPV BY nicht der Jahresabschlussprüfung. Eine freiwillige Prüfung des Jahresabschlusses wird damit aber nicht ausgeschlossen. Demgegenüber bezieht etwa § 10 KPG SH kommunale Krankenhäuser und Pflegeheime vollständig in die Jahresabschlussprüfung ein.
- **Strom-** und **Gasversorgungsunternehmen**, die § 9 oder § 9a EnWG unterliegen, müssen ihren Jahresabschluss rechtsformunabhängig nach den für Kapitalgesellschaften geltenden Vorschriften des HGB prüfen lassen.

b) Aufgaben der Abschlussprüfung

Die Abschlussprüfung soll die Verlässlichkeit der Informationen erhöhen, die Jahresabschluss und Lagebericht enthalten (sog. Gesetz- und Ordnungsmäßigkeitsprüfung). Sie hat insbesondere folgende Funktionen:

- **Beglaubigungsfunktion** (§ 317 Abs. 1 Satz 2 HGB)
  Mit dem Bestätigungsvermerk testiert der Abschlussprüfer nach außen die Gesetz- und Ordnungsmäßigkeit des Jahresabschlusses.
- **Informationsfunktion**
  Der Abschlussprüfungsbericht (und der sog. Management-Letter) unterrichtet die gesetzlichen Vertreter, die Aufsichtsgremien und die Gesellschafter über die wirtschaftliche Lage des Unternehmens.

- **Kontrollfunktion**
  Der Abschlussprüfungsbericht ist ein wesentliches Hilfsmittel für den Aufsichtsrat, um wirksam kontrollieren zu können, ob die Geschäftsführung gesetzliche, satzungsmäßige und sonstige Vorgaben eingehalten hat.

c) Befreiung von der Abschlussprüfungspflicht

174 Kommunale Unternehmen, die nicht nach Handels- und Gesellschaftsrecht, sondern nur nach den jeweiligen kommunalgesetzlichen Bestimmungen abschlussprüfungspflichtig sind (z. B. kleine, nicht börsenorientierte AG – § 316 Abs. 1 Satz 1 HGB), können hiervon ganz oder teilweise **befreit** werden. In Betracht kommen grundsätzlich Eigenbetriebe, Kommunalunternehmen und kleine Kapitalgesellschaften (soweit nicht bundesrechtliche, spezielle Gesetze die Abschlussprüfung vorsehen, vgl. §§ 9, 9a EnWG). Gegen eine Freistellung von der kommunalrechtlich vorgeschriebenen Abschlussprüfungspflicht (vgl. Art. 94 Abs. 1 Satz 2 GO BY) bestehen grundsätzlich keine Bedenken, sofern die Verhältnisse geordnet, einfach und überschaubar sind und im Gesellschaftsvertrag den örtlichen und/oder überörtlichen Rechnungsprüfungsorganen volle Prüfungsrechte eingeräumt werden.

175 Weiter besteht nach landesrechtlichen Bestimmungen die Möglichkeit, mehrere **Jahresabschlüsse zusammengefasst zu prüfen**. So können Eigenbetriebe nach bayerischem Landesrecht nicht mehr insgesamt von der Abschlussprüfungspflicht befreit werden. Nach § 5 Abs. 2 Kommunalwirtschaftliche Prüfungsverordnung – KommPrV – BY besteht lediglich die Möglichkeit, auf Antrag widerruflich zuzulassen, dass zwei oder drei Jahresabschlüsse zusammengefasst geprüft werden. Voraussetzung dafür ist, dass die Verhältnisse des Eigenbetriebs geordnet sind und seine Betriebsführung einfach und übersichtlich ist. Die für die Entscheidung zuständigen Bezirksregierungen stellen insoweit auch auf die Größe des Anlagevermögens ab.

d) Bestellung und Beauftragung des Abschlussprüfers

176 **aa) Bestellung.** Der Abschlussprüfer wird von der **Gesellschafterversammlung** oder der **Hauptversammlung bestellt** (§ 318 Abs. 1 Satz 1 HGB, § 48 Abs. 1 GmbHG, § 119 Abs. 1 Nr. 4 AktG). Für Eigenbetriebe und Kommunalunternehmen gelten die landesrechtlichen Regelungen (z. B. für Eigenbetriebe in Bayern: Gemeinderat wegen der Bedeutung der Sache oder Werkausschuss (str.);[53] § 113e Abs. 3 Nr. 5 GO NI: Verwaltungsrat des Kommunalunternehmens; § 8 Kommunalprüfungsgesetz – KPG – SH: Landesrechnungshof).

177 Nach § 256 Abs. 1 Nr. 3 AktG ist ein festgestellter Jahresabschluss **nichtig**, wenn er im Fall einer gesetzlichen Prüfungspflicht von Personen geprüft wurde, die nicht zum Abschlussprüfer bestellt sind. Ob eine wirksame Bestellung vorliegt, bestimmt sich nach den gesellschaftsrechtlichen Vorschriften.

178 **bb) Beauftragung.** Von der Bestellung des Abschlussprüfers ist die Erteilung des Prüfungsauftrags zu unterscheiden. Den **Vertrag** mit dem Abschlussprüfer, einen Geschäftsbesorgungsvertrag mit Werkvertragscharakter,[54] schließt bei **AGs und GmbHs** seit Inkrafttreten des KonTraG der **Aufsichtsrat** (§ 111 Abs. 2 Satz 3 AktG, § 52 Abs. 1 GmbHG). Mit der Verlagerung dieser Kompetenz weg von Vorstand und Geschäftsführer sollte die Neutralität des Abschlussprüfers betont werden. In der Gesellschaftssatzung kann die Organkompetenz des fakultativen Aufsichtsrats einer GmbH zum Abschluss des Vertrages abbedungen werden. Für **Eigenbetriebe** und **Kommunalunternehmen** verbleibt es bei den landesrechtlichen Zuständigkeitsvorschriften zum Vollzug von Beschlüssen.

179 Soweit nicht gesetzliche Bestimmungen (bei Eigenbetrieben und sonstigen Einrichtungen) vorsehen, dass die Erweiterungen der Prüfung nach § 53 HGrG Teil der Abschlussprüfung sind, bedarf es für die **erweiterte Abschlussprüfung** eines gesonderten Auftrags.

---

[53] Vgl. *Widtmann/Grasser*, Bayerische Gemeindeordnung, Art. 107 GO Rn. 4; Art. 76 LKrO Rn. 4.
[54] BGH, NJW 1994, 323 ff.; *Lutter/Krieger*, Rechte und Pflichten des Aufsichtsrats, Rn. 173.

IV. Prüfungswesen   180–183 **E**

Im Rahmen der gesetzlichen Mindestbestimmungen zum Prüfungsumfang (Prüfung **180**
des Jahresabschlusses, des Lageberichts, des Risikomanagements, der Erweiterungen nach
§ 53 HGrG) ist der Aufsichtsrat befugt, **Prüfungsschwerpunkte** zu bestimmen oder **erweiterte Prüfungen** zu vereinbaren, z. B. bezüglich strafrechtlich relevanter Vorwürfe.

§ 6 Abs. 5 Vergabeverordnung – VgV – 1994 nahm die gesetzlich vorgeschriebenen **181**
Abschlussprüfungen von Unternehmen, die öffentliche Auftraggeber sind, vom Vergaberecht aus. Für die **Vergabe** von Aufträgen zur Jahresabschlussprüfung kommunaler Unternehmen, die öffentliche Auftraggeber i. S. d. § 98 GWB sind, besteht nunmehr bei Überschreiten der in § 2 VgV genannten Schwellenwerte (geschätzter Auftragswert über 200.000 Euro) eine europaweite **Ausschreibungspflicht** (§ 2 Nr. 3 VgV, § 2 Abs. 2 VOF), wobei das Verhandlungsverfahren anzuwenden ist. Die entsprechenden Bestimmungen der VgV traten am 1. 2. 2001 in Kraft und erfassten bereits Aufträge zur Prüfung der Jahresabschlüsse 2001.[55] Für die beteiligungsführenden Stellen des Bundes sehen mit dem Institut der Wirtschaftsprüfer – IDW – und dem Bundesrechnungshof abgestimmte Grundsätze vor, dass eine wiederholte Bestellung von Abschlussprüfern in einem Zeitraum bis zu fünf Jahren ohne jährliches Vergabeverfahren möglich ist, wenn über diese Leistung eine Rahmenvereinbarung mit dem Bestbieter abgeschlossen wird, die für den Prüfer keinen Rechtsanspruch auf eine wiederholte Bestellung begründet.[56] Diese Handhabung empfiehlt sich auch für größere kommunale Unternehmen. (Ergänzend ist darauf hinzuweisen, dass das Europäische Parlament im Januar 2004 das Legislativpaket zum öffentlichen Auftragswesen verabschiedet hat, wonach nach Ablauf der 21-monatigen Umsetzungsfrist der neuen Koordinierungsrichtlinie für die Durchführung einer europaweiten Ausschreibung 249.000 Euro als neuer Schwellenwert bei öffentlichen Liefer- und Dienstleistungsaufträgen gilt.)

Daneben kann sich auch unterhalb der EU-Schwellenwerte eine Ausschreibungspflicht **182**
aus haushaltsrechtlichen Vorschriften (z. B. § 31 KommHV BY, § 30 GemHVO HE, § 31 GemHVO RP) ergeben, die aber regelmäßig nur für rechtlich unselbständige Unternehmen gelten (Eigenbetriebe).[57]

e) Unabhängigkeit des Abschlussprüfers

Die **Unabhängigkeit** des Abschlussprüfers ist unerlässlich für eine funktionierende Abschlussprüfung, wenn sie von ernst zu nehmender Qualität sein soll.[58] Über den allgemeinen Grundsatz der Besorgnis der Befangenheit hinaus enthält § 319 Abs. 2 bis 4 HGB dementsprechend **Inkompatibilitätsvorschriften**, unter deren Voraussetzungen Wirtschaftsprüfer oder Wirtschaftsprüfungsgesellschaften nicht Abschlussprüfer sein dürfen. Hervorzuheben ist § 319 Abs. 2 Nr. 5 HGB, wonach ein Wirtschaftsprüfer nicht Abschlussprüfer sein darf, wenn er bei der Führung der Bücher oder der Aufstellung des zu prüfenden Jahresabschlusses über die Prüfungstätigkeit hinaus mitgewirkt hat. Unvereinbar mit der Abschlussprüfung sind auch bestimmte Beratungsdienstleistungen, wenn der Abschlussprüfer letztlich Sachverhalte zu prüfen hätte, an deren Zustandekommen er über seine Beraterfunktion hinaus beteiligt war (Selbstprüfung).[59] Dieses **Selbstprüfungsverbot** hat aber in allgemeiner Form bislang noch keinen Niederschlag in der gesetzlichen Regelung gefunden. Diskutiert werden daher – im Sinn eines eher kasuistischen Ansatzes – konkrete Verbote, wie das Verbot, die interne Revision auf Abschlussprüfer zu übertragen, oder das Verbot von Beratungsleistungen im Zusammenhang mit Großprojekten der IT. Im Hinblick auf die Wirksamkeit der Anforderungen an die Unab- **183**

---

[55] Mit Bekanntmachung vom 11. 2. 2003 wurde die VgV nochmals neu gefasst.
[56] BMF-Schreiben VIII C 1 – FB 0300 – 20/01; siehe auch FN-IDW 2001, S. 288 a.
[57] So gilt etwa § 31 KommHV BY trotz der öffentlich-rechtlichen Verfasstheit bayerischer Kommunalunternehmen i. S. d. Art. 89 GO BY nicht für diese.
[58] Siehe zum Problemkreis Unabhängigkeit auch *Marx*, Unabhängige Abschlussprüfung und Beratung.
[59] Vgl. BGH, DB 1997, 1394; *Janssen*, Holding und Organschaft: Bestandsaufnahme, Gestaltung, Perspektiven, Die Wirtschaftsprüfung, Sonderheft 2003, S. S2.

hängigkeit dürfte eine allgemeine, nicht auf die Aufzählung von einzelnen Anwendungsfällen beschränkte Formulierung vorzuziehen sein.[60] Im Sinn einer Selbstregulierung empfiehlt Nr. 7.2.1 des Deutschen Corporate Governance Kodex (DCGK), der unmittelbar nur für börsennotierte Gesellschaften (§ 161 AktG) gilt, eine sog. Unabhängigkeitserklärung des vorgesehenen Abschlussprüfers einzuholen.[61] Diese, nach der Präambel des DCGK an die internationalen und nationalen Anleger, Kunden und die Öffentlichkeit gerichtete Empfehlung überzeugt für typischerweise überschaubare kommunale Unternehmen nicht recht. Bei diesen dürften berufliche oder finanzielle Verflechtungen als Auslöser der Besorgnis der Befangenheit eher selten sein. Im Übrigen unterliegen Wirtschaftsprüfer bei ihrer Berufsausübung ohnehin der Unabhängigkeitsverpflichtung gemäß § 43 WPO. Der Regierungsentwurf eines **Bilanzrechtsreformgesetzes** vom 21. 4. 2004 (Rn. 37) sieht in § 319 HGB (und zusätzlich in § 319 a HGB für börsennotierte Gesellschaften) eine erweiterte, aber nicht abschließende Aufzählung von Ausschlussgründen vor, die insbesondere auch den bislang berufsrechtlich verankerten Grundsatz des Selbstprüfungsverbots präzisieren und verschärfen.[62] Allerdings soll das Selbstprüfungsverbot nur zeitlich begrenzt gelten. Kern der Neuregelung ist der Ausschluss wegen Besorgnis der Befangenheit, die für bestimmte Fälle unwiderlegbar vermutet wird. Ausschlussgründe sind nach dem Entwurf insbesondere die Mitwirkung in verantwortlicher Position bei der internen Revision und das Erbringen eigenständiger, nicht unwesentlicher versicherungsmathematischer oder Bewertungsleistungen. Nicht zum Ausschluss soll eine Tätigkeit von untergeordneter Bedeutung führen.

184 Hinzuweisen ist auch auf eine mit der Unabhängigkeit des Abschlussprüfers zusammenhängende Folge aus der künftigen Anwendung internationaler Rechnungslegungsgrundsätze. Soweit diese subjektiven Bewertungen der Unternehmensführung für die Bilanzierung mehr Gewicht zumessen (z. B. Fair Value des Goodwill), könnte dem Abschlussprüfer seine regelmäßig eher geringere fachliche Erfahrung in der Branche des geprüften Unternehmens bei der Durchsetzung gegenüber der Unternehmensführung hinderlich sein.[63]

185 Der generellen, insbesondere auch Beratungsleistungen geringeren Umfangs oder Gewichts erfassenden **Trennung von Prüfung und Beratung** ist eine Absage zu erteilen, da sie die Qualität der Abschlussprüfung gefährden könnte. In Rahmen der Beratung gewonnene Erkenntnisse über ein Unternehmen erleichtern die Abschlussprüfung und können sie problemorientierter und wirksamer machen.[64] Das gilt insbesondere für steuerberatende Dienstleistungen,[65] jedenfalls wenn sie nicht gestaltender Art sind und nicht die Prozessvertretung umfassen. Das bayerische Landesrecht trägt diesen Gedanken Rechnung, indem es dem Bayer. Komm. Prüfungsverband als unabhängiger („Non-profit")Einrichtung per Gesetz die Prüfung und Beratung als Aufgabe zuweist und ihn zugleich für Abschlussprüfungen von Eigenbetrieben und Kommunalunternehmen zuständig sein lässt (Art. 2 Gesetz über den Bayerischen Kommunalen Prüfungsverband – PrVbG – BY, Art. 107 GO BY). Auch hier gilt aber für die jeweilige Abschlussprüfung § 319 Abs. 2 und 3 HGB entsprechend (§ 4 Abs. 3 KommPrV BY). Der Regierungsentwurf eines Bilanzrechtsreformgesetzes erlaubt dem Abschlussprüfer keine Rechts- oder Steuerberatungsleistungen, die über das Aufzeigen von Gestaltungsalternativen hinausgehen und sich unmittelbar und nicht nur unwesentlich auf die Vermögens-, Finanz- und Ertragslage auswirken. Außerdem wird eine (zumindest interne) Rotation des verantwortlichen Prüfers vorgeschrieben.

---

[60] IDW-Stellungnahme vom 28. 5. 2003 zur Mitteilung der EU-Kommission: Stärkung der Abschlussprüfung in der EU, WPg 2003, S. 668 ff., S. 669.
[61] Vgl. Formulierungsvorschlag des IDW in FN-IDW 2002, S. 755 f.
[62] *Peemöller/Oehler*, Regierungsentwurf des BilReG: Änderungen gegenüber dem Referentenentwurf, BB 2004, 1158 ff.; *Pfitzer/Orth/Hettich*, Stärkung der Unabhängigkeit des Abschlussprüfers? Kritische Würdigung des Referentenentwurfs zum Bilanzrechtsreformgesetz, DStR 2004, 328 ff.
[63] *Baetge/Richter*, Buchbesprechung von *Marx*, Unabhängige Abschlussprüfung und Beratung, Baden-Baden 2001, WPg 2003, S. 672.
[64] *Janssen* (Rn. 183), S. S2.
[65] IDW (Rn. 183), WPg 2003, S. 670.

IV. Prüfungswesen

f) Prüfungsfelder und Durchführung der Abschlussprüfung

Der Abschlussprüfer ist nach § 321 Abs. 1 Satz 3 HGB gehalten, im Prüfungsbericht **186** über bei der Durchführung der Prüfung festgestellte Unrichtigkeiten und Verstöße gegen gesetzliche Vorschriften sowie Tatsachen zu berichten, die den Bestand des geprüften Unternehmens oder des Konzerns gefährden oder seine Entwicklung wesentlich beeinträchtigen können oder die schwerwiegende Verstöße der gesetzlichen Vertreter oder von Arbeitnehmern gegen Gesetz, Gesellschaftsvertrag oder die Satzung erkennen lassen. Daran orientieren sich Prüfungsfelder und Durchführung der Prüfung. Der Abschlussprüfer führt seine Prüfung unter Beachtung der vom **Institut der Wirtschaftsprüfer (IDW)** festgelegten **Grundsätze ordnungsgemäßer Abschlussprüfung** durch. Das IDW hat sich dazu in Fachgutachten, Stellungnahmen und Prüfungsstandards (PS) geäußert. Die Abschlussprüfung ist so zu planen und durchzuführen, dass Unrichtigkeiten und Verstöße, die sich auf die Darstellung des durch den Jahresabschluss (unter Beachtung der GoB) und durch den Lagebericht vermittelten Bildes der Vermögens-, Finanz- und Ertragslage wesentlich auswirken, mit hinreichender Sicherheit erkannt werden. Mittels des sowohl quantitativ als auch qualitativ zu verstehenden Kriteriums der **Wesentlichkeit** wird die Abschlussprüfung auf entscheidungserhebliche Sachverhalte konzentriert.[66] Letztlich beurteilt der Abschlussprüfer, ob nicht bereinigte Unrichtigkeiten und Verstöße wesentlich für das Prüfungsergebnis sind. Prüfungsgrundsätze sind Sorgfalt, Wesentlichkeit und Wirtschaftlichkeit. Dabei greift die Berichtspflicht des Abschlussprüfers nicht erst, wenn im Rahmen der Prüfung festgestellte Tatsachen schwerwiegende Verstöße darstellen, sondern bereits dann, wenn diese Tatsachen derartige Verstöße erkennen lassen.

Soweit es der Sicherung einer ordnungsmäßigen Rechnungslegung dient, gehören zur **187** Prüfung in diesem Sinn auch die Prüfung und Beurteilung des **internen Kontrollsystems**. Die Prüfung des internen Kontrollsystems und das Verständnis der Abläufe (Transaktionen) stehen bei der modernen Abschlussprüfung vermehrt im Vordergrund, während die Konzentration auf Bilanzpositionen eher zurücktritt. Ausgehend davon kann der Abschlussprüfer Art und Umfang seiner einzelnen Prüfungshandlungen festlegen. Dabei prüft er in **Stichproben**, wobei die Stichprobenauswahl regelmäßig außergewöhnliche Geschäftsvorfälle oder Abläufe und solche, bei denen der Geschäftsführung ein weiter Entscheidungsspielraum zukommt, besonders berücksichtigen wird. Dazu kann auch der außerbuchhalterische Bereich des Unternehmens gehören, also z. B. seine vertraglichen Bindungen.

Zur Abschlussprüfung gehört auch die Prüfung von Aufbau und Funktion **IT-gestütz- 188 ter Rechnungslegungssysteme**, wobei insoweit wohl regelmäßig Spezialisten beizuziehen sind.

Eine wirksame Abschlussprüfung setzt voraus, dass das geprüfte Unternehmen koope- **189** riert; § 320 HGB normiert eine entsprechende **Mitwirkungspflicht**. Dazu zählt z. B., dass der Jahresabschluss und der Lagebericht vorliegen, das Kontroll- und das Risikofrüherkennungssystem ordnungsgemäß dokumentiert sind, sachkundige, zur Auskunft berechtigte Ansprechpartner benannt und verfügbar sind, zu den für die Prüfung erforderlichen Unterlagen dem Prüfer und seinen Hilfskräften – bei digital vorgehaltenen Unterlagen mittels eines Nur-Lese-Zugriffs – unbeschränkt Zugang gewährt wird. Vom geprüften Unternehmen wird dazu eine sog. Vollständigkeitserklärung verlangt.

Nach § 53 HGrG umfasst die **erweiterte** Abschlussprüfung auch die Prüfung und Be- **190** urteilung der **Ordnungsmäßigkeit der Geschäftsführung** und der **wirtschaftlichen Verhältnisse** (Rn. 163 f., 193 ff.).

Die Durchführung der nach § 53 HGrG erweiterten Abschlussprüfung prägt in der **191** Praxis der dazu vom IDW verabschiedete **Fragenkatalog** zur Prüfung der Ordnungs-

---

[66] Vgl. IDW Prüfungsstandard: Wesentlichkeit im Rahmen der Abschlussprüfung (IDW PS 250 – Stand 8. 5. 2003), WPg 2003, S. 944 ff.

mäßigkeit der Geschäftsführung und der wirtschaftlichen Verhältnisse nach § 53 HGrG (IDW PS 720 – Stand 13. 9. 2000), der mit dem Bundesfinanzministerium und den Rechnungshöfen abgestimmt ist und in 21 Fragenkreisen die Bereiche Geschäftsorganisation, Instrumentarien der Geschäftsführung, Geschäftsführung, Vermögens-, Finanz- und Ertragslage abdeckt. Große Bedeutung wird auf das Risikofrüherkennungssystem gelegt.

192 Die Fragen des Katalogs sind vollständig zu bearbeiten; sind einzelne Fragen nicht einschlägig, ist das zu begründen. In der Praxis ist dieses vorgeschriebene Vorgehen eher zeitaufwendig zu Lasten der eigentlichen Prüfung und kann im Ergebnis die Lesbarkeit beeinträchtigen. Die Berichterstattung zum Fragenkatalog geschieht regelmäßig in Form einer Anlage zum Prüfungsbericht.

g) Berichterstattung gemäß § 53 Abs. 1 HGrG

193 § 53 Abs. 1 HGrG erweitert die Berichterstattung gegenüber der sonst bei der Abschlussprüfung gebräuchlichen insofern, als die Abschlussprüfer neben
- der **Beurteilung der Ordnungsmäßigkeit der Geschäftsführung** in ihrem Bericht auch
- die Entwicklung der **Vermögens-** und **Ertragslage** sowie die **Liquidität** und **Rentabilität** der Gesellschaft,
- **verlustbringende Geschäfte** und die **Ursachen der Verluste**, wenn diese Geschäfte und die Ursachen für die Vermögens- und Ertragslage von Bedeutung waren, und
- die **Ursachen** eines in der Gewinn- und Verlustrechnung ausgewiesenen **Jahresfehlbetrages**

darstellen müssen.

194 Dabei orientiert sich die Beurteilung der Ordnungsmäßigkeit der Geschäftsführung an der Sorgfalt eines ordentlichen und gewissenhaften Geschäftsleiters (vgl. § 93 Abs. 1 Satz 1 AktG, § 43 Abs. 1 GmbHG). Allerdings wird der Abschlussprüfer nur wesentliche Verstöße gegen diese Sorgfaltspflicht darstellen, also insbesondere grob fehlerhafte oder missbräuchliche kaufmännische Entscheidungen.

195 Die Berichterstattung des Abschlussprüfers ist insoweit durch den **Fragenkatalog** des IDW (Rn. 191 f.) vorgegeben.

h) Management Letter

196 Neben dem gesetzlich vorgeschriebenen Prüfungsbericht über die Abschlussprüfung erstellt der Abschlussprüfer berufsüblich für den Vorstand oder Geschäftsführer einen sog. **Management Letter**, der Hinweise auf Schwachstellen im Unternehmen enthält und Mängel aufzeigt, die bei der Prüfung aufgefallen sind und abgestellt werden sollten, aber unterhalb der Schwelle der rechtlichen Berichtspflichten liegen, so dass sie das Testat nicht beeinflussen. Bislang wurde der Management Letter dem **Aufsichtsrat** regelmäßig nicht zugeleitet. Mit der durch das KonTraG und das Transparenz- und Publizitätsgesetz – TransPubG – erweiterten Überwachungsfunktion des Aufsichtsrats ist das nicht mehr vereinbar.[67] Zumindest der Vorsitzende des Aufsichtsrats und der Prüfungsausschuss des Aufsichtsrats sollten daher den Management Letter zur Kenntnis erhalten.

i) Abschlussprüfungsbericht und Berichterstattung

197 Unabhängig von der Rechtsform des geprüften Unternehmens muss der Abschlussprüfer vom Ergebnis seiner Prüfung **schriftlich berichten** (§ 321 HGB). Negativerklärungen bezüglich dessen, was im Rahmen der Prüfung nicht festgestellt wurde, sind nicht erforderlich. § 53 Abs. 1 Nr. 3 HGrG und die entsprechenden landesrechtlichen Bestimmungen für Eigenbetriebe und Kommunalunternehmen stellen sicher, dass die **Kommune** den Abschlussprüfungsbericht ihres Unternehmens erhält. Adressat dieser Pflicht ist nicht der Abschlussprüfer, sondern das Unternehmen.

---

[67] Vgl. auch Nrn. 7.2.3 und 7.2.4 Corporate Governance Kodex (http://www.corporate-governance-code.de/ger/kodex/index.html).

IV. Prüfungswesen

198 Der Abschlussprüfungsbericht richtet sich an den **Aufsichtsrat** (§ 321 Abs. 5 Satz 2 HGB). Die Übermittlung des Abschlussprüfungsberichts an die einzelnen Mitglieder des Aufsichtsrats bestimmt sich bei AGs nach § 170 Abs. 3 AktG, bei GmbHs nach § 52 Abs. 1 GmbHG i.V. m. § 170 Abs. 3 AktG (Rn. 213).

199 An der Bilanzsitzung des Aufsichtsrats muss der Abschlussprüfer teilnehmen und seinen schriftlichen Bericht erläutern sowie auf Fragen eingehen.

j) Bestätigungsvermerk

200 Der **Bestätigungsvermerk** stellt die Ergebnisse der Prüfung des Jahresabschlusses zusammenfassend fest. Seine rechtliche Grundlage ist § 322 HGB, der in Absatz 1 ein sog. **Formeltestat** enthält. § 322 HGB wird durch landesrechtliche Vorschriften ergänzt (z. B. § 7 Abs. 4 KommPrV BY). Der Bestätigungsvermerk muss neben einer Beschreibung von Gegenstand, Art und Umfang der Prüfung auch eine Beurteilung des Prüfungsergebnisses beinhalten. Sind vom Abschlussprüfer keine Einwendungen zu erheben, so hat er in seinem Bestätigungsvermerk zu erklären, dass die von ihm nach § 317 HGB durchgeführte Prüfung zu keinen Einwendungen geführt hat und dass der von den gesetzlichen Vertretern der Gesellschaft aufgestellte Jahresabschluss aufgrund seiner bei der Prüfung gewonnenen Erkenntnisse nach seiner Beurteilung unter Beachtung der Grundsätze ordnungsmäßiger Buchführung ein den tatsächlichen Verhältnissen entsprechendes Bild der Vermögens-, Finanz- und Ertragslage des Unternehmens vermittelt. Hierin liegt eine wesentliche Erweiterung des Formeltestats, die das KonTraG eingeführt hat.

201 Ferner soll das Prüfungsergebnis allgemein verständlich und problemorientiert beurteilt werden. Auf erkannte **Risiken**, die den Fortbestand des Unternehmens gefährden, ist gesondert einzugehen. Dabei betont das Gesetz, dass die gesetzlichen Vertreter der Gesellschaft den Jahresabschluss zu verantworten haben (§ 322 Abs. 2 HGB). Darin, dass der Abschlussprüfer im Bestätigungsvermerk nicht nach § 322 Abs. 2 Satz 2 HGB auf den Fortbestand des Unternehmens gefährdende Risiken hingewiesen hat, liegt nicht eine Garantie, dass die Fortführung der Unternehmenstätigkeit gesichert ist. Nach § 252 Abs. 1 Nr. 2 HGB ist bei der Bewertung der im Jahresabschluss ausgewiesenen Vermögensgegenstände und Schulden von der Fortführung der Unternehmenstätigkeit auszugehen, sofern dem nicht tatsächliche oder rechtliche Gegebenheiten entgegenstehen. Der Abschlussprüfer hat auf bestandsgefährdende Tatsachen zu achten und beurteilt die Einschätzung der gesetzlichen Vertreter für den Prognosezeitraum (mindestens zwölf Monate, gerechnet vom Abschlussstichtag des Geschäftsjahrs).[68]

202 Im Bestätigungsvermerk ist auch darauf einzugehen, ob der **Lagebericht** insgesamt nach der Beurteilung des Abschlussprüfers eine zutreffende Vorstellung von der Lage des Unternehmens vermittelt. Dabei ist auch zu erörtern, ob die Risiken der künftigen Entwicklung zutreffend dargestellt sind.

203 Sind **Einwendungen** zu erheben, so schreibt § 322 Abs. 4 HGB vor, dass der Abschlussprüfer sein Testat in geeigneter Weise **einzuschränken** oder bei besonders schwerwiegenden Einwendungen zu **versagen** hat. Die Versagung ist in den Vermerk, der nicht mehr als Bestätigungsvermerk zu bezeichnen ist, aufzunehmen. Die Einschränkung und die Versagung sind zu begründen. Einschränkungen sind so darzustellen, dass deren Tragweite erkennbar wird.

204 Der Abschlussprüfer hat den Bestätigungsvermerk oder den Vermerk über die Versagung zu unterzeichnen und in den Prüfungsbericht aufzunehmen (§ 322 Abs. 5 HGB).

205 Wendet das Unternehmen HGB-Regelungen und daneben z. B. IAS/IFRS an, kann der Abschlussprüfer unter einer Überschrift, aber in getrennten Absätzen ein sog. **duales Testat** erteilen, das die Übereinstimmung mit den jeweiligen Rechnungslegungsvorschriften testiert. Allerdings sieht der Regierungsentwurf eines Bilanzrechtsreformgeset-

---

[68] Vgl. IDW Prüfungsstandard: Die Beurteilung der Fortführung der Unternehmenstätigkeit im Rahmen der Abschlussprüfung (IDW PS 270), FN-IDW 2003, S. 315.

zes vom 21. 4. 2004 (Rn. 37) die Neufassung des § 322 HGB vor, um der Geltung der IFRS Rechnung zu tragen.

206 Probleme können sich für den Abschlussprüfer im Rahmen der externen Berichterstattung im **Internet** ergeben, wenn der Bestätigungsvermerk Teil der Internetpräsentation des Unternehmens ist und gleichzeitig nicht testierte Informationen damit verknüpft werden. Der Abschlussprüfer sollte insbesondere darauf achten, dass testierte und nicht testierte Informationen deutlich voneinander abgegrenzt werden und der Bestätigungsvermerk durch eine digitale Signatur geschützt wird.[69]

k) Grenzen der Abschlussprüfung

207 Die Abschlussprüfung kann wie jede Prüfung wesensmäßig nicht sämtlichen Geschäftsvorfällen nachspüren. Sie ist auf **Stichproben** beschränkt. Daraus und aus den jedem rechnungslegungsbezogenen internen Kontrollsystem immanenten Grenzen folgt, dass ein gewisses **Risiko** nicht auszuschließen ist, dass selbst wesentliche falsche Angaben nicht aufgedeckt werden. Das Finden von Verdachtsmomenten für **Straftaten**, wie Unterschlagungen, Untreue, Bilanzfälschung u. Ä., ist nicht notwendig Ziel der Abschlussprüfung. Hier sieht sich die Abschlussprüfung allerdings zunehmend erhöhten Erwartungen ausgesetzt, die auch schon zur Fortentwicklung einschlägiger Prüfungsstandards geführt haben.[70] Die ordnungsgemäße Buchführung, das Aufstellen des Jahresabschlusses und des Lageberichts sowie die Einrichtung eines angemessenen internen Kontrollsystems, das auch gelebt werden muss, liegen in der **Verantwortung der Unternehmensleitung**, die durch die Abschlussprüfung hiervon nicht befreit wird.

l) Haftung des Abschlussprüfers

208 Maßgebend ist zunächst § 323 HGB, wonach dem **geprüften Unternehmen** (und ggf. einem verbundenen Unternehmen) aus einer fahrlässigen oder vorsätzlichen Pflichtverletzung des Abschlussprüfers oder seiner Gehilfen ein **Schadensersatzanspruch** entsteht. Die Ersatzpflicht ist für den Fall einer fahrlässigen Pflichtverletzung bei gesetzlich vorgeschriebenen Abschlussprüfungen auf 1.000.000 € beschränkt (§ 323 Abs. 2 HGB). Im Übrigen ist auf die „Allgemeinen Auftragsbedingungen für Wirtschaftsprüfer und Wirtschaftsprüfungsgesellschaften" (Fassung vom 1. 1. 2002) zu verweisen; der erweiterte Haftungsrahmen kommt zum Tragen, soweit nicht gesetzlich eine niedrigere Haftungsbegrenzung bestimmt ist. Die Haftung des Abschlussprüfers begründet z. B. regelmäßig die Bestätigung einer von der BFH-Rechtsprechung abweichenden Bilanzierung.[71]

209 Auch gegenüber Dritten kann nach den Grundsätzen des **Vertrages mit Schutzwirkung für Dritte** eine vorsätzliche oder grob fahrlässige Pflichtverletzung zur Haftung führen, etwa wenn ein Kreditinstitut auf die Richtigkeit eines Testats vertrauen durfte (und auch vertraute) und deshalb dem geprüften Unternehmen einen Kredit gewährte, der Not leidend wurde. Allerdings ist das Risiko der **Dritthaftung** des Abschlussprüfers entsprechend der in § 323 HGB zum Ausdruck kommenden gesetzgeberischen Intention angemessen zu begrenzen und darf nicht auf eine Vielzahl von Gläubigern etc. erstreckt werden. Voraussetzung ist, dass die Abschlussprüfung nach dem Willen der Vertragsparteien auch im Interesse eines Dritten durchgeführt werden und ihr Ergebnis dem Dritten als Entscheidungsgrundlage dienen sollte.[72]

---

[69] *Küting/Dawo/Heiden*, Das Testat des Wirtschaftsprüfers im Internet – International audit guidance als Vorbild einer künftigen deutschen Regelung?, JurPC Web-Dok. 25/2002, Abs. 63.

[70] IDW PS 210: Zur Aufdeckung von Unregelmäßigkeiten im Rahmen der Abschlussprüfung, WPg 2003, S. 655 ff.; *Schruff*, Zur Aufdeckung von Top-Management-Fraud durch den Wirtschaftsprüfer im Rahmen der Jahresabschlussprüfung, WPg 2003, S. 901 ff.

[71] Vgl. *Bärenz*, Haftung des Abschlussprüfers bei Bestätigung fehlerhafter Jahresabschlüsse gemäß § 323 Abs. 1 S. 3 HGB, BB 2003, 1781 ff.

[72] BGH, NJW 1998, 1948 ff.; OLG Düsseldorf, OLGR Düsseldorf 2000, 335 ff. (= JURIS Nr. KORE704182000).

4. Prüfung durch den Aufsichtsrat

a) Prüfungspflicht des Aufsichtsrats

Der **Aufsichtsrat** einer Kapitalgesellschaft hat den **Jahresabschluss**, den **Lagebericht** und den Vorschlag über die Ergebnisbehandlung zu **prüfen** und über das Ergebnis seiner Prüfung der Haupt- oder Gesellschafterversammlung schriftlich zu berichten (für GmbHs: § 52 Abs. 1 GmbHG i.V. m. § 171 AktG, außerdem für den obligatorischen Aufsichtsrat einer mitbestimmten GmbH § 1 Abs. 1 Nr. 3 DrittelbG, § 25 Abs. 1 Nr. 2 MitbestG 76; für AGs: §§ 171, 172 AktG). In dem **Bericht** muss der Aufsichtsrat auch mitteilen, in welcher Art und in welchem Umfang er die Geschäftsführung der Gesellschaft während des Geschäftsjahres geprüft hat. Außerdem hat er zu dem Ergebnis der Prüfung des Jahresabschlusses durch den Abschlussprüfer Stellung zu nehmen. Der Aufsichtsrat kann einen besonderen **Ausschuss** aus seiner Mitte bestellen (z. B. **Bilanzprüfungsausschuss**), der ihn bei der Prüfung des Jahresabschlusses unterstützt (§ 107 Abs. 3 AktG). Allerdings sind bislang in eher wenig Unternehmen Bilanzprüfungsausschüsse eingerichtet worden.[73]

Die Kompetenz des **fakultativen Aufsichtsrats** einer GmbH zur Prüfung des Jahresabschlusses und des Lageberichts kann durch Satzung insoweit abbedungen werden (§ 52 Abs. 1 GmbHG), als es um die entsprechende Anwendung der §§ 170 f. AktG geht. Nicht disponibel ist jedoch eine **Kernkompetenz** zur Prüfung des Jahresabschlusses und des Lageberichts, die sich bereits aus der zum Wesen des Aufsichtsrats notwendig gehörenden Aufgabe ergibt, die Geschäftsführung zu überwachen (vgl. §§ 93, 116 Abs. 1 AktG). Soll dem Aufsichtsrat satzungsmäßig auch diese Kernkompetenz nicht zukommen, handelt es sich in Wahrheit nur um einen unzutreffend bezeichneten Beirat.[74]

b) Aufsichtsrat und Abschlussprüfer

Der Aufsichtsrat kann seine Aufgabe, die Geschäftsführung zu überwachen, nur mit Unterstützung des Abschlussprüfers und insbesondere nicht ohne Kenntnis des Abschlussprüfungsberichts erfüllen. Die Aufgabe des Abschlussprüfers ist nicht nur darin zu sehen, dass er gegenüber der Öffentlichkeit und den Anlegern die Richtigkeit des Jahresabschlusses, des Lageberichts und des Anhangs bestätigt, sondern insbesondere auch darin, dass er als „**Gehilfe**" des Aufsichtsrats prüft. Das KontraG hat diese **Doppelfunktion** unterstrichen.[75]

c) Übermittlung des Abschlussprüfungsberichts an die Aufsichtsratsmitglieder

Jedes Aufsichtsratsmitglied einer AG (und einer GmbH mit obligatorischem Aufsichtsrat) hat das Recht, von den Vorlagen und Prüfungsberichten zum Jahresabschluss Kenntnis zu nehmen. Diese sind auch jedem Aufsichtsratsmitglied oder, soweit der Aufsichtsrat das beschlossen hat, den Mitgliedern eines Ausschusses übermitteln (§ 170 Abs. 3 AktG).[76] Vorlagen und Prüfungsberichte können dann als Mehrexemplare oder Kopien, seit Inkrafttreten des TransPubG[77] auch **elektronisch** übermittelt werden. Inwieweit § 170 Abs. 3 AktG auch auf GmbHs mit fakultativem Aufsichtsrat oder bei freiwilligen Abschlussprüfungen Anwendung findet, ist str.[78] Ein Verstoß gegen § 170 Abs. 3 AktG kann zur Nichtigkeit des Jahresabschlusses wegen nicht ordnungsgemäßer Mitwirkung des Aufsichtsrats bei seiner Feststellung führen (§ 256 Abs. 2 AktG).

---

[73] *Veit*, Verbreitung von Bilanzprüfungsausschüssen in Deutschland, DB 2003, 2021 ff.
[74] *Lutter/Krieger* (Rn. 178), Rn. 982 f.
[75] Vgl. BR-Drs. 872/97, S. 41; *Lutter/Krieger* (Rn. 178), Rn. 172.
[76] Zu den dabei auftretenden Fragen siehe *Bormann/Gucht*, Übermittlung des Prüfungsberichts an den Aufsichtsrat – ein Beitrag zu § 170 Abs. 3 S. 2 AktG, BB 2003, 1887 ff.
[77] Transparenz- und Publizitätsgesetz vom 19. 7. 2002, BGBl. I S. 2681 ff.
[78] Vgl. *Zöllner*, in *Baumbach/Hueck*, GmbHG, § 52 Rn. 60 d, *Schulze-Osterloh*, ebenda, § 42 a Rn. 11.

d) Auswertung des Jahresabschlusses, Bilanzanalyse

214 Um die Interessen ihrer Kommune und damit letztlich Gemeinwohlinteressen wirksam vertreten zu können, sind für kommunale Mandatsträger und Bedienstete, die in den Aufsichtsrat oder ein ähnliches Gremium eines kommunalen Unternehmens entsandt oder gewählt werden, betriebswirtschaftliche Kenntnisse unerlässlich. Insbesondere lassen sich mit betriebswirtschaftlichen Methoden, die hier nur angerissen werden können, aus Jahresabschluss und Bilanz Erkenntnisse über die Vermögens-, Finanz- und Ertragslage des kommunalen Unternehmens gewinnen.[79]

215 In einem ersten Schritt wird dazu der **Jahresabschluss aufbereitet**, d. h. er wird (z. B. von außerordentlichen Posten, wie sie etwa aus der einmaligen Veräußerung von Gegenständen des Anlagevermögens resultieren) **bereinigt**, zusammen gehörige Positionen werden **zusammengefasst** (z. B. lang- und kurzfristig), wirtschaftlich zusammen gehörende Positionen werden **aufgerechnet** (z. B. zusammen gehörende Forderungen und Verbindlichkeiten), Beträge werden **gerundet** und **prozentuale Anteile** errechnet.

216 In einem zweiten Schritt lassen sich die aufbereiteten Zahlen und daraus gewonnene Kennzahlen mit denen anderer Wirtschaftsjahre, Branchen oder mit Soll-Zahlen (etwa aus der Planungsrechnung) **vergleichen**.

217 Weitere Erkenntnisse liefert die eigentliche **Bilanzanalyse**, die versucht, eine Bilanz nach einer Reihe von bestimmten Kennzahlen zu beurteilen. Damit werden Vermögens- und Kapitalstruktur, Anlagenfinanzierung und Liquidität untersucht. Ferner lassen sich die Finanzströme nach Mittelherkunft und Mittelverwendung gliedern. Wesentlich sind weiter Kapitalflussrechnungen (Cashflow-Rechnungen), welche die Veränderung des Geldvermögens ermitteln sollen, und Rentabilitätskennzahlen zur Beurteilung der Ertragslage.

218 Beispielhaft lassen sich folgende **Kennzahlen** nennen:
- Anlagenintensität (in % = Anlagevermögen/Gesamtvermögen × 100)
- Eigenkapitalanteil (in % = Eigenkapital/Gesamtkapital × 100)
- Verschuldensgrad (in % = Fremdkapital/Gesamtkapital × 100)
- Anlagendeckungsgrad I (in % = Eigenkapital/Anlagevermögen × 100)
- Anlagendeckungsgrad II (in % = (Eigenkapital + langfristiges Fremdkapital)/Anlagevermögen × 100)
- Liquidität 1. Grades (in % = flüssige Mittel/kurzfristiges Fremdkapital × 100)
- Liquidität 2. Grades (in % = (flüssige Mittel + kurzfristige Forderungen)/kurzfristiges Fremdkapital × 100)
- Liquidität 3. Grades (in % = kurzfristiges Umlaufvermögen/kurzfristiges Fremdkapital × 100)
- Bindungsgrad der Selbstfinanzierung (in % = planmäßige Darlehenstilgung/Selbstfinanzierung × 100)
- Cashflow aus der laufenden Geschäftstätigkeit (= Jahresergebnis + nicht auszahlungswirksame Aufwendungen − nicht einzahlungswirksame Erträge)
- Cashflow aus der Investitionstätigkeit (= Auszahlungen für Investitionen − Einzahlungen aus Anlagenabgängen)
- Eigenkapitalrentabilität (= Jahresgewinn × 100 dividiert durch 0,5 × (Eigenkapital Anfangsstand + Eigenkapital Endstand))
- Fremdkapitalrentabilität (= Zinsaufwand × 100 dividiert durch 0,5 × (Fremdkapital Anfangsstand + Fremdkapital Endstand))
- Gesamtkapitalrentabilität (= (Fremdkapitalzins + Jahresergebnis) × 100 dividiert durch 0,5 × (Gesamtkapital Anfangsstand + Gesamtkapital Endstand))
- Umsatzrentabilität (= Jahresgewinn/Umsatzerlöse × 100)
- Personalintensität (= Personalaufwand/Gesamtaufwand × 100)

---

[79] Vgl. zum Ganzen *Och/Wager* (Rn. 5), S. 231 ff.

IV. Prüfungswesen

Ein wichtiger Grundsatz ist, dass langfristiges Vermögen auch langfristig zu finanzieren ist (**Goldene Bilanzregel**). 219

Eine Bilanzanalyse sollte allerdings nicht isoliert anhand dieser Kennzahlen durchgeführt werden, sondern ergänzende Informationen heranziehen, z. B. aus dem Unternehmen, aus Perioden- und Betriebsvergleichen. 220

5. Rechnungsprüfung

a) Allgemeines

Die Rechnungsprüfung ist ein traditionelles Instrument der **öffentlichen Finanzkontrolle**, die für einen demokratischen Staat von hoher Bedeutung ist, weil sie die Rechenschaftslegung über die Verwendung öffentlicher Mittel gewährleistet. Ungeachtet der länderspezifischen Unterschiede gehört zu den Aufgaben der örtlichen Finanzkontrolle neben der überkommenen Prüfung der Jahresrechnung und der Prüfung der Kassen nach modernem Verständnis auch die Prüfung der Zweckmäßigkeit und Wirtschaftlichkeit des Verwaltungshandelns, das Durchführen von Organisationsuntersuchungen und weit gefächerte Beratungsleistungen. Z.T. hat sich deshalb bereits die umfassendere Bezeichnung „Revisionsamt" eingebürgert.[80] Nach dem Verständnis der öffentlichen Finanzkontrolle, der prüfungsfreie Räume grundsätzlich fremd sind, ist Gegenstand der Rechnungsprüfung auch die **unternehmerische Betätigung** der öffentlichen Hand, wobei es zunächst nicht auf die private oder öffentliche Rechtsform dieser Betätigung ankommt. 221

Die Rechnungsprüfung wird in der Literatur zum Prüfungswesen kommunaler Unternehmen bislang eher nur am Rande behandelt. Das mag zum einen daran liegen, dass sie als traditionelle Finanzkontrolle der Kommunen nicht recht in eine Zeit schnellen Wandels zu passen scheint. Zum andern ist sie systematisch zunächst **Prüfung der Kommune** selbst und **ihrer Betätigung** bei einem rechtlich verselbständigten (privatrechtlich oder öffentlich-rechtlich verfassten) kommunalen Unternehmen, nicht des Unternehmens selbst. Lediglich Eigenbetriebe und Regiebetriebe unterliegen als Teil der Kommune ohne weiteres der Rechnungsprüfung. 222

Von der Prüfung des Jahresabschlusses, die stets unmittelbar das Unternehmen betrifft, ist die Rechnungsprüfung scharf zu trennen, obgleich sie typischerweise auf die Ergebnisse der Jahresabschlussprüfung mit abstellt (z. B. Art. 106 Abs. 3 Satz 2 GO BY). Über gesetzlich oder sonst eingeräumte Prüfungsrechte (Rn. 234, 244, 245) kann sie aber auch ein Unternehmen selbst erfassen. Wer interne Revision, Tätigkeit des Aufsichtsrats, Abschluss- und Rechnungsprüfung nicht als einander ergänzende Bausteine sieht, die der Steuerung kommunaler Unternehmen dienen, verschenkt wesentliche Chancen. 223

Die Rechnungsprüfung der kommunalen Körperschaften (insbesondere Gemeinden; Verwaltungsgemeinschaften; Gemeindeverbände, d. h. Landkreise; Zweckverbände; in Bayern auch Bezirke) und Anstalten (Kommunalunternehmen) hat in den Bundesländern organisatorisch und nach der Reichweite der Prüfungsrechte eine **unterschiedliche Ausgestaltung** gefunden. Z.T. sind dafür Rechnungsprüfungsämter geschaffen, die zwar zur Verwaltung gehören, hinsichtlich der Prüfung aber unabhängig sind. Z.T. bestehen Rechnungsprüfungsausschüsse, die – je nach Größe der Körperschaft – von Rechnungsprüfungsämtern unterstützt werden (Art. 103 Abs. 3 GO BY). Dabei bestimmt sich die Form der Finanzkontrolle auch nach Status und Größe der Körperschaft (vgl. Art. 104 Abs. 1 GO BY, der für kreisfreie Städte ein Rechnungsprüfungsamt vorschreibt). In den meisten Bundesländern gibt es zusätzlich zur örtlichen Prüfung noch eine überörtliche Prüfung in unterschiedlichen Ausprägungen (siehe dazu unten den Länderüberblick im **Anhang**). 224

b) Örtliche und überörtliche Rechnungsprüfung

Die Kommunalgesetze unterscheiden zwischen **örtlicher** und **überörtlicher Rechnungsprüfung**. Dabei ist die örtliche Rechnungsprüfung im Gegensatz zur (externen) 225

---

[80] Vgl. http//:www.revisionsamt.de.

226 Die **Zuständigkeit** für die überörtliche Rechnungsprüfung ist in den Kommunalgesetzen der Länder geregelt. Ein bundeseinheitliches Bild ergibt sich danach nicht. Die örtliche Rechnungsprüfung führen der Rechnungsprüfungsausschuss und, falls ein solches besteht (regelmäßig in Kommunen ab einer bestimmten Größenordnung), das Rechnungsprüfungsamt durch. Für die überörtliche Rechnungsprüfung ergibt sich in den Flächenstaaten kein einheitliches Bild. Z.T. sind letztlich die (Kommunal)Abteilungen der Innenministerien mit nachgeschalteten Behörden zuständig (Niedersachsen, Saarland), z.T. die Landesrechnungshöfe (Brandenburg, Hessen (der Hessische Rechnungshof vergibt die einzelnen Prüfungsaufträge an Wirtschaftsprüfer oder Wirtschaftsprüfergesellschaften), Mecklenburg-Vorpommern, Rheinland-Pfalz, Sachsen, Sachsen-Anhalt, Schleswig-Holstein, Thüringen), z.T. sind eigene juristische Personen des öffentlichen Rechts gebildet, so die Gemeindeprüfanstalten in Baden-Württemberg (für Gemeinden mit mehr als 4.000 Einwohnern) und Nordrhein-Westfalen und der körperschaftlich (also mitgliedschaftlich) verfasste Kommunale Prüfungsverband in Bayern, der überörtliches Prüfungsorgan für die bayerischen Bezirke, Landkreise, kreisfreien Städte und Gemeinden ab etwa 5.000 Einwohner ist (die das bayerische Staatsministerium des Innern als Mitglieder bestimmt hat), während für kleinere Gemeinden die staatlichen Rechnungsprüfungsämter bei den Landratsämtern die überörtliche Rechnungsprüfung durchführen.

c) Historische Entwicklung von Abschluss- und Rechnungsprüfung

227 Die Prüfung der Wirtschaftsbetriebe der öffentlichen Hand bestimmte sich früher nach den Bestimmungen über die Prüfungspflicht vom 6.10.1931 und der Durchführungsverordnung vom 30.3.1933.

228 Für den Freistaat Bayern wurden die Bestimmungen durch das Dritte Rechtsbereinigungsgesetz vom 1.8.1968 grundsätzlich für nicht mehr anwendbar erklärt.

229 Die Beibehaltung der besonderen Abschlussprüfung beruhte auf einer Absprache mit den Innenministerien der Bundesländer. Man hielt das u.a. für erforderlich, weil die dortigen Prüfungseinrichtungen (anders als etwa der Bayer. Kommunale Prüfungsverband) nicht mit dem nötigen Fachpersonal ausgestattet waren. Mit Rücksicht auf die anderen Bundesländer wurde daher in Bayern die Abschlussprüfung nicht voll in die Rechnungsprüfung eingebaut.[81]

d) Betätigungsprüfung

230 **aa) Wesen.** Typischerweise sind die Rechnungsprüfungsorgane auf die sog. **Betätigungsprüfung** beschränkt, die Teil der Rechnungsprüfung ist. Dabei wird nicht die Betätigung des Unternehmens oder dieses selbst geprüft, sondern die Betätigung der Kommune bei Unternehmen in einer Rechtsform des privaten Rechts und bei Kommunalunternehmen. Beide Bereiche werden sich aber nach der Art der getroffenen Feststellungen nicht stets scharf trennen lassen, so dass die Prüfung kommunaler Betätigung auch eine indirekte Prüfung des Unternehmens bedeuten kann.[82]

231 **bb) Rechtsgrundlagen.** Trotz ihres Bezugs auf das kommunale Unternehmen findet die Betätigungsprüfung (als Teil der Rechnungsprüfung der Kommune selbst) zunächst nur bei der Kommune statt. Es liegt auf der Hand, dass dabei Fragen auftreten können, die nur beim kommunalen Unternehmen und durch Einsicht in dessen Unterlagen geklärt werden können. Um den Rechnungsprüfungsorganen die Befugnis für diesen un-

---

[81] *Schreml/Westner* u.a., Kommunales Haushalts- und Wirtschaftsrecht in Bayern, Art.107 GO BY, Anm. 3.
[82] Zur Betätigungsprüfung siehe allgemein *Fiebig*, Kommunale Rechnungsprüfung. Grundlagen – Aufgaben – Organisation, Rn. 234ff.; *Meyer*, Grundlagen und Reichweite der Einrichtungs- und der Betätigungsprüfung nach dem Gesetz zur Regelung der überörtlichen Prüfung kommunaler Körperschaften in Hessen (ÜPKKG) (http://www.rechnungshof-hessen.de/upkk/index.htm).

mittelbaren Zugriff auf das Unternehmen zu schaffen, regelt § 54 Abs. 1 HGrG, dass in den Fällen des § 53 HGrG in der Satzung (im Gesellschaftsvertrag) mit Dreiviertelmehrheit des vertretenen Kapitals bestimmt werden kann, dass sich die Rechnungsprüfungsbehörde der Kommune zur **Klärung von Fragen**, die bei der Betätigungsprüfung (vgl. § 44 HGrG) auftreten, **unmittelbar unterrichten** und zu diesem Zweck den Betrieb, die Bücher und die Schriften des Unternehmens **einsehen** kann. Dabei bleiben vor Inkrafttreten des HGrG begründete Rechte der Rechnungsprüfungsbehörde auf unmittelbare Unterrichtung unberührt (§ 54 Abs. 2 HGrG).

§ 54 HGrG gilt wie § 53 HGrG nur für Unternehmen in einer Rechtsform des privaten Rechts. Um der Betätigungsprüfung auch den Zugriff bei selbständigen **Kommunalunternehmen** zu ermöglichen, enthalten die Kommunalgesetze der Länder § 54 Abs. 1 HGrG nachgebildete Bestimmungen (Art. 91 Abs. 2 GO BY, § 120 Abs. 1 Satz 2 GO NI).

Der unmittelbare Zugriff bei kommunalen Unternehmen in privater Rechtsform setzt eine **satzungsmäßige/gesellschaftsvertragliche** Einräumung der Befugnisse nach § 54 Abs. 1 HGrG voraus. Im Interesse einer wirksamen Steuerung des Unternehmens durch die Kommune und einer ausreichenden öffentlichen Finanzkontrolle ist Kommunen zu empfehlen, sich die Befugnisse nach § 54 Abs. 1 HGrG einräumen zu lassen. Die meisten Kommunalgesetze enthalten die Vorgabe, dass die Kommunen darauf hinzuwirken haben, dass ihnen die in § 54 HGrG vorgesehenen Befugnisse eingeräumt werden (siehe **Anhang**).

Sind die Befugnisse allgemein der Rechnungsprüfungsbehörde eingeräumt, sind darunter sowohl das **örtliche** wie das **überörtliche Prüfungsorgan** zu verstehen. Ist ausdrücklich nur die örtliche Prüfungsbehörde angesprochen, dürfte regelmäßig die Inanspruchnahme der Befugnisse des § 54 Abs. 1 HGrG auch im Rahmen der überörtlichen Rechnungsprüfung zulässig sein. Maßgeblich ist die Auslegung der Satzung/des Gesellschaftsvertrages. Dabei handelt es sich nicht (nur) um gegenseitige Vereinbarungen, sondern vielmehr auch um normative Bestimmungen. Die Kommune als Gesellschafterin ist nicht isoliert in ihrer Interessenlage zu betrachten, sondern im Gefüge der für sie geltenden kommunalrechtlichen Bestimmungen. Dabei gewinnt an Bedeutung, dass die überörtliche Prüfung systematisch der Rechtsaufsicht zuzuordnen ist, deren Informationsrecht gegenüber der Kommune wiederum vom Grundsatz her unbeschränkt ist. Das spricht dafür, Befugnisse des örtlichen Rechnungsprüfungsorgans auch dem überörtlichen zuzugestehen. Das ist für andere, private Gesellschafter auch nicht unzumutbar. Wer mit Kommunen vertragliche Bindungen, insbesondere gesellschaftsvertraglicher Art, eingeht, muss davon ausgehen, dass die Kommune sich im öffentlich-rechtlichen Regime bewegt und ihr Handeln besonders dem Allgemeinwohl verpflichtet ist. Die überörtliche Rechnungsprüfung ist als öffentliche Finanzkontrolle letztlich Ausfluss dieser Allgemeinwohlbindung. Teilweise hat das gesetzlichen Niederschlag gefunden, z. B. in Art. 106 Abs. 4 Satz 3 GO BY, § 106 Abs. 2 Satz 1 Nr. 6 GemO SN, § 84 Abs. 4 KO TH, wonach die Rechnungsprüfung auch die Buch-, Betriebs- und sonstigen Prüfungen umfasst, die sich die Kommune vorbehalten hat. Etwas anderes wird gelten, wenn das überörtliche Prüfungsorgan in der Satzung/im Gesellschaftsvertrag ausdrücklich ausgeschlossen wird.[83] Sind dagegen die Befugnisse des § 54 Abs. 1 HGrG ausdrücklich nur dem (möglicherweise als besonders neutral verstandenen) überörtlichen Prüfungsorgan eingeräumt, dürfte eine Ausdehnung auf das örtliche Prüfungsorgan im Wege der Auslegung eher ausscheiden.

Wenn die Befugnisse nach § 54 Abs. 1 HGrG eingeräumt sind, spricht viel dafür, dass darauf gestützte Einzelfallmaßnahmen trotz der „nur" gesellschaftsvertraglichen Einräumung notfalls **hoheitlich** durch die Befugnisse konkretisierenden Verwaltungsakt (der Kommune für die örtliche Rechnungsprüfung oder des überörtlichen Prüfungsorgans im Rahmen der überörtlichen Prüfung der Kommune) durchgesetzt werden können.

---

[83] Ob ein solcher Ausschluss aufgrund der obigen Überlegungen nicht durch die Rechtsaufsicht beanstandet werden könnte, ist eine andere Frage.

236 cc) **Reichweite der Betätigungsprüfung.** Es besteht grundsätzlich keine rechtliche Befugnis, etwa Bereiche der Organisation der Unternehmen, die IT-Ausstattung oder Vertragsverhältnisse mit Dritten (z. B. Versicherungsverhältnisse) an sich zu prüfen. Das kann nur in Frage kommen, wenn sich aus der **Betätigung der Kommune** selbst als Gesellschafterin **Anknüpfungspunkte** für eine Prüfung ergeben (wobei die Prüfung auch in diesem Fall auf die Betätigung der Kommune beschränkt ist) oder der Kommune weiter gehende oder umfassende Prüfungsrechte (z. B. gesellschafts- oder einzelvertraglich) mit der Folge eingeräumt sind, dass der Bereich der eigentlichen Betätigungsprüfung in Richtung auf eine Prüfung des Unternehmens selbst hin (ggf. im Auftrag der Kommune) verlassen werden kann (Rn. 244).

237 Die Ausübung dieser Befugnisse ist aber ihrerseits auf die **Klärung von Fragen** bezogen, die bei der Prüfung der Betätigung der Kommune auftreten. Die eingeräumten Einsichtsrechte sind nicht gleichsam davon entkoppelt und ermöglichen nicht eine davon unabhängige Prüfung der Betätigung der Unternehmen selbst.

238 Bloße einzelvertraglich oder gesetzlich ohne Bezug auf die Prüfungsorgane eingeräumte Einsichtsrechte (z. B. § 51a GmbHG) werden nicht ohne weiteres genügen, um beim Unternehmen direkt zu prüfen. Letztlich ist das Auslegungsfrage.

239 **Anknüpfungspunkte** für die Betätigungsprüfung werden sich z. B. aus den zwischen der Kommune und dem Unternehmen bestehenden Rechtsverhältnissen und aus dem Verhalten kommunaler Mandatsträger und Bediensteter in der Gesellschafterversammlung und in Sitzungen des Aufsichts- oder Verwaltungsrates des Unternehmens und in seinen sonstigen Organen ergeben können. Dabei werden die Kompetenzen des betreffenden Organs zugrunde zu legen sein. Wenn etwa kommunale Mandatsträger im Aufsichtsrat einer Angelegenheit nicht nachgehen, die regelungsbedürftig ist und in den Kompetenzbereich des Aufsichtsrates fällt, so kann das Anlass sein, in der Betätigungsprüfung darauf einzugehen.

240 dd) **Prüfungsgegenstände.** Die daraus ableitbaren möglichen Gegenstände der Betätigungsprüfung können nicht abschließend aufgezählt werden. Folgende Prüfungsfelder bieten sich im Wesentlichen an:[84]

- Allgemeine gesetzliche Zulässigkeitsvoraussetzungen unternehmerischer Betätigung und Beteiligung an Unternehmen in Privatrechtsform (öffentlicher Zweck, finanzielle Leistungsfähigkeit der Kommune, Subsidiarität der Aufgabenerfüllung, Begrenzung der Haftung, Nachschusspflicht, Pflicht zur Übernahme von Verlusten)
- Wirtschaftlichkeit der Rechtsformwahl; ggf. Prüfung, ob Kostenvergleich, Folgekostenanalyse, Analyse der Vor- und Nachteile der gewählten Form im Vergleich zu anderen durchgeführt wurden
- Vorliegen eines Wirtschaftsplans, Bestehen einer (i. d. R. fünfjährigen) Finanzplanung
- Einhaltung der Vorgaben zu Aufstellung und Prüfung des Jahresabschlusses und des Lageberichts (z. B. öffentliche Bekanntmachung und Auslegung, Beachtung des § 53 HGrG, Vorliegen des Abschlussprüfungsberichts bei der Kommune)
- Bestellung des Abschlussprüfers durch zuständiges Organ
- Beachtung des § 319 HGB bei der Auswahl des Abschlussprüfers
- Sicherung von Rechten/Einflussmöglichkeiten der Kommune bei Kommunalunternehmen, Eigen- und Beteiligungsgesellschaften durch Ausgestaltung der Satzung oder des Gesellschaftsvertrags und ihre sachgerechte Wahrnehmung (z. B. Weisungsrechte – § 37 Abs. 1 GmbHG)
- Einräumen der Befugnisse des § 54 HGrG
- Weisungsbindung, Berichtspflicht und -erstattung kommunaler Vertreter in den kommunalen Vertretungsorganen

---

[84] Rechnungshof Rheinland-Pfalz, Kommunalbericht 1999 TZ 4, S. 3 ff. (http://www.rechnungshof-rlp.de/Kommunalberichte/Kommunalbericht_1999/KB_TZ04_1999.pdf); vgl. auch GK BY 1991, 239 Nr. 5.

IV. Prüfungswesen   **241, 242** **E**

- Vertretung der Kommune in den Organen des Unternehmens sowie durch die kommunalen Vertreter nach den kommunalgesetzlichen Vorgaben zu veranlassende Einbeziehung der kommunalen Vertretungsgremien in Entscheidungsprozesse (z. B. Gemeinderat, Kreistag, Kreisausschuss)
- Ablieferung/Abführung von Vergütungen, die kommunale Mandatsträger für ihre Tätigkeit in Organen des Unternehmens erhalten
- Sachgerechte Gestaltung von Zustimmungskatalogen für Gesellschafterversammlung und Aufsichtsrat (z. B. in Bezug auf Erwerb und Veräußerung von Beteiligungen, Abschluss und Änderung von Beherrschungs- und Gewinnabführungsverträgen)
- Innere Ordnung des Aufsichtsrats/Verwaltungsrats (Geschäftsordnung) und Wahrnehmung einzelner Aufgaben und (Unterrichtungs- und Prüfungs-)Rechte; Abstimmungsverhalten und geäußerte Auffassungen von Mandatsträgern der Kommune in Gremien des Unternehmens
- Beteiligungsverwaltung, Berichtswesen; insbesondere die Frage, ob die Beteiligungsverwaltung eigene Erkenntnisse und etwaige Feststellungen des Abschlussprüfers zum Anlass nimmt, bei Bedarf unter Wahrung der Interessen der Kommune steuernd auf die Wirtschaftsführung der Unternehmen einzuwirken
- Sonderbestimmungen bei mittelbarer Beteiligung – Tochter- und Enkelunternehmen
- Entgeltgestaltung im Verhältnis Kommune – Unternehmen und ihre Auswirkung auf die Bürgerinnen und Bürger
- Angemessenheit von Erwerbs- und Veräußerungspreisen bei Beteiligungen und sonstigen Vermögensgegenständen von Bedeutung für die Gesellschaft
- Angemessene Verteilung von Chancen und Risiken zwischen Kommune und Unternehmen
- Sonstige Prüfungsgegenstände (z. B. erforderliche Sorgfalt und Wirtschaftlichkeit der Geschäftsführung; Verträge der Gesellschaft mit Aufsichtsratsmitgliedern, Geschäftsführern/Vorstandsmitgliedern oder mit Gesellschaftern; Angemessenheit der Bezüge und Sachleistungen für Mitglieder der Geschäftsleitung und Aufsichtsratsmitglieder; Entlastung der Geschäftsführung/des Vorstands und des Aufsichtsrats)

Die Betätigungsprüfung darf sich nicht in der Abhandlung formeller Gesichtspunkte **241** erschöpfen. Diese sollen nur Ausgangspunkte für eine nachfolgende und weitergehende **materielle** Prüfung sein, auch wenn diese in der Praxis häufig rasch an rechtliche Grenzen stoßen dürfte, weil eine Prüfung des Unternehmens selbst ausscheidet und Vollprüfungsrechte fehlen.

ee) Prüfungsunterlagen. Wenn die Befugnisse nach § 54 HGrG eingeräumt sind, kann **242** das Rechnungsprüfungsorgan bei der Gesellschaft im Rahmen der Betätigungsprüfung zur Klärung von (bestimmten) Fragen insbesondere folgende Unterlagen einsehen (soweit diese nicht ohnehin schon zweckmäßigerweise bei der Kommune vorhanden sind):
- Bericht des Abschlussprüfers (einschl. der Berichte über Zwischen- und Ergänzungsprüfungen) und eine evtl. Stellungnahme der Geschäftsleitung
- Bericht des Aufsichtsrats
- Vorlagen an den Aufsichtsrat und seine Ausschüsse sowie Sitzungsniederschriften
- Berichte der Aufsichtsratsmitglieder
- Berichte anderer Überwachungsorgane
- Niederschriften nebst Anlagen über ordentliche und außerordentliche Haupt- oder Gesellschafterversammlungen
- Gesellschaftsvertrag
- Geschäftsordnung für die Geschäftsführung, den Aufsichtsrat und seine Ausschüsse
- Mitteilungen an den Aufsichtsrat oder seinen Vorsitzenden über die Prüfung bestimmter Gebiete
- Berichte über Zwischen- und Sonderprüfungen
- Geschäftsberichte einschl. Bilanz, Gewinn- und Verlustrechnung und Anhang

- Berichte des Vorstands/der Geschäftsführung an den Aufsichtsrat, z. B. über die beabsichtigte Geschäftspolitik, die Rentabilität der Gesellschaft, den Gang der Geschäfte und über Geschäfte und Vorgänge, die für die Gesellschaft von erheblicher Bedeutung sein können
- Vom Aufsichtsrat zu genehmigende Verträge

243 Welche Unterlagen im konkreten Fall bei der Gesellschaft eingesehen werden dürfen, ist von der Fragestellung abhängig. Die Unterlagen werden regelmäßig aus dem Prüfungszeitraum stammen. Auch Unterlagen aus früheren Zeiträumen können eingesehen werden, soweit auf sie Bezug genommen wird oder sie sonst von Bedeutung sind.

e) Gesellschaftsvertragliche oder sonstige vertragliche Einräumung von Prüfungsrechten

244 Mehrere Kommunalgesetze (z. B. Art. 106 Abs. 4 Satz 3 GO BY, § 106 Abs. 2 Satz 1 Nr. 6 GemO SN, § 84 Abs. 4 KO TH) zählen zur Rechnungsprüfung auch die Buch-, Betriebs- und sonstigen Prüfungen, die sich die Kommune bei der Hingabe eines Darlehens oder sonst **vorbehalten** hat. Ein solcher sonstiger Vorbehalt kann sich etwa daraus ergeben, dass in der Satzung, im Gesellschaftsvertrag des Unternehmens oder in weiteren Verträgen (z. B. Kooperationsverträge, Betreiberverträge) den Organen der (über-)örtlichen Rechnungsprüfung besondere Prüfungsrechte oder sogar volle Prüfungsrechte wie im Rahmen der Rechnungsprüfung eingeräumt sind. Zur Frage, ob auch das überörtliche Prüfungsorgan die eingeräumten Prüfungsrechte in Anspruch nehmen kann, gelten die obigen Überlegungen zur Einräumung der Befugnisse nach § 54 HGrG (Rn. 234).

244a Nach § 6a Abs. 1 Satz 1 SGB II (in der Fassung des Kommunalen Optionsgesetzes vom 30. 7. 2004, BGBl I S. 2014) sollen zur Weiterentwicklung der Grundsicherung für Arbeitsuchende an Stelle der Agenturen für Arbeit als Träger der Leistung nach § 6 Abs. 1 Satz 1 Nr. 1 SGB II kommunale Träger zugelassen werden können. 96 Kommunen dürfen bundesweit von der Option Gebrauch machen. Die übrigen Kommunen sollen mit der Bundesagentur für Arbeit Arbeitsgemeinschaften bilden (§ 44b SGB II). Derzeit werden Gespräche zur möglichen Rechtsform für die zu bildenden Arbeitsgemeinschaften zwischen Bundesagentur und Kommune geführt (GbR, GmbH oder eine Rechtsform öffentlichen Rechts besonderer Art).

Das SGB II schreibt vor, dass die Bundesagentur für eine Innenrevision zu sorgen hat (§ 49 SGB II), wobei mit der Durchführung der Prüfungen Dritte beauftragt werden können. Außerdem ist der Bundesrechnungshof berechtigt, die Leistungsgewährung optierender Kommunen unmittelbar zu überprüfen (§ 6b Abs. 3 SGB II). Prüfungsrechte für nach Landesrecht bestehende Organe der überörtlichen Rechnungsprüfung müssten bezüglich der zu bildenden Arbeitsgemeinschaften ggf. (gesellschafts)vertraglich vereinbart werden oder in den entsprechenden Landesausführungsgesetzen verankert werden. Auch Musterverträge der Bundesagentur für Arbeit (Stand 2. 8. 2004) enthalten Vorschriften, die eine Prüfung des kommunalen Anteils an der Mittelverwendung durch die Kommune und (bei entsprechender Auslegung) ihre überörtlichen Prüfungsorgane zulassen (z. B. § 6a Abs. 2 Mustervertrag Errichtung und Aufgabenübertragung GmbH – der Gesellschaftsvertrag selbst enthält keine entsprechende Bestimmung; § 12 Abs. 2 Mustervertrag GbR; § 12 Abs. 2 Mustervertrag öffentlich-rechtlicher Vertrag).

f) Verhältnis der Rechnungsprüfung zur Wahrnehmung gesellschaftsrechtlicher Informations-, Auskunfts- und Einsichtsrechte nach § 51a GmbHG

245 § 51a Abs. 1 GmbHG gibt jedem Gesellschafter das Recht auf Auskunft über die Angelegenheiten der Gesellschaft und das Recht, in Bücher und Schriften der Gesellschaft Einsicht zu nehmen. Die Geschäftsführer dürfen die Auskunft und die Einsicht verweigern, wenn zu besorgen ist, dass der Gesellschafter sie zu gesellschaftsfremden Zwecken verwenden und dadurch der Gesellschaft oder einem verbundenen Unternehmen einen nicht unerheblichen Nachteil zufügen wird. Die Verwendung der Informationen für Prüfung

und Rechtsaufsicht ist **nicht gesellschaftsfremd**, weil die damit intendierte öffentliche Finanzkontrolle wesensmäßig zur unternehmerischen Betätigung der Kommune in Privatrechtsform gehört und ihr gedanklich voraus liegt. Im Übrigen reicht im Hinblick auf die Verwendung öffentlicher Mittel und das notwendige Maß demokratischer Legitimation bei mittelbarem Tätigwerden der öffentlichen Hand das in § 51a GmbHG eingeflossene berechtigte Interesse der Gesellschaft, vor Schäden durch Gesellschafter bewahrt zu werden, nicht weiter, als die unternehmerische Betätigung der Kommune den kommunalrechtlichen Vorgaben entspricht. Die Verweigerung bedarf eines Beschlusses der Gesellschafter (§ 51a Abs. 2 GmbHG). Diese Bestimmungen können im Gesellschaftsvertrag nicht abbedungen werden (§ 51a Abs. 3 GmbHG). Ob auch die (über-)örtlichen Prüfungsorgane bei GmbHs mit kommunaler Beteiligung diese Rechte unmittelbar haben, ist im Gesetz nicht ausdrücklich geregelt. Im Hinblick auf die Einschränkung der Rechnungsprüfung auf die Betätigung der Kommune **bei** Unternehmen erscheint es aber ausgeschlossen, die Rechte nach § 51a GmbHG unmittelbar auch den überörtlichen Prüfungsorganen zuzubilligen. Denn die Betätigung des Unternehmens ist für diese gerade nicht Prüfungsgegenstand. Bei den Rechten aus § 51a GmbHG handelt es sich auch nicht um Prüfungsrechte, die sich die Kommune vorbehalten hat (etwa im Sinn des Art. 106 Abs. 4 GO BY), sondern um bereits von Gesetzes wegen bestehende Rechte der Gesellschafter. Im Übrigen ist § 51a GmbHG als Schutzrecht für Minderheitsgesellschafter konzipiert. Unbenommen bleibt allerdings eine entsprechende Regelung im Gesellschaftsvertrag.

Die Kommune kann ferner zur Ausübung ihrer Informationsrechte Bevollmächtigte und **Dritte** (Sachverständige) einschalten oder beiziehen, wenn die Geheimhaltung hinreichend gewährleistet erscheint, etwa weil der Dritte und seine Mitarbeiter der beruflichen Schweigepflicht unterliegen. Es begegnet danach keinen Bedenken, das (über-)örtliche Rechnungsprüfungsorgan mit der Wahrnehmung der Auskunfts- und Einsichtsrechte nach § 51a GmbHG zu betrauen. Diese Möglichkeit kann z. B. im Rahmen von Beratungsaufträgen oder Aufträgen zu Sonderprüfungen in Anspruch genommen werden. Die Kommune kann sich auch im Verhältnis zur Gesellschaft des überörtlichen Prüfungsorgans zur Wahrnehmung ihrer Rechte nach § 51a GmbHG bedienen, während das überörtliche Prüfungsorgan insoweit zugleich die Betätigung der Kommune bei der Gesellschaft im Rahmen der überörtlichen Rechnungsprüfung prüft. Die Handlungen des Prüfungsorgans hätten dann eine **doppelte Rechtsnatur**: gegenüber der Kommune würde das Prüfungsorgan hoheitlich handeln, gegenüber der Gesellschaft ginge es um die Wahrnehmung gesellschaftsrechtlicher Rechte und damit um zivilrechtliches Handeln. Diese Fragen sind – soweit ersichtlich – in der Rechtsprechung bislang nicht geklärt. In der Praxis könnte es bei diesem Dreiecksverhältnis allerdings zu Abgrenzungsproblemen dahin gehend kommen, welche Feststellungen Eingang in den (auch der Rechtsaufsicht zuzuleitenden) Prüfungsbericht finden können und welche zunächst nur der Kommune mitgeteilt werden. Dabei begegnet die Übermittlung personenbezogener Daten aus den Akten einer kommunalen GmbH an die Kommune als Gesellschafterin keinen durchgreifenden **datenschutzrechtlichen** Bedenken. Die Kommune ist zwar Dritte i. S. d. § 3 Abs. 9 Satz 1 BDSG. Die Übermittlung ist aber zulässig, da sie § 51a GmbHG als spezielle Norm erlaubt (§ 4 Abs. 1 BDSG). Bezüglich der Weitergabe der Daten an die Rechtsaufsichtsbehörden wird auf deren umfassendes Informationsrecht abzustellen sein (z. B. Art. 111 GO BY).

Zu beachten ist ferner für lediglich **mittelbare Beteiligungen**, dass die Rechte nach § 51a GmbHG nicht der Kommune selbst, sondern nur dem jeweiligen Mutterunternehmen als Gesellschafter zustehen, das seinerseits der Rechnungsprüfung nur über besondere vertragliche oder satzungsmäßige Vereinbarungen zugänglich ist.

Allgemein finden der Auskunftsanspruch der Kommune als Gesellschafterin aus § 51a GmbHG und damit die Wahrnehmung dieses Auskunftsrechts durch das Rechnungsprüfungsorgan ihre Grenze nach Maßgabe des **Verhältnismäßigkeitsgrundsatzes**. Im Übrigen dürfen Auskunft und Einsicht zwar verweigert werden, wenn zu besorgen ist, dass der Gesellschafter sie zu gesellschaftsfremden Zwecken verwenden und dadurch der Gesellschaft oder einem verbundenen Unternehmen einen nicht unerheblichen Nachteil zufügen wird. Das Ermöglichen von demokratisch legitimierter öffentlicher Finanzkontrolle im Rahmen der überörtlichen Rechnungsprüfung ist aber kein gesellschaftsfremder Zweck im Sinn des § 51a GmbHG. Die Rechnungsprüfung in Form der Betätigungsprüfung gehört vielmehr wesensmäßig zur unternehmerischen Betätigung der Kommune in Privatrechtsform. Im Übrigen kann angesichts der Verwendung öffentlicher Mittel und des daher notwendigen Maßes demokratischer Legitimation bei mittelbarem Tätigwerden der öffentlichen Hand das nach § 51a GmbHG zu berücksichtigende berechtigte Interesse der Gesellschaft, vor Schäden durch Gesellschafter bewahrt zu werden, nicht weiter reichen, als die Betätigung der Kommune den kommunalrechtlichen Vorgaben entspricht.

g) Veröffentlichung der Prüfungsergebnisse in Bezug auf selbständige kommunale Unternehmen; Unterrichtung der Rechtsaufsichtsbehörde

249   Die Bezugnahme auf selbständige kommunale Unternehmen (evtl. mit Beteiligung Privater) in Prüfungsberichten ist nicht unproblematisch, da insoweit auch Rechte Dritter betroffen sein können. Es lässt sich nicht immer vermeiden, dass im Rahmen der Prüfung der Verwendung öffentlicher Mittel auch Dritte Erwähnung finden, mit denen die geprüfte Kommune in finanziellen Beziehungen steht. Solchen **Drittbetroffenen** kann im Einzelfall in engen Grenzen ein öffentlich-rechtlicher Unterlassungsanspruch analog § 1004 BGB zustehen, wenn der Bericht sie in geschäftlichen Interessen rechtswidrig schädigt. Allerdings müssen diejenigen, die mit der öffentlichen Hand in finanzielle Beziehungen treten, es im Rahmen des öffentlich-rechtlichen Beziehungsgeflechts hinnehmen, dass sie in Prüfungsbemerkungen und Prüfungsberichten – ggf. in anonymisierter Form (insbesondere bei privaten Mitgesellschaftern) – erwähnt werden.[85] Für kommunale Eigengesellschaften gilt das wohl in erhöhtem Maß.

250   Die Verabschiedung und die Veröffentlichung von Prüfungsberichten sind zwar keine Entscheidungen, durch welche die Rechte der darin genannten Personen unmittelbar beeinträchtigt werden, können für diese aber so folgenschwer sein, dass den Betroffenen vor der endgültigen Verabschiedung der Berichte **Gelegenheit** gegeben werden muss, zu den darin enthaltenen Punkten, in denen sie namentlich genannt sind, **Stellung zu nehmen**.[86]

251   Bei der Unterrichtung der **Rechtsaufsichtsbehörde** über die Prüfungsergebnisse müssen die überörtlichen Rechnungsprüfungsorgane darauf achten, dass die **Wettbewerbsfähigkeit** der kommunalen Unternehmen nicht beeinträchtigt wird und insbesondere Betriebs- oder Geschäftsgeheimnisse gewahrt werden.[87]

h) Haftung der Rechnungsprüfungsorgane

252   Nach der Rechtsprechung des BGH[88] kann die kommunale Rechtsaufsicht **Amtspflichten** der Aufsichtsbehörde auch gegenüber der zu beaufsichtigenden Kommune als einem geschützten Dritten begründen. Schutzpflichten der Aufsicht gegenüber der Kommune können auch bei begünstigenden Maßnahmen bestehen, also solchen, die von der Kommune selbst angestrebt werden, etwa bei der Genehmigung eines von der Kommune abgeschlossenen Rechtsgeschäfts. Verletzungen dieser Pflichten können **Amtshaftungsansprüche** der Kommune gegen die Aufsichtsbehörde nach § 839 BGB i.V.m. Art. 34 GG auslösen. Dabei kann eine Kommune nur „Dritter" im Sinne des § 839 Abs. 1 Satz 1 BGB sein, wenn ihr der für die haftpflichtige Behörde tätig gewordene Beamte bei Erledigung

---

[85] BayVGH, NVwZ 1999, 549f.
[86] Vgl. EuGH, EuGHE I 2001, S. 5281 ff. (= JURIS Nr. KORE593752001); Hess. VGH, DÖV 1994, 1015.
[87] So für eine vergleichbare Sachlage Art. 13 Abs. 4 Satz 2 Bayerisches Rundfunkgesetz – BayRG.
[88] BGH, NJW 2003, 1318; krit. v. Mutius/Groth, Amtshaftung bei fehlerhafter kommunalaufsichtsbehördlicher Genehmigung privatrechtlicher Rechtsgeschäfte, NJW 2003, 1278 ff.

seiner Dienstgeschäfte in einer Weise gegenübertritt, wie sie für das Verhältnis zwischen ihm und seinem Dienstherrn einerseits und dem Staatsbürger andererseits charakteristisch ist. Wirken hingegen der Dienstherr des Beamten und eine andere Körperschaft des öffentlichen Rechts bei der Erfüllung einer ihnen gemeinsam übertragenen Aufgabe gleichsinnig und nicht in Vertretung einander widerstreitender Interessen derart zusammen, dass sie im Rahmen dieser Aufgabe als Teil eines einheitlichen Ganzen erscheinen, dann können jene Pflichten, die dem Beamten im Interesse der Förderung des gemeinsam angestrebten Ziels obliegen, nicht als drittgerichtete Amtspflichten angesehen werden, deren Verletzung außenrechtliche Amtshaftungsansprüche der geschädigten Kommune auslöst. Ein Amtshaftungsanspruch scheidet allenfalls aus, wenn das jeweilige Landesgesetz der Rechtsaufsicht Schutzfunktionen zugunsten der zu beaufsichtigenden Kommune nicht auferlegt, sondern die **Aufsicht allein im staatlichen Interesse** vorschreibt (z. B. § 117 Abs. 1 KO TH).

Diese für das Verhältnis von Rechtsaufsichtsbehörde und Kommune entwickelten Grundsätze können auch auf das Verhältnis der überörtlichen (externen) Rechnungsprüfungsorgane, deren Recht zur überörtlichen Prüfung sich dogmatisch aus dem allgemeinen staatlichen Aufsichtsrecht herleiten lässt,[89] zur Kommune wohl übertragen werden. Auch die Rechnungsprüfungsorgane haben auf die Belange der Kommune die gebührende Rücksicht zu nehmen und sie vor Schädigungen zu bewahren. Das gilt sowohl im Bereich der Prüfung als auch der Beratung.

i) Prüfung der kommunalen Betätigung versus Prüfung der kommunalen Unternehmen – Notwendigkeit einer externen öffentlichen Finanzkontrolle in kommunalen Unternehmen

Die kommunale unternehmerische Betätigung bedarf einer öffentlich verantworteten externen und unabhängigen Finanzkontrolle. Diese ist nach den geltenden Länderkommunalgesetzen weithin nur bei Eigenbetrieben und der unternehmerischen Betätigung innerhalb der Verwaltung (Regiebetriebe) gewährleistet. Bei kommunalen Unternehmen in Privatrechtsform und z.T. bei Kommunalunternehmen in der Rechtsform einer Anstalt des öffentlichen Rechts ist die Rechnungsprüfung kommunalgesetzlich typischerweise auf die Betätigung der Kommune in diesen Unternehmen beschränkt, während ihr die Prüfung der Unternehmen selbst verwehrt ist (siehe **Anhang**). Einzelne Länder haben auch für kommunale Unternehmen in Privatrechtsform und Kommunalunternehmen eine öffentliche Finanzkontrolle in Form der (örtlichen und/oder überörtlichen) Rechnungsprüfung eingerichtet oder einzurichten versucht. Für Unternehmen in Privatrechtsform wurde dazu in den Kommunalgesetzen als Gründungsvoraussetzung festgeschrieben, das die jeweiligen **Gesellschaftssatzungen** ein entsprechendes **Prüfungsrecht** vorsehen müssen (§ 103 Abs. 1 Satz 1 Nr. 5 Buchst. e) GemO BW, § 87 Abs. 1 Satz 1 Nr. 7 Buchst. c) GemO RP, § 96 Abs. 2 Nr. 2a GemO SN). Kommunalunternehmen unterliegen der überörtlichen Rechnungsprüfung in Niedersachsen (§ 121 Abs. 5 GO NI). Einer unmittelbaren Regelung der Prüfungsrechte in den Kommunalgesetzen steht bei Unternehmen in Privatrechtsform anders als bei Kommunalunternehmen die (konkurrierende) Gesetzgebungskompetenz des Bundes für das Gesellschaftsrecht entgegen (Art. 74 Abs. 1 Nr. 11 GG), die der Bund mit AktG, GmbHG etc. ausgefüllt hat.

Dieser Ausdehnung der Rechnungsprüfung auf selbständige kommunale Unternehmen liegen folgende Überlegungen zugrunde:

Auch bei kommunaler unternehmerischer Betätigung handelt es sich um die **Verwendung öffentlicher Mittel**.[90] Deren Verwendung sollte aus verfassungs- und haushaltsrechtlichen Gründen unabhängig von der gewählten Rechtsform und ohne Ausgrenzung bestimmter Bereiche geprüft werden können. Bei haushaltswirtschaftlicher Betrach-

---

[89] *Schreml/Bauer/Westner* (Rn. 229), Art. 105 GO BY Anm. 9.2.
[90] Vgl. *Gaß*, Die Umwandlung gemeindlicher Unternehmen, S. 144.

tungsweise besteht zwischen der Kommune und ihrer Beteiligung eine (Teil-)Identität, die sie selbst geschaffen hat und die auch für die Prüfung relevant ist.[91] Diese Prüfung muss einem externen Prüfungsorgan offen stehen, um von vornherein Interessenkonflikten zu begegnen. Das entspricht dem System der verfassungsrechtlich verankerten Aufsicht über die Kommunen.

256 Es liegt in der Natur der Sache und ist die eigentliche Rechtfertigung externer Kontrolle, dass Gesetz und tatsächlicher Befund nicht stets zusammenpassen. So lässt sich die ausreichende Umsetzung der kommunalgesetzlichen Vorgaben an die Kommunen zur Steuerung ihrer Unternehmen in der Praxis bislang nicht durchgängig belegen. Insbesondere stellen die Rechnungsprüfungsorgane Defizite der Beteiligungsverwaltung und -steuerung fest (z. B. fehlende Unterlagen, kein zentrales Sammeln relevanter Unterlagen, fehlende Bindung kommunaler Mandatsträger).[92]

257 Eine **externe Finanzkontrolle** muss, um wirksam sein zu können, eine Reihe wesentlicher Voraussetzungen erfüllen und grundsätzliche Wesensmerkmale aufweisen:[93]

258 Dazu gehört neben der fachlichen Kompetenz ihrer Prüfer das **Recht zur umfassenden Prüfung**, also die Möglichkeit, den Prüfungsstoff nach bestimmten, an Belangen des Gemeinwohls ausgerichteten Ermessenserwägungen selbst auszuwählen und einer zumindest stichprobenartigen Prüfung in formeller und vor allem **materieller** Hinsicht unterziehen zu können. Es liegt im Wesen der externen Kontrolle, dass sie nicht flächendeckend und vollständig sein kann und will, sondern sich selbst nach bestimmten Kriterien beschränken muss. Solche Kriterien können etwa die Bedeutung einer Angelegenheit, besondere Anlässe oder Ereignisse oder auch Anregungen der geprüften Stelle selbst sein, ohne dass sich zu Beginn einer Prüfung stets sichere Aussagen über ihren Umfang und ihre Dauer treffen ließen. Dass Bereiche der Finanzkontrolle entzogen sein könnten, würde ihren Aussagewert und ihre Wirksamkeit einschränken.

259 Wesentliche Merkmale einer wirksamen Finanzkontrolle sind ferner **Unabhängigkeit** und **Neutralität** der Prüfungseinrichtung (und ihrer Prüfer). Dazu zählt nicht nur die Freiheit von Weisungen, sondern auch die persönliche und sachliche sowie vor allem die **wirtschaftliche** Unabhängigkeit. Eine Prüfungseinrichtung darf in ihrem Bestand nicht auf die Akquisition von Aufträgen und Folgeaufträgen angewiesen sein. Sie muss frei sein von sonstigen Abhängigkeiten und Bindungen, wie sie durch erhebliche Auftragsmacht entstehen können.

260 Zum Wesen der Finanzkontrolle gehören ferner ihr **öffentlicher Auftrag** und ihre Orientierung am **Gemeinwohl**. Sie darf nicht die Interessen des geprüften Unternehmens in den Vordergrund ihrer Tätigkeit stellen. Besonders deutlich wird diese Problematik bei gemischtwirtschaftlichen Unternehmen, deren private Mitgesellschafter typischerweise am wirtschaftlichen Erfolg interessiert sind (shareholder value), nicht dagegen daran, wie dieser Erfolg refinanziert wird und ob er im Ergebnis die Kommune und ihre Bürgerinnen und Bürger belastet.

261 Diese Ansprüche an eine wirksame Finanzkontrolle können durch die Organe der Rechnungsprüfung erfüllt werden.

262 Demgegenüber wird verschiedentlich die Auffassung vertreten, für eine wirksame externe Finanzkontrolle reiche die Prüfung nach unternehmerischen Maßstäben durch private Wirtschaftsprüfer, etwa in Gestalt der **Abschlussprüfung**, aus.[94] Diese Auffassung greift ungeachtet der fachlichen Professionalität und des beruflichen Selbstverständnisses

---

[91] *Leisner*, Staatliche Rechnungsprüfung Privater unter besonderer Berücksichtigung der freien Wohlfahrtspflege, S. 98.

[92] Z. B. Landesrechnungshof Mecklenburg-Vorpommern, Jahresbericht 2002, S. 227 Rn. 479; vgl. auch *Trapp/Bolay*, Privatisierung in Kommunen – eine Auswertung kommunaler Beteiligungsberichte, Deutsches Institut für Urbanistik, S. 19.

[93] Zum Folgenden siehe Schreiben des Bayerischen Kommunalen Prüfungsverbandes an das Bayer. Landtagsamt vom 26. 1. 2001 zur Anhörung zur Reform der Bezirke (nicht veröffentlicht).

[94] *Püttner*, Zur Frage der zu empfehlenden Rechtsform für kommunale Unternehmen in Bayern unter den heute gegebenen Rahmenbedingungen, Anlage zum VKU-Nachrichtendienst Juli 1999, S. 6.

der Wirtschaftsprüfer aus der Sicht des öffentlichen Auftrags der Finanzkontrolle etwas zu kurz. Die handelsrechtlich vorgeschriebene Abschlussprüfung durch Wirtschaftsprüfer kann die öffentliche Finanzkontrolle auch in Gestalt der Erweiterungen, die sie durch § 53 HGrG und entsprechende Bestimmungen der Kommunalgesetze erfahren hat, nicht ersetzen. Die Abschlussprüfung verfolgt nämlich einen sich wesensmäßig von der öffentlichen Rechnungsprüfung unterscheidenden Ansatz. Ihre Zielrichtung ist **unternehmensbezogen**; sie betrachtet Wirtschaftlichkeit, finanzbuchhalterische Sicherheit und Ertragskraft des Unternehmens. Dagegen sind öffentlich-rechtlich geprägte, am Gemeinwohl ausgerichtete Belange wie die wirtschaftliche und sparsame Verwendung der öffentlichen Mittel bei kommunalen Unternehmen und die Ausrichtung auf die hinter dem Unternehmen stehenden Interessen der Kommune und ihrer Bürgerinnen und Bürger regelmäßig nicht Gegenstand einer Abschlussprüfung. Die Abschlussprüfung ist zudem enger als die Rechnungsprüfung angelegt. Der Abschlussprüfer deckt in der Praxis regelmäßig nicht alle materiellen Prüfungsfelder im Sinn einer umfassenden Finanzkontrolle ab.

Zu nennen sind vor allem
- Planung, Abwicklung und Abrechnung von Baumaßnahmen,
- Angemessenheit der Abgaben- und Entgeltgestaltung sowie Wirtschaftlichkeit vertraglicher Bindungen in ihren Folgen für die hinter dem Unternehmen stehende Kommune,
- vertragliche Beziehungen zwischen dem Unternehmen und etwaigen privaten Mitgesellschaftern.

Die Abschlussprüfung genügt auch den Ansprüchen einer öffentlichen Finanzkontrolle an die Unabhängigkeit und Neutralität nicht in gleichem Maß wie die überörtliche Rechnungsprüfung. Die Abschlussprüfer sind zwar kraft berufsrechtlicher Regelungen persönlich und sachlich unabhängig. Faktisch besteht aber der aus Sicht einer öffentlichen Finanzkontrolle missliche Umstand, dass sie wirtschaftlich in eine **gewisse Abhängigkeit** von den geprüften Stellen geraten können. Die öffentliche Finanzkontrolle darf, um effizient zu sein, nicht von der Akquisition sich wirtschaftlich rechnender Aufträge abhängig sein. Dem sind die Abschlussprüfer ausgesetzt. Denn ihre Auswahl obliegt dem geprüften Unternehmen. Der Abschlussprüfer muss gewinnorientiert arbeiten und könnte deshalb sein Augenmerk auf Folgeaufträge richten. Interessenkonflikte sind daher nicht von vornherein von der Hand zu weisen. Das gilt sogar in besonderem Maße, wenn eine zusätzliche freiwillige oder gesetzlich vorgeschriebene Erweiterung des Prüfauftrags an den Abschlussprüfer oder einen Wirtschaftsprüfer, etwa im Wege von Sonderprüfungen, ins Auge gefasst würde, um die (Abschluss)Prüfung durch Wirtschaftsprüfer inhaltlich zur Rechnungsprüfung auszubauen. Denn damit würde der Bereich der Gebührenordnung für Wirtschaftsprüfer verlassen und die Bestimmung des Honorars wäre davon unabhängig. Es ist mit den Grundsätzen einer neutralen und unabhängigen öffentlichen Finanzkontrolle nicht vereinbar, dass sich die zu prüfende Stelle ihren Prüfer selbst wählt und zudem die Auswahl möglicherweise danach ausrichtet, welcher Prüfer am billigsten prüft. Dazu tritt, dass der Abschlussprüfer im Angebot, das er abgibt, auch seine zeitlichen Vorstellungen zur Prüfungsdauer festschreibt. Unabhängig davon, welche Prüfungstiefe und -zeit von ihm erst während der Prüfung festgestellte Vorgänge erfordern würden, kann er also nicht ohne weiteres von seinem Prüfungszeitplan nachträglich abgehen, ohne wirtschaftliche Nachteile befürchten zu müssen.

Die Argumentation, die Abschlussprüfung oder Sonderprüfungen durch private Wirtschaftsprüfer reichten aus, setzt nur scheinbar konsequent fort, was mit dem Zulassen der Erledigung kommunaler Aufgaben in Privatrechtsform begonnen wurde. Sie übersieht, dass es auch bei unternehmerischer Betätigung der Kommunen um die **Verwendung öffentlicher Mittel** und letztlich um die Ausübung mittelbarer öffentlicher Gewalt geht. Die Erleichterung unternehmerischer Betätigung der Kommunen ist unabhängig vom Charakter der Prüfung zu sehen. Die Rechtsform der Betätigung sollte nicht die Rechtsform der Prüfung bedingen. Es ist deshalb bedenklich, wenn bisweilen ausgeführt wird, ein Vorteil der kommunalen GmbH gegenüber dem Eigenbetrieb sei im Fehlen der Rechnungsprüfung zu sehen.⁹⁵ Die Beschränkung der Rechnungsprüfung auf die Prüfung der Betätigung der Kommune bei ihren Unternehmen in Privatrechtsform und Kommunalunternehmen wäre mittels privat verantworteter Prüfungen durch Wirtschaftsprüfer nicht kompensierbar. Eine öffentliche Finanzkontrolle bedingt nämlich in ihrer am Gemeinwohl orientierten Ausrichtung sowohl eine entsprechende „Philosophie" der Prüfungseinrichtung als auch eine entsprechende Grundhaltung des Prüfers, die bei einer unternehmensbezogenen, aus dem Privatrechtsbereich überkommenen Betrachtungsweise nur schwerlich vorliegen werden. Die öffentliche Finanzkontrolle ist privatisierungsfeindlich. Ihrer öffentlich-rechtlichen Einbindung entspricht es, dass der Prüfer aus der Fülle möglicher Prüfungsgebiete nach pflichtgemäßem, auf öffentliche Belange hin ausgerichtetem Ermessen den Prüfungsstoff wählt und Stichproben zieht. Eine vergleichbar öffentlich-rechtlich verankerte Pflichtenstellung hat eine private, zudem wirtschaftlich gebundene Institution nicht, so dass die Einräumung eines entsprechenden, wegen der Unmöglichkeit vollständiger Prüfungen erforderlichen Ermessens bedenklich erschiene.

266 Den Anforderungen an eine unabhängige externe Finanzkontrolle, wie sie die überörtliche Rechnungsprüfung leistet, werden nach alledem bereits aus systematischen Gründen weder Abschlussprüfungen noch Sonderprüfungen durch Wirtschaftsprüfer gerecht.⁹⁶ Die Länder Baden-Württemberg (§ 103 Abs. 1 Satz 1 Nr. 5 Buchst. e) GemO BW), Rheinland-Pfalz (§ 87 Abs. 1 Satz 1 Nr. 7 Buchst. c) GemO RP) und Sachsen (§ 96 Abs. 2 Nr. 2a GemO SN) haben Überlegungen dieser Art bewogen, für die Rechnungsprüfungsorgane **volle Prüfungsrechte** bei selbständigen kommunalen Unternehmen zu verlangen. Niedersachsen und Schleswig-Holstein sind dem für Kommunalunternehmen gefolgt (§ 121 Abs. 4 und 1 GO NI, § 7a KPG SH). Die Stärken von Rechnungs- und Abschlussprüfung lassen sich damit im kommunalen Interesse kombinieren.

267 Die Regelung in den Ländern Baden-Württemberg, Rheinland-Pfalz und Sachsen führt nicht zu einer flächendeckenden, die geprüften Unternehmen über Gebühr belastenden überörtlichen Rechnungsprüfung oder zu überflüssigen und unwirtschaftlichen **Doppelprüfungen**. Die gegen die Stärkung der überörtlichen Rechnungsprüfung geäußerten Bedenken, es käme entweder infolge des Nebeneinanders von Abschluss- und Rechnungsprüfung zu im Aufwand intensiveren oder Mehrfachprüfungen mit daraus resultierenden finanziellen und organisatorischen Belastungen für das geprüfte Unternehmen oder die Rechnungsprüfung greife infolge ihres langen Prüfungszyklus regelmäßig zu spät, um wirksam zu sein, verfangen nicht. Denn die Rechnungsprüfung bei Unternehmen in Privatrechtsform und Kommunalunternehmen kann nicht isoliert verstanden werden. Dass dabei auf die Ergebnisse einer Abschlussprüfung mit abgestellt wird, ist selbstverständlich. Eine flächendeckende überörtliche Rechnungsprüfung kommunal beherrschter Unternehmen in Privatrechtsform oder von Kommunalunternehmen ist schon wegen der **präventiven Wirkung** einmal eingeräumter Prüfungsrechte, die nicht notwendig in Anspruch genommen werden müssen, nicht erforderlich. Zudem könnten in den Fällen, in denen eine zeitnahe Prüfung gewünscht wird oder etwa anlass- und ereignisbezogen geboten erscheint, durch die Organe der Rechnungsprüfung und unter ihrer Verantwortung selbst private Wirtschaftsprüfer eingeschaltet werden. Ähnlich wird z. B. in Baden-Württemberg und Hessen verfahren. Damit bliebe zugleich das öffentlich-rechtliche Prüfungsregime erhalten.

6. Verhältnis von Abschluss- und Rechnungsprüfung

a) Unterschiedlicher Ansatz von Abschluss- und Rechnungsprüfung

268 Zwischen der erweiterten Abschlussprüfung nach § 53 Abs. 1 HGrG (und den entsprechenden kommunalrechtlichen Vorschriften für Eigenbetriebe und Kommunalunterneh-

---

⁹⁵ *Püttner* (Rn. 262), S. 6.
⁹⁶ Vgl. auch Landesrechnungshof Brandenburg, Jahresbericht 1999, Teil B TZ 28 Nr. 2.1.6 a. E. (http://www.Brandenburg.de/landesrechnungshof/jb_99_28.htm).

IV. Prüfungswesen

men) und der Rechnungsprüfung lassen sich – bei aller Verschiedenheit der Regelungen in den einzelnen Ländern – **prinzipielle Unterschiede**, insbesondere hinsichtlich der **Intensität** und des **Blickwinkels** der Prüfung, ausmachen:

- Das Unternehmen (bzw. die Kommune bei Eigenbetrieben) trifft grundsätzlich selbst die Auswahl des Abschlussprüfers, während die Rechnungsprüfungsorgane hoheitlich und antragsunabhängig tätig werden können.
- Die Abschlussprüfung findet jährlich statt, während der überörtlichen Rechnungsprüfung ein mehrjähriger Turnus zugrunde liegt.
- Die Abschlussprüfung beurteilt ihre Prüfungsbereiche vorrangig nach betriebswirtschaftlichen Grundsätzen (vgl. z. B. Nr. 2 VV zu § 4 KommPrV BY).
- Der Schwerpunkt der Rechnungsprüfung liegt bei der sachlichen, materiellen Prüfung finanzwirksamen Handelns. Sie erstreckt sich auch auf die Beachtung des Grundsatzes der Sparsamkeit und Wirtschaftlichkeit (z. B. Art. 106 Abs. 1 Nr. 3 GO BY) und auf die Frage, ob Aufgaben mit geringerem Personal- oder Sachaufwand oder auf andere Weise wirksamer erfüllt werden können (z. B. Art. 106 Abs. 1 Nr. 4 GO BY). Diese Gesichtspunkte können zwar auch bei der Abschlussprüfung im Abschnitt „verlustbringende Geschäfte" eine Rolle spielen, dürften aber von der Intensität her weniger gewichtig sein. Außerdem geht die Betrachtung eingeschränkt von verlustbringenden Geschäften aus.
- Die Rechnungsprüfung hat wesensgemäß die ganze Kommune und ggf. deren Interessen als Gesellschafterin im Auge, während die Abschlussprüfung bereits auftragsgemäß das zu prüfende Unternehmen in den Vordergrund der Betrachtung stellt.
- Der Abschlussprüfer wird in der Praxis in der Regel den (Bau-)Investitions- und den Personalbereich nicht in die Prüfung einbeziehen, obwohl diese Bereiche an sich zur Abschlussprüfung gehören. Baurechtliche Vergabe- und Abrechnungsvorschriften verlangen ebenso wie tarif- und beamtenrechtliche Bestimmungen (insbesondere auch Einstufung, Abführung von Vergütungen für Nebentätigkeiten) Spezialkenntnisse.
- Die Angemessenheit der Abgaben- und Entgeltgestaltung aus Sicht der betroffenen Bürger, z. B. für die Benutzung leitungsgebundener Einrichtungen, ist regelmäßig nicht Gegenstand der Abschlussprüfung (siehe Fragenkreise 17 und 18 c) des IDW-Kataloges).
- Eine **detaillierte** Prüfung der Steuerveranlagung und steuerlicher Gestaltungsmöglichkeiten ist nicht Gegenstand der Abschlussprüfung. Demgemäß nehmen auch die Allgemeinen Auftragsbedingungen für Wirtschaftsprüfer (Nr. 11) aus Haftungsgründen bestimmte Vorgänge, wie z. B. die Einhaltung der Vorschriften des Steuerrechts, die Inanspruchnahme möglicher Subventionen, Zulagen oder sonstiger Vergünstigungen, von der Abschlussprüfung aus.

b) Vor- und Nachteile von Abschluss- und Rechnungsprüfung

Die Abschlussprüfung weist danach einerseits „strukturelle" Schwachstellen auf, die bei den Erwartungen an sie berücksichtigt werden müssen und welche die Rechnungsprüfung vom Ansatz her ausgleichen könnte:

- Der Abschlussprüfer darf nicht von sich aus die erweiterte Abschlussprüfung vornehmen, wenn das Unternehmen einen entsprechenden Auftrag nicht erteilen will. Die überörtliche Rechnungsprüfung ist dagegen an Aufträge nicht gebunden.
- Die Abschlussprüfung geschieht aus der Sicht des Unternehmens. Die Interessen der hinter dem Unternehmen stehenden Kommune und damit der Bürgerinnen und Bürger stehen nicht inmitten.
- Der Abschlussprüfer muss gewinnorientiert arbeiten, er erhält keine öffentlichen Beiträge und Zuschüsse als Kompensation für die Erfüllung eines öffentlichen Prüfauftrags. Damit steht er unter Druck, Folgeaufträge zu akquirieren, Aufträge rasch sowie kosten- und leistungsorientiert abzuwickeln; die Prüfungsaufträge müssen für das geprüfte Unternehmen finanziell tragbar erledigt werden.

Der zur Verfügung stehende Prüfungszeitraum und die Möglichkeit, in problematische Bereiche einzudringen, sind begrenzt. Das wird verschärft durch die handelsrechtliche Vorgabe, welche die Prüfung (einschließlich der Sitzungen der befassten Gremien) auf den Zeitraum April bis September eines Jahres drängt.
- Die Gebühren für die Abschlussprüfung entrichtet das Unternehmen, nicht die Kommune als Anteilseignerin. Das Unternehmen benötigt zwar einen Abschlussprüfer, das Gesetz sagt aber nicht welchen. Einem privaten Abschlussprüfer muss im eigenen Interesse daran gelegen sein, möglichst Folgeaufträge zu erhalten. Unangenehme Feststellungen stehen zu diesem Ziel in Widerspruch. Daraus können Interessenkonflikte entstehen. Das gilt besonders, wenn ein privater Mitgesellschafter seinen „Haus"-Wirtschaftsprüfer mitbringt.
- Schon aus berufsrechtlichen Gründen ist der Abschlussprüfer gehalten, die über hundert Fragen des Fragenkatalogs des IDW abzuarbeiten, gleich, ob das jeweilig abgefragte Prüfungsgebiet im konkreten Fall Anlass zur Prüfung gibt oder nicht. Falls eine Frage des Katalogs für das geprüfte Unternehmen nicht einschlägig ist, muss der Abschlussprüfer das eigens begründen (Nr. 2 (6) des Katalogs).

Der Fragenkatalog deckt zudem nicht alle für die Kommune als Anteilseignerin interessanten Bereiche ab. Z. B. beschäftigen sich die Fragenkreise 1 (Zusammensetzung und Tätigkeit von Überwachungsorganen und Geschäftsleitung) und 3 (Aufbau- und ablauforganisatorische Grundlagen) nicht mit der kommunalrechtlichen Relevanz von Beratungstätigkeiten von (von der Kommune entsandten) Aufsichtsräten bei der Gesellschaft und einer daraus folgenden beamten- oder kommunalrechtlichen Ablieferungs- oder Abführungspflicht, der wettbewerbswidrigen Tätigkeit der Geschäftsführer bei Konkurrenzunternehmen, möglichen Interessenkonflikten durch weitere Beschäftigungsverhältnisse der Geschäftsführer (z. B. beim privaten Mitgesellschafter) oder der Angemessenheit der Aufsichtsrats- und Geschäftsführervergütung.

270 Andererseits hat die Abschlussprüfung gegenüber der Rechnungsprüfung auch strukturelle Vorteile:
- Die Rechnungsprüfung findet abgesehen von anlass- oder antragsabhängigen Sonderprüfungen in einem mehrjährigen Turnus statt, was für aktuelle Fragen der Unternehmenssteuerung und -bewertung nicht genügt; dagegen ist die Abschlussprüfung jährlich durchzuführen und damit „zeitnäher".
- Anhand von (gliederungsmäßig standardisierten) Abschlussprüfungsberichten lassen sich kommunale Unternehmen einfacher vergleichen.
- Die Abschlussprüfung folgt international anerkannten Grundsätzen.

271 Die Abschlussprüfung kann wie die Rechnungsprüfung nicht annähernd sämtliche der Abschlussprüfung theoretisch zuordenbare Bereiche abdecken. Die (örtliche und überörtliche) Rechnungsprüfung und die Abschlussprüfung können sich aber im Hinblick auf die Unternehmenssteuerung sinnvoll ergänzen.

7. Sonderfälle

272 Das Gesetz sieht in Sonderfällen eine Prüfung durch Wirtschaftsprüfer (oder vereidigte Buchprüfer) unter besonderen Aspekten vor. Zu nennen sind beispielhaft folgende Bereiche:

273 - Nach § 9 Abs. 6 **Kraft-Wärme-Kopplungsgesetz – KWK-G –** ist jeder Netzbetreiber verpflichtet, den anderen Netzbetreibern die für die Berechnung des Belastungsausgleichs erforderlichen Daten rechtzeitig zur Verfügung zu stellen. Jeder Netzbetreiber kann verlangen, dass die anderen ihre Angaben durch einen im gegenseitigen Einvernehmen bestellten Wirtschaftsprüfer oder vereidigten Buchprüfer testieren lassen. Geprüft wird die Ordnungsmäßigkeit der Angaben des Unternehmens zu den gemäß § 4 KWK-G abgenommenen und vergüteten KWK-Strommengen einschließlich der Zuordnung zu den einzelnen Anlagekategorien nach § 5 KWK-G und zu den aus dem Netz des Unternehmens an Letztverbraucher (§ 9 Abs. 7 KWK-G) ausgespeisten

Strommengen. Außerdem legt der Betreiber einer KWK-Anlage nach § 8 Abs. 1 Satz 5 KWK-G jährlich eine durch einen Wirtschaftsprüfer oder vereidigten Buchprüfer testierte Abrechnung der im vorangegangenen Kalenderjahr eingespeisten KWK-Strommenge sowie Angaben zur KWK-Nettostromerzeugung, zur KWK-Nutzwärmeerzeugung sowie zu Brennstoffart und -einsatz vor.[97]

- Nach § 11 Abs. 5 **Erneuerbare-Energien-Gesetz – EEG –** ist jeder Netzbetreiber verpflichtet, den anderen Netzbetreibern die für die Berechnungen der nach § 3 EEG abzunehmenden Energiemengen und Vergütungszahlungen und der Ausgleichsmengen und -vergütungen (§ 11 Abs. 1 und 2 EEG) erforderlichen Daten rechtzeitig zur Verfügung zu stellen. Jeder Netzbetreiber kann verlangen, dass die anderen ihre Angaben durch einen im gegenseitigen Einvernehmen bestellten Wirtschaftsprüfer oder vereidigten Buchprüfer testieren lassen. Geprüft wird die Ordnungsmäßigkeit der Angaben des Unternehmens zu den Mengen des eingespeisten Stromes nach § 2 EEG einschließlich der Zuordnung zu den einzelnen Vergütungskategorien nach §§ 4 bis 8 EEG und zu den an Letztverbraucher im Sinn des § 11 Abs. 4 EEG gelieferten Stromes.[98]

- Zur Ermittlung von Mehr- oder Mindererlösen bestätigt der Jahresabschlussprüfer dem Krankenhausträger die Aufstellung der Erlöse (§ 3 Abs. 6 Satz 10 **Krankenhausentgeltgesetz – KHEntgG**).

Auf sonstige Prüfungen (nach Steuerrecht, Sozialversicherungsrecht) kann hier nur hingewiesen werden. Der Regierungsentwurf eines Bilanzkontrollgesetzes vom 21. 4. 2004 sieht außerdem für kapitalmarktorientierte Unternehmen im Interesse der Unternehmensintegrität und des Anlegerschutzes unter bestimmten Voraussetzungen ein zweistufiges Verfahren zur Überprüfung von Unternehmensabschlüssen und -berichten durch eine neu zu schaffende privatrechtliche Prüfstelle für Rechnungslegung und die Bundesanstalt für Finanzdienstleistungsaufsicht (BaFin) vor (Enforcement).[99]

Anhang: Überblick über die Rechtsgrundlagen der Flächenländer für die externe Prüfung kommunaler Unternehmen/bei kommunalen Unternehmen

Der nachfolgende Überblick beschränkt sich auf die für die (überörtliche) Prüfung im Bereich der kommunalen Unternehmen wichtigsten Aussagen der Kommunalgesetze der Länder. Soweit die Abschlussprüfung nicht eigens erwähnt ist, verbleibt es bei der bundesgesetzlichen Regelung (insbes. §§ 316 ff. HGB).

Aus den Kommunalgesetzen werden im Folgenden regelmäßig nur die einschlägigen Bestimmungen der jeweiligen Gemeindeordnungen, nicht der Landkreisordnungen angegeben.

Baden-Württemberg

Nach § 103 Abs. 1 Satz 1 Nr. 5 GemO BW sind für Kommunen unmittelbare und mittelbare Mehrheitsbeteiligungen i. S. d. § 53 HGrG u. a. nur zulässig, wenn für jedes Wirtschaftsjahr ein Wirtschaftsplan aufgestellt und der Wirtschaftsführung eine fünfjährige Finanzplanung zugrunde gelegt wird (Buchst. a)), wenn Jahresabschluss und Lagebericht nach den für große Kapitalgesellschaften geltenden Vorschriften des HGB aufgestellt und geprüft werden (Buchst. b)) und wenn den örtlichen und überörtlichen Prüfungsorganen für die Durchführung der Betätigungsprüfung im Gesellschaftsvertrag oder der Satzung § 54 HGrG entsprechende Unterrichtungs- und Einsichtsbefugnisse eingeräumt sind (Buchst. d)).

---

[97] Siehe auch die „Verfahrensbeschreibung zur Umsetzung des Gesetzes für die Erhaltung, die Modernisierung und den Ausbau der Kraft-Wärme-Kopplung (Kraft-Wärme-Kopplungsgesetz) vom 1. April 2002 durch die Netzbetreiber", herausgegeben vom Verband der Netzbetreiber (VDN) mit Stand vom 7. 11. 2002 (aktualisiert 1. 3. 2004) (http://www.vdn-berlin.de/global/downloads/Netz-Themen/KWKG/KWKG_Verfahrensbeschreibung.pdf).

[98] Siehe auch EEG-Verfahrensbeschreibung des VDN mit Stand vom 1. 1. 2003 (http://www.vdn-berlin.de/global/downloads/Netz-Themen/eeg/EEG_Verfahrensbeschreibung.pdf).

[99] Vgl. *Lenzen/Kleinert*, Referentenentwurf eines Gesetzes zur Kontrolle von Unternehmensabschlüssen (Bilanzkontrollgesetz) vom 8. 12. 2003, GmbHR 2004, Rn. 49 f.

280 Ferner sieht § 103 Abs. 1 Satz 1 Nr. 5 Buchst. e) GemO BW die sog. Überörtliche Unternehmensprüfung vor. Dabei handelt es sich um ein Prüfungsrecht (keine Pflichtprüfung), das vom überörtlichen Prüfungsorgan in der Regel aus besonderem Anlass ausgeübt werden kann. Anders als bei der Betätigungsprüfung ist Prüfungsgegenstand das kommunale Unternehmen selbst. Das Recht zur Überörtlichen Unternehmensprüfung wurde durch das Gemeindewirtschaftsrechtsänderungsgesetz 1999 – GWR-ÄndG 1999 – als gesellschaftsvertraglich umzusetzende Zulässigkeitsvoraussetzung einer kommunalen Mehrheitsbeteiligung i. S. d. § 53 HGrG eingeführt.

281 Zuständig für die Durchführung der überörtlichen Prüfung der Gemeinden (mit mehr als 4.000 Einwohnern) und Landkreise ist die Gemeindeprüfanstalt – GPA – (§ 2 Abs. 1 GPA-Gesetz). Die GPA ist ferner zuständig für die Überörtliche Unternehmensprüfung. Abschlussprüfungen führt sie nicht durch.

Bayern

282 Nach Art. 94 Abs. 1 GO BY (und Art. 82 Abs. 1 LKrO BY sowie Art. 80 Abs. 1 BezO BY) sind die Kommunen bei Mehrheitsbeteiligungen i. S. d. § 53 Abs. 1 HGrG u. a. verpflichtet,
- darauf hinzuwirken, dass für jedes Wirtschaftsjahr ein Wirtschaftsplan aufgestellt und der Wirtschaftsführung eine fünfjährige Finanzplanung zugrunde gelegt wird,
- dafür Sorge zu tragen, dass der Jahresabschluss und der Lagebericht nach den für große Kapitalgesellschaften geltenden Vorschriften des HGB aufgestellt und geprüft werden, sofern nicht weitergehende gesetzliche Vorschriften gelten oder andere gesetzliche Vorschriften entgegenstehen,
- die Rechte nach § 53 Abs. 1 HGrG auszuüben,
- darauf hinzuwirken, dass ihnen und dem für sie zuständigen überörtlichen Prüfungsorgan die in § 54 HGrG vorgesehenen Befugnisse eingeräumt werden.

Die Rechtsaufsichtsbehörde kann Ausnahmen zulassen.

283 Ist eine kommunale Beteiligung an einem Unternehmen keine Mehrheitsbeteiligung im Sinn des § 53 HGrG, so soll die Kommune, soweit ihr Interesse das erfordert, darauf hinwirken, dass ihr in der Satzung oder im Gesellschaftsvertrag die Rechte nach § 53 Abs. 1 HGrG und ihr und dem für sie zuständigen überörtlichen Prüfungsorgan die Befugnisse nach § 54 HGrG eingeräumt werden. Bei mittelbaren Beteiligungen gilt das nur, wenn die Beteiligung 25 % der Anteile übersteigt und einer Gesellschaft zusteht, an der die Kommune allein oder zusammen mit anderen Gebietskörperschaften oder deren Zusammenschlüssen mit Mehrheit im Sinn des § 53 HGrG beteiligt ist.

284 Die Prüfung kommunaler Betätigung in Kommunalunternehmen und in Unternehmen in Privatrechtsform ist in Art. 106 Abs. 4 GO BY (und Art. 92 Abs. 4 LKrO BY sowie Art. 88 Abs. 4 BezO BY) geregelt. Für Kommunalunternehmen gelten außerdem Art. 91 Abs. 2 GO BY, Art. 79 Abs. 2 LKrO BY, Art. 77 Abs. 2 BezO BY und Art. 107 Abs. 3 GO BY, Art. 93 Abs. 3 LKrO BY, Art. 89 Abs. 3 BezO BY, die § 54 und § 53 HGrG nachgebildet sind. Kommunalunternehmen unterliegen wie Eigenbetriebe der Abschlussprüfungspflicht; im Übrigen wird nur die Betätigung der Kommune geprüft, während eine „Vollprüfung" seitens der Rechnungsprüfungsorgane nicht stattfinden kann, sofern das Recht dazu nicht eigens eingeräumt wird.

285 Überörtliches Prüfungsorgan für Bezirke, Landkreise und Gemeinden ab etwa 5.000 Einwohnern (die das bayerische Staatsministerium des Innern als Mitglieder bestimmt hat) ist der Bayer. Kommunale Prüfungsverband, während für kleinere Gemeinden die staatlichen Rechnungsprüfungsämter bei den Landratsämtern die überörtliche Rechnungsprüfung durchführen.

286 Der Kommunale Prüfungsverband führt (neben Wirtschaftsprüfern und Wirtschaftsprüfungsgesellschaften) auch Abschlussprüfungen bei Eigenbetrieben und Kommunalunternehmen durch (Art. 107 Abs. 2 GO BY).

Anhang: Überblick über die Rechtsgrundlagen der Flächenländer **287–295** **E**

Brandenburg

Kommunen, denen Anteile an einem Unternehmen in Privatrechtsform im in § 53 HGrG bezeichneten Umfang gehören, sollen die Rechte nach § 53 HGrG ausüben und darauf hinwirken, dass ihnen die Befugnisse nach § 54 HGrG eingeräumt werden (§ 105 Abs. 1 GO BB). 287

Im Rahmen der überörtlichen Prüfung (§ 116 Abs. 1 GO BB) wird auch geprüft, ob die Beteiligung einer Kommune an einem Unternehmen zulässig ist und ob die Anteile ordnungsgemäß verwaltet werden. Das überörtliche Prüfungsorgan hat nicht das Recht, sich bei einer Gesellschaft unmittelbar zu unterrichten. 288

Überörtliches Prüfungsorgan der Landkreise und kreisfreien Städte ist der Landesrechnungshof, im Übrigen der Landrat als allgemeine untere Landesbehörde (§ 116 Abs. 2 GO BB), wobei die Rechnungsprüfungsämter der Landkreise die überörtliche Prüfung der kreisangehörigen Gemeinden durchführen (§ 66 Abs. 2 Nr. 2 KrO BB). Für die Jahresabschlussprüfung der Eigenbetriebe gilt die Zuständigkeitsregel des § 116 Abs. 2 GO BB ebenfalls; zur Durchführung kann sich die zuständige Stelle eines Wirtschaftsprüfers oder einer Wirtschaftsprüfungsgesellschaft bedienen. 289

Hessen

Nach § 122 Abs. 1 Nr. 4 GO HE muss gewährleistet sein, dass der Jahresabschluss und der Lagebericht kommunaler Unternehmen in Privatrechtsform grundsätzlich nach den Vorschriften des HGB für große Kapitalgesellschaften aufgestellt und geprüft werden. Hält eine Kommune die Mehrheit der Anteile an einem Unternehmen, treffen sie besondere Pflichten. So muss sie darauf hinwirken, dass das Unternehmen einen Wirtschaftsplan aufstellt und der Wirtschaftsführung eine fünfjährige Finanzplanung zugrunde legt (§ 122 Abs. 3 GO HE); außerdem muss die Kommune die Rechte nach § 53 HGrG ausüben und darauf hinwirken, dass ihr die Befugnisse nach § 54 HGrG eingeräumt werden (§ 123 GO HE). 290

Nach § 3 Abs. 1 Satz 3 Gesetz zur Regelung der überörtlichen Prüfung kommunaler Körperschaften in Hessen – ÜPKKG – ist die Betätigung bei Gesellschaften in einer Rechtsform des privaten Rechts, an denen kommunale Körperschaften unmittelbar oder mittelbar beteiligt sind, im Rahmen der überörtlichen Prüfung zu prüfen, wobei die Sondervermögen mit zu prüfen sind. Eine Prüfung in den kommunalen Unternehmen selbst findet nicht statt; das überörtliche Prüfungsorgan hat dort kein Unterrichtungsrecht. Derzeit (Sommer 2004) liegt dem hessischen Landtag ein Gesetzentwurf der Landesregierung vor, nach dem der überörtlichen Prüfungsbehörde die Möglichkeit eröffnet werden soll, in kommunalen Unternehmen zu prüfen, wobei die Prüfung auch durch eigenes Personal des Landesrechnungshofs möglich sein soll. 291

Überörtliches Prüfungsorgan ist der Präsident des Hessischen Rechnungshofs – Überörtliche Prüfung kommunaler Körperschaften (§ 3 Abs. 1 Satz 3 i.V.m. § 1 ÜPKKG). 292

Mecklenburg-Vorpommern

Die Kommunen haben darauf hinzuwirken, dass dem überörtlichen Prüfungsorgan in der Satzung oder im Gesellschaftsvertrag die in § 54 HGrG vorgesehenen Befugnisse eingeräumt werden (§ 12 Abs. 1 Nr. 3 Kommunalprüfungsgesetz – KPG – MV). 293

Überörtliches Prüfungsorgan für kommunale Körperschaften, die der unmittelbaren Rechtsaufsicht des Landes unterliegen, ist der Landesrechnungshof (§ 5 KPG MV), dem die überörtliche Prüfung kommunaler Wirtschaftsbetriebe obliegt (Abschnitt III KPG MV). 294

Sind kommunale Gesellschaften nicht nach anderen Vorschriften abschlussprüfungspflichtig (z. B. § 316 HGB), beauftragt der Landesrechnungshof im Namen und für Rechnung der kommunalen Körperschaften einen Abschlussprüfer (§ 14 KPG MV). Das gilt insbesondere für kleine Kapitalgesellschaften (§ 267 HGB). Im Übrigen kann der Landesrechnungshof nach § 12 Abs. 2 KPG MV die Vorlage der Prüfungsberichte verlangen. 295

Niedersachsen

296 Unter der Voraussetzung, dass den Kommunen die Befugnisse nach § 54 HGrG eingeräumt sind, hat auch das überörtliche Prüfungsorgan ein Recht auf Unterrichtung bei kommunalen Unternehmen in Privatrechtsform (§ 124 GO NI). Eine Befugnis zur Prüfung der Unternehmen selbst besteht aber nicht; die Einsichtnahme in Unterlagen bei Unternehmen in Privatrechtsform dient nur als „Erkenntnismittel" für die Prüfung der Betätigung der Kommunen. (Ein Gesetzentwurf der Landesregierung nennt als Gründungsvoraussetzung, dass das Unternehmen der überörtlichen Prüfung unterliegt –

297 Stand 12.7.2004). Kommunalunternehmen unterliegen dagegen unmittelbar der überörtlichen Rechnungsprüfung (§ GO 121 Abs. 5 NI).

298 Überörtliche Prüfungseinrichtungen sind die Kommunalprüfungsämter der vier Bezirksregierungen sowie die Rechnungs- und Kommunalprüfungsämter der Landkreise und der Region Hannover (§ 121 GO NI), die dem Innenministerium nachgeordnet sind. Diskutiert wird allerdings die Errichtung einer Prüfungsanstalt.

Nordrhein-Westfalen

299 Die Gemeinde darf Unternehmen und Einrichtungen in einer Rechtsform des privaten Rechts nur gründen oder sich daran beteiligen, wenn u. a. gewährleistet ist, dass der Jahresabschluss und der Lagebericht, soweit nicht weitergehende Vorschriften bestehen, in entsprechender Anwendung der Vorschriften des HGB für große Kapitalgesellschaften aufgestellt und geprüft werden (§ 108 Abs. 1 Satz 1 Nr. 8 GO NW). Die Aufsichtsbehörde kann in begründeten Fällen Ausnahmen zulassen. Außerdem muss die Kommune darauf hinwirken, dass für jedes Wirtschaftsjahr ein Wirtschaftsplan aufgestellt und der Wirtschaftsführung eine fünfjährige Finanzplanung zugrunde gelegt wird (§ 108 Abs. 2 GO NW). Gehören einer Kommune unmittelbar oder mittelbar Anteile an einem Unternehmen in Privatrechtsform in dem in § 53 HGrG bezeichneten Umfang, soll sie die Rechte nach § 53 HGrG ausüben und darauf hinwirken, dass ihr die in § 54 HGrG vorgesehenen Befugnisse eingeräumt werden. Bei Minderheitsbeteiligungen soll sie, soweit ihr Interesse das erfordert, nur darauf hinwirken, dass ihr die Befugnisse nach § 53 HGrG eingeräumt werden (§ 112 Abs. 1 und 2 GO NW). Nach § 103 Abs. 2 Nr. 5 GO NW kann der Rat dem Rechnungsprüfungsamt als Aufgabe die Prüfung der Betätigung der Kommune als Gesellschafterin oder Aktionärin in Unternehmen in Privatrechtsform oder in Kommunalunternehmen sowie die Wahrnehmung sonst vorbehaltener Prüfungsrechte übertragen.

300 Überörtliches Prüfungsorgan ist die zum 1.1.2003 gegründete Gemeindeprüfanstalt (§ 105 Abs. 1 GO NW i.V. m. Art. 1 GPA-Gesetz).

301 Der GPA obliegt auch die Jahresabschlussprüfung der Eigenbetriebe, wozu sie sich eines Wirtschaftsprüfers, einer Wirtschaftsprüfungsgesellschaft oder in Einzelfällen eines hierzu befähigten eigenen Prüfers bedient. Die GPA kann auch zulassen, dass der Betrieb mit ihrem Einvernehmen unmittelbar einen Wirtschaftsprüfer oder eine Wirtschaftsprüfungsgesellschaft beauftragt (§ 106 Abs. 2 GO NW).

302 Die Jahresabschlüsse und Lageberichte der Kommunalunternehmen werden nach den für große Kapitalgesellschaften geltenden Vorschriften des HGB geprüft (§ 114a Abs. 10 GO NW).

Rheinland-Pfalz

303 Die Kommunen haben nach § 89 Abs. 6 GemO RP bei Unternehmen, an denen sie eine Mehrheitsbeteiligung halten,
1. zu verlangen, dass im Gesellschaftsvertrag oder in der Satzung vorgeschrieben wird, dass der Jahresabschluss und der Lagebericht in entsprechender Anwendung der für Eigenbetriebe geltenden Vorschriften aufgestellt und geprüft werden, soweit sich nicht die entsprechenden Anforderungen für das Unternehmen bereits aus dem Handelsgesetzbuch ergeben oder weitergehende gesetzliche Vorschriften gelten oder andere gesetzliche Vorschriften entgegenstehen,

2. darauf hinzuwirken, dass ihnen, der Aufsichtsbehörde und dem für sie zuständigen überörtlichen Prüfungsorgan die in § 54 Abs. 1 HGrG vorgesehenen Befugnisse eingeräumt werden, und
3. die Befugnisse nach § 53 Abs. 1 HGRG auszuüben.

Die obere Aufsichtsbehörde kann in begründeten Fällen Ausnahmen zulassen.

304 Gehören einer Kommune weniger als 50 % der Anteile, soll sie, soweit die Wahrung gemeindlicher Belange dies erfordert, darauf hinwirken, dass u. a. die Befugnisse nach § 54 Abs. 1 HGrG und § 53 HGrG eingeräumt werden (§ 89 Abs. 7 Satz 1 Nrn. 3 und 4 GemO RP). Bei mittelbaren Beteiligungen gilt das nur, wenn die Beteiligung 25 % der Anteile übersteigt und einem Unternehmen zusteht, an dem die Kommune allein oder zusammen mit anderen kommunalen Gebietskörperschaften in dem in § 53 HGrG bezeichneten Umfang beteiligt ist (§ 89 Abs. 7 Satz 2 GemO RP).

305 Geprüft wird danach grundsätzlich nur die Betätigung der Kommunen bei Unternehmen. Die überörtliche Prüfung erstreckt sich allerdings auch auf die Haushalts- und Wirtschaftsführung der von Kommunen geführten rechtsfähigen Anstalten des öffentlichen Rechts (§ 110 Abs. 4 Satz 2 GemO RP).

306 Nach § 87 Abs. 1 Satz 1 Nr. 7 Buchst. c) GemO RP dürfen Kommunen zudem wirtschaftliche Unternehmen in Privatrechtsform nur führen oder sich daran beteiligen, wenn dem Rechnungshof durch Gesellschaftsvertrag oder Satzung ein unmittelbares Recht zur überörtlichen Prüfung der Haushalts- und Wirtschaftsführung kommunaler Eigen- und Beteiligungsgesellschaften, die mehrheitlich der öffentlichen Hand gehören, nach Maßgabe des § 110 Abs. 4 GemO RP eingeräumt wird, so dass eine „Vollprüfung" stattfinden kann.

307 Überörtliche Prüfungsorgane sind der Rechnungshof (§ 110 Abs. 4 GemO RP) oder die Gemeindeprüfungsämter (§ 110 Abs. 4 Satz 4 GemO RP).

Saarland

308 Kommunale Körperschaften, denen allein oder mit anderen kommunalen Körperschaften die Mehrheit der Anteile gehört, dürfen Unternehmen in Privatrechtsform nur errichten, übernehmen, erweitern oder sich daran beteiligen, wenn u. a. im Gesellschaftsvertrag oder in der Satzung geregelt ist, dass die Rechte nach § 53 HGrG ausgeübt werden, und ihnen und dem überörtlichen Prüfungsorgan die in § 54 HGrG vorgesehenen Befugnisse eingeräumt sind (§ 111 KSVG SL). Ferner muss gewährleistet sein, dass der Jahresabschluss und der Lagebericht nach den für große Kapitalgesellschaften geltenden Vorschriften des HGB aufgestellt und geprüft werden (§ 110 Abs. 1 Nr. 4 KSVG SL).

309 Die laufende Prüfung der Wirtschaftsführung der Eigenbetriebe kann auch den örtlichen Prüfungsämtern übertragen werden (§ 121 Abs. 2 KSVG SL), wenn diese über kaufmännische Erfahrung verfügen. Die Abschlussprüfung der Eigenbetriebe regelt § 124 KSVG SL.

310 Geprüft wird die kommunale Betätigung bei Unternehmen. Überörtliches Prüfungsorgan ist das Ministerium für Inneres und Sport (Gemeindeprüfungsamt – § 123 Abs. 2 KSVG SL).

Sachsen

311 Steht einer Kommune allein oder zusammen mit anderen kommunalen Trägern der Selbstverwaltung, die der Aufsicht des Freistaates Sachsen unterstehen, die zur Änderung des Gesellschaftsvertrages oder der Satzung erforderliche Mehrheit zu, ist im Gesellschaftsvertrag oder in der Satzung nach § 96 Abs. 2 GemO SN u. a. festzulegen, dass
- eine erweiterte Abschlussprüfung nach § 53 Abs. 1 HGrG durchgeführt wird (Nr. 1),
- den örtlichen und überörtlichen Prüfungsbehörden die Befugnisse nach § 54 HGrG eingeräumt werden (Nr. 2),
- den örtlichen und überörtlichen Prüfungsbehörden das Recht eingeräumt ist, die Haushalts- und Wirtschaftsführung des Unternehmens zu prüfen (Nr. 2a),

- Jahresabschluss und Lagebericht entsprechend den Vorschriften des HGB für große Kapitalgesellschaften aufgestellt und geprüft werden (Nr. 6).

312 Damit kann im Rahmen der Rechnungsprüfung nicht nur die kommunale Betätigung in Unternehmen geprüft werden, sondern es besteht die Möglichkeit, eine „Vollprüfung" der Haushalts- und Wirtschaftsführung des Unternehmens selbst durchzuführen.

313 Die Prüfung des Jahresabschlusses und des Lageberichts der Eigenbetriebe wird im Auftrag der überörtlichen Prüfungsbehörde durch Wirtschaftsprüfer oder Wirtschaftsprüfungsgesellschaften durchgeführt, die von der Gemeinde bestellt werden. Die überörtliche Prüfungsbehörde erteilt zum Prüfungsbericht einen abschließenden Vermerk (§ 110 Abs. 1 GemO SN).

314 Überörtliches Prüfungsorgan ist der Rechnungshof (§ 108 GemO SN).

Sachsen-Anhalt

315 Kommunen, die an einem Unternehmen mit eigener Rechtspersönlichkeit Anteile in dem in § 53 HGrG bezeichneten Umfang besitzen, haben darauf hinzuwirken, dass die in § 54 HGrG vorgesehenen Befugnisse eingeräumt werden (§ 129 Abs. 3 GO ST). Dasselbe gilt, wenn Kommunen gemeinsam mit anderen Gebietskörperschaften Anteile in dem in § 53 HGrG bezeichneten Umfang halten (§ 129 Abs. 4 GO ST). Außerdem haben die Kommunen dafür Sorge zu tragen, dass für jedes Wirtschaftsjahr ein Wirtschaftsplan aufgestellt und der Wirtschaftsführung eine dreijährige Finanzplanung zugrunde gelegt wird, sowie dafür, dass Jahresabschluss und Lagebericht nach den Vorschriften des HGB für große Kapitalgesellschaften aufgestellt und geprüft werden (§ 121 Abs. 1 GO ST).

316 Geprüft wird nur die Betätigung der Kommunen in Unternehmen (§ 123 GO ST), eine Prüfung der Unternehmen selbst findet nicht statt.

317 Überörtliches Prüfungsorgan für kreisangehörige Gemeinden und Verwaltungsgemeinschaften bis 25.000 Einwohner ist das Rechnungsprüfungsamt des Landkreises als Gemeindeprüfungsamt; für kreisfreie Städte und Verwaltungsgemeinschaften mit mehr als 25.000 Einwohnern sind der Rechnungshof und seine staatlichen Rechnungsprüfungsämter überörtliche Prüfungsorgane (§ 125 GO ST).

Schleswig-Holstein

318 Kommunen dürfen Gesellschaften nur gründen oder sich an ihnen beteiligen, wenn u. a. gewährleistet ist, dass der Jahresabschluss und der Lagebericht in entsprechender Anwendung der Vorschriften des HGB für große Kapitalgesellschaften aufgestellt und geprüft werden. Die Kommunalaufsichtsbehörde kann in besonderen Fällen Ausnahmen zulassen (§ 102 Abs. 1 GO SH). § 11 Kommunalprüfungsgesetz – KPG – SH schreibt vor, dass eine Kommune, der Anteile an Gesellschaften in dem in § 53 HGrG bezeichneten Umfang gehören,
- verlangen muss, dass in der Satzung oder im Gesellschaftsvertrag auch außerhalb des Anwendungsbereiches des HGB oder anderer gesetzlicher Vorschriften die Durchführung einer Jahresabschlussprüfung nach diesem Gesetz gewährleistet wird,
- die Rechte nach § 53 Abs. 1 HGrG ausüben muss,
- darauf hinzuwirken hat, dass ihr und der für die überörtliche Prüfung zuständigen Prüfungsbehörde in der Satzung oder im Gesellschaftsvertrag die in § 54 HGrG vorgesehenen Befugnisse eingeräumt werden.

Die Kommunalaufsichtsbehörde kann im Einvernehmen mit der Prüfungsbehörde Ausnahmen von den Nummern 2 und 3 zulassen.

319 Bei Minderheitsbeteiligungen gilt Entsprechendes, soweit es das Interesse der Kommune erfordert. Bei mittelbaren Beteiligungen gilt das nur, wenn die Beteiligung 25 % der Anteile übersteigt und einem Unternehmen zusteht, an dem die Kommune allein oder zusammen mit anderen kommunalen Körperschaften mit Mehrheit nach § 53 HGrG beteiligt ist.

320 Geprüft wird nur die Betätigung der Kommunen in Unternehmen in Privatrechtsform mit den in § 54 HGrG vorgesehenen Befugnissen. Kommunalunternehmen unterliegen allerdings der überörtlichen Rechnungsprüfung (§ 7a KPG SH). In die Betätigungsprüfung

(§ 54 HGrG) werden auch die Gesellschaften einbezogen, deren Jahresabschlüsse nicht nach dem KPG SH, sondern aufgrund ihrer Größe nach dem HGB geprüft werden.

Überörtliches Prüfungsorgan für die Kreise, die kreisfreien Städte und die kreisangehörigen Städte über 20.000 Einwohner ist der Rechnungshof (§ 2 Abs. 1 und 2 Gesetz über den Landesrechnungshof i.V. m. § 2 KPG SH). Im Übrigen sind die Landräte überörtliche Prüfungsorgane, wobei sie sich der Rechnungsprüfungsämter der Kreise als Gemeindeprüfungsämter bedienen. Der Landesrechnungshof kann aber unabhängig von der kommunalrechtlichen Zuordnung Querschnittsprüfungen vornehmen (§ 5a KPG SH).

Der Landesrechnungshof ist auch zuständig für die Jahresabschlussprüfung der Eigenbetriebe und kleinen Kapitalgesellschaften, d. h. er beauftragt damit Wirtschaftsprüfer oder Wirtschaftsprüfungsgesellschaften. Kommunale Krankenhäuser und Pflegeheime sowie Kommunalunternehmen sind in die Jahresabschlussprüfung einbezogen (§§ 10, 14 a KPG SH). Die §§ 8 ff. KPG SH enthalten detaillierte Aussagen zur Abschlussprüfung, u. a. zum Wechsel des Abschlussprüfers nach höchstens sechs Jahren (§ 9 Abs. 3 KPG SH).

Thüringen

Die Kommunen haben nach § 75 Abs. 4 KO TH dafür Sorge zu tragen,
- dass der Jahresabschluss und der Lagebericht nach den für große Kapitalgesellschaften geltenden Vorschriften des HGB aufgestellt und geprüft werden (Nr. 1),
- dass die Möglichkeit der Einsichtnahme in den Jahresabschluss und in das Ergebnis der Prüfung des Jahresabschlusses und des Lageberichts sowie in die beschlossene Verwendung des Jahresüberschusses oder die Behandlung des Jahresfehlbetrags besteht und darauf hingewiesen wird (Nr. 2),
- dass die Rechte nach § 53 HGrG eingeräumt und ausgeübt werden (Nr. 3) und
- dass ihnen und dem für sie zuständigen überörtlichen Prüfungsorgan die Befugnisse nach § 54 HGrG eingeräumt werden (Nr. 4).

Geprüft wird nur die Betätigung der Kommunen in Unternehmen in privater Rechtsform (unmittelbare und mittelbare Beteiligung) unter Beachtung kaufmännischer Grundsätze. Die Rechnungsprüfung umfasst ferner Buch-, Betriebs- und sonstige Prüfungen, die sich die Kommune bei Hingabe eines Darlehens oder sonst vorbehalten hat (§ 84 Abs. 4 KO TH). Dabei wird insbesondere geprüft, ob Haushaltsvorgaben und Satzung eingehalten wurden, Einnahmen und Ausgaben begründet und belegt sind und ob wirtschaftlich und sparsam verfahren wurde (vgl. § 84 Abs. 1 KO TH).

Die Abschlussprüfung der Eigenbetriebe wird von einem Wirtschaftsprüfer oder einer Wirtschaftsprüfungsgesellschaft durchgeführt (§ 85 KO TH).

Durch das Prüfungs- und Beratungsgesetz vom 25. 6. 2001 wurde dem Präsidenten des Thüringer Rechnungshofs die überörtliche Rechnungs- und Kassenprüfung für die kommunalen Körperschaften übertragen.

F. Beamten- und Arbeitsrecht

Übersicht

	Rn.		Rn.
I. Beamte in kommunalen Unternehmen	1	k) Anspruch auf Urlaub und sonstige Dienstbefreiung	91
1. Zugewiesene Beamte	1	l) Beendigung des Arbeitsverhältnisses	98
2. Beurlaubte Beamte	19	m) Übergangsgeld	103
3. Beamte als Arbeitnehmer nach Beendigung des Beamtenverhältnisses	22	n) Spezielle Regelungen	104
4. Anwendung von BetrVG/PersVG	25	4. Besonderheiten aus dem BAT/BMT-G für Versorgungsbetriebe	106
II. Arbeitnehmer in kommunalen Unternehmen	27	5. Besonderheiten aus dem BAT für Krankenhäuser	108
1. Als Mitarbeiter des öffentlichen Dienstes	28	6. Besonderheiten aus dem BAT für Sparkassen	111
2. Geltung von BAT/BMT-G	29	7. Besonderheiten aus dem BAT/BMT-G für Nahverkehrsbetriebe	112
3. Wesentlicher Inhalt des BAT	31	8. Besonderheiten aus dem BAT/BMT-G für Flughäfen	114
a) Vom BAT erfasste Arbeitnehmer	32	9. Besonderheiten aus dem BAT/BMT-G für Theater	117
b) Schriftform für den Arbeitsvertrag, Probezeit	33	III. Arbeitnehmer in Versorgungsbetrieben, die den Tarifvertrag für die Versorgungsbetriebe (TV-V) anwenden	118
c) Allgemeine Arbeitsbedingungen	37	IV. Altersversorgung	129
d) Gestaltung der Arbeitszeit	57	1. Zusatzversorgungskasse	131
e) Beschäftigungs- und Dienstzeit	71	2. Entgeltumwandlung	139
f) System der Eingruppierung	73		
g) Elemente des Entgelts	80		
h) Sozialbezüge	85		
i) Finanzielle Abgeltung von Dienstreisen u. ä.	89		
j) Zusätzliche Altersversorgung	90		

Literatur: *Dassau/Wiesend-Rothbrust*, BAT Kompaktkommentar (4. Auflage), 2004; *Schaub/Koch.-Link*, Arbeitsrechts-Handbuch (10. Auflage), 2002; *Bredemeier/Nefke*, BAT/BAT-O, Kommentar (2. Auflage), 2004.

I. Beamte in kommunalen Unternehmen

Die Rechtsstellung der Beamten, d. h. ihre Pflichten und Rechte werden ausschließlich durch den Gesetzgeber geregelt. Im Gegensatz dazu handelt ein Arbeitnehmer – auch im öffentlichen Dienst – auf vertraglicher Grundlage seine Arbeitsbedingungen aus. Diese Möglichkeit gibt es für den Beamten nicht, er muss akzeptieren, was der Gesetzgeber unter Beachtung der verfassungsrechtlich durch Art. 33 Abs. 5 GG abgesicherten hergebrachten Grundsätze des Beamtentums gesetzlich fixiert. Die wesentlichen Definitionsmerkmale des staatsrechtlichen Beamtenbegriffs ergeben sich aus Art 33 Abs. 4 GG, §§ 2 BRRG, 2 BBG i. V. m. §§ 5 BRRG, 6 BBG beziehungsweise den einschlägigen Beamtengesetzen der Länder. Beamter ist danach, wer zu einer dienstherrenfähigen, juristischen Person des öffentlichen Rechts in einem öffentlich-rechtlichen Dienst- und Treueverhältnis steht. Nach Art 75 Abs. 1 Nr. 1 GG hat der Bund das Recht, Rahmenvorschriften über die Rechtsverhältnisse der im öffentlichen Dienst der Länder, Gemeinden und anderer Körperschaften des öffentlichen Rechts stehenden Personen zu erlassen. Solche sind u. a. im BRRG und im Bundespersonalvertretungsgesetz (§§ 94 ff.) enthalten. Soweit das Grundgesetz eine konkurrierende Gesetzgebungskompetenz (Art. 74a GG) anerkennt, erstreckt sich diese nur auf die Besoldung und Versorgung. Die jeweiligen Beamtengesetze der Länder unterscheiden sich daher nur im Detail, nicht jedoch im materiellen Gehalt der Regelungen.

1

2 Nach § 2 BRRG soll ein Beamtenverhältnis nur begründet werden, soweit dies zur Wahrnehmung hoheitsrechtlicher Aufgaben erforderlich ist oder es sich um Aufgaben des öffentlichen Lebens handelt, die nicht ausschließlich Personen übertragen werden dürfen, die in einem privatrechtlichen Arbeitsverhältnis stehen. Solange die Kommunen ihre wirtschaftlichen Bereiche überwiegend in der Form der Eigenbetriebe, d. h. als Abteilung ihrer Verwaltung organisieren und die dort Beschäftigten im Rahmen der Daseinsvorsorge tätig sind, bestehen keine Bedenken gegen den Einsatz von Beamten. Im Bereich des Bundes waren bei der Deutschen Bundespost und der Deutschen Bundesbahn überwiegend Beamte im Einsatz, die aufgrund eines Sicherstellungsauftrages in Ausübung öffentlicher Gewalt tätig waren.[1]

3 Organisiert die Kommune die ihr zugewiesenen wirtschaftlichen Aufgaben, insbesondere den Nahverkehr und die Versorgung mit Wasser und Energie sowie die Entsorgung von Abfall und Abwasser, in einem Stadtwerk mit privatrechtlicher Rechtsform (GmbH, AG), so ist der Einsatz von Beamten dort nicht möglich, weil für diese Betriebe die Dienstherrenfähigkeit (§ 121 BRRG) nicht gegeben ist. Eine in staatlicher Hand befindliche Gesellschaft kann keine Beamten ernennen. Auch ist weder eine Versetzung noch eine Abordnung eines in der Kommunalverwaltung tätigen Beamten möglich. Eine gesetzliche Begriffsbestimmung der Versetzung fehlt, der Begriff der Abordnung ist ebenfalls weder in Art. 33 GG noch in sonstigen Gesetzen definiert. Beide Rechtsinstitute setzen jedoch als neue Beschäftigungsstelle eine Einrichtung voraus, die dienstherrenfähig ist.

4 Unter Aufrechterhaltung aller beamtenrechtlichen Bindungen und Beziehungen zu den Beamten kann die Kommune aufgrund vertraglicher Verpflichtung ihrerseits Dienstleistungen für Private erbringen und damit – außerhalb des Rechtsinstituts der Abordnung – im Ergebnis eine Tätigkeit von Beamten für ihre Privatbetriebe veranlassen.[2] Da bei dieser Konstruktion der Beamte ausschließlich für seinen Dienstherrn – der die Dienstleistung gegenüber dem Dritten erfüllt – tätig werden muss, ist diese Lösung in der Regel nicht praktikabel, weil eine Integration in den Betrieb nur bedingt möglich ist.

5 Erst mit der im Jahre 1990 erfolgten Änderung des BRRG (BGBl. I S. 967) und der Einfügung des § 123 a BRRG wurde für die Beamten die Zuweisung einer Tätigkeit bei einer Einrichtung außerhalb des BRRG vorgesehen.

Über § 123 a Abs. 1 S. 1 BRRG kann dem Beamten mit seiner Zustimmung bei Vorliegen eines dienstlichen oder öffentlichen Interesses eine Tätigkeit bei einer öffentlichen Einrichtung außerhalb des Geltungsbereichs des Beamtenrechtsrahmengesetzes übertragen werden.

6 Nach § 123 a Abs. 1 S. 2 BRRG ist die Zuweisung einer Tätigkeit bei einer anderen Einrichtung möglich, wenn dringende öffentliche Interessen dies erfordern.

Durch § 123 a Abs. 1 BRRG wurde ausdrücklich zunächst der Einsatz deutscher Beamter außerhalb der Bundesrepublik Deutschland und bei supranationalen und internationalen Einrichtungen auf eine gesetzliche Grundlage gestellt. Allerdings wurde bereits bei dieser Neuregelung überlegt, durch die weite Formulierung „andere Einrichtung" auch Beamte in Unternehmen zu beschäftigen, die in eine private Rechtsform überführt werden.

Geht man davon aus, dass § 123 a Abs. 1 S. 2 BRRG gegenüber Abs. 1 Satz 1 eine eigenständige Regelung enthält, würde dies bedeuten, dass insbesondere die in Satz 1 genannte Voraussetzung – Einsatz außerhalb des Geltungsbereichs des BRRG – nicht erfüllt zu sein braucht. Eine im Vordringen befindliche Meinung will daher auch § 123 a Abs. 1 S. 2 BRRG als Ermächtigung für Zuweisungen von Beamten zu privatrechtlich organisierten Arbeitgebern verstehen.[3] Unter Hinweis auf den Beamtenstatus und ungelöste Probleme

---

[1] BGHZ 20, 102 (104).
[2] BVerwGE 69, 303.
[3] *Weiss/Niedermaier/Summer/Zängl*, Bayerisches Beamtengesetz, Kommentar Bd. I, Art. 33, Erl. 23f) m. w. N. a. d. Lit.

I. Beamte in kommunalen Unternehmen

bei der Anwendung des BetrVG bzw. des Personalvertretungsrechts wird dieser Auffassung in der Literatur aber auch widersprochen.[4]

Im Übrigen erfordert die Zuweisung nach beiden Varianten des § 123a Abs. 1 BRRG unstreitig die Zustimmung des Beamten. Er hat es damit in der Hand, seinen Einsatz in einer Gesellschaft des Privatrechts zu möglichen oder auch zu verhindern. Da bisher – soweit ersichtlich – noch keine höchstrichterliche Rechtsprechung zur Frage der Zuweisung zu einem privatrechtlichen Arbeitgeber nach § 123a Abs. 1 BRRG vorliegt, sollte davon allenfalls sehr zurückhaltend Gebrauch gemacht werden. Angesichts des Zustimmungserfordernisses durch den Beamten kann mit diesem in der Regel auch eine Alternative auf dem Verhandlungsweg gefunden werden. Der rechtlich dann durch entsprechende Vereinbarungen abgesicherte Einsatz als Arbeitnehmer und außerhalb der starren Vorgaben des Beamtenrechts wird in der Regel den Interessen der Beteiligten besser entsprechen.

Erst nachdem aus Anlass der Bahnreform im Jahr 1993 Artikel 143a GG verabschiedet und damit im Gesetz zur Neuordnung des Eisenbahnwesens (Eisenbahnneuordnungsgesetz – ENeuOG) in Artikel 2, § 12 Abs. 2 (Deutsche Bahn Gründungsgesetz – DBGrG) Beamte gesetzlich unter Wahrung ihrer Rechtsstellung einer Aktiengesellschaft zugewiesen werden konnten,[5] führte dies in der Folge zu einer Ergänzung des Beamtenrechtsrahmengesetzes(BRRG). Durch das Reformgesetz vom 24. 2. 1997 (BGBl. I S. 322) wurde mit einem neuen Absatz 2 des § 123a BRRG die zustimmungsfreie Zuweisung von Beamten für die Fälle der Umbildung einer Dienststelle oder von Teilen einer Dienststelle in eine privatrechtlich organisierte Einrichtung der öffentlichen Hand begründet.

Nach § 123a Abs. 2 BRRG und über die entsprechende landesrechtliche Regelung kann nunmehr einem Kommunalbeamten im Falle einer Ausgründung oder Umwandlung eines Eigenbetriebs oder eines Kommunalunternehmens in eine Gesellschaft des privaten Rechts auch ohne seine Zustimmung dort eine seinem Amt entsprechende Tätigkeit unbefristet übertragen werden, wenn dringende öffentliche Interessen dies erfordern. Ein dringendes öffentliches Interesse soll bereits in fiskalischen Überlegungen liegen, die eine Aufgabenverlagerung in private Hand rechtfertigen.[6] Damit ist das Erfordernis häufig bereits deshalb gegeben, weil bei den Kommunen in der Regel anderweitige Dienstposten nicht zur Verfügung stehen und die Gesellschaft auf das Fachwissen des Beamten angewiesen ist, um die übernommenen Aufgaben ordnungsgemäß und im Sinn der Kommune erfüllen zu können.

Soweit das Landesrecht den Kommunen die Möglichkeit zur Errichtung von Kommunalunternehmen eröffnet (vgl. Art. 89 BayGO), sind diese Betriebe dienstherrenfähig. Eine Zuweisung von Beamten zu Kommunalunternehmen kommt nicht in Betracht, diese können von der Kommune unter Beachtung der beamtenrechtlichen Bestimmung zu dem Kommunalunternehmen entweder abgeordnet oder versetzt werden.

Die Zuweisung nach § 123a BRRG ist wie die Abordnung oder Versetzung ein anfechtbarer Verwaltungsakt. Wird dieser durch den zugewiesenen Beamten vor dem Verwaltungsgericht angefochten, müssen die materiellrechtlichen Voraussetzungen der Zuweisung gegenüber dem Gericht nachgewiesen werden. Hierbei spielt insbesondere die Amtsangemessenheit der Verwendung eine wesentliche Rolle. Dem Beamten darf ohne sein Einverständnis – von eng begrenzten Ausnahmen wie Not- oder Katastrophenfällen abgesehen – grundsätzlich keine Tätigkeit zugewiesen werden, die gemessen an seinem statusrechtlichen Amt, seiner Laufbahn und seinem Ausbildungsstand „unterwertig" ist.

---

[4] *Bolck*, Personalrechtliche Probleme bei der Ausgliederung von Teilbereichen des öffentlichen Dienstes und Überführung in eine private Rechtsform, ZTR 1994, 14 (15).

[5] Für die Deutsche Bundespost wurde über Art. 143b GG und das Gesetz zur Neuordnung des Postwesens und der Telekommunikation – Postneuordnungsgesetz PTNeuOG, BGBl I 1994, S. 2325 eine entsprechende Rechtsgrundlage geschaffen.

[6] *Weiss/Niedermaier/Summer/Zängl*, Bayerisches Beamtengesetz, Kommentar Bd. I, Art. 33, Erl. 23 g).

Die in engen Grenzen zulässige Übertragung unterwertiger Tätigkeiten muss zeitlich begrenzt und erforderlich sein.[7]

1. Zugewiesene Beamte

11 Ist ein Beamter einem kommunalen Unternehmen gem. § 123 a BRRG zugewiesen worden, so richten sich seine Pflichten und Rechte nach dem jeweiligen bei seinem Dienstherrn anwendbaren Beamtenrecht. Das Beamtenverhältnis bleibt seinem Inhalt nach unverändert bestehen. Mit der Zuweisung an eine Gesellschaft des Privatrechts wird der Beamte nicht zusätzlich deren Arbeitnehmer, vielmehr bleibt sein Status als Beamter bestehen. Auch soweit gemäß § 19 Abs. 1 DBGrG die der Deutschen Bahn AG zugewiesenen Beamten für die Anwendung des Betriebsverfassungsgesetzes (BetrVG) als Arbeitnehmer gelten, wird die Arbeitnehmereigenschaft nur für die Anwendung des Betriebsverfassungsgesetzes fingiert, weil die Beamten insoweit in vollem Umfang wie die Arbeitnehmer in die Arbeitnehmervertretung einbezogen sein sollen. Dienstvorgesetzter im Sinne des § 3 Abs. 2 BBG bleibt der bisherige Dienstherr, der allerdings nur noch die generelle Anweisung zur Wahrnehmung einer dienstlichen Tätigkeit bei der Gesellschaft erteilt, zu der der Beamte zugewiesen worden ist. Damit werden die bei einer Gesellschaft wahrgenommenen Aufgaben grundsätzlich zu Dienstpflichten, die der Beamte gleichermaßen korrekt wie seine bisherige Tätigkeit zu erfüllen hat. Kommt er dieser Verpflichtung nicht nach, drohen disziplinarrechtliche Sanktionen. Für die Einleitung eines Disziplinarverfahrens ist nicht die Geschäftsführung des kommunalen Unternehmens, sondern ausschließlich der Dienstvorgesetzte zuständig. Vorgesetzter des zugewiesenen Beamten bei der Gesellschaft kann jeder dort tätige Geschäftsführer oder Arbeitnehmer sein, der aufgrund der internen Organisation ein Direktionsrecht bezüglich der von dem zugewiesenen Beamten wahrzunehmenden Aufgabe hat, es bedarf dazu nicht einer Ermächtigung durch den Dienstherrn des Beamten. Diese Beschäftigten sind zur Ausübung eines Weisungsrechts befugt, soweit die Dienstausübung des Beamten in der Gesellschaft dies erfordert. Bei der Verrichtung seiner Aufgaben steht dem Beamten hinsichtlich seiner vermögensrechtlichen Haftung bei Nichterfüllung seiner Pflichten das sich aus dem Beamtenrecht ergebende Haftungsprivileg weiterhin zur Seite, d. h. er haftet seinem Dienstherrn im Rahmen der §§ 46 BRRG, 78 BBG nur für Vorsatz und grobe Fahrlässigkeit, wenn er in Ausübung der ihm übertragenen Tätigkeit handelt. Für die Gesellschaft empfiehlt es sich, mit dem Dienstherrn vor einer Zuweisung von Beamten nicht nur die übliche Vereinbarung zur Erstattung der Personalkosten zu treffen, sondern insbesondere auch die Fragen der Haftung und des internen Schadenausgleichs klar zu regeln.

12 Das Einkommen des Beamten wird durch seine Zuweisung zunächst nicht berührt, er erhält die ihm nach der Besoldungstabelle zustehenden Dienstbezüge – einschließlich Urlaubsgeld, vermögenswirksamer Leistungen usw. – in unveränderter Höhe weiter. Das kommunale Unternehmen kann den ihm zugewiesenen Beamten neben den von der Kommune gewährten Dienstbezügen eine weitere Vergütung zukommen lassen. Diese wird allerdings gem. § 9 a Abs. 2 BBesG auf die Dienstbezüge angerechnet, sofern nicht die Kommune als Dienstherr von der Anrechnung ganz oder teilweise absieht. Allein durch solche ergänzenden Zahlungen des Unternehmens wird noch kein Arbeitsverhältnis begründet. Ob neben dem fortbestehenden Beamtenverhältnis ein Arbeitsverhältnis zu einem privaten Arbeitgeber begründet worden ist, ist eine Frage des Einzelfalls und insbesondere davon abhängig, wie die sonstigen rechtlichen Beziehungen zwischen der Gesellschaft und dem Beamten ausgestaltet sind.[8]

---

[7] BVerwGE 69, 208; BVerwG NJW 1993, 899 (900); neustens hat es der HessVGH in seinem Beschluss v. 1.10.2003 – Az.: 1 UE 2127/03 – für einen beamteten Lokführer als amtsfremde Tätigkeit angesehen, wenn dieser ca. 5 % seiner Arbeitszeit zur Reinigung des von ihm gefahrenen Triebwagens einsetzen soll.

[8] Vgl. dazu BAGE 98, 157 (162); zur Rechtsstellung eines zugewiesenen DB-Beamten und zum Anspruch auf tarifliche Vergütung siehe BVerwG, ZTR 2004, 55 (56).

I. Beamte in kommunalen Unternehmen

Soweit der Beamte bei seiner Tätigkeit die Voraussetzungen zur Gewährung von Reise- und Umzugskosten sowie für Trennungsgeld erfüllt, sind ihm diese Ansprüche nach dem jeweils auf ihn anzuwendenden Landesrecht zu gewähren.

Der Anspruch auf Erholungsurlaub bleibt im bisherigen Umfang bestehen. Die Gesellschaft hat den Beamten entsprechend freizustellen. Kommt eine Einigung zwischen ihr und dem Beamten nicht zustande, muss eine Entscheidung im Einvernehmen der Gesellschaft mit der Kommune herbeigeführt werden. Will der Beamte Urlaubsansprüche einklagen, muss er die Klage gegen seinen Dienstherrn richten, dieser muss ggf. einen gerichtlich festgestellten Anspruch seines Beamten bei der Gesellschaft durchsetzen.

Der zugewiesene Beamte ist von Beförderungen nicht ausgeschlossen. Soweit eine Regelbeförderung in Betracht kommt, ist diese nach den bei der Kommune geltenden Grundsätzen und bei vorhandenen Planstellen zu vollziehen. Der Beamte kann sich auch auf Beförderungsämter bei seiner Kommune oder bei sonstigen Dienstherrn bewerben. Kommt er im Rahmen einer Auswahlentscheidung für einen entsprechenden Dienstposten zum Zuge, ist die Zuweisung aufzuheben und der neue Dienstposten zu übertragen.

Die Arbeitszeit des zugewiesenen Beamten richtet sich ausschließlich nach der im jeweiligen Landesbeamtengesetz dazu enthaltenen Regelung. Es kommt nicht darauf an, ob eine betriebsübliche oder eine sich aus einem Tarifvertrag für die Arbeitnehmer ergebende Arbeitszeit allgemein in dem Betrieb gilt.

Ein Beamter ist auf eigenen (schriftlichen) Antrag jederzeit aus dem Beamtenverhältnis zu entlassen (§ 30 Abs. 1 BBG). Die Entlassung ist grundsätzlich für den beantragten Zeitpunkt auszusprechen und kann längstens drei Monate – vom Zeitpunkt der Antragstellung – hinausgeschoben werden. Mit dem Zeitpunkt der Entlassung endet die Zuweisung, der Beamte kann daher kurzfristig seine Tätigkeit in dem Unternehmen einstellen. Dieses kann sich nicht auf die sich aus § 622 BGB oder dem im Unternehmen geltenden Tarifvertrag bekannten Kündigungsfristen berufen.

Nach einer im Vordringen befindlichen Meinung[9] sollen nach der Privatisierung von Bundesbahn und Bundespost die dort beschäftigten Beamten nunmehr auch streiken dürfen. Folgt man dieser Auffassung, so wäre auch für die nach § 123a BRRG einem kommunalen Unternehmen zugewiesenen Beamten ein Streikrecht zu bejahen, da eine sachlich gebotene Unterscheidung dieser beiden Beamtengruppen nicht möglich ist, weil jedenfalls § 123a Abs. 2 BRRG den spezialgesetzlichen Zuweisungsbestimmungen für die Bundesbahn- und Bundespostbeamten nachgebildet ist. Von den Vertretern eines Streikrechts wird dieses in erster Linie damit begründet, dass mit der dauerhaften Beschäftigung der Beamten bei nunmehr privatrechtlich geführten Unternehmen neue Verhältnisse geschaffen worden seien. Nachdem der Beamte neben seinen Bezügen auch noch Zahlungen von den Unternehmen erhalten könne, muss nach dieser Auffassung zumindest zur Verbesserung dieser Zahlungen ein Streikrecht anerkannt werden.

Die in der Literatur angeführten Argumente vermögen nicht zu überzeugen. Ein Streikrecht für zugewiesene Beamte ist im Ergebnis abzulehnen. Nach der ständigen Rechtsprechung des Bundesgerichtshofs[10] untersagen die hergebrachten Grundsätze des Berufsbeamtentums den Streik oder ähnliche gemeinschaftliche Kampfmaßnahmen, mit denen der Dienstherr unter Druck gesetzt und zur Erfüllung der Forderungen nach Verbesserung der Arbeitsbedingungen veranlasst werden soll. Das Bundesverfassungsgericht hat in seiner Entscheidung zur Zulässigkeit des Einsatzes von Beamten als Streikbrecher bei der Bundespost zwar dies als unzulässig erklärt,[11] zugleich aber die Koalitionsfreiheit nach Art. 9 Abs. 3 GG ausdrücklich auf die Arbeitnehmer des öffentlichen Dienstes beschränkt. Da diesen die besonderen Rechte der Beamten nicht zustehen, bleiben sie dar-

---

[9] *Schaub*, Arbeitsrechts-Handbuch (10. Aufl.), § 193 Rn. 14; *Schulz* „Kein Streikverbot für die Beamten der Deutschen Post AG, der Deutschen Postbank AG und der Deutschen Telekom AG?", ZTR 1995, 438 m. w. N. a. d. Lit.
[10] BGHZ 70, 277 (279) m. w. N. a. d. ständigen Rechtsprechung des BVerfG.
[11] BVerfG NJW 1993, 1379.

auf angewiesen ihre Arbeitsbedingungen auf der Ebene von Tarifverträgen auszuhandeln. Soweit der Staat von der Möglichkeit Gebrauch macht, Arbeitskräfte auf privatrechtlicher Basis als Arbeitnehmer zu beschäftigen, unterliegt er dem Arbeitsrecht, dessen notwendiger Bestandteil eine kollektive Interessenwahrnehmung ist.[12] Im Umkehrschluss folgt daraus, dass für den Beamten, dessen Arbeitsbedingungen durch den Gesetzgeber bestimmt werden, kollektive Interessenwahrnehmung durch Streiks nicht geboten sind. In mehreren früheren Entscheidungen hat das Bundesverfassungsgericht es als hergebrachten und von der Verfassung garantierten Grundsatz des Berufsbeamtentums angesehen, dass die angemessene Alimentation in der Höhe und ihrer Ausgestaltung nicht „erstritten" und nicht „vereinbart" wird, und dass innerhalb des Beamtenrechts die Zulassung eines Streiks ausgeschlossen ist.[13]

18   Angesichts dieser bis heute vom Bundesverfassungsgericht nicht revidierten Rechtsprechung ist kein Raum für ein Streikrecht zugewiesener Beamter. Aus der rechtlichen Natur der ausgeübten Tätigkeit ist dieses nicht geboten, da auch eine Vielzahl der in Behörden beschäftigten Beamten keine hoheitlichen, sondern andere Aufgaben erfüllt, wie sie auch von einem zugewiesenen Beamten wahrgenommen werden. Da die bei einem Dienstherrn in einer Behörde tätigen Beamten unstreitig nicht streiken dürfen, ist nicht einsichtig, weshalb zugewiesene Beamte hier privilegiert und die anderen damit zugleich diskriminiert werden sollten. Schwerer wiegt indes, dass ein Streik von Beamten sich letztlich nicht gegen den „Arbeitgeber", sondern im Ergebnis gegen den Souverän, d. h. gegen den Gesetzgeber richten würde. Dieser ist es, der die „Arbeitsbedingungen" der Beamten durch Gesetz festlegt und der durch die Unmutskundgebung in der Form eines Streiks zur Gesetzesänderung zugunsten der Beamten gezwungen werden soll. Streiken die öffentlichen Arbeitnehmer, so wird nicht der Gesetzgeber, sondern unmittelbar der Dienstherr – ggf. vertreten durch seinen Arbeitgeberverband – zur Änderung der Arbeitsbedingungen aufgefordert.

2. Beurlaubte Beamte

19   Das Beamtenrecht sieht die Möglichkeit einer Beurlaubung aufgrund eines Antrags des Beamten vor. Sonderurlaub kann entweder mit Bezügen – in der Regel nur für einen Zeitraum von wenigen Monaten möglich – oder unter Wegfall der Bezüge gewährt werden. Wird der Urlaub unter gleichzeitigem Wegfall der Bezüge bewilligt, muss der Dienstherr zugleich entscheiden, ob er ein dienstliches Interesse für die Urlaubsgewährung anerkennen will.

20   Die Gleichzeitigkeit von (ruhendem) Beamten- und (aktivem) Arbeitsverhältnis ist nicht ausgeschlossen. Ein mit seinem Einverständnis von seinem Dienstherrn beurlaubter Beamter unterliegt gegenüber seinem öffentlichen Dienstherrn keinen Dienstleistungspflichten mehr, ihm ist kein amtsgemäßer Aufgabenbereich mehr übertragen. Die Begründung eines Arbeitsverhältnisses neben dem fortbestehenden Beamtenverhältnis führt deshalb nicht zu einer Pflichtenkollision, sondern ist grundsätzlich möglich.[14]

Der beurlaubte Beamte kann mit dem kommunalen Unternehmen einen Arbeitsvertrag oder einen Dienstvertrag für den Fall seiner Bestellung als Organvertreter (Geschäftsführer, Vorstandsmitglied) abschließen. Bei einem Dienstvertrag oder einem außertariflichen Arbeitsvertrag gilt grundsätzlich das Gebot der Vertragsfreiheit. Wird dem beurlaubten Beamten eine Tätigkeit übertragen, die üblicherweise der Eingruppierung nach dem BAT oder dem TV-V unterliegt, so richten sich die Arbeitsbedingungen unabdingbar nach diesen Tarifverträgen, abweichende Vereinbarungen sind in verbandsangehörigen Unternehmen nur zugunsten des Arbeitnehmers möglich. Der Abschluss eines außertariflichen Arbeitsvertrages kommt in der Regel nur dann in Betracht, wenn

---

[12] BVerfG NJW 1993, 1379 (1380).
[13] BVerfG NJW 1977, 1869.
[14] BAGE 98, 157 (161) m. w. N. a. d. Rspr. und Lit.

dem beurlaubten Beamten als Arbeitnehmer ein Einkommen vertraglich zugesichert wird, das oberhalb der höchstmöglichen Bezahlung nach dem im Unternehmen angewendeten Tarifs liegt.

Ist der Beamte im dienstlichen Interesse beurlaubt und wird er als Arbeitnehmer beschäftigt, so ist er von der Versicherungspflicht in der gesetzlichen Renten-, Arbeitslosen- und Krankenversicherung befreit. Allerdings muss er für diesen Fall zur Erlangung eines sogenannten Gewährleistungsbescheides nachweisen, dass aus dem Vertrag vergleichbare Ansprüche für ihn gegeben sind. In der Regel erklärt sich der Arbeitgeber bereit, den so genannten Versorgungszuschlag zugunsten des Beamten an dessen Dienstherrn zu entrichten. Dieser gewährt dem Beamten dafür im Falle des Eintritts in den Ruhestand eine Versorgung, wie sie diesem bei Verbleib im aktiven Dienst als Beamter zugestanden hätte. Der Versorgungszuschlag liegt derzeit bei über 30% der Bezüge, die dem Beurlaubten als Beamten zustehen würden. Dieses mag auf den ersten Blick für ein Unternehmen teuer erscheinen, es sind gleichwohl die eingesparten Zahlungen des Arbeitgebers hinsichtlich seines Anteils zur Rentenversicherung als auch der ansonsten vom Arbeitnehmer zu entrichtende Anteil zur Rentenversicherung gegenzurechnen. Neben der Sicherung einer ungekürzten Pension kann das Unternehmen dem beurlaubten Beamten in seiner Funktion als Arbeitnehmer eine zusätzliche betriebliche Altersversorgung gewähren. Soweit das Unternehmen im Falle seiner Mitgliedschaft in einer (kommunalen) Zusatzversorgungskasse seinen sonstigen Arbeitnehmern eine Zusatzversorgung gewährt, ist es nicht gehalten, den als Arbeitnehmer tätigen beurlaubten Beamten dort anzumelden.

3. Beamte als Arbeitnehmer nach Beendigung des Beamtenverhältnisses

Entscheidet sich der Beamte für eine Beendigung seines Beamtenverhältnisses, so endet dieses auf seinen Antrag (vgl. oben Rn. 16). Der Beamte wird entsprechend der Höhe seiner in der Vergangenheit gezahlten Bezüge – maximal bis zu der jeweils gültigen Beitragsbemessungsgrenze – in der gesetzlichen Rentenversicherung nachversichert und erwirbt unter gleichzeitigem Verlust seines Anspruchs auf Versorgung damit für die Zukunft einen Anspruch in der gesetzlichen Rentenversicherung. Eine Nachversicherung in einer Zusatzversorgungskasse des öffentlichen Dienstes kann er gegenüber seinem Dienstherrn nicht beanspruchen.

Bei der Aufnahme einer Tätigkeit als Arbeitnehmer unterliegt er der gesetzlichen Rentenversicherungspflicht und ist in der Arbeitslosenversicherung anzumelden. Von der gesetzlichen Krankenversicherung kann er nur – wie jeder andere Arbeitnehmer – bei Vorliegen der Befreiungstatbestände ausgenommen werden.

Wird ein ehemaliger Beamter als Arbeitnehmer eingestellt, sind grundsätzlich keine Abweichungen oder Besonderheiten zu beachten, es ist wie bei anderen Einstellungen von sonstigen Arbeitnehmern zu verfahren.

In der Regel ist der Ausstieg aus dem Beamtenverhältnis nur bei jüngeren Beschäftigten sinnvoll und angemessen, wenn diese in einem Arbeitsverhältnis eine berufliche Entwicklung nehmen können, die ihnen als Beamter weder dem Einkommen noch der Funktion nach vergleichsweise voraussichtlich möglich sein wird und die Tätigkeit im Unternehmen auf Dauer angelegt ist.

4. Anwendung von BetrVG/PersVG

Grundsätzlich fallen die Kommunal- und Landesbeamten gleichermaßen unter das jeweils im Bundesland verabschiedete Personalvertretungsgesetz. Diese Gesetze sind im Detail teilweise recht unterschiedlich, in der Grundstruktur sind sie jedoch dem Bundespersonalvertretungsgesetz (BPersVG) nachgebildet, das für die Beschäftigten des Bundes zur Anwendung gelangt (vgl. oben Rn. 1). Der Geltungsbereich der Landesgesetze bestimmt sich nach § 95 Abs. 1 BPersVG und umfasst u. a. die Verwaltungen, Betriebe der Länder, der Gemeinden, Gemeindeverbände sowie sonstige juristische Personen, die der

Aufsicht des Staates unterliegen (vgl. Art. 1 BayPersVG). Ist ein Beamter daher in einem Kommunalunternehmen tätig, so gilt das Personalvertretungsgesetz des Landes für ihn, da in diesem Unternehmen eine Personalvertretung und kein Betriebsrat zu wählen ist.

Das Personalvertretungsrecht der Länder findet in einer privatrechtlichen Gesellschaft keine Anwendung, maßgebend ist nicht, dass sich dieses Unternehmen ausschließlich in öffentlicher Hand befindet. Hier gilt bundesweit ausnahmslos und einheitlich das Betriebsverfassungsgesetz.[15] Dieses Gesetz findet nach dem Wortlaut Anwendung auf Arbeitnehmer in Unternehmen. Beamte, die nach einer Beurlaubung, nach dem Ausscheiden aus dem Beamtenverhältnis, im Ruhestand oder als Nebentätigkeit im Betrieb eines privatrechtlichen Unternehmens aufgrund eines Arbeitsvertrages tätig werden, sind vom Betriebsverfassungsgesetz erfasste Arbeitnehmer. Insbesondere für den Bereich der Deutschen Bundesbahn und der Deutschen Post gibt es in den jeweiligen Reformgesetzen spezielle Bestimmungen, die zusammen mit ergänzenden Sonderbestimmungen auch die Anwendbarkeit des Betriebsverfassungsgesetzes für Bundesbahn- und Postbeamte regeln (vgl. oben Rn. 11).

26 Umstritten ist, ob sonstige überlassene oder zugewiesene Beamte in einen privaten oder privatisierten Betrieb eingegliedert sind und als Arbeitnehmer im Sinne des Betriebsverfassungsgesetzes zu gelten haben. Während in der Literatur[16] der Arbeitnehmerstatus der in Betrieben der Privatwirtschaft eingegliederten Beamten ohne Arbeitsvertrag generell anerkannt wird, hat die höchstrichterliche Rechtsprechung diese zunächst gleichfalls vertretene Auffassung ausdrücklich aufgegeben.[17] Nachdem das BAG zunächst die Wahlberechtigung und Wählbarkeit nach dem Betriebsverfassungsgesetz eines im öffentlich-rechtlichen Dienst- und Treueverhältnis zum Land verbleibenden Beamten ausgeschlossen hatte, der aufgrund eines Dienstleistungsüberlassungsvertrages die bisher bei einer Anstalt des öffentlichen Rechts wahrgenommenen Aufgaben nunmehr in einer umgewandelten Aktiengesellschaft versah, hat es mit seinem Beschluss vom 25. 2. 1998 ergänzend festgestellt, dass dieser Beamte mit Ausnahme der spezialgesetzlich ausdrücklich geregelten Fälle kein wahlberechtigter Arbeitnehmer im Sinne des § 7 BetrVG ist. Dies gilt auch, wenn die Beamten in einem von einem privaten Rechtsträger allein oder gemeinsam mit einem öffentlichen Rechtsträger geführten Betrieb eingegliedert sind.[18] Das BAG hält es für sachgerecht, durch eine entsprechende, erforderlichenfalls auch verfassungskonforme Auslegung der personalvertretungsrechtlichen Bestimmungen dafür Sorge zu tragen, dass Beamte, die in zulässiger oder möglicherweise auch unzulässiger Weise in einen von einem privaten Rechtsträger allein oder gemeinsam mit einem öffentlichen Rechtsträger geführten Betrieb entsandt werden, an der Wahl eines Personalrats teilnehmen können.[19] In der personalvertretungsrechtlichen Literatur[20] ist diese Auffassung aufgegriffen worden. Danach soll die Abstellung, Entsendung oder Zuweisung eines im öffentlichen Dienst Beschäftigten zu einer privaten Gesellschaft, die nicht dem Geltungsbereich des Personalvertretungsrechts unterliegt, von den Auswirkungen her betrachtet werden und soll nach der Interessenlage mit einer Abordnung zu einer anderen Dienststelle vergleichbar sein. Die Rechtsprechung teilt diese Meinung; das OVG Münster[21] hat bei einem beamteten Chefarzt nach Umwandlung des Kreiskrankenhauses in eine GmbH die Wahlberechtigung und Wählbarkeit bei den Personalratswahlen des Kreises nach sechs Monaten – vergleichsweise wie bei einer Abordnung – entfallen lassen. Soweit der Dienstherr bei einem zugewiesenen Beamten beamtenrechtliche Maßnahmen

---

[15] Vgl. hierzu im Einzelnen *Schaub*, Arbeitsrechts-Handbuch (10. Aufl.), §§ 210 ff.
[16] *Fitting/Kaiser/Heither/Engels/Schmidt*, Betriebsverfassungsrecht (21. Aufl.), § 5 Rn. 279 ff. m. w. N. a. d. Lit.
[17] BAG AP Nr. 8 zu § 8 BetrVG 1972, bestätigt durch BAGE 97, 226, siehe auch BayVGH, Beschluss vom 16. 9. 1999 – 17 P 98.2843, der ebenfalls feststellt, dass Beamte das aktive und passive Wahlrecht in einer privatrechtlichen Einrichtung nicht erwerben können.
[18] BAGE 97, 226 (230/31).
[19] BAGE 97, 226 (235).
[20] Vgl. *Ballerstedt/Schleicher/Faber/Eckinger*, Bayerisches Personalvertretungsgesetz, Bd. I, Art. 13 Rn. 27 d.
[21] OVG Münster, PersR 2000, 429.

beabsichtigt, muss er den Personalrat der Dienststelle nach dem Personalvertretungsrecht des Landes beteiligen, die den Beamten während der Zuweisung zu betreuen hat.

II. Arbeitnehmer in kommunalen Unternehmen

Kommunale Unternehmen präsentieren sich in unterschiedlichen Rechtsformen (vgl. ausführlich Abschnitt D). In enger Anlehnung an eine Kommune können sie einerseits als Eigenbetrieb operieren oder unter Gewährung einer gesetzlich garantierten Selbständigkeit andererseits als Gesellschaft in privater Rechtsform – bevorzugt als GmbH – tätig werden. Wesentliche Auswirkung auf den Inhalt der Arbeitsbedingungen der in den Betrieben mit unterschiedlicher Rechtsform jeweils beschäftigten Arbeitnehmer hat dies nicht, da in der Regel aufgrund der Zugehörigkeit zu einem Kommunalen Arbeitgeberverband (KAV) die Anwendung des so genannten Tarifrechts des öffentlichen Dienstes erfolgt. Daraus resultierend werden Arbeitnehmer in kommunalen Betrieben nach ebenso verbreiteter wie falscher Meinung allgemein als Arbeitnehmer des öffentlichen Dienstes angesehen.

1. Als Mitarbeiter des öffentlichen Dienstes

Rechtlich definiert werden die Arbeitnehmer des öffentlichen Dienstes – als weitere Gruppe neben Beamten, Richtern und Dienstordnungsangestellten – als Bedienstete der juristischen Personen des öffentlichen Rechts von Bund, Ländern und Gemeinden, Körperschaften, Anstalten und Stiftungen des öffentlichen Rechts. Diese Arbeitnehmer sind „echte", nicht dem Beamtenrecht unterliegende Arbeitnehmer, sie gliedern sich in Arbeiter und Angestellte. Ob ein Arbeitnehmer im öffentlichen Dienst oder in der Privatwirtschaft beschäftigt wird, entscheidet sich anknüpfend an § 130 BetrVG, § 1 BPersVG allein nach der Rechtsform der Verwaltung oder des Betriebs. Es kommt nicht auf die rechtliche Gestaltung der Arbeitsverträge und auch nicht auf das anwendbare Tarifrecht, sondern ausschließlich auf die Rechtsform des Betriebes oder der Verwaltung an.[22] Mitarbeiter des öffentlichen Dienstes sind daher nur die Arbeitnehmer, die in einem Eigenbetrieb, Betrieben in der Rechtsform des Zweckverbandes oder in einem Kommunalunternehmen tätig sind. Die Arbeitnehmer in den sonstigen kommunalen Unternehmen sind dem öffentlichen Dienst rechtlich nicht (mehr) zuzurechnen, auch wenn diese sich häufig wegen ihrer zunächst bei einer Dienststelle erfolgten Anstellung sowie aufgrund ihrer weitgehend tarifvertraglich fixierten Arbeitsbedingungen – in nahezu allen kommunalen Unternehmen gilt durchweg der BAT/BMT-G – dem öffentlichen Dienst zugehörig fühlen. Daran ändert auch die unmittelbare Wirkung europäischer Richtlinien zum Arbeitnehmerschutz bei in kommunaler Hand befindlichen Gesellschaften des Privatrechts nichts. So findet nach Auffassung des EuGH[22a] die Richtlinie 89/391 gleichermaßen Anwendung auf alle privaten oder öffentlichen Tätigkeitsbereiche, zu denen u. a. ganz allgemein dienstleistungsbezogene Tätigkeiten gehören.

2. Geltung von BAT/BMT-G

Auch wenn die kommunalen Unternehmen in großer Zahl rechtlich nicht dem öffentlichen Dienst zuzurechnen sind, so hat dies auf die Ausgestaltung der Arbeitsbedingungen keinen wesentlichen Einfluss. Das im kommunalen Bereich sowohl in den Verwaltungen als auch kommunalen Unternehmen geltende Arbeitsrecht für die Angestellten und Arbeiter wird in erster Linie durch den Bundes-Angestelltentarifvertrag vom 1. 4. 1961 (BAT) und den Bundesmanteltarifvertrag für Arbeiter gemeindlicher Verwaltungen und Betriebe vom 31. 1. 1962 (BMT-G II) geprägt. In den neuen Bundesländern gelten diese Tarifverträge mit leichten Modifikationen als BAT-O bzw. als BMT-G-O.

---

[22] BAGE 27, 316 (319); BAG NJW 1988, 933.
[22a] EuGH, Urteil vom 5. 10. 2004, *Pfeiffer* u. a. gegen Kreisverband Waldshut, Az.: C-397/0/ – C-403/0/.

Neben diesen als Manteltarifverträge bezeichneten Tarifbestimmungen gibt es eine Vielzahl von ergänzenden Tarifverträgen (z. B. Tarifverträge für Zuwendungen und Urlaubsgeld, zur Regelung der Altersteilzeitarbeit, zur sozialen Absicherung – nur Ost –, über den Rationalisierungsschutz für Angestellte – nur West –). Während das für die Angestellten geltende Tarifrecht, d. h. der BAT auf der Arbeitgeberseite für den kommunalen Bereich weitgehend von der Vereinigung der Kommunalen Arbeitgeberverbände (VKA) gestaltet wird, liegt bezüglich der Arbeiter die Kompetenz zum Abschluss von tariflichen Regelungen in weitem Umfang bei den regionalen, jeweils auf Landesebene gebildeten Kommunalen Arbeitgeberverbänden. Diese in Einzelheiten insbesondere z. B. bei der Eingruppierung recht unterschiedlichen Regelungen für die Arbeiter im kommunalen Bereich können bei der nachfolgenden kurzen Darstellung nicht berücksichtigt werden. Zudem werden die wesentlichen Bestimmungen des Mantelrechts ausschließlich anhand des BAT dargestellt, dem der BMT-G in seiner Grundstruktur bezüglich der tariflichen Gestaltungselemente im Wesentlichen nachgebildet ist.

30 Die seit über 40 Jahren in Kraft befindlichen Tarifverträge sind ständig verfeinert und ergänzt worden. Die dadurch zusehends komplexer gewordenen Werke werden als nicht mehr zeitgemäß empfunden und werden nicht zuletzt wegen einer zu stark am Beamtenrecht orientierten Gestaltung als reformbedürftig angesehen. In der Lohnrunde 2002/2003 haben die Tarifvertragsparteien sich in einer „Prozessvereinbarung" auf Verhandlungen mit dem Ziel einer grundlegenden Reform verständigt, die bis zum Jahre 2005 abgeschlossen sein soll. Dabei wird auch die bisher bestehende Differenzierung nach Angestellten und Arbeitern aufgehoben werden.

3. Wesentlicher Inhalt des BAT

31 Der BAT umfasst über achtzig Paragraphen; diese sind in insgesamt fünfzehn Abschnitte unterteilt. Der Tarifvertrag enthält sowohl schuldrechtliche Vertragsabreden als auch normative Bestimmungen. Die Bestimmungen, die die wechselseitigen Rechte und Pflichten regeln, sind schuldrechtliche Vertragsabreden im Sinne des BGB. Sie schaffen keine Rechtsnormen für die Tarifunterworfenen, sondern begründen subjektive Rechte und Pflichten der Tarifvertragsparteien,[23] wie z. B. die Friedenspflicht und das Recht zur Kündigung tarifvertraglicher Vereinbarungen unter Einhaltung bestimmter Fristen. Zu den normativen Bestimmungen des Tarifrechts gehören alle Regelungen, die eine unmittelbare und zwingende Wirkung für die tarifbeteiligten Arbeitgeber und Arbeitnehmer haben und die den Inhalt des einzelnen Arbeitsverhältnisses regeln. Sie erstrecken sich auf alle Pflichten und Rechte des Arbeitnehmers und Arbeitgebers; mit zu den wesentlichsten normativen Bestimmungen zählen die Vergütungsregelungen. Sie beziehen sich grundsätzlich sowohl auf Vollzeit- als auch auf Teilzeitarbeitsverhältnisse.[24] Auf Berufsausbildungsverhältnisse mit Auszubildenden findet der BAT keine Anwendung, weil hier ein eigenständiges Tarifrecht für Auszubildende sowie insbesondere für Schülerinnen und Schüler in der Krankenpflege besteht.[25] Weitere Ausnahmen vom Geltungsbereich für spezielle Tätigkeiten von Arbeitnehmern sind in § 2 BAT normiert.

a) Vom BAT erfasste Arbeitnehmer

32 Im Abschnitt I wird der Geltungsbereich definiert. Von diesem zu unterscheiden ist die Tarifbindung, die auf Arbeitnehmerseite vorliegt, wenn er Mitglied einer Gewerkschaft ist, die den BAT abgeschlossen hat. Der Arbeitgeber ist tarifgebunden, wenn er entweder selbst TV-Partei ist, oder einer am Tarifvertrag beteiligten Arbeitgebervereinigung angehört. Die kommunalen Unternehmen sind in der Regel Mitglied im regionalen Kommunalen Arbeitgeberverband, so dass für sie über § 1 Abs. 1 Buchstabe c) BAT unter den allgemeinen Geltungsbereich des BAT fallen. § 1a BAT sieht vor, dass sowohl der Tarifvertrag Versorgungs-

---

[23] *Schaub*, Arbeitsrechts-Handbuch (10. Aufl.), § 201, Rn. 1.
[24] *Schaub*, Arbeitsrechts-Handbuch (10. Aufl.), § 202, Rn. 1f.
[25] Vgl. *Dassau/Wiesend-Rothbrust*, BAT Kompaktkommentar (4. Aufl.), Teil B.

II. Arbeitnehmer in kommunalen Unternehmen

betriebe (TV-V)[26] als auch Spartentarifverträge für Nahverkehrsbetriebe, die von einem Kommunalen Arbeitgeberverband abgeschlossen worden sind, den BAT ersetzen. Durch § 2 wird klargestellt, dass in einer Vielzahl kommunaler Wirtschaftsbereiche (z. B. Krankenhäusern und Pflegeheimen, Sparkassen, Versorgungs-, Nahverkehrs- und Flughafenbetrieben) der BAT in Verbindung mit den Sonderregelungen der Anlage 2 gilt, die Bestandteil des Tarifvertrages ist. Durch § 3 BAT werden unterschiedlichste Arbeitsverhältnisse erfasst und aus dem Geltungsbereich des BAT ausgenommen, selbst wenn die Voraussetzungen für dessen zwingende und unmittelbare Wirkung im Übrigen erfüllt sind. Von Bedeutung für kommunale Unternehmen sind in § 3 BAT in erster Linie die Buchstaben h) und i)., weil sowohl Angestellte, die eine über die höchste Vergütungsgruppe des BAT hinausgehende Vergütung erhalten als auch Chefärzte, Kurdirektoren, Werksdirektoren und sonstige vergleichbare leitende Angestellte, wenn deren Arbeitsbedingungen einzelvertraglich besonders vereinbart werden, aus dem Geltungsbereich herausfallen. Die höchste Vergütungsgruppe ist die Ver-Grp I. Soll eine darüber hinausgehende Vergütung gewährt werden, so sind bei einer vergleichenden Berechnung – individuell bezogen auf den Arbeitnehmer – neben der Grundvergütung der Ortszuschlag und die allgemeine Zulage zu berücksichtigen. Nicht in Monatsbeträgen festgelegte Zulagen und Einmalzahlungen (insbes. jährliche Zuwendung und Urlaubsgeld) bleiben außer Betracht. Maßgebend sind die Verhältnisse beim Wirksamwerden des Arbeitsvertrages.[27] Die Herausnahme eines Arbeitnehmers aus dem Geltungsbereich über § 3 Buchstabe i) BAT ist an zwei Voraussetzungen geknüpft. Zum einen muss eine im Tarifvertrag genannte Funktion ständig von ihm bekleidet werden, zum anderen müssen seine Arbeitsbedingungen einzelvertraglich und inhaltlich abweichend vom BAT geregelt werden. Unschädlich ist dabei der Verweis auf einzelne BAT-Bestimmungen neben ansonsten besonderen Vereinbarungen,[28] insbesondere kann eine Versorgung nach beamtenrechtlichen Bestimmungen sowie die Zahlung von Tantiemen vereinbart werden.

b) Schriftform für den Arbeitsvertrag, Probezeit

Der Abschnitt II des BAT trägt die Überschrift „Arbeitsvertrag" und regelt die Begründung des Arbeitsverhältnisses einschließlich einer Probezeit.

§ 4 Abs. 1 BAT fordert den schriftlichen Abschluss des Arbeitsvertrages und schreibt die Aushändigung einer Ausfertigung an den Arbeitnehmer vor. Mit der Ausstellung einer entsprechenden Urkunde werden klare Verhältnisse geschaffen. Gleichzeitig dient sie der Beweissicherung über Art und Inhalt des abgeschlossenen Arbeitsverhältnisses. Damit wird der sich aus § 2 des Nachweisgesetzes ergebenden Pflicht Rechnung getragen, wonach umfängliche Nachweispflichten für den Vertragsinhalt des Arbeitsverhältnisses für den Arbeitgeber gegeben sind. Allerdings hat die Forderung nach einem schriftlichen Abschluss keine konstitutive Wirkung, der Arbeitsvertrag kommt durch die übereinstimmende Willenserklärung von Arbeitgeber und Arbeitnehmer zustande. Auch ein mündlich abgeschlossener Arbeitsvertrag ist letztlich gültig.[29] Insbesondere wenn aufgrund der mündlichen Absprache die Arbeit aufgenommen wird, kommt es in der Regel zu einem faktischen Arbeitsverhältnis, aus dem sich der Anspruch auf den schriftlichen Abschluss des Arbeitsverhältnisses ergeben kann. Nach § 22 Abs. 3 BAT ist im Arbeitsvertrag die Vergütungsgruppe anzugeben. Sofern nicht besondere und im Streitfall vom Arbeitnehmer zu beweisende Umstände dafür sprechen, mit der angegebenen Vergütungsgruppe sei eine bewusste übertarifliche Eingruppierung vorgenommen worden, hat die Angabe im Vertrag nur deklaratorischen Charakter, eine einseitig durch den Arbeitgeber zu veranlassende so genannte korrigierende Rückgruppierung wird dadurch nicht ausgeschlossen. Allerdings ist als Voraussetzung für jede rechtswirksame Eingruppierung stets

---

[26] Zum TV-V siehe unten Rn. 113 ff..
[27] Bredemeier/Neffke, BAT/BAT-O Bundesangestelltentarifvertrag, Kommentar, 2. Aufl., § 3 Rn. 14, beachte insbes. auch Rn. 15 zur Anwendbarkeit im Bereich des BAT-O.
[28] Bredemeier/Neffke, BAT/BAT-O Bundesangestelltentarifvertrag, Kommentar, 2. Aufl., § 3 Rn. 16.
[29] Augat/RossRoß/Bilz, Das Dienstrecht der kommunalen Angestellten und Arbeiter, Ziffer 2.3.1.

die Mitbestimmung der Personalvertretung zu beachten. Bei den Kommunalen Arbeitgeberverbänden werden Vertragsmuster zum Abschluss von Arbeitsverträgen vorgehalten. Es empfiehlt sich für kommunale Unternehmen, mit ihrem jeweiligen Arbeitgeberverband die Gestaltung des Vertrages abzustimmen, wenn sich Zweifelsfragen ergeben.

34 Grundsätzlich gilt bei Abschluss des Arbeitsvertrages der Grundsatz der Vertragsfreiheit. Dem Arbeitgeber bleibt es unbenommen, sich vor Abschluss ein Bild von seinem künftigen Arbeitnehmer zu verschaffen. Hierzu gehört es, sich über dessen persönliche Verhältnisse, Eigenschaften und Fähigkeiten zu informieren. Wird dazu ein Personalfragebogen verwandt, so muss für diesen vor Verwendung die Zustimmung des Betriebsrats gemäß § 94 Abs. 1 BetrVG bzw. des Personalrats nach § 75 Abs. 3 Nr. 8 BPersVG – oder den entsprechenden landesrechtlichen Bestimmungen – eingeholt werden. Zu beachten ist das Recht des Bewerbers, Fragen abzuwehren, die seine Intim- oder Privatsphäre berühren. Seine Offenbarungs- und Wahrheitspflicht besteht nur insoweit, als ihm gegebenenfalls die Erfüllung der durch den Arbeitsvertrag geschuldeten Leistung unmöglich wird. Die Zulässigkeit einer Frage beurteilt sich stets im Zusammenhang mit dem wahrzunehmenden Arbeitsplatz, es muss ein berechtigtes, billigenswertes und schutzwürdiges Interesse des Arbeitgebers an der Beantwortung vorliegen.[30] Wird eine zulässige Frage wahrheitswidrig beantwortet, kann sich hieraus das Recht des Arbeitgebers zur Anfechtung des Arbeitsvertrages ergeben. Ob das bisher in der Literatur und Rechtsprechung dem Arbeitgeber allgemein zugestandene Fragerecht nach der Schwerbehinderteneigenschaft bzw. einer Gleichstellung[31] künftig angesichts der aus dem europäischen Recht abzuleitenden Diskriminierungsverbote Bestand haben wird, erscheint allerdings fraglich.[32] Wegen der wirtschaftlichen Auswirkungen und des bestehenden Sonderkündigungsschutzes nach dem SGB IX bei einer Beschäftigung schwerbehinderter Menschen und Gleichgestellter sollte auf das Fragerecht bis auf weiteres im Unternehmen grundsätzlich nicht verzichtet werden.

35 § 4 Abs. 2 BAT bestimmt für Nebenabreden die Schriftform und eröffnet deren gesonderte Möglichkeit zur Kündigung, wenn dieses ausdrücklich vereinbart worden ist. Während der nach § 4 Abs. 1 BAT vorgesehenen Schriftform nur deklaratorischer Charakter zukommt, hat die Regelung in § 4 Abs. 2 BAT konstitutive Bedeutung. Abreden nach § 4 Abs. 2 BAT können zum Regelungsgegenstand nicht die Hauptpflichten und Hauptrechte haben, sondern betreffen sonstige Sachverhalte, die entweder Sekundärcharakter oder jedenfalls nicht unmittelbar etwas mit Hauptrechten und Hauptpflichten aus dem Arbeitsverhältnis zu tun haben. Daher ist auch eine Vereinbarung eines höheren als nach der Anlage 1a zum BAT vorgesehenen Entgelts keine der Schriftform bedürftige Nebenabrede.[33] Nebenabreden dürfen nicht zuungunsten des Arbeitnehmers von tariflichen Bestimmungen abweichen[34] oder zu einer Umgehung der zwingenden Kündigungsschutzvorschriften führen. Ist eine Kündigung nicht ausdrücklich vereinbart, kann die Nebenabrede nur durch eine Änderungskündigung – des gesamten Arbeitsvertrages – aufgehoben werden. Da der Arbeitnehmer gegen eine zulässigerweise gesondert gekündigte Nebenabrede nicht mit einer Kündigungsschutzklage vorgehen kann,[35] sollte beim Abschluss einer Nebenabrede stets die Möglichkeit zu deren Kündigung mit vereinbart werden, auch wenn dieses (zunächst) für die Zukunft nicht erwogen wird oder beabsichtigt ist.

36 Nach § 5 BAT gelten die ersten sechs Monate der Beschäftigung als Probezeit, sofern nicht etwas anderes vereinbart oder der Arbeitnehmer unmittelbar nach der erfolgreichen

---

[30] BAGE 91, 349 (352).
[31] Zuletzt BAGE 96, 123 (126) m. w. N. a. d. Lit. u. Rspr.
[32] Vgl. auch *Bredemeier/Neffke*, BAT/BAT-O Bundesangestelltentarifvertrag, Kommentar, 2. Aufl., § 4 Rn. 9; für weitere Einzelheiten des Fragerechts siehe auch *Augat/Roß/Bilz*, Das Dienstrecht der kommunalen Angestellten und Arbeiter, Ziffer 2.2.1. ff; *Dassau/Wiesend-Rothbrust*, BAT Kompaktkommentar (4. Aufl.), § 4, Rn. 10 ff.
[33] BAGE 83, 338 (344).
[34] *Bredemeier/Neffke*, BAT/BAT-O Bundesangestelltentarifvertrag, Kommentar, 2. Aufl., § 4, Rn. 28.
[35] *Bredemeier/Neffke*, BAT/BAT-O Bundesangestelltentarifvertrag, Kommentar, 2. Aufl., § 4, Rn. 29.

Beendigung seiner Ausbildung bei dem ausbildenden Betrieb eingestellt wird. Innerhalb der Probezeit kann ohne Begründung gegenüber dem Arbeitnehmer gekündigt werden, allerdings sind dem Betriebsrat bzw. Personalrat im Rahmen seiner Beteiligung bei der Kündigung die dafür den Ausschlag gebenden Gründe zu benennen. Während der Probezeit kann mit dem Arbeitnehmer ein Aufhebungsvertrag abgeschlossen werden, der den Zeitpunkt der Beendigung des Arbeitsverhältnisses zeitlich nach dem Ablauf der Probezeit legt. Faktisch führt dies zu einer Verlängerung der Probezeit, da der Betrieb zu einem neuen Vertrag und damit zur Fortsetzung des Arbeitsverhältnisses auf Dauer nicht gezwungen ist, sondern das Arbeitsverhältnis vielmehr ausläuft. Um sich bei der Frage nach der Eignung eines Arbeitnehmers einen maximalen Beurteilungsspielraum zu eröffnen, ist es vielfach angebracht, dort, wo die Voraussetzungen nach dem Teilzeit- und Befristungsgesetz (TzBfG) gegeben sind, zunächst ein befristetes Arbeitsverhältnis zu vereinbaren.

c) Allgemeine Arbeitsbedingungen

Im Abschnitt III werden in den §§ 6–14 BAT die allgemeinen Arbeitsbedingungen geregelt. § 6 BAT verpflichtet den Angestellten, ein Gelöbnis abzulegen. Der Arbeitsvertrag ist jedoch auch ohne Abnahme eines Gelöbnisses wirksam; zumindest in kommunalen Betrieben in privater Rechtsform wird entgegen der tariflichen Bestimmung bereits heute darauf vielfach verzichtet. **37**

§ 7 Abs. 1 BAT eröffnet dem Arbeitgeber die Möglichkeit, sich von der körperlichen Eignung des einzustellenden Beschäftigten durch eine ärztliche Untersuchung ein Bild zu verschaffen. Hiervon sollte frühzeitig und auf jeden Fall vor der Unterzeichnung eines Arbeitsvertrages Gebrauch gemacht werden. Nach § 7 Abs. 2 BAT kann der Arbeitgeber bei gegebener Veranlassung die Dienstfähigkeit durch einen Vertrauensarzt – dies ist auch der eigene arbeitsmedizinische Dienst/Betriebsarzt – oder das Gesundheitsamt feststellen lassen. Dabei kann nicht nur die allgemeine Arbeitsfähigkeit überprüft werden, vielmehr kann auf Verlangen des Arbeitgebers auch ärztlich geprüft werden, ob der Arbeitnehmer in der Lage ist, seine arbeitsvertraglich geschuldete spezielle Arbeitsleistung zu erbringen.[36] Während § 7 Abs. 2 BAT einen Anlass zur Untersuchung voraussetzt, ist nach § 7 Abs. 3 BAT eine Untersuchung in regelmäßigen Abständen bei bestimmten Arbeitnehmergruppen vorgesehen. Soweit ein Arbeitnehmer wegen seiner Tätigkeit einer besonderen Ansteckungsgefahr ausgesetzt ist oder in einem die Gesundheit gefährdenden Betrieb beschäftigt wird, besteht für ihn nicht nur die – meist bereits durch gesetzliche Regelungen begründete – Pflicht zur Untersuchung, vielmehr ist in soweit von einer Schutzbestimmung zugunsten des Arbeitnehmers auszugehen. Für alle in § 7 BAT geregelten Untersuchungen bestimmt Abs. 4, dass der Arbeitgeber die Kosten trägt. Zu diesen gehören auch Fahrtkosten und sonstige unabwendbar anfallende Aufwendungen des Arbeitnehmers. Die Weigerung, einer rechtmäßigen Aufforderung zur Untersuchung nachzukommen, stellt eine Pflichtverletzung des Arbeitnehmers dar, die abgemahnt werden kann und ggf. eine fristlose Kündigung zu rechtfertigen vermag. **38**

§ 8 Abs. 1 BAT normiert allgemeine Verhaltenspflichten, die sich sowohl auf das dienstliche wie außerdienstliche Verhalten beziehen sollen. Jedenfalls in kommunalen Betrieben in privater Rechtsform dürfte sich dieses auf die allgemeine Pflicht des Arbeitnehmers beschränken, sich für die Interessen des Arbeitgebers und die Belange des Betriebs einzusetzen. Diese aus § 242 BGB abgeleitete allgemeine Treuepflicht beinhaltet insbesondere Sorgfalts-, Rücksichts- und Informationspflichten.[37] **39**

Aus § 8 Abs. 2 BAT lässt sich die jedem Arbeitsverhältnis innewohnende Gehorsamspflicht entnehmen, die es dem Arbeitgeber ermöglicht, kraft seines Direktionsrechts grundsätzlich einseitig zu bestimmen, wann, wie und wo die nach dem Arbeitsvertrag **40**

---

[36] *Bredemeier/Neffke*, BAT/BAT-O Bundesangestelltentarifvertrag, Kommentar, 2. Aufl., § 7, Rn. 7.
[37] BAGE 80, 144 (150); vgl. nach der Schuldrechtsreform nunmehr auch den neu eingefügten § 241 Abs. 2 BGB, wonach in einem Schuldverhältnis jeder Teil zur Rücksicht auf die Rechte, Rechtsgüter und Interessen des anderen Teils verpflichtet ist.

geschuldete Leistung zu erbringen ist. Dieses Recht findet seine Grundlagen und Grenzen in einem Gesetz, einem Tarifvertrag, einer Betriebsvereinbarung oder in einem Einzelarbeitsvertrag. Es darf stets nur nach billigem Ermessen im Sinne des § 315 Abs. 3 BGB ausgeübt werden. Billigem Ermessen entspricht eine Leistungsbestimmung, wenn die wesentlichen Umstände des Falles unter Beachtung des Gleichbehandlungsgrundsatzes abgewogen und die beiderseitigen Interessen angemessen berücksichtigt werden.[38] Bei einer Überschreitung des Direktionsrechts kann sich für den Arbeitnehmer ein Recht zur Arbeitsverweigerung ergeben.[39] Traditionell – aber auch unter dem Gesichtspunkt der Zweckmäßigkeit – wird bei einem BAT-Arbeitsverhältnis die übertragene Tätigkeit im Arbeitsvertrag in der Regel nicht konkret vereinbart. Vielmehr werden pauschale Umschreibungen gewählt, die es gestatten, dem Arbeitnehmer jede Tätigkeit zu übertragen, die den Merkmalen seiner Vergütungsgruppe sowie seinen Kräften und Fähigkeiten entspricht. In § 8 Abs. 2 BAT findet sich eine der Remonstrationspflicht des Beamten nachgebildete Bestimmung zur Begrenzung der Gehorsamspflicht.

41 In § 9 BAT wird die zu jedem Arbeitsverhältnis gehörende und aus der Treuepflicht abgeleitete Schweigepflicht normiert, die gemäß Abs. 4 auch nach Beendigung des Arbeitsverhältnisses in vollem Umfang fortgilt.

42 Nach § 10 BAT darf der Angestellte Belohnungen oder Geschenke nur mit Zustimmung seines Arbeitgebers annehmen. Für Mitarbeiter in einer hoheitlich tätigen Verwaltung ist diese Bestimmung von erheblicher Bedeutung, da bereits der Verdacht einer korrupten Administration vermieden werden muss. In kommunalen Unternehmen in privater Rechtsform ist sicher eine differenzierende Betrachtung geboten. Während einerseits der Maßstab aus einem in der Gesellschaft üblichen und sozial adäquaten Verhalten abzuleiten sein wird, ist andererseits gerade im Bereich der Kranken- und Altenpflege wiederum – ähnlich wie in einer hoheitlich tätigen Verwaltung – ein äußerst strenger Maßstab anzulegen, um einem Missbrauch bei pflegerischen Aufgaben vorzubeugen.

43 Die Nebentätigkeit richtet sich bei den Angestellten gemäß § 11 BAT nach den Regelungen, die für die Beamten des Arbeitgebers gelten und wenn bei diesem keine beschäftigt sind, gemäß § 11 i. V. m. § 69 BAT nach den am Sitz des Unternehmens anzuwendenden landesrechtlichen Nebentätigkeitsbestimmungen der Beamten. Die durch die tarifliche Verweisung auf die beamtenrechtlichen Bestimmungen begründete Ablieferungspflicht für Nebentätigkeitsvergütungen oberhalb bestimmter Grenzen hält einer verfassungsrechtlichen Überprüfung stand, da der Angestellte in seiner durch Art. 12 Abs. 1 GG geschützten Berufsfreiheit dadurch nicht in unzulässiger Weise beschränkt wird.[40] Allerdings sind die für die Beamten geltenden Normen nur sinngemäß anzuwenden. Beamte und Angestellte sind daher hinsichtlich der Ausübung einer Nebentätigkeit grundsätzlich gleich zu behandeln; nur dort, wo dieses wegen des unterschiedlichen Rechtsstatus nicht möglich ist, kann differenziert werden.[41] Generell lässt sich festhalten, dass heute für den Arbeitnehmer ein Anspruch auf Genehmigung und Ausübung einer Nebentätigkeit ergibt, wenn deren Aufnahme betriebliche Interessen nicht beeinträchtigt. Hierbei ist insbesondere darauf zu achten, dass die Schutzbestimmungen des Arbeitszeitgesetzes eingehalten werden. Kann die Mindestruhezeit wegen der Nebentätigkeit nicht eingehalten werden, so ist dies ein Versagungsgrund für die Nebentätigkeit. Wird eine Nebentätigkeit ohne vorherige Anzeige ausgeübt, kann dieses Unterlassen von Seiten des Arbeitgebers abgemahnt werden,[42] ohne dass es darauf ankommt, ob er eine Genehmigung erteilen muss.

44 Nach § 12 Abs. 1 BAT kann der Arbeitnehmer aus dienstlichen Gründen versetzt oder abgeordnet werden. Versetzung und Abordnung sind Begriffe des Beamtenrechts,[43] die in

---

[38] BAGE 78, 369 (371); 87, 311 (317).
[39] BAGE 97, 276 (289).
[40] BAGE 83, 311 (318/19).
[41] *Bredemeier/Neffke*, BAT/BAT-O Bundesangestelltentarifvertrag, Kommentar, 2. Aufl., § 11, Rn. 2.
[42] BAGE 100, 70.
[43] OVG Lüneburg OVGE 37, 296 (297).

II. Arbeitnehmer in kommunalen Unternehmen

erster Linie bei den einem Personalvertretungsgesetz eines Landes unterliegenden kommunalen Unternehmen von Bedeutung sind. Beide Begriffe unterscheiden sich dabei hinsichtlich der in Aussicht genommenen Dauer einer Beschäftigung bei einer anderen als der bisherigen Dienststelle desselben Arbeitgebers. Daher ist auch die einseitige Zuweisung einer Tätigkeit bei einem anderen Arbeitgeber nicht möglich; hierzu muss der Arbeitnehmer zustimmen. Soweit vertreten wird, § 12 BAT ermächtige zu einer Abordnung zu einem anderen Arbeitgeber, ist dies abzulehnen,[44] da die einer solchen Abordnung zugrunde liegende Vereinbarung zwischen den beteiligten Arbeitgebern im Ergebnis ein nicht zulässiges Rechtsgeschäft zu Lasten eines Dritten darstellt. Im Geltungsbereich eines Personalvertretungsgesetzes erfordert die Zuweisung einer anderen Tätigkeit in der Regel keine Beteiligung der Personalvertretung. Anders verhält es sich in kommunalen Unternehmen mit privater Rechtsform, bei denen das Betriebsverfassungsgesetz zur Anwendung gelangt, da der Begriff der Versetzung im § 95 Abs. 3 BetrVG nicht identisch mit dem des § 75 Abs. 1 Nr. 3 BPersVG ist.[45] Nach dem BetrVG liegt eine Versetzung bereits bei der Zuweisung eines anderen Arbeitsbereichs vor, wenn diese entweder länger als einen Monat dauert oder mit einer erheblichen Änderung der äußeren Umstände der Arbeitsleistung verbunden ist.[46] Dieser betriebsverfassungsrechtliche Versetzungsbegriff ist somit erheblich weiter als der des § 12 BAT. Bei der Versetzung eines Arbeitnehmers ist die Beteiligung eines Betriebsrats daher wesentlich „früher" erforderlich, als die eines Personalrats.

§ 13 BAT regelt die Führung von Personalakten und gewährt dem Arbeitnehmer ein Recht auf Einsicht sowie auf Anfertigung von Abschriften bzw. auf Ablichtungen. Dieses Recht kann auch von einem schriftlich Bevollmächtigten des Arbeitnehmers ausgeübt werden. Mit dieser tariflichen Bestimmung ist die Führung von Personalakten vorgeschrieben, der Arbeitgeber kann darauf nicht verzichten. Die Aktenführung muss nicht zwingend in der klassischen Papierform erfolgen, auch eine ausschließlich elektronische Führung der Akten muss als zulässig angesehen werden, wenn die gleichzeitige Aufbewahrung schriftlicher Originalurkunden gewährleistet ist. In jedem Fall dürfen Personalakten in einem Betrieb nicht allgemein zugänglich sein, sondern müssen sorgfältig verwahrt werden. Für eine vertrauliche Behandlung und einen eingeschränkten Personenkreis mit Zugriffsberechtigung auf die Unterlagen ist stets Sorge zu tragen. Sensible Daten, insbes. solche über den körperlichen, geistigen/seelischen Gesundheitszustand des Arbeitnehmers bedürfen verstärkten Schutzes und besonders sorgfältiger Aufbewahrung.[47] **45**

§ 13 Abs. 2 BAT schreibt zwingend die Anhörung zu Beschwerden und Behauptungen tatsächlicher Art vor, die für den Angestellten ungünstig oder nachteilig sind und die zu den Personalakten genommen werden sollen. Das Recht des Arbeitgebers zur dienstlichen Beurteilung lässt sich nicht aus dem Tarifvertrag ableiten, sondern ergibt sich sowohl aus § 94 Abs. 2 BetrVG als auch aus den Personalvertretungsgesetzen der Länder. Dabei steht dem Personalrat teils ein Mitwirkungsrecht, teilweise – wie dem Betriebsrat nach dem BetrVG – ein Mitbestimmungsrecht zu. Damit werden Rechte des Arbeitgebers eingeschränkt, er soll nicht einseitig Richtlinien für die Beurteilung erlassen können. Mittelbar soll sich das Recht zur Beurteilung der Angestellten des öffentlichen Dienstes nach Auffassung des BAG bereits aus § 13 Abs. 1 BAT ergeben.[48] Diese dienstlichen Beurteilungen fallen nicht unter § 13 Abs. 2 BAT, daher ist vor deren Aufnahme in die Personalakten der Arbeitnehmer nicht anzuhören. Unberührt bleibt davon die in Beurteilungsrichtlinien durchgängig vorgesehene Verpflichtung zur Eröffnung einer Regelbeurteilung. **46**

Nachdem vor Ausspruch einer verhaltensbedingten Kündigung durch die Rechtsprechung zusehends auf den vorherigen Ausspruch von Abmahnungen abgestellt wird, ge- **47**

---

[44] Zum Sachstand siehe *Dassau/Wiesend-Rothbrust*, BAT Kompaktkommentar (4. Aufl.), § 12, Rn. 5.
[45] BAG DB 91, 1469.
[46] BAGE 95, 240 (244).
[47] BAGE 54, 365.
[48] BAGE 38, 141 (146).

winnt § 13 Abs. 2 BAT in diesem Zusammenhang erheblich an Bedeutung, da diese Vorschrift insbesondere Abmahnungen erfasst. Nimmt ein Arbeitgeber eine Abmahnung ohne vorherige Anhörung des Angestellten zu den Personalakten, so hat dieser wegen der Verletzung einer Nebenpflicht einen schuldrechtlichen Anspruch auf Entfernung der Abmahnung aus den Personalakten, ohne das es darauf ankommt, ob und inwieweit die Abmahnung im Einzelnen berechtigt ist und sich als ordnungsgemäß erweist. Eine nachträgliche Anhörung des Angestellten etwa in der Form der Übersendung des zu den Akten genommenen Abmahnungsschreibens heilt den Mangel ebenso wenig wie der Hinweis des Arbeitgebers auf das Recht des Arbeitnehmers zur Gegendarstellung oder auf sein Recht zur Überprüfung der inhaltlichen Unrichtigkeit der Abmahnung.[49] Es empfiehlt sich daher, bei jeder beabsichtigten Abmahnung dem betroffenen Arbeitnehmer schriftlich einen Entwurf der Abmahnung zuzuleiten und ihn aufzufordern, binnen einer gesetzten Frist dazu Stellung zu nehmen. Erst nach Fristablauf und ggf. unter Berücksichtigung zutreffender Einwände sollte die Abmahnung zu der Personalakte genommen und zugleich dem Arbeitnehmer ein Exemplar ausgehändigt werden. Soweit der Arbeitnehmer seinerseits zu der beabsichtigten Abmahnung schriftlich Stellung bezieht, ist diese Stellungnahme ebenfalls seiner Personalakte beizufügen. Da die Rechte des Arbeitgebers zur schriftlichen Abmahnung und deren Aufnahme in die Personalakte keine Ansprüche im Sinne des § 70 BAT sind, unterliegen sie nicht der Ausschlussfrist, sie können jedoch verwirkt werden. Daraus folgt zugleich eine dauernde Befugnis des Arbeitnehmers, die Entfernung einer Abmahnung aus seiner Personalakte zu begehren.[50]

48 Durch § 14 BAT wird die Schadenshaftung geregelt. Danach finden die für die Beamten des Arbeitgebers geltenden Vorschriften entsprechende Anwendung. Die Bestimmung regelt die Haftung des Arbeitnehmers im Innenverhältnis zu seinem Arbeitgeber. Hierbei kann es sich um einen Schaden beim Arbeitgeber unmittelbar (Eigenschaden) oder um einen Schaden bei einem Dritten, den der Arbeitgeber diesem zu ersetzen hat (Fremdschaden) handeln. § 14 BAT gilt für Pflichtverletzungen des Arbeitnehmers im Zusammenhang mit der Arbeitsleistung, nicht jedoch für Schäden, die durch einen Vertragsbruch des Arbeitnehmers entstehen ferner nicht für seine Haftung bei Verursachung eines Arbeitsunfalls anderer Arbeitnehmer.[51] Voraussetzung für die Anwendung der Vorschrift ist, dass der Arbeitgeber Beamte beschäftigt. Ist dies nicht der Fall, sind nach § 69 BAT die Vorschriften anzuwenden, die für die Beamten der Gemeinde gelten, in der der Arbeitgeber seinen Sitz hat. Bei der Haftung des Arbeitnehmers gegenüber seinem Arbeitgeber verdrängen die entsprechend geltenden beamtenrechtlichen Vorschriften (insbesondere § 78 BBG und die ihm nachgebildeten landesrechtlichen Bestimmungen) die durch die Rechtsprechung entwickelten und allgemein geltenden arbeitsrechtlichen Regelungen.[52]

49 Auch den Arbeitnehmern in kommunalen Betrieben in privater Rechtsform kommen – nur historisch zu erklären – die Haftungsbeschränkungen der Beamten zugute, da die Verweisung auf die entsprechenden Bestimmungen nach Auffassung des BAG rechtswirksam ist.[53] Die allgemeine Rechtsgrundlage der Haftung des Arbeitnehmers gegenüber seinem Arbeitgeber ergibt sich aus § 280 Abs. 1 BGB bei einer Schlechterfüllung der Hauptpflicht, Verletzung einer Nebenleistungspflicht oder der Rücksichtnahmepflicht i. S. v. § 241 Abs. 2 BGB bzw. folgt aus Deliktsrecht, wenn ein Rechtsgut nach § 823 Abs. 1 BGB oder ein absolutes Recht verletzt wird. Eine Schadensersatzpflicht besteht nur, wenn der Verletzungserfolg (Rechtsgutverletzung) gerade auf der Pflichtverletzung

---

[49] BAGE 63, 240 (243/245).
[50] BAGE 50, 362 (367 ff.); BAGE 79, 37 (39/40); den selbständigen Anspruch auf Entfernung leitet das BAG aus § 242 BGB und der daraus folgenden Fürsorgepflicht des Arbeitgebers ab, vgl. dazu BAGE 50, 202 (206/207).
[51] *Dassau/Wiesend-Rothbrust*, BAT Kompaktkommentar (3. Aufl.), § 14, Rn. 1.
[52] Vgl. dazu BAGE 99, 373.
[53] BAG, AP Nr. 1 zu § 11a TV Ang Bundespost.

II. Arbeitnehmer in kommunalen Unternehmen

beruht – haftungsbegründende Kausalität, § 286 ZPO – und diese den Schaden verursacht hat – haftungsausfüllende Kausalität, § 287 ZPO –. Die Haftung des Arbeitnehmers greift ein, wenn dieser die Pflichtverletzung zu vertreten hat (§ 280 BGB). Nach einer neuen Grundsatzentscheidung des BAG[54] muss nunmehr auch der Schadenseintritt vom Verschulden umfasst sein. Grundsätzlich gilt im Haftungsrecht § 280 Abs. 1 S. 2 BGB, wonach der Schuldner die Beweislast dafür hat, dass er die Pflichtverletzung nicht zu vertreten hat. Für das Arbeitsverhältnis regelt § 619a BGB nunmehr, dass der Arbeitgeber die Beweislast für das Verschulden des Arbeitnehmers trägt. Der Gesetzgeber bestätigt damit ausdrücklich die bisherige Rechtsprechung des Bundesarbeitsgerichts zur Beweislast bei der Haftung des Arbeitnehmers.

Außerhalb der entsprechenden Anwendung der beamtenrechtlichen Vorschriften gilt die BAG-Rechtsprechung zur Haftungsbeschränkung des Arbeitnehmers. Die Beschränkung der Arbeitnehmerhaftung gilt für alle Arbeiten, die durch den Betrieb veranlasst sind. Betrieblich veranlasst ist eine Tätigkeit, die dem Arbeitnehmer arbeitsvertraglich übertragen worden ist oder die er im Interesse des Arbeitgebers für den Betrieb ausführt. Erforderlich ist stets ein naher Zusammenhang zwischen der betrieblichen Tätigkeit und dem Schadensereignis, d. h. es muss sich ein Betriebsrisiko verwirklicht haben.[55] Für den Umfang der Haftung kommt es auf eine Abwägung der Gesamtumstände des Einzelfalls an. Das Bundesarbeitsgericht unterscheidet in drei Stufen nach leichter/leichtester, mittlerer/normaler und grober Fahrlässigkeit. Leichte Fahrlässigkeit soll zu keiner Haftung des Arbeitnehmers führen, da nur geringfügige und leicht entschuldbare Pflichtwidrigkeiten vorliegen, die jedem Arbeitnehmer, insbesondere bei Überlastung, Zeitdruck unterlaufen können.[56] Mittlere Fahrlässigkeit führt in der Regel zu einer Quotelung unter Berücksichtigung der Gesichtspunkte von Billigkeit und Zumutbarkeit, da hier die gemäß § 276 Abs. 2 BGB zu beachtende erforderliche Sorgfalt außer Acht gelassen worden ist und der Schaden bei Anwendung der gebotenen Sorgfalt vermeidbar gewesen wäre.[57] Bei grober Fahrlässigkeit kann bei einem deutlichen Missverhältnis des Schadensrisikos der Tätigkeit zum Arbeitsentgelt eine aus den Wertvorstellungen der Art. 1 Abs. 1; 2 Abs. 1; 20 Abs. 1; 28 Abs. 1 GG abzuleitende Haftungseinschränkung eingreifen, ansonsten, insbesondere bei gröbster Fahrlässigkeit ist von einer vollen Haftung des Arbeitnehmers auszugehen.[58]

Aus §§ 104 ff. SGB VII ergibt sich eine Haftungsbeschränkung, wenn der Arbeitnehmer schuldhaft einen Arbeitsunfall eines Arbeitnehmers desselben Betriebs verursacht. Das BAG hält an seinen Grundsätzen zum Umfang des Vorsatzes bei Haftungsbeschränkungen für Personenschäden aufgrund von Arbeitsunfällen unter den ab 1. 1. 1997 an die Stelle der §§ 636, 637 RVO getretenen Vorschriften des SGB VII fest.[59] Wie bisher auch unter der Geltung der §§ 636, 637 RVO wird ein Anspruch des geschädigten Arbeitnehmers auf Schmerzensgeld gegen seinen Kollegen über die §§ 104, 105 SGB VII verneint.[60] Ein Haftungsausschluss aufgrund einer Tätigkeit in einer gemeinsamen Betriebsstätte nach § 106 Abs. 3, 3. Alt. SGB VII kommt nur in Betracht, wenn betriebliche Aktivitäten von Versicherten mehrerer Unternehmen vorliegen, die bewusst und gewollt bei einzelnen Maßnahmen ineinander greifen, miteinander verknüpft sind, sich ergänzen oder unterstützen. Dabei reicht eine stillschweigende gegenseitige Verständigung aus.[61]

Der Schadensersatzanspruch des Arbeitgebers unterliegt als Anspruch aus dem Arbeitsverhältnis der Ausschlussfrist des § 70 BAT. Soweit ein Personalvertretungsgesetz in

---

[54] BAG-Urteil v. 18.4.2002, AP Nr. 122 zu § 611 BGB Haftung des Arbeitnehmers.
[55] BAGE 99, 368 (373).
[56] BAGE 90, 9 (17/18).
[57] BAGE 90, 9 (18).
[58] BAG, AP Nr. 122 zu § 611 BGB Haftung des Arbeitnehmers.
[59] BAG Urteil v. 10.10.2002, Az. 8 AZR 103/02.
[60] BAG, AP Nr. 1 zu § 105 SBG VII.
[61] BAG Urteil v. 12.12.2002, Az. 8 AZR 94/02.

53 Von § 14 BAT nicht erfasst ist die Haftung des Arbeitgebers gegenüber dem Arbeitnehmer. Hier können sich Ansprüche aus § 628 Abs. 2 BGB bei einem Auflösungsverschulden ergeben. Nach § 628 Abs. 2 BGB ist derjenige, der durch sein schuldhaftes vertragswidriges Verhalten die Kündigung des Arbeitsverhältnisses gemäß § 626 Abs. 1 BGB durch den Vertragspartner veranlasst hat, diesem zum Ersatz des durch die Aufhebung des Arbeitsverhältnisses entstandenen Schadens verpflichtet. Allerdings kann nur derjenige Schadensersatz nach § 628 Abs. 2 BGB fordern, der auch wirksam hätte fristlos kündigen können, denn aus dem Zusammenhang der Absätze 1 und 2 des § 628 BGB ergibt sich die gesetzliche Wertung, dass nicht jede geringfügige schuldhafte Vertragsverletzung, die Anlass für eine Beendigung des Arbeitsverhältnisses gewesen ist, die schwerwiegende Folge des § 628 Abs. 2 BGB nach sich ziehen soll.[62] Nach nunmehr gefestigter Rechtsprechung ist der Schadensersatzanspruch des Arbeitnehmers wegen Auflösungsverschuldens des Arbeitgebers gemäß § 628 Abs. 2 BGB zeitlich begrenzt. Die Grenze ergibt sich aus dem Zeitpunkt, zu dem der Arbeitgeber hätte ordentlich kündigen können bzw. zu dem ein vereinbartes Vertragsende erreicht wird. Sowohl der Bundesgerichtshof wie auch das Bundesarbeitsgericht gehen davon aus, dass die zeitliche Begrenzung der Schadensersatzpflicht durch den Schutzzweck der Norm geboten sei, die nur zum Ersatz des so genannten Verfrühungsschadens verpflichte, weil der Arbeitnehmer mit einer fristgerechten Kündigung stets rechnen müsse.[63]

54 Das Bundesarbeitsgericht bejaht ferner eine aus § 670 BGB abgeleitete Haftung des Arbeitgebers gegenüber dem Arbeitnehmer für ohne dessen Verschulden am Fahrzeug des Arbeitnehmers entstandene Schäden, wenn dieses mit Billigung des Arbeitgebers in dessen Betätigungsbereich eingesetzt worden ist.[64] Der Arbeitgeber ist ebenfalls verpflichtet, die berechtigterweise auf das Betriebsgelände mitgebrachten Sachen des Arbeitnehmers durch zumutbare Maßnahmen vor einer Beschädigung durch Dritte zu schützen.[65]

55 In letzter Zeit sind zwar mehrere LAG-Urteile[66] zur Verletzung des allgemeinen Persönlichkeitsrechts durch Mobbing veröffentlicht worden, eine die Vielzahl der dabei auftretenden Probleme beherrschende Rechtsprechung kann aber darin noch nicht gesehen werden. Wie die Gerichte mit Mobbing-Fällen in den nächsten Jahren umgehen werden, insbesondere ob und wie sich bei der Verteilung der Beweislast Veränderungen zugunsten des Geschädigten ergeben werden, bleibt vorerst abzuwarten, zumal die europäischen Richtlinien gegen Diskriminierung in Deutschland noch nicht umgesetzt sind bzw. noch keinen Eingang in die Rechtsprechung gefunden haben.

56 Mobbing liegt nach einer Definition von *Schaub* vor, wenn einzelne Arbeitnehmer aus der Betriebsgemeinschaft ausgegrenzt, geringschätzig behandelt, von jeglicher Kommunikation ausgeschlossen beleidigt oder diskriminiert werden. Varianten sind das so genannte Bossing, bei dem der Vorgesetzte die ihm unterstellten Mitarbeiter schikaniert, wo hingegen das so genanntes Staffing als Schikane der Mitarbeiter gegen den Vorgesetzten angesehen wird.[67] Ansprüche eines geschädigten Arbeitnehmers können dabei jeweils sowohl gegen die Arbeitskollegen als auch den Arbeitgeber erwachsen. Dabei greift die Rechtsprechung derzeit auf bekannte Rechtsinstitute wie zum Beispiel Schmerzensgeld bei einer Verletzung des Persönlichkeitsrechts zurück.[68] Das Bundesarbeitsgericht hält die Teilnahme eines Betriebsratsmitglieds an einer Schulungsveranstaltung zum Thema

---

[62] BAGE 98, 275 (289).
[63] BAGE 98, 275 (289); BGHZ 122, 9 (12–14) mit einer umfassenden Darstellung des Streitstandes.
[64] BAG, AP Nr. 14 zu § 611 BGB Gefährdungshaftung des Arbeitgebers.
[65] BAG, AP Nr. 8 zu § 611 Parkplatz.
[66] LAG Hamm, LAG Report 2002, 293; LAG Thüringen NZA-RR 2001, 347 und NZA-RR 2001, 577; LAG Nürnberg, LAGE, Art 2 GG Persönlichkeitsrecht Nr. 4 = ZTR 02,540.
[67] *Schaub*, Arbeitsrechts-Handbuch (10. Aufl.), § 108, Rn. 57 mit einer vertiefenden Darstellung.
[68] BAGE 91, 49.

II. Arbeitnehmer in kommunalen Unternehmen 57, 58 F

Mobbing nach § 37 Abs. 6 BetrVG zwar für erforderlich, will diesen Anspruch aber nur gewähren, wenn der Betriebsrat eine betriebliche Konfliktlage darlegt, aus der sich für ihn ein Handlungsbedarf zur Wahrnehmung seiner gesetzlichen Aufgabenstellung ergibt und zu deren Erledigung er das auf der Schulung vermittelte Wissen benötigt.[69] Ohne sich der Hysterie und den Warnungen bestimmter selbst ernannter Mobbing-Spezialisten anzuschließen zu wollen, sollte sich jedes Unternehmen mit diesem Thema intern, beispielsweise im Rahmen der Schulungen seiner Führungskräfte zur Personalführung befassen und prüfen, ob sich der Abschluss einer entsprechenden freiwilligen Betriebs- bzw. Dienstvereinbarung empfiehlt.

d) Gestaltung der Arbeitszeit

Der Abschnitt IV des BAT enthält die wesentlichen Normen zur Gestaltung der Arbeitszeit. Nach § 15 Abs. 1 BAT, der die regelmäßige Arbeitszeit bestimmt, beträgt diese 38,5 Stunden in den alten Bundesländern und liegt im Beitrittsgebiet derzeit bei 40 Stunden wöchentlich. Bei der Berechnung des Durchschnitts der regelmäßigen Arbeitszeit kann ein Zeitraum von 26 Wochen zugrunde gelegt werden. Die Arbeitszeitregelungen des BAT ermöglichen – auch wenn sie auf den ersten Blick als zu detailliert erscheinen – dem Arbeitgeber eine weitgehende Ausübung des Direktionsrechts bezüglich der zeitlichen Komponente, verpflichten ihn jedoch bei weitgehender Ausnutzung seines Gestaltungsrechts auch zu erheblichen Zahlungen und Kompensationen. § 15 BAT regelt nicht nur die regelmäßige Arbeitszeit, sondern in acht weiteren umfänglichen Absätzen u. a. die Verlängerung der regelmäßigen Arbeitszeit, die Arbeit an Sonn- und Feiertagen, die Schicht und Wechselschichtarbeit, die Nachtarbeit, den Bereitschaftsdienst sowie den Beginn und das Ende der Arbeitszeit. Die in Abs. 6a enthaltene Regelung zum Bereitschaftsdienst ist wegen einer unlängst ergangenen Entscheidung des Europäischen Gerichtshofs[70] nicht mehr aktuell und wird durch die Tarifpartner in nächster Zeit völlig neu gestaltet werden müssen. Das EuGH-Urteil geht davon aus, dass der von einem Arzt in einem Krankenhaus geleistete Bereitschaftsdienst die charakteristischen Merkmale des Begriffes der Arbeitszeit im Sinne der Richtlinie 93/104 aufweist, weil der Arzt sich an einem von dem Arbeitgeber bestimmten Ort aufhalten und diesem zur Verfügung stehen muss, um gegebenenfalls sofort seine Arbeitsleistung erbringen zu können. Weiterhin stellt das Gericht fest, dass die Richtlinie 93/104 einer nationalen Regelung – hiermit ist das deutsche Arbeitszeitgesetz gemeint – entgegensteht, wenn diese den Bereitschaftsdienst nicht als Arbeitszeit, sondern als Ruhezeit behandelt. Das Arbeitszeitgesetz ist daher kurzfristig unter gleichzeitiger Einführung einer zweijährigen Übergangsfrist – ob diese mit dem europäischen Recht vereinbar ist, erscheint fraglich – für bestehende tarifliche Bestimmungen novelliert worden. Leider sind dabei die sich aus der EU-Richtlinie insgesamt ergebenden Möglichkeiten nicht berücksichtigt worden. 57

Von Bedeutung für die Auslegung der in § 15 BAT enthaltenen Arbeitszeitbestimmungen ist insbesondere der Absatz 8, da dort ausschließlich Definitionen zu mehreren zuvor verwendeten Begriffen, wie zum Beispiel „dienstplanmäßige Arbeit", „Wechselschichtarbeit" usw. niedergeschrieben sind. Daneben sind zur Arbeitszeit im Bereich des BAT über zwei Dutzend Sonderregelungen[71] zu beachten, die auf die unterschiedlichsten Funktionen und Arbeitnehmergruppen zugeschnitten sind. Neben der tariflichen Festlegung hat sich auf betrieblicher Ebene die Gestaltung der gleitenden Arbeitszeit weitgehend durchgesetzt. Ein immer wiederkehrender Inhalt der Gleitzeitregelungen ist, dass der Arbeitnehmer nicht eine bestimmte Arbeitszeit an einem Arbeitstag einhalten muss, sondern innerhalb einer gewissen Zeitspanne zu einem selbst gewählten Zeitpunkt die Arbeit beginnen und beenden kann. Etwaige Zeitschulden oder Zeitguthaben sollten 58

---

[69] BAGE 85, 56.
[70] EuGH, Urteil vom 9. 9. 2003 in einem vom LAG Kiel vorgelegten Vorabentscheidungsverfahren (Landeshauptstadt Kiel ./. Jaeger), NZA 2003, 1019.
[71] *Dassau/Wiesend-Rothbrust*, BAT Kompaktkommentar (4. Aufl.), § 15, Rn. 6.

vor Beendigung des Arbeitsverhältnisses durch vermehrte Arbeit oder Freizeit ausgeglichen werden. Andernfalls ist ein zusätzlicher finanzieller Ausgleich durch den Arbeitgeber in der Regel unausweichlich, während der Arbeitgeber keinen Anspruch auf teilweise Rückerstattung des für die Vergangenheit gezahlten Entgelts hat, wenn auf dem Zeitkonto bei Beendigung des Arbeitsverhältnisses ein Minus zu verzeichnen ist. Stets ist bei flexiblen Arbeitszeitmodellen oder Gleitzeitregelungen eine „Normalarbeitszeit" festzulegen, um bei einem Arbeitsausfall wegen Krankheit oder Urlaubs die in diesen Fällen anzurechnenden Arbeitsstunden festlegen zu können.[72] Der BAT steht einer flexiblen Gestaltung der Arbeitszeit durch Gleitzeitvereinbarungen nicht im Wege. Nicht die Flexibilisierung als solche ist das eigentliche Problem, sondern die sich daraus gegebenenfalls ergebenden Bezahlungsansprüche.

59   Nach § 15b BAT gibt es für den Angestellten bei Vorliegen der Voraussetzungen einen Anspruch auf Teilzeitbeschäftigung, wenn keine dringenden dienstlichen bzw. betrieblichen Gründe entgegenstehen. Die 2001 in Kraft getretenen gesetzlichen Regelungen schaffen für Arbeitnehmer i. d. R. weitergehende Ansprüche auf Teilzeitarbeit als diese nach § 15 b BAT bestehen. Gleichwohl ist bei der Betreuung mj. Kinder der tarifliche Anspruch noch weitergehend, zudem führt der tarifliche Anspruch nur zu einer zeitlich begrenzten Teilzeittätigkeit, während der gesetzliche Anspruch dem Arbeitnehmer keine Rückkehr in ein Arbeitsverhältnis mit erhöhter Stundenzahl garantiert.

60   Das Gesetz über Teilzeitarbeit und befristete Arbeitsverträge und zur Änderung und Aufhebung arbeitsrechtlicher Bestimmungen ist zum 1. 1. 2001 in Kraft getreten.[73] Der Artikel 1 dieses Gesetzes umfasst das Teilzeit- und Befristungsgesetz ((TzBfG). Mit dem TzBfG wollte der Gesetzgeber die Richtlinie des Rates 97/81/EG vom 15. 12. 1997 über Teilzeitarbeit (die Frist zur Umsetzung war bereits am 20. 1. 2000 abgelaufen) und die Richtlinie 99/70/EG vom 28. 6. 1999 über befristete Arbeitsverträge in nationales Recht umsetzen. Damit wurden gleichzeitig die Befristungsregelungen des Beschäftigungsförderungsgesetzes (BeschFG) vom 1. 5. 1985 – zuletzt verlängert bis zum 31. 12. 2000 – ersetzt. Das Gesetz hat – nicht zuletzt, weil es die Vertragsfreiheit in unnötiger und bedenklicher Weise einschränkt – zu kritischen Stimmen Anlass gegeben.[74] Wesentliche Kernaussage des Gesetzes ist, dass Arbeitnehmer in Betrieben mit mehr als fünfzehn Beschäftigten unter bestimmten Voraussetzungen einen Anspruch auf Teilzeitarbeit haben. Jeder Vollbeschäftigte hat nunmehr grundsätzlich des Recht, eine Verkürzung seiner Arbeitszeit zu verlangen, soweit dem keine betrieblichen Gründe entgegenstehen. Es bleibt jedoch abzuwarten, wie insbesondere die arbeitsgerichtliche Rechtsprechung die neuen gesetzlichen Regelungen zum Teilzeitanspruch konkretisieren wird. Auf die einzelnen Probleme zum Anspruch auf Teilzeitarbeit soll hier nicht näher eingegangen werden,[75] sondern nur ein kurzer Überblick zu den gesetzlichen Bestimmungen der Befristung gegeben werden. Mit § 14 TzBfG hat der Gesetzgeber im Wesentlichen die bisherigen Regelungen in § 1 Abs. 1 bis Abs. 6 BeschFG abgelöst. Nunmehr wird gesetzlich festgeschrieben, dass eine Befristung des Arbeitsvertrages grundsätzlich nur zulässig ist, wenn sie durch einen sachlichen Grund gerechtfertigt ist (Abs. 1). In Satz 2, Ziffern 1 bis 8 dieses Absatzes werden beispielhaft typische, von der Rechtsprechung bisher bereits anerkannte Befristungsgründe aufgezählt, die indes – wie sich aus der Begründung des Gesetzes ergibt – nicht abschließend gemeint sind.

61   Im Einzelnen gilt:
- die Befristung ist zulässig, wenn sie auf einen vorübergehenden Arbeitsbedarf gestützt wird. Nicht ausreichend sind demgegenüber unsichere Beschäftigungserwartungen wegen einer nicht kalkulierbaren schwankenden Auftragslage,

---

[72] BAGE 94, 189 (197/98).
[73] BGBl I 2000, S. 1966.
[74] Vgl. *Hromadka*, „Das neue Teilzeit- und Befristungsgesetz", NJW 2001, 400 ff. m. w. N.
[75] Vgl. dazu *Dassau*, „Das Gesetz über Teilzeitarbeit und befristete Arbeitsverträge", ZTR 2001, 64 ff.; insbesondere zu den Anforderungen an eine verfassungskonforme Auslegung der Teilzeitregelungen S. 70; *Hromadka*, a. a. O., S. 401–403.

II. Arbeitnehmer in kommunalen Unternehmen

- die Befristung ist zulässig, wenn sie dem Interesse des Arbeitnehmers dient, weil durch sie der Übergang in eine Anschlussbeschäftigung erleichtert wird,
- die Befristung ist zulässig im Vertretungsfall. Aus der Wortwahl „eines anderen Arbeitnehmers" wird man nicht schließen können, dass – anders als nach der bisherigen Rechtslage – tatsächlich auf dem zeitweise nicht besetzten Arbeitsplatz beschäftigt werden muss,
- die Befristung ist zulässig, wenn die Eigenart der Arbeitsleistung dies erfordert. Dies ist z. B. bei Saisonbedarf oder bei der Tätigkeit von Trainern ein möglicher Befristungsgrund,
- die Befristung ist zulässig zur Erprobung,
- die Befristung ist zulässig, wenn sie ihren Grund in der Person des Arbeitnehmers findet. Dies kann bei Ausländern, die in ihr Heimatland zurückkehren müssen ebenso der Fall sein, wie dann, wenn der Arbeitnehmer den ernsthaft begründeten Wunsch nach der Befristung äußert,
- die Befristung ist zulässig, wenn es das öffentliche Haushaltsrecht so vorgibt,
- die Befristung ist zulässig, wenn sie auf einem gerichtlichen Vergleich z. B. im Rahmen eines Kündigungsschutzprozesses erfolgt. Hier sind wegen der Rechtskraftwirkung eines Vergleichs relativ weitreichende Gestaltungsmöglichkeiten anzuerkennen.

§ 14 Abs. 2 TzBfG lässt in Anknüpfung an die bisherigen Regelungen des BeschFG bei Neueinstellungen für die Dauer von zwei Jahren die Einstellung ohne das Vorliegen eines Sachgrundes zu. Nach § 14 Abs. 2 Satz 2 TzBfG ist diese erleichterte Befristung allerdings nicht zulässig, wenn mit demselben Arbeitgeber bereits zuvor ein befristetes oder unbefristetes Arbeitsverhältnis bestanden hat.

Es stellt sich die Frage, wer unter den Begriff „desselben Arbeitgebers" fällt, wenn die Beschäftigung in unterschiedlichen Unternehmen desselben Konzerns oder im Wechsel zwischen Konzernmutter und deren Töchtern erfolgt. Bei durch Ausgründung privatisierten kommunalen Unternehmen kann eine bei der Kommune in der Vergangenheit wahrgenommene Beschäftigung bereits ein Arbeitsverhältnis im Sinne des § 14 Abs. 2 S. 2 TzBfG sein. Es fehlt insoweit an einer in anderen Gesetzen zu findenden Klarstellung (vgl. § 147a Abs. 5 SGB III). Ferner stellt sich die Frage, ob die der Befristung vorausgehende Beschäftigung als Auszubildender einer Neueinstellung entgegensteht. Das BeschFG hatte insoweit ausdrücklich eine Ausnahme formuliert (vgl. § 1 Abs. 1 Nr. 2). Aus dem Wortlaut des § 3 Abs. 2 BBiG folgt jedoch, dass Ausbildungsverhältnisse keine Arbeitsverhältnisse sind. Damit dürfte ein dem befristeten Arbeitsvertrag vorhergehendes Ausbildungsverhältnis der sachgrundlosen Befristung nicht entgegenstehen. § 14 Abs. 3 TzBfG knüpft an die bisherige Ausnahmeregelung des § 1 Abs. 2 BeschFG an und erlaubt die sachgrundlose Befristung auf vertraglicher Grundlage mit Arbeitnehmern, die das 58. Lebensjahr – bis zum 31. 12. 2006 ist die Grenze auf das 52. Lebensjahr herabgesetzt – vollendet haben. Es ist unschädlich, wenn zu einem nach § 14 Abs. 3 TzBfG befristeten Arbeitsverhältnis ein enger sachlicher Zusammenhang besteht. Eine erleichterte Befristung kann daher unmittelbar im Anschluss an jeden befristeten Arbeitsvertrag vereinbart werden. Sie darf indessen nicht unmittelbar an einen unbefristeten Arbeitsvertrag anschließen. Ein enger sachlicher Zusammenhang wird gesetzlich unwiderleglich vermutet, wenn zwischen den Arbeitsverträgen – richtiger wird man trotz der insoweit eindeutigen Wortwahl wohl von Arbeitsverhältnissen zu sprechen haben – ein Zeitraum von weniger als sechs Monaten liegt. Der BAT sieht Sonderregelungen für befristete Arbeitsverhältnisse in der „SR 2 y BAT" vor.[76]

Entgegen einer noch im Referentenentwurf enthaltenen Vorgabe verlangt § 14 Abs. 4 TzBfG nicht die schriftliche Niederlegung der Gründe für die Befristung oder die Angabe, auf welchen der Ausnahmetatbestände die erleichterte Befristung gestützt wird. Allein in

---

[76] *Dassau/Wiesend-Rothbrust*, BAT Kompaktkommentar (4. Aufl.), Teil A I 2, Anlage 2 y; *Bredemeier/Neffke*, BAT/BATO Bundesangestelltentarifverordnung, Kommentar, 2. Aufl., S. 618.

Anlehnung an § 623 BGB ist die Schriftform für die Befristungsabrede vorgesehen. Ist eine Befristungsabrede unwirksam, kommt gemäß § 16 TzBfG ein unbefristetes Arbeitsverhältnis zustande. Es kann vom Arbeitnehmer nach Maßgabe der allgemeinen Kündigungsfristen, vom Arbeitgeber frühestens zum Zeitpunkt des ursprünglich vorgesehenen Befristungsendes ordentlich gekündigt werden, es sei denn, der Arbeitgeber hat sich die Möglichkeit, den Arbeitsvertrag vorzeitig einseitig aufzulösen, gemäß § 15 Abs. 1 TzBfG vorbehalten oder die Befristungsabrede ist allein deswegen unwirksam, weil sie der nötigen Schriftform entbehrt (§§ 16 S.1 HS 2, 14 Abs. 4 TzBfG). In diesem Zusammenhang stellt sich die Frage, wie sich der Umstand auswirkt, dass eine Vereinbarung zuerst mündlich geschlossen, der Arbeitsvertrag auch umgesetzt und erst im Anschluss daran der Vertrag in schriftlicher Form fixiert wird. Nach wohl überwiegender Auffassung führt ein solcher Formverstoß zu einem unbefristeten – wenn auch erleichtert zu kündigenden – Arbeitsvertrag, die nachträgliche Bestätigung in der vom Gesetz vorgeschriebenen Form vermag daran nichts zu ändern. Zu berücksichtigen ist jedoch, dass mit einem einmal zustande gekommenen unwirksam befristeten Arbeitsvertrag die Möglichkeiten der erleichterten Befristung nach § 14 Abs. 2 TzBfG erschöpft sein könnten. Der erste Arbeitsvertrag wäre wegen Nichteinhaltung der Schriftform unwirksam, ein zweiter Vertrag könnte wegen Verstoßes gegen den Grundsatz, das erleichterte Befristungen nur bei Neueinstellungen möglich sein sollen, der Wirksamkeit entbehren. § 141 Abs. 2 BGB legt fest, dass die Bestätigung des nichtigen Rechtsgeschäfts nur ex-nunc und nicht etwa ex-tunc zur Heilung führt. Die Vertragsparteien sind aber so zu stellen, als ob der Vertrag von Anfang an wirksam geschlossen wäre. Daraus ist zu folgern, dass die Bestätigung der formunwirksamen Befristungsabrede vom Arbeitnehmer nicht unter Hinweis darauf, in Wirklichkeit sei wegen Formverstoßes ein unbefristeter Arbeitsvertrag geschlossen worden, angegriffen werden kann.

65 Nach § 18 TzBfG hat der Arbeitgeber befristet beschäftigte Arbeitnehmer über entsprechende unbefristete Arbeitsplätze zu informieren, die besetzt werden sollen. Nach § 19 TzBfG hat er dafür Sorge zu tragen, dass sie an angemessenen Aus- und Weiterbildungsmaßnahmen zur Förderung der beruflichen Entwicklung und Mobilität teilnehmen können. Gemäß § 21 TzBfG gelten die Bestimmungen für befristete Verträge weitgehend auch bei den auflösend bedingten Arbeitsverträgen.

66 Nach nur im Beitrittsgebiet geltenden tariflichen Bestimmungen kann zur Sicherung von Beschäftigungsmöglichkeiten sowie zur Vermeidung von betriebsbedingten Kündigungen die Arbeitszeit befristet auf drei Jahre ohne Lohnausgleich von 40 bis auf 32 Wochenstunden abgesenkt werden.[77]

67 Nach § 16 Abs.1 BAT soll zwar an Samstagen nicht gearbeitet werden, der Arbeitgeber kann aber, ohne dass es auf das Merkmal der Erforderlichkeit ankommt, Arbeit an Samstagen anordnen.[78] Nach Absatz 2 werden die Arbeitnehmer am 24. und 31. Dezember ganztägig und an den Tagen vor Ostersonntag und vor Pfingstsonntag ab 12:00 Uhr von der Arbeit freigestellt, soweit die betrieblichen Belange dies zulassen. Soweit ein Arbeitnehmer an diesen Vorfesttagen zur Arbeit herangezogen wird, erhält er Freizeit an einem anderen Tag und gegebenenfalls Zuschläge.[79] Soweit am 24. und 31. Dezember betriebsbedingt nicht gearbeitet werden muss, werden diese Tage nicht als Urlaubstage angerechnet.

68 Die Verpflichtung zur Ableistung von Überstunden, deren Definition und die Grenzen zur Anordnung ergeben sich für Angestellte aus einer umfänglichen Regelung in § 17 BAT.[80] Überstunden sind nur die auf Anordnung geleisteten Arbeitsstunden, die

---

[77] Die Möglichkeit durch einen TV die Arbeitszeit abzusenken, ergab sich zunächst aus § 15 e BAT/O; nunmehr folgt die Regelungsbefugnis aus § 3 des Tarifvertrages zur sozialen Absicherung; dieser gilt nur im Tarifgebiet Ost. *Bredemeier/Neffke*, BAT/BAT-O Bundesangestelltentarifvertrag, Kommentar, 2. Aufl., S. 648.
[78] BAG ZTR 1993, 289.
[79] *Dassau/Wiesend-Rothbrust*, BAT Kompaktkommentar (4. Aufl.), § 16, Rn. 5 ff.
[80] Zu beachten ist bei Anwendung des BAT und BMT-G eine bei Überstunden sehr unterschiedliche tarifliche Regelung bei Arbeitern und Angestellten, auf die hier aber nicht näher eingegangen werden soll.

II. Arbeitnehmer in kommunalen Unternehmen

über die im Rahmen der regelmäßigen Arbeitszeit für die Woche dienstplanmäßig bzw. betriebsüblich festgesetzten Arbeitsstunden hinausgehen.[81] Handelt es sich um gelegentliche – die Anordnung ist an nicht mehr als sechs Tagen im Kalendermonat zulässig – Überstunden, so können diese nach § 17 Abs. 4 BAT durch den unmittelbaren Vorgesetzten auch mündlich angeordnet werden. Werden darüber hinausgehend Überstunden verlangt, so muss die Anordnung schriftlich erfolgen, da dies eine Ordnungsvorschrift ist.

Nach der Rechtsprechung kann es neben einer schriftlichen, mündlichen oder nur stillschweigenden Anordnung genügen, wenn der Arbeitgeber die vom Arbeitnehmer geleisteten Überstunden kennt und sie duldet.[82] Allerdings muss der Arbeitnehmer, der in einem Prozess von seinem Arbeitgeber die Bezahlung von Überstunden fordert, zumal wenn die zwischen seiner Geltendmachung und der behaupteten Leistung ein längerer Zeitraum liegt, beim Bestreiten der Überstunden im Einzelnen darlegen, an welchen Tagen und zu welchen Tageszeiten er über die übliche Arbeitszeit hinaus tätig geworden ist. Er muss ferner eindeutig vortragen, ob die Überstunden vom Arbeitgeber angeordnet oder zur Erledigung der ihm obliegenden Arbeit notwendig oder von diesem gebilligt oder geduldet worden sind.[83]

Als Arbeitszeit zählt nur die Zeit der dienstlichen Inanspruchnahme am Geschäftsort, dagegen nicht die Reisezeit oder sonstige Aufenthaltszeiten. Dies ist unabhängig davon, ob die Reise mit dem eigenen PKW oder als Mitfahrer bzw. in öffentlichen Verkehrsmitteln durchgeführt wird.[84] Sofern der Arbeitnehmer seiner Arbeit – aus welchen Gründen auch immer – fernbleiben will, muss er grundsätzlich vorab die Zustimmung des Arbeitgebers dazu einholen. Eine Ausnahme von dieser Zustimmungspflicht gilt für die Wahrnehmung von Personalrats- oder Betriebsratsaufgaben durch nicht freigestellte Mitglieder der Personalvertretung. Diese müssen sich lediglich ordnungsgemäß vor Verlassen des Arbeitsplatzes abmelden.[85] Sofern nicht eine Arbeitsbefreiung nach den in § 52 BAT abschließend genannten Fällen in Betracht kommt, hat der Arbeitnehmer nach § 18 BAT seine persönlichen Angelegenheiten außerhalb der Arbeitszeit zu erledigen.

e) Beschäftigungs- und Dienstzeit

Der Abschnitt V regelt die Voraussetzungen für die Festsetzung der Beschäftigungs- und Dienstzeit. § 19 Abs. 1 BAT definiert die Beschäftigungszeit als die bei demselben Arbeitgeber nach Vollendung des 18. Lebensjahrs in einem Arbeitsverhältnis verbrachte Zeit, auch wenn sie z. B. durch den Wechsel des Arbeitgebers vorübergehend unterbrochen worden ist. Die Beschäftigungszeit hat insbesondere Einfluss auf die Kündigungsfristen und die so genannte Unkündbarkeit nach § 53 BAT sowie auf die Zahlung des Krankengeldzuschusses gemäß § 37 Abs. 4 BAT an Arbeitnehmer, deren Arbeitsverhältnis nach dem 1. 7. 1994 begründet worden ist. Sie ist Grundlage der nach § 20 BAT festzusetzenden Dienstzeit, die wiederum Einfluss auf die Jubiläumszeit nach § 39 BAT und die Zahlung verlängerter Krankenbezüge nach § 71 BAT hat.[86] Das Merkmal „derselbe Arbeitgeber" bereitet bei der Interpretation insbesondere in den neuen Bundesländern erhebliche Probleme, da dort die nach dem Tarifvertrag erforderliche rechtliche Identität bisweilen schwer zu beurteilen ist. Nach der Rechtsprechung des Bundesarbeitsgerichts wird die Wehrdienstzeit von ehemaligen Zeitsoldaten nicht in jedem späteren Arbeitsverhältnis angerechnet, sondern nur in dem ersten auf Dauer angelegten Arbeitsverhältnis, das nach Beendigung des Wehrdienstes begründet worden ist.[87] Ist aber die anzurechnende Wehrdienstzeit wie im (ersten) Arbeitsverhältnis verbrachte tatsächliche Beschäftigungszeit zu

---

[81] Allgemein zum Problem der Definition von Überstunden vgl. BAGE 100, 25 (30/31).
[82] BAGE 66, 154 (163).
[83] BAGE 75, 153 (164).
[84] *Dassau/Wiesend-Rothbrust*, BAT Kompaktkommentar (4. Aufl.), § 17, Rn. 17.
[85] BAGE 79, 263 (266).
[86] Augat/Roß/Bilz, Das Dienstrecht der kommunalen Angestellten und Arbeiter, § 19, Rn. 2.
[87] BAGE 28, 187.

behandeln, so muss sie auch in einem späteren Arbeitsverhältnis als Beschäftigungszeit berücksichtigt werden, wenn die Beschäftigungszeit des ersten Arbeitsverhältnisses kraft gesetzlicher oder tariflicher Vorschrift in einem späteren Arbeitsverhältnis anzurechnen ist. Diese Verpflichtung kann sich insbesondere aus § 19 Abs. 1 Satz 3 BAT ergeben, der eine Ausnahme von dem in § 19 Abs. 1 Satz 1 BAT aufgestellten Grundsatz enthält, dass Beschäftigungszeit die bei demselben Arbeitgeber in einem Arbeitsverhältnis zurückgelegte Zeit ist, auch wenn sie unterbrochen war. § 19 Abs. 1 Satz 3 BAT bestimmt, dass, wenn der Arbeitnehmer aus eigenem Verschulden oder auf eigenen Wunsch ausgeschieden ist, die vor dem Ausscheiden liegende Zeit nicht als Beschäftigungszeit gilt, es sei denn, dass die Nichtanrechnung der Beschäftigungszeit eine unbillige Härte darstellen würde. Eine unbillige Härte ist in der Regel anzunehmen, wenn der Arbeitgeber ein besonderes Interesse an dem Wechsel des Arbeitnehmers in seinen Betrieb gehabt hat.[88]

72 Von der Beschäftigungszeit zu unterscheiden ist die nach § 20 BAT geregelte Dienstzeit, die den weitergehenden Begriff enthält, da dieser sich aus der Beschäftigungszeit und weiteren Zeiten zusammensetzt. Beschäftigungszeit ist daher gleichzeitig auch immer Dienstzeit. Der in § 20 BAT enthaltenen Regelung kommt für die ab dem 1. 7. 1994 eingestellten Arbeitnehmer nur noch eine Bedeutung zur Berechnung der Jubiläumszeit nach § 39 BAT zu. Für die bis zu diesem Zeitpunkt eingestellten Arbeitnehmer ist sie dagegen noch für die Berechnung der Höchstdauer der Krankenbezüge nach § 71 BAT wichtig. § 21 BAT enthält eine Ausschlussfrist für die anrechnungsfähigen Beschäftigungs- und Dienstzeiten, wenn der Arbeitnehmer trotz Aufforderung durch den Arbeitgeber die zur Berechnung erforderlichen Angaben nicht macht und dadurch eine für ihn günstige Berechnung nicht stattfindet.

f) System der Eingruppierung

73 Der Abschnitt VI befasst sich mit der Eingruppierung, dabei sind die wichtigsten Bestimmungen in § 22 BAT enthalten.

74 Nach § 22 Abs. 1 BAT richtet sich die Eingruppierung der Angestellten nach den Tätigkeitsmerkmalen der Vergütungsordnung. Gemäß Abs. 2 ist der Angestellte in der Vergütungsgruppe eingruppiert, deren Tätigkeitsmerkmalen die gesamte von ihm nicht nur vorübergehend ausgeübte Tätigkeit entspricht. Die Regelungen über die Eingruppierung zählen für die Tarifpartner zu den wichtigsten tariflichen Vereinbarungen innerhalb des BAT, nicht zuletzt weil die Vergütung eines Angestellten stets und ausschließlich von seiner Eingruppierung abhängt.[89] Diese wiederum hängt von der Wertung der dem Angestellten auf Dauer übertragenen Tätigkeit ab. Der § 22 Abs. 1 BAT wird durch die Anlage 1a – „Tätigkeitsmerkmale für die Angestellten im Verwaltungsdienst" – und durch die Anlage 1b – „Tätigkeitsmerkmale für die Angestellten im Krankenpflegedienst" – konkretisiert. Die Vielfältigkeit der Arbeitsplätze in kommunalen Unternehmen und deren unterschiedliche Größe, Organisation und Struktur machen die Eingruppierungsregelungen nicht gerade anwenderfreundlich, zumal im Arbeiterbereich umfänglich auf bezirklicher Ebene Regelungen bestehen. Vor diesem Hintergrund und der Vielzahl der potentiellen Anwender des Tarifvertrags haben die Tarifpartner keine abstrakten Funktionsbezeichnungen wie z. B. „Sachgebietsleiter" u. Ä. vereinbart, stellen aber gleichwohl bisweilen auf konkrete Funktionen (Kassenleiter) ab. Problematisch ist für eine Eingruppierung ferner ein durch die rasante technische Entwicklung bedingter ständiger Wandel der auf einem Arbeitsplatz an einen Arbeitnehmer zu stellenden Anforderungen. Das eher auf den klassischen öffentlichen Dienst zugeschnittene Eingruppierungsrecht der Angestellten eröffnet daher wiederum in kommunalen Unternehmen Möglichkeiten im

---

[88] Vgl. BAGE 48, 35 (40); *Bredemeier/Neffke*, BAT/BAT-O Bundesangestelltentarifvertrag, Kommentar, 2. Aufl., § 19, Rn. 17.
[89] So schon RAG zur Tarifordnung A für die Gefolgschaftsmitglieder im öffentlichen Dienst in ARS 39, 419 (421); vgl. zur rechtlichen Bewertung einer von der Eingruppierung abweichenden Vergütung *Dassau/Wiesend-Rothbrust*, BAT Kompaktkommentar 4. Aufl., § 22, Rn. 22.

II. Arbeitnehmer in kommunalen Unternehmen 75–77 F

Rahmen eines Ermessens, z. B bei der Eingruppierung von IT-Kräften bei der Bewertung von deren Tätigkeiten zu einer gewissen Flexibilität und damit marktgerechten Bezahlung zu gelangen.

Um die vielfältigen Funktionen und Aufgaben entsprechend ihrer Wertigkeit feststellen und vergüten zu können, ist eine Vergütungsordnung vereinbart worden, die eine Reihe von Wertebenen, so genannte Vergütungsgruppen enthält, die wiederum als Bestandteile jeweils mehrere Fallgruppen haben. In üblicherweise mehreren Tätigkeitsmerkmalen wird dabei – konkret z. B. „Angestellte in einer bestimmten Funktion, denen mindestens drei Angestellte, mindestens der Vergütungsgruppe xy ständig unterstellt sind" oder aber auch abstrakt z. B. „Angestellte deren Tätigkeit sich dadurch heraushebt, dass sie hochwertige Leistungen bei besonders schwierigen Aufgaben erfordert" – beschrieben, welchen Wertebenen die von einem Angestellten wahrzunehmenden Aufgaben zuzuordnen sind. Ergänzt werden die Eingruppierungsgrundsätze durch die „Bemerkung zu allen Vergütungsgruppen", die der Anlage 1a vorangestellt ist. Nach Nr. 3 dieser Bemerkung dürfen Tätigkeitsmerkmale der Fallgruppen 1 als so genannte Auffangmerkmale – auch wenn deren Anwendung zu einer besseren Vergütung des Arbeitnehmers führen würde – nicht angewendet werden, wenn spezielle Tätigkeitsmerkmale für den betreffenden Aufgabenkreis vorhanden sind. Nach Nr. 4 der Bemerkung sind Angestellte, die eine in einem Tätigkeitsmerkmal geforderte Vorbildung oder Ausbildung nicht besitzen, bei gleicher Fähigkeit und gleichen Kenntnissen in die nächst niedrigere Vergütungsgruppe eingruppiert. Hinsichtlich der technischen Berufe sind die Nr. 2, 6 und 7 der Bemerkung von Bedeutung, insbesondere für Ingenieure und Techniker.[90] Grundsätzlich ist anhand der so genannten Arbeitsvorgänge zu prüfen, ob eine Tätigkeit ein bestimmtes Tätigkeitsmerkmal erfüllt.

Von den Tarifvertragsparteien ist versucht worden, den Begriff des Arbeitsvorganges 76 in der Protokollerklärung Nr. 1, S. 1 zu § 22 Abs. 2 BAT zu definieren. Das Bundesarbeitsgericht geht seit 1977 in ständiger Rechtsprechung in Abweichung davon von einer etwas anderen Definition des Arbeitsvorganges aus. Diesen hat das Gericht verstanden als eine unter Hinzurechnung der Zusammenhangstätigkeiten bei Berücksichtigung einer sinnvollen, vernünftigen Verwaltungsübung nach tatsächlichen Gesichtspunkten abgrenzbare und rechtlich selbständig zu bewertende Arbeitseinheit der zu einem bestimmten Arbeitsergebnis führenden Tätigkeit eines Angestellten.[91] Damit geht die Rechtsprechung von einem durch die Tarifvertragsparteien definierten feststehenden abstrakten Rechtsbegriff aus. Bedeutung gewinnt dies bei den so genanntensogenannten Funktionsmerkmalen (Arzt, Kassenleiter), hier ist die gesamte Tätigkeit des Angestellten in dieser Funktion als einheitlicher Arbeitsvorgang zu bewerten. Der Arbeitgeber kann sich daher mit seinem Arbeitnehmer nicht abweichend darauf verständigen, dass seine Tätigkeiten einen bestimmten Arbeitsvorgang im Rechtssinne bilden.[92] Der Arbeitgeber kann und sollte allerdings durch eine planvolle Arbeitsorganisation stets auf die Bildung von Arbeitsvorgängen und damit auf die Eingruppierung seiner Arbeitnehmer Einfluss nehmen. Sind diese mit ihrer Eingruppierung nicht einverstanden, so müssen sie in einem Prozess wegen der ihnen obliegenden Darlegungs- und Beweislast dem Gericht die Einzelheiten ihrer Tätigkeit sowie sämtliche Tatsachen vortragen und im Falle des Bestreitens beweisen, die das Gericht zur rechtlichen Bestimmung der Arbeitsvorgänge kennen muss.[93]

Anders ist dies bei einer korrigierenden Rückgruppierung, hier kann der Arbeitneh- 77 mer sich zunächst auf die ihm vom Arbeitgeber mitgeteilte Eingruppierung berufen. Es

---

[90] Vgl. zum System der Eingruppierung im Einzelnen *Augat/Roß/Bilz*, Das Dienstrecht der kommunalen Angestellten und Arbeiter, Ziffer 2.6.1.–2.6.5.; *Bredemeier/Neffke*, BAT/BAT-O Bundesangestelltentarifvertrag, Kommentar, 2. Aufl., Vorbemerkungen zu §§ 22–25 BAT; sowie allgemein zu den Anlagen 1a und 1b *Dassau/Wiesend-Rothbrust*, BAT Kompaktkommentar (4. Aufl.), § 22, Rn. 4 ff.
[91] Vgl. zuerst BAGE 29, 364 (372); auch BAGE 100, 35 (39) m. w. N. a. d. ständigen Rspr.
[92] BAGE 92, 266 (276).
[93] BAGE 88, 69 (77).

obliegt dem Arbeitgeber, daraufhin die objektive Fehlerhaftigkeit der Eingruppierung darzulegen. Der Arbeitgeber kann seine Darlegungslast hinsichtlich der Fehlerhaftigkeit der Eingruppierung entweder dadurch erfüllen, dass er substantiiert Tatsachen als Grundlage für die tarifliche Bewertung vorträgt, die eine Korrektur der bisherigen Eingruppierung begründen sollen, oder im Sinne eines „Rechtsirrtums" dadurch, dass er darlegt, die bisherige Eingruppierung beruhe auf einer unwissentlich fehlerhaften tariflichen Bewertung der Tätigkeit. Der Arbeitgeber muss dabei nicht zwingend zu allen Voraussetzungen vortragen; es reicht aus, wenn eine der tariflichen Voraussetzungen für die bisherige Eingruppierung nicht gegeben ist, weil dieses bereits zu einer fehlerhaften tariflichen Bewertung geführt hat. Der Arbeitgeber genügt seiner Darlegungslast bereits dann, wenn sich aus seinem Vorbringen einschließlich des unstreitigen Sachverhalts ergibt, dass jedenfalls im Hinblick auf eine der tariflichen Voraussetzungen die mitgeteilte Eingruppierung nicht zutreffend war. Ist dem Arbeitgeber hinsichtlich der im Streit befindlichen korrigierenden Rückgruppierung die Darlegung und ggf. der Beweis der objektiven Fehlerhaftigkeit der Eingruppierung gelungen, verbleibt es bei der Darlegungs- und Beweislast des Arbeitnehmers für die Tatsachen, aus denen folgt, dass ihm die begehrte höhere Vergütung zusteht.[94]

78 Die sehr aufwendigen und bei den Arbeitsgerichten nicht beliebten Eingruppierungsprozesse aus dem Bereich des öffentlichen Dienstes gehen zu einem hohen Prozentsatz zugunsten des Arbeitgebers aus. Vor allem aus den Reihen der Arbeitsgerichtsbarkeit unterbreitete Vorschläge zur Gesetzesänderung und einer damit verbundenen Verlagerung in verwaltungsinterne Schlichtungsmechanismen ist eine Absage zu erteilen. Werden dem Arbeitnehmer höherwertige Tätigkeiten übertragen, so ändert sich seine Eingruppierung über § 22 BAT vom ersten Tage an. Ändert sich die Tätigkeit eines Arbeitnehmers im Laufe der Zeit auf Dauer aus sich heraus und entspricht diese Tätigkeit den Tätigkeitsmerkmalen einer höheren Vergütungsgruppe, greift die in § 23 BAT enthaltene Regelung ein, wonach der Angestellte dann in eine höhere Vergütungsgruppe gelangt, wenn er die höherwertige Tätigkeit ununterbrochen sechs Monate ausgeübt hat. Der Arbeitgeber kann dem Angestellten diese höherwertige Tätigkeit vor Ablauf von sechs Monaten entziehen und Aufgaben zuweisen, die der bisherigen Vergütungsgruppe entsprechen.[95]

79 Demgegenüber erfasst § 24 BAT die Fälle, in denen dem Angestellten eine andere, höherwertige Tätigkeit nur vorübergehend oder vertretungsweise übertragen wird. Für die Rechtmäßigkeit einer vorübergehenden Übertragung hat das Bundesarbeitsgericht in einer Vielzahl von Entscheidungen Grundsätze aufgestellt.[96] Eine vertretungsweise Übertragung einer Tätigkeit setzt voraus, dass eine andere Person üblicherweise diese Tätigkeit ausübt, aber vorübergehend daran gehindert ist. Daher werden auch die Fälle der so genannten ständigen Vertretung nicht von § 24 BAT erfasst. Fälle einer ständigen Vertretung ändern an der Eingruppierung nichts, sondern führen nur zu Gewährung einer persönlichen Zulage.

g) Elemente des Entgelts

80 Der Abschnitt VII befasst sich mit der Vergütung, d. h. mit dem vom Arbeitgeber zu erbringenden Entgelt. Nach § 26 BAT setzt sich diese aus der Grundvergütung und einem Ortszuschlag zusammen, die detaillierten Regelungen dazu finden sich in einem besonderen Tarifvertrag, dem so genannten Vergütungstarifvertrag. Für den Bereich des Bundes und der Länder einerseits und dem kommunalen Bereich andererseits gelten teilweise unterschiedliche Regelungen. Auf diese umfangreichen und komplizierten Bestimmungen kann hier nicht näher eingegangen werden.

81 Mit der Komponente des Ortszuschlages – dieser ist in § 29 BAT geregelt – wird das aus dem Beamtenrecht geläufige Alimentationsprinzip im Grundsatz übernommen.

---

[94] BAGE 94, 287 (295/296).
[95] BAG AP Nr. 61 zu §§ 22, 23 BAT.
[96] *Bredemeier/Neffke*, BAT/BAT-O Bundesangestelltentarifvertrag, Kommentar, 2. Aufl., § 24, Rn. 4 ff.

II. Arbeitnehmer in kommunalen Unternehmen

Historisch erklärbar, aber zwischenzeitlich völlig überholt, spielt der Familienstatus, eine eventuelle Tätigkeit des Partners im öffentlichen Dienst sowie die Anzahl der unterhaltsberechtigten Kinder eine Rolle bei der Höhe des Ortszuschlages. Diesen erhalten auch Partner einer eingetragenen Lebensgemeinschaft.

Auch die Berechnung der Grundvergütung – diese ist in den §§ 27, 28 BAT geregelt – stellt sich teilweise aufgrund der umfangreichen Regelungen, insbesondere bei der Berücksichtigung des Lebensalters und im Falle einer Höhergruppierung als kompliziert dar, zumal die zur Kostenentlastung getroffenen Vereinbarungen der Lohnrunde 2002/2003 hier zusätzliche Probleme gebracht haben. **82**

Weitere Bestimmungen im Abschnitt VII sehen die Gewährung von Zulagen, Zuschlägen und die Überstundenvergütung vor. **83**

Nach § 36 BAT sind die Bezüge bisher am 15. eines jeden Monats gezahlt worden, die Lohnrunde 2002/2003 hat diesen Termin – tarifvertraglich zwingend vorgegeben – ab Ende 2003 auf den letzten Tag des Monats verschoben. Bei der Umsetzung dieser tariflichen Vorgabe steht dem Betriebsrat bzw. der Personalvertretung kein Mitbestimmungsrecht zu. **84**

h) Sozialbezüge

Der im BAT folgende Abschnitt VIII beinhaltet Bestimmungen zu den so genannten Sozialbezügen. Die wichtigste Regelung enthält dabei § 37 BAT, der den Anspruch auf Krankenbezüge enthält. Dieser Paragraph gilt allerdings nur für Arbeitnehmer, deren Arbeitsverhältnis nach dem 30.6.1994 begründet worden ist.[97] Der Anspruch auf Krankenbezüge – unter diesen Begriff fallen sowohl die Bezüge nach Abs. 2 als auch der Krankengeldzuschuss nach Abs. 4 – setzt voraus, dass der Arbeitnehmer infolge einer Krankheit arbeitsunfähig ist und ihn kein Verschulden trifft. Ob eine krankheitsbedingte Arbeitsunfähigkeit vom Arbeitnehmer verschuldet ist, lässt sich nur nach den Umständen des Einzelfalls entscheiden. Es gelten für diese tarifliche Regelung die bei der gesetzlichen Lohnfortzahlung entwickelten Grundsätze. Von nachhaltiger Bedeutung sind die Zahlungen im Zusammenhang mit einer Alkoholabhängigkeit des Arbeitnehmers. Maßgebend für die Beurteilung, ob den Arbeitnehmer an der krankhaften Alkoholabhängigkeit ein Verschulden trifft, ist sein Verhalten vor dem Zeitpunkt, in dem die Alkoholabhängigkeit eingetreten ist.[98] Soweit das Bundesarbeitsgericht zunächst davon ausgegangen ist, eine Alkoholabhängigkeit sei selbst verschuldet, hat es diese Rechtsprechung mit einer ausführlichen und überzeugenden Begründung bereits im Jahre 1983 ausdrücklich aufgegeben.[99] Allerdings kann ein schuldhaftes Verhalten im Sinne des Entgeltfortzahlungsrechts dann gegeben sein, wenn ein am Alkoholismus erkrankter Arbeitnehmer sich einer stationären Entziehungskur unterzogen hat, dabei über die Gefahren des Alkoholkonsums ausdrücklich belehrt worden ist und er gleichwohl nach mehreren Monaten der Abstinenz sich wiederum dem Alkohol zuwendet und dadurch erneut arbeitsunfähig krank wird. Das bedeutet jedoch nicht, dass sich in derartigen Fällen die Darlegungs- und Beweislast umkehrt. Auch bei einem Rückfall in den Alkoholmissbrauch trägt der Arbeitgeber die Darlegungs- und Beweislast für ein Verschulden seines Arbeitnehmers an der Krankheit.[100] **85**

Aus § 37a BAT ergibt sich die Verpflichtung des Arbeitnehmers zur unverzüglichen Anzeige seiner Arbeitsunfähigkeit und deren voraussichtlicher Dauer. Sofern diese länger als drei Kalendertage dauert, hat er eine ärztliche Bescheinigung über das Bestehen der Arbeitsunfähigkeit vorzulegen. Der Arbeitgeber ist berechtigt, in Einzelfällen, insbeson- **86**

---

[97] Für vor diesem Stichtag begründete Arbeitsverhältnisse gelten für die Zahlung von Krankenbezügen die in § 71 BAT festgelegten Übergangsregelungen.
[98] BAGE 43, 54 (58/59).
[99] BAGE 43, 54(61).
[100] BAGE 56, 321(325), vgl. ferner ausführlich zur Darlegungslast des Arbeitgebers, der die Lohnfortzahlung wegen eines Verschuldens seines Arbeitnehmers verweigert BAGE 68, 196.

dere bei Zweifeln an dem Vorliegen der Arbeitsunfähigkeit, die Vorlage der ärztlichen Bescheinigung früher zu verlangen, diesem Verlangen dürfen keine sachfremden Erwägungen zugrunde liegen.[101] Wird die Arbeitsunfähigkeit durch das Verschulden eines Dritten herbeigeführt so steht dem geschädigten Arbeitnehmer ein Anspruch auf Erstattung des Verdienstausfalles zu; seine Ansprüche auf Fortzahlung der Arbeitsvergütung berühren die Schadensersatzpflicht des verantwortlichen Schadenverursachers nicht.[102]

87 Der Anspruch auf Erstattung des Verdienstausfalls geht ohne weitere Abtretungserklärung kraft der in § 38 BAT getroffenen Regelung zulässigerweise auf den Arbeitgeber über, auch soweit dieser Krankenbezüge und sonstige Bezüge und Abgaben geleistet hat.[103] Insbesondere nach Verkehrsunfällen versuchen die Versicherungen des Schadenverursachers sich durch einen mit dem geschädigten Arbeitnehmer abgeschlossenen Vergleich von künftigen Forderungen zu befreien. Arbeitnehmer sollten solche Abfindungsvergleiche über sämtliche aus dem Schadensfall herrührenden Ansprüche jedenfalls dann nicht abschließen, wenn damit gerechnet werden muss, dass sich noch Folgen aus dem Schadensfall in Gestalt weiterer Erkrankungen einstellen werden, weil dadurch sein Anspruch auf künftige Leistung von Lohnfortzahlung und Krankengeld gefährdet ist.[104]

88 In den weiteren Bestimmungen des Abschnitts VIII werden die Jubiläumszuwendung, Beihilfen bei Geburts-, Krankheits- und Todesfällen sowie das Sterbegeld geregelt. Diese Bestimmungen sind dem Beamtenrecht entlehnt bzw. verweisen auf das entsprechende Landesbeamtenrecht.

i) Finanzielle Abgeltung von Dienstreisen u. ä.

89 Die im Abschnitt IX enthaltenen Bestimmungen zum Reisekostenrecht, der Umzugskostenvergütung und zum Trennungsgeld stellen im Ergebnis ebenfalls keine eigenständige Gestaltung dieser Ansprüche dar, sondern nehmen auf die für Beamte geltenden Bestimmungen Bezug und führen damit zur Anwendung teilweise komplizierter beamtenrechtlicher Regelungen.

j) Zusätzliche Altersversorgung

90 Der nur aus einem Paragraphen bestehende Abschnitt X regelt durch einen Verweis auf ein eigenständiges Tarifwerk die zusätzliche Alters- und Hinterbliebenenversorgung. Die der Beamtenversorgung nachgebildete so genannte Gesamtversorgung ist Ende 2001 geschlossen und durch ein neues System einer kapitalgedeckten Betriebsrente ersetzt worden (siehe unten Rn. 129 ff.).

k) Anspruch auf Urlaub und sonstige Dienstbefreiung

91 Der Abschnitt XI enthält Bestimmungen zum Urlaub und zu sonstigen Voraussetzungen einer Arbeitsbefreiung. § 47 BAT trifft ins Detail gehende Regelungen zum Erholungsurlaub, der Urlaubsvergütung sowie seiner Übertragbarkeit in zeitlicher Hinsicht.

§ 48 BAT regelt die tarifliche Dauer des Urlaubs, der sich abhängig von der Vergütungsgruppe und dem Lebensalter bei an fünf Arbeitstagen in der Woche beschäftigten Arbeitnehmern zwischen 26 und 30 Tagen bemisst. Nach § 3 BUrlG besteht derzeit ein jährlicher Mindesturlaubsanspruch von 24 Werktagen. Urlaub bedeutet die Freistellung von der Arbeitspflicht unter Fortzahlung der Vergütung.[105] Damit ein Urlaubsanspruch entstehen kann, ist lediglich der Bestand eines Arbeitsverhältnisses und gegebenenfalls der Ablauf der Wartezeit die Voraussetzung.[106] Solange der Arbeitnehmer arbeitsunfähig ist, kann der Anspruch auf Urlaub nicht erfüllt werden, da keine Arbeitspflicht besteht,

---

[101] BAG NZA 1994, 74.
[102] BGHZ 7, 30; 21, 112.
[103] BGHZ 7, 30 (42); *Bredemeier/Neffke*, BAT/BAT-O Bundesangestelltentarifvertrag, Kommentar, 2. Aufl., § 38, Rn. 2.
[104] BAGE 60, 258 (261).
[105] BAGE 58, 304.
[106] BAGE 68, 373.

von der zum Zwecke des Urlaubs befreit werden könnte. Nach dem Ablauf der Übertragungsfristen geht der nicht angetretene Urlaub unter, der Arbeitnehmer muss nämlich den Urlaub vom Arbeitgeber verlangen, andernfalls erlischt der Urlaubsanspruch.

Als Urlaubsvergütung werden die Vergütung, der Ortszuschlag und die Zulagen, die in Monatsbeträgen festgelegt sind, weiter gezahlt. Andere Bezügebestandteile werden durch einen Aufschlag berücksichtigt. Damit wird nach § 47 Abs. 2 BAT sowohl nach dem Lohnausfallprinzip als auch nach einer Referenzmethode – anknüpfend an das vorangegangene Kalenderjahr – die Urlaubsvergütung ermittelt. Damit wird von der in § 11 BUrlG vorgegebenen Methode zur Ermittlung eines Urlaubsentgelts zwar abgewichen, es wird aber damit nur von einer nach § 13 BurlG zulässigen gesetzlichen Regelungsbefugnis Gebrauch gemacht. Den Tarifvertragsparteien verbleibt auch für den gesetzlichen Mindesturlaub ein weiter Gestaltungsspielraum, denn es steht ihnen frei, das Urlaubsentgelt entsprechend dem konkreten Lohnausfall zu berechnen oder den gesetzlichen Referenzzeitraum zu verändern.[107]

Grundsätzlich muss Urlaub im laufenden Kalenderjahr gewährt und genommen werden. Nach § 7 Abs. 3 BUrlG ist eine Übertragung in das nächste Jahr nur unter engen Voraussetzungen und begrenzt auf drei Monate zulässig.[108] Auch der BAT geht grundsätzlich von der Verpflichtung aus, Urlaub im laufenden Urlaubsjahr (dieses entspricht dem Kalenderjahr) einzubringen. Allerdings überträgt sich bis zum Ende des Kalenderjahres nicht angetretener Urlaub zunächst automatisch in das nächste Jahr. Ferner verlängert sich gegenüber dem Bundesurlaubsgesetz der Übertragungszeitraum bis zum 30. April des Folgejahres. Wenn der Urlaub aus dienstlichen oder betrieblichen Gründen, wegen Arbeitsunfähigkeit oder wegen der Schutzfristen nach dem Mutterschutzgesetz nicht bis zu diesem Zeitpunkt angetreten werden kann, ist dieses bis zum 30. Juni möglich. Bis zum 30. September kann sich der Übertragungszeitraum verlängern, wenn der Urlaub zunächst auf Veranlassung des Arbeitgebers in den Übertragungszeitraum verlegt worden ist und der Arbeitnehmer diesen dann wegen Arbeitsunfähigkeit nicht bis zum 30. Juni antreten konnte. Der Arbeitgeber ist Schuldner der Pflicht zur Urlaubserteilung, es obliegt in erster Linie ihm, sich um die Erfüllung seiner Verpflichtung zu bemühen.[109] Bei der Festlegung des Urlaubs sind die zeitlichen Wünsche des Arbeitnehmers zu berücksichtigen, sofern nicht dringende betriebliche Belange oder anderweitige vorrangige Urlaubswünsche entgegenstehen.

Ohne überzeugende Begründung geht das Bundesarbeitsgericht neuerdings davon aus, dass nach einer einmal getroffenen Festlegung des Urlaubstermins ein einseitiger Widerruf durch den Arbeitgeber ausgeschlossen ist. Dies gilt auch dann, wenn er feststellen muss, dass dringende betriebliche Gründe ihn berechtigen würden, nunmehr den Urlaub zu verweigern. Somit kann es sich aufgrund dieser neuen Rechtsprechung empfehlen, über langfristig gestellte Urlaubsanträge zunächst nicht zu entscheiden. Durch eine Betriebs- oder Dienstvereinbarung ist es möglich, Betriebsferien einzuführen und damit einheitlich für alle oder einen Teil der Arbeitnehmer den Urlaubszeitraum festzulegen, auch wenn dringende betriebliche Belange im Sinne des § 7 BUrlG nicht vorliegen.[110] Nach § 47 Abs. 8 BAT verliert der Arbeitnehmer bei verbotswidriger Erwerbstätigkeit während des Urlaubs seinen Anspruch auf Urlaubsvergütung für die Tage, an denen er gegen Entgelt anderweitig arbeitet. Der Anspruch auf Rückzahlung des gewährten Urlaubsentgelts besteht nach dieser Bestimmung allerdings nur im Umfang des über den gesetzlichen Mindesturlaub hinaus zu gewährenden Urlaubs. Eine Verletzung der Pflicht des Arbeitnehmers, während des gesetzlichen Mindesturlaubs keine dem Urlaubszweck widersprechende Erwerbstätigkeit zu leisten, begründet weder ein Recht des Arbeitgebers, die Urlaubsvergütung zu kürzen, noch entfällt damit der Anspruch auf die Urlaubs-

---

[107] BAGE 100, 189 (198/99).
[108] BAGE 61, 1.
[109] BAGE 65, 171 (175/76).
[110] BAGE 36, 14 (19).

vergütung.¹¹¹ Arbeitnehmer, die Wechselschichtarbeit, Schichtarbeit oder Nacharbeit leisten, erhalten bei Vorliegen der in § 48a BAT genannten Voraussetzungen Zusatzurlaub. Ein Zusatzurlaub kann zudem aufgrund beamtenrechtlicher Bestimmungen gewährt werden, z. B. bei der Ausübung von die Gesundheit gefährdenden Tätigkeiten.

95 Der nach § 50 Abs. 1 BAT zu gewährende Sonderurlaub aus familiären Gründen ist zwar als Sollvorschrift ausgestaltet, in der Praxis gewährt diese Norm jedoch den Anspruch bei Vorliegen der tarifvertraglich genannten Voraussetzungen. Die dem Anspruch entgegenstehenden dienstlichen oder betrieblichen Belange müssen dringend sein. Der Arbeitgeber trägt dafür die Beweislast, es reicht nicht aus, sich auf Unannehmlichkeiten zu berufen, vielmehr ist ein sehr wichtiger und zwingender Grund vorzutragen,¹¹² was in der Praxis und angesichts der strengen gerichtlichen Maßstäbe selten gelingt.

96 Nach § 50 Abs. 2 BAT besteht ein Anspruch auf Sonderurlaub aus wichtigem Grund, wenn die dienstlichen oder betrieblichen Verhältnisse es gestatten. Der Arbeitgeber ist nach dieser Bestimmung zu einer Ermessensentscheidung berechtigt und verpflichtet. Das Vorliegen eines wichtigen Grundes hat er nach einer schutzwürdigen Interessenlage seines Arbeitnehmers zu beurteilen, dabei ist es nicht erforderlich, dass der Grund für die Beurlaubung in einer von diesem nicht zu vertretenden persönlichen Verpflichtung liegt. Auch eine eventuell mehrjährige Beurlaubung stellt nicht zwingend einen Hinderungsgrund dar. Daher ist vom Bundesarbeitsgericht die Wahl zum Oberbürgermeister als ein wichtiger Grund im Sinne des § 50 Abs. 2 BAT angesehen worden, der einen Anspruch auf eine langjährige Beurlaubung gibt.¹¹³ Ein Anspruch des Arbeitnehmers auf vorzeitige Beendigung eines Sonderurlaubs besteht auch unter dem Gesichtspunkt einer Fürsorgepflicht grundsätzlich nicht. Lediglich nach dem Grundsatz von Treu und Glauben ist zu prüfen, ob eine Änderung der vertraglichen Beziehungen in Betracht kommen kann.¹¹⁴

97 In § 52 BAT haben die Tarifvertragsparteien die Fälle unverschuldeter Arbeitsverhinderung aus persönlichen Gründen bestimmt, für die der Arbeitnehmer unter Fortzahlung der Bezüge von der Arbeit freigestellt wird. Absatz 1 enthält eine enumerative Aufzählung der Anlässe zur Freistellung und stellt damit zugleich klar, dass über diese Freistellungen hinaus keine weiteren Ansprüche nach § 616 BGB gegeben sind. Absatz 2 enthält die Voraussetzungen für die Fortzahlung der Bezüge bei einer Arbeitsbefreiung zur Erfüllung allgemeiner staatsbürgerlicher Pflichten nach deutschem Recht. Die Vorschrift selbst räumt keinen eigenständigen Anspruch auf Arbeitsbefreiung ein, sondern setzt diesen voraus. Nur wenn ein Freistellungsanspruch aufgrund gesetzlicher Regelung vorgeschrieben ist und die Erfüllung der Aufgabe nicht außerhalb der Arbeitszeit möglich ist, liegt ein Fall des Absatz 2 vor.¹¹⁵ Nach Absatz 3 kann der Arbeitgeber nach eigenem Ermessen bei sonstigen dringenden Fälle bezahlte Arbeitsbefreiung bis zu drei Arbeitstagen gewähren. Die Absätze 4 und 5 eröffnen die Freistellung in speziellen Fällen, insbesondere zur Teilnahme an gewerkschaftlichen Veranstaltungen.

l) Beendigung des Arbeitsverhältnisses

98 Der Abschnitt XII befasst sich mit der Beendigung von dem BAT unterliegenden Arbeitsverhältnissen. § 53 BAT regelt die ordentliche Kündigung und die dabei zu beachtenden Fristen, die in Abhängigkeit von der Beschäftigungszeit ausgestaltet sind. Diese Fristenregelung weicht zugunsten des Arbeitnehmers von den in § 622 Abs. 2 BGB vorgeschriebenen Fristen ab. Nach § 57 BAT bedarf die Kündigung – ebenso wie nach § 623 BGB – der Schriftform. Sie ist nach dem BGB in elektronischer Form ausgeschlossen und soll, ausgenommen bei Kündigungen innerhalb der Probezeit, aufgrund tariflicher

---

¹¹¹ BAGE 57, 366 (371/373) unter ausdrücklicher Aufgabe der bisherigen Rechtsprechung.
¹¹² *Bredemeier/Neffke*, BAT/BAT-O Bundesangestelltentarifvertrag, Kommentar, 2. Aufl., § 50, Rn. 7.
¹¹³ BAGE 97, 373.
¹¹⁴ BAGE 86, 162 (167/168).
¹¹⁵ Welche allgemeinen staatsbürgerlichen Pflichten unter Absatz 3 fallen/nicht fallen vgl. die Beispiele bei *Dassau/Wiesend-Rothbrust*, BAT Kompaktkommentar (4. Aufl.), § 52, Rn. 22, 23.

II. Arbeitnehmer in kommunalen Unternehmen

Vorgabe die Gründe angeben, wenn durch den Arbeitgeber gekündigt wird. Da nach der Rechtsprechung die Personalvertretung stets einen Anspruch auf Mitteilung der Gründe hat, sind letztlich auch Kündigungen in der Probezeit – wenn auch nur pauschal – zu begründen. Da das Kündigungsschutzgesetz in diesen Fällen nicht gilt, sind an die Darlegung der Gründe allerdings keine sehr hohen Anforderungen zu stellen.

Selbst auf eine gestraffte Darstellung des Kündigungsrechts im Zusammenhang mit dem BAT muss aus Platzgründen verzichtet und vielmehr auf die einschlägige und umfängliche Kommentarliteratur dazu verwiesen werden.[116] Dargestellt werden nur spezielle Regeln des BAT zur Kündigung. Von besonderer Bedeutung ist die nur in den alten Bundesländern geltende Bestimmung des § 53 Abs. 3 BAT, danach ist ein Arbeitnehmer unkündbar, der das vierzigste Lebensjahr vollendet und eine Beschäftigungszeit von mindestens 15 Jahren aufzuweisen hat. Diese Voraussetzungen müssen im Zeitpunkt des Zugangs einer Kündigung vorliegen. Im Ergebnis und unter Berücksichtigung von § 54 BAT, der in Nachbildung von § 626 BGB die außerordentliche Kündigung regelt, wird durch § 53 Abs. 3 BAT indes nur die ordentliche Kündigung, nicht jedoch die fristlose Entlassung ausgeschlossen. Es ist ein verbreiteter Irrglaube, ein Arbeitnehmer des öffentlichen Dienstes sei im Ergebnis wie ein Beamter unkündbar, eine so genannte Unkündbarkeit gibt es – auch wenn die Überschrift des § 55 BAT dies suggerieren mag – letztendlich nicht.[117] Allerdings kann einem tariflich ordentlich unkündbaren Arbeitnehmer fristlos nur gekündigt werden, wenn dem Arbeitgeber dessen Weiterbeschäftigung nicht einmal bis zum Ablauf der „fiktiven Frist" zur ordentlichen Beendigung des Arbeitsverhältnisses zumutbar ist.[118] Im Ergebnis garantiert § 53 Abs. 3 BAT dem Arbeitnehmer in den alten Bundesländern einen besonderen persönlichen Kündigungsschutz dadurch, dass die ordentliche Kündigung ausgeschlossen wird.

§ 55 Abs. 1 BAT bestätigt die sowohl für den Arbeitgeber wie Arbeitnehmer vorhandene Möglichkeit, das Arbeitsverhältnis außerordentlich zu kündigen, wenn ein wichtiger Grund vorliegt. Im Falle der tariflichen Unkündbarkeit legt das Bundesarbeitsgericht aufgrund der Schutzfunktion der tariflichen Regelung bei der Prüfung des Vorliegens eines wichtigen Grundes einen besonders strengen Maßstab an.[119] Soweit dringende betriebliche Gründe der Weiterbeschäftigung eines Arbeitnehmers entgegenstehen, kann für unter § 55 BAT fallende Arbeitnehmer der Arbeitgeber das Arbeitsverhältnis jedoch, wenn eine Beschäftigung zu den bisherigen Vertragsbedingungen aus dienstlichen Gründen nachweislich nicht möglich ist, zum Zwecke der Herabgruppierung um eine Vergütungsgruppe kündigen. Diese Möglichkeit ist tariflich des Weiteren eröffnet, wenn ein nachhaltiger Leistungsabfall des Arbeitnehmers zu verzeichnen ist. Lehnt der Arbeitnehmer die Fortsetzung des Arbeitsverhältnisses zu den ihm mit der Änderungskündigung angebotenen Bedingungen ab, so gilt das Arbeitsverhältnis mit dem Ablauf der Kündigungsfrist als vertragsgemäß aufgelöst. Soweit Rationalisierungsmaßnahmen gegeben sind, kann es in einem solchen Falle erforderlich sein, § 5 Abs. 2 des Tarifvertrags über den Rationalisierungsschutz für Angestellte vom 9. 1. 1987 heranzuziehen. Für die nach § 55 BAT zulässigen Änderungskündigungen beträgt die Kündigungsfrist sechs Monate zum Schluss eines Kalendervierteljahres.

Sofern die Parteien eines Arbeitsvertrages einvernehmlich das Arbeitsverhältnis beenden wollen, können sie im Rahmen der allgemeinen Vertragsfreiheit einen so genannten Auflösungs- oder Aufhebungsvertrag abschließen, der der Schriftform bedarf. Umstritten ist derzeit, inwieweit durch die Schuldrechtsreform ein Recht zum Widerruf eingeführt worden ist. Bisher konnte der Aufhebungsvertrag nur nach den allgemeinen

---

[116] Vgl. statt vieler *Bredemeier/Neffke*, BAT/BAT-O Bundesangestelltentarifvertrag, Kommentar, 2. Aufl., Vorbemerkungen zu §§ 53–55 BAT, Rn. 1–487.
[117] Vgl. BAGE 99, 358 (363); *Bredemeier/Neffke*, BAT/BAT-O Bundesangestelltentarifvertrag, Kommentar, 2. Aufl., § 54, Rn. 3 und § 55 Rn. 8.
[118] BAGE 99, 331 (338).
[119] BAGE 2, 212 (214); 95, 78 (86).

Grundsätzen des BGB angefochten werden, insbesondere wenn die widerrechtliche Androhung einer Kündigung durch den Arbeitgeber ein bestimmendes Element für den Arbeitnehmer war, dem Abschluss eines Aufhebungsvertrags zunächst zuzustimmen.[120] Nunmehr gewährt § 312 Abs. 1 Satz 1 Nr. 1 1. Alt BGB ein Widerrufsrecht wenn ein Aufhebungsvertrag mit einer Gegenleistung (z. B. Abfindung) geschlossen wird, dieser Vertragsschluss am Arbeitsplatz erfolgt und man den Arbeitnehmer auch in einer solchen Situation als Verbraucher im Sinne des § 13 BGB ansehen müsste. Die herrschende Meinung in der Literatur[121] lehnt die Gewährung eines Widerrufsrechts aus gesetzessystematischen Gründen ab, da § 312 BGB zum Untertitel „Besondere Vertriebsformen" gehört und Arbeitsverhältnisse und Vereinbarungen zu deren Beendigung nichts mit Vertriebsformen zu tun haben. Die Frage ist höchstrichterlich bisher nicht entschieden worden, soweit Urteile von Landesarbeitsgerichten dazu ergangen sind, haben diese ein Widerrufsrecht des Arbeitnehmers nicht bejaht.[122]

102   Die weiteren Paragraphen des Abschnitts XII enthalten spezielle Bestimmungen zur Beendigung eines Arbeitsverhältnisses und regeln unter anderem den Zeugnisanspruch des Arbeitnehmers aus Anlass seines Ausscheidens.

m) Übergangsgeld

103   Die §§ 62 bis 64 BAT bilden den Abschnitt XIII, der detailliert die Gewährung eines so genannten Übergangsgeldes regelt, dass einem Arbeitnehmer bei Beendigung des Arbeitsverhältnisses zu gewähren ist. Bei diesem Übergangsgeld handelt es sich um eine außergewöhnliche, im Arbeitsleben wenig verbreitete Sonderleistung mit Entgeltcharakter aus nachwirkender Fürsorge,[123] die nur historisch zu erklären ist und die heute nur noch in wenigen Fällen zur Anwendung gelangt und praktisch keine Bedeutung mehr hat.

n) Spezielle Regelungen

104   Die Abschnitte XIV und XV enthalten Regelungen zu bestimmten jeweils speziellen Fragen (Dienstwohnungen, Schutzkleidung) sowie die Übergangs und Schlussvorschriften, die zugleich die Laufzeit und die Kündigungsfristen beinhalten.

105   Von besonderer Bedeutung ist dabei § 70 BAT, der die Ausschlussfrist bestimmt. Danach verfallen Ansprüche aus dem Arbeitsverhältnis, wenn sie nicht innerhalb von sechs Monaten nach Fälligkeit schriftlich geltend gemacht werden. Erfasst werden grundsätzlich alle Ansprüche aus dem Arbeitsverhältnis, unabhängig von deren Rechtsgrundlage, also nicht nur tarifvertraglich gewährte Ansprüche, sondern auch solche aufgrund einer gesetzlichen Regelung oder einer einzelvertraglichen Vereinbarung.[124] Der Ablauf der tariflichen Ausschlussfrist führt nach § 242 BGB bei Entgeltüberzahlungen dann nicht zu einem Verfall eines Rückzahlungsanspruchs, wenn der Arbeitnehmer es pflichtwidrig unterlassen hat, seinem Arbeitgeber Umstände mitzuteilen, die die Erhebung des Rückzahlungsanspruchs innerhalb der Ausschlussfrist ermöglicht hätten. Unter diesen Umständen kann der Arbeitgeber dem Ablauf der tariflichen Ausschlussfrist mit dem Einwand der unzulässigen Rechtsausübung begegnen. Das Bundesarbeitsgericht bejaht ein pflichtwidriges Unterlassen regelmäßig dann, wenn der Arbeitnehmer erkennt, dass seinem Arbeitgeber bei der Vergütungszahlung ein Irrtum unterlaufen ist, der zu einer erheblichen Überzahlung geführt hat.[125]

---

[120] BAGE 100, 52 (55).
[121] Siehe dazu Palandt 63. Aufl., § 312, Rn. 8 m. w. N.; insbes. *Bauer* NZA 2002, 169 (171).
[122] LAG Brandenburg, Urteil vom 30. 10. 2002, NZA 2003, 503 mit sehr ausführlicher Begründung; LAG Köln Urteil vom 18. 12. 2002, ZTR 2003,309; Urteil vom 6. 2. 2003, ZTR 2003, 523 jeweils nur der Leitsatz. Das Urteil des LAG Brandenburg ist durch das BAG bestätigt worden, die schriftliche Begründung liegt noch nicht vor.
[123] *Dassau/Wiesend-Rothbrust*, BAT Kompaktkommentar (4. Aufl.), § 62, Rn. 2.
[124] *Bredemeier/Neffke*, BAT/BAT-O Bundesangestelltentarifvertrag, Kommentar, 2. Aufl., § 70, Rn. 10, insbes Rn. 11 mit Beispielen; einen guten Überblick über die nicht von § 70 BAT erfassten sowie die abweichenden tariflichen Fristen gibt *Dassau/Wiesend-Rothbrust*, BAT Kompaktkommentar (4. Aufl.), § 70, Rn. 8 f.
[125] BAGE 98, 25 (32).

II. Arbeitnehmer in kommunalen Unternehmen

4. Besonderheiten aus dem BAT/BMT-G für Versorgungsbetriebe

Die Sonderregelungen (SR) 2t BAT gelten für Angestellte in Versorgungsbetrieben **106** und Entsorgungseinrichtungen, die den BAT anwenden. Soweit diese Betriebe unter den TV-V fallen, gelangen die Sonderregelungen nicht zur Anwendung.

Die Sonderregelungen ergänzen und modifizieren die §§ 15, 17, 33 und 33a BAT zur Arbeitszeit, insbesondere bei den Bestimmungen für die Wechselschicht, Rufbereitschaft und bei Überstunden. Ferner wird die Pauschalierung von Zulagen, Zuschlägen und Entschädigungen durch in dem Arbeitsvertrag zu vereinbarende Nebenabreden ermöglicht. Diese Bestimmungen tragen den praktischen Bedürfnissen von Versorgungsunternehmen in besonderer Weise Rechnung, da zur Gewährleistung der Versorgung mit Energie und Wasser bei den Arbeitszeitbestimmungen eine große Flexibilität erforderlich ist.

Für die Arbeiter in diesen Betrieben bestehen – über den BMT-G II – ebenfalls umfängliche Sonderregelungen, die nicht nur Arbeitszeitfragen betreffen. Der für Arbeiter **107** geltende Tarifvertrag verlagert in seinem Geltungsbereich in erheblichem Umfang Kompetenzen – insbesondere zur Eingruppierung der Arbeiter – auf die bezirkliche Ebene. Die Ausgestaltung wesentlicher Arbeitsbedingungen ist daher in den einzelnen Bundesländern unterschiedlich erfolgt, generelle Aussagen dazu sind somit nicht möglich.

5. Besonderheiten aus dem BAT für Krankenhäuser

Die Sonderregelungen (SR) 2a BAT für Angestellte in Kranken-, Heil-, Pflege- und Entbindungsanstalten enthalten detaillierte Regelungen zur Ergänzung der §§ 15 und 17 BAT. **108** Insbesondere das damit in diesen Betrieben bisher geltende System des Bereitschaftsdienstes und der Rufbereitschaft wird kurzfristig völlig neu zu gestalten sein. Angesichts der jüngsten EuGH-Rechtsprechung[126] zum Deutschen Arbeitszeitrecht ist Anfang des Jahres 2004 aufgrund eines Änderungsgesetzes ein neues Arbeitszeitgesetz in Kraft getreten, das insbesondere der Forderung des Europäischen Gerichtshofs Rechnung tragen soll, Bereitschaftsdienst wie Arbeitszeit zu behandeln. Durch eine auf zwei Jahre begrenzte Übergangsregelung soll es nach allgemeiner Meinung möglich sein, noch bis Ende des Jahres 2005 größtenteils auf vorhandenes tarifliches Recht zur Arbeitszeit zurückzugreifen. Erst danach muss die EuGH-Rechtsprechung in der durch das Arbeitszeitgesetz vorgegebenen Weise uneingeschränkt umgesetzt werden (siehe dazu Rn. 57).

Beachtung verdient im Weiteren die ergänzende Bestimmung zur Vergütung im Zusammenhang mit einer Fort- oder Weiterbildung. Sofern diese im Rahmen der Qualitätssiche- **109** rung oder des Personalbedarfs erfolgt, hat der Arbeitgeber die Kosten dafür zu tragen, sofern keine Ansprüche gegen sonstige Kostenträger bestehen. Unter bestimmten Voraussetzungen muss der Arbeitnehmer dem Arbeitgeber die von diesem aufgewendeten Kosten allerdings erstatten, wenn er in den tariflich festgelegten Zeiträumen den Arbeitgeber wegen der mit der Fort- oder Weiterbildung erworbenen Kenntnisse wechseln kann. Die in Verträgen dazu vereinbarten Rückzahlungsklauseln beschäftigen die Gerichte immer wieder. Das Bundesarbeitsgericht nimmt vor allem bei Individualklauseln grundsätzlich eine restriktive Haltung zu Lasten der Arbeitgeber ein. Bei solchen Rückzahlungspflichten folgt eine allgemeine richterliche Inhaltskontrolle, die aus dem Schutzauftrag an den Richter resultiert, den objektiven Wertentscheidungen des Grundgesetzes in Fällen gestörter Vertragsparität mit den Mitteln des Zivilrechts Geltung zu verschaffen. Das Bundesarbeitsgericht will dabei die beiderseitigen durch Art. 12 GG geschützten Rechtspositionen des Arbeitnehmers und des Arbeitgebers im Rahmen einer umfassenden Güter- und Interessenabwägung nach Maßgabe des Verhältnismäßigkeitsgrundsatzes zu einem angemessenen Ausgleich bringen.[127]

---

[126] EuGH, Urteil vom 9.9.2003 in einem vom LAG Kiel vorgelegten Vorabentscheidungsverfahren (Landeshauptstadt Kiel ./. Jaeger NZA 2003, 1019.
[127] BAGE 76, 155 (165), insbes. auch zur Berücksichtigung der Fortbildungsdauer bei der zulässigen Dauer einer Bindung BAGE 100, 13 (18).

110 Die Darlegungs- und Beweislast für die Tatsachen, aus denen sich ergibt, dass der Arbeitnehmer durch die Weiterbildung einen beruflichen Vorteil erlangt hat, liegt beim Arbeitgeber; dabei ergeben sich für diesen gewisse Beweiserleichterungen.[128]

6. Besonderheiten aus dem BAT für Sparkassen

111 Für die Angestellten im Sparkassendienst gelten die Sonderregelungen (SR) 2s BAT. Die Schweigepflicht wird vor dem Hintergrund des bei den Sparkassen zu wahrenden Bankgeheimnisses präzisiert und besonders hervorgehoben.

Bei der Arbeitszeit wird der Tag vor Neujahr aus der allgemeinen Vorfesttags-Regelung des § 16 Abs. 2 BAT ausgenommen.

Die Überstundenregelung des § 17 BAT ist großzügig modifiziert, die Angestellten erhalten eine monatliche Pauschale, die in der Summe pro Jahr zu einem zusätzlichen Monatsgehalt führt. Damit sind im Gegenzug die im Dezember aus Anlass des Jahresabschlusses zu leistenden Überstunden sowie ansonsten an den übrigen Monaten die ersten fünf Überstunden abgegolten. Auch wenn keine Überstunden geleistet werden, wird die Pauschale gezahlt.

Des Weiteren wird die Eingruppierung, soweit diese von der Anzahl der unterstellten Mitarbeiter abhängt, unter bankspezifischen und organisatorischen Gesichtspunkten teilweise modifiziert.

Eine so genannte Kassenverlustentschädigung ist gemäß der SR Nr. 7 als besondere Zulage bezirklich zu vereinbaren.

7. Besonderheiten aus dem BAT/BMT-G für Nahverkehrsbetriebe

112 Die Sonderregelungen (SR) 2u BAT für Angestellte in Nahverkehrsbetrieben trifft zum BAT abweichende, an betriebstypischen Erfordernissen orientierte Regelungen, insbesondere zur Arbeitszeit, der Rufbereitschaft und den Überstunden. Ebenso wie die abweichenden Regelungen für Zulagen, Entschädigungen und Zuschläge entsprechen diese Sonderregelungen weitgehend denen für Versorgungsbetriebe (siehe dazu Rn. 106 „Besonderheiten für Versorgungsbetriebe").

113 Für die Arbeiter wurde ein umfängliches, teilweise auf bezirklicher Ebene zu vereinbarendes Sonderrecht tariflich vorgesehen. Damit wurde zugleich berücksichtigt, dass in der Vergangenheit durch die Stadtwerke sowohl die Versorgung mit Wasser und Energie erfolgte und gleichzeitig von diesen der öffentliche Personennahverkehr betrieben wurde. In den letzten Jahren haben sich diese Bereiche stark verselbstständigt, es besteht daher für die Zukunft keine Notwendigkeit mehr, für den Bereich der Versorgungsbetriebe einerseits und den Bereich der Nahverkehrsbetriebe andererseits zu möglichst kongruenten Regelungen zu gelangen.

8. Besonderheiten aus dem BAT/BMT-G für Flughäfen

114 Die für Angestellte in Flughafenbetrieben geltenden Sonderregelungen (SR) 2v BAT sehen für Angestellte und Arbeiter im Feuerwehr- und Sanitätsdienst auf Flughäfen die Möglichkeit einheitlicher – vom BAT abweichender – Arbeitszeitregelungen vor. Die für Flughafenfeuerwehren entwickelten spezifischen Arbeitszeitmodelle sind nach der EuGH-Rechtsprechung zur Bewertung eines Bereitschaftsdienstes (siehe dazu Rn. 108 „Besonderheiten für Krankenhäuser") nicht mehr haltbar. Die dazu weitgehend auf bezirklicher Ebene gefundenen Regelungen werden in nächster Zeit einer grundlegenden Überarbeitung zu unterziehen sein, sobald erste Erfahrungen mit dem neuen Arbeitszeitgesetz vorliegen.

115 Weitere von den §§ 15, 17, 33 und 33a BAT abweichende Bestimmungen modifizieren die Regelungen zu der Arbeitszeit, der Rufbereitschaft, den Überstunden sowie zu den

---

[128] BAGE 76, 155 (172).

III. Arbeitnehmer in Versorgungsbetrieben, die den TV-V anwenden

Zulagen im Schicht- und Wechselschichtdienst. Wegen der weitreichenden Mitbestimmung der Betriebsräte bei der Anordnung von Überstunden ist die in der SR Nr. 4 Abs. 2 enthaltene Bestimmung, wonach Überstunden als dienstlich angeordnet gelten, wenn sie durch die Erfordernisse des Flugbetriebes zwangläufig bedingt waren, von besonderer Bedeutung für den flexiblen Personaleinsatz.

Für den Arbeiterbereich gibt es gleichfalls umfängliche Sonderregelungen, insbesondere ist hier ein auf Bundesebene vereinbarter Rahmentarifvertrag von erheblicher praktischer Bedeutung, der aus Anlass und aus Reaktion auf die durch die Europäische Union veranlasste Liberalisierung des Bodenverkehrsdienstes auf Flughäfen vereinbart wurde. Damit wurde insgesamt eine weitreichende Kompetenz der Bezirke zur Gestaltung der Arbeitsbedingungen der Arbeiter eröffnet, die jedoch bisher nur teilweise und höchst unterschiedlich durch die einzelnen KAV für die Flughäfen genutzt worden ist.

9. Besonderheiten aus dem BAT/BMT-G für Theater

Für eine Vielzahl von Angestellten in bestimmten, ausdrücklich genannten Funktionen an Theatern und Bühnen, soweit diese nicht ohnehin durch § 3 Buchst. c BAT aus dem Geltungsbereich ausgenommen sind und dem Tarifrecht des Deutschen Bühnenvereins unterliegen, gelten die Sonderregelungen (SR) 2k BAT.

Für sie kann eine Probezeit bis zur Dauer einer Spielzeit vereinbart werden. Zudem ist für dieses Personal die Arbeitszeit abweichend vom BAT definiert und orientiert sich an den theatertypischen Erfordernissen, d. h. vornehmlich am Anfallen regelmäßiger Abendveranstaltungen und am verstärkten Einsatz an Wochenenden. Insbesondere bei durch Proben bedingten starken Schwankungen bei der wöchentlichen Arbeitszeit finden die Sonderregelungen Berücksichtigung. Soweit nicht nur gelegentlich Sonn- und Feiertagsarbeit geleistet wird, haben die Angestellten einen Anspruch auf eine in der prozentualen Höhe nach der Vergütungsgruppe gestaffelten Theaterbetriebzulage. Für kommunale Häuser ist der in der SR Nr. 6 jeweils nur nach oben begrenzte Prozentsatz konkret bezirklich festzulegen. Außerdem bestehen Sonderregelungen für die Reisekostenvergütung bei Gastspielen sowie zum Urlaub. Dieser ist in der Regel in den Theaterferien zu gewähren.

III. Arbeitnehmer in Versorgungsbetrieben, die den Tarifvertrag für die Versorgungsbetriebe (TV-V) anwenden

Von der Öffentlichkeit weitgehend unbemerkt, hat sich vor wenigen Jahren im Tarifrecht des öffentlichen Dienstes eine Entwicklung vollzogen, die als revolutionär bezeichnet werden kann und die auf die derzeit betriebene Reform des Tarifrechts des öffentlichen Dienstes aller Voraussicht nach erheblichen Einfluss haben wird. Die Vereinigung der kommunalen Arbeitgeberverbände (VKA) vereinbarte mit den Gewerkschaften die Ablösung des BAT/BMT-G II durch ein neues Tarifwerk. Diese Modernisierung des Tarifrechts zunächst nur im kommunalen Bereich hat Chancen und zukunftsweisende Aspekte für die kommunalen Versorgungsbetriebe gebracht. Die VKA hat sich im Oktober 2000 nach mehrjährigen Verhandlungen abschließend auf einen Tarifvertrag für die Versorgungsbetriebe, den sogenannten TV-V, verständigt.[129] Die Tarifvertragsparteien haben diesen Abschluss seinerzeit übereinstimmend als einen Meilenstein in der tariflichen Arbeit bezeichnet. Umso bedauerlicher ist es, wenn die Gewerkschaften derzeit diesen Tarifvertrag nicht als Vorbild in der jetzt anstehenden grundlegenden Reform des öffentlichen Tarifrechts sehen, zumal er wesentliche in der Prozessvereinbarung zur Reform des Tarifrechts des öffentlichen Dienstes vereinbarte Ziele erfüllt.

---

[129] Vgl. dazu und zu den Details der tariflichen Regelungen im TV-V *Hoffmann* „Der Tarifvertrag Versorgungsbetriebe (TV-V) vom 5. 10. 2000", ZTR 2001, 54 ff.

119 Mit dem TV-V soll insbesondere mehr Flexibilität erreicht werden, um damit sowohl betriebswirtschaftliche als auch personalwirtschaftliche Ziele erreichen zu können. Bei den betriebswirtschaftlichen Zielen geht es vor allem darum, durch höhere Anreize eine verbesserte Zielerreichung zu gewährleisten sowie gleichzeitig eine Steigerung der Personalflexibilität durch mehr Gestaltungs- und Handlungsspielraum herbeizuführen. Bei den personalwirtschaftlichen Zielen soll in erster Linie eine bessere Nutzung des vorhandenen und künftigen Humankapitals durch flexible Arbeitszeit- und Entgeltmodelle herbeigeführt werden. Der neue Tarifvertrag fällt zunächst durch seine kurze, klare und einfache Struktur auf, die sich als anwenderfreundlich erweist. Von der Regelungsdichte des alten Tarifrechts galt es sich angesichts der im Wettbewerb stehenden kommunalen Unternehmen zu verabschieden, da diese weder notwendig noch zweckmäßig ist. Die weitgehende Deregulierung war daher eine wesentliche Prämisse bei der inhaltlichen Gestaltung des TV-V. Dieser Forderung ist in jeder Hinsicht Rechnung getragen worden, der TV-V erfasst das ganze von ihm für Arbeiter und Angestellte einheitlich geregelte Tarifrecht nunmehr in vierundzwanzig Paragraphen, wobei darin auch das Überleitungsrecht und Übergangsvorschriften enthalten sind. Die vom BAT und BM-G her bekannte Unterscheidung nach Arbeitern und Angestellten entfällt damit zugleich.

120 Zum Abbau der tarifvertraglichen Regelungsdichte gehört des Weiteren, dass der TV-V nicht von einer Vielzahl zusätzlicher Tarifverträge ergänzt wird, die den gewährten Freiraum im Ergebnis doch nur wieder einschränken würden. Daher nimmt der TV-V neben dem Zusatzversorgungstarifvertrag nur noch auf drei weitere, sehr spezielle Tarifverträge Bezug, die nebenher Anwendung finden. Dabei handelt es sich um den zeitlich begrenzt geltenden Tarifvertrag für die Altersteilzeit, den Tarifvertrag zum Rationalisierungsschutz und einen nur in den neuen Bundesländern geltenden weiteren speziellen Tarifvertrag.

121 Der TV-V ist klar gegliedert und regelt nur die wesentlichen Arbeitsbedingungen. Er enthält dazu viele Öffnungsklauseln, die im Ergebnis die Kompetenz zur detaillierten Gestaltung der Arbeitsbedingungen von den Tarifpartnern weg hin zu den Betriebspartnern verlagern. Eine abschließende Bewertung des TV-V wäre zzt. verfrüht, die in diesem Tarifvertrag enthaltenen Chancen und deren Realisierung hängt auch von der jeweiligen betrieblichen Situation und den betrieblichen Realisierungsmöglichkeiten ab. Den BAT bewusst verändernde kostenrelevante Komponenten des TV-V finden sich bei vielen Bestimmungen. In den Regelungen zum Entgelt sind die einheitlich bei allen Entgeltgruppen vorgesehenen sechs Stufen in § 5 Abs. 2 TV-V leistungsabhängig gestaltet. Neben der Verkürzung des Stufenaufstiegs können bei Leistungen, die erheblich unter dem Durchschnitt liegen, die Zeiten in jeder Stufe – maximal bis zu 50 % – verlängert werden.

122 Nach den Vorschriften des TV-V erhalten alle Beschäftigten Entgeltfortzahlung bis zu sechs Wochen, danach allerdings einen Zuschuss zum Krankengeld bis längstens zur 39. Woche.

123 Hinsichtlich der Erschwerniszuschläge ist mit § 12 TV-V eine kostensparende Vereinfachung erzielt worden. Es gibt nicht mehr eine Vielzahl von Erschwerniszuschlägen, sondern diese nur noch in den Fällen, die eine außergewöhnliche Erschwernis darstellen. Soweit die typischerweise mit einer bestimmten Tätigkeit verbunden sind, entfällt der Anspruch auf eine solche Zulage, da dieses bei der Eingruppierung bereits berücksichtigt worden ist.

124 Aufstiege in die nächsthöhere Tarifgruppe oder die Gewährung von Vergütungsgruppenzulagen – aus dem bisherigen Recht als Zeit-, Bewährungs- und Tätigkeitsaufstieg bekannt – sehen die Bestimmungen des TV-V nicht mehr vor. Ebenso entfällt die Zahlung des Orts- bzw. Sozialzuschlags, da kindergeldbezogene Entgeltbestandteile nicht mehr gewährt werden.

125 § 6 Abs. 5 bis 7 TV-V bilden die tarifliche Grundlage für Leistungszulagen und Leistungsprämien. Es gibt – anders als nach der bereits bisher durch den Tarifvertrag eröff-

IV. Altersversorgung

neten Möglichkeit – keine Vorgaben hinsichtlich der Höhe oder der Zahl der maximal zu begünstigenden Arbeitnehmer. Anknüpfungspunkt ist nach dem TV-V allein eine überdurchschnittliche Leistung des Arbeitnehmers, die im Rahmen betrieblich zu vereinbarender Systeme zu ermitteln ist.

Zur Sicherstellung eines wettbewerbsfähigen Arbeitseinsatzes sind die Möglichkeiten der Arbeitszeitgestaltung gegenüber den bisherigen Regelungen völlig verändert worden. Der TV-V räumt auf betrieblicher Ebene weitreichende Möglichkeiten ein. So kann die Durchschnittsberechnung der regelmäßigen wöchentlichen Arbeitszeit bis zu einem Jahr betragen, Überstundenzuschläge lassen sich weitgehend durch Vereinbarung einer Rahmenzeit und eines Arbeitszeitkorridors vermeiden. Der zwischen den Tarifpartnern nach zähen Verhandlungen gefundene Kompromiss lässt sicher aus Arbeitgebersicht noch Wünsche offen, er ist gleichwohl ein wesentliches Instrument zur Steigerung der Produktivität.

Soweit der TV-V bei einem Arbeitgeber zur Anwendung gelangt, sind die Arbeitnehmer in diesem Tarifvertrag nach den in § 22 TV-V festgesetzten Regelungen zu überführen. Das Überleitungsverfahren stellt sicher, dass der Arbeitnehmer sich hinsichtlich seiner Einkommenssituation nicht verschlechtert und seine Eingruppierung – nach dem TV-V – bereits feststeht und nicht erst im Wege der Mitbestimmung festgelegt werden muss.

Nach anfänglichem Zögern ist nunmehr bei den Versorgungsbetrieben eine Tendenz zum Umstieg in den TV-V feststellbar, da dieser angesichts seiner vielfältigen Vorteile für eine zeitgemäße Personalführung volle Akzeptanz findet. Zudem dient der TV-V in mehreren Bundesländern als „Muster" bei der Gestaltung des Tarifrechts für kommunale Nahverkehrsbetriebe.

IV. Altersversorgung

Die Attraktivität des Beamtenverhältnisses beruht nicht zuletzt auf der allgemein als gesichert geltenden Versorgung im Alter. Für Beamte besteht ein eigenständiges, aus Haushaltsmitteln zu finanzierendes Versorgungssystem, das nach verbreiteter Auffassung zu den hergebrachten Grundsätzen des Berufsbeamtentums im Sinne des Art. 33 Abs. 5 GG zu zählen ist. Der daraus resultierende Pensionsanspruch sichert dem Beamten eine dynamische Altersversorgung in einer Höhe von bis zu 72,5% der letzten Bezüge, die allerdings – wie seine Besoldung – zu versteuern ist.

Für die nach den Tarifverträgen des öffentlichen Dienstes beschäftigten Arbeitnehmer gelten grundsätzlich die allgemeinen Regelungen des Renten- und Sozialrechts, sie zahlen – gemeinsam mit dem Arbeitgeber – die gesetzlich festgelegten Beiträge zur Rentenversicherung sowie zur Arbeitslosenversicherung. Damit sind sie hinsichtlich einer Altersversorgung zunächst wie jeder andere Arbeitnehmer gestellt, für sie resultiert daraus ein Anspruch auf die gesetzliche Rente ab dem Zeitpunkt der Verrentung.

1. Zusatzversorgungskasse

Dem Bestreben der letzten vierzig Jahre entsprechend wurde für die Arbeitnehmer des öffentlichen Dienstes ein durch – in der Regel zu niedrig bemessene – Umlagen finanziertes System der Altersversorgung entwickelt, das eine beamtenähnliche Versorgung garantieren sollte. Die Manteltarifverträge (z. B. § 46 BAT) fordern neben der gesetzlichen Rentenversicherung eine zusätzliche Alters- und Hinterbliebenenversorgung, die nach Maßgabe eines besonderen Tarifvertrages im Einzelnen zu regeln ist.

Das System der Zusatzversorgung ist ein Dreiecksverhältnis. Die Rechtsbeziehungen zwischen dem Arbeitgeber und seinen Arbeitnehmern wurde im Bereich der VKA bis zum Ende des Jahres 2001 durch den Tarifvertrag über die Versorgung der Arbeitnehmer kommunaler Verwaltungen und Betriebe (VersTV-G) vom 1.3.1967 geregelt. Dieser wurde durch den am 1.3.2002 unterzeichneten Tarifvertrag über die zusätzliche Altersversorgung der Beschäftigten des öffentlichen Dienstes – Altersvorsorge-TV-Kommunal (ATV-K)[130] abgelöst. Nach diesen Tarifverträgen war und ist der Arbeitgeber verpflichtet, dem Anspruch der Beschäftigten auf Verschaffung einer Zusatzversorgung durch den Erwerb der Mitgliedschaft bei einer öffentlichen Zusatzversorgungseinrichtung[131] Rechnung zu tragen.

133 Die Rechtsbeziehungen zwischen dem durch den Tarifvertrag gebundenen Arbeitgeber und der Zusatzversorgungseinrichtung werden durch eine Satzung geregelt. Mit dem Erwerb der Mitgliedschaft durch einen Arbeitgeber wird ein Gruppenversicherungsvertrag zwischen diesem und der Zusatzversorgungseinrichtung zugunsten Dritter – der Arbeitnehmer – begründet. Die Begünstigten erwerben somit unmittelbare Ansprüche gegen die Zusatzversorgungseinrichtung.[132]

134 Das seit 1967 geltende Leistungssystem der Zusatzversorgung gestand den Arbeitnehmern wirtschaftlich gesehen eine an der Beamtenversorgung orientierte so genannte Gesamtversorgung zu. Die jeweilige – zumeist aus der gesetzlichen Rente bestehende – Grundversorgung wurde durch die Zusatzrente (Versorgungsrente) zu einer Gesamtversorgung aufgestockt, die sich nach dem Vorbild der Beamtenversorgung nach einem von der gesamtversorgungsfähigen Zeit abhängigen Prozentsatz des durchschnittlichen Bruttoentgelts während der letzten Einkommensperiode bemessen hat. In Abhängigkeit von der gesamtversorgungsfähigen Zeit betrug die Gesamtversorgung in der Regel mindestens 45 v. H. und höchstens 91,75 v. H. eines fiktiven Nettoarbeitsentgelts.[133] Im Ergebnis war das Gesamtversorgungssystem von einer Vielzahl externer, sich ständig verändernder Bezugssysteme abhängig (insbesondere vom Versorgungsrecht der Beamten und vom Renten- und Steuerrecht), auf die die Tarifvertragsparteien keinen Einfluss hatten.

Nach einer Vielzahl intensiver Verhandlungen einigten die Tarifvertragsparteien sich im November 2001 auf eine grundlegende Reform der Zusatzversorgung, die ihre materielle Ausgestaltung in dem Altersvorsorge-TV-Kommunal (ATV-K) fand.

135 Das bisherige Gesamtversorgungssystem wurde geschlossen und durch ein Betriebsrentensystem in Form des Punktemodells ersetzt. Diese Modell ist ein eigenständiges System und existiert somit losgelöst von externen Bezugssystemen. Das Punktemodell ist transparenter und für den Arbeitgeber langfristig insgesamt kostengünstiger und vor allem wesentlich besser kalkulierbar. Auch im neuen System ist eine Betriebsrente erreichbar, die deutlich über dem allgemeinen Niveau derartiger Leistungen in der Privatwirtschaft liegt. Darüber hinaus besteht neuerdings für die Arbeitnehmer die Möglichkeit, eine selbst finanzierte zusätzliche Altersversorgung durch eigene Beiträge an die Zusatzversorgungseinrichtung unter Inanspruchnahme staatlicher Förderung („Riester-Rente") aufzubauen. Mit der schwierigste Teil bei der Neugestaltung der Zusatzversorgung war es, die im Gesamtversorgungssystem erworbenen Ansprüche und Anwartschaften unter Wahrung des Besitzstandes in das Punktemodell zu transferieren. In Einzelfällen, insbesondere bei einem für den öffentlichen Dienst atypischen Berufsverlauf, z. B. Wechsel aus dem Beamtenverhältnis in den Status eines Angestellten, treten finanzielle Ergebnisse ein, die für die Beschäftigten nicht akzeptabel sein dürften und die zu einer größeren Anzahl von Musterprozessen führen werden. Der Ausgang dieser Verfahren ist offen, die Tarifvertragsparteien werden den Entscheidungen gegebenenfalls durch entsprechende Änderungen Rechnung tragen müssen. Erste nicht rechtskräftige Entscheidungen des Landgerichts Karlsruhe vom 30. Januar 2004 erachten die Systemumstellung grundsätzlich für zulässig, fordern aber Ergänzungen bei der Feststellung der

---

[130] Altersvorsorge-TV-Kommunal (ATV-K), abgedruckt als Anhang 1 in *Blitz*, Die Zusatzversorgung im öffentlichen Dienst.
[131] Vgl. *Blitz*, a.a.O., Anhang 2, der ein Verzeichnis aller öffentlichen und kirchlichen Zusatzversorgungseinrichtungen enthält.
[132] BGHZ 103, 370 (379); BGHZ 155, 132 (136).
[133] Vgl. BGHZ 103, 370 (371ff.) unter Bezugnahme auf die Rechtsprechung des Oberschiedsgerichts der VBL zu der Ausgestaltung der Gesamtversorgung.

IV. Altersversorgung   136–142   F

erreichten Anwartschaften. Der Rechtsstreit wird vor dem OLG Karlsruhe fortgesetzt werden, da beide Parteien Berufung angekündigt haben.

Mit dem Punktemodell werden den Beschäftigten Leistungen zugesagt, die sich ergeben, wenn eine Gesamtbeitragsleistung von vier von Hundert bezogen auf das zusatzversorgungspflichtige Entgelt in ein vollständig kapitalgedecktes System eingezahlt werden (§ 8 Abs. 2 ATV-K). Dafür wird das Arbeitsentgelt des Beschäftigten in eine von diesem Entgelt und dem Alter des Beschäftigten abhängige Leistung umgewandelt. Das Punktemodell gleicht damit dem in der gewerblichen Wirtschaft verbreiteten Betriebsrentensystem. Die Leistungen nach dem Punktemodell spiegeln die gesamte Lebensarbeitsleistung des Arbeitnehmers während seiner Versicherung in der Zusatzversorgungseinrichtung wider.[134]   **136**

Die Finanzierung der Leistungen gestaltet sich bei den einzelnen Zusatzversorgungseinrichtungen höchst unterschiedlich und ist insbesondere abhängig von der finanziellen Ausstattung, die diesen Einrichtungen in der Vergangenheit gewährt wurde. Mit Ausnahme kirchlicher Kassen kann sich keine Zusatzversorgungseinrichtung auf einen Beitrag von 4 v. H. beschränken, vielmehr sind nach wie vor Umlagen in erheblichem Umfang erforderlich, um die Altlasten aus den Zeiten der Gesamtversorgung zu finanzieren. Die Kapitaldeckung wird – wenn überhaupt – daneben durch einen in der Regel unter vier v. H. liegenden Beitrag nur teilweise aufgebaut.   **137**

Neuerdings bieten mehrere kommunale Kassen denjenigen Arbeitgebern, die bisher an dem System der Gesamtversorgung nicht beteiligt waren und keine Arbeitnehmer beschäftigen, die über § 613a BGB auf solche Leistungen Anspruch haben, die Möglichkeit in einem gesonderten Abrechnungsverband mit einem Beitrag von 4 v. H. des Entgelts die Leistungen des ATV-K für ihre Arbeitnehmer zu erwerben.   **138**

2. Entgeltumwandlung

Von den Arbeitgebern werden vielfach die sich auch für das Unternehmen ergebenden steuerlichen Vorteile für den Fall verkannt, dass ein Arbeitnehmer sich zur Entgeltumwandlung entschließt. Eine durch den Arbeitnehmer angestrebte Entgeltumwandlung ist betriebswirtschaftlich stets auch für das Unternehmen von Nutzen und sollte daher nach Möglichkeit durch den Arbeitgeber unterstützt und gefördert werden.   **139**

In § 1a BetrAVG hat der Gesetzgeber einen Anspruch des Arbeitnehmers auf betriebliche Altersversorgung durch Entgeltumwandlung aufgenommen. Die Durchführung des Anspruchs auf betriebliche Altersversorgung durch Entgeltumwandlung wird gemäß § 1a BetrAVG im Einzelnen einerseits geregelt durch eine Vereinbarung zwischen einem Arbeitgeber und seinem Arbeitnehmer und andererseits durch eine solche zwischen dem Arbeitgeber und den Anbietern der durch die Entgeltumwandlung finanzierten Altersvorsorgeleistung.   **140**

Der Arbeitgeber kann festlegen, die Durchführung des Anspruchs über eine Pensionskasse oder einen Pensionsfonds abzuwickeln. Nur dann, wenn der Arbeitgeber keine solche Vorgabe trifft, kann der Arbeitnehmer verlangen, dass der Arbeitgeber für ihn eine Direktversicherung abschließt.   **141**

Für den Bereich der über- und außertariflichen Entgelte konnte bereits bisher schon im gesamten öffentlichen Dienst die Möglichkeit der Entgeltumwandlung genutzt werden.   **142**

Für die Umwandlung von Entgeltbestandteilen, die auf einem Tarifvertrag beruhen, bedarf es für die tarifgebundenen Arbeitnehmer gem. § 17 Abs. 5 BetrAVG allerdings einer tarifvertraglichen Öffnung. Im Bereich des öffentlichen Dienstes lag eine derartige tarifliche Regelung bisher nicht vor. Bei nichttarifgebundenen Arbeitnehmern war über die regelmäßig in ihren Arbeitsverträgen enthaltenen Bezugnahmeklauseln auf das allgemeine Tarifrecht des öffentlichen Dienstes im Grundsatz ebenfalls eine öffnende Rege-

---

[134] Für die Einzelheiten der Leistungen aus der Zusatzversorgung vgl. *Blitz*, a.a.O., S. 34 ff.

lung für die Durchführung der Entgeltumwandlung erforderlich (vgl. § 17 Abs. 3 Satz 2 BetrAVG).

143 Durch den speziellen Tarifvertrag zur Entgeltumwandlung für Arbeitnehmer/-innen im kommunalen öffentlichen Dienst (TV-EUmw-VKA) vom 18. Februar 2003 wurde die notwendige Tariföffnungsklausel für den Bereich der kommunalen Beschäftigten geschaffen. Für die Länder und den Bund ist es bisher zu keiner entsprechenden Vereinbarung gekommen, da diese Arbeitgeber aus fiskalischen Gründen der Entgeltumwandlung skeptisch gegenüberstehen. Der somit ausschließlich im kommunalen Bereich geltende Tarifvertrag beschränkt sich auf wenige Kernregelungen, um für die betriebliche Entgeltumwandlung einen weiten Spielraum zu ermöglichen.

144 Im Hinblick auf die zulässigen Durchführungswege zur Entgeltumwandlung enthält § 6 TV-EUmw-VKA die einschlägigen Bestimmungen.
In § 1a Abs. 1 Satz 3 BetrAVG hat der Gesetzgeber bereits ausdrücklich zum Ausdruck gebracht, dass der Arbeitgeber einen Durchführungsweg zur betrieblichen Altersversorgung vorgeben kann.

145 Durch § 6 Satz 1 und 2 TV-EUmw-VKA haben die Tarifvertragsparteien geregelt, dass die Entgeltumwandlung bei öffentlichen Zusatzversorgungseinrichtungen durchzuführen ist. Der Arbeitgeber kann aber auch einen von der Sparkassen-Finanzgruppe oder den Kommunalversicherern angebotenen Durchführungsweg bestimmen. Diese Durchführungswege können sowohl alternativ als auch kumulativ genutzt werden. Ob ein Anbieter zur Sparkassen-Finanzgruppe gehört, kann im Einzelfall fraglich sein, letztlich werden die Sparkassenorganisationen diese Frage zusammen mit den Tarifpartnern beantworten müssen.

146 Bei der Umsetzung der Entgeltumwandlung im kommunalen öffentlichen Dienst kann sich gegebenenfalls über die Angebote der ZVK, Sparkassen-Finanzgruppe und Kommunalversicherer hinaus ein weiterer Bedarf an Durchführungswegen ergeben. Daher ist in § 6 Satz 3 TV-EUmw/VKA eine Öffnungsklausel vorgesehen. Um einem etwaigen Bedarf Rechnung zu tragen, können durch einen landesbezirklichen Tarifvertrag hinsichtlich des Durchführungsweges abweichende Regelungen zu § 6 Satz 1 und Satz 2 TV-EUmw/VKA vereinbart werden. Derzeit ist nicht absehbar, ob und in welchen Umfang von der Öffnungsklausel in § 6 Abs. 3 TV-EUmw/VKA in den einzelnen Kommunalen Arbeitgeberverbänden Gebrauch gemacht werden wird. Zunächst wird die Resonanz bei den Arbeitnehmern aufmerksam zu verfolgen und ferner der nach dem Wortlaut des Tarifvertrages erforderliche Bedarf an weiteren Durchführungswegen zu ermitteln sein.

147 Nach § 6 Satz 1 und 2 TV-EUmw/VKA kann ein Arbeitgeber beispielsweise als Standardmodell für die betriebliche Altersversorgung im Unternehmen die Nutzung des Durchführungsweges „Pensionskasse" vorgeben, um den Anspruch des Arbeitnehmers auf Entgeltumwandlung zu erfüllen. Darüber hinaus kann der Arbeitgeber prüfen, ob noch weitere Möglichkeiten (z. B. im Rahmen einer von der Sparkassenfinanzgruppe angebotenen Unterstützungskassenlösung) genutzt werden sollen.

148 Im Hinblick auf die vereinzelt von interessierter Seite reklamierte Ausschreibungspflicht ist darauf hinzuweisen, dass der Arbeitgeber den Durchführungsweg für die Entgeltumwandlung einseitig vorgeben kann, da bei einer Entgeltumwandlung nicht öffentliche Gelder, sondern Einkommen der Arbeitnehmer angelegt werden.[135]

---

[135] Mit der Frage einer Ausschreibungspflicht des Arbeitgebers setzt sich detailliert und überzeugend auseinander: *Poschke*, „Entgeltumwandlung im kommunalen öffentlichen Dienst – Entbehrlichkeit eines Vergabeverfahrens", ZTR 2004, 563.

G. Steuerrecht

Übersicht

	Rn.
I. Grundsystematik der Steuerpflicht der öffentlichen Hand	1
1. Einleitung	1
2. Hoheitliche Tätigkeit	7
3. Betriebe gewerblicher Art	21
a) Allgemeine Aussagen zum Begriff „Betrieb gewerblicher Art"	21
b) Definition des Begriffes „Betrieb gewerblicher Art"	27
aa) Juristische Person des öffentlichen Rechts	29
bb) Einrichtung	30
cc) Nachhaltige Tätigkeit	33
dd) Einnahmeerzielungsabsicht	34
ee) Wirtschaftliches Herausheben	35
c) Erscheinungsformen von Betrieben gewerblicher Art	36
aa) Betriebe gewerblicher Art ohne eigene Rechtspersönlichkeit, aber als gesonderte Organisationsform	36
bb) Betriebe gewerblicher Art mit eigener Rechtspersönlichkeit	38
cc) Betriebe gewerblicher Art ohne gesonderte Organisationsform	42
4. Vermögensverwaltung	45
5. Abgrenzungsfragen zwischen den einzelnen Bereichen	47
a) Abgrenzung zwischen Betrieb gewerblicher Art und hoheitlicher Tätigkeit	48
b) Abgrenzung zwischen Betrieb gewerblicher Art und Vermögensverwaltung	62
II. Besteuerung nicht privatisierter kommunaler Unternehmen – Besteuerung von Betrieben gewerblicher Art	68
1. Steuerliche Pflichten für juristische Personen des öffentlichen Rechts bei Vorliegen von Betrieben gewerblicher Art	68
a) Körperschaftsteuer	68
aa) Steuerpflicht und Steuersubjekt	68
bb) Bemessungsgrundlage und Steuersatz	73
(1) Allgemeines zur Einkommensermittlung und Buchführungspflicht	73
(2) Betriebsvermögen und Eigenkapital des BgA	85
(3) Verdeckte Gewinnausschüttungen bei Leistungsbeziehungen zwischen Betrieben gewerblicher Art und ihrer Trägerkörperschaft	100
b) Kapitalertragsteuer	106
aa) Betrieb gewerblicher Art mit eigener Rechtspersönlichkeit	113
bb) Betrieb gewerblicher Art ohne eigene Rechtspersönlichkeit	118
c) Umsatzsteuer	126
aa) Allgemeines zur Umsatzsteuerpflicht	126
bb) Abgrenzungsprobleme und Auslegungsfragen zur Umsatzsteuerpflicht der öffentlichen Hand	137
cc) Anwendungsfälle und Entscheidungen	140
(1) Leistungsbeziehungen zwischen einem Betrieb gewerblicher Art und dem hoheitlichen Bereich seiner Trägerkörperschaft	140
(2) Vorsteuerabzug durch Zuordnung von Gegenständen zum Betrieb gewerblicher Art	144
(3) Aktuelle Umsatzsteuerfrage	149
d) Gewerbesteuer	151
e) Weitere Steuerarten	159
aa) Grunderwerbsteuer	159
bb) Grundsteuer	162
cc) Schenkungsteuer	165
2. Der steuerliche Querverbund – Die Möglichkeit der Zusammenfassung von Betrieben gewerblicher Art	167
a) Grundsätzliche Vorgaben zur Zusammenfassung von Betrieben gewerblicher Art	169
b) Aussagen zum Gestaltungsmissbrauch	174
aa) Allgemeines	174
bb) Konkrete Anwendungsfälle	179
c) Die Rolle des steuerlichen Querverbundes bei verschiedenen Steuerarten	182
III. Privatisierung kommunaler Unternehmen	188
1. „Das Ziel": Kommunale Unternehmen in den Rechtsformen des privaten Rechts	188
a) Kommunale Unternehmen in der Rechtsform der Kapitalgesellschaft	188
aa) Besteuerung der Gesellschaft	189
bb) Besteuerung des Gesellschafters (Kommune)	194
(1) Besteuerung der laufenden Erträge (Gewinnausschüttungen)	195
(2) Besteuerung von Anteilsveräußerungen	205
b) Kommunale Unternehmen in der Rechtsform der Personengesellschaft	219

	Rn.		Rn.
aa) Besteuerung der Gesellschaft	220	a) Steuerliche Zielsetzungen im Rahmen der Privatisierung	249
bb) Besteuerung des Mitunternehmers	223	b) Organschaft	256
(1) Besteuerung der laufenden Erträge	224	c) GmbH & Co. KG	265
(2) Besteuerung der Veräußerung von Mitunternehmeranteilen	225	aa) Grunderwerbsteuerbefreite Übertragungen von Grundvermögen	268
c) Kommunale Unternehmen in der Rechtsform des Kommunalunternehmens	227	bb) Vorzüge der GmbH & Co. KG unter ertragsteuerlichen Gesichtspunkten	269
2. „Der Weg": Umwandlungen	230	d) Kurzdarstellung ehemals zielführender Gestaltungsmodelle	272
a) Allgemeines	230	IV. Gemeinnützigkeit als steuerliche Besonderheit bei kommunalen Unternehmen aller Rechtsformen	276
b) Wertansätze aus handels und steuerbilanzieller Sicht	232	V. Fazit und Ausblick	284
c) Verkehrssteuern bei Umwandlungen	242		
aa) Umsatzsteuer	242		
bb) Grunderwerbsteuer	245		
3. Gestaltungen im Rahmen der Privatisierung unter steuerlichen Gesichtspunkten	249		

Literatur: *Buchna*, Gemeinnützigkeit im Steuerrecht, 8. Aufl., 2003; *Dötsch/Eversberg/Jost/Witt*, Kommentar zum Körperschaftsteuergesetz; *Fabry/ Augsten* (Hrsg.), Handbuch Unternehmen der öffentlichen Hand, 2002; *Frotscher/Maas*, Körperschaftsteuergesetz/Umwandlungssteuergesetz, Kommentar; *Gastl*, Die Besteuerung juristischer Personen des öffentlichen Rechts – eine kritische Bestandsaufnahme, DStZ 2003, 99; *Herrmann/Heuer/Raupach*, Einkommensteuergesetz- und Körperschaftsteuergesetz-Kommentar; *Himmelmann/Gloria*, Die Besteuerung juristischer Personen des öffentlichen Rechts unter Berücksichtigung zulässiger Gestaltungsmöglichkeiten, KStZ 2000, 121; *Hoppe/Uechtritz* (Hrsg.), Handbuch Kommunale Unternehmen, 2004; *Kirchhof*, Wettbewerbsschutz durch Besteuerung der Betriebe gewerblicher Art?, in: Festschrift für K. Offerhaus, 1999, S. 333; *Körner*, Änderungen bei der Besteuerung von juristischen Personen des öffentlichen Rechts durch das Steuersenkungsgesetz, NWB Fach 4, S.4447; *Küffner*, Erste Praxiserfahrungen zum Vorsteuerabzug bei gemischt genutzten Gebäuden, DStR 2004, 122; *ders.*, Wettbewerb entscheidet über Umsatzsteuerpflicht der öffentlichen Hand, DStR 2003, 1606; *Kußmaul/Blasius*, Körperschaftsteuerlich relevante Betätigungsfelder der öffentlichen Hand, INF 2003, 21; *Kußmaul*, Ertragsbesteuerung öffentlicher Unternehmen – Mögliche Organisationsformen, StB 2001, 17; *Meincke*, Kommentar zum Erbschaftsteuergesetz, 14. Aufl., 2004; *Paulick*, Der Hoheitsbetrieb im Steuerrecht, StuW 1952, Sp. 679; *Piltz*, Zur Besteuerung der Betriebe gewerblicher Art von juristischen Personen des öffentlichen Rechts, FR 1980, 34; *Schiffers*, Steuerliche Beratung für Betriebe gewerblicher Art – Gestaltungsüberlegungen für die öffentliche Hand nach der Unternehmenssteuerreform, GmbH-StB 2001, 315; *Seer*, Inhalt und Funktion des Begriffs „Betrieb gewerblicher Art" für die Besteuerung der öffentlichen Hand (Teil I und II), DStR 1992, 1751 und 1790; *Seer/ Wolsztynski*, Steuerrechtliche Gemeinnützigkeit der öffentlichen Hand, 2002; *Siegel*, Der Begriff des „Betriebes gewerblicher Art" im Körperschaftsteuer- und Umsatzsteuerrecht, 1999; *Storg/Vierbach*, Eine kritische Bestandsaufnahme zur Besteuerung der öffentlichen Hand bei Organisationsprivatisierungen, BB 2003, 2098; *Strahl*, Steuerliche Chancen und Risiken bei Beteiligung einer Körperschaft des öffentlichen Rechts an Tochtergesellschaften, FR 2002, S. 916; *Streck* (Hrsg.), Körperschaftsteuergesetz-Kommentar, 6. Aufl., 2003; *Theis*, Gewillkürtes Betriebsvermögen auch bei Betrieben gewerblicher Art von öffentlich-rechtlichen Körperschaften? - insbes. Versorgungs- und Verkehrsbetrieben, DB 1981, 1256; *Thieme*, Umsatzsteuerrechtliche Behandlung von Abwasserbeseitigung und Abfallentsorgung, UR 2003, 369; *Troll/ Wallenhorst/ Halaczinsky*, Die Besteuerung gemeinnütziger Vereine, Stiftungen und der juristischen Personen des öffentlichen Rechts, 5. Aufl., 2004; *Weber-Grellet*, Die verdeckte Einlage, DB 1998, 1532.

I. Grundsystematik der Steuerpflicht der öffentlichen Hand

1. Einleitung

Zur Bestimmung der steuerlichen Pflichten der öffentlichen Hand sind drei verschiedene **Betätigungsfelder** voneinander abzugrenzen, die unterschiedliche steuerliche Konsequenzen nach sich ziehen. Zu unterscheiden sind
- Betriebe gewerblicher Art (im Weiteren BgA),
- hoheitliche Tätigkeiten,
- die Vermögensverwaltung.

Jede Tätigkeit, die eine Kommune ausübt, lässt sich einem dieser drei Bereiche zuordnen. Allerdings ist diese Zuordnung nicht überschneidungsfrei möglich. Sowohl die **Abgrenzung** zwischen BgA und hoheitlicher Tätigkeit als auch die zwischen BgA und Vermögensverwaltung kann im Grenzbereich äußerst schwierig sein. Häufig kann erst aufgrund der genauen Ausgestaltung der Tätigkeit im Einzelfall entschieden werden, welchem dieser drei Bereiche die Betätigung zuzuordnen ist.

Die **Zuordnung** zu einem dieser drei Bereiche hat jedoch eine entscheidende Auswirkung auf die **steuerlichen Pflichten**, die sich für eine Kommune aus einer bestimmten Tätigkeit ergeben. Während hoheitliche Tätigkeiten gänzlich nicht steuerbar sind, unterliegen Tätigkeiten der Vermögensverwaltung nur dann der Steuerpflicht, wenn ein Steuerabzug von den Erträgen aus dieser Tätigkeit vorgenommen wird. Demgegenüber werden Tätigkeiten, die als BgA zu qualifizieren sind, grundsätzlich besteuert.

Neben der Selbsterfüllung von Aufgaben nutzen juristische Personen des öffentlichen Rechts in den letzten Jahren verstärkt die Möglichkeit, bestimmte Tätigkeiten in **privatrechtliche Rechtsformen** auszulagern, um die Vorteile dieser Rechtsformen in Anspruch zu nehmen.[1] Die öffentliche Hand tritt somit als Gesellschafter auf.

Auch diese **Tätigkeit als Gesellschafter** lässt sich wieder in das oben dargestellte Schema einordnen, wobei entscheidend ist, ob die Beteiligung an einer Kapital- oder einer Personengesellschaft gehalten wird. Auch durch diese Gesellschafterstellung können sich für die öffentliche Hand selbst (und nicht nur für die Gesellschaft) wiederum steuerliche Pflichten ergeben, wenn die Beteiligung bei der juristischen Person öffentlichen Rechts als BgA einzustufen ist.[2] So führt eine Privatisierung nicht automatisch dazu, dass die juristische Person öffentlichen Rechts von allen steuerlichen Pflichten in diesem Zusammenhang befreit ist. Auch wenn die Aufgabe selbst auf eine private Rechtsform übertragen wurde und die Besteuerung der Tätigkeit somit grundsätzlich auf diese private Rechtsform verlagert wird, verbleiben – abhängig von der gewählten Rechtsform – bestimmte steuerliche Pflichten bei der Kommune.

Neben der Besteuerung der Tätigkeit an sich, die durch die öffentliche Hand selbst oder durch eine private Rechtsform ausgeführt werden kann, ergeben sich auch steuerliche Konsequenzen für die Überführung einer ehemals durch die öffentliche Hand selbst ausgeführten Tätigkeit in eine private Rechtsform im Wege einer **Umwandlung bzw. Ausgliederung**.[3]

2. Hoheitliche Tätigkeit

Soweit die öffentliche Hand die ausschließlich ihr übertragenen, hoheitlichen Aufgaben erfüllt, unterliegt sie **nicht** der Besteuerung, da grundsätzlich **keine unbeschränkte Steuerpflicht** für juristische Personen öffentlichen Rechts besteht.

---

[1] Siehe Rn. 188 ff.
[2] Zur Abgrenzung der Einstufung einer Beteiligung als BgA oder Vermögensverwaltung siehe Rn. 62 ff..
[3] Zur Umwandlung kommunaler Betriebe in private oder öffentlich-rechtliche Rechtsformen siehe Rn. 230 ff.

8 Hoheitliche Tätigkeiten sind steuerlich nicht relevant. Ertragsteuerlich hat dies zur Folge, dass **Gewinne nicht versteuert** werden müssen. Dieser Vorteil dürfte nicht unbedingt ausschlaggebend sein, da im hoheitlichen Bereich ohnehin in der Regel keine wesentlichen Gewinne, sondern eher Verluste erzielt werden. Gravierender wirkt sich die Steuerfreiheit im Bereich der Umsatzsteuer aus, allerdings in den meisten Fällen nicht zum Vorteil der juristischen Person öffentlichen Rechts. Im hoheitlichen Bereich erbrachte Leistungen sind mangels Unternehmereigenschaft **nicht umsatzsteuerpflichtig**. Damit entfällt zwar die Pflicht, getätigte Lieferungen und sonstige Leistungen der Umsatzsteuer zu unterwerfen. Gleichzeitig entfällt jedoch auch die Möglichkeit des Vorsteuerabzugs aus empfangenen Leistungen. Dies hat zur Folge, dass Investitionen, die der hoheitliche Bereich durchführen muss, „teurer" sind als Investitionen in privatwirtschaftlichen Unternehmen, da die Kosten immer „brutto" – also einschließlich Umsatzsteuer – anfallen.

9 Nach § 4 Abs. 5 S. 1 KStG sind Hoheitsbetriebe solche Betriebe, die überwiegend der Ausübung öffentlicher Gewalt dienen. Die **Ausübung öffentlicher Gewalt** ist eine Tätigkeit, die der öffentlich-rechtlichen Körperschaft eigentümlich und vorbehalten ist.[4] Es reicht hierfür nicht aus, dass die Zuweisung der Aufgabe an eine Körperschaft des öffentlichen Rechts in einem Gesetz oder einer Satzung geregelt ist, auch wenn diese Zuweisung im Interesse des Gemeinwohls erfolgte. So sind insbesondere Zwangs- und Monopolrechte für sich allein kein hinreichendes Kriterium für die Annahme eines Hoheitsbetriebes.[5]

10 **Eigentümlich** ist eine Tätigkeit für die Körperschaft öffentlichen Rechts dann, wenn sie ihr im Rahmen eines Gesetzes, einer Verordnung oder einer Satzung **zugewiesen** ist und die Körperschaft insoweit nicht im potentiellen Wettbewerb mit Privatanbietern steht.

11 **Vorbehalten** ist eine Aufgabe, die kraft Gesetz, Verordnung oder Satzung **ausschließliche** Aufgabe der betreffenden Körperschaft des öffentlichen Rechts ist.[6]

12 Kennzeichen für die Ausübung öffentlicher Gewalt ist die **Erfüllung von** aus der Staatsgewalt abgeleiteten **öffentlich-rechtlichen Aufgaben**, die nicht in der gleichen Weise von Privatunternehmen ausgeübt werden. Dies ist insbesondere dann der Fall, wenn die juristische Person öffentlichen Rechts eine ihr gesetzlich zugewiesene Aufgabe erfüllt, die nicht von einem privatrechtlich tätigen Unternehmen erfüllt werden kann.[7]

13 Eine hoheitliche Tätigkeit liegt hingegen nicht vor, wenn sich die Körperschaft durch die Erfüllung einer Aufgabe in den allgemeinen wirtschaftlichen Verkehr einschaltet und eine Tätigkeit ausübt, die sich nach ihrem Inhalt von der eines privaten gewerblichen Unternehmens nicht wesentlich unterscheidet.

14 Die Abgrenzung zwischen dem hoheitlichen und dem nicht hoheitlichen Bereich einer juristischen Person öffentlichen Rechts hat der Rechtsprechung immer besondere Schwierigkeiten bereitet. Die Rechtsprechung des RFH versuchte, die Abgrenzung vom **Gegenstand der Betätigung** her vorzunehmen. Es sollten nur solche Tätigkeiten als hoheitlich gelten, die der öffentlichen Hand in ihrer Eigenschaft als Träger der öffentlichen Gewalt eigentümlich und vorbehalten sind.[8] Diese Art der Abgrenzung wurde jedoch bereits kritisiert mit dem Argument, sie führe zu Zufallsergebnissen, wenn nicht gar zu Willkür. Es wurde darauf hingewiesen, dass die Abgrenzung stattdessen von der **Art der Betätigung** ausgehen müsse.[9]

---

[4] Z. B. BFH vom 8. 1. 1998, BStBl. II 1998, S. 410 (411), zuerst BFH vom 22. 9. 1976, BStBl. II 1976, S. 793.
[5] Vgl. *Felder*, in: *Dötsch/Eversberg/Jost/Witt*, Kommentar zum KStG, § 4 KStG, Rn. 69.
[6] *Strahl*, Steuerliche Chancen und Risiken, FR 2002, 916 (916).
[7] Vgl. *Felder*, in: *Dötsch/Eversberg/Jost/Witt*, Kommentar zum KStG, § 4 KStG, Rn. 69.
[8] Gutachten des RFH vom 9. 7. 1937, RStBl. 1937, S. 1306 und Urt. v. 16. 11. 1937, RStBl. 1938 S. 15. Diese Abgrenzung der hoheitlichen Tätigkeit hat bis heute Bestand (siehe Rn. 9 ff.).
[9] Vgl. *Paulick*, Der Hoheitsbetrieb im Steuerrecht, StuW 1952, Sp. 679. Im Gegensatz zum Gegenstand der Betätigung soll hier demnach entscheidend sein, **welche** Tätigkeit ausgeführt wird und nicht **warum** eine Tätigkeit (weil sie der öffentlichen Hand eigentümlich und vorbehalten ist) ausgeführt wird.

I. Grundsystematik der Steuerpflicht der öffentlichen Hand

Nach der **Rechtsprechung des EuGH** spielen – im Gegensatz zum deutschen Recht – die Merkmale „eigentümlich" und „vorbehalten" zur Abgrenzung des Hoheitsbetriebes vom wirtschaftlichen Bereich keine Rolle. Nach dem EuGH[10] liegt eine hoheitliche Tätigkeit nämlich dann vor, wenn sie von „Einrichtungen des öffentlichen Rechts im Rahmen einer öffentlich-rechtlichen Sonderregelung" ausgeübt wird. Liegt dagegen eine privatrechtliche[11] Regelung vor, die zur Erzielung von Einkünften führt, so handelt es sich hierbei nicht um eine hoheitliche Tätigkeit.

Aus derzeitiger Sicht sind Hoheitsbetriebe, die in Ausübung öffentlicher Gewalt handeln, insbesondere die in Art. 87 GG aufgeführten **bundeseigenen Verwaltungen** mit eigenem Verwaltungsunterbau, der auswärtige Dienst, die Bundesfinanzverwaltung sowie gemäß Art. 89 GG die Verwaltung der Bundeswasserstraßen und der Schifffahrt.[12]

In die Beurteilung, ob eine Tätigkeit Ausübung öffentlicher Gewalt ist, ist einzubeziehen, dass diese dem Wandel der rechtlichen Verhältnisse unterliegen kann. So wird eine juristische Person des öffentlichen Rechts nicht mehr hoheitlich, sondern im Rahmen eines BgA tätig, wenn ihr eine Aufgabe – z. B. durch Änderung der Rechtslage – nicht mehr vorbehalten ist und sie diese im **Wettbewerb mit privaten Unternehmen** ausführt.[13]

Eine Körperschaft des öffentlichen Rechts kann selbst dann unternehmerisch tätig werden, wenn konkurrierende Privatunternehmer nicht vorhanden sind. Entscheidend ist, ob die juristische Person öffentlichen Rechts eine Tätigkeit ausführt, die auch von einem privaten Unternehmen ausgeführt werden könnte.[14] Die Ausübung einer Tätigkeit im Rahmen der sog. Amtshilfe ist nicht ausreichend, um diese Tätigkeit als hoheitlich einzustufen.

Typische hoheitliche Tätigkeiten sind u. a.
- Abfallentsorgung (anders: Abfallverwertung)
- Abwässerbeseitigung
- Friedhöfe
- Schlachthöfe
- Schulen
- Straßenreinigung

Da sich die Begriffe „Hoheitsbetrieb" und „Betrieb gewerblicher Art" **nicht trennscharf** voneinander abgrenzen lassen und der Begriff „hoheitlich" selbst nicht genauer gesetzlich definiert ist, ist in Zweifelsfällen anhand der gesetzlichen Definition des BgA zu entscheiden, ob ein solcher vorliegt.

3. Betriebe gewerblicher Art

a) Allgemeine Aussagen zum Begriff „Betrieb gewerblicher Art"

Bei einem BgA handelt es sich nicht um eine Organisationsform eines Unternehmens, sondern lediglich um eine **steuerliche Fiktion**. Ein BgA kann deshalb nicht gegründet werden. Er liegt automatisch vor, wenn bestimmte Merkmale erfüllt sind.

Mit der Steuerpflicht für BgA von juristischen Personen des öffentlichen Rechts wird erreicht, dass eine Körperschaft öffentlichen Rechts, soweit sie sich privatwirtschaftlich betätigt, auch steuerlich den privatwirtschaftlichen Unternehmen gleichgestellt wird. Anderenfalls würde ein nicht zu rechtfertigender Vorsprung vor den privatwirtschaftlichen Betrieben gewährt, was dem Gedanken der **gleichmäßigen Besteuerung** widersprechen und zu einer Wettbewerbsverzerrung führen würde.[15]

---

[10] EuGH vom 14. 12. 2000, DStRE 2001, S. 260/261 (Rn. 17).
[11] Z. B. ein Vertrag, wie er zwischen zwei beliebigen Vertragsparteien abgeschlossen werden könnte.
[12] Vgl. *Herrmann/Heuer/Raupach*, EStG- und KStG-Kommentar, § 4 KStG, Anm. 62.
[13] Vgl. *Felder*, in: *Dötsch/Eversberg/Jost/Witt*, Kommentar zum KStG, § 4 KStG, Rn. 69.
[14] BFH vom 30. 6. 1988, BStBl. II 1988, S. 910 und BFH vom 10. 12. 1992, BStBl. II 1993, S. 380.
[15] Vgl. *Herrmann/Heuer/Raupach*, EStG- und KStG-Kommentar, § 4 KStG, Anm. 7.

23 Ob eine Tätigkeit einer juristischen Person öffentlichen Rechts als BgA einzustufen ist und damit grundsätzlich der Besteuerung unterliegt, ergibt sich aus dem **KStG**. Der Begriff des BgA ist in § 4 Abs. 1 KStG wie folgt definiert: BgA von juristischen Personen des öffentlichen Rechts sind – soweit es sich nicht um Hoheitsbetriebe handelt – alle Einrichtungen, die einer nachhaltigen wirtschaftlichen Tätigkeit zur Erzielung von Einnahmen außerhalb der Land- und Forstwirtschaft dienen und die sich innerhalb der Gesamtbetätigung der juristischen Person wirtschaftlich herausheben. Die Absicht, Gewinn zu erzielen sowie die Beteiligung am allgemeinen wirtschaftlichen Verkehr sind nicht erforderlich.

24 Das **Gesetz** gibt somit eine klare **Definition** des BgA anhand bestimmter Merkmale vor. Allerdings liegt insoweit kein BgA vor, als die Merkmale auf einen Hoheitsbetrieb der juristischen Person öffentlichen Rechts zutreffen.

25 Obwohl die Definition im KStG angesiedelt ist und somit zunächst auch nur für die Körperschaftsteuer Anwendung findet, gilt sie auch für den Bereich der **Umsatzsteuer**. Mit der Einführung der Mehrwertsteuer hat der Gesetzgeber auch für das Gebiet der Umsatzsteuer auf den Begriff „BgA" zurückgegriffen, um den der Umsatzsteuer unterliegenden unternehmerischen Bereich der Körperschaften des öffentlichen Rechts abzugrenzen. Da das Umsatzsteuergesetz auf die Definition im KStG Bezug nimmt, ergibt sich, dass der Begriff im UStG den gleichen Inhalt hat. Aus diesem Grund muss die Frage, ob und inwieweit eine Tätigkeit einer juristischen Person öffentlichen Rechts einen BgA darstellt, für beide Steuerarten grundsätzlich einheitlich entschieden werden.[16]

26 In einem ersten Überblick lassen sich die Folgen der Steuerpflicht wie folgt darstellen:
- **Ertragsteuerlich** ergibt sich, dass Gewinne zu versteuern sind. Andererseits werden auch Verluste festgestellt, die mit in Vorjahren oder in Folgejahren erzielten Gewinnen verrechnet werden können. Unter bestimmten Voraussetzungen können auch Gewinne und Verluste verschiedener BgA steuerlich ausgeglichen werden.
- **Umsatzsteuerlich** ergibt sich die Folge, dass ein BgA wie „ein normales Unternehmen" behandelt wird. Die vom BgA ausgeführten Leistungen sind der Umsatzsteuer zu unterwerfen, im Gegenzug kann die Vorsteuer aus Eingangsleistungen in Abzug gebracht werden.

b) Definition des Begriffes „Betrieb gewerblicher Art"

27 BgA von (aa) juristischen Personen des öffentlichen Rechts i. S. d. § 1 Abs. 1 Nr. 6 KStG sind alle (bb) Einrichtungen, die einer (cc) nachhaltigen wirtschaftlichen Tätigkeit zur (dd) Erzielung von Einnahmen außerhalb der Land- und Forstwirtschaft dienen und die sich innerhalb der Gesamtbetätigung der juristischen Person des öffentlichen Rechts (ee) wirtschaftlich herausheben. Die Absicht, Gewinn zu erzielen, und die Beteiligung am allgemeinen wirtschaftlichen Verkehr sind nicht erforderlich.

28 Ob ein BgA vorliegt, muss demnach für den Einzelfall geprüft werden.[17] Hierbei ist zu untersuchen, ob jedes der in § 4 Abs. 1 KStG genannten **Merkmale erfüllt** ist. Im Einzelnen:

29 **aa) Juristische Person des öffentlichen Rechts.** Als juristische Personen des öffentlichen Rechts gelten alle Gebilde, die aufgrund des **öffentlichen Rechts** mit eigener **Rechtspersönlichkeit** ausgestattet sind. Diese Eigenschaft kann entweder durch den Bund oder ein Land verliehen werden. Im Zweifelsfall ist nach allgemeinen Rechtsgrundsätzen zu entscheiden und zu klären, ob das Subjekt nach Verfassung oder Satzung und tatsächlicher Geschäftsführung in den staatlichen Organismus eingegliedert ist und

---

[16] Siehe hierzu jedoch Rn. 137 ff. zu Abgrenzungsproblemen und Auslegungsfragen zur Umsatzsteuerpflicht der öffentlichen Hand.
[17] Zur Prüfung mit vielen Praxisbeispielen siehe z. B. Erlass des Thüringer Finanzministeriums vom 26. 10. 1992, S-2706 A 9 2.06.

I. Grundsystematik der Steuerpflicht der öffentlichen Hand

öffentliche Aufgaben erfüllt.[18] Juristische Personen des öffentlichen Rechts sind beispielsweise Körperschaften wie Bund, Länder, Gemeinden, Gemeindeverbände und Zweckverbände, Innungen und Handwerkskammern, Industrie- und Handelskammern, Rechtsanwaltskammern, Steuerberaterkammern, Ärztekammern, öffentlich-rechtliche Religionsgemeinschaften, Universitäten, Studentenwerke, Landeszentralbanken, die Träger der Sozialversicherung, öffentlich-rechtliche Sparkassen und Giroverbände, aber auch Kommunalunternehmen.[19]

bb) Einrichtung. Eine Einrichtung setzt eine **selbständige wirtschaftliche Tätigkeit** voraus. Dabei wird nicht verlangt, dass die Tätigkeit im Vergleich zu den sonstigen Betätigungen der juristischen Person des öffentlichen Rechts in einer verselbständigten Abteilung ausgeübt wird, sie kann auch innerhalb des allgemeinen Betriebs mit erledigt werden.[20]

Die Rechtsprechung verlangt dabei das Vorliegen einer „**funktionellen Einheit**". Entscheidend ist somit, ob sich die wirtschaftliche Tätigkeit von der übrigen Betätigung der juristischen Person des öffentlichen Rechts funktionell abhebt, indem sie eine andere Funktion oder einen anderen Zweck erfüllt.[21] Die Finanzverwaltung spricht dagegen von einer „**wirtschaftlich selbständigen Einheit**", wobei sie dieses Merkmal wohl genauso auslegt wie die Rechtsprechung den Begriff „funktionelle Einheit".

Wirtschaftliche Selbständigkeit ist immer dann anzunehmen, wenn sich die wirtschaftliche Tätigkeit von der übrigen Betätigung der juristischen Person des öffentlichen Rechts abgrenzen lässt. Dabei spielen organisatorische Merkmale, wie z. B. eine besondere Leitung, eine eigene Buchführung oder ein geschlossener Geschäftskreis eine Rolle. Das wohl entscheidendste Kriterium ist jedoch der Umsatz und damit der Umfang der wirtschaftlichen Tätigkeiten. Übersteigt der **Jahresumsatz** im Sinne des § 1 Abs. 1 Nr. 1 UStG 127.825 €, ist dies ein wichtiges Merkmal für die Selbständigkeit der ausgeübten Tätigkeit.[22] Berücksichtigt werden hierbei nur Umsätze, die gegen Entgelt an Dritte erbracht werden.[23, 24]

cc) Nachhaltige Tätigkeit. Eine weitere Voraussetzung für das Vorliegen eines BgA ist die Nachhaltigkeit der wirtschaftlichen Betätigung. Hierfür muss die Tätigkeit während eines bestimmten Zeitraumes mit der **Absicht der Wiederholung** ausgeübt werden. Kriterien wie z. B. planmäßiges Handeln, mehrjährige Tätigkeit, Intensität des Tätigwerdens oder das Auftreten wie ein Händler sprechen für Nachhaltigkeit. Besteht von vornherein eine Wiederholungsabsicht, genügt bereits ein einmaliges Tätigwerden. Wird durch eine einmalige Handlung ein Dauerzustand geschaffen, infolgedessen für längere Zeit Vergü-

---

[18] BFH vom 1. 3. 1951, BStBl. III 1951, S. 120.
[19] Vgl. z. B. *Streck*, KStG-Kommentar, § 4 Anm. 3. Zum Begriff Kommunalunternehmen siehe Rn. 38f. und Fn. 41.
[20] A 5 Abs. 2 S. 4 KStR.
[21] Vgl. *Siegel*, Der Begriff des „Betriebes gewerblicher Art" im Körperschaftsteuer- und Umsatzsteuerrecht, S. 60.
[22] A 5 Abs. 4 S. 8 KStR. Die noch in DM genannte Grenze wurde dabei in € umgerechnet und auf volle 5 € gerundet. Auch bei einem geringeren Umsatz kann jedoch eine selbständige Einrichtung vorliegen, wenn die Tätigkeit wirtschaftlich bedeutsam ist; vgl. *Beinert*, in: *Hoppe/Uechtritz* (Hrsg.), Handbuch Kommunale Unternehmen, S. 285, Rn. 11.
[23] OFD Hannover vom 6. 9. 2002, DStZ 2002, 799.
[24] Im Schrifttum wird zutreffend angemerkt, dass das Merkmal „Einrichtung" die notwendige Trennschärfe vermissen lässt. Die Finanzverwaltung stellt für die Feststellung der „Einrichtung", also der selbständigen wirtschaftlichen Tätigkeiten, hilfsweise auf das Überschreiten einer Umsatzgrenze ab. Kann jedoch ein Umsatz für eine wirtschaftliche Tätigkeit festgestellt werden, so ist hierfür bereits Voraussetzung, dass diese Tätigkeit abgegrenzt werden kann. Und kann eine Tätigkeit als selbständig abgegrenzt werden, so handelt es sich um eine Einrichtung. Die Umsatzgrenze wäre demnach nicht mehr notwendig; vgl. auch *Gastl*, Die Besteuerung juristischer Personen des öffentlichen Rechts, DStZ 2003, 99 (100). Deshalb kann nur vermutet werden, dass neben der wirtschaftlichen Selbständigkeit einer Tätigkeit auch ein gewisser Umfang der Tätigkeit gefordert wird, dass aus Sicht der Finanzverwaltung eine Einrichtung vorliegt.

tungen anfallen, ist hingegen keine Nachhaltigkeit gegeben[25], denn das Merkmal „nachhaltig" bezieht sich auf die Tätigkeit und nicht auf die erzielten Einkünfte.[26, 27]

34   **dd) Einnahmeerzielungsabsicht.** Für das Vorliegen eines BgA ist es Voraussetzung, dass die Tätigkeit mit der Absicht, **Einnahmen** zu erzielen, ausgeübt wird. Diese Absicht muss jedoch nicht der Hauptzweck der wirtschaftlichen Betätigung sein. Es spielt auch keine Rolle, ob diese Einnahmen in privatrechtlicher oder öffentlich-rechtlicher Form, d. h. als Gebühren oder Beiträge, erhoben werden.[28] Eine Gewinnerzielungsabsicht ist nicht notwendig, so dass ein BgA bereits vorliegt, wenn die Leistungen tatsächlich oder aufgrund einer Gemeindesatzung zum Selbstkostenpreis erbracht werden. Die Einnahmeerzielungsabsicht i. S. d. § 4 Abs. 1 KStG umfasst nach dem Einnahmebegriff des § 8 Abs. 1 EStG nicht nur die Erzielung von Geldzuflüssen, sondern auch alle geldwerten Vorteile, die im Verlauf der wirtschaftlichen Aktivitäten der juristischen Person des öffentlichen Rechts entstehen. Zu den Einnahmen rechnen auch Gebühren, welche die öffentliche Hand im Rahmen einer privatunternehmerischen Tätigkeit erhebt, wie z. B. Gebühren für die Vermessungsleistungen der Vermessungsämter außerhalb der hoheitlichen Aufgaben.[29]

35   **ee) Wirtschaftliches Herausheben.** Gemäß der Finanzverwaltung und Rechtsprechung muss es sich bei einer wirtschaftlichen Aushebung um eine **Tätigkeit von einigem wirtschaftlichen Gewicht** handeln.[30] Dies setzt voraus, dass die Tätigkeit Wettbewerbsrelevanz hat.[31] Die Rechtsprechung geht von einer Tätigkeit von einigem Gewicht aus, wenn der durchschnittliche Jahresgewinn etwa 1.000 €[32] beträgt.[33] Die Verwaltung geht aus Vereinfachungsgründen von einer Umsatzgrenze aus, da die Ermittlung des Gewinns, der unter der Berücksichtigung der in der Privatwirtschaft üblichen Gewinnaufschläge erzielbar wäre, kaum möglich ist. Übersteigt der **Jahresumsatz** i. S. d. § 1 Abs. 1 Nr. 1 UStG nachhaltig **30.678 €**, wird davon ausgegangen, dass die Tätigkeit von einigem Gewicht ist.[34] Bei einem darunter liegenden Jahresumsatz ist ein BgA nur anzunehmen, wenn die Tätigkeit im Wettbewerb zu anderen Unternehmen erfolgt, also von der juristischen Person des öffentlichen Rechts besondere Gründe hierfür vorgetragen werden.[35] Der BFH hat jedoch klargestellt, dass es keine absoluten Gewichtigkeitsgrenzen gibt, sondern auch bei einem Jahresumsatz von unter 6.000 €[36] ein BgA angenommen werden kann, wenn neben der bestehenden Wettbewerbssituation eindeutig eine selbständige wirtschaftliche Tätigkeit vorliegt.[37]

---

[25] BFH vom 14. 11. 1963, BStBl. III 1964, S. 139.
[26] *Kußmaul/Blasius*, Körperschaftsteuerlich relevante Betätigungsfelder der öffentlichen Hand, INF 2003, 21 (22).
[27] Für die Beurteilung gelten die gleichen Kriterien wie bei der Nachhaltigkeit, die zum Vorliegen eines Gewerbebetriebes i. S. d. § 15 EStG erforderlich sind; siehe deshalb H 134a EStH; vgl. *Felder*, in: *Dötsch/Eversberg/Jost/Witt*, Kommentar zum KStG, § 4 KStG, Rn. 31.
[28] *Kußmaul*, Ertragsbesteuerung öffentlicher Unternehmen – Mögliche Organisationsformen, StB 2001, 17 (18).
[29] Vgl. *Felder*, in: *Dötsch/Eversberg/Jost/Witt*, Kommentar zum KStG, § 4 KStG, Rn. 32.
[30] A 5 Abs. 5 S. 1 KStR, RFH vom 9. 12. 1932, RStBl. 1933, S. 53.
[31] BFH vom 25. 10. 1989, BStBl. II 1990, S. 868. Das Merkmal „wirtschaftliches Herausheben" weist insoweit Überschneidungen zum Begriff der Einrichtung auf; vgl. *Seer*, Inhalt und Funktion des Begriffes „Betrieb gewerblicher Art" für die Besteuerung der öffentlichen Hand, DStR 1992, 1751 (1754).
[32] Im Urteil selbst wird eine Grenze von 2000 DM genannt, die in einen Eurobetrag umgerechnet und gerundet wurde.
[33] BFH-Urteil vom 24. 10. 1961, BStBl. III 1961, S. 552.
[34] A 5 Abs. 5 S. 3 u. 4 KStR. Die noch in DM genannte Grenze wurde dabei in € umgerechnet.
[35] A 5 Abs. 5 S. 6 u. 7 KStR.
[36] Im Urteil selbst wird eine Grenze von 12.000 DM genannt, die in einen Eurobetrag umgerechnet und gerundet wurde.
[37] BFH vom 25. 10. 1989, BStBl. II 1990, S. 868.

c) Erscheinungsformen von Betrieben gewerblicher Art

aa) Betriebe gewerblicher Art ohne eigene Rechtspersönlichkeit, aber als gesonderte Organisationsform. In der Regel wird ein BgA bewusst durch eine Kommune betrieben und ist auch entsprechend organisiert. So wird dem BgA beispielsweise bestimmtes (Betriebs-)Vermögen zugeordnet und der Gewinn des BgA gesondert ermittelt. Dies ist insbesondere für BgA der Fall, für die ohnehin aufgrund gesetzlicher Vorschriften Buchführungspflicht besteht. Um solche „typische" BgA handelt es sich beispielsweise bei Versorgungsbetrieben (Wasser-, Stromversorgung), Parkhäusern und Tiefgaragen sowie Schwimmbädern. Die jeweilige Tätigkeit wird häufig in den Organisationsformen des **Regie- oder des Eigenbetriebs** ausgeübt.[38]

Eigenbetriebe stellen eine besondere kommunalrechtliche Form von Unternehmen dar, die zwar eine eigenständige Organisationsform mit wirtschaftlicher Selbständigkeit darstellen, jedoch keine eigene Rechtsfähigkeit besitzen. Steuerlich gesehen handelt es sich lediglich – soweit keine hoheitlichen Tätigkeiten ausgeführt werden – um einen oder mehrere BgA. Die Gewinnermittlung eines Eigenbetriebs erfolgt nach den Vorschriften der Eigenbetriebsverordnungen der jeweiligen Länder. Diese schreiben i. d. R. eine kaufmännische doppelte Buchführung sowie die Aufstellung eines Jahresabschlusses nach den Vorschriften des HGB für große Kapitalgesellschaften vor.[39] Abgesehen von den speziellen Vorschriften über die Gewinnermittlung bei Eigenbetrieben erfolgt die Besteuerung wie bei jedem anderen BgA.

bb) Betriebe gewerblicher Art mit eigener Rechtspersönlichkeit. Ein BgA mit eigener Rechtspersönlichkeit liegt vor, wenn er alle Merkmale einer juristischen Person öffentlichen Rechts erfüllt. Er muss insbesondere in vollem Umfang rechtsfähig sein. Teilrechtsfähigkeit, wie z. B. bei Sondervermögen oder Eigenbetrieben, reicht nicht aus.[40] Typische BgA mit eigener Rechtspersönlichkeit sind Zweckverbände oder nach Kommunalrecht errichtete Kommunalunternehmen (Anstalten öffentlichen Rechts),[41] wenn diese nur einen BgA beinhalten.

Obwohl das **Kommunalunternehmen** aufgrund öffentlichen Rechts eine eigene Rechtsperson darstellt, ist es – ebenso wie der Eigenbetrieb – kraft seiner Rechtsform zunächst nicht steuerpflichtig. Es wird – ähnlich dem Eigenbetrieb – in der Praxis häufig zur Ausübung hoheitlicher Tätigkeiten eingesetzt. Führt es jedoch wirtschaftliche Tätigkeiten durch, so handelt es sich hierbei um einen/mehrere BgA. Wird durch das Kommunalunternehmen nur *eine* wirtschaftliche Tätigkeit ausgeführt, so spricht man beim Kommunalunternehmen von einem BgA mit eigener Rechtspersönlichkeit, da der BgA in die Rechtsform des Kommunalunternehmens gekleidet wurde. Ebenso ist es jedoch möglich, dass in einem Kommunalunternehmen mehrere BgA vereint sind oder ein BgA neben einem Hoheitsbetrieb geführt wird („Zebra-AöR").

Ebenso wie Kommunalunternehmen stellen auch **Zweckbetriebe** – sofern sie steuerlich gesehen im Rahmen eines BgA tätig werden – BgA mit eigener Rechtspersönlichkeit dar.

Die Besteuerung von BgA mit eigener Rechtspersönlichkeit erfolgt nach den allgemeinen Grundsätzen der Besteuerung für BgA.[42] Die gewählte Rechtsform hat lediglich dann eine Auswirkung, wenn das Steuergesetz zwischen BgA mit und ohne eigene Rechtspersönlichkeit unterscheidet (§ 20 Abs. 1 Nr. 10 EStG).[43]

---

[38] Zu den Rechtsgrundlagen siehe Kapitel D. Rn. 26 ff., zur Buchführungspflicht und zum Rechnungswesen E. Rn. 17 ff.

[39] Z. B. §§ 18 und 20 EBV By.

[40] BMF-Schreiben vom 11. 9. 2002, BStBl. I 2002, S. 935, Rn. 5 u. 6.

[41] Während in einigen deutschen Bundesländern die Bezeichnung „Kommunalunternehmen" gewählt wurde, wird in anderen von der „Anstalt öffentlichen Rechts" gesprochen. Die Begriffe sind jedoch Synonyme.

[42] Siehe hierzu Rn. 68 ff. Steuerliche Pflichten für juristische Personen öffentlichen Rechts bei Vorliegen von BgA.

[43] Siehe Rn. 106 ff. zur Kapitalertragsteuer.

42 **cc) Betriebe gewerblicher Art ohne gesonderte Organisationsform.** Es ist jedoch auch möglich, dass eine Kommune einen BgA unterhält, ohne sich dessen bewusst zu sein. Dies ist vor allem dann der Fall, wenn keine besonderen Wirtschaftsgüter angeschafft wurden, die dem Bereich zuzuordnen sind.

43 Beispielsweise stellt die Vermarktung einer (gemeindeeigenen) Hauswand zu Werbezwecken ebenso wie Stadion-, Banden- oder Trikotwerbung einen BgA dar. Auch die Veranstaltung von Märkten durch eine Gemeinde führt zur Begründung eines BgA. Das Gleiche gilt für Kindergärten, Kinderhorte und Kantinen einer Gemeinde.

44 Die genannten Beispiele stellen jedoch nur dem Grunde nach einen BgA dar. Die bereits erwähnten Umsatzgrenzen[44] müssen überschritten sein, so dass tatsächlich BgA vorliegen.

4. Vermögensverwaltung

45 Es liegt weder eine hoheitliche Betätigung noch ein BgA vor, wenn eine juristische Person des öffentlichen Rechts Erträge erzielt, indem sie **Vermögensverwaltung** betreibt. Sie liegt immer dann vor, wenn bei einer natürlichen Person Einkünfte aus Kapitalvermögen oder aus Vermietung und Verpachtung erzielt würden.[45] Zwar ist nirgends ausdrücklich gesetzlich geregelt, dass die Vermögensverwaltung nicht zu den BgA rechnet.[46] Es ergibt sich jedoch aus dem Vergleich von Körperschaften öffentlichen Rechts mit gemeinnützigen Körperschaften, welche nach § 14 AO nur dann im Rahmen ihrer wirtschaftlichen Geschäftsbetriebe tätig sind, wenn diese Tätigkeit über den Rahmen der Vermögensverwaltung hinausgeht. Da der wirtschaftliche Geschäftsbetrieb von gemeinnützigen Körperschaften als Pendant zu den BgA von Körperschaften des öffentlichen Rechts gilt, ist allgemein anerkannt,[47] dass durch Vermögensverwaltung kein BgA begründet wird.[48] Typische Beispiele für Vermögensverwaltung bei juristischen Personen öffentlichen Rechts sind Raum-, Haus-, Grund- oder Bodenvermietungen und die Verwaltung von Wertpapieren oder Beteiligungen.[49]

46 Die juristische Person des öffentlichen Rechts unterliegt im Rahmen der Vermögensverwaltung grundsätzlich nicht der Besteuerung. Erzielte Erträge (z. B. aus der Vermietung von Räumen) sind somit steuerfrei. Eine Ausnahme besteht allerdings für solche Einkünfte, von denen ein **Steuerabzug** vorzunehmen ist (§ 2 Nr. 2 KStG). Mit diesen Einkünften unterliegt die juristische Person des öffentlichen Rechts der **beschränkten Körperschaftsteuerpflicht**. Die Körperschaftsteuer für Einkünfte, die dem Steuerabzug unterliegen, ist durch den Steuerabzug abgegolten (§ 32 Abs. 1 Nr. 2 KStG). In der Praxis besteht somit eine Steuerpflicht insbesondere für **Kapitalerträge** i. S. d. § 20 Abs. 1 Nr. 1 EStG (Gewinnausschüttungen), denn von diesen ist gemäß § 43 Abs. 1 Nr. 1 EStG die Steuer durch Abzug vom Kapitalertrag (Kapitalertragsteuer) zu erheben.

5. Abgrenzungsfragen zwischen den einzelnen Bereichen

47 Da die Einordnung einer Tätigkeit als BgA, hoheitliche Tätigkeit oder Vermögensverwaltung deren steuerliches Schicksal bestimmt, ist sie von besonders großer Bedeutung. Allerdings stehen mit Gesetz und Verwaltungsanweisungen nur ungefähre Anhaltspunkte zur Verfügung, die eine Zuordnung ermöglichen sollen. Häufig wird erst durch die Rechtsprechung im Einzelfall bestimmt, welchem Bereich eine Tätigkeit im konkreten Sachverhalt angehört.

---

[44] Siehe insbesondere Rn. 35.
[45] Vgl. *Streck*, KStG-Kommentar, § 4 KStG, Anm. 12.
[46] Im Gegensatz zu den hoheitlichen Tätigkeiten, die ausdrücklich nicht als BgA in Frage kommen; § 4 Abs. 5 S. 1 KStG.
[47] Vgl. z. B. *Seer/Wolsztynski*, Steuerrechtliche Gemeinnützigkeit, 2002, S. 58 f.
[48] Vgl. *Strahl*, Steuerliche Chancen und Risiken, FR 2002, 916 (917).
[49] Zu den Abgrenzungsproblemen zum BgA siehe Rn. 62 ff.

a) Abgrenzung zwischen Betrieb gewerblicher Art und hoheitlicher Tätigkeit

In folgenden **Grenzfällen** entschied die Rechtsprechung über das Vorliegen einer hoheitlichen Tätigkeit und kam zu folgenden Ergebnissen: **48**

- Die **Abfallentsorgung** ist eine hoheitliche Aufgabe. Sie umfasst neben der entgeltlichen Abgabe der Abfälle auch das Gewinnen von Stoffen und Energie. Zu der Annahme eines BgA kommt es allerdings, wenn die veräußerten Stoffe oder die veräußerte Energie nicht überwiegend aus Abfällen gewonnen werden und damit eine wirtschaftliche Tätigkeit vorliegt. Bei der Abgrenzung ist vom Brennwert der eingesetzten Abfälle und sonstigen Brennstoffen auszugehen.[50] Bei der Frage, ob die Sammlung, Sortierung oder Verwertung gebrauchter Verkaufsverpackungen der hoheitlichen oder der wirtschaftlichen Tätigkeit der öffentlichen Hand zuzuordnen ist, vertritt die Verwaltung die Auffassung, dass die Verantwortung für Systeme nach § 6 Abs. 3 VerpackV auf die Privatwirtschaft übergegangen ist, weil die VerpackV durchgehend die Verantwortlichkeit von Herstellern und Betreibern für die Rücknahme und Wiederverwertung fordert. Damit stellt die **Sammlung, Sortierung oder Verwertung** gebrauchter Verkaufsverpackungen keine hoheitliche Tätigkeit dar.[51] **49**
- Der Betrieb eines **Blockheizkraftwerkes** stellt einen BgA dar.[52] **50**
- Die **Friedhofsverwaltung** ist eine hoheitliche Tätigkeit, soweit Aufgaben des Bestattungsbetriebes wahrgenommen werden. Auch die allgemein als ein unverzichtbarer Bestandteil einer würdigen Bestattung angesehenen Leistungen wie z. B. Läuten der Glocken, übliche Ausschmückung des ausgehobenen Grabes und die musikalische Umrahmung der Trauerfeier zählen zum Hoheitsbetrieb.[53] Dagegen sind Blumenverkäufe und Grabpflegeleistungen wirtschaftliche, vom Hoheitsbetrieb abgrenzbare Tätigkeiten.[54] **51**
- **Grundstücksverkäufe** von Gemeinden führen nicht zur Annahme eines BgA.[55] Soweit die Gemeinden im Rahmen der von ihnen durchzuführenden Siedlungspolitik Grundstücke verkaufen, nehmen sie hoheitliche Aufgaben war und unterliegen deshalb nicht der Besteuerung. Gleiches gilt für Grundstückserwerbe der Gemeinden und die Festsetzung von Ausgleichsbeiträgen.[56, 57] **52**
- **Hochschulen** werden aufgrund ihrer **Forschungstätigkeit** dann dem hoheitlichen Bereich zugeordnet, wenn die Forschung wegen ihrer Besonderheit und Einmaligkeit als wissenschaftlich anzusehen und damit der Hochschule eigentümlich und vorbehalten ist. **Routinemäßige Untersuchungen**, Beratungen und Begutachtungen werden hingegen nicht als hoheitlich anerkannt, weil sie auch von privaten Instituten durchgeführt werden können.[58] Die Zuordnung zum Hoheitsbetrieb oder BgA erfolgt über die Einnahmen. Handelt es sich dabei um echte Zuschüsse oder Spenden für Forschungstätigkeit, geht man von Einnahmen des hoheitlichen Bereichs der Hochschule aus. Einnahmen aus einer wirtschaftlichen Tätigkeit liegen vor, wenn sich ein Dritter durch die Zahlungen im Rahmen einer Auftragsforschung Exklusivrechte in irgendeiner Form für die Verwertung des Forschungsergebnisses einräumen lässt.[59] **53**

---

[50] A 5 Abs. 24 S. 1-4 KStR.
[51] Vgl. *Felder*, in: *Dötsch/Eversberg/Jost/Witt*, Kommentar zum KStG, § 4 KStG, Rn. 71.
[52] BFH vom 27. 6. 2001, BStBl. II 2001, S. 773.
[53] A 5 Abs. 22 KStR.
[54] BFH vom 14. 4. 1983, BStBl. II 1983, S. 491.
[55] Dies gilt zumindest dann, wenn die Grundstücke nicht dem Betriebsvermögen eines BgA zuzurechnen sind.
[56] Vgl. Erlass OFD Frankfurt am Main vom 18. 4. 1994, KStK § 4 KStG Karte A 2.
[57] Lediglich in einem Fall zur Umsatzsteuer hat das FG Baden-Württemberg, Urteil vom 7. 2. 1992, EFG 1992, S. 422, entschieden, dass eine Gemeinde, die allerdings innerhalb von 9 Jahren 207 Objekte verkauft hat, unternehmerisch tätig sei.
[58] Vgl. *Felder*, in: *Dötsch/Eversberg/Jost/Witt*, Kommentar zum KStG, § 4 KStG, Rn. 71 (Forschungstätigkeit).
[59] OFD Münster vom 16. 5. 1990, DB 1990, 1212.

54 • **Hochschulkliniken** sind als BgA zu behandeln. Die Tätigkeit der Hochschulkliniken lässt sich nicht klar dem hoheitlichen (Forschung und Lehre) oder dem wirtschaftlichen Bereich (Krankenhaus) zuordnen, weil die Patientenversorgung mit Forschung und Lehre untrennbar verbunden ist. Es wird jedoch von einer wirtschaftlichen Tätigkeit ausgegangen, da überwiegend der Zweck der Patientenversorgung verfolgt wird. Da Universitätskliniken unselbständige Einrichtungen der Universität sind und diese als rechtsfähige Körperschaft des öffentlichen Rechts im Rechtsverkehr mit Dritten im eigenen Namen handelt, kann man davon ausgehen, dass Hochschulkliniken BgA der Universität sind.[60] Allerdings dürfte es sich in der Regel um gemeinnützige BgA handeln.[61]

55 • **Kommunale Datenzentralen bzw. EDV-Anlagen** handeln im Rahmen der Ausübung öffentlicher Gewalt als Hoheitsbetriebe, soweit sie Verwaltungsaufgaben für eine Gemeinde oder im Rahmen der Amtshilfe für andere Gemeinden durchführen.[62] Werden sie dagegen für BgA tätig, so handeln sie selbst als solche.[63] Gleiches gilt für einen Zweckverband für kommunale Datenverarbeitung, der für den Hoheitsbereich von Mitgliedern oder Nichtmitgliedern tätig wird (Hoheitsbetrieb) oder Aufgaben für BgA von Mitgliedern oder Nichtmitgliedern oder fremden Dritten vornimmt (BgA).[64] Sind beide Tätigkeiten untrennbar miteinander verbunden, weil z. B. dasselbe Personal und die identische Betriebssubstanz eingesetzt wird, hängt es für die Einstufung der Tätigkeit davon ab, welche Funktion überwiegt.

56 • Der Betrieb von **Parkuhren und Parkscheinautomaten** ist als Ausübung öffentlicher Gewalt anzusehen, soweit er im Rahmen der Straßenverkehrsordnung ausgeübt wird und für das Parken Gebühren aufgrund einer öffentlich-rechtlichen Gebührenordnung anfallen.[65] Dagegen stellt die Unterhaltung von bewachten gebührenpflichtigen **Parkplätzen** und von **Parkhäusern** sowie von **Tiefgaragen** eine wirtschaftliche Tätigkeit dar.[66] Dies gilt auch dann, wenn sich die juristische Person öffentlichen Rechts aufgrund einer Benutzungssatzung einer Handlungsform des öffentlichen Rechts bedient.[67]

57 • Ein gemeindliches **Schwimmbad** stellt, sofern die entsprechenden Größenkriterien erfüllt sind, einen BgA dar. Das gilt auch, wenn das Schwimmbad sowohl für den öffentlichen Badebetrieb als auch für das Schulschwimmen genutzt wird.[68]

58 • Die Überlassung von **Standplätzen** bei Wochen- und Krammärkten sowie die Unterhaltung von Zelt- oder **Campingplätzen** stellen wirtschaftliche Tätigkeiten dar.[69]

59 • Die **Straßenbeleuchtung** stellt eine hoheitliche Tätigkeit dar.[70]

60 • Die Tätigkeit des **Vermessungs- und Katasteramtes** ist als Hoheitsbetrieb einzustufen. Hierfür ist unerheblich, dass dessen öffentlich-rechtliche Aufgaben auch von öffentlich bestellten Vermessungsingenieuren erfüllt werden dürfen.[71]

61 • Die **Wasserbeschaffung** erfolgt hoheitlich, die **Wasserversorgung** hingegen stellt eine wirtschaftliche Tätigkeit dar.[72, 73] Wenn eine juristische Person des öffentlichen Rechts

---

[60] Vgl. *Felder*, in: *Dötsch/Eversberg/Jost/Witt*, Kommentar zum KStG, § 4 KStG, Rn. 71.
[61] Zur Gemeinnützigkeit siehe Rn. 276 ff.
[62] Vgl. *Felder*, in: *Dötsch/Eversberg/Jost/Witt*, Kommentar zum KStG, § 4 KStG, Rn. 71 (EDV-Anlage).
[63] Vgl. *Herrmann/Heuer/Raupach*, EStG- und KStG-Kommentar, § 4 KStG, Anm. 100.
[64] Erlass Finanzministerium NRW vom 7. 11. 1984, DB 1984, S. 2435.
[65] BFH vom 27. 2. 2003, BFH/NV 2003, S. 1018.
[66] A 5 Abs. 21 KStR, BFH vom 8. 11. 1989, BStBl. II 1990, S. 242.
[67] BFH vom 10. 12. 1992, BStBl. II 1993, S. 380.
[68] A 5 Abs. 23 KStR.
[69] A 5 Abs. 20 KStR sowie BFH vom 26. 2. 1957, BStBl. III 1957, S. 146 und vom 20. 5. 1960, BStBl. III 1960, S. 368.
[70] Koordinierter Ländererlass des BMF vom 8. 9. 1981, IV A 2 S 7102 5/81.
[71] FG Düsseldorf vom 5. 6. 2003, allerdings Revision beim BFH eingelegt (BFH I R 63/03).
[72] A 5 Abs. 26 KStR und BFH vom 15. 3. 1972, BStBl. II 1972, S. 500 sowie BFH vom 28. 1. 1988, BStBl. II 1988, S. 473; FG des Landes Brandenburg vom 15. 4. 2002, EFG 2002, S. 1124.
[73] Vgl. auch OFD Cottbus vom 8. 12. 1998, S-7100 48 St 132.

I. Grundsystematik der Steuerpflicht der öffentlichen Hand

für ihren Wasserversorgungsbetrieb die Wasserbeschaffung selbst betreibt, liegt eine einheitliche, untrennbare wirtschaftliche Tätigkeit vor.[74]

b) Abgrenzung zwischen Betrieb gewerblicher Art und Vermögensverwaltung

Legt man die Verwaltungsmeinung zur Abgrenzung zwischen Gewerbebetrieb und Vermögensverwaltung zugrunde und wendet diese auf die Abgrenzung zwischen BgA und Vermögensverwaltung an,[75] so liegt Vermögensverwaltung dann vor, wenn sich die Betätigung noch als **Nutzung von Vermögen** i. S. einer Fruchtziehung aus zu erhaltenden Substanzwerten darstellt und die Ausnutzung substantieller Vermögenswerte durch Umschichtung nicht entscheidend in den Vordergrund tritt. Die bloße Verwaltung eigenen Vermögens ist regelmäßig keine gewerbliche Tätigkeit. Ein Gewerbebetrieb[76] liegt jedoch vor, wenn eine selbständige nachhaltige Betätigung mit Gewinnabsicht unternommen wird, sich als Beteiligung am allgemeinen wirtschaftlichen Verkehr darstellt und über den Rahmen der Vermögensverwaltung hinausgeht.[77]

Folgende **Grenzfälle** sind für juristische Personen öffentlichen Rechts von besonderer Bedeutung:

Der Besitz und die Verwaltung von **Anteilen an einer Kapitalgesellschaft** stellen grundsätzlich Vermögensverwaltung dar – selbst dann, wenn eine beherrschende oder gar 100%ige Beteiligung vorliegt.[78] Es existieren jedoch zwei Ausnahmefälle, in denen das Halten einer Beteiligung an einer Kapitalgesellschaft als BgA angesehen wird. Zum einen dann, wenn tatsächlich ein Einfluss auf die Geschäftsführung über die Beteiligung ausgeübt und damit eine wirtschaftliche Tätigkeit entfaltet wird.[79] Dies ist insbesondere dann der Fall, wenn der Geschäftsführer der Tochterkapitalgesellschaft gleichzeitig eine leitende Funktion beim Gesellschafter der Kapitalgesellschaft (hier: Kommune) ausübt, es sich also beispielsweise um den Bürgermeister handelt (Personalunion).[80] Zum anderen liegt dann ein BgA vor, wenn nicht das Halten der Beteiligung im Vordergrund steht, sondern Kauf und Verkauf von Beteiligungen den Rahmen der Vermögensverwaltung sprengen.

Im Gegensatz zur Beteiligung an einer Kapitalgesellschaft stellt die **Beteiligung** der juristischen Person an einer gewerblichen **Personengesellschaft**[81] dagegen grundsätzlich einen BgA dar, wenn die juristische Person öffentlichen Rechts als Mitunternehmer[82] anzusehen ist.[83] Dies gilt auch für den Fall, dass die Tätigkeit der Personengesellschaft als hoheitlich zu beurteilen wäre, wenn sie von der juristischen Person öffentlichen Rechts selbst ausgeführt würde.[84] Eine Ausnahme besteht lediglich dann, wenn die Personengesellschaft ausschließlich vermögensverwaltend tätig wird.[85] Dann stellt auch die Beteiligung an dieser Gesellschaft aus Sicht der juristischen Person öffentlichen Rechts eine

---

[74] BFH vom 30. 11. 1989, BStBl. II 1990, S. 452.
[75] Von der Anwendbarkeit dieser Grundsätze geht auch *Felder*, in: *Dötsch/Eversberg/Jost/Witt*, Kommentar zum KStG, § 4 KStG, Rn. 34, aus.
[76] im konkreten Anwendungsfall ein BgA.
[77] R 137 Abs. 1 S. 1–3 EStR.
[78] RFH vom 29. 3. 1938, RStBl. 1938, S. 471.
[79] Vgl. *Streck*, KStG-Kommentar, § 5 Anm. 14 und § 4 Anm. 12.
[80] Vgl. auch *Augsten*, in: *Fabry/Augsten* (Hrsg.), Handbuch Unternehmen der öffentlichen Hand, Rn. 56. Die beschriebene Personalunion kann auch nicht dadurch umgangen werden, dass zwar eine andere Person als Geschäftsführer der Tochtergesellschaft eingesetzt wird, diese jedoch keine freie Entscheidungsbefugnis – unabhängig vom Organ der juristischen Person öffentlichen Rechts – hat.
[81] Z. B. Kommanditgesellschaft (KG), offene Handelsgesellschaft (oHG), Gesellschaft bürgerlichen Rechts (GbR), atypisch stille Gesellschaft.
[82] Eine Mitunternehmerschaft an einer Personengesellschaft liegt vor, wenn eine juristische Person öffentlichen Rechts Mitunternehmerinitiative und -risiko trägt, BFH vom 25. 6. 1984, BStBl. II 1984, S. 751.
[83] A 5 Abs. 2 S. 7 KStR; BFH vom 9. 5. 1984, BStBl. II 1984, S. 726.
[84] OFD Frankfurt vom 4. 2. 2002, DB 2002, 764.
[85] Vgl. *Augsten*, in: *Fabry/Augsten* (Hrsg.), Handbuch Unternehmen der öffentlichen Hand, S. 319, Rn. 69.

66 Generell stellt die **Vermietung und Verpachtung von Gebäuden** Vermögensverwaltung dar.[89] So wurde beispielsweise entschieden, dass die Vermietung von drei Läden und Wohnungen an private Unternehmer zur Vermögensverwaltung zählt.[90] Wird jedoch neben einem Grundstück oder Gebäude auch Inventar mitvermietet, liegt ein BgA vor, da es sich insoweit um die **Verpachtung eines BgA** handelt. Diese gilt prinzipiell selbst als BgA (§ 4 Abs. 4 KStG). Damit ist jede entgeltliche Überlassung von Einrichtungen, Anlagen oder Rechten, die beim Verpächter einen BgA darstellen würden, gemeint.[91] Beispielsweise stellt die **Verpachtung einer Gaststätte** einen BgA dar.[92] Wird für die Führung eines Betriebes größeres Inventar erforderlich, so ist die Verpachtung eines solchen Betriebes erst dann ein BgA, wenn der Verpächter das Inventar beschafft und dem Pächter zur Nutzung überlässt.[93] Auch die Verpachtung eines BgA muss von einigem Gewicht sein, dass tatsächlich ein BgA vorliegt.[94] Die Frage, ob sich die Verpachtungstätigkeit aus der Gesamtbetätigung der juristischen Person öffentlichen Rechts heraushebt, ist nicht nach den Verhältnissen der verpachtenden Körperschaft, sondern nach den Verhältnissen des Pächters zu beurteilen.[95] Folglich ist ein BgA grundsätzlich anzunehmen, wenn die jährlichen Umsätze des Pächters 30.678 € nachhaltig übersteigen.[96] Die Verpachtung eines Betriebes, der bei der juristischen Person öffentlichen Rechts mangels Gewicht keinen BgA oder aufgrund seiner Tätigkeit einen Hoheitsbetrieb darstellt, ist damit nicht als BgA anzusehen.[97]

67 Die **Verpachtung einzelner Wirtschaftsgüter** führt nur dann zur Annahme eines BgA, wenn es sich um eine **Betriebsaufspaltung** handelt.[98] Die zur Betriebsaufspaltung aufgestellten Grundsätze sind auch bei juristischen Personen öffentlichen Rechts anzuwenden,[99] sie gelten demnach bei der Verpachtung von wesentlichen Betriebsgrundlagen an ihre Eigengesellschaft(en).

II. Besteuerung nicht privatisierter kommunaler Unternehmen – Besteuerung von Betrieben gewerblicher Art

1. Steuerliche Pflichten für juristische Personen des öffentlichen Rechts bei Vorliegen von Betrieben gewerblicher Art

a) Körperschaftsteuer

68 **aa) Steuerpflicht und Steuersubjekt.** Nach § 1 Abs. 1 Nr. 6 i. V. m. § 4 KStG unterliegen BgA von juristischen Personen des öffentlichen Rechts der unbeschränkten **Körperschaftsteuerpflicht**, wenn sie ihre Geschäftsleitung oder ihren Sitz im Inland haben.

---

[86] Wiederum in Analogie zur Rechtsprechung zu den wirtschaftlichen Geschäftsbetrieben von gemeinnützigen Körperschaften; vgl. hierzu Rn. 45 sowie *Buchna*, Gemeinnützigkeit im Steuerrecht, S. 213.
[87] Zu den Merkmalen eines BgA vgl. Rn. 30 ff.
[88] Vgl. *Streck*, KStG-Kommentar, § 4 Anm. 13.
[89] Siehe Rn. 45 f.
[90] FG München vom 20. 3. 2003, EFG 2003, S. 1054.
[91] Vgl. *Felder*, in: *Dötsch/Eversberg/Jost/Witt*, Kommentar zum KStG, § 4 KStG, Rn. 45.
[92] FG München vom 20. 3. 2003, EFG 2003, S. 1054.
[93] A 5 Abs. 6 KStR, BFH vom 6. 10. 1976, BStBl. II 1977, S. 94.
[94] Siehe Rn. 35.
[95] BFH vom 25. 10. 1989, BStBl. II 1990, S. 868.
[96] Zu den Voraussetzungen für das Vorliegen eines BgA, insbesondere der wirtschaftlichen Heraushebung, vgl. Rn. 30 ff., insb. Rn. 35.
[97] A 5 Abs. 5 KStR; vgl. auch *Felder*, in: *Dötsch/Eversberg/Jost/Witt*, Kommentar zum KStG, § 4 KStG, Rn. 46.
[98] Zum Begriff „Betriebsaufspaltung" siehe Rn. 87, insb. Fn. 119.
[99] BFH-Urteil vom 14. 3. 1984, BStBl. II 1984, S. 496.

II. Besteuerung nicht privatisierter kommunaler Unternehmen

In § 10 AO wird die **Geschäftsleitung** als der „Mittelpunkt der geschäftlichen Oberleitung" definiert, womit der Ort gemeint ist, von dem aus ein Unternehmen tatsächlich geleitet wird. Dabei kommt es nicht darauf an, wo der Geschäftsverkehr letztlich stattfindet, sondern wo die erforderlichen Entscheidungen von einigem Gewicht für den Geschäftsbetrieb getroffen werden. Der **Sitz** einer Körperschaft, Personenvereinigung oder Vermögensmasse ist nach § 11 AO an dem Ort, der durch Gesetz, Gesellschaftsvertrag, Satzung, Stiftungsgeschäft oder dergleichen bestimmt ist.

Da es bei BgA keine gesetzlich vorgeschriebene Sitzfestlegung gibt und es auch in der Praxis oft an einer Sitzfestschreibung in der Satzung[100] fehlt, richtet sich die Körperschaftsteuer-Subjekteigenschaft nach dem Ort der Geschäftsleitung. Dieser befindet sich bei deutschen Gebietskörperschaften (Städte, Gemeinden) zwangsläufig im Inland, weshalb für BgA grundsätzlich die unbeschränkte Körperschaftsteuerpflicht (aufgrund der Geschäftsleitung im Inland) gegeben ist.

Die **Steuerpflicht** beginnt bei Körperschaften mit der Erlangung der Rechtsfähigkeit. Bis auf wenige Ausnahmen (BgA mit eigener Rechtspersönlichkeit,[101] z. B. Kommunalunternehmen) besitzen BgA jedoch keine eigene Rechtspersönlichkeit und sind daher nicht rechtsfähig. Die Steuerpflicht für BgA beginnt daher **automatisch**, sobald die in § 4 KStG genannten Voraussetzungen bei juristischen Personen des öffentlichen Rechts vorliegen. Auch wenn es sich um BgA mit eigener Rechtspersönlichkeit handelt, beginnt die Steuerpflicht mit Erfüllung der Voraussetzungen des § 4 KStG, da die Steuergesetze keine abweichende Regelung für BgA mit eigener Rechtspersönlichkeit enthalten.

Das **Steuersubjekt** ist nicht der BgA, sondern die **juristische Person des öffentlichen Rechts** selbst.[102] Hat die juristische Person des öffentlichen Rechts mehrere BgA, ist sie wegen jedes einzelnen oder mehrerer zusammengefasster Betriebe Subjekt der Körperschaftsteuer.[103]

bb) Bemessungsgrundlage und Steuersatz

(1) Allgemeines zur Einkommensermittlung und Buchführungspflicht. Die Körperschaftsteuer bemisst sich nach dem zu versteuernden **Einkommen** (§ 7 Abs. 1 KStG). Die Ermittlung des zu versteuernden Einkommens erfolgt nach den Vorschriften des Körperschaftsteuergesetzes (§ 8 Abs. 1 KStG) und des Einkommensteuergesetzes (siehe Abschnitt 27 Abs. 1 KStR).

Ist ein BgA aufgrund außersteuerlicher Vorschriften (§ 140 AO) oder aufgrund originär steuerlicher Bestimmungen (§ 141 AO) zur Buchführung verpflichtet oder führt er freiwillig Bücher und erstellt Jahresabschlüsse, sind seine Einkünfte ausschließlich als **Einkünfte aus Gewerbebetrieb** i. S. d. § 15 EStG zu behandeln (§ 8 Abs. 2 KStG) und im Rahmen eines Betriebsvermögensvergleichs nach § 4 Abs. 1, § 5 EStG zu ermitteln. In selten vorkommenden Ausnahmefällen müsste es somit theoretisch möglich sein, dass ein BgA, wenn dieser nicht zur Buchführung verpflichtet ist, neben Einkünften aus Gewerbebetrieb auch andere Einkunftsarten (z. B. Einkünfte aus Vermietung und Verpachtung und aus Kapitalvermögen) erzielt. Rechtsprechung[104] und Verwaltung[105] sind jedoch der einhelligen Ansicht, dass ein BgA ausschließlich Einkünfte aus Gewerbebetrieb erzielt. Damit haben BgA körperschaftsteuerlich auch dann Einkünfte aus Gewerbebetrieb, wenn sie wegen langjährig fehlender Gewinnerzielungsabsicht nicht der Gewerbesteuer unterliegen.[106] Auch Einkünfte aus der Verpachtung eines BgA sind körperschaftsteuerlich stets als Einkünfte aus Gewerbebetrieb zu behandeln.[107]

---

[100] In Frage kommt hier nur die Satzung der entsprechenden Organisationsform (z. B. des Regie- oder Eigenbetriebes).
[101] Vgl. hierzu Rn. 38 ff.
[102] BFH vom 13. 3. 1974, BStBl. II 1974, S. 391.
[103] BFH vom 30. 11. 1989, BStBl. II 1990, S. 242.
[104] Z. B. BFH vom 30. 11. 1989, BStBl. II 1990, S. 242.
[105] A 28 Abs. 1 KStR.
[106] BFH vom 28. 10. 1970, BStBl. II 1971, S. 247; siehe Rn. 151 ff.
[107] BFH vom 1. 8. 1979, BStBl. II 1979, S. 716.

75 Eine **Buchführungspflicht** i. S. d. § 140 AO kann sich für einen BgA von juristischen Personen des öffentlichen Rechts durch Bestimmungen der landesspezifischen Eigenbetriebsgesetze bzw. -verordnungen und bei kaufmännischen Betrieben auch durch eine unmittelbare Anwendung der handelsrechtlichen Rechnungslegungsvorschriften (§§ 238 ff. HGB) ergeben.

76 ● Wird ein BgA ohne eigene Rechtspersönlichkeit als **Eigenbetrieb** i. S. d. Eigenbetriebsgesetze bzw. -verordnungen geführt, schreiben die landesspezifischen Bestimmungen i. d. R. eine kaufmännische doppelte Buchführung und die Aufstellung eines Jahresabschlusses, für welchen die für große Kapitalgesellschaften geltenden handelsrechtlichen Rechnungslegungsvorschriften (§§ 238 ff. i. V. m. §§ 264 ff. HGB) anzuwenden sind, vor.

77 ● Wird der BgA ohne eigene Rechtspersönlichkeit nicht als Eigenbetrieb, sondern als sonstige Einrichtung (**Regiebetrieb**) geführt und erfüllt er die Voraussetzungen eines kaufmännischen Betriebes i. S. d. §§ 1 ff. HGB, ergibt sich die handelsrechtliche Buchführungspflicht unmittelbar aus den Bestimmungen der §§ 238 ff. HGB. § 263 HGB räumt bei Unternehmen ohne eigene Rechtspersönlichkeit einer Gemeinde, eines Gemeindeverbandes oder eines Zweckverbandes allerdings den Vorrang landesrechtlicher Bestimmungen ein, wenn diese von den Vorschriften des HGB abweichen. Reicht nach entsprechenden abweichenden landesrechtlichen Bestimmungen eine kameralistische Buchführung aus, kommt es zu einer Erleichterung für kommunale Einrichtungen.

78 ● Auch BgA mit eigener Rechtspersönlichkeit (z. B. **Kommunalunternehmen**) unterliegen der handelsrechtlichen Buchführungs- und Bilanzierungspflicht i. S. d. §§ 238 ff. HGB, sofern sie ein kaufmännisches Handelsgewerbe gemäß § 1 Abs. 2, § 2 HGB betreiben. Die Buchführungspflicht kann sich jedoch auch schon explizit aus den Vorschriften zur Rechtspersönlichkeit (z. B. Kommunalunternehmensverordnung) ergeben.

79 Ergibt sich eine steuerliche Buchführungspflicht nicht aus anderen als den Steuergesetzen (§ 140 AO), sind die gewerblichen Einkünfte des BgA trotzdem im Rahmen einer Buchführung zu ermitteln, wenn der BgA bestimmte **Größenmerkmale** überschreitet (§ 141 AO).[108] Dies ist der Fall, wenn Umsätze von mehr als 350.000 € im Kalenderjahr oder ein Gewinn von mehr als 30.000 € im Wirtschaftsjahr erzielt werden.

80 Juristische Personen des öffentlichen Rechts, die mit ihrem BgA weder nach § 140 AO noch nach § 141 AO zur Buchführung verpflichtet sind und auch nicht freiwillig entsprechende Bücher führen, können ihren gewerblichen Gewinn vereinfacht durch eine Gegenüberstellung der Betriebseinnahmen und der Betriebsausgaben (§ 4 Abs. 3 EStG: **Einnahme-Überschuss-Rechnung**) ermitteln.

81 Ergibt die Einkommensermittlung, dass der BgA einen Verlust erwirtschaftet, so kann dieser nach § 10d EStG im Wege des **Verlustvor- und -rücktrages** berücksichtigt werden.[109] Ein Verlustausgleich innerhalb derselben Periode zwischen verschiedenen Einkunftsarten[110] scheidet aus, da ausschließlich Einkünfte aus Gewerbebetrieb erzielt werden.

82 Für BgA von Körperschaften des öffentlichen Rechts wird ein **Freibetrag** i. H. v. **3.835 €** gewährt (§ 24 Abs. 1 KStG). Dieser Betrag i. H. v. 3.835 € ist somit vom zu versteuernden Einkommen abzuziehen, höchstens jedoch in Höhe des zuvor ermittelten Einkommens, so dass sich aufgrund der Berücksichtigung des Freibetrages kein negatives Einkommen ergeben kann.

83 Da die juristische Person des öffentlichen Rechts wegen jedes einzelnen BgA als Subjekt der Körperschaftsteuer angesehen wird[111] und folglich eine getrennte Einkommens-

---

[108] Diese Vorschrift hat gegenüber § 140 AO nur subsidiäre Bedeutung.
[109] Dieser Ausgleich wird auch als interperiodischer oder vertikaler Verlustausgleich bezeichnet.
[110] Dieser Ausgleich wird auch als innerperiodischer oder horizontaler Verlustausgleich bezeichnet.
[111] BFH vom 8. 11. 1989, BStBl. II 1990, S. 242.

II. Besteuerung nicht privatisierter kommunaler Unternehmen

ermittlung erfolgt, wird auch der Freibetrag mehrmals gewährt. Bei der Zusammenfassung mehrerer BgA zu einem BgA steht diesem der Freibetrag nur einmal zu. Die Zusammenfassung der Betriebe mit dem Ziel des Verlustausgleichs kann sich somit auch als ungünstig erweisen und sollte deshalb im Einzelfall geprüft werden.[112]

Der **Körperschaftsteuersatz** für das Einkommen von BgA beträgt gemäß § 23 Abs. 1 KStG **25%**. Dabei handelt es sich um einen Definitivsteuersatz, der unabhängig davon anfällt, ob die Gewinne an die Trägerkörperschaft weitergeleitet werden oder nicht. Zusätzlich fällt im Regelfall noch Kapitalertragsteuer in Höhe von 10% an.[113]

(2) Betriebsvermögen und Eigenkapital des BgA. Da das Vermögen eines BgA rechtlich nicht von dem des Trägers abgegrenzt ist,[114] kann der Gewinn des BgA durch die **Zuordnung** oder Nichtzuordnung **von Vermögensgegenständen** zum BgA beeinflusst werden. Es hat ebenso erhebliche Auswirkungen auf den Gewinn des Betriebes, ob dieser mit Fremdkapital des Trägers (Darlehen) oder mit Eigenkapital finanziert wird. Art und Umfang des dem Betrieb gewidmeten Vermögens haben insbesondere deshalb erhebliche steuerliche Bedeutung, weil Darlehens-, Miet- und Pachtzinsen bei der Trägerkörperschaft in der Regel in den Bereich der Vermögensverwaltung fallen. Aus diesem Grund erfolgt keine steuerliche Erfassung der Erträge (Zinsen),[115] weder durch Körperschaft- noch durch Gewerbesteuer.[116]

Eine juristische Person öffentlichen Rechts hat grundsätzlich ein Wahlrecht, ob sie Wirtschaftsgüter, die ein BgA benötigt, diesem als eigenes Vermögen zuordnet oder ob sie diese Wirtschaftsgüter an ihn vermietet oder verpachtet. Auch nach bilanzsteuerlichen Grundsätzen notwendiges **Betriebsvermögen** kann somit durch den BgA lediglich gemietet oder gepachtet werden.[117]

Eine Ausnahme besteht lediglich für Wirtschaftsgüter, die eine **wesentliche Betriebsgrundlage** des BgA darstellen. Wie bei Kapitalgesellschaften[118] greifen deshalb auch bei BgA für wesentliche Betriebsgrundlagen die Regeln über die **Betriebsaufspaltung**,[119] die jedoch im Fall von gemeinnützigen Einrichtungen nicht oder nur eingeschränkt anzuwenden sind.[120] Danach sind wesentliche Betriebsgrundlagen als Vermögen des BgA einzustufen mit der Folge, dass Miet- und Pachtzinsen insoweit nicht als Betriebsausgaben des BgA anerkannt werden.[121] Der Begriff der „**wesentlichen Betriebsgrundlage**"

---

[112] Zur steuerlichen Zusammenfassung von BgA siehe Rn. 167 ff. Der steuerliche Querverbund.
[113] Ausführlich hierzu (auch Ausnahmen davon) siehe Rn. 106 ff. Kapitalertragsteuer.
[114] Denn der BgA wird für die Zwecke der Einkommensermittlung nur fiktiv verselbständigt.
[115] Zur Vermögensverwaltung siehe Rn. 45 f.
[116] Vgl. *Frotscher/Maas*, KStG-Kommentar, § 4 KStG, Rn. 15.
[117] BFH vom 14. 3. 1984, BStBl. II 1984, S. 496.
[118] Ausgangspunkt dieser Rechtsprechung und Verwaltungsmeinung ist die steuerliche Gleichbehandlung des BgA mit einer in gleicher Weise tätigen Kapitalgesellschaft. Auch diese kann notwendiges Betriebsvermögen lediglich mieten oder pachten und dadurch die Steuerverhaftung stiller Reserven vermeiden oder die Gewerbesteuer mindern, denn Miet- und Pachtzahlungen stellen grds. Betriebsausgaben dar und mindern so den steuerpflichtigen Gewerbeertrag.
[119] Vgl. Erlass des Finanzministeriums Niedersachsen vom 22. 1. 2003, DStZ 2003, 320 mit weiteren Hinweisen zur Rechtsprechung zur Betriebsaufspaltung. Eine **Betriebsaufspaltung** liegt gem. H 137 Abs. 4 EStH vor, wenn ein Unternehmen (Besitzunternehmen) eine wesentliche Betriebsgrundlage an eine gewerblich tätige Personen- oder Kapitalgesellschaft (Betriebsunternehmen) zur Nutzung überlässt (sachliche Verflechtung) und eine Person oder mehrere Personen zusammen sowohl das Besitzunternehmen als auch das Betriebsunternehmen in dem Sinne beherrschen, dass sie in der Lage sind, in beiden Unternehmen einen einheitlichen geschäftlichen Betätigungswillen durchzusetzen (personelle Verflechtung). Liegen die Voraussetzungen einer personellen und sachlichen Verflechtung vor, ist die Vermietung oder Verpachtung keine Vermögensverwaltung mehr, sondern eine gewerbliche Vermietung oder Verpachtung. Das Besitzunternehmen ist Gewerbebetrieb.
[120] Insbesondere bei der Umwandlung gemeinnütziger Einrichtungen sind die Grundsätze der Betriebsaufspaltung nicht anzuwenden; genauer hierzu Verfügung OFD Koblenz vom 17. 11. 1998, KStK § 5 KStG Karte H 66, Verfügung der OFD Hannover vom 23. 7. 1998, KStK § 5 KStG Karte H 14.2, Erlass des Hessischen Finanzministeriums vom 13. 10. 1998, KStK § 5 KStG Karte H 21.
[121] Verfügung der OFD Frankfurt am Main vom 22. 7. 2003, DStR 2003, 2116 und BFH vom 24. 4. 2002, DB 2002, 1680.

ist folgendermaßen definiert: Es handelt sich hierbei um Wirtschaftsgüter vor allem des Anlagevermögens, die zur Erreichung des Betriebszwecks erforderlich sind und ein besonderes wirtschaftliches Gewicht für die Führung des BgA haben.[122] Dies ist der Fall, wenn sie für den Betrieb wirtschaftlich von Gewicht sind, wenn sie für den Betrieb notwendig und auf die besonderen Bedürfnisse des Betriebes zugeschnitten sind.

88 So wurden beispielsweise die von einem BgA an die Gemeinde gezahlten **Entgelte für die Nutzung öffentlicher Flächen** nicht als Betriebsausgaben anerkannt, da die angepachteten Verkehrsflächen als wesentliche Betriebsgrundlage des BgA anzusehen waren.[123]

89 Da der Träger den Umfang des Vermögens des BgA bestimmen kann, ist auch die Bildung von **gewillkürtem Betriebsvermögen**[124] zulässig.[125] Die Zuordnung eines Wirtschaftsgutes zum gewillkürten Betriebsvermögen muss unmissverständlich kundgemacht werden, so dass ein sachverständiger Dritter ohne weitere Erklärung des Steuerpflichtigen die Zugehörigkeit zum Betriebsvermögen erkennen kann.[126] Die Einlage von Wirtschaftsgütern als gewillkürtes Betriebsvermögen ist jedoch dann nicht zulässig, wenn erkennbar ist, dass die betreffenden Wirtschaftsgüter dem Betrieb keinen Nutzen, sondern Verluste bringen werden.[127]

90 Besondere Bedeutung hat die Bildung von gewillkürtem Betriebsvermögen in der **Praxis** bei der Einlage von **gewinnbringenden Beteiligungen** an Kapitalgesellschaften in BgA. Somit kann erreicht werden, dass die Besteuerung der ausgeschütteten Beteiligungserträge nach den Grundsätzen der Besteuerung für BgA erfolgt, während ohne die Einlage die Grundsätze der Vermögensverwaltung anzuwenden gewesen wären.[128] Die Einlage ist jedoch auch dann von Bedeutung, wenn Aufwendungen im Zusammenhang mit diesem Wirtschaftsgut als **Betriebsausgaben** steuermindernd geltend gemacht werden sollen.[129] Wird ein Wirtschaftsgut nicht als (gewillkürtes) Betriebsvermögen anerkannt, so liegt hinsichtlich der geltend gemachten Aufwendungen eine verdeckte Gewinnausschüttung vor.[130]

91 **Einlagen** von Wirtschaftsgütern in einen BgA sind laut Rechtsprechung mit dem Teilwert anzusetzen.[131] **Entnahmen** sind nach § 6 Abs. 1 Nr. 4 S. 1 EStG ebenfalls mit dem **Teilwert** zu bewerten. Sie liegen beispielsweise vor, wenn ein BgA veräußert worden ist, aber einzelne Gegenstände, die keinen BgA darstellen, zurückbehalten werden und in das allgemeine Verwaltungsvermögen fallen.[132] Auch die Überführung von Wirtschaftsgütern von einem BgA der juristischen Person öffentlichen Rechts in einen anderen BgA

---

[122] H 137 Abs. 5 EStH, BFH vom 26.1.1989, BStBl. II 1989, S. 455 und vom 24.8.1989, BStBl. II 1989, S. 1014.
[123] FG Düsseldorf vom 17.2.1998, EFG 1998, S. 1028, bestätigt durch BFH vom 17.5.2000, BStBl. I 2001, S. 558.
[124] Gewillkürtes Betriebsvermögen kann gebildet werden, wenn bestimmte Wirtschaftsgüter für den Betrieb des BgA zwar nicht notwendig, aber objektiv betriebsdienlich sind. Es muss dargelegt werden können, welche Beziehung das Wirtschaftsgut zum Betrieb hat und welche vernünftigen wirtschaftlichen Überlegungen dazu geführt haben, es als Betriebsvermögen zu behandeln; H 13 Abs. 1 EStH Gewillkürtes Betriebsvermögen.
[125] So auch *Streck*, KSt-Kommentar, § 4, Anm. 31 und *Theis*, DB 1981, 1256, a. A. *Piltz*, FR 1980, 35.
[126] BFH vom 22.9.1993, BStBl. II 1994, S. 172.
[127] H 13 Abs. 1 EStH „Gewillkürtes Betriebsvermögen", BFH vom 19.2.1997, BStBl. II 1997, S. 399.
[128] Zu den steuerlichen Folgen siehe Rn. 194 ff. Während sich vor Inkrafttreten des StSenkG erhebliche Unterschiede in der steuerlichen Behandlung der eingelegten Beteiligung ergaben (vgl. Einlagemodell), sind sie nach der derzeitigen Gesetzeslage nur sehr gering.
[129] So kann ein Blockheizkraftwerk zum gewillkürten Betriebsvermögen eines BgA gehören und infolgedessen sind auch Aufwendungen im Zusammenhang mit diesem BHKW (z. B. Planungskosten und Absetzung für Abnutzung) dem BgA zuzurechnen; FG Schleswig-Holstein vom 5.7.2000, EFG 2000, S. 1144.
[130] Vgl. Rn. 101 f.
[131] BFH vom 1.7.1987, FR 1987, 588. Danach ergibt sich die Bewertung zum Teilwert aus der entsprechend anzuwendenden Vorschrift des § 6 Abs. 1 Nr. 5 EStG.
[132] BFH vom 22.7.1964, BStBl. II 1964, S. 559, vgl. *Felder*, in: *Dötsch/Eversberg/Jost/Witt*, Kommentar zum KStG, § 4 KStG, Rn. 79.

II. Besteuerung nicht privatisierter kommunaler Unternehmen

derselben Trägerin ist mit dem Teilwert[133] anzusetzen, was zur zwingenden Aufdeckung der in den Wirtschaftsgütern enthaltenen stillen Reserven führt.[134]

92 Der Träger eines BgA kann nicht nur dessen Ausstattung mit Vermögen, sondern auch dessen Ausstattung mit Kapital bestimmen. Es steht der Trägerkörperschaft grundsätzlich frei, über das Ausmaß der **Finanzierung mit Eigen- oder Fremdkapital** zu entscheiden. Während Eigenkapital dem BgA dauerhaft und unentgeltlich zur Verfügung gestellt wird, stellt Fremdkapital eine Überlassung gegen Entgelt dar. Die gezahlten Darlehenszinsen stellen Betriebsausgaben dar und mindern somit den Gewinn und die Höhe der zu zahlenden Steuern.

93 Aus diesem Grund werden **Fremdkapitalzinsen** nur dann als **Betriebsausgaben** des BgA anerkannt, wenn dem Betrieb in angemessener Höhe Eigenkapital zur Verfügung gestellt wurde. Soweit das zur Verfügung gestellte Eigenkapital diese Angemessenheitsgrenze unterschreitet, sind gewährte Darlehen als Eigenkapital zu behandeln mit der Folge, dass die angefallenen Zinsen als verdeckte Gewinnausschüttungen anzusehen sind.[135]

94 Nach Ansicht der Finanzverwaltung ist ein BgA dann mit **angemessenem Eigenkapital** ausgestattet, wenn dieses mindestens 30% des Aktivvermögens beträgt. Von der juristischen Person des öffentlichen Rechts gewährte unverzinsliche Darlehen sind dabei als Eigenkapital zu behandeln.[136] Wird die Grenze von 30% unterschritten, liegen insoweit verdeckte Gewinnausschüttungen in Höhe der gezahlten Darlehenszinsen vor.

95 Die Rechtsprechung[137] entschied jedoch kürzlich, dass sich eine angemessene Eigenkapitalquote grundsätzlich im jeweiligen Einzelfall nach der Kapitalstruktur gleichartiger Unternehmen der Privatwirtschaft im maßgebenden Zeitraum bestimmt. Die Verwaltungsregelung (30% Eigenkapital) hat keine Rechtsformqualität und ist somit nicht verbindlich. Im Urteilsfall wurde eine Eigenkapitalausstattung in Höhe von 26% als angemessen angesehen.

96 Für die **Praxis** bedeutet dies: BgA, deren Eigenkapitalquote 30% (oder sogar mehr) beträgt, sollten überprüfen, wie sich vergleichbare Unternehmen der Privatwirtschaft finanzieren. Wenn diese im Durchschnitt mit weniger Eigenkapital ausgestattet sind, so wäre es sinnvoll, das Eigenkapital des BgA zu senken und durch ein (verzinsliches) Darlehen der Trägerkörperschaft zu ersetzen. Somit kann der BgA die Zinsen als Betriebsausgaben geltend machen und die zu zahlende (Körperschaft-)Steuer verringern, während die durch die Trägerkörperschaft vereinnahmten Zinsen steuerfrei bleiben, da sie in der Regel die Vermögensverwaltung betreffen.[138]

---

[133] Vgl. Erlass Finanzministerium Hessen vom 17.4.1997, S 2706 A 27/1 II B 3a, Erlass Finanzministerium Baden-Württemberg vom 12.5.1997, 3 S 0206/82, Erlass Finanzministerium Sachsen-Anhalt vom 3.9.1997, 43 S 2706 89, DB 1997, 2355, Verfügung der OFD Koblenz vom 31.1.2000, S 2706 A St 34 2, BB 2000, 1293.

[134] Vor dem Hintergrund der Gleichstellung von BgA mit Kapitalgesellschaften (Rn. 100, insb. Fn. 142) ist diese zwingende Aufdeckung der stillen Reserven nachvollziehbar. Allerdings wird in der Literatur zutreffend angemerkt, dass, sofern man von einer Gleichstellung von BgA und ihrer Träger mit Kapitalgesellschaften und deren Gesellschaftern ausgeht, die Übertragung von Wirtschaftsgütern mit dem gemeinen Wert und nicht dem Teilwert zu bewerten sei, da die Übertragung von Wirtschaftsgütern zwischen sog. Schwestergesellschaften (Kapitalgesellschaften, an denen die selben Gesellschafter beteiligt sind) zu verdeckten Gewinnausschüttungen und verdeckten Einlagen führen, und diese werden mit dem gemeinen Wert und nicht mit dem Teilwert angesetzt; vgl. *Gastl*, Die Besteuerung juristischer Personen öffentlichen Rechts, DStZ 2003, 99 (103). Für die Praxis kann aber von der Faustregel ausgegangen werden, dass gemeiner Wert und Teilwert i.d.R. identisch sind. Zu verdeckten Gewinnausschüttungen und verdeckten Einlagen siehe Rn. 100 ff.

[135] A 28 Abs. 3 S. 9 KStR. Zur verdeckten Gewinnausschüttung siehe Rn. 101 f.

[136] A 28 Abs. 3 S. 4 u. 7 KStR.

[137] BFH vom 9.7.2003, DStR 2003, 1874.

[138] Allerdings birgt das BFH-Urteil bei konsequenter Auslegung auch die Gefahr in sich, dass wohl auch höhere Eigenkapitalquoten als die bisher von der Verwaltung verwendeten 30% gefordert werden können, soweit konkurrierende private Unternehmen mit entsprechendem Eigenkapital ausgestattet sind.

Zu beachten: neue Rechtslage seit dem 1.1.2004

97 Mit Wirkung zum 1.1.2004 führte der Gesetzgeber mit § 8a KStG neuer Fassung eine Regelung ein, die bei Überlassung von Darlehensmitteln von einer Kommune an eine Kapitalgesellschaft, deren Gesellschafterin sie ist, unter bestimmten Voraussetzungen die Hinzurechnung der für die Überlassung der Darlehensmittel geschuldeten Vergütung (i.d.R. Zinszahlungen) zu dem steuerlichen Ergebnis der Kapitalgesellschaft vorschreibt. Voraussetzung ist u.a., dass die für die Überlassung des Kapitals an die Kapitalgesellschaft vereinbarte Vergütung die Freigrenze von EUR 250.000,00 pro Jahr übersteigt und fremde Dritte, insbesondere Kreditinstitute, das Darlehen nicht zu gleichen Konditionen überlassen hätten.

98 Besteht die Vergütung für die Überlassung des Fremdkapitals, wie im Normalfall üblich, in Zinsverpflichtungen (Bruchteil des Darlehensbetrages), so sind diese Zinsen nicht dem steuerlichen Ergebnis des BgA hinzuzurechnen, wenn die Darlehenssumme 150 v.H. des Eigenkapitals des BgA oder der Kapitalgesellschaft, jeweils bezogen auf den Anteil, den die Darlehensgeberin an der Gesellschaft hält, nicht übersteigt („safe haven"), selbst wenn die Zinsbelastung die vorgenannten 250.000 € übersteigt.

99 Zwar gilt die Regelung des § 8a KStG nach dem Gesetzeswortlaut und auch nach der Verwaltungsansicht[139] zunächst nur für Kapitalgesellschaften und nicht für BgA. Aufgrund des Vergleichs der Beziehung zwischen Kommune und BgA mit der zwischen Gesellschafter und Kapitalgesellschaft (siehe Rn. 100 u. Fn. 142) kann jedoch unseres Erachtens nicht ausgeschlossen werden, dass § 8a KStG früher oder später auch für BgA angewendet werden soll. Aufgrund der in § 8a KStG angegebenen Größengrenzen dürfte er jedoch selbst dann praktisch kaum zur Anwendung kommen.

(3) Verdeckte Gewinnausschüttungen bei Leistungsbeziehungen zwischen Betrieben gewerblicher Art und ihrer Trägerkörperschaft.
100 BgA gelten für die Einkommensermittlung als verselbständigt,[140] obwohl sie zivil- und verwaltungsrechtlich gesehen eine Einheit mit ihrer Trägerkörperschaft darstellen. Diese steuerliche Verselbständigung der BgA beruht auf einer Fiktion, die notwendigerweise auch die steuerliche **Anerkennung von Verträgen** zwischen BgA und der Trägerkörperschaft einschließt.[141] Aufgrund der fiktiven Selbständigkeit nehmen BgA eine ähnliche Stellung zu ihrer Trägerkörperschaft wie Kapitalgesellschaften zu ihren Gesellschaftern ein.[142] Vereinbarungen zwischen BgA und Trägerkörperschaft müssen daher stets schriftlich gefasst und klar und eindeutig sein. Sie können nur für die Zukunft, nicht aber mit Rückwirkung für die Vergangenheit getroffen werden.[143] Wie bei Kapitalgesellschaften ist im Einzelfall zu prüfen, ob verdeckte Gewinnausschüttungen oder verdeckte Einlagen vorliegen.

101 **Verdeckte Gewinnausschüttungen** (vGA) sind Vermögensminderungen oder verhinderte Vermögensmehrungen des BgA, die durch das Verhältnis zur Trägerkörperschaft veranlasst sind und sich auf das Einkommen des BgA auswirken.[144] Gemäß § 8 Abs. 3

---

[139] BMF vom 15.7.2004, BStBl. I 2004, S. 593 mit Verweis auf BMF vom 15.12.1994, BStBl. I 1995, S. 25.
[140] A 28 KStR.
[141] Vgl. *Hermann/Heuer/Raupach*, EStG- und KStG-Kommentar, § 4 KStG, Anm. 85, A 28 Abs. 2 KStR.
[142] BFH vom 1.9.1982, BStBl. II 1983, S. 147 und vom 31.7.1990, BStBl. II 1991, S. 315. Allerdings vertreten Finanzverwaltung und Rechtsprechung in letzter Zeit verstärkt die Ansicht, dass das Verhältnis zwischen BgA und seiner Trägerkörperschaft eine Zwischenstellung zwischen dem Verhältnis von Kapitalgesellschaft und ihrem Anteilseigner und der Beziehung eines Einzelunternehmers zu seinem Unternehmen einnimmt, wobei eine größere Nähe zum Verhältnis zwischen einer Kapitalgesellschaft und deren Anteilseigner besteht (Erlass Finanzministerium Hessen vom 17.4.1997, KStK § 4 KStG, Karte A 20). Insbesondere aufgrund der Möglichkeit der Bildung von gewillkürtem Betriebsvermögen und der Frage der Beurteilung einer Änderung der Vermögenszuordnung (ehemals BgA, jetzt anderer BgA oder hoheitlicher Bereich) als Entnahme oder verdeckte Gewinnausschüttung wird das Verhältnis zumindest zum Teil wie das zwischen Einzelunternehmer zu seinem Unternehmen gesehen; BFH vom 24.4.2002, DB 2002, 1693; vgl. auch *Gastl*, Die Besteuerung juristischer Personen öffentlichen Rechts, DStZ 2003, 99 (103).
[143] BFH vom 12.7.1967, BStBl. 1967, S. 679.
[144] A 31 Abs. 3 S. 1 KStR.

II. Besteuerung nicht privatisierter kommunaler Unternehmen

S. 2 KStG mindern sie das Einkommen nicht. Ausgaben, die ein BgA getätigt hat, werden somit nicht als Betriebsausgaben anerkannt und wirken sich nicht steuermindernd aus.

Verdeckte Gewinnausschüttungen können bei allen Rechtsbeziehungen zwischen BgA **102** und Trägerkörperschaft eine Rolle spielen.[145] Beispielsweise haben **Leistungsverrechnungen** zwischen einem BgA und dem Hoheitsbereich der Trägerkörperschaft zu einem im Geschäftsverkehr üblichen Entgelt zu erfolgen, da sonst eine verdeckte Gewinnausschüttung vorliegt. Neben dem vollen Ausgleich der Kosten ist deshalb ein angemessener Gewinnaufschlag erforderlich.[146] So liegt eine verdeckte Gewinnausschüttung vor, wenn Bedienstete eines BgA Wassermesseinrichtungen ablesen und die Ableseergebnisse (Hebedaten) der Trägerkörperschaft zu deren hoheitlichen Zwecken (Abwassergebührenerhebung) zur Verfügung stellen, ohne hierfür ein im Geschäftsverkehr übliches Entgelt zu verlangen.[147]

Konzessionsausgaben stellen für BgA grundsätzlich Betriebsausgaben dar, die im **103** Bereich der Trägerkörperschaft dem vermögensverwaltenden Bereich zuzuordnen sind. Allerdings führen unrichtige, überhöhte oder grundlegend nicht gerechtfertigte Konzessionsabgaben zu einer verdeckten Gewinnausschüttung.[148] Im Zeitpunkt der Erhebung der Abgabe müssen entsprechende Satzungen und Verträge vorliegen.

Allgemein lässt sich in Bezug auf durch die Finanzverwaltung für BgA **anerkannte** **104** **Betriebsausgaben** Folgendes sagen: Wegen der zivil- und verwaltungsrechtlichen Einheit zwischen BgA und Träger sind Aufwendungen der Trägerkörperschaft, die dieser aus der Unterhaltung des BgA erwachsen, auch ohne besondere Regelung zwischen BgA und Trägerkörperschaft als Betriebsausgaben des BgA zu berücksichtigen.[149] Vereinbarungen wie bei Schuldverhältnissen sind zwischen dem Träger und dessen BgA insoweit nicht erforderlich.[150] Grundvoraussetzung für den Betriebsausgabenabzug ist jedoch die Veranlassung der Aufwendungen durch die wirtschaftliche Betätigung. Kann diese nicht hinreichend dargelegt werden, so stellen auch Zahlungen an einen Dritten keine Betriebsausgaben des BgA dar, da sie dem Hoheitsbereich zugerechnet werden.[151] Haben Kosten ihren Anlass sowohl im hoheitlichen Bereich als auch in der wirtschaftlichen Tätigkeit, kann eine Aufteilung erfolgen.[152]

Im Unterschied zu verdeckten Gewinnausschüttungen werden **verdeckte Einlagen** **105** nicht im Gesetz erwähnt. Sie liegen vor, wenn eine juristische Person öffentlichen Rechts einem BgA einen **einlagefähigen Vermögensvorteil** zuwendet und diese Zuwendung durch das Verhältnis zwischen der Trägerin und ihrem BgA veranlasst ist.[153] Dies ist dann der Fall, wenn ein fremder Dritter bei Anwendung der Sorgfalt eines ordentlichen Kaufmanns dem BgA den Vermögensvorteil nicht eingeräumt hätte.[154] Gegenstand einer verdeckten Einlage kann neben der Einlage eines Wirtschaftsguts beispielsweise auch der Erlass einer Forderung gegen den BgA (z. B. in Form eines Eigenbetriebes), aber nicht die Einräumung eines Nutzungsrechtes sein.[155] Während sich auf der Seite der Trägerkörper-

---

[145] Zu vGA bei Miet- und Pachtverträgen im Zusammenhang mit der Überlassung von betriebsnotwendigem Vermögen und zu vGA im Zusammenhang mit Darlehensverträgen zur Ausstattung des BgA mit Fremdkapital siehe Rn. 90 u. 93 f.
[146] BFH vom 27. 6. 2001, BStBl. II 2001, S. 773 und BFH vom 10. 7. 1996, BStBl. II 1997, S. 230.
[147] BFH vom 10. 7. 1996, DStR 1997, 153.
[148] BMF vom 9. 2. 1998, BStBl. I 1998, S. 209 f., OFD Münster, Steuerinfos für Städte und Gemeinden, Sept. 2002.
[149] A 28 Abs. 5 S. 1 KStR.
[150] Vgl. *Felder*, in: *Dötsch/Eversberg/Jost/Witt*, Kommentar zum KStG, § 4 KStG, Rn. 72.
[151] FG Rheinland-Pfalz vom 4. 2. 2000, 3-K-2136/97.
[152] Diese Aufteilung hat jedoch entsprechend der „Gewichtungstheorie" zu erfolgen; vgl. BFH vom 27. 3. 1991, BStBl. I 1992, S. 103. Eine Aufteilung der Kosten in „hoheitlich verursacht" und „wirtschaftlich verursacht" ohne die Gewichtung der Entstehungsanlässe kommt nicht in Frage.
[153] Analog zu A 36a Abs. 1 S. 1 KStR.
[154] Z. B. BFH vom 16. 4. 1991, BStBl. II 1992, S. 234.
[155] *Weber-Grellet*, Die verdeckte Einlage, DB 1998, 1532 (1535).

schaft keine steuerlichen Folgen aus einer verdeckten Einlage ergeben,[156] stellt die Vermögensmehrung innerhalb des BgAs keine Betriebseinnahme dar und ist daher gewinnneutral. Zwar ergibt sich in der Handelsbilanz eine Vermögensmehrung (Zugang Aktivseite oder Verminderung Passivseite), das steuerliche Einkommen des BgA bleibt jedoch unverändert. Aus diesem Grund ist eine verdeckte Einlage beispielsweise nicht geeignet, um einem dauerdefizitären BgA zu einer Gewinnrealisierung durch Vermögenszuführung zu verhelfen, um damit eventuell das Vorliegen eines Gewerbebetriebes herbeizuführen.[157]

b) Kapitalertragsteuer

106 Neben der Ebene des BgA selbst (entspricht der Gesellschaftsebene bei Kapital- oder Personengesellschaften) spielt auch die Ebene der dahinter stehenden juristischen Personen des öffentlichen Rechts (entspricht der Gesellschafterebene) eine Rolle.

107 Vor dem Inkrafttreten des StSenkG[158] erfolgte eine Besteuerung ausschließlich auf Ebene des BgA. Die versteuerten Gewinne konnten ohne weitere Abzüge an die juristische Person weitergeleitet bzw. durch diese entnommen werden. Dieser Vorgang war steuerlich irrelevant und wurde nicht als Ausschüttung qualifiziert.

108 Das StSenkG und das UntStFG[159] brachten jedoch eine wesentliche Änderung mit sich: Mit § 20 Abs. 1 Nr. 10 a und b EStG wurden neue Einkommenstatbestände in das EStG aufgenommen, die dazu führen, dass durch einen BgA an die Trägerkörperschaft weitergeleitete (§ 20 Abs. 1 Nr. 10 a EStG) oder aber lediglich erzielte (und nicht den Rücklagen zugeführte) **Gewinne** (§ 20 Abs. 1 Nr. 10 b EStG)[160] wie eine Ausschüttung behandelt werden und damit für die juristische Person öffentlichen Rechts **Einkünfte aus Kapitalvermögen** darstellen.

109 Die Steuererhebung auf die Einkünfte aus Kapitalvermögen erfolgt in Form der Einbehaltung von **Kapitalertragsteuer** in Höhe von **10%** (§ 43 Abs. 1 S. 1 Nrn. 7 b u. 7 c EStG i.V.m. § 43a Abs. 1 Nrn. 5 u. 6 EStG). Aufgrund dieses Steuerabzugs ergibt sich eine beschränkte Körperschaftsteuerpflicht der juristischen Person öffentlichen Rechts, da diese mit den Einkünften, von denen ein Steuerabzug vorzunehmen ist, beschränkt steuerpflichtig ist (§ 2 Nr. 2 KStG).

110 Damit wird die wirtschaftliche Betätigung einer juristischen Person öffentlichen Rechts unabhängig davon, ob sie in der Form eines BgA oder einer Kapitalgesellschaft ausgeübt wird, im Ergebnis der gleichen Steuerbelastung unterworfen.[161]

111 Die Körperschaftsteuer für diese – dem Kapitalertragsteuerabzug unterliegenden – Einkünfte ist durch den Steuerabzug abgegolten (§ 32 Abs. 1 Nr. 2 KStG), es ergibt sich ebenfalls keine gesonderte Einkommensteuerpflicht.[162] Die 10%ige KapESt ist somit nicht anrechenbar und kann auch nicht nach § 44c Abs. 2 Nr. 2 EStG zur Hälfte erstattet werden. Die juristische Person öffentlichen Rechts gibt demzufolge auch keine Steuererklärung ab, in der die Einkünfte aus Kapitalvermögen anzugeben sind.

112 Das Gesetz unterscheidet hinsichtlich der Rechtsfolgen zwischen BgA mit und ohne eigene Rechtspersönlichkeit.

113 **aa) Betrieb gewerblicher Art mit eigener Rechtspersönlichkeit.** Nach § 20 Abs. 1 Nr. 10 a EStG stellen **Leistungen** eines nicht von der KSt befreiten BgA **mit eigener Rechtspersönlichkeit**,[163] die zu mit Gewinnausschüttungen wirtschaftlich vergleichbaren Einnahmen führen, Einkünfte aus Kapitalvermögen dar.

---

[156] Denn auf Seiten der Trägerkörperschaft ist nur der steuerlich irrelevante hoheitliche Bereich betroffen.
[157] Zum BgA als Gewerbebetrieb siehe Rn. 151, zur Anwendung siehe beispielsweise Rn. 256 ff., Organschaft (insb. Rn. 262).
[158] Steuersenkungsgesetz vom 23.10.2000, BStBl. I 2000, S. 1428.
[159] Unternehmensteuerfortentwicklungsgesetz vom 20.12.2001, BStBl. I 2002, S. 35.
[160] Zur Abgrenzung der beiden Alternativen siehe Rn. 113 ff.
[161] BMF-Schreiben vom 11.9.2002, BStBl. I 2002, S. 935, Rn. 3; siehe jedoch Rn. 203 u. 218.
[162] Klargestellt durch § 50 Abs. 5 S. 1 EStG.
[163] Zum Vorliegen eines BgA mit eigener Rechtspersönlichkeit vgl. Rn. 38 ff.

II. Besteuerung nicht privatisierter kommunaler Unternehmen

Der im BgA mit eigener Rechtspersönlichkeit erwirtschaftete **Gewinn** muss daher an 114
den Gewährträger **weitergeleitet**, also „ausgeschüttet" werden, wenn dieser Steuertatbestand greifen soll.[164] Auch verdeckte Gewinnausschüttungen und Gewinnübertragungen aus steuerfreien Einnahmen (z. B. Gewinnausschüttungen von Kapitalgesellschaften, die nach § 8b Abs. 1 KStG steuerfrei bleiben) unterliegen der Besteuerung.[165]

Außer für BgA mit eigener Rechtspersönlichkeit findet § 20 Abs. 1 Nr. 10a EStG auch 115
dann Anwendung, wenn eine juristische Person aus ihrem BgA ohne eigene Rechtspersönlichkeit[166] Leistungen an eine andere juristische Person öffentlichen Rechts (insbesondere deren BgA) erbringt.

Die **KapESt** entsteht im **Zeitpunkt** des Zuflusses der Erträge bei der Trägerkörper- 116
schaft des BgA (§ 44 Abs. 1 S. 2 EStG). Der BgA muss den Steuerabzug für die Trägerkörperschaft vornehmen (§ 44 Abs. 1 S. 3 EStG).[167]

Bisher wurde nur auf den wohl häufigsten Fall der „Gewinnausschüttung" an die eige- 117
ne Trägerkörperschaft hingewiesen. Die Vorschrift greift jedoch auch, wenn der Empfänger der Leistungen unbeschränkt körperschaftsteuerpflichtig ist und die ausschüttungsgleichen Leistungen in einem inländischen gewerblichen Betrieb anfallen. Das heißt: Die KapESt ist auch abzuführen, wenn ein BgA an einen anderen BgA „ausschüttet". Allerdings kann die einbehaltene KapESt hier in vollem Umfang im Rahmen der Veranlagung zur KSt angerechnet werden (§ 36 Abs. 2 S. 2 Nr. 2 EStG i. V. m. § 31 KStG), so dass keine endgültige, sondern nur eine vorübergehende Belastung mit KapESt erfolgt.

bb) Betrieb gewerblicher Art ohne eigene Rechtspersönlichkeit. Gemäß § 20 Abs. 1 118
Nr. 10b EStG zählen auch nicht den Rücklagen zugeführte **Gewinne** und verdeckte Gewinnausschüttungen eines BgA **ohne eigene Rechtspersönlichkeit** zu den Einkünften aus Kapitalvermögen, wenn dieser seinen Gewinn durch Betriebsvermögensvergleich ermittelt, Umsätze von mehr als 350.000 € im Kalenderjahr oder einen Gewinn von mehr als 30.000 € im Wirtschaftsjahr[168] erzielt oder einbringungsgeborene Anteile[169] veräußert (§ 21 Abs. 3 UmwStG).

Sollte für einen BgA eine Verpflichtung zum Betriebsvermögensvergleich bestehen 119
und wird diese nicht beachtet, so ist der Gewinn nach den Grundsätzen des Betriebsvermögensvergleichs zu schätzen (§ 162 AO).

„Gewinn" bedeutet derjenige Gewinn des BgA, den die juristische Person öffentlichen 120
Rechts für Zwecke außerhalb des Unternehmens verwenden kann. Dies entspricht nach handelsrechtlicher Betrachtung dem Jahresüberschuss (§ 275 HGB). Sollte nur eine Steuerbilanz aufgestellt werden, gilt als Gewinn der Unterschiedsbetrag nach § 4 Abs. 1 Nr. 1 EStG. Der ermittelte Gewinn ist weder um nicht abziehbare Aufwendungen (§ 4 Abs. 5 EStG) noch um bei der Einkommensermittlung außer Ansatz bleibende Beträge (z. B. Gewinnausschüttungen oder Anteilsveräußerungen nach § 8b KStG) zu erhöhen. Er ist jedoch um die Beträge für den Ausgleich von Verlusten aus früheren Wirtschaftsjahren zu kürzen.[170]

Der Gewinn unterliegt nicht der Besteuerung, soweit er den **Rücklagen** des BgA zu- 121
geführt wird. Als Rücklagenzuführung gilt dabei jedes Stehenlassen von Gewinnen als Eigenkapital für Zwecke des BgA, unabhängig davon, unter welcher Position des Eigenkapitals dies erfolgt. Die Zulässigkeit der Rücklagenbildung richtet sich nach dem Haus-

---

[164] Nicht erfasst werden Leistungen des BgA, soweit es sich um die Rückgewähr von Einlagen handelt. Um eine Trennung von Gewinnanteilen zu ermöglichen, müssen BgA mit eigener Rechtspersönlichkeit ein steuerliches Einlagekonto i. S. d. § 27 KStG führen, BMF-Schreiben vom 11. 9. 2002, Rn. 13.
[165] BMF-Schreiben vom 11. 9. 2002, BStBl. I 2002, S. 935, Rn. 7 u. 8.
[166] Z. B. ein Zweckverband, der neben dem BgA Wasserversorgung auch noch den Hoheitsbetrieb Entsorgung betreibt.
[167] Im Ergebnis muss die juristische Person öffentlichen Rechts die Steuer demnach für sich selbst einbehalten, da der BgA nicht rechtsfähig und nur ein steuerliches Konstrukt ist.
[168] Bei den Größen handelt es sich um die Grenzen, die auch nach § 141 AO zur Buchführungspflicht führen, wenn sich keine solche nach anderen Gesetzen ergeben sollte (§ 140 AO).
[169] Zum Begriff und zur Entstehung von einbringungsgeborenen Anteilen siehe Rn. 208.
[170] BMF-Schreiben vom 11. 9. 2002, Rn. 22.

haltsrecht und wird somit nicht anerkannt, soweit der Gewinn haushaltsrechtlich der Trägerkörperschaft zuzurechnen ist. Werden derartige Gewinne dennoch in der Bilanz des BgA „stehen gelassen", ist KapESt (auf die „Ausschüttung") zu erheben und der Gegenwert gilt als Einlage in den BgA.[171]

122 Die **Auflösung von Rücklagen** für Zwecke außerhalb des BgA gilt als Gewinn im o. g. Sinne. Sie liegt vor, wenn die Rücklagen für den hoheitlichen Bereich der Trägerkörperschaft eingesetzt werden, aber auch dann, wenn sie einem anderen BgA derselben Trägerkörperschaft oder einer Eigengesellschaft zugeführt werden.[172] Ebenso können zwischen verschiedenen BgA derselben Trägerkörperschaft auch *verdeckte* Gewinnausschüttungen vorliegen (nicht nur in der direkten Beziehung zwischen BgA und Trägerkörperschaft), die auf die gleiche Weise besteuert werden.[173]

123 Die **Kapitalertragsteuer** auf Gewinne und verdeckte Gewinnausschüttungen **entsteht** im Zeitpunkt der Bilanzfeststellung.[174] Bei der Auflösung von Rücklagen entsteht die Steuer am Tage nach der Beschlussfassung über die Verwendung und auf Gewinne aus der Veräußerung von einbringungsgeborenen Anteilen nach § 21 Abs. 3 UmwStG[175] am Tage nach der (u. U. fiktiven[176]) Veräußerung.

124 Für den Vergleich zwischen BgA mit und ohne Rechtspersönlichkeit bleibt also festzuhalten: Liegen „kleine" BgA (mit Gewinnen < 30.000 € und Umsätzen < 350.000 €) vor, die somit nicht nach § 141 AO buchführungspflichtig sind, findet auch § 20 Abs. 1 Nr. 10b EStG keine Anwendung. „Ausschüttungen" solcher BgA an ihre Trägerkörperschaft können somit auch in Zukunft ohne Steuerbelastung erfolgen, wenn es sich nicht um BgA mit eigener Rechtspersönlichkeit (Zweckverband, Kommunalunternehmen) handelt.[177]

125 An dieser Stelle sei nochmals darauf hingewiesen,[178] dass die Belastung mit Kapitalertragsteuer nur die Ebene der juristischen Person öffentlichen Rechts betrifft. Die Besteuerung des BgA läuft daneben parallel.[179]

c) Umsatzsteuer

126 **aa) Allgemeines zur Umsatzsteuerpflicht.** Juristische Personen des öffentlichen Rechts sind nach § 2 Abs. 3 UStG im Rahmen ihrer BgA gewerblich tätig und damit **Unternehmer** im Sinne des Umsatzsteuergesetzes. Von BgA ausgeführte Lieferungen und Leistungen unterliegen somit grundsätzlich der Umsatzsteuer (§ 1 Abs. 1 UStG).

127 Die Gesamtheit aller BgA bildet **das Unternehmen** der juristischen Person des öffentlichen Rechts.[180] Die körperschaftsteuerliche Problematik der Zusammenfassung von BgA[181] spielt somit umsatzsteuerlich keine Rolle.

128 **Bemessungsgrundlage** der Umsatzsteuer für Lieferungen oder Leistungen eines BgA ist das Entgelt. **Entgelt** ist alles, was der Leistungsempfänger aufwendet, um die Leistung zu erhalten, jedoch abzüglich der Umsatzsteuer (Gegenleistung).

129 Das Umsatzsteuergesetz sieht im Regelfall die Besteuerung nach vereinbarten Entgelten vor (sog. **Soll-Besteuerung**, § 16 Abs. 1 S. 1 UStG). Die Bemessungsgrundlage richtet

---

[171] BMF-Schreiben vom 11. 9. 2002, Rn. 23.
[172] Gedankliche Schritte: 1. Zuführung in den hoheitlichen Bereich der Trägerkörperschaft (vGA), 2. Einlage.
[173] Die für verdeckte Gewinnausschüttungen und Einlagen entwickelte Grundsätze gelten entsprechend.
[174] § 44 Abs. 6 S. 2 EStG i. V.m. BMF-Schreiben vom 11. 9. 2002, Rn. 32.
[175] Zur Definition und Entstehung von einbringungsgeborenen Anteilen siehe Rn. 208 ff.
[176] Neben der Veräußerung selbst lösen auch die in § 21 Abs. 2 UmwStG aufgeführten Ereignisse die Rechtsfolgen einer Veräußerung aus, z. B. Auflösung der Kapitalgesellschaft oder Ausschüttung des steuerlichen Einlagekontos.
[177] Zur Weiterleitung von Beteiligungserträgen (aus Kapitalgesellschaften) von BgA an ihre Träger siehe Rn. 201.
[178] Vgl. Rn. 106 ff.
[179] Vgl. vor allem Rn. 68 ff. zur Körperschaftsteuer.
[180] A 23 Abs. 2 S. 1 UStR.
[181] Siehe Rn. 169 ff.

II. Besteuerung nicht privatisierter kommunaler Unternehmen

sich hierbei nach dem Entgelt in der Höhe, die zwischen „dem BgA" und dem Leistungsempfänger im Zeitpunkt der Ausführung des Umsatzes vereinbart wurde.

Für bestimmte Ausnahmefälle räumt das Gesetz die Möglichkeit ein, auf Antrag die Umsatzsteuer nach dem vereinnahmten Entgelt (sog. **Ist-Besteuerung**, § 20 UStG) zu berechnen. Hierbei richtet sich die Bemessungsgrundlage nach dem tatsächlich gezahlten Entgelt. Dies gilt jedoch nur für BgA, deren Gesamtumsatz im vorangegangenen Kalenderjahr nicht mehr als 125.000 € betragen hat, oder für solche, die aufgrund von Billigkeitsmaßnahmen (§ 148 AO) von der Verpflichtung, Bücher zu führen oder regelmäßig Abschlüsse zu machen, befreit sind. 130

Für BgA zwar von untergeordneter Bedeutung, aber nicht völlig zu vernachlässigen sind die Regelungen zur Besteuerung von **unentgeltlichen Wertabgaben**. Hierunter fällt z. B. die **Entnahme** eines dem BgA zugeordneten Gegenstandes durch die juristische Person öffentlichen Rechts für Zwecke außerhalb des BgA oder auch nur die **Verwendung** eines Gegenstandes für Zwecke außerhalb des BgA. Da das Entgelt i. H. v. 0 in diesen Fällen als Bemessungsgrundlage für die Umsatzsteuer ausscheidet, bemisst sich diese nach dem Einkaufspreis abzüglich AfA (Gegenstandsentnahme; § 10 Abs. 4 Nr. 1 UStG i.V. m. § 3 Abs. 1b S. 1 Nr. 1 UStG) oder nach den entstandenen Kosten (Leistungsentnahme; § 10 Abs. 4 Nr. 2 UStG i. V. m. § 3 Abs. 9 a S. 1 Nr. 1 UStG). 131

Der **Steuersatz** beträgt gemäß § 12 Abs. 1 UStG grundsätzlich 16%. Für bestimmte Umsätze ist dieser Satz auf 7% ermäßigt. Für BgA ist hier besonders die Steuerermäßigung für die Lieferung von Wasser von Bedeutung.[182] 132

Da eine jPöR mit ihren BgA Unternehmer ist, steht ihr der **Vorsteuerabzug** aus empfangenen Lieferungen und Leistungen zu (§ 15 Abs. 1 UStG). Die an andere Unternehmer für deren Lieferungen und Leistungen gezahlte Umsatzsteuer kann somit von der eigenen, an das Finanzamt zu entrichtenden Umsatzsteuer abgezogen werden. **Voraussetzung** für den Vorsteuerabzug ist, dass der BgA eine Rechnung erhält, in der die Umsatzsteuer neben dem Nettoentgelt gesondert ausgewiesen ist. Der Vorsteuerabzug ist möglich, sobald die Leistung ausgeführt wurde und die Rechnung vorliegt. Es kommt nicht auf die Zahlung des Umsatzsteuerbetrags an den leistenden Unternehmer an (Soll-Prinzip). 133

Weichen die Zeitpunkte, in denen Lieferungen oder sonstige Leistungen an den Unternehmer erfolgen und in denen dafür die Rechnungen erteilt werden, voneinander ab, ist der Vorsteuerabzug erst dann möglich, wenn sowohl die Lieferung oder sonstige Leistung erfolgt ist als auch die Rechnung mit gesondertem Steuerausweis erteilt ist. Eine Ausnahme bilden gesondert ausgewiesene Umsatzsteuerbeträge bei Anzahlungen, für die gemäß § 15 Abs. 1 Nr. 1 Satz 3 UStG das Vorliegen der (Anzahlungs-)Rechnung und die Leistung der Zahlung genügt. 134

Ein Vorsteuerabzug ist nicht möglich, wenn der BgA erhaltene Leistungen für die Ausführung steuerfreier Umsätze verwendet (voller **Ausschluss vom Vorsteuerabzug**; § 15 Abs. 2 S. 1 Nr. 1 UStG). Er scheidet ebenfalls aus, wenn die Vorsteuerbeträge auf bestimmte nach dem Einkommensteuergesetz nicht abzugsfähige Aufwendungen entfallen (§ 15 Abs. 1a Nr. 1 UStG; teilweiser Ausschluss vom Vorsteuerabzug). Hier ist dann nicht entscheidend, ob sie der BgA zur Ausführung steuerfreier oder steuerpflichtiger Umsätze verwendet. 135

Wie für andere Unternehmer gelten auch für juristische Personen öffentlichen Rechts im Rahmen ihrer BgA die im Umsatzsteuergesetz allgemein geltenden Steuerbefreiungen. 136

bb) Abgrenzungsprobleme und Auslegungsfragen zur Umsatzsteuerpflicht der öffentlichen Hand. Durch die teilweise Umsatzsteuerpflicht der öffentlichen Hand soll erreicht werden, dass es nicht zu **Wettbewerbsverzerrungen** kommt, weil Leistungen der öffentlichen Hand nicht mit Umsatzsteuer belastet (und damit günstiger) sind. 137

---

[182] Anlage 2 zum UStG i.V. m. § 12 Abs. 2 S. 1 Nr. 1 UStG.

138 Das **deutsche Umsatzsteuergesetz** geht von einer Steuerpflicht der juristischen Personen öffentlichen Rechts ausschließlich im Rahmen ihrer BgA aus und verweist dabei auf die Verwendung des Begriffes des BgA im Sinne des Körperschaftsteuergesetzes.[183] In Zweifelsfällen muss jedoch auch die **6. EG-Richtlinie**[184] zur Auslegung herangezogen werden. Sollte sich nach beiden Vorschriften eine abweichende Auslegung ergeben, so hat die Anwendung der 6. EG-Richtlinie Anwendungsvorrang vor dem deutschen Recht.[185] Eine abweichende Beurteilung kann sich für die Steuerpflicht der öffentlichen Hand ergeben, weil das deutsche Umsatzsteuerrecht (über die Definition des Begriffes BgA im KStG) auf Inhalt und Qualität der Tätigkeiten, das europäische Recht aber auf die Ausübungsmodalitäten, also die Form der Rechtsvorschriften, nach denen die Tätigkeiten ausgeübt werden, abstellt. Nach europäischem Recht besteht Steuerpflicht für juristische Personen öffentlichen Rechts nur dann nicht, wenn die Ausübung der Tätigkeit durch eine öffentliche Einrichtung im Rahmen der öffentlichen Gewalt erfolgt (Art. 4 Abs. 5 Unterabs. 1 der 6. EG-Richtlinie).

139 Wie im deutschen gilt auch im europäischen Recht das **Wettbewerbskriterium als Auslegungsmaßstab**. Bei Eintreten größerer Wettbewerbsverzerrungen besteht danach Umsatzsteuerpflicht (Art. 4 Abs. 5 Unterabs. 2 der 6. EG-Richtlinie). Nach europäischem Recht liegt eine wettbewerbsrelevante Tätigkeit immer dann vor, wenn private Rechtsträger mit derselben Tätigkeit zur öffentlichen Hand in Wettbewerb treten können. Dies ist nicht der Fall, wenn die juristische Person öffentlichen Rechts ausschließlich selbst tätig werden kann, weil es hierfür eine öffentlich-rechtliche Regelung gibt.[186] Der Wettbewerbsnachteil für private Anbieter hat seine Ursache dann nicht im Steuerrecht, sondern in anderen Gesetzen.

cc) Anwendungsfälle und Entscheidungen

140 (1) **Leistungsbeziehungen zwischen einem Betrieb gewerblicher Art und dem hoheitlichen Bereich seiner Trägerkörperschaft.** Insbesondere beim Einsatz von Personal ist es von Bedeutung, ob die **Überlassung von Personal** der juristischen Person öffentlichen Rechts im Rahmen eines BgA erfolgt und somit mit Umsatzsteuer zu belasten ist. Diese Frage bleibt im Ergebnis unwichtig, soweit die Überlassung an einen wirtschaftlichen Bereich[187] erfolgt, da hier zwar eine Umsatzbesteuerung eintritt, der empfangende Unternehmer die gezahlte Umsatzsteuer jedoch als Vorsteuer geltend machen kann und somit zurückerstattet bekommt. Sie ist jedoch von entscheidender Bedeutung, wenn Personal für hoheitliche Tätigkeiten überlassen werden soll.

141 Die Finanzverwaltung[188] geht in folgen Fällen von **nicht steuerbaren Personalüberlassungen** aus:

- Eine juristische Person öffentlichen Rechts setzt Bedienstete ihres Hoheitsbereichs in eigenen BgA ein (Innenleistung).
- Eine juristische Person öffentlichen Rechts stellt Bedienstete ihres Hoheitsbereichs an den Hoheitsbereich einer anderen juristischen Person öffentlichen Rechts ab (Amtshilfe).
- Eine juristische Person öffentlichen Rechts stellt Bedienstete aus einem BgA an den eigenen Hoheitsbereich ab.[189]

---

[183] Siehe Rn. 25.
[184] Zur Harmonisierung der Umsatzsteuer im europäischen Binnenmarkt wurde vom Rat der Europäischen Wirtschaftsgemeinschaft die 6. EG-Richtlinie erlassen, die für jeden Mitgliedstaat verbindlich ist.
[185] Vgl. *Thieme*, Umsatzsteuerrechtliche Behandlung, UR 2003, 369 (371).
[186] Vgl. *Küffner*, Wettbewerb entscheidet, DStR 2003, 1606 (1608).
[187] In Frage kommen hier BgA der gleichen oder einer anderen Trägerkörperschaft oder privatwirtschaftliche Unternehmer.
[188] A 23 Abs. 16 Bsp. 1–7 UStR.
[189] Zumindest dann, wenn eine eindeutige und leicht nachvollziehbare Trennung zwischen dem unternehmerischen Bereich (BgA) und dem Hoheitsbereich vorgenommen wird, ist die Personalüberlassung nicht als Wertabgabe i. S. d. § 3 Abs. 9a S. 1 Nr. 2 UStG zu sehen und damit nicht steuerbar; A 23 Abs. 16 Bsp. 7 UStR.

II. Besteuerung nicht privatisierter kommunaler Unternehmen

In folgenden Fällen wird durch die **Personalüberlassung ein BgA** begründet: **142**
- Eine juristische Person öffentlichen Rechts stellt Bedienstete ihres Hoheitsbereichs an BgA anderer juristischer Personen öffentlichen Rechts oder an privatrechtliche Unternehmer ab.[190]
- Eine juristische Person öffentlichen Rechts stellt Bedienstete eines ihrer BgA an den Hoheitsbereich einer anderen juristischen Person öffentlichen Rechts ab.[191]
- Eine juristische Person öffentlichen Rechts stellt Bedienstete eines ihrer BgA an BgA anderer juristischer Person öffentlichen Rechts oder an privatrechtliche Unternehmen ab.

Trotz Begründung eines BgA und damit grundsätzlicher Steuerbarkeit kann die Personalgestellung jedoch unter Umständen steuerfrei bleiben, z. B. wenn es sich um die Gestellung von Pflegepersonal eines Krankenhauses an andere Krankenhäuser[192] oder an Pflegeeinrichtungen ambulanter Art[193] handelt. Es liegt dann ein eng mit dem Betrieb eines Krankenhauses verbundener Umsatz vor, der nach § 4 Nr. 16 UStG steuerbefreit ist. **143**

(2) Vorsteuerabzug durch Zuordnung von Gegenständen zum Betrieb gewerblicher Art. Aufgrund eines kürzlich ergangenen BFH-Urteils[194] ergibt sich für Kommunen die Möglichkeit eines vollen **Vorsteuerabzugs** trotz **überwiegend hoheitlicher Nutzung**, wodurch die Investitionskosten gemindert werden können.[195] Mit dem Urteil folgt der BFH der Auffassung des EuGH und somit der richtlinienkonformen Auslegung der 6. EG-Richtlinie im Hinblick auf die umsatzsteuerliche Beurteilung bestimmter Sachverhalte im Zusammenhang mit dem Vorsteuerabzug so genannter „gemischt genutzter"[196] Grundstücke.[197] **144**

Die **öffentliche Hand** stand bisher bei Investitionen im Gebäudebereich (Schulen, Rathäusern, Mehrzweckhallen) regelmäßig vor dem **Problem**, dass ihr, da die Gebäude überwiegend im hoheitlichen Bereich und damit nicht unternehmerisch genutzt wurden, der Vorsteuerabzug aus den Baukosten versagt blieb. Somit ergab sich eine **Kostensteigerung** in Höhe des Umsatzsteuersatzes von 16 %, wenn die Investition nicht für Zwecke eines BgA erfolgte. **145**

Hintergrund war, dass nach bisherigem nationalen Recht ein Vorsteuerabzug aus Bau- und Unterhaltskosten nur in der Höhe zulässig war, in der die Verwendung des errichteten Gebäudes auch zur Ausführung steuerbarer und (in der Regel) steuerpflichtiger Umsätze beitrug. Die Verwendung eines einem BgA (und damit dem unternehmerischen Bereich) zugeordneten Teiles eines Gebäudes für den hoheitlichen (und damit nichtunternehmerischen) Bereich galt als steuerbare, aber steuerfreie Wertabgabe, weshalb der Vorsteuerabzug für diesen Teil des Gebäudes ausgeschlossen war. Nach der neuen Rechtsprechung ist es nun möglich, ein Gebäude, das sowohl für unternehmerische (BgA) als auch für nichtunternehmerische (hoheitliche) Zwecke genutzt wird, in vollem Umfang dem **146**

---

[190] Eine Ausnahme besteht jedoch, wenn die Personalgestellung aufgrund organisatorischer Änderungen bedingt ist und weitere Voraussetzungen erfüllt sind. Dann wird durch die Personalgestellung kein BgA begründet, vgl. Verfügung der OFD Hannover vom 22. 8. 2002, KStK § 4 KStG Karte B 9 und ähnlich (bisher als Eigenbetrieb geführtes Krankenhaus wird in eine GmbH überführt und die unkündbar im öffentlichen Dienst beschäftigten Ärzte bleiben weiterhin im Krankenhaus tätig, das die Kosten übernimmt); Verfügung der OFD Münster vom 12. 3. 1987, S-7106-19- St 14 – 32.

[191] Es liegt jedoch dann kein BgA vor, wenn die Personalkostenerstattung dem Hoheitsbereich der das Personal zur Verfügung stellenden juristischen Person öffentlichen Rechts zufließt, A 23 Abs. 16 Bsp. 5 UStR.

[192] A 100 Abs. 1 und 2 Nr. 12 UStR.

[193] Koordinierter Ländererlass des BMF vom 1. 12. 1995, IV C 4 – S – 7172 – 55/95.

[194] BFH vom 24. 7. 2003, BB 2003, 2276, aufbauend auf EuGH vom 8. 5. 2003, DStR 2003, 873.

[195] Vgl. auch *Küffner*, Erste Praxiserfahrungen zum Vorsteuerabzug bei gemischt genutzten Gebäuden, DStR 2004, 119 (123).

[196] Als „gemischt genutzt" werden Grundstücke bezeichnet, die zum Teil für unternehmerische und zum Teil für nichtunternehmerische Zwecke i. S. d. UStG eingesetzt werden.

[197] In Zweifelsfällen geht die 6. EG-Richtlinie dem deutschen UStG vor; vgl. Rn. 138.

Unternehmen der juristischen Person öffentlichen Rechts zuzuordnen, weshalb die auf den Bau des gesamten Gebäudes entfallende Vorsteuer nach § 15 Abs. 1 UStG abgezogen werden kann. Die Verwendung des dem Betriebsvermögen des BgA zugeordneten Gebäudes für hoheitliche Zwecke stellt aufgrund der Änderung der Rechtsprechung keine nach § 4 Nr. 12 a UStG steuerfreie Grundstücksvermietung, sondern eine **steuerbare und steuerpflichtige Wertabgabe** i. S. d. § 3 Abs. 9 a UStG dar, die demzufolge der Umsatzsteuer zu unterwerfen ist.

147 Aus der Möglichkeit der vollständigen Zuordnung zum BgA (und damit dem vollen Vorsteuerabzug aus den Baukosten) und der anschließenden Versteuerung der teilweisen Überlassung an den hoheitlichen Bereich (sog. „Eigenverbrauchsbesteuerung") ergibt sich ein enormer **Liquiditäts- und Finanzierungseffekt**, da die Summe der abzuführenden Umsatzsteuerbeträge die Summe der aus dem Bau und dem Unterhalt abzugsfähigen Vorsteuerbeträge erst nach vielen Jahren erreichen wird.[198]

148 Ob und inwieweit es jedoch möglich ist, ein durch eine juristische Person öffentlichen Rechts errichtetes Gebäude, das hauptsächlich für den hoheitlichen Bereich verwendet werden soll, einem BgA zuzuordnen und anschließend dem hoheitlichen Bereich zu überlassen, muss jeweils im **Einzelfall** geprüft werden. Insbesondere muss die unternehmerische Nutzung einen gewissen Umfang übersteigen, sie muss in jedem Fall mindestens 10 v. H. betragen. Daneben sind wohl die bereits im Zusammenhang mit der Zusammenfassung von BgA angesprochenen Grundsätze zum Gestaltungsmissbrauch gemäß § 42 AO zu beachten.[199]

149 (3) **Aktuelle Umsatzsteuerfrage.** Die Frage nach der umsatzsteuerlichen Beurteilung stellt sich insbesondere dann, wenn ein Unternehmen in **privatwirtschaftlicher Rechtsform** mit der Durchführung einer **hoheitlichen Pflichtaufgabe** betraut ist. Ursprünglich ging man davon aus, dass gegenüber dem Bürger allein der Hoheitsträger und damit die Kommune auftritt. Der die Leistung erbringende private Unternehmer erbrachte seine Leistung damit nicht gegenüber dem Bürger, sondern ausschließlich gegenüber dem Hoheitsträger.[200] Jetzt wird sowohl von der Rechtsprechung[201] als auch von der Finanzverwaltung[202] davon ausgegangen, dass der private Unternehmer die **Leistung gegenüber dem Bürger** selbst erbringt, wenn er im eigenen Namen aufgetreten ist.

150 Bedeutung erlangt die Frage, wer die Leistung erbringt, für den Umsatzsteuerausweis und den Vorsteuerabzug. Da der private Unternehmer die Leistung direkt gegenüber dem Abnehmer seiner Leistung erbringt, erstellt er eine Rechnung unter Ausweis der Umsatzsteuer. Der Leistungsempfänger kann diese als Vorsteuer geltend machen, wenn er ebenfalls Unternehmer i. S. d. UStG ist.

d) Gewerbesteuer

151 BgA (im Sinne des Körperschaftsteuergesetzes) unterliegen, wenn sie neben der Einnahmeerzielungsabsicht auch noch Gewinnerzielungsabsicht haben und sich am allgemeinen wirtschaftlichen Verkehr beteiligen, der Gewerbesteuer. Sie erfüllen dann die Voraussetzungen für das **Vorliegen eines Gewerbebetriebes** i. S. d. § 15 Abs. 2 EStG, der nach § 2 Abs. 1 S. 1 GewStG der Gewerbesteuer unterliegt.

152 Die **Verpachtung eines BgA** stellt keinen eigenständigen Gewerbebetrieb dar und unterliegt deshalb nicht der Gewerbesteuerpflicht.[203]

---

[198] Selbst wenn die nominalen Zahlungen (z. B. rückerstattete Vorsteuer 100.000 €, gezahlte Umsatzsteuer 20 × 5.000 €) sich nach einigen Jahren ausgleichen, ergibt sich ein nicht zu verachtender Zinsvorteil, da die Vorsteuer „sofort" nach Bau des Gebäudes erstattet wird, die Umsatzsteuer jedoch erst im Laufe der Jahre zu entrichten ist.

[199] Siehe Rn. 175 ff.

[200] BMF vom 27. 12. 1990, BStBl. I 1991, S. 81 oder Erlass des Bayer. Staatsministeriums der Finanzen vom 20. 3. 1997, 36 – S – 7220 – 13/17 – 68515.

[201] BFH vom 28. 2. 2002, HFR 2002, 717.

[202] Koordinierter Ländererlass des BMF vom 10. 12. 2003, BStBl. I 2003, S. 785.

[203] A 17 Abs. 4 S. 1 i.V. m. A 11 Abs. 3 S. 1 GewStR. Im Gegensatz hierzu stellt die Verpachtung eines BgA im Körperschaftsteuerrecht jedoch einen eigenständigen BgA dar (§ 4 Abs. 4 KStG).

II. Besteuerung nicht privatisierter kommunaler Unternehmen

Eine **Beteiligung am allgemeinen wirtschaftlichen Verkehr** liegt vor, wenn der BgA mit seiner Tätigkeit nach außen in Erscheinung tritt und sich mit ihr an die Allgemeinheit wendet.[204] Sie fehlt beispielsweise bei Kantinen, die nur für die Angehörigen eines Betriebes eingerichtet und zugänglich sind.[205]

Gewinnerzielungsabsicht wird zunächst grundsätzlich bei jedem BgA unterstellt. Selbst wenn ein BgA ständig mit Verlusten arbeitet, ist die fehlende Gewinnerzielungsabsicht im Einzelfall unter Abwägung aller Umstände zu prüfen.[206] Nach der Rechtsprechung liegt Gewinnerzielungsabsicht selbst dann vor, wenn in einen ehemals dauerdefizitären BgA eine gewinnbringende Beteiligung an einer Kapitalgesellschaft eingelegt wird und im Zeitpunkt der Einlage abzusehen ist, dass die künftigen Erträge der eingelegten Anteile die Verluste übersteigen (sog. **Totalgewinn**).[207] Nach neuester Ansicht der Finanzverwaltung erfüllt ein dauerdefizitärer BgA jedoch nicht die Voraussetzungen eines Gewerbebetriebes gemäß § 2 Abs. 1 S. 2 GewStG[208] und kann deshalb nicht Organträger einer gewinnbringenden Tochterkapitalgesellschaft sein.

Während ein Verlustvortrag bei einem entstandenen Jahresfehlbetrag im Rahmen der Körperschaftsteuer vom Finanzamt demnach immer festzustellen ist, kann es sein, dass die Feststellung eines **gewerbesteuerlichen Verlustvortrages** unterbleibt, wenn fehlende Gewinnerzielungsabsicht unterstellt wird. Dies ist vor allem dann von Bedeutung, wenn es sich bei dem BgA nur vorübergehend um einen Verlustbetrieb handelt, der anschließend wieder Gewinne erwirtschaftet. Hier sollte – da sonst entsprechendes Steuerminderungspotential verschenkt wird – für alle Veranlagungszeiträume, für die die Festsetzungsfrist noch nicht abgelaufen ist, die (nachträgliche) Veranlagung beantragt werden.

Arbeitet ein BgA tatsächlich **ohne Gewinnerzielungsabsicht**, so sollte dies in der Satzung, im Betriebsstatut, durch einen Gemeinderatsbeschluss oder auf ähnliche Weise **dokumentiert** werden.[209] Der Träger sollte sich nicht darauf verlassen, dass ohnehin keine Erträge erwirtschaftet werden, denn wegen der gewerbesteuerlichen Hinzurechnungen (§ 8 GewStG) kann aus einem körperschaftsteuerlichen Verlust leicht ein gewerbesteuerpflichtiger Gewinn werden.[210]

Besteuerungsgrundlage für die Gewerbesteuer ist der **Gewerbeertrag** (§ 6 GewStG). Dieser ist der nach den Vorschriften des Einkommensteuergesetzes und des Körperschaftsteuergesetzes ermittelte Gewinn eines BgA, modifiziert durch gewerbesteuerliche Hinzu- und Abrechnungen (§§ 7–9 GewStG). Für BgA spielen insbesondere die Hinzurechnung von Dauerschuldzinsen, die Hinzurechnung der hälftigen Miet- und Pachtzinsen für Anlagevermögen sowie die Kürzung um 1,2% des Einheitswertes des Grundbesitzes eine Rolle. Auf den ermittelten Gewerbeertrag ist die **Gewerbesteuermesszahl** anzuwenden, die für Betriebe gewerblicher Art **5%** beträgt (§ 11 Abs. 2 Nr. 2 GewStG).

Für alle Unternehmen von juristischen Personen öffentlichen Rechts wird ein **Freibetrag** von **3.900 €** gewährt (§ 11 Abs. 1 S. 3 Nr. 2 GewStG). Da das Gesetz hierbei nicht nach Rechtsformen unterscheidet, müssten nach dem Gesetzeswortlaut hiermit zum einen BgA, zum anderen aber auch alle anderen Unternehmen von juristischen Personen öffentlichen Rechts, z. B. GmbHs, erfasst sein. Diese Betrachtungsweise ist jedoch umstritten. Die Vorschrift wurde bereits dahingehend ausgelegt, dass den in der Rechtsform von Kapitalgesellschaften betriebenen Unternehmen von Körperschaften des öffentlichen Rechts der Freibetrag nicht zusteht.[211]

---

[204] H 134 c EStH.
[205] A 17 Abs. 2, S. 1 u. 2 GewStR.
[206] BFH vom 22.8.1984, BStBl. II 1985, S. 61.
[207] BFH vom 25.7.2002, BFH/NV 2002, S. 1341 und FG Düsseldorf vom 10.7.2003, 10-K-2561/00, Rev. anhängig BFH I R 8/04. Zur genaueren Erläuterung des Begriffes „Totalgewinn" vgl. H 134b EStH.
[208] Vgl. BMF-Schreiben zur Organschaft; BMF vom 26.8.2003, BStBl. I 2003, S. 437, Nr. 5.
[209] Vgl. *Himmelmann/Gloria*, Die Besteuerung juristischer Personen, KStZ 2000, 121 (125).
[210] Vgl. *Beinert*, in: *Hoppe/Uechtritz* (Hrsg.), Handbuch Kommunale Unternehmen, S. 321.
[211] FG Münster vom 2.7.1997, EFG 1997, S. 1452.

e) Weitere Steuerarten

159 **aa) Grunderwerbsteuer.** Soweit Grundstücke von juristischen Personen erworben werden, unterliegt diese Übertragung grundsätzlich der **Grunderwerbsteuer** (§ 1 GrEStG).[212] Es erfolgt jedoch keine Besteuerung, wenn das Grundstück aus Anlass des **Übergangs einer öffentlich-rechtlichen Aufgabe** übertragen wird oder aus Anlass von **Grenzänderungen** von der einen auf die andere juristische Person öffentlichen Rechts übergeht und es nicht überwiegend einem BgA dient (§ 4 Abs. 1 GrEStG).

160 Somit lässt sich festhalten: Der Erwerb eines Grundstückes durch einen BgA unterliegt immer der Grunderwerbsteuer. Der Erwerb für den hoheitlichen Bereich wird nur dann nicht besteuert, wenn er mit einer öffentlich-rechtlichen Aufgabenübertragung oder einer Grenzänderung einhergeht.[213]

161 Der Steuersatz beträgt 3,5 % der Gegenleistung (§ 11 Abs. 1 i. V. m. § 8 Abs. 1 GrEStG), wobei als solche i. d. R. der Kaufpreis gilt (§ 9 Abs. 1 Nr. 1 GrEStG). Bei Grundstücksübergängen im Rahmen von Umwandlungen wird die Steuer nach den Bedarfswerten i. S. d. §§ 138 ff. BewG festgesetzt.[214]

162 **bb) Grundsteuer.** Juristische Personen öffentlichen Rechts sind von der **Grundsteuer** auf den Einheitswert des inländischen Grundbesitzes **befreit**, soweit ihr Grundbesitz für
- einen öffentlichen Dienst oder Gebrauch (§ 3 Abs. 1 Nr. 1 GrStG) oder
- gemeinnützige oder mildtätige Zwecke (§ 3 Abs. 1 Nr. 3a) GrStG)

benutzt wird.

163 Als **öffentlicher Dienst oder Gebrauch** gilt dabei die hoheitliche Tätigkeit (§ 3 Abs. 2 GrStG), nicht aber die Tätigkeit von BgA (§ 3 Abs. 3 GrStG).

164 Damit gilt: Grundstücke des **hoheitlichen** Bereiches unterliegen nicht der Grundsteuer. Grundstücke von **BgA** unterliegen der Grundsteuer, außer, es handelt sich um gemeinnützige BgA, z. B. Krankenhäuser.[215]

165 **cc) Schenkungsteuer.** Der **Schenkungsteuer** unterliegen „Schenkungen unter Lebenden" (§ 1 Abs. 1 Nr. 2 ErbStG). Auch juristische Personen öffentlichen Rechts können eine Schenkung „unter Lebenden" abschließen[216] und somit Beschenkte sein (§ 1 Abs. 1 Nr. 2 ErbStG). Eine Schenkung im Sinne des Gesetzes ist eine **freigiebige Zuwendung**, durch die der Bedachte auf Kosten des Zuwendenden bereichert wird (§ 7 Abs. 1 Nr. 1 ErbStG).

166 Auch wenn juristische Personen öffentlichen Rechts somit zwar grundsätzlich Steuerpflichtige im Rahmen der Schenkungsteuer sein können, entfällt eine Steuer meist aufgrund der **Befreiungsvorschrift** des § 13 Abs. 1 Nr. 15 ErbStG. Danach bleiben Anfälle an den Bund, ein Land oder eine inländische Gemeinde (Gemeindeverband) sowie solche Anfälle, die ausschließlich Zwecken des Bundes, des Landes oder einer inländischen Gemeinde (Gemeindeverband) dienen, steuerfrei.

2. Der steuerliche Querverbund – Die Möglichkeit der Zusammenfassung von Betrieben gewerblicher Art

167 Steuersubjekt im Rahmen der Körperschaftsteuer ist die juristische Person öffentlichen Rechts mit jedem einzelnen BgA.[217] Aus diesem Grund ist ein **Zusammenrechnen** der

---

[212] Es unterliegen die Rechtsvorgänge der Grunderwerbsteuer, die auch sonst besteuert werden, insoweit gelten keine Sonderregelungen für juristische Personen öffentlichen Rechts. Daneben sind auch die allgemeinen Ausnahmen von der Besteuerung zu beachten (§ 3 GrEStG), wobei von besonderem Interesse auch bei der öffentlichen Hand die „Bagatellgrenze" (keine Besteuerung für Grundstücke mit einem Wert bis zu 2.500 €) des § 3 Nr. 1 GrEStG sein dürfte.
[213] Zudem darf das Grundstück nicht an einen BgA überlassen werden, der es zu mehr als der Hälfte (im Vergleich zur hoheitlichen Nutzung) nutzt.
[214] Vgl. Rn. 245.
[215] Vgl. Rn. 276 ff.
[216] Vgl. ErbStG-Kommentar Meincke, Anm. 10 zu § 1.
[217] BFH vom 8. 11. 1989, BStBl. II S. 242.

II. Besteuerung nicht privatisierter kommunaler Unternehmen   **168–174 G**

Ergebnisse der verschiedenen BgA eines Trägers im Rahmen der Einkommensermittlung nicht möglich. Damit ist auch ein **Verlustausgleich** zwischen den verschiedenen BgA grundsätzlich **ausgeschlossen**.[218]

Bei Erfüllung bestimmter Voraussetzungen können jedoch mehrere an sich selbständige BgA zu einem einheitlichen BgA zusammengefasst werden, so dass nur ein Einkommen ermittelt wird. Auf diesem Wege ist es möglich, Gewinne des einen BgA mit Verlusten eines anderen BgA zu verrechnen (sog. **steuerlicher Querverbund**), bevor es zur Versteuerung des Gesamtergebnisses kommt. Durch diese Verrechnung lässt sich demnach eine Minderung der Steuerbelastung erreichen. Verluste, die vor der Zusammenfassung von BgA entstanden sind, können jedoch nur mit Gewinnen jetzt zusammengefasster BgA verrechnet werden, wenn die Gewinne aus der gleichen Tätigkeit stammen, aus der auch die Verluste herrühren.[219] **168**

a) Grundsätzliche Vorgaben zur Zusammenfassung von Betrieben gewerblicher Art[220]

Eine **Zusammenfassung** von BgA mit Hoheitsbetrieben ist steuerlich untersagt.[221] **169**

Die Zusammenfassung mehrerer **gleichartiger BgA** ist zulässig.[222] Ebenso wird die Zusammenfassung von Versorgungs-, Verkehrs-, Hafen- und Flughafenbetrieben anerkannt.[223] **170**

Darüber hinaus können BgA nur zusammengefasst werden, wenn zwischen diesen Betrieben nach dem Gesamtbild der tatsächlichen Verhältnisse objektiv eine enge **wechselseitige technisch-wirtschaftliche Verflechtung** von einigem Gewicht besteht.[224] Das Merkmal „von einigem Gewicht" ist nicht genauer definiert. Allerdings reicht es nicht aus, wenn ein städtischer Versorgungsbetrieb an einen städtischen Badebetrieb die wichtigsten Betriebsstoffe (Wasser, Strom, Wärme) liefert. Die Verflechtung muss gegenseitig sein, das heißt, die Betriebe müssen gegenseitig aufeinander angewiesen sein.[225] Eine solche Verflechtung ist jedoch nur in seltenen Fällen gegeben. Beispielsweise ist ein **Blockheizkraftwerk** dem Grunde nach geeignet, eine enge wechselseitige technisch-wirtschaftliche Verflechtung des Bereiches Stromversorgung mit anderen BgA (z. B. Schwimmbad) herzustellen. Allerdings muss diese wirtschaftliche Verflechtung durch ein Wirtschaftlichkeitsgutachten, das den VDI-Richtlinien entsprechen muss, nachgewiesen werden.[226] **171**

Mehrere **verpachtete BgA** können nur zusammengefasst werden, wenn sie gleichartig sind. Eine enge wechselseitige technisch-wirtschaftliche Verflechtung von einigem Gewicht reicht hier für eine Zusammenfassung nicht aus. Ebenso verhält es sich bei der Zusammenfassung eines BgA mit einem Verpachtungsbetrieb gewerblicher Art.[227] **172**

Die Zusammenfassung von BgA mit Einrichtungen, die zwar dem Grunde nach einen BgA darstellen, aber die erforderlichen Größenmerkmale hierfür nicht erfüllen, ist nur zulässig, wenn die entsprechenden BgA zusammengefasst werden dürften.[228] **173**

b) Aussagen zum Gestaltungsmissbrauch

aa) Allgemeines. Da BgA keine Rechtsform verkörpern, sondern es sich hierbei nur um ein steuerliches Konstrukt handelt, hat die Finanzverwaltung konkrete Vorgaben und **174**

---

[218] Vgl. *Felder*, in: Dötsch/Eversberg/Jost/Witt, Kommentar zum KStG, § 4 KStG, Rn. 50.
[219] BFH vom 4.12.1991, BStBl. II 1992, S. 432, FG Münster vom 30.6.2003, 9-K-5219/99 u. 9-K-5222/99, Rev. anhängig BFH I R 78/03.
[220] Als Übersicht vgl. z. B. Verfügung OFD Frankfurt am Main vom 16.9.1991, KStK § 4 KStG Karte A 12.
[221] BFH vom 10.7.1962, BStBl. III 1962, S. 448.
[222] A 5 Abs. 9 S. 1 KStR, auch BFH vom 4.9.2002, BFH/NV 2003, S. 511 und Hessisches FG vom 6.11.2000, EFG 2001, S. 591.
[223] A 5 Abs. 9 S. 4 KStR.
[224] BFH vom 16.1.1967, BStBl. III 1967, S. 240; A 5 Abs. 9 S. 2 KStR.
[225] BFH vom 8.2.1966, BStBl. III 1966, S. 287.
[226] Vgl. *Felder*, in: Dötsch/Eversberg/Jost/Witt, Kommentar zum KStG, § 4 KStG, Rn. 71.
[227] A 5 Abs. 10 S. 1 KStR.
[228] A 5 Abs. 11 KStR.

Grundsätze aufgestellt, unter welchen Voraussetzungen eine Zusammenfassung von BgA möglich ist und wann nicht.[229] Anders gestaltet sich jedoch die Situation, wenn Aufgabenbereiche oder Tätigkeiten, die einen BgA darstellten, auf eine privatrechtliche Gesellschaft übertragen und in dieser zusammengefasst werden sollen. In rechtlicher Hinsicht kann diese Zusammenfassung nicht untersagt werden, da grundsätzlich für alle unternehmerischen Tätigkeiten die Möglichkeit einer freien Rechtsformwahl besteht. Für steuerliche Zwecke gilt aus Sicht der Finanzverwaltung Folgendes:

175 Die **Zusammenfassung** von BgA **in Kapitalgesellschaften** ist grundsätzlich anzuerkennen.[230] Dies gilt für alle BgA unabhängig davon, ob eine Gleichartigkeit gegeben ist, eine enge wechselseitig technisch-wirtschaftliche Verflechtung vorliegt oder ob es sich um völlig verschiedenartige Betriebe handelt. Eine Zusammenfassung mehrerer Gewinnbetriebe wird daher immer anerkannt. Bei der Zusammenfassung von Gewinn- mit Verlustbetrieben stellt sich jedoch die Frage des Missbrauchs rechtlicher Gestaltungsmöglichkeiten gemäß § 42 AO. Die Finanzverwaltung sieht einen Ausgleich von Verlusten mit Gewinnen nur dann als nicht rechtsmissbräuchlich an, wenn auch eine Zusammenfassung der BgA (außerhalb einer Kapitalgesellschaft) wegen Gleichartigkeit oder enger wechselseitig technisch-wirtschaftlicher Verflechtung möglich gewesen wäre.[231] Somit unterstellt die Finanzverwaltung immer einen Gestaltungsmissbrauch, wenn Gewinn- und Verlustbetriebe in eine GmbH eingebracht werden, die als BgA nicht hätten zusammengefasst werden dürfen.

176 Die gleichen Grundsätze sollen bei der **Zusammenfassung** der Ergebnisse **durch sonstige Gestaltungen**, z. B. in Form der Organschaft, angewendet werden.[232] Keine konkreten Vorgaben der Finanzverwaltung existieren für die **Zusammenfassung von BgA in einer Personengesellschaft**. Man kann jedoch davon ausgehen, dass die Anweisungen zu Kapitalgesellschaften analog anzuwenden sind und eine steuerliche Zusammenfassung demnach auch nur in Frage kommt, wenn eine Zusammenfassung der BgA möglich gewesen wäre.[233]

177 Von einer „grundsätzlichen Anerkennung" der Zusammenfassung von BgA in Kapitalgesellschaften oder anderen Rechtsformen kann somit wohl nicht mehr gesprochen werden, da die Anerkennung eher die Ausnahme und nicht den Grundsatz darstellt. Auch wenn sich die Finanzverwaltung auf § 42 AO beruft, so erfolgt dessen Auslegung wohl nicht konsequent und einseitig aus Sicht der Finanzverwaltung. § 42 AO besagt, dass durch einen **Missbrauch von Gestaltungsmöglichkeiten** ein Besteuerungstatbestand nicht umgangen werden kann. Liegt ein Missbrauch vor, so entsteht der Steueranspruch so, wie er bei einer den wirtschaftlichen Vorgängen angemessenen rechtlichen Gestaltung entsteht. Ein Missbrauch von Gestaltungsmöglichkeiten im Sinne des § 42 AO liegt nach ständiger Rechtsprechung jedoch nur dann vor, wenn eine rechtliche Gestaltung gewählt wird, die zur Erreichung eines angestrebten wirtschaftlichen Ziels unangemessen ist, der **Steuerminderung** dienen soll und durch wirtschaftliche oder sonst beachtliche außersteuerliche Gründe nicht zu rechtfertigen ist.[234] Wirtschaftlich beachtliche Gründe sind nicht gegeben, wenn trotz der gewählten rechtlichen Gestaltung **wirtschaftlich alles beim Alten** bleibt.[235]

178 Regelmäßig sprechen eine Reihe von nicht steuerlichen **Gründen für die Privatisierung** von ursprünglich durch die juristische Person öffentlichen Rechts selbst ausgeführten Tätigkeiten, z. B. Wegfall der Ausschreibungspflicht, Möglichkeit der Nachverhandlungen bei Auftragsvergaben und damit Kosteneinsparungen oder größere Unabhängigkeit von politischen Gremien und damit wirtschaftlicheres Arbeiten.[236] Im Sinne des Wortlautes

---

[229] Siehe A 5 Abs. 9 KStR.
[230] Zur Umwandlung von BgA in Kapitalgesellschaften im Wege der Ausgliederung/Einbringung in eine GmbH gegen Gewährung von Gesellschaftsrechten vgl. Rn. 230 ff.
[231] A 5 Abs. 11a S. 3 KStR.
[232] A 5 Abs. 11a S. 4 KStR, vgl. auch BMF vom 26. 8. 2003, BStBl. I 2003, S. 437.
[233] A 5 Abs. 11a S. 3 u. 4 KStR.
[234] Z. B. BFH vom 21. 1. 1999, BFH/NV 1999, S. 1033.
[235] BFH vom 16. 1. 1996, BStBl. II 1996, S. 214.
[236] Vgl. Kapitel J.

des § 42 AO kann somit kein Gestaltungsmissbrauch vorliegen, selbst wenn Gewinn- und Verlustbetriebe zusammengefasst werden, da auch privatwirtschaftliche Unternehmen grundsätzlich Gewinn- und Verlustsparten betreiben und diese steuerlich verrechnen können.[237, 238] Neben der Zusammenfassung von BgA in einer privatrechtlichen Rechtsform sind von der Frage des Gestaltungsmissbrauchs gemäß § 42 AO auch Einlagemöglichkeiten von Beteiligungen an Kapitalgesellschaften oder Gestaltungen im Rahmen einer Organschaft betroffen.[239]

bb) Konkrete Anwendungsfälle. Soll eine **100%ige Beteiligung** an einer Kapitalgesellschaft in einen BgA zu dessen Kapitalstärkung **eingelegt** werden, so ist zu prüfen, ob eine Zusammenfassung der Bereiche möglich wäre, wenn es sich um verschiedene BgA handeln würde. Wäre die Zusammenfassung steuerlich abzulehnen, so scheidet auch die steuerlich wirksame Einlage der Beteiligung in das Betriebsvermögen des BgA aus.[240, 241]

Werden in einer Eigengesellschaft lediglich Beteiligungen an Kapitalgesellschaften zusammengefasst (**Holding**), so kann bereits in der Errichtung der Gesellschaft steuerlich ein Gestaltungsmissbrauch vorliegen, wenn die Gesellschaft keine eigene wirtschaftliche Tätigkeit entfaltet und für ihre Zwischenschaltung über das Halten und Verwalten der Beteiligungen hinaus keine weiteren wirtschaftlichen oder sonst beachtlichen Gründe sprechen.[242]

Die einschränkende Regelung für die Zusammenfassung von BgA spielt für **Eigengesellschaften** keine Rolle. Sie können daher unter den gleichen Voraussetzungen zusammengefasst werden, unter denen Kapitalgesellschaften, deren Anteile nicht juristischen Personen öffentlichen Rechts gehören, umgewandelt, verschmolzen oder in andere Kapitalgesellschaften eingebracht werden können. Die Zusammenfassung führt allerdings nicht zum gewünschten Ergebnis, wenn der Betrieb einer Gesellschaft als „**Liebhabereibetrieb**"[243] anzusehen ist, da der Verlust aus diesem Betrieb bei der Einkommensermittlung der neuen Gesellschaft außer Ansatz bleibt.[244]

c) Die Rolle des steuerlichen Querverbundes bei verschiedenen Steuerarten

Umsatzsteuerlich spielt der steuerliche Querverbund bzw. die Möglichkeit der Zusammenfassung von BgA keine Rolle, da Unternehmer i. S. d. Umsatzsteuergesetzes nicht der BgA, sondern die juristische Person öffentlichen Rechts ist. Umsätze zwischen verschiedenen BgA eines Trägers sind damit ohnehin wie Innenumsätze eines Unternehmens zu behandeln, so dass eine weitere steuerliche Zusammenfassung nicht in Betracht kommt.

Ein Problem ergibt sich bei der Unterscheidung zwischen körperschaftsteuerlicher und gewerbesteuerlicher Einordnung des steuerlichen Querverbundes, weil das Körper-

---

[237] Eine Ausnahme besteht lediglich bei Tätigkeiten, die als sog. „Liebhaberei" eingestuft werden. Bei diesen Tätigkeiten wird unterstellt, dass sie nicht ernsthaft zur Einkünfteerzielung betrieben werden. Aus diesem Grund dürfen Verluste aus solchen Tätigkeiten keine anderen Gewinne ausgleichen. Zwar existieren auch für andere verlustbringende Geschäfte steuerliche Verrechnungsverbote (z. B. Beschränkung der Verlustverrechnung bei Kommanditbeteiligungen nach § 15a EStG), diese beziehen sich jedoch auf die konkrete Herkunft der Verluste und gelten somit auch für von juristischen Personen öffentlichen Rechts gegründete Gesellschaften (Eigengesellschaften).
[238] Ausführlich zum Thema Gestaltungsmissbrauch bei Organisationsprivatisierungen der öffentlichen Hand vgl. *Storg/Vierbach*, Eine kritische Bestandsaufnahme, BB 2003, 2098.
[239] Vgl. Rn. 179 u. 256f.
[240] Verfügung der OFD Frankfurt/Main vom 11.4.1997, KStK § 4 KStG Karte A 12. Eine Beteiligung von weniger als 100% kann demnach eingelegt werden, da diese keinen selbständigen Betrieb repräsentiert.
[241] Diese Gestaltung spielte jedoch vor allem bis zur Abschaffung des körperschaftsteuerlichen Anrechnungsverfahrens (StSenkG) eine Rolle und ist jetzt nur noch von untergeordneter Bedeutung; vgl. Rn. 273 (Einlagemodell).
[242] BFH vom 25.2.1991, BStBl. II 1991, S. 691.
[243] Siehe Fn. 237.
[244] Vgl. *Felder*, in: *Dötsch/Eversberg/Jost/Witt*, Kommentar zum KStG, § 4 KStG, Rn. 61, 62.

schaftsteuergesetz auf die Einnahmeerzielungsabsicht, das Gewerbesteuergesetz hingegen auf die Gewinnerzielungsabsicht abstellt.

184 Im **körperschaftsteuerlichen** Sinne ist die Zusammenfassung eines dauerhaft defizitären Verkehrsbetriebes mit einem gewinnträchtigen Versorgungsbetrieb anzuerkennen.[245]

185 Im **gewerbesteuerlichen** Sinne argumentieren die obersten Finanzbehörden jedoch, dass bei verlustträchtigen Verkehrsunternehmen grundsätzlich die Gewinnerzielungsabsicht fehle. Damit unterlägen diese auch nicht der Gewerbesteuer.[246] Dies hätte zur Folge, dass die (nicht steuerpflichtigen) Verluste solcher Unternehmen nicht mit steuerpflichtigen Gewinnen von Versorgungsbetrieben verrechnet werden könnten. Damit unterlägen die Erträge des Versorgungsbetriebs der Gewerbesteuer und die Verluste des Verkehrsbetriebs blieben gewerbesteuerlich irrelevant, was zu einer höheren gewerbesteuerlichen Belastung führte.

186 Die kommunalen Spitzenverbände hingegen begründen das Beibehalten des gewerbesteuerlichen Querverbundes damit, dass das Gewerbesteuergesetz selbst keine eigenen Vorschriften für die steuerliche Anerkennung der Zusammenfassung von BgA kenne und diese insoweit zunächst über körperschaftsteuerliche Kriterien begründet würden. Zudem sei der Begriff des BgA im Körperschaftsteuerrecht verankert.

187 Über diesen Streitpunkt besteht weiterhin Uneinigkeit. Die Praxis zeigt jedoch, dass bisher BgA i. d. R. sowohl körperschaftsteuerlich als auch gewerbesteuerlich zu einem steuerlichen Querverbund zusammengefasst werden konnten.

III. Privatisierung kommunaler Unternehmen

1. „Das Ziel": Kommunale Unternehmen in den Rechtsformen des privaten Rechts

a) Kommunale Unternehmen in der Rechtsform der Kapitalgesellschaft

188 Während die steuerlichen Folgen der Qualifizierung als BgA „automatisch" eintreten, wenn die gesetzlichen Voraussetzungen erfüllt sind, muss eine Kapitalgesellschaft durch Gesellschaftsvertrag errichtet und ins Handelsregister eingetragen werden. Unabhängig von der Tätigkeit, die diese Kapitalgesellschaft ausübt, erfolgt anschließend deren steuerliche Behandlung. Kommunen haben somit die Möglichkeit, ihre Tätigkeiten grundsätzlich in der privaten Rechtsform einer Kapitalgesellschaft (i. d. R. GmbH) auszuüben. Es können damit nicht nur Tätigkeiten, die ohnehin einen BgA darstellen würden, auf Kapitalgesellschaften übertragen werden. Auch die Ausführung hoheitlicher Tätigkeiten (z. B. Abwasserentsorgung) kann auf eine GmbH übertragen werden,[247] wenn für die Rechtsformwahl ein wirtschaftlicher Grund (der nicht ausschließlich in einer Steuerersparnis besteht) vorliegt. Sollte kein wirtschaftlicher Grund gegeben sein, kann die GmbH-Gründung einen Gestaltungsmissbrauch nach § 42 AO darstellen.[248]

189 **aa) Besteuerung der Gesellschaft.** Eine Kapitalgesellschaft stellt ein selbständiges **Rechtssubjekt** dar, das der Besteuerung unterliegt.

190 Bemessungsgrundlage für die **Körperschaftsteuer** ist das zu versteuernde Einkommen (§ 7 KStG). Dieses ist grundsätzlich durch Betriebsvermögensvergleich zu ermitteln, da Kapitalgesellschaften als Handelsgesellschaften nach dem HGB zur Buchführung verpflichtet sind. Aus diesem Grund erzielen Kapitalgesellschaften ausschließlich Einkünfte aus Gewerbebetrieb (§ 8 Abs. 2 KStG).

---

[245] A 5 Abs. 9 S. 4 KStR.
[246] Vgl. Rn. 154.
[247] Allerdings können kommunalrechtliche Vorschriften eine solche – aus steuerlicher Sicht zulässige – Übertragung – untersagen; siehe z. B. Art. 87 GO By zur Allgemeinen Zulässigkeit von Unternehmen und Beteiligungen und Art. 92 GO By speziell zu Unternehmen in Privatrechtsformen.
[248] Zum Gestaltungsmissbrauch vgl. Rn. 174 ff.

III. Privatisierung kommunaler Unternehmen

Der **Steuersatz** beträgt gemäß § 23 Abs. 1 KStG 25%. Hinsichtlich des Steuersatzes 191 ergeben sich somit keine Unterschiede zur Besteuerung von BgA. Hinsichtlich der Gewinnermittlung können sich (insbesondere bei kleinen Kapitalgesellschaften) Unterschiede ergeben, da BgA ihren Gewinn bei Unterschreitung bestimmter Größenmerkmale auch durch Einnahmenüberschussrechnung ermitteln können.[249]

Auch für die Einkünfte einer Kapitalgesellschaft gelten die sachlichen **Steuerbefreiun-** 192 **gen**, insbesondere für Gesellschaften, die gemeinnützigen, mildtätigen oder kirchlichen Zwecken dienen (§ 5 Abs. 1 Nr. 9 KStG). Der für BgA gewährte Freibetrag kommt jedoch für Kapitalgesellschaften nicht in Betracht. Ebenso wie bei BgA besteht bei erzielten Verlusten die Möglichkeit des **Verlustvortrags oder -rücktrags** nach § 10d EStG.[250]

Die Einkünfte von Kapitalgesellschaften unterliegen immer der **Gewerbesteuer**, da 193 Kapitalgesellschaften Gewerbebetrieb kraft Rechtsform sind (§ 2 Abs. 2 GewStG). Die Übertragung von Grundstücken auf eine Kapitalgesellschaft unterliegt der **Grunderwerbsteuer** (§ 1 Abs. 1 GrEStG).[251]

bb) Besteuerung des Gesellschafters (Kommune). Ähnlich wie Privatpersonen Be- 194 teiligungen an Kapitalgesellschaften im Privatvermögen oder im Betriebsvermögen halten können, haben auch Kommunen in gewisser Weise ein Wahlrecht,[252] Beteiligungen im Rahmen der Vermögensverwaltung oder als Betriebsvermögen im Rahmen ihrer BgA zu halten. Während dieser Unterscheidung bis zur Einführung des StSenkG[253] erhebliche Bedeutung zukam, da die steuerlichen Folgen deutlich voneinander abwichen, werden nach jetzigem Recht weitestgehend gleiche steuerliche Konsequenzen erreicht.[254] Dies betrifft sowohl die Besteuerung der Gewinnausschüttungen als auch die Besteuerung der Veräußerung der Anteile. Aus diesem Grund könnte es möglich sein, dass in Zukunft der Abgrenzung der Vermögensverwaltung vom BgA im Bereich „Beteiligungen an Gesellschaften" nicht mehr die in der Vergangenheit gewidmete Aufmerksamkeit entgegengebracht werden.

(1) Besteuerung der laufenden Erträge (Gewinnausschüttungen). Seit Inkrafttreten 195 des StSenkG ergibt sich **in der Regel** die nahezu **gleiche Steuerbelastung** der laufenden Erträge aus der Beteiligung an einer Kapitalgesellschaft (Gewinnausschüttung) unabhängig davon, ob eine Beteiligung im Rahmen der Vermögensverwaltung, als BgA oder als Betriebsvermögen in einem BgA gehalten wird. Diese weitestgehende Gleichheit wurde jedoch durch die Änderung des § 8b Abs. 5 KStG, der Beteiligungen an Kapitalgesellschaften im Rahmen von BgA betrifft, mit Wirkung zum 1. 1. 2004 wieder etwas abgeschwächt.

Hält eine juristische Person öffentlichen Rechts eine Beteiligung an einer Kapital- 196 gesellschaft und hat weder Einfluss auf deren Geschäftsführung[255] noch eine Gestaltung dahingehend vorgenommen, dass sie die Beteiligung bewusst in einen BgA eingelegt hat, so liegt **Vermögensverwaltung** vor.

Die juristische Person öffentlichen Rechts wird mit den Einnahmen (aus der Ausschüt- 197 tung der Kapitalgesellschaft) i. S. d. § 20 Abs. 1. Nr. 1 EStG beschränkt steuerpflichtig

---

[249] Siehe Rn. 75 ff., insb. 80.
[250] Auf die Rechtsänderung mit Wirkung zum 1. 1. 2004 durch Neufassung des § 8a KStG wurde bereits unter Rn. 97 ff. „Betriebsvermögensvergleich und Eigenkapital" bei Behandlung der Besteuerung von BgA hingewiesen.
[251] Zur Frage, ob die Übertragung von Grundstücken per Vermögenszuordnungsbescheid auf eine Kapitalgesellschaft steuerfrei erfolgt, wenn sich sämtliche Anteile an der Gesellschaft in der Hand von juristischen Personen öffentlichen Rechts befinden, siehe FG Berlin vom 3. 4. 2003, EFG 2003, S. 1115.
[252] Zur Einordnung einer Beteiligung an einer Kapitalgesellschaft als Vermögensverwaltung oder BgA vgl. Rn. 64.
[253] Steuersenkungsgesetz vom 23. 10. 2000, BStBl. I 2000, S. 1248 mit der Umstellung vom körperschaftsteuerlichen Anrechnungsverfahren auf das Halbeinkünfteverfahren.
[254] Zu den Unterschieden siehe Rn. 195, 202 f. u. 218. Es sei jedoch darauf hingewiesen, dass die Unterschiede nur kurz dargestellt und nicht im Detail behandelt werden können.
[255] Zur Abgrenzung der Vermögensverwaltung vom BgA in diesem Fall siehe Rn. 64.

nach § 2 Nr. 2 KStG mit der Folge, dass die Körperschaftsteuer mit der Kapitalertragsteuer auf die Dividende abgegolten ist (§ 32 Abs. 1 Nr. 2 KStG). Aus der Steuerbelastung durch Kapitalertragsteuer, die an sich nur eine besondere Erhebungsform der Einkommensteuer und Körperschaftsteuer ist, wird somit eine endgültige Körperschaftsteuerbelastung für die empfangende Kommune.

198 Bis zum 31. 12. 2003 betrug die **Kapitalertragsteuer** nach § 43a Abs. 1 Nr. 1 i.V. m. § 43 Abs. 1 S. 1 Nr. 1 EStG **20%** des vollen Kapitalertrags, wenn der Gläubiger die Kapitalertragsteuer trägt. Allerdings erstattete das Bundesamt für Finanzen auf Antrag die Hälfte der von den Gewinnausschüttungen einbehaltenen und abgeführten Kapitalertragsteuer (§ 44c Abs. 2 S. 1 Nr. 2 EStG). Schüttete also eine Kapitalgesellschaft Gewinne an ihre Anteilseigner (Kommunen) aus, so fiel zunächst Kapitalertragsteuer i. H. v. 20 % an. Da auf Antrag die Hälfte der Kapitalertragsteuer sowie des Solidaritätszuschlages erstattet wurde, betrug die **endgültige Belastung** mit Kapitalertragsteuer somit **10 %** der ausgeschütteten Bardividende (ohne SolZ und GewSt).

199 Mit dem Ziel, die Verwaltung im Einzelantragsverfahren zu entlasten, wurden die gesetzlichen Regelungen für die Abstandnahme vom Kapitalertragsteuerabzug nach § 44a EStG erweitert.[256] Seit dem 1. 1. 2004 erfolgt deshalb nicht mehr der volle Kapitalertragsteuerabzug mit anschließender hälftiger Erstattung, sondern es wird von Anfang an für Kapitalerträge i. S. d. § 20 Abs. 1 Nr. 1 u. 2 EStG, soweit es sich um Erträge aus GmbH-Anteilen handelt, nur der halbe Kapitalertragsteuerabzug (damit 10 %) vorgenommen. Im Ergebnis bleibt es damit bei einer Belastung mit KapESt i.H.v. 10 %.

200 Die Steuer entsteht in dem Zeitpunkt, in dem die Kapitalerträge der Kommune zufließen (§ 44 Abs. 1 S. 2 u. Abs. 2 EStG). Sie ist von der ausschüttenden Kapitalgesellschaft einzubehalten und innerhalb eines Kalendermonats jeweils bis zum 10. des folgenden Monats an das Finanzamt abzuführen (§ 44 Abs. 1 S. 3 EStG).

201 Ist die Beteiligung an einer Kapitalgesellschaft in einen **BgA eingelegt** worden, so stellen die erhaltenen Gewinnausschüttungen Beteiligungserträge dar, die bei der Ermittlung des Einkommens des BgA zu 95 % außer Ansatz bleiben und damit zu diesem Teil steuerfrei sind (§ 8b Abs. 1 u. 5 KStG[257] i.V. m. § 20 Abs. 1 Nr. 1 EStG). Im Zusammenhang mit der Beteiligung entstandene Aufwendungen (z. B. Fremdkapitalzinsen zur Finanzierung der Beteiligung) sind im Gegenzug insoweit vom Abzug ausgeschlossen (§ 3c Abs. 1 EStG). Die bei der Ausschüttung einbehaltene und abgeführte Kapitalertragsteuer in Höhe von 20 % und der Solidaritätszuschlag werden im Rahmen der Körperschaftsteuerveranlagung angerechnet und ggf. erstattet (§ 36 Abs. 2 S. 2 Nr. 2 EStG i.V. m. § 31 KStG). Will der BgA die erhaltenen Gewinnausschüttungen jedoch an den Hoheitsbereich seiner Trägerkörperschaft weiterleiten, so fällt (erneut) Kapitalertragsteuer auf diese Weiterleitung i. H. v. 10% an (§ 20 Abs. 1 Nr. 10b EStG).[258] Somit beträgt auch hier die Belastung mit KapESt im Ergebnis 10 %.

202 Wird die Beteiligung, z. B. aufgrund der Einflussnahme auf die Geschäftsführung, selbst **als BgA** behandelt, so besteht dann ein Unterschied zur Vermögensverwaltung und zum Halten der Beteiligung in einem BgA, wenn die Gewinnausschüttung der Kapitalgesellschaft nicht mehr als 30.000 € im Jahr beträgt.[259] Sollte dies der Fall sein, so könnte die bei Ausschüttung des Gewinnes bereits abgeführte Kapitalertragsteuer im Rahmen der Körperschaftsteuerveranlagung des BgA angerechnet und damit erstattet werden, die Weiterleitung der Gewinnausschüttung an den Träger wäre jedoch steuerfrei, da die Grenzen des § 20 Abs. 1 Nr. 10b EStG nicht überschritten wären.[260] Somit würde

---

[256] NWB, Fach 3, S. 12737.
[257] Bis zum 31. 12. 2003 waren die gesamten Beteiligungserträge steuerfrei. Mit Wirkung zum 1. 1. 2004 wurde § 8b KStG durch Änderung des Abs. 5 dahingehend geändert, dass nur noch 95% dieser Erträge von der Steuer befreit sind.
[258] Siehe hierzu ausführlich Rn. 106 ff.
[259] Vgl. auch *Strahl*, Steuerliche Chancen und Risiken; FR 2002, 916 (919).
[260] Allerdings stellt sich dann wohl die Frage, ob das Halten der Beteiligung unter wesentlicher Einflussnahme auf die Geschäftsführung, das zwar dem Grunde nach einen BgA darstellt, auch dann noch als BgA

III. Privatisierung kommunaler Unternehmen 203–207 G

auf die Gewinnausschüttung im Ergebnis demnach keinerlei Kapitalertragsteuer anfallen.[261]

Abgesehen von der eingangs erwähnten lediglich 95%igen Steuerfreiheit der Beteiligungserträge gem. § 8b Abs. 1 i.V. m. Abs. 5 KStG besteht weiterhin dann ein Unterschied zwischen dem Halten der Beteiligung als Vermögensverwaltung oder im Rahmen eines BgA,[262] wenn der BgA keinen Jahresabschluss nach HGB,[263] sondern lediglich eine Steuerbilanz mit Gewinnermittlung nach § 4 Abs. 1 S. 1 EStG aufstellt. Laut Finanzverwaltung[264] ist der so ermittelte Gewinn nicht um steuerfreie Beteiligungserträge gemäß § 8b KStG zu korrigieren, was zur Folge hat, dass die Gewinnausschüttungen überhaupt nicht in dem für den BgA zu ermittelnden steuerlichen Gewinn zu erfassen sind. Sie können deshalb bei Weiterleitung an die Trägerkörperschaft auch nicht dem Kapitalertragsteuerabzug unterworfen werden.[265] **203**

Es ist zu beachten, dass Gewinne des BgA, die dieser durch die Beteiligungserträge unter Umständen erzielt,[266] selbst wenn es sich zuvor um einen Verlust-BgA gehandelt haben sollte, als fiktive „Ausschüttung" an die Trägerkörperschaft gelten. Somit fällt auf den Gewinn des BgA (nicht auf die Ausschüttung der Kapitalgesellschaft[267]) Kapitalertragsteuer i. H. v. 10% an.[268] **204**

(2) Besteuerung von Anteilsveräußerungen. Neben der Besteuerung der laufenden Gewinnausschüttungen ist bei der Veräußerung der Anteile der einmalige Veräußerungsgewinn zu besteuern. Dieser spiegelt die Wertsteigerungen der Anteile seit der Anschaffung wider. **205**

Die Veräußerung einer Beteiligung, die in einem **BgA** gehalten wird,[269] wird grundsätzlich im Rahmen der Gewinnermittlung erfasst und ist damit steuerverhaftet. Allerdings werden Gewinne aus der Veräußerung von Beteiligungen an Kapitalgesellschaften zu 95% **steuerfrei** gestellt (§ 8b Abs. 2 S. 1 i.V. m. Abs. 3 KStG). Sollten jedoch in der Vergangenheit Teilwertabschreibungen auf die betreffenden Anteile steuerwirksam geltend gemacht und nicht durch einkommenserhöhende Zuschreibungen ausgeglichen worden sein, besteht insoweit eine Steuerpflicht (§ 8b Abs. 2 S. 4 KStG). **206**

Eine **Ausnahme** für die Steuerfreiheit von Anteilsveräußerungen besteht jedoch für die Veräußerung von einbringungsgeborenen Anteilen. Diese ist grundsätzlich nicht steuerfrei (§ 8b Abs. 4 S. 1 Nr. 1 KStG). **207**

---

anzusehen ist, wenn lediglich Gewinne unter 30.000 € anfallen und damit die Grenze für das Merkmal der „wirtschaftlichen Heraushebung" des BgA (vgl. Rn. 35) nicht überschritten ist.

[261] Zum Vergleich: 10% KapESt bei Gewinnausschüttungen für Anteile im Bereich der Vermögensverwaltung und 10% KapESt für an den Träger weitergeleitete Gewinnausschüttungen für Anteile in einem BgA.

[262] Für diese Unterscheidung ist es egal, ob die Beteiligung als BgA gehalten oder in einen BgA eingelegt wird.

[263] Zur Buchführungspflicht von BgA siehe Rn. 75 ff.

[264] Koordinierter Ländererlass des BMF vom 11. 9. 2002, BStBl. I 2002, S. 935, Rn. 22.

[265] Allerdings wird diese theoretische Möglichkeit der steuerfreien Weiterleitung an die Trägerkörperschaft in der Praxis kaum Bedeutung erlangen, da bestehende BgA in der Regel (auch ohne die Umsätze aus den Beteiligungserträgen) zur Buchführung verpflichtet sind. Sollte eine solche Pflicht jedoch nicht bestehen, so werden die Beteiligungserträge, sobald sie eine Höhe von 30.000 € im Kalenderjahr erreichen, unseres Erachtens eine Buchführungspflicht nach § 141 AO herbeiführen, da der BgA durch diese Beteiligungserträge einen (zwar steuerfreien) Gewinn aus Gewerbebetrieb (zu Einkünften aus Gewerbebetrieb als einzige Einkunftsart eines BgA siehe Rn. 74) erzielt, der nach § 141 Abs. 1 Nr. 4 AO zur Buchführung verpflichtet (nicht zweifelsfrei).

[266] Dies kann (nur) dann der Fall sein, wenn der BgA einen handelsrechtlichen Jahresabschluss aufstellt, da bei rein steuerlicher Betrachtung die Beteiligungserträge keinen Gewinn darstellen, sondern bereits bei der Ermittlung des Gewinnes zu 95% außer Ansatz bleiben (§ 8b KStG).

[267] Denn die im Rahmen der Ausschüttung abgeführte KapESt wird in der KSt-Veranlagung des BgA angerechnet und erstattet.

[268] Vgl. Rn. 118 ff. zur KapESt auf den Gewinn eines BgA ohne eigene Rechtspersönlichkeit.

[269] Zu den Gründen und der steuerlichen Anerkennung der Einlage von Beteiligungen an Kapitalgesellschaften in einen BgA vgl. Rn. 179 mit Verweisen.

208 Kommunen erhalten **einbringungsgeborene Anteile** i. S. d. § 21 Abs. 1 UmwStG, wenn ein BgA in eine Kapitalgesellschaft umgewandelt wird und die Wirtschaftsgüter in der Eröffnungsbilanz der Kapitalgesellschaft mit ihrem Buchwert (oder einem anderen Wert unter dem Teilwert) angesetzt werden.[270] Bei der Umwandlung zu Buchwerten erfolgt keine Aufdeckung der **stillen Reserven**[271] und damit keine Besteuerung. Aus diesem Grund werden die stillen Reserven bei der Veräußerung der Anteile grundsätzlich voll besteuert.

209 Hierbei ist jedoch noch einmal zu unterscheiden, ob die einbringungsgeborenen Anteile aufgrund der Einbringung von Sachanlagevermögen, das einen Teilbetrieb bildet (§ 20 Abs. 1 S. 1 UmwStG), oder aufgrund der Einbringung der Mehrheitsbeteiligung an einer Kapitalgesellschaft (§ 20 Abs. 1 S. 2 UmwStG) entstanden sind, da hierfür unterschiedliche Folgen für die Besteuerung gelten.

210 Sind die Anteile aufgrund der **Einbringung von Sachanlagevermögen (Teilbetrieb)** entstanden, so ist ihre Veräußerung nicht steuerbefreit, es sei denn, die Veräußerung erfolgt später als 7 Jahre nach dem Erwerb der Anteile (§ 8b Abs. 4 S. 2 Nr. 1 u. 2 KStG).

211 Sind die Anteile aufgrund der **Einbringung von Anteilen an Kapitalgesellschaften** entstanden (Ausnahme), die wiederum keine einbringungsgeborenen Anteile sind, die durch Einbringung eines Teilbetriebs entstanden sind (Ausnahme von der Ausnahme), so ist die Veräußerung (auch innerhalb der 7-Jahres-Frist) steuerfrei.

212 Veräußert eine Kommune Anteile, die sie im Rahmen einer **Vermögensverwaltung** gehalten hat, so ist diese Veräußerung grundsätzlich steuerfrei, da Kommunen im Rahmen der Vermögensverwaltung zunächst keiner Steuerpflicht unterliegen.[272]

213 Eine Ausnahme gilt allerdings auch hier für die Veräußerung von einbringungsgeborenen Anteilen im Sinne des § 21 Abs. 1 UmwStG.[273] Gewinne aus der Veräußerung solcher einbringungsgeborener Anteile gelten gemäß § 21 Abs. 3 UmwStG als Gewinne aus einem BgA und unterliegen daher grundsätzlich der Körperschaftsteuer.[274]

214 Liegt die Einbringung im Zeitpunkt der Veräußerung allerdings mehr als 7 Jahre zurück oder handelte es sich um einen Einbringungsvorgang nach § 20 Abs. 1 S. 2 UmwStG,[275] so bleibt die Veräußerung dennoch zu 95% steuerfrei (§ 8b Abs. 2 u. 3 i. V. m. § 8b Abs. 4 S. 2 Nr. 1, 2 KStG).[276] Diese Steuerbefreiung gilt grundsätzlich für jede Körperschaft, auf die das Körperschaftsteuergesetz Anwendung findet. Es ist zwar nicht ausdrücklich geregelt, dass die Steuerbefreiung nach Ablauf der 7 Jahre auch für den bei einer Veräußerung von einbringungsgeborenen Anteilen **fingierten** BgA gilt. Allerdings wäre es nicht nachvollziehbar, wenn bei einer Veräußerung einbringungsgeborener Anteile im Rahmen der Vermögensverwaltung einer juristischen Person öffentlichen Rechts Körperschaftsteuer anfallen sollte, da die Anteile sonst vor ihrer Veräußerung in einen BgA eingelegt werden könnten mit der Folge, dass die spätere Veräußerung (bei Vorliegen der weiteren Voraussetzungen) steuerbefreit wäre.[277]

215 Da der Gewinn des bei der Veräußerung einbringungsgeborener Anteile fingierten BgA nicht durch Betriebsvermögensvergleich ermittelt wird, ist § 20 Abs. 1 Nr. 10 b EStG

---

[270] Vgl. Rn. 236.
[271] Unter „**Stillen Reserven**" versteht man die Differenz zwischen dem wahren Wert eines Wirtschaftsgutes und dem Buchwert dieses Wirtschaftsgutes, der in der Bilanz angesetzt ist.
[272] Vgl. Rn. 45 f.
[273] Zur Entstehung von einbringungsgeborenen Anteilen siehe Rn. 208.
[274] Das Gesetz **fingiert** somit einen BgA. Wäre nicht gesetzlich geregelt, dass durch die Veräußerung solcher Anteile eine BgA fingiert wird, so könnte der Gewinn aus der Veräußerung dieser Anteile bei der juristischen Person öffentlichen Rechts nicht besteuert werden. Denn die jPöR unterliegt grundsätzlich – außer im Rahmen ihrer BgA – nicht der Besteuerung, so dass kein Steuersubjekt vorhanden wäre.
[275] Bei einer Einbringung nach § 20 Abs. 1 S. 2 UmwStG wird eine Mehrheitsbeteiligung an einer Kapitalgesellschaft in eine Kapitalgesellschaft eingebracht. Sie spielt für die Praxis der Kommunen jedoch nur eine untergeordnete Rolle, da hier meistens die Einbringung eines (Teil-)Betriebes vorliegt; vgl. Rn. 237.
[276] Vgl. Rn. 206 f.
[277] Vgl. *Körner, S.,* Änderungen bei der Besteuerung, NWB, Fach 4, S. 4447 (4453).

III. Privatisierung kommunaler Unternehmen

nicht anwendbar. Der in den hoheitlichen Bereich der juristischen Person des öffentlichen Rechts weitergeleitete Veräußerungsgewinn unterliegt daher auch nicht der Kapitalertragsteuer und ist somit nach Ablauf der 7-Jahres-Frist endgültig steuerfrei.[278]

Die Veräußerung von einbringungsgeborenen Anteilen liegt in der Praxis häufig dann vor, wenn ein Eigenbetrieb oder Regiebetrieb unter Buchwertfortführung in eine Kapitalgesellschaft (z. B. GmbH) umgewandelt worden ist. Oftmals wird anschließend die Veräußerung eines Anteils oder der gesamten Beteiligung an der GmbH angestrebt. In diesen Fällen ist stets zu prüfen, ob nicht ein Behalten der Beteiligung bis zum Ablauf der 7-Jahres-Frist aus steuerlicher Sicht sinnvoll ist. **216**

Fraglich ist, wie die Veräußerung von Anteilen behandelt wird, wenn das Halten und Verwalten der **Beteiligung selbst** einen **BgA** darstellt.[279] Zumindest dürfte unklar sein, nach welchen Rechtsnormen die Besteuerung erfolgt.[280] Die Rechtsfolgen selbst werden sich in der Praxis wohl nicht von den bisher dargestellten der Veräußerung einer Beteiligung aus einem BgA heraus unterscheiden. **217**

Damit lässt sich folgendes Ergebnis festhalten: Obwohl seit der Einführung des StSenkG weitestgehend gleiche Konsequenzen erreicht werden, unabhängig davon, auf welche Art eine Kommune die Beteiligung an einer Kapitalgesellschaft hält, ergeben sich durch die seit 1.1. 2004 wirksame Änderung des § 8b Abs. 3 KStG wiederum Unterschiede die Veräußerung der Beteiligung betreffend. Während sie – abgesehen von einbringungsgeborenen Anteilen – im Rahmen der Vermögensverwaltung steuerfrei erfolgt, ist sie nur zu 95% steuerbefreit, wenn sie durch einen BgA (od. eine Kapitalgesellschaft) erfolgt. **218**

b) Kommunale Unternehmen in der Rechtsform der Personengesellschaft

Neben der Möglichkeit, Tätigkeiten auf eine Kapitalgesellschaft auszulagern, kommt auch die Gründung einer Personengesellschaft in Frage. Insbesondere wenn Grundvermögen (mit) übertragen werden soll, ist dieser Rechtsform besondere Beachtung zu schenken.[281] Aus Gründen der Haftungsbegrenzung kommen nur GmbH & Co. KG oder AG & Co. KG in Betracht. **219**

aa) Besteuerung der Gesellschaft. Personengesellschaften stellen für die Einkommensbesteuerung **kein selbständiges Körperschaftsteuersubjekt** dar. Die Einkommensermittlung erfolgt bei Personengesellschaften zweistufig: Zuerst wird ausgehend von der Handelsbilanz der Gewinn (bzw. Verlust) der Gesellschaft ermittelt. Da Handelsgesellschaften (OHG, KG) nach § 140 AO buchführungspflichtig sind, erfolgt die Gewinnermittlung durch Betriebsvermögensvergleich (§ 4 Abs. 1 S. 1 EStG). Der auf diese Weise ermittelte Gewinn wird einheitlich und gesondert festgestellt (§§ 179 f. AO). Auf der zweiten Stufe erhält jeder Mitunternehmer entsprechend seinem Mitunternehmeranteil an der Personengesellschaft den auf ihn entfallenden Gewinn zugerechnet. Dieser ist dann vom Gesellschafter selbst (als Einkünfte aus Gewerbebetrieb i. S. d. § 15 EStG) zu versteuern. Eine Besteuerung auf Ebene der Gesellschaft (mit Körperschaftsteuer) findet demnach nicht statt.[282] Zu be- **220**

---

[278] Vgl. *Körner, S.*, Änderungen bei der Besteuerung, NWB Nr. 45 vom 5.11. 2001, S. 3729 (3735). Vor Ablauf der 7-Jahres-Frist kommt es, wie oben erläutert, zur Belastung des Veräußerungsgewinnes mit KSt.

[279] Siehe Rn. 62 ff. zur Abgrenzung der Vermögensverwaltung vom BgA. Insbesondere bei Personalunion und wesentlicher Einflussnahme auf die Geschäftsführung der Kapitalgesellschaft stellt das Halten der Beteiligung somit einen BgA dar.

[280] Da mit Veräußerung der Beteiligung auch der durch das Halten der Beteiligung begründete BgA wegfällt, fehlt es grundsätzlich an einer Steuerpflicht, da juristische Personen öffentlichen Rechts nur im Rahmen ihrer BgA der Besteuerung unterliegen und ein solcher BgA bei/nach der Veräußerung nicht mehr vorhanden ist. Der Vorgang wäre somit nicht nur steuerfrei, sondern sogar nicht steuerbar (was jedoch zum gleichen praktischen Ergebnis Steuer = 0 führt).

[281] Vgl. Rn. 265 ff. zur Darstellung der steuerlichen Vorzüge einer GmbH & Co. KG.

[282] Allerdings gilt bei Kommunen die Beteiligung an einer Mitunternehmerschaft wieder als BgA, der der Körperschaftsteuer unterliegt. Somit bleibt der anteilig zugeordnete Gewinn aus einer Mitunternehmerschaft nicht unversteuert, sondern wird als Gewinn eines BgA erfasst.

achten ist, dass Einnahmen der Mitunternehmer aus Leistungsbeziehungen zwischen der Personengesellschaft und deren Mitunternehmern zu Sonderbetriebseinnahmen[283] i. S. d. § 15 Abs. 1 Nr. 2 EStG führen.[284]

221 Lediglich im Rahmen der **Gewerbesteuer** sind Personengesellschaften selbständiges **Steuersubjekt**.[285] Der ermittelte Gewinn ist um die Hinzurechnungen und Kürzungen im Rahmen der gewerbesteuerlichen Gewinnermittlung zu modifizieren (§§ 7–9 GewStG). Des Weiteren steht der Personengesellschaft ein Freibetrag i. H. v. 24.500 € zu (§ 11 Abs. 1 S. 3 Nr. 1 GewStG). Die auf den Gewerbeertrag anzuwendende Steuermesszahl beträgt nicht wie im Falle von BgA 5 %, sondern ist in Abhängigkeit von der Höhe des erzielten Gewerbeertrags zwischen 1 und 5 % gestaffelt (1 % je 12.000 €; § 11 Abs. 2 Nr. 1 GewStG).

222 Eine Personengesellschaft ist – sofern sie eine selbständige Tätigkeit nachhaltig und gegen Entgelt ausübt – **Unternehmer i. S. d. Umsatzsteuergesetzes** und unterliegt damit der Umsatzsteuer.[286]

223 **bb) Besteuerung des Mitunternehmers.** Ähnlich wie bei Kapitalgesellschaften führen sowohl die jährlich gesondert und einheitlich festgestellten Gewinne als auch die Veräußerung von Mitunternehmeranteilen zu steuerlichen Folgen. Zu beachten ist, dass das Halten der Beteiligung an einer Personengesellschaft für die juristische Person öffentlichen Rechts einen BgA darstellt.[287]

224 **(1) Besteuerung der laufenden Erträge.** Grundsätzlich hat jeder Gesellschafter den ihm zugerechneten Gewinnanteil mit seinem persönlichen Steuersatz zu besteuern. Da die Beteiligung an einer Personengesellschaft bei der juristischen Person öffentlichen Rechts zur Begründung eines BgA führt, stellen die zugerechneten Gewinne demnach Einkünfte des BgA dar und unterliegen der **Körperschaftsteuerpflicht**.[288] Bei der Einkommensermittlung der Personengesellschaft dürfen jedoch die Beziehungen zwischen Gesellschaft und Mitunternehmer (Kommune) nicht vernachlässigt werden, z. B. bei der Erfassung von Sonderbetriebseinnahmen.

225 **(2) Besteuerung der Veräußerung von Mitunternehmeranteilen.** Grundsätzlich führt die Veräußerung eines Mitunternehmeranteils zur Aufdeckung der darin enthaltenen stillen Reserven (§ 16 Abs. 1 S. 1 Nr. 2 EStG). Veräußerungsgewinn ist dabei der Betrag, um den der Veräußerungspreis den Wert des Betriebsvermögens übersteigt (§ 16 Abs. 2 EStG).

226 Da durch das Halten eines Mitunternehmeranteils durch eine juristische Person öffentlichen Rechts ein BgA begründet wird, löst auch die Veräußerung des Mitunternehmeranteils[289] die Steuerpflicht aus, da sie im Rahmen eines BgA erfolgt. Andernfalls würde sie im Rahmen der Vermögensverwaltung erfolgen und wäre damit steuerfrei. Dieses Er-

---

[283] Entsprechend liegen bei der Personengesellschaft Sonderbetriebsausgaben vor; vgl. Rn. 223 f.
[284] Allerdings führt die Zahlung einer Konzessionsabgabe (KA) eines in der Rechtsform einer Personengesellschaft betriebenen Energieversorgungsunternehmens an eine Kommune, die Mitunternehmerin des Versorgungsunternehmens ist, nicht zu Sonderbetriebseinnahmen. Die KA ist für das Versorgungsunternehmen abziehbare Betriebsausgabe und fließt bei der Kommune in den hoheitlichen Bereich, u.E. zu schließen aus BMF-Erlass vom 9. 2. 1998, BStBl. I 1998, S. 209.
[285] Im Gegensatz zur Kapitalgesellschaft, die unabhängig von der tatsächlich ausgeübten Tätigkeit gewerbesteuerpflichtig ist, tritt bei Personengesellschaften eine solche nur dann ein, wenn eine gewerbliche Tätigkeit vorliegt; § 2 Abs. 1 S. 1 u. 2 GewStG; A 13 S. 2 GewStR.
[286] § 2 Abs. 1 UStG; A 16 Abs. 1 UStR.
[287] Vgl. Rn. 65. Nur im Ausnahmefall – wenn die Personengesellschaft lediglich eine vermögensverwaltende Tätigkeit ausführt – kann die Beteiligung Vermögensverwaltung darstellen. Im Gegensatz hierzu stellt das Halten der Beteiligung an einer Kapitalgesellschaft in der Regel Vermögensverwaltung dar.
[288] Siehe hierzu ausführlich Rn. 68 ff.
[289] Genau genommen führt die Veräußerung des Mitunternehmeranteils automatisch zum Wegfall des BgA, da ja das *Halten* der Beteiligung den BgA begründet. Man kann aber wohl davon ausgehen, dass die Veräußerung des Mitunternehmeranteils selbst zur Begründung eines neuen BgA führt oder als „letzte Aktion" des BgA „Halten der Beteiligung" gilt, so dass sie der Besteuerung unterliegt.

III. Privatisierung kommunaler Unternehmen

gebnis wäre allerdings nicht folgerichtig, da somit die stillen Reserven unversteuert aufgedeckt werden könnten.[290]

c) Kommunale Unternehmen in der Rechtsform des Kommunalunternehmens

Neben der Umwandlung bzw. Ausgliederung von kommunalen Betrieben in Kapital- oder Personengesellschaften kommt auch die Überführung von Bereichen in ein Kommunalunternehmen in Frage. Das Kommunalunternehmen stellt eine selbständige, öffentlich-rechtliche Rechtsform dar, weshalb der Rechtformwechsel[291] erhebliche Auswirkungen für das kommunale Unternehmen in rechtlicher und organisatorischer Hinsicht hat. Die Umwandlung eines kommunalen Betriebes in ein Kommunalunternehmen erfolgt im Wege der Gesamtrechtsnachfolge nach Landesrecht.[292]

Unter steuerlichen Gesichtspunkten erfolgt jedoch keine Änderung. Auch das Kommunalunternehmen unterliegt **nur im Rahmen** seiner **BgA der Besteuerung**.[293] Allerdings erfolgt eine Änderung der Trägerkörperschaft des BgA, da nicht mehr die Kommune die juristische Person öffentlichen Rechts darstellt, die im Rahmen ihrer BgA der Besteuerung unterliegt, sondern das Kommunalunternehmen selbst stellt die juristische Person öffentlichen Rechts dar.

Es können sich jedoch **steuerliche Folgen aus der Umwandlung selbst** ergeben, beispielsweise wenn Grundvermögen auf das Kommunalunternehmen übertragen wird (Grunderwerbsteuer).[294] In körperschaftsteuerlicher Hinsicht wird, obwohl dies nicht ausdrücklich gesetzlich geregelt ist, von einer analogen Anwendbarkeit der Rechtsfolgen für Kapitalgesellschaften ausgegangen, weshalb die im Folgenden beschriebenen Rechtsfolgen Anwendung finden.

2. „Der Weg": Umwandlungen

a) Allgemeines

Aus rechtstechnischer Sicht vollzieht sich die Umgestaltung von Betrieben juristischer Personen des öffentlichen Rechts im Wesentlichen in drei Schritten, die teilweise zeitlich parallel nebeneinander her zu vollziehen sind. In aller Regel ist die Frage nach der **Bewertung** des Betriebes zu stellen, da hiervon insbesondere die „Einbringungswerte" bzw. „Umwandlungswerte" oder „Abspaltungswerte" im Rahmen des Rechtsformwechsels abhängen. Parallel sollte in jedem Fall mit den zuständigen Rechtsaufsichtsbehörden die **öffentlich-rechtliche Durchführbarkeit** der Umorganisation abgeklärt und abgesichert werden. Schließlich erfolgt die rechtstechnische **Umsetzung** der Einbringung bzw. Umwandlung des Betriebes bis hin zur Eintragung des nun in privatrechtlicher (z. B. GmbH) oder öffentlich-rechtlicher Rechtsform (Kommunalunternehmen) geführten Unternehmens in das Handelsregister.

Die Frage nach der Bewertung des Betriebes ist – von Spezialfällen abgesehen – regelmäßig in zwei Richtungen hin zu beantworten. Zum einen müssen die **handelsrechtlichen und steuerbilanziellen Werte** festgestellt werden, die in der Einbringungsbilanz bzw. in der Umwandlungsbilanz festgehalten werden sollen.[295] Eine solche Bilanz ist auf den Stichtag der Einbringung bzw. Umwandlung aufzustellen. Dies gilt

---

[290] Zum gleichen Ergebnis der Steuerpflicht der Veräußerung eines Mitunternehmeranteils kommt, allerdings ohne Begründung, auch *Augsten*, in: *Fabry/Augsten* (Hrsg.), Handbuch Unternehmen der öffentlichen Hand, S. 320, Rn. 72.
[291] Obwohl das kommunale Unternehmen in eine neue Rechtsform gekleidet wird und somit im sprachlichen Sinn ein Rechtsformwechsel vorliegt, ist ein solcher nach der Definition des Umwandlungsgesetzes nicht gegeben, da ein Formwechsel nur für bestimmte privatrechtliche Rechtsformen in Frage kommt; vgl. Umwandlungssteuererlass, BMF vom 25.3.1998, geändert am 21.8.2001, Beck'sche Steuererlasse 130 Rn. 00.06.
[292] Z. B. Art. 89 Abs. 1 S. 1 GO By.
[293] Vgl. hierzu ausführlicher Rn. 38 f. u. 68 ff.
[294] Siehe Rn. 245 ff.
[295] Siehe hierzu Rn. 232 ff. „Wertansätze aus handels- und steuerbilanzieller Sicht".

in jedem Fall auch dann, wenn die bisherige juristische Person des öffentlichen Rechts, die den Betrieb als öffentlich-rechtlichen Betrieb bereits führte, gleichzeitig alleinige Gesellschafterin bzw. Anteilseignerin des neuen privatrechtlichen Unternehmens ist. Zum Zweiten ergeben sich selbstverständlich Bewertungsprobleme insbesondere dann, wenn mehrere Betriebe des öffentlichen Rechts, die bisher von unterschiedlichen juristischen Personen des öffentlichen Rechts geführt wurden, in eine gemeinsame Unternehmung des Zivilrechts eingebracht bzw. verschmolzen werden sollen und hierbei die **Anteilsverhältnisse** zwischen den einzelnen Gesellschaftern bzw. Anteilseignern festzulegen sind.

b) Wertansätze aus handels- und steuerbilanzieller Sicht

232 Ob eine Umwandlung steuerliche Belastungen für den Umwandelnden (Kommune) oder die neu gegründete Gesellschaft auslöst, hängt zum Großteil von der Bewertung des in die neue Rechtsform eingebrachten Vermögens ab. Zum einen ergibt sich hieraus, ob der Einbringende (Kommune) in den eingebrachten Wirtschaftsgütern enthaltene **stille Reserven**[296] zu versteuern hat. Zum anderen entscheidet der Wertansatz in der neuen Gesellschaft auch über die **künftigen steuerlichen Belastungen**, die beispielsweise von der Höhe der Abschreibungen abhängen, die sich wiederum aus der Bewertung des übertragenen Anlagevermögens ergeben.

233 Im Folgenden wird für die Beschreibung der steuerlichen Folgen einer Umwandlung in eine Kapital- oder Personengesellschaft oder ein Kommunalunternehmen davon ausgegangen, dass ein **vollständiger Betrieb, Teilbetrieb**[297] **oder Mitunternehmeranteil** in die neue Rechtsform überführt wird. Sollte nicht ein gesamter Betrieb, sondern lediglich einzelne Wirtschaftsgüter übertragen werden, so liegt keine Umwandlung, sondern nur eine Entnahme und Einlage von Wirtschaftsgütern im Tausch gegen Gesellschaftsrechte vor.[298]

234 Eine Kapital- oder Personengesellschaft hat das **Wahlrecht**, das im Rahmen der Umwandlung eingebrachte Betriebsvermögen mit dem **Buchwert** oder einem höheren Wert (dem **Teilwert** oder einem **Zwischenwert**) anzusetzen (§ 20 Abs. 2 S. 1 UmwStG bzw. § 3 S. 1 i.V. m. § 4 Abs. 1 UmwStG).

235 Der Wertansatz hat Auswirkungen in zweierlei Hinsicht: Zum einen gilt der Wert, mit dem die Kapitalgesellschaft das eingebrachte Betriebsvermögen ansetzt, als **Veräußerungspreis** (§ 20 Abs. 4 S. 1 UmwStG). Erfolgt der Ansatz mit einem Wert über dem Buchwert, so werden die in den einzelnen Wirtschaftsgütern enthaltenen stillen Reserven aufgedeckt. Dies führt beim Einbringenden (Kommune) zu einem Veräußerungsgewinn, der grundsätzlich der Steuerpflicht unterliegt.[299]

236 Zum anderen gilt der Wert als **Anschaffungskosten der Gesellschaftsanteile**, die die Kommune erhält. Diese Anschaffungskosten haben entscheidende Bedeutung für die in der Praxis häufig durchgeführte Veräußerung von Anteilen an der Kapitalgesellschaft. Anteile an einer Kapitalgesellschaft, die durch Einbringung eines (Teil-)Betriebes entstanden sind, werden als **einbringungsgeborene Anteile** bezeichnet. Werden solche Anteile veräußert und erfolgte die Bewertung des eingebrachten Betriebsvermögens bei der Umwandlung mit einem Wert unter dem Teilwert, so gilt der Betrag, um den der Ver-

---

[296] Zum Begriff „stille Reserven" vgl. Fn. 271.
[297] Die Einbringung eines Betriebes oder Teilbetriebes in diesem Sinne (gemäß § 20 UmwStG) setzt voraus, dass alle **wesentlichen Betriebsgrundlagen** mit eingebracht werden. Es genügt nicht, der Kapitalgesellschaft diese Wirtschaftsgüter nur zur Nutzung zu überlassen, genauer hierzu Umwandlungssteuererlass, 130 Beck'sche Steuererlasse, 20.01 ff.
[298] Vgl. Rn. 91 zur Entnahme und Einlage von Wirtschaftsgütern aus einem bzw. in einen BgA (also auch in Kommunalunternehmen). Einlagen in Personen- oder Kapitalgesellschaften sind gemäß § 6 Abs. 1 Nr. 5 EStG grundsätzlich mit dem Teilwert anzusetzen.
[299] Grundsätzlich erfolgt die Besteuerung eines Veräußerungsgewinnes nach den Vorschriften des EStG (§ 16 EStG). Bei Kommunen könnte man jedoch den Standpunkt vertreten, dass ein Veräußerungsgewinn steuerlich nicht erfasst wird, da es an einem Steuersubjekt fehlt; vgl. Fn. 274.

III. Privatisierung kommunaler Unternehmen

äußerungspreis[300] die Anschaffungskosten übersteigt, als steuerpflichtiger Veräußerungsgewinn im Sinne des Einkommensteuergesetzes (§ 21 Abs. 1 S. 1 UmwStG, § 16 EStG). § 21 Abs. 3 Nr. 1 UmwStG legt dabei ausdrücklich fest, dass der Veräußerungsgewinn als Gewinn aus einem BgA gilt, wenn die Anteile durch eine juristische Person öffentlichen Rechts veräußert werden.[301]

Bei einer Umwandlung bzw. Einbringung gegen Gewährung von Gesellschafterrechten liegt somit im steuerlichen Sinne ein **Tausch** vor. Die juristische Person des öffentlichen Rechts „tauscht ihren Gesamtbetrieb (z. B. Regiebetrieb) gegen Gesellschafterrechte an der Unternehmung in privatrechtlicher Form ein". Hierbei gilt der Wert der in das privatrechtliche Unternehmen eingelegten oder „abgespaltenen" Vermögensgegenstände als „Wert der hingegebenen Vermögensgegenstände" und damit gleichzeitig als Anschaffungskosten auf die Beteiligung an der Gesellschaft. Der Wert der als Gegenleistung empfangenen Gesellschafterrechte gilt als „Veräußerungserlös". Die Differenz zwischen beiden Positionen führt zu einem Veräußerungsgewinn bzw. Veräußerungsverlust, unabhängig davon, ob dieser der Besteuerung unterliegt oder nicht. Das heißt, dass im Falle der Buchwertfortführung weder ein Veräußerungsgewinn noch ein Veräußerungsverlust entsteht, die Einbringung bzw. Ausgliederung demnach ertragsteuerneutral vor sich geht. Wählt man hingegen als Einbringungswerte die Verkehrswerte (steuerlich: Teilwerte) der hingegebenen Vermögensgegenstände, so entsteht ein Veräußerungsgewinn, soweit diese Verkehrswerte über den steuerlichen Buchwerten liegen.[302]

Bewertungsfragen erübrigen sich regelmäßig dann, wenn die Buchwerte der Schlussbilanz des Betriebes des öffentlichen Rechts fortgeführt werden sollen. Wird z. B. ein Eigenbetrieb einer Kommune in eine GmbH eingebracht und soll **Umwandlungsstichtag** der 1. Januar eines Kalenderjahres, 00:00 Uhr, sein,[303] so ist auf den 31. Dezember des vorangegangenen Kalenderjahres nach handelsrechtlichen Regeln unter Fortführung der im Jahresabschluss des Eigenbetriebes des Vorjahres bilanzierten Werte ein Jahresabschluss aufzustellen. Aus diesem Jahresabschluss ergeben sich die fortgeführten handelsrechtlichen Schlussbilanzwerte, die im Rahmen der so genannten „Buchwertfortführung" gleichzeitig die Werte der **Eröffnungsbilanz** zum 1. Januar des folgenden Kalenderjahres darstellen. Nach den steuerlichen Regeln ist außerdem gegebenenfalls eine abweichende Steuerbilanz auf den Umwandlungsstichtag aufzustellen.[304]

Die **Schlussbilanz** zum 31. Dezember des vorangegangenen Kalenderjahres ist in diesem Fall gleichzeitig die **Umwandlungsbilanz**, aufgrund derer die Umwandlung erfolgt und zur Eintragung in das Handelsregister gelangt. Gleiches gilt für eine Einbringung eines solchen Betriebes der öffentlichen Hand in eine bereits bestehende AG, GmbH oder GmbH & Co. KG im Wege der so genannten Sachkapitalerhöhung.

Sollen höhere als die fortgeführten handelsbilanziellen Buchwerte zum Ansatz kommen, so werden dies in aller Regel die Verkehrswerte (steuerlich: Teilwerte) sein. Möglich ist auch der Ansatz von Zwischenwerten, die zwischen den Buchwerten und den tatsächlichen Verkehrswerten liegen. Allerdings sind die Wertansätze nicht von entscheidender Bedeutung, wenn alleinige Gesellschafterin bzw. Anteilseignerin des neuen privatrechtlichen Unternehmens wiederum die juristische Person des öffentlichen Rechts ist, die

---

[300] Von diesem sind die Veräußerungskosten abzuziehen; § 21 Abs. 1 S. 1 UmwStG.
[301] Vgl. Fn. 274.
[302] Dieser Veräußerungsgewinn kann dennoch nicht steuerpflichtig sein, wenn z. B. die Ausgliederung eines gemeinnützigen Betriebes (z. B. städtisches Krankenhaus in der Form eines Regiebetriebes) in eine gemeinnützige GmbH erfolgt.
[303] Der Umwandlungsstichtag darf bis zu 8 Monate vor der Anmeldung der Umwandlung zur Eintragung ins Handelsregister liegen (§ 20 Abs. 8 UmwStG). Soll die Bilanz zum 31. 12. des Vorjahres Grundlage für die Bewertung sein, so muss die Umwandlung demnach spätestens bis zum 31. 8. des laufenden Jahres beim Handelsregister angemeldet sein.
[304] Abweichungen können sich beispielsweise im Bereich der Drohverlustrückstellungen, die handelsrechtlich zu bilden sind, steuerlich jedoch nicht gebildet werden dürfen, ergeben.

241 Bringen mehrere juristische Personen des öffentlichen Rechts unterschiedliche Betriebe in eine gemeinsame Gesellschaft des Zivilrechts ein oder beteiligt sich ein privater Dritter im Wege einer Sacheinlage an der neuen Gesellschaft, so sind diese Betriebe anhand von objektiven Kriterien zu bewerten. Die Bewertung hat hier direkten Einfluss auf die Bestimmung der Anteilsverhältnisse in der neuen Gesellschaft und auf einen eventuellen Veräußerungspreis der Anteile. Die Heranziehung von handels- oder steuerbilanziellen Werten reicht deshalb hier im Regelfall nicht aus. In der Praxis kommen die **Substanz-**[305] – und die **Ertragswertmethode** zum Einsatz, wobei der Ertragswertmethode[306] unter betriebswirtschaftlichen Gesichtspunkten wohl der Vorrang einzuräumen ist.

c) Verkehrssteuern bei Umwandlungen

242 **aa) Umsatzsteuer.** Soweit im steuerlichen Sinne ein gesamter BgA in eine Personenhandelsgesellschaft oder in eine Kapitalgesellschaft (gegen Gewährung von Gesellschafterrechten) eingebracht wird, ist dies in aller Regel als eine **„Geschäftsveräußerung im Ganzen"**[307] im umsatzsteuerlichen Sinne zu behandeln. Hierbei dürfen jedoch keine wesentlichen Betriebsgrundlagen zurückbehalten werden. Liegt eine Geschäftsveräußerung im Ganzen vor, so ist der Einbringungs- bzw. Umwandlungsvorgang **nicht umsatzsteuerbar** (§ 1 Abs. 1a S. 1 UStG).

243 Sollte im umsatzsteuerlichen Sinne keine „Geschäftsveräußerung im Ganzen" vorliegen, weil wesentliche Betriebsgrundlagen zurückbehalten worden sind, ergibt sich folgendes **Problem**: Vorsteuerbeträge, die aufgrund der Anschaffung oder Herstellung von umsatzsteuerpflichtig genutzten Gegenständen geltend gemacht wurden, sind zu korrigieren, wenn diese nicht mindestens 10 Jahre (Gebäude) bzw. 5 Jahre (bewegliche Vermögensgegenstände) nach der Geltendmachung dieser Vorsteuerbeträge zu umsatzsteuerpflichtigen Leistungen genutzt werden (§ 15a Abs. 1 UStG). Ändert sich während dieses Zeitraumes die tatsächliche Nutzung des Gebäudes bzw. des beweglichen Vermögensgegenstandes von einer umsatzsteuerpflichtigen Nutzung hin zu einer umsatzsteuerfreien Nutzung, so ist für jedes Jahr, für das die Voraussetzung der umsatzsteuerpflichtigen Nutzung nicht gegeben ist und das innerhalb des 10-jährigen bzw. 5-jährigen Berichtigungszeitraumes liegt, ein Zehntel (bei Gebäuden) bzw. ein Fünftel (bei beweglichen Vermögensgegenständen) des ursprünglich geltend gemachten Vorsteuerbetrages zu korrigieren und an die Finanzverwaltung zurückzuzahlen (§ 15a Abs. 2 UStG). Bei Zurückbehaltung von wesentlichen Betriebsgrundlagen im Rahmen einer Umwandlung handelt es sich regelmäßig um eine solche **„schädliche" Nutzungsänderung**, da ein

---

[305] Bei der **Substanzwertmethode** wird der Wert eines Unternehmens nach dessen „Substanz", also den im Betrieb vorhandenen Vermögenswerten bestimmt. Hierzu werden zum einen die Buchwerte der einzelnen Wirtschaftsgüter, zum anderen aber auch die in diesen Wirtschaftsgütern enthaltenen „stillen Reserven" (vgl. Fn. 271) herangezogen. Der Substanzwert umfasst aber regelmäßig nur einen Teil des Reproduktionswertes eines Unternehmens, da lediglich die Aufwendungen für bilanzierte oder bilanzierungsfähige Vermögensgegenstände berücksichtigt werden. Nicht berücksichtigt werden dagegen die für eine vollständige Reproduktion notwendigen Aufwendungen für Faktoren wie Kundenbeziehungen, Bekanntheitsgrad des Unternehmens, Anerkennung und Vertrauen bei Kunden sowie in der Öffentlichkeit.

[306] Die **Ertragswertmethode** geht von dem Grundgedanken aus, dass ein Betrieb, der in eine Gesellschaft eingebracht werden soll, nur insoweit einen eigenständigen Wert verkörpert, als er in Zukunft Gewinne abwirft. Der Ertragswert ist der Barwert aller dem Unternehmen zukünftig entziehbaren Einnahmen- oder Ertragsüberschüsse. Dabei wird unterstellt, dass das Unternehmen bzw. der Betrieb ewig fortbesteht („Going Concern"). Die Ergebnisse der Ertragswertmethode hängen insbesondere von der Planungsrechnung der künftigen Erträge und vom angewandten Diskontierungszinssatz ab.

[307] Eine solche liegt gemäß § 1 Abs. 1a S. 2 UStG vor, wenn ein Unternehmen oder ein in der Gliederung eines Unternehmens gesondert geführter Betrieb im Ganzen entgeltlich oder unentgeltlich übereignet oder in eine Gesellschaft eingebracht wird.

III. Privatisierung kommunaler Unternehmen

ursprünglich einem BgA und damit dem Unternehmen zugeordneter Gegenstand in den hoheitlichen und damit nicht unternehmerischen Bereich überführt wird. Liegt jedoch eine Geschäftsveräußerung im Ganzen vor, so tritt der erwerbende Unternehmer an die Stelle des Veräußerers (§ 1 Abs. 1a S. 3 UStG) mit der Folge, dass die unternehmerische (Weiter-)Nutzung gesichert ist.[308]

Bei BgA, die vor der Überführung z. B. in eine Kapitalgesellschaft ausschließlich **umsatzsteuerfreie Umsätze** tätigten, beispielsweise Krankenhäuser, löst die Übertragung der vorhandenen Wirtschaftsgüter unter Umständen **erstmals Umsatzsteuer** aus, wenn nicht alle wesentlichen Betriebsgrundlagen übertragen werden. **244**

bb) Grunderwerbsteuer. Die Einbringung von Grund und Boden und/oder Gebäuden **in eine Kapitalgesellschaft** löst immer **Grunderwerbsteuer** aus (§ 1 Abs. 1 GrEStG). Die GrESt bemisst sich bei Umwandlungen nach den Bedarfswerten (§ 8 Abs. 2 Nr. 2 GrEStG i. V. m. §§ 138 ff. BewG). Für bebaute Grundstücke ist das 12,5fache der Jahresmiete anzusetzen, wobei eine Wertminderung wegen Alters erfolgt. Lässt sich eine Jahresmiete nicht ermitteln, so sind der Wert des Grund und Bodens und der Wert des Gebäudes getrennt zu ermitteln. Als Wert des Gebäudes gelten dann die Buchwerte. **245**

Wird **Immobilienvermögen** hingegen **in eine Personenhandelsgesellschaft**, wie eine GmbH & Co. KG, eingelegt und ist die einbringende juristische Person des öffentlichen Rechts alleinige Kommanditistin dieser Personhandelsgesellschaft,[309] so löst dies keine Grunderwerbsteuer aus (§ 5 Abs. 2 GrEStG). **246**

Für den Anfall von Grunderwerbsteuer ist es somit erheblich, ob eine Kapital- oder Personengesellschaft im Wege einer Umwandlung entstanden ist. Unerheblich ist insoweit, ob alle wesentlichen Betriebsgrundlagen auf die Gesellschaft übertragen wurden. **Besteuert** wird die **Übertragung des Grundstücks** auf eine andere Gesellschaft, in welchem Kontext diese erfolgte, ist irrelevant. Eine im Zusammenhang mit Umwandlungen relevante Steuerbefreiung ergibt sich aus Sicht der öffentlichen Hand nur dann, wenn ein Grundstück von der juristischen Person öffentlichen Rechts auf eine Gesamthand (z. B. GmbH & Co. KG) übergeht (§ 5 Abs. 2 GrEStG). **247**

Daraus folgt, dass insbesondere bei gemeinnützigen BgA, die z. B. in eine gemeinnützige GmbH umgewandelt werden sollen, Grunderwerbsteuer nicht vermieden werden kann, es sei denn, die **Immobilien** werden von der einbringenden juristischen Person des öffentlichen Rechts **zurückbehalten** und später an die gemeinnützige GmbH vermietet. In diesem Falle könnte sich jedoch die Frage stellen, ob überhaupt noch ein gesamter Betrieb in die Kapitalgesellschaft eingelegt wird oder ob nicht wegen Zurückbehaltung von wesentlichen Betriebsgrundlagen die entsprechenden Vorschriften des Umwandlungsteuergesetzes gar nicht anwendbar sind. Dies spielt ertragsteuerlich jedoch dann keine Rolle, wenn aufgrund der Gemeinnützigkeit des BgA, aus dem heraus bestimmte Vermögensgegenstände in die Kapitalgesellschaft eingelegt werden, bei dieser Einbringung ohnehin kein steuerpflichtiger Veräußerungsgewinn entsteht.[310] **248**

3. Gestaltungen im Rahmen der Privatisierung unter steuerlichen Gesichtspunkten

a) Steuerliche Zielsetzungen im Rahmen der Privatisierung

Neben rein organisatorischen und wirtschaftlichen Gründen spielen sicher bei einer Reihe von Umwandlungen kommunaler Betriebe in private Rechtsformen auch steuer- **249**

---

[308] Auch bei Vorliegen einer Geschäftsveräußerung im Ganzen und damit der Übertragung aller wesentlichen Betriebsgrundlagen kann es möglich sein, dass andere „nicht wesentliche" Wirtschaftsgüter zurückbehalten werden und für diese eine Vorsteuerkorrektur gemäß § 15a UStG zu erfolgen hat. Allerdings kann eine solche Korrektur wohl nur von geringem Umfang sein, da „teure" Wirtschaftsgüter in der Regel wesentliche Betriebsgrundlagen darstellen und mit übertragen worden sind.

[309] Zudem darf die Komplementärkapitalgesellschaft nicht am Vermögen der Kommanditgesellschaft beteiligt sein; vgl. Rn. 267 f.

[310] Zur Steuerpflicht gemeinnütziger Einrichtungen siehe Rn. 276 ff.

liche Aspekte eine nicht ganz untergeordnete Rolle. Die steuerliche Betrachtung von Umwandlungen kann daher unter zwei Gesichtspunkten vorgenommen werden:
- Unter der Prämisse, dass ein Tätigkeitsbereich (mit allen Vermögensgegenständen) aus organisatorischen Gründen definitiv in eine Gesellschaft mit privater Rechtsform ausgegliedert werden soll, ist eine steuerlich geeignete Gestaltung zu finden.
- Zur steuerlichen Optimierung sind gezielt rechtlich mögliche Gestaltungen zu finden, die das gewünschte steuerliche Ergebnis hervorbringen.

250 Steht das Finden von zulässigen Gestaltungen mit dem Ziel einer Steuerminderung im Vordergrund, so lassen sich die Ziele im Bereich der einzelnen Steuerarten wie folgt kurz darstellen:

251 Aus **ertragsteuerlicher Sicht** geht es grundsätzlich um das Ziel, eine Ergebnisverrechnung von Verlust- mit Gewinnsparten zu erreichen, um so die **Körperschaftsteuergesamtbelastung** auf das ermittelte steuerliche Einkommen zu mindern. Das gleiche Ziel wird für die **Gewerbesteuer** verfolgt. Da jedoch Unterschiede in der Ermittlung des körperschaftsteuerlichen und des gewerbesteuerlichen Einkommens bestehen, müssen auch für vorteilhafte Gestaltungen unterschiedliche Aspekte betrachtet und Konsequenzen gezogen werden. Neben der Erreichung der Ergebnisverrechnung spielt auch die Erhaltung des steuerlichen Querverbundes für den Fall eine Rolle, dass ein fremder Dritter an einer Tochtergesellschaft beteiligt werden soll.

252 Im Bereich der **Umsatzsteuer** werden vordergründig zwei Ziele verfolgt: Zum einen sollen nicht steuerbare hoheitliche Tätigkeiten (z. B. Abwasserentsorgung) in einen „steuerpflichtigen Bereich" überführt werden, so dass die **Möglichkeit des Vorsteuerabzugs** aus Investitionen und anderen Anschaffungen gegeben ist. Somit verringern sich die Baukosten, da diese nur „netto" (im umsatzsteuerlichen Sinne) anfallen. Zum anderen soll versucht werden, Leistungen, die für eine juristische Person öffentlichen Rechts bezogen werden (insbesondere menschliche Arbeitsleistungen), so in das Unternehmen der juristischen Person öffentlichen Rechts zu integrieren, dass gar nicht erst eine Belastung von an sich umsatzsteuerpflichtigen Leistungen bzw. Tätigkeiten erfolgt, da Umsätze innerhalb derselben juristischen Person öffentlichen Rechts als **Innenumsätze unversteuert** bleiben.

253 Im Hinblick auf die **Kapitalertragsteuer** gilt es, diese so gering wie möglich zu halten, indem Einnahmen, die im wirtschaftlichen Bereich einer juristischen Person öffentlichen Rechts anfallen und für deren hoheitlichen Bereich bestimmt sind bzw. benötigt werden, ohne Belastung mit Kapitalertragsteuer an den hoheitlichen Bereich weitergeleitet werden können. Gestaltungsspielraum ergibt sich hier insbesondere durch die Nichtbelastung der Gewinne von BgA, die bestimmte Größenmerkmale unterschreiten.[311]

254 Anders als bei den bisher genannten Steuerarten bietet sich im Bereich der **Grunderwerbsteuer** kein eigenständiges Motiv zur Steuerersparnis, da diese nur anfallen kann, wenn Grundvermögen übertragen wird; Gleiches gilt für den Bereich der **Schenkungsteuer**. Deshalb kann das steuerliche Ziel in diesen Bereichen nur lauten, eine Steuerbelastung durch Wahl einer geeigneten Gestaltung zu vermeiden.

255 Jede rechtlich mögliche Gestaltung ist dabei unter dem Blickwinkel eines eventuellen Gestaltungsmissbrauchs nach § 42 AO zu betrachten.[312] Sollte die Finanzverwaltung oder die Finanzrechtsprechung einen solchen annehmen, so treten die steuerlichen Folgen so ein, als ob die Gestaltung nicht vorhanden wäre.

b) Organschaft

256 Die steuerliche **Organschaft** dient der **Verlagerung von Einkünften** zwischen verschiedenen Beteiligungsunternehmen. Sie spielt daher in erster Linie aus ertragsteuerlicher Sicht eine Rolle. Bei Vorliegen der Voraussetzungen für eine Organschaft werden die Einkünfte des Tochterunternehmens dem Mutterunternehmen zugerechnet und von

---
[311] Ausführlich hierzu Rn. 106 ff., insb. 124 u. 203 f.
[312] Siehe Rn. 177 f.

III. Privatisierung kommunaler Unternehmen

diesem versteuert. Auf diese Weise kann ein **Verlustausgleich beim Mutterunternehmen** erreicht werden, ohne dass zuvor die Gewinne des Tochterunternehmens versteuert werden. Ebenso denkbar ist der umgekehrte Fall, dass Gewinne des Mutterunternehmens durch die Übernahme von Verlusten des Tochterunternehmens ausgeglichen werden.

Da für Organschaften bei juristischen Personen öffentlichen Rechts die gleichen Missbrauchskriterien wie für die Zusammenfassung von BgA gelten,[313] ist sie nicht geeignet, einen **steuerlichen Querverbund** herzustellen. Sie eignet sich jedoch als Variante zur Aufrechterhaltung des Querverbundes, wenn ein **fremder Dritter** an der Organgesellschaft – also der Tochtergesellschaft der juristischen Person öffentlichen Rechts – beteiligt werden soll.[314]

Das Vorliegen einer Organschaft ist im Rahmen der Körperschaftsteuer, der Gewerbesteuer und der Umsatzsteuer getrennt zu beurteilen. Während es im Bereich Körperschaftsteuer und Gewerbesteuer tatsächlich zu **Steuerentlastungen** führen kann, führt das Vorliegen einer Umsatzsteuerorganschaft lediglich zur **Vereinfachung** in Bezug auf die Ermittlung von Umsätzen sowie hinsichtlich der Abgabe von Umsatzsteuervoranmeldungen und Umsatzsteuererklärungen. Die Beziehungen innerhalb des Organkreises unterliegen nicht der Besteuerung (§ 2 Abs. 2 Nr. 2 S. 3 UStG), was jedoch in der Regel keine Ergebnisauswirkung, sondern lediglich eine abweichende Behandlung der Innenumsätze (ohne Umsatzsteuer) von den Außenumsätzen (mit Umsatzsteuer) zur Folge hat.

Die **umsatzsteuerliche Organschaft** führt jedoch zu einer **Steuerentlastung**, wenn die Muttergesellschaft keine umsatzsteuerpflichtigen Leistungen erbringt. **Beispiel**: Hat ein Krankenhausbetrieb den Reinigungsdienst bereits in der Vergangenheit fremd vergeben, so fällt auf die von dem Reinigungsunternehmen zu erbringenden Leistungen Umsatzsteuer an, die der Krankenhausbetrieb nicht als Vorsteuer gegenüber dem Fiskus geltend machen kann. Gründen nun das Krankenhaus bzw. dessen Träger und das Reinigungsunternehmen eine gemeinsame Tochtergesellschaft, die als Organgesellschaft des Krankenhausbetriebes gilt,[315] so sind die von dieser gemeinsamen Tochterunternehmung an den Krankenhausbetrieb zu erbringenden Leistungen nicht umsatzsteuerbar.

Für das Vorliegen der körperschaftsteuerlichen und gewerbesteuerlichen Organschaft müssen zwei **Voraussetzungen**[316] erfüllt sein: Gemäß § 14 Abs. 1 KStG muss zum einen die **finanzielle Eingliederung** vorliegen, das heißt, der Organträger muss vom Beginn des Wirtschaftsjahres an ununterbrochen mit der Mehrheit der Stimmrechte an der Organgesellschaft beteiligt sein. Zum anderen muss ein **Ergebnisabführungsvertrag** gemäß § 291 Abs. 1 AktG bestehen, in dem sich die Organgesellschaft verpflichtet, ihren gesamten Gewinn an den Organträger abzuführen. In diesem Vertrag muss auch geregelt sein, dass im Verlustfall der Organträger verpflichtet ist, den Verlust der Organgesellschaft auszugleichen. Der Ergebnisabführungsvertrag muss auf mindestens 5 Jahre geschlossen sein und auch tatsächlich durchgeführt werden, um auch steuerlich anerkannt zu werden (§ 14 Abs. 1 Nr. 3 KStG).

Bei der **Organgesellschaft** (Tochtergesellschaft) muss es sich grundsätzlich um eine Kapitalgesellschaft handeln (§ 17 KStG i.V. m. § 14 Abs. 1 S. 1 KStG). Ein BgA kommt daher als Organgesellschaft nicht in Frage. Dies wird unter anderem auch damit begründet,

---

[313] A 5 Abs. 11a S. 3 KStR.
[314] Vgl. auch *Beinert*, in: *Hoppe/Uechtritz* (Hrsg.), Handbuch Kommunale Unternehmen, S. 313, Rn. 108.
[315] Zu den Voraussetzungen für das Vorliegen einer Umsatzsteuerorganschaft bzw. einer Organgesellschaft siehe Rn. 264 u. 261.
[316] Die Voraussetzungen für die körperschaftsteuerliche und die gewerbesteuerliche Organschaft stimmen seit dem Erhebungszeitraum 2002 überein. Bis zum Veranlagungszeitraum 2000 waren für beide Organschaften die finanzielle, wirtschaftliche und organisatorische Eingliederung gefordert, ab dem Veranlagungszeitraum 2001 war die Voraussetzung der wirtschaftlichen und organisatorischen Eingliederung für die körperschaftsteuerliche Organschaft bereits abgeschafft, während sie bei der Gewerbesteuer noch gefordert war; vgl. BMF vom 26. 8. 2003, BStBl. I 2003, S. 437 mit Verweisen auf die jeweils gültige Gesetzesfassung.

dass der BgA rechtlich Bestandteil der Körperschaft öffentlichen Rechts ist und somit deren Willen unterliegt und er sich nicht dem Willen eines anderen, nämlich des Organträgers, unterordnen kann.[317]

262 **Organträger** einer Organschaft kann nur ein einziges **gewerbliches Unternehmen** sein.[318] Probleme können deshalb auftreten, wenn eine Organschaft zwischen einer gewinnbringenden Tochtergesellschaft und deren defizitärer Muttergesellschaft begründet werden soll. Während die Tätigkeit einer **Kapitalgesellschaft** stets und in vollem Umfang als Gewerbebetrieb gilt und somit auch dauerdefizitäre Kapitalgesellschaften grundsätzlich als Organträger in Betracht kommen, erfüllt ein **dauerdefizitärer BgA** aufgrund fehlender Gewinnerzielungsabsicht nach Ansicht der Finanzverwaltung nicht die allgemeinen Voraussetzungen für einen Gewerbebetrieb i. S. d. § 2 Abs. 1 S. 2 GewStG.[319] Damit scheiden beispielsweise auch Kommunalunternehmen als Organträger aus, wenn sie mit ihren BgA dauerhaft Verluste erwirtschaften.[320] Daneben ist jedoch auch bei nicht dauerdefizitären BgA aus kommunalrechtlicher Sicht[321] zu prüfen, ob es zulässig ist, einen Ergebnisabführungsvertrag mit einer Tochtergesellschaft zu schließen. Denn ein solcher fordert auch eine unbeschränkte Verlustübernahme, und eine unbegrenzte Verlustübernahme im Rahmen von Beteiligungen an privatwirtschaftlichen Gesellschaften ist für Kommunen nicht zulässig.[322] **Personengesellschaften** kommen nur dann als Organträger in Frage, wenn sie eine originär gewerbliche Tätigkeit i. S. d. § 15 Abs. 1 Nr. 1 EStG ausüben. Gewerblich geprägte Personengesellschaften, d. h. also solche Personengesellschaften, an denen alleine Kapitalgesellschaften als persönlich haftende Gesellschafter beteiligt sind, erfüllen diese Voraussetzungen nicht, wenn ihre Tätigkeit sich beispielsweise auf Vermögensverwaltung beschränkt.[323]

263 Ist neben dem Organträger ein **Dritter** an der Organgesellschaft beteiligt, so ist für diesen Minderheitsgesellschafter eine **Garantiedividende** (oder Ausgleichszahlung) zu vereinbaren. Diese ist unabhängig von der Höhe des Gewinns der Organgesellschaft an den Minderheitsgesellschafter abzuführen. Sie muss – im Gegensatz zum an den Organträger abgeführten Gewinn – von der Organgesellschaft selbst versteuert werden (§ 16 KStG). Aus Sicht der Minderheitsgesellschafter ist bei Organschaftsverhältnissen die Vereinbarung einer festen Ausgleichszahlung unvermeidbar, da der Organträger die Geschäftspolitik und damit auch die Jahresabschlusserstellung der Organgesellschaft beeinflussen kann. Im Wege dieser Einflussnahme hat er auch die Möglichkeit, den Gewinn der Organgesellschaft zu steuern und gegebenenfalls so niedrig auszuweisen, dass Minderheitsgesellschafter keine Dividende bekommen würden. Dies wird durch Vereinbarung einer Garantiedividende vermieden. Bis zum Veranlagungszeitraum 2002 konnte das hieraus entstehende Risiko, die Garantiedividende auch im „echten Verlustfall" zahlen zu müssen, durch Begründung einer **Mehrmütterorganschaft** ausgeschlossen werden.[324]

---

[317] Vgl. *Augsten*, in: *Fabry/Augsten* (Hrsg.), Handbuch Unternehmen der öffentlichen Hand, S. 326, Rn. 89.

[318] Die bis zum Veranlagungszeitraum 2002 anerkannte **Mehrmütterorganschaft**, bei der Organträger eine eigens zum Zwecke der einheitlichen Willensbildung gegenüber der Organgesellschaft gegründete Gesellschaft bürgerlichen Rechts (GbR) war, kommt damit nicht mehr in Frage; Genaueres zur ehemals durchführbaren Mehrmütterorganschaft siehe Rn. 275.

[319] BMF vom 26. 8. 2003, BStBl. I 2003, S. 437 Tz. 4–5.

[320] In der Literatur wird jedoch die Meinung vertreten, dass in dem Fall, in dem eine ertragstarke Beteiligung in einen BgA eingelegt ist und die Gewinne aus der Beteiligung – zumindest unter Einbeziehung des Veräußerungsgewinnes – die Verluste übersteigen (sog. Totalgewinn), unter Umständen doch ein gewerbliches Unternehmen und damit eine mögliche Organträgerschaft anzunehmen sei; vgl. *Schiffers*, Steuerliche Beratung für BgA, GmbHR 2001, 315 (319).

[321] Z. B. § 92 Abs. 1 Nr. 3 GO BY, § 108 GO NW.

[322] Allerdings ist es fraglich, inwieweit das theoretische Risiko einer unbeschränkten Verlustübernahme ausreicht, um nach der GO ein Verbot einer Organschaft zu begründen, wenn praktisch ein Ergebnisabführungsvertrag mit einem Gewinne erwirtschaftenden Unternehmen geschlossen wird.

[323] Eine GmbH & Co. KG, bei der die GmbH neben der Komplementärshaftung auch die Geschäftsführung innerhalb der KG übernimmt, kann beispielsweise eine solche gewerblich geprägte Personengesellschaft darstellen; siehe auch R 138 Abs. 6 EStR.

[324] Zur Erläuterung der Mehrmütterorganschaft siehe Rn. 275.

III. Privatisierung kommunaler Unternehmen

Für eine **umsatzsteuerliche Organschaft** müssen die Merkmale der finanziellen, wirtschaftlichen und organisatorischen Eingliederung erfüllt sein (§ 2 Abs. 2 Nr. 2 UStG). **Finanzielle Eingliederung** liegt vor, wenn der Organträger die Anteilsmehrheit an der Organgesellschaft besitzt.[325] **Wirtschaftliche Eingliederung** ist gegeben, wenn die Organgesellschaft im Rahmen des Gesamtunternehmens tätig wird und es dieses wirtschaftlich fördert und ergänzt.[326] **Organisatorische Eingliederung** liegt vor, wenn durch organisatorische Maßnahmen sichergestellt ist, dass in der Organgesellschaft der Wille des Organträgers durchgesetzt wird (z. B. Personalunion des Geschäftsführers).[327]

c) GmbH & Co. KG

Die GmbH & Co. KG oder AG & Co. KG als Rechtsform eines privatisierten Unternehmens der öffentlichen Hand spielt besonders dann eine Rolle, wenn viel Grundvermögen auf die neue Gesellschaft übertragen werden soll. Nur bei dieser Rechtsform ist es möglich, den Anfall von **Grunderwerbsteuer** zu **vermeiden**, ohne dabei auf die aus Sicht der öffentlichen Hand wichtige Haftungsbeschränkung zu verzichten. Daneben kann die GmbH & Co. KG dann von großem Interesse sein, wenn ein fremder Dritter an der privatisierten Gesellschaft beteiligt werden und die Gewinnverteilung entsprechend der Höhe der Beteiligungen erfolgen soll.[328]

Die GmbH & Co. KG lässt sich wie folgt charakterisieren: Es handelt sich um eine **Mischform** zwischen einer Personengesellschaft (Kommanditgesellschaft) und einer Kapitalgesellschaft. Die GmbH & Co. KG gilt sowohl gesellschaftsrechtlich als auch steuerrechtlich als **Personenhandelsgesellschaft**, nicht als Kapitalgesellschaft.[329]

Regelmäßig wird eine GmbH & Co. KG als Rechtskleid von Betrieben der öffentlichen Hand wie folgt konstruiert: Der Anteilseigner (die **Kommune**, oder generell die juristische Person des öffentlichen Rechts) hält sämtliche oder jedenfalls die **Mehrheit der Kommanditanteile** der Gesellschaft. Die Haftung der Kommanditistin ist dabei auf die Höhe der im Handelsregister eingetragenen Hafteinlage begrenzt. Die Haftung innerhalb der GmbH & Co. KG übernimmt die als so genannte **Komplementärin** fungierende GmbH (im Falle einer AG & Co. KG ist dies eine Aktiengesellschaft), die gleichzeitig die Geschäftsführung der GmbH & Co. KG innehat. Wichtig ist, dass diese GmbH regelmäßig nicht am Vermögen und auch nicht an den Ergebnissen der Kommanditgesellschaft beteiligt ist, folglich auch keine Einlage in die Kommanditgesellschaft erbringt.[330] Diese Kapitalgesellschaft hat genau zwei Gegenstände als Gesellschaftszweck: zum einen die Übernahme der persönlichen Haftung für die Kommanditgesellschaft und zum anderen die Vertretung der Gesellschaft nach außen sowie Übernahme der Geschäftsführung im Innenverhältnis. Sie wird regelmäßig mit dem Mindestkapital als Stammkapital (EUR 25.000,00) gegründet. Die Geschäftsanteile an dieser GmbH wiederum hält die juristische Person des öffentlichen Rechts bzw. dieselben Anteilseigner, die auch die Kommanditanteile an der Kommanditgesellschaft halten.

aa) Grunderwerbsteuerbefreite Übertragungen von Grundvermögen.

Übertragungen von Grundvermögen auf eine Gesamthand[331] lösen insoweit keine Grunderwerbsteuer aus, als der „Überträger" der Grundstücke am Vermögen der Gesamthand beteiligt

---

[325] A 21 Abs. 4 UStR.
[326] A 21 Abs. 5 UStR.
[327] A 21 Abs. 6 UStR.
[328] Im Gegensatz hierzu ist beispielsweise bei der Organschaft der gesamte Gewinn der Tochtergesellschaft an die Mutter abzuführen, während die Minderheitsgesellschafter eine Garantiedividende oder Ausgleichszahlung erhält; siehe ausführlich Rn. 263.
[329] Zur grundsätzlichen steuerlichen Behandlung siehe deshalb Rn. 219 ff.
[330] Man spricht auch von einer Beteiligung von 0%.
[331] Neben der GmbH & Co. KG kämen demzufolge auch alle anderen Personengesellschaften als Rechtsform in Frage, wenn der Anfall von Grunderwerbsteuer auf die Übertragung des Grundvermögens vermieden werden soll. Unter Haftungsgesichtspunkten stellt jedoch die GmbH & Co. KG die einzige hierfür in Frage kommende Rechtsform dar, da die juristische Person öffentlichen Rechts in allen anderen Fällen einer unbegrenzten Haftung ausgesetzt wäre.

ist (§ 5 Abs. 2 GrEStG). Ist die juristische Person öffentlichen Rechts wie im oben dargestellten Beispiel demnach einziger Kommanditist der KG, so fällt keine Grunderwerbsteuer auf Grundstücksübertragungen an. Ist dagegen ein fremder Dritter als Kommanditist beteiligt, so fällt Grunderwerbsteuer in der Höhe an, in der der Dritte beteiligt ist.

269 **bb) Vorzüge der GmbH & Co. KG unter ertragsteuerlichen Gesichtspunkten.** Die GmbH & Co. KG wird wie jede andere Mitunternehmerschaft besteuert. Entsprechend ihrer Beteiligung wird den Kommanditisten[332] das einheitlich und gesondert festgestellte Ergebnis der Gesellschaft zugerechnet und von diesen mit dem persönlichen Steuersatz versteuert. Für die juristische Person öffentlichen Rechts gilt die Kommanditbeteiligung an der KG als BgA mit der Folge, dass zugerechnete Gewinne als Gewinne aus einem BgA zu versteuern sind.[333] Unter den erforderlichen Voraussetzungen ist auch eine Ergebnisverrechnung mit anderen BgA der juristischen Person öffentlichen Rechts möglich.[334] Die GmbH & Co. KG kann somit – zumindest unter dem Gesichtspunkt der Ergebniszurechnung – in gewisser Weise die Funktion der nicht mehr zulässigen Mehrmütterorganschaft[335] übernehmen, da auch bei dieser Gestaltung das Ergebnis anteilig den Gesellschaftern zugerechnet wurde. In vielen Praxisfällen dürfte somit die GmbH & Co. KG für Kommunen die einzig gangbare Möglichkeit für die Beteiligung eines Dritten sein, die auch eine gewisse steuerliche Ergebnisverrechnung zulässt. Die (einfache) Organschaft scheitert in manchen Fällen am zu hohen Risiko, das die Kommune bei Zusage einer Garantiedividende an einen Minderheitsgesellschafter eingehen müsste.[336]

270 Unter steuerlichen Gesichtspunkten stellt die Rechtsform der GmbH & Co. KG auch für defizitäre Betriebe eine geeignete Rechtsform dar. Während Verluste in Kapitalgesellschaften „eingeschlossen"[337] sind, werden sie bei der GmbH & Co. KG ihren Gesellschaftern anteilig zugerechnet und sind bei diesen unter gewissen Beschränkungen steuerlich berücksichtigungsfähig. Deshalb dürfte die Rechtsform der GmbH & Co. KG insbesondere für Mitgesellschafter aus dem Bereich der Privatwirtschaft interessant sein, wenn diese in anderen Bereichen Gewinne erzielen. Im Rahmen der einheitlichen und gesonderten Gewinnfeststellung der KG wird neben dem auf die Mitunternehmer zu verteilenden Gewinn oder Verlust der KG auch die Höhe der Kapitalkonten der einzelnen Mitunternehmer festgestellt. Diese Kapitalkonten setzen sich zusammen aus denen als Eigenkapital zu beurteilenden Gesellschafterkonten (Hafteinlagen und Pflichteinlagen). Darlehenskonten zählen hierzu nicht, im Einzelfall kann die Abgrenzung schwierig sein. Ergibt sich aus der einheitlichen und gesonderten Gewinnfeststellung der Mitunternehmerschaft (GmbH & Co. KG) ein Verlust, so kann jeder der beteiligten Kommanditisten den auf ihn entfallenden Verlustanteil bis zur Höhe seines Kapitalkontos mit anderen positiven Einkünften ausgleichen (§ 15a EStG).

271 Bei ausschließlich ertragsteuerlicher Betrachtung ist es grundsätzlich denkbar, dass eine Kommune unter dem Dach einer GmbH & Co. KG, die daneben auch noch originär gewerblich tätig ist, ihre sämtlichen Beteiligungen ebenfalls jeweils in der Rechtsform der GmbH & Co. KG hält. Auf Ebene der „Mutter-GmbH & Co. KG" könnten dann, vorausgesetzt die jeweiligen Kapitalkonten sind hoch genug, Gewinne und Verluste der einzelnen Beteiligungen ausgeglichen werden. Allerdings muss diese Art der GmbH & Co. KG neben dem „bloßen Halten von Beteiligungen" **eine eigene gewerbliche Tätig-**

---

[332] Bzw. der juristischen Person öffentlichen Rechts als alleiniger Kommanditistin, wenn keine weiteren Kommanditisten vorhanden sind.
[333] Siehe hierzu ausführlich Rn. 223 ff.
[334] Vgl. Voraussetzungen für den steuerlichen Querverbund Rn. 169 ff.
[335] Vgl. Rn. 275.
[336] Vgl. Rn. 263.
[337] Da die Kapitalgesellschaft ein eigenständiges Steuersubjekt ist und als solches besteuert wird, sind Verluste, die eine Kapitalgesellschaft erzielt, in ihr „eingeschlossen". Sie können nicht „ausgeschüttet" oder in einer anderen Weise ihren Gesellschaftern zugerechnet werden. Lediglich der Verlustvor- oder -rücktrag kommt in Betracht.

III. Privatisierung kommunaler Unternehmen

keit entfalten,[338] worunter unter Umständen auch die Erbringung von Dienstleistungen fallen könnte.[339] Vor Durchführung solcher Gestaltungen sollten verbindliche Zusagen der Finanzverwaltung eingeholt werden.

d) Kurzdarstellung ehemals zielführender Gestaltungsmodelle

Vor Inkrafttreten des StSenkG waren die steuerlichen Folgen, die sich aus dem Halten **272** von Beteiligungen im Bereich der Vermögensverwaltung oder in BgA von juristischen Personen des öffentlichen Rechts ergaben, sehr unterschiedlich. Aus diesem Grund führten eine Reihe von Gestaltungen zu Steuerentlastungen. Auch wenn diese heute nicht mehr die gewünschten steuerlichen Vorteile herbeiführen, sollen sie abschließend kurz vorgestellt und ihre (frühere) Wirkungsweise erläutert werden. Zugleich wird erklärt, warum die Gestaltungen heute keinen Vorteil mehr bringen.

Weit verbreitet war das so genannte **Einlagemodell**. Eine gewinnbringende Beteili- **273** gung an einer Kapitalgesellschaft, die ursprünglich im Rahmen der Vermögensverwaltung gehalten wurde, wurde dabei in einen defizitären BgA der juristischen Person öffentlichen Rechts eingelegt.[340] Diese Einlage war aus Gründen der Ausstattung des BgA mit Kapital gestattet, soweit es sich nicht um die Einlage einer 100%igen Beteiligung handelte. Die Gestaltung war mit folgendem steuerlichen Vorteil verbunden: Wurde die Beteiligung im Rahmen der Vermögensverwaltung gehalten, so war die Belastung der Gewinnausschüttungen mit 30% Körperschaftsteuer definitiv, da eine juristische Person öffentlichen Rechts im Rahmen der Vermögensverwaltung nicht zur Anrechnung von Steuerbeträgen berechtigt war (§ 50 Abs. 1 Nr. 2 KStG a. F. i. V. m. § 51 KStG a. F.). Hinzu kam die Belastung mit der nicht erstattungsfähigen Kapitalertragsteuer (12,5 % der Bardividende). Wurde die Beteiligung jedoch in einen BgA eingelegt, so wurden die Gewinnausschüttungen als Erträge des BgA erfasst und dem Grunde nach auch besteuert. Da es sich jedoch um einen defizitären BgA handelte, fiel keine Steuer an. Durch die Einlage der Beteiligung wurde lediglich das körperschaftsteuerliche Anrechnungsverfahren eröffnet. Dies hatte zur Folge, dass die bereits auf die Gewinnausschüttungen gezahlte Körperschaftsteuer und Kapitalertragsteuer auf die Steuerlast des BgA (0,00 DM) angerechnet und damit zurückerstattet wurde. Zwar ist auch heute die Einlage einer Beteiligung in einen BgA noch möglich, allerdings bringt sie keinen steuerlichen Vorteil mehr hervor, da die steuerliche Belastung für Erträge aus Beteiligungen im Rahmen der Vermögensverwaltung und solchen in BgA größtenteils identisch ist.[341]

Unter „umgekehrten Voraussetzungen" – also bei Vorhandensein von einem Gewinne **274** erzielenden BgA und der Beteiligung an einer Verlust bringenden Kapitalgesellschaft – brachte das so genannte **Teilwertabschreibungsmodell** die gewünschten steuerlichen Vorteile. Die Beteiligung an der Kapitalgesellschaft wurde hierbei ebenfalls in einen BgA eingelegt. Anschließend erfolgte aufgrund der Verlustsituation der Kapitalgesellschaft eine Abschreibung des Wertansatzes der Beteiligung auf den niedrigeren Teilwert, wodurch eine Verrechnung des hierdurch erzielten Verlustes mit den Gewinnen des BgA möglich wurde. Heute sind Abschreibungen auf Anteile an Kapitalgesellschaften steuerlich nicht mehr zu berücksichtigen (§ 8b Abs. 2 S. 4 KStG), weshalb die Gestaltung keinen Vorteil mehr bringt.

Auch die im Hinblick auf die Ergebnisverteilung „fairste" Form der Organschaft – **275** nämlich die **Mehrmütterorganschaft** – wurde mit dem Steuervergünstigungsabbaugesetz[342] abgeschafft.[343] Die Mehrmütterorganschaft stellte eine Form der Organschaft dar,

---

[338] § 14 Abs. 1 Nr. 2, S. 2 KStG i. d. F. d. G. vom 16. 5. 2003.
[339] Die Finanzverwaltung nimmt nicht eindeutig Stellung, vgl. BMF vom 26.8.2003, BStBl. I 2003, S. 437, Rn. 3 u. 27.
[340] Zu möglichen Unterschieden, die sich in der Besteuerung heute ergeben können, vgl. Rn. 110 u. 203.
[341] Diese Gleichheit der Steuerbelastung beruht neben identischen Steuersätzen auf der Abschaffung des körperschaftsteuerlichen Anrechnungsverfahrens und damit im Zusammenhang stehend der Steuerfreiheit von Beteiligungserträgen bei unbeschränkt körperschaftsteuerpflichtigen Personen (z. B. BgA). Die Belastung der Gewinne auf Ebene der Kapitalgesellschaft ist in beiden Fällen definitiv.
[342] StVergAbG vom 16. 5. 2003, BGBl. I 2003, S. 660ff.
[343] Erst zwei Jahre zuvor wurde durch das UntStFG vom 20.12. 2001, BGBl. I 2001, S. 3858 die Mehr-

bei der Organträger nicht ein selbständiges gewerbliches Unternehmen, sondern eine Gesellschaft bürgerlichen Rechts (GbR) war, die ausschließlich zum Zwecke der einheitlichen Willensbildung gebildet wurde. In dieser GbR waren die an der Organgesellschaft Beteiligten vereint (i. d. R. GmbHs oder AGs, aber auch Kommunen). Im Gegensatz zur einfachen Organschaft, bei der der komplette Gewinn der Organgesellschaft an eine Gesellschaft (den Organträger) abgeführt wird, erfolgte hier im Ergebnis eine Aufteilung und Abführung des Gewinns entsprechend der Beteiligungsquote der Gesellschafter der Organgesellschaft, da die GbR – außer im Rahmen der Gewerbesteuer[344] – kein selbständiges Steuersubjekt ist.[345]

IV. Gemeinnützigkeit als steuerliche Besonderheit bei kommunalen Unternehmen aller Rechtsformen

276 Häufig führen Kommunen gemeinnützige Unternehmen. Hierbei handelt es sich meist um Krankenhäuser, aber auch andere gemeinnützige Betätigungen, z. B. das Betreiben eines Kindergartens oder eines Kinderhorts, kommen in Betracht.

277 Bei **gemeinnützigen Zwecken** ist nach § 52 Abs. 1 AO die Tätigkeit darauf gerichtet, die Allgemeinheit auf materiellem, geistigem oder sittlichem Gebiet selbstlos zu fördern. Dies ist nicht der Fall, wenn der Personenkreis, dem die Förderung zukommt, fest abgeschlossen (z. B. Zugehörigkeit zu einer Familie oder zu einer Belegschaft eines Unternehmens) oder infolge seiner Abgrenzung (nach räumlichen oder beruflichen Merkmalen) dauerhaft klein ist.

278 Es existieren eine Reihe von **steuerlichen Vergünstigungen** für gemeinnützige Institutionen, die unabhängig von der jeweiligen Rechtsform gewährt werden. Es ist somit für die Besteuerung vorerst irrelevant, ob z. B. das Krankenhaus in Form eines Eigen- oder Regiebetriebes oder eines Kommunalunternehmens und damit aus steuerlicher Sicht als BgA geführt wird oder ob eine gemeinnützige GmbH vorliegt. Bezüglich Personenhandelsgesellschaften (GmbH & Co. KG oder AG & Co. KG) steht die Finanzverwaltung jedoch auf dem Standpunkt, dass diese **gewerblichen Mitunternehmerschaften nicht gemeinnützig** sein können. Ob Gemeinnützigkeit gegeben ist, bestimmt sich nach den Vorschriften der Abgabenordnung (§§ 51–68 AO). Die Gemeinnützigkeit muss jedoch in der Satzung der jeweiligen Körperschaft, die bestimmten vorgegebenen Anforderungen zu entsprechen hat, festgeschrieben sein (§ 59 AO).[346]

279 Gemeinnützige Körperschaften sind nach § 5 Abs. 1 Nr. 9 KStG von der **Körperschaftsteuer befreit**, es sei denn, sie unterhalten einen wirtschaftlichen Geschäftsbetrieb (§ 14 AO), der die Steuerbefreiung insoweit ausschließt. Stellt der wirtschaftliche Geschäftsbetrieb jedoch einen Zweckbetrieb dar (§ 65 AO), der ausschließlich der Erfüllung gemeinnütziger Zwecke dient und hierfür erforderlich ist, ist die Steuerbefreiung wiederum gegeben. Beteiligungen gemeinnütziger Körperschaften an Mitunternehmerschaften (z. B. GmbH & Co. KG) sind in aller Regel als wirtschaftliche Geschäftsbetriebe anzusehen.

280 Dies bedeutet: Sofern eine Körperschaft ausschließlich die in der Satzung festgeschriebenen gemeinnützigen Zwecke verfolgt und damit im Rahmen ihres **ideellen Bereichs** tätig wird, greift die Steuerbefreiung uneingeschränkt. Soweit sie sich jedoch am allge-

---

mütterorganschaft in § 14 Abs. 2 KStG erstmals gesetzlich geregelt. Damit beendete man einen lang anhaltenden „Streit" zwischen dem BFH (zuerst Urteil vom 9. 6. 1999, BStBl. II 2000, S. 695), der die Mehrmütterorganschaft auch aus gewerbesteuerlicher Sicht wirksam ansah, und der Finanzverwaltung, die anderer Ansicht war und das BFH-Urteil mit einem Nichtanwendungserlass (BMF vom 4. 12. 2000, BStBl. I 2000, S. 1571) belegte.

[344] Vgl. *Beinert*, in: *Hoppe/Uechtritz* (Hrsg), Handbuch Kommunale Unternehmen, S. 314, Rn. 110.
[345] Zur Besteuerung der GbR als Personengesellschaft siehe Rn. 220 ff.
[346] Für gemeinnützige BgA gilt die Sonderregelung, dass diese auch dann als gemeinnützig anerkannt werden, wenn (noch) keine Satzung vorliegt. Diese Regelung gilt bis zum 30. 6. 2004, BMF-Schreiben vom 27. 11. 2003, FR 2003, 1304.

meinen Wirtschaftsleben beteiligt und insoweit in Konkurrenz zu steuerpflichtigen Unternehmen tritt, handelt sie im Rahmen von **wirtschaftlichen Geschäftsbetrieben**, für die die Steuerbefreiung nicht gilt. Ein wirtschaftlicher Geschäftsbetrieb ist gemäß § 14 S. 1 AO eine selbständige, nachhaltige und über den Rahmen der Vermögensverwaltung hinausgehende Tätigkeit, durch die Einnahmen oder andere wirtschaftliche Vorteile erzielt werden.[347, 348] Beispiele für wirtschaftliche Geschäftsbetriebe gemeinnütziger Körperschaften sind Beteiligungen an Personengesellschaften[349] oder aktive Werbeaktivitäten,[350] auch im Falle des sog. Sponsoring.[351] Eine Ausnahme von der Besteuerung wirtschaftlicher Geschäftsbetriebe besteht jedoch wiederum, wenn der Art nach zwar ein wirtschaftlicher Geschäftsbetrieb vorliegt, dieser jedoch dazu dient, die steuerbegünstigten satzungsmäßigen Zwecke zu verwirklichen und diese Zwecke nur mit dessen Hilfe erreicht werden können (§ 65 AO). Dann handelt es sich um einen **Zweckbetrieb**, der wiederum steuerbefreit ist.[352] Bei einer Reihe von Zweckbetrieben ist gesetzlich geregelt, dass es sich um solche handelt, wenn zusätzlich bestimmte Kriterien erfüllt sind, z. B. sportliche Veranstaltungen eines Sportvereins (§ 67 a AO) oder Krankenhäuser (§ 67 AO).[353] Allerdings können auch weitere hinzukommen, wobei eine Verallgemeinerung und somit eine Angabe von Beispielen nicht möglich ist.

Finanzielle Mittel aus dem ideellen Bereich einer gemeinnützigen Körperschaft dürfen niemals für wirtschaftliche Geschäftsbetriebe eingesetzt werden (**Mittelbindung**, § 55 Abs. 1 Nr. 1 AO), sonst ist die Anerkennung der Gemeinnützigkeit der Körperschaft gefährdet. Sie dürfen deshalb nur für satzungsmäßige Zwecke verwendet werden, wobei diese Verwendung spätestens im folgenden Kalenderjahr zu erfolgen hat (§ 55 Abs. 1 Nr. 5 S. 1 und 3 AO).[354]

Im Rahmen der **Umsatzsteuer** existiert keine allgemeine Steuerbegünstigung für gemeinnützige Körperschaften. Hier sind lediglich bestimmte Tätigkeiten steuerbefreit.[355]

Im Bereich der **Gewerbesteuer** (§ 3 Nr. 6 GewStG), der **Grundsteuer** (§ 3 Abs. 1 Nr. 3b GrStG)[356] und der **Schenkungsteuer** (§ 13 Abs. 1 Nr. 16b ErbStG) existieren jedoch wiederum vollständige Steuerbefreiungen für gemeinnützige Körperschaften, soweit sie nicht im Rahmen wirtschaftlicher Geschäftsbetriebe handeln.[357]

V. Fazit und Ausblick

Die Besteuerung von juristischen Personen öffentlichen Rechts soll nach dem Grundgedanken der Wahrung der Wettbewerbsneutralität erfolgen. Deshalb wurde das derzeit

---

[347] Damit ist der wirtschaftliche Geschäftsbetrieb gemeinnütziger Körperschaften ähnlich definiert wie der BgA von juristischen Personen des öffentlichen Rechts; vgl. Rn. 27 ff. Zur Vermögensverwaltung siehe Rn. 45 f.; grundsätzlich zu Fragen der Gemeinnützigkeit vgl. Anwendungserlass zur Abgabenordnung AEAO, BMF vom 10. 9. 2002, BStBl. I 2002, 867 ff.
[348] Ausführlich zu wirtschaftlichen Geschäftsbetrieben von gemeinnützigen Körperschaften vgl. *Troll/Wallenhorst/Halaczinsky*, Die Besteuerung gemeinnütziger Vereine, S. 143 ff.
[349] BFH vom 27. 8. 1988, BStBl. II 1989, S. 134.
[350] BMF vom 29. 5. 1979, StEK AO § 65 Nr. 3.
[351] BMF vom 9. 7. 1997, StEK EStG § 4 Nr. 470.
[352] Ein solcher darf mit gleichen oder ähnlichen Unternehmen nur insoweit in Wettbewerb treten, wie es zur Vermeidung der steuerbegünstigten Zwecke unvermeidbar ist; vgl. BFH vom 13. 3. 1991, BStBl. II 1992, S. 101.
[353] Die Einordnung der Krankenhäuser als Zweckbetrieb hat in den Fällen Bedeutung, in denen Gemeinnützigkeit selbst („im engeren Sinne") für eine Steuerbefreiung nicht erforderlich ist, z. B. § 4 Nr. 16 UStG, § 3 Nr. 20 GewStG, § 7 f EStG, § 116 BewG a. F., § 4 Nr. 6 GrStG.
[354] Das Gesetz spricht hier von „zeitnaher" Mittelverwendung (§ 55 Abs. 1 Nr. 5 S. 1 AO).
[355] Z. B: Umsätze, die mit dem Betrieb eines Krankenhauses eng verbunden sind, § 4 Nr. 16 UStG.
[356] Daneben existieren wie im Bereich der Umsatzsteuer Befreiungen z. B. für Krankenhäuser auch dann, wenn keine Gemeinnützigkeit vorliegt, § 4 Nr. 6 GrStG, dazu BFH vom 26. 2. 2003, GmbHR 2003, 667.
[357] Ausführlich zur Steuerpflicht gemeinnütziger Körperschaften siehe *Buchna*, Gemeinnützigkeit im Steuerrecht, S. 376 ff. und *Troll/Wallenhorst/Halaczinsky*, Die Besteuerung gemeinnütziger Vereine, S. 259 ff.

gültige System geschaffen, das juristische Personen des öffentlichen Rechts nur dann der Besteuerung unterwirft, wenn sie sich wirtschaftlich betätigen und in Konkurrenz zu privatwirtschaftlichen Unternehmen treten. Eine Besteuerung von juristischen Personen öffentlichen Rechts erfolgt nur im Rahmen ihrer BgA. Dies gilt ebenso für Kommunalunternehmen.

285 Häufig kontrovers diskutiert wird die Möglichkeit der Zusammenfassung von gewinnbringenden und defizitären BgA.[358] Einerseits wird die juristische Person öffentlichen Rechts hier Beschränkungen unterworfen, die in dieser Weise nicht für die Privatwirtschaft gelten. Andererseits ist zu berücksichtigen, dass juristische Personen öffentlichen Rechts im Gegensatz zu privaten Unternehmern auf ein Finanzierungsvolumen zurückgreifen können, das nicht durch unternehmerisches Risiko beeinflusst wird, sondern sich auf der Grundlage des Abgabenrechts eröffnet.[359] Somit könnte eine uneingeschränkte Verlustverrechnung wohl eine Wettbewerbsverzerrung zugunsten der öffentlichen Hand hervorrufen.

286 Dies könnte jedoch unter Umständen dann vermieden werden, wenn es bei der Besteuerung von BgA der öffentlichen Hand zu einer vollständig analogen Vorgehensweise im Vergleich zur steuerlichen Behandlung von wirtschaftlichen Geschäftsbetrieben von gemeinnützigen Körperschaften des Privatrechts käme.[360] Hier wird durch das Gemeinnützigkeitsrecht eine Subventionierung verlustträchtiger wirtschaftlicher Tätigkeiten aus Mitteln des steuerbefreiten ideellen Bereichs untersagt. Ein ähnlicher Ansatz könnte auch für juristische Personen öffentlichen Rechts dahin gehend erfolgen, dass die Finanzierung wirtschaftlicher Tätigkeiten mit finanziellen Mitteln aus den steuerlich nicht zu erfassenden Bereichen nicht oder nur in sehr engen Grenzen als zulässig erachtet wird. So könnte auch bei einer unbeschränkt zulässigen Verlustverrechnung dem Grundsatz der Wettbewerbsgleichheit Rechnung getragen werden. Allerdings stellt sich bei diesem Ansatz wiederum die Frage, wie derzeit als BgA eingestufte Tätigkeiten der öffentlichen Hand finanziert werden sollen, wenn diese defizitär betrieben werden, aber durchgeführt werden müssen, wie z. B. die Wasserversorgung mancher Gemeinden.

287 Somit lässt sich feststellen: Zwar ist das derzeitige System der Besteuerung der öffentlichen Hand nicht widerspruchsfrei und sicherlich in vielen Punkten überdenkenswert. In vielen Fällen werden praktisch vernünftige Lösungen durch Vorgaben der Finanzverwaltung herbeigeführt. Allerdings ergeben sich aufgrund der besonderen Stellung der öffentlichen Hand eine Reihe von Schwierigkeiten, die es zu berücksichtigen gilt. Damit wird für die Zukunft noch ein weiter Weg zurückzulegen sein, um eine „einfache, aber gerechte Besteuerung" zu erreichen.

---

[358] Vgl. Rn. 167 ff.
[359] Vgl. *Kirchhof*, Wettbewerbsschutz durch Besteuerung der Betriebe gewerblicher Art?, in: Festschrift für K. Offerhaus, Köln 1999, S. 333 (339).
[360] Vgl. *Gastl*, Die Besteuerung juristischer Personen des öffentlichen Rechts, DStZ 2003, 99 (106).

H. Vergaberecht

Übersicht

	Rn.
I. Rechtsgrundlagen	3
1. Europäische Rechtsquellen	7
2. Bundesrecht	13
3. Landesrecht	18
II. Sachlicher Anwendungsbereich („Was")	20
1. Öffentliche Aufträge	21
a) Liefer-, Bau-, Dienstleistungsaufträge	22
b) Gemischte Aufträge	25
c) Änderung und Nichtkündigung von Verträgen	26
d) Nicht vergabepflichtige Aufträge	28
2. Schwellenwerte	34
a) Bedeutung	35
b) Höhe	36
c) Berechnung	40
III. Persönlicher Anwendungsbereich („Wer")	47
1. Öffentliche Auftraggeber unterhalb der Schwellenwerte	48
a) Regie- und Eigenbetriebe	49
b) Kommunalunternehmen	56
c) GmbH und AG	63
2. Öffentliche Auftraggeber oberhalb der Schwellenwerte	67
a) Staatliche Institutionen, § 98 Nr. 1 GWB	68
b) Öffentliche Einrichtungen, § 98 Nr. 2 GWB	69
aa) Eigene Rechtspersönlichkeit	71
bb) Gründungszweck	72
cc) Aufgaben im Allgemeininteresse	73
dd) Nichtgewerblichkeit	75
ee) Finanzierung oder Aufsicht	77
c) Sektorenauftraggeber, § 98 Nr. 4 GWB	81
aa) Trinkwasserversorgung	83
bb) Elektrizitäts- und Gasversorgung	85
cc) Wärmeversorgung	87
dd) Verkehrsbereich	88
ee) Telekommunikationsbereich	90
ff) Gewährung besonderer oder ausschließlicher Rechte	91
gg) Beherrschender Einfluss	93
d) Subventionierte Auftraggeber, § 98 Nr. 5 GWB	95
e) Einzelfälle	97
aa) Stadt- oder Gemeindewerke	98
bb) Wohnungsbauunternehmen	102
cc) Messegesellschaften	104
dd) Wirtschaftsförderungs- und Wirtschaftsentwicklungsgesellschaften	105
ee) Planungsgesellschaften	106
IV. Vergabeverfahren („Wie")	107
1. Verfahrensarten	108

	Rn.
a) Offenes Verfahren bzw. öffentliche Ausschreibung	110
b) Nicht offenes Verfahren bzw. beschränkte Ausschreibung	111
c) Verhandlungsverfahren bzw. freihändige Vergabe	113
d) Präqualifikationsverfahren	115
2. Vergabegrundsätze	116
a) Wettbewerbsprinzip	117
b) Transparenzgrundsatz	118
c) Gleichbehandlungsgebot	119
d) Berücksichtigung des Mittelstandes	120
e) Eignungsprinzip	122
f) Wirtschaftlichkeitsgrundsatz	128
aa) Zuschlagskriterien	129
bb) Angebotswertung	134
(1) Ausschlussgründe	136
(2) Eignungsprüfung	138
(3) Angemessenheitsprüfung der Preise	139
(4) Auswahl des wirtschaftlichsten Angebots	140
g) Nachverhandlungsverbot	141
V. Grundzüge des Vergaberechtsschutzes	144
1. Unterhalb der Schwellenwerte	145
2. Oberhalb der Schwellenwerte	152
VI. Praxisprobleme	158
1. Vergaberechtsfreie Inhouse-Geschäfte	159
a) Kontrolle wie über eigene Dienststelle	161
b) Tätigkeit im Wesentlichen für den öffentlichen Auftraggeber	165
c) Zusammenfassung	167
2. Erfüllung kommunaler Aufgaben mit Privaten	168
a) Betreibermodell	170
b) Betriebsführungsmodell	173
c) Leasingmodell	176
3. Kommunale Unternehmen als Wettbewerber	178
a) Marktzutrittsverbot bei unzulässiger wirtschaftlicher Betätigung	179
b) Ausschluss bei Vergabe von Bauaufträgen	181
c) Ausschluss bei Vergabe von Liefer- und Dienstleistungen	185
4. Kommunale Einkaufsgemeinschaften	187
5. Vergabeverstöße und Kommunalabgabenrecht	194
6. Nichtigkeit der Zuschlagserteilung	201
a) Anwendungsbereich	203
b) Form	204
c) Frist	205
d) Inhalt	206
e) Rechtsfolge	209

	Rn.		Rn.
7. Mitwirkungsverbot ausgeschlossener Personen	210	10. Elektronische Vergabe	223
8. Vergabefehler und Fördermittel	213	VII. Zusammenfassung und Ausblick	227
9. Vergaberechtliche Bedeutung von Beihilfen im ÖPNV	215		

Literatur: *Ax/Schneider/Nette*, Handbuch Vergaberecht, 2002; *Bechtold*, GWB, 3. Aufl., 2002; *Boesen*, Vergaberecht, 2000; *Byok/Jaeger*, Kommentar zum Vergaberecht, 2000; *Dähne*, in: Kapellmann/Messerschmidt, VOB, Teile A und B, 2003; *Daub/Eberstein*, Kommentar zur VOL/A, 5. Aufl., 2000; *Dreher*, in: Immenga/Mestmäcker, GWB, 3. Aufl., 2001; *Eschenbruch*, in: Niebuhr/Kulartz/Kus/Portz, Kommentar zum Vergaberecht, 2000; *Franke/Zanner/Kemper/Grünhagen*, Kommentar zur VOB A und B, 2001; *Glahs*, in: Kapellmann/Messerschmidt, VOB, Teile A und B, 2003; *Hertwig*, Praxis der öffentlichen Auftragsvergabe (VOB/VOL/VOF), 2. Aufl., 2001; *Höfler/Ruppmann*, in: Höfler/Bayer, Praxishandbuch Bauvergaberecht, 2. Aufl., 2003; *Jestaedt/Kemper/Marx/Prieß*, Das Recht der Auftragsvergabe, 1999; *Kuß*, Verdingungsordnung für Bauleistungen (VOB), Teile A und B, 3. Aufl., 2002; *Lederer*, in: Kapellmann/Messerschmidt, VOB, Teile A und B, 2003; *Marx*, in: Motzke/Pietzcker/Prieß, Beck'scher VOB-Kommentar, Teil A, 2001; *Meininger*, in: Handbuch Unternehmen der öffentlichen Hand, 2002; *Müller-Wrede*, in: Ingenstau/Korbion (Hrsg.), VOB, Teile A und B, 15. Aufl., 2004; *Müller-Wrede/Diederichs/Kulartz/Locher/Marx*, Verdingungsordnung für freiberufliche Leistungen (VOF), 2. Aufl., 2003; *Noch*, Vergaberecht kompakt, 2. Aufl., 2002; *Otting/Ohler*, in: Hoppe/Uechtritz, Handbuch Kommunale Unternehmen, 2004; *Prieß* (Hrsg.), Handbuch des europäischen Vergaberechts, 2. Aufl., 2001; *Prieß/Hausmann*, in: Motzke/Pietzcker/Prieß, Beck'scher VOB-Kommentar, Teil A, 2001; *Reidt/Stickler/Glahs*, Kommentar zum Vergaberecht, 2. Aufl., 2003; *Rusam*, in: Heiermann/Riedl/Rusam, Handkommentar zur VOB, Teile A und B, 10. Aufl., 2003; *Schaller*, Verdingungsordnung für Leistungen (VOL), Teile A und B, 3. Aufl., 2004; *Thieme*, in: Langen/Bunte, Kommentar zum deutschen und europäischen Kartellrecht, 9. Aufl., 2001; *Voppel/Osenbrück/Bubert*, VOF, 2001.

1 Unter Vergaberecht versteht man **begrifflich** alle Regeln und Vorschriften, nach denen die öffentliche Hand, insbesondere die staatlichen und kommunalen Gebietskörperschaften, sonstige öffentliche Einrichtungen sowie in bestimmten Bereichen tätige private Auftraggeber, Güter und Leistungen am Markt beschaffen müssen.

2 Regeln für die Vergabe öffentlicher Aufträge sind notwendig, weil die wirtschaftliche **Bedeutung** öffentlicher Aufträge groß ist. Allein in der Bundesrepublik Deutschland werden jährlich Bau-, Dienst- und Lieferleistungen mit einem öffentlichen Auftragsvolumen von rd. 360 Mrd. EUR vergeben.[1] Hiervon profitieren vor allem mittelständische Auftragnehmer: ca. 55 % der Aufträge gehen an Unternehmen mit weniger als 200 Beschäftigten.[2] Das Vergaberecht sichert nicht nur der Wirtschaft ein faires Wettbewerbsverfahren, sondern gewährleistet der öffentlichen Hand ein wirtschaftliches und inkorruptes Beschaffungssystem. Somit ziehen Auftraggeber und Auftragnehmer gleichzeitig ihren Nutzen aus einem rechtssicheren öffentlichen Auftragswesen.

I. Rechtsgrundlagen

3 Bis zum Jahr 1993/1994 war die Vergabe öffentlicher Aufträge nur nach den Bestimmungen des jeweiligen **Haushaltsrechts** des Bundes, der Länder bzw. der Kommunen durchzuführen.[3] Die unterschiedlichen Haushaltsordnungen sahen vor, Waren, Güter und Leistungen grundsätzlich im Wege der öffentlichen Ausschreibung zu beschaffen und dabei nach Maßgabe einheitlicher Richtlinien zu verfahren. Von Bedeutung waren vor allem die sog. Verdingungsordnung für Bauleistungen (VOB) und die Verdingungsordnung für Lieferungen (VOL). Aus Sicht der Auftragnehmerseite hat sich in erster Linie

---

[1] KOM CC/2003/22.
[2] *Dreher*, Vor §§ 97 ff. Rn. 42.
[3] Z. B.: § 30 HGrG, § 55 BHO, § 31 KommHV BY.

I. Rechtsgrundlagen

der praktisch nicht vorhandene oder unwirksame Rechtsschutz als nachteilhaft erwiesen. So war die Überprüfung von Vergabeverfahren und -entscheidungen mangels eigenständiger subjektiver Rechte nicht möglich.

Im Zuge der Umsetzung der **europäischen Vergaberichtlinien**[4] in das Haushaltsgrundsätzegesetz (HGrG) im Jahr 1994 hat der deutsche Gesetzgeber erstmals versucht, ein den europäischen Vorgaben entsprechendes Vergaberechtsschutzsystem zu implementieren (sog. haushaltsrechtliche Lösung). Allerdings mit wenig Erfolg. Verfahrensverletzungen von VOB, VOL und der Verdingungsordnung für freiberufliche Leistungen (VOF) konnten lediglich in einem zweistufigen Verwaltungsverfahren überprüft werden. Ein Rechtsschutz vor den Gerichten bestand weiterhin nicht, da den Teilnehmern an Vergabewettbewerben kein rechtlich einklagbarer Anspruch auf Einhaltung der Vergabevorschriften zur Seite stand.

Erst nachdem der EuGH im Jahr 1995 festgestellt hatte,[5] dass die von der Bundesrepublik Deutschland gewählte haushaltsrechtliche Lösung nicht mit europäischem Recht vereinbar war, wurde mit Verabschiedung und Inkrafttreten des sog. **Vergaberechtsänderungsgesetzes** (VgRÄG)[6] zum 1.1.1999 das Vergaberecht endlich mit einem effektiven Rechtsschutzsystem ausgestattet und dem Wettbewerbsrecht (§§ 102 ff. GWB)[7] einverleibt.

Aufgrund der haushaltsrechtlichen Tradition des deutschen Vergaberechts und der im letzten Jahrzehnt stark zunehmenden Bedeutung der europäischen Rechtsetzung, besteht heute ein vielfältiger und umfangreicher Rechtskatalog, der das öffentliche Auftragswesen auszeichnet. Dies hat zu einer **Zweiteilung** des Vergaberechts geführt. Sie bezieht sich auf die Unterscheidung zwischen europaweiten und nationalen Auftragsvergaben, für die verschiedene Rechtsnormen zu beachten sind. Welche Rechtsvorschriften angewandt werden müssen, beurteilt sich danach, ob ein Beschaffungsvorhaben ober- oder unterhalb bestimmter festgesetzter Schwellenwerte liegt.[8]

1. Europäische Rechtsquellen

Die primären Grundlagen für das europäische Vergaberecht sind im EG-Vertrag (EGV) festgelegt. Zu beachten sind vor allem die Gewährleistung des freien Waren-, Dienstleistungs-, Niederlassungs- und Kapitalverkehrs sowie die Grundsätze der Nichtdiskriminierung und Transparenz. Auf diesen Grundlagen verfolgt die Europäische Gemeinschaft mit Hilfe eines sekundären **Richtlinienprogramms** die Schaffung eines Binnenmarktes für das öffentliche Auftragswesen. Nach zahlreichen Rechtsänderungen in den vergangenen Jahren sind zzt. (noch) die folgenden sechs Vergaberichtlinien zu beachten:

- Richtlinie 89/665/EWG des Rates vom 21.12.1989 zur Koordinierung der Rechts- und Verwaltungsvorschriften für die Anwendung der Nachprüfungsverfahren im Rahmen der Vergabe öffentlicher Liefer- und Bauaufträge **(Rechtsmittelrichtlinie)**;[9]
- Richtlinie 92/13/EWG des Rates vom 25.2.1992 zur Koordinierung der Rechts- und Verwaltungsvorschriften für die Anwendung der Gemeinschaftsvorschriften über die Auftragsvergabe durch Auftraggeber im Bereich der Wasser-, Energie und Verkehrsversorgung sowie im Telekommunikationssektor **(Rechtsmittelrichtlinie Sektoren)**;[10]
- Richtlinie 92/50/EWG des Rates vom 18.6.1992 über die Koordinierung der Verfahren zur Vergabe öffentlicher Dienstleistungsaufträge **(Dienstleistungskoordinierungsrichtlinie)**;[11]

---

[4] Vgl. Rn. 7.
[5] EuGH, NVwZ 1995, 367 ff.
[6] BGBl. I 1998, S. 2512.
[7] Gesetz gegen Wettbewerbsbeschränkungen (GWB) v. 26.8.1998, BGBl. I S. 2547.
[8] Vgl. Rn. 34 ff.
[9] ABlEG 1989 Nr. L 395, S. 33.
[10] ABlEG 1992 Nr. L 76, S. 14.
[11] ABlEG 1992 Nr. L 209, S. 1.

- Richtlinie 93/36/EWG des Rates vom 14.6.1993 über die Koordinierung der Verfahren zur Vergabe öffentlicher Lieferaufträge (**Lieferkoordinierungsrichtlinie**);[12]
- Richtlinie 93/37/EWG des Rates vom 14.6.1993 zur Koordinierung der Verfahren zur Vergabe öffentlicher Bauaufträge (**Baukoordinierungsrichtlinie**);[13]
- Richtlinie 93/38/EWG des Rates vom 14.6.1993 zur Koordinierung der Auftragsvergabe durch Auftraggeber im Bereich der Wasser-, Energie- und Verkehrsversorgung sowie im Telekommunikationssektor (**Sektorenrichtlinie**).[14]

8   Inhaltliche Änderungen des gemeinschaftsweiten Vergaberechts ergeben sich in Zukunft aufgrund der am 30.4.2004 im Amtsblatt der Europäischen Gemeinschaften bekannt gemachten **neuen Vergaberichtlinien**.[15] Künftig werden die drei Richtlinien für die Vergabe öffentlicher Liefer-, Dienstleistungs- und Bauaufträge in eine sog. „Koordinierungsrichtlinie" integriert. Unter die „Sektorenrichtlinie" werden künftig öffentliche Aufträge aus den Bereichen Wasser, Energie, Verkehr und auch der Postdienste fallen.

9   Die neuen Vergaberegeln sehen für außergewöhnlich komplexe Vorhaben die Möglichkeit vor, eine neuartige Verfahrensart auszuwählen, den sog. **wettbewerblichen Dialog**. Dessen Ziel ist es, mit geeigneten Bewerbern alle Aspekte des zu vergebenden öffentlichen Auftrags zu erörtern. Der wettbewerbliche Dialog bietet sich vor allem an für integrierte Verkehrsinfrastrukturprojekte, große Computernetzwerke oder Vorhaben, deren finanzielle und rechtliche Strukturen nicht im Voraus beschrieben werden können.

10   Für mehr Wettbewerb und damit zu Kosteneinsparungen soll in Zukunft der verstärkte Einsatz **elektronischer Medien** durch die öffentliche Hand führen. Sog. inverse Auktionen und dynamische elektronische Beschaffungssysteme sind unter besonderen Voraussetzungen erwünscht. Inverse Auktionen bieten den öffentlichen Auftraggebern die Möglichkeit, die Bieter zur Vorlage neuer, nach unten korrigierter Preise aufzufordern. Der Rückgriff auf elektronische Auktionen betrifft allerdings nur Aufträge, für die präzise Spezifikationen erstellt werden können. Die dynamischen Beschaffungssysteme arbeiten vollelektronisch und dienen der Beschaffung marktüblicher Leistungen im offenen Verfahren.

11   Von besonderer praktischer Bedeutung ist die betragsmäßige **Anhebung der Schwellenwerte**, weil der Anwendungsbereich des Vergaberechts dadurch eingeschränkt wird. Die wichtigsten Schwellenwerte betragen künftig 249 000 EUR für öffentliche Liefer- und Dienstleistungsaufträge sowie 6,242 Mio. EUR für öffentliche Bauaufträge. Auch die Einführung ausdrücklicher Regelungen zur Berücksichtigung von ökologischen und sozialen Kriterien sowie die Möglichkeit der Einschaltung sog. zentraler Beschaffungsstellen stellen wichtige Neuerungen von hoher Praxisrelevanz dar.

12   Keine Anwendung wird das Vergaberecht nach dem Wortlaut auf Geschäfte finden, die der Geld- oder Kapitalbeschaffung der öffentlichen Auftraggeber dienen. Ebenfalls nicht vergabepflichtig bleiben **Dienstleistungskonzessionen**. Spezielle Regelungen gelten in Zukunft aber für den sozialen Wohnungsbau. Hier kann unter besonderen Voraussetzungen ein Verfahren durchgeführt werden, um den am besten geeigneten Unternehmer auszuwählen, der dann gemeinsam mit Vertretern der öffentlichen Auftraggeber und Sachverständigen eine Arbeitsgemeinschaft bilden soll.

---

[12] AblEG 1993 Nr. L 199, S. 1.
[13] AblEG 1993 Nr. L 199, S. 54.
[14] AblEG 1993 Nr. L 199, S. 84.
[15] Richtlinie 2004/18/EG des Europäischen Parlamentes und des Rates v. 31.3.2004 über die Koordinierung der Verfahren zur Vergabe öffentlicher Bauaufträge, Lieferaufträge und Dienstleistungsaufträge, AblEG 2004 Nr. L 134, S. 114 (sog. Koordinierungsrichtlinie) und Richtlinie 2004/17/EG des Europäischen Parlamentes und des Rates v. 31.3.2004 über die Koordinierung der Zuschlagserteilung durch Auftraggeber im Bereich der Wasser-, Energie- und Verkehrsversorgung sowie der Postdienste, AblEG 2004 Nr. L 134, S. 1 (sog. Sektorenrichtlinie).

I. Rechtsgrundlagen

2. Bundesrecht

Das Bundesvergaberecht ist durch das sog. **Kaskadensystem** gekennzeichnet. Darunter ist eine dreistufige Ordnung bestehend aus Gesetz, Verordnung und Verdingungsordnung zu verstehen. Diese drei Regelungsebenen mit unterschiedlichem Rechtsnormcharakter (formelles Gesetz, Rechtsverordnung und Verwaltungsvorschrift) sind durch zahlreiche Verweisungsbestimmungen miteinander verknüpft.

An oberster Stelle der bundesrechtlichen Vergabevorschriften ist der vierte Teil des **GWB** (§§ 97–129 GWB) zu nennen. Dort finden sich z. B. Vorschriften zu allgemeinen Grundsätzen des Vergabeverfahrens (§ 97 GWB), zum öffentlichen Auftrags- und Auftraggeberbegriff (§§ 98 f. GWB), zum Anwendungsbereich (§ 100 GWB), zur Art des Verfahrens (§ 101 GWB), zu den Nachprüfungsbehörden (§§ 102 ff. GWB), zum Verfahren vor der Vergabekammer (§§ 107 ff. GWB), zur sofortigen Beschwerde (§§ 116 ff. GWB) und zu sonstigen Regelungen (§§ 125 ff. GWB), wie etwa dem Schadensersatz bei rechtsmissbräuchlicher Inanspruchnahme von Rechtsschutz.

Auf der Rechtsgrundlage von § 97 Abs. 6 und § 127 GWB wurde darüber hinaus die Verordnung über die Vergabe öffentlicher Aufträge (**VgV**)[16] erlassen und zwischenzeitlich neu gefasst und bekannt gemacht. Die VgV trifft nähere Bestimmungen über das europaweite Vergabeverfahren sowie über die Zuständigkeit und das Procedere bei vergaberechtlichen Nachprüfungsverfahren. Wegen des geltenden Kaskadensystems im deutschen Vergaberecht liegt der Schwerpunkt der Regelung des Vergabeverfahrens jedoch nicht in der VgV, sondern in den von ihr in Bezug genommenen Verdingungs- bzw. Vergabe- und Vertragsordnungen (§§ 4–7 VgV).

Die Vergabe- und Vertragsordnung für Bauleistungen,[17] Teil A (**VOB/A**)[18] und die Verdingungsordnung für Leistungen, Teil A (**VOL/A**)[19] treffen jeweils in Teil A allgemeine Bestimmungen für das Vergabeverfahren von Bau-, Dienst- oder Lieferleistungen, während die Teile B und C den vertragsrechtlichen Inhalt bzw. technische Vorgaben betreffen. Die Verdingungsordnung für freiberufliche Leistungen (**VOF**)[20] enthält bislang ausschließlich verfahrensrechtliche Bestimmungen, d. h. keinen materiellrechtlichen Teil.

Die oben skizzierten umfangreichen Vergabevorschriften sollen im Rahmen des Strategiekonzeptes „**Initiative Bürokratieabbau**" der Bundesregierung vom 9. 7. 2003 vereinfacht und modernisiert werden. Dieses Projekt soll bis Ende 2004 in einem Gesetz- und Verordnungsentwurf umgesetzt werden und den Gesamtumfang der heute anzuwendenden Vergaberegeln um ca. zwei Drittel reduzieren.[21] Daher hat die Bundesregierung am 12. 5. 2004 beschlossen, dass oberhalb der Schwellenwerte die Vergabeverfahren für alle Aufträge in einer einheitlichen Vergabeverordnung geregelt werden sollen. Unterhalb der Schwellenwerte soll im Bereich der Lieferungen und Dienstleistungen die vorgenannte Vergabeverordnung entsprechende Anwendung finden, während bei den Bauleistungen in Zukunft eine deutlich verschlankte VOB/A gelten soll.

---

[16] Verordnung über die Vergabe öffentlicher Aufträge (Vergabeverordnung – VgV) v. 11. 2. 2003, BGBl I S. 169.
[17] Der Deutsche Vergabe- und Vertragsausschuss für Bauleistungen (DVA) hat festgelegt, dass die Neuherausgabe der VOB (Ausgabe 2002) nicht unter dem vormals verwendeten Begriff „Verdingungsordnung für Bauleistungen" erfolgt.
[18] Vergabe- und Vertragsordnung für Bauleistungen (VOB) Teil A v. 12. 9. 2002, BAnz Nr. 202 a.
[19] Verdingungsordnung für Leistungen Teil A (VOL/A) v. 17. 11. 2002, BAnz Nr. 216 a.
[20] Verdingungsordnung für freiberufliche Leistungen (VOF) v. 26. 8. 2002, BAnz Nr. 203 a.
[21] Der Bericht der Arbeitsgruppe zur Verschlankung des Vergaberechts liegt seit dem 5. 12. 2003 vor und kann unter www.bmwi.de/Navigation/Wirtschaft/Wirtschaftspolitik/oeffentliche-auftraege.html abgerufen werden.

3. Landesrecht

18   Einige Bundesländer[22] haben von der in § 97 Abs. 4 GWB enthaltenen Ermächtigung Gebrauch gemacht und eigene Vergabegesetze erlassen. Hierdurch sollen insbesondere sog. „vergabefremde Kriterien" (z. B. Tariftreue[23]) gesetzlich verankert werden. Die nachfolgende Aufstellung benennt beispielhaft wichtige Vergabegesetze sowie sonstige landesrechtliche Regelungen mit Bezug zum öffentlichen Auftragswesen:

- **Baden-Württemberg:** Gesetz zur Mittelstandsförderung vom 19. 12. 2000;[24]
- **Bayern:** Bayerisches Bauaufträge-Vergabegesetz (BayBauVG) vom 28. 6. 2000;[25]
- **Berlin:** Berliner Vergabegesetz (VgG Bln) vom 9. 7. 1999;[26]
- **Brandenburg:** Gesetz zur Förderung des Mittelstandes im Land Brandenburg (Brandenburgisches Mittelstandsförderungsgesetz – BbgMFG vom 8. 5. 1992);[27]
- **Bremen:** Vergabegesetz für das Land Bremen vom 17. 12. 2002;[28]
- **Mecklenburg-Vorpommern:** Gesetz zur wirtschaftlichen Flankierung des Mittelstandes in Mecklenburg-Vorpommern vom 14. 12. 1993;[29]
- **Niedersachsen:** Landesvergabegesetz vom 2. 9. 2002;[30]
- **Nordrhein-Westfalen:** Tariftreuegesetz Nordrhein-Westfalen (TariftG NRW) vom 17. 12. 2002[31] und Gesetz zur Förderung und Stärkung des Mittelstands (Mittelstandsgesetz vom 8. 7. 2003);[32]
- **Saarland:** Saarländisches Bauaufträge-Vergabegesetz (SaarBauVG) vom 23. 8. 2000;[33]
- **Sachsen:** Sächsisches Vergabegesetz (SächsVergabeG) vom 8. 7. 2002[34] und Sächsische Vergabedurchführungsverordnung (SächsVergabeDVO) vom 17. 12. 2002;
- **Schleswig-Holstein:** Gesetz zur tariflichen Entlohnung bei öffentlichen Aufträgen (Tariftreuegesetz) vom 7. 3. 2003[35] und Mittelstandsförderungs- und Vergabegesetz (MFG) vom 17. 9. 2003.[36]

19   Auf Landesebene sind daneben bzw. zusätzlich noch die von den Bundesländern zahlreich erlassenen **untergesetzlichen** Richtlinien, Erlasse, Rundschreiben und sonstigen Verwaltungsvorschriften (z. B. Umwelt-, Mittelstands-, Bevorzugten- oder Korruptionsrichtlinien) zu beachten, die im Einzelfall für die Vergabe öffentlicher Aufträge Bedeutung erlangen können.

II. Sachlicher Anwendungsbereich („Was")

20   Der sachliche Anwendungsbereich bezeichnet näher, (1.) was für Arten an Leistungen und (2.) in welchem Umfang solche Leistungen unter Beachtung des Vergaberechts zu

---

[22] In Sachsen-Anhalt wurde das Gesetz über die Vergabe öffentlicher Bauaufträge vom 29. 6. 2001 gemäß Art. 3 des Ersten Investitionserleichterungsgesetzes vom 13. 8. 2002 (GVBl. S. 358) mit sofortiger Wirkung wieder aufgehoben.
[23] Die Tariftreuebestimmung in § 1 Abs. 1 VgG Bln wurde vom Kartellsenat des BGH mit Beschluss vom 18. 1. 2000 (Az.: KVR 23/98) für verfassungswidrig angesehen und dem BVerfG zur Entscheidung vorgelegt. Die Entscheidung lag bei Drucklegung noch nicht vor.
[24] GBl. 2000, S. 745; vgl. insbesondere § 22.
[25] GVBl. 2001, S. 369.
[26] GVBl. 1999, S. 309.
[27] GVBl. I/1992, S. 166; vgl. insbesondere § 5.
[28] GVBl. 2002, S. 594.
[29] GVOBl. M-V 1994, S. 3; vgl. insbesondere § 15.
[30] Nds. GVBl. 2002, S. 370.
[31] GV NRW 2003, S. 8.
[32] GVBl. NRW 2003, S. 421; vgl. insbesondere § 21.
[33] GVBl. Saarl. 2000, S. 1846.
[34] SächsGVBl. 2002, S. 218.
[35] GVOBl. Schl.-H., S. 136.
[36] GVOBl. Schl.-H. 2003, S. 432, vgl. auch Landesverordnung über die Vergabe öffentlicher Aufträge (Schleswig-Holsteinische Vergabeverordnung – SHVgVO) v. 13. 7. 2004, GVOBl. Schl.-H. 2004, S. 288.

II. Sachlicher Anwendungsbereich („Was") 21–25 **H**

beschaffen sind. Wann diese Voraussetzungen vorliegen, ist für das europäisch beeinflusste Vergaberecht vor allem in § 99 GWB **legaldefiniert**.

1. Öffentliche Aufträge

Zu den öffentlichen Aufträgen zählen alle Verträge, die Liefer-, Bau- oder Dienstleistungen zum Gegenstand haben. Allen öffentlichen Aufträgen ist gemein, dass es sich um **entgeltliche** Verträge zwischen öffentlichen Auftraggebern und Unternehmen handeln muss (§ 99 Abs. 1 GWB). Der Begriff der Entgeltlichkeit ist weit auszulegen. Daher fällt jede Art von zweiseitig verpflichtendem Vertrag darunter, so z. B. auch ein Erschließungsvertrag.[37] **21**

a) Liefer-, Bau- und Dienstleistungsaufträge

Ein auf die Beschaffung von Waren gerichteter Vertrag ist ein **Lieferauftrag** (§ 99 Abs. 2 GWB, § 1 VOL/A). Zu diesem Zweck können insbesondere Kauf-, Ratenkauf-, Leasing-, Miet- oder Pachtverträge geschlossen werden. Maßgebliches Kriterium zur Beurteilung einer Lieferleistung ist aber nicht die Vertragsart, sondern allein die Verschaffung der Verfügungsgewalt, gleich ob durch Erwerb oder Gebrauchsüberlassung.[38] Eine Lieferleistung liegt z. B. dann vor, wenn Elektrizität oder Gas beschafft werden. **22**

Bauaufträge sind Leistungen, die ein Bauvorhaben, ein Bauwerk oder eine Bauleistung zum Gegenstand haben (§ 99 Abs. 3 GWB, § 1 VOB/A) und eine werkvertragliche Leistung beinhalten.[39] Dazu zählen z. B. auch Baukonzessionen (vgl. die Legaldefinition in § 98 Nr. 6 GWB).[40] In praktischen Zweifelsfällen kann das „Verzeichnis der Berufstätigkeiten im Baugewerbe entsprechend dem allgemeinen Verzeichnis der wirtschaftlichen Tätigkeiten in der Europäischen Gemeinschaft (NACE)" Hilfe bieten, das als Anhang I zur Baukoordinierungsrichtlinie 93/37/EWG zählt. Für europaweite Vergabeverfahren ist die Definition des Bauauftrages in § 1 VOB/A dagegen grundsätzlich nicht maßgeblich. Darauf kann jedoch zurückgegriffen werden, wenn kein Widerspruch zu dem durch das Gemeinschaftsrecht geprägten § 99 Abs. 3 GWB festzustellen ist. **23**

Als **Dienstleistungsauftrag** i.S. § 99 Abs. 4 GWB gelten alle Verträge über Leistungen, die nicht als Liefer- oder Bauauftrag zu qualifizieren sind. Für den Auffangtatbestand ist nicht etwa die zivilrechtliche Einordnung als Dienstvertrag i. S. § 611 BGB entscheidend, sondern allein die negative Abgrenzung. Eine Dienstleistung liegt bspw. vor, wenn Baggermaterial zur Entsorgung angenommen wird.[41] **24**

b) Gemischte Aufträge

Werden verschiedene Arten von Leistungen (z. B. Bau- und Lieferleistungen beim Energiesparcontracting oder Bau- und Dienstleistungen beim Facility-Management) in einem Vergabeverfahren ausgeschrieben, so liegt ein gemischter Vertrag vor. Dessen vergaberechtliche Einordnung richtet sich nach dem **Schwerpunkt** bzw. Hauptgegenstand der Leistungen.[42] Der Schwerpunkt wird einerseits danach bestimmt, welche Leistungen und Risiken das Vertragsverhältnis insgesamt hauptsächlich prägen. Andererseits ist zu berücksichtigen, wie sich das Investitionsvolumen auf die einzelnen Leistungsbereiche wertmäßig verteilt.[43] So ist bspw. von der Rechtsprechung die Lieferung und Montage von maschinentechnischen Teilen für eine Brandmeldeanlage als Bauleistung und nicht als Lieferleistung gewertet worden.[44] **25**

---

[37] VK Baden-Württemberg, Beschl. v. 20. 6. 2002 – 1 VK 27/02.
[38] VK Südbayern, Beschl. v. 8. 10. 2001 – 28-08/01.
[39] BayObLG, VergabeR 2003, 76 f.
[40] BayObLG, VergabeR 2002, 55 ff.
[41] OLG Düsseldorf, VergabeR 2002, 282 ff.
[42] OLG Naumburg, ZfBR 2002, 710 ff.; VK Sachsen, Beschl. v. 30. 9. 2002 – 1/SVK/87-02; *Kulartz/Niebuhr*, NZBau 2000, 6 (9); A. A.: OLG Brandenburg, NZBau 2000, 39 ff. = NVwZ 1999, 1142 ff.
[43] VK Bremen, Beschl. v. 3. 11. 2000 – VK 3/00.
[44] BayObLG, NZBau 2003, 340 ff.

c) Änderung und Nichtkündigung von Verträgen

26   Es ist grundsätzlich anerkannt, dass sowohl das nationale als auch das europäische Vergaberecht lang dauernde Vertragsverhältnisse anerkennt. So würde die Verpflichtung zur Ausschreibung unbefristeter Verträge, die vor Erlass der europäischen Vergaberichtlinien geschlossen wurden, den Gedanken der Rechtssicherheit verletzen. Vor diesem Hintergrund ist verständlich, dass die unterlassene Nichtkündigung eines vertraglichen Verhältnisses oder das Gebrauchen einer (Verlängerungs-)**Option** einen vergaberechtlich irrelevanten Vorgang kennzeichnet.[45] Es kommt in diesen Fällen zu keinem neuen Vertragsabschluss, sondern der einst wirksam zustande gekommene Vertrag wird lediglich fortgesetzt. Nur der Abschluss des Rahmen- oder Optionsvertrages ist vergaberechtlich zu würdigen, nicht hingegen seine spätere Durchführung.[46]

27   Anders ist die Rechtslage zu beurteilen, wenn die Änderung in der Sache einer Neuvergabe von Leistungen gleichkommt bzw. **wesentliche** Vertragselemente neu geregelt werden.[47] Wann dies konkret der Fall ist, beurteilt sich nach den gesamten Umständen im Einzelfall. Änderungen der einen Vertrag prägenden Inhalte, wie z. B. Preis und Leistungsumfang, werden oftmals dazu führen, dass die Änderungen einem Neuabschluss eines Vertrages gleichzustellen und damit auszuschreiben sind. Problematisch ist in diesem Zusammenhang, ob eine vergaberechtlich bedeutsame Änderung auch dann vorliegt, wenn lediglich von einer vertraglichen, z. B. auch in §§ 1 Nr. 4, 2 Nr. 6 VOB/B oder § 2 VOL/B vorgesehenen Möglichkeit Gebrauch gemacht wird, nachträgliche und im Verhältnis zu dem Gesamtauftrag geringfügige Änderungen in der Beschaffenheit des Leistungsgegenstandes zu verlangen, ohne dass im Zeitpunkt der Leistungsänderungen etwaige Preiserhöhungen quantifizierbar sind. Diese schwer zu beantwortende Frage wurde zwischenzeitlich vom OLG Rostock dem EuGH zur Vorabentscheidung vorgelegt,[48] dessen Entscheidung noch aussteht.

d) Nicht vergabepflichtige Aufträge

28   Keiner Ausschreibung im vergaberechtlichen Sinne bedarf der Abschluss von **Arbeitsverträgen**. Von Bedeutung ist insoweit die genaue Abgrenzung von Arbeitsverhältnissen zu Dienstleistungsverträgen. Arbeitnehmer ist, wer Dienstleistungen in persönlicher Abhängigkeit verrichtet, hierbei in Bezug auf Zeit, Ort und Art der zu verrichtenden Arbeit dem Weisungsrecht des Arbeitgebers unterliegt und in eine fremde Herrschafts- und betriebliche Risikosphäre, d. h. in die des Arbeitgebers, eingegliedert ist. Dies ist für europaweite Vergaben ausdrücklich in § 100 Abs. 2 GWB geregelt.

29   **§ 100 Abs. 2 GWB** enthält darüber hinaus mit den Buchstaben a) bis n) einen abschließenden Katalog weiterer Ausnahmen vom sachlichen Anwendungsbereich der europäischen Vergaberegeln. Für kommunale Unternehmen sind von besonderem Interesse:
- **Buchstabe f):** Aufträge auf dem Gebiet der **Trinkwasser- oder Energieversorgung oder des Verkehrs**, wenn der öffentliche Auftraggeber selbst in den genannten Sektoren tätig ist. Diese Ausnahmetatbestände im Sektorenbereich werden vor allem in § 9 VgV geregelt.
- **Buchstabe g):** Aufträge an Auftragnehmer, die selbst ein von der Norm näher bestimmter öffentlicher Auftraggeber sind und ein auf Gesetz oder Verordnung beruhendes **ausschließliches Recht** zur Erbringung der Leistung haben. Dazu können z. B. Wegerechte, Wasserrechte oder sonstige Ausschließlichkeitsrechte zählen, wie etwa Patente. Ob diese Rechte durch öffentlichen Rechtsakt oder privatrechtlich begründet wurden, ist unerheblich. Entscheidend ist, dass überhaupt Sonderrechte geschaffen wurden.[49]

---

[45] OLG Celle, NZBau 2002, 53 ff. = VergabeR 2001, 325 ff.
[46] *Müller-Wrede*, § 99 Rn. 2.
[47] OLG Düsseldorf, Beschl. v. 8. 5. 2002 – Verg 9/01.
[48] OLG Rostock, NZBau 2003, 457 ff. = VergabeR 2003, 321 ff.
[49] VK Lüneburg, Beschl. v. 8. 11. 2002 – 203-VgK-24/02.

II. Sachlicher Anwendungsbereich („Was") 30, 31 H

- **Buchstabe h):** Erwerb, Miete oder Pacht von **Grundstücken** und grundstücksgleichen Rechten. Probleme kann hier insbesondere die Abgrenzung zum Leasing i. S. § 99 Abs. 2 GWB bereiten.
- **Buchstabe i):** Aufträge über Dienstleistungen von **verbundenen Unternehmen** i. S. § 10 VgV. Ein Verbund ist anzunehmen, wenn der Auftraggeber auf das Unternehmen unmittelbar oder mittelbar beherrschenden Einfluss ausüben kann oder wenn zwei Unternehmen gemeinsam dem beherrschenden Einfluss eines anderen Unternehmens unterliegen.
- **Buchstabe m): Finanzielle Dienstleistungen**, soweit ihnen ein besonderes kapitalmarktbezogenes Vertrauensverhältnis zugrunde liegt, das die Anwendung des Vergaberechts unmöglich, zumindest aber für unangemessen erscheinen lässt. Dies können Transaktionsgeschäfte mit Finanzinstrumenten sein, aber auch alle vorbereitenden und begleitenden Dienstleistungen, die mit dem Finanzierungsgeschäft in einem solchen Zusammenhang stehen, dass sie die Durchführung des Geschäfts selbst beeinflussen können, wie z. B. der Arrangeurvertrag über einen US-Cross-Border-Leasing-Vertrag.[50]
- **Buchstabe k):** Aufträge über die Vergabe von **Telekommunikationsdienstleistungen**.[51]
- **Buchstabe n): Forschungs- und Entwicklungsaufträge** sind grundsätzlich dem europäischen Vergaberecht entzogen, es sei denn, die Ergebnisse werden ausschließlich Eigentum des Auftraggebers für seinen Gebrauch bei der Ausübung seiner eigenen Tätigkeit und die Dienstleistung wird vollständig durch die Vergabestelle vergütet. Erfasst wird sowohl die Grundlagenforschung als auch die angewandte Forschung. Bloße reflexartige Begünstigungen der Allgemeinheit nehmen dem jeweiligen Forschungsergebnis nicht die alleinige Zuordnung zur Eigentumssphäre des öffentlichen Auftraggebers und die Bestimmung zur Nutzung durch dessen eigene Behörden.[52]

Mangels einer auf Beschaffung gerichteten Tätigkeit liegt auch bei der Vergabe von 30 sog. **Dienstleistungskonzessionen** kein vergabepflichtiges öffentliches Auftragsverhältnis vor. Anders als bei Baukonzessionen finden Dienstleistungskonzessionen keine gesetzliche Stütze.[53] Kennzeichen einer Konzession ist, dass sie die Übertragung eines Rechtes zur Verwertung einer bestimmten Leistung umfasst und der Konzessionär ganz oder zum überwiegenden Teil das damit verbundene wirtschaftliche Risiko trägt.[54] Gleichwohl verlangt die europäische Rechtsprechung, dass auch bei dem Abschluss von Dienstleistungskonzessionsverträgen die allgemeinen Grundsätze des EG-Vertrages, insbesondere das Diskriminierungsverbot zu beachten sind.[55] Beispiele für typische Konzessionen aus dem Dienstleistungsbereich sind etwa die Konzession zur Durchführung eines Wochenmarktes,[56] zur Aufstellung von Großflächenwerbeanlagen[57] oder zum Betrieb einer Fahrradstation mit Servicedienstleistungen.[58]

Das Vergaberecht findet ferner keine Anwendung, wenn der öffentliche Auftraggeber 31 lediglich **Vermögen veräußert**, also nicht als Nachfrager, sondern als Anbieter von Waren und Leistungen auftritt (z. B. Verkauf von Betriebseinrichtungen oder -grundstücken). Gleiches gilt für die bloße Veräußerung von Gesellschaftsanteilen.[59] Durch den Anteilsverkauf werden dem Erwerber einerseits lediglich zukünftige Gewinnchancen ermöglicht, andererseits stellt der Eintritt in die Gesellschaft noch keine Leistung dar, die für den öffentlichen Auftraggeber erbracht wird. Etwas anderes kann jedoch dann gelten, wenn die Anteilsveräußerung mit einer Auftragsvergabe tatsächlich kombiniert wird.

---

[50] VK Baden-Württemberg, NZBau 2003, 61 ff.
[51] VK Bund, NZBau 2002, 836 ff.
[52] BayObLG, NZBau 2003, 634 ff.
[53] BayObLG, VergabeR 2002, 55 ff.
[54] OLG Düsseldorf, VergabeR 2002, 607 ff.
[55] EuGH, NZBau 2001, 148 ff. („Teleaustria").
[56] OLG Naumburg, ZfBR 2002, 303 ff. = VergabeR 2002, 309 ff.
[57] VK Südbayern, Beschl. v. 28. 12. 2001 – 47-11/01.
[58] VK Hamburg, Beschl. v. 2. 4. 2003 – VgK FB 2/03.
[59] Brandenburgisches OLG, NZBau 2001, 645 ff. = VergabeR 2002, 45 ff.

32 Weiter sind Bau- oder Dienstleistungsaufträge nicht europaweit auszuschreiben, wenn sie unter die sog. **80/20-Regel** fallen. Dabei handelt es sich um Bagatellaufträge, die wegen ihres geringen Auftragsvolumens von der Vergabestelle nicht zwingend europaweit ausgeschrieben werden müssen, sondern im Inland vergeben werden können.

33 Schließlich kommt das Vergaberecht nicht zur Anwendung bei der Übertragung von hoheitlichen Befugnissen auf Private durch **Verwaltungsakt** (z. B. Aufgabenübertragung nach § 16 Abs. 2 KrW-/AbfG). Umstritten ist hingegen, ob auch öffentlich-rechtliche Verträge auszuschreiben sind. Das OLG Düsseldorf geht davon aus, dass öffentlich-rechtliche Verträge nicht dem Vergaberecht unterfallen. Etwas anderes soll ausnahmsweise nur dann gelten, wenn der Leistungsgegenstand auch Inhalt eines privatrechtlichen Vertrages sein kann.[60]

2. Schwellenwerte

34 Die für öffentliche Aufträge geltenden Schwellenwerte teilen das Vergaberecht in einen nationalen und einen europäischen Teil (sog. Zweiteilung des Vergaberechts).

a) Bedeutung

35 Gemäß § 100 Abs. 1 GWB sind nur solche öffentliche Aufträge vom europäischen Vergaberecht erfasst, wenn ihr Auftragsumfang die in § 2 VgV bestimmten Schwellenwerte erreicht oder überschreitet. Ist dies zu bejahen, kommen neben GWB, VgV auch die Abschnitte 2, 3 oder 4 der VOB/A bzw. VOL/A sowie die Vorschriften der VOF zur Anwendung. Bedeutsam ist die **Zweiteilung** des Vergaberechts vor allem deshalb, weil nur das europäische Vergaberecht einen besonderen primären Vergaberechtsschutz kennt, das sog. Nachprüfungsverfahren (§§ 102 ff. GWB). Werden die Schwellenwerte dagegen unterschritten, gelten vorrangig die haushaltsrechtlichen Bestimmungen über die Vergabe öffentlicher Aufträge. Ein dem Nachprüfungsverfahren vergleichbarer Rechtsschutz ist dem Haushaltsrecht jedoch fremd.

b) Höhe

36 Die Schwellenwerte (geschätzter Auftragswert ohne Umsatzsteuer, § 1 VgV) für europaweite Vergabeverfahren sind abhängig von der Art des zu vergebenden Auftrags (Liefer-, Bau- oder Dienstleistungsauftrag) und teilweise von der Person des Auftraggebers (oberste Bundesbehörden usw.).

37 Für **Bauleistungen** gilt – unabhängig von der Art des Auftraggebers – grundsätzlich ein Schwellenwert von 5 Mio. EUR (§ 2 Nr. 4 VgV). Bei der losweisen Vergabe von Bauaufträgen kommt es darauf an, dass der geschätzte gesamte Auftragswert sämtlicher Lose den Schwellenwert von 5 Mio. EUR erreicht bzw. überschreitet. Eine europaweite Ausschreibungspflicht besteht ausnahmsweise nicht für einzelne Lose, deren geschätzter Auftragswert jeweils weniger als 1 Mio. EUR beträgt und mindestens 80 % des geschätzten Gesamtwertes aller Lose europaweit vergeben wird (§ 2 Nr. 7 VgV). Öffentliche Auftraggeber dürfen also einzelne Lose mit weniger als 1 Mio. EUR ohne europaweite Ausschreibung vergeben, auch wenn noch nicht 80 % des Gesamtauftragswertes europaweit vergeben wurden.[61]

38 Bei **Liefer- und Dienstleistungsaufträgen** liegt der Schwellenwert grundsätzlich bei 200 000 EUR (§ 2 Nr. 3 VgV). Bei der losweisen Vergabe von Liefer- und Dienstleistungsaufträgen besteht eine Pflicht zur Anwendung des europäischen Vergaberechts nur bei Losen mit einem geschätzten Auftragswert von mindestens 80 000 EUR. Eine Ausnahme von der Ausschreibungsverpflichtung besteht dann, wenn der geschätzte Auftragswert einzelner Lose jeweils weniger als 80 000 EUR beträgt und mindestens 80 % des gesamten Auftragsvolumens unter Beachtung des europäischen Vergaberechts vergeben wurde (§ 2 Nr. 8 VgV).

---

[60] OLG Düsseldorf, NZBau 2003, 55 ff. = VergabeR 2002, 404 ff.; anders zu Recht das BayObLG, Beschl. v. 28. 5. 2003 – Verg 7/03 –, das öffentlich-rechtliche Verträge dem Vergaberecht unterstellt.
[61] BayObLG, VergabeR 2002, 61 f. = ZVgR 2001, 67 ff.

II. Sachlicher Anwendungsbereich („Was") **39–43** **H**

Eine **Sonderregelung** besteht für Liefer- und Dienstleistungsaufträge im Sektorenbereich (Trinkwasser, Energieversorgung oder Verkehr). Dort liegt der anzuwendende Schwellenwert bei 400 000 EUR (§ 2 Nr. 1 VgV). Ein weiterer Sonderfall besteht für oberste oder obere Bundesbehörden bzw. vergleichbare Bundeseinrichtungen. Vergeben die vorgenannten Stellen Liefer- oder Dienstleistungsaufträge im Wert von mindestens 130 000 EUR, so ist ein europaweites Vergabeverfahren durchzuführen. Ein Schwellenwert von 200 000 EUR gilt aber bei Forschungs- und Entwicklungsleistungen, Dienstleistungen des Anhangs I B der Dienstleistungskoordinierungsrichtlinie 92/50/EWG und bei Lieferaufträgen im Verteidigungsbereich (§ 2 Nr. 2 VgV). **39**

c) Berechnung

Die vorgenannten Schwellenwerte sind auf der Grundlage einer **Schätzung** des Auftragswertes zu ermitteln (§§ 1, 3 Abs. 1 VgV). Die Schätzung hat dabei nach objektiven Kriterien zu erfolgen.[62] Die Vergabestelle hat eine wirklichkeitsgetreue, seriöse und nachvollziehbare Prognose zu treffen.[63] Maßgeblicher Zeitpunkt für die Schätzung des Auftragswertes ist der Tag der Absendung der Vergabebekanntmachung oder die sonstige Einleitung des Vergabeverfahrens (§ 3 Abs. 10 VgV). Wurde der Auftragswert bereits zu einem sehr frühen Zeitpunkt geschätzt, ist eine aktuelle Kostenschätzung zum Zeitpunkt der Einleitung des Vergabeverfahrens nochmals notwendig, wenn es sich um einen Grenzfall handelt, also Zweifel bestehen, ob der Schwellenwert über- oder unterschritten wird.[64] Nur wenn dies nicht der Fall ist, erübrigt sich eine erneute Schätzung des Auftragswertes. **40**

Verboten sind **Manipulationen** bei der Schätzung oder Aufteilung des Auftragswertes, um den öffentlichen Auftrag der Anwendung des Vergaberechts zu entziehen (§ 3 Abs. 2 VgV). Vergabestellen ist es zwar nicht per se untersagt, Beschaffungen unterhalb der Schwellenwerte durchzuführen. Ihnen ist es aber verwehrt, einen objektiv dem Vergaberecht unterfallenden öffentlichen Auftrag so gezielt und planmäßig zu beeinflussen, dass der Auftragswert die Schwellenwerte unterschreitet. Bei der Schätzung des Auftragswertes zu einem Bauprojekt bspw., das in mehrere Bauabschnitte aufgeteilt ist, wird der Gesamtauftragswert aller Bauabschnitte der Schätzung zugrunde gelegt und nicht etwa nur einzelne Bauabschnitte. **41**

Hat sich der öffentliche Auftraggeber **verschätzt**, bspw. einen Auftragswert unterhalb des maßgeblichen Schwellenwertes geschätzt, ergibt die Ausschreibung jedoch überwiegend Angebote, die deutlich über dem entscheidenden Schwellenwert liegen, so besteht darin zwar noch nicht allein eine missbräuchlich niedrige Schätzung. Liegen die Einzelumstände aber so, dass in einem solchen Fall nicht mit an Sicherheit grenzender Wahrscheinlichkeit von einer ordnungsgemäßen Schätzung der Vergabestelle auszugehen ist, so muss zugunsten der Bewerber bzw. Bieter das Erreichen der Schwellenwerte unterstellt werden, um diesen Wettbewerbsteilnehmern die Rechtsschutzmöglichkeiten offen zu halten.[65] Fehlt eine Schätzung des Auftragswertes durch den öffentlichen Auftraggeber vollständig, so ist die angerufene Vergabekammer zur eigenständigen Wertermittlung nicht nur berechtigt, sondern verpflichtet. Sie legt dazu den Auftragsumfang des preisgünstigsten Bieters zugrunde.[66] **42**

Bei **zeitlich begrenzten** Lieferaufträgen mit einer Laufzeit bis zu 12 Monaten und bei zeitlich begrenzten Dienstleistungsaufträgen mit einer Laufzeit von bis zu 48 Monaten ist der Gesamtwert für die Laufzeit des Vertrages der Schätzung zugrunde zu legen (§ 3 Abs. 3 S. 1 VgV). Bei Lieferaufträgen mit einer Laufzeit von mehr als 12 Monaten ist der Gesamtwert einschließlich des geschätzten Restwerts zugrunde zu legen (§ 3 Abs. 3 S. 2 VgV), während bei Dienstleistungsaufträgen mit einer Laufzeit von mehr als 48 Monaten der Ge- **43**

---

[62] OLG Düsseldorf, VergabeR 2002, 665 ff.
[63] VK Bund, Beschl. v. 12. 5. 2003 – VK 2-20/03.
[64] VK Baden-Württemberg, Beschl. v. 9. 10. 2001 – 1 VK 27/01.
[65] VK Bund, Beschl. v. 10. 7. 2002 – VK 2-20/02.
[66] VK Halle, Beschl. v. 16. 8. 2001 – VK Hal 14/01; VK Sachsen, Beschl. v. 25. 6. 2001 – 1/SVK/55-01.

samtwert aus der monatlichen Zahlung multipliziert mit 48 zu ermitteln ist.[67] Gleiches gilt auch bei unbefristeten Verträgen oder nicht absehbarer Vertragsdauer (§ 3 Abs. 3 S. 3 VgV).

44 Besonderheiten bestehen schließlich bei der Schätzung des Auftragswertes für **Bauleistungen**. Dort ist auch der geschätzte Wert der Lieferungen zu berücksichtigen, die für die Ausführung der Bauleistungen erforderlich sind (z. B. Baustellenausstattungen) und vom Auftraggeber zur Verfügung gestellt werden (§ 3 Abs. 7 VgV). Dazu zählt bspw. der Wert der Bauleitung, wenn diese vom Auftraggeber selbst übernommen wird. In diesem Fall stellt die Übernahme der Bauleitung einen werthaltigen Bestandteil der Bauleistung dar, die auf den Gesamtauftragswert anzurechnen ist.[68] Unberücksichtigt bleiben hingegen z. B. die Baunebenkosten,[69] der Grundstückswert[70] und die Planungsleistungen von Architekten, Ingenieuren und Statikern.[71]

45 **Optionsrechte** werden ebenfalls bei der Berechnung des Auftragswertes für Lieferungen und Dienstleistungen einbezogen (§ 3 Abs. 6 VgV). Für Bauleistungen fehlt zwar eine entsprechende Vorschrift, doch wird der Wert der Optionsrechte hier analog § 3 Abs. 6 VgV berücksichtigt.[72]

46 Der Wert eines **Rahmenvertrages** wird auf der Grundlage des geschätzten Höchstwertes aller für diesen Zeitraum geplanten Aufträge berechnet (§ 3 Abs. 8 S. 1 VgV). Rahmenverträge sind Vereinbarungen mit einem oder mehreren Unternehmen, in der die Bedingungen für Einzelaufträge festgelegt werden, die im Laufe eines bestimmten Zeitraumes vergeben werden sollen (§ 3 Abs. 8 S. 2 VgV).

III. Persönlicher Anwendungsbereich („Wer")

47 Das durch die Schwellenwerte zweigeteilte Vergaberecht kennt unterschiedliche persönliche Anwendungsbereiche. Anknüpfungspunkt für die Unterscheidung ist die **Eigenschaft** als öffentlicher Auftraggeber.

1. Öffentliche Auftraggeber unterhalb der Schwellenwerte

48 Bei Auftragsvergaben unterhalb der jeweils geltenden Schwellenwerte gilt vorrangig das staatliche bzw. kommunale Haushaltsrecht. Zu seinem Adressatenkreis zählen in erster Linie die typischen, d. h. **institutionell** geprägten öffentlichen Auftraggeber, wie etwa kommunale Gebietskörperschaften und die sonstigen Einrichtungen, Körperschaften, Anstalten und Stiftungen des öffentlichen Rechts.

a) Regie- und Eigenbetriebe[73]

49 Gemeindliche Regie- und Eigenbetriebe sind rechtlich unselbständig und daher Teil der Kommunalverwaltung, mithin der kommunalen Gebietskörperschaft. Sie haben deshalb das jeweils geltende kommunale Haushaltsrecht zu beachten und sind grundsätzlich als typische öffentliche Auftraggeber gehalten, ihre Beschaffungen deutschlandweit auszuschreiben. Mangels eigenständiger Rechtspersönlichkeit ist jedoch nicht der kommunale Regie- oder Eigenbetrieb als öffentlicher Auftraggeber anzusehen, sondern die jeweilige **Trägergemeinde**.

50 Ob Regie- und Eigenbetriebe Bau-, Liefer- und Dienstleistungen zwingend nach den Bestimmungen der VOB/A oder VOL/A (ggf. VOF) vergeben müssen oder bspw. ihre Anwendung lediglich vom Landesgesetzgeber empfohlen wird, regeln grundsätzlich die

---

[67] VK Magdeburg, Beschl. v. 23. 1. 2002 – 33.32571/07 VK 18/01 MD.
[68] VK Düsseldorf, Beschl. v. 11. 9. 2001 – VK 19/2001-L.
[69] OLG Celle, Beschl. v. 14. 11. 2002 – 13 Verg 8/02; OLG Stuttgart, NZBau 2003, 340 = VergabeR 2003, 101 ff.
[70] Brandenburgisches OLG, IBR 2002, 677.
[71] VK Düsseldorf, Beschl. v. 11. 9. 2001 – VK 19/2001-L.
[72] OLG Stuttgart, Beschl. v. 9. 8. 2001 – 1 VK 27/01.
[73] Vgl. hierzu Kapitel D. Rn. 1 ff.

III. Persönlicher Anwendungsbereich („Wer")

einschlägigen (vornehmlich haushaltsrechtlichen) Landesvorschriften. So sehen die meisten **kommunalen Haushaltsverordnungen** vor, dass bei der Vergabe von Aufträgen bestimmte Vergaberichtlinien oder Vergabegrundsätze anzuwenden sind, die das jeweils zuständige Landesministerium bekannt gibt. Dadurch soll im Interesse der Gemeinden und Städte gewährleistet sein, dass das wirtschaftlich günstigste Marktangebot erzielt werden kann und zugleich ein geordneter, transparenter Wettbewerb der Korruption vorbeugt.

Die folgende Darstellung soll nur die wesentlichen für Regie- und Eigenbetriebe geltenden Vergabegrundsätze **beispielhaft** für einige Bundesländer erläutern: **51**

In **Bayern** ist die VOB/A als Vergabegrundsatz nach § 31 Abs. 2 Kommunalhaushaltsverordnung (KommHV) zwingend von den Gemeinden und damit auch von ihren Regiebetrieben anzuwenden.[74] Für bayerische Eigenbetriebe findet § 31 Abs. 2 KommHV über § 9 Eigenbetriebsverordnung (EBV) entsprechende Anwendung. VOL/A und VOF sind für kommunale Auftraggeber unterhalb der Schwellenwerte dagegen bislang nicht verbindlich eingeführt,[75] so dass auch Regie- und Eigenbetriebe nicht zur Beachtung von VOL/A und VOF verpflichtet sind. **52**

In **Nordrhein-Westfalen** ist die VOB/A als haushaltsrechtlicher Vergabegrundsatz gemäß § 31 Gemeindehaushaltsverordnung (GemHVO) verbindlich unterhalb der Schwellenwerte eingeführt. Die Anwendung der VOL/A wird dagegen nur zur Beachtung empfohlen; die VOF ist erst oberhalb der Schwellenwerte zu berücksichtigen. Die vorstehenden Vergabegrundsätze gelten grundsätzlich nur für die gemeindlichen Regiebetriebe und eigenbetriebsähnlichen Einrichtungen i. S. § 107 Abs. 2 Nr. 1 bis 5 GO NRW, nicht dagegen für kommunale Eigenbetriebe.[76] **53**

Als Grundsätze und Richtlinien i. S. § 31 Abs. 2 GemHVO finden für die Vergabe öffentlicher Aufträge kommunaler Gebietskörperschaften und ihrer Regiebetriebe in **Rheinland-Pfalz** die VOB/A und VOL/A zwingend Anwendung.[77] Über die Verweisungsnorm des § 29 Eigenbetriebsverordnung (EigVO) gilt § 31 Abs. 2 GemHVO entsprechend auch für kommunale Eigenbetriebe. Dagegen ist die VOF von den Regie- und Eigenbetrieben nicht zu berücksichtigen. **54**

Auch in **Thüringen** gilt nach § 31 Abs. 2 Thüringer Gemeindehaushaltsverordnung (ThürGemHVO), dass gemeindliche Regiebetriebe Bau-, Dienst- und Lieferleistungen nach den Bestimmungen der VOB/A und VOL/A vergeben müssen.[78] Eigenbetriebe sind nach § 9 Thüringer Eigenbetriebsverordnung (ThürEBV) zur analogen Anwendung von § 31 ThürGemHVO verpflichtet. Die VOF findet in Thüringen hingegen nur oberhalb der Schwellenwerte Anwendung. **55**

b) Kommunalunternehmen[79]

Die Vergabepflichtigkeit von Kommunalunternehmen in der Rechtsform der Anstalt des öffentlichen Rechts ist in den (bislang) sechs Bundesländern, die diese Rechtsform eingeführt haben, **unterschiedlich** geregelt: **56**

In **Bayern** haben Kommunalunternehmen mangels einer normativen Regelung unterhalb der Schwellenwerte grundsätzlich keine Vergabevorschriften zu beachten. Eine vergleichbare Bestimmung wie dies § 9 EBV für bayerische Eigenbetriebe vorschreibt, ist in Bayern bislang nicht erlassen worden. Eine Ausnahme gilt aber für die Vergabe von Bauleistungen. Nach Art. 1 S. 2 Nr. 1 BayBauVG[80] haben auch Kommunalunternehmen bei der Beschaffung von Bauleistungen auf das vergabefremde Kriterium der Tariftreue zu **57**

---

[74] IMBek. v. 24. 5. 1995, AllMBl. S. 506.
[75] FSt BY 2001/167; staatliche Auftraggeber haben hingegen die VOL/A auch unterhalb der Schwellenwerte zu beachten, vgl. Bek. d. Bayerischen Staatsregierung v. 11. 3. 2003 – Az.: B III 2.515-222.
[76] RdErl. d. Innenministeriums v. 10. 4. 2003, MBl. NRW 2003, S. 437.
[77] Verwaltungsvorschrift „Öffentliches Auftragswesen" vom 14. 12. 2001 = ZfBR 2002, 96 ff.
[78] Richtlinie des Innenministeriums zur Vergabe öffentlicher Aufträge v. 2. 2. 2001 – Az.: 24. 2. 1. 08.
[79] Vgl. hierzu Kapitel D. Rn. 118 ff.
[80] Vgl. Rn. 18.

58 Die **nordrhein-westfälische** Rechtslage stellt sich anders dar. Dort gelten über die Verweisungsvorschrift nach § 8 S. 1 Verordnung über kommunale Unternehmen und Einrichtungen als Anstalt des öffentlichen Rechts (KUV) die verbindlichen Vergabegrundsätze nach § 31 GemHVO insoweit, „als die Auftragsvergabe der Erfüllung von durch Satzung übertragenen hoheitlichen Aufgaben aus den in § 107 Abs. 2 der Gemeindeordnung angeführten Bereichen dient". Betroffen sind danach hoheitliche Aufgaben. Nimmt das Kommunalunternehmen keine hoheitlichen Aufgaben wahr, so kommt eine Anwendung des Vergaberechts nicht in Betracht. Darüber hinaus gilt für Anstalten des öffentlichen Rechts bei der Vergabe von Bauaufträgen und Verkehrsleistungen ab einem Auftragswert von 10 000 EUR auch das TariftG NRW.[81]

59 In **Niedersachsen** unterliegen die kommunalen Anstalten mangels einer ausdrücklichen Regelung generell keinen vergaberechtlichen Vorschriften. Insbesondere von der Verordnungsermächtigung in § 113 g Abs. 3 Niedersächsische Gemeindeordnung (NGO) hat der Landesverordnungsgeber noch keinen Gebrauch gemacht. Eine Ausschreibungspflicht ist jedoch ausnahmsweise für Auftragsvergaben im Bereich des Bauwesens und öffentlichen Personennahverkehrs anzunehmen. Hier gelten für kommunale Anstalten gemäß § 1 und § 2 Abs. 1 Landesvergabegesetz[82] ab einem Auftragswert von 10 000 EUR die § 97 Abs. 1 bis 5 und die §§ 98 bis 101 GWB sowie die VgV. Bei der Vergabe von Bau- und Verkehrsleistungen ist hierbei auch auf die Tariftreue der Unternehmen zu achten (§ 3 Landesvergabegesetz).

60 Dagegen gelten in **Rheinland-Pfalz** nach § 39 Eigenbetriebs- und Anstaltsverordnung (EigAnVO) die über § 31 GemHVO zu beachtenden Vergaberichtlinien des Landes entsprechend. Anstalten des öffentlichen Rechts haben danach öffentliche Aufträge unterhalb der Schwellenwerte nach der VOB/A und VOL/A zu vergeben (vgl. Punkt 2.2 der Verwaltungsvorschrift „Öffentliches Auftragswesen in Rheinland-Pfalz"). Freiberufliche Leistungen sind hingegen nicht nach den Vorschriften der VOF zu beauftragen.

61 In **Sachsen-Anhalt** besteht für Kommunalunternehmen keine Ausschreibungspflicht. Weder die Gemeindeordnung für Sachsen-Anhalt (GO LSA) noch das sog. Anstaltsgesetz (AnstG) sehen die Anwendung vergaberechtlicher Vorschriften (z. B. § 32 GemHVO analog) vor.

62 **Schleswig-Holsteinische** Kommunalunternehmen sind dagegen nach dem sog. Mittelstandsförderungs- und Vergabegesetz (MFG) unterhalb der jeweiligen Schwellenwerte den Bestimmungen der VOL/A, VOB/A und VOF unterworfen (Art. 3 Abs. 1, 14 Abs. 3 MFG).[83]

c) GmbH und AG[84]

63 Als privatrechtlich verfasste juristische Personen sind gemeindliche Eigengesellschaften in Form der GmbH oder AG grundsätzlich **nicht** an das kommunale Haushaltsrecht gebunden. Damit gelten für sie auch nicht die aufgrund der jeweiligen Gemeinde- oder Kommunalhaushaltsverordnungen bekannt gemachten Vergaberichtlinien.

64 Vergaberechtliche Bestimmungen müssen privatrechtliche Eigengesellschaften oder gemischtwirtschaftliche Unternehmen nur dann beachten, wenn sie zu ihrer Anwendung **in besonderer Weise** verpflichtet werden. Dies kann etwa bei der Zuwendung von öffentlichen Fördermitteln durch Verwaltungsakt oder öffentlich-rechtlichen Vertrag erfolgen. Vergaberechtliche Bindungen können sich auch daraus ergeben, dass Kommunen eigene sog. Kommunale Vergabeordnungen erlassen, die oftmals aber nur eine Übernahme der VOB/A oder VOL/A vorsehen. Selbstverständlich können auch (landes-)gesetzliche

---

[81] Dto.
[82] Dto.
[83] Dto.
[84] Vgl. Kapitel D. Rn. 241 ff.

III. Persönlicher Anwendungsbereich ("Wer")

Vorschriften dazu führen, dass die Regelungen der VOB/A, VOL/A oder sogar der VOF von kommunalen Eigen- oder Mehrheitsgesellschaften beachtet werden müssen.

So ist z. B. in **Baden-Württemberg** bei der Vergabe von Bauleistungen unterhalb des Schwellenwertes § 22 Abs. 7 des Mittelstandsförderungsgesetzes[85] i. V. m. § 106b GemO zu berücksichtigen. Danach sind die baden-württembergischen Kommunen verpflichtet, bei ihren Eigen- oder Mehrheitsgesellschaften ihre Gesellschafterrechte so auszuüben, dass diese die VOB/A anzuwenden haben.[86] Die Verpflichtung kann im Gesellschaftsvertrag oder durch entsprechende Beschlüsse der Gesellschafterversammlung umgesetzt werden. Allerdings müssen nur nichtwirtschaftliche Unternehmen i. S. § 102 Abs. 3 S. 1 Nr. 2 GemO die VOB/A anwenden. Davon sind in erster Linie Unternehmen erfasst, die bspw. in den Bereichen Abfall, Bäder oder Fremdenverkehr tätig sind. Gemeindliche Unternehmen hingegen, die in einem entwickelten Wettbewerb teilnehmen und ohne öffentliche Zuschüsse auskommen, sind von der Anwendung der VOB/A nicht betroffen. Dazu dürften vor allem kommunale Elektrizitäts-, Gas- und Wärmeversorgungsunternehmen zählen, wenn und soweit sie nicht auf Zuschüsse aus öffentlichen Haushalten angewiesen sind. Auch bei Kleinaufträgen von weniger als 30 000 EUR müssen baden-württembergische kommunale Eigen- und Mehrheitsgesellschaften die VOB/A nicht beachten (§ 106 b Abs. 2 S. 1 Nr. 3 GemO).

Ähnliche Regelungen bestehen auch in **Sachsen.** Nach § 5 Abs. 1 SächsVergabeG[87] unterliegen Kommunen bei Mehrheitsbeteiligungen an privatrechtlichen Unternehmen vergaberechtlichen Hinwirkungspflichten. Danach ist von kommunalen oder kommunal beherrschten Unternehmen des privaten Rechts bei der Vergabe von Bauleistungen ab einem Auftragswert von 50 000 EUR die VOB/A zu beachten (§ 5 Abs. 1 a und Abs. 2 S. 1 Nr. 3 SächsVergabeG). Bei der Beauftragung von Liefer- und Dienstleistungen ist ab einem Auftragswert von 13 000 EUR nach der VOL/A zu verfahren (§ 5 Abs. 1 b und Abs. 2 S. 1 Nr. 3 SächsVergabeG). Die Vergabe von freiberuflichen Leistungen nach der VOF ist hingegen nicht gesetzlich vorgeschrieben.

2. Öffentliche Auftraggeber oberhalb der Schwellenwerte

Im Gegensatz zum institutionellen Auftraggeberbegriff bei Beschaffungen unterhalb der Schwellenwerte wird oberhalb derselben der öffentliche Auftraggeber **funktional** bestimmt. Ausschlaggebend ist nicht die Rechtsform, sondern die öffentliche Aufgabenwahrnehmung. Daher unterliegen nicht nur die typischen „klassischen" öffentlichen Auftraggeber (Bund, Länder und Kommunen), sondern alle Einrichtungen, die Aufgaben im öffentlichen Interesse wahrnehmen, dem europäischen Vergaberecht. Neben den juristischen Personen des öffentlichen Rechts (z. B. Körperschaften und Anstalten) können daher auch privatrechtlich organisierte juristische Personen (GmbH, AG usw.) unter bestimmten Voraussetzungen als öffentliche Auftraggeber eingeordnet werden, sofern sie staatliche Funktionen erfüllen.

a) Staatliche Institutionen, § 98 Nr. 1 GWB

Öffentliche Auftraggeber gemäß § 98 Nr. 1 GWB sind die **Gebietskörperschaften**, also insbesondere der Bund, die Bundesländer, Regierungsbezirke, Landkreise und Gemeinden sowie ihre rechtlich unselbständigen Untergliederungen, wie z. B. regiebetriebliche Einrichtungen. Zum Anwendungsbereich des § 98 Nr. 1 GWB zählen ausdrücklich auch die **Sondervermögen** der Gebietskörperschaften, vor allem die kommunalen Eigenbetriebe, aber auch die nicht rechtsfähigen kommunalen Stiftungen des öffentlichen Rechts.[88]

---

[85] Vgl. Rn. 18.
[86] Die Anwendung der VOL/A wird nur empfohlen.
[87] Vgl. dazu *Dammert/Köhler*, SächsVBl. 2002, 257 ff.
[88] *Dreher*, § 98 Rn. 11.

b) Öffentliche Einrichtungen, § 98 Nr. 2 GWB

69 § 98 Nr. 2 GWB drückt das funktionale Verständnis des öffentlichen Auftraggeberbegriffes im europäischen Sinne besonders aus. Denn neben den juristischen Personen des öffentlichen Rechts unterstellt die Vorschrift auch diejenigen **juristischen Personen des Privatrechts** dem europäischen Vergaberegime, die über eine eigene Rechtspersönlichkeit verfügen (aa) und zu dem Zweck gegründet wurden (bb) im Allgemeininteresse liegende Aufgaben (cc) nichtgewerblicher Art zu erfüllen (dd), und zugleich von einem öffentlichen Auftraggeber finanziert werden oder seiner Aufsicht unterliegen (ee).

70 Kommunale Anstalten bzw. **Kommunalunternehmen** sind als Auftraggeber i. S. § 98 Nr. 2 GWB zu qualifizieren, weil sie nach den jeweiligen gemeinderechtlichen Gründungsbestimmungen nur Aufgaben wahrnehmen können, die im allgemeinen öffentlichen Interesse liegen, die sie grundsätzlich auch nichtgewerblich durchführen. Darüber hinaus werden sie auch von der öffentlichen Hand beherrscht und regelmäßig finanziert.[89]

71 aa) Eigene Rechtspersönlichkeit. § 98 Nr. 2 GWB will vor allem die juristischen Personen in privatrechtlicher Rechtsform erfassen. Für den kommunalen Bereich sind in erster Linie die **Kapitalgesellschaften**, d.h. die GmbH und AG von Bedeutung. Dazu zählen auch die Vorgesellschaften der juristischen Personen (sog. Vor-GmbH oder Vor-AG), die ebenfalls dem Vergaberecht unterfallen.[90] Über den bloßen Wortlaut hinaus sind auch Personenhandelsgesellschaften (OHG, KG, GmbH & Co. KG usw.) in den Anwendungsbereich von § 98 Nr. 2 GWB einzubeziehen.[91] Diese sind zwar keine juristischen Personen, besitzen aber Teilrechtsfähigkeit und können wie jene öffentliche Aufgaben im funktionalen Sinne erfüllen.

72 bb) Gründungszweck. Der Gründungszweck der Einrichtung muss darauf gerichtet sein, im Allgemeininteresse liegende Aufgaben nichtgewerblicher Art auszuführen. Der Zweck lässt sich zumeist aus dem Gesellschaftsvertrag, der Satzung oder dem sonstigen Errichtungsakt ableiten. In diesem Zusammenhang hat der EuGH[92] entschieden, dass es gleichgültig ist, ob eine Einrichtung bereits zu dem besonderen Zweck gegründet wurde, Aufgaben nichtgewerblicher Art im Allgemeininteresse zu erfüllen. Selbst wenn diese Einrichtung erst zu einem späteren Zeitpunkt solche Aufgaben übernommen hat und diese seitdem **tatsächlich** wahrnimmt, liegt der besondere Gründungszweck vor, soweit die Übernahme dieser öffentlichen Aufgaben objektiv festgestellt werden kann.

73 cc) Aufgaben im Allgemeininteresse. Im Allgemeininteresse liegende Aufgaben sind solche, die hoheitliche Befugnisse, die Wahrnehmung der Belange des Staates und damit letztlich Aufgaben betreffen, die der Staat **selbst erfüllt** oder bei denen er einen entscheidenden Einfluss behalten möchte.[93] Da der EuGH[94] einen möglichst weiten Anwendungsbereich der europäischen Vergaberichtlinien erreichen möchte, wird daraus von der Rechtsprechung die Schlussfolgerung gezogen, dass mit diesem Merkmal eine Flucht aus der Staatlichkeit verhindert werden soll. Denn in privater Rechtsform geführte Staatsbetriebe entreißen den mit ihnen konkurrierenden Privatunternehmen durchaus erhebliche Marktanteile und führen so eine Verzerrung des Wettbewerbs herbei, gegen die sich der private Unternehmer nicht oder nur schwer wehren kann.[95]

74 Beispiele für im Allgemeininteresse liegende Aufgaben sind etwa die Bereitstellung von sozialem Wohnraum,[96] die Abfallentsorgung,[97] der Betrieb des öffentlichen Perso-

---

[89] Vgl. zum Ganzen *Ehlers*, ZHR 167 (2003), 572 ff.; *Schröder*, NZBau 2003, 596 ff.
[90] VK Bund, Beschl. v. 12.12.2002 – VK 1-83/02.
[91] VK Südbayern, Beschl. v. 5.9.2002 – 35-07/02; VK Münster, ZfBR 2002, 724 ff. (m. Anm. *Schröder*).
[92] EuGH, NZBau 2003, 162 ff. = WuW 2003, 205 ff. („Universale Bau AG").
[93] BayObLG, NZBau 2003, 348 f. = VergabeR 2003, 94 ff.
[94] EuGH, NZBau 2003, 284 ff. = WuW 2003, 435 ff. („Truley").
[95] VK Münster, Beschl. v. 24.6.2002 – VK 03/02 = ZfBR 2002, 724 ff. (m. Anm. *Schröder*).
[96] Brandenburgisches OLG, NZBau 2001, 645 ff. = VergabeR 2002, 45 ff.
[97] VK Düsseldorf, Beschl. v. 30.9.2002 – VK-26/2002.

nennahverkehrs⁹⁸ bzw. eines U-Bahn-Netzes,⁹⁹ die Wirtschaftsförderung,¹⁰⁰ das Leichen- und Bestattungswesen¹⁰¹ oder auch der Betrieb öffentlicher Bäder.¹⁰²

dd) Nichtgewerblichkeit. Die Frage der Nichtgewerblichkeit der unternehmerischen Aufgaben muss unter Berücksichtigung aller erheblichen rechtlichen und tatsächlichen Umstände im Einzelfall beantwortet werden. Dazu gehören z. B. die Umstände, die zur Gründung der betroffenen Einrichtung geführt haben und die Voraussetzungen, unter denen sie ihre Tätigkeiten ausübt. Die fehlende Gewinnerzielungsabsicht ist dabei ein wichtiges, aber nicht das entscheidende Kriterium. Selbst wenn eine Einrichtung keine Gewinnerzielungsabsicht verfolgt, ihre Geschäftsführung sich aber an Leistungs-, Effizienz- und Wirtschaftlichkeitskriterien ausrichtet und sie gleichzeitig in einem **wettbewerblich** geprägten Umfeld tätig wird, so erfüllt die Einrichtung ihre Aufgaben in gewerblicher Art und Weise.¹⁰³ In diesem Zusammenhang spielt es keine Rolle, ob eine Tätigkeit etwa steuerrechtlich als Betrieb gewerblicher Art (BgA) qualifiziert wird. Der vergaberechtliche Begriff der Nichtgewerblichkeit ist hiervon unabhängig zu beurteilen und fordert eine eigenständige Auslegung. 75

Nichtgewerblich sind demzufolge solche Einrichtungen bzw. Unternehmen, die in Geschäftsfeldern tätig sind, die keinen Marktkräften ausgesetzt sind und bei denen eine Staatsgebundenheit in der Gestalt von Beherrschungs-, Kontroll- und finanziellen **Ausgleichsmechanismen** vorliegt. Dabei ist es nicht unbedingt erforderlich, dass alle Aufgaben einer solchen Einrichtung nichtgewerblicher Art sind. Aus Gründen der Rechtssicherheit ist es ausreichend, wenn nicht alle, aber die überwiegende Anzahl der Aufgaben als nichtgewerblich eingeordnet werden können.¹⁰⁴ Die übrigen Aufgaben und Tätigkeiten können dann in gewerblicher Form ausgeübt werden, ohne Einfluss auf die in der Gesamtheit vorliegende Nichtgewerblichkeit der Aufgabenerfüllung. 76

ee) Finanzierung oder Aufsicht. Öffentliche Einrichtungen müssen von Auftraggebern i. S. **§ 98 Nr. 1** oder **Nr. 3 GWB** einzeln oder gemeinsam durch Beteiligung oder auf sonstige Weise überwiegend finanziert oder über ihre Leitung die Aufsicht ausüben oder mehr als die Hälfte der Mitglieder eines ihrer zur Geschäftsführung oder zur Aufsicht berufenen Organe bestimmt haben. 77

Eine überwiegende Finanzierung liegt bereits dann vor, wenn eine passive Inhaberschaft der **Kapitalmehrheit** besteht.¹⁰⁵ Aber auch andere Finanzierungsbeiträge (Bargeld, Sacheinlagen usw.), welche die öffentliche Einrichtung von Dritten erhält, sind zu berücksichtigen, sofern eine Finanzierung von mehr als 50 % erfolgt.¹⁰⁶ Maßgeblich ist die Zurverfügungstellung von finanziellen Mitteln und nicht die Finanzierungsart. Bei der Beurteilung und Feststellung der überwiegenden Finanzierung ist auf die juristische Person insgesamt abzustellen, nicht auf das einzelne von ihr wahrgenommene Aufgabengebiet.¹⁰⁷ Im Gegensatz zu § 98 Nr. 5 GWB stellt der Wortlaut des § 98 Nr. 2 GWB auf den Rechtsträger ab und nicht auf die Aufgabenbereiche. 78

Neben der hauptsächlichen Finanzierung kann eine Beherrschung auch dann vorliegen, wenn die aufsichtliche Einflussnahme des öffentlichen Auftraggebers so ausgestaltet ist, dass er die Entscheidungen der öffentlichen Einrichtung in Bezug auf öffentliche Aufträge **beeinflussen** kann.¹⁰⁸ Dies ist dann der Fall, wenn die öffentliche Hand nicht 79

---

⁹⁸ VK Brandenburg, Beschl. v. 28. 1. 2003 – VK 71/02.
⁹⁹ BayObLG, NZBau 2003, 342 ff. = VergabeR 2003, 186 ff.
¹⁰⁰ VK Südbayern, Beschl. v. 5. 9. 2002 – 35-07/02.
¹⁰¹ EuGH, NZBau 2003, 284 ff. = WuW 2003, 435 ff. („Truley").
¹⁰² VK Nordbayern, ZfBR 2002, 394 (Ls.).
¹⁰³ EuGH, NZBau 2001, 403 ff. = VergabeR 2001, 281 ff. („Agora").
¹⁰⁴ VK Bremen, Beschl. v. 23. 8. 2001 – VK 3/01.
¹⁰⁵ VK Baden-Württemberg, Beschl. v. 9. 10. 2001 – 1 VK 27/01.
¹⁰⁶ *Dreher*, § 98 Rn. 46.
¹⁰⁷ BayObLG, NZBau 2003, 348 f. = VergabeR 2003, 94 ff.
¹⁰⁸ EuGH, NZBau 2001, 215 ff. = VergabeR 2001, 118 ff. („Kommission").

nur die Jahresabschlüsse der betreffenden Einrichtung kontrolliert, sondern auch ihre laufende Verwaltung im Hinblick auf ihre ziffernmäßige Richtigkeit, Ordnungsmäßigkeit, Sparsamkeit, Wirtschaftlichkeit und Zweckmäßigkeit überprüft und darüber hinaus berechtigt ist, die Betriebsräume und Anlagen der öffentlichen Einrichtung zu besichtigen und über das Ergebnis dieser Prüfung zu berichten.[109]

80 Gemessen an den vorstehenden Grundsätzen ist die bloße Rechtsaufsicht nicht als Aufsicht i. S. § 98 Nr. 2 GWB zu werten, weil sie – im Gegensatz zur Fachaufsicht – nicht in die unternehmerischen Entscheidungen der öffentlichen Einrichtung eingreifen kann und somit nicht die Unternehmenspolitik beherrscht.[110] Zivilrechtlich kann eine Aufsicht z. B. durch **Beherrschungsverträge** begründet werden, mit denen eine konzernrechtliche Leitungsmacht ausgeübt wird.[111]

c) Sektorenauftraggeber, § 98 Nr. 4 GWB

81 Die Vorschrift unterstellt **begrifflich** natürliche oder juristische Personen des privaten Rechts dem europäischen Vergaberecht, die auf dem Gebiet der Trinkwasser- oder Energieversorgung oder des Verkehrs oder der Telekommunikation tätig sind, wenn diese Tätigkeiten auf der Grundlage von besonderen oder ausschließlichen Rechten ausgeübt werden, die von einer zuständigen Behörde gewährt wurden, oder wenn Auftraggeber nach § 98 Nr. 1 GWB auf diese Personen einzeln oder gemeinsam einen beherrschenden Einfluss ausüben können.

82 Die Merkmale der Tätigkeiten in den o.g. Sektorenbereichen sind in § 8 VgV definiert, die Ausnahmen hingegen in § 9 VgV aufgeführt:

83 **aa) Trinkwasserversorgung.** Unter Trinkwasserversorgung werden allgemein die Gewinnung, der Transport und die Verteilung von Trinkwasser sowie die Bereitstellung und das Betreiben fester Netze zur Versorgung der Öffentlichkeit mit Trinkwasser verstanden. Davon umfasst sind auch die damit zusammenhängende Ableitung und Klärung von Abwässern (**§ 8 Nr. 1 VgV**).

84 Eine Sektorentätigkeit liegt dann **nicht** mehr vor, wenn die Trinkwassergewinnung nicht für die Versorgung der Öffentlichkeit, sondern für andere Tätigkeiten erforderlich ist, die Lieferung an das öffentliche Netz nur von dem Eigenverbrauch des betroffenen Sektorenunternehmens abhängt und nicht mehr als 30 % seiner gesamten Trinkwassergewinnung ausmacht (§ 9 Abs. 1 Nr. 1 VgV). Ebenso unterfällt die Eigenbeschaffung von Wasser durch einen Sektorenauftraggeber nach § 9 Abs. 5 Nr. 1 VgV[112] nicht dem Vergaberecht.

85 **bb) Elektrizitäts- und Gasversorgung.** Die Elektrizitäts- und Gasversorgung umfasst die Erzeugung bzw. Gewinnung, den Transport oder die Verteilung von Strom bzw. Gas sowie die Bereitstellung und das Betreiben fester Netze zur Versorgung der Öffentlichkeit mit Strom oder Gas durch Unternehmen i. S. § 2 Abs. 3 EnWG (**§ 8 Nr. 2 VgV**).

86 **Ausgenommen** sind Unternehmen, welche die Erzeugung von Elektrizität bzw. Gas in erster Linie für andere Tätigkeiten benötigen und nicht für die Versorgung der Öffentlichkeit. Die Einspeisung in das öffentliche Versorgungsnetz muss vom Eigenverbrauch des Unternehmens abhängen bzw. erfolgt nur aus wirtschaftlichen Gründen und darf nicht mehr als 30 % (Elektrizität) bzw. 20 % (Gas) seiner gesamten Stromerzeugung bzw. seines gesamten Gasumsatzes ausmachen (§ 9 Abs. 1 Nr. 2 und Nr. 3 VgV). Eine weitere Ausnahme vom Vergaberecht ist für die Beschaffung von Energie oder von Brennstoffen zum Zwecke der Energieerzeugung vorgesehen (§ 9 Abs. 5 Nr. 2 VgV).

---

[109] EuGH, NZBau 2003, 284 ff. = WuW 2003, 435 ff. („Truley").
[110] BayObLG, NZBau 2003, 348 f. = VergabeR 2003, 94 ff.; für die Rechtsaufsicht bei Zwangskörperschaften anders: VK Nordbayern, Beschl. v. 23. 1. 2003 – 320.VK-3194-47/02.
[111] *Eschenbruch*, § 98 Rn. 65.
[112] VK Lüneburg, Beschl. v. 15. 1. 2002 – 203-VgK-24/2001.

III. Persönlicher Anwendungsbereich („Wer") 87–93 **H**

cc) Wärmeversorgung. Unter Wärmeversorgung ist die Erzeugung, der Transport 87 oder die Verteilung von Wärme sowie die Bereitstellung und das Betreiben fester Netze zur Versorgung der Öffentlichkeit zu subsumieren (**§ 8 Nr. 3 VgV**). Eine Sektorentätigkeit liegt auch hier nicht vor, wenn die Wärmeerzeugung aus anderen Gründen als zur Versorgung der Öffentlichkeit erfolgt, die Lieferung an das öffentliche Netz nur unter wirtschaftlichen Gesichtspunkten erfolgt und weniger als 20 % des Umsatzes des Sektorenauftraggebers ausmacht.

dd) Verkehrsbereich. Zum Verkehrsbereich zählen das Betreiben von Netzen zur Ver- 88 sorgung der Öffentlichkeit im Eisenbahn-, Straßenbahn- oder sonstigen Schienenverkehr und im öffentlichen Personenverkehr sowie die Betreiber von Flug- und Schiffshäfen (**§ 8 Nr. 4 VgV**).

Ein **Betrieb von Netzen** liegt z. B. nicht vor, wenn ein Unternehmen für die Durch- 89 führung des öffentlichen Personennahverkehrs nach dem Personenbeförderungsgesetz über keine eigenen Omnibusse verfügt, sondern die Bedienung der für das Unternehmen konzessionierten Linien insgesamt durch den Abschluss von Betriebsführungsverträgen mit Omnibusunternehmen organisiert, die insoweit als Nachunternehmer tätig werden.[113]

ee) Telekommunikationsbereich. Der öffentliche Telefondienst im Fest- und Mobil- 90 netz, Satellitendienste, sowie die Datenübertragung und sonstige Mehrwertdienste sind aufgrund einer Mitteilung der Europäischen Kommission vom 3. 6. 1999[114] grundsätzlich von der Beachtung des Vergaberechts **freigestellt**. Telekommunikationsunternehmen, die solche Netze betreiben und solche Dienstleistungen anbieten, sind gleichwohl solange in Deutschland als Sektorenauftraggeber zu qualifizieren, als dies das Gesetz in § 98 Nr. 4 GWB bestimmt. Sie sind daher an die Prinzipien und Regeln des Vergaberechts gebunden, die sich aus dem GWB selbst ergeben,[115] auch wenn der Telekommunikationssektor in der VgV keine Erwähnung mehr findet.

ff) Gewährung besonderer oder ausschließlicher Rechte. Nach § 98 Nr. 4 1. Alt. 91 GWB müssen Sektorenunternehmen eine der o. g. Tätigkeiten aufgrund besonderer oder ausschließlicher Rechte ausüben. Als besondere oder ausschließliche Rechte sind solche anzusehen, die dem Auftraggeber die Ausübung einer Tätigkeit im Bereich der Sektoren aufgrund einer von der zuständigen **Behörde** nach Maßgabe beliebiger Rechts- und Verwaltungsvorschriften erteilten Genehmigung vorbehalten (Art. 2 Abs. 3 Sektorenrichtlinie 93/38/EWG).

Dies ist bspw. der Fall, wenn der Sektorenauftraggeber durch ein Enteignungsverfah- 92 ren oder durch Nutzungsrechte (Wege-, Leitungs- oder Grundstücksnutzungsrechte usw.) zum Bau eines Netzes oder anderer der Sektorentätigkeit dienenden Einrichtungen begünstigt sein kann oder Einrichtungen auf, unter oder über dem öffentlichen Wegenetz anbringen darf.[116] Die Gewährung der besonderen oder ausschließlichen Rechte kann durch Gesetz, Verordnung, Satzung, Verwaltungsakt, öffentlich-rechtlichen oder privatrechtlichen Vertrag erfolgen, da allein entscheidend ist, dass überhaupt **Sonderrechte** geschaffen wurden,[117] durch die der Sektorenauftraggeber eine marktrelevante Sonderstellung erlangt.

gg) Beherrschender Einfluss. Unternehmen, die nach § 98 Nr. 4 2. Alt. GWB einem 93 beherrschenden Einfluss durch öffentliche Auftraggeber i. S. § 98 Nr. 1 oder Nr. 3 GWB unterliegen, unterfallen als Sektorenauftraggeber ebenfalls dem europäischen Vergaberecht. Die in Art. 1 Nr. 2 Sektorenrichtlinie 93/38/EWG enthaltenen Auslegungshilfen

---

[113] VK Lüneburg, Beschl. v. 15. 11. 1999 – 203-VgK-12/99.
[114] ABlEG Nr. C 156/03.
[115] *Jasper/Marx*, in: Vergaberecht, Beck-Texte im dtv, 7. Aufl., 2004, Einführung, S. XXII.
[116] *Thieme*, § 98 Rn. 51.
[117] VK Lüneburg, Beschl. v. 8. 11. 2002 – 203-VgK-24/02.

zur Bestimmung des beherrschenden Einflusses können hier Anwendung finden. Danach wird eine Beherrschung vermutet, wenn die öffentliche Hand unmittelbar oder mittelbar die **Mehrheit** des gezeichneten Kapitals besitzt, über die Mehrheit der mit den Anteilen des Unternehmens verbundenen Stimmrechte verfügt oder mehr als die Hälfte der Mitglieder des Verwaltungs-, Leitungs- oder Aufsichtsorgans des Unternehmens stellen kann.[118]

94 Von besonderer Bedeutung ist in diesem Zusammenhang das **Rangverhältnis** von § 98 Nr. 2 GWB zu § 98 Nr. 4 2. Alt. GWB. So sind Sektorenauftraggeber i. S. § 98 Nr. 4 GWB etwa bei der Wahl der Verfahrensart frei und können das Verhandlungsverfahren, anstatt dem offenen Verfahren wählen. Ein solches Wahlprivileg steht öffentlichen Einrichtungen gemäß § 98 Nr. 2 GWB nicht zu, da diese grundsätzlich im offenen Verfahren vergeben müssen. Schwierig ist die genaue Abgrenzung beider Fallgruppen deshalb, weil Sektorenunternehmen und öffentliche Einrichtungen im Allgemeininteresse liegende Aufgaben verfolgen. Sektorentätigkeiten sind regelmäßig solche der Daseinsvorsorge. Beide Varianten zeichnen sich schließlich dadurch aus, dass sie dem beherrschenden Einfluss der öffentlichen Hand unterliegen. Einzig das Merkmal der Nichtgewerblichkeit kann öffentliche Einrichtungen i. S. § 98 Nr. 2 GWB von Sektorenunternehmen nach § 98 Nr. 4 GWB unterscheiden. Treten beide Vorschriften dennoch einmal in Konkurrenz, weil ein Auftraggeber beide tatbestandlichen Voraussetzungen erfüllt, so geht nach der Rechtsprechung § 98 Nr. 2 GWB als die speziellere Norm vor.[119] Die vergaberechtliche Vorzugsstellung als Sektorenunternehmen kann in diesem Fall daher nicht beansprucht werden.

d) Subventionierte Auftraggeber, § 98 Nr. 5 GWB

95 Gemäß § 98 Nr. 5 GWB sind natürliche oder juristische Personen des Privatrechts[120] als öffentliche Auftraggeber einzuordnen, die mit der Errichtung, Modernisierung, Sanierung oder Rekonstruktion[121] bestimmter **Baumaßnahmen** betraut sind und zugleich öffentliche Finanzmittel von mehr als 50 % der Projektkosten erhalten. Der in § 98 Nr. 5 GWB enthaltene Katalog von Bauvorhaben ist abschließend und nicht lediglich aufzählender Natur. Es handelt sich dabei um Tiefbauprojekte und Hochbauten für Krankenhäuser, Sport-, Erholungs- oder Freizeiteinrichtungen, Schul-, Hochschul- oder Verwaltungsgebäude sowie für damit in Verbindung stehende Dienstleistungen und Auslobungen.

96 Der Begriff der Finanzierung umfasst jede Art der Überlassung von Geldmitteln mit unmittelbaren **Subventionscharakter**. Dies kann der Fall sein, wenn andere als marktübliche Konditionen bei der Darlehensvergabe angewendet werden, oder aber, wenn das Unternehmen unter normalen Marktbedingungen kein Darlehen erhalten hätte.[122] Ob auch Bürgschaften, Leasing u. ä. Finanzierungsinstrumente eine Subventionierung i. S. § 98 Nr. 5 GWB darstellen können, ist umstritten.[123]

e) Einzelfälle

97 Die Einordnung kommunaler Unternehmen unter den zutreffenden öffentlichen Auftraggebertypus nach § 98 GWB kann im Einzelfall schwierig sein. Das ist insbesondere dann der Fall, wenn die Gesellschaft gleichzeitig die Voraussetzungen unterschiedlicher öffentlicher Auftraggeberbegriffe zu erfüllen scheint oder die zahlreichen unbestimmten Rechtsbegriffe, wie etwa „Allgemeininteresse" oder „Nichtgewerblichkeit", mehrere Auslegungsmöglichkeiten zulassen. Obwohl eine pauschale vergaberechtliche Eingruppie-

---

[118] Vgl. auch § 10 Abs. 2 S. 3 VgV.
[119] BayObLG, NZBau 2003, 342 ff. = VergabeR 2003, 186 ff.; VK Brandenburg, Beschl. v. 28. 1. 2003 – VK 71/02.
[120] VK Südbayern, Beschl. v. 13. 8. 2002 – 31-07/02: Körperschaften des öffentlichen Rechts werden von § 98 Nr. 5 GWB nicht erfasst.
[121] Thüringer OLG, NZBau 2003, 638 ff. = VergabeR 2002, 488 ff.
[122] *Bechtold*, § 98 Rn. 30.
[123] Bejahend *Bechtold*, § 98 Rn. 30; ablehnend *Lederer*, § 1 a Rn. 16; *Marx*, § 98 Rn. 25.

III. Persönlicher Anwendungsbereich („Wer") 98–101 H

rung nicht möglich ist, soll im Folgenden der Versuch unternommen werden, **typische kommunale Unternehmen** und die Problematik ihrer vergaberechtlichen Zuordnung darzustellen.

aa) Stadt- oder Gemeindewerke. Privatrechtlich organisierte Stadt- oder Gemeindewerke widmen sich traditionell überwiegend **daseinsvorsorglichen Aufgaben**. Dazu zählen u. a. die Versorgung mit Wasser, Elektrizität, Gas und Wärme, die Entsorgung von Abwässern und Abfällen, die Durchführung des Öffentlichen Personennahverkehrs, der Betrieb und Unterhalt von öffentlichen Bädern usw. Die unternehmerische Tätigkeit zielt dabei in erster Linie auf die Erfüllung des kommunalrechtlich geforderten öffentlichen Zwecks ab und nicht auf die Erzielung von Gewinnen. Solche kommunalen Ver- und Entsorgungsunternehmen werden daher grundsätzlich im öffentlichen bzw. allgemeinen Interesse tätig. Sie werden regelmäßig auch nichtgewerblich i. S. des Vergaberechts wirtschaften, da sie bei der Aufgabenerfüllung nicht dem Wettbewerb am Markt ausgesetzt sind.[124]

Eine von marktmäßigen Mechanismen abweichende Aufgabenerfüllung hat die obergerichtliche Rechtsprechung z. B. für eine Stadtwerke-GmbH angenommen, deren Unternehmensgegenstand in der Versorgung der Bevölkerung mit Strom, Gas, Wasser und Wärme, dem Betrieb von öffentlichen Verkehrsmitteln und Bädern sowie der Telekommunikation bestand.[125] Die Erfüllung eines solchen Aufgabenkatalogs durch ein Stadtwerk ist nicht durch die Gewinnerzielung motiviert, sondern vorrangig durch die öffentliche Ziel- und Zwecksetzung, die Bevölkerung mit daseinsvorsorglichen Leistungen zu versorgen. Damit dürfte klargestellt sein, dass Stadt- und Gemeindewerke, auch wenn sie Sektorentätigkeiten i. S. § 98 Nr. 4 GWB ausüben, überwiegend als öffentliche Einrichtungen nach § 98 Nr. 2 GWB eingeordnet werden müssen. Die Bejahung der Sektorenauftraggebereigenschaft i. S. § 98 Nr. 4 GWB kommt bei gleichzeitigem Vorliegen der Voraussetzungen von § 98 Nr. 2 GWB nicht in Betracht. Letztere Vorschrift hat Anwendungsvorrang.[126]

Mit der Einordnung von Stadt- und Gemeindewerken als öffentliche Einrichtungen gemäß § 98 Nr. 2 GWB ist allerdings noch nicht bestimmt, nach welchem **Verfahrensabschnitt** (2., 3. oder 4. Abschnitt) der VOB/A oder VOL/A öffentliche Aufträge zu beschaffen sind. Diese Unterscheidung ist deshalb von Interesse, da z. B. der 4. Abschnitt der VOB/A bzw. VOL/A den öffentlichen Auftraggebern mehr Freiheiten bei der Gestaltung des Vergabeverfahrens bietet, etwa die freie Wahl des Vergabeverfahrens, als dies nach dem 2. oder 3. Abschnitt der Fall ist. Für Stadt- und Gemeindewerke gilt im Wesentlichen folgende Regelung:
- Vergaben in den Bereichen **Trinkwasserversorgung, Hafen** und **ÖPNV** sind nach dem 3. Abschnitt der VOB/A bzw. VOL/A zu beschaffen (§§ 7 Abs. 1, 8 Nr. 1, Nr. 4 b und Nr. 4 c VgV);
- Vergaben in den Bereichen **Elektrizitäts-, Gas-** oder **Wärmeversorgung** und **Flughafen** sind nach den Bestimmungen des 4. Abschnitts der VOB/A bzw. VOL/A zu beschaffen (§§ 7 Abs. 2, 8 Nr. 2, Nr. 3 und Nr. 4 a VgV);
- **Sonstige** Vergaben sind nach dem 2. Abschnitt der VOB/A bzw. VOL/A (§ 6 S. 1 VOB/A bzw. § 4 S. 1 VOL/A) zu beschaffen.

Aus der oben ersichtlichen Aufstellung wird deutlich, dass für die Sektoren Energie und Flughafen eine vergaberechtliche **Gleichstellung** der Stadt- und Gemeindewerke mit privaten Sektorenauftraggebern erzielt wird, da beide den 4. Abschnitt der VOB/A bzw. VOL/A anzuwenden haben, also bspw. das Verhandlungsverfahren frei wählen können. In diesen Sektoren ist die Abgrenzung, ob die Vergabestelle öffentlicher Auftraggeber nach § 98 Nr. 2 oder Nr. 4 GWB ist, insoweit nicht von entscheidender Bedeutung.

---

[124] *Marx*, § 98 Rn. 29; *Dreher*, § 98 Rn. 36 ff.
[125] BayObLG, NZBau 2003, 342 ff. = VergabeR 2003, 186 ff.
[126] Vgl. Rn. 94.

102 bb) **Wohnungsbauunternehmen.** Städtische oder gemeindliche Wohnungsbaugesellschaften in privater Rechtsform, die im Rahmen des sozialen Wohnungsbaus tätig sind und von der öffentlichen Hand beherrscht werden, sind als öffentliche Einrichtung gemäß **§ 98 Nr. 2 GWB** einzuordnen.[127] Hier steht die im Allgemeininteresse liegende sozialverträgliche Leistung im Vordergrund, preiswerten Wohnraum zur Verfügung zu stellen. Diese Aufgabe kann der gewerbliche Immobilienmarkt nicht erfüllen. Die öffentliche Hand wahrt in der Praxis ihren Einfluss auf derartige Wohnungsbauunternehmen, um sozialpolitisch nicht gewollten Zuständen entgegenwirken zu können, ohne dabei auf Gewinnmaximierungserwartungen Rücksicht nehmen zu müssen. Treten kommunale Wohnungsbauunternehmen daneben in Teilbereichen am freien Immobilienmarkt auf, z. B. durch die Errichtung und Vermietung von gewerblichen Geschäftsräumen, und befinden sich damit faktisch in Konkurrenz zur Privatwirtschaft, so führt dies nicht automatisch dazu, dass die Gesamttätigkeit zu einer gewerblichen bzw. nicht im Allgemeininteresse liegenden umgedeutet werden kann. Auch eine nur teilweise Wahrnehmung von allgemeinen Interessen genügt für die Qualifizierung als öffentlicher Auftraggeber nach § 98 Nr. 2 GWB.[128]

103 Gewerbliche, nicht am Sozialwohl orientierte Teile von Wohnungsbaugesellschaften sollen nach einer Literaturmeinung durch **Ausgliederung** der betroffenen Unternehmenseinheiten die Geltung des Vergaberechts verhindern können.[129] Richtig ist zwar, dass die Gründung einer privatrechtlich organisierten Tochtergesellschaft durch einen öffentlichen Auftraggeber allein nicht zu einer öffentlichen Einrichtung i. S. § 98 Nr. 2 GWB führt. Allerdings kann sich ein öffentlicher Auftraggeber – auch nicht teilweise – durch gesellschaftsrechtliche Ausgliederungen nicht ohne weiteres dem Vergaberegime entziehen. Das Vergaberecht bezweckt, auch Tochterunternehmen von öffentlichen Auftraggebern ihrerseits als öffentliche Auftraggeber einzuordnen, weil das Vergaberecht ansonsten unterlaufen werden könnte.[130]

104 cc) **Messegesellschaften.** Öffentlich beherrschte Messegesellschaften werden nach der Rechtsprechung des EuGH **nicht** als öffentlicher Auftraggeber i. S. § 98 GWB eingestuft.[131] Das Gericht hat in dem zugrunde liegenden Sachverhalt (italienische Messegesellschaft) ein Allgemeininteresse festgestellt, weil Messen einen Ort zur Förderung des Warenabsatzes verkörpern und dem Informationsbedürfnis der Verbraucher dienen. Die Abhaltung von Messen erfolgt darüber hinaus in einem wettbewerblich geprägten Umfeld und damit gewerblich. Dies gilt jedenfalls dann, wenn die Messegesellschaften selbst das wirtschaftliche Risiko ihrer Tätigkeit tragen und insbesondere nach Leistungs-, Effizienz- und Wirtschaftlichkeitskriterien arbeiten. Diese Entscheidungsgrundsätze dürften auf die in der Bundesrepublik Deutschland ansässigen Messeunternehmen der öffentlichen Hand in vielen Fällen übertragbar sein.

105 dd) **Wirtschaftsförderungs- und Wirtschaftsentwicklungsgesellschaften.** Privatrechtliche Unternehmen der öffentlichen Hand zur Wirtschaftsförderung sind bereits im Anhang I zur Baukoordinierungsrichtlinie 93/37/EWG aufgeführt. In diesem Anhang sind alle Einrichtungen aufgelistet, die bei Erlass der Baukoordinierungsrichtlinie 93/37/EWG von den Mitgliedstaaten als öffentliche Einrichtungen eingestuft wurden. Wirtschaftsförderungs- und Wirtschaftsentwicklungsunternehmen nehmen daher grundsätzlich Aufgaben im Allgemeininteresse in nichtgewerblicher Form i. S. **§ 98 Nr. 2 GWB** wahr. Denn für die Aufgabe der Wirtschaftsförderung und Wirtschaftsentwicklung besteht (noch) kein voll entwickelter Wettbewerb. So bestehen z. B. für die Erschließung und Vermarktung von Technologieparks neben den reinen Erwerbsunternehmen in nicht

---

[127] KG Berlin, NZBau 2003, 346 ff.; *Bechtold*, § 98 Rn. 21; *Marx*, § 98 Rn. 30.
[128] *Eschenbruch*, § 98 Rn. 48 f.
[129] *Marx*, § 98 Rn. 30; *Eschenbruch*, § 98 Rn. 98; *Meininger*, S. 523 f.
[130] VK Baden-Württemberg, Beschl. v. 6. 6. 2001 – 1 VK 6/01.
[131] EuGH, NZBau 2001, 403 ff. = VergabeR 2001, 281 ff. („Agora"); vgl. dazu auch *Schröder*, DÖV 2002, 335 ff.

IV. Vergabeverfahren („Wie")

unerheblichem Umfang sog. Non-Profit-Parks,[132] deren Existenz gegen einen intensiven Wettbewerb und gegen die Marktausgesetztheit sprechen.

ee) Planungsgesellschaften. Die hauptsächlich im Bereich der Städte und Gemeinden privatisierten Planungsabteilungen der Bauämter sind ebenfalls grundsätzlich als öffentliche Einrichtungen i. S. § 98 Nr. 2 GWB einzugruppieren. Zum einen erfolgt die Ausgliederung regelmäßig unter Gestellung des gesamten Personals und der Bereitschaft der Kommune, die notwendigen Sach- und Finanzmittel zur Verfügung zu stellen.[133] Zum anderen nehmen privatisierte Planungsgesellschaften Annexfunktionen wahr, welche die Verwaltungsaufgaben des übrigen kommunalen Verwaltungsapparats entlasten und unterstützen.[134]

IV. Vergabeverfahren („Wie")

Das europäische — wie das nationale — Vergaberecht kennt grundsätzlich **drei** unterschiedliche Verfahrensarten (§ 101 GWB), deren Einzelheiten in den §§ 3, 3a VOB/A bzw. VOL/A und § 5 VOF näher geregelt sind. Dabei handelt es sich um das offene Verfahren, das nicht offene Verfahren und das Verhandlungsverfahren. Damit korrespondieren bei deutschlandweiten Vergaben die öffentliche Ausschreibung, die beschränkte Ausschreibung und die freihändige Vergabe.

1. Verfahrensarten

Unter den o.g. Verfahrensarten besteht ein striktes **Stufenverhältnis**. Bei der Wahl des richtigen Vergabeverfahrens hat generell das offene Verfahren bzw. die öffentliche Ausschreibung bei der Beschaffung von Bau-, Dienst- und Lieferleistungen Vorrang vor den übrigen Verfahrensarten (§ 101 Abs. 5 GWB, §§ 3a Nr. 2, 3 Nr. 2 VOB/A bzw. § 3a Nr. 1 Abs. 1 S. 1, § 3 Nr. 2 VOL/A). Dem Verhandlungsverfahren bzw. der freihändigen Vergabe wiederum geht das nicht offene Verfahren bzw. die beschränkte Ausschreibung vor. Diese strenge Rangfolge der Vergabeverfahren führt dazu, dass diejenigen Tatbestände, die eine Abweichung von den offenen bzw. öffentlichen Verfahren rechtfertigen können, eng auszulegen sind. Wählt ein öffentlicher Auftraggeber objektiv die falsche, d. h. eine den Wettbewerb einschränkende Verfahrensart, liegt darin in der Regel ein Vergabefehler, soweit die Auswahl nicht durch sachliche Gründe gerechtfertigt ist.[135] Ein Bieter kann sich somit auf einen solchen Vergabeverstoß berufen, um ein Nachprüfungsverfahren vor der zuständigen Vergabekammer einzuleiten. Er muss dazu aber darlegen, dass und in welchem Umfang er ein anderes, chancenreicheres Angebot abgegeben hätte, als er dies im Rahmen des tatsächlich durchgeführten Verfahrens getan hat.[136]

Eine **Ausnahme** von der strikten Rangfolge der Vergabeverfahren besteht nicht für die Vergabe von freiberuflichen Leistungen und für Sektorenauftraggeber. Aufträge über freiberufliche Leistungen sind im Verhandlungsverfahren mit vorheriger Vergabebekanntmachung zu vergeben (§ 5 Abs. 1 S. 1 VOF). Sektorenauftraggebern i. S. § 98 Nr. 4 GWB stehen die drei Verfahren nach ihrer freien Wahl zur Verfügung (§ 101 Abs. 5 S. 2 GWB). In beiden Fällen ist die Durchführung von Verhandlungsverfahren ohne vorherige Vergabebekanntmachung allerdings an besondere Voraussetzungen geknüpft (§ 5 Abs. 2 VOF und § 3 Nr. 3 VOB/A-SKR bzw. VOL/A-SKR).

a) Offenes Verfahren bzw. öffentliche Ausschreibung

Im offenen Verfahren wird eine unbeschränkte Anzahl von Unternehmen öffentlich zur Abgabe von Angeboten aufgefordert (§ 101 Abs. 2 GWB). Inhaltlich entsprechend werden

---
[132] VK Baden-Württemberg, Beschl. v. 6. 6. 2001 — 1 VK 6/01.
[133] *Müller-Wrede*, § 98 Rn. 83.
[134] *Eschenbruch*, § 98 Rn. 102.
[135] VK Düsseldorf, Beschl. v. 30. 9. 2002 — VK-26/2002.
[136] OLG Düsseldorf, VergabeR 2002, 607 ff.

bei der öffentlichen Ausschreibung (Bau-)Leistungen nach öffentlicher Aufforderung einer unbeschränkten Zahl von Unternehmern zur Einreichung von Angeboten vergeben (§ 3 Nr. 1 Abs. 1 VOB/A bzw. VOL/A). Der stark formalisierte Verfahrensablauf offener bzw. öffentlicher Ausschreibungen ist z. B. dadurch gekennzeichnet, dass Vergabebekanntmachungen zu veröffentlichen sind, eine unbeschränkte Teilnahmemöglichkeit besteht, bestimmte Mindestfristen zu beachten sind, die Leistungsbeschreibung eindeutig und erschöpfend sein muss, die eingegangenen Angebote von der Vergabestelle bis zur Submission geheim zu halten sind und die Angebote nicht nachverhandelt werden dürfen.[137]

b) Nicht offenes Verfahren bzw. beschränkte Ausschreibung

111 „Bei nicht offenen Verfahren wird öffentlich zur Teilnahme, aus dem Bewerberkreis sodann eine **beschränkte Anzahl von Unternehmen** zur Angebotsabgabe aufgefordert" (§ 101 Abs. 3 GWB). Die beschränkte Ausschreibung sieht vor, dass (Bau-)Leistungen nach Aufforderung einer beschränkten Zahl von Unternehmen zur Einreichung von Angeboten vergeben werden (§ 3 Nr. 1 Abs. 2 VOB/A bzw. VOL/A). Zulässig ist das nicht offene Verfahren, wenn die Voraussetzungen gemäß §§ 3a Nr. 3, 3 Nr. 3 VOB/A bzw. §§ 3a Nr. 1 Abs. 1 S. 1, 3 Nr. 1 Abs. 4 und Nr. 3 VOL/A vorliegen. Für die beschränkte Ausschreibung sind nur die Erfordernisse nach § 3 Nr. 3 VOB/A bzw. § 3 Nr. 1 Abs. 4 und Nr. 3 VOL/A zu beachten.

112 Charakteristisch für das nicht offene Verfahren ist die öffentliche **Aufforderung zur Wettbewerbsteilnahme** um einen öffentlichen Auftrag, die bei der beschränkten Ausschreibung nur dann erfolgen soll, soweit sie zweckmäßig ist. Unterhalb der Schwellenwerte kann die Vergabestelle bei der beschränkten Ausschreibung deshalb ohne vorherige Bekanntmachung eine bestimmte Anzahl von potentiellen Auftragnehmern direkt zur Angebotsabgabe auffordern. Oberhalb der Schwellenwerte, also im nicht offenen Verfahren, ermöglicht der Teilnahmewettbewerb die Ermittlung geeigneter (fachkundiger, leistungsfähiger und zuverlässiger) Bewerber, die für das eigentliche nicht offene Verfahren in Betracht kommen. Der Unterschied zum offenen Verfahren bzw. zur öffentlichen Ausschreibung besteht in der beschränkten Auswahl von Wettbewerbsteilnehmern, die zur Abgabe eines Angebots aufgefordert werden. Bei der Vergabe von (Bau-)Leistungen sollen bei der beschränkten Ausschreibung nur drei bis acht bzw. drei Bewerber (§ 8 Nr. 2 Abs. 2 S. 1 VOB/A bzw. § 7 Nr. 2 Abs. 2 VOL/A), beim nicht offenen Verfahren hingegen mindestens fünf geeignete Bewerber zur Angebotsabgabe aufgefordert werden (§ 8a Nr. 2 S. 1 VOB/A und § 3a Nr. 1 Abs. 3 VOL/A).

c) Verhandlungsverfahren bzw. freihändige Vergabe

113 „Verhandlungsverfahren sind Verfahren, bei denen sich der Auftraggeber mit oder ohne vorherige öffentliche Aufforderung zur Teilnahme an ausgewählte Unternehmen wendet, um mit einem oder mehreren über die Auftragsbedingungen zu verhandeln" (§ 101 Abs. 4 GWB). Freihändig werden (Bau-)Leistungen beschafft, bei denen Leistungen ohne förmliches Verfahren vergeben werden (§ 3 Nr. 1 Abs. 3 VOB/A bzw. VOL/A), insbesondere ohne Vergabebekanntmachung. Wie beim nicht offenen Verfahren dient auch beim Verhandlungsverfahren die Vorschaltung eines Teilnahmewettbewerbs der Eignungsfeststellung der Bewerber.

114 Das Verhandlungsverfahren und die freihändige Vergabe unterliegen grundsätzlich keinen strengen formalen Anforderungen. Daher können bspw. Angebotsinhalt und -preis zwischen dem öffentlichen Auftraggeber und den möglichen Auftragnehmern **verhandelt** werden. In der Beschaffungspraxis werden zu diesem Zweck häufig mehrere Verhandlungsrunden mit den Bietern geführt, nach deren jeweiligem Ende einzelne Unternehmen ausgeschieden werden können.[138] Allerdings sind beim Verhandlungsverfahren die wesentlichen Grundsätze des Vergaberechts, wie etwa das Wettbewerbsprinzip, der

---

[137] VK Südbayern, Beschl. v. 17. 7. 2001 – 23–06/01; *Pietzcker*, ZHR 162 (1998), 427 (452).
[138] OLG Celle, VergabeR 2002, 299 ff.

IV. Vergabeverfahren („Wie")

Transparenzgrundsatz und das Verbot der Diskriminierung zu berücksichtigen.[139] Die Vergabestelle ist daher z. B. verpflichtet, grundsätzlich mit mehreren Bietern zu verhandeln und alle gleich zu behandeln (bzgl. Informationen, Fristen usw.).[140] Leistungsbeschreibungen sind auch im Rahmen eines Verhandlungsverfahrens eindeutig und erschöpfend zu verfassen.[141] Hat der öffentliche Auftraggeber Mindestbedingungen für das Vergabeverfahren festgelegt, so darf er auf die Erfüllung der Mindestbedingungen nicht zugunsten eines Bieters verzichten.[142] Schließlich soll die Vergabestelle auch bestimmen, in welchem zeitlichen Rahmen die Verhandlungen mit den Bietern geführt werden und zu welchem Zeitpunkt eine abschließende vergleichende Bewertung der bis dahin abschließend vorzulegenden Angebote erfolgt.[143]

d) Präqualifikationsverfahren

Das Präqualifikationsverfahren ist ein **vorgeschaltetes Eignungsprüfungsverfahren**. Es bezeichnet demzufolge keine eigenständige Vergabeverfahrensart, sondern ermöglicht nur die vorherige und allgemeine Prüfung von Fachkunde, Leistungsfähigkeit und Zuverlässigkeit bestimmter Unternehmen (§ 8 b Nr. 5 bis 11 VOB/A, § 5 Nr. 5 bis 11 VOB/A-SKR und § 7 b Nr. 5 bis 11 VOL/A, § 5 Nr. 5 bis 11 VOL/A-SKR). Unternehmen, die ein Präqualifikationssystem erfolgreich durchlaufen haben, werden vom öffentlichen Auftraggeber in ein Qualifikationsverzeichnis aufgenommen, der dann im Rahmen eines konkreten Beschaffungsvorhabens aus diesem Verzeichnis präqualifizierte Unternehmen zur Angebotsabgabe auswählen kann. Der öffentliche Auftraggeber erspart sich dadurch den Aufruf zum Wettbewerb.[144]

Präqualifikationsverfahren sind nur bei der Vergabe von Aufträgen im **Sektorenbereich** möglich und können sowohl im nicht offenen Verfahren und Verhandlungsverfahren als auch im offenen Verfahren Anwendung finden.

2. Vergabegrundsätze

In § 97 GWB sind die allgemeinen Grundsätze für europaweite Vergabeverfahren geregelt. Die dort genannten Ge- und Verbote finden sich abgewandelt auch in den Bestimmungen der VOB/A, VOL/A und der VOF. Die nachfolgenden Vergabegrundsätze können daher sowohl oberhalb als auch unterhalb der Schwellenwerte Anwendung finden.

a) Wettbewerbsprinzip

Öffentliche Aufträge sind regelmäßig im leistungsbezogenen Wettbewerb zu beschaffen (§ 97 Abs. 1 GWB, § 2 Nr. 1 S. 2 VOB/A, § 2 Nr. 1 Abs. 1 VOL/A und § 4 Abs. 1 VOF). Der Wettbewerbsgrundsatz bezweckt nicht nur die Interessen der Vergabestelle zu schützen, sondern auch die der Wettbewerbsteilnehmer.[145] Der Wettbewerb dient öffentlichen Auftraggebern dazu, Waren und Dienstleistungen ökonomisch zu beschaffen, während Wettbewerbsteilnehmern eine gerechte Chance im Rahmen eines formstrengen Vergabeverfahrens eingeräumt wird, den Auftrag durch Abgabe des wirtschaftlichsten Angebots zu erhalten.[146] Das Wettbewerbsprinzip kommt z. B. im Verbot zum Ausdruck, bedingte Preisnachlässe zu werten, wenn die Erfüllung der Bedingung vom Bieter selbst abhängt,[147] oder in der Verpflichtung des öffentlichen Auftraggebers, Leistungen nur dann auszuschreiben, wenn die erforderliche konzeptionelle Vergabereife vorliegt.[148]

---

[139] BayObLG, NZBau 2003, 342 ff. = VergabeR 2003, 186 ff.
[140] OLG Celle, VergabeR 2002, 299 ff.
[141] OLG Düsseldorf, Beschl. v. 2. 8. 2002 – Verg 25/02.
[142] VK Bund, Beschl. v. 10. 12. 2002 – VK 1-93/02.
[143] VK Detmold, Beschl. v. 27. 2. 2003 – VK 11-48/02.
[144] *Glahs*, § 8 b Rn. 35 u. 37.
[145] OLG Düsseldorf, VergabeR 2002, 607 ff.
[146] *Marx*, § 97 Rn. 17.
[147] VK Nordbayern, Beschl. v. 25. 4. 2001 – 320.VK-3194-02/02.
[148] OLG Naumburg, NZBau 2003, 628 ff.

b) Transparenzgrundsatz

118 Die Beschaffungstätigkeit der öffentlichen Hand muss transparent, also in klarer und nachvollziehbarer Weise erfolgen (§ 97 Abs. 1 GWB). Diesem seit jeher tragendem Prinzip des Vergaberechts wird bei Beachtung und Anwendung der europäischen und deutschen Beschaffungsregeln grundsätzlich Rechnung getragen.[149] Transparent sind Vergabeverfahren bspw. dann, wenn der öffentliche Auftraggeber seinen **Dokumentationspflichten** durch die Erstellung eines ordnungsgemäßen Vergabevermerks nachkommt (§ 30 VOB/A bzw. VOL/A und § 18 VOF). Weitere Beispielsfälle zum Transparenzgebot sind u. a. die Pflicht des öffentlichen Auftraggebers, die Gewichtung der Zuschlagskriterien anzugeben, wenn eine Gewichtung vorgenommen wurde,[150] die Bindung der Vergabestelle an die von ihr bekannt gemachten Zuschlagskriterien,[151] die Verpflichtung des öffentlichen Auftraggebers zur Durchführung eigener Wertungsüberlegungen[152] oder die Pflicht der Vergabestelle, die einzelnen Stufen der Angebotswertung strikt zu trennen.[153]

c) Gleichbehandlungsgebot

119 Das Gleichbehandlungsgebot oder Diskriminierungsverbot ist in § 97 Abs. 2 GWB und § 2 Nr. 2 VOB/A bzw. VOL/A sowie § 4 Abs. 2 VOF verankert. Es besagt, dass alle Wettbewerbsteilnehmer aus dem In- und Ausland **unterschiedslos** zu behandeln sind. Kein Bewerber oder Bieter darf aus sachlich nicht gerechtfertigten Erwägungen während eines Vergabeverfahrens benachteiligt werden. Das Nichtdiskriminierungsgebot bezweckt, dass die Vergabeentscheidung auf der Grundlage eines funktionierenden Wettbewerbs willkürfrei und sachlich ergeht.[154] Das Gleichbehandlungsgebot begründet allerdings keinen Anspruch, etwa bereits vorhandene Wettbewerbsnachteile oder -vorteile möglicher Auftragnehmer durch eine entsprechende Erstellung der Vergabeunterlagen zu egalisieren.[155] Ein Verstoß gegen das Gleichbehandlungsgebot ist z. B. anzunehmen, wenn in unzulässiger Weise Nachverhandlungen geführt werden,[156] die übrigen Bieter über wettbewerbsrelevante Fragen und Antworten nicht informiert werden,[157] bestimmte Erzeugnisse oder Verfahren gefordert werden, ohne den Zusatz „oder gleichwertig"[158] zu verwenden oder Angebote von Bietergemeinschaften auszuschließen.[159]

d) Berücksichtigung des Mittelstandes

120 Nach § 97 Abs. 3 GWB ist der öffentliche Auftraggeber verpflichtet, die mittelständischen Interessen vornehmlich durch Teilung der Aufträge in **Fach-** und **Teillose** angemessen zu berücksichtigen. Die Interessen des Mittelstandes werden daneben auch in § 4 Nr. 2 und Nr. 3 VOB/A, §§ 5 Nr. 1, 7 Nr. 3, 10 Nr. 2 Abs. 1 VOL/A und § 4 Abs. 5 VOF verdingungsgemäß berücksichtigt. Zu beachten ist, dass § 97 Abs. 3 GWB nicht allein mittelständische Unternehmen schützt, sondern auch Großunternehmen die Verpflichtung des öffentlichen Auftraggebers zur Losaufteilung beanspruchen können.[160]

121 Die Vergabestelle hat daher stets vergaberechtlich zu würdigen, ob eine losweise Vergabe oder eine Gesamtvergabe im konkreten **Einzelfall** in Betracht kommt. Nur wenn einer Fach- oder Teillosvergabe keine ernsthaften wirtschaftlichen oder technischen Be-

---

[149] *Müller-Wrede*, § 97 Rn. 4.
[150] EuGH, NZBau 2003, 342 ff. („Universale Bau AG").
[151] BGH, NJW 2000, 137 ff.
[152] OLG Dresden, Beschl. v. 6. 6. 2002 – W Verg 4/02.
[153] VK Magdeburg, Beschl. v. 7. 6. 2001 – VK 06/01 MD.
[154] Saarländisches OLG, VergabeR 2002, 493 ff.
[155] BayObLG, NZBau 2003, 342 ff.
[156] Saarländisches OLG, VergabeR 2002, 493 ff.
[157] VK Bund, Beschl. v. 11. 9. 2002 – VK 2-42/02.
[158] VK Köln, Beschl. v. 3. 7. 2002 – VK VOL 4/2002.
[159] VK Brandenburg, Beschl. v. 1. 2. 2002 – 2 VK 119/01.
[160] VK Bund, Beschl. v. 21. 9. 2001 – VK 1-33/01; wohl ablehnend VK Hessen, Beschl. v. 27. 2. 2003 – 69d VK-70/2002.

IV. Vergabeverfahren („Wie") 122–127 **H**

denken entgegenstehen, ist eine losweise Ausschreibung „angemessen".[161] Würde die Losaufteilung unverhältnismäßige Kostennachteile verursachen oder zu einer nicht hinnehmbaren Verzögerung des Beschaffungsvorhabens führen, kann von der Aufteilung in Fach- oder Teillose abgesehen werden.[162]

e) Eignungsprinzip

Öffentliche Aufträge dürfen nur an fachkundige, leistungsfähige und zuverlässige Auftragnehmer vergeben werden (§ 97 Abs. 4 GWB, § 2 Nr. 1 S. 1 VOB/A, § 2 Nr. 3 VOL/A und § 4 Abs. 1 VOF). Die Eignungskriterien der Fachkunde, Leistungsfähigkeit und Zuverlässigkeit bestimmen grundsätzlich, welche Anforderungen potentielle Auftragnehmer erfüllen müssen, um an Vergabeverfahren teilnehmen zu können. Die Eignung ist dabei im Rahmen der Angebotswertung und -prüfung gesondert festzustellen und darf bei der Auswahl des wirtschaftlichsten Angebots nicht nochmals berücksichtigt werden. Denn ein **„Mehr an Eignung"** ist kein vergaberechtlich zulässiges Zuschlagskriterium.[163] Etwas anderes kann aber dann gelten, wenn dem öffentlichen Auftraggeber nachträglich Umstände bekannt werden, welche die ursprünglich festgestellte Eignung in Zweifel ziehen,[164] und bei der Vergabe von freiberuflichen Leistungen nach der VOF.[165] In dem ersten Fall ist die Vergabestelle verpflichtet erneut in die Eignungsprüfung einzusteigen, während bei VOF-Vergabeverfahren die Einbeziehung von Eignungskriterien bei der Auswahl des bestmöglichen Angebots denkbar ist.

122

- **Fachkunde**

Fachkundig sind die Wettbewerbsteilnehmer, die über die besonderen auftragsgegenständlichen Sach- und Fachkenntnisse verfügen. Bsp.: ein Bieter, der nicht in der Handwerksrolle eingetragen ist, verfügt nicht über die speziellen Kenntnisse, die ausgeschriebenen Handwerksleistungen zu erbringen.[166]

123

- **Leistungsfähigkeit**

Leistungsfähig sind Bewerber und Bieter, die technisch, kaufmännisch, personell und finanziell in der Lage sind, den öffentlichen Auftrag sach- und fachgerecht auszuführen. Bsp.: ein sehr schwacher Bonitätsindex bei Wirtschaftsauskunfteien lässt grundsätzlich nicht darauf schließen, dass der Vertrag nicht erfüllt und der Auftrag nicht einwandfrei ausgeführt wird.[167]

124

- **Zuverlässigkeit**

Zuverlässig sind Auftragnehmer, die eine ordnungsgemäße Auftragsdurchführung unter Beachtung der einschlägigen Rechtsvorschriften erwarten lassen. Bsp.: rechnerische Fehler sind nur dann ein Indiz für mangelhafte Zuverlässigkeit, wenn sie absichtlich von einem Bieter in ein Vergabeverfahren eingeführt werden.[168]

125

Die Prüfung von Fachkunde, Leistungsfähigkeit und Zuverlässigkeit wird von öffentlichen Auftraggebern regelmäßig mit Hilfe von **Mindestbedingungen** vorgenommen, die in der Bekanntmachung oder den Vergabeunterlagen aufgeführt sind. An die auf diese Weise von ihr selbst aufgestellten Mindestanforderungen ist die Vergabestelle gebunden. Verzichtet der öffentliche Auftraggeber bei der Eignungsprüfung darauf, verletzt er das Vergaberecht.

126

Andere oder weitergehende Anforderungen dürfen an Auftragnehmer nur gestellt werden, wenn dies durch Bundes- oder Landesgesetz vorgesehen ist (§ 97 Abs. 4 2. Halbs. GWB). Ein solches **„vergabefremdes Kriterium"** ist die in einigen Bundesländern be-

127

---

[161] VK Bund, Beschl. v. 1. 2. 2001 – VK 1-1/01.
[162] VK Arnsberg, Beschl. v. 31. 1. 2001 – VK 2-01/2001.
[163] BGH, VergabeR 2002, 42 ff. = ZfBR 2002, 184 f.
[164] OLG Düsseldorf, VergabeR 2001, 419 ff.
[165] OLG Rostock, VergabeR 2001, 315 ff.
[166] BayObLG, Beschl. v. 24. 1. 2003 – Verg 30/02.
[167] VK Bund, Beschl. v. 27. 9. 2002 – VK 1-63/02.
[168] BGH, VergabeR 2002, 369 ff. = ZfBR 2002, 509 f.

stehende Verpflichtung zur Zahlung des am Ort der Leistungserfüllung gültigen Tariflohns (z. B. Bayern, Berlin, Nordrhein-Westfalen, Schleswig-Holstein). Diese Landestariftreuegesetze finden in der Regel nicht für alle öffentlichen Aufträge Anwendung, sondern gelten nur für die Vergabe von Bauleistungen und/oder für die Beauftragung von Dienstleistungen im ÖPNV. Allerdings bleibt in diesem Zusammenhang die Entscheidung des BVerfG über die Verfassungsmäßigkeit der im Berliner Vergabegesetz enthaltenen Tariftreueregelung abzuwarten. Erst dann wird klar sein, ob die Forderung von Tariftreueerklärungen in Vergabeverfahren Bestand haben kann oder nicht. Jedenfalls ist das Verlangen nach einer Tariftreueerklärung ohne gesetzliche Regelung als sachlicher Grund für eine Ungleichbehandlung nicht zulässig.[169]

f) Wirtschaftlichkeitsgrundsatz

128 Vergabeverfahren verfolgen das Ziel, das bestmögliche Preis-Leistungs-Verhältnis zu ermitteln. Dementsprechend ist in § 97 Abs. 5 GWB bestimmt, dass der Zuschlag auf das wirtschaftlichste Angebot zu erteilen ist. Neben dem Preis können daher auch andere **auftragsbezogene** Wirtschaftlichkeitskriterien bei der Angebotswertung berücksichtigt werden, wie etwa Ausführungsfrist, Betriebs- und Folgekosten, Gestaltung, Rentabilität, technischer Wert usw. (§ 25 Nr. 3 Abs. 3 S. 2 VOB/A, § 25 Nr. 3 S. 1 und § 16 Abs. 1 und 2 VOF).

129 aa) Zuschlagskriterien. Umstritten ist, ob der **Angebotspreis** bei der Auswahl des wirtschaftlichsten Angebots mit einer bestimmten Mindestquote als Zuschlagskriterium zu gewichten ist. Das OLG Dresden vertritt dazu die Auffassung, dass bei der Gewichtung mehrerer Zuschlagskriterien für den Preis eine Größenordnung von 30 % nicht unterschritten werden sollte.[170] Demgegenüber vertritt das OLG Düsseldorf zu Recht die Ansicht, dass das Vergaberecht keine Mindestquote von 30 % vorschreibt.[171] Der Angebotspreis ist zwar ein wichtiges Wirtschaftlichkeitskriterium, aber nicht das einzige. Es obliegt der Vergabestelle im konkreten Einzelfall ihren Beurteilungs- und Ermessensspielraum ordnungsgemäß dahin auszuüben, Preis und Leistung in ein nachvollziehbares Verhältnis zueinander zu setzen. Die Festlegung von Mindestquoten würde den Beurteilungs- und Ermessensspielraum des öffentlichen Auftraggebers unabhängig vom jeweils zu beurteilenden Sachverhalt willkürlich einengen.

130 Als ein grundsätzlich unzulässiges und vergabefremdes Zuschlagskriterium ist die Eigenschaft eines Bieters als **mittelständisches** Unternehmen zu werten. Ein solches Kriterium steht sachlich nicht im Zusammenhang mit der Wirtschaftlichkeit eines Angebots gemäß § 97 Abs. 5 GWB. Eine Berücksichtigung bei der Angebotswertung ist nur dann ausnahmsweise möglich, wenn eine gemäß § 97 Abs. 4 GWB entsprechende gesetzliche Grundlage vorliegt.[172]

131 **Umweltbelange** können im Rahmen der Ermittlung des wirtschaftlichsten Angebots berücksichtigt werden und sind damit nicht als unzulässige vergabefremde Aspekte einzustufen, wenn diese ökologischen Kriterien
- mit dem Gegenstand des öffentlichen Auftrags zusammenhängen,
- dem öffentlichen Auftraggeber keine uneingeschränkte Entscheidungsfreiheit einräumen,
- im Leistungsverzeichnis oder in der Vergabebekanntmachung ausdrücklich genannt sind und
- alle wesentlichen Grundsätze des Gemeinschaftsrechts, insbesondere das Diskriminierungsverbot, beachten.[173]

---

[169] VK Sachsen, Beschl. v. 16. 7. 2002 – 1/SVK/061-02.
[170] OLG Dresden, NZBau 2001, 459 ff. = VergabeR 2001, 41 ff.
[171] OLG Düsseldorf, VergabeR 2002, 267 ff.
[172] VK Bund, Beschl. v. 30. 1. 2003 – VK 1-01/03.
[173] EuGH, NZBau 2004, 105 ff. = WuW 2004, 225 ff. („Wienstrom"); EuGH, NZBau 2002, 618 ff. („Concordia Bus").

IV. Vergabeverfahren („Wie")

So ist z. B. die Verwendung des Zuschlagskriteriums **„Umweltgerechtigkeit"** bei der Vergabe von Entsorgungsdienstleistungen nicht zu beanstanden.[174] Der Begriff „Umweltgerechtigkeit" ist insoweit auch hinreichend bestimmt. Mit diesem Kriterium wird nicht nur die Prüfung umfasst, ob ein Bieter eine Leistung angeboten hat, die im Einklang mit den einschlägigen umweltrechtlichen Vorschriften steht. Vielmehr ist darunter auch zu verstehen, inwieweit die jeweils angebotene Leistungsausführung die Umwelt schont.

Mit den von der Rechtsprechung anerkannten umweltschutzbezogenen Kriterien sind in den Grundzügen auch **soziale Belange** vergleichbar. Hierzu hat die Europäische Kommission in einer sog. Interpretierenden Mitteilung vom 15.10.2001 dargestellt, in welchem Umfang soziale Merkmale bei der Vergabe von öffentlichen Aufträgen Berücksichtigung finden können.[175] Dazu besteht allerdings noch keine gesicherte Rechtsprechung. Nicht mit den Vergaberichtlinien vereinbar dürften aber bspw. Quoten für Aufträge sein, die bestimmten Kategorien von Bietern vorbehalten sind, oder auch Preispräferenzen.

bb) Angebotswertung. Die Angebotswertung (§§ 23 bis 25 VOB/A bzw. VOL/A) gehört mit zu den wichtigsten Stufen eines Vergabeverfahrens. Die Praxis und Rechtsprechung zeigen, dass gerade bei der Auswahl des wirtschaftlichsten Angebots besonders viele **Vergabeverstöße** festzustellen sind. Oftmals erteilen die Vergabestellen nicht dem wirtschaftlichsten Angebot den Zuschlag, sondern dem billigsten. Weder das GWB, die VgV noch die VOB/A, VOL/A oder VOF geben aber ausschließlich dem niedrigsten Preis den Vorzug.

Im Folgenden werden deshalb die wesentlichen Verfahrensschritte bei der Ermittlung des wirtschaftlichsten Angebots kurz erläutert. Eine erste praktische Hilfestellung bietet in diesem Zusammenhang auch das **allgemeine Prüfschema** zur Wertung von Angeboten, das § 3 Abs. 1 SächsVergabeDVO anliegt:[176]

(1) Ausschlussgründe. Im ersten Wertungsschritt prüft die Vergabestelle, ob zwingende oder fakultative Ausschlussgründe vorliegen (§ 25 Nr. 1 Abs. 1 VOB/A bzw. VOL/A). Eine Pflicht zum Ausschluss von Angeboten besteht bei
- Angeboten, die verspätet eingegangen sind;
- Hauptangeboten, bei denen wesentliche Preisangaben fehlen;
- fehlender Unterschrift;
- zweifelhaften Bietereintragungen;
- Hauptangeboten, bei denen Änderungen oder Ergänzungen an den Verdingungsunterlagen vorgenommen wurden;
- unzulässigen Wettbewerbsabsprachen,
- nicht zugelassenen Nebenangeboten.

Fakultative Ausschlussgründe sind z. B.
- fehlende Angaben und Erklärungen, die gefordert waren;
- Insolvenz, Steuerschulden, fehlende Anmeldung bei Berufsgenossenschaft u. Ä.;
- Nebenangebote, die nicht auf besonderer Anlage gemacht wurden oder als solche nicht deutlich gekennzeichnet sind o. Ä.

(2) Eignungsprüfung.[177] Beim nicht offenen Verfahren bzw. beschränkter Ausschreibung und beim Verhandlungsverfahren bzw. freihändiger Vergabe erfolgt die Prüfung der Eignung grundsätzlich bereits vor der Aufforderung zur Angebotsabgabe. Nur beim offenen Verfahren bzw. öffentlicher Ausschreibung ist die Eignung auf der zweiten Wertungsstufe zu beurteilen.

(3) Angemessenheitsprüfung der Preise. In einem dritten Wertungsschritt prüft der öffentliche Auftraggeber, ob die Angebote angemessen bepreist sind. Zweifel der Vergabestelle an ungewöhnlich niedrigen oder hohen Preisen, sind durch Überprüfung der Einzelangaben des Angebots auszuräumen oder zu bestätigen. Stellt der öffentliche Auf-

---
[174] OLG Düsseldorf, NZBau 2003, 400ff. = WuW 2003, 861ff.
[175] KOM (2001) 566 endgültig.
[176] Das Prüfschema ist abgedruckt in: Vergaberecht, Beck-Texte im dtv, 7. Aufl., 2004, S. 624ff.
[177] Vgl. zunächst Rn. 122ff.

traggeber unangemessen hohe oder niedrige Preise fest, so darf er hierauf den Zuschlag nicht erteilen.

140   **(4) Auswahl des wirtschaftlichsten Angebots.** Auf der letzten und vierten Wertungsstufe ermittelt die Vergabestelle unter den verbliebenen Angeboten anhand der auftragsbezogenen Zuschlagskriterien das wirtschaftlichste. Die Auswahlentscheidung erfolgt durch einen wertenden Vergleich, wobei dem öffentlichen Auftraggeber ein Beurteilungsspielraum zusteht. Das beste angebotene Preis-Leistungs-Verhältnis kann mit Hilfe einer Punktematrix ermittelt werden, bei der die Zuschlagskriterien mit bestimmten Punktefaktoren versehen werden. Sind die angebotenen Leistungen nach Art und Umfang gleich, so ist der Zuschlag auf das Angebot mit dem niedrigsten Preis zu erteilen.

g) Nachverhandlungsverbot

141   Bei formalisierten Vergaben im **offenen** und **nicht offenen Verfahren** (bzw. öffentliche und beschränkte Ausschreibung) besteht nach Öffnung der Angebote grundsätzlich ein Nachverhandlungsverbot (§ 24 VOB/A bzw. VOL/A). Dieses Verbot gilt nicht für die Vergabe freiberuflicher Leistungen, da die VOF nur das Verhandlungsverfahren kennt.

142   **Unstatthaft** sind danach vor allem Änderungen der Angebote oder Preise. Dazu zählen bspw.:[178]
- nachträgliche Gestattung des Einsatzes von Nachunternehmern, ohne dass die Voraussetzungen nach § 4 Nr. 8 Abs. 1 S. 3 VOB/B vorlagen;
- Nachholung der fehlenden Unterschrift;
- Ergänzung fehlender Preisangaben;
- Verlangen einer Pauschalierung eines auf Einheitspreisen beruhenden Angebotes oder
- Anpassung des erhöhten Änderungssatzes einer Lohngleitklausel an die Werte im Formblatt EFB-Preis.

143   Verhandlungen sind ausnahmsweise nur **statthaft**, wenn sich der öffentliche Auftraggeber über die Eignung des Bieters unterrichten muss (§ 24 Nr. 1 Abs. 1 VOB/A) bzw. um Zweifel über die Angebote oder die Bieter zu beheben (§ 24 Nr. 1 Abs. 2 VOL/A). Eine Ausnahme gilt auch bei Änderungen von Nebenangeboten, Änderungsvorschlägen oder Angeboten aufgrund funktionaler Leistungsbeschreibung, wenn technische Änderungen geringen Umfangs und daraus sich ergebende Änderungen der Preise unumgänglich sind (§ 24 Nr. 3 VOB/A); bei Liefer- und Dienstleistungen darf nur mit dem wirtschaftlichsten Bieter verhandelt werden (§ 24 Nr. 2 Abs. 2 S. 3 VOL/A).

V. Grundzüge des Vergaberechtsschutzes

144   Die Zweiteilung des Vergaberechts begründet unterschiedliche Rechtsschutzmöglichkeiten gegen Vergabeverstöße des öffentlichen Auftraggebers.

1. Unterhalb der Schwellenwerte

145   Bei Auftragsvergaben unterhalb der Schwellenwerte besteht **kein förmliches Vergabenachprüfungssystem**, mit dessen Hilfe benachteiligte Bieter oder Bewerber ihr primäres Interesse an der Auftragserteilung gerichtlich überprüfen und durchsetzen können (arg. ex § 104 Abs. 2 S. 1 GWB). Das in den §§ 102 ff. GWB normierte Rechtsschutzsystem gilt nur für öffentliche Aufträge oberhalb der Schwellenwerte gemäß § 100 Abs. 1 GWB i.V.m. § 2 VgV. Die Beschränkung des primären Vergaberechtsschutzes auf europaweite Auftragsvergaben verstößt nicht gegen Art. 3 Abs. 1 GG oder Art. 19 Abs. 4 GG.[179]

146   Die ungleiche Behandlung von Unternehmen, die um öffentliche Aufträge oberhalb und unterhalb der EU-Schwellenwerte konkurrieren, ist nach **Art. 3 Abs. 1 GG** sachlich

---

[178] Vgl. die Aufzählung bei *Dähne*, § 24 Rn. 20 ff.
[179] Saarländisches OLG, NZBau 2003, 462 ff. = WuW 2003, 845 ff.; gegen diese Entscheidung wurde Verfassungsbeschwerde beim BVerfG eingelegt (Az.: 1 BvR 1160/03).

V. Grundzüge des Vergaberechtsschutzes

gerechtfertigt. Je größer der Auftragsumfang und damit das Interesse eines benachteiligten Bieters bzw. Bewerbers ist, desto eher kann die Verzögerung eines Vergabeverfahrens durch die Einräumung primären Rechtsschutzes erduldet werden. Die Übernahme der europarechtlichen Schwellenwerte in das nationale Recht als Wertgrenze, unterhalb derer kein subjektives Recht auf Einhaltung der Vergaberegeln und kein Primärrechtsschutz gewährt werden soll, liegt innerhalb des dem Gesetzgeber zustehenden Gestaltungsspielraumes.[180]

Auch eine Verletzung von **Art. 19 Abs. 4 GG** ist nicht in Betracht zu ziehen. Die grundgesetzlich verankerte Gewährleistung des Rechtsweges setzt sog. subjektive Rechte voraus. Solche subjektiven Rechte stehen den Bietern bzw. Bewerbern bei inländischen Ausschreibungsverfahren jedoch nicht zu. Die Vorschriften des Haushaltsrechts und der VOB/A bzw. VOL/A sind keine Rechtsnormen, die den an einem Vergabeverfahren beteiligten Bieter bzw. Bewerber einklagbare Rechtspositionen vermitteln. Die haushaltsrechtlichen Bestimmungen dienen vorrangig dem Schutz der öffentlichen Hand und nicht den sich an einer Ausschreibung beteiligenden Wettbewerbsteilnehmern. VOB/A und VOL/A sind darüber hinaus schon von ihrer Rechtsqualität her als Verwaltungsvorschriften und damit als bloßes Innenrecht ohne Außenwirkung einzuordnen. **147**

Der **Verwaltungsrechtsweg** steht den Ausschreibungsbeteiligten ebenfalls nicht offen. Die Einleitung eines Widerspruchsverfahrens (§§ 68 ff. VwGO) und die Erhebung einer verwaltungsgerichtlichen Anfechtungsklage (§ 42 Abs. 1 VwGO) sind ausgeschlossen. Vergabeentscheidungen sind keine angreifbaren Verwaltungsakte i. S. § 35 VwVfG.[181] **148**

Bieter und Bewerber haben bei inländischen Vergabeverfahren jedoch die Möglichkeit, die zuständigen **Aufsichtsbehörden** (Fach- oder Rechtsaufsicht) anzurufen und im Wege des sog. **sekundären** Rechtsschutzes allgemeine zivilrechtliche, kartell- oder wettbewerbsrechtliche Schadensersatz- oder Unterlassungsansprüche gerichtlich durchzusetzen. **149**

Öffentliche Auftraggeber haben bei der Vergabe von Bauleistungen gemäß § 31 VOB/A die **Nachprüfstellen** (Fach- oder Rechtsaufsicht) anzugeben, an die sich die Teilnehmer eines Vergabewettbewerbs zur Nachprüfung behaupteter Verstöße gegen Vergabevorschriften wenden können. Ob und in welcher Weise die Nachprüfstellen (oftmals als sog. VOB-Stellen oder VOB-Ausschüsse bezeichnet) in das Vergabeverfahren eingreifen, obliegt ihrem pflichtgemäßen Ermessen. Ein Rechtsanspruch auf ein aufsichtliches Einschreiten besteht grundsätzlich nicht, weil es sich dabei nur um ein internes Verwaltungsprüfverfahren handelt. Obwohl für die Vergabe von Lieferungen und Dienstleistungen eine § 31 VOB/A vergleichbare Regelung in der VOL/A fehlt, sind Wettbewerbsteilnehmer dadurch aber generell nicht gehindert, die zuständigen Aufsichtsbehörden einzuschalten. Die zuständige Aufsichtsbehörde kann auch ohne besondere Bestimmung in der VOL/A angerufen und ggf. tätig werden. **150**

Sekundäransprüche auf Unterlassung oder Schadensersatz können hauptsächlich vor der **ordentlichen Gerichtsbarkeit** geltend gemacht werden. Als Rechtsgrundlagen kommen vorrangig Ansprüche auf Ersatz des Schadens wegen Verletzung eines vorvertraglichen Schuldverhältnisses (§§ 241 Abs. 2, 280 Abs. 1, 311 Abs. 2 BGB) oder auf § 20 Abs. 1 und Abs. 2 GWB gestützte Unterlassungsansprüche wegen Missbrauch einer marktbeherrschenden Stellung in Betracht. **151**

2. Oberhalb der Schwellenwerte

Für europaweit zu vergebende öffentliche Aufträge konstituieren die Vorschriften der §§ 102 ff. GWB erstmals ein eigenständiges **förmliches Primärrechtsschutzsystem** zur Nachprüfung von Vergabeverfahren. In diesem vergaberechtlichen Nachprüfungsverfahren können Bieter bzw. Bewerber ihre subjektiven Rechte auf Einhaltung der Bestim- **152**

---

[180] Saarländisches OLG, NZBau 2003, 462 ff. = WuW 2003, 845 ff.; *Dreher*, NZBau 2002, 419 (424 f.).
[181] *Pache*, DVBl. 2001, 1781 (1788).

mungen über das Vergabeverfahren i. S. § 97 Abs. 7 GWB durchsetzen. Nicht bieterschützende Rechte, d. h. Ordnungsvorschriften können dagegen nicht geltend gemacht werden.[182]

153 In **erster Instanz** kann der Bieter bzw. Bewerber die Vergabekammern des Bundes und der Länder um Rechtsschutz ersuchen. Dazu ist ein schriftlicher Antrag auf Nachprüfung bei der zuständigen Vergabekammer einzureichen. Der Antrag kann nur vor der Erteilung des Zuschlags gestellt werden, weil ein bereits erteilter Zuschlag von der Vergabekammer nicht mehr aufgehoben werden kann (§ 114 Abs. 2 S. 1 GWB). Antragsbefugt sind nur solche potentiellen Auftragnehmer, die ein Interesse am Auftrag haben und eine Verletzung von Rechten i. S. § 97 Abs. 7 GWB reklamieren. Der Nachprüfungsantrag ist unzulässig, soweit der Antragsteller den gerügten Vergabeverstoß im Vergabeverfahren erkannt und gegenüber dem öffentlichen Auftraggeber nicht unverzüglich gerügt hat (§ 107 Abs. 3 GWB). Dem steht es gleich, wenn der Vergabefehler bereits aufgrund der Bekanntmachung erkennbar ist und nicht spätestens bis zum Ablauf der Angebots- oder Bewerbungsfrist gerügt wurde. Ist der Nachprüfungsantrag nicht offensichtlich unzulässig oder unbegründet, wird er dem öffentlichen Auftraggeber zugestellt. Dieser ist dann bis zur Entscheidung der Vergabekammer und bis zum Ablauf der für die Einlegung der sofortigen Beschwerde beim Beschwerdegericht geltenden Frist gehindert, den Zuschlag zu erteilen. Die Entscheidung der Vergabekammer ergeht in der Regel binnen einer Frist von fünf Wochen durch Verwaltungsakt.

154 Gegen das o. g. **Zuschlagsverbot** kann sich die Vergabestelle allerdings wehren. Dazu muss sie bei der Vergabekammer beantragen, dass ihr die Zuschlagserteilung gestattet wird (§ 115 Abs. 2 GWB). Dem Antrag wird stattgegeben, wenn unter Berücksichtigung aller möglicherweise geschädigten Interessen sowie des Interesses der Allgemeinheit an einem raschen Abschluss des Vergabeverfahrens die nachteiligen Folgen einer Verzögerung der Vergabe bis zum Abschluss der Nachprüfung die damit verbundenen Vorteile überwiegen.

155 Die **Kosten** des Nachprüfungsverfahrens vor der Vergabekammer belaufen sich grundsätzlich auf mindestens 2500 EUR und können im Einzelfall, wenn der Aufwand oder die wirtschaftliche Bedeutung außergewöhnlich hoch sind, bis zu einem Betrag von 50 000 EUR erhöht werden (§ 128 Abs. 2 GWB). Die Kosten, die den Verfahrensbeteiligten für die Rechtsverfolgung entstehen, z. B. Anwaltskosten, sind davon aber nicht umfasst.

156 Gegen die Entscheidung der Vergabekammer ist in der **zweiten Instanz** die sofortige Beschwerde zum jeweils zuständigen Vergabesenat des Oberlandesgerichts möglich (§§ 116 ff. GWB). Die sofortige Beschwerde ist binnen einer Frist von zwei Wochen schriftlich und begründet beim Oberlandesgericht einzureichen. Da die sofortige Beschwerde aufschiebende Wirkung gegenüber der Entscheidung der Vergabekammer entfaltet, darf die Vergabestelle den Zuschlag nicht erteilen. Wie in der ersten Instanz kann auch hier der öffentliche Auftraggeber die Gestattung der Zuschlagserteilung auf Antrag erwirken (§ 121 GWB).

157 **Sekundärrechtsschutz** besteht nach der Zuschlagserteilung bzw. mit Ende des Vergabeverfahrens. Danach kann der in seinen Rechten angeblich verletzte Wettbewerbsteilnehmer entweder die Feststellung des Vorliegens eines Vergabefehlers gemäß § 114 Abs. 2 S. 2 GWB beantragen oder aber Schadensersatzansprüche nach § 126 S. 1 GWB oder weiterreichende Ansprüche auf Schadensersatz geltend machen (§ 126 S. 2 GWB i.V. m. §§ 241 Abs. 2, 280 Abs. 1, 311 Abs. 2 BGB usw.).

---

[182] VK Sachsen, Beschl. v. 13. 2. 2002 – 1/SVK/002-02.

VI. Praxisprobleme

Nachfolgend werden für kommunale Unternehmen vergaberechtlich wichtige und praktisch bedeutsame Themengebiete erörtert. **158**

1. Vergaberechtsfreie Inhouse-Geschäfte

Die (Teil-)**Privatisierung** von öffentlichen Aufgaben und Leistungen erfolgt regelmäßig vor dem Hintergrund, die betriebswirtschaftliche Existenz solcher privatisierter kommunaler Unternehmen durch die Erteilung öffentlicher Aufträge der Gesellschafterkommune abzusichern. Problematisch ist in diesem Zusammenhang aber, ob im Verhältnis der Kommune (Auftraggeber) zum Unternehmen (Auftragnehmer) Vergaberecht Anwendung finden muss oder nicht. In letzterem Fall spricht man von einem ausschreibungsfreien sog. Inhouse-Geschäft. Hierzu ist insbesondere die Rechtsprechung des EuGH zu beachten. **159**

Nach dem sog. **Teckal-Urteil** des EuGH ist die Lieferkoordinierungsrichtlinie 93/36/EWG anwendbar, wenn eine Gebietskörperschaft als öffentlicher Auftraggeber beabsichtigt, mit einer Einrichtung, die sich formal von ihr unterscheidet und die ihr gegenüber eigene Entscheidungsgewalt besitzt, einen schriftlichen entgeltlichen Vertrag über die Lieferung von Waren zu schließen, wobei es unerheblich ist, ob diese Einrichtung selbst ein öffentlicher Auftraggeber ist; dies gilt nur dann nicht, wenn die Gebietskörperschaft über die fragliche juristische Person eine Kontrolle ausübt wie über ihre eigenen Dienststellen und diese Person zugleich ihre Tätigkeit im Wesentlichen für die Gebietskörperschaft oder die Gebietskörperschaften verrichtet, die ihre Anteile inne haben.[183] In einer weiteren Entscheidung hat der EuGH bestätigt, dass für den Bereich der Dienstleistungsrichtlinie 92/50/EWG das Vorliegen eines vergabefreien Inhouse-Geschäftes nach den gleichen Grundsätzen zu prüfen ist wie im Bereich der Lieferkoordinierungsrichtlinie 93/36/EWG.[184] Auch der BGH erkennt die vom EuGH aufgestellten Voraussetzungen einer ausschreibungsfreien Inhouse-Vergabe an.[185] Für das Vorliegen eines Inhouse-Geschäftes sind demnach die Merkmale „Kontrolle wie über eine eigene Dienststelle" und „Tätigkeit im Wesentlichen für den öffentlichen Anteilseigner" kennzeichnend. **160**

a) Kontrolle wie über eine eigene Dienststelle

Der kommunale Gesellschafter und Auftraggeber muss über das betroffene Unternehmen keine identische, aber zumindest eine vergleichbare Kontrolle ausüben können. Es kommt somit auf eine **umfassende** Einfluss- und Steuerungsmöglichkeit an, die einer eigenständigen unternehmerischen Entscheidungsgewalt entgegensteht.[186] **161**

Eine vergleichbare Kontrolle wird anzunehmen sein, wenn das kommunale Unternehmen in der Rechtsform der GmbH geführt wird und die Kommune 100 % der Gesellschaftsanteile hält. In diesem Fall bestehen von Gesetzes wegen umfangreiche Einwirkungsmöglichkeiten der Kommune in und auf die Gesellschaftsorgane (Gesellschafterversammlung, Geschäftsführung und ggf. Aufsichtsrat). Wird dagegen die Rechtsform der AG zur Aufgabenerfüllung gewählt, so bestehen regelmäßig keine entsprechenden Kontrollmöglichkeiten der Kommune, selbst wenn diese Alleinaktionär ist. Dies wird bereits dadurch deutlich, dass der Vorstand – im Gegensatz zur Geschäftsführung einer GmbH – die AG unter eigener Verantwortung leitet und vertritt. **162**

Umstritten und bislang offen ist, ob auch ein Gesellschaftsanteil von **weniger als 100 %** eine vergleichbare Kontrollmöglichkeit des kommunalen Gesellschafters eröffnen kann. Ein kommunaler Anteil von lediglich 4,45 % der Gesellschaftsanteile kann jeden- **163**

---
[183] EuGH, NZBau 2000, 90 f. („Teckal").
[184] EuGH, NZBau 2001, 99 ff. = VergabeR 2001, 28 ff. („ARGE Gewässerschutz").
[185] BGH, NZBau 2001, 517 ff. = ZVgR 2001, 56 ff.
[186] BayObLG, VergabeR 2002, 244 ff.

falls nicht ausreichend sein.[187] Auch ein Gesellschaftsanteil von 90 % der öffentlichen Hand kann zu Recht keine Kontrolle ermöglichen, da einem privaten Minderheitsgesellschafter bereits bei einem Anteil von 10 % bestimmte Gesellschafterrechte zustehen (z. B. §§ 45, 50, 51a, 51b, 53 Abs. 2 u. 3, 60 Abs. 1 Nr. 2, 61 Abs. 2, 66 Abs. 2 u. 3, 74 Abs. 3 GmbHG).[188]

164 Diese in der Rechtsprechung und Literatur bestehende Unklarheit über die Reichweite des Kriteriums „Kontrolle wie über eine eigene Dienststelle" hat das OLG Naumburg mit Beschluss vom 8. 1. 2003 u. a. zum Anlass genommen, diese Frage dem EuGH zur **Vorabentscheidung** vorzulegen.[189] Ein Urteil lag bei Drucklegung noch nicht vor.

b) Tätigkeit im Wesentlichen für den öffentlichen Auftraggeber

165 Vergaberechtliche Probleme bereitet auch die genaue Einordnung des zweiten Merkmals „Tätigkeit im Wesentlichen für den öffentlichen Auftraggeber". Auch dieser Fragenkreis wurde vom OLG Naumburg dem **EuGH** zur Vorabentscheidung vorgelegt.[190]

166 Zum Problem der Wesentlichkeit werden grundsätzlich zwei Standpunkte vertreten. Die überwiegende Meinung geht dahin, auf die Bestimmung des Art. 13 Abs. 1 Richtlinie 93/38/EWG bzw. dem nahezu inhaltsgleichen § 10 Abs. 1 S. 1 VgV entsprechend zurückzugreifen.[191] Danach sind Dienstleistungsaufträge von verbundenen Unternehmen eines öffentlichen Auftraggebers im Sektorenbereich von der Anwendung des Vergaberechts befreit, wenn **mindestens 80 %** des von dem jeweiligen Unternehmen während der letzten drei Jahre in der Europäischen Union erzielten durchschnittlichen Umsatzes im Dienstleistungssektor aus der Erbringung dieser Dienstleistung für die mit ihm verbundenen Unternehmen stammen. Wird dieser Rechtsgedanke für die Inhouse-Problematik fruchtbar gemacht, so ist die Grenze der Wesentlichkeit mit mindestens 80 % des Gesamtumsatzes anzusetzen. Eine andere Literaturauffassung meint, dass zur Wahrung des Ausnahmecharakters des vergabefreien Inhouse-Geschäftes eine (nahezu) ausschließliche Tätigkeit für den öffentlichen Auftraggeber und eine Beschränkung des Umfangs der Markttätigkeit durch den Gesellschaftsvertrag vorliegen muss.[192]

c) Zusammenfassung

167 Die Voraussetzungen eines ausschreibungsfreien Inhouse-Geschäftes sind im Einzelnen durch die Rechtsprechung noch nicht geklärt.[193] Solange eine Entscheidung des EuGH aussteht, sprechen gute Gründe für eine Inhouse-Vergabe, wenn die Gesellschafterkommune mindestens 90,1 % der Gesellschaftsanteile des betroffenen Unternehmens hält, diese Gesellschaft mehr als 80 % ihrer Geschäftstätigkeit für die Kommune erbringt und der Gesellschaftsvertrag keine Blockaderechte für den privaten Mitgesellschafter vorsieht.

2. Erfüllung kommunaler Aufgaben mit Privaten

168 Kommunale Aufgaben werden heute zunehmend durch nichtkommunale Stellen, vor allem durch oder unter Heranziehung privater Dritter erledigt. Dabei steht weniger die vollständige Aufgabenübertragung auf einen Dritten (sog. Aufgabenprivatisierung) im Vordergrund, sondern die Übertragung der Aufgabendurchführung auf private Dritte

---

[187] VK Lüneburg, Beschl. v. 15. 1. 2002 – 203-VgK-24/2001.
[188] VK Halle, Beschl. v. 27. 5. 2002 – VK Hal 03/02.
[189] OLG Naumburg, NZBau 2003, 224 ff. = VergabeR 2003, 196 ff.
[190] OLG Naumburg, NZBau 2003, 224 ff. = VergabeR 2003, 196 ff.; auch das Brandenburgische OLG, Beschl. v. 1. 4. 2003 – W Verg 14/02 hat ein Nachprüfungsverfahren, in dem die Frage der Wesentlichkeit entscheidungserheblich ist, aufgrund des Vorlagebeschlusses des OLG Naumburgs ausgesetzt.
[191] VK Halle, Beschl. v. 27. 5. 2002 – VK Hal 03/02; VK Südbayern, Beschl. v. 23. 10. 2001 – 32-09/01.
[192] *Dreher*, NZBau 2001, 360 (363 f.); *Otting/Ohler*, § 14 Rn. 41.
[193] Vgl. zur Inhouse-Vergabe an ein öffentliches Enkelunternehmen: OLG Düsseldorf, NZBau 2004, 58 ff. = VergabeR 2004, 63 ff.

VI. Praxisprobleme

(sog. **Durchführungsprivatisierung**). So kann etwa der Betrieb einer kommunalen Kläranlage oder Abfallentsorgungsanlage einem Privaten obliegen, die Aufgabe jedoch bei der entsorgungspflichtigen Gebietskörperschaft verbleiben.

In der Kommunalpraxis sind Betreiber-, Betriebsführungs- und Leasingmodelle **typisch**. Sie sollen im Folgenden mit Blick auf ihre vergaberechtliche Relevanz dargestellt werden.

a) Betreibermodell

Unter einem Betreibermodell versteht man die kommunale Aufgabendurchführung durch einen privatrechtlich verfassten Dritten („Betreiber") durch Finanzierung, Planung, Bau und Betrieb eines aufgabennotwendigen Vorhabens (z. B. Müllverbrennungsanlage). Übertragen wird nicht die Aufgabe selbst, sondern allein die Durchführung. Rechtliche Beziehungen (Betreibervertrag, Erbbaurechtsvertrag usw.) bestehen daher grundsätzlich nur zwischen dem Betreiber und der Kommune, nicht aber zwischen Betreiber und Bürger. Da der Dritte die in seinem **privaten Eigentum** stehende Anlage eigenverantwortlich betreibt, setzt er hierzu zumeist auch eigenes Personal ein.

Betreiberverträge sind grundsätzlich im Wettbewerb zu vergeben. Die Durchführung einer öffentlichen Ausschreibung bzw. eines offenen Verfahrens wird in vielen Fällen aber nicht sachgerecht sein. Planung, Finanzierung und Betrieb lassen sich oftmals nicht im Vorhinein detailliert und erschöpfend bestimmen, sondern können erst im Wege der Verhandlung mit den in Frage kommenden Bietern gemeinsam einer vernünftigen Lösung zugeführt werden. Daher wird das **Verhandlungsverfahren** bzw. die freihändige Vergabe oftmals als die richtige Art der Vergabe gewählt werden können (§ 3a Nr. 4c VOB/A, § 3a Nr. 1 Abs. 4b VOL/A bzw. § 3 Nr. 4b VOB/A, § 3 Nr. 4h VOL/A).

Überwiegen bei dem Betreibermodell die Bauleistungen, so findet die VOB/A Anwendung. Liegt der **Schwerpunkt** dagegen bei den zu erbringenden Dienstleistungen, so ist die VOL/A einschlägig.

b) Betriebsführungsmodell

Im Gegensatz zum Betreibermodell wird dem privaten Dritten bei diesem Modell nur die kaufmännische und/oder technische Betriebsführung einer in **kommunalem Eigentum** stehenden Anlage übertragen. Betreiber bleibt weiterhin die Kommune, während der private Dritte für seine Tätigkeit ein Betriebsführungsentgelt erhält.

Betriebsführungsverträge sind überwiegend als Dienstleistungsaufträge i. S. der VOL/A ausgestaltet und sind wegen der regelmäßig eindeutigen Leistungsanforderung im **offenen Verfahren** bzw. der öffentlichen Ausschreibung zu vergeben. Die Wahl des Verhandlungsverfahrens mit öffentlichem Teilnahmewettbewerb kann im Einzelfall gerechtfertigt sein, darf jedoch nicht allein aus dem Grunde erfolgen, Mängel in der Vorbereitung des Vergabeverfahrens zu kaschieren.[194]

Da der Betriebsführer – im Gegensatz zum Betreibermodell – kein Eigentum an der betroffenen Anlage erwirbt, ist ein **Wechsel** des Betriebsführers durch einen erneuten Ausschreibungswettbewerb möglich. Einer dem Wettbewerb entzogenen Alleinstellung des Betriebsführers und einer langjährigen Abhängigkeit der Kommune kann dadurch begegnet werden.

c) Leasingmodell

Beim Leasing werden in der Regel bauliche Anlagen langfristig vom Leasinggeber dem öffentlichen Auftraggeber als Leasingnehmer zur **Nutzung** gegen Zahlung von Leasingraten überlassen. Investition und Finanzierung des Leasingobjekts werden durch die Leasingraten abgedeckt. Dem Leasingnehmer wird dabei am Ende der Vertragslaufzeit oftmals eine Kaufoption zum Erwerb der baulichen Anlage eingeräumt. Leasingmodelle

---

[194] OLG Naumburg, Beschl. v. 16. 9. 2002 – 1 Verg 02/02.

sind für die öffentliche Hand vorteilhaft, weil das unternehmerische Risiko für den Bau beim Leasinggeber liegt und einen Anreiz zur Gesamtoptimierung bildet.[195]

177 Dem Anwendungsbereich des Vergaberechts unterfallen Leasingmodelle nur dann, wenn die geforderten Bauleistungen den vom öffentlichem Auftraggeber genannten **Erfordernissen** entsprechen (§ 99 Abs. 3 2. Alt. GWB, § 1 a Nr. 1 Abs. 1 S. 3 2. Alt. VOB/A). Wird das Bauvorhaben dagegen nicht nach den Bedürfnissen und Vorstellungen des Leasingnehmers hergestellt, unterfällt die Auftragsvergabe nicht dem sachlichen Anwendungsbereich der VOB/A.[196] Dazu werden oftmals bauliche Anlagen gezählt werden können, die nicht ausschließlich von öffentlichen Auftraggebern genutzt werden können, sondern auch von der Privatwirtschaft (z. B. Bürogebäude).

3. Kommunale Unternehmen als Wettbewerber

178 Die wirtschaftliche Betätigung kommunaler Unternehmen hat sich in den vergangenen Jahren zunehmend auf Bereiche erstreckt, in denen bislang hauptsächlich die Privatwirtschaft tätig war. Dazu gehören nicht zuletzt die öffentlichen Beschaffungsmärkte selbst. So **konkurrieren** städtische und gemeindliche Unternehmen heute mit Privaten um öffentliche Aufträge von Bund, Ländern und anderen Kommunen. Vergaberechtlich ist von Interesse, ob kommunale Unternehmen als Bewerber bzw. Bieter an der Ausschreibung öffentlicher Aufträge teilnehmen können.

a) Marktzutrittsverbot bei unzulässiger wirtschaftlicher Betätigung

179 Öffentliche Auftraggeber verletzen das Wettbewerbsprinzip i. S. **§ 97 Abs. 1 GWB**, wenn sie kommunale Unternehmen als Bieter oder Bewerber zu einem Vergabeverfahren zulassen, obwohl die kommunalen Unternehmen die ausgeschriebene Leistung nur unter Verstoß gegen die gesetzlichen Bestimmungen des Kommunalwirtschaftsrechts erbringen können.[197] Dies stellt eine Wettbewerbsverfälschung und Störung des Bieterwettbewerbs dar, die vom öffentlichen Auftraggeber grundsätzlich zu unterbinden ist. Hierzu ist der öffentliche Auftraggeber – neben § 97 Abs. 1 GWB – auch nach den Verdingungsordnungen verpflichtet, weil er „wettbewerbsbeschränkende und unlautere Verhaltensweisen" (§ 2 Nr. 1 Abs. 2 VOL/A) und „ungesunde Begleiterscheinungen" im Wettbewerb „zu bekämpfen" hat (§ 2 Nr. 1 S. 3 VOB/A).

180 Das OLG Düsseldorf hat dazu festgestellt, dass die Interessen privatwirtschaftlicher Unternehmen, die durch eine gegen **§ 107 GO NRW** verstoßende Ausdehnung kommunaler Wirtschaftstätigkeit beeinträchtigt werden, in den Schutzbereich dieser Vorschrift unmittelbar einbezogen sind. § 107 GO NRW zählt dann aber auch unmittelbar zu den drittschützenden Vorschriften, die der öffentliche Auftraggeber im Vergabeverfahren i. S. § 97 Abs. 7 GWB einzuhalten hat.[198]

b) Ausschluss bei Vergabe von Bauaufträgen

181 Eine unmittelbare vergaberechtliche Schranke für die Wettbewerbsteilnahme kommunaler Unternehmen an Vergabeverfahren anderer öffentlicher Auftraggeber beinhaltet **§ 8 Nr. 6 VOB/A**. Danach dürfen an der Ausschreibung von Bauleistungen keine „Betriebe der öffentlichen Hand" teilnehmen. Durch diese Ausschlussregelung soll die gewerbliche Wirtschaft vor „Dumping-Angeboten" öffentlicher Unternehmen und Einrichtungen geschützt werden. Diese Vorschrift gründet auf den Gedanken, dass kommunale Betriebe günstigere Wettbewerbsangebote als die Privatwirtschaft unterbreiten können, weil z. B. die Steuerlasten geringer sind als die kommerzieller Unternehmen oder wegen sonstiger wirtschafts- oder sozialpolitischer Interessen.

---

[195] *Höfler/Ruppmann*, Rn. 612.
[196] *Höfler/Ruppmann*, Rn. 619.
[197] OLG Düsseldorf, VergabeR 2002, 471 ff. = NZBau 2002, 626 ff.
[198] OLG Düsseldorf, VergabeR 2002, 471 ff. = NZBau 2002, 626 ff.; OLG Düsseldorf, NZBau 2003, 578 ff.

VI. Praxisprobleme

Unter **„Betriebe der öffentlichen Hand"** fallen Regie- und Eigenbetriebe sowie 182 grundsätzlich sonstige juristische Personen des öffentlichen Rechts. Unternehmen in privater Rechtsform, die von Kommunen zur Aufgabenerfüllung gegründet wurden, werden zu Recht überwiegend nicht zu den ausgeschlossenen Betrieben der öffentlichen Hand gezählt, unabhängig davon, ob die öffentliche Hand Allein- oder Mehrheitsgesellschafter ist.[199] Dagegen wird vorgebracht, dass vor allem bei kommunalen Eigengesellschaften, deren Gesellschaftsanteile allein bei der öffentlichen Hand liegen, von einer Wettbewerbsverzerrung auszugehen sei.[200] Diese würden sich oftmals nicht wie private Wettbewerber verhalten, sondern würden ihre Angebote aufgrund marktfremder Zwecke kalkulieren.

Kommunalunternehmen sollen als **Anstalten** des öffentlichen Rechts nach der Recht- 183 sprechung ebenfalls vom Anwendungsbereich des § 8 Nr. 6 VOB/A erfasst sein.[201] Es würde den Wettbewerb nachteilig beeinflussen und gegen das Gebot der Chancengleichheit verstoßen, wenn ein Kommunalunternehmen, das keinem Insolvenzrisiko ausgesetzt ist, in Wettbewerb mit privatwirtschaftlichen Unternehmen tritt, die dieses Risiko tragen müssen. Allerdings kann dieser tragende Entscheidungsgrund nach Einführung der kommunalen Anstalt in Niedersachsen nicht mehr greifen, weil für diese gerade keine Gewährträgerhaftung, sondern lediglich eine kommunale Unterstützungspflicht besteht (§ 113d Abs. 2 NGO). Eine unbeschränkte (subsidiäre) Haftung der Kommune für die Verbindlichkeiten der Anstalt im Außenverhältnis existiert somit nicht. Niedersächsische kommunale Anstalten sind deshalb nicht nach § 8 Nr. 6 VOB/A von der Vergabe von Bauleistungen auszuschließen.

Gleiches sollte im Ergebnis aber auch für die Kommunalunternehmen bzw. Anstalten 184 des öffentlichen Rechts gelten, bei denen Anstaltslast und Gewährträgerhaftung bestehen und über deren Vermögen nach dem jeweiligen Landesrecht ausdrücklich kein **Insolvenzverfahren** durchzuführen ist. Denn allein aufgrund der vorgenannten Kriterien kann nicht gefolgert werden, dass es kommunalen Anstalten des öffentlichen Rechts grundsätzlich an der „gebotenen Gleichheit mit privatwirtschaftlich anderen Bewerbern" mangelt. In diesem Zusammenhang sollte eher im Einzelfall danach gefragt werden, ob und in welchem Umfang die betroffenen Kommunalunternehmen einem entwickelten Wettbewerb ausgesetzt sind und inwieweit sie das finanzielle Risiko ihrer Entscheidungen selbst zu tragen haben.[202]

c) Ausschluss bei Vergabe von Liefer- und Dienstleistungen

Ein Verbot der Teilnahme kommunaler Unternehmen an Vergabewettbewerben zur 185 Beschaffung von Liefer- und Dienstleistungsaufträgen kann sich nicht aus **§ 7 Nr. 6 VOL/A** ergeben. Denn Betriebe der öffentlichen Hand gehören nicht zu denjenigen Unternehmen, die ausdrücklich in § 7 Nr. 6 VOL/A genannt und zwingend von Vergabeverfahren auszuschließen sind.[203]

Ein Teilnahmeverbot besteht nur für sog. **„ähnliche Einrichtungen"**, die mit Justiz- 186 vollzugsanstalten, Einrichtungen der Jugendhilfe oder Aus- und Fortbildungsstätten vergleichbar sind. Ähnlich sind Betriebe demzufolge nur dann, wenn sie einen sozialpolitischen Auftrag erfüllen oder sozialwirtschaftliche Ziele und Interessen verfolgen.[204] Für kommunale Unternehmen in privater Rechtsform, etwa einer kommunal beherrschten Abfallentsorgungsgesellschaft,[205] ist dies jedenfalls nicht der Regelfall. In diesem Zusammenhang kommt es auch nicht darauf an, dass im konkreten Vergabewettbewerb eine Verdrängungsgefahr für private Unternehmen besteht. Die Vergabestelle hat lediglich zu

---

[199] *Glahs*, § 8 Rn. 69; *Rusam*, § 8 Rn. 70.
[200] *Prieß/Hausmann*, § 8 Rn. 138.
[201] OLG Celle, NZBau 2001, 400 ff. = VergabeR 2002, 154 ff.
[202] *Schröder*, NZBau 2003, 596 (601).
[203] So zu Recht auch VK Brandenburg, Beschl. v. 8.12.2003 – VK 75/03.
[204] Zu einer nicht zugelassenen Einrichtung im Bereich der Jugendhilfe: OLG Düsseldorf, VergabeR 2004, 379 ff.
[205] OLG Düsseldorf, NZBau 2000, 155 ff. = NVwZ 2000, 714 ff.

4. Kommunale Einkaufsgemeinschaften

187 Die öffentliche Hand beschafft diejenigen Güter und Leistungen, die das beste Preis-Leistungs-Verhältnis bieten. **Einsparungs- und Rationalisierungseffekte**, die zu der wirtschaftlichsten Beschaffung führen, können am ehesten dann erzielt werden, wenn die Nachfragemacht von Kommunen und öffentlichen Unternehmen hoch ist. Bei den öffentlichen Beschaffungsmärkten ist dies regelmäßig und oftmals aber nicht der Fall. Daher tendieren Städte, Gemeinden und öffentliche Unternehmen im gesamten Bundesgebiet dazu, ihren einzelnen Beschaffungsbedarf (insbes. Feuerwehrgeräte, Elektrizität) mit dem anderer öffentlicher Auftraggeber zu bündeln, um dadurch am Markt bessere Angebotspreise, Konditionen u. Ä. erzielen zu können.

188 Gemeinden oder kommunale Unternehmen, die öffentliche Aufträge gemeinsam vergeben, finden sich in der Praxis **strukturell** entweder zu einem losen Einkaufsverbund zusammen oder gründen eine eigene Einkaufsgesellschaft. Unterschiede ergeben sich vor allem in der Regelung der Vertretung nach außen. Während bei einem losen Einkaufsverbund ein Verbundmitglied die Einkaufskoordination übernimmt und im fremden Namen und auf fremde Rechnung die öffentlichen Aufträge vergibt, tritt eine gemeinsame Einkaufsgesellschaft im eigenen Namen und auf eigene Rechnung auf.

189 Einkaufsgemeinschaften können **organisatorisch** in privatrechtlicher (z. B. GbR, GmbH, Genossenschaft) oder in öffentlich-rechtlicher Form organisiert sein. Verfassungs- oder haushaltsrechtliche Bestimmungen stehen kommunalen Einkaufsgemeinschaften grundsätzlich nicht entgegen. Das grundgesetzlich geschützte Prinzip der kommunalen Selbstverwaltung (Art. 28 Abs. 2 GG) und der haushaltsrechtliche Grundsatz der Sparsamkeit und Wirtschaftlichkeit (z. B. Art. 61 Abs. 2 GO BY) sind der gemeinsamen Beschaffungstätigkeit eher förderlich als hinderlich. Bei der Initiierung von kommunalen Einkaufsgemeinschaften sind allerdings die jeweiligen gemeinderechtlichen Voraussetzungen über die interkommunale Zusammenarbeit (z. B. KommZG BY) und über die Zulässigkeit kommunaler Unternehmen bzw. über die wirtschaftliche Betätigung zu beachten (z. B. Art. 86 ff. GO BY).

190 Besondere Berücksichtigung bedarf auch das Kartellrecht. Die gemeinsame Vergabe öffentlicher Aufträge unterfällt grundsätzlich dem **Kartellverbot** nach § 1 GWB, wenn eine zu diesem Zweck gegründete Gesellschaft gemeinsame Ausschreibungen durchführt und so die Nachfrage der beteiligten öffentlichen Auftraggeber bündelt.[207]

191 Unbedenklich sind solche kommunalen Einkaufskartelle jedoch, wenn die Vergabestellen eine zulässige **Einkaufskooperation** nach § 4 Abs. 2 GWB gebildet haben. Danach ist kleinen und mittleren Kommunen die Zusammenarbeit bei der gemeinsamen Beschaffung erlaubt, um vergleichbar günstige Einkaufskonditionen zu erzielen wie große Kommunen. Dies gilt, solange keine wesentliche Beeinträchtigung des relevanten Marktes zu befürchten ist. Ob eine spürbare Wettbewerbsbeeinträchtigung vorliegt, kann nicht allgemein, sondern nur im konkreten Einzelfall beurteilt werden.[208]

192 Das **Vergaberecht** steht der gemeinsamen und gebündelten Ausschreibung öffentlicher Auftraggeber grundsätzlich ebenfalls nicht entgegen,[209] wenn dabei die tragenden Grundsätze des öffentlichen Auftragswesens beachtet werden. Insbesondere das in § 97 Abs. 3 GWB ausgeprägte Prinzip des Mittelstandsschutzes kann der kommunalen Sammelbestellung nicht pauschal entgegengehalten werden, weil eine Losaufteilung, soweit sie wirtschaftlich angemessen ist, weiterhin möglich ist. Ist eine Vergabe von Fach- oder

---

[206] OLG Düsseldorf, VergabeR 2004, 379 ff.
[207] BGH, WuW 2003, 625 ff.
[208] Dazu Kapitel I. Rn. 31 ff.
[209] *Kämper/Heßhaus*, NZBau 2003, 303 (305 ff.); anders *Bunte*, BB 2001, 2121 (2123).

VI. Praxisprobleme

Teillosen – einer sonst möglichen Losaufteilung bei getrennter Vergabe – gerade wegen der Bündelung öffentlicher Aufträge wirtschaftlich nicht mehr angemessen, kann darin aber keine Verletzung von Wettbewerbsteilnehmern in ihrem Recht auf Einhaltung der Vergabebestimmungen liegen.[210] Insoweit stellt sich die Unangemessenheit der Losvergabe als Reflex des vergaberechtlich zulässigen Zusammenschlusses dar.

Da auf europäischer Ebene in Zukunft sog. **zentrale Beschaffungsstellen** rechtlich möglich sind, wird das Vergaberecht Sammelausschreibungen nicht grundsätzlich entgegenstehen. Die europäischen Institutionen anerkennen grundsätzlich die Existenz zentraler Beschaffungsverfahren in den Mitgliedstaaten. Solche Verfahren tragen nach Ansicht des Rates und des Europäischen Parlamentes zur Verbesserung des Wettbewerbs und zur Rationalisierung des öffentlichen Beschaffungswesens bei. Die zentrale Beschaffungsstelle wird wegen ihrer wichtigen Bedeutung als öffentlicher Auftraggeber legaldefiniert, der für andere öffentliche Auftraggeber bestimmte Waren oder Dienstleistungen erwirbt oder öffentliche Aufträge vergibt oder Rahmenvereinbarungen über Bauleistungen, Waren oder Dienstleistungen für öffentliche Auftraggeber schließt. Die Möglichkeit, dass öffentliche Auftraggeber auf zentrale Beschaffungsstellen zurückgreifen können, ist aber wegen der unterschiedlichen Rahmenbedingungen in den Mitgliedstaaten in das Ermessen derselben gestellt.

5. Vergabeverstöße und Kommunalabgabenrecht

Die Kommunalabgabengesetze der Länder verweisen bei der Bemessung der Gebührenobergrenze generell auf die nach betriebswirtschaftlichen Grundsätzen **ansatzfähigen Kosten**. Die Höhe von ansatzfähigen Fremdleistungsentgelten (z. B. für die Betriebsführung der Abwasserentsorgung) ist durch den Grundsatz der Erforderlichkeit begrenzt. In diesem Zusammenhang gewährleistet das Vergaberecht, dass ein öffentlicher Auftrag nicht zu einem überhöhten Entgelt vergeben wird, da der Ausschreibungswettbewerb zu Marktpreisen führt, die von den Gebührenpflichtigen akzeptiert werden können.

Umstritten ist in der Rechtsprechung nun, ob die Verletzung von vergaberechtlichen Vorschriften, insbesondere das Fehlen einer Ausschreibung, gebührenrechtliche Folgen hat. Im Kern geht es also um die Frage, ob Gebührenbescheide und Gebührensatzungen rechtswirksam sind, wenn eine Ausschreibung unterblieben oder fehlerhaft ist.

Das **OVG Niedersachsen** meint dazu, dass eine Gebührenkalkulation nicht automatisch durch eine unterlassene Ausschreibung rechtswidrig wird. Soweit die Gebührenkalkulation einer Überprüfung aufgrund der Vorschriften des öffentlichen Preisprüfungsrechts (Verordnung PR 30/53 über die Preise bei öffentlichen Aufträgen) standhält, ist der Erforderlichkeitsgrundsatz nicht berührt. Stimmen die Vertragskonditionen des Auftragnehmers dagegen nicht mit dem öffentlichen Preisrecht überein, so sind die Gebührenkalkulation und der darauf fußende Gebührenbescheid rechtswidrig.[211]

Eine ähnliche Auffassung vertritt auch das **OVG Nordrhein-Westfalen**. Danach führt ein Verstoß gegen Ausschreibungspflichten zu keiner Nichtigkeit des geschlossenen Vertrages.[212]

Das **OVG Rheinland-Pfalz** dagegen ist der Ansicht, dass eine Gebührenfestsetzung, die unter Missachtung der Ausschreibungspflicht vorgenommen wurde, grundsätzlich unwirksam ist.[213] Etwas anderes könnte nur bei Dringlichkeit der Vergabeentscheidung gelten. In diesem Fall braucht keine Ausschreibung durchgeführt werden, wenn die Gebühren nach dem Grundsatz der Erforderlichkeit gerechtfertigt sind.[214]

---

[210] A. A. wohl *Kämper/Heßhaus*, NZBau 2003, 303 (306).
[211] OVG Niedersachsen, AbfallPrax 1999, 32 ff.
[212] OVG Nordrhein-Westfalen, NWVBl. 1995, 173 ff.
[213] OVG Rheinland-Pfalz, NVwZ-RR 1996, 230 ff.; anders Urt. v. 17. 6. 2004 – 12 C 10660/04. OVG, das Unwirksamkeit nur bei Vorliegen von grob unangemessen hohen Kosten annimmt.
[214] OVG Rheinland-Pfalz, Urt. v. 4. 2. 1999 – 12 C 13291/96.

199 Eine Gebührensatzung ist – so das **OVG Schleswig-Holstein** – nichtig, wenn die Ausschreibung einer Drittbeauftragung mit bestimmten Leistungen unterblieben ist. Das Gericht stützt seine Argumentation auf vermutete Mehraufwendungen aufgrund der fehlenden Ausschreibung. Dies gilt auch dann, wenn sich nicht aufklären lässt, ob die vergebene Leistung nach Durchführung eines Ausschreibungswettbewerbs tatsächlich kostengünstiger wäre.[215]

200 Die divergierende Rechtsprechung verdeutlicht, dass eine den vergaberechtlichen Vorschriften entsprechende Beschaffung von gebührenrelevanten Drittleistungen nicht zur Unwirksamkeit von Abgabensatzungen und -bescheiden führt. Dagegen ist das **Risiko** der Nichtigkeit bzw. Rechtswidrigkeit von Satzungen oder Bescheiden bei nicht erfolgter Durchführung eines Vergabeverfahrens als außerordentlich hoch zu bezeichnen.

6. Nichtigkeit der Zuschlagserteilung

201 Von erheblicher praktischer Bedeutung für europaweite Vergabeverfahren ist die ordnungsgemäße Vorabinformation nach **§ 13 VgV**.[216] Dies trifft nicht nur für die Seite der öffentlichen Auftraggeber zu, die bei Missachtung der Vorgaben des § 13 VgV Gefahr laufen, nichtige Verträge abzuschließen und sich Schadensersatzansprüchen des vermeintlich bezuschlagten Bieters auszusetzen. Auch und gerade für die potentiellen Auftragnehmer spielt § 13 VgV eine besondere Rolle. Sinn und Zweck dieser Regelung ist es, den Bieter nicht vor vollendete Tatsachen zu stellen. Denn mit dem Zuschlag ist das Vergabeverfahren beendet und ein einmal geschlossener Vertrag kann grundsätzlich nicht mehr aufgehoben werden. Wettbewerbsteilnehmer können dann kein vergaberechtliches Nachprüfungsverfahren mehr anstrengen, sondern sind lediglich auf die Geltendmachung von Schadensersatz im ordentlichen Rechtsweg beschränkt. Dagegen kann der durch § 13 VgV vorabinformierte Bieter rechtzeitig darüber befinden, ob er die Nachprüfung des Vergabeverfahrens beantragt, um dadurch das Zuschlagsverbot (§ 115 Abs. 1 GWB) zu erwirken.

202 § 13 VgV bestimmt inhaltlich, dass der öffentliche Auftraggeber die Bieter **informiert**, deren Angebote nicht berücksichtigt werden sollen, über den Namen des Bieters, dessen Angebot angenommen werden soll und über den Grund der vorgesehenen Nichtberücksichtigung ihres Angebotes. Diese Information ist in Textform spätestens 14 Kalendertage vor dem Vertragsabschluss an die Bieter abzusenden, wobei die Frist am Tag nach der Absendung zu laufen beginnt. Der Vertrag darf vor Ablauf der 14-tägigen Frist oder ohne dass die Information erteilt worden und die Frist abgelaufen ist nicht geschlossen werden. Ein gleichwohl abgeschlossener Vertrag ist nichtig.

a) Anwendungsbereich

203 Die Informationspflicht nach § 13 VgV gilt für alle Verfahrensarten, auch für das Verhandlungsverfahren.[217] Unterschiedliche Rechtsauffassungen bestehen zur Anwendbarkeit von § 13 VgV bei sog. **de-facto-Vergaben**. In diesen Fällen ist die Durchführung eines an sich gebotenen Vergabeverfahrens vom öffentlichen Auftraggeber gänzlich unterlassen worden. Ein solch schwerer Verstoß gegen Vergabevorschriften kann nach einer in der Rechtsprechung vertretenen Ansicht jedoch nicht mit der Rechtsfolge der Nichtigkeit geahndet werden, weil § 13 VgV eine Verpflichtung zur Vorabinformation nur in laufenden Vergabeverfahren begründet und eine analoge Anwendung an der fehlenden planwidrigen Regelungslücke scheitert.[218] Die Gegenmeinung wendet zu Recht § 13 VgV

---
[215] OVG Schleswig-Holstein, AbfallPrax 1999, 28 ff.
[216] Vgl. zum Ganzen *Stockmann*, NZBau 2003, 591 ff.; *Schröder*, NVwZ 2002, 440 ff.
[217] OLG Celle, Beschl. v. 5. 2. 2004 – 13 Verg 26/03; OLG Düsseldorf, NZBau 2003, 400 ff.; OLG Dresden, VergabeR 2002, 142 ff.
[218] OLG Düsseldorf, NZBau 2004, 113 ff. = WuW 2004, 239 ff.; VK Thüringen, Beschl. v. 28. 3. 2003 – 216-4003.20-003/03-ABG; VK Lüneburg, Beschl. v. 15. 1. 2002 – 203-VgK-24/2001.

VI. Praxisprobleme

auch bei de-facto-Vergaben an.²¹⁹ Die Geltung der Informationsverpflichtung nach § 13 VgV kann nicht davon abhängig gemacht werden, ob eine Vergabestelle ihrer gesetzlichen Verpflichtung zur Durchführung eines dem GWB unterliegenden Vergabeverfahrens nachkommt oder nicht. Für besonders schwerwiegende Vergabeverstöße, wie etwa einer unterlassenen Ausschreibung, muss auch ein effektiver Rechtsschutz bestehen.

b) Form

Nach der Neufassung der VgV zum 15. 2. 2003 bedarf die Vorabinformation nicht mehr der Schriftform, sondern kann in **Textform** (§ 126 b BGB) abgefasst sein. Da hierzu weder eine Unterschrift noch eine digitale Signatur erforderlich ist, kann die Vorabinformation auch per Telefax²²⁰ oder sogar per E-Mail an die Bieter übermittelt werden.

c) Frist

Maßgeblich für die Beachtung der **14-tägigen Frist** nach § 13 VgV ist der Tag der Absendung²²¹ an den letzten Bieter. Erst zu diesem Zeitpunkt beginnt die Frist einheitlich zu laufen.²²² Die Frist beginnt also mit dem Tag nach der Absendung der Vorabinformation und endet am 14. Kalendertag um 24.00 Uhr. Auch eine Absichtserklärung der Vergabestelle, den Zuschlag zu einem bestimmten (späteren) Datum erteilen zu wollen, kann die gesetzliche Frist des § 13 VgV nicht abändern. Sie führt nicht dazu, dass statt der Gesetzesfrist wegen der Grundsätze des Vertrauensschutzes und der Selbstbindung der Verwaltung ein in der Vorabinformation genanntes späteres Fristende gilt.²²³

d) Inhalt

Der öffentliche Auftraggeber informiert die nicht berücksichtigten Bieter, über den Namen des erfolgreichen Bieters und über den Grund der Nichtberücksichtigung. An den Inhalt der Vorabinformation sind **keine allzu großen Anforderungen** zu stellen, weil die Vorschrift selbst bei einer Vielzahl von zu informierenden Bietern noch handhabbar sein muss. Selbstverständlich ist, dass die Vorabinformation der Wahrheit entsprechen muss, auch wenn sie knapp gehalten werden kann. Inhaltliche Mängel können aber noch vor der Einleitung eines Nachprüfungsverfahrens oder auch noch im Laufe eines Nachprüfungsverfahrens geheilt werden.²²⁴

Die Benennung des **Namens** des zu bezuschlagenden Bieters muss in dem Umfang erfolgen, dass den nicht berücksichtigten Bietern eine Identifizierung möglich ist, um gegen die vorgesehene Zuschlagserteilung Gründe geltend machen zu können, die gerade in der Person dieses Bieters liegen.

Der **Grund** der vorgesehenen Nichtberücksichtigung kann nach der Regierungsbegründung zu § 13 VgV auch durch einen vorformulierten Standardtext erfolgen, der allerdings den für den Einzelfall tragenden Grund konkret enthalten muss. Der Grund ist verständlich und präzise zu benennen, damit der Bieter zumindest ansatzweise nachvollziehen kann, weshalb sein Angebot erfolglos geblieben ist. So hat das OLG Düsseldorf es für ausreichend erachtet, dass ein Bieter darüber informiert wurde, in welcher Phase des Vergabeverfahrens er gescheitert war und darauf hingewiesen wurde, nach welcher Wertungsmethode das Angebot bewertet und für weniger wirtschaftlich gehalten wurde.²²⁵ Das KG Berlin hingegen hat die zusammenfassende Mitteilung des Ergebnisses des Wertungsvorganges, das Angebot des nicht berücksichtigten Bieters sei nicht das wirtschaftlichste gewesen, als unzureichend qualifiziert.²²⁶

---

²¹⁹ Thüringer OLG, VergabeR 2004, 113 ff.; VK Bund, Beschl. v. 20. 5. 2003 – VK 1-35/03; VK Baden-Württemberg, Beschl. v. 26. 3. 2002 – 1 VK 7/02; VK Münster, Beschl. v. 24. 1. 2002 – VK 24/01.
²²⁰ Thüringer OLG, ZfBR 2003, 75 ff.
²²¹ BGH, NZBau 2004, 229 ff. = VergabeR 2004, 201 ff. = ZfBR 2004, 399 ff.
²²² VK Bund, Beschl. v. 20. 1. 2003 – VK 1-99/02.
²²³ Hanseatisches OLG Bremen, Beschl. v. 17. 11. 2003 – Verg 6/2003.
²²⁴ VK Sachsen, Beschl. v. 27. 1. 2003 – 1/SVK/123-02.
²²⁵ OLG Düsseldorf, VergabeR 2001, 429 ff.
²²⁶ KG Berlin, VergabeR 2002, 235 ff.

e) Rechtsfolge

209 Die Rechtsfolge einer Verletzung der Vorabinformationspflicht nach § 13 VgV ist grundsätzlich die allgemein geltende **Nichtigkeit** der Zuschlagserteilung bzw. des Vertragsabschlusses.[227] Ein Ausschluss der Nichtigkeit ist ausnahmsweise dann anzunehmen, wenn die Vorabinformation nur den inhaltlichen Anforderungen des § 13 VgV nicht entspricht.[228] In diesem Fall ist der unzulänglich informierte Bieter auch ohne Nichtigkeitsfolge ausreichend geschützt, da er immer noch im Rahmen eines Nachprüfungsverfahrens die Erteilung einer ordnungsgemäßen Vorabinformation erreichen kann.

7. Mitwirkungsverbot ausgeschlossener Personen

210 **§ 16 VgV** bestimmt, dass zur Vermeidung von Interessenskonflikten und zur Sicherstellung des Gleichbehandlungsgrundsatzes bei Vergabeentscheidungen für den öffentlichen Auftraggeber als voreingenommen geltende natürliche Personen nicht mitwirken dürfen. Als voreingenommen gelten die in § 16 Abs. 1 Nr. 1 bis Nr. 3 und Abs. 2 VgV näher bezeichneten Personengruppen. Sie sind von der Mitwirkung in einem Vergabeverfahren grundsätzlich ausgeschlossen.[229]

211 Von praktischer Bedeutung ist, dass die Vergabestelle dafür Sorge zu tragen hat, dass keine ausgeschlossenen Personen an Vergabeentscheidungen mitwirken können. Der öffentliche Auftraggeber hat dazu geeignete **organisatorische Vorkehrungen** zu treffen. Dies kann z. B. durch schriftliche Erklärungen der bei einer Vergabestelle beschäftigten Mitarbeiter erfolgen, dass für sie kein Ausschlussgrund und/oder kein Interessenskonflikt i. S. § 16 VgV vorliegt. Bei Unternehmen in privater Rechtsform sind auch gesellschaftsvertragliche Gestaltungen denkbar, um vergaberechtlich unzulässige Interessenskonflikte nach Möglichkeit zu unterbinden.

212 § 16 VgV enthält keine Regelung darüber, zu welcher **Rechtsfolge** eine Verletzung des Mitwirkungsverbots führt. Die Rechtsprechung ist in dieser Frage deshalb uneinig. Die Ansichten reichen von der Heilungsmöglichkeit durch Nachholung bzw. Neuvornahme der betroffenen Vergabeentscheidung,[230] über den Ausschluss des durch die Mitwirkung berührten Bieters[231] bis hin zur Aufhebung des gesamten Vergabeverfahrens.[232] Der letzten Auffassung ist der Vorzug zu geben, weil bei einer verbotenen Mitwirkung i. S. § 16 VgV ein schwerwiegender Grund zur Aufhebung des Vergabeverfahrens nach § 26 Nr. 1 c VOB/A bzw. § 26 Nr. 1 d VOL/A in der Regel nahe liegen wird.

8. Vergabefehler und Fördermittel

213 Bei der Zuwendung von öffentlichen Fördermitteln werden regelmäßig die Vorschriften der VOB/A oder VOL/A zum Gegenstand von Nebenbestimmungen des Bewilligungsbescheides gemacht. Die Pflicht zur Beachtung der Bestimmungen der VOB/A oder VOL/A wird den Zuwendungsempfängern vom Fördermittelgeber dabei nicht nur im Interesse einer sparsamen und effizienten Verwendung öffentlicher Mittel aufgetragen, sondern auch im wirtschaftspolitischen Interesse des chancengleichen Zugangs zu öffentlichen Aufträgen. Daher können Verstöße gegen auferlegte Vergabevorschriften den **Widerruf**[233] eines Fördermittelbescheids ganz oder zum Teil rechtfertigen. Liegen die Widerrufsvoraussetzungen vor, muss die bewilligende Stelle das rechtlich eingeräumte

---

[227] BGH, VergabeR 2004, 201 ff.
[228] Thüringer OLG, VergabeR 2002, 631 ff.; OLG Rheinland-Pfalz, NZBau 2002, 526 ff. = VergabeR 2002, 384 ff.
[229] Vgl. zum Ganzen *Schröder*, NVwZ 2004, 168 ff.
[230] OLG Rheinland-Pfalz, VergabeR 2002, 617 ff.
[231] VK Köln, Beschl. v. 11. 12. 2001 – VK 20/2001.
[232] Hanseatisches OLG, VergabeR 2003, 40 ff. = NZBau 2003, 172 (Ls.).
[233] Z. B. § 49 Abs. 2 S. 1 Nr. 2 VwVfG, Art. 44 a Abs. 1 BayHO.

VI. Praxisprobleme

Ermessen ordnungsgemäß ausüben, um den Zuwendungsempfänger zur Rückzahlung erhaltener Zuwendungen zu verpflichten.

Förderungsschädliche Vergabeverstöße werden in der Praxis im Rahmen der Prüfung der Verwendungsnachweise entweder durch die selbst prüfende Bewilligungsbehörde oder einer ihr nachgeordneten Behörde (oftmals die VOB-Stellen) aufgedeckt. Dabei muss aber nicht jede Verletzung von Vergabevorschriften zu einem Widerruf des Zuwendungsbescheids führen. In Bayern bspw. führen grundsätzlich nur **schwere Vergabefehler** zum Widerruf eines Zuwendungsbescheids und zur entsprechenden Kürzung der Fördermittel. Die Rechtsprechung hat bspw. folgende Verstöße gegen die VOB/A als schwerwiegend angesehen:

- die Vergabe eines öffentlichen Auftrags auf ein anderes als das nach den Auswahlkriterien des § 25 VOB/A wirtschaftlichsten Angebots[234] und
- die losweise Vergabe, wenn der Vorbehalt der losweisen Vergabe und der Umfang der Lose in den Verdingungsunterlagen nicht klar zum Ausdruck kommt.[235]

9. Vergaberechtliche Bedeutung von Beihilfen im ÖPNV

Im ÖPNV stellt sich seit jeher die Frage, ob und inwieweit die dafür eingesetzten staatlichen Finanzmittel als wettbewerbsverfälschende und damit verbotene **Beihilfen** i. S. Art. 87 Abs. 1 EGV anzusehen sind. Von Bedeutung ist diese Frage immer dann, wenn kein öffentlicher Auftrag vorliegt (z. B. Linienverkehrs-Genehmigungsverfahren nach PBefG), auf den das Vergaberecht anwendbar ist. Daher ist für die Frage der Anwendbarkeit und dem Gewicht des Vergaberechts bei der Beschaffung von Verkehrsdienstleistungen nach (bislang) geltendem Recht die begriffliche Unterscheidung zwischen eigenwirtschaftlichen und gemeinwirtschaftlichen Verkehren hilfreich.

Nach der Legaldefinition in § 8 Abs. 4 S. 2 PBefG sind solche Verkehrsleistungen **eigenwirtschaftlich**, „deren Aufwand gedeckt wird durch Beförderungserlöse, Erträge aus gesetzlichen Ausgleichs- und Erstattungsregelungen im Tarif- und Fahrplanbereich sowie sonstige Unternehmenserträge im handelsrechtlichen Sinne". Für solche eigenwirtschaftliche Verkehre gilt grundsätzlich das Konzessionssystem des PBefG. Finanzielle Verlustausgleichszahlungen o. Ä. des öffentlichen Aufgabenträgers erfolgen im Bereich der eigenwirtschaftlichen Verkehre nicht. Wegen der dadurch begründeten fehlenden Entgeltlichkeit bei der Beschaffung von eigenwirtschaftlichen Verkehrsdienstleistungen liegt folglich auch kein öffentliches Auftragsverhältnis vor, das nach den Regeln des Vergaberechts ausgeschrieben werden muss.[236]

Anders zu beurteilen sind dagegen **gemeinwirtschaftliche** Verkehrsdienstleistungen (vgl. § 13 a PBefG), die über die o. g. Geldquellen hinaus finanzieller Mittel bedürfen. Sie unterliegen dem Vergaberecht.[237] In der Praxis ist in diesem Zusammenhang insbesondere problematisch, ob öffentliche Zuwendungen für den laufenden Betrieb oder Verlustübernahmen bzw. Restdefizitausgleich durch die öffentlichen Aufgabenträger als verbotene staatliche Beihilfen i. S. Art. 87 Abs. 1 EGV zu werten sind.

Hierzu hat der EuGH in seiner primär beihilferechtlich bedeutsamen Entscheidung „**Altmark Trans**" aus dem Jahr 2003 geurteilt,[238] dass grundsätzlich alle finanziellen Leistungen der öffentlichen Hand im ÖPNV an den von ihm im Einzelnen aufgestellten Maßstäben zu messen sind. Insoweit besteht nach Ansicht der Luxemburger Richter in der Bundesrepublik Deutschland allerdings eine unklare Rechtslage. Insbesondere sei nicht deutlich, ob und in welchem Umfang das (nationale) PBefG zuschussbedürftige Verkehrsdienstleistungen aus dem Anwendungsbereich der einschlägigen und allein

---

[234] BayVGH, FSt BY 8/2002.
[235] BayVGH, NJW 1997, 2255 ff.
[236] Böck/Theobald, EWS 2003, 413.
[237] Kulartz, NZBau 2001, 176; Neusinger, Versorgungswirtschaft 2000, 30.
[238] EuGH, NJW 2003, 2515 ff. = NZBau 2003, 503 ff. = EuZW 2003, 496 ff. („Altmark Trans").

maßgeblichen EG-Verordnung 1191/69[239] ausnimmt oder nicht. Die Trennung zwischen gemeinwirtschaftlichen und eigenwirtschaftlichen Verkehren nach dem PBefG müsse „für den Einzelnen hinreichend bestimmt und klar" sein. Dies zweifelt der EuGH an, weil der deutsche Gesetzgeber den Verkehrsunternehmen ein Wahlrecht zugesteht, ob zuschussbedürftige Verkehrsleistungen eigenwirtschaftlich oder gemeinwirtschaftlich erbracht werden.

219 Ein abschließendes Urteil hat der EuGH jedoch nicht gefällt. Die endgültige Entscheidung über den Anwendungsbereich der EG-Verordnung 1191/69 im deutschen Recht hatten die europäischen Richter dem BVerwG vorbehalten, weil die Unterscheidung in eigen- und gemeinwirtschaftliche Verkehre eine Frage des nationalen Rechts ist, also des PBefG. Nachdem die Verfahrensbeteiligten den Rechtsstreit in der Sache für erledigt erklärt haben, hat das BVerwG den Rechtsstreit **eingestellt**.[240] Eine Klärung der Rechtsfragen steht damit weiterhin aus.[241]

220 Die Bedeutung des EuGH-Urteils spiegelt sich wider in zwei denkbaren Entscheidungsalternativen. Entweder wird die Auffassung vertreten, dass die EG-Verordnung 1191/69 auf **alle** Verkehre Anwendung findet, gleich ob sie eigen- oder gemeinwirtschaftlich erbracht werden. Dann haben die öffentlichen Auftraggeber diejenige Lösung zu wählen, welche die geringsten Kosten für die Allgemeinheit mit sich bringt. Dies würde zwangsläufig zu einem kostenvergleichenden Ausschreibungswettbewerb auf breiter Front führen.

221 Oder es wird die Ansicht befürwortet, dass in der Bundesrepublik Deutschland auch Verkehrsdienstleistungen im ÖPNV bestehen, die **nicht** unter den Anwendungsbereich der speziellen EG-Verordnung 1191/69 fallen. In diesem Fall hätte die Auswahl des Unternehmens zur Erbringung der Verkehrsdienstleistungen entweder in einem förmlichen Vergabeverfahren zu erfolgen. Dies wäre der Idealfall. Oder der öffentliche Aufgabenträger verzichtet auf einen solchen Ausschreibungswettbewerb und unterwirft sich den strengen vom EuGH aufgestellten Voraussetzungen (z. B. Äquivalenzvergleich),[242] um eine beihilferechtlich unbedenkliche Auswahlentscheidung zu treffen.

222 Angesichts dieser nach wie vor ungeklärten Rechtslage im Bereich der ÖPNV-Finanzierung bietet jedenfalls eine nach den Regeln des **Vergaberechts** erfolgende Beschaffung von Verkehrsdienstleistungen die für die öffentlichen Aufgabenträger notwendige Rechtssicherheit in beiden oben aufgezeigten Entscheidungsszenarien. Ein Verzicht auf transparente Vergabeverfahren würde die öffentlichen Aufgabenträger demgegenüber der Gefahr aussetzen, gegen geltendes EG-Beihilferecht zu verstoßen.

10. Elektronische Vergabe

223 Vergabestellen können Waren, Bau- und Dienstleistungen weitgehend im Wege elektronischer Verfahren[243] europaweit oder national beschaffen. Die Vorteile der ausschreibenden Stelle liegen vor allem in der Vereinfachung, Kostenreduktion und Beschleunigung des Vergabeprozesses sowie der Erweiterung des Kreises der Wettbewerber. Ausdrücklich geregelt sind die rechtlichen Voraussetzungen für die elektronische **Angebotsabgabe** (§ 15 VgV, § 21 Nr. 1 Abs. 1 S. 2 VOB/A und § 21 Nr. 3 VOL/A).[244] Angebote dürfen aber nur dann digital abgegeben werden, wenn der öffentliche Auftraggeber dies

---

[239] ABlEG Nr. L 156, S. 1; die Verordnung ermöglicht den europäischen Mitgliedstaaten bspw. Teile des Regionalverkehrs, wie etwa eigenwirtschaftliche Verkehre, von ihrem Anwendungsbereich auszunehmen.
[240] BVerwG, Beschl. v. 11. 12. 2003 – 3 C 28/03.
[241] Die sich aus dem EuGH-Urteil ergebenden Rechtsprobleme erörtert aktuell eine Bund-Länder-Arbeitsgruppe im Auftrag der Verkehrsabteilungsleiterkonferenz. Ergebnisse lagen bei Drucklegung noch nicht vor.
[242] Weiterführend etwa *Zeiss*, ZfBR 2003, 749 ff.
[243] Vgl. dazu *Malmendier*, VergabeR 2001, 178 ff.; *Mosbacher*, DÖV 2001, 573 ff.; *Höfler*, NZBau 2000, 449 ff.
[244] Nach § 14 Abs. 2 S. 1 VOF können Teilnahmeanträge bei der Vergabe freiberuflicher Leistungen auch elektronisch übermittelt werden.

auch zulässt und die Vertraulichkeit gewahrt ist. Ein Anspruch auf elektronische Angebotsabgabe steht den Bietern dagegen nicht zu.

Die digitale Angebotsabgabe setzt einerseits voraus, dass die Vergabestellen überhaupt die **technischen** und **organisatorischen Bedingungen** dafür geschaffen haben, dass auch bei einer elektronischen Beschaffung die geltenden Vergabebestimmungen eingehalten werden können. Nur wenn dies gewährleistet ist, sollten die öffentlichen Auftraggeber von dieser rechtlichen Gestaltungsmöglichkeit Gebrauch machen.

Andererseits ist die erforderliche **Geheimhaltung** der Identität der Bieter und der Inhalte ihrer Angebote nur durch die Einbeziehung der sog. qualifizierten Signatur und der Verschlüsselung der Nachrichten gewahrt. Die qualifizierte Signatur (§ 2 Nr. 3 SigG), welche die eigenhändige Unterschrift ersetzt, dient dabei der eindeutigen Authentifizierung, lässt also nachträgliche Veränderungen erkennbar werden und kann nur vom Inhaber der dazugehörigen Signaturerstellungseinheit gefertigt werden.

In der Vergabepraxis spielt allerdings die elektronische Beschaffung (noch) eine **untergeordnete Rolle**. So ist der Einsatz moderner Informationstechnologien zum Großteil noch auf die Vorbereitung und die Bekanntmachung eines Beschaffungsvorhabens beschränkt, während die Durchführung des eigentlichen Vergabeprozesses (Versand der Vergabeunterlagen, Angebotsabgabe, Zuschlag usw.) erst in einzelnen Initiativen, hauptsächlich auf Bundes- und Landesebene (z. B. e-Vergabe/Bund oder Pilotprojekt Elektronisches Beschaffungswesen/Bayern), erprobt wird.

VII. Zusammenfassung und Ausblick

Das Vergaberecht kennzeichnet **heute** einen für die Geschäftstätigkeit kommunaler Unternehmen praktisch wichtigen Bereich. Die Bedeutung erstreckt sich nicht nur auf den Status kommunaler Unternehmen als öffentliche Auftraggeber, die bei der Beschaffung von Bau-, Liefer- und Dienstleistungen den vielfältigen Regelungen des Vergaberechts unterworfen sind. Kommunale Unternehmen sehen sich zunehmend auch in der Rolle der um öffentliche Aufträge konkurrierenden Wettbewerber. In beiden Funktionen sind die Kenntnis der Rahmenbedingungen und der „Fallstricke" des Vergaberechts für eine gerichtsfeste Auftragsvergabe oder für eine erfolgreiche Wettbewerbsteilnahme von Bedeutung.

Trotz der auf europäischer und nationaler Ebene angestrengten unterschiedlichen Maßnahmen und Initiativen, das Vergaberecht für die **Zukunft** anwendungsfreundlicher und einfacher zu gestalten, ist nicht mit einer spürbaren vergaberechtlichen „Entlastung" für kommunale Unternehmen zu rechnen. Vielmehr kann sogar damit gerechnet werden, dass bspw. im Bereich der Erfüllung daseinsvorsorglicher Aufgaben das Vergaberecht mehr an Gewicht gewinnen könnte. Hierauf lässt jedenfalls das sog. Weißbuch über Dienstleistungen von allgemeinem Interesse der Europäischen Kommission vom 12. 5. 2004 schließen.[245] Auch die neuen zur Diskussion stehenden vergaberechtlichen Instrumente, wie etwa reverse Auktionen oder der wettbewerbliche Dialog, werden zu einer weiterhin dynamischen Fortentwicklung im öffentlichen Auftragswesen beitragen. Kommunale Unternehmen müssen diese Herausforderungen kennen und sachgerecht bewerten können, um die richtigen Weichen rechtzeitig für eine erfolgreiche und bestandssichernde Unternehmensentwicklung zu stellen.

---

[245] KOM (2004) 374 endgültig.

I. Kartell- und Wettbewerbsrecht

Übersicht

	Rn.		Rn.
I. Kartellrecht	2	cc) Rechtsfolgen	105
1. Rechtsgrundlagen	2	d) Boykottverbot	107
2. Anwendungsbereich	4	e) EG-Recht	108
3. Relevanter Markt	14	8. Zusammenschlusskontrolle	115
4. Wettbewerbsbeschränkungen	19	a) Anwendungsbereich	116
5. Horizontale wettbewerbsbeschränkende Vereinbarungen	20	b) Zusammenschlusstatbestände	122
		c) Marktbeherrschende Stellung	129
a) Vereinbarungen zwischen miteinander im Wettbewerb stehenden Unternehmen	21	d) Verfahren	130
		e) Rechtsfolgen	134
		f) Rechtsmittel	136
b) Beschlüsse von Unternehmensvereinigungen	23	g) Europäisches Recht	137
		aa) Anwendungsbereich	138
c) aufeinander abgestimmte Verhaltensweisen	24	bb) Zusammenschlusstatbestände	143
		cc) Marktbeherrschende Stellung	147
d) wettbewerbsbeschränkend	25	dd) Verfahren	148
e) Fallgruppen	28	II. Wettbewerbsrecht	149
aa) Preisabsprachen	28	1. Zweck	150
bb) Submissionsabsprachen	29	2. Anwendbarkeit	151
cc) Gebietsschutzvereinbarungen	30	3. Generalklausel (§ 3 UWG)	152
dd) Einkaufskooperationen	31	a) Wettbewerbshandlung	153
ee) Verkaufsgemeinschaften	33	b) Nachteil für Mitwettbewerber, Verbraucher oder sonstige Marktteilnehmer	156
ff) weitere Absprachen	34		
f) Freistellung vom Kartellverbot	35		
aa) Widerspruchskartelle	36	c) Erheblichkeit der Wettbewerbsbeeinträchtigung	161
bb) Anmeldekartelle	39		
cc) Erlaubniskartelle	41	d) Unlauterkeit der Wettbewerbshandlung	163
g) Rechtsfolgen eines Verstoßes gegen das Verbot des § 1 GWB	46		
		e) Beispielskatalog des § 4 UWG	165
aa) Zivilrechtliche Folgen	47	aa) Beeinträchtigung der Entscheidungsfreiheit (§ 4 Nr. 1 UWG)	166
bb) Befugnisse der Kartellbehörden	49		
h) EG-Kartellverbot	50	(1) Ausnutzen von Vertrauen/Vertrauensmissbrauch	168
6. Vertikale Wettbewerbsbeschränkungen	57		
a) Preis- und Konditionenbindungen (§ 14 GWB)	58	(2) Missbrauch von Autorität/Hoheitsbefugnissen	169
b) Vertragsabschlussbindungen	66	(3) Verquickung öffentlicher und privater Interessen	170
c) EG-Recht	73		
7. Missbrauchsaufsicht	77	bb) Behinderung (§ 4 Nr. 10 UWG)	171
a) Marktbeherrschende Stellung	78	(1) Preisunterbietung	173
b) Missbrauchsverbot (§ 19 GWB)	84	(2) Absatz-/Nachfragebehinderung	174
aa) Missbrauchstatbestände	85		
(1) Behinderungsmissbrauch	86	(3) Weitere Untergruppen	177
(2) Preis- und Konditionenmissbrauch	88	cc) Rechtsbruch (§ 4 Nr. 11 UWG)	181
		dd) Ausnutzen von Angst, einer Zwangslage oder besonders schutzbedürftiger Verbraucherkreise (§ 4 Nr. 2 UWG)	188
(3) Preis- und Konditionenspaltung	90		
(4) Verweigerung des Zugangs zu wesentlichen Einrichtungen	91		
		ee) Nachahmung (§ 4 Nr. 9 UWG)	189
bb) Rechtsfolgen	92	ff) Geschäftsehrverletzung/unwahre Tatsachenbehauptung (§ 4 Nr. 7 und 8 UWG)	194
c) Diskriminierungsverbot	94		
aa) Adressaten des Verbots	95		
(1) Marktbeherrschende Unternehmen	96	gg) Verdeckte Werbung (§ 4 Nr. 3 UWG)	195
(2) Marktstarke Unternehmen	97		
(3) Weitere Adressaten	98	hh) Weitere Beispielsfälle	196
bb) Unbillige Behinderung/Diskriminierung	99	4. Vergleichende Werbung	199
		5. Irreführende Werbung (§ 5 UWG)	202
		a) Irreführung	204

	Rn.		Rn.
b) Fallgruppen	206	8. Rechtsfolgen/ Rechtsschutz	214
aa) Alleinstellungs- und Spitzengruppenwerbung	207	a) Zivilrechtliche Folgen	214
		aa) Unterlassungsanspruch	215
bb) Lockvogelwerbung	208	bb) Schadensersatzanspruch	220
cc) Blickfangwerbung	209	cc) Rücktrittsrecht des Abnehmers	221
dd) Preisgegenüberstellungen	210	dd) Gewinnabschöpfungsanspruch	222
6. Abstrakte Gefährdungstatbestände	211	b) Strafrechtliche Folgen	223
7. Unzumutbare Belästigungen (§ 7 UWG)	212	9. Europäisches Recht	224

Literatur: Kartellrecht: *Bechtold*, Kartellgesetz GWB-Kommentar, 3. Aufl. 2002; *Boesche*, Die zivilrechtsdogmatische Struktur des Anspruchs auf Zugang zu Energieversorgungsnetzen, 2002; *Emmerich*, Kartellrecht, 9. Aufl. 2001; *Engel*, Verhandelter Netzzugang, 2002; *Immenga/Mestmäcker*, GWB Kommentar zum Kartellgesetz, 3. Aufl., 2001; *Saecker/Jaecks*, Langfristige Energielieferverträge und Wettbewerbsrecht, 2002; *Schwintowski*, Wettbewerbsrecht (GWB/UWG), 3. Aufl. 1999; *Staebe/Denzel*, Die neue Europäische Fusionskontrollverordnung (VO 139/2004), EWS 2004, S. 194; *von Wallenberg*, Kartellrecht, 2. Aufl., 2002; *Wiedemann*, Handbuch des Kartellrechts, 1999. – **Wettbewerbsrecht:** *Baumbach/Hefermehl*, Wettbewerbsrecht – Kommentar, 22. Aufl., 2001; *Berlit*, Vergleichende Werbung, 2002; *Bernecke*, Die einstweilige Verfügung in Wettbewerbssachen, 1995; *Emmerich*, Unlauterer Wettbewerb, 6. Aufl. 2002; *Graf Lambsdorff*, Handbuch des Wettbewerbsrechts, 2000; *Köhler*, Das neue UWG, NJW 2004, 2121; *Köhler/Piper*, UWG Kommentar, 3. Aufl. 2002; *Lehmler*, Das Recht des unlauteren Wettbewerbsrechts, 2002; *Lettl*, Das neue UWG, 2004; *Sack*, Die Präzisierung des Verbraucherleitbildes durch den EuGH, WRP 1999, 399; *Teplitzky*, Wettbewerbsrechtliche Ansprüche und Verfahren, 8. Aufl., 2002; *Weber*, Wettbewerbsrechtlicher Unterlassungsanspruch gegen kommunale Wirtschaftstätigkeit, 1998.

1 Das Wettbewerbsrecht dient der Erhaltung der wirtschaftlichen Handlungs- und Entscheidungsfreiheit des Einzelnen. Der Schutz des Wettbewerbs wird im deutschen Recht auf zwei Wegen, die mit dem Oberbegriff ‚Wettbewerbsrecht' zusammengefasst werden, gewährleistet. Zum einen sollen im Bereich des Kartellrechts mit Hilfe des **Gesetzes gegen Wettbewerbsbeschränkungen** (GWB) wettbewerbsbeschränkende Verhaltensweisen verhindert werden, um den Wettbewerb als Institution zu schützen. Verboten sind deshalb z. B. wettbewerbsbeschränkende Vereinbarungen (vgl. § 1 GWB),[1] aber auch der Missbrauch einer marktbeherrschenden Stellung (vgl. § 19 GWB).[2] Auf der anderen Seite bezweckt das **Gesetz gegen den unlauteren Wettbewerb** (UWG), dass die aufgrund des Wettbewerbs gewährleistete wirtschaftliche Freiheit nicht zum Schaden der Konkurrenten, der Verbraucher oder der Allgemeinheit missbraucht wird. Nicht zulässig sind mithin z. B. irreführende Angaben oder sonstige unlautere Verhaltensweisen (vgl. die Generalklausel des § 3 UWG).[3]

I. Kartellrecht

1. Rechtsgrundlagen

2 Die Vorschriften des deutschen Kartellrechts finden sich im Gesetz gegen Wettbewerbsbeschränkungen (**GWB**). Aktuell steht eine umfassende Novellierung des GWB an. Diese ist bedingt durch veränderte europäische Vorgaben der novellierten Kartellverfahrensverordnung (VO 1/2003),[4] die in das deutsche Recht umgesetzt werden müssen. Die Neuregelung auf EU-Ebene hat wesentliche Auswirkungen auf die horizontalen und vertikalen wettbewerbsbeschränkenden Vereinbarungen im deutschen Recht. Da zahlreiche Unternehmensabsprachen Auswirkungen auf den zwischenstaatlichen Handel haben,

---

[1] Siehe Rn. 20.
[2] Siehe Rn. 77.
[3] Siehe Rn. 149.
[4] ABl. 2003 L1/1 ff.

I. Kartellrecht

sind diese zukünftig nach Art. 81 EG zu beurteilen. Der Anwendungsbereich des deutschen Kartellrechts wird nur noch in solchen Fällen eröffnet sein, in denen rein lokale oder regionale Auswirkungen vorliegen, die keine zwischenstaatliche Relevanz haben. Im Einzelnen sieht der vorgelegte Regierungsentwurf für eine 7. Novelle des GWB folgende Änderungen vor:[5] Das bisher nur für horizontale Vereinbarungen geltende unmittelbare Verbot des § 1 GWB soll auf vertikale Vereinbarungen erstreckt werden. Gleichzeitig sollen die meisten der bisherigen Freistellungstatbestände für Kartellabsprachen entfallen. Die Missbrauchsaufsicht wird von Änderungen allerdings unberührt bleiben. Im Bereich der Fusionskontrolle werden sich lediglich einige verfahrensrechtliche Änderungen ergeben. Eine Anpassung erfolgt auch bei den Verfahrensregelungen und Ermittlungsbefugnissen der Kartellbehörde mit dem Ziel einer effektiveren Durchsetzung des Wettbewerbs. Mit dem Inkrafttreten des novellierten GWB ist im Laufe des Jahres 2004 zu rechnen.

Das europäische Recht entfaltet aber nicht nur auf diesem mittelbaren Weg Geltung, vielmehr kommt einzelnen Vorschriften unmittelbare Wirkung zu. Sofern ihr Anwendungsbereich[6] eröffnet ist, kommen z. B. das Kartellverbot des **Art. 81 EGV** und die Missbrauchsaufsicht des **Art. 82 EGV** unmittelbar zur Anwendung. Grundsätzlich gilt, dass das GWB Anwendung auf Wettbewerbsbeschränkungen findet, die sich im Inland auswirken, Art. 81 und 82 EGV hingegen auf solche, die den Handel zwischen den Mitgliedstaaten beeinträchtigen können. Dabei kann es zu Überschneidungen kommen. In diesem Fall gilt, dass die deutschen und europäischen Vorschriften grundsätzlich parallel anwendbar sind, im Konfliktfall hat jedoch das europäische **Gemeinschaftsrecht Vorrang**. Das heißt, verbietet das europäische Gemeinschaftsrecht eine Verhaltensweise, kann diese nicht durch das deutsche Recht erlaubt sein.

2. Anwendungsbereich

Für kommunale Unternehmen von Bedeutung ist, dass das GWB für **alle Unternehmen** bzw. jede unternehmerische Tätigkeit Anwendung findet. Der Unternehmensbegriff wird sehr weit gefasst. Unternehmen im Sinne des GWB ist jede natürliche oder juristische Person, die am wirtschaftlichen Verkehr (nicht nur rein privat) teilnimmt, also Waren oder Dienstleistungen nachfragt oder anbietet.[7]

§ 130 Abs. 1 S. 1 GWB erklärt ausdrücklich, dass das GWB auch Anwendung auf Unternehmen findet, die **ganz oder teilweise im Eigentum der öffentlichen Hand** stehen oder die von ihr verwaltet/betrieben werden. Dabei wird auf die Rechtsnatur der jeweiligen Leistungsbeziehungen abgestellt: Allein bei privatrechtlicher Gestaltung der Leistungsbeziehung findet das GWB auf die Wettbewerbsbeziehungen der öffentlichen Hand zu ihren Konkurrenten Anwendung, nicht hingegen bei einer Leistungserbringung in öffentlich-rechtlicher Form.[8] Von privatrechtlicher Leistungserbringung ist auszugehen, wenn die öffentliche Hand und ihre Unternehmen auf dem jeweils relevanten Markt Leistungen neben anderen anbieten oder nachfragen, so dass schützenswerte Wettbewerbsbeziehungen entstehen. Die Beschaffungstätigkeit der öffentlichen Hand ist beispielsweise immer privatrechtlicher Natur und unterliegt somit den Bestimmungen des GWB. Darauf zu achten ist, dass eine Leistung, die im Verhältnis zu den Abnehmern als hoheitlich zu werten ist, im Verhältnis zu den Konkurrenten als privatrechtlich beurteilt werden kann.[9]

Generell ausgenommen vom Anwendungsbereich (s. o.) sind Leistungen, die aufgrund **hoheitlicher Bestimmungen** gefordert oder gewährt werden (z. B.: ein angeordneter Anschluss- und Benutzungszwang). Wird dem Staat bzw. den Kommunen eine öffent-

---

[5] BR-Drs. 441/04.
[6] Siehe Rn. 50, 73 und 108.
[7] BGH NJW 1998, 756 (757) „DFB"; NJW 2000, 866 (867) „Kartenlesegerät".
[8] BGH GS, NJW 1986, 2359 (2360); NJW 1990, 1531; *Emmerich*, in: *Immenga/Mestmäcker*, § 130 Rn. 13.
[9] BGH, WM 1999, 2371 (2374); *Emmerich*, in: *Immenga/Mestmäcker*, § 130 Rn. 14.

7 Das GWB findet daher, unter der Voraussetzung, dass keine öffentlich-rechtlichen Sonderregelungen eingreifen und der Staat bzw. seine Gliederungen mit wirtschaftlichen Handlungen im Wettbewerb mit anderen Unternehmen tätig wird, unabhängig von der Rechtsform und von den verfolgten Zwecken eines kommunalen Unternehmens,[11] Anwendung. Deshalb ist das GWB sowohl auf rechtlich selbständige kommunale Unternehmen (oHG, GmbH, AG oder AöR)[12] als auch auf rechtlich unselbständige wie Eigen- oder Regiebetriebe[13] anzuwenden. Auf die **Rechtsform** kommt es dabei ebenso wenig an wie auf eine **Gewinnerzielungsabsicht**,[14] so dass das GWB auch auf gemeinnützige kommunale Unternehmen Anwendung findet. Gleichgültig für die Anwendung des GWB ist es auch, ob es sich um ein rechtlich selbständiges Unternehmen oder um einen unselbständigen Regiebetrieb handelt.

8 Da der Unternehmensbegriff im GWB sehr weit verstanden wird, beschränkt sich der Anwendungsbereich des GWB nicht allein auf die öffentlichen Unternehmen, sondern auch auf den Staat und seine Gliederungen, also auch die **Kommunen**, wenn sie sich durch das Angebot (z. B. Vertrieb von Nummernschildern über die Kraftfahrzeugzulassungsstelle[15]) oder die Nachfrage (z. B. Kauf von Löschfahrzeugen[16]) von wirtschaftlichen Leistungen am wirtschaftlichen Verkehr in Wettbewerb mit anderen Nachfragern und Anbietern beteiligen.[17] Die §§ 97–129 GWB enthalten spezielle Schutzvorschriften, die bei der **Vergabe öffentlicher Aufträge** anzuwenden sind.[18] Durch sie wird die Anwendbarkeit der allgemein kartellrechtlichen Regeln auf die Nachfragetätigkeit der öffentlichen Auftraggeber nicht ausgeschlossen. Ausnahmen gelten außerdem dort, wo sie im GWB oder anderen Sondervorschriften ausdrücklich vorgesehen sind. Bis Ende 1998 waren in den § 99 und § 103 bis § 103 a GWB **Sonderregelungen** für die Verkehrs- und Versorgungswirtschaft enthalten. Diese Sonderregelungen ermöglichten eine Freistellung wettbewerbsbeschränkender Verträge.

9 Seit 1. 1. 1999 gelten die Sonderregelungen gemäß § 131 Abs. 8 GWB nur noch für die **Wasserwirtschaft**. Das hat für die Wasserwirtschaft zur Folge, dass das Kartell-, Konditionen- und Preisbindungsverbot[19] sowie die Missbrauchsaufsicht[20] nur unter bestimmten Voraussetzungen zur Anwendung kommen,[21] wobei das Schriftformerfordernis des § 34 a. F. GWB für entsprechende Vereinbarungen zu beachten ist.

10 Im Bereich der **Energiewirtschaft** (Strom und Gas) ist nahezu zeitgleich mit Wegfall der Sonderregelungen des GWB das Energiewirtschaftsgesetz **(EnWG)** vom 24. April 1998[22] in Kraft getreten. Der Erlass des Gesetzes beruht maßgeblich auf der erforderlichen Umsetzung der europäischen Elektrizitätsrichtlinie vom 19. Dezember 1996.[23] Die

---

[10] Hierfür existieren bisher keine Beispiele.
[11] BGH, NJW 1975, 1223 (1224); NJW 1976, 194 (195); NJW 1989, 3010 (3011); BGH v. 25. 6. 1964, WuW/E BGH 675, 678 „Uhrenoptiker"; v. 23. 10. 1979, WuW/E BGH 1661, 1662 „Berliner Musikschulen".
[12] Vgl. dazu oben, Kapitel D. II Rn. 18 ff.
[13] OLG Hamburg, WRP 1984, 88 (91); *Bechtold*, Kartellgesetz, § 130 Rn. 4.
[14] Vgl. die Begründung des Gesetzes BGBl. 1955, S. 31 ff.
[15] BGH, NJW 2000, 809 ff.
[16] OLG Koblenz v. 5. 11. 1998, WuW/E Verg 184, 187 „Feuerlöschgeräte"; OLG Celle v. 13. 5. 1998, WuW/E Verg 188, 189 „Feuerwehrbedarfsartikel".
[17] KG v. 20. 5. 1998, WUW/E Verg 111, 114 „Tariftreueerklärung"; OLG Düsseldorf v. 12. 2. 1980, WuW/E OLG 2274, 2275 „Errichtung von Fernmeldetürmen I"; BKartA, Tätigkeitsbericht 1971, S. 23; *Emmerich*, in: *Immenga/Mestmäcker*, § 130 Rn. 34; a. A.: *Kunert*, Staatliche Bedarfsdeckungsgeschäfte und öffentliches Recht, 1997; *Pietzker*, AöR 107 (1982) 61; *ders.*, NVwZ 1983, 121.
[18] Vgl. oben, Kapitel H. Rn. 20 ff.
[19] Vgl. unten Rn. 20 ff. und 57 ff.
[20] Vgl. unten Rn. 77 ff.
[21] *Bechtold*, GWB, § 131 Rn. 8; *Commichau/Schwartz*, Rn. 64.
[22] BGBl. I S. 730, zuletzt geändert durch Art. 29 G v. 10. November 2001 (BGBl. I S. 2992).
[23] Richtlinie 96/92/EG vom 19. Dezember 1996 betreffend gemeinsame Vorschriften für den Elektrizitätsbinnenmarkt, ABl. 1997 L 27/20 ff.

I. Kartellrecht   11–15 **I**

Umsetzung der Erdgasrichtlinie vom 22. Juni 1998[24] ist erst im Jahr 2003 erfolgt. Zwischenzeitlich sind die Binnenmarkt-Richtlinien Strom[25] und Gas,[26] die ihre Vorgängerregelungen ablösen. ergangen. Das EnWG bezweckt eine möglichst sichere, preisgünstige und umweltverträgliche Versorgung mit Elektrizität und Gas.[27] EnWG und GWB sind **nebeneinander anwendbar**; nur für den Fall der Gefährdung oder Störung der Energieversorgung ist der Bundeswirtschaftsminister gemäß § 13 Abs. 1 EnWG berechtigt, bestimmte Kartellvereinbarungen, Beschlüsse oder Empfehlungen sowie Preis- und Konditionenbindungen freizustellen.

Für die **Verkehrswirtschaft** findet sich nach Wegfall des § 99 a. F. GWB nur noch die Freistellung der Verkehrsverbünde (vgl. § 8 Abs. 3 PBefG, § 12 AEG) als Ausnahmeregelung. Damit soll die Kooperation von Verkehrsunternehmen zwecks Bildung zusammenhängender Liniennetze gefördert werden. Durch zahlreiche öffentlich-rechtliche Sonderregelungen ist das GWB dennoch in zahlreichen Fällen in diesem Bereich nicht anwendbar.[28]   **11**

Daneben existieren für weitere Branchen sog. **Bereichsausnahmen**: Dazu zählen die Landwirtschaft (§ 28 Abs. 1 GWB), die Kredit- und Versicherungswirtschaft (§ 29 GWB), der Sport (§ 31 GWB) und die Telekommunikation (TKG[29]). Die genannten Vorschriften legen im Einzelnen die Voraussetzungen für eine Abweichung von den Regelungen des GWB fest.   **12**

Auch das **EG-Kartellrecht** ist grundsätzlich auf **alle Wirtschaftszweige** anwendbar. Für die Landwirtschaft finden sich aber sowohl im Primär- als auch im Sekundärrecht Ausnahmeregelungen.[30] Für die Sektoren Kredit- und Versicherungswirtschaft und die Verkehrswirtschaft gelten ebenfalls zahlreiche Sondervorschriften.[31]   **13**

3. Relevanter Markt

Um festzustellen, ob im Einzelfall eine Wettbewerbsbeschränkung vorliegt, muss der **relevante Markt** ermittelt werden. Hierfür ist eine Abgrenzung in sachlicher, räumlicher und zeitlicher Hinsicht erforderlich.   **14**

Für die Ermittlung des **sachlich** relevanten Marktes wird auf die Marktgegenseite abgestellt. Nach dem Bedarfsmarktkonzept werden diejenigen Produkte einem sachlich relevanten Markt zugerechnet, die der Verbraucher nach Eigenschaft, Verwendungszweck und Preislage zur Deckung eines bestimmten Bedarfs als austauschbar ansieht.[32] Unterschiedliche Energieträger beispielsweise, die zur Heizung von Räumen verwendet werden, sind unterschiedlichen Märkten zuzuordnen, da die Heizsysteme nicht unbedingt vergleichbar sind und die Umstellung auf ein anderes Heizsystem mit erheblichen Kosten verbunden ist.[33] Ist die Art der Herstellung der Ware/Dienstleistung wie beispielsweise bei Strom (aus Steinkohle; Öl, Erdgas, Atomenergie etc.) unerheblich, da sie sich auf die Verwendung nicht auswirkt, ist von einem sachlich einheitlichen Markt auszugehen.[34]   **15**

---

[24] Richtlinie 98/30/EG vom 22. Juni 1998 betreffend gemeinsame Vorschriften für den Erdgasbinnenmarkt, ABl. 1998 L 204/1 ff.
[25] Richtlinie 2003/54/EG vom 26. Juni 2003 über gemeinsame Vorschriften für den Elektrizitätsbinnenmarkt und zur Aufhebung der Richtlinie 96/92/EG, ABl. L 176/37 ff.
[26] Richtlinie 2003/55/EG v. 15. Juli 2003 über gemeinsame Vorschriften für den Erdgasbinnenmarkt und zur Aufhebung der Richtlinie 98/30/EG, ABl. 2003 L 176/56 ff.
[27] Vgl. *Engel*, II, S. 11 ff.
[28] *Emmerich*, § 30 Rn. 1.
[29] Telekommunikationsgesetz vom 25. Juli 1996, BGBl. 1996, 1120.
[30] Art. 36 EG und VO 26/62, ABl. 1962, 993.
[31] *Rittner*, § 6 Rn. 90 ff.
[32] So schon KG, WuW/E DE-R 1995 „Handpreisauszeichner", aber auch BGH, WuW/E BGH 2433 „Gruner + Jahr-Zeit"; vgl. auch die Bekanntmachung der Kommission über die Definition des relevanten Marktes v. 9. 12. 1997, ABl. 1997, C 372/5.
[33] Vgl. BKartA, WuW/E BKartA 1647 ff. „Erdgas Schwaben".
[34] KG v. 15. 3. 1979, WuW/E OLG 2113, 2116 „Steinkohlestromerzeuger"; Substitutionswettbewerb zwischen leitungsgebundenen Energiearten nur auf Letztversorgungsstufe BKartA v. 12. 3. 1999, WuW/E DE-V 91, 93 „LEW"; v. 26. 1. 2001, DE-V 395, 397 „Schwäbisch Gmünd".

16 Gilt es umgekehrt, den sachlichen Markt für die Feststellung einer **Nachfragemacht** zu ermitteln, so ist aus Sicht der Marktgegenseite, also den Anbietern, unter Anwendung des Bedarfsmarktkonzepts danach zu fragen, inwieweit ein Anbieter seine Produktion umstellen kann, um so einem Nachfrager oder einer Nachfragergruppe auszuweichen („Angebotsumstellungkonzept").[35] Zu prüfen ist ebenfalls, inwieweit auf andere Nachfrager ausgewichen werden kann. Das fällt üblicherweise in Fällen gesetzlich begründeter Monopole sowie bei der Nachfrage bestimmter Leistungen durch die öffentliche Hand schwer.[36]

17 Die Abgrenzung des **räumlich relevanten Marktes** erfolgt für die Angebotsseite ebenfalls aus Sicht der Abnehmer und nach den räumlich gegebenen Austauschmöglichkeiten. Größter räumlich relevanter Markt ist für die Anwendung des GWB das Inland (§ 130 Abs. 2 GWB), während es für die europäischen Wettbewerbsvorschriften der gesamte europäische sog. Gemeinsame Markt ist.[37] Aus der Eigenschaft von Produkten (Kurzlebigkeit, Haltbarkeit, Transportdauer und -kosten etc.)[38] können sich auch kleinere Gebiete als die räumlich relevanten Märkte ergeben. Beispielsweise wird in der **Stromversorgung** bei der Belieferung von Kleinkunden auf die örtlichen Leistungsnetze der Stromversorger als räumlich relevantem Markt abgestellt,[39] während für die Belieferung von Großkunden und Weiterverteilern das Bundesgebiet als räumlich relevanter Markt angesehen wird.[40] In der Gasversorgung hingegen werden die Märkte räumlich generell nach dem Netzgebiet der Versorger abgegrenzt.[41]

18 Aus der Abgrenzung des **zeitlich relevanten Marktes** ergibt sich der Zeitraum, für den die Wettbewerbsverhältnisse zu untersuchen sind. Es kann ausnahmsweise notwendig sein, auf einen bestimmten Zeitpunkt bei der Prüfung der Wettbewerbsbeschränkung abzustellen, wenn ein Unternehmen aufgrund bestimmter zeitlicher Ereignisse eine vorübergehende Machtposition innehat. Dies kann zum Beispiel bei der Vergabe von Standplätzen für bestimmte Sportereignisse, Messen oder Volksfeste etc. der Fall sein.[42]

4. Wettbewerbsbeschränkungen

19 In der Systematik des GWB/EGV sind die folgenden Wettbewerbsbeschränkungen zu unterscheiden:
- §§ 1–13 GWB und Art. 81 Abs. 1 EGV betreffen **horizontale** wettbewerbsbeschränkende Vereinbarungen, die also zwischen Unternehmen der gleichen Wirtschaftsstufe bestehen.
- **Vertikale** Wettbewerbsbeschränkungen bestehen zwischen Unternehmen in aufeinander folgenden Wettbewerbsstufen, die daher zumeist in einem Käufer-Verkäufer-Verhältnis stehen. Regelungen hierzu finden sich in den §§ 14–18 GWB und Art. 81 Abs. 1 EGV.
- Weiterhin zu unterscheiden sind verhaltensbedingte Wettbewerbsbeschränkungen, die als **missbräuchliche oder diskriminierende Verhaltensweisen** gewertet und von §§ 19–23 GWB und Art. 82 EGV erfasst werden können.
- Letztlich kann der Zusammenschluss mehrerer Unternehmen wettbewerbsbeschränkende Wirkung entfalten. **Unternehmenszusammenschlüsse** können daher einer Zu-

---

[35] So: BGH, WuW/E BGH 2483 „Sonderungsverfahren"; KG v. 5.11.1986 WuW/E OLG 3917, 3927 „Coop/Wandmarker"; so auch *Möschel* in: *Immenga/Mestmäcker*, § 19 Rn. 30.
[36] *Wiedemann*, § 23 Rn. 14.
[37] Vgl. die Bekanntmachung der Kommission über die Definition des relevanten Marktes, ABl. 1997 C 372/5.
[38] BGH, WuW/E BGH 2575 „Kampffmeyer-Plange"; BkartA, WuW/E DE-V 465 „Readymix";
[39] BKartA v. 17.1.2002, WuW/E DE-V 511, 514 E.ON/Ruhrgas; weitere Nachweise bei: *Bechtold*, Kartellgesetz, § 19 Rn. 15.
[40] BKartA v. 17.1.2001, WuW/E DE-V 511, 514 f. E.ON/Ruhrgas.
[41] BKartA v. 17.1.2001, WuW/E DE-V 511, 514 E.ON/Ruhrgas; vgl. auch *Bechtold*, Kartellgesetz, § 19 Rn. 15.
[42] BGH, NJW 1969, 1716 „Sportartikelmesse"; NJW 1987, 3007 „Inter Mailand".

I. Kartellrecht

sammenschlusskontrolle nach §§ 35–43 GWB und der Fusionskontrollverordnung (FKVO)[43] unterliegen.

5. Horizontale wettbewerbsbeschränkende Vereinbarungen

Die für horizontale wettbewerbsbeschränkende Verhaltensweisen zentrale Norm des § 1 GWB enthält ein Verbot von 20
- **Vereinbarungen** zwischen miteinander im Wettbewerb stehenden Unternehmen,
- **Beschlüssen** von Unternehmensvereinigungen und
- aufeinander abgestimmten **Verhaltensweisen**,

die eine Verhinderung oder Verfälschung des Wettbewerbs bezwecken oder bewirken. § 1 GWB ist eine Generalklausel, die einen **Verbotstatbestand** enthält.

a) Vereinbarungen zwischen miteinander im Wettbewerb stehenden Unternehmen

Welche Voraussetzungen Unternehmen erfüllen müssen, um als Adressat des § 1 GWB in Betracht zu kommen, wurde bereits oben erläutert.[44] Die beteiligten Unternehmen müssen miteinander im **Wettbewerb** stehen, das bedeutet, dass sie auf demselben sachlich relevanten Markt tätig sind **(aktuell)** oder dies kaufmännisch sinnvoll sein könnte **(potenziell)**. 21

Die Vereinbarung muss nach der Zielsetzung der Parteien dazu dienen, zwischen ihnen bestehenden oder potentiellen Wettbewerb zu beschränken.[45] Als Vereinbarung zu werten, ist **jede Willensübereinstimmung** zwischen Unternehmen über ihr gemeinsames Auftreten am Markt. Besondere Anforderungen an das Zustandekommen werden dabei nicht gestellt. Das heißt, Vereinbarungen können sowohl formlos als auch stillschweigend zustande kommen. Vereinbarungen können in Form zivilrechtlicher Verträge, aber auch als sog. „gentlemen's agreements", die keine rechtliche, aber eine moralische, wirtschaftliche oder gesellschaftliche Bindung vorsehen, zustande kommen. 22

b) Beschlüsse von Unternehmensvereinigungen

Der Begriff der Unternehmensvereinigung wird weit verstanden, so dass darunter jeder privatrechtliche oder öffentlich-rechtliche Zusammenschluss mehrerer (konkurrierender) Unternehmen fällt, dessen Zweck unter anderem darin besteht, die Interessen seiner Mitglieder wahrzunehmen. Erfasst werden mithin Gesellschaften, Vereine etc., in deren Gremien Beschlüsse gefasst werden.[46] Damit wird klargestellt, dass auch sog. **gleichgerichtete einseitige Willensäußerungen**, denen kein vertraglicher Charakter zukommt, von dem Verbot des § 1 GWB erfasst werden können. Als Beispielsfall kann auf den Beschluss einer Wirtschaftsvereinigung verwiesen werden, wenn dieser Preisveränderungen der Mitgliedsunternehmen zum Gegenstand hat. Hingegen unterfallen Beschlüsse von Wirtschaftsvereinigungen, die lediglich interne Maßnahmen – wie die Erhöhung von Mitgliedsbeiträgen – betreffen, nicht dem Verbot des § 1 GWB. 23

c) aufeinander abgestimmte Verhaltensweisen

Um das Verbot horizontaler Wettbewerbsbeschränkungen lückenlos auszugestalten, wurde das Verbot letztlich noch auf abgestimmte Verhaltensweisen erstreckt. Hierunter fällt jede sonstige Form der **willentlichen Koordinierung** des Verhaltens von mindestens zwei selbständigen Unternehmen am Markt. Kennzeichnend ist, dass die Beteiligten von Anfang an auf eine rechtliche oder faktische Verbindlichkeit ihrer Abstimmung verzichten.[47] Ein Bei- 24

---

[43] VO 139/2004, ABl. 2004 L 24/1, die am 1. 5. 2004 in Kraft getreten ist und die bisher geltende VO 4046/89, ABl. 1990 L 257/13 ff. ablöst.
[44] Vgl. oben Rn. 4 ff.
[45] BGH v. 13. 1. 1998 WuW/E DE-R 115 „Carpartner"; v. 27. 5. 1986, WuW/E BGH 2285, 2287 „Spielkarten".
[46] *Bechtold*, Kartellgesetz, § 1 Rn. 8.
[47] KG v. 7. 11. 1980, WuW/E OLG 2369 ff. „Gemeinsame Zementverkaufsstelle"; vgl. auch *Emmerich*, § 3 Rn. 5.

spiel hierfür ist die vorherige gegenseitige Information der Unternehmen über ihr zukünftiges Verhalten am Markt oder der Austausch von Informationen (über Kunden, Preise, Absatzmengen etc.), der später zu einem beabsichtigten Parallelverhalten führt. Selbstverständlich steht es Unternehmen grundsätzlich frei, ihr Marktverhalten dem der Konkurrenten anzupassen. Ein sog. gleichförmiges Verhalten wird von § 1 GWB daher nicht erfasst. Sobald aber eine irgendwie geartete Kontaktaufnahme mit dem Ziel oder der Wirkung, die anderen Unternehmen über das geplante eigene Verhalten zu informieren oder das Verhalten anderer Unternehmen zu informieren, stattfindet, greift das Verbot des § 1 GWB ein.

d) wettbewerbsbeschränkend

25   Die aufgeführten Verhaltensweisen sind nach § 1 GWB nur dann verboten, wenn sie eine wettbewerbsbeschränkende Wirkung bezwecken oder bewirken. Da § 1 GWB das Verbot als einheitliche Rechtsfolge vorsieht, kommt es auf die graduelle Differenzierung einer Verhinderung, Einschränkung oder Verfälschung des Wettbewerbs nicht an. Erforderlich ist eine Beeinträchtigung der **wettbewerblichen Handlungsfreiheit** als Anbieter oder Nachfrager. Betroffen sein müssen wettbewerbsrelevante Handlungen. Das sind beispielsweise solche, die sich auf Preise, Umsätze[48] oder Ausschreibungen bis hin zur unterlassenen Teilnahme am Wettbewerb[49] beziehen.

26   Die Wettbewerbsbeschränkung muss darüber hinaus bezweckt oder bewirkt sein. Um festzustellen, ob eine Beschränkung des Wettbewerbs **bezweckt** war, kann auf die subjektiven Vorstellungen der Parteien[50] oder auf den Zweck aus objektiver Sicht[51] abgestellt werden. Alternativ ist es ausreichend, dass eine Wettbewerbsbeschränkung **bewirkt** wird; hierfür kann auf die (zu erwartenden) objektiven Auswirkungen abgestellt werden.

27   Als Korrektiv für den sich daraus ergebenden sehr weiten Anwendungsbereich des § 1 GWB wird eine **spürbare Außenwirkung** der Wettbewerbsbeschränkung für die Marktgegenseite gefordert. Die wirtschaftlichen Betätigungsmöglichkeiten und die zur Verfügung stehenden Alternativen der Marktteilnehmer müssen merklich beeinträchtigt sein. Die Spürbarkeit ist im Einzelfall anhand konkreter Tatsachen zu ermitteln. Von Bedeutung ist hierbei auch der Marktanteil der Beteiligten auf dem relevanten Markt. Allerdings kann ein geringer Marktanteil von z. B. 5% bei schwereren Wettbewerbsverstößen wie Preis-, Quoten- und Gebietsabsprachen bereits ausreichen.[52] Die spürbare Außenwirkung ist ein ungeschriebenes Tatbestandsmerkmal,[53] mit dessen Hilfe sog. **Bagatellfälle** aus dem Anwendungsbereich des § 1 GWB ausgeschieden werden sollen. Das BKartA hat hierzu eine Bagatellbekanntmachung erlassen, in der Kriterien aufgestellt werden, in welchen Fällen bei Kooperationsabreden keine spürbare Außenwirkung anzunehmen ist.[54] Nicht erforderlich ist es, für die Beurteilung die tatsächliche Entwicklung abzuwarten; vielmehr wird auf den Zeitpunkt der Vereinbarung abgestellt.[55]

e) Fallgruppen

28   **aa) Preisabsprachen.** Der klassische Fall einer gegen das Kartellverbot verstoßenden Vereinbarung ist die Bindung von Preisen bei Waren und Dienstleistungen. In Betracht kommen neben Vereinbarungen über Höchst-, Fest- oder Mindestpreise weitere vielfältige Formen der Preisabsprachen:[56] So werden bei Gebietsschutzvereinbarungen[57] bei-

---

[48] BKartA, NJW E-WettbR 1997, 19 f. „Starkstromkabel".
[49] Z. B. negatives Bietabkommen: OLG Frankfurt v. 26.1.1989, WuW/E 4475, 4476.
[50] So: *Bechtold*, Kartellgesetz, § 1 Rn. 34.
[51] BKartA v. 25.8.1999, WuW/E DE-V 209 ff. „Stellenmarkt II"; so auch *Emmerich*, § 3 Rn. 8.
[52] Vgl. Bekanntmachung BKartA Nr. 57/80 v. 8.7.1980, BAnz. Nr. 133 „Bagatellbekanntmachung".
[53] BGH, GRUR 1998, 739, 743 „Car Partner"; BKartA v. 25.8.1999, WuW/E DE-V 209, 213 „Stellenmarkt II".
[54] Bekanntmachung BKartA Nr. 57/80 v. 8.7.1980, BAnz. Nr. 133 „Bagatellbekanntmachung". Die Bekanntmachung wird derzeit überarbeitet, hat aber in ihrer derzeitigen Form Gültigkeit.
[55] *Emmerich*, § 8; *Bechtold*, Kartellgesetz, § 1 Rn. 46.
[56] Vgl. auch den Überblick bei *Zimmer*, in: *Immenga/Mestmäcker*, § 1 Rn. 203 ff. m. w. N.
[57] Vgl. dazu unten Rn. 30.

spielsweise Ausgleichszahlungen vereinbart, die einen Ersatz für den entgangenen Gewinn darstellen sollen.[58]

bb) Submissionsabsprachen. Die Beteiligten verpflichten sich, bei Ausschreibungen entweder auf die Abgabe eines Gebots zu verzichten oder ein überhöhtes Gebot abzugeben. Auf diese Weise soll sichergestellt werden, dass ein bestimmter Wettbewerber den Zuschlag erhält und die an dem Kartell Beteiligten in den Genuss kommen, in einem späteren Ausschreibeverfahren den Zuschlag zu erhalten.[59] Submissionskartelle werden durch § 298 StGB unter Strafandrohung gestellt. **29**

cc) Gebietsschutzvereinbarungen. Unzulässig sind auch Vereinbarungen, die einen Markt sachlich und/oder räumlich aufteilen und gleichzeitig festlegen, dass jeweils einer der an der Absprache Beteiligten in einem abgegrenzten Teilbereich ausschließlich tätig werden darf.[60] Als Beispiel sind die früheren **Demarkationsverträge** zu nennen, mit deren Hilfe die Energieversorgungsunternehmen ihre Versorgungsgebiete voneinander abgegrenzt haben. Dasselbe gilt für die früheren **Konzessionsverträge** der Gemeinden, in denen diese Versorgungsunternehmen ein ausschließliches Nutzungsrecht bzgl. der kommunalen Grundstücksflächen/Wege für die Verlegung der Versorgungsleitungen einräumten. Sowohl Demarkations- als auch überwiegend Konzessionsverträge waren bis zum Erlass des EnWG vom Kartellverbot nach §§ 103, 103a a. F. GWB freigestellt und daher zulässig. Durch den Wegfall der Bereichsausnahmen können sie heute ggf. dem Kartellverbot unterfallen. Ein Verstoß gegen § 1 GWB kommt allenfalls dann in Betracht, wenn die Kommunen selbst zur Übernahme der Energieversorgung in der Lage und daher potenzielle Wettbewerber wären.[61] **30**

dd) Einkaufskooperationen. Derartige Kooperationen dienen dazu, die Güternachfrage der Beteiligten zu bündeln, um durch den **gemeinsamen Einkauf** möglichst **günstige Konditionen** zu erreichen. Ein Verstoß gegen § 1 GWB wird angenommen, wenn sich die Mitglieder der Kooperation einem Bezugszwang unterwerfen.[62] Für die Annahme eines unzulässigen Kartells soll es bereits ausreichend sein, wenn die Mitglieder einem faktischen Bezugszwang unterliegen. Dieser wird angenommen, wenn die angebotenen günstigen Lieferbedingungen abhängig sind von der Abnahme einer Mindestmenge und daher nur wahrgenommen werden können, wenn einzelne Kooperationsmitglieder von einer anderweitigen Beschaffung absehen. **31**

Allerdings kommt es in jedem Einzelfall auf die konkreten Umstände an. Hat beispielsweise die Einkaufskooperationen eine große Anzahl von Mitgliedern, so kann auch kein faktischer Bezugszwang angenommen werden.[63] Anderes gilt auch, wenn durch die Kooperation eine Teilnahme am Leistungsaustausch erst möglich wird.[64] Fehlt es an der Vereinbarung eines Bezugszwangs, so kann sich die Einkaufskooperation nach § 4 Abs. 2 GWB vom Kartellverbot freistellen lassen, sog. Anmeldekartell.[65] **32**

ee) Verkaufsgemeinschaften. Mit den Einkaufskooperationen vergleichbar ist die Errichtung einer gemeinsamen Vertriebsstelle, sog. Verkaufsagenturen oder -gemeinschaften. Bei einer Beurteilung anhand des § 1 GWB ist nicht allein darauf abzustellen, ob für **33**

---

[58] OLG Düsseldorf v. 30. 7. 1981, WuW/E OLG 2715, 2717 „Subterra Methode".
[59] BGH v. 15. 2. 1962, WuW/E BGH 495, 498 „Ausschreibung von Putzarbeiten II"; KG v. 29. 4. 1975, WuW/E OLG 1627, 1630 f. „Mülltonnen".
[60] Vgl. zu langfristigen Gaslieferverträgen: BGH v. 18. 2. 2003, WuW/E DE-R 1119 „Verbundnetz II"; OLG Düsseldorf, RdE 2002, S. 44; OLG Stuttgart RdE 2002, 182; KG, RdE 2002, 101 und zu langfristigen Stromlieferverträgen: OLG Dresden, RdE 2002, 144; LG FaM v. 26. 7. 2001, WuW/E DE-R 959; LG Mannheim, RdE 1999, 158,
[61] Vgl. dazu *Bechtold* NJW 1998, 2769 (2773).
[62] BGH v. 13. 12. 1983, WuW/E BGH 2049, 2050 „Holzschutzmittel".
[63] KG v. 16. 6. 1982, WuW/E OLG 2745, 2750 ff. „HFGE".
[64] KG v. 26. 2. 1986, WuW/E OLG 3737, 3741 ff. „Selex-Tania".
[65] Siehe Rn. 39 f.

die Beteiligten eine Andienungspflicht besteht,[66] entscheidend ist vielmehr, ob sich aus dem Gesamtzusammenhang aller Vertragsbestimmungen unter Berücksichtigung der besonderen Umstände des jeweiligen Einzelfalls ergibt, dass sich die an der Verkaufskooperation beteiligten Unternehmen in ihrem Wettbewerbsverhalten, insbesondere beim Absatz, der Konditionen- und Preisgestaltung beschränken.[67] Unzulässig ist daher beispielsweise wenn alle Beteiligten ihre Ware zu denselben Preisen an die Verkaufsstelle abgeben u. Ä.[68] Liegen die Voraussetzungen des § 4 Abs. 1 GWB vor, kommt eine Freistellung als Anmeldekartell nach § 4 Abs. 1 GWB in Betracht.[69]

34 **ff) weitere Absprachen.** Mengen-/Kapazitätsbeschränkungen,[70] Absprachen über Geschäfts- und Arbeitszeitbedingungen[71] etc.

f) Freistellung vom Kartellverbot

35 Da Kartelle unter Umständen wettbewerbspolitisch unbedenklich sein können, ist eine Freistellung vom Kartellverbot möglich. Die Freistellungstatbestände finden sich in den §§ 2–8 GWB. Vom Kartellverbot freigestellte Vereinbarungen und Beschlüsse unterliegen weiterhin der Missbrauchsaufsicht.[72] Je nach Intensität der kartellrechtlichen Kontrolle unterscheidet man zwischen Widerspruchs-, Erlaubnis- und Anmeldekartellen.

36 **aa) Widerspruchskartelle.** Alle am Kartell Beteiligten sind zur **Anmeldung** des Kartells bei der sachlich und örtlich zuständigen Kartellbehörde[73] verpflichtet.[74] Widerspricht die Kartellbehörde dem Kartell nicht innerhalb von drei Monaten nach Eingang der vollständigen Anmeldungsunterlagen, erlangt die Kartellvereinbarung Wirksamkeit (vgl. § 9 Abs. 3 GWB). Die Wirksamkeit tritt nicht rückwirkend ein.[75] Bis zum Fristablauf ist die Vereinbarung schwebend unwirksam. Die Anmeldung ist gebührenpflichtig. Die Angabe unrichtiger oder unvollständiger Angaben in der Absicht, sich eine Freistellung zu erschleichen, ist nach § 81 Abs. 1 Nr. 2 GWB bußgeldbewährt. Zu den Zulässigkeitsvoraussetzungen der vorgenannten Kartelle vgl. im Einzelnen die Bekanntmachung des Bundeskartellamtes.[76] Zu den Widerspruchskartellen zählen Vereinbarungen und Beschlüsse, die einer der nach genannten Gruppen zuzuordnen sind:

37
- **Normen- und Typenkartelle** (§ 2 Abs. 1 GWB) sind Vereinbarung und Beschlüsse, die einzig die einheitliche Anwendung technischer Normen/Typen zum Gegenstand haben.
- Bei **Konditionenkartellen** (§ 2 Abs. 2 GWB) vereinbaren die Beteiligten die einheitliche Anwendung Allgemeiner Geschäfts- (AGB), Liefer- oder Zahlungsbedingungen.
- Unter **Spezialisierungskartellen** (§ 3 GWB) versteht man Beschlüsse und Vereinbarungen, die die Rationalisierung wirtschaftlicher Vorgänge durch Spezialisierung zum Gegenstand haben.
- Das sog. **Mittelstandskartell** (§ 4 Abs. 1 GWB) umfasst Beschlüsse und Vereinbarungen, die die Rationalisierung wirtschaftlicher Vorgänge durch eine andere Art der zwischenbetrieblichen Zusammenarbeit als durch Spezialisierung zum Gegenstand haben, den Wettbewerb auf dem Markt nicht wesentlich beeinträchtigen und dazu dienen, die

---

[66] BGH v. 19. 6. 1975, WuW/E BGH 1367, 1373 „Zementverkaufsstelle Niedersachsen" II; KG v. 27. 1. 1981, WuW/E OLG 2429 „Zementverkaufsstelle I".
[67] BGH v. 1. 12. 1981, WuW/E 1871, 1874 „Transportbeton-Vertrieb".
[68] Vgl. BGH v. 1. 12. 1981, WuW/E 1901, 1903 „Transportbeton-Vertrieb II".
[69] Vgl. dazu unten Rn. 39 f.
[70] BKartA v. 6. 1. 1969, WuW/E BKartA 1244, 1246 „Kalksandstein".
[71] BKartA v. 31. 1. 1961, WuW/E BKartA 339 „Sonnabendarbeitszeit".
[72] Vgl. dazu unten Rn. 77 ff.
[73] Grundsätzlich sind die Landeskartellbehörden für die Freistellung zuständig. Geht die Wirkung einer Freistellung über ein Land hinaus, ist das Bundeskartellamt zuständig, § 48 Abs. 2 GWB.
[74] Zu den näheren Einzelheiten der bei der Anmeldung einzuhaltenden Formalitäten vgl.: BKartA, Bekanntmachung Nr. 110/98 v. 16. 12. 1998, BAnz. Nr. 8 v. 14. 1. 1999, S. 422.
[75] Vgl. *Bechtold*, Kartellgesetz, § 1 Rn. 60.
[76] BKartA, Bekanntmachung Nr. 110/98 v. 16. 12. 1998, BAnz. Nr. 8 v. 14. 1. 1999, S. 422.

I. Kartellrecht

Wettbewerbsfähigkeit kleiner und mittlerer Betrieb zu verbessern. Unter den Widerspruchskartellen kommt dem Mittelstandskartell die größte Bedeutung zu.

Freigestellte Widerspruchskartelle unterliegen der **Missbrauchsaufsicht** des § 12 Abs. 1 GWB und können beispielsweise im Falle wesentlich veränderter Rahmenbedingungen widerrufen oder modifiziert werden, § 12 Abs. 2 GWB.

bb) Anmeldekartelle. Die Wirksamkeit dieser Vereinbarungen und Beschlüsse tritt ohne weiteres mit der ordnungsgemäßen Anmeldung bei der zuständigen Kartellbehörde ein (§ 9 Abs. 4 GWB). Die unrichtige oder unterlassene Anmeldung stellt eine Ordnungswidrigkeit dar.

Zu den Anmeldekartellen zählen die **Einkaufskooperationen**.[77] Hierunter fallen Vereinbarungen oder Beschlüsse, die den gemeinsamen Einkauf von Waren oder die gemeinsame Beschaffung von Dienstleistungen zum Gegenstand haben, ohne dabei einen generellen Bezugszwang für das einzelne Unternehmen zu begründen.[78] Der Wettbewerb auf dem Markt darf nicht wesentlich beeinträchtigt werden und die Abrede muss darauf gerichtet sein, die Wettbewerbsfähigkeit kleinerer und mittlerer Unternehmen zu verbessern.[79] Auch Anmeldekartelle unterliegen der Missbrauchskontrolle.[80]

cc) Erlaubniskartelle. Hier bedarf es für die Freistellung vom Kartellverbot einer Verfügung der zuständigen Kartellbehörde, die in der Regel auf fünf Jahre **befristet** wird. Für die Freistellung ist ein Antrag des Kartells oder der Kartellmitglieder erforderlich. Das Kartell ist mit Bestandskraft der kartellbehördlichen Verfügung, die mit Auflagen und Bedingungen versehen werden kann, wirksam (§ 10 Abs. 2 GWB). Die Verfügung ist gebührenpflichtig und wird im Bundesanzeiger bekannt gegeben (§ 11 Abs. 2 S. 1 Nr. 2 GWB). Näheres ist den veröffentlichten Verwaltungsgrundsätzen des Bundeskartellamtes zu entnehmen.[81] Folgende Beschlüsse und Vereinbarungen zählen zu den Erlaubniskartellen:

Rationalisierungskartelle können freigestellt werden, wenn sie zur Verbesserung der Leistungsfähigkeit der Unternehmen in technischer, betriebswirtschaftlicher oder organisatorischer Beziehung beitragen. Neben diesen sog. **einfachen Rationalisierungskartellen** des § 5 Abs. 1 GWB werden auch Abreden, die im Zusammenhang mit Preisabreden oder mit der Schaffung von gemeinsamen Beschaffungs- und Betriebseinrichtungen stehen, sog. **höherrangige Rationalisierungskartelle** (§ 5 Abs. 2 GWB), erfasst.

Eine Freistellung von **Strukturkrisenkartellen** nach § 6 GWB kommt nur bei einem signifikanten Absatzrückgang in einer Branche aufgrund einer nachhaltigen strukturellen und nicht bloß konjunkturellen Änderung der Nachfrage in Betracht.

§ 7 GWB enthält des Weiteren eine **Generalklausel**, die es ermöglicht, **sonstige Kartelle**, die eine angemessener Beteiligung der Verbraucher an dem entstehenden Gewinn gewährleisten und zu einer Verbesserung der Entwicklung, Erzeugung, Verteilung, Beschaffung, Rücknahme oder Entsorgung von Waren und Dienstleistungen beitragen und nicht einem der in §§ 2–6 GWB genannten Freistellungstatbestände zuzuordnen sind, freizustellen. Dieser Freistellungstatbestand wird vom Bundeskartellamt sehr restriktiv gehandhabt.

Zuletzt findet sich in § 8 GWB noch das sog. **Ministerkartell**. Als Auffangtatbestand dient es dazu, dem Bundeswirtschaftsminister für solche Vereinbarungen und Beschlüsse, die nicht nach §§ 2–7 GWB freigestellt werden können, die Möglichkeit einzuräumen, eine Beschränkung des Wettbewerbs aus Gründen des Gemeinwohls und der Gesamtwirtschaft zuzulassen. Auch diese Freistellungsmöglichkeit wird sehr eng ausgelegt.

---

[77] Vgl. oben Rn. 31.
[78] *Bechtold*, Kartellgesetz, § 4 Rn. 7.
[79] Vgl. das Merkblatt des BKartA über die Kooperationsmöglichkeiten von kleineren und mittleren Unternehmen, http://www.bundeskartellamt.de/serviceseiten/mittelstand..html. Zu den Voraussetzungen kommunaler Einkaufskooperationen vgl. außerdem: Tätigkeitsbericht des BKartA 1999/2000, S. 46; OLG Düsseldorf v. 12. 5. 1998, WuW/E DE-R 150, 153 „Löschfahrzeuge".
[80] Vgl. oben Rn. 35.
[81] BKartA, Bekanntmachung Nr. 109/98, v. 16. 12. 1998, BAnz. Nr. 8 v. 14. 1. 1999, S. 422.

g) Rechtsfolgen eines Verstoßes gegen das Verbot des § 1 GWB

46 Aus einem Verstoß gegen § 1 GWB ergeben sich sowohl zivilrechtliche, verwaltungsrechtliche als auch bußgeldrechtliche Rechtsfolgen.

47 **aa) Zivilrechtliche Folgen.** Da § 1 GWB als Verbotstatbestand ausgestaltet ist,[82] sind die zivilrechtlichen Vereinbarungen u. Ä., die gegen § 1 GWB verstoßen, nach § 134 BGB nichtig. Das heißt, sie gelten als von Anfang (ex tunc) **unwirksam**. Verstößt nur ein Teil der Vereinbarung gegen § 1 GWB, bestimmt sich die Wirksamkeit des restlichen Vertrages gemäß § 139 BGB danach, ob die Parteien die Vereinbarung auch ohne den nichtigen Teil geschlossen hätten. Auch eine sog. salvatorische Vertragsklausel, mit deren Hilfe die Parteien der Gesamtnichtigkeit des gesamten Vertrages für den Fall der Nichtigkeit nur eines Teils vorbeugen können, schützt nicht vor der Nichtigkeit der gesamten Vereinbarung, wenn dies der Sinn der anordnenden Norm gerade fordert.[83]

48 Dritte können gegen die an dem Kartell Beteiligten nach § 33 GWB einen **Schadensersatz- und Unterlassungsanspruch** haben. Ein solcher Anspruch kommt jedoch nur in Betracht, sofern das in § 1 GWB enthaltene Verbot im konkreten Fall nicht allein den Wettbewerb schützt, sondern gerade auch den Konkurrenten Individualschutz gewährt.[84]

49 **bb) Befugnisse der Kartellbehörden.** Die Kartellbehörde ist berechtigt, die Durchführung einer gegen § 1 GWB verstoßende Vereinbarung nach § 32 GWB zu **untersagen**. Ist den Parteien ein Verschulden nachzuweisen, so kann darüber hinaus nach § 81 Abs. 1 Nr. 1 GWB ein **Bußgeld** von bis zu 50 000 Euro oder das Dreifache des erzielten Mehrerlöses verhängt werden. Das Bundeskartellamt hat Richtlinien für die Festsetzung von Bußgeldern erlassen,[85] die auch eine Bonusregelung vorsehen, sofern eine Mitwirkung bei der Ermittlung erfolgt. Das Bußgeldverfahren kann als Ordnungswidrigkeitsverfahren gegen das Unternehmen (§ 30 OWiG) oder die Aufsichtspflichtigen des Unternehmens (§ 130 OWiG) geführt werden. Die Verjährungsfrist beträgt 5 Jahre (§ 81 Abs. 3 GWB).

h) EG-Kartellverbot

50 Der für horizontale Wettbewerbsbeschränkungen relevante **Art. 81 Abs. 1 EGV** besagt, dass Vereinbarungen zwischen Unternehmen, Beschlüsse von Unternehmensvereinigungen und aufeinander abgestimmte Verhaltensweisen, welche den Handel zwischen den Mitgliedstaaten zu beeinträchtigen geeignet sind und eine Verhinderung, Einschränkung oder Verfälschung des Wettbewerbs innerhalb des Gemeinsamen Marktes bezwecken oder bewirken, mit dem Gemeinsamen Markt nicht vereinbar und **verboten** sind. Das deutsche und das europäische Kartellrecht weisen dieselbe Struktur mit vergleichbaren Begrifflichkeiten auf.

51 Anders als im deutschen Recht ist für die Anwendung des europäischen Kartellverbots jedoch eine wettbewerbsbeschränkende Wirkung im **zwischenstaatlichen Handel** erforderlich. Diese sog. Zwischenstaatlichkeitsklausel ist bereits erfüllt, wenn die betreffende Maßnahme aufgrund der gesamten Umstände geeignet ist, mittelbar oder unmittelbar den Handel zwischen den Mitgliedstaaten in einer Weise zu beeinträchtigen, die für die Verwirklichung der Ziele eines einheitlichen zwischenstaatlichen Marktes nachteilig sein kann, indem sie zur Errichtung von Handelsschranken im Gemeinsamen Markt beiträgt und die vom EG-Vertrag gewollte Durchdringung der Märkte erschwert.[86] Die Klausel

---

[82] Vgl. oben Rn. 20.
[83] *Bechtold*, Kartellgesetz, § 1 Rn. 61.
[84] Vgl. z. B. BGH v. 4. 4. 1975, WuW/E BGH 1361, 1364 „Krankenhaus-Zusatzversicherung".
[85] Bekanntmachung Nr. 68/2000 über Richtlinien des BKartA für die Festsetzung von Geldbußen – Bonusregelung, BAnz. Nr. 84 v. 4. 5. 2000, S. 8336.
[86] EuGH, EuZW 1993, 377 (379 ff.) „Zellstoff"; EuZW 1998, 404 (406) „Javico"; EuZW 1999, 212 (214 ff.) „Bagnasco".

I. Kartellrecht

wird denkbar weit ausgelegt.[87] Die auf EU-Ebene zuständige Kommission hat Leitlinien zur Anwendbarkeit des Art. 81 EGV auf Vereinbarungen über horizontale Zusammenarbeit herausgegeben.[88]

Wie im deutschen Kartellverbot muss auf europäischer Ebene die **Spürbarkeit** der Wettbewerbsbeschränkung als ungeschriebenes Tatbestandsmerkmal vorliegen. Auch hier hat die Kommission in ihrer sog. de-minimis-Bekanntmachung quantitative Grenzen festgelegt.[89] 52

Nach Art. 81 Abs. 3 EGV kann eine **Freistellung** vom europäischen Kartellverbot erfolgen. Dafür erforderlich ist eine angemessene Beteiligung der Verbraucher an dem entstehenden Gewinn zur Verbesserung der Warenerzeugung und -verteilung oder zur Förderung des technischen oder wirtschaftlichen Fortschritts. Den Unternehmen dürfen dabei allerdings keine Beschränkungen auferlegt werden, die für die Verwirklichung dieser Ziele nicht unerlässlich sind oder die Möglichkeit eröffnen, für einen wesentlichen Teil der betreffenden Waren den Wettbewerb auszuschalten. Diese Voraussetzungen müssen kumulativ erfüllt sein. 53

In Betracht kommt eine Einzel- oder Gruppenfreistellung. Eine **Einzelfreistellung** macht eine Anmeldung der Vereinbarung bei der Kommission notwendig. Das weitere Verfahren richtet sich derzeit noch nach der VO 17/62.[90] Im Gegensatz dazu bedarf es keiner Anmeldung, wenn bzgl. des Inhalts der Vereinbarung bereits eine generell-abstrakte, gruppenweise Freistellung in Form einer **Gruppenfreistellungsverordnung** (GVO) erfolgt ist. Eine Einzelfreistellung ist dann nicht mehr notwendig.[91] 54

Für den Vollzug des Kartellverbots, Art. 81 Abs. 1 EGV, ist, solange die Kommission kein förmliches Verfahren eingeleitet hat, die zuständige nationale Behörde, das Bundeskartellamt, zuständig. Freistellungen hingegen können derzeit nur von der Kommission vorgenommen werden. 55

Verstößt eine Vereinbarung gegen Art. 81 Abs. 1 EGV, können neben der Kommission bzw. dem EuGH auch die nationale Behörde und nationalen Gerichte die daraus resultierende **Unwirksamkeit** der Vereinbarung feststellen. Die Kommission und die Behörden der Mitgliedstaaten können außerdem nach Art. 7 VO 1/2003 eine Untersagungsverfügung erlassen. Die Kommission kann außerdem nach Art. 23 VO 1/2003 ein Bußgeld[92] verhängen, wobei ebenfalls Bonusregelungen zur Anwendung kommen können.[93] 56

6. Vertikale Wettbewerbsbeschränkungen

Der Schutz der wettbewerblichen Handlungsfreiheit umfasst auch die Gewährleistung von Wettbewerb im Vertikalverhältnis, also zwischen unterschiedlichen Wirtschaftsstufen, z. B. Hersteller und Händler. Regelungen zu den sog. vertikale Wettbewerbsbeschränkungen finden sich in den §§ 14–18 GWB. Die Vorschriften verbieten vertikale Vereinbarungen nicht als solches, sichergestellt werden soll aber, dass der vermeintlich schwächere Vertragspartner durch die getroffenen Regelungen nicht in seiner wettbewerblichen Handlungsfreiheit eingeschränkt wird. 57

a) Preis- und Konditionenbindungen (§ 14 GWB)

§ 14 GWB verbietet Vereinbarungen (= Erstverträge), die einen Vertragspartner darin binden, wie er Preise oder Geschäftsbedingungen in Verträgen mit Kunden (Zweitverträ- 58

---

[87] *Bechtold*, Kartellgesetz, § 1 Rn. 79; *Emmerich*, § 36, Rn. 4.
[88] ABl. 2001 C 3/2.
[89] Bekanntmachung der Kommission über Vereinbarungen von geringer Bedeutung, die den Wettbewerb gemäß Art. 81 Abs. 1 EGV nicht spürbar beschränken (de minimis), ABl. 2001 C 368/13.
[90] Seit 1. Mai 2004 gilt die VO 1/2003, vgl. dazu auch die Einleitung Rn. 2.
[91] Zur Anwendbarkeit der GVO für (langfristige) Energielieferungsverträge: *Säcker/Jaecks*, B I 3, S. 30 ff.
[92] Mitteilung der Kommission über den Erlass und die Ermäßigung von Geldbußen in Kartellsachen v. 13. 2. 2002.
[93] Vgl. oben Rn. 49.

ge) ausgestaltet. Zweck dieser Vorschrift ist es, die Freiheit der Unternehmen in der Gestaltung ihrer Zweitverträge zu schützen.[94]

59 Bei der sog. **Erstvereinbarung** müssen auf beiden Seiten Unternehmen beteiligt sein. Der Erstvertrag muss gewerbliche Waren oder Leistungen betreffen. In Betracht kommen neben Kaufverträgen Miet- und Pachtverträge oder Werkverträge etc.[95] Durch eine vertragliche Bindung muss die Gestaltungsfreiheit eines Unternehmens hinsichtlich der Preise oder Geschäftsbedingungen, unter deren Zugrundelegung das Unternehmen mit Dritten Verträgen abschließt, beschränkt sein. Erfasst werden rechtliche und tatsächliche Beschränkungen. Um eine tatsächliche Beschränkung handelt es sich, wenn die Nichtbeachtung des Vereinbarten zwar nicht vertraglich verboten ist, aber nach den Regeln des Erstvertrages zu wirtschaftlichen Nachteilen bei dem betroffenen Unternehmen führen wird. Eine solche Erstvereinbarung liegt beispielsweise vor, wenn eine Gemeinde bei der Verpachtung einer Stadthalle Preisbindungs-Vorgaben für deren Verwendung macht.[96]

60 Bei der **Zweitvereinbarung** handelt es sich um Verträge, die von einem der durch den Erstvertrag gebundenen Unternehmen mit einem Dritten geschlossen werden. Der Dritte muss kein Unternehmen, sondern kann auch Privater sein. § 14 GWB bezweckt allein die Gestaltungsfreiheit bei Zweitverträgen, die eines der durch den Erstvertrag gebundenen Unternehmen mit einem Dritten über die gelieferten oder andere Waren oder gewerbliche Leistungen schließt. Gegenstand des Zweitvertrages kann daher die vom Vertragspartner der Erstvereinbarung gelieferte Ware oder gewerbliche Leistung sein, sie muss es aber nicht. In Bezug auf das oben genannte Beispiel wäre Zweiteinvereinbarung hier der Mietvertrag des Stadthallenpächters mit Personen, die die Stadthalle für eine bestimmte Veranstaltung nutzen wollen.[97]

61 Die Freiheit der Preisgestaltung wird z. B. bei Vorgabe von Endpreisen oder von preisbildenden Faktoren, bei der Festlegung von Höchst- und/oder Mindestpreisen, von Gewinnspannen oder von Kalkulationsschemata etc., die für den Zweitvertrag gelten sollen, eingeschränkt. Preisbindungsvereinbarungen wurden auch in Verträgen von Gemeinden mit Pächtern einer Stadthalle oder mit Festwirten erkannt.[98] Dasselbe gilt, wenn kommunale Unternehmen ihre Vertragspartner zur Tariftreue verpflichten, sog. Tariftreueerklärung.

62 Der Begriff der Geschäftsbedingungen[99] wird sehr weit verstanden. Er umfasst alle Konditionen des Zweitvertrages.[100]

63 Es existieren gesetzlich vorgesehene und nicht kodifizierte **Ausnahmen** vom Preis- und Konditionenbindungsverbot des § 14 GWB. Die wichtigste Ausnahme aus kommunaler Sicht ist die nach § 131 Abs. 8 GWB für die öffentliche Wasserversorgung geltende. Das Gesetz sieht außerdem in § 15 GWB eine Ausnahme für Verlagserzeugnisse, in § 28 Abs. 2 GWB für die Landwirtschaft, in § 29 GWB für die Kredit- und Versicherungswirtschaft, in § 30 GWB für Verwertungsgesellschaften vor. Darüber hinaus gilt das Preis- und Konditionenbindungsverbot nur für solche Vertragskonstellationen, bei denen der Zweitvertrag unabhängig vom Erstvertrag ist. Das bedeutet, dass für Verträge mit Handelsvertretern und Kommissionären § 14 GWB nicht anwendbar ist, soweit das dem Geschäftsherrn zustehende Weisungsrecht reicht.

64 Sofern keine Ausnahme eingreift, ist die Vereinbarung über die Preis- und Konditionenbindungen nach § 14 GWB verboten und somit zivilrechtlich gemäß § 134 BGB von Anfang an nichtig. Die Zweitvereinbarung wird von der Nichtigkeit der Erstvereinba-

---

[94] BGH v. 6.10.1992, WuW/E BGH 2819 ff. „Zinssubvention".
[95] BGH v. 23.10.1979, WuW/E BGH 1661, 1663 „Berliner Musikschule"; KG v. 29.11.1959, WuW/E OLG 4914, 4915; BKartA, Tb 1961, S. 41.
[96] LKartB Hessen v. 23.8.1962, WuW/E LKartB 83, 84 „Stadthalle";
[97] LKartB Hessen v. 23.8.1962, WuW/E LKartB 83, 84 „Stadthalle".
[98] LKartB Hessen v. 23.8.1962, WuW/E LKartB 83, 84 „Stadthalle"; vgl. auch OLG Stuttgart v. 14.1.1975, WuW/E OLG 1557 ff. „Arzneilieferungsvertrag"; BKartA, Tätigkeitsbericht 1972, S. 91.
[99] Darunter fällt bspw. auch die Verpflichtung des Vertragspartners zur Tariftreue, vgl.: BGH v. 18.1.2000, ZIP 2000, 426 ff. „Tariftreueerklärung". Vgl. *Commichau/Schwartz*, Rn. 233.
[100] *Bechtold*, Kartellgesetz, § 14 Rn. 8.

I. Kartellrecht

rung nicht erfasst.[101] Auch hier bestimmt sich die Wirksamkeit des übrigen Vertrages nach § 139 BGB.[102] Gemäß § 33 GWB können der Vertragspartner des gebundenen und die Wettbewerber des bindenden Unternehmens Schadensersatz- und Unterlassungsansprüche zustehen.

Darüber hinaus stellt ein Verstoß gegen das Verbot des § 14 GWB eine **Ordnungswidrigkeit** nach § 81 Abs. 1 Nr. 1 GWB dar. Bußgeldpflicht kann sowohl für das bindende als auch das gebundene Unternehmen bestehen. Das Bundeskartellamt kann Verstöße gegen § 14 GWB auch nach § 32 GWB untersagen. 65

b) Vertragsabschlussbindungen

§ 16 GWB sieht des Weiteren vor, dass vertikale Wettbewerbsbeschränkungen wie Verwendungs-, Ausschließlichkeits-, Vertriebs- und Kopplungsbindungen von der Kartellbehörde für unwirksam erklärt werden können. Die Vorschrift enthält also kein Verbot, sondern unterstellt die genannten Wettbewerbsbeschränkungen einer **Missbrauchsaufsicht**, um durch die Vermeidung von Marktzutrittsschranken die Märkte offen zu halten.[103] 66

- **Verwendungsbeschränkungen** nach § 16 Nr. 1 GWB liegen vor, wenn eine Vereinbarung einen Vertragsbeteiligten in der Freiheit der Verwendung der gelieferten Waren, anderer Waren oder gewerblicher Leistungen beschränkt. Den Verwendungsbeschränkungen kommt kaum Bedeutung zu.[104] Beispiel hierfür ist das an einen gewerblichen Mieter gerichtete Verbot des Vermieters, bestimmte Arten von Automaten aufzustellen. Erfasst wird hiervon auch ein Pachtvertrag, bei dem eine Kommune eine Hafeneinrichtung mit einem ausschließlichen Umschlagsrecht einem Pächter überlässt, der jedoch gleichzeitig die Verpflichtung des Pächters enthält, bei allen Aufträgen in erster Linie die Bürger der Gemeinde zu berücksichtigen.[105] 67

- Um **Ausschließlichkeitsbindungen** nach § 16 Nr. 2 GWB handelt es sich bei Vereinbarungen, die einen Vertragsbeteiligten darin beschränken, andere Waren oder gewerbliche Leistungen von Dritten zu beziehen oder Waren an Dritte abzugeben. Hierunter fällt beispielsweise die Verpflichtung des Pächters einer kommunalen Stadthalle, den Wein nur von der verpachtenden Gemeinde zu beziehen.[106] 68

- **Vertriebsbindungen** sind Vereinbarungen, die einen Vertragsbeteiligten darin beschränken, die gelieferte Ware an einen Dritten abzugeben (§ 16 Nr. 3 GWB). Hierunter fällt das Verbot gegenüber Großhändlern, unmittelbar Endverbraucher zu beliefern.[107] 69

- Bei **Kopplungsgeschäften** nach § 16 Nr. 4 GWB handelt es sich letztlich um die Verpflichtung, neben der eigentlichen Ware auch sachlich oder handelsüblich nicht zugehörige Waren oder gewerbliche Leistungen abzunehmen. Ist an einem Kopplungsgeschäft ein marktbeherrschendes Unternehmen beteiligt, so ist § 19 GWB zu beachten.[108] Ein unzulässiges Kopplungsgeschäft liegt beispielsweise vor, wenn ein marktbeherrschendes Unternehmen die Einräumung von Rabatten bei besonders gefragten Produkten davon abhängig macht, dass gleichzeitig andere – weniger begehrte – Produkte bestellt werden. 70

Die eben beschriebenen Bindungen können von der Kartellbehörde für **unwirksam** erklärt werden, sofern ihr Ausmaß dazu führt, dass der Wettbewerb auf dem Markt für diese oder andere Waren oder gewerblichen Leistungen beeinträchtigt wird. Bei der Prüfung sind auch gleichartige Beschränkungen zwischen anderen Unternehmen, also die Gesamtheit gleichartiger Bindungen, mit einzubeziehen, um die Beschränkung des Wettbewerbs auf dem jeweiligen Markt feststellen zu können. 71

---

[101] *Bechtold*, Kartellgesetz, § 14 Rn. 15.
[102] Vgl. dazu oben Rn. 47.
[103] BGH v. 18. 5. 1993, WuW/E BGH 2869 „Pauschalreisen-Vermittlung II"; BGH v. 14. 3. 1990, WuW/E BGH 2627 „Sportübertragungen".
[104] Vgl. aber: KG v. 28. 11. 1979, WuW/E OLG 2247 ff. „Parallellieferteile".
[105] KG, WuW/E OLG 245 „Hafeneinrichtung".
[106] LKartB Hessen, WuW/E LKartA 83.
[107] *Bechtold*, Kartellgesetz,", § 16 Rn. 11.
[108] Vgl. unten Rn. 77 ff.

72 Liegen die Tatbestands- und Eingriffsvoraussetzungen vor, so steht es im Ermessen des Bundeskartellamtes, eine **Missbrauchsverfügung** nach § 16 GWB zu erlassen. Das Bundeskartellamt hat sowohl Entschließungs- als auch Auswahlermessen. Es kann bereits bestehende Vereinbarungen für unwirksam erklären als auch den Abschluss zukünftiger Vereinbarungen verbieten. Die bestehenden Vereinbarungen werden nicht rückwirkend, sondern mit Erlass der Missbrauchsverfügung unwirksam. Durch die Vereinbarung gebundene Unternehmen und Dritte haben nach § 33 GWB **keinen Unterlassungs- oder Schadensersatzanspruch**.

c) EG-Recht

73 Insbesondere durch Art. 81 Abs. 1 GWB hat § 16 GWB zunehmend an Bedeutung verloren. Anders als im deutschen Recht findet sich das Verbot wettbewerbsbeschränkender horizontaler und vertikaler Vereinbarungen im europäischen Recht in einer Vorschrift, **Art. 81 Abs. 1 EGV**, wieder. Die wichtigsten Erscheinungsformen sind die Alleinvertriebs- und Alleinbezugsvereinbarungen, Franchiseverträge sowie selektive Vertriebssysteme.

74 Da es sich um eine Norm des europäischen Rechts handelt, müssen für ihr Eingreifen die Voraussetzungen der **Zwischenstaatlichkeitsklausel** erfüllt sein.[109] Wirkt sich eine Preis- oder Konditionenbindung nur auf das Gebiet eines Mitgliedstaates aus, fehlt es an dieser Voraussetzung. Auch Verwendungs-, Ausschließlichkeits-, Vertriebsbindungs- sowie Kopplungsgeschäfte fallen in den Anwendungsbereich des Art. 81 Abs. 1 EGV.[110] Nach der de-minimis-Mitteilung[111] der Kommission sind Vereinbarungen nach Art. 81 Abs. 1 EGV nicht relevant, wenn die von allen beteiligten Unternehmen gehaltenen Marktanteile auf keinem der betroffenen Märkte 15% überschreiten. Davon ausgenommen sind vertikale Vereinbarungen, die Wiederverkaufspreise festsetzen, Gebiete oder den Kundenkreis beschränken.

75 Da – anders als im deutschen Recht – alle vertikalen Wettbewerbsbeschränkungen im europäischen Recht dem Verbot des Art. 81 Abs. 1 EGV unterfallen, bedarf es für die Zulässigkeit der Wettbewerbsbeschränkung in jedem Fall einer **Freistellung** nach Art. 81 Abs. 3 EGV. Ebenso wie bei den horizontalen Wettbewerbsbeschränkungen[112] kommt auch bei den vertikalen eine Einzel- oder Gruppenfreistellung[113] in Betracht. Eine Freistellung ist möglich, wenn die Wettbewerbsbeschränkung die Koordinierung der beteiligten Unternehmen verbessert und dadurch deren wirtschaftliche Effizienz innerhalb einer Produktions- oder Vertriebskette gesteigert wird, um die wettbewerbsbeschränkenden Wirkungen aufzuwiegen. Unter den Gruppenfreistellungsverordnungen ist die sog. Vertikal-GVO[114] hervorzuheben, da sie nicht auf bestimmte Sektoren beschränkt ist, sondern für sämtliche Vertikalvereinbarungen gilt, die nicht unter eine andere, speziellere GVO fallen.

76 Bzgl. der **Zuständigkeit** für den Vollzug des sich aus Art. 81 Abs. 1 EGV ergebenden Verbots im Falle einer fehlenden Freistellung gilt das oben in Bezug auf die horizontalen Wettbewerbsbeschränkungen Gesagte.[115]

7. Missbrauchsaufsicht

77 Die Vorschriften des GWB sanktionieren nicht nur wettbewerbsbeschränkende Vereinbarungen zwischen Unternehmen, sondern auch missbräuchliches einseitiges Verhalten

---

[109] Vgl. oben Rn. 51.
[110] EuGH, Slg. 1966, 323 „Grundig/Consten"; Kommission ABl. 1993 L 183/1.
[111] Vgl. oben Rn. 52.
[112] Zur Freistellung nach Art. 81 Abs. 3 EGV oben Rn. 53.
[113] Vgl. die GVO zu den Horizontalvereinbarungen, oben Rn. 54.
[114] VO Nr. 2790/1999 über die Anwendung von Art. 81 Abs. 3 des Vertrages auf Gruppen von vertikalen Vereinbarungen und aufeinander abgestimmten Verhaltensweisen, ABl. 1999 L 336/21 und die hierzu ergangenen Leitlinien der Kommission zur Handhabung der GVO, ABl. 2000 C 291/1; vgl. im Übrigen zu den GVO *Commichau/Schwartz*, Rn. 649 ff.
[115] Vgl. oben Rn. 56.

eines Unternehmens. Voraussetzung hierfür ist eine marktbeherrschende Stellung des Unternehmens, die außerdem auch für die Zusammenschlusskontrolle von Bedeutung ist.[116] Die Missbrauchsaufsicht findet sich in den folgenden Vorschriften des GWB:
- Missbrauchsverbot, § 19 GWB
- Behinderungs- und Diskriminierungsverbot, § 20 GWB
- Boykottverbot, § 21 GWB

a) Marktbeherrschende Stellung

Die Missbrauchstatbestände der §§ 19 ff. GWB setzen voraus, dass sie unter Ausnutzung einer marktbeherrschenden Stellung begangen werden. Wann eine Marktbeherrschung anzunehmen ist, kann § 19 Abs. 2 und 3 GWB entnommen werden. **78**

- Nach § 19 Abs. 2 S. 1 Nr. 1, 1. Alt GWB ist ein Unternehmen marktbeherrschend, wenn es als Anbieter oder Nachfrager einer bestimmten Art von Waren oder Dienstleistungen ohne Wettbewerber ist **(Monopol).** **79**

- § 19 Abs. 1 S. 1 Nr. 1, 2. Alt GWB bestimmt ergänzend, dass ein Unternehmen als **Quasi-Monopolist** auch dann marktbeherrschend ist, wenn es keinem wesentlichem Wettbewerb ausgesetzt ist. Für die Beurteilung, ob wesentlicher Wettbewerb besteht, ist eine Gesamtbetrachtung anzustellen. **80**

- § 19 Abs. 2 S. 1 Nr. 2 GWB bestimmt, dass auch Unternehmen mit einer **überragenden Marktstellung** marktbeherrschend sind. Für die Überprüfung, ob eine überragende Marktstellung vorliegt, werden im Gesetz beispielhaft die Höhe des Marktanteils, die Finanzkraft, der Zugang zu den Beschaffungs- und Absatzmärkten und der Marktzutritt anderer Unternehmen genannt. Es können jedoch auch weitere Faktoren Berücksichtigung finden. **81**

- Möglich ist auch, dass zwei oder mehrere Unternehmen gemeinsam eine marktbeherrschende Stellung haben. Nach § 19 Abs. 2 S. 2 GWB ist ein solches **Oligopol** anzunehmen, wenn entweder im Innenverhältnis der Unternehmen kein wesentlicher Wettbewerb besteht oder im Außenverhältnis diese Gruppe von Unternehmen keinem oder keinem wesentlichen Wettbewerb ausgesetzt ist oder gegenüber den anderen Wettbewerbern eine überragende Marktstellung innehat. **82**

Bei der Prüfung, ob im Einzelfall eine marktbeherrschende Stellung vorliegt, wird auf die in § 19 Abs. 3 GWB enthaltenen **Vermutungen** zurückgegriffen. Für Kommunen und kommunale Unternehmen kommt oftmals eine marktbeherrschende Stellung in Form der Nachfragemacht in Frage. Aufgrund ihrer oftmals ausschließlichen Angebots- oder Nachfragestellung ist bei Kommunen/kommunalen Unternehmen in der Vergangenheit in zahlreichen Fällen Marktbeherrschung angenommen.[117] **83**

b) Missbrauchsverbot (§ 19 GWB)

Die Missbrauchstatbestände sind in § 19 Abs. 4 GWB enthalten. Gleichzeitig können die Vorschriften des Energiewirtschaftsgesetzes, die sich gegen die Betreiber von Elektrizitätsversorgungsnetzen (§ 6 EnWG) richten, anwendbar sein.[118] **84**

aa) Missbrauchstatbestände. § 19 Abs. 4 GWB enthält eine **beispielhafte Aufzählung** von Missbrauchsfällen, die allerdings nicht abschließend ist. **85**

(1) Behinderungsmissbrauch. § 19 Abs. 4 Nr. 1 GWB verbietet den sog. Behinderungsmissbrauch. Eine missbräuchliche Behinderung wird angenommen, wenn ein marktbeherrschendes Unternehmen als Anbieter oder Nachfrager einer bestimmten Art von Waren oder Leistungen die Wettbewerbsmöglichkeiten anderer Unternehmen in ei- **86**

---
[116] Vgl. unten Rn. 115 ff.
[117] BGH, NJW 1998, 3778 ff. „Schilderpräger im Landratsamt"; KG v. 6. 11. 1996, WuW/E OLG 5787, 5792 ff. „Kfz-Zulassungsstelle"; OLG Karlsruhe v. 27. 1. 1988, WuW/E OLG 4260, 4262 „Blumenverkauf"; OLG München, GRUR 1996, 993 ff. „Gastgeberverzeichnis".
[118] BKartA v. 30. 8. 1999, WuW/E DE-V 149, 153, „Berliner Stromdurchleitung".

ner für den Wettbewerb auf dem Markt erheblichen Weise ohne sachlich gerechtfertigten Grund beeinträchtigt.[119]

87   Hervorzuheben ist hier die Fallgruppe **Missbrauch der Nachfragemacht**. In bestimmten Bereichen wurden seitens des Bundeskartellamtes in der Vergangenheit immer wieder Verfahren wegen des vermuteten Missbrauchs der Nachfragemacht durchgeführt. Diese Missbrauchsverfahren betrafen vor allem Fälle, in denen die öffentliche Hand alleiniger Nachfrager von Waren und Dienstleistungen war.[120] In der Vergangenheit wurde als Verstoß zum Beispiel die Berücksichtigung vergabefremder Kriterien – Bevorzugung von Betrieben, die Lehrlinge ausbilden – als Missbrauch der Nachfragemacht gewertet.

88   **(2) Preis- und Konditionenmissbrauch.** Nach § 19 Abs. 4 Nr. 2 GWB ist es missbräuchlich, wenn ein marktbeherrschendes Unternehmen Entgelte oder sonstige Geschäftsbedingungen fordert, die von denjenigen abweichen, die sich bei wirksamem Wettbewerb mit hoher Wahrscheinlichkeit ergeben würden.[121] Dazu gehört der Fall, wenn nachträglich eine Skontoeinräumung oder sonstige Sonderrabatte und -boni oder die Gewährung unentgeltlicher Dienstleistungen verlangt wird.

89   Bei der Preiskontrolle wird vom Bundeskartellamt neben dem in § 19 Abs. 4 Nr. 2 GWB vorgesehenen **Vergleichsmarktkonzept** eine konkrete Kostenkontrolle[122] durchgeführt.[123] Das bedeutet, dass zur Ermittlung des Wettbewerbspreises auf die Verhaltensweisen von Unternehmen auf vergleichbaren Märkten mit wirksamem Wettbewerb abgestellt wird. Aufgrund des fehlenden Wettbewerbs auf dem relevanten Markt bereitet es in der Regel Schwierigkeiten, auf einen Vergleichsmarkt abzustellen. Herangezogen wird stattdessen meist ein inländischer Teilmarkt oder ein vergleichbarer Markt im Ausland etc. Kartellbehördliche Preiskontrollen werden derzeit insbesondere in der Energiewirtschaft durchgeführt.[124]

90   **(3) Preis- und Konditionenspaltung.** Missbräuchlich ist es nach § 19 Abs. 4 Nr. 3 GWB außerdem, wenn ein marktbeherrschendes Unternehmen unterschiedliche Preise oder Konditionen gegenüber gleichartigen Abnehmern auf vergleichbaren Märkten ohne sachliche Rechtfertigung verlangt. Eine Preisspaltung ist beispielsweise anzunehmen, wenn dasselbe Produkt innerstädtisch zu einem anderen Preis als außerhalb der Stadt angeboten wird und dies nicht durch einen sachlichen Grund – wie z. B. unterschiedliche Wettbewerbsverhältnisse – begründet werden kann. Eine sachliche Rechtfertigung kann zum Beispiel die Vermeidung von Verlusten auf dem beherrschten Markt sein, was von dem Unternehmen konkret nachgewiesen werden muss. Andernfalls wird nach § 19 Abs. 4 Nr. 3 GWB angenommen, dass es sich um eine missbräuchliche Verhaltensweise unter Ausnutzung der marktbeherrschenden Stellung handelt.

91   **(4) Verweigerung des Zugangs zu wesentlichen Einrichtungen.** Dieser Missbrauchstatbestand richtet sich an die Inhaber von Netzen und anderen Infrastruktureinrichtungen. Der angesprochene Adressatenkreis wird verpflichtet, anderen Unternehmen unter angemessenen Bedingungen (Entgelt) Zugang zu ihren Netzen oder anderen Infrastruktureinrichtungen zu verschaffen. Eine Zugangsverweigerung stellt den Missbrauch einer marktbeherrschenden Stellung dar, wenn es dem anderen Unternehmen dadurch un-

---

[119] Vgl. zu den langfristigen Gaslieferungsverträgen: OLG Düsseldorf, RdE 2002, 44 ff.
[120] BKartA, Tätigkeitsberichte 1991/92, 34; 1989/90, 27 ff.; 1985/86, 22 f.
[121] Vgl. zu der Angemessenheit von Netznutzungsentgelten im Bereich der leitungsgebundenen Energie: BKartA, Tätigkeitsbericht 2001/02, S. 29.
[122] Dazu: *Engelsing*, ZNER 2003, 111 ff.
[123] BKartA v. 17. 2. 2003, B 11 – 40100 – T – 20/02 „RWE Net"; BKartA v. 17. 4. 2003, B 11 – 40100 – T – 38/01 „Stadtwerke Mainz"; BKartA v. 14. 2. 2003, WuW/E DE-V 722 „TEAG"; BKartA v. 15. 1. 2002, Az. B 11-41/01 und v. 16. 1. 2002, Az. B 11-15/01; dazu auch: OLG Düsseldorf v. 30. 4. 2003, WuW/E DE-R 1094 „TEAG" und v. 22. 4. 2002, WuW/E DE-R 914.
[124] BGH v. 26. 9. 1995, WuW/E BGH 3009 „Stadtgaspreis Potsdam"; BKartA, Tätigkeitsberichte 1997/98, 21; 1999/2000, 36 ff., 130 ff.

I. Kartellrecht

möglich ist, auf dem vor- oder nachgelagerten Markt als Wettbewerber des marktbeherrschenden Unternehmens tätig zu werden. Ein verweigerter Zugang kann allenfalls dadurch gerechtfertigt werden, dass die Mitnutzung aus betriebsbedingten oder anderen Gründen nicht möglich oder zumutbar ist. Zu den Netzen zählen die Strom- und Gasversorgungsnetze, während zu sonstigen Infrastrukutreinrichtungen beispielsweise Friedhöfe,[125] Hafeneinrichtungen,[126] aber auch Bahnhöfe u. Ä. zu rechnen sind. Der Inhaber eines lokalen Stromversorgungsnetzes hat aufgrund § 19 Abs. 4 Nr. 4 GWB die Verpflichtung, anderen Energielieferanten die Durchleitung von Strom durch sein Netz gegen Zahlung eines angemessenen Netznutzungsentgelts zu ermöglichen, damit dieser auf dem nachgelagerten Markt, Stromhandel/-lieferung, tätig werden kann. Im Bereich der Energiewirtschaft sind §§ 19, 20 GWB neben den einschlägigen Regelungen des EnWG (vgl. § 6 EnWG) anwendbar.[127]

bb) Rechtsfolgen. Soweit Vereinbarungen gegen das Missbrauchsverbot des § 19 **92** GWB verstoßen, sind sie zivilrechtlich gemäß § 134 BGB **nichtig**. Durch den Verstoß gegen das Missbrauchsverbot Geschädigte haben einen Anspruch auf **Schadensersatz** nach § 33 GWB.

Das Bundeskartellamt kann ein missbräuchliches Verhalten nach § 32 GWB **untersa- 93 gen**. Wer gegen das Verbot des § 19 GWB verstößt, macht sich außerdem gemäß § 81 Abs. 1 Nr. 1 GWB **bußgeldpflichtig**.

c) Diskriminierungsverbot

Neben dem Missbrauch einer marktbeherrschenden Stellung verbieten die Vorschrif- **94** ten des GWB auch diskriminierende und behindernde Verhaltensweisen solcher Unternehmen, die eine gewisse Marktstärke haben.

aa) Adressaten des Verbots. Anders als das Missbrauchsverbot richtet sich das Behin- **95** derungs- und Diskriminierungsverbot nicht allein gegen **marktbeherrschende Unternehmen**, sondern wird auf sog. **marktstarke Unternehmen** ausgedehnt. Zur Begründung wird darauf verwiesen, dass Störungen des freien Wettbewerbs nicht allein von marktbeherrschenden Unternehmen drohen, sondern die Stellung eines Unternehmens auch unterhalb der Schwelle einer Marktbeherrschung so stark sein kann, dass von ihm Störungen des Marktgeschehens ausgehen.

(1) Marktbeherrschende Unternehmen. Für die Bestimmung der Marktbeherrschung **96** eines Unternehmens ist § 19 Abs. 2 GWB heranzuziehen.[128]

(2) Marktstarke Unternehmen. § 20 Abs. 2 S. 1 GWB dehnt den Adressatenkreis auf **97** Unternehmen und Vereinigungen von Unternehmen aus, von denen kleine oder mittlere Unternehmen als Anbieter oder Nachfrager von Waren oder gewerblichen Leistungen abhängig sind, sog. marktstarke Unternehmen. Man spricht dabei von der **„relativen Marktmacht"**.[129] Für die Feststellung der Abhängigkeit muss geprüft werden, ob für das betroffene (also abhängige) Unternehmen eine ausreichende und zumutbare Möglichkeit besteht, auf andere Unternehmen auf einem anderen sachlich, räumlich und zeitlich relevanten Markt[130] auszuweichen.[131] Man unterscheidet die sortimentsmangel-, unternehmens- und nachfragebedingte Abhängigkeit.

---

[125] Vgl. dazu bereits: LKartA Bayern, WuW 1979, 658 ff.
[126] BKartA v. 21. 12. 1999, WuW/E DE-V 253, 255 „Puttgarden"; vgl. auch: BGH v. 15. 11. 1994, WuW/E BGH 2953 „Gasdurchleitung"; OLG Düsseldorf v. 25. 4. 00, WuW/E DE-R 472; BKartA v. 30. 8. 1999, WuW/E DE-V 149 „Berliner Stromdurchleitung".
[127] Vgl. *Boesche*, Teil 3 C III, S. 166 f.
[128] Vgl. oben Rn. 75 ff.; die in § 19 Abs. 3 GWB enthaltenen Vermutungstatbestände finden zwar im Untersagungsverfahren nach § 32 GWB, nicht aber im Bußgeldverfahren nach § 81 Abs. 1 GWB Anwendung; siehe dazu *Langen/Schultz*, GWB, § 20 Rn. 30.
[129] *Markert*, in: *Immenga/Mestmäcker*, § 20 Rn. 39.
[130] Siehe dazu oben Rn. 14 ff.
[131] BGH v. 13. 11. 1990, WuW/E BGH 2683 „Zuckerrübenanlieferungsrecht".

98 **(3) Weitere Adressaten.** Neben marktbeherrschenden und marktstarken Unternehmen findet § 20 GWB auch auf **erlaubte Kartelle** und **preisbindende Unternehmen** Anwendung, wobei die zuletzt genannte Adressateneigenschaft für kommunale Unternehmen nicht von Bedeutung ist.

99 **bb) Unbillige Behinderung/Diskriminierung.** § 20 GWB verbietet den vorgenannten Adressaten, andere Unternehmen in einem Geschäftsverkehr, der gleichartigen Unternehmen **üblicherweise zugänglich** ist, unmittelbar oder mittelbar unbillig zu behindern oder sie im Vergleich zu gleichartigen Unternehmen unterschiedlich zu behandeln.

100 Ob der Geschäftsbereich im Allgemeinen auch anderen Unternehmen offen steht, beurteilt sich nicht anhand der Marktsituation oder den Umständen des untersuchten Einzelfalls, da es dort gerade zu einer Störung der Marktverhältnisse gekommen ist. Abzustellen ist auf die **allgemeine Marktsituation**, mithin auf das, was sich innerhalb der in Betracht kommenden Kreise bei natürlicher Entwicklung als allgemein geübt und angemessen herausgebildet hat.[132]

101 Eine **Behinderung** liegt vor, wenn ein anderes Unternehmen in seinen Betätigungsmöglichkeiten im Wettbewerb beeinträchtigt wird.[133] Um eine unbillige Behinderung handelt es sich, wenn für eine unterschiedliche Behandlung kein sachlich rechtfertigender Grund ersichtlich ist. Ob ein sachlich rechtfertigender Grund vorhanden ist, wird unter Abwägung der Interessen aller beteiligten Unternehmen unter Berücksichtigung der auf die Freiheit des Wettbewerbs gerichteten Zielsetzung des GWB ermittelt.[134]

102 Eine Diskriminierung bzw. Behinderung wurde beispielsweise bei der Vergabe von Aufträgen durch die öffentliche Hand unter Voraussetzung der Einhaltung geltender Lohntarife angenommen (sog. Tariftreueerklärung). In diesem Fall werden tarifungebundene Unternehmen diskriminiert und behindert.[135] Ebenso hat die Vermietung von Räumlichkeiten in einer Kfz-Zulassungsstelle an gewerbliche Schilderpräger diskriminierungsfrei zu erfolgen.[136] Umgekehrt kann eine Nichtbelieferung gerechtfertigt sein, wenn dies aus Gründen, die in der Person oder dem Verhalten des betroffenen Unternehmens liegen, begründet ist.[137]

103 Aus der angenommenen Nachfragemacht durch die Vergabe öffentlicher Aufträge[138] wird für die öffentliche Hand die grundsätzliche Pflicht zur Ausschreibung der von ihr benötigten Waren und Leistungen angenommen. Auf diese Weise soll eine **diskriminierungsfreie Vergabe** sichergestellt werden. Die freihändige Vergabe von Aufträgen sowie eine nur beschränkte Ausschreibung wird als Verstoß gegen das Diskriminierungsverbot gewertet.[139]

104 Die Absätze 3 und 4 des § 20 GWB enthalten noch zwei weitere Tatbestände des Diskriminierung- und Behinderungsverbots. Durch Abs. 3 wird die sog. **passive Diskriminierung** verboten. Damit soll verhindert werden, dass nachfragemächtige Unternehmen andere Unternehmen veranlassen, ihnen ohne sachlichen Grund Vorzugsbedingungen zu gewähren.[140] Die sog. **Mittelstandsbehinderung** des Abs. 4 soll kleine und mittelständische Unternehmen vor wettbewerbsbehindernden, insbesondere vor Verdrängungs-Prak-

---

[132] BGH v. 6.10.1992, WuW/E BGH 2805 „Stromeinspeisung".
[133] OLG Karlsruhe v. 13.6.1990, WuW/E OLG 4611, 4614 „Stadtkurier".
[134] BGH v. 22.9.1981, WuW/E BGH 1829, 1837 „Original-VW-Ersatzteile".
[135] BGH, WuW/E Verg 297 „Tariftreueerklärung".
[136] BGH, WuW/E v. 14.7.1998 DE-R 201, 204f. „Schilderpräger im Landratsamt"; OLG Rostock, WRP 1996, 463; OLG Karlsruhe v. 13.12.1995, WuW/E OLG 5615ff. „Schilderprägebetriebe".
[137] BGH v. 25.10.1988, WuW/E BGH 2535 „Lüsterbehangsteine".
[138] Vgl. dazu oben umfassend Kap. H. Rn. 2ff.
[139] Grundsätzlich dazu: BGH, NJW 1988, 772 „Krankentransporte"; OLG Frankfurt v. 26.7.1988, WuW/E OLG 4354, 4355 „Betankungsvorteile"; OLG Celle v. 3.7.1987, WuW/E OLG 4130, 4132 „Rettungsdienst Emden"; OLG Düsseldorf v. 12.2.1980, WuW/E OLG 2274, 2277 „Errichtung von Fernmeldetürmen"; LG Hannover, EuZW 1997, 638, 639; BKartA, Tätigkeitsbericht 1995/96, S. 28f.
[140] Kaum praktische Bedeutung.

I. Kartellrecht

tiken schützen. Die Vorschrift benennt als Beispiel den verbotenen **Verkauf unter Einstandspreis**.[141]

cc) Rechtsfolgen. Zivilrechtlich haben geschädigte Dritte einen Anspruch auf **Schadensersatz** nach § 33 GWB. Im Falle einer unzulässigen Lieferverweigerung oder des verweigerten Zugangs zu einer wesentlichen Einrichtung hat das begehrende Unternehmen einen Anspruch auf Abschluss eines Vertrages zu angemessenen Konditionen, sog. **Kontrahierungszwang**.[142] 105

Das Bundeskartellamt kann das beanstandete Verhalten **untersagen**, § 32 GWB. Nur im Falle eines vorsätzlichen Verstoßes gegen § 20 GWB kann die Kartellbehörde ein **Bußgeld** nach § 81 Abs. 1 Nr. 1 GWB verhängen. 106

d) Boykottverbot

Letztlich enthält § 21 Abs. 1 GWB noch das sog. Boykottverbot, das die an Unternehmen und Unternehmensvereinigungen gerichtete Aufforderung zu **Liefer- und Bezugssperren** in der Absicht unbilliger Behinderung verbietet. Eine Liefer- und Bezugssperre kann sich nicht nur auf Waren, sondern auch auf Dienstleistungen beziehen. So kann auch in der Verweigerung einer Vermietung von Ausstellungseinrichtungen ein Verstoß gegen das Boykottverbot erkannt werden. Verboten ist auch das **Veranlassen zu einem unerlaubten Verhalten** (Einsatz von Druck- und Lockmitteln) nach § 21 Abs. 2 GWB sowie nach Abs. 3 die **Zwangsausübung**, wenn dadurch ein Verhalten erreicht werden soll, was zwar wettbewerbsbeschränkend, aber legal ist. Eine solche Einflussnahme auf die Willensbildung wird jedoch in den meisten Fällen schwer nachweisbar sein, da sie konkludent bzw. stillschweigend erfolgt. Letztlich enthält § 21 Abs. 4 GWB noch das Verbot, einem anderen einen **wirtschaftlichen Nachteil zuzufügen**, weil dieser ein Einschreiten der Behörde beantragt oder angeregt hat. Die Vorschrift des § 21 GWB enthält unmittelbar wirkende Verbote, so dass bei einem Verstoß ein Bußgeldverfahren nach § 81 Abs. 1 Nr. 1 GWB in Betracht kommt. 107

e) EG-Recht

Auf europäischer Ebene ist das **Missbrauchsverbot in Art. 82 EGV** enthalten. Die Vorschrift verbietet die missbräuchliche Ausnutzung einer beherrschenden Stellung auf dem Gemeinsamen Markt oder auf einem wesentlichen Teil desselben durch ein oder mehrere Unternehmen, soweit dies dazu führen kann, den Handel zwischen den Mitgliedstaaten zu beeinträchtigen. 108

Anders als im deutschen Recht[143] ist auf europäischer Ebene der Begriff der **Marktbeherrschung** gesetzlich nicht ausdrücklich definiert. Die Rechtsprechung nimmt eine marktbeherrschende Stellung an, wenn ein Unternehmen eine wirtschaftliche Machtstellung besitzt, die dieses in die Lage versetzt, die Aufrechterhaltung eines wirksamen Wettbewerbs auf dem relevanten Markt zu verhindern, indem sie ihm die Möglichkeit verschafft, sich seinen Wettbewerbern, seinen Abnehmern und letztlich den Verbrauchern gegenüber in einem nennenswerten Umfang unabhängig zu verhalten.[144] Faktoren bei der Ermittlung evtl. Marktbeherrschung sind die Marktstellung der beteiligten Unternehmen und ihre Finanzkraft, ihr Zugang zu den Absatz- und Beschaffungsmärkten etc. 109

Art. 82 EGV verbietet die **missbräuchliche Ausnutzung** einer marktbeherrschenden Stellung. Ein missbräuchliches Verhalten ist anzunehmen, wenn die Verhaltensweise eines Unternehmens die Strukturen eines Marktes beeinflussen kann, auf dem der Wettbewerb gerade wegen der Anwesenheit des marktbeherrschenden Unternehmens bereits ge- 110

---

[141] Vgl. BGH v. 12. 11. 2002, WuW/E DE-R 1042 „WalMart"; OLG Düsseldorf, WuW/E DE-R 829 „Tankstellenfall"; BKartA v. 1. 9. 2000, WuW/E DE-V 314 „Aldi"; BKartA v. 1. 9. 2000, WuW/E DE-V 316 „WalMart"; Bechtold, Kartellgesetz, § 20 Rn. 62 ff.
[142] BGH v. 6. 10. 1992, WuW/E BGH 2805 „Stromeinspeisung".
[143] Vgl. oben Rn. 77 und 95.
[144] EuGH, Slg. 1979, S. 461, 519 ff. „Hoffmann-la-Roche".

schwächt ist, und die die Aufrechterhaltung des auf dem Markt noch bestehenden Wettbewerbs oder dessen Entwicklung durch die Verwendung von Mitteln behindern, welche von den Mitteln normalen Produkt- oder Dienstleistungswettbewerbs abweichen.[145] Beispielhaft werden in der Vorschrift vier Fälle des Missbrauchs genannt:

111
- Die Erzwingung von unangemessenen Einkaufs- und Verkaufspreisen oder sonstigen Geschäftsbedingungen;
- Einschränkung der Erzeugung des Absatzes oder der technischen Entwicklung zum Schaden der Verbraucher;
- Anwendung unterschiedlicher Bedingungen bei gleichwertigen Leistungen gegenüber Handelspartnern, wodurch diese im Wettbewerb benachteiligt werden;
- Kopplungsgeschäfte.

112 Ebenfalls als missbräuchliche Verhaltensweise wird die Verweigerung des Zugangs zu wesentlichen Einrichtungen, die sich in der Hand eines Monopolisten befinden, gewertet.[146] Bejaht wird in diesem Fall ein Missbrauch, wenn es dem Zugangbegehrenden durch den verweigerten Zugang unmöglich gemacht wird, sich auf einem vor- oder nachgelagerten Markt zu betätigen.

113 Auch hinsichtlich des Missbrauchsverbots muss die **Zwischenstaatlichkeitsklausel**[147] erfüllt sein.

114 Als zivilrechtliche Rechtsfolge ist die **Unwirksamkeit** evtl. Vereinbarungen festzuhalten (§ 134 BGB). Die Kommission kann bei einem Verstoß gegen Art. 82 EGV außerdem nach der VO 1/2003 ein **Bußgeld** verhängen. Daneben kann sie Maßnahmen zur **Abstellung des Missbrauchs** verhängen.

8. Zusammenschlusskontrolle

115 Der Zusammenschluss mehrerer Unternehmen kann ebenfalls wettbewerbsbeschränkende Wirkung haben und den Wettbewerb gefährden, da durch Zusammenschlüsse die bestehende Marktstruktur verändert wird.[148] Sowohl das europäische als auch das deutsche Recht sehen daher für Zusammenschlüsse mit einer gewissen Bedeutung eine **präventive Kontrolle** vor.

a) Anwendungsbereich

116 Die Zusammenschlusskontrolle findet auf öffentliche Unternehmen ebenso Anwendung wie auf Unternehmen, die sich ausschließlich in privater Hand befinden.[149] Allerdings unterfällt der Zusammenschluss von Gebietskörperschaften nicht der Zusammenschlusskontrolle der §§ 35 ff. GWB, insoweit hat das speziellere öffentliche Organisationsrecht Vorrang vor dem GWB.[150]

117 Im deutschen Kartellrecht wird nicht jeder Zusammenschluss einer vorherigen Kontrolle unterzogen. Grundsätzlich finden die Vorschriften über die Zusammenschlusskontrolle (= Fusionskontrolle) nach § 35 Abs. 1 GWB nur Anwendung, wenn
- die beteiligten Unternehmen insgesamt **weltweit Umsatzerlöse** von mehr als 500 Mio. Euro (Nr. 1) und
- mindestens ein beteiligtes Unternehmen **im Inland Umsatzerlöse** von mehr als 25 Mio. Euro (Nr. 2)

im letzten Geschäftsjahr vor dem Zusammenschluss erzielt haben.

118 Die Umsatzerlöse werden nach § 277 HGB ermittelt. Außerdem enthält § 38 GWB **Berechnungsregeln** zur Ermittlung der relevanten Umsätze, wobei für einzelne Bran-

---

[145] EuGH, Slg. 1991, S. 3359, 3455 „Akzo"; EuGH, Slg. 1980, S. 3775, 3794 „L'Oreal".
[146] Vgl. dazu *Makert*, WuW 1995, 560 ff.
[147] Siehe oben Rn. 51.
[148] BGH v. 2. 12. 1980, WuW/E BGH 1749, 1750 f. „Klöckner-Becorit".
[149] KG v. 16. 6. 1981, WuW/E OLG 2507, 2508 „Veba/Stadtwerke Wolfsburg"; vgl. im Übrigen zum Unternehmensbegriff oben Rn. 4 ff.
[150] *Bechtold*, Kartellgesetz, § 130 Rn. 8; *Emmerich*, in: *Immenga/Mestmäcker*, § 130 Rn. 83.

I. Kartellrecht

chen Sonderregelungen gelten.[151] Beim Handel mit Waren (Abs. 2) werden beispielsweise nur drei Viertel der Umsatzerlöse in Ansatz gebracht.[152] Mit Hilfe der in § 36 GWB enthaltenen Verbundklausel kann die **maßgebliche Unternehmenseinheit** ermittelt werden. Abhängige oder herrschende Unternehmen i. S. d. § 17 AktG sowie Konzernunternehmen i. S. d. § 18 AktG[153] sind als einheitliche Unternehmen anzusehen. Nach der sog. Mehrmütterklausel des § 36 Abs. 2 S. 2 GWB wird außerdem berücksichtigt, dass ein Unternehmen von mehreren Unternehmen abhängig sein kann.

Eine Zusammenschlusskontrolle kommt nicht in Betracht, sofern die sog. de-minimis-Klausel des § 35 Abs. 2 S. 1 Nr. 1 GWB oder die Bagatellmarktklausel des § 35 Abs. 2 S. 1 Nr. 2 GWB erfüllt sind: 119

- **De-minimis-Klausel:** Keine Kontrolle findet statt, wenn sich ein Unternehmen, das nicht i. S. d. § 36 Abs. 2 GWB abhängig ist und im letzten Geschäftsjahr weltweit Umsatzerlöse von weniger als 10 Mio. Euro hat, mit einem anderen Unternehmen zusammenschließt.[154] 120

- **Bagatellmarktklausel:** Ein Kontrolle ist außerdem entbehrlich, wenn ein Markt betroffen ist, auf dem seit mindestens fünf Jahren Waren oder gewerbliche Leistungen angeboten werden und auf dem im letzten Kalenderjahr weniger als 15 Mio. Euro umgesetzt wurden.[155] Voraussetzung ist, dass von dem Zusammenschluss nur *ein* Bagatellmarkt und nicht mehrere sachlich eng miteinander verbundene Einzelmärkte betroffen sind. 121

b) Zusammenschlusstatbestände

Die Definition des Zusammenschlussbegriffs findet sich in § 37 GWB. Die Aufzählung der Zusammenschlusstatbestände ist abschließend. Für die Anwendung der §§ 35 ff. GWB muss einer der aufgeführten Tatbestände vorliegen, im Einzelfall können auch mehrere Tatbestände erfüllt sein.[156] 122

- **Vermögenserwerb:** Nach § 37 Abs. 1 Nr. 1 GWB gilt als Zusammenschluss der Erwerb des Vermögens eines Unternehmens ganz oder zum wesentlichen Teil.[157] 123

- **Kontrollerwerb:** Der Erwerb der unmittelbaren oder mittelbaren Kontrolle durch ein oder mehrere Unternehmen über die Gesamtheit oder Teile eines oder mehrerer anderer Unternehmen gilt ebenfalls als Zusammenschluss gemäß § 37 Abs. 1 Nr. 2 GWB. Eine Kontrolle liegt vor, wenn auf die Tätigkeit eines anderen Unternehmens bestimmender Einfluss ausgeübt wird. Der Erwerber also beispielsweise Eigentums- oder Nutzungsrechte an der Gesamtheit/Teilen des Vermögen (Nr. 1) oder Einfluss auf die Besetzung der Geschäftsführerorgane hat (Nr. 2).[158] 124

- **Anteilserwerb:** § 37 Abs. 1 Nr. 3 GWB qualifiziert außerdem den Erwerb von Anteilen an einem anderen Unternehmen als Zusammenschluss, sofern die Anteile allein oder zusammen mit sonstigen, dem Unternehmen bereits gehörenden Anteilen entweder 50% oder 25% des Kapitals oder der Stimmrechte des anderen Unternehmens darstellen. 125

- Durch Nr. 3 S. 3 werden auch sog. **Gemeinschaftsunternehmen (GU)** erfasst. Danach wird ein Zusammenschluss auch angenommen, wenn mehrere Unternehmen gleichzeitig oder nacheinander Anteile in Höhe von 25% oder 50% an einem anderen Un- 126

---

[151] Vgl. Abs. 3 und Abs. 4, die Sonderbestimmungen für Presse, Rundfunk, Banken, Kredit- und Finanzinstituten sowie Versicherungen enthält.
[152] Dies gilt allerdings nicht für Energieversorgungsunternehmen, vgl. KG v. 18. 2. 1985, WuW/E OLG 3469, 3470 Thüringer Gas/Westerland", es sei denn, es handelt sich um fremdbezogenen Strom: *Langen/Ruppelt*, § 38 Rn. 8; *von Wallenberg*, Rn. 350.
[153] Vgl. dazu oben Kapitel D. IV, Rn. 1 ff.
[154] KG v. 16. 6. 1981, WuW/E OLG 2507 „Veba/Stadtwerke Wolfsburg".
[155] BR-Drs. 852/97.
[156] BGH v. 15. 7. 1997, WuW/E DE-R 24, 27 ff. „Stromversorgung Aggertal".
[157] Bspe. für einen Vermögenserwerb zu einem wesentlichen Teil: BGH v. 23. 10. 1979, WuW/E BGH 1655 „Zementmahlanlage II"; BGH v. 20. 11. 1975, WuW/E BGH 1377, 1378 „Zementmahlanlage I".
[158] Vgl. Merkblatt des BKartA zur deutschen Fusionskontrolle (Stand. November 2000) V. 4.

ternehmen erwerben. Abzustellen ist auf den Markt, auf dem das andere Unternehmen, von dem die Anteile erworben werden, tätig ist. Ein GU kann gleichfalls den Kontrollerwerbstatbestand (Nr. 2) erfüllen.[159] Außerdem kann ein GU gleichzeitig der Kontrolle anhand § 1 GWB, der sog. Doppelkontrolle, unterliegen.[160]

127 • § 37 Abs. 1 Nr. 4 GWB bestimmt außerdem, dass auch die **Herbeiführung sonstiger Verbindungen mit wettbewerblich erheblichem Einfluss** einen Zusammenschlusstatbestand darstellt. Hiervon erfasst werden sollen Minderheitsbeteiligungen von Wettbewerbern, die unter 25% liegen. Der wettbewerblich erhebliche Einfluss kann sich beispielsweise auf die künftige Gestaltung der Anteilseignerstruktur, der Absatzpolitik etc. beziehen.[161]

128 Letztlich wird durch § 37 Abs. 2 GWB klargestellt, dass tatbestandsmäßig ein Zusammenschluss auch vorliegt, wenn Unternehmen bereits zuvor i. S. d. § 37 Abs. 1 GWB zusammengeschlossen waren und ihre bestehende Unternehmensverbindung beispielsweise durch eine Anteilserhöhung wesentlich verstärkt wird.[162] Konzerninterne Umstrukturierungsmaßnahmen hingegen, wie z. B. die Gründung einer 100%-Tochtergesellschaft, werden von Abs. 2 nicht erfasst.[163]

c) Marktbeherrschende Stellung

129 Ist zu erwarten, dass durch den Zusammenschluss eine marktbeherrschende Stellung begründet oder verstärkt wird, so ist der Zusammenschluss **nicht zulässig** und muss vom Bundeskartellamt untersagt werden. Der relevante Markt wird anhand der oben dargestellten Kriterien ermittelt. Wann eine marktbeherrschende Stellung vorliegt, ergibt sich – wie bei der Missbrauchsaufsicht[164] – aus § 19 Abs. 2 und Abs. 3 GWB. Allerdings ändert sich die zeitliche Beurteilung insofern, als bei der Missbrauchsaufsicht auf die Vergangenheit abgestellt wird, während bei der Fusionskontrolle eine Prognose für die Zukunft gestellt werden muss.[165] Das Bundeskartellamt hat Auslegungsgrundsätze zur Prüfung der Marktbeherrschung veröffentlicht.[166] Die Begründung oder Verstärkung der marktbeherrschenden Stellung muss auf den Zusammenschluss zurückzuführen sein. Von der Untersagung des Zusammenschlusses kann allerdings abgesehen werden, wenn den Unternehmen der Nachweis gelingt, dass den eintretenden Nachteilen der Marktbeherrschung Verbesserungen der Wettbewerbsbedingungen gegenüberstehen und überwiegen.[167] Daneben kann bei dem bevorstehenden finanziellen Zusammenbruch eines Unternehmens ausnahmsweise eine sog. Sanierungsfusion in Betracht kommen.[168]

d) Verfahren

130 Liegt einer der Zusammenschlusstatbestände vor, sind die beteiligten Unternehmen zur **Anmeldung** beim Bundeskartellamt verpflichtet bevor der Zusammenschluss vollzogen wird. Die Anmeldung muss Angaben zur Art des Zusammenschlusses, zu den beteiligten Unternehmen und der Art ihrer Beteiligung enthalten. Im Übrigen müssen die in § 39 Abs. 3 S. 2 Nr. 1 bis Nr. 6 GWB aufgeführten Angaben enthalten sein.[169]

---

[159] Vgl. Rn. 126.
[160] BGH v. 1. 10. 1985, WuW/E BGH 2196 „Mischwerke".
[161] Vgl. dazu: die Begründung, BT-Drs. 11/4610, S. 20.
[162] Vgl. *Bechtold*, Kartellgesetz, § 37 Rn. 45 ff. *Mestmäcker/Velten*, in: *Immenga/Mestmäcker*, § 37 Rn. 37 ff.
[163] BGH v. 15. 7. 1997, WuW/E DE-R 24, 29 „Stromversorgung Aggertal".
[164] Vgl. oben Rn. 78.
[165] BGH v. 15. 7. 1997, WuW/E DE-R 24, 29 „Stromversorgung Aggertal".
[166] BKartA, Auslegungsgrundsätze zur Prüfung von Marktbeherrschung in der deutschen Fusionskontrolle (Stand: Oktober 2000), www.bundeskartellamt.de.
[167] Vgl. dazu: BGH v. 12. 12. 1978, WuW/E BGH 1533, 1539 ff. „Erdgas Schwaben"; KG v. 18. 2. 1985, WuW/E OLG 3469 „Thüringer Gas/Westerland".
[168] BGH v. 2. 12. 1978, WuW/E BGH 1533, 1539 „Erdgas Schwaben".
[169] Vgl. auch Merkblatt des BKartA zur deutschen Fusionskontrolle (Stand: November 2000), www.bundeskartellamt.de.

I. Kartellrecht

Vorprüfverfahren: Das Bundeskartellamt prüft innerhalb eines Monats ab Eingang 131
der Anmeldung, ob eine eingehende Prüfung erforderlich ist. Hält es eine eingehende
Prüfung für nicht erforderlich, so macht es den beteiligten über die Nichterforderlichkeit
des Hauptprüfverfahrens Mitteilung. Der Zusammenschluss ist damit **formlos freigegeben**. Hält das Bundeskartellamt eine eingehende Prüfung für erforderlich, so macht es
den beteiligten Unternehmen innerhalb eines Monats ab Anmeldungseingang Mitteilung (sog. Monatsbrief, § 40 Abs. 1 S. 1 GWB).

Hauptprüfverfahren: Das Hauptprüfverfahren, das dem Bundeskartellamt eine eingehende Prüfung ermöglichen soll, muss spätestens vier Monate nach Eingang der vollständigen Anmeldung abgeschlossen sein. Am Ende des Hauptprüfverfahrens kann eine Freigabeentscheidung (§ 40 Abs. 2 S. 1, Alt. 2 GWB) stehen, die ggf. auch mit Auflagen und Bedingungen[170] verbunden werden kann (§ 40 Abs. 3 S. 1 GWB). Ergeht keine Verfügung des Bundeskartellamtes, so gilt der Zusammenschluss nach Ablauf von vier Monaten als freigegeben (§ 40 Abs. 2 S. 2 GWB). Umgekehrt kann der Zusammenschluss nicht vollzogen werden, wenn das Bundeskartellamt innerhalb der Vier-Monats-Frist eines Untersagungsverfügung erlässt. Die Frist kann – beispielsweise durch die Zustimmung der Beteiligten – verlängert werden (vgl. § 40 Abs. 2 S. 3 GWB). 132

Bei einer Untersagungsentscheidung des Bundeskartellamtes haben die Unternehmen 133
die Möglichkeit innerhalb eines Monats ab Zugang der Entscheidung beim Bundeswirtschaftsminister eine Erlaubnis für den Zusammenschluss zu beantragen (sog. **Ministererlaubnis**), sofern im konkreten Einzelfall die Wettbewerbsbeschränkung von gesamtwirtschaftlichen Vorteilen aufgewogen wird oder der Zusammenschluss durch ein überragendes Interesse der Allgemeinheit gerechtfertigt ist (§ 42 GWB).

e) Rechtsfolgen

Ein anmeldepflichtiger Zusammenschluss darf nach § 41 Abs. 1 GWB vor der Freigabe 134
durch das Bundeskartellamt nicht vollzogen werden. Die Verträge, die den Zusammenschluss betreffen, sind daher bis zur Freigabe **schwebend unwirksam** und werden mit der
Freigabe rückwirkend wirksam. Ggf. kann das Bundeskartellamt von diesem Vollzugsverbot befreien, § 41 Abs. 2 GWB.

Die vorsätzliche oder fahrlässige Nichtbeachtung des Vollzugsverbots ist nach § 81 135
Abs. 1 Nr. 1 GWB bußgeldpflichtig. Ein **Bußgeld** kann auch verhängt werden, wenn ein
Zusammenschluss vorsätzlich oder fahrlässig nicht, nicht richtig, nicht vollständig oder
nicht rechtzeitig anmeldet oder wenn in der Anmeldung unvollständige oder unrichtige
Angaben (§ 81 Abs. 1 Nr. 2 GWB) gemacht werden.

f) Rechtsmittel

Die im Hauptprüfverfahren ergangene **Freigabeentscheidung** stellen verwaltungsrechtliche Verfügungen dar und können von Dritten angefochten werden, sofern sie als
Dritte auf Antrag zum Verfahren beigeladen wurden (§ 63 Abs. 2, § 5 Abs. 2 Nr. 3 GWB).
Gegen eine **Untersagungsentscheidung** können die am Zusammenschluss beteiligten Unternehmen Beschwerde beim OLG Düsseldorf einlegen (§§ 54, 63 Abs. 2 Nr. 2 GWB). 136

g) Europäisches Recht

Die europäischen Vorschriften zur Zusammenschlusskontrolle finden sich in der Verordnung Nr. 139/2004[171] über die Kontrolle von Unternehmenszusammenschlüssen
(**FKVO**). Diese Verordnung ist am 1. 5. 2004 in Kraft getreten und hat die bisher geltende
VO 4064/89[172] abgelöst. 137

---

[170] Z.B. die Verpflichtung zur Veräußerung von Unternehmensteilen BKartA v. 3.7.2000, WuW/E DE-V 301, 308 „RWE/VEW", zur Marktöffnung: BKartA, WuW 2000, 45 „VEW/Westfälische Ferngas". Allgemein zu Bedingungen und Auflagen siehe BKartA, Tätigkeitsbericht 1999/2000, S. 14 ff.

[171] Verordnung (EG) Nr. 139/2004 des Rates vom 20. Januar über die Kontrolle von Unternehmenszusammenschlüssen („EG-Fusionskontrollverordnung"), ABl. 2004 24/1.

[172] ABl. 1998 L395/1, berichtigt durch ABl. 1990 L 257/14; zuletzt geändert durch VO Nr. 1310/97, des Rates v. 30.6.1997 des Rates v. 30.6.1997, ABl. 1997 L180-1, berichtigt in ABl. 1998 L 3/16 und 40/17; zur

138 **aa) Anwendungsbereich.** Zu beachten ist, dass die **deutsche Zusammenschlusskontrolle nicht zur Anwendung kommt**, wenn die Anwendungsvoraussetzungen der europäischen Fusionskontrolle vorliegen.[173] Entscheidet die Kommission, dass die Anwendungsvoraussetzungen der europäischen Fusionskontrolle für einen Zusammenschluss nicht vorliegen, lebt die Zuständigkeit der nationalen Behörden wieder auf und es kann eine Prüfung nach nationalem Recht erfolgen. Um zukünftige Mehrfachanmeldungen zu vermeiden, sieht die FKVO nunmehr in Art. 9 veränderte Regeln der Verweisung an die Mitgliedstaaten vor. Auf Antrag der am Zusammenschluss Beteiligten kann ebenfalls eine Verweisung der Kommission an die Mitgliedstaaten und umgekehrt erfolgen (vgl. Art. 4 Abs. 3–5 FKVO).

139 Die FKVO findet auf Zusammenschlüsse mit **gemeinschaftsweiter Bedeutung** Anwendung.[174] Die gemeinschaftsweite Bedeutung ist zu bejahen, wenn
- die am Zusammenschluss beteiligten Unternehmen einen **weltweiten Gesamtumsatz** von mehr als fünf Milliarden Euro haben und
- mindestens zwei beteiligte Unternehmen einen **gemeinschaftsweiten Gesamtumsatz** von jeweils mehr als 250 Mio. Euro haben.

Dies gilt nicht, wenn die am Zusammenschluss beteiligten Unternehmen nicht jeweils mehr als zwei Drittel ihres gemeinschaftsweiten Gesamtumsatzes in demselben Mitgliedstaat erzielen.

140 Die FKVO[175] findet unabhängig von der Erreichung der dargestellten Schwellenwerte in folgenden Fällen Anwendung:
- wenn der **weltweite Gesamtumsatz** aller beteiligten Unternehmen zusammen mehr als 2,5 Milliarden Euro beträgt (Art. 1 Abs. 3 a FKVO);
- wenn der Gesamtumsatz aller beteiligten Unternehmen in **mindestens drei Mitgliedstaaten** jeweils 100 Milliarden Euro übersteigt (Art. 1 Abs. 3 b FKVO);
- wenn in jedem von mindestens drei von Art. 1 Abs. 3 b FKVO erfassten Mitgliedstaaten der Gesamtumsatz von mindestens zwei beteiligten Unternehmen jeweils mehr als 25 Milliarden Euro beträgt (Art. 1 Abs. 3 c FKVO);
- wenn der gemeinschaftsweite Gesamtumsatz von mindestens zwei beteiligten Unternehmen jeweils 100 Milliarden Euro übersteigt (Art. 1 Abs. 3 d FKVO).

141 Auch hier wird die Anwendung der europäischen Fusionskontrolle für den Fall ausgeschlossen, dass die am Zusammenschluss beteiligten Unternehmen nicht jeweils **mehr als zwei Drittel** ihres gemeinschaftsweiten Gesamtumsatzes in demselben Mitgliedstaat erzielen.[176]

142 Art. 5 FKVO und der Mitteilung der Kommission über die **Berechnung des Umsatzes** ist zu entnehmen, wie der relevante Umsatz zu ermitteln ist.[177]

143 **bb) Zusammenschlusstatbestände.** Die Zusammenschlusstatbestände[178] sind anders als im deutschen Recht als Generalklauseln formuliert:[179]

144 • Eine sog. **Fusion** liegt nach Art. 3 Abs. 1 a FKVO vor, wenn zwei oder mehr bisher voneinander unabhängige Unternehmen fusionieren.

145 • Ein sog. **Kontrollerwerb** ist gemäß Art. 3 Abs. 1 b FKVO anzunehmen, wenn ein oder mehrere Personen bzw. Unternehmen die Kontrolle über die Gesamtheit oder über Teile eines oder mehrerer anderer Unternehmen erwerben.

Ergänzung der FKVO wurde die VO Nr. 447/98 v. 1. 3. 1998 über die Anmeldung, über die Fristen sowie über die Anhörung ergänzt, ABl. 1998 L 61/1.
[173] Sog. „One-Stop-Shop"-Prinzip, vgl. Art 21 Abs. 3 FKVO und § 35 Abs. 3 GWB; vgl. *Langen/Löffler*, Art. 21 FKVO Rn. 4.
[174] Der Anwendungsbereich erfährt durch die novellierte FKVO keine Veränderungen, vgl. Art. 1 FKVO.
[175] Auch hier ergeben sich keine Veränderungen zur VO 4064/89.
[176] Vgl. oben Rn. 139.
[177] ABl. 1998 C 66/25.
[178] Auch hier ergeben sich keine inhaltlichen Änderungen für die Zusammenschlusstatbestände nach Art. 3 der VO 4064/89.
[179] Vgl. die Mitteilung der Kommission über den Begriff des Zusammenschlusses, ABl. 1998 C 66/5.

• Gleichzeitig stellt Art. 3 Abs. 2 FKVO klar, dass die Gründung eines Gemeinschaftsunternehmens als Kontrollerwerb und damit als Zusammenschlusstatbestand i. S. d. Art. 3 Abs. 1 b FKVO zu werten ist, wenn das Gemeinschaftsunternehmen auf Dauer alle Funktionen einer selbständigen wirtschaftlichen Einheit erfüllt, sog. **Vollfunktionsgemeinschaftsunternehmen**.[180]

146

cc) Marktbeherrschende Stellung. Liegt einer der Zusammenschlusstatbestände[181] vor und wird durch die Fusion eine **beherrschende Stellung** auf dem relevanten Markt[182] begründet oder verstärkt, so ist diese zu untersagen, wenn durch die beherrschende Stellung wirksamer Wettbewerb im Gemeinsamen Markt oder in einem wesentlichen Teil desselben insbesondere durch die Begründung oder Verstärkung einer marktbeherrschenden Stellung erheblich behindert wird (Art. 2 Abs. 3 FKVO). Wann eine marktbeherrschende Stellung im europäischen Recht anzunehmen ist, bestimmt sich nach den oben bei der Missbrauchsaufsicht dargelegten Grundsätzen.[183] Zu beachten sind außerdem die Leitlinien der Kommission zur Bewertung horizontaler Zusammenschlüsse.[184]

147

dd) Verfahren. Das europäische und das deutsche Fusionskontrollverfahren sind sehr ähnlich ausgestaltet. Auch im europäischen Recht eine **Anmeldung** der Fusion – unter Verwendung eines Formblattes – nach Vertragsschluss notwendig. Die Anmeldung wird veröffentlicht. Ebenso wie im deutschen Recht existiert ein **Vorprüf- und ein Hauptprüfverfahren**. Anders als im deutschen Recht endet im europäischen Recht das Verfahren aber in jedem Fall mit einer förmlichen Entscheidung (vgl. Art. 8 FKVO), im Übrigen weisen die Verfahren aber eine starke Ähnlichkeit auf, so dass für die Grundzüge auf die Darstellung zum deutschen Verfahren[185] und wegen der Einzelheiten auf die Vorschriften der FKVO verwiesen wird (Art. 4, 6–15 der FKVO). Nach der novellierten FKVO (VO 139/04) ergeben sich zunächst keine wesentlichen Änderungen. Durch die neue Verordnung wurden die Befugnisse der Kommission für den Fall, dass ein Zusammenschluss ohne Freigabeentscheidung bereits vollzogen wurde oder Verpflichtungen seitens der Unternehmen nicht eingehalten werden, erweitert.[186] Die in den einzelnen Prüfphasen laufenden Fristen werden flexibilisiert.[187]

148

II. Wettbewerbsrecht

Durch das Gesetz gegen den unlauteren Wettbewerb (UWG)[188] wird anders als im Kartellrecht nicht die Institution Wettbewerb, sondern die **Lauterkeit des Wettbewerbs** geschützt. Das derzeit geltende UWG beruht auf einem umfassenden Novellierungsprozess, an dessen Ende das bisherige UWG,[189] das beinahe ein Jahrhundert gegolten hat, durch die aktuelle Neuregelung abgelöst wurde. Anlass für die umfangreiche Reform war die notwendig

149

---

[180] Vgl. dazu die Mitteilung der Kommission über den Begriff des Vollfunktionsgemeinschaftsunternehmens, ABl. 1998 C 66/1.
[181] Im Vergleich zur VO 4064/89 hat die in Art. 2 der VO 139/04 enthaltene Beurteilung von Zusammenschlüssen lediglich geringfügige Modifikationen erfahren: In den Absätzen 2 und 3 wird die die Begründung und Verstärkung einer beherrschenden Stellung lediglich als Beispielsfall für die erforderliche erhebliche Behinderung des wirksamen Wettbewerbs im Gemeinsamen Markt genannt.
[182] Die Kommission legt hier das Bedarfsmarktkonzept zugrunde.
[183] Vgl. oben Rn. 109.
[184] ABl. 2004 C 31/5.
[185] Vgl. oben Rn. 130; vgl. auch die neue Durchführungsverordnung VO 802/2004, ABl. 2004 L 33/1 mit dem neuen Formblatt.
[186] Vgl. Art. 8 FKVO.
[187] Vgl. dazu Art. 10.
[188] Gesetz gegen den unlauteren Wettbewerb vom 3. Juli 2004, BGBl. I S. 1414.
[189] Gesetz gegen den unlauteren Wettbewerb vom 7. Juni 1909 RGBl. S. 499 zuletzt geändert durch das Gesetz zur Änderung des Rechts der Vertretung durch Rechtsanwälte vor den Oberlandesgerichten vom 23. 7. 2002, BGBl. I S. 2850.

gewordene Liberalisierung (Aufhebung der Vorschriften zu Sonderveranstaltungen und Schlussverkäufen, §§ 7 und 8 UWG a. F.) und Anpassung an das europäische Recht sowie die Stärkung des Verbraucherschutzes und die Schaffung größerer Transparenz.

1. Zweck

150 Das UWG[190] schützt die **Funktionsfähigkeit des Wettbewerbs**, indem es unlautere Verhaltensweisen für unzulässig erklärt. Solche als unfair zu qualifizierenden Verhaltensweisen gefährden mittelfristig das Vorhandensein eines funktionsfähigen Wettbewerbs. Die in § 1 UWG enthaltene Schutzzweckbestimmung stellt daher klar, dass das Gesetz dem Schutz der Mitwettbewerber und der Verbraucher sowie der sonstigen Marktteilnehmer vor unlauterem Wettbewerb dient. Es schützt außerdem das Interesse der Allgemeinheit an einem unverfälschten Wettbewerb.

2. Anwendbarkeit

151 Sofern Kommunen sich dadurch, dass sie eigene Unternehmen betreiben oder sich an solchen beteiligen, erwerbswirtschaftlich betätigen, ist ihr Handeln ebenso an den Vorschriften des UWG zu messen wie das der privaten Konkurrenten. Dies gilt unabhängig davon, dass die meisten Gemeindeordnungen für die wirtschaftliche Betätigung von Kommunen einen öffentlichen Zweck fordern. An den Vorschriften des UWG wird nicht das **Ob** sondern das **Wie** der Beteiligung der öffentlichen Hand am wirtschaftlichen Wettbewerb gemessen.[191] Voraussetzung für die Anwendbarkeit ist, dass es sich um privatrechtliche Rechtsbeziehungen und nicht um öffentlich-rechtlich geregelte Beziehungen des Staates zu seinen Konkurrenten handelt.[192] Für diese Abgrenzung kommt es nicht so sehr auf die Rechtsnatur der jeweiligen Leistungsbeziehung an. Für die Beurteilung wird in verstärktem Maße auf wettbewerbsrechtliche Kriterien abgestellt, so dass es beispielsweise für die Anwendung des UWG ausreicht, dass eine Leistung von der öffentlichen Hand auf einem Markt neben privaten Konkurrenten angeboten wird, selbst wenn diese von der öffentlichen Hand in öffentlich-rechtlicher Form wahrgenommen wird.[193]

3. Generalklausel (§ 3 UWG)

152 § 3 UWG enthält das **Verbot unlauteren Wettbewerbs**. Die Vorschrift bestimmt, dass unlautere Wettbewerbshandlungen, die geeignet sind den Wettbewerb zum Nachteil der Mitwettbewerber, der Verbraucher oder sonstiger Marktteilnehmer nicht nur unerheblich zu beeinträchtigen, unzulässig sind. Die Vorschrift ist sehr weit gefasst und gilt daher als Generalklausel. Dies erklärt sich damit, dass es unmöglich erscheint, alle Fälle unlauteren Handelns im Einzelnen zu regeln. Zudem soll eine sachgerechte Beurteilung neuartiger Wettbewerbshandlungen ermöglicht und den sich wandelnden Anschauungen und Wertmaßstäben in der Gesellschaft Rechnung getragen werden können. In der Vergangenheit wurden in der Rechtsprechung zahlreiche Fallgruppen zur Kronkretisierung der bisherigen Generalklausel des § 1 UWG a. F. entwickelt. Der Gesetzgeber hat die Reform des Lauterkeitsrechts zum Anlass genommen, einige der Fallgruppen als sog. Beispielsfälle (vgl. § 4 UWG) in den Gesetzestext aufzunehmen. Gleichzeitig wurde klargestellt, dass es auch zukünftig maßgeblich auf die Entwicklung von Fallgruppen durch die Rechtsprechung ankommt.[194] Im Folgenden werden zunächst die Voraussetzungen der Generalklausel des § 3 UWG erläutert.

---

[190] Vgl. dazu auch oben die Abgrenzung: Wettbewerbs- und Kartellrecht, Rn. 1 ff.
[191] BGH GRUR 1974 733 (734) „KFZ-Schilderverkauf".
[192] *Weber*, C II 2 a, S. 57 ff.
[193] BGH GS NJW 1986, 2359 „orthopädische Hilfs- und Heilmittel"; BGH NJW 1993, 1659 „Vermessungsämter"; sowie *Emmerich* § 46 b m. w. Nw.
[194] BT-Drs. 15/1487, S. 13.

II. Wettbewerbsrecht

a) Wettbewerbshandlung

Die Anwendung des § 3 UWG setzt eine **Wettbewerbshandlung** voraus.[195] Gemäß § 2 Abs. 1 Nr. 1 UWG ist darunter jede Handlung einer Person mit dem Ziel, zugunsten des eigenen oder eines fremden Unternehmens den Absatz oder den Bezug von Waren oder die Erbringung oder den Bezug von Dienstleistungen, einschließlich unbeweglicher Sachen, Rechte und Verpflichtungen, zu fördern. **153**

Eine Gewinnerzielungsabsicht ist nicht notwendig, so dass auch gemeinnützige Unternehmen Adressaten des § 3 UWG sein können.[196] Rein privates, innerbetriebliches oder rein hoheitliches Tätigwerden[197] werden auf diese Weise aus dem Anwendungsbereich des § 3 UWG ausgeschieden. Nicht erfasst wird das Handeln der öffentlichen Hand, wenn es sich um schlicht **verwaltendes oder hoheitliches Tätigwerden** handelt. **154**

Anders als in der Vergangenheit ist die Existenz eines konkreten Wettbewerbsverhältnisses nicht mehr Voraussetzung für die Anwendbarkeit der Generalklausel. Daher sind zukünftig auch **Unternehmer mit Monopolstellung** Normadressaten.[198] **155**

b) Nachteil für Mitwettbewerber, Verbraucher oder sonstige Marktteilnehmer

Die unlautere Wettbewerbshandlung muss den Wettbewerb zum Nachteil der Mitwettbewerber, der Verbraucher oder sonstigen Marktteilnehmer beeinträchtigen. **156**

Mitwettbewerber ist jeder Unternehmer, der mit einem oder mehren Unternehmen als Anbieter oder Nachfrager von Waren oder Dienstleistungen in einem konkreten Wettbewerbsverhältnis steht (§ 2 Abs. 1 Nr. 3 UWG). Der Begriff des Unternehmens wird durch § 2 Abs. 2 UWG i.V. m. § 14 BGB näher konkretisiert. Unternehmer ist danach jede natürliche oder juristische Person sowie jede rechtsfähige Personengesellschaft, die bei Abschluss eines Rechtsgeschäfts in Ausübung ihrer gewerblichen oder beruflich selbständigen Tätigkeit handelt. Das für diesen Fall erforderliche konkrete Wettbewerbsverhältnis soll nach dem Willen des Gesetzgebers dann zu bejahen sein, wenn zwischen den Vorteilen, die jemand durch eine Maßnahme für sein Unternehmen oder das eines Dritten zu erlangen versucht und den Nachteilen, die ein anderer dadurch erleidet, eine unmittelbare Verknüpfung besteht. Das bedeutet, dass der Vorteil, der dadurch entsteht, dass der eigene Wettbewerb gefördert wurde, dem Nachteil, der durch die Beeinträchtigung entsteht, entspricht.[199] Ein konkretes Wettbewerbsverhältnis kann regelmäßig angenommen werden, wenn die Unternehmen derselben Wirtschaftsstufe den gleichen Abnehmer- bzw. Lieferantenkreis haben. Aber auch Unternehmen unterschiedlicher Wirtschaftsstufen können in einem solchen Verhältnis stehen, wenn beispielsweise ein Großhändler Waren auch direkt an Endverbraucher absetzt. Ein sog. mittelbares Wettbewerbsverhältnis kann angenommen werden, wenn Unternehmen aus unterschiedlichen Branchen durch eine Wettbewerbshandlung in ein Wettbewerbsverhältnis treten.[200] **157**

Zur Definition der **Verbraucher** wird durch § 2 Abs. 2 UWG ebenfalls auf das BGB verwiesen. § 13 BGB bestimmt, dass dazu jede natürliche Person zählt, die ein Rechtsgeschäft zu einem Zwecke abschließt, der weder ihrer gewerblichen noch ihrer selbständigen beruflichen Tätigkeit zugerechnet werden kann. **158**

Marktteilnehmer stellt den Oberbegriff dar, der die Mitwettbewerber und Verbraucher umfasst. § 2 Abs. 1 Nr. 2 UWG bestimmt, dass alle Personen, die als Anbieter oder Nachfrager von Waren oder Dienstleistungen tätig sind, zu den Marktteilnehmern zu zählen sind. Bereits **159**

---

[195] Vgl. dazu *Lettl* Rn. 70 ff.
[196] BGH GRUR 1962, 254 (255) „Fußball Programmheft"; GRUR 1982, 425 (430) „Brillen-Selbstabgabestelle".
[197] Zur Abgrenzung des hoheitlichen von privatrechtlichem Handeln vgl. oben Rn. 146; im Übrigen: BGH GRUR 1956, 216 (217) „Staatliche Kurverwaltung"; GRUR 1956, 227 (228) „Städtisches Reisebüro"; GRUR 1982, 425 (430) „Brillen-Selbstabgabestelle".
[198] BT-Drs. 15/1487, S. 16; *Köhler*, NJW 2004, 2121 (2122).
[199] BT-Drs. 15/1487, S. 16.
[200] BT-Drs. 15/1487, S. 16.

160 Eine Beeinträchtigung des Wettbewerbs muss sich zum **Nachteil der vorgenannten geschützten Marktteilnehmer** auswirken. Ebenso wie in der Vergangenheit[201] soll nicht redliches Verhalten an sich durch die Vorschriften des UWG gewährleistet werden, sondern nur insoweit als die Wettbewerbshandlung tatsächlich geeignet ist, zu einer Beeinträchtigung geschützter Interessen der Marktteilnehmer zu führen.

c) Erheblichkeit der Wettbewerbsbeeinträchtigung

161 Die betreffende Wettbewerbshandlung muss den Wettbewerb **beeinträchtigen**. Für die Beurteilung, ob eine Verfälschung des Wettbewerbs vorliegt, ist auf die Wirkung der Verhaltensweise auf das Marktgeschehen abzustellen. Die Beurteilung bleibt dem Einzelfall unter Berücksichtigung der konkreten objektiven und subjektiven Umstände vorbehalten. In die Wertung sind neben Art und Schwere des Verstoßes die zu erwartenden Auswirkungen auf die Marktteilnehmer mit einzubeziehen.

162 Um sog. **Bagatellfälle** auszuschließen, stellt § 3 UWG zusätzlich die Voraussetzung auf, dass der Wettbewerb durch die unlautere Wettbewerbshandlung nicht nur unerheblich beeinträchtigt wird. Erforderlich ist, dass die Wettbewerbsmaßnahme von einem gewissen Gewicht für das Wettbewerbsgeschehen und die Interessen der geschützten Personenkreise sein muss. Darauf zu achten ist, dass die Schwelle nicht zu hoch angesetzt wird, um nicht eine Legalisierung von unlauteren Wettbewerbshandlungen in größerem Umfang zu bewirken.[202] So können ausweislich der Begründung des Gesetzentwurfs Verstöße mit nur geringfügigen Auswirkungen für die einzelnen Marktteilnehmer dennoch als erheblich eingestuft werden, wenn eine Vielzahl von Marktteilnehmer betroffen ist oder eine erhebliche Nachahmungsgefahr besteht.[203]

d) Unlauterkeit der Wettbewerbshandlung

163 Um einen Verstoß gegen § 3 UWG bejahen zu können, muss die Wettbewerbshandlung letztlich unlauter sein.[204] Das bisherige Kriterium der Sittenwidrigkeit wurde bei der Neuregelung des UWG durch das der Unlauterkeit ersetzt. Die Gründe für die Änderung der Terminologie waren jedoch nicht inhaltlicher Art, sondern die Anpassung an den zeitgemäßen Sprachgebrauch sowie die Vereinheitlichung mit dem europäischem Recht. Als **unlauter** sind alle Handlungen, die den anständigen Gepflogenheiten in Handel, Gewerbe, Handwerk oder selbständigen Berufen zuwiderlaufen,[205] zu qualifizieren.

164 Zur Konkretisierung der Sittenwidrigkeit sind in der Vergangenheit durch die Rechtsprechung zahlreiche Fallgruppen entwickelt worden. Anlässlich der Reform des UWG wurden einige dieser Fallgruppen als **Beispielsfälle** für die Unlauterkeit von Wettbewerbshandlungen in § 4 UWG aufgenommen. § 4 UWG enthält einen nicht abschließenden Beispielskatalog, der angesichts der weit gefassten Generalklausel des § 3 UWG zu größerer Transparenz beitragen soll. Der in § 4 UWG enthaltene Katalog ist nicht abschließend, da aufgrund der Vielfalt denkbarer Fallkonstellationen nicht alle Fälle unlauteren Handelns geregelt werden können. Daher können auch die in der Vergangenheit von der Rechtsprechung entwickelten Fallgruppen weiterhin Anwendung finden und weitere Fallgruppen in der Zukunft entwickelt werden.

e) Beispielskatalog des § 4 UWG

165 Die Unlauterkeit einer Wettbewerbhandlung kann angenommen werden, wenn die Merkmale einer der in der Vorschrift enthaltenen Beispielsfälle erfüllt sind. Da § 4 UWG

---

[201] Vgl. BGH GRUR 2000, 344 (347) „Schildpräger" mit Anmerkung von Ahren, S. 347 ff.
[202] BT-Drs. 15/1487, S. 17.
[203] BT-Drs. 15/1487, S. 17.
[204] Vgl. dazu *Lettl* Rn. 136 ff.
[205] BT-Drs. 15/1487, S.16; vgl. auch zur Sittenwidrigkeit: BGHZ 1954, 188 „Btx-Werbung"; BGH GRUR 1955, 541 (542) „Bestattungswerbung".

II. Wettbewerbsrecht

sich auf die Ermittlung der Unlauterkeit beschränkt, ist es erforderlich, dass daneben die Voraussetzungen des § 3 UWG erfüllt sind,[206] um einen Verstoß annehmen zu können. Dabei ist noch zu beachten, das bei der Beurteilung der Unlauterkeit darauf abzustellen ist, dass die Wettbewerbshandlung geeignet ist, die genannten Merkmale zu erfüllen. Es kommt nicht darauf an, dass es im Einzelfall bereits zu einer Beeinträchtigung gekommen ist. Im Folgenden findet sich ein Überblick über die in § 4 UWG aufgeführten Beispielsfälle, wobei sich die Darstellung an der Relevanz der Beispielsfälle für kommunale Unternehmen orientiert:

aa) Beeinträchtigung der Entscheidungsfreiheit (§ 4 Nr. 1 UWG). Der unter der Nr. 1 in § 4 UWG beschriebene Beispielsfall bestimmt, dass eine unlautere Handlung vorliegt, wenn Wettbewerbshandlungen vorgenommen werden, die geeignet sind, die **Entscheidungsfreiheit der Verbraucher** oder sonstiger Marktteilnehmer durch Ausübung 166

- von Druck,
- in menschenverachtender Weise oder
- durch sonstigen unangemessenen unsachlichen Einfluss

zu beeinträchtigen. Für diesen Beispielsfall ist daher darauf abzustellen, ob eine **unangemessene unsachliche Einflussnahme** vorliegt. Diese Voraussetzung berücksichtigt allerdings, dass der Versuch einer gewissen unsachlichen Beeinflussung der Werbung eigen ist. Der Beispielsfall weist insoweit Übereinstimmung, mit der in der Vergangenheit von der Rechtsprechung entwickelten Fallgruppe „Kundenfang/unlautere Kundenwerbung" auf. In dieser Fallgruppe wurden Wettbewerbsmethoden, die die Entscheidungsfreiheit des Umworbenen beeinträchtigen, zusammengefasst. Erfasst werden Verhaltensweisen, die darauf gerichtet sind, die Entschließung des Kunden nicht mit Mitteln des Leistungswettbewerbs, sondern auf sachfremde Art und Weise zu beeinflussen.

Im Rahmen der Fallgruppe „Kundenfang" sind weitere Untergruppen, die typische Fallkonstellationen zusammenfassen, gebildet worden, um zu einer besseren Handhabbarkeit beizutragen. Da auch § 4 Nr. 1 UWG sehr weit gefasst ist, soll für die folgende Darstellung – soweit möglich – auf die bisher entwickelten Untergruppen zurückgegriffen werden: 167

(1) Ausnutzen von Vertrauen/Vertrauensmissbrauch. Für öffentliche Unternehmen von besonderer Bedeutung kann die Untergruppe **Ausnutzen von Vertrauen/Vertrauensmissbrauch** sein.[207] Es wird davon ausgegangen, dass der Bürger Äußerungen der öffentlichen Hand (wie z. B. Auskünfte, Empfehlungen, Werbe- oder Verkaufsmaßnahmen) besonderes Vertrauen entgegenbringt. Da dieses Vertrauen als schutzwürdig eingestuft wird, soll die öffentliche Hand zu neutraler und objektiver Amtsführung verpflichtet sein. Ein Missbrauch dieses Vertrauens zur Förderung eignen oder fremden Wettbewerbs ist daher wettbewerbswidrig.[208] So handelt beispielsweise ein kommunales Energieversorgungsunternehmen wettbewerbswidrig, wenn es auf Nachfrage unrichtige Auskünfte über Notdienste erteilt.[209] Dasselbe gilt für die räumliche Verbindung eines stadteigenen Reisebüros mit dem städtischen Passamt, wenn die Besucher durch die Art der Unterbringung veranlasst werden ihre Fahrkarten bei dem kommunalen Reisebüro zu erwerben. Ebenso verhält es sich bei einer Unterbringung einer kommunalen Schilderpräge-Stelle in unmittelbarer räumlicher Verbindung mit der städtischen Kfz-Zulassungsstelle. 168

---

[206] Vgl. Rn. 152 ff.
[207] *Baumbach/Hefermehl*, UWG, § 1 Rn. 937–939; *Köhler/Piper*, UWG, § 1 Rn. 268; *Lehmler* B I 2 d bb.
[208] BGH WRP 1999, 176 (180) „Verwaltungsstellenleiter".
[209] GRUR 1994, 516 (517) „Auskunft über Notdienste".

169 **(2) Missbrauch von Autorität/ Hoheitsbefugnissen.** Des Weiteren ist die Untergruppe **Autoritätsmissbrauch** zu nennen, die die Fälle erfasst, in denen seitens der öffentlichen Hand sachwidrig Druck auf eine Kundenentscheidung ausgeübt wird.[210] Unerheblich ist, worin der Druck besteht oder wie er ausgeübt wird. Ausreichend soll sein, wenn beim ‚Kunden' der Eindruck entsteht, dass seine Kaufentscheidung Einfluss auf das Verhalten der öffentlichen Hand haben könnte. Kein Autoritätsmissbrauch wurde bei der Kopplung eines Grundstücksverkaufs mit einem privatrechtlichen Anschluss- und Benutzungszwang angenommen, da sachliche Gründe wie der Klima- und Umweltschutz geeignet waren, diese rechtliche Verbindung der beiden Geschäfte zu rechtfertigen.[211] Als wettbewerbswidrig einzustufen ist auch der eng damit verbundene **Missbrauch von Hoheitsbefugnissen**,[212] wobei es sich um das sachwidrige Einsetzen von Hoheitsbefugnissen zur Förderung eigenen oder fremden Wettbewerbs – wie beispielsweise in Form der Gebührenermäßigung oder Genehmigungserteilung im Falle einer Kaufentscheidung – handelt. So darf beispielsweise eine Gemeinde eine Kostenbeteiligung nicht davon abhängig machen, dass die Waren bei einem bestimmten Unternehmen gekauft werden.[213]

170 **(3) Verquickung öffentlicher und privater Interessen.** Eine Verquickung öffentlicher und privater Interessen kann unter bestimmten Umständen ebenfalls eine unlautere Wettbewerbshandlung sein. So ist es stets wettbewerbswidrig, wenn die öffentliche Hand amtliche oder amtlich erlangte Informationen, die den privaten Wettbewerbern nicht oder nicht im selben Maße zugänglich sind, dazu nutzt eigenen oder fremden Wettbewerb zu fördern. Die Frage nach der Verquickung öffentlicher und privater Interessen stellt sich meist allerdings im Zusammenhang mit der **Randnutzung öffentlicher Einrichtungen**, die nicht per se wettbewerbswidrig ist. So ist es durchaus zulässig, dass sich ein kommunal betriebener Schilderverkauf in der Kfz-Zulassungsstelle befindet. Allerdings ist darauf zu achten, dass keine unzulässige Verquickung (fehlende räumliche Trennung) erfolgt,[214] die Standortvorteile nicht von Preisvergleichen mit privaten Anbietern abhalten (Hinweis auf private Bezugsmöglichkeiten)[215] und gewährleistet ist, dass nicht eine Überlassung der Schilderprägung an Private (z. B. durch Ausschreibung oder Verpachtung der betreffenden Räume) ausreichend ist, um die Bürgerbelange zu wahren.[216] Ein Verstoß gegen § 1 UWG a. F. wurde z. B. auch bejaht, als ein Gemeindefriedhof Gebührenermäßigung in Aussicht stellte, sofern der Sarg von einem kommunalen Bestattungsunternehmen bezogen wird.[217]

171 **bb) Behinderung (§ 4 Nr. 10 UWG).** Als bedeutsamer Fall einer unlauteren Wettbewerbshandlung ist in Nr. 10 die **gezielte Behinderung von Mitwettbewerbern** genannt. Dieser Beispielsfall ist generalklauselartig formuliert und erfasst die von der Rechtsprechung zu § 1 UWG a. F. entwickelten Fälle der gezielten Behinderung individueller Mitwettbewerber. Mit dem Merkmal des gezielten Handels wird nicht ausdrücklich eine Behinderungsabsicht gefordert. Klargestellt werden soll jedoch, dass eine Behinderung von Wettbewerbern als bloße Folge des Wettbewerbs nicht ausreicht.

172 Eine wettbewerbsrechtlich relevante Behinderung liegt vor, wenn die **wettbewerblichen Entfaltungsmöglichkeiten** eines Mitbewerbers z. B. bezüglich Absatz, Bezug, Werbung Produktion, Finanzierung, Personal etc. beeinträchtigt werden. Dabei muss die Behinderung wettbewerbswidrig sein. Das ist der Fall, wenn die beeinträchtigende Maßnahme sich zwar als Entfaltung eigenen Wettbewerbs darstellt, aber das Eigeninteresse des Handeln-

---

[210] Vgl. dazu BGH GRUR 1973, 530 (531) „Crailsheimer Stadtblatt"; dort wurde ein Wettbewerbsverstoß aber verneint.
[211] BGH Urt. v. 9.7. 2002 Az. KZR 30/00.
[212] BGH WRP 1998, 857 (859) „1000,– DM Umweltbonus"; WRP 1999, 650 (654) „Holsteiner Pferd".
[213] OLG Stuttgart, WRP 1980, 101 „Beteiligung an Schulbüchern".
[214] BGH GRUR 87, 116 (117 f.) „Kommunale Bestattungswirtschaftsbetrieb I".
[215] BGH GRUR 56, 227 (228) „Reisebüro".
[216] BGH Urt. v. 24.9. 2002 KZR 4/01 „Kommunale Schilderpräger".
[217] RG JW 33, 2134 „Kommunales Bestattungsunternehmen".

II. Wettbewerbsrecht

den weniger schutzwürdig ist als die Interessen der übrigen Beteiligten und der Allgemeinheit. Zur Konkretisierung sind auch hier in der Vergangenheit von der Rechtsprechung Untergruppen entwickelt worden.

(1) Preisunterbietung. Es gilt der **Grundsatz der Preisgestaltungsfreiheit**. So ist grundsätzlich auch der Verkauf in Höhe der Selbstkosten oder unter Einstandspreis zulässig. Treten jedoch weitere besondere Umstände hinzu, kann Unlauterkeit vorliegen. Diese ist anzunehmen, wenn der Verkauf zu Selbstkosten geeignet ist, einzelne Mitwettbewerber zu verdrängen/vernichten und dies auch bezweckt wird. Dasselbe gilt, wenn eine Irreführung bzgl. der Preisbemessung des übrigen Angebots vorliegt oder wenn gesetzlich oder vertraglich vorgesehene Preisregelungen (Gebühren z. B. der Ärzte, Rechtsanwälte oder Güterverkehrstarife) bewusst und planmäßig unterschritten werden (sog. Rechts-/Vertragsbruch), um sich einen Vorsprung vor den Wettbewerbern zu verschaffen. Seitens kommunaler Unternehmen kann ein solches Verhalten nicht durch soziale, kulturelle oder gesundheitliche Zwecke gerechtfertigt werden.[218] Auch für kommunale Unternehmen gilt, dass der Einsatz öffentlicher Mittel der freien Entscheidungsfreiheit des Unternehmens unterliegt. Abweichend zu bewerten ist jedoch die **zweckwidrige Verwendung öffentlicher Mittel** zur Unterbietung privater Konkurrenten,[219] bei der die dadurch entstehenden Kosten der Preisunterbietung an Beitrags- und Steuerzahler abgewälzt werden.[220] Zweckwidrigkeit ist allerdings nicht anzunehmen, wenn zur Erfüllung einer Aufgabe auf öffentliche (Sach-, Personal-, Finanz-) Mittel zurückgegriffen wird[221] oder wenn bestimmten unterprivilegierten Bevölkerungsgruppen verbilligte Leistungen angeboten werden.[222] Ein Verstoß wurde aber z. B. bejaht als ein aus öffentlichen Mitteln finanziertes „Haus der Jugend" entgegen den Bestimmungen der Satzung auch Erwachsene aufnahm und so die üblichen Hotelpreise der Konkurrenten unterbot.[223]

(2) Absatz-/Nachfragebehinderung. Man unterscheidet zwischen der produkt-, vertriebs- und kundenbezogenen Absatzbehinderung. Die **produktbezogene Absatzbehinderung** setzt ein unmittelbares (beschädigen, zerstören) oder mittelbares Einwirken auf die Konkurrenzware voraus. Ein mittelbares Einwirken ist anzunehmen, wenn Waren vertrieben werden, die es ermöglichen, unter Überwindung von Sperren u. Ä. kostenlos in den Genuss entgeltlich angebotener Leistungen zu kommen.[224] In Frage kommt eine produktbezogene Absatzbehinderung unter besonderen Umständen auch bei einem Aufkauf von Konkurrenzware, der Inzahlungnahme gebrauchter Waren, dem Eintritt in Kundenbestellungen etc.[225]

Eine **vertriebsbezogene Absatzbehinderung** setzt die Errichtung von Vertriebshindernissen voraus und ist beim Fehlen eines sachlichen Rechtfertigungsgrundes wettbewerbswidrig. Beispiele für Vertriebsbehinderungen sind die Ausschließlichkeitsbindungen i. S. d. des § 16 Nr. 2 GWB,[226] der Erwerb von Marken, wenn der Wettbewerber dadurch vom Import derselben Ware ausgeschlossen werden soll,[227] oder auch der Erwerb von Internet-Domains, wenn der Erwerber weiß, dass die gewählte Bezeichnung nach dem MarkenG für einen anderen geschützt ist.

Bzgl. der **kundenbezogenen Absatzbehinderung** ist zu beachten, dass es kein Recht auf Schutz und Erhalt eines Kundenstamms gibt. Eine unlautere Kundenbehinderung ist daher erst anzunehmen, wenn durch Einwirkung auf (potenzielle) Kunden des Mitwettbewerbers,

---

[218] *Baumbach/Hefermehl* UWG § 1 Rn. 944.
[219] RG 138, 174 (178); OLG Schleswig-Holstein, WRP 1995, 971 „gewerbliche Zimmervermittlung".
[220] BGH GRUR 1982, 433 (436) „Kinderbeiträge"; GRUR 1987, 116 (118) „Kommunale Bestattungswirtschaftsbetrieb I"; WRP 1993, 106 (108) „EWG-Baumusterprüfung".
[221] BGH GRUR 1987, 116 (118) „Kommunaler Bestattungswirtschaftsbetrieb I"; WRP 1998, 857 (859) „1000,– DM Umweltbonus".
[222] OLG Karlsruhe WRP 1989, 605 (609) „Software für Zahnärzte".
[223] RGZ 138, 174 (178) „Haus der Jugend".
[224] Für das Anbieten gefälschter Telefonkarten: OLG Frankfurt NJW 1996, 264.
[225] Siehe dazu im Einzelnen: *Köhler/Piper*, UWG, § 1 Rn. 399–404.
[226] Vgl. oben Rn. 65.
[227] BGH GRUR 1980, 110 (111) „Torch".

diese am möglichen Erwerb seiner Waren gehindert werden sollen. Das ist der Fall bei Einsatz von Drohung oder Gewalt (vgl. dann auch § 4 Nr. 1 UWG), aber auch die Einwirkung mit Hilfe von Werbung kann ausreichen. Das Abfangen von Kunden durch gezieltes Ansprechen in unmittelbarer Nähe des Geschäftslokals oder die Verteilung von Handzetteln kann daher unlauter sein.[228] Dasselbe gilt für ein Abwerben von Kunden durch irreführende oder unsachliche Angaben über den Mitwettbewerber.[229]

177 (3) **Weitere Untergruppen.** Als Untergruppen des Beispielsfalls Behinderung sind noch zu nennen:

178 • **Boykott:** Boykott ist der Aufruf zur Nichtbelieferung oder zur Nichtabnahme der Produkte eines Dritten.[230] Keine wettbewerbsrechtliche Relevanz hat eine bloße Anregung, vielmehr muss der Aufruf geeignet sein, den Willen des Adressaten in Richtung des begehrten Verhaltens zu beeinflussen.

179 • **Diskriminierung:** Diese Untergruppe erfasst die sachlich nicht gerechtfertigte unterschiedliche Behandlung im geschäftlichen Verkehr. Grundsätzlich gilt zwar Vertragsfreiheit, diese erfährt jedoch bei Normverstößen eine Einschränkung. So sieht beispielsweise § 6 EnWG für Energieversorgungsunternehmen einen Kontrahierungszwang vor, § 1 GWB verbietet diskriminierende Verhaltensweisen marktstarker Unternehmen[231] etc. Diese Sachverhalte können auch der Fallgruppe „Rechtsbruch" des § 4 Nr. 11 UWG zugeordnet werden.[232]

180 • **Betriebsstörungen:** Wettbewerbswidrig ist auch die vorsätzliche Beeinträchtigung betrieblicher Abläufe im Unternehmen des Mitwettbewerbers in Form von physischem Einwirken, Abwerben von Mitarbeitern unter Anwendung anstößiger Methoden, Betriebsspionage etc.[233]

181 cc) **Rechtsbruch (§ 4 Nr. 11 UWG).** In § 4 Nr. 11 UWG ist die bisherige Fallgruppe ‚Rechtsbruch' normiert worden. Danach liegt eine unlautere Wettbewerbshandlung vor, wenn einer gesetzlichen Vorschrift zuwider gehandelt wird, die auch dazu bestimmt ist, im Interesse der Marktteilnehmer das Marktverhalten zu regeln. Erfasst werden die Fälle, in denen ein Wettbewerber sich einen Vorteil im Wege der Ausnutzung eines **Gesetzes- oder Vertragsbruchs** verschafft, also einen Vorsprung durch Rechtsbruch. Angesichts der Schutzzweckbestimmung des § 1 UWG wird jedoch nicht generell jede Wettbewerbshandlung, die auf einem Gesetzesverstoß beruht, von § 4 Nr. 11 UWG erfasst.[234] Aufgenommen wurde vielmehr eine Beschränkung, nach der der verletzten Norm zumindest eine sekundäre Schutzfunktion zu Gunsten des Wettbewerbs zukommen muss. Es sollen daher nur solche Normen erfasst werden, die auch das Marktverhalten im Interesse der Marktbeteiligten regeln.[235]

182 In der Vergangenheit war es für die Beurteilung der Frage, ob es sich um einen nach § 1 UWG a. F. relevanten Rechtsbruch handelt, weit verbreitet, darauf abzustellen, ob es sich bei der betreffenden Vorschrift um eine wertbezogene oder eine wertneutrale Norm handelt. Dabei weisen wertbezogene (sittlich fundierte) Normen einen unmittelbaren Wettbewerbsbezug auf oder dienen dem Schutz eines besonders wichtigen Gemeinschaftsguts. Hier indiziert ein Verstoß ohne weiteres die Wettbewerbswidrigkeit.[236] Ein

---

[228] BGH GRUR 1960, 431 (433) „Kfz-Nummernschilder"; KG GRUR 1984, 601 (603) „Handzettel".
[229] BGH GRUR 1988, 545 (546) „Ansprechpartner".
[230] BGH GRUR 1984, 461 (462) „Kundenboykott"; WRP 2000, 89 (90) „Beteiligungsverbot für Schilderpräger".
[231] Vgl. dazu oben Rn. 68.
[232] Vgl. unten Rn. 181 ff.
[233] Zum Abwerben von Mitarbeitern: BGH GRUR 1966, 263 (265) „Bau Chemie"; GRUR 1984, 129 (130) „shop-in-the-shop".
[234] BT-Drs. 15/1487, S. 19.
[235] BGH GRUR 2002, 825 „Elektroarbeiten"; siehe auch *Lettl* Rn. 394 f.
[236] Beispiele: Strafrechtliche Vorschriften, § 138 BGB, ArzneimittelG, HeilpraktikerG usw.; vgl. die Übersicht bei *Baumbach/Hefermehl*, UWG, § 1 Rn. 614 ff.

II. Wettbewerbsrecht

Verstoß gegen wertneutrale Normen hingegen führt nur dann zur Wettbewerbswidrigkeit, wenn sich der Handelnde bewusst und planmäßig über die Norm hinwegsetzt, um einen Wettbewerbsvorsprung zu erhalten.[237]

Bei der in § 4 Nr. 11 UWG enthaltenen Regelung wurde auf diese Unterscheidung nicht zurückgegriffen. Für die Abgrenzung soll es vielmehr darauf ankommen, ob die Norm das Marktverhalten im Interesse der Marktbeteiligten regelt. Ein **Marktbezug** soll nicht vorliegen bei Produktions-, Bau-, Arbeitnehmerschutz- und Datenschutzvorschriften. Hingegen kommen als relevante Marktverhaltensregeln solche in Betracht, die sich auf das berufliche Verhalten, das angebotene Produkt oder dessen Absatz beziehen, also beispielsweise die Preisangabenverordnung, das Ladenschlussgesetz etc.[238]   **183**

Ausweislich der Begründung des Gesetzentwurfs ist es nicht ausgeschlossen, dass auch **Marktzutrittsregeln** vom Tatbestand des § 4 Nr. 11 UWG erfasst sein können. Dabei kommt es jedoch darauf an, dass sie sich nicht allein auf das für das Wettbewerbsrecht irrelevante ‚Ob' des Tätigwerdens, sondern auch auf das ‚Wie' beziehen. Eine auf die Lauterkeit des Wettbewerbs bezogene Schutzfunktion soll beispielsweise bei Vorschriften zu bejahen sein, die als Voraussetzung für die Ausübung bestimmter Tätigkeiten den Nachweis besonderer fachlicher Fähigkeiten erfordern[239] und damit die Sicherstellung einer bestimmten Qualität oder Sicherheit der angebotenen Ware bezweckt ist.   **184**

In diesen Zusammenhang fällt auch die Erörterung der Frage, ob die kommunalrechtlichen Regelungen zur wirtschaftlichen Betätigungen in den Anwendungsbereich des § 4 Nr. 11 UWG fallen. Sämtliche **Gemeindeordnungen** enthalten Vorschriften zu den Zulässigkeitsvoraussetzungen einer wirtschaftlichen Betätigung von Kommunen.[240] Seit langem umstritten ist, ob diese Vorschriften dazu dienen, Wettbewerber der Kommunen vor einer erwerbswirtschaftlichen Tätigkeit zu schützen oder ob der Schutzzweck darin besteht, die Kommunen durch einschränkende Voraussetzungen (z. B. den *öffentlicher* Zweck der *wirtschaftlichen*[241] Betätigung) vor einem unbedachten erwerbswirtschaftlichen Tätigwerden, dessen Folgen nicht absehbar sind, zu schützen. Angesichts der in zahlreichen Gemeindeordnungen enthaltenen Subsidiaritätsklauseln, wurde von privaten Mitwettbewerbern der Kommunen in der Vergangenheit, immer wieder angeführt, dass sich die Kommunen einen unsachlichen Vorsprung vor ihren Wettbewerbern verschaffen, in dem sie ihre hoheitlichen Befugnisse zur Durchsetzung ihrer privatwirtschaftlichen Interessen einsetzen oder sich Wettbewerbsvorteile (Kfz-Schilder-Prägung im Gebäude der Zulassungsstelle) durch Mittel, die den privaten Konkurrenten nicht zugänglich sind, verschaffen.[242] Da es in diesen Fällen jedoch nicht um das „Wie" der wirtschaftlichen Tätigkeit, sondern um das „Ob" der wirtschaftlichen Betätigung geht,[243] wurde teilweise auch vertreten, dass den kommunalrechtlichen Vorschriften im Rahmen des UWG keine Bedeutung zukommt, sondern ggf. der Verwaltungsrechtsweg offen steht, um gegen das erwerbswirtschaftliche Tätigwerden einer Kommune vorzugehen.[244]   **185**

Auch in der Rechtsprechung ist die Frage bisher sehr unterschiedlich beantwortet worden, was nicht zuletzt daran gelegen haben mag, dass die betreffenden Vorschriften der Gemeindeordnungen sehr unterschiedlich ausgestaltet sind.[245] So wurde beispielsweise die Umwandlung des Grünflächen- und Friedhofamtes in einen Eigenbetrieb, der für private Auftraggeber landschaftsgärtnerische Arbeiten durchführte, auf Grundlage der   **186**

---

[237] BGH GRUR 1990, 611 (615) „Werbung im Programm"; WRP 1995, 475 (479) „Sterbegeldversicherung".
[238] *Köhler*, NJW 2004, 2121 (2124).
[239] BT-Drs. 15/1487, S. 19.
[240] Vgl. dazu oben Kapitel C. Rn. 99 ff.
[241] Vgl. hierzu OLG Düsseldorf Urt. v. 28. 10. 1998, Az. 2 U 7/99; dort wurde das Recycling von Altautos als Teil der Abfallentsorgung nicht als wirtschaftliche Betätigung der Gemeinde gewertet.
[242] BGH Urt. v. 24. 9. 2002 KZR 4/01 „Kommunale Schilderpräger".
[243] Vgl. dazu *Wurzel*, Der Landkreis 2000, 734 ff. und oben Rn. 151.
[244] RhPfVerfGH NVwZ 2000, 801 (804).
[245] Vgl. dazu oben Kapitel C. Rn. 99 ff. mit Verweisen auf die Besonderheiten der einzelnen Gemeindeordnungen.

GO NW für unzulässig[246] und nach der GO BW für zulässig gehalten.[247] Zuletzt wurde vom BGH bzgl. der von einem kommunalen Stadtwerk durchgeführten Elektroarbeiten entschieden, dass sich die Beurteilung nach dem UWG nur auf die Art und Weise der Beteiligung der öffentlichen Hand am Wettbewerb bezieht und nicht auf die Frage, ob die öffentliche Hand in dem jeweiligen Fall erwerbswirtschaftlich tätig werden darf.[248] An diese Rechtsprechung will die Regelung in § 4 Nr. 11 UWG anknüpfen. Bei der Verabschiedung des UWG wurde die vom Bundesrat im Lauf des Gesetzgebungsverfahrens geforderte Einbeziehung von Marktzutrittsregeln[249] bewusst nicht mit aufgenommen.[250] Es wurde vielmehr auf die Möglichkeit verwiesen, den gemeindewirtschaftlichen Subsidiaritätsklauseln zum Schutz privater Konkurrenten **drittschützende Wirkung** einzuräumen, so dass für private Konkurrenten ein unmittelbarer Rechtsschutz vor den Verwaltungsgerichten bestünde.[251]

187 Liegt ein erwerbswirtschaftliches Tätigwerden der öffentlichen Hand vor, so hat diese – ebenso wie die privaten Konkurrenten – die allgemein geltenden Normen zu beachten. Auch für das Handeln der öffentlichen Hand gilt, dass die Verletzung allgemeiner Normen nicht in jedem Fall wettbewerbswidrig ist. Dabei ist für kommunale Unternehmen noch Folgendes zu beachten: Vorschriften mit ausschließlich innerbehördlicher Bindung **ohne Außenwirkung** haben nach dem Vorgesagten keine wettbewerbsrechtliche Relevanz. Dasselbe gilt für **haushaltsrechtliche Vorschriften**. Sie bewirken eine Bindung der öffentlichen Hand nach innen und dienen daher nicht dem Schutz von Wettbewerbern. Ihre Verletzung kann daher keinen Wettbewerbsverstoß begründen. Ebenso verhält es sich bei den öffentlich-rechtlichen **Zuständigkeitsregelungen**. Für die öffentliche Hand besteht im Übrigen Grundrechtsbindung. Sie darf daher die Grundrechte Privater (z. B. aus Artt. 12, 14, 5, 2 GG) nicht verletzen. Private Konkurrenten können allerdings keine Grundrechtsverletzung mit der Begründung geltend machen, dass für die erwerbswirtschaftliche Betätigung einer Kommune, keine ausdrückliche Ermächtigung vorhanden sei.

188 **dd) Ausnutzen von Angst, einer Zwangslage oder besonders schutzbedürftiger Verbraucherkreise (§ 4 Nr. 2 UWG).** Der in § 4 Nr. 2 UWG beschriebene Beispielsfall, erklärt eine Wettbewerbshandlung für unlauter, die die **geschäftliche Unerfahrenheit**, die Leichtgläubigkeit, die Angst oder die **Zwangslage** von Verbrauchern ausnutzt. Kinder und Jugendliche werden explizit als besonders schützenswert genannt. Zu den besonders schutzbedürftigen Verbraucherkreisen, die vor einer Ausnutzung der geschäftlichen Unerfahrenheit bewahrt werden soll, gehören aber auch sprach- und geschäftsungewandte Verbraucher.

189 **ee) Nachahmung (§ 4 Nr. 9 UWG).** Der in Nr. 9 enthaltene Beispielsfall qualifiziert eine Wettbewerbshandlung als unlauter, wenn Waren oder Dienstleistungen angeboten werden, die solche eines Mitwettbewerbers nachahmen.

190 Dieser Beispielstatbestand entspricht der von der Rechtsprechung in der Vergangenheit entwickelten Fallgruppe ,**Ausbeutung fremder Leistungen**'. Der in Nr. 9 enthaltene Beispielsfall soll nur solche Leistungen schützen, die den Sonderschutz des Patent-, Marken-, Gebrauchsmuster-, Urheberrechts etc. genießen und somit ihrem Inhaber Ausschließlichkeitsrechte gewähren. Die Nachahmung und damit die wirtschaftliche Betätigung des Einzelnen

---

[246] OLG Hamm NJW 1998, 3504 „erwerbswirtschaftliche Tätigkeit von Gemeinden"; ebenso: LG Düsseldorf WRP 2001, 61 (62) „Gebäudemanagement"; OLG Düsseldorf Urt. v. 28. 10. 1999; Urt. v. 12. 1. 2000 Verg 3/99 zu § 107 GO NW n. F.; wohl auch: BGH GRUR 1996, 213 „Sterbegeldversicherung", vgl. zum Ganzen: *Weber*, Wettbewerbsrechtlicher Unterlassungsanspruch gegen kommunale Wirtschaftstätigkeit.
[247] OLG Karlsruhe WRP 2001, 426 (430) „landschaftsgärtnerische Arbeiten".
[248] BGH Urt v. 25. 4. 2002 Az. I ZR 250/00; vgl. auch: BGH Urt. v. 8. 4. 2003 Az. KZR 39/99; BGH Urt. v. 24. 9. 2002 AZ. KZR 4/01.
[249] BT-Drs. 15/1487, S. 31.
[250] Vgl. auch *Ulmann*, GRUR 2003, 817 (823); *Doepner* GRUR 2003, 825.
[251] BT-Drs. 15/1487, S. 41.

II. Wettbewerbsrecht

soll außerhalb dieser Bereiche frei sein.[252] In § 4 Nr. 9 Buchst. a bis c UWG sind die wichtigsten Fälle, die die Wettbewerbswidrigkeit begründen, aufgezählt. Auch diese Aufzählung ist nicht abschließend.

Unter Buchstabe a) wird die **Herbeiführung einer vermeidbaren Täuschung** der Abnehmer über die betriebliche Herkunft genannt. So zum Beispiel, wenn Erzeugnisse mit wettbewerblicher Eigenart identisch oder nahezu identisch nachgeahmt werden, sofern weitere die Unlauterkeit begründende Umstände hinzutreten.[253] Wettbewerbswidrig ist beispielsweise die Nachahmung fremder Erzeugnisse, durch die ohne Not die vermeidbare Gefahr der Herkunftstäuschung bei in Verkehr befindlichen bekannten und geschätzten Erzeugnissen begründet wird.[254] Dasselbe gilt im Falle einer unmittelbaren Leistungsübernahme (z. B. Nachdruck fremder Kataloge/Formulare oder Kopieren von Computerprogrammen), wenn diese der Herkunftstäuschung dient und der eigentliche Urheber so um den „Lohn" für sein legitim erworbenes Arbeitsergebnis gebracht wird.[255] Bei der Herstellung von Ersatzteilen ist darauf zu achten, dass sie nicht als Teile des Originalherstellers angesehen werden.[256] 191

Unter Buchstabe b) wird die **Ausbeutung fremden Rufs** genannt. Hiervon erfasst werden zum einen Fälle, in denen der gute Ruf, der mit einem Namen/Erzeugnissen verbunden ist, auf die eigene Leistung übertragen werden soll[257] oder wenn eine solche Übertragung eines angesehenen Namens auf ein eigenes Produkt zur Verwässerung führt[258] bzw. dazu dient, ihn lächerlich zu machen (Rufbeeinträchtigung).[259] 192

Die dritte Fallgruppe (c) betrifft schließlich die Fälle **unredlicher Kenntniserlangung**. Hier wird eine Erschleichung oder ein Vertrauensbruch vorausgesetzt. 193

ff) Geschäftsehrverletzung/unwahre Tatsachenbehauptung (§ 4 Nr. 7 und 8 UWG). § 4 Nr. 7 UWG legt fest, dass ein unlauteres Handeln vorliegt, wenn die Kennzeichen, Waren, Dienstleistungen, Tätigkeiten oder persönlichen oder geschäftlichen Verhältnisse eines Mitwettbewerbers herabgesetzt oder verunglimpft werden. Damit erfasst werden die Fälle der Geschäftsehrverletzungen. In Abgrenzung zu § 4 Nr. 8 UWG bezieht sich dieser Beispielsfall auf **Meinungsäußerungen**. Dazu zählen pauschal herabsetzende Werturteile, insbesondere sog. Schmähkritik. Unlauter im Sinne dieser Vorschrift handelt, wer Kennzeichen, Waren, Dienstleistungen, Tätigkeiten oder persönliche/geschäftliche Verhältnisse eines Mitwettbewerbers herabsetzt oder verunglimpft.[260] § 4 Nr. 8 UWG hingegen betrifft die Behauptung und Verbreitung **unwahrer Tatsachen** in Bezug auf den Geschäftsbetrieb des Betroffenen und übernimmt die Regelung des § 14 UWG a. F. 194

gg) Verdeckte Werbung (§ 4 Nr. 3 UWG). Die **Verschleierung des Werbecharakters** von Wettbewerbshandlungen ist nach § 4 Nr. 3 UWG ebenfalls als unlauter einzustufen.[261] Hierzu zählt die Tarnung der Werbung als Privatangebot[262] oder auch Schleichwerbung etc.[263] 195

hh) Weitere Beispielsfälle. Die in den Nr. 4 bis 6 UWG des § 4 UWG enthaltenen Beispielsfälle betreffen Anforderungen an die **Lauterkeit bei Verkaufsfördermaßnah-** 196

---

[252] BT-Drs. 15/1487, S. 18.
[253] Vgl. dazu ausführlich: *Emmerich* 2. Kapitel § 11; *Lehmler* B I 4.
[254] *Emmerich*, 2. Kapitel § 11, 3 a.
[255] BGH NJW 1995, 1420 (1421) „objektive Schadensberechnung".
[256] BGH GRUR 1984, 282 „Teleconverter".
[257] BGH NJW 1983, 1431 (1432 f.) „Rolls-Royce"; vgl. außerdem *Köhler/Piper* UWG § 1 Rn. 319 ff.
[258] Täuschend echter Nachbau von Rolex-Uhren durch Tchibo: BGH GRUR 1985, 876 (877) „Tchibo/Rolex I".
[259] Wenn beispielsweise der Werbeslogan eines Schokoriegels für eine Kondomwerbung verwandt wird, siehe: BGH NJW 1994, 1954 (1955) „Mars/Kondom"; vgl. ebenfalls *Köhler/Piper*, UWG, § 1 Rn. 319 ff.
[260] *Loschelder*, UWG, 3 a.
[261] Vgl. *Lettl* Rn. 260 ff.
[262] BGH GRUR 1990, 377 „RDM".
[263] Vgl. die umfassenden Darstellungen bei *Köhler/Piper*, UWG, § 1 Rn. 16 ff.; *Emmerich* § 3, Kap. 12.

men (Preisnachlässe, Zugaben oder Geschenke), Preisausschreiben und Gewinnspielen. Auf eine Darstellung der Einzelheiten wird an dieser Stelle verzichtet, da diese Vorschriften für kommunale Unternehmen nicht von besonderer Relevanz sein dürften.

197 Zu nennen ist daneben noch die zur Generalklausel des bisher geltenden UWG entwickelte Fallgruppe der **Marktstörung**. Sie erfasst Wettbewerbsverhalten, das geeignet ist, durch die Beeinträchtigung der Freiheit von Angebot und Nachfrage den Bestand und die Grundlagen des Leistungswettbewerbs an sich zu gefährden. Wichtigste Untergruppen sind das massenweise, kostenlose Verteilen von Originalware und der kostenlose Vertrieb von Presseerzeugnissen.[264] Die Fallgruppe kann keinem der Beispielsfälle des § 4 UWG zugeordnet werden. Ausweislich der Gesetzesbegründung ist jedoch davon auszugehen, dass sie auch weiterhin unter die wettbewerbs-rechtliche Generalklausel fällt.[265]

198 Die **kostenlose Verteilung von Originalware** wird häufig bei der Einführung eines neuen Produkts bzw. zur Erschließung neuer Käuferkreise eingesetzt. Sie birgt die Gefahr, dass der Bestand des Wettbewerbs hierdurch aufgehoben wird und eine Behinderung der Wettbewerber durch Marktsättigung/Marktverstopfung entsteht. Dies ist von den Wettbewerbern grundsätzlich hinzunehmen. Um ein wettbewerbswidriges Verhalten handelt es sich jedoch, wenn die Maßnahme geeignet ist, den Wettbewerb in nicht unerheblichem Maß (zeitliche oder örtliche Konzentrierung)[266] aufzuheben und dadurch die Gefahr einer Gewöhnung des Verbrauchers eintritt, so dass er davon absieht, die Angebote der Wettbewerber zu prüfen und zu vergleichen.[267] Unter Beachtung dieser Aspekte ist ein Verteilen zum Zweck der Erprobung, als Dank für den Besuch einer Werbeveranstaltung oder als Aufmerksamkeit zu einem anderweitigen Anlass durchaus zulässig, solange Art, Ausmaß und Zeitraum nicht dazu führen, dass der Bedarf des Beschenkten abgedeckt ist. Die Verteilung von eigens zur Erprobung der Ware hergestellter und abgegebener Warenproben, deren Inhalt geringer[268] und auf den Probe-Zweck abgestimmt wurde, ist zulässig.[269]

4. Vergleichende Werbung

199 Bei der vergleichenden Werbung ist zwischen solcher mit und ohne Bezugnahme auf Dritte zu unterscheiden.

200 **Vergleichende Werbung unter Bezugnahme auf Dritte:** Bei dieser Untergruppe ist § 6 UWG heranzuziehen,[270] der bestimmt, dass vergleichende Werbung, die unmittelbar oder mittelbar einen Mitwettbewerber oder die von einem Mitwettbewerber angebotenen Waren oder Dienstleistungen erkennbar macht, grundsätzlich zulässig ist. Gleichzeitig sind in § 6 Abs. 2 UWG die Fälle benannt, in denen vergleichende Werbung unlauter ist und damit gegen § 3 UWG[271] verstößt. Für die Zulässigkeit muss es sich beispielsweise um vergleichbare – substituierbare[272] – Produkte handeln (§ 6 Abs. 2 Nr. 1 UWG), der Vergleich muss dem Sachlichkeitsgebot entsprechen, also einen objektiv nachprüfbaren Inhalt[273] haben (§ 6 Abs. 2 Nr. 2 UWG) usw.[274] Ein Verstoß liegt beispielsweise vor, wenn unter Hinweis auf den niedrigen Preis des Konkurrenten beim Publikum der Eindruck erweckt wird, es handele sich bei diesen Produkte um solche minderer Qualität.

---

[264] Vgl. hierzu *Lehmler* B I 6 a.
[265] BT-Drs. 15/1487, S. 19.
[266] BGH NJW 1957, 748 „Suwa".
[267] BGH NJW 1965, 1325 (1327) „Kleenex"; GRUR 1969, 295 (296) „Goldener Oktober".
[268] Nicht erfüllt bei der Gratis-Verteilung von 100gr Nutella-Gläsern, siehe: OLG Hamburg GRUR 1979, 246 „100gr-Gläser".
[269] BGH NJW 1965, 1325 „Kleenex"; GRUR 1969, 295 (297) „Goldener Oktober".
[270] Vgl. zu den Voraussetzungen im Einzelnen: Berlit, III, S. 17 ff.
[271] Zu den Voraussetzungen des § 3 UWG, die für einen Verstoß ebenfalls vorliegen müssen, vgl. oben Rn. 152 ff.
[272] So: BGH WRP 1999, 414 (416) „Vergleichen Sie"; OLG Hamburg GRUR 2000, 243 (245) „Lottoschein".
[273] BGH WRP 1998, 1065 (1067) „Preisvergleichsliste II".
[274] Vgl. die eingehende Darstellung bei *Lehmler* B I 3 ff.

II. Wettbewerbsrecht   201–204 I

Vergleichende Werbung ohne erkennbare Bezugnahme auf Dritte: Dieser Fall wird   201
nicht von § 6 UWG erfasst, die Unlauterkeit kann sich aber aus einem Verstoß gegen die Generalklausel des § 3 UWG[275] ergeben. Allgemein gehaltene Vergleiche sind grundsätzlich zulässig, da sie die Markttransparenz und Kundeninformation verbessern können.[276] Neben dem Preis kann sich der Vergleich auf Leistungen oder Warenarten beziehen. Zulässig ist so zum Beispiel die Aufforderung, die eigene und die Konkurrenzware zu vergleichen und zu erproben. Der Vergleich muss wahrheitsgemäß und sachlich erfolgen. Unzulässig und daher i. S. d. § 3 UWG unlauter ist die vergleichende Werbung, wenn bei einem durchschnittlich informierten, aufmerksamen und verständigen Durchschnittsverbraucher ein unrichtiger oder irreführender Gesamteindruck entsteht.[277] Daneben kommt ein Verstoß auch in Betracht, wenn wesentliche Umstände verschwiegen werden[278] oder konkurrierende Angebote pauschal abgewertet werden.[279] Ein unzulässiger Werbehinweis ist vor diesem Hintergrund folgender Slogan: „Wir sind keine anonyme AG. Unser Geschäftspolitik ist stabil und wird vom Inhaber persönlich bestimmt und nicht durch Aktionäre oder sonstige Gesellschafter". Dieser Hinweis enthält zwar keine Bezugnahme auf bestimmte Mitwettbewerber, aber eine unnötige Kritik und pauschale Abwertung der Konkurrenten.

5. Irreführende Werbung (§ 5 UWG)

§ 5 UWG erklärt irreführende Werbung für unlauter und verweist insoweit ebenfalls   202
auf die Generalklausel des § 3 UWG, deren übrigen Voraussetzungen für einen Verstoß gegen das Irreführungsverbot vorliegen müssen.[280] Das **Irreführungsverbot** erfasst alle Angaben geschäftlicher Natur, die zu Wettbewerbszwecken im geschäftlichen Verkehr gemacht werden und geeignet sind, einen nicht unerheblichen Teil der betroffenen Verkehrskreise über das Angebot irrezuführen und Fehlvorstellungen von maßgeblicher Bedeutung für den Kaufentschluss hervorzurufen.[281]

In § 5 Abs. 2 S. 1 UWG findet sich eine Aufzählung der Umstände, die **Gegenstand**   203
der Irreführung sein können. Dazu zählen Merkmale der Waren und Dienstleistungen wie Verfügbarkeit, Art, Ausführung etc. (Nr. 1), der Anlass des Verkaufs und die Art und Weise der Preisberechnung (Nr. 2) sowie die geschäftlichen Verhältnisse (Nr. 3), worunter man insbesondere die Art, die Eigenschaft und die Rechte des Werbenden versteht.[282] Die in § 5 Abs. 2 S. 1 UWG enthaltene Aufzählung ist keine abschließende.

a) Irreführung

Bei einer an das allgemeine Publikum gerichteten Werbung wird nicht mehr – wie   204
früher üblich[283] – auf das Verständnis eines flüchtigen, unaufmerksamen und unkritischen Verbrauchers abgestellt, sondern auf den **durchschnittlich informierten und verständigen Verbraucher**,[284] dessen Grad an Aufmerksamkeit abhängig ist von der jeweiligen Situation und der Bedeutung der beworbenen Sache. Das kann dazu führen, dass eine objektive wahre Angabe irreführend ist, da sie der betroffene Verkehrskreis so versteht, aber auch dass eine objektiv unwahre Angabe nicht irreführend ist, da ihre Unrichtigkeit von den Betroffenen ohne weiteres erkannt wurde.

---

[275] U. U. i.V. m. einem der Beispielsfälle des § 4 UWG.
[276] BGH GRUR 1967, 30 (33) „Rum-Verschnitt"; GRUR 1986, 548 (549) „Dachsteinwerbung".
[277] EuGH WRP 2000, 289 (292) „Lifting Creme"; BGH GRUR 2000, 619 (621) „Orient-Teppichmuster"; WRP 2001, 688 (690) „Eröffnungswerbung"; vgl. zum Verbraucherleitbild auch unten Rn. 204.
[278] BGH GRUR 1967, 596 (599) „Kuppelmuffenverbindung"; GRUR 1986, 548 (549) „Dachsteinwerbung".
[279] BGH GRUR 1981, 823 (826) „Ecclesia-Versicherungsdienst"; GRUR 1985, 982 (983) „Großer Werbeaufwand"; WRP 2001, 688 (689) „Eröffnungswerbung".
[280] Vgl. oben Rn. 152 ff.
[281] BT-Drs. 15/1487.
[282] Ein umfassender Überblick findet sich bei: *Köhler/Piper*, UWG, § 3 Rn. 219 ff.
[283] BGH GRUR 1971, 365 (367) „Wörterbuch"; zur Kritik umfassend: *Sack*, WRP 1999, 399.
[284] BGH WRP 2000, 517 (520) „Orient-Teppichmuster"; WRP 2000, 1129 (1130) „Tageszulassung II"; vgl. auch EuGH WRP 1998, 848 (851) „Gut Springenheide"; WRP 2000, 489 (491) „Darbo".

205 In § 5 Abs. 1 S. 2 UWG findet sich eine Bestimmung dazu, wann das **Verschweigen einer Tatsache** eine Irreführung darstellt. Dies ist dann anzunehmen, wenn sich für den Werbenden eine Aufklärungspflicht aus der besonderen Bedeutung ergibt, die der verschwiegenen Tatsache nach der Auffassung des Verkehrs für den Kaufentschluss zukommt. So kann der fehlende Hinweis, dass es sich um ein Auslaufmodell handelt, irreführend sein, wenn das Nachfolgeprodukt bereits erhältlich ist.[285]

206 b) Fallgruppen

207 aa) Alleinstellungs- und Spitzengruppenwerbung. Bei der **Alleinstellungswerbung** behauptet der Werbende eine wie auch immer geartete Vorzugsstellung gegenüber anderen Wettbewerbern (z. B.: „das beste", „älteste", „größte" etc.).[286] Um eine sog. **Spitzengruppenwerbung** handelt es sich, wenn mit der Zugehörigkeit zu einer kleinen Gruppen (z. B.: „eines der größten", „eines der ältesten" usw.)[287] geworben wird. Zulässig ist eine solche Werbung nur, wenn der Werbende tatsächlich den behaupteten deutlichen Vorsprung gegenüber seinen Mitwettbewerbern hat und der Vorsprung nicht nur vorübergehend war oder ist.[288]

208 bb) Lockvogelwerbung. Hierunter versteht man Angebote, mit denen der Kunde zum Kauf angelockt werden soll. Unzulässig ist zum Beispiel das Angebot von Waren, die überhaupt nicht oder nicht in ausreichender Menge vorhanden sind.[289] Diese Fallgruppe wurde in § 5 Abs. 5 UWG ausdrücklich normiert. Nach der in S. 2 des Absatzes enthaltenen widerleglichen Vermutung ist von einer Irreführung auszugehen, wenn der Vorrat nicht die Nachfrage von zwei Tagen deckt. Im Einzelfall kann die Vermutungswirkung jedoch durch den Nachweis einer unerwartet hohen Nachfrage, unvorhergesehener Lieferschwierigkeiten und ähnlicher von dem anbietenden Unternehmen nicht zu vertretender Umstände entkräftet werden.

209 cc) Blickfangwerbung. Werden Teile einer Werbung mit einzelnen Reizwörtern wie „gratis" etc. blickfangartig herausgestellt, so dürfen diese Angaben für sich genommen nicht irreführend sein. Dies ist aber beispielsweise der Fall, wenn erst im „Kleingedruckten" auf Konditionen u.Ä. hingewiesen wird.[290] Ein deutlicher Hinweis mit Hilfe eines Sternchens (★) auf die wahre Bedeutung kann die Irreführung verhindern.[291]

210 dd) Preisgegenüberstellungen. Diese Fallgruppe betrifft die Fälle, bei denen der Wettbewerber seinen aktuellen Preis unter Zufügung eines anderen Preises präsentiert. Meist wird dabei ein Vergleich mit der unverbindlichen Preisempfehlung des Herstellers oder eigenen früher verlangten Preisen hergestellt, der grundsätzlich zulässig ist. Irreführung ist aber dann anzunehmen, wenn nicht klargestellt wird, dass es sich bei der Preisempfehlung des Herstellers um eine unverbindliche handelt oder der angegebene eigene frühere Preis nie oder nicht über eine ausreichende Zeit verlangt wurde (vgl. § 5 Abs. 4 UWG).[292]

6. Abstrakte Gefährdungtatbestände

211 Die bisher in den § 6 (Insolvenzwarenverkauf), § 6a (Hersteller- und Großhändlerwerbung) und 6b (Kaufscheinhandel) UWG a. F. enthaltenen Verbote solcher Werbe- und Vertriebsmethoden, die **typischerweise zur Irreführung des Verbrauchers** geeignet sind, wurden im Rahmen des Novellierungsprozesses ersatzlos gestrichen. Als Begründung für die

---

[285] BGH WRP 2000, 514 „Auslaufmodell III", vgl. auch *Lettl* Rn. 418 ff.
[286] BGH GRUR 1969, 415 (417) „Kaffeerösterei".
[287] OLG Koblenz GRUR 1985, 300 (301) „Spitzengruppenwerbung".
[288] BGH GRUR 1991, 850 (851) „Spielzeug-Autorennbahn".
[289] BGH WRP 2000, 1131 (1133) „Lieferstörung"; GRUR 1996, 800 (801) „EDV-Geräte".
[290] BGH GRUR 1990, 282 (285) „Wettbewerbsverein".
[291] OLG Stuttgart, WRP 1984, 170 (171) „Sternchenwerbung".
[292] BGH GRUR 1980, 108 (109) „unter empfohlenem Preis"; WRP 2000 386 (388) „Preisknaller".

II. Wettbewerbsrecht

Streichung wird darauf verwiesen, dass diese Tatbestände von einem überholten Verbraucherleitbild ausgingen.[293] Ebenfalls ersatzlos entfallen sind die Vorschriften zu Sonderveranstaltungen, die zuvor in §§ 7 und 8 (Schluss-, Jubiläums- und Räumungsverkäufe) UWG a. F. enthalten waren. Diese Vorschriften wurden – insbesondere nach Aufhebung des Rabattgesetzes und der Zugabeverordnung – als übrig gebliebene Liberalisierungshemmnisse empfunden.[294] Als Korrektiv enthält § 5 Abs. 4 UWG die Vermutung, dass die Herabsetzung eines Preises dann eine unlautere Irreführung ist, sofern der ursprüngliche Preis nur für eine unangemessen kurze Zeit gefordert wurde (sog. Mondpreis).[295]

7. Unzumutbare Belästigungen (§ 7 UWG)

Durch § 7 UWG werden solche Wettbewerbshandlungen als unlauter eingestuft, die einen Marktteilnehmer **in unzumutbarer Weise belästigen**. Nach bisherigem Recht handelte es sich bei der unzumutbaren Belästigung um eine anerkannte Fallgruppe im Rahmen der Generalklausel des § 1 UWG a. F. Durch die Novellierung wird diese Fallgruppe erstmals als eigenständiger Tatbestand in das UWG aufgenommen, wobei durch den Verweis auf die Unlauterkeit im Sinne des § 3 UWG klargestellt wird, dass auch hier die übrigen Voraussetzungen des § 3 UWG erfüllt sein müssen.[296]

212

Erfasst werden solche Handlungen, die bereits wegen der Art und Weise – unabhängig von ihrem Inhalt – als Belästigung empfunden werden. Die **Belästigung** besteht darin, dass die Wettbewerbshandlung den Empfängern aufgedrängt wird. Was als Belästigung zu qualifizieren ist, wird durch die nicht abschließende Aufzählung in § 7 Abs. 2 UWG näher konkretisiert. Danach fallen Belästigungen, die entgegen dem Willen des Empfängers (Nr. 1), wie beispielsweise Briefkastenwerbung, wenn am Briefkasten deutlich gemacht wurde, dass eine solche Werbung nicht gewünscht ist, in den Anwendungsbereich des § 7 UWG. Weiterhin erfasst wird Telefonwerbung[297] in Form unerbetener telefonischer Anrufe (Nr. 2), Werbung mittels Faxgeräten und elektronischer Post bei fehlender Einwilligung des Empfängers (Nr. 3) etc.

213

8. Rechtsfolgen/Rechtsschutz

a) Zivilrechtliche Folgen

214

aa) Unterlassungsanspruch. Liegt ein Verstoß gegen § 3 UWG vor, kann ein **Beseitigungsanspruch**, bei Wiederholungsgefahr ein **Unterlassungsanspruch** bestehen. Beide Ansprüche sind nunmehr in § 8 Abs. 1 UWG normiert worden. Der Beseitigungsanspruch richtet sich auf Beseitigung des durch die Wettbewerbsverletzung hervorgerufenen Zustands. Bzgl. der Unterlassung unterscheidet man den sog. einfachen und den sog. vorbeugenden Unterlassungsanspruch. Der sog. einfache Unterlassungsanspruch richtet sich auf Unterlassung zukünftiger Verletzungen. Der vorbeugende Unterlassungsanspruch richtet sich gegen eine drohende Verletzungshandlung. Die zur Geltendmachung des einfachen und vorbeugenden Unterlassungsanspruchs berechtigende Wiederholungsgefahr ist erst ausgeräumt, wenn der Inanspruchgenommene eine **strafbewehrte Unterlassungserklärung** abgegeben hat, die gleichzeitig zur Zahlung einer angemessenen Vertragsstrafe verpflichtet. Durch Abs. 3 des § 8 UWG ist eine missbräuchliche Geltendmachung – allein zum Zwecke der Geltendmachung von Aufwendungen – ausdrücklich untersagt.[298]

215

Als **Anspruchsberechtigte** sind in § 8 Abs. 3 UWG folgende Personengruppen genannt:
– jeder Mitwettbewerber (Nr. 1),

216

---

[293] BT-Drs. 15/1487, S. 15.
[294] BT-Drs. 15/1487, S. 14.
[295] Vgl. auch Rn. 210.
[296] Vgl. oben Rn. 152 ff.
[297] BGH NJW 1994, 1071 (1072) „Lexiothek".
[298] Vgl. zum Ganzen *Lettl* Rn. 600 ff.

- Wirtschaftsverbände (Nr. 2),
- Verbraucherverbände (Nr. 3) und
- Industrie- und Handelskammern (Nr. 4).

217 Vor der gerichtlichen Geltendmachung eines Unterlassungsanspruchs hat eine **Abmahnung** des Handelnden zu erfolgen. Die in der Vergangenheit von der Rechtsprechung entwickelten Grundsätze zur Abmahnung wurden im Rahmen der Neuordnung des UWG in § 12 Abs. 1 UWG aufgenommen.[299] Die Abmahnung ist die Aufforderung, die Bereitschaft zu erklären, dass Verhalten in der Zukunft zu unterlassen. Der Inhalt der Abmahnung ist üblicherweise die tatsächliche Beschreibung des Verstoßes, dessen rechtliche Bewertung, die Nennung der geltend gemachten Ansprüche, eine angemessene Frist für die Abgabe einer Unterlassungserklärung mit Vertragsstrafeverpflichtung und die Androhung gerichtlicher Geltendmachung. Die Abmahnung dient zum einen dazu, eine außergerichtliche Klärung herbeizuführen. Zum anderen besteht ansonsten die Gefahr, dass dem Verletzten bei sofortigem Anerkenntnis im folgenden Prozess die Prozesskosten auferlegt werden, vgl. § 93 ZPO. Die Kosten der Abmahnung trägt der Abgemahnte (§ 12 Abs. 1 S. 2 UWG).

218 Erfolgt ausnahmsweise keine Abmahnung oder ist der Abgemahnte nicht bereit die Unterwerfungserklärung abzugeben, so kann eine **einstweilige Verfügung** beantragt werden (§§ 936, 916 ff. ZPO).[300] § 12 Abs. 2 UWG stellt klar, dass der Erlass einstweiliger Verfügungen auch ohne die Darlegung und Glaubhaftmachung der in den §§ 935 und 940 ZPO genannten Voraussetzungen der Dringlichkeit erfolgen kann. Die Eilbedürftigkeit wird in Wettbewerbssachen vermutet. Der Abgemahnte kann – sofern er einen entsprechenden Antrag des Verletzten befürchtet – vorsorglich eine Schutzschrift bei den in Frage kommenden Gerichten hinterlegen. Die Schutzschrift dient dazu, vorsorglich die Zurückweisung des einstweiligen Verfügungsantrags bzw. die Anberaumung einer mündlichen Verhandlung zu beantragen.

219 Wird ein Anspruch gegenüber kommunalen Unternehmen geltend gemacht, so richtet sich die **Zulässigkeit des Rechtswegs** nach dem geltend gemachten Anspruch: Wird gegen das ‚Ob' der erwerbswirtschaftlichen kommunalen Betätigung vorgegangen, ist nach überwiegender Ansicht der Verwaltungsrechtsweg gegeben,[301] wird gegen die Art und Weise (‚Wie') der erwerbswirtschaftlichen Betätigung vorgegangen, ist der Zivilrechtsweg einzuschlagen.[302]

220 bb) **Schadensersatzanspruch.** Sofern durch eine i. S. d. § 3 UWG unlautere Wettbewerbshandlung ein Schaden verursacht wird, ist dieser gemäß § 9 UWG zu ersetzen. Auf Seiten des Inanspruchgenommenen ist **Vorsatz oder Fahrlässigkeit** erforderlich. Die Höhe des Schadens berechnet sich nach den allgemeinen zivilrechtlichen Regeln der §§ 249 ff. BGB.[303]

221 cc) **Rücktrittsrecht des Abnehmers.** Das bisher in § 13 a UWG a. F. enthaltene Rücktrittsrecht des Abnehmers bei strafbarer irreführender Werbung wurde mangels praktischer Relevant **ersatzlos gestrichen**.

222 dd) **Gewinnabschöpfungsanspruch.** Neu ist der in § 10 UWG geregelte Gewinnabschöpfungsanspruch. Voraussetzung ist die **vorsätzliche Zuwiderhandlung** i. S. d. § 3 UWG sowie eine Gewinnerzielung auf Kosten einer Vielzahl von Abnehmern. Im Gegensatz zum Schadensersatzanspruch dient der Gewinnabschöpfungsanspruch nicht dem individuellen Schadensausgleich. Vielmehr soll mittels dieses Anspruchs der durch die wettbewerbswidrige Handlung erzielte Gewinn – sofern diesem ein unmittelbarer Vermögensnachteil beim Ab-

---

[299] Vgl. *Loschelder*, UWG, 3 b.
[300] Vgl. im Einzelnen *Berneke*, Rn. 109 ff.
[301] Vgl. dazu *Baumbach/Hefermehl* § 1 UWG Rn. 920 ff. und Weber, G, S. 183 ff.
[302] *Graf Lambsdorff*, 2. Kap. IV, Rn. 153 ff.
[303] Vgl. zu den Voraussetzungen: *Teplitzky*, C, S. 345 ff.

II. Wettbewerbsrecht

nehmer gegenübersteht – abgeschöpft werden. Zur Geltendmachung des Anspruchs sind die in § 8 Abs. 1 Nr. 2 bis 4 UWG genannten Personen berechtigt.[304]

b) Strafrechtliche Folgen

Bestimmte Formen der irreführenden (Abs. 1) als auch der progressiven (Abs. 2) Werbung können nach § 16 UWG strafrechtlich verfolgt werden.

9. Europäisches Recht

Ebenso wie beim Kartellrecht[305] haben die europarechtlichen Vorschriften, die Wettbewerbsregeln enthalten, **Vorrang** gegenüber den nationalen Regelungen des UWG, sofern die Anwendungsvoraussetzungen vorliegen. Erforderlich ist, dass es sich um einen grenzüberschreitenden Sachverhalt handelt.

Unmittelbar gelten die **primären Vorschriften** des Gemeinschaftsrechts. Für den Bereich des Wettbewerbsrecht zählen hierzu: Art. 2 EGV (Gemeinsamer Markt), Art. 3 g) EGV (System des unverfälschten Wettbewerbs), Art. 10 EGV (Gemeinschaftstreue), Art. 12 EGV (Diskriminierungsverbot), Artt. 28 ff. EGV (Schutz des freien Warenverkehrs) und Artt. 49 ff. (Schutz des freien Dienstleistungsverkehrs).

Im Hinblick auf die Wettbewerbsnormen ist der in Art. 28 EGV enthaltene **Schutz des freien Warenverkehrs** von besonderer Bedeutung. Die Vorschrift verbietet alle mengenmäßigen Beschränkungen oder Maßnahmen gleicher Wirkung im Handel zwischen den Mitgliedstaaten. Im Hinblick auf Wettbewerber aus anderen Mitgliedstaaten, kommt bei Anwendung der Wettbewerbsnormen ein Verstoß in Betracht, da als Maßnahme gleicher Wirkung jede Handelsregelung gilt, die geeignet ist, den Handel zwischen den Mitgliedstaaten unmittelbar oder mittelbar, tatsächlich oder potenziell zu behindern.[306]

Allerdings ist gleichzeitig die Einschränkung zu beachten, dass nationale Bestimmungen, die bestimmte Verkaufsmodalitäten beschränken oder verbieten und auf Erzeugnisse aus anderen Mitgliedstaaten anwendbar sind, nicht geeignet sind, den zwischenstaatlichen Handel zu beschränken, sofern die Bestimmungen für alle betroffenen Wirtschaftsteilnehmer gelten, die ihre Tätigkeit im Inland ausüben und sofern sie den Absatz der inländische und ausländische Erzeugnisse gleichermaßen berühren.[307] Aus diesem Grund werden von Art. 28 EGV z. B. eine große Anzahl der zu § 3 UWG entwickelten Fallgruppen nicht erfasst; dazu zählen die unzumutbare Belästigung, die getarnte Werbung, das übermäßige Anlocken, die Gefühls- und Vertrauensausnutzung sowie die Preisunterbietung usw.

Selbst wenn aber ein Verstoß gegen Art. 28 EGV vorliegt, kommt eine **Rechtfertigung** aus zwingenden Erfordernissen des Allgemeininteresses in Betracht. Dazu zählen der Verbraucherschutz, die Gesundheit von Menschen, der Umweltschutz, die Lauterkeit des Handelsverkehrs.[308] Die Rechtfertigungsgründe Verbraucherschutz und Lauterkeit des Handelsverkehrs können auch einen Verstoß gegen die Dienstleistungsfreiheit (Art. 49 EGV) rechtfertigen.[309]

Mittelbar haben in der Vergangenheit europäische Richtlinien, die von den Mitgliedstaaten in nationales Recht umzusetzen sind, erhebliche Auswirkung auf die Entwicklung des nationalen Wettbewerbsrechts gehabt. Die Richtlinien über irreführende und vergleichende Werbung[310] sowie über den elektronischen Rechtsverkehr[311] etc.

---

[304] Vgl. oben Rn. 216.
[305] Vgl. oben Rn. 3.
[306] EuGH GRUR Int 1974, 467 „Dassonville".
[307] EuGH GRUR Int 1994, 296 „Keck".
[308] Vgl. im Einzelnen zu den Anforderungen: *Köhler/Piper*, UWG, Einf. Rn. 71 ff.
[309] EuGH GRUR Int 1997, 913 (917) „de Agostini"; WRP 1995, 801 ff. „Alpine Investments".
[310] EG 97/55/EG.
[311] ABl 2000 L178/1; vgl. im Übrigen die Aufzählung bei *Köhler/Piper*, UWG, Einf. Rn. 61.

J. Entscheidungskriterien für die Wahl einer Rechtsform

Übersicht

	Rn.		Rn.
I. Rechtsformenwahl als Zielkonflikt	1	VI. Personalbezogene Kriterien	38
II. Die Eröffnung wirtschaftlicher Handlungsspielräume	5	VII. Möglichkeiten der Haftungsbeschränkung	54
III. Der Verlust kommunaler Einflussnahme und Kontrolle	11	VIII. Verbesserung der Finanzierung	60
IV. Möglichkeiten der Kooperation mit anderen Rechtssubjekten	20	IX. Vergaberechtliche Bindungen	70
V. Steuerrechtliche Aspekte	31	X. Rechtsformabhängige Kosten	71
		XI. Sonstige Entscheidungskriterien und Ausblick	77

Literatur: *Baumbach/Hopt,* Kommentar zum Handelsgesetzbuch, 30. Aufl. 2000; *Detig,* Die kommunale Anstalt des öffentlichen Rechts als Wirtschaftsförderungsinstitution, 2004; *Ehlers,* Recht der öffentlichen Unternehmen, Gutachten E zum 64. DJT Berlin 2002, 2002; *ders.,* Verwaltung in Privatrechtsform, 1984; *Erbguth/Stollmann,* Erfüllung öffentlicher Aufgaben durch Privatrechtssubjekte? Zu den Kriterien bei der Wahl der Rechtsform, DÖV 1993, 798 ff.; *Gaß,* Die Umwandlung gemeindlicher Unternehmen, 2003; *Henneke,* Neuregelung des Rechts der öffentlichen Unternehmen im Spannungsfeld von öffentlichem Auftrag und Wettbewerb (zu den Ergebnissen des 64. DJT), in: Der Landkreis 2002, S. 644 ff., sowie Diskussion in: Der Landkreis 2003, S. 32 f.; *ders.* (Hrsg.), Organisation kommunaler Aufgabenerfüllung: Optimierungspotentiale im Spannungsfeld von Demokratie und Effizienz, 1997; *Hoppe/Uechtritz* (Hrsg.), Handbuch Kommunale Unternehmen, 2004; *Ipsen,* Wirtschaftliche Betätigung der Gemeinden als kommunalrechtliche und verfassungsrechtliche Fragestellung, in: Festschrift für Dietrich Rauschning, 2001, S. 645–677; *Klein/Uckel/Ibler,* Kommunen als Unternehmer: Gründung, Umwandlung und Führung kommunaler Betriebe, 2002; *Knemeyer/Kempen,* Kommunales Wirtschaftsrecht, in: *Achterberg/Püttner/Würtenberger,* Besonderes Verwaltungsrecht, Bd. II, § 17, 2. Aufl. 2000; *Müller,* Rechtsformenwahl bei der Erfüllung öffentlicher Aufgaben, 1993; *Neumeyer,* Nicht wirtschaftliche Aspekte bei der Entscheidung über die Rechtsform kommunaler Einrichtungen, KommPraxBy 1998, 374 ff.; *Püttner* (Hrsg.), Zur Reform des Gemeindewirtschaftsrechts, Schriften der Gesellschaft für öffentliche Wirtschaft, Heft 49, 2002; *ders.* (Hrsg.), Handbuch der kommunalen Wissenschaft und Praxis, Band 5: Kommunale Wirtschaft, 2. Aufl. 1984; *Riedmayer/Schraml,* Das Kommunalunternehmen – Anstalt des öffentlichen Rechts: Erweiterung kommunaler Handlungsmöglichkeiten, Kommunalforschung für die Praxis (KFP) 42/43, 2000; *Schulz,* Neue Entwicklungen im kommunalen Wirtschaftsrecht Bayerns, BayVBl. 1996, 129 ff.

I. Rechtsformenwahl als Zielkonflikt

Die Wahl einer bestimmten Rechts- oder Betriebsform zählt zu den langfristig wirksamen kommunalen Entscheidungen, die unmittelbare Folgen für das Unternehmen selbst und seinen Träger nach sich zieht. So knüpft das Gesetz an bestimmte Rechts- und Betriebsformen unterschiedliche Rechtsfolgen, deren Konsequenzen für die Entscheidung eine große Rolle spielen können. Von besonderer Bedeutung sind in diesem Zusammenhang die **Zweckmäßigkeitskriterien**[1] wie etwa betriebswirtschaftliche, gesellschafts- und unternehmensrechtliche, personal- sowie steuerrechtliche Aspekte, die Finanzierungsmöglichkeiten mit Fremd- und Eigenkapital, Aufwendungen für die Gründung und den Betrieb der Rechtsform, gesetzliche Vorschriften über Umfang, Prüfung und Offenlegung des Jahresabschlusses, die Leitungsbefugnisse (Geschäftsführung, Mitbe-

1

---

[1] Vgl. *Müller,* Rechtsformenwahl, S. 108.

stimmung), die Haftung oder die Steuerbelastung des Unternehmens(-trägers) sowie die Möglichkeiten der Kooperation mit anderen Rechtssubjekten.[2]

2   Weitaus größere Relevanz haben aber die mit der Entscheidung verbundenen Konsequenzen für den **kommunalpolitischen Einfluss** auf das Unternehmen und letztlich die Beziehung der Kommune im Außenverhältnis zum Bürger; denn im Unterschied zur Rechtsformenwahl im privaten Sektor stehen die zuvor genannten, an einer wirtschaftlichen Sichtweise orientierten Zweckmäßigkeitskriterien bei der Rechtsformenwahl öffentlicher Unternehmen in einem Konkurrenzverhältnis zu den besonderen öffentlich-rechtlichen Bindungen des kommunalen Unternehmensträgers.

3   Der grundlegende **Zielkonflikt** im Rahmen der Entscheidungsfindung für eine bestimmte Rechts- oder Betriebsform besteht darin, einerseits dem Unternehmen durch Verselbständigung die erforderliche Handlungsfreiheit zugestehen zu wollen, andererseits dem kommunalen Unternehmensträger die notwendigen Möglichkeiten der Einflussnahme sichern zu müssen, um weiterhin eine ordnungsgemäße Erfüllung der jeweiligen kommunalen Aufgabe gewährleisten zu können.[3] Diese Notwendigkeit ist im Interesse des Bürgers als Legitimationsträger und „Kunde" verfassungs- und kommunalrechtlich verankert,[4] so dass bei der Rechtsformenwahl letztlich auch die Ausgestaltung der Beziehung der Verwaltung im Außenverhältnis zum Bürger tangiert ist. Ein entscheidender Gesichtspunkt muss demnach die Überlegung sein, ob und wie vor dem Hintergrund der jeweils zu erfüllenden kommunalen Aufgabe eine Balance zwischen erforderlicher unternehmerischer Freiheit und notwendiger kommunaler Steuerung und Kontrolle möglich ist.

4   Mit dieser Überlegung untrennbar verbunden ist die Frage nach dem **wirtschaftlichen Handlungsspielraum**, den die jeweilige Rechts- oder Betriebsform eröffnet. Wirtschaftliches Handeln im Sinne einer effektiven und rentablen Aufgabenerfüllung benötigt Selbständigkeit, Unabhängigkeit und Eigenverantwortlichkeit der Leitungskräfte. Diese Zielvorgaben gilt es, unter Berücksichtigung der besonderen Anforderungen an einen öffentlich-rechtlichen Aufgabenträger zu verwirklichen. Unabhängigkeit und Eigenverantwortlichkeit einerseits und öffentlich-rechtliche Aufgabenbindung andererseits lassen sich aber wiederum nur dort vereinbaren, wo die Unternehmensstrukturen eine flexible, den individuellen Bedürfnissen und Aufgaben entsprechende Gestaltung zulassen. Das vordringliche Bestreben der Kommunen muss demnach darauf gerichtet sein, vor dem Hintergrund der konkret zu erfüllenden Aufgabe eine Rechts- oder Betriebsform zu wählen, durch die sich der angesprochene Zielkonflikt wenn nicht auflösen, so doch minimieren lässt.

II. Die Eröffnung wirtschaftlicher Handlungsspielräume

5   Die Wahl einer bestimmten Rechts- oder Betriebsform erzwingt nicht per se schon eine größere **Wirtschaftlichkeit** oder geringere Defizite. Dieses vor allem im Rahmen von Privatisierungsvorgängen zugunsten von Privatrechtsformen immer wieder vorgebrachte, wohl psychologisch motivierte Argument vermag schon mit Blick auf den wirtschaftlichen Erfolg von Sparkassen und als Kommunalunternehmen geführten kommu-

---

[2] Insgesamt dazu u. a. *Neumeyer*, KommPraxBy 1998, 374; *Erbguth/Stollmann*, DÖV 1993, 798 (801); *Klein/Uckel/Ibler*, Kommunen als Unternehmer, Kennzahl 23.00; *Gaß*, Umwandlung gemeindlicher Unternehmen, S. 54 ff.; *Müller*, Rechtsformenwahl, S. 299 ff.; *Scholz/Pitschas*, Rechtsformenwahl, in: *Püttner*, Handbuch der kommunalen Wissenschaft und Praxis, S. 128 ff.; *Ehlers*, Verwaltung in Privatrechtsform, S. 292 ff.; zu den Rechts- und Betriebsformen vgl. Kapitel D.

[3] So bereits *Scholz/Pitschas*, Rechtsformenwahl, in: *Püttner*, Handbuch der kommunalen Wissenschaft und Praxis, S. 128, 132 ff.; *Püttner*, Die Wahl der Rechtsform für kommunale Unternehmen, in: *Püttner*, Zur Reform des Gemeindewirtschaftsrechts, S. 143 ff.

[4] Zu den europa-, verfassungs- und kommunalrechtlichen Vorgaben vgl. Kapitel B. und C.; *Tettinger*, Verfassungsrechtliche Selbstverwaltungsgarantie und kommunale Wirtschaft, in: *Püttner*, Zur Reform des Gemeindewirtschaftsrechts, S. 23 ff.

II. Die Eröffnung wirtschaftlicher Handlungsspielräume

nalen Betrieben sachlich kaum zu überzeugen, zumal in öffentlich-rechtlich organisierten Unternehmen bereits von Gesetzes wegen die Grundsätze der Wirtschaftlichkeit und Sparsamkeit zu beachten sind. Durch die Rechtsformenwahl können vielmehr lediglich die institutionellen Rahmenbedingungen für eine wirtschaftlichere Aufgabenerfüllung geschaffen werden.[5]

Ausgehend von der Prämisse, dass den Entscheidungsträgern für wirtschaftliches Handeln ausreichend Spielräume zur Verfügung stehen müssen, um flexibel – im Sinne von unabhängig und eigenverantwortlich – marktorientiert und damit effizient agieren zu können, rückt somit die **interne Organisationsstruktur** der einzelnen Rechts- oder Betriebsformen in den Fokus des Interesses. Wirtschaftliches Handeln in diesem Sinne kann nur in einem Organisationsgefüge möglich sein, das eine hinreichend klare Abgrenzung der Kompetenzen respektive eine strikte Trennung zwischen Verantwortung und Kontrolle zulässt; denn je mehr die Zuständigkeiten intern zwischen den einzelnen Unternehmensorganen und/oder extern zwischen Unternehmen und Kommune verwischen, desto schwerfälliger und damit letztlich (folge-)kostenintensiver wird die Entscheidungsfindung.[6]

Daneben muss der Leitungsebene im Rahmen der **Kompetenzverteilung** die erforderliche Autonomie als Voraussetzung für selbständiges und flexibles Handeln eingeräumt werden. Aufgrund der Komplexität und Vielfalt kommunaler Betätigungsfelder und im Hinblick auf den eingangs erwähnten Zielkonflikt zwischen Handlungsfreiheit und Einflussnahmepflicht[7] sollte auch das Organisationsgefüge selbst flexibel gestaltbar sein, um die interne Struktur des Unternehmens besser auf die zu erfüllende Aufgabe ausrichten und damit eine gesteigerte Effizienz erreichen zu können. So wird die Kommune im Rahmen der Wahrnehmung freiwilliger Aufgaben wirtschaftlicher, sozialer oder kultureller Art der Betriebs-/Unternehmensführung eher ein hohes Maß an Autonomie und entsprechend weitgehende Kompetenzen zugestehen können als im Bereich kommunaler Pflichtaufgaben, deren ordnungsgemäße Erfüllung sie zu gewährleisten hat. Dabei darf freilich der öffentliche Zweck des Unternehmens nicht aus den Augen verloren werden.

Um wirtschaftliche Handlungsspielräume zu schaffen oder zu erweitern, sollten sich die Kommunen folglich primär für solche Rechts- oder Betriebsformen entscheiden, die eine flexible **Gestaltung der Unternehmensverfassung** zulassen. Die strukturellen Voraussetzungen für wirtschaftliches Handeln können dann durch eine aufgabenorientierte Ausgestaltung, insbesondere eine klare Kompetenzverteilung und die Stärkung der Autonomie der Unternehmensleitung, geschaffen werden.

Bei Betrachtung der zur Verfügung stehenden Rechts- und Betriebsformen allein nach diesen Kriterien erscheinen insbesondere die **rechtlich verselbständigten Rechtsformen** vorteilhaft. Allerdings sollten die Kommunen gerade im Hinblick auf die derzeitige Finanzlage davor gewarnt sein, die propagierte „Schaffung wirtschaftlicher Handlungsspielräume" dahin gehend misszuverstehen, sich selbst diese Handlungsspielräume durch die Ausgliederung von Defiziten auf selbständige Rechtsträger einzuräumen. Derartige „Umschuldungen" stünden dem hier verfolgten Anliegen nach einer wirtschaftlicheren Ausrichtung des kommunalen Unternehmens wegen der in diesem Fall defizitär bedingten Verengung unternehmerischer Handlungsspielräume diametral entgegen.

Von den rechtlich verselbständigten Rechtsformen wiederum gewährleistet die **Aktiengesellschaft** ein hohes Maß an unternehmerischer Freiheit, lässt aber wegen der zwingend normierten Kompetenzverteilung nur wenig Raum für eine flexible Anpassung der Unternehmensstruktur an die Bedürfnisse eines öffentlichen Rechtsträgers, während die Rechtsformen des **Kommunalunternehmens** in Form einer rechtsfähigen

---

[5] So auch *Riedmayer*, in: *Riedmayer/Schraml*, Kommunalunternehmen, KFP 42/43, S. 27; *Ehlers*, Verwaltung in Privatrechtsform, S. 299.
[6] Vgl. *Klein/Uckel/Ibler*, Kommunen als Unternehmer, Kennzahl 23.00, Anm. 2.2.2; *Müller*, Rechtsformenwahl, S. 335; *Scholz/Pitschas*, Rechtsformenwahl, in: *Püttner*, Handbuch der kommunalen Wissenschaft und Praxis, S. 128, 132.
[7] Dazu sogleich unter III. (Rn. 11 ff.).

Anstalt des öffentlichen Rechts (nachfolgend: Kommunalunternehmen) und der **GmbH** – in einigen Bundesländern nunmehr verstärkt auch der unselbständige **Eigenbetrieb** – den Kommunen einen weiten Spielraum bei der Gestaltung der Unternehmensverfassung eröffnen. Der **Regiebetrieb** dagegen eignet sich aufgrund des durch die unmittelbare Einbindung in die Kommunalverwaltung bestehenden Kompetenzgemenges nur sehr eingeschränkt für ein wirtschaftlich orientiertes Unternehmen. Unentbehrliche Voraussetzung für eine größere wirtschaftliche Effektivität oder sogar bessere Erfüllung der öffentlichen Aufgabe bleibt aber unabhängig vom Ergebnis der Entscheidung letzten Endes die tatsächliche Nutzung der wirtschaftlichen Spielräume durch die verantwortlichen Leitungsorgane.

III. Der Verlust kommunaler Einflussnahme und Kontrolle

11   Die Kommunen dürfen die Rechts- und Betriebsform ihrer Unternehmen nicht ausschließlich nach wirtschaftlichen Kriterien wählen, sondern sind an den öffentlichen Zweck ihrer Unternehmung gebunden und zur ordnungsgemäßen Erfüllung ihrer Aufgaben in Verantwortung gegenüber dem Bürger verpflichtet. Um dieser Verpflichtung gerecht zu werden, müssen den Kommunen wirksame **Steuerungs- und Kontrollmöglichkeiten** gegenüber dem Unternehmen zur Verfügung stehen, um Fehlentwicklungen erkennen und korrigieren sowie selbst auf unternehmerische Planungen einwirken zu können. Die Entscheidung für eine unter dem Gesichtspunkt der Wirtschaftlichkeit als vorteilhaft erachtete rechtliche Verselbständigung des Unternehmens führt aber zwangsläufig zu einem Verlust an kommunalen Steuerungs- und Kontrollmöglichkeiten und damit zum eingangs beschriebenen Konflikt zwischen dem Ziel, größere unternehmerischer Freiheit gewähren zu wollen, und der Notwendigkeit, steuernd auf das Unternehmen einwirken zu können.

12   Darüber hinaus würde eine Verselbständigung durch Privatisierung auch die (kommunal-)externe staatliche Kontrolle der Einhaltung des öffentlichen Zwecks im Wege der **Kommunalaufsicht**, der unmittelbar nur die öffentlich-rechtlich organisierten Organisationsformen unterworfen sind, erheblich abschwächen und die Gefahr eines „Entgleitens" des Unternehmens aus dem öffentlichen Einfluss- und Kontrollbereich erhöhen. Auch wenn die Minderung kommunalpolitischer Einflussnahme oder staatlicher Kontrolle nicht selten das hauptsächliche Motiv einer Umstrukturierung darstellt, sollten sich die kommunalen Entscheidungsträger in diesem Zusammenhang stets bewusst sein, dass sich die kommunale Unternehmung allein aus der Erfüllung eines öffentlichen Zwecks zum Wohle des Bürgers rechtfertigt und damit auch zum eigenen Schutz in gewissem Maße der öffentlichen Kontrolle unterworfen sein muss.

13   Aufgrund der Bedeutung dieses Zielkonfliktes für das künftige Zusammenspiel zwischen Unternehmensträger und Unternehmen sind der Entscheidung für eine Rechts- oder Betriebsform zwingend Überlegungen dahin gehend voranzustellen, wie viel **wirtschaftlicher Handlungsspielraum** dem Unternehmen zugestanden werden kann oder anders ausgedrückt, in welchem Umfang **kommunale Einflussnahme** erforderlich ist, um die möglichen Gefahren einer Verselbständigung zu minimieren. Wie bereits angeklungen, haben sich diese Überlegung im Wesentlichen an der im Einzelfall zu erfüllenden kommunalen Aufgabe und den daraus erwachsenden Bedürfnissen zu orientieren.[8]

14   Daran schließt sich in einem zweiten Schritt die entscheidende Frage an, durch welche der zur Verfügung stehenden Rechts- oder Betriebsformen sich das angestrebte Verhältnis von unternehmerischer Freiheit einerseits und kommunaler Einflussnahme anderer-

---

[8] Allgemein zum Zusammenhang zwischen Aufgabenerfüllung und Einflussnahmepflicht *Scholz/Pitschas*, Rechtsformenwahl, in: *Püttner*, Handbuch der kommunalen Wissenschaft und Praxis, S. 128, 137 ff.; *Ehlers*, Verwaltung in Privatrechtsform, S. 131 f.; *Püttner*, Die Wahl der Rechtsform für kommunale Unternehmen, in: *Püttner*, Zur Reform des Gemeindewirtschaftsrechts, S. 143, 153 ff.

III. Der Verlust kommunaler Einflussnahme und Kontrolle

seits optimal verwirklichen lässt. Die Schaffung einer diesen Determinanten entsprechenden **Unternehmensstruktur** kann wiederum nur gelingen, wenn diese Rechts- oder Betriebsform eine flexible Gestaltung der Unternehmensverfassung ermöglicht.

Hat die Kommune beispielsweise im Bereich der **Daseinsvorsorge** ein gesteigertes Bedürfnis nach Einwirkungs- und Kontrollmöglichkeiten bei gleichzeitigem Bestreben, die erforderlichen wirtschaftlichen Handlungsspielräume zu gewähren, wird sie eine Rechts- oder Betriebsform favorisieren, innerhalb derer die Kompetenzen der Leitungsebene zugunsten eines internen Kontrollorgans oder extern des zuständigen Kommunalorgans auch bei zukünftigen marktbedingten Veränderungen der Determinanten entsprechend verschoben werden können. Daneben wird die Kommune zur Sicherung ihrer Einflussnahme- und Kontrollmöglichkeiten in der Unternehmensverfassung eventuell weitere flankierende Maßnahmen treffen wollen wie etwa die Normierung von Informations- und Weisungsrechten oder die Regelung der personellen Besetzung der Unternehmensorgane.

Umgekehrt wird die Kommune im Rahmen der **Wahrnehmung freiwilliger oder im Wettbewerb zu erfüllender Aufgaben** unter Umständen der Leitungsebene weiterreichende Kompetenzen einräumen und kommunalpolitische Einflussnahme eher vermindern wollen. Die gebotene Balance zwischen den kollidierenden Zielen der Aufgabenbindung (sowie der daraus resultierenden Pflicht zur Einflussnahme) und der Einräumung unternehmerischer Freiheit lässt sich demnach nur im Rahmen einer ausreichend elastischen Organisationsstruktur herstellen.

Unter den für kommunale Unternehmen zulässigen Rechts- und Betriebsformen eröffnen die rechtlich unselbständigen **Regie- und Eigenbetriebe** zwar weitreichende Einflussnahmemöglichkeiten durch den Unternehmensträger, begrenzen aber in diesem Maße die Spielräume für die Auflösung des erwähnten Spannungsverhältnisses. Dies gilt vor allem für den unmittelbar in die Kommunalverwaltung integrierten Regiebetrieb, während der Eigenbetrieb als Sondervermögen mit eigenen Organen noch eher eine aufgabenbezogene Ausgestaltung der Betriebssatzung zulässt.

Im Gegensatz dazu räumen die zwingenden Vorschriften des Aktienrechts dem Vorstand einer **Aktiengesellschaft** eine größtmögliche Eigenverantwortlichkeit und Selbständigkeit vom Unternehmensträger/Aktionär ein und geben ein relativ starres Kompetenzgefüge vor. Eine kommunale Einflussnahme auf den Vorstand ist direkt nur über eine konzernrechtliche Einbindung der Aktiengesellschaft, ansonsten in begrenztem Umfang und nur mittelbar über in den Aufsichtsrat entsandte Personen möglich. Die Aktiengesellschaft ist von ihrer Struktur her nicht auf die Berücksichtigung individueller Bedürfnisse der Unternehmensträger/Aktionäre, sondern auf eine Vielzahl von Teilhabern angelegt und daher eher für wirtschaftlich ausgelegte Unternehmungen größeren Umfangs geeignet.

Der weitaus größte Gestaltungsspielraum steht den Kommunen dagegen bei der Wahl der Rechtsform einer **GmbH** oder eines **Kommunalunternehmens** zur Verfügung, deren Unternehmensstruktur der Gesetzgeber bewusst offen gestaltet hat. So kann die Kommune im Gesellschaftsvertrag der GmbH oder in der Unternehmenssatzung des Kommunalunternehmens Einwirkungsmöglichkeiten ähnlich der Situation bei einem Regiebetrieb festlegen oder aber die Geschäftsführung wie den Vorstand einer Aktiengesellschaft mit autonomen Kompetenzen ausstatten. Für die Rechtsform der GmbH gilt dies jedenfalls, soweit sie nicht mitbestimmungsrechtlichen Regelungen unterliegt und infolgedessen ein obligatorischer Aufsichtsrat gebildet werden muss, dessen Kompetenzen sich aus dem Aktiengesetz ergeben.[9] Somit bleibt es der Kommune selbst vorbehalten, die Reichweite ihrer Einflussnahme durch eine entsprechende Gestaltung der Unternehmensverfassung zu bestimmen, so dass sich die Rechtsformen der GmbH und des Kommunalunternehmens in besonderer Weise dazu eignen, einerseits dem Bedürfnis nach

---

[9] Vgl. dazu die Ausführungen unter VI. (Rn. 38 ff. in diesem Kapitel).

mehr unternehmerischer Freiheit nachzukommen und gleichzeitig der Notwendigkeit einer maßvollen Einflussnahme gerecht zu werden.[10]

IV. Möglichkeiten der Kooperation mit anderen Rechtssubjekten

20 Im Rahmen der Zweckmäßigkeitskriterien sind aus kommunaler Sicht vordergründig die **Kooperationsmöglichkeiten** von Bedeutung, die die Rechts- oder Betriebsform eröffnet. Der Grund für die Notwendigkeit einer verstärkten Zusammenarbeit mit anderen Kommunen, aber auch mit Privaten, liegt in erster Linie in der fortschreitenden Liberalisierung und Deregulierung ursprünglich originär kommunaler Aufgabenbereiche, durch die die Kommunen und ihre Unternehmen mehr und mehr dem Wettbewerb ausgesetzt werden.

21 So steht nach der Entmonopolisierung der **Abfallentsorgung** und der **Energiewirtschaft** aktuell die Öffnung des Bereichs der **Wasserversorgung** für private Anbieter zur Debatte. Gleichzeitig lässt sich eine Zunahme der Verwaltungsaufgaben insbesondere im Bereich der **Daseinsvorsorge**, aber auch eine Ausdehnung kommunaler Betätigungsfelder im wirtschaftlichen Bereich beobachten. Um diesen veränderten Rahmenbedingungen gerecht zu werden, kommen die Kommunen nicht umhin, ihre wirtschaftlichen Aktivitäten zu koordinieren und zusammenzuarbeiten, sei es, um durch den Abbau von Überkapazitäten und eine Bündelung der Nachfragemacht die Vorteile der Liberalisierung zu nutzen und dadurch im Wettbewerb um die Kunden die günstigsten Konditionen zu erzielen, sei es zur gebietsüberschreitenden Expansion.

22 Zu diesem Zweck gewinnt neben der interkommunalen Zusammenarbeit auch die **Kooperation mit oder Beteiligung an privaten Rechtssubjekten** an Bedeutung. So kann durch eine Zusammenarbeit etwa im Rahmen eines Betreiber- oder Betriebsführungsmodells – Stichwort „Public-Private-Partnership" – privates Know-how kostengünstig nutzbar gemacht werden. Vor dem Hintergrund der prekären Finanzlage der Kommunen dient die Beteiligung Privater an kommunalen Eigengesellschaften in zunehmendem Maße auch der Erschließung von Eigenkapital zur Vermeidung erneuter Kreditaufnahmen und der Verringerung der Abhängigkeit von der finanziellen Situation der Trägerhaushalte. Die Frage nach der Kooperationsfähigkeit mit anderen Rechtssubjekten spielt daher eine immer wichtigere Rolle im Rahmen der Entscheidung für eine bestimmte Rechts- und Betriebsform.

23 In diesem Zusammenhang ist zunächst an eine **Zusammenarbeit auf vertraglicher Basis** zu denken. Dafür ist die Rechtsfähigkeit der Vertragspartner erforderlich, so dass diese Form der Kooperation für Regie- und Eigenbetriebe nicht in Betracht kommt. Für sie muss die Gebietskörperschaft selbst entsprechende Vereinbarungen mit anderen Rechtssubjekten schließen. Auf kommunaler Ebene geschieht dies in der Regel in Form von **Arbeitsgemeinschaften** oder **Zweckvereinbarungen**; daneben wurden in der Praxis zahlreiche Kooperationsmodelle für die vertragliche Zusammenarbeit zwischen Kommunen und Privaten entwickelt.[11] Den Unternehmen in der Rechtsform des Kommunalunternehmens oder in Privatrechtsform ist kraft ihrer Rechtsfähigkeit eine eigenständige vertragliche Zusammenarbeit mit anderen Rechtssubjekten uneingeschränkt möglich.

24 Von größerem Interesse als die vertragliche Zusammenarbeit ist die gemeinsame **Beteiligung an einem Rechtsträger**. Dabei kann zunächst festgehalten werden, dass eine Beteiligung Dritter an einem Regie- oder Eigenbetrieb als unselbständiger Teil der Kom-

---

[10] Ebenso *Klein/Uckel/Ibler*, Kommunen als Unternehmer, Kennzahl 51.40, Anm. 2.1; *Knemeyer*, Kommunalunternehmen, in: *Henneke*, Organisation kommunaler Aufgabenerfüllung, S. 131, 142.
[11] Vgl. dazu ausführlich die Gemeinsame Bekanntmachung der Bayerischen Staatsministerien des Innern, der Finanzen und für Landesentwicklung und Umweltfragen vom 20.3.2001 zu den besonderen Formen der Zusammenarbeit mit Privaten bei der Erfüllung kommunaler Aufgaben, BayAllMBl. 2001, 148 ff.

IV. Möglichkeiten der Kooperation mit anderen Rechtssubjekten 25–28 **J**

mune ebenso wenig möglich ist wie die Beteiligung von Regie- und Eigenbetrieben mangels deren Rechtsfähigkeit an anderen Rechtssubjekten. Regie- und Eigenbetriebe sind demnach für eine Kooperation ungeeignet und müssen im Falle entsprechender Planungen als mögliche Betriebsformen ausscheiden.

Als „klassische" Kooperationsform sieht das Kommunalrecht den kommunalen **Zweckverband** als eigenständige öffentlich-rechtliche Rechtsform vor, die ihrerseits kommunale Unternehmen betreiben kann. Unter dem Dach dieser Rechtsform können sich Gebietskörperschaften, daneben aber auch Kommunalunternehmen als Anstalten des öffentlichen Rechts sowie juristische Personen des Privatrechts wie die GmbH oder die Aktiengesellschaft zusammenschließen. Der Zweckverband stellt damit das öffentlich-rechtliche Pendant zur privatrechtlich organisierten Beteiligungsgesellschaft dar. 25

Im Gegensatz zur Beteiligungsgesellschaft offenbart das **Zweckverbandsrecht** aber nicht unerhebliche Schwächen. Die Verbandsstruktur orientiert sich primär am Prinzip der Mitgliedschaft und dem Umlageverfahren, so dass eine Beteiligung der Mitglieder nach der Höhe ihrer Kapitaleinlage oder Investitionen nicht in Betracht kommt. Daneben verfügt der Zweckverband nicht über ein festes Stammkapital als Haftungsgrundlage und Kreditsicherheit. Schließlich kann das Nebeneinander von Verbands- und Unternehmensverfassung, aber auch die Rückkopplung der Verbandsräte an die Entscheidungsgremien der Verbandsmitglieder zu Reibungsverlusten führen. Insgesamt ist der Zweckverband von seiner Struktur daher eher auf eine Zusammenarbeit öffentlich-rechtlicher Rechtsträger im Bereich hoheitlich-verwaltender Tätigkeit und nicht so sehr für die wirtschaftliche Betätigung oder gar die Beteiligung Privater ausgelegt. Vor diesem Hintergrund wird eine grundsätzlich mögliche Beteiligung kommunaler Zweckverbände an anderen Rechtssubjekten nur in seltenen Fällen in Betracht kommen. 26

Das **Kommunalunternehmen** kann sich als rechtsfähige Anstalt des öffentlichen Rechts ebenfalls ohne weiteres an anderen Rechtssubjekten beteiligen, soweit dies dem Unternehmenszweck dient. In umgekehrter Richtung ist die Beteiligung Dritter am Kommunalunternehmen wegen dessen monistischer Trägerstruktur jedoch in den meisten Bundesländern nicht zulässig. Allerdings haben sich in der Praxis tragfähige Gestaltungsmodelle wie etwa das Kooperations-Kommunalunternehmen,[12] die Gründung eines „ausgehöhlten" Zweckverbands[13] oder Holding-Konstruktionen[14] entwickelt, durch die das Defizit an Kooperationsfähigkeit verringert werden konnte. In Bayern ist seit kurzem die Mehrträgerschaft zulässig, d.h. mehrere Kommunen können sich als gemeinsame Anstaltsträger eines Kommunalunternehmens bedienen.[15] Eine Beteiligung Privater ist aber auch weiterhin ausgeschlossen. 27

Grundsätzlich uneingeschränkte Kooperationsmöglichkeiten bestehen dagegen bei Privatrechtsformen wie der **GmbH** oder der **Aktiengesellschaft**. Diese Rechtsformen 28

---

[12] Grundlage für das Kooperations-Kommunalunternehmen ist eine Zweckvereinbarung zwischen den beteiligten Kommunen, durch die sie die künftig vom Kommunalunternehmen wahrzunehmende Aufgabe oder die mit einem bestimmten Zweck zusammenhängenden Aufgaben auf eine Kommune übertragen, die sodann das Kommunalunternehmen errichtet.

[13] Im Rahmen des „ausgehöhlten" Zweckverbands schließen sich mehrere Kommunen zu einem Zweckverband zusammen zum Zwecke des Betriebs eines Kommunalunternehmens. Um ein Nebeneinander von Verbands- und Unternehmensorganen zu vermeiden, wird der Zweckverband dergestalt „ausgehöhlt", dass durch entsprechende Gestaltung der Verbands- und Unternehmenssatzung eine weitgehende personelle Identität zwischen den Mitgliedern der Vorstände sowie zwischen Verbandsversammlung und Verwaltungsrat hergestellt wird mit der Folge, dass die unternehmerischen Entscheidungen faktisch nur von zwei Organen vorzubereiten und zu treffen sind.

[14] Die Rechtssubjekte werden hier an einer vom Kommunalunternehmen gegründeten (privatrechtlich organisierten) Tochtergesellschaft beteiligt und arbeiten im Rahmen dieser Gesellschaft mit dem Kommunalunternehmen zusammen. Die Tätigkeit des Kommunalunternehmens als Holding besteht dann im Wesentlichen in der Leitung der Beteiligungsgesellschaften gemeinsam mit den Partnern. Die Holding-Konstruktion eignet sich insbesondere auch für die Kooperation mit Privaten. Näher dazu *Schraml*, in: *Riedmayer/Schraml*, Kommunalunternehmen, KFP 42/43, S. 29 ff. zur Holding des Landkreises Würzburg; zu den Kooperationsmöglichkeiten insgesamt vgl. Kapitel D. II.

[15] Näheres dazu Kapitel D. II. 2. b.

können wie ein Kommunalunternehmen Tochtergesellschaften gründen oder sich an anderen Rechtssubjekten beteiligen, darüber hinaus aber auch selbst Dritte als Mitgesellschafter aufnehmen. Voraussetzung für die Beteiligung öffentlich-rechtlicher oder privater Rechtssubjekte an einer kommunalen Gesellschaft ist allerdings, dass die Kommune weiterhin angemessenen Einfluss auf das Unternehmen erhält.

29   Neben der größeren Flexibilität haben **Privatrechtsformen** im Gegensatz zum Zweckverband den weiteren Vorteil, dass sich die Beteiligungsverhältnisse und die daraus resultierenden Einflussrechte ohne weiteres abstufen und variabel verändern lassen. Andererseits darf nicht unberücksichtigt bleiben, dass gerade bei der Kooperation von Kommunen mit Privaten im Rahmen von Beteiligungsgesellschaften, die nichts anderes als eine materielle Teilprivatisierung der kommunalen Aufgabe darstellt, die Gefahr eines zunehmenden Verlustes an kommunalen Steuerungs- und Kontrollmöglichkeiten wegen der unterschiedlichen Interessen der Gesellschafter – öffentlicher Zweck versus Gewinnerzielungsabsicht – als besonders groß einzuschätzen ist. Die Kommunen sind daher angehalten, in den Gesellschaftsverträgen oder Unternehmenssatzungen entsprechende Instrumentarien zur Sicherung ihrer Einwirkungsrechte und letztlich der Gewährleistung einer ordnungsgemäßen Aufgabenerfüllung vorzusehen.

30   Strebt die Kommune mit einem ihrer Unternehmen also eine Kooperation mit anderen Rechtssubjekten an, hängt die Wahl der Rechtsform dieses Unternehmens letztlich entscheidend von der geplanten Form der Zusammenarbeit ab. Die interkommunale Zusammenarbeit ist in einem **Zweckverband** möglich, im Rahmen einer kommunalen **Beteiligungsgesellschaft** aufgrund der genannten Nachteile des Zweckverbands aber jedenfalls flexibler. Als echte Alternative hierzu bieten sich die mit dem **Kommunalunternehmen** entwickelten Kooperationsmodelle an. Will sich die Kommune dagegen die Option einer Kooperation mit Privaten innerhalb einer Rechtsform offen halten, wird sie um die Entscheidung für eine Privatrechtsform – eventuell auch im Rahmen einer Holding-Konstruktion – nicht umhin kommen. Wegen der weitgehenden Möglichkeiten zur Gestaltung des Gesellschaftsvertrags dürfte die GmbH die hierfür geeignete Rechtsform darstellen.

V. Steuerrechtliche Aspekte

31   In der Praxis wird den steuerlichen Auswirkungen der Wahl einer Rechtsform oftmals eine erhebliche Bedeutung zugemessen.[16] Dabei ist der Bereich der **Steuergesetzgebung** wie kein anderer ständigen Änderungen unterworfen, so dass planerische Zukunftsprognosen schon auf mittelfristige Sicht kaum möglich sind.

32   Dies gilt vor allem im Hinblick auf steuerliche Begünstigungen öffentlicher Unternehmen, die mit dem Ziel der Herstellung von Wettbewerbsneutralität zwischen öffentlichen und privaten Unternehmen abgebaut werden. In diesem Zusammenhang hat das Steuersenkungsgesetz 2001 die **Körperschaftsteuersätze** vereinheitlicht und die nach alter Rechtslage bestehende unterschiedliche Ertragsteuerbelastung bei Gewinnausschüttungen von Betrieben gewerblicher Art und Eigen- oder Beteiligungsgesellschaften beseitigt. Gleiches gilt für die bis dato differenzierte Behandlung von Beteiligungen im Rahmen der Vermögensverwaltung und als Betrieb gewerblicher Art zu qualifizierenden Beteiligungen. Damit ist in Bezug auf die Körperschaftsteuerbelastung grundsätzlich die Rechtsformneutralität für wirtschaftliche Betätigungen juristischer Personen des öffentlichen Rechts hergestellt worden.

33   Auch aus **gewerbe- und umsatzsteuerrechtlicher Sicht** bestehen grundsätzlich keine Unterschiede zwischen der Besteuerung von Betrieben gewerblicher Art und Eigen- oder Beteiligungsgesellschaften. Etwas anderes gilt, wenn die Kommune mit ihrem Unternehmen hoheitliche Aufgaben wahrnimmt. In diesem Bereich sind die öffentlich-

---

[16] Statt vieler *Müller*, Rechtsformenwahl, S. 332 m. w. N.; vgl. Kapitel G.

VI. Personalbezogene Kriterien   34–39 **J**

rechtlichen Rechts- und Betriebsformen von der Körperschaft-, Umsatz- und Gewerbesteuerpflicht befreit.

Wie die zurückhaltende Formulierung vermuten lässt, sind im Steuerrecht allerdings 34 kaum allgemein gültige Aussagen für und wider einer bestimmten Rechts- oder Betriebsform möglich. So können die Steuerpflicht eines kommunalen Unternehmens und die damit verbundene Steuerbelastung gleichzeitig zu deutlichen **Kostenentlastungen** führen.

Beispielsweise ergibt sich bei einer umsatzsteuerpflichtigen Unternehmung, die grö- 35 ßere Investitionen etwa für den Erwerb von Anlagevermögen erfordert, aus der Möglichkeit des sofortigen **Vorsteuerabzugs** ein nicht unerheblicher Finanzierungsvorteil und damit eine jedenfalls vorübergehende Liquiditätsverbesserung, die erst durch die Umsatzsteuerbelastung in späteren Jahren wieder minimiert wird. Die unter bestimmten Voraussetzungen zulässige **Zusammenfassung mehrerer steuerpflichtiger kommunaler Betriebe**[17] und die dadurch mögliche Verrechnung der Gewinne profitabler Betriebe mit den Verlusten defizitärer Betriebe kann zu einer Reduzierung des zu versteuernden Gewinns bis zur gänzlichen Vermeidung einer Steuerbelastung genutzt werden. Auch steuerliche Vergünstigungen im Sinne von **Investitionszulagen** setzen die Steuerpflicht des betreffenden Betriebs voraus.[18]

Vor diesem Hintergrund lässt sich die Frage, ob die Effekte steuerlicher Gestaltungs- 36 möglichkeiten den Vorteil der Steuerfreiheit des Unternehmens auszugleichen vermögen, nur unter Berücksichtigung der konkreten Situation des Unternehmens beantworten, wobei diese Überlegungen freilich überhaupt nur bei grundsätzlich steuerfreien **Hoheitsbetrieben** oder Betrieben der **Vermögensverwaltung** relevant werden können.

In Bezug auf die steuerpflichtigen **kommunalen Betriebe (gewerblicher Art) oder** 37 **Rechtsformen (des Privatrechts)** kann eine Entscheidung für eine bestimmte Rechtsform aus steuerlichen Gründen wegen der angestrebten und bereits im Wesentlichen umgesetzten steuerrechtlichen Rechtsformneutralität und der damit einhergehenden Angleichung der Steuerbelastung erst recht nur im Einzelfall getroffen werden. Berücksichtigt man daneben die bereits auf mittlere Sicht schwierig einzuschätzende Entwicklung der Steuergesetzgebung, lassen sich aus dem Steuerrecht im Ergebnis grundsätzlich keine stringenten Gründe für eine bestimmte Rechtsform oder einen Rechtsformwechsel ableiten. Im Gegenteil darf der steuerrechtliche Aspekt nicht zu Lasten anderer wichtiger Entscheidungskriterien zu sehr in den Vordergrund gestellt werden. Bei geplanten Umstrukturierungen ist zudem die durch eine Aufdeckung stiller Reserven im Rahmen der Umwandlung unter Umständen entstehende Steuerbelastung in die Bewertung einzubeziehen.

VI. Personalbezogene Kriterien

Der Begriff „Personalbezogene Kriterien" beinhaltet eine Vielzahl von Aspekten, die 38 bei der Entscheidung für eine bestimmte Rechts- oder Betriebsform eine Rolle spielen können. Im Vordergrund steht dabei die durch die jeweilige Organisationsform eröffnete **Flexibilität in der Personalwirtschaft** insbesondere im Hinblick auf arbeits-, dienst- und mitbestimmungsrechtliche Bindungen, daneben auch die Möglichkeit der Beschäftigung von Beamten sowie die Mitverantwortung der Führungskräfte.

Wie die aktuelle Entwicklung zeigt, tendiert die Praxis in diesem Bereich zunehmend 39 dahin, sich vom **öffentlichen Dienstrecht**, besonders der **öffentlichen Tarifbindung**, zu trennen. Mit dem beamtenrechtlichen Laufbahnsystem, dem großzügigen Kündigungsschutz für Arbeitnehmer, der teilweise überholten Eingruppierungssystematik des BAT (nebst „Tarifautomatik") und den starren Stellenplänen gestaltet sich derzeit das geltende Recht des öffentlichen Dienstes im Verhältnis zum privaten Arbeitsrecht als sehr komple-

---

[17] Vgl. dazu Kapitel G.
[18] Vgl. § 1 Investitionszulagegesetz vom 18. August 1997 (BGBl. I S. 2070), geändert durch Steuerbereinigungsgesetz vom 22. Dezember 1999 (BGBl. I S. 2601).

xe – und infolgedessen schwieriger zu handhabende – Materie. Dies kann sich unter dem Gesichtspunkt der personellen Flexibilität negativ auf das Unternehmen auswirken.

40   Das **Tarifrecht** des öffentlichen Dienstes neigt generell zu einer wenig differenzierten Entlohnung unterer Lohngruppen und junger Arbeitskräfte, wohingegen sich die Verdienstmöglichkeiten mit zunehmendem Alter durch das System der Lebensaltersstufen (im Tarifbereich alle zwei Jahre Erhöhung der Vergütung) steigern. Die Einflechtung **leistungsorientierter Elemente** in dieses Entlohnungssystem ist daher nur in sehr begrenztem Umfang möglich, so dass kaum finanzielle Anreize oder zusätzliche Aufstiegschancen zur Motivation der Beschäftigten bestehen oder geschaffen werden können. Ein beträchtlicher Kostenfaktor stellt zudem die **Zusatzversorgung** im öffentlichen Dienst dar. Von einer Umstrukturierung wird oftmals eine **Senkung der Personalkosten** erwartet.

41   Soweit die Kommune vor der Entscheidung über eine Neuerrichtung eines Unternehmens steht, lassen sich diese **Besonderheiten des öffentlichen Dienstrechts** durch die Wahl einer Privatrechtsform ohne weiteres vermeiden. In der Regel geht es den Kommunen aber nicht um die Neugründung eines Unternehmens, sondern um die Wahl einer optimalen Rechts- oder Betriebsform für bereits vorhandene kommunale Unternehmen. Der Wechsel vom öffentlichen Dienstrecht zum privaten Arbeitsrecht im Rahmen von Unternehmensumstrukturierungen kann aber mit **erheblichen Kosten** verbunden sein, die in Relation zum angestrebten und erreichbaren Einsparungspotential und sonstigen Systemvorteilen, insbesondere unter Berücksichtigung des das öffentliche Tarifrecht unter Umständen ersetzenden Tarifsystems, betrachtet werden müssen.

42   Probleme verursacht dabei insbesondere die bereits angesprochene **Zusatzversorgung** der öffentlich Bediensteten. Im Falle einer Privatisierung muss der neue Rechtsträger aufgrund des durch § 613a BGB vermittelten Bestandsschutzes sowohl die bis zur Privatisierung entstandenen als auch die künftig anwachsenden **Versorgungsanwartschaften** der Arbeitnehmer übernehmen. Da diese Versorgungslasten über Umlagen finanziert und im umzuwandelnden Betrieb nicht durch entsprechende Rücklagen gedeckt sind, muss der neu entstandene private Rechtsträger, wenn er das Ziel einer weitgehenden Flexibilität im personellen Bereich erreichen und sich aus der Zusatzversorgung zurückziehen will, Pensionsrückstellungen in beträchtlicher Höhe bilden, um die geschuldeten Versorgungsleistungen erbringen zu können.[19]

43   Daneben ist zu berücksichtigen, dass auch die übrigen von den Beschäftigten bis zur Umwandlung erworbenen **Rechte nach § 613a BGB** in ihrem Bestand geschützt und Änderungen bisheriger Besitzstände zu Lasten der Arbeitnehmer, soweit sie überhaupt politisch durchsetzbar sind, nicht ohne weiteres zulässig sind.

44   Bei alledem darf nicht vergessen werden, dass der Erfolg einer Unternehmensumwandlung in großem Maße auch von der **Identifikation der Beschäftigten** mit den Zielen der Umstrukturierung abhängt. Eine Privatisierung mit dem alleinigen oder hauptsächlichen Ziel, Personalkosten zu senken oder einfachere Lohnstrukturen einzuführen, wird demnach nur in seltenen Fällen zur Erreichung des angestrebten Erfolgs führen.

45   Auch unter dem Gesichtspunkt mitbestimmungsrechtlicher Bindungen ist keine eindeutige Aussage für oder gegen eine bestimmte Rechts- oder Betriebsform möglich, zumal Nutzen und Nachteile der **Arbeitnehmermitbestimmung** nicht eindeutig belegbar sind und diesbezüglich sehr unterschiedliche Meinungen vertreten werden. Diese Frage kann ohnehin nur bei Organisationsformen virulent werden, für die das Gesetz Mitbestimmungsrechte für Arbeitnehmer vorsieht, mithin bei Kapitalgesellschaften ab 500 (Drittelparität) bzw. 2000 (Parität) Arbeitnehmern,[20] teilweise auch bei Eigenbetrieben[21] und bei Kommunalunternehmen.

---

[19] Näher dazu *Gaß*, Umwandlung gemeindlicher Unternehmen, S. 250 ff. m. w. N.
[20] Vgl. § 129 Abs. 1 BetrVG 2001 i.V.m. §§ 76, 77 BetrVG 1952 bzw. §§ 6 Abs. 1, 7 Abs. 1 MitbestG, wobei Tendenzbetriebe nach § 81 Abs. 1 BetrVG 1952 bzw. § 1 Abs. 4 MitbestG ausgenommen sind.
[21] Vgl. § 114 Abs. 3 GO NW; § 8 Abs. 2 EigBG LSA.

VI. Personalbezogene Kriterien

Die öffentlich-rechtlichen Organisationsformen weisen insoweit eine größere personelle Flexibilität auf, als nur sie die **Dienstherrenfähigkeit** besitzen und ihnen daher die Wahlmöglichkeit zusteht, das zur Erfüllung des Unternehmenszwecks geeignete Personal öffentlich-rechtlich im Rahmen von Beamtenverhältnissen oder privatrechtlich durch Begründung von Angestellten- oder Arbeitsverhältnissen anzustellen. Vor dem Hintergrund der umfassenden Qualifikation und der besonderen Treuepflichten der Beamten kann die Dienstherrenfähigkeit durchaus von Vorteil sein. **46**

Eine im Hinblick auf die Personalpolitik effizientere und damit wirtschaftlichere Unternehmensführung wird bei den rechtlich selbständigen Rechtsformen durch die einheitliche Zusammenfassung der **Personalhoheit** in den Händen der Unternehmensleitung zumindest gefördert. **47**

Mit dem unter II. behandelten Aspekt der Eröffnung wirtschaftlicher Handlungsspielräume eng verknüpft ist die Frage nach der **Mitverantwortung der Führungskräfte** des Unternehmens. Durch eine klare Abgrenzung zwischen Leitungs- und Kontrollzuständigkeiten werden nicht nur Freiräume für eigenverantwortliches und wirtschaftliches Handeln geschaffen. Eine klare Kompetenzzuweisung ist darüber hinaus Voraussetzung dafür, dass dem zuständigen Organ(-mitglied) der Erfolg oder Misserfolg seiner unternehmerischen Entscheidungen zugerechnet und dieses für etwaige unternehmerische Fehlentscheidungen zur Verantwortung gezogen werden kann. Denn ein Mehr an Eigenverantwortung und unternehmerischer Freiheit muss konsequenterweise auch eine gesteigerte Mitverantwortung für die eingeschlagene Unternehmenspolitik nach sich ziehen. Diese Mitverantwortung der Entscheidungsträger äußert sich durch die Sanktionierung unternehmerischer Fehlentscheidungen, aber auch durch eine erfolgs- und leistungsorientierte Gestaltung der Vergütung. **48**

Durch die Sanktionierung von Fehlentscheidungen wird nicht nur eine effektive **Kontrolle der Leitungsebene** im Interesse des Unternehmens gefördert, vielmehr kann sie auch zur **Motivation der Beschäftigten** beitragen, indem leistungsschwache oder leistungsunwillige Kräfte entlassen oder gegenüber anderen Leistungsträgern zurückgestuft werden.[22] **49**

Weder der **Regie-** noch der **Eigenbetrieb** eröffnen derartige **Sanktionsmöglichkeiten**. Bei diesen Betriebsformen fehlt es zum einen – wie bereits unter II. dargelegt – an der Grundvoraussetzung einer eindeutigen Trennung zwischen Verantwortung und Kontrolle, zum anderen am entsprechenden Sanktionspotential, da die betriebliche Leitung nur unter Beachtung der restriktiven beamten- und arbeitsrechtlichen Vorschriften in Anspruch genommen werden kann. Bei Vorliegen hinreichend wichtiger Gründe ist immerhin die Abberufung der Werkleitung durch den Gemeinderat möglich. **50**

Anders verhält es sich dagegen bei den **rechtlich verselbständigten Rechtsformen**, bei denen kraft Gesetzes oder durch den Gesellschaftsvertrag bzw. die Satzung den Unternehmensorganen klare Kompetenzen zugewiesen und die verantwortlichen Organe bzw. Organmitglieder dementsprechend erkennbar sind. Hier verfügt die Kommune als Unternehmensträger oder (Mit-)Gesellschafter über ausreichende **Sanktionsmöglichkeiten** von der jederzeitigen Abberufung der Leitungsebene[23] über eine außerordentliche Kündigung des Anstellungsvertrags nach § 626 BGB[24] bis hin zu zivilrechtlichen Haftungsansprüchen.[25] Entscheidend für eine tatsächliche Mitverantwortung der Führungskräfte **51**

---

[22] In diesem Sinne auch *Klein/Uckel/Ibler*, Kommunen als Unternehmer, Kennzahl 25.15, Anm. 4.
[23] Vgl. § 84 Abs. 3 AktG, §§ 46 Nr. 5, 38 Abs. 1 GmbHG. Für das Kommunalunternehmen ist die Abberufung des Vorstands nicht ausdrücklich geregelt. Aufgrund der vergleichbaren Interessenlage muss eine Abberufung durch den Verwaltungsrat aber ebenso wie beim Eigenbetrieb bei Vorliegen eines wichtigen Grunds möglich sein.
[24] Soweit der Anstellungsvertrag unter der auflösenden Bedingung eines Widerrufs der Bestellung geschlossen wurde, ist eine außerordentliche Kündigung nicht erforderlich. Im Übrigen sind der körperschaftliche Akt der Bestellung und der schuldrechtliche Anstellungsvertrag aber getrennt zu beurteilen.
[25] Die Geschäftsführer einer GmbH haften der Gesellschaft nach § 43 GmbHG, der Vorstand einer Aktiengesellschaft nach § 93 Abs. 2 bis 4 AktG. Der Vorstand eines Kommunalunternehmens haftet dem Kom-

dürfte aber letztlich nicht das bloße Bestehen einer Sanktionsmöglichkeit, sondern insbesondere der politische Wille zur Durchsetzung entsprechender Maßnahmen sein. Danach wird die Kommune auch die Bedeutung dieses Aspekts für ihre Entscheidung zur Rechtsformenwahl zu beurteilen haben.

52 Als Pendant zur Sanktion unternehmerischer Fehlentscheidungen kann eine **leistungs- und/oder erfolgsorientierte Gestaltung der Vergütung** – wie bei allen Beschäftigten – zusätzlich Anreize schaffen, Verantwortung zu übernehmen. In den Anstellungsverträgen der Vorstandsmitglieder und Geschäftsführer rechtlich selbständiger Rechtsformen sind entsprechende Regelungen unbeschränkt möglich. Die Leiter eines Regie- oder Eigenbetriebs können nur innerhalb der durch Art. 33 Abs. 4 GG gezogenen Grenzen in einem außertariflichen Angestelltenverhältnis beschäftigt und leistungsbezogen vergütet werden.[26]

53 Soweit das kommunale Unternehmen mit der Erfüllung hoheitlicher Aufgaben betraut ist, kann sich die **Vergütung** der Höhe nach an den im öffentlichen Dienst in vergleichbarer Position gezahlten Gehältern orientieren. Dient das Unternehmen dagegen der Erfüllung von Aufgaben, die im Wettbewerb am Markt erbracht werden, wird die Kommune bzw. das Unternehmen nicht umhin kommen, mit in der Privatwirtschaft üblichen Vergütungen vergleichbare Gehälter anzubieten, um entsprechend qualifiziertes Personal zu gewinnen. Gerade in diesen Betätigungsfeldern, in denen tendenziell verselbständigte Rechtsformen verwendet werden, müssen die Kommunen daher mit höheren Kosten für das Führungspersonal rechnen. Allerdings ist in diesem Zusammenhang auch aus der Praxis bereits auf die Gefahr hingewiesen worden, dass hoch dotierte Geschäftsführer- oder Aufsichtsratsposten geschaffen und eher mit verdienten Politikern als mit entsprechenden Fachleuten besetzt werden.[27] Eine derartige Entwicklung gilt es freilich zu vermeiden.

VII. Möglichkeiten der Haftungsbeschränkung

54 Als weiteres Motiv für die Wahl bestimmter Rechts- oder Betriebsformen kommt die Beschränkung der Haftung auf das Unternehmensvermögen in Betracht.[28] Im Falle der **Insolvenz** wären dann nur die auf das Unternehmen ausgelagerten Vermögensteile und nicht (auch) das Vermögen der Kommune als Unternehmensträger dem Zugriff der Gläubiger ausgesetzt, so dass sich deren finanzielles Risiko eingrenzen ließe.

55 Zu diesem Zweck muss die angestrebte Rechtsform notwendigerweise über ein im Verhältnis zum kommunalen Rechtsträger eigenständiges Vermögen verfügen können und als rechtlich selbständige juristische Person in der Lage sein, eigene Rechte und Pflichten zu begründen. Folglich scheidet der **Regiebetrieb** als unselbständiger Teil der Kommunalverwaltung ebenso aus wie der **Eigenbetrieb**, der zwar außerhalb der allgemeinen Verwaltung als Sondervermögen geführt wird, aber mangels eigener Rechtspersönlichkeit nicht Träger von Rechten und Pflichten sein kann. Sämtliche von den Betriebsorganen geschlossene Rechtsgeschäfte verpflichten daher unmittelbar die Kommune selbst und nicht den Betrieb als solchen.

56 Das **Kommunalunternehmen** erfüllt als rechtlich selbständige Anstalt des öffentlichen Rechts zwar die genannten Voraussetzungen. Aufgrund der kommunalen Gewährträgerhaftung[29] haftet die Kommune gegenüber den Gläubigern des Kommunalunter-

---

munalunternehmen aus positiver Vertragsverletzung des Anstellungsvertrags. Diese Ansprüche können durch den Verwaltungs- oder Aufsichtsrat bzw. die Gesellschafterversammlung geltend gemacht werden. Darin sind regelmäßig kommunale Vertreter.

[26] Vgl. *Erbguth/Stollmann*, DÖV 1993, 798 (805); *Ehlers*, Verwaltung in Privatrechtsform, S. 307.
[27] So *Erbguth/Stollmann*, DÖV 1993, 798 (805); *Ehlers*, Verwaltung in Privatrechtsform, S. 308; *Siekmann*, Haftung der Kommunen für ihre privatrechtlich organisierten Unternehmen, in: *Püttner*, Zur Reform des Gemeindewirtschaftsrechts, S. 159 ff.
[28] Statt vieler *Ehlers*, Verwaltung in Privatrechtsform, S. 315 f.
[29] Für den Bereich der Sparkassen wurde die Gewährträgerhaftung und Anstaltslast von der EG-Kom-

nehmens als Anstaltsträger aber subsidiär und unbeschränkt für die Verbindlichkeiten des Unternehmens.[30] Dadurch soll dem Umstand Rechnung getragen werden, dass sich die Kommune bei der Erfüllung ihrer (Pflicht-)Aufgaben der Anstalt bedient bzw. diese Aufgabe selbst auf die Anstalt überträgt und daher die Funktionsfähigkeit der Anstalt respektive die Aufgabenerfüllung ungeachtet von Liquiditätsschwierigkeiten sichergestellt werden muss.[31] Eine Beschränkung der Haftung auf das Vermögen des Unternehmens ist bei der Wahl einer öffentlich-rechtlichen Organisationsform demnach ausgeschlossen.

Für die **GmbH** und die **Aktiengesellschaft** als Kapitalgesellschaften hingegen gilt das Prinzip der Trennung von Gesellschaftsvermögen und Gesellschaftervermögen, so dass den Gläubigern für Verbindlichkeiten der Gesellschaft als Haftungsmasse ausschließlich das Gesellschaftsvermögen zur Verfügung steht.[32] Eine unmittelbare Haftung des Gesellschafters bzw. Aktionärs ist daher grundsätzlich nur möglich, wenn dieser sich selbst kraft Vertrags neben der Gesellschaft verpflichtet hat. Eine Beschränkung der Haftung auf das ausgegliederte Unternehmensvermögen kann somit nur durch die Wahl einer privatrechtlichen Rechtsform erreicht werden.

Jedoch darf die wirtschaftliche Betätigung von Kommunen mittels **Privatrechtsformen** trotz des generellen Vorrangs gesellschaftsrechtlicher Regelungen nicht dazu führen, dass die besonderen öffentlich-rechtlichen Bindungen gänzlich entfallen. Soweit sich die Kommune der Privatrechtsform zur **Erfüllung kommunaler Pflichtaufgaben** bedient, trifft sie die Pflicht zur Sicherstellung der ordnungsgemäßen Erfüllung dieser Aufgabe. Daher kommt die ersatzlose Zerschlagung einer solchen Gesellschaft im Rahmen eines Insolvenzverfahrens nicht in Betracht, vielmehr hat die Kommune die Liquidität und Funktionsfähigkeit der Gesellschaft zu erhalten und deren Insolvenz abzuwenden.[33] Mithin kann sich die Kommune im Rahmen der Erfüllung von Pflichtaufgaben ihrer finanziellen Verantwortung auch durch eine rechtsformbedingte Haftungsbeschränkung nicht entziehen. Vor dem Hintergrund des gesellschaftlichen Trennungsprinzips besteht diese **Insolvenzabwendungspflicht** anders als die Gewährträgerhaftung aber nur im Innenverhältnis zwischen Kommune und Gesellschaft und nicht im Außenverhältnis zwischen Kommune und Gesellschaftsgläubiger. Zumindest insoweit zieht die Wahl einer Privatrechtsform nicht zwingend auch eine Eingrenzung finanzieller Risiken nach sich.

Geht es dagegen um die **Erfüllung freiwillig übernommener Aufgaben**, kann die Kommune kraft ihres Selbstverwaltungsrechts selbst entscheiden, ob sie die Insolvenz der betreffenden Gesellschaft abwenden oder die hierfür aufzuwendenden Mittel zur Erfüllung anderer Aufgaben einsetzen will.[34] In diesem Bereich kann sich die Kommune daher gegenüber den Gläubigern auf die Beschränkung der Haftung auf das Gesellschaftsvermögen berufen.

VIII. Verbesserung der Finanzierung

Angesichts der prekären Haushaltslage vieler Kommunen gewinnt der Aspekt der **Finanzierungsmöglichkeiten**, die eine Rechts- oder Betriebsform offeriert, immer mehr an Bedeutung. Die Möglichkeiten der Fremdfinanzierung hängen im Wesentlichen von der Kreditwürdigkeit und den rechtlichen Vorgaben für die Kreditaufnahme ab.

---

mission als wettbewerbsverzerrende und damit grundsätzlich gemeinschaftsrechtswidrige Beihilfe qualifiziert. Infolgedessen soll die Gewährträgerhaftung in diesem Sektor abgeschafft und die Anstaltslast bis 18. Juli 2005 durch ein „Plattform-Modell" ersetzt werden (abgedruckt in BWGZ 2001, S. 586 f.). Ob diese Entscheidung auch Auswirkungen auf die Gewährträgerhaftung im kommunalen Unternehmensrecht haben wird, bleibt abzuwarten.

[30] Vgl. Art. 89 Abs. 4 GO BY; § 114 a Abs. 5 GO NW; § 86 a Abs. 4 GO RP; § 4 AnstG LSA.
[31] *Schulz*, BayVBl. 1996, 129 (131).
[32] Vgl. § 1 Abs. 1 Satz 2 AktG, § 13 Abs. 2 GmbHG.
[33] Zu den rechtlichen Grundlagen der Konkursabwendungspflicht *Gaß*, Umwandlung gemeindlicher Unternehmen, S. 78 ff. m. w. N.
[34] So zutreffend OLG Celle, Urteil vom 12. Juli 2000, DNG 2001, S. 157, das über die Konkursabwendungspflicht einer Gemeinde bei Insolvenz ihrer Kurbetriebsgesellschaft mbH zu entscheiden hatte.

61 Ein hohes Maß an **Kreditwürdigkeit** minimiert das Risiko des Geldgebers und führt regelmäßig zu günstigeren Kreditkonditionen durch geringere Fremdfinanzierungskosten etwa in Bezug auf die Zinshöhe oder die Bestellung von Sicherheiten. In diesem Zusammenhang werden den **rechtlich verselbständigten Rechtsformen** aufgrund ihrer Eigenkapitalausstattung generell bessere Fremdfinanzierungsmöglichkeiten bescheinigt, da sie über eine eigene Haftungsgrundlage verfügen und entsprechend Sicherheiten bestellen können.[35]

62 Diese privatwirtschaftlich geprägte Argumentation lässt sich allerdings nicht ohne weiteres auf den Sektor kommunaler Wirtschaftsbetätigung übertragen. Im Gegenteil führt die **uneingeschränkte Haftung der Kommunen** für ihre **Regie- und Eigenbetriebe** in der Regel zu einem besseren Fremdfinanzierungsrahmen,[36] da nur ein Zusammenbruch der öffentlichen Haushalte die Rückzahlung des Kredits gefährden könnte, was trotz der derzeitigen Haushaltslage kaum zu erwarten ist. Eine Änderung könnte sich möglicherweise durch das Inkrafttreten der Baseler Eigenkapitalübereinkunft („Basel II") ergeben.[37]

63 Für die Gläubiger eines **Kommunalunternehmens** verbreitet sich die Haftungsmasse über das Stammkapital hinaus ebenfalls um das Vermögen des Unternehmensträgers, der als Gewährträger diesen gegenüber subsidiär, aber uneingeschränkt haften muss. Im Gegensatz zu den unselbständigen Betriebsformen belastet der Kredit aber nicht unmittelbar den Kommunalhaushalt, sondern allein den Haushalt des Kommunalunternehmens. Die Bonität und Kreditwürdigkeit öffentlich-rechtlich organisierter Unternehmen ergibt sich damit in erster Linie aus der Finanzkraft der Kommune als Unternehmensträger und nicht aus der – nur bei Kommunalunternehmen vorhandenen – in ihrem Umfang regelmäßig geringeren Eigenkapitalausstattung.[38]

64 Bei **Privatrechtsformen** liegt das Risiko des Kreditgebers für den insolvenzbedingten Ausfall der Forderung wegen der rechtsformbedingten Beschränkung der Haftung auf das Gesellschaftsvermögen dagegen deutlich höher, so dass die Bedingungen bei der Kreditvergabe entsprechend stringenter sein müssen.[39] Hinsichtlich der Kreditwürdigkeit sind öffentlich-rechtliche Organisationsformen den Privatrechtsformen aufgrund der dort bestehenden Haftungsbeschränkungen daher grundsätzlich überlegen.

65 Ein spürbarer Nachteil der Betriebsformen des Regie- und Eigenbetriebs ergibt sich allerdings durch deren Einbindung in den Kommunalhaushalt und die damit verbundenen kommunal- und **haushaltsrechtlichen Bindungen**, die das Verfahren der Kreditaufnahme erschweren und zu Entscheidungsverzögerungen führen können. Dagegen unterliegen Kommunalunternehmen und Eigen- oder Beteiligungsgesellschaften nicht den Erfordernissen einer entsprechenden Kreditermächtigung im Kommunalhaushalt oder etwaiger Genehmigungserteilungen für die Bestellung von Sicherheiten, so dass sich diese wegen der geringeren formalen Anforderungen schneller an veränderte finanzielle Rahmenbedingungen und Schwankungen des Zinsniveaus anpassen können.[40]

66 Die Eigenfinanzierung im Sinne einer **Eigenkapitalerhöhung** kommt von vornherein nur bei den rechtlich verselbständigten Rechtsformen in Betracht, da nur diese über ein

---

[35] Vgl. *Erbguth/Stollmann*, DÖV 1993, 798 (803) m. w. N.
[36] Dem kann auch nicht die Privilegierung der Kommunen und Anstalten des öffentlichen Rechts in der Zwangsvollstreckung entgegengehalten werden. Nach § 882 a ZPO sind nur die Gegenstände von der Zwangsvollstreckung ausgenommen, die für die Erfüllung öffentlicher Aufgaben unentbehrlich sind, im Übrigen ist eine Vollstreckung in das kommunale Vermögen bzw. das Anstaltsvermögen uneingeschränkt zulässig.
[37] Siehe dazu *Wohltmann*, Verteuerung des Kommunalkredits durch Basel II, in: Der Landkreis 2003, S. 617 f.
[38] Vgl. *Ehlers*, Verwaltung in Privatrechtsform, S. 324; dagegen *Neumeyer*, KommPraxBy 1998, 374 (376).
[39] Vor dem Hintergrund der Ausführungen unter VII. relativiert sich der aus der Haftungsbeschränkung resultierende Nachteil in den Bereichen, in denen die Kommune eine Konkursabwendungspflicht trifft. Allerdings haftet die Kommune dann lediglich im Innenverhältnis zur Gesellschaft und nicht unmittelbar gegenüber den Gläubigern.
[40] So zutreffend *Klein/Uckel/Ibler*, Kommunen als Unternehmer, Kennzahl 23.00, Anm. 2.2.8. Dieser Vorteil besteht aber nur, soweit die Kommune nicht ihrerseits über die Bestellung einer Sicherheit für den Kredit des Kommunalunternehmens oder ihrer Eigen- oder Beteiligungsgesellschaft entscheiden muss.

eigenes Stamm- oder Nominalkapital verfügen. Die Erweiterung der Eigenkapitalbasis ist zum einen durch Thesaurierung von Unternehmensgewinnen zur Erhöhung der offenen Rücklagen oder durch Nachschusszahlungen des Unternehmensträgers bzw. der Gesellschafter möglich.

Von größerer Bedeutung ist aber die Beschaffung von Eigenkapital durch die **Beteiligung Dritter**, die mit ihren Beteiligungen den Kapitalstock des Unternehmens erhöhen. Diese Form der Eigenkapitalbeschaffung bringt nicht nur wegen der Kostenneutralität für die bisherigen Anteilsinhaber und der im Verhältnis zur Fremdkapitalbeschaffung geringeren Risikostruktur Vorteile, sondern eröffnet darüber hinaus die Möglichkeit, das Know-how Dritter für die Unternehmung zu erschließen. 67

Am besten geeignet für die Teilnahme einer unbegrenzten Anzahl von Gesellschaftern und die dadurch bedingte Aufbringung hoher Kapitalbeträge ist die Rechtsform der **Aktiengesellschaft**, die deshalb regelmäßig die zweckmäßigste Organisationsform für Großbetriebe darstellt. Auch bei der Rechtsform der **GmbH** ist eine Aufnahme neuer Gesellschafter jederzeit möglich, wobei die Zahl der Gesellschafter meist wesentlich kleiner sein wird als bei der Aktiengesellschaft. 68

Dagegen ist eine Beschaffung „echten" Eigenkapitals durch die **Kommune** selbst oder ein **Kommunalunternehmen** mangels Möglichkeit einer direkten Beteiligung Dritter ausgeschlossen. Wie bereits unter IV. dargestellt, weisen die öffentlich-rechtlichen Organisationsformen in Bezug auf die Kooperationsmöglichkeiten und damit letztlich auch im Hinblick auf die Möglichkeiten der Eigenfinanzierung ein nicht unerhebliches Defizit gegenüber den Privatrechtsformen auf. 69

IX. Vergaberechtliche Bindungen

Soweit eine Rechts- oder Betriebsform nicht vergaberechtlichen Bindungen unterliegt, kann sie mangels Pflicht zur Rücksichtnahme auf vergaberechtliche Verfahrensvorschriften unter Umständen flexibler auf Angebote reagieren und durch den bestehenden Verhandlungsfreiraum möglicherweise günstigere Vertragskonditionen aushandeln. Daher können auch vergaberechtliche Vorgaben Einfluss auf die Entscheidung für eine Rechts- oder Betriebsform haben.[41] 70

X. Rechtsformabhängige Kosten

Unter dem Gesichtspunkt der Wirtschaftlichkeit einer Rechts- und Betriebsform können schließlich noch die für die jeweilige Organisationsform aufzuwendenden **Gründungs- und Betriebskosten** Bedeutung erlangen. Gründungskosten fallen insbesondere für die notarielle Beurkundung der Unternehmenssatzung, für deren Bekanntmachung oder Veröffentlichung sowie für die unter Umständen erforderliche Eintragung ins Handelsregister an. 71

Bei der Errichtung **öffentlich-rechtlicher Rechtsformen** entstehen Kosten nur für die Veröffentlichung der Betriebs- oder Unternehmenssatzung und eine eventuell obligatorische[42] oder fakultative[43] Eintragung in das Handelsregister. Die Satzung eines Eigen- 72

---

[41] Siehe im Einzelnen die Ausführungen in Kapitel H.
[42] Nach § 29 HGB besteht eine Eintragungspflicht für Eigenbetriebe oder Kommunalunternehmen, soweit sie als Kaufmann im Sinne von § 1 HGB qualifiziert werden können. Als kaufmännisches Handelsgewerbe im Sinne dieser Vorschrift gilt eine erkennbar, auf Dauer angelegte, selbständige, aber nicht freiberufliche, auf Gewinnerzielung ausgerichtete oder jedenfalls wirtschaftliche Tätigkeit am Markt, vgl. *Baumbach/Hopt*, HGB, § 1 Rn. 12 m. w. N. Eine derartige wirtschaftliche Betätigung wird insbesondere bei Energieversorgungsunternehmen angenommen, nicht aber bei Unternehmen, die nach dem Kostendeckungsprinzip arbeiten wie etwa Wasserver- oder Abwasserentsorgungsunternehmen. Bei Regiebetrieben fehlt es bereits am Merkmal der Selbständigkeit und damit am Vorliegen eines Gewerbebetriebs in genanntem Sinne.
[43] Durch die Eintragung ins Handelsregister eröffnet sich beispielsweise die Möglichkeit der Erteilung von Prokura, vgl. §§ 2 Satz 1, 48 HGB.

betriebs oder Kommunalunternehmens ist nicht beurkundungspflichtig. Die Einrichtung eines Regiebetriebs ist dagegen insgesamt kostenneutral.

73 Demgegenüber ist der finanzielle Aufwand bei der Gründung einer **Privatrechtsform** größer, da neben der zwingend vorgeschriebenen Eintragung in das Handelsregister und der Bekanntmachung des Gesellschaftsvertrags die notarielle Beurkundung des Gesellschaftsvertrags bzw. der Unternehmenssatzung – im Falle der Umwandlung zusammen mit dem Ausgliederungsvertrag bzw. Ausgliederungsplan – und unter Umständen die Erstellung eines Sachgründungsberichts erforderlich ist.

74 Soweit die Kommune im Rahmen der Gründung eines rechtsfähigen Kommunalunternehmens bzw. einer privatrechtlichen Gesellschaft Grundeigentum übertragen will, fällt hierfür **Grunderwerbsteuer** in beträchtlicher Höhe an.[44] Bei den unselbständigen Regie- und Eigenbetrieben verbleibt das betreffende Grundstück jedenfalls im Eigentum der Gemeinde.

75 Zu den laufenden, durch Steuern und Personal verursachten Kosten treten **rechtsformspezifische Betriebskosten** im Wesentlichen für die Rechnungslegung, Veröffentlichung der Jahresabschlüsse sowie die Rechnungsprüfung.[45] Diese Kosten fallen bei allen Rechtsformen an, die ihre Rechnung nach den Regeln der doppelten kaufmännischen Buchführung legen und werden in ihrem Umfang vor allem durch die Größe des Unternehmens bestimmt. Regiebetriebe, die weiterhin im kameralistischen Haushalt der Kommune geführt werden und der allgemeinen örtlichen und überörtlichen Prüfung unterliegen, verursachen diesbezüglich keinen eigenen Mehraufwand. Aufgrund der im Vergleich zu den übrigen Rechts- und Betriebsformen bestehenden strukturellen Schwächen des Regiebetriebs kann das Argument geringerer laufender Kosten aber vernachlässigt werden.

76 **Zusammenfassend** lässt sich daher feststellen, dass lediglich die bei der Gründung einer Rechts- oder Betriebsform entstehenden Kosten als relevantes Entscheidungskriterium in Erwägung zu ziehen sind. Dabei ist die Errichtung privatrechtlicher Rechtsformen mit größeren finanziellen Belastungen verbunden als die öffentlich-rechtlichen Rechtsformen. Die einmalig bei der Errichtung des Unternehmens anfallenden Gründungskosten müssen allerdings im Zusammenhang mit den der jeweiligen Rechts- oder Betriebsform dauerhaft anhaftenden positiven Kriterien betrachtet werden. In der Regel können die höheren Gründungskosten durch andere wirtschaftliche Vorteile der gewählten Organisationsform kompensiert werden.

XI. Sonstige Entscheidungskriterien und Ausblick

77 Neben den genannten, sicherlich zentralen Kriterien lassen sich noch **einige andere Aspekte** aufzählen, die die Entscheidung der Kommune für eine bestimmte Rechts- oder Betriebsform beeinflussen können. Beispielhaft seien hier vor allem das Rechnungs- und Prüfungswesen, die Publizitätsanforderungen,[46] Möglichkeiten der Entgelt- und Gebührenkalkulation und auch die Ausgestaltung der Nutzungsverhältnisse zwischen Unternehmen und Bürger erwähnt.

78 Freilich werden die Kommunen mit der Wahl einer Rechts- oder Betriebsform in erster Linie das Ziel verfolgen, die Erfüllung der jeweiligen öffentlichen Aufgabe zu optimieren. Aufgrund der Komplexität dieses Ziels ist die allgemeine Empfehlung einer

---

[44] Soweit dem Kommunalunternehmen kraft Satzung die Erfüllung hoheitlicher Aufgaben wie etwa die Abfallentsorgung oder Abwasserbeseitigung übertragen wird, ist der Übertragungsvorgang nach § 4 Abs. 1 GrEStG grunderwerbsteuerneutral. Bei Privatrechtsformen findet diese Vorschrift mangels Möglichkeit der Aufgabenübertragung keine Anwendung. Die Belastung mit Grunderwerbsteuer kann vermieden werden, indem die Kommune auf die Übertragung des Grundeigentums verzichtet und dem Unternehmen stattdessen die Nutzung des Grundstücks im Rahmen eines Pacht- oder Leihvertrags überlässt. Näher dazu *Gaß*, Umwandlung gemeindlicher Unternehmen, S. 165 f.

[45] *Neumeyer*, KommPraxBy 1998, 374 (375).

[46] Vgl. zu diesem Komplex Kapitel E.

XI. Sonstige Entscheidungskriterien und Ausblick

bestimmten Rechts- oder Betriebsform aber nicht einmal für einzelne kommunale Tätigkeitsbereiche möglich, sondern erfordert – wie dies bereits mehrfach angeklungen ist – eine eingehende **Bewertung** der Betriebs- oder Unternehmenssituation **in jedem konkreten Einzelfall**. Deshalb können dieser Beitrag und dieses Handbuch nur sensibilisieren für die im Rahmen dieser Erwägungen zu beachtenden Problemfelder und eine Art **Check-Liste** der relevanten Kriterien an die Hand geben.

Für welche Rechts- oder Betriebsform sich die Kommune dann entscheidet, hängt letztlich von der Gewichtung der einzelnen Kriterien im Rahmen ihrer **Abwägung** ab. Bei alledem sollte die Frage nach der **Durchsetzbarkeit und Akzeptanz** der unternehmerischen Entscheidung bei den betroffenen Beschäftigten, aber auch in der Bevölkerung nicht außer Acht bleiben. Schließlich ist – mit Blick auf die **Effizienz** und die möglichen **Kosten einer Umstrukturierung** – auch zu prüfen, ob die angestrebten Ziele nicht ebenso durch eine Modernisierung vorhandener Strukturen erreichbar sind. Allzu viele Kommunen mussten in der Vergangenheit die teilweise kostspielige Erfahrung machen, dass der Wechsel von Rechts- oder Betriebsformen allein kein Allheilmittel für die Lösung kommunaler (Finanz-)Probleme darstellt.

Sachverzeichnis

Die fettgedruckten Buchstaben geben das Kapitel an, die mageren Zahlen die Randnummern

Abberufung **D** 185, 210
Abfallentsorgung **E** 69; **H** 168, 185; **J** 21
Abführung von Vergütungen **E** 240, 268
Abhängigkeitsbericht **D** 563
Abmahnung **F** 47; **I** 217
Abordnung **F** 44
Absatzbehinderung **I** 174
Abschlussprüfer **E** 109, 113, 114, 159, 201, 212
Abschlussprüfung, erweiterte **E** 153, 163, 179, 190, 262, 268, 269
Abschlussprüfungsbericht **E** 108, 109, 118, 164, 173, 197, 212, 240, 242
Abschlussprüfungspflicht **E** 29, 170
Ad-hoc-Risikoberichterstattung **E** 120
Aktie **D** 468
Aktiengesellschaft **D** 156, 391; **J** 10, 18, 19, 25, 28, 57, 68
– Aktie **D** 468
– Aufsicht **D** 559
– Aufsichtsrat **D** 510
– Besteuerung **G** 188
– Errichtung **D** 425, 447
– Grundkapital **D** 466
– Gründung **D** 425
– Haftung **D** 419
– Hauptversammlung **D** 519
– Organe **D** 493
– Pflichtaufgabe **D** 492
– Rechtsgrundlagen **D** 391
– Rechtspersönlichkeit **D** 417
– Umwandlung **D** 447
– Vergaberecht **H** 63, 162
– Verhältnis zur Kommune **D** 544
– Vertretung **D** 500
– Vorstand **D** 494
Aktiengesetz **D** 391; **J** 19
Aktionär, Beteiligungsrechte **D** 543
– Kommune **D** 544
– Kontrollrechte **D** 543
– Mitspracherechte **D** 543
Alleinstellungswerbung **I** 207
Alters- und Hinterbliebenenversorgung **F** 90
Altersversorgung **F** 129
Änderungskündigung **F** 100
Angebotswertung **H** 128
Angemessener Einfluss der Gemeinde **C** 197
Anhang **E** 31, 39, 51, 60, 212, 242
Anhörung bei Beschwerden **F** 46
Anlagevermögen **E** 32, 44
Anmeldekartelle **I** 39
Anschaffungskosten **E** 44, 61

Anschluss- und Benutzungszwang **D** 176
Anstalt des öffentlichen Rechts **A** 34; **D** 118; **J** 25, 27, 56
Anstaltslast **A** 20; **B** 18; **D** 129
Anstaltsträger **D** 123, 170
Anstellungsvertrag **J** 52
Anteilserwerb **I** 125
Anteilsveräußerung **G** 120, 205
Anzeigepflicht **C** 223; **D** 237
Arbeitgeberverband, kommunaler **D** 151
Arbeitnehmer
– kommunaler Betrieb **F** 27
– öffentlicher Dienst **F** 28, 29
Arbeitsbedingungen **F** 37
– im TV-V **F** 122
Arbeitsbefreiung **F** 98
Arbeitsgemeinschaft **J** 23
Arbeitsunfähigkeit **F** 86
Arbeitsverhältnis **D** 151; **F** 33
– befristetes **F** 36
Arbeitsverhinderung **F** 98
Arbeitsvertrag **F** 33; **H** 28
– Abschluss **F** 34
Arbeitsvorgang **F** 76
Arbeitszeit **F** 57
– am Samstag, Sonntag, Feiertag **F** 67
– kollektive Absenkung **F** 66
Ärztliche Untersuchung **F** 38
Aufbewahrung von Geschäftsunterlagen **E** 25
Aufeinander abgestimmte Verhaltensweisen **I** 24, 50
Aufgabe, freiwillige **D** 170; **J** 7, 16, 59
Aufgabenerfüllung **D** 315, 491
Aufgabenfelder **A** 1, 18, 25
Aufgabenstellung **B** 25, 34
Aufgabenübertragung **H** 33; 168
Aufhebungsvertrag **F** 101
Auflassung **D** 169
Aufsicht **D** 148, 235
Aufsichtsrat **D** 335, 510; **H** 162; **J** 19
Auftraggeberbegriff **H** 14, 67
Ausbeutung **I** 190
Ausgeschlossene Personen **H** 210
Ausgliederung **J** 73
Auskunftspflicht **D** 90, 219
Auskunftsrecht **E** 245
Ausschließlichkeitsbindung **I** 68
Ausschlussfrist **F** 52, 105
Ausschreibung **B** 19, 28
Außerdienstliches Verhalten **F** 39

Sachverzeichnis

Fette Zahlen = Kapitel

Bagatellbekanntmachung **I** 27
Bagatellmarktklausel **I** 121
Balanced Score Card **E** 154
Bankunternehmen **C** 78
Basel II **E** 54 ; **J** 62
BAT
– Geltung in kommunalen Betrieben **F** 29
– Geltungsbereich **F** 32
– Reform **F** 30
– wesentlicher Inhalt **F** 31
Bauaufträge **H** 7, 23
Bayerischer Kommunaler Prüfungsverband **E** 162, 185, 226, 229, 285
Beamte
– amtsangemessene Tätigkeit **F** 9
– Arbeitnehmereigenschaft **F** 11, 17
– Arbeitszeit **F** 15
– Beförderung während der Zuweisung **F** 14
– Befreiung von der Sozialversicherungspflicht **F** 21
– Beurlaubung **F** 19
– Dienstleistung in einer Gesellschaft **F** 4
– Eingliederung in einen kommunalen Betrieb **F** 26
– Einkommen im Kommunalunternehmen **F** 12
– Entlassung aus dem Beamtenverhältnis **F** 16, 22
– Geschäftsführer **F** 20
– Rechtsstellung im Kommunalunternehmen **F** 9
– Reisekosten **F** 12
– Streikrecht **F** 17
– Urlaub **F** 13
– Zuweisung **F** 6
– Zuweisung mit Zustimmung **F** 7
– Zuweisung ohne Zustimmung **F** 8, 9
– Zuweisung zum Kommunalunternehmen **F** 9
Beamtengesetze **F** 1
Beamter **D** 154, 177, 190
Bedarfsprüfung **C** 108
Beendigung des Arbeitsverhältnisses **F** 98
Befristung **F** 60
– ohne Sachgrund **F** 62
Begründung eines Beamtenverhältnisses **F** 2
Beherrschung **H** 80, 93
Beherrschungsvertrag **D** 372, 552
Behinderung **I** 171
Behinderungsmißbrauch **I** 86
Beihilfen **B** 17, 21, 27; **D** 131; **F** 88; **H** 215
Beihilfenrecht **D** 5
Beihilfeverbot **D** 131
Belohnungen und Geschenke **F** 42
Bereichsausnahmen **I** 12
Bereitschaftsdienst **F** 57
Berichtpflicht **D** 219; **E** 2, 120, 240
– der Geschäftsführung **D** 369, 557

Berichtswesen **E** 100, 158, 240
Berufsausbildungsverhältnis **F** 31
Beschäftigung
– befristete **F** 60
Beschäftigungszeit **F** 71
Beschlussfähigkeit **D** 162, 164
Beschränkte Ausschreibung **H** 111, 141
Bestätigungsvermerk **E** 49, 200
Bestellung **D** 185, 206
Betätigung, wirtschaftliche **H** 179
Betätigungsprüfung **E** 150, 230, 248, 265
Beteiligung, stille **D** 136, 137
Beteiligungsbericht **C** 212; **D** 193; **E** 52, 108, 111
Beteiligungsrechte **D** 366, 543
Beteiligungsverwaltung **E** 8, 103, 104, 120, 121, 240, 256
Betreibermodell **J** 22
Betreibervertrag **H** 170
Betrieb gewerblicher Art **D** 146; **G** 27, 48; **J** 32, 33, 37
Betriebsausschuss **D** 81
Betriebsferien **F** 93
Betriebsführung **H** 173
Betriebsführungsmodell **J** 22
Betriebsgeheimnis **E** 116, 251
Betriebsleitung **D** 63
Betriebsrente **F** 135
Betriebssatzung **D** 23; **J** 17, 72
Betriebsstörung **I** 180
Betriebsübergang **J** 42, 43
Betriebsverfassungsrecht in kommunalen Betrieben **F** 25
Betriebsvermögen **G** 85, 86, 89, 146, 179, 194, 234
Beurkundung, notarielle **D** 150, 160
Beurteilung **F** 46
Beurteilungsspielraum **C** 128
Bewertung **E** 8, 41, 55, 66, 184, 270
Bilanz **E** 6, 10, 17, 31, 32, 33, 39, 42, 51, 55, 60, 64, 242
Bilanzierungsmethoden **E** 39
Bindung an Recht und Gesetz **B** 59
Blickfangwerbung **I** 209
BMT-G II, Geltung in kommunalen Betrieben **F** 29
Bossing **F** 56
Boykott **I** 178
Boykottverbot **I** 107
Bruttoregiebetriebe **D** 47
Buchführung **E** 6, 10, 17, 29, 159
Buchführungspflicht **G** 36, 73, 75
Bündeltheorie **B** 15
Bürgermeister **D** 88, 364, 544
Bußgeld **I** 47, 54, 100, 108, 129

Controlling **E** 106, 157
Cross-Border-Leasing **H** 29
Daseinsvorsorge **A** 1, 11, 17, 27, 35; **B** 5, 6, 22; **C** 14, 104; **D** 6, 133; **J** 15, 21

Magere Zahlen = Randnummern

Sachverzeichnis

DDR **C** 46
De-facto-Vergabe **H** 203
Delegation **D** 96, 315, 491
Demarkationsverträge **I** 30
De-minimis-Klausel **B** 20; **I** 120
Demokratiegrundsatz **B** 43
Deregulierung **J** 20
Derivate **E** 37, 39, 41
Deutsche Gemeindeordnung (DGO) **A** 11; **B** 42; **C** 27
Dienstanweisungen **D** 25
Dienstherrenfähigkeit **F** 3; **J** 46
Dienstleistungsauftrag **H** 24, 36
Dienstleistungskonzession **H** 30
Dienstrecht, öffentliches **J** 41
Dienststelle **D** 151
Dienstwohnung **F** 105
Dienstzeit **F** 71
Digitale Signatur **H** 204
Direktionsrecht **F** 40, 57
Diskriminierende Verhaltensweisen **I** 19
Diskriminierung **I** 94, 99, 179
Diskriminierungsverbot **H** 30, 119, 131; **I** 77, 99, 225
Drittschützende Wirkung **C** 163
Durchführungsweg **F** 142
Dynamische Beschaffungssysteme **H** 10

Eigenbedarfsdeckung **A** 23
Eigenbeteiligungen **D** 35
Eigenbetrieb **D** 122, 144, 154; **J** 10, 17, 23, 24, 45, 50, 52, 55, 62, 65, 72, 74
– Aufsicht **D** 105
– Begriff **D** 26
– Besteuerung **G** 68
– Dienststelle **D** 75
– Errichtung **D** 49, 53
– Erweiterung **D** 55
– Europarecht **B** 6
– Geschichte **D** 3, 6
– Gründung **D** 49
– Haftung **D** 80
– Hoheitliche Tätigkeit **D** 73
– Kombinierte **D** 57
– Organe **D** 63, 88
– Personal **D** 75
– Prozessstellung **D** 102
– Rechtspersönlichkeit **D** 32, 97
– Übernahme **D** 54
– Umwandlung **D** 59
– Vergaberecht **H** 49, 52, 68, 182
– Verhältnis zum Gemeindeeinwohner **D** 103
– Verhältnis zur Kommune **D** 97
– Vertretung **D** 72
– Zusammenfassung **D** 56
Eigenbetriebsverordnungen **D** 15
Eigengesellschaft **B** 39, 43, 45, 52; **D** 35; **J** 22
Eigenkapital **E** 32, 34, 62; **G** 85, 92, 94, 121, 270; **J** 1, 22, 61, 62, 63, 66, 67

Eignungsprüfung **H** 115, 122
Eilentscheidungsrecht **D** 74, 92
Eingruppierung **F** 74
– bei Vertretung **F** 79
Eingruppierungsprozess **F** 74
Einkaufsgemeinschaft **H** 187
Einkaufskooperationen **I** 31, 40
Einkommensermittlung **G** 73, 81, 83, 100, 167, 181, 220, 224
Einnahmeerzielungsabsicht **G** 34, 151, 183
Einrichtungen, wesentliche **I** 91
Einschätzungsprärogative **C** 128
Einsichtsrecht **E** 108, 231, 237, 238, 245
Einstweilige Verfügung **I** 218
Einzelfreistellung **I** 54
Elektrizitätsversorgungsunternehmen **E** 65
Energieversorgungsunternehmen **E** 171
Energiewirtschaft **J** 21
Energiewirtschaftsrecht **I** 10
Entgelt **F** 80
– Gestaltung **E** 240, 268
– Umwandlung **F** 140
Entschädigung **D** 162, 215
Entscheidung **B** 1, 14
Erfolgsplan **D** 39, 309, 484; **E** 14, 15
Ergebnisverwendung **E** 46, 49
Erlaubniskartelle **I** 41
Eröffnungsbilanz **D** 145, 147; **E** 8, 26, 27, 28, 43, 57, 59
Errichtung von Unternehmen **C** 92
Erträge, laufende **G** 73, 195, 224
erweiterte Abschlussprüfung **E** 153, 163, 179, 190, 262, 268, 269
Erweiterung **D** 55
– von Unternehmen **C** 95
erwerbswirtschaftliche Zielsetzung **B** 42
Europäische Gemeinschaft **B** 1
Europäisierung des Wirtschaftsrechts **A** 16

Feststellung des Jahresabschlusses **E** 45
Finanzinstrumente **E** 37, 39, 61
Finanzplan **D** 40, 309, 484; **E** 108, 117
Firma **D** 297, 461
Flughäfen, Sonderregelungen **F** 114
Fördermittel **H** 213
Forschung **H** 29
Fortbildung **F** 109
Fragenkatalog des IDW **E** 153, 191, 195, 269
Fragerecht des Arbeitgebers **F** 34
Freigabeentscheidung **I** 132, 148
Freihändige Vergabe **H** 107, 113, 171
Freistellung vom Kartellverbot **I** 35
Fremdbedarfsdeckung **A** 23
Fremdkapital **J** 1, 67
Fusionskontrolle **I** 115, 137
Fusionskontrollverordnung **I** 137

Gasversorgungsunternehmen **E** 65, 172
Gebietskörperschaft **E** 167; **J** 23, 25

441

Sachverzeichnis

Fette Zahlen = Kapitel

Gebietsschutzvereinbarung **I** 30
Gebühren **E** 70
Gebührensatzung **H** 195
Gelöbnis **F** 37
Gemeindegebiet **B** 46
Gemeindeordnungen **C** 38; **D** 11
Gemeindeprüfanstalt **E** 226, 281, 300
Gemeinderat **D** 94; **J** 50
Gemeinnützigkeit **G** 248, 276
Gemeinschaftsunternehmen **I** 126, 146
Gemeinschaftsweite Bedeutung **I** 133
gemischt-wirtschaftliche Unternehmen **B** 14, 41, 45, 52, 58
Genehmigungspflichten **C** 223
Gesamtrechtsnachfolge **D** 143, 150, 151, 155, 156, 169
Gesamtversorgung **F** 90, 134
Geschäfte, laufende **D** 67, 365, 545
Geschäftsführung **D** 318; **J** 19
− Abberufung **D** 331
− Anstellung **D** 320
− Aufgabe **D** 323
− Bestellung **D** 320
− Kündigung **D** 332
− Sorgfalt des ordentlichen Kaufmanns **D** 329
− Vertretung **D** 326
Geschäftsordnung **D** 25, 162, 164
Gesellschafter
− Beteiligungsrechte **D** 366
− Kommune **D** 364
− Kontrollrechte **D** 366, 369
− Mitspracherechte **D** 366
− Weisungsrecht **D** 367
Gesellschafterversammlung **D** 340
− Aufgaben **D** 342
− Beschlussfassung **D** 341, 349
− Einberufung **D** 346
− Weisung **D** 344
Gesellschaftsvertrag **C** 202; **D** 296; **J** 19, 29, 30, 51, 73
Gestaltungsmissbrauch **G** 174, 188
Gewährträger **D** 129, 136; **J** 56, 58, 63
Gewährträgerhaftung **A** 20; **B** 18
Gewerbebetrieb **D** 132
Gewerbesteuer **G** 151, 185, 193, 221, 251, 258, 283; **J** 33
Gewinn- und Verlustrechnung (GuV) **E** 15, 17, 31, 32, 34, 39, 46, 51, 62, 64, 164, 193, 242
Gewinnausschüttung **G** 113, 195; **J** 32
Gewinnerzielung **C** 33; 112; 114
Gewinnerzielungsabsicht **B** 6; **D** 133
Gleitzeit **F** 58
GmbH **C** 156, 241; **J** 10, 19, 25, 28, 30, 57, 68
− Aufsicht **D** 378
− Aufsichtsrat **D** 335
− Besteuerung **G** 188
− Errichtung **D** 259, 283
− Geschäftsführung **D** 318
− Gesellschafterversammlung **D** 340

− Gründung **D** 259
− Haftung **D** 264
− Organe **D** 317
− Pflichtaufgabe **D** 316
− Rechtsgrundlagen **D** 241
− Rechtspersönlichkeit **D** 253
− Stammeinlage **D** 305
− Stammkapital **D** 303
− Umwandlung **D** 283
− Vergaberecht **H** 63, 99, 162
− Verhältnis zur Kommune **D** 247
− Vertretung **D** 326
GO - Musterentwurf **C** 48
Grundbuch **D** 169
Grunderwerbsteuer **D** 146; **G** 159, 193, 229, 245, 254, 268; **J** 74
Grundfreiheiten **B** 9
Grundkapital **D** 466
Grundrechte **B** 32, 52, 58
Grundsatz
− der Belegbarkeit **E** 25
− der Bewertungsstetigkeit **E** 25
− der Bilanzidentität **E** 25, 43
− der Einzelbewertung **E** 25, 43
− der Einzelerfassung und −bewertung **E** 21
− der Fortführung **E** 43
− der Klarheit **E** 21
− der Klarheit und Übersichtlichkeit **E** 25
− der Nachprüfbarkeit **E** 21, 25
− der Periodenabgrenzung **E** 43
− der Richtigkeit und Willkürfreiheit **E** 21, 25
− der Sparsamkeit und Wirtschaftlichkeit **E** 100, 268
− der Stetigkeit **E** 43
− der Vollständigkeit **E** 21, 25
Grundsätze
− ordnungsgemäßer Abschlussprüfung **E** 186
− ordnungsgemäßer DV-gestützter Buchführungssysteme (GoBS) **E** 24
− ordnungsgemäßer Inventur (GoI) **E** 21, 24
− ordnungsmäßiger Bilanzierung (GoBB) **E** 24
− ordnungsmäßiger Buchführung (GoB) **E** 23, 35, 41, 186
Grundsteuer **G** 162, 283
Gründungskosten **J** 71, 76
Gründungszweck **H** 72
Grundvergütung **F** 80
Gruppenfreistellung **I** 52, 71
Gruppenfreistellungsverordnung **I** 71

Haftung bei Arbeitsunfällen **F** 51
Haftung
− der Rechnungsprüfungsorgane **E** 252
− des Abschlussprüfers **E** 208
− des Arbeitgebers **F** 52
− des Arbeitnehmers **F** 49
Haftungsbeschränkung **C** 196; **F** 50; **J** 54, 56, 57, 58, 59, 64

Magere Zahlen = Randnummern

Sachverzeichnis

Handelsregister **D** 132, 134; **J** 71, 72, 73
Hauptversammlung **D** 519; **E** 45, 176, 210, 242
– Aufgaben **D** 520
– Auskunftsrecht **D** 536
– Beschlussfassung **D** 537
– Einberufung **D** 531
Haushaltsplan **D** 36; **E** 36
Haushaltsrecht **H** 35, 147, 189
Haushaltsrechtliche Prüfungsrechte **D** 379, 560
Herkunftstäuschung **I** 191
Hilfsbetriebe **D** 47
hoheitliche Tätigkeit **B** 6, 45; **G** 7, 48
Hoheitsbetrieb **J** 36
Hoheitsverwaltung **D** 175
Holding **D** 125, 133, 140, 172; **J** 27, 30

IAS **E** 43, 53, 205
IFRS **E** 53, 205
immaterielle Wirtschaftsgüter **E** 55
Imparitätsprinzip **E** 25, 43, 55
Informationsrecht **D** 229; **J** 15
Ingerenz **B** 43
Ingerenzpflicht **D** 243, 366, 373, 393, 543, 547, 552
In-house-Geschäft **B** 31; **H** 159
Innenrevision **E** 150, 153
Insolvenz **J** 54, 58, 59, 64
Interessenskonflikt **H** 210
Interkommunale Zusammenarbeit **B** 44; **H** 189
internes Kontrollsystem **E** 187, 207
Inventar **E** 20, 26, 29
Inventur **E** 20
Investitionsplan **E** 16
Irreführende Werbung **I** 202
Irreführung **I** 203

Jahresabschluss **D** 40, 309, 382, 484, 572; **E** 6, 10, 26, 27, 28, 29, 65, 108, 117, 118, 159, 173, 189, 210, 211, 240; **J** 75
Jahresabschlussprüfung **E** 159, 223
Jahresabschlussprüfungspflicht **E** 29
Jahresfehlbetrag **E** 193
Jubiläumszuwendung **F** 88
juristische Person des öffentlichen Rechts **G** 29, 68

Kameralistik **E** 18
Kapitalertragsteuer **G** 106, 198
Kapitalflussrechnung **E** 51, 217
Kapitalgesellschaft **D** 130
Kartellrecht **B** 15, 16; **H** 149, 190; **I** 2
Kaskadensystem **H** 13
Katalog zustimmungspflichtiger Geschäfte **D** 369, 557
Kaufmann **D** 132
Kaufmännische Grundsätze **D** 42
K-Bogen **E** 70
Kommunalabgabenrecht **H** 194

Kommunalaufsicht **D** 110; **J** 12
Kommunale Arbeitgeberverbände (KAV) **F** 29, 32
– kommunale Finanzlage **A** 7
– kommunale Selbstverwaltung **B** 4
– kommunale Unternehmen **B** 6, 8, 10, 11, 12, 14, 39
Kommunales Wirtschaftsrecht **A** 32
Kommunalunternehmen **D** 118; **J** 5, 10, 19, 23, 25, 27, 28, 30, 45, 56, 63, 65, 69, 72
– Besteuerung **G** 29, 38, 68, 227
– Dienstherreneigenschaft **F** 9
– Dienstherrnfähigkeit **D** 154, 177, 187
– Einwirkungsrecht **D** 221
– Gründungskosten **D** 160
– Stammkapital **D** 122, 129, 162, 163, 164
– Unternehmenssatzung **D** 125, 134, 139, 143, 155, 158
– Vergaberecht **H** 56, 70, 183
– Verwaltungsrat **D** 123, 134, 162, 163, 164, 165, 180
– Vorstand **D** 134, 162, 163, 164, 165, 180
– Vorstandsgehalt **D** 190
Kommunalwirtschaft **B** 4, 12, 35
– historische Entwicklung **C** 21
Kompetenzverteilung **J** 8, 10
Konditionenkartelle **I** 37
Konkursabwendungspflicht **D** 130
KonTraG **E** 153, 178, 196, 200, 212
Kontrahierungszwang **I** 105
Kontrollerwerb **I** 124, 145
Kontrollrechte **D** 366, 369, 543
Kontrollsystem **E** 25
Konzernabschluss **E** 51, 53, 63, 119, 164
Konzessionsvertrag **A** 19; **I** 29
Kopplungsgeschäfte **I** 70
Körperschaftsteuer **J** 32, 33
Korrigierende Rückgruppierung **F** 77
Kosten- und Leistungsrechnung **E** 10, 66, 154
Kostenrechnende Einrichtungen **E** 70
Kraft-Wärme-Kopplungsgesetz **E** 273
Krankenbezüge **F** 86
Krankenhausentgeltgesetz **E** 275
Krankenhäuser **E** 64, 171
– Sonderregelungen **F** 108
Kreistag **D** 94
Kundenfang **I** 167
Kündigung
– aus wichtigem Grund **F** 100
– Schriftform **F** 98
Kündigungsschutz **J** 39

Lagebericht **E** 10, 26, 29, 31, 36, 37, 47, 48, 49, 50, 63, 108, 113, 117, 118, 159, 160, 173, 186, 189, 202, 210, 211, 212, 240
Landesvergaberecht **H** 18
Landrat **D** 88
Laufbahnsystem **J** 39
Leasing **H** 96, 169, 176

443

Sachverzeichnis

Fette Zahlen = Kapitel

Leistungsbeziehungen **G** 100, 140
Leistungsfähigkeitsbezug **C** 127
Liberalisierung **J** 20, 21
Lieferleistungen **H** 2, 16, 25, 55, 108
Lockvogelwerbung **I** 208
Losvergabe **H** 192

Management Letter **E** 173, 196
Managementgesellschaft **D** 183
Markt
– räumlich relevanter **I** 17
– sachlich relevanter **I** 15
– zeitlich relevanter **I** 18
Marktanalyse **C** 186
Marktbeherrschende
– Stellung **I** 78, 108, 129
– Unternehmen **I** 95
Markterkundung **C** 186
Markterkundungsverfahren **A** 34
Marktstarke Unternehmen **I** 95, 97
Marktstörung **I** 197
Maßnahmen gleicher Wirkung **I** 226
Messegesellschaft **H** 104
Mindestbedingungen **H** 114
Ministerkartell **I** 45
Missbrauch
– der Nachfragemacht **I** 87
– einer marktbeherrschenden Stellung **B** 15; **I** 77
– von Autorität **I** 169
– von Hoheitsbefugnissen **I** 169
Missbräuchliche Verhaltensweisen **I** 19, 85, 102, 108, 110
Missbrauchsaufsicht **I** 73
Missbrauchsverbot **I** 77, 84, 108
Missbrauchsverfügung **I** 72
Mitbestimmung **J** 45
Mitspracherechte **D** 366, 543
Mittelbare Beteiligung **C** 209; **E** 111, 240, 247
Mittelstandskartelle **I** 37
Mobbing **F** 56
Monopol **I** 79

Nachfragebehinderung **I** 174
Nachfragemacht **I** 16
Nachhaltige Tätigkeit **G** 33
Nachprüfungsverfahren **H** 7, 15, 108, 152
Nachrang der Aktiengesellschaft **D** 403
– der AG **C** 199
Nachverhandlungsverbot **H** 141
Nahverkehrsbetriebe, Sonderregelungen **F** 112
Nebenabreden **F** 35
Nebentätigkeit **C** 111, 174; **F** 43
Negativklausel **C** 51, 56
Nettoregiebetriebe **D** 48
Neue Steuerungsmodelle **A** 12
Neues Kommunales Finanzwesen (NKF) **E** 8, 52, 119
Nichtwirtschaftliche Unternehmen **C** 55, 71
Normen- und Typenkartelle **I** 37

Offenlegung des Jahresabschlusses **E** 49, 63
Öffentliche(r)
– Auftrag **H** 21, 194
– Auftrag, Bagatellauftrag **H** 32
– Auftrag, Bauauftrag **H** 23, 181
– Auftrag, Dienstleistungsauftrag **H** 24, 185
– Auftrag, gemischte **H** 25
– Auftrag, Lieferauftrag **H** 22, 185
– Ausschreibung **H** 110
– Finanzkontrolle **E** 221, 234, 248, 254
– Unternehmen **B** 7, 11; **I** 7
– Wasserversorgung **I** 9, 63
– Zweck **A** 35, 37; **B** 50; **C** 100; **D** 301, 463; **E** 3, 36, 38, 114, 240
Öffentliches Interesse **A** 34
Öffentlichkeit **D** 217
Oligopol **I** 82
ÖPNV **H** 215
Option **H** 26, 45
Ordentliche Kündigung **F** 99
Ordnungsmäßigkeit **E** 158, 159, 164
Ordnungsmäßigkeit der Geschäftsführung **E** 190, 191, 193, 194
Ordnungsmäßigkeitsprüfung **E** 173
Organrechte **D** 62
Organschaft **G** 176, 256
Örtliche Gemeinschaft **B** 44
Örtlichkeitsprinzip **C** 165
Ortszuschlag **F** 81

Personalakten **F** 45, 46
Personalrat **D** 152
Personalüberleitungsvertrag **D** 153
Personalvertretung **D** 152, 202
Personalvertretungsgesetz **F** 25
Personalvertretungsrecht in kommunalen Betrieben **F** 25
Personengesellschaft, Besteuerung **G** 219
Pflegeeinrichtungen **E** 64, 171
Pflichtaufgabe **D** 130, 170; **J** 7, 56, 58
Planung **E** 66
Planungsgesellschaft **H** 106
Planungsrechnung **E** 10, 12
Preis- und Konditionenbindung **I** 58
Preis- und Konditionenmissbrauch **I** 88
Preis- und Konditionenspaltung **I** 90
Preisabsprachen **I** 28
Preisgegenüberstellung **I** 210
Preisunterbietung **I** 173
Primärrecht **B** 1, 4, 28
Privatisierung **D** 2; **G** 188; **H** 168; **J** 12
Probezeit **F** 36
Prokura **D** 184
Prüfung durch den Aufsichtsrat **E** 150, 210
Prüfungsbericht **E** 186
Prüfungsrecht **E** 2, 174, 236, 254
Public-Private-Partnership **B** 10; **J** 22
Punktemodell **F** 137

Magere Zahlen = Randnummern

Sachverzeichnis

Quartalsbericht **E** 108, 120
Quasi-Monopol **I** 80
Querverbund **D** 56

Radizierung in d örtl. Gemeinschaft **C** 178
Rahmenvertrag **H** 46
Rat **D** 94
Rating **E** 7, 54, 102
Rationalisierungskartelle **I** 42
Rationalisierungsmassnahmen **F** 100
Räumlich relevanter Markt **I** 17
Realisationsprinzip **E** 25, 43, 55
Rechnungsprüfung **E** 150, 221, 254, 262, 265, 268; **J** 75
Rechnungsprüfungsamt **E** 29, 224, 226
Rechnungswesen **E** 2, 5, 10, 158, 159
Rechtsaufsicht **E** 112, 234, 246, 251, 252; **H** 80, 150
Rechtsbruch **I** 181
Rechtsform **B** 24
Rechtsformen von Unternehmen **C** 192
Rechtsformenwahl **J** 2, 3, 5, 20
Rechtspersönlichkeit **G** 36, 38, 113, 118
Rechtsschutz **H** 3, 144
– Kosten **H** 155
– oberhalb der Schwellenwerte **H** 152
– unterhalb der Schwellenwerte **H** 145
Rechtsstellung der Beamten **F** 1
Reform der Zusatzversorgung **F** 135
Regiebetrieb **D** 46, 122, 144; **J** 10, 17, 19, 23, 24, 50, 52, 55, 62, 65, 72, 74, 75
– Arten **D** 47
– Begriff **D** 46
– Besteuerung **G** 68
– Europarecht **B** 6
– Vergaberecht **H** 49, 182
Reisekosten **F** 89
Reisezeit **F** 70
Relevanter Markt **I** 14
Revisionsamt **E** 150, 221
Richtlinie **B** 1, 14
Risiken **E** 43, 159, 201, 202
Risiken der künftigen Entwicklung **E** 37
Risikoberichterstattung **E** 120
Risikofrüherkennungssystem **E** 189, 191
Risiko-Management-System **E** 153
Rückholrecht **D** 96
Rückstellungen **E** 32, 44
Rücktrittsrecht **I** 221
Rufausbeutung **I** 192

Sachgründungsbericht **J** 73
Sachlich relevanter Markt **I** 15
Satzung **D** 460
Satzungsänderung **D** 313, 487
Schadensersatz **H** 151, 157, 201
– Anspruch auf **I** 47, 92, 105, 220
Schenkungsteuer **G** 165, 255, 283
Schlussbilanz **E** 43

Schrankentrias **C** 28, 38, 53, 86, 99
Schutzkleidung **F** 105
Schutzschrift **I** 218
Schweigepflicht **F** 41
Schwellenwerte **H** 34
– Rahmenvertrag **H** 46
– Schätzung **F** 40
Sektoren **H** 81, 115
– Elektrizitäts- und Gasversorgung **H** 85
– Telekommunikation **H** 90
– Trinkwasserversorgung **H** 83
– Verkehr **H** 88
– Wärmeversorgung **H** 87
Sektorenrichtlinie **B** 28
Sekundärrecht **B** 1, 4, 13
Selbstverwaltung, kommunale **D** 8
Selbstverwaltungsgarantie **C** 16, 18, 142, 229
Selbstverwaltungsrecht **B** 34, 37, 40, 44, 47; **J** 59
Sittenwidrigkeit **I** 163
Sittlich fundierte Normen **I** 182
Solange-Rechtsprechung **B** 1
Sonderurlaub **F** 96
Sondervermögen **D** 44, 145; **J** 17, 55
Sozialbezüge **F** 86
Sparkasse **A** 20; **C** 37, 82; **J** 5
Sparkasse, Sonderregelungen **F** 111
Spezialisierungskartelle **I** 37
Spitzengruppenwerbung **I** 207
Spürbare Außenwirkung **I** 27
Spürbarkeit **I** 52
Staatsverwaltung, mittelbare **D** 122
Stadtstaaten **D** 18
Stadtwerke **H** 98
Stammeinlage **D** 305
Stammkapital **D** 303; **J** 26, 63, 66
Stellenplan **E** 14, 15; **J** 39
Stellenübersicht **D** 40
Stellung, marktbeherrschende **I** 77, 78, 108, 147
Sterbegeld **F** 88
steuerlicher Querverbund **G** 167, 256
Steuerung **E** 1, 6, 9, 12, 100, 101, 105, 117, 120, 153, 223, 233, 240, 256, 270, 271
Stiftung **H** 68
Stille Reserven **J** 37
Stromversorgungsunternehmen **E** 65, 70, 172
Strukturkrisenkartell **I** 43
Subjektive Rechte **H** 147, 152
Submissionsabsprachen **I** 29
Subsidiaritätsklausel **B** 49; **C** 28, 40, 51, 131
Subsidiaritätsprinzip **B** 2
Subvention **H** 95

Tarifbindung **D** 151; **F** 32; **J** 39
Tariftreue **H** 18, 127
Tariftreueerklärung **I** 102

445

Sachverzeichnis

Fette Zahlen = Kapitel

Tarifvertrag
- für Versorgungsbetriebe **F** 118
- zur Entgeltumwandlung **F** 143

Teilnahmewettbewerb **H** 112
Teilzeit **F** 60, 61
Telekommunikation **H** 29, 81, 90, 99
Territorialprinzip **C** 165
Testat **E** 203, 209
Theater, Sonderregelungen **F** 117
Trennung von Prüfung und Beratung **E** 185
Trennungsgeld **F** 89

Übergangsgeld **F** 104
Überleitung der Arbeitnehmer in den TV-V **F** 127
Übernahme **D** 54
- von Unternehmen **C** 94

Überragende Marktstellung **I** 81
Überstunden **F** 69
Umlaufvermögen **E** 32, 44
Umsatzerlöse **I** 117
Umsatzsteuer **G** 126, 182, 242; **J** 33, 35
Umwandlung **D** 143; **G** 230, 249; **J** 37, 73
Umweltbelange **H** 19, 131
Umzugskosten **F** 89
Unabhängigkeit
- der Prüfungsorgane **E** 259, 264
- des Abschlussprüfers **E** 183

Unbillige Behinderung **I** 94
Unbundling **E** 65
Unkündbarkeit **F** 100
Unterlassungsanspruch **I** 48, 215
Unterlassungserklärung **I** 215
Unternehmen **B** 6
- marktbeherrschende **I** 95, 96
- nichtwirtschaftliches **D** 30
- wirtschaftliches **C** 55, 75; **D** 31

Unternehmensbegriff, allgemein **I** 4
Unternehmenserweiterung, wesentliche **C** 96
Unternehmenssatzung **J** 19, 29, 72, 73
Unternehmensverfassung **J** 8, 14, 15, 19, 26
Unternehmenszusammenschlüsse **I** 19
Untersagung **I** 49, 56, 136
Unwirksamkeit von Vereinbarungen **I** 47, 56, 92
Urlaub **F** 91
Urlaubsübertragung **F** 93
US-GAAP **E** 54

Verbandsrat **J** 26
Verbindlichkeiten **E** 32, 42, 44
Verbraucherleitbild **I** 204
Verbundene Unternehmen **H** 29
Verbundunternehmen **C** 162
verdeckte
- Einlage **G** 100
- Gewinnausschüttungen (vGA) **G** 93, 100, 114, 118

Verdingungsordnung
- für Bauleistungen **B** 29
- für freiberufliche Leistungen **B** 29
- für Leistungen **B** 29

Vereinigung der Kommunalen Arbeitgeberverbände (VKA) **F** 29
Verfassungskonforme Auslegung **C** 168
Vergabe **E** 181, 268
Vergabegrundsätze **H** 116
Vergaberechtsänderungsgesetz **H** 5
Vergaberichtlinie **B** 28; **H** 4, 7
Vergabeverfahren **H** 107, 223
- elektronisches **H** 223
- nicht offenes **H** 111
- offenes **H** 110
- Präqualifikationsverfahren **H** 115
- Verhandlungsverfahren **H** 113

Vergabeverordnung **B** 29
Vergleichende Werbung **I** 199
Vergleichsmarktkonzept **I** 89
Vergütung **F** 80
Verhältnismäßigkeitsprinzip **B** 2
Verkaufsgemeinschaften **I** 33
verlustbringende Geschäfte **E** 193
Vermögenserwerb **I** 123
Vermögenslage **E** 193, 200
Vermögensplan **D** 40, 309, 484; **E** 14, 15
Vermögensübersicht **D** 147
Vermögensübertragung **G** 188
Vermögensverwaltung **G** 45, 62; **J** 32, 36
Veröffentlichung der Prüfungsergebnisse **E** 249
Verordnung **B** 1
Verquickung öffentlicher und privater Interessen **I** 170
Verschwiegenheitspflicht **D** 218, 232
Versetzung **F** 44
Versorgungsbetriebe, Sonderregelungen **F** 106
Versorgungszuschlag **F** 21
Vertikale Wettbewerbsbeschränkung **I** 19, 57
Vertrag **H** 26, 33
- Änderung **H** 26, 27
- öffentlich-rechtlich **H** 33

Vertragsabschlußbindungen **I** 66
Vertragsstrafe **I** 215
Vertrauensmissbrauch **I** 168
Vertretungsmacht **D** 184
Vertriebsbindungen **I** 69
Verwaltungsakt **D** 175; **H** 33, 64, 92, 148, 153
Verwaltungsspitze **D** 88
Verwaltungsvorschriften **D** 20
Verwaltungszwang **D** 175
Verweigerung des Zugangs zu wesentlichen Einrichtungen **I** 91
Verwendungsbeschränkungen **I** 64
VOB-Stelle **H** 150
Vollstreckung **D** 234
Vorabinformation **H** 201
Vorgesellschaft **D** 155

Magere Zahlen = Randnummern

Sachverzeichnis

Vorrang
– des Gemeinschaftsrechts **B** 1, 2
– öffentl-rechtl Rechtsformen **C** 194
Vorstand **D** 494; **J** 18, 19
– Anstellung **D** 497
– Aufgabe **D** 494
– Bestellung **D** 495
– Kündigung **D** 499
– Vertretung **D** 500
Vorsteuerabzug **G** 133, 144, 252; **J** 35
Vorteilsanalyse **C** 190

Wasserversorgung **J** 21
Weisungen **D** 91, 367, 546
Weisungsrecht **D** 166, 185, 223, 367; **J** 15
Werk(s)leitung **D** 63
– Aufgabe **D** 66
– Bestellung **D** 65
– Geschäftsverteilung **D** 69
– Laufende Geschäfte **D** 67
– Personalbefugnisse **D** 75
– Vertretung **D** 77
Werkleitung **J** 50
Werksausschuss **D** 81
– Aufgabe **D** 86
– Bestellung **D** 81, 82
– Vollzug der Beschlüsse **D** 87, 93
– Vorsitzender **D** 93
Wertneutrale Normen **I** 182
Wettbewerblicher Dialog **H** 9
Wettbewerbsbeschränkende Vereinbarungen **B** 15
– horizontale **I** 20
– vertikale **I** 19, 55
Wettbewerbsbeschränkende Wirkung **I** 25
Wettbewerbsbeschränkung **I** 19
– horizontale **I** 19, 20
– vertikale **I** 19, 55
Wettbewerbsgrundsatz **H** 117
Wettbewerbsrecht **I** 149

Wettbewerbsverfälschung **B** 20
Widerspruchskartelle **I** 36
Wirtschaftliche(s)
– Betätigung **H** 179
– Unternehmen **C** 55; 71
– Herausheben **G** 35
Wirtschaftsförderungsgesellschaft **H** 105
Wirtschaftsgrundsätze **C** 64
Wirtschaftsgüter, immaterielle **E** 55
Wirtschaftsplan **D** 38, 309, 484; **E** 6, 12, 13, 14, 108, 117, 240
Wirtschaftsprüfer **D** 385, 575; **E** 150, 162, 183, 226, 262, 265, 266, 267, 273, 274
Wohnungsbauunternehmen **H** 102

Zeitlich relevanter Markt **I** 18
Zeugnisanspruch **F** 103
Ziele des TV-V **F** 120
Zusammenarbeit
– kommunale **D** 126, 141
– interkommunale **J** 22, 30
Zusammenschlussanmeldung **I** 130
Zusammenschlusskontrolle **I** 115, 137
Zusammenschlusstatbestände **I** 122, 143
Zusatzurlaub **F** 95
Zusatzversorgung **D** 151; **F** 131; **J** 40, 42
Zusatzversorgung, Finanzierung **F** 138
Zuschlagskriterien **H** 129
Zuschlagsverbot **H** 154, 201
Zustimmungskataloge **E** 240
Zustimmungsrecht **D** 166, 223
Zuweisung **D** 154
– Rechtsmittel **F** 10
Zweck, öffentlicher **J** 11, 12
Zweckverband **D** 124, 126, 135, 141, 142; **J** 25, 26, 27, 29, 30
Zweckvereinbarung **D** 141; **J** 23
Zweiteilung des Vergaberechts **H** 6, 34
Zwischenstaatlichkeitsklausel **I** 51, 74, 113